Péter Esterházy

Harmonia Cælestis

Aus dem Ungarischen
von Terézia Mora

Berliner Taschenbuch Verlag

Der Verlag dankt der »Stiftung Ungarisches Buch«, Budapest
für die freundlich gewährte Übersetzungsförderung

Mai 2003
BvT Berliner Taschenbuch Verlags GmbH, Berlin,
ein Unternehmen der Verlagsgruppe Random House GmbH
Die Originalausgabe erschien 2000 unter dem Titel
Harmonia Cælestis bei Magvető, Budapest

Umschlaggestaltung: Nina Rothfos und Patrick Gabler, Hamburg,
nach einem Entwurf von Gitta Esterházy
Gesetzt aus der Caslon Buch durch Offizin Götz Gorissen, Berlin
Druck und Bindung: Elsnerdruck, Berlin
Printed in Germany · ISBN 3-442-76161-1

ERSTES BUCH

NUMERIERTE SÄTZE
AUS DEM LEBEN
DER FAMILIE ESTERHÁZY

»Es gibt wenig Menschen, die sich mit dem Nächstvergangenen zu beschäftigen wissen. Entweder das Gegenwärtige hält uns mit Gewalt an sich, oder wir verlieren uns in die Vergangenheit und suchen das völlig Verlorene, wie es nur möglich sein will, wieder hervorzurufen und herzustellen. Selbst in großen und reichen Familien, die ihren Vorfahren vieles schuldig sind, pflegt es so zu gehen, daß man des Großvaters mehr als des Vaters gedenkt.«

Es ist elend schwer zu lügen, wenn man die Wahrheit nicht kennt 1.

Einen Text mit einem martialischen barocken Magnaten zu beginnen: Das ist gut: Da flattern und schmettern einem nur so die Schmetterlinge im Bauch, die Personalcomputer grüßen einen im voraus, und der Koch, denn warum sollte man (aber wer?) keinen Koch haben, kredenzt als Überraschung panierten Lämmerschwanz, was dem Kalbsfuß ähnlich ist, nur noch wohlschmeckender, weil zitternder, fragiler: Mein Vater, dieser martialische barocke Magnat, der oft die Gelegenheit und die Pflicht hatte, seinen Blick zu Kaiser Leopold emporzuheben, hob seinen Blick zu Kaiser Leopold empor, gab sich eine ernsthafte Miene, obwohl sein glitzerndes, blinzelndes Auge ihn, wie immer, verriet, und sprach also: Majestät, es ist elend schwer zu lügen, wenn man die Wahrheit nicht kennt, und damit schwang er sich auf seinen Rappen Grünspan und ritt in der einfühlsamen Landschaftsbeschreibung aus dem siebzehnten Jahrhundert davon 2.

Mein Vater, ich glaube, mein Vater war es, der mit der Palette unterm Mantel ins Museum ging, sich zurückschlich, um die eigenen Bilder, die schon dort hingen, zu korrigieren, oder zumindest Verbesserungen an ihnen vorzunehmen 3.

Mir schwant, zerbrach sich mein Vater lange und vergeblich den Kopf, die heiligsten Dinge sind doch die, an die wir uns nicht erinnern 4.

5. Mein Vater war eine der vielseitigsten Persönlichkeiten der ungarischen Geschichte und Kultur des 17. Jahrhunderts. Am Höhepunkt seiner politischen Laufbahn erlangte er den Titel des Palatins und den Rang eines Reichsfürsten. Das Schloß in Eisenstadt verwandelte er in eine prunkvolle Residenz, ließ zahlreiche Kirchen erbauen, an seinem Hof beschäftigte er Kunstmaler und Bildhauer. Mehrere Familienmitglieder lernten auch die Handhabung des einen oder anderen Musikinstruments; mein Vater »prügelte« seine Lieblingsweisen aus dem Virginal heraus, Fürst Pál Antal spielte gleich mehrere Instrumente (manchen Quellen zufolge Geige, Flöte und Laute, anderen zufolge Geige und Cello), und allgemein bekannt ist auch, daß Haydns Barytonwerke im Auftrage des Fürsten Miklós des Prachtliebenden entstanden, der das Instrument liebte. Mein Vater schrieb mehrere Bände Gedichte – welche zumeist den Einfluß Miklós Zrínyis zeigen – und gab religiöse Werke sowie Gebetsammlungen heraus. Im Jahre 1711 erschien in Wien seine Sammlung sakraler Gesänge unter dem Titel »Harmonia Cælestis«. Infolgedessen registrierte die ungarische Musikgeschichte meinen Vater bis dato auch als hervorragenden Komponisten. Neueste Forschungen haben allerdings ans Licht gebracht, daß diese Bezeichnung im Zusammenhang mit ihm nur in einem begrenzten Sinne anwendbar ist. Nicht nur, weil ein Großteil der in der Sammlung erhaltenen Melodien erwiesenermaßen nicht von ihm stammt (schließlich verwendeten die meisten zeitgenössischen Komponisten fremde Melodien), sondern weil vermutlich auch die Bearbeitung der Melodien bzw. die Komposition der Stücke nicht von ihm (oder nicht von ihm alleine) ausgeführt wurden. Seine Notenschreibung ist nicht nur von ihrer äußeren Gestalt her, sondern auch sonst primitiv, unsicher und auch falsch. Zwischen dem Wissensstand, der sich anhand der Dokumente bezüglich der körperlichen und geistigen Fähigkeiten meines Vaters ab-

zeichnet, und der Gesamtheit der »Harmonia Caelestis«, aber besonders der komplizierteren Schicht, klafft eine Schlucht, die man nur mit Phantasie überbrücken kann; um zu diesem Zwecke nur die wichtigsten Hängebrückenarten zu nennen: die einfache, die extern verankerte, die in sich verankerte Hängebrücke, die Kabelbrücke, die schrägverkabelte Harfenbrücke, die sternförmige, die fächerförmige Schrägkabelbrücke sowie die schräg harfenverkabelte Hängebrücke mit einem Pylon. Mein Vater spielte sowohl auf der Harfe als auch auf den Sternen ●

Für den zweiten Satz der Symphonien muß man alt sein, sagte 6.
der junge Haydn zu meinem nicht mehr jungen, aber wieder einmal ungeduldigen (hitzköpfigen) Vater ●

Hier folgt der Name meines Vaters! – Dieser Name steht für 7.
einen Traum; den ungarischen Traum vom verschwenderischen reichen Mann, dem mit beiden Händen im Geldbeutel wühlenden Herrn ..., vom Patron, der die Geldscheine wie das Getreide einfährt und Gold und Silber scheffelt, eine Gestalt fast wie aus einem Volksmärchen. Der reiche Ungar ... In der Phantasie der Ungarn bedeutete der Name meines Vaters all das, was das Leben schon auf Erden zum Himmelreich machen kann ... Ein tatsächliches Kleinkönigtum, nicht wie das der Kleinkönige der Anekdoten, deren Macht an der Dorfgrenze endete, sondern eine Herrschaft, die unmittelbar nach dem alten König kam. Er bedeutete Ländereien von einer Ausdehnung, die nicht einmal die Wildgänse in einer Nacht zu überqueren vermögen, ganz zu schweigen vom träumerischen Erdenmenschen, der von diesen nächtlichen Vögeln nicht mehr als die trügerischen Schreie vernimmt! Er bedeutete Schlösser mit beflaggt-bebuschten Türmen, die ihr Spiegelbild vor Langeweile im See betrachteten, denn ihr Herr fand keine Muße, sie zu besuchen. Straßenweise Paläste, in

denen sich allenfalls der Pförtner einen Bart wachsen ließ, in den verschlossenen Räumen lebten die Porträts jener, die einander geliebt hatten, nach Laune ihr trautes Leben, oder die Verfeindeten drehten einander den Rücken zu: – die Dienerschaft trank unten in der Gaststätte Ivkoff in der Josephsstraße, wohin seit Menschengedenken die müßigen Herrschaftsdiener gehen. Der Name, hier folgt der Name meines Vaters, ist eine Legende, am Ende des 19. Jahrhunderts, als die ungarischen Herrenhäuser in Wahrheit schon einzustürzen begannen, waren in jenen Stunden, in denen der Ungar träumerisch seinen Pfeifenrauchringen hinterherblickte, mehr oder weniger nur zwei Namen zu vernehmen. Der eine Name: der meines Vaters. Der andere Name: Rothschild. Es gab natürlich noch andere Namen in Ungarn, die jedes Kind kannte: solche Namen waren zum Beispiel: Franz Josef, oder der alte Tisza – während die Angehörigen des weiblichen Geschlechts manchmal auch den Namen Mihály Timárs, des Schiffers mit dem langen Bart, Jókais Patenkind, vor sich hin seufzten, wenn sonst nicht, dann in ihren Träumen –, aber die ernsthafte, besonnene, gediegene Einwohnerschaft des Landes hing, wenn sie sich schon Tagträumen hingab, nur noch am Namen meines Vaters, oder ebenjenes Rothschilds. Wie oft träumte der Wanderer im Schatten einer altehrwürdigen mythischen Trauerweide, daß die Landstraße, die sich lang vor ihm hinstreckte, auf Befehl meines Vaters einst mit Salz schneeweiß bestreut worden war, damit Maria Theresia auch im Hochsommer noch mit einem von Elenhirschen gezogenen Moskauer Schlitten von Wien nach Eisenstadt gebracht werden konnte. Wie oft sah sich der der Phantasterei ohnehin zugeneigte transdanubische Reisende mit aufgerissenen Augen um, wenn der Fuhrmann mit einem Schwung seines Peitschenstiels auf glanzerfüllte Märchenschlösser zeigte; auf von der Sonne gestreichelte, wegschlummernde riesige Parks; auf bis zum Himmelskreis silbrig dahinwogende Seen, aus denen manchmal der Goldfisch seinen Kopf herauswarf; auf Tiergärten, aus denen die Rehlein so zahm hervorlugten wie aus den Bilderbüchern der Kinder … und der Fuhrmann murmelte unter seinem rötlichen Bart: Auch das gehört dem, hier folgte der Name meines Vaters. Und die Schmiede, in der wir die Pferde beschlagen lassen werden, auch die gehört dem, hier folgte der Name meines Vaters. Zusammengefaßt: Wer vermöchte all jene süßen Echos aufzuzählen, die in den alten Ungarn erklangen, wenn der Name meines Vaters fiel, wer, zusammengefaßt ●

Mein Vater gab nur langsam klein bei, er vertraute seinem 8.
Sohn nicht wirklich. Und der schlug und schlug nur auf ihn ein ●

Unsere Familie ist nach dem Abendstern (auf ungarisch: *est-* 9.
hajnal) benannt. Im Anfang hatten wir keine Namen, in den ersten Jahrhunderten des Jahrtausends wurden die Amtsträger, die in den Urkunden und deren Klauseln erwähnt sind, nur mit dem Vornamen und, seltener, mit dem Namen ihrer Sippe genannt, und wenn es keinen Namen gibt, gibt es auch keine Familie. (Eine Familie ist die Summe von Personen, die aufgrund von Abstammung miteinander verbunden, von demselben Blute, durch dieselbe historische Vergangenheit vereint sind und deswegen zusammengehören. Der Respekt vor den Altvorderen und die Pflege der Erinnerung an sie ist die Grundlage der Familien- wie der Heimatliebe. Deswegen zerhackt jede Familie, die ihre Vergangenheit vernachlässigt und das Gedenken an die Ahnen nicht in Ehren hält, die Wurzeln des Lebensbaumes der Nation undsoweiter.) Denn wodurch wird eine Familie zu einer Familie? (»Wer eine Cousine ist, bestimme ich.«) Kurz: dadurch, daß sie es aussprechen kann, sich auszusprechen traut: wir. Und sie will es auch. Es kommt ihr leicht über die Lippen. Und dann braucht

man auch einen Namen. Denn wer keinen Namen hat, der japst nur stumm vor sich hin wie ein Fisch. Wir ... Pause. Japse nur, mein Junge, japse, die Luft ist dein Lebenselement. Man braucht einen Namen. Wir, die Baradlays. In der Umgebung, in den Tümpeln der Großen Schüttinsel, der Csallóköz, denn dort war unser Donaueschingen, nannte man sie (uns): die Ritter Blaubart. *›Blaubart‹**, das ist kein guter Name, denn es hatten auch andere Leute blaue Bärte, während so mancher Ritter Blaubart überhaupt keinen hatte, denn entweder hatte er keinen Bart, oder er war nicht blau. Mit einem Wort, weder Ritter noch Blaubärte. So läßt sich keine hoffnungsträchtige Familie etablieren. Die Blaubärtigkeit selbst hat sich auch als zu konkret und nebulös eindeutig gezeigt, als wäre die gesamte Mischpoke eine Art Poussierstengel gewesen, wenngleich das naturgemäß auf einer Der-eine-so-der-andere-so-Basis ablief, wenn überhaupt; allerdings müssen wir mangels entsprechender Urkunden auch das als von Dunkelheit umhüllt betrachten. Der Name scharwenzelte schon eine ganze Weile um uns herum, kam vom Himmel, kam aus der Erde und kam aus uns selbst, aus unserem Bart. Welcher Stern sonst hätte der Stern der Blaubärte sein können als die Venus, der fünfte Planet, der Stern der Liebe, Advokatin weltlicher Lustbarkeit, des Singens, allerlei Geigen-, Trompeten- und Flötenspiels, teuren Geschmeides und Zierats. Im übrigen ist ihre Farbe das Grün, ihr Geruch der Salbeiduft, sie ist der Sonne am nächsten, in einem Jahr steht sie vor ihr, dann nennt man sie Luzifer, also morgendlicher Stern, im nächsten Jahr folgt sie ihr, dann nennt man sie Hesperus, abendlicher Stern; *esthajnal* ist der Name für beide. Wenn ein Mann in der Stunde des Abendsterns krank wird, ist es sicher wegen einer Weibsperson. Der Knabe oder das Mädchen,

* Im Text in einfache Anführungen gesetzte kursivierte Passagen im Original deutsch.

das in seiner Stunde geboren wird, wird unfruchtbar, bewahre, daß es buhlerisch werde. Der Mensch des Abendsterns ist ein sehr weicher Mensch, zweifelt in der Hauptsache, zweifelt dort, wo er nicht sollte, sägt an dem Ast, auf dem er sitzt. Er sägt und pflanzt, er sägt und pflanzt. Mein Vater: wer im Abendstern steht, dem schwindelt erschrocken, denn er steht im Leeren, weder hier noch dort, es ist kein Tag und es ist keine Nacht, der Himmel ist leer, nur ein einziger Stern ist zu sehen, nichts als dieser zitternde Schimmer, dieses vibrierende Nichts, das aber plötzlich mehr und reicher als alles ist, kernig und leicht wie Lachscreme, farbig und streng, es bewegt sich und ist konstant, die Stunde der Melancholie; wer in der blauen Stunde steht, mag frohlockend schwelgen, denn er steht im Jetzt, in der Ewigkeit – ach, der Faustsche Augenblick, so genant das auch ist! –, kein schlüpfriger Tang der Vergangenheit zieht an ihm, keine unbedachte Zukunft bedrückt ihn, es gibt kein Wo und kein Wohin, es gibt das Jetzt, die goldene Gegenwart, den silbernen Augenblick, das eiserne Sein, und dann gibt es nichts anderes mehr als dieses Eisen, den Rost, die Schönheit des Rosts und seine Derbheit, dieses wahrhaftige, dieses schwere *Gemorsch,* Materie in der Immaterialität: mein Vater ●

Der 1700 erschienene große Foliant, das »Trophaeum Nobi- 10.
lissimae ac Antiquissimae Domus Estorasianae«, dieses »geschmacklos hergestellte« Lügenwerk, dieses »Attentat gegen den gesunden Menschenverstand« enthält die Genealogie meines Vaters und zeigt 171 imaginäre und tatsächliche Ahnen in Ganzkörper-Kupferstichen. Ein Teil der Bilder wurde vom Hofmaler des Fürsten, einem gewissen Petrus, hergestellt. Der Marien- und Familienkult meines Vaters entspringt derselben Quelle, schön symbolisiert durch den Stich auf dem Titelblatt, eine Allegorie, in der Heldenmut (Fortitudo), verkörpert durch die Figur

des Herkules, und Edelmut (Generositas), dargestellt in der Figur des Mars, jene Halle bewachen, in der ein Engel die, hier folgt der Name meines Vaters, -Krone auf einem Kissen der Rechtschaffenheit (Honor) darbringt, und wo Honor fast eindeutig in der Gestalt der Heiligen Jungfrau erscheint, mit der Krone Ungarns auf dem Kopf. Nach Zeugnis des »Trophaeum« leitet mein Vater unsere Herkunft nicht nur von Adam, Noah usw. und näher von Attila ab, sondern, noch näher, von Csaba, dem Prinzen Csaba, den er gleichzeitig auch für den Urvater des Árpáden-Hauses hält. So war der Stammesvater Eurs, der laut dieser Fiktion am längsten von allen landnehmenden Stammesfürsten gelebt hatte, zu seiner Zeit eigentlich ein souveräner Herrscher, und noch dazu der Cousin der heiligen Könige. Von ihm stammt unser Urvater ab, Estoras, dessen Mutter, die dakische Prinzessin Ida, ›*noch dazu*‹ die Enkelin Decebals war – wie wir wissen, war die Wiederangliederung Siebenbürgens an Ungarn eine der bevorzugten, aber niemals in Erfüllung gegangenen Ideen meines Vaters. Estoras steht in nichts hinter dem heiligen István zurück, auch er wurde vom heiligen Adalbert getauft, selbstverständlich auf den Namen Paulus. Und so folgen die Ahnen einer auf den anderen, sie kommen daher in endloser Reihe, bis hin zu Benedek, der im fünfzehnten Jahrhundert tatsächlich gelebt hat. In einem Extrakapitel führt der Band jene vom ersten bis zum letzten Buchstaben erlogenen königlichen Bullen an, ausgestellt vom heiligen László, Endre von Jerusalem, Lajos dem Großen, Siegmund, Mátyás Corvinus usw., die diesen – im übrigen nicht existenten – Ahnen verschiedene Privilegien zugesprochen haben sollen. Der heilige László selbst, so bezeugt es diese virtuelle Urkunde, habe sich außerordentlich gefreut, daß sein lieber Verwandter aus einer Familie stammt, die es schon zu Zeiten Jesu Christi zu etwas gebracht hat. Mein Vater deutete im übrigen die Möglichkeit an, daß diese Behauptungen fiktiv sind. Zwar nur auf persisch, aber immerhin. Dabei verpaßt er unserem Namen eine neue Etymologie. Wonach der Drache auf persisch *Ezder* genannt wird, also heißt die Familie eigentlich Drachenhauser, und der Drache ist nichts anderes als der in unserem Wappen befindliche Greif, welcher mit gezücktem Schwert die Heimat verteidigt. Aber damit noch nicht genug: Nach all dem sinniert mein Vater auch noch lange darüber, daß nicht jede Familie über so eine urkundlich belegbare Herkunft verfügt, in Ungarn laufen auch Familien herum, die, so mein Vater (!), nur zwei- bis dreitausend Jahre alt sind, denn infolge der vielen Schicksalsschläge, die das Vaterland heimgesucht haben, sind die Archive zu Asche verbrannt, aber was soll's, schließlich ist Adel sowieso nur etwas wert, wenn er mit Tugend gepaart ist, ha-ha, wohingegen die Herkunft für sich allein nur wie ein gekalkter Sarg ist: inwendig gepackt mit Abscheulichkeit.

11. Ich hatte einen entfernten, geheimnisvollen Meinvater – nennen wir meinen Vater so –, um dessen Wiege die letzten Mondlichter des alten Jahrhunderts und das erste Morgenrot des neuen spielten; *esthajnal*, Abendschimmer, Morgenrot, da kommt unser Name her ●

12. Mein Vater hatte ein echtes *Táltos*-Pferd wie aus dem Märchen, und so hieß es auch, Táltos. Es war schwarz wie Kohle, nur am linken Hinterbein trug es ein weißes Mal. Es lebte von Zucker und Weizen, was anderes aß es gar nicht. Aber es war ein echter *Táltos*: Es verstand die Worte meines Vaters und gab ihm sogar Ratschläge! Es riet meinem Vater, es rückwärts behufen zu lassen, dann wüßte der Feind niemals Fährte aufzunehmen: man würde sie anhand der Stellung der Hufabdrücke in die genau entgegengesetzte Richtung verfolgen. (Als dann alle Pferde rückwärts beschlagen wurden, gab mein Vater mit herkömmlichem Hufstand Fersengeld und Anlaß zur Überraschung.) Wenn Gefahr im Verzug war, wieherte und scharrte Táltos, und wenn sich mein Vater auf seinen Rücken setzte, flog er dahin, daß seine Hufe den Boden gar nicht mehr berührten, er flog mit meinem Vater bis in die Wolken hinauf. Wenn der Feind herannahte, schlug er mit seinem Fuß, wie viele Garnisonen es sind. Einmal verlor mein Vater die Schlacht und wurde verfolgt. Da brachte ihn das *Táltos*-Pferd in ein Versteck, legte sich selbst zwischen die toten Pferde und versteckte seinen Kopf, seinen lebendigen Kopf unter dem Hals des neben ihm liegenden Pferds. Der Feind zog trefflich vorüber. Das passierte in zwei Fällen: einmal im August 1652 und das zweite Mal im Frühjahr 1969 ●

Wenn jemand leichtfertig mit ihm anvertrauten Sachen oder Geld umgeht, oder schlechterdings einen Schaden am Hab und Gut anderer anrichtet, sagt man im Ungarischen: Jetzt hör mal, hey! Das ist hier nicht das Stroh der Csákys! Woher stammt wohl dieser Spruch? Die Csákys waren von Natur aus sehr großherzige, freigebige, ja leichtfertige Herren. Das gottergebene Volk kam schnell dahinter, daß sich hier ein kleiner Spalt in der feudalen Pyramide auftat, und sieh an, sie dachten sich folgende Niedertracht aus: Sie ließen den Weizen von den Pferden nur zur Hälfte auswalzen, so daß das Korn in der Ähre blieb, das heißt, ein Korn blieb drin, das andere wieder nicht, einiges blieb aber schon drin, und da die Herrschaft ihnen das Stroh überließ, konnten sie auch die soeben nachgewiesenen Weizenkörner mit nach Hause nehmen. Zu Hause droschen sie das Stroh mit dem Handdrescher wieder aus. So kam jeder auf seine Kosten. Die Wirtschaft lief gut, sowohl Herr als auch Bauer waren zufrieden damit, was sie herausschlugen. Von den Csákys ging das Gut aber auf die Familie meines Vaters über, und die hatte harte Vogte, denn entweder waren sie a priori hart und wurden schon als solche eingestellt, oder sie verhärteten sich später. Sie nahmen den Bauern das solala ausgewalzte Korn nicht ab und sagten: Hört mal, hey! Das ist hier nicht das Stroh der Csákys, sondern das der, hier folgte der Name meines Vaters. So entstand also dieser Spruch, der auch die Erinnerung an die gute alte Gutswirtschaft bewahrt ● 13.

Mein Vater schonte das gemeine Volk, verbot seinen Mannen nachdrücklich das Stehlen (uns Kinder züchtigte er unmittelbar), aber als die Vorräte zur Neige gingen, mußte dann doch den Armen das Rind weggenommen werden. Das Volk murrte. Auch der alten Amme meines Vaters wurde dieses Schicksal zuteil: Die Leute meines Vaters trieben ihre einzige Kuh da- 14.

von. Die bedauernswerte Greisin machte sich auf den Weg, zu Fuß nach Eisenstadt. Fragt sie der Wärter am Burgtor, was wollen Sie, Mütterchen. Ich möchte mit dem Grafen sprechen. Das geht nicht, kommen Sie morgen wieder. So ging das tagelang, wie in der Kafka-Novelle. Aber dann gab die arme Greisin ihren letzten Kreuzer her und wurde schließlich doch hineingelassen. Da stand sie also vor meinem Vater. Sie stand wohlanständig da, ein Offizier herrschte sie dennoch an. Auf die Knie vor dem gnädigen Herrn. Ich? wunderte sich die Amme. Ich soll mich vor meinem Micu auf die Knie werfen, wo ich ihn doch erzogen habe, wo er doch an meinen Zitzen gesaugt hat, ich?! Mein Vater wurde auf die lauten Worte aufmerksam, winkte die Greisin zu sich heran, diese nahm ein Paket hervor. Sie öffnete es, und siehe da, es war eine kleine Joppe drin. Erkennst du es, Micu? fragte sie, warf sich auf die Knie und küßte das mit Fuchspelz gefütterte Gewand meines Vaters. Mein Vater hatte die Joppe noch nie gesehen, also half er der Nana auf, küßte sie auf die Stirn und verabschiedete sich wie folgt von ihr: Gott segne Euch ●

15. Für 50 Fillér aß mein Vater eine Fliege, für einen Forint durfte man den Kadaver auf seiner Zunge photographieren, für fünf Forint und einen Apfel (Starking) biß er eine Maus in zwei Teile. Er arbeitete nie mit mitgebrachten Mäusen, er fing sie selber ●

16. Mein Vater hielt, das kann als Tatsache angenommen werden, große Stücke auf Haydn, sowohl menschlich als auch künstlerisch; mehrere Male lud er ihn an seinen eigenen Tisch zum Mittagessen ein, aber wenn Gäste kamen, deckte man für Haydn, wie auch für uns Kinder, in einem der Nebenzimmer. Einmal besuchten uns zwei sehr vornehme englische Lords, man konnte schon von weitem ihr feines, fremdes Parfum riechen, sie bereiteten die Reise des Admirals Nelson vor, und kaum hatten

sie am Tisch Platz genommen, erkundigten sie sich nach dem Verbleib Haydns. Haydn speist heute zu Hause, log mein Vater ohne mit der Wimper zu zucken. Aber die englischen Fans haben sich so fertig gemacht, um mit Haydn an einem Tisch sitzen zu dürfen, daß mein Vater, was blieb ihm anderes übrig, aus dem Nebenzimmer zähneknirschend den Joseph hervorzerrte und ihn mit einem seiner zauberhaftesten Lächeln an seinem Tisch Platz nehmen ließ. Die blöden Engländer grinsten zufrieden, Haydn ließ die ganze Sache kalt. Aus einer plötzlichen Eingebung heraus (aus Rache) ließ mein Vater die für das Abendessen vorgesehenen Nieren mit Mostrich auftragen, was für einen an Gicht Leidenden wie den Haydn sozusagen tödlich ist; natürlich nicht im Wortsinne. So aßen am Ende alle recht zufrieden vor sich hin. (Man sagt, die Dienerschaft habe Rheuma, die Herrschaft Gicht. Auch das ist ein Beweis dafür, wie gut wir Haydn behandelt haben.)

Wenn es etwas gäbe, wenn etwas existierte, wovon er, mein Vater, alles wüßte, betete mein Vater, bete nur, ungläubiger Hund, säuselte vom Flußufer her gruselig der gute Rat in sein Ohr, alles, bis aufs letzte Haar, von der Katastrophengenesis, von der Rinderzucht, alles wüßte über Haydn, nein, über Bartók, alles über Bartók wüßte, dann würde sich sein Leben nicht nur in seinen Elementen ändern, also auf die Art, daß er auf einmal nach der gefüllten Seezunge, während eines Fußballspiels, vor dem Handkuß und statt des zweiten Judengesetzes still nur soviel sagen würde, sagen müßte, oh, es ist durchaus nicht ausgeschlossen, daß das 1925 war, denn, würde er seufzen, damals hatte Kodály mit dem systematischen Rauchen bereits aufgehört, obwohl er über Kodály nicht alles wüßte, nur eben unendlich viel, und mit diesen seinen hingeworfenen, genauen kleinen Sätzen würde er die Anerkennung und den Respekt seiner Freunde, Arbeitskol- 17.

legen und in einem gewissen Sinne auch seiner Familie erringen, er würde eine einigermaßen stabile materielle, wenn auch nicht Sicherheit, so doch Balance erreichen, er würde eine sogenannte populäre Vortragsreihe halten (aufopferungsvoll, wie er ist, sogar in der Provinz) unter dem Titel »Fußnote zu einer Bartók-Harmonie«, sein Leben würde sich also nicht nur auf diese Art ändern, sondern er müßte sehen, daß es sich von Grund auf änderte, denn es würden neue Leidenschaften und Gefühle in ihm entstehen, neue Sehnsüchte und neue Ängste, neue Passionen, zuerst würde er Lust auf Bartóks Lieblingsgerichte bekommen, auf Polenta und Wiener Schnitzel, er würde die Seezunge gelangweilt von sich schieben, und diese Lustlosigkeit würde sich weiter ausbreiten, denn er würde sich selbst immer weniger bedeuten, seine Bewegungen, sein Gesicht, sein Gesicht im Spiegel, sein Geruch, sein Name, all das erschiene ihm immer allfälliger als eine zu vernachlässigende Detailfrage verglichen mit Bartók, mit Bartóks Schnaufen, und die Wahrheit ist, daß er seinem Herzen nach zu Bartók werden möchte, zu Béla Bartók, man müßte ganz und gar zu ihm werden, von Herzen, was allerdings ein nur schwer oder nur romantisch, kindlich erfaßbares Programm wäre, aber es gibt nichts, nichts, es gibt nichts auf der Welt, wovon er, mein Vater, alles, bis auf das letzte Haar alles wüßte, wovon er erschöpfende Kenntnis besäße, seine Kenntnisse sind noch nicht einmal ausreichend, also ist alles, was existiert, so, daß er nicht genug darüber weiß, als wäre das die Voraussetzung der Existenz, das Sine-qua-non, als wäre es das, was die Welt umspinnt und die Dinge miteinander verbindet, als wäre es das, sein nicht ausreichendes Wissen, was Ordnung in sie bringt, und von diesem Gedanken beziehungsweise Gedankengang säuselten die Schilfblätter nicht weniger gruselig vom Fluß her, mein Vater betete, er empfand es so als logisch, die Logik, dieser stille Schrekken oder diese fröhliche Befreiung, je nachdem, zwingt einen dazu, daß man diese beiden Sachen, alles über Bartók und nichts über alles, nicht als verschieden betrachtet, denn sie sind ein und dasselbe, doch selbst wenn sie nur die zwei Seiten derselben Sache wären, die eine oder die andere Seite der Münze, selbst dann lohnte es sich nicht, einen Unterschied zu machen, selbst wenn man ins andere Extrem verfiele, wäre man immer noch dort, wo man vorher war, im Extrem nämlich, also sind wir von vornherein im Extrem, von vornherein verfallen, hinüber, und da Bartóks Person dies alles zusammenhält, ist er, Bartók, alles, zumindest in diesem Sinne, er trennt und verbindet, was also beim Gebet meines Vaters hinten rauskam, war, daß er auch in diesem Falle zu Bartók werden müßte, ob alles, ob nichts, nicht weil das vornehm oder bequem wäre, sondern weil es keine Alternative gibt, er kam jedesmal auf denselben Punkt, das Bartók-Sein, und da er sich in seinem Gedankengang auf nichts Persönliches gestützt hatte, würde ein jeder andere ebenfalls genau auf diesen Punkt kommen, also muß ein jeder zu jemandem werden, zu Bartók, zu Haydn, zur Rinderzucht, zur Katastrophengenesis, was in der weiteren Folge soviel bedeuten würde, daß man allem einen neuen Namen geben müßte, oder den alten, aber erneut, man müßte ein neues Babylon errichten, und dann wäre er, mein Vater, zum Beispiel Béla Bartók, denn jedes Wesen heißt so, wie der Mensch es nennt, nun ist aber er, mein Vater, nicht Béla Bartók, und was heißt das also alles. Vielleicht wäre er, hätte er nicht zu beten angefangen, nicht in diesen Sumpf geraten. Aber ist es überhaupt möglich, daß die Welt deswegen so wird, wie sie eben wird, weil wir über sie denken, was wir eben denken? Bartók ist schuld. Soll doch Bartók schuld daran sein. Oder der Bossanova ●

Ist es schön im Himmel, Béla? fragte mein Vater unerwartet. Er versuchte zu retten, was zu retten war ● 18.

19. Béla Bartók ernannte meinen Vater zum König von Ungarn, Miculein, mein Engel, dein vermurkeltes kleines Land ist in Not geraten, ich mache dich zum König, herrsche in Frieden und Weisheit, viel kann ich dir nicht versprechen, ein Klavier wirst du bekommen, Chorsängerinnen und eine Garnison Ulanen, deine Familie wird erleichtert sein ob der Garnison Ulanen, das ist sie doch immer, oder?, und das Land ob des Königs, das ist es doch immer, oder? Und so geschah es auch. Mein Vater vermochte vornehmlich das Klavier und die Chorsängerinnen organisch zu gebrauchen (»Breite deine schwarzen Flügel aus!« oder »Schlag, mein wildes Hämmerchen, schlag zu!« oder »Moll! Moll! Dur! Moll!«), doch mit der Garnison Ulanen mußte er sich viel herumplagen, zuerst teilte er sie zur Hausarbeit ein (abwaschen, einkaufen, Gartenarbeit, in erster Linie Unkrautjäten, denn das wollte keiner machen), später teilte er sie unter Haydn zum Notenkopieren ein, bis sie schließlich die Kurutzen-Labantzen-Dichotomie aufhoben und Österreich überfielen, das schien am naheliegendsten zu sein, Rumänien schied wegen Bélas Liebe zur Volksmusik aus. Mein Vater stellte sich selbst an die Spitze des Heeres, obwohl er seinerzeit viel zu tun hatte, unter anderem mußte er täglich ins Büro, seine feurige Fuchsstute schritt eitel einher. Mein Vater war kein guter Reiter, aber zwischen zwei Abgängen saß er stolz im Sattel, mit zur Seite geneigtem Kopf, als würde er immer auf etwas lauschen ●

20. Das Volk Kanizsas hatte viel unter den Türken gelitten und wünschte sich nichts sehnlicher als die Befreiung, aber irgendwie wäre es ihnen lieber gewesen, wenn nach den Türken nicht die Deutschen gekommen wären (und daß nach den Deutschen die Russen kommen könnten, daran wagten sie gar nicht erst zu denken, und daß dann nach den Russen keiner mehr kam, es aber trotzdem so war, als wäre jemand da, also daran dachten

sie nun überhaupt gar nicht), sondern sie Herren in ihrer eigenen Stadt wären. Schließlich forderten mein Vater sowie General Zichy die Türken auf: Sie sollen die Stadt aufgeben. Die Türken ließen nicht locker, sie zeigten, wo der Hammer hängt und überfielen das christliche Lager, mein Vater und seine Leute waren nämlich Christen, und innerhalb dessen auch noch Katholiken, und wollten die Kanonen erobern. Die Belagerer gaben eine harte Antwort, jagten die Türken mit blutigen Köpfen in ihr Lager zurück, wenn sie sie überhaupt zurückjagten und nicht zu Tode metzelten, denn fünfhundert metzelten sie zu Tode. Als mein Vater und seine Leute sahen, daß die Türken hartnäckig sind und ums Verrecken nicht lockerlassen, umgaben sie sie mit einem so starken Belagerungsring, daß nicht einmal ein Vogel ihn überqueren konnte, weder Seezunge, noch Polenta, noch Wiener Schnitzel. Also kam eine Hungersnot auf, so daß die Türken vor Hunger durch die Gegend torkelten. Schließlich waren sie, benebelt von all dem Torkeln, so hungrig geworden, daß sie die Burg aufgaben. Ihr Heer zog mit vierhundert Wagen davon, aber Hauptsache, sie waren weg! Allerdings folgte auf sie eine neue Gefahr: Mein Vater und Zichy kamen hoch zu Rosse in die Festung gesprengt, und zwar mit einem Karacho, daß sie den alten und kranken Aga der Janitscharen fast niedergetrampelt hätten. Ich grüße Euch, Herren. Wie geht es Euch? Wollt Ihr nicht vom Pferde steigen? Das vom in Ehren ergrauten alten Janitschar. Worauf mein Vater, gütig wie er war, nur soviel sagte: Es geht so. Und vom Pferd steigen wir nicht, denn das erlaubt uns die majestätische Autorität unseres großen, mächtigen Königs nicht. Dem entnahmen sowohl Türken als auch Ungarn, daß die Herren Kanizsa für niemanden sonst als sich selbst befreit hatten. Die Geschichte ist eine wechselvolle Reihe von Regen und Traufen, das liegt in ihrer Natur, so die Überzeugung meines Vaters, womit er nicht grundsätzlich die Möglichkeit von Freiheit anzweifeln wollte, um so weniger, als er überhaupt nicht bereit war, sich darüber zu äußern, was der Regen und was die Traufe sei, und wer oder was da hineingeraten sollte. Er hob seinen Zinnhumpen hoch über seinen Kopf und lächelte schelmisch. Denn andererseits, nickte er feuchtfröhlich, ist jeder Pelz so, jeder, und er schlug seinem Freund Zichy auf den Rücken, daß er mal die Motten kriegt. Kanizsa schlief einen erschöpften Schlaf ●

21. Maria Theresia bat meinen Vater, sie als den Kurfürsten von Böhmen bei der Krönung ihres Sohnes Joseph zum Kaiser in Frankfurt zu vertreten. (Hatte sie keine Zeit? Oder wollte sie meinem Vater damit einen Gefallen tun?) Mein Papa mochte den Joseph nicht, und der mochte ihn nicht. Weder Kaiser noch König, nur ein genialer Beamter, sagte er abschätzig über ihn. Später, als Joseph König von Ungarn wurde, wurde ihre Beziehung schlechter denn je. Was für eine ›*unheimliche*‹ Sache, von wegen, ein König sei kein Aristokrat, murmelte mein Papa, den man nicht einmal mit der allergrößten Boshaftigkeit liberal oder aufgeklärt nennen konnte, nichtsdestotrotz hatte er ein Gefühl für Stil. An jenem Aprilabend erstrahlte ganz Frankfurt in einem gleißenden Licht. Die Quartiere der zur Krönung angereisten Gesandten waren prächtig erleuchtet (die Residenz des Pfälzer Gesandten stach besonders hervor), so daß es dort so hell war wie am hellichten Tag. Die Gesandten bemühten sich wetteifernd, einander zu überbieten. Die Anstalt meines Vaters jedoch übertraf alle die übrigen ... Er hatte, diesen Tag zu ehren, sein ungünstig gelegenes Quartier ganz übergangen, und dafür die große Lindenesplanade am Roßmarkt vorn mit einem farbig erleuchteten Portal, im Hintergrund aber mit einem wohl noch prächtigern Prospekte verzieren lassen. Zwischen den Bäumen standen Lichtpyramiden und Kugeln auf durchscheinenden Piedestalen; von einem Baum zum andern zogen sich leuchtende

Girlanden, an welchen Hängeleuchter schwebten. An mehreren Orten verteilte mein Vater Brot und Würste unter das Volk und ließ es an Wein nicht fehlen. Auf einmal wurde mein Vater auf einen Jüngling mit aufgewecktem Gesicht aufmerksam, der an der Seite seiner Freundin begeistert das Werk meines Vaters bewunderte. Der Junge zeigte dem Mädchen mit breiten Bewegungen etwas, und plötzlich war meinem Vater, als hätte er seinen eigenen Namen gehört. Er winkte sie zu sich. Tja, grübelte er vor sich hin, hier ist diese relativ genau datierbare Szene, wie könnte man davon ausgehend eine knappe Skizze von diesem Jüngling erstellen? Er zuckte mit den Achseln, er war ein großer Herr, er konnte alles tun, denn er war derjenige, der bestimmte, was dieses »alles« ist, und er bestimmte es so, daß er alles tun konnte. Was hast du da gemurmelt, mein Junge? Der Jüngling wurde rot und tat dann in stolzer Befangenheit die Äußerung, gerade eben sei der Begriff des, hier folgte der Name meines Vaters, -schen Feenreichs geboren worden. Nicht schlecht, nickte mein Vater, und wies jemanden an, es zu notieren. Obwohl, sagte er noch freundlich zum Jüngling, das ist lediglich *›Dichtung und Wahrheit‹*, daß nämlich er nun wirklich wisse, was der Unterschied zwischen der *›Dichtung‹* und der *›Wahrheit‹* sei. Das wiederum notierte sich der Jüngling. Wie heißt du? fragte noch mein Vater unaufmerksam. Der Junge sagte seinen Namen. Gut, ich werde es mir merken, warf ihm mein Vater im Weggehen hin und vergaß den Namen in demselben Augenblick

Unterwegs traf mein Vater eine Gruppe Kurutzen. Die Sol- 22.
daten fragen ihn: Was bist du? Kurutze oder Labantze? Mein frommherziger Vater wußte nicht, wen er da vor sich hatte, und sagte ihnen, er sei ein Labantze. Woraufhin ihn die Kurutzen ordentlich verprügelten. Mein Vater ging weiter und traf diesmal auf eine Gruppe Labantzen. Auch diese fragten ihn: Was bist du? Kurutze oder Labantze? Mein Vater wußte auch diesmal nicht,

wem er gegenüberstand, und er wußte auch nicht, wer jenen gegenüberstand, von denen er, mein Vater, nicht wußte, wer sie waren, aber ihm fiel die Gruppe von vorhin ein, also sagte er: Kurutze. Woraufhin ihn auch die Labantzen ordentlich verprügelten. Sie verprügelten ihn ordentlich. Schließlich ließen sie ihn laufen. Wie er so weiterging, traf er erneut auf eine Gruppe Kurutzen. Aber daraufhin sagte mein Vater noch vor dem Gruß: Fragt mich nicht, schlagt mich einfach nur. Und so geschah es auch. Mein Vater, der »scheene Graff«, trabt auf seinem Pferd Grünspan einsam durch die einfühlsame und so weiter aus dem siebzehnten Jahrhundert ●

23. General Heister wußte nur allzu gut, daß der Fürst meinem Vater wohlgesinnt war, deswegen schickte er ihn als ersten aufs Schafott. Mein Vater hatte nicht einmal mit der Wimper gezuckt, als man ihm mitteilte, daß er sterben müsse. Oft schon hatte er auf dem Schlachtfeld dem Tod ins Auge gesehen, sie kannten einander, auch jetzt erschreckte er nicht vor ihm. Als man ihn aufs Schafott führte, zog er aus der Tasche seines Wamses ein feines Tuch, ein *türckisch weiß schnupftuchlein mit gülden endt*, entknotete es und entnahm zehn Goldstücke. Die Soldaten wunderten sich sehr darüber, auch der Henker bekam große Augen, aber mein Vater kümmerte sich nicht um die Verwunderung, sondern nahm die zehn Goldstücke und überreichte sie dem Henker. Und dann sagte er ihm etwas. Der Henker schluchzte. Reiß dich zusammen, mein Junge, sagte mein Vater sanft, trat an den Richtblock, schob stumm den Henkergehilfen beiseite, der ihm die Augen verbinden wollte, und sah dem Tod ohne Furcht ins Angesicht. Der Henker beherzigte den Rat meines Vaters, einen seiner letzten Ratschläge, und nahm sich zusammen. Mein Vater war neunundvierzig, als er starb, und das war das meiste, was er für uns (vulgo: fürs Vaterland) tun konnte ●

Als an diesem Morgengrauen im April – und es war der Tag, 24.
an dem, wie ein kaiserliches Dekret bestimmt hatte, seine
Hinrichtung stattfinden sollte – die Wächter in seine Zelle kamen,
kniete mein Vater auf dem Boden, die Hände fest zum Gebet ge-
faltet. Sein Kopf war tief geneigt und sein helles Haar fiel zur
Seite, einen dünnen Hals und eine knochige Wirbelsäule zeigend,
die sich unter dem kragenlosen Leinenhemd verlor. Die Wächter
hielten für einen Augenblick ein, weil sie der Meinung waren, das
Gespräch eines Grafen mit dem Herrgott sei ein genügender
Grund, die strengen Vorschriften des spanischen Rituals zu ver-
gessen. Selbst der Priester, seine ebenfalls zum Gebet gefalteten
Hände nur stumm ringend, trat zurück; seine Handflächen
schwitzten und hinterließen auf dem Elfenbeinrücken des Ge-
betsbuches eine verräterische Spur; der Rosenkranz mit den oli-
vengroßen Gliedern schaukelte unhörbar. Nur die Schlüssel an
dem großen Ring in der Hand des Wächters ertönten zwei-, drei-
mal ohne Rhythmus. Amen, flüsterte mein Vater und beendete
damit sein Morgengebet. Und dann fügte er noch laut hinzu: Ver-
zeihen Sie, mein Vater! In diesem Moment begannen, wie auf ein
Kommando, die Trommeln bösartig und gleichmäßig zu dröhnen,
als fiele plötzlich starker Regen. Ein Husarenoffizier mit rotem
Gesicht und sich sträubendem Schnurrbart, eingerahmt von den
langen Gewehren der beiden kroatischen Ulanen, die an seiner
Seite standen, begann das Urteil vorzulesen. Seine Stimme klang
heiser und das Echo der Zelle war wie leer. Das Urteil war streng
und unerbittlich: Tod durch den Strang. Mein Vater hatte mit der
Waffe in der Hand an einem dieser Bauernaufstände teilgenom-
men, die von Zeit zu Zeit das Reich erschütterten, plötzlich und
unvorhersagbar ausbrechend, blutig, roh und hoffnungslos, um
aber bald danach ebenso roh und hoffnungslos erstickt zu wer-
den. Seine Herkunft und den Ruhm seiner Familie hatte das Ge-
richt als erschwerenden Umstand angesehen und als Verrat nicht

nur am Monarchen, sondern auch am eigenen Stand. Deshalb sollte die Strafe exemplarisch wirken. Mein Vater begriff kaum ein Wort von dem Haufen monotoner Silben, die in seinen Ohren trommelten wie das Gedröhn der Trommeln. Die Zeit stand still. Vergangenheit, Gegenwart und Zukunft waren vermischt, die Trommeln dröhnten wie aufgeregte Pulsschläge, ferne Töne siegreicher Schlachten, triumphaler Züge und Sturmangriffe, genau wie das Trommeln anderer, schwarzbezogener Schlaginstrumente, die aber damals nicht seinen Tod ankündigten, sondern irgendeinen fremden. Trotz seiner jungen Jahre (er sah eher wie ein früh hochgewachsener Knabe als ein reifer junger Mann aus), hatte er schon Wunden gesehen und Auge in Auge mit dem Tod gestanden, aber noch nie in solcher Nähe. Und gerade diese Nähe, dieses Gefühl des Atems des Todes in dem eigenen, nackten Nacken war es, was in seinem Bewußtsein das Bild der Wirklichkeit verdrehte, wie bei einem Astigmatiker, dem die Nähe der Gegenstände nur ihre Konturen verwischt. Woran ihm jetzt am meisten gelegen war – weil man in seiner Welt außer einem ehrbaren Leben nun einmal einen ehrbaren Tod zu schätzen wußte –, war, trotz allem seine Würde zu bewahren, jene Würde, die von einem, hier folgt der Name meines Vaters, in einem solchen Augenblick gefordert wird. Die Nacht hatte er wach, jedoch mit geschlossenen Augen und ohne einen einzigen hörbaren Seufzer verbracht, damit der Wächter, dessen Auge an das Guckloch gepreßt war, würde bezeugen können, der Verurteilte habe einen ruhigen Schlaf gehabt, als stünde ihm seine Hochzeit bevor und nicht der Tod. Und er glaubte schon jetzt, dank einer seltsam verschobenen Reihenfolge der Dinge, zu hören, wie dieser Wächter im Offizierskasino berichtete: »Meine Herren, der junge, hier folgte der Name meines Vaters, hat die ganze Nacht über fest geschlafen, ohne einen einzigen Seufzer, als stünde ihm seine Hochzeit bevor und nicht die Hinrichtung. Darauf kann ich Ihnen mein

Ehrenwort als Offizier geben! Meine Herren, zollen wir ihm unsere Anerkennung!« Und dann ist (bildet er sich ein) der Kristallton der Gläser zu hören. »Ex! Ex!« Dieser Todesrausch, diese siegreiche Selbstüberwindung hielten ihn den ganzen Morgen lang aufrecht, und er unterstützte seine eigene Gefaßtheit durch Gebete, widersetzte sich mit zusammengebissenen Zähnen dem feigen Verhalten seines Gedärms und des Nervus sympathikus, diesen Verrätern an seinem Willen und seiner Absicht; die alte Familienlegende stählte seinen männlichen Mut. Als man ihm also anbot, dank eines gnadenvollen Protokolls, seinen letzten Willen und Wunsch zu erfüllen, erbat er deshalb kein Glas Wasser, obwohl sein Magen schmerzlich brannte, sondern eine Zigarette, wie einst vor langer Zeit einer seiner Vorfahren einen Krümel Tabak erbeten hatte, um ihn dann gekaut dem Henker ins Gesicht zu spucken. Der Offizier schlug die Hacken zusammen und reichte ihm sein silbernes Zigarettenetui. (Meine Herren, ich gebe Ihnen mein Ehrenwort, seine Hand zitterte nicht mehr als meine jetzt zittert, da ich dieses Glas erhebe. Ex! Ex!) Mitten im ersten morgendlichen Sonnenlicht, das schief in die Zelle fiel wie in die Krypta eines Heiligen auf alten Bildern, hebt sich der Zigarettenrauch, violett wie die Morgenröte. Mein Vater fühlt, wie ihm dieser Rauch, diese herrliche Illusion, doch für einen Augenblick alle Kraft nimmt, ihn annagt, als habe er irgendwo aus weiter Ferne den Ton der Tárogatóflöte gehört, die sich über die Ebene ergießt, so daß er die Zigarette schnell auf den Boden werfen muß, um sie mit seinen Husarenstiefeln, von denen die Sporen entfernt sind, zu zerdrücken. Meine Herren, ich bin bereit. Ausgewählt wegen seiner militärischen Einfachheit, kurz wie ein Kommando, nackt wie ein gezogener Säbel und genauso kalt, sollte dieser Satz wie ein Losungswort ausgesprochen werden, ohne eine Spur von Pathetik; so wie wenn man nach einem Gelage einfach Gute Nacht, meine Herren! sagt. Aber, so scheint ihm jetzt, dabei kommt nichts Würdiges für die Geschichte heraus. Seine Stimme war zwar rein und klar, die Silben abgetrennt, der Satz recht einfach, jedoch irgendwie zu weich und angesprungen. Seit jenem Tag, als ihn seine Mutter besucht hatte, hatte er, einer wahnsinnigen Hoffnung zum Trotz, einer verrückten und tief in ihm verborgenen Hoffnung zum Trotz, begriffen, daß von diesem Augenblick an sein Leben nur noch eine tragische Farce war, die von Menschen geschrieben wird, jedoch fast so mächtigen wie Göttern. Sie stand hier vor ihm, groß, stark, mit einem Schleier vor dem Gesicht, die ganze Zelle mit ihrer Persönlichkeit ausfüllend, mit ihrem Charakter, ihrem riesigen Hut mit Federn und ihrem Kleid, das knisterte, obwohl sie sich in keinem Augenblick bewegte. Sie lehnte den einfachen, dreibeinigen Gefängnishocker ab, der ihr von den Ulanen angeboten wurde, die ihr eine Ehre erweisen wollten, wie sie hier wohl noch niemandem erwiesen worden war, doch sie tat so, als habe sie gar nichts bemerkt, als wüßte sie nicht, daß man eine einfache, hölzerne Sitzgelegenheit in ihre Nähe gerückt hatte, eine so schrecklich gemeine im Vergleich zu all ihren seidenen Volants. So verweilte sie während des ganzen Besuchs stehend. Sie sprach mit ihm auf französisch, um den Ulanenoffizier zu verwirren, der in einer respektvollen Entfernung abseits stand und dabei den gezogenen Säbel an seiner Schulter hielt, was man eher als einen Gruß der Ehrenwache einer Adligen gegenüber (deren Geschlecht genauso alt war wie das des Imperators) verstehen könnte denn als eine Vorbeugung und Warnung der stolzen Besucherin der kaiserlichen Kasematten. Ich werde mich vor seine Füße werfen, flüsterte meine Großmutter. Ich bin bereit zu sterben, Mutter, sagte mein Vater darauf. Großmama unterbrach ihn streng, vielleicht zu streng. Mon fils, reprenez courage! Erst jetzt bewegte sie zum ersten Mal ihren Kopf kaum bemerkbar in die Richtung des Wächters. Ihre Stimme wurde zu einem Flüstern, das sich mit dem Geflüster ihrer Seidenvolants vermischte. Ich werde auf dem Balkon stehen. Merke, falls ich in Weiß sein werde, bedeutet das, daß ich Erfolg hatte. Nein, Mutter. Sie werden wohl Schwarz tragen ... Aus der Lethargie rissen ihn die Trommeln, die man schon wieder rührte, es schien ihm, sie seien jetzt viel näher, und er begriff aufgrund dieses belebten Bildes, in dem alles soeben noch still gestanden war, wie versteinert, in einem stummen Dauern, daß das Vorlesen des Urteils nun beendet war; der Offizier faltete das Blatt zusammen, der Priester neigte sich ihm zu und segnete ihn mit dem Zeichen des Kreuzes; die Wächter nahmen ihn unter die Arme. Er gestattete nicht, daß man ihn hochhob, sondern richtete sich selbst ohne weiteres auf, nur leicht gestützt von den beiden Ulanen. Plötzlich, noch bevor er die Schwelle der Zelle überschritten hatte, tauchte in ihm, zuerst irgendwo in seiner Brust, um ihn dann ganz zu durchfluten, die Gewißheit auf, daß dies alles doch so werde enden müssen, wie es die Logik des Lebens fordert. Denn alles war jetzt gegen den Tod, alles in diesem grausigen Traum auf der Seite des Lebens: seine Jugend, seine Herkunft, der Ruhm seiner Familie, die Liebe seiner Mutter, die kaiserliche Gnade, ja, auch diese Sonne, die auf ihn fällt, während er, mit auf den Rücken gefesselten Händen, so wie ein Räuber, auf die Kutsche klettern muß. Aber das dauerte nicht lange, nur bis die Kutsche zum Boulevard gelangt war, wo ein lautes Volk, aus dem ganzen Reich hergebracht, schon auf ihn wartete. Durch die verdünnten Salven der Trommeln hörte er das Rauschen des Pöbels, sein drohendes Murmeln, und er sah viele haßerfüllt gehobene Fäuste. Die Menge johlte und ließ die kaiserliche Gerechtigkeit hochleben, denn eine jede Menge jauchzt immer nur dem Sieger zu. Diese Erkenntnis erschütterte ihn. Sein Kopf fiel deshalb leicht auf seine Brust, seine Schultern zuckten zusammen, als verteidige er sich vor Schlägen (auch der eine oder andere Stein kam geflogen), er neigte sich ein wenig aus der

Hüfte. Das genügte aber schon, denn der Haufen fühlte sofort, daß ihn jetzt der Mut verließ und wie sein Stolz in sich zusammensank. Das rief rohes Gejohle hervor. (Denn die Menge liebt es sehr, wenn Stolze und Mutige zusammenbrechen.) Am Ende des Boulevards, dort wo die Paläste der Adligen beginnen und das Gedränge sich verdünnt, richtete er seinen Blick wieder auf. Im Lichte der Morgensonne sah er den blendendweißen Fleck auf dem Balkon. Über das Geländer geneigt, ganz weiß gekleidet, stand dort seine Mutter, und hinter ihr – als sollte das lilienhafte Weiß ihres Kleides noch stärker hervorgehoben werden – sah er die großen dunkelgrünen Blätter eines Philodendrons. (Er wußte nur zu genau, dieses Kleid war ein Familienstück: Eine ihrer Vorfahren hatte es zu einer kaiserlichen Hochzeit getragen.) Plötzlich richtete er sich auf, fast trotzig, als wünsche er dieser drohenden Menge zuzurufen, daß ein, hier folgt der Name meines Vaters, nicht einfach nur so sterben kann, nicht hingerichtet werden kann wie irgendein Wegelagerer. Und so stellte er sich dann auch unter den Galgen. Als der Henker den Schemel unter seinen Füßen wegschob, wartete er anscheinend noch immer auf ein Wunder. Dann drehte sich sein Körper am Strick, seine Augen traten groß aus den Höhlen, als habe er plötzlich etwas Entsetzliches und Schreckliches erblickt. Meine Herren! Ich stand nur zwei Schritte von ihm entfernt, erzählte noch am selben Abend jener Ulane mit dem sich sträubenden Schnurrbart im Offizierskasino. Als sie ihm die Schlinge um den Hals legten, betrachtete er die Hände des Henkers so ruhig, als binde man ihm ein Halstuch aus Brokat um. Darauf, meine Herren, kann ich Ihnen mein Offiziersehrenwort geben! Es gibt zwei mögliche Schlüsse. Entweder ist der junge Edelmann tapfer und würdevoll gestorben, den Kopf im vollen Bewußtsein der Gewißheit des Todes hochhaltend, oder aber alles war eine gut durchdachte Inszenierung, deren Fäden eine stolze Mutter in den Händen hielt. Die erste, die heroische Version, wurde zuerst mündlich, später auch in Chroniken aufgeschrieben, von den Sansculotten und Jakobinern unterstützt und verbreitet. Die zweite, nach der der junge Mann bis zu seinem letzten Augenblick hoffte, es könne noch zu einer wundersamen Wende kommen, zeichneten die offiziellen Historiker der mächtigen Dynastie Habsburg auf, um die Geburt einer Legende aufzuhalten. Die Geschichte wird von den Siegern geschrieben. Überlieferungen werden von der Menge gewoben. Die Schriftsteller phantasieren. Gewiß ist nur der Tod ●

Rákóczi ging fort, um Hilfe zu holen, und betraute meinen 25.
Vater, den er für treu ergeben und für einen wahren Freund hielt, mit dem Kommando. (Später schrieb er in seiner Enttäuschung über ihn: Unsere Seele weint, Unser Herz darbt in bitterlicher Pein …, daß einer, dessen Ehre und Ansehen Wir selbst verbreiteten, dessen Verfehlungen Wir verdeckten, dessen Leumund Wir selbst erhöhten, den Wir in Unsere innere geheimere Freundschaft aufnahmen und dem Wir Unsere Liebe und Seele darlegten: daß Wir in diesem nun nicht nur ein gefährliches Gewerke gegen Unsere Person, aber auch gegen das Vaterland, diese Unsere wahre, gerechte Sache erblicken müssen.) Und mein Vater einigte sich mit dem Beauftragten des Wiener Hofs, János Pálffy, akzeptierte die Punkte des Friedensvertrags und bereitete die Entwaffnung des Kurutzenheeres vor. Er zog die Kurutzenkavallerie zusammen, mehr als zehntausend Reiter, und stellte das Heer nicht weit von Majtény entfernt in einer langen Linie auf. Als der kaiserliche General János Pálffy dort ankam, nahm er die Brigade in Augenschein und winkte dann, worauf sich die 149 Fahnenträger in einem Kreis aufstellten, in dessen Mitte mein Vater und seine Offiziere einen Schwur auf den Kaiser ablegten. Mein Vater schwor folgendermaßen: Ich, hier folgt der Name meines Vaters, schwöre beim allmächtigen Gott, dem Schöpfer

von Himmel und Erde: Da seine Majestät der Kaiser und unser gekrönter König und gnädiger Herrscher uns und unserem Hab und Gut vollständige Gnade zuteil werden ließ, verpflichte ich mich hiermit von jetzt an und in alle Ewigkeit, bis zu meinem letzten Tropfen Blut seiner Majestät treu ergeben zu sein. Auch die anderen Offiziere leisteten den Schwur, und als das geschehen war, hielt mein Vater eine große Ansprache, dankte seiner Majestät dem König für die Amnestie und die Gnade, dem General János Pálffy für die Vermittlung. János Pálffy selbst hielt ebenfalls eine Rede, und damit war die Tat des Verrats beendet. Viele sind der Ansicht, mein Vater hatte Rákóczi verraten, weil er dessen Reichtum an sich reißen wollte. Ach wo. (Und dann riß er ihn doch an sich, aber mehr so nebenbei.) Vielmehr war er von persönlicher Rache geleitet, denn der Fürst hatte seine Eitelkeit verletzt. Einmal waren sie gemeinsam zu Gast bei einem indischen Kochkurs, und es ging gerade die Rede darüber, was einen mutigen Mann ausmache. Mein Vater sagte, am mutigsten sei der, der niemals nach dem Ende der Schlacht sieht, sondern den Feind angreift und bis zum letzten Tropfen Blut kämpft. Der Mutige läuft nicht davon, sondern fällt auf dem Schlachtfelde. Die anwesenden Herren ließen ihn und seine Worte hochleben, und diese Ehre gefiel meinem Vater, doch dann ergriff der Fürst das Wort. Am mutigsten ist der, der vor der Schlacht nachdenkt. (Am mutigsten ist der, der nachdenkt.) Der an die Tränen der Witwen und Waisen denkt, an die geplünderten Dörfer, der die Schwächen des Gegners erkundet und darüber nachdenkt und erst danach in den Kampf zieht und mit wenig Verlusten siegt. Dagegen gab es nichts einzuwenden, nicht nur, weil es ein fürstliches Wort war, sondern auch deswegen nicht, weil der Fürst recht hatte. Die Wahrheit anderer kann einem nicht teuer sein, wenn es der eigenen Unwahrheit entgegensteht. Mein Vater verzieh Ferenc Rákóczi nie, daß er ihn vor den anderen Herren, in glanzvoller Gesellschaft, so belehrt hatte, und er rächte sich dafür •

Nachdem Rákóczi in die Verbannung gegangen war und 26.
Károlyi die Waffen niedergelegt hatte, wollten mein Vater und seine Mitstreiter immer noch nicht glauben, daß es nun zu Ende war mit der Freiheit. Sie hatten sich da in etwas hineingesteigert. So was ist immer ein Fehler. Sie warteten und warteten, daß Rákóczi zurückkäme und Bercsényi. Aber keiner der beiden kam, dafür kam General Pálffy (der mit Károlyi die Arbeit des Verrats zu Ende gebracht hatte) und begann, sich mit meinem Vater und seinen Leuten zu einigen. Was blieb ihnen denn weiter übrig? Sie einigten sich mit dem General, sich dem kaiserlichen Heer anzuschließen, den gelbverschnürten Tressenrock der Husaren anzuziehen und sich den breiten, hohen Tschako auf den Kopf zu setzen. Mein Vater tauschte die Kleidung, aber nicht das Herz. Davon konnte sich auch der Verräter Pálffy überzeugen, als er dem kommandierenden General die neuen Reiter vorstellte. Viele deutsche Soldaten standen Wache, beaufsichtigten meinen Vater und seine Leute, als der Kommandant in Pálffys Begleitung an ihnen vorbeiritt. Der Generalissimus aber war derart an die nackten deutschen Gesichter gewöhnt, daß er die vielen Kurutzen mit ihren langen Bärten nicht dulden mochte, also blieb er vor ihnen stehen und begann sie zu schmähen. Er schmähte meinen Vater und seine Leute lange, mit lauter Stimme, und sie standen nur da und hörten zu. Der Generalissimus beendete das Donnerwetter mit den Worten: Ihr würdet verdienen, daß ich euch allen den Kopf abschlagen lasse. Daraufhin richtete mein Vater seinen langen, herabhängenden Bart und knurrte, er konnte es sich nicht verkneifen, dem deutschen Generalissimus hinterher. Und wenn du uns den Kopf abschlagen ließest, worauf würdest du dann diesen verrückten Labantzentschako stülpen? Verrück-

ter Deutscher! Graf Pálffy, der irgendwo auch ein Ungar war, lächelte über diese Worte und sagte als ungebetener Synchrondolmetscher: Dieser Recke sagt, sie hätten ihre Kurutzenschaft schon sehr bereut. Daraufhin konnte auch der Generalissimus nur zustimmend nicken ●

27. Mein Vater erlaubte nicht, daß man ihn klonte. Er verbot es aufs Entschiedenste. Er schrie den Klonmeister nieder und machte bei Hofe die ganze Konzeption madig. Er warf alles, was er an Autorität und Einfluß hatte, in die Waagschale, und das war nicht gerade wenig. Aber dann kam doch alles anders ●

28. Das Schicksal der Ungarn nahm eine glückliche Wendung, der Fürst bot dem Kaiser Friedensbedingungen an und betraute meinen Vater mit den heiklen Verhandlungen, wobei er sagte, er (mein Vater) wüßte das Wort gut zu führen, also heraus damit (mit dem Wort, dem Schwert)! Maria, hilf!, selbst wenn es Fremde sind. Auf der Stelle wuchs er mehrsprachig auf, deutsches Fräulein, französische Mamsell, englische Miss (ungarisches Mädel? hoho!) und Italienisch kann man ja sowieso und dann kommt man auch mit dem Spanischen zurecht, und das Portugiesische ist ja gleich um die Ecke. Er fand, daß es einem als Ungarn nicht besonders schwer fiele, sich diesen fremden Sprachen anzunähern, oder daß ein Indogermane dem anderen nicht die Augen aushacke. Obwohl, pflegte er zu sagen, ich habe sie ja auch nicht gelernt. (Id est: Er lernte sie nicht, er konnte sie.) Er wußte zum Beispiel nicht, was starke und was schwache Konjugation ist, er konnte es nicht beschreiben oder definieren, er konnte lediglich konjugieren. Deswegen hatte er auch kein Sprachexamen. (Wozu auch. Der halbe Gothaer Almanach arbeitete in den fünfziger Jahren als Neger beim Landesbüro für Übersetzungen und Übersetzungsbeglaubigungen, so konnte man, logi-

scherweise, das Papier über das Sprachexamen nicht ordnungsgemäß benutzen, es reichte, die Sprache zu können.) Mißmutig verbesserte er alle. Er verbesserte die Ungarn. Widerstrebend, wie man sagt. Von oben herab, von den Höhen des Wissens hinab ins trostlose Tal des Nichtwissens. Grimassen schneidend. Dabei war es genau andersherum: Er war erschrocken. Der Gedanke, daß die sogenannten schlechten Sätze unkorrigiert, sozusagen in aller Ruhe in der Welt herumlungerten, abhingen, vor sich daherlebten wie Gott in Frankreich, erfüllte ihn mit Schrecken, deswegen kannte er weder Gott noch Teufel und korrigierte flugs. Nicht selten sprang meine Mutter heulend auf und suchte und fand im nächsten Besenstrauch Schutz – damals versteckte sich das halbe Land im Riedgras, die andere Hälfte jagte sie, und die dritte Hälfte war, denn irgendwie ergab sich das beim Rechnen so, in schwerer Gefangenschaft –, mein Vater krittelte nämlich auch in Gesellschaft an ihrem Französisch herum, es heißt nicht la, sondern lö, le saucisson, dich hat offenbar *›die Wurst‹* irregeführt, meine Teure. Offenbar, würgte meine Mutter und ab durch die Mitte, in den Wald und auf die Heide, in concreto. Das ist demütigend, schluchzte meine Mutter. Du kannst einem nur Tritte versetzen, schluchzte meine Mutter. Mein Vater blinzelte unschuldig wie ein Kind, sah sich um, als würde er Hilfe suchen: zum spanischen Botschafter, zum preußischen Gesandten, zu dem aus dem Vatikan. (Es wird gemunkelt, sein Name wäre im Zusammenhang mit dem Posten im Vatikan genannt worden, dann aber mit Bedauern fallengelassen wegen einer »wahrscheinlich anzunehmenden konkubinatären Beziehung«, die ein formales und somit nicht zu umgehendes Hindernis darstellte.) Und sie erkennt nie, wenn es den *subjonctif* verlangt, erklärte mein Vater dem Botschafter, nie …, er blickte die Männer mit enttäuschtem, weinerlichem Gesichtsausdruck an, als wären sie es, und nicht meine Mutter, die ihm sein Spiel kaputtgemacht hatten.

Die falschen Brüder, rief er aus, the false friends! Auf holländisch bedeutet *bellen* nicht den Hundelaut, sondern klingeln, trotzdem, wer könnte ein Lächeln unterdrücken, wenn er beim Tierarzt in Amsterdam die Aufschrift sieht: 3 x bellen, und damit hob er lange, klagend, jaulend, schaurig und natürlich bravourös zu bellen an. Denn mein Vater verhandelte über Mittelsmänner, die Vermittlung übernahmen die Gesandten Englands und Hollands. Der holländische Botschafter fand, daß die Kurutzen unter den gegebenen Umständen zu viel forderten. Er begann mit meinem Vater zu feilschen. Nur, daß mein Vater ein aufbrausender, offenherziger Diplomat war – für 50 Fillér aß er eine Fliege, für einen Forint durfte man den Kadaver auf seiner Zunge photographieren, für fünf Forint und einen Apfel (Starking) biß er eine Maus entzwei, und nie arbeitete er mit mitgebrachten Mäusen, er fing sich seine eigene –, und als er sah, was der Holländer da machte (nämlich feilschen), sagte er hochfahrend: Wir feilschen nicht weiter, mein Herr Holländer, uns verlangt es nach Freiheit, nicht nach Käse! Und der holländische Botschafter, der den Käsehandel, der seinem Vaterland Reichtum gebracht hatte, durchaus nicht für eine Schande hielt, antwortete meinem kämpferisch aufgelegten Vater: Wenn ihr Freiheit wollt, gebt den Soldaten kein wertloses Kupfergeld, sondern schneidet die vielen Gold- und Silberknöpfe von euren Mänteln, lasset Geld daraus prägen und bezahlt die Krieger damit, dann werden sie auch mit größerem Eifer und größerer Courage kämpfen! Tja, Holland hatte auch seine Freiheit errungen, aber seine Führer gingen nicht in gold- und silber-, sondern in bleibeknöpften Mänteln. (»To go dutch« heißt soviel wie: Jeder zahlt für sich.) Verglichen damit kleidete sich mein Vater, nicht wahr, mit einer Eleganz, die selbst gekrönte Häupter in den Schatten stellte, dafür vor allem war er auf dem ganzen Kontinent bekannt, hinzu kam die britische Krone. ›*Sehr nobel und ein Grandseigneur*‹, schrieb Graf Stahremberg in seinem Tagebuch, obwohl er seinen Gesichtsausdruck als ausdruckslos beschreibt, ihn selbst als geistig mittelmäßig, wenngleich gut organisiert, jemand, der gebildet ist und Sprachen spricht, aber mit Worten sparsam umgeht. Aus den Bleiknöpfen wurde nichts. Mein Vater sagte vor dem Richterstuhl der Geschichte, er verstehe das Problem sehr gut, es sei eine Sünde, das Allgemeinwohl zu vernachlässigen oder zu beleidigen, aber Bleiknöpfe könne man nicht alleine tragen, das habe keinen Sinn, der Bleiknopf sei symbolisch, im Gegensatz zum Diamantenknopf, den könne man sehr gut auch einsam tragen, denn das mache einen Sinn, weil der Diamant was Konkretes sei. Dieser Gedanke, wonach ein einzelner Plebejer eine nicht deutbare Kategorie ist, während ein einziger, mickriger, nichtswürdiger, ein gottverdammter Aristokrat eine sei, ist falsch, mein Vater irrt sich, wenn er denkt, Armut sei symbolisch und Reichtum konkret. Mein Vater blinzelte unschuldig wie ein Kind, sah sich um, als erwartete er Hilfe. Was bin ich nur für ein komplizierter Mensch, lachte er. Nicht immer, antwortete der Richterstuhl der Geschichte. Ach so? Nicht immer kompliziert ●

Am Karfreitag, auf dem Weg nach Szombat, bewunderte er (mein Vater) den Flug der Engel ● 29.

Auf dem Weg nach Szombat wurde mein Vater von einem jungen Mädchen angesprochen, es würde ihm einen blasen. Mein Vater war über Vierzig, schon etwas näher an die Fünfzig heran, damals galt so jemand als alter Mann. Er lernte nie richtig Ungarisch, er beherrschte es gut, aber nur so wie der Blinde, der sich fehlerlos in einer Welt zurechtfindet, von der er nichts weiß; allwissende Unwissenheit. Mein Vater musterte fröhlich das junge Ding, das, nachdem es den Satz ausgesprochen hatte, stumm und kampfbereit dastand. Weißt du, ich habe nie richtig 30.

ungarisch gelernt, erklärte er dem Mädchen liebenswürdig, ich beherrsche es gut, aber ich bin wie der Blinde, der sich fehlerlos in einer Welt zurechtfindet, von der er nichts weiß. Allwissende Unwissenheit, sagte er und lachte. Einen blasen, das heißt orale Befriedigung, nicht wahr? Das Mädchen hörte mit unbewegter Miene zu. Komm, sagte mein Vater gnädig, laß uns gehen, ich habe noch Wege zu machen. (Er hatte immer Wege zu machen.) Womöglich haben wir denselben Weg. Eine Weile lang gingen sie stumm nebeneinander her, das Mädchen schwenkte seinen Schulranzen. Ob es ihn aus einer Wette heraus angesprochen habe, fragte mein Vater. Oder aus Geldmangel? Wegen des Neunten? Habe es vielleicht schlechte Laune? Oder im Gegenteil: gute? War es aus dieser Laune heraus? Ich hätte gern deine Meinung erfahren, sagte plötzlich das Mädchen. Ach so, sagte mein Vater enttäuscht, ich dachte, du wolltest mal einen blasen. (...) Du hast zuviel geredet, jetzt weiß ich nicht mehr, was ich wollte. Ich verstehe, mein Vater nickte. Es hat mich gefreut, mich mit dir unterhalten zu haben. Die blauen Hajduken feuerten Freudensalut. So lernte mein Vater meine Mutter und meine Mutter meinen Vater kennen •

31. Mein Vater war ein berühmter Krieger, ein großer Heerführer, in Duellen, in der Heerführung suchte er seinesgleichen. (Meine Mutter!) Der Fürst gewann ihn außerordentlich lieb, denn einmal hatte er vor seinen Augen zweiundvierzig Feinde niedergemetzelt. Er wollte es gar nicht glauben, als man ihm die Nachricht brachte, mein Vater bereite sich auf einen Verrat vor. Aber er mußte es glauben, denn es war meine Mutter, die ihn anzeigte, ihr hatte er seinen Plan verraten. Mein Vater kam vor das Kriegsgericht und wurde wegen Hochverrats zum Tode verurteilt. Rákóczi weinte, als das Urteil gesprochen wurde, aber dagegen konnte auch er nichts machen: So war eben die

Strafe für Verräter. Meine Mutter weinte nicht, im Gegensatz zum Fürsten hatte sie sich entliebt, praktisch von einem Augenblick zum nächsten, sie konnte gar nicht verstehen, wie sie mit diesem Mann etwas zu tun haben konnte, es war ihr unangenehm, überhaupt daran zu denken. (Alles, was sie an meinem Vater liebte, zeigte sich nun von seiner anderen Seite. Mein Vater wurde störend. Er hatte breite Hüften und wackelte mit ihnen. Seine Lippen waren dick, sein Denken war gewöhnlich, sein Hintern flach, sein Atem säuerlich. Was anno *›blitzschnell‹* war, war jetzt *›schlagfertig‹*. Was einst ein sensibles Erfassen der Lage zu sein schien, zeigte sich jetzt als egoistische Ellbogentaktik. Seine farbige Persönlichkeit entpuppte sich plötzlich als Oberflächlichkeit, das teure und seltene Parfum verbreitete die Herbe des Scheißegeruchs. Sein natürlicher Witz wurde zu Kulissenreißerei. Sein Humor zu Witzelei. Seine Freundlichkeit zu Schleimerei. Seine Strenge zu Grobheit, seine gute Laune zu Albernheit, seine schlechte Laune zu Griesgrämigkeit, sein munterer Blick zu Koketterie. Und so weiter, alles, was auch immer. Ein Beispiel. Mein Vater sprach zeitweise, als wäre er nicht von dieser Welt, ein wenig streng, ein wenig humorlos, ein wenig unzeitgemäß; prachtvoll, pflegte meine Mutter anhimmelnd zu sagen, prachtvoll wie die Engel. Jetzt empfand sie dasselbe als Heuchelei. Als sie sich zufällig auf dem Markt von Nagyszombat begegneten, drückte sich mein Vater, laut meiner Mutter, lange zwischen den Zelten und Planwagen herum, erkannte sie absichtlich nicht und sprang dann plötzlich vor sie hin, zerrte ein Buch aus dem Mantelsack, aber dabei verzerrte sich sein Mund vor lauter Haß, so daß ihm meine Mutter, laut meiner Mutter, gar nicht erst zuhörte. Vor dem Verrat hieß es von diesen Lippen noch, sie seien ein rosiger, fröhlicher Kußmund.) Aber das Unangenehme, fast schon Peinliche war gar nicht das, sondern die Sätze. Mein Vater hatte meiner Mutter soviel Schönes gesagt, und nun verlor meine Mutter diese Sätze, quasi rückwirkend, zusammen mit ihren eigenen, zitternden Gegen-Sätzen. Mein Leben bekam Löcher. Also habe ich deinen Vater wirklich geliebt. Und nun liebe ich ihn wirklich nicht. Das Armsünderhaus war in Sárospatak, mein Vater wurde vor der Hinrichtung dahingebracht. Man fragte ihn, was sein letzter Wunsch sei. Er verlangte nach einem Spiegel. Seine Mitstreiter fragten ihn, wozu er denn den Spiegel brauche? (Durch einen Spiegel ein dunkles Bild ...) Ich will sehen, ob ich auch jetzt noch so mutig bin wie damals, als ich noch mutig war. Dann bat er die Offiziere, sich sein Abschiedsgedicht anzuhören. Und mein Vater blieb allein zurück. Da rang ein Mann mit ihm, bis die Morgenröte anbrach. Und als er sah, daß er ihn nicht übermochte, schlug er ihn auf das Gelenk seiner Hüfte, und das Gelenk der Hüfte meines Vaters wurde über dem Ringen mit ihm verrenkt. Das Gedicht selbst ging so: *Scheiden muß ich, sterben muß ich, / nun erlischt mein Lebenslicht / Sündig war ich, Tod empfang ich, / eine Gnade gibt es nicht.* Gab es auch nicht: Am nächsten Tag wurde er hingerichtet, genauer gesagt blendete ihn der Henker, damit er von da an in keinen Spiegel mehr schauen konnte. Damit er diesen mutigen Mann nicht sehen konnte. Womit der Henker nicht rechnete, war, daß mein Vater von da an auch diesen feigen Menschen hätte sehen müssen. Das ewige Dunkel leuchte nun dir, sagte der Henker den Vorschriften gemäß. Seine Stimme klang respektvoll. Mein Vater lernte schnell, sich in dem ewigen Dunkel zu bewegen. Von seiner Ehre blieb ihm nichts, selbst die Diebe spuckten nach ihm aus. Überhaupt nichts war ihm geblieben, weder Haus noch Land (Heimat), weder Familie noch *›Sohn‹*, noch *›Vaterland‹*, auf einmal gar nichts mehr, und es gab nicht einmal mehr einen, der sich an alles erinnerte. Auch das ist so barock an ihm, dieses Oszillieren zwischen Alles und Nichts, zwischen Himmel und Erde (die Erde ist alles, der Himmel ist das Nichts). Die

Kunst des Barock ist vollkommen leer: mein Vater. Wieso ist die Annäherung an sie so schwer, schwerer als an die klassische Kunst, wieso ist sie uns ferner als das zeitlich bei weitem fernere Mittelalter oder die nahe und doch entrückte, abstrakte Kunst unserer Tage? Warum ist das so? Vielleicht, weil der ideelle Inhalt des Barock veraltet ist? Oder weil in Zeiten des Neobarock das Ehemalige so heftig nachgeahmt wird, daß es einen Widerwillen in uns auslöst? Man wünschte sich den feudalen Lebensrahmen zurück: Man wünschte in Schlössern zu wohnen, preziös und leicht zu leben, schön und leicht, wie einst der Adel des französischen Hofs, und nachzusinnen über die verlorenen Ländereien und die unvergänglichen Tugenden der Ahnen, wenn man denn solche hatte. Affektion, Träume haben aber im Rahmen der Wirklichkeit keinen Platz. An die Stelle des livrierten Dieners und des Schlosses ist auf der ganzen Welt die Realität des Vollkomforts, des mechanisierten Haushalts und der Gewerkschaften getreten. Wo ist denn der Eisenstädter Besuch Maria Theresias, wo ist er geblieben? Mein Vater wünschte sich aus einer verständlichen Eitelkeit heraus, seine Herrscherin mit echtem fürstlichem Glanz zu empfangen. Er erweiterte das Schloß um einen riesigen Saal (alles), aber der Gebäudeflügel brannte noch vor Ankunft der Königin ab (nichts). Daraufhin ließ mein Vater schnell ein kleines Schloß für die königliche Majestät im Park erbauen; in diesem prächtigen Schlößchen fanden die Gartenfeste statt. Maria Theresia fragte, was es denn gekostet habe. Achtzigtausend Forint. *›Oh, das ist für einen Fürsten‹*, hier folgte der Name meines Vaters, *›eine Bagatelle‹*! lächelte die Königin. Kaum hatten sie sich einmal umgedreht, schon prangte über dem Tor des Schlößchens in goldenen Lettern dieses Wort: Bagatelle. Von da an war das der Name dieses prächtigen Gebäudes. Mein Vater jagte einem geprügelten Hund gleich um seine Ländereien, also um sich selbst herum, von Burg zu Burg, von Schloß zu Schloß, Fraknó, Eisenstadt, Lánzsér, Lakompak, Léka, Keresztúr, Szarvkő, Feketevár, Csobánc und Hegyesd, Kőpecsény, Simontornya, Kapos, Ozora, Tamási, Koppány, Alsólendva, Nempti, Léva, Szádvár, Végles, Tata, Árva, Létava, Kabold, Kapuvár, deren geschätzter Wert sich auf 2 780 000 Goldforint belief. Für hundert Forint konnte man sich schon ein etwas größeres Stadthäuschen kaufen. Mein Vater ließ die Kirche von Nagyszombat für dreißigtausend erbauen, während die Steuern der Nagyszombater Bürger tausendeinhundert Forint ausmachten. Mein Vater war also von der Erde in den Himmel gestürzt, und, alles oder nichts, er bat den Fahrer eines Leiterwagens, der gerade nach Eisenstadt unterwegs war, ihn mitzunehmen. Sofort sind an die sechs Leute aufgesprungen, um ihm ihren Platz zu überlassen, aber mein Vater wehrte sie ab, sagte, er wolle nur hierher, nach Eisenstadt. Worauf ein weißhaariger, weiser Mann das Wort ergriff und seine Meinung kundtat, wonach zwar die Distanz kurz sei, trotzdem sollte sich dieser unglückliche Mensch, mein Vater, hinsetzen, denn es könne alles mögliche passieren. Das Volk nickte zustimmend. Das Gesicht meines Vaters war zur Hälfte von einer Maske bedeckt, das war notwendig, so schrecklich sahen die beiden Wunden an der Stelle seiner Augen aus. Gräßlich, das sagte meine Mutter zu ihm, bevor sie ihn verließ. Gräßlich, glaube mir, zum letzten Mal glaube mir endlich etwas, das ist gräßlich, sagte sie und ging. Die Passagiere des Leiterwagens dachten über die Bitterkeit des Lebens, die Hoffnungslosigkeit der Welt, die Laune des Glücks nach. Da sie das Unendliche mit jenen 1100 verglichen, erfaßte sie ein gespenstisches Gefühl, aber natürlich konnten sie sich das frühere Leben des blinden Mannes nicht einmal vorstellen. Der Unterschied ist nämlich unbeschreiblich. Da rückte mein Vater sich die Maske über den Augen zurecht und sagte: Wieso, was kann denn passieren? Nur das Rattern des

Wagens war zu hören. Der Schnee schmilzt, der Frühling kommt. Das passierte am 13. Februar, nach dem Mittag um drei Uhr sechzehn Minuten, da sagte mein Vater, daß es schmilzt und daß er kommt ●

32. Das auf ungarisch verfaßte Register der Mobilien meines Vaters ist auf fünf Bögen geschrieben, welche mit rotem Seidenfaden verbunden sind, die Enden dieses Fädchens mit schwarzem Ringsiegel versiegelt. *Cista prima ex Hebano:* 1 gehenkh, darin 114 alter und kleiner demante, 1 anchora mit kreuz und 2 flugel und 2 hendt. 1 dergleichen gehenkh, darin 25 rubine, 9 demante und 3 perlen, in der mitt die Justitia. Item, 1 Cupido-gehenkh, mit 4 alte und 22 kleine rubine und 14 demantelein, 1 schmaragt und 17 kleine perl. Item, 1 klein vogelgehenkh, gebrochen, mit je 4 kleine rubin, in deren hertz 1 farblos gebrochen saphyr mit 1 klein schmaragt in dem schwant. Item, 1 gehenkh von alter form, mit dem bild Adams und Even, mit 3 rubine, 1 demanten und saphyr und 1 perle darinn. Item, 1 busch, halb aus feder, dessen sohle in rosenform, mit 47 alten und kleinen demanten neben herumb, und 3 perlen herunter henkhent. Item, 1 altes rautten kronlein mit 1 agaffe (*sic!*), mit 7 mal je 2 kleine rubinen und 3 perlen, aber bei zweien das obere gebrochen, je 1 perle und jc 1 rubin gehen ab, darzu von 7 agraffe der obere kleine rubin gehet ab. 1 stuckh schwartz sammet, mit 2 gebrochen agraffen, allesamt 30 perlen darinn. 1 gülden kreuzl, mit gehenkh, mit allsamt 16 demanten darinn. Noch 1 anderes doppelt gülden kreuzl, mit böhmisch lenglich demanten. Item, 1 kreuz von alter form aus gewöhnlich alt steinen, 2 perlen, in guldt gefasst. Item, 3 gewöhnlich rothe steine, in guldt gefasst. Item, 1 gülden haarnadel, daran 1 gehenk mit 1 alt unngrisch demanten und 1 kleinen guten demanten. 1 mehr gülden haarnadel wie ein gottsberedt mit 1 alt gediegen saphyr, 1 klein gediegen rubin, und 2 gediegen rubinlein

daran! Item, 1 dritte kleine haarnadel, mit 1 demanten am endt; neben dieser haarnadel auf einem leibfarbenn pertl 5 gehenkh mit 5 alt geschnitten demanten, mit 1 alt perle daran. 1 paar armreiffn, mit 88 perlen darinn, 6 adlerform agraffen, ein jedes mit 3 rubinen, an den enden von zwein je 2 agraffen mit je fünff rubinen und an andern zwei enden schnallen. 1 paar ohrgehenkh, hertzform gehenkh, mit je 22 kleine demanten, und je 1 perle in der mitt. Item, 1 ohrgehenkh, darin 8 kleine demantl und 1 perle henkehn. Item, kreuzform gülden gehenkh für den kopf, mit 1 grun stein in der mitt und gefasste perle daran gehenkht. Item, 22 gebrochen kleine agraffen, mit 17 kleine perlen und 1 klein rubin darinn. 1 alt klein pellikan-gehenkh, mit 3 kleine rubine. Item, 1 halspenter, mit 9 alt und 44 kleine gülden-geschmelzt und 1 agraff mit kleinen perlen. Item, noch 1 anderer halspenter, mit 41 gülden schwartz geschmelzt agraffen, in 6 davon je 2 kleine demante, in 21 davon je 2 perlen, aber 2 demanten gehen ab. 1 schwartz schlecht sammet-huls, darinn 13 ringe, davon 4 stempelringe, im fünfften 1 hertzform gediegen rubin, im sechsten und siebenten je 1 geschnitten klein demant, im achten 1 rautten geschmelzt und 1 klein livide stein, im neunten ist schale vom elkh (Elch) gefasst. Der zehente ist weiss und grun geschmelzt, flach, ohne stein. Im zwelften ist ein weiss geschmelzt crucifixus. Der dreizehent silbern ring, mit 1 ungeschnitten stein. Item, in noch 1 anderem schwartz schlecht sammet-hulslein 11 ringe, davon 5 ohne stein, der 6ste in schlangenform, mit 1 sehr klein demanten; 2 sind mit türkisen neben herumb, im einen wieder 1 klein demantl, im andern 1 klein rubin; der letzte aber aus kupffer mit glass darinn. Item, in 1 dritte schwartz sammethulsen 23 gülden ring gefasst, davon 1 in rosenform, darinn in der mitt 1 alt, viereckhet demant, mit 10 kleine geschnitten demantl neben herumb. 1 mehr sternform ring, im stern mit 7 alt und 19 geschnitten demantl neben herumb. Der dritte ist mit 1 schön gediegen rubin.

Der vierte mit geschnitten rubin. Der fünffte in rosenform mit 7 kleine türkise. Der sechste weiss und schwartz geschmelzt, mit 1 blassen demanten darinn. Der siebte in rosenform mit 5 geschnitten rubinlein und 4 kleine rubine. Der achte schwartz geschmelzt, mit 1 schön geschnitten demant darinn. Der neunte schwartz geschmelzt mit 1 geschnitten saphyr. Der zehente 1 hertzform geschmelzt ring, mit 1 hertzform alt demant in der mitt, und 14 kleine rubine neben herumb. Der elfte kreuzform ring mit sieben alt demanten darinn. Der zwelfte 1 rosenform spanisch alt ring, mit 1 geschnitten demanten in der mitt und 18 kleine demante neben herumb. Dreizehente 1 alt spanisch ring in straussfeder-form gemacht, mit 19 geschnitten schmaragte darinn. Sechszehente* mit 1 alt gediegen schmaragt darinn. Der siebzehnte 1 rosenform spanisch alt ring, mit 13 geschnitten rubine darinn.** Der neunzehente mit 19 demanten rund herumb. Der zwanzigste 1 alt spanisch form ring, mit 9 türklein darinn. Ein und zwanzigste mit 1 schön alt viereckhert demanten in der mitt und 8 kleiner demante unten herumb. Der zweiundzwanzigste 1 alt-schmaragt ring. Der dreiundzwanzigste 1 grün geschmelzt gülden ringlein ohne stein. In der selben hulsen sindt ausser dem 1 alt silbern-vergüldt türckisch ring mit 1 roth alt stein. Item, ibidem 1 schlangenform gemacht haarnadel, mit 3 demantl darinn. Pyrit, ungarit, rosenkwartz, lapis lazuli, achat! Jade! Item, 1 alt jungfrauwen-krantz mit steinen und agraffen, mit 19 agraffen mit demanten in der mitt, in vieren je 1 rubin in andern vieren 4 schmaragtte, in zehen je 1 alt perle. Item, 1 anderer alt jungfrauwen-krantz mit spangen, mit 8 agraffen, in vieren davon je 1 demant, in andern vieren je 1 rubin, in jeder spang 4 kleine perlen, davon 9 alte, runde perlen. Item, 1 dritter alt jungfrauwen-krantz mit güldene agraffen, darinn 7 alt agraffen, in jeder 1 rubin und 2

* Die Beschreibung des vierzehnten und fünfzehnten fehlt.

** Der achtzehnte wird nicht erwähnt.

perlen. Item, vierter krantz, mit 14 klein agraffen mit rubinen und wieder 13 klein agraffen mit perlen darinn, und 270 klein perlen neben herumb. Himmellaudon, gezehlet! Im fünfften krantze 14 alter gülden agraffen, mit je 1 klein rubin, mit 36 perlen da zwischen. Im sechsten krantze 22 dünne gülden und schmal, klein agraffen, schlecht, mit je 1 kleinen rubin darinn, aber 4 gehen ab; item, darunter 46 st perlen, klein. Der siebte krantz ist grün und weiss mit gestreifft pertl, mit 12 gülden agraffen daran, in der mitt weiss geschmelzt, hertz-formig; mit je 9 rubinen; darunter 26 klein perlen. Der achte ein getragen pertl-krantz, mit 14 geschmelzt, gülden spang ohne stein und mit 36 perlen darinn. Der neunte roth und leibfarbenn getragen krantz, mit 7 gülden agraffen von verschiedener form, davon fünff mit perlen, 2 mit böhmisch demanten. Der zehente gleich pertl-krantz, mit 6 agraffen wie welche an der andern, und 2 klein spangl. Item, 1 perlenketten, aus 652 mittelgross rund orientalisch perlen, mit 500 klein perlen da zwischen. Item, 1 moschus ketten, mit 500 klein perlen rund herumb. Item, 1 haarwickel aus klein corallen auf grun pentlein, mit 1 perlenstein. Item, 1 kornelform corall für den hals, zusammen mit schwartz perlen. Item, 1 ketten von corallen, darin 234 kornelform. In 1 schwartz sammet hulsen 1 schön halspender, mit 1 alt gehenkh daran, darinn 2 alt demante, klein demante 18, geschnitten alt rubine 7, und klein rubine 8. In diesem halspender 18 alt gülden agraffen, in deren schoss je 1 alt und 4 kleine demante, item je 4 klein rubine; agraffe mit rubinen 4, mit je 1 alt in der mitte, 4 kleiner rubine neben herumb; item je 4 klein demante; wieder 9 agraffen, mit je 5 alte perlen und je 4 klein rubinen darinn, 1 perle gehet ab. Item, 1 alt gülden ketten, das 3 funt wieget. Item, 3 mit perlen, in toto 14 ellen. Item, 4 ellen und 1 viertel lang schmal pelzlein. Item, 2 stuckh alt in spitzenform gemachte pelz mit perlen, bald 1 ellen lang. Item, auf 1 karten 20 getragen gülden agraffen, mit je 1 rubin darinn und 2 perlen neben herumb. Item, in 1 klein schachtl von elfenbein manch gülden fragmente. *Straßenbahnabo mit Foto in einem Etui aus Aluminiummetall.* Item, in 1 anderes weiss und schwartz-bunt schachtl 1 paar saphyre fürs ohr. Item 1 ohrgehenkh, perle in guldt gefasst, 4 saphyre, 3 kleine demante und 1 klein gediegen rubin. Item in 1 kleine schachtl von elfenbein 1 zart kupfferketten. Item, 12 gülden knöpff, geschmelzt, mit schmaragt in der mitt, bis auf 1. Item, 12 kleiner gülden knöpff, geschmelzt, schwartz, mit 1 klein rubin in jedem. Item, mehr 23 kugel förmig geschmelzt gülden knopff, darin je 1 demantl, 2 gehen ab. Item, 1 zart ketten, mit 42 agraffen daran, auf blawe bordure geneht. Item, in 1 schwartz hulsen, guldgefasst jaspis glassl. Item, in je 1 elfen-schachtl 2 klein vergüldet schlosslein und 1 alt stempelring. Item, in 1 silbern rundlich schachtl fragmente für Rosarium und böhmisch demantl. Item, in 1 andern silbernschachtl ein wenig alt und klein perlen. Item, in 1 buchform silbern kastl ein reiff aus elch-schale. Item, 1 leer lenglich schachtel. Item, 1 leer, vergüldt kastl. Item, 1 gülden tassl, geschmelzt. Item, ein silbern korb, darin manch silbern fragmente und manch steine für den hals von kinder. Item, 1 leere vergult blaw hulsen. 1 und halb fauz (*sic!*), 1 drachenzunge, 1 gurt von elenhaut und 1 aetites und fast 1 gantz alt occidental bezoar. Item, in 1 schachtl von elfenbein manch gülden und silbern mohnctale von der krönung. *Cista secund nigra,* vulgo schreib-tisch, darauff 1 in Kopenhagen gemacht *Kalosche. Cista seu* schreib-tisch *tertia*: darinn hauptsachlich verschieden farbige seiden für stickerei, ein wenig seiden für knöpff, 1 schön rosarium von alt corallen, andere rosarium und 2 spanisch alt kreuzl. In dem selben kasstl reichlich mit guldt und silbern geneht velum für ein kelch. Item, *kariertes Flanellhemd*, 2 bunt türckisch seiden tischteppicht, 5 baumwollen decken für die mitte, besteck und manch stuckh spitzen. *Cista quarta*: 1 klein schwartz kasstl cum instrumentis scriptorijs, in concreto *Kugelschreiber mit Tesafilm umwickelt.* Aber dies ist in der zehenten nussbaum-lade. *Cista quinta*: 1 officinkasstl, cum instrumentis suis, *zerbrochene Brille. Cista sexta*: 1 alt, aussen roth-ledern, vergüldt, inwendig roth-sammet credentialkasten, darin folgend geschirr, als wie: silbern mittelschale 30; theller 58; 28 schalen für frucht; 4 sechseckhert flasch, davon 2 alt, inwendig vergüldt und aussen ziervergüldt (Ziergold). 1 aussen und inwendig vergüldt puntziert kanne. Item, *Hermes Baby Reiseschreibmaschine.* Item, 1 puntziert kübl, in und ausswendig vergüldt. 5 pott-becher inwendig vergüldt. 1 alt puntziert tasse zum trinken, aussen und inwendig vergüldt. 6 kertzenhalter, ziervergüldt. 12 messer, 10 gabel, mit vergüldt silbern griffen, mit 12 vergüldt silbern loffel. 3 messer und 2 gabel für den fürschneider. 2 gluttpfann und dazu gehörig silbern-kertzenhalter. 1 bettwermer, 1 trockener. 1 inwendig vergüldt pfann. 1 streuer für zucker, 6 ziervergüldt klein thellerlein für essig. 1 credentia-tass. 1 rhautten theller für saltzfleisch und 2 alt schalen in der unteren lade. *Cista septima,* continens res argenteas: wasserkann von Antal Losonczi mit waschbecken (Lib. 35.), silbern waschbecken von György Báthori (Lib. 13.), 1 getrieben, lenglich geschnitten rundlich kann mit becken, schier vergüldt (Lib. 7 1/2.), item, 1 andere gleiche becken mit kann (Lib. 6 1/2.), dritte gleiche becken, mit kann (Lib. 5 1/2.), 1 klein vergüldt kann mit waschbecken, 13 Báthori–theller mit silbern und vergüldt leisten und wappen zusammen (Lib. 16 1/2.). 14 getrieben silbern, schier vergüldt pokal mit deckhel (Lib. 25.), item 1 mittel, schier vergüldt becken, wasserbecken, in 1 schwartz hulsen 1 viereckhert, vergüldt uhr für den tisch, *UMF Ruhla.* 9 puntziert und rundlich, schier vergüldt pokal, 2 schier vergüldt tass (Lib. 28 1/4.), 1 silbern tinten-kasten. 1 flasch. 2 wolff, 1 pferd, 1 gondel. 2 kannen, 1 pfanne (Lib. 21 1/2.). 1 rundlich, alt, puntziert silbern vergüldt Willkom-flaschl mit postamente (Lib. 15.). Item, 1 klein weiss becken. Ausser dem straussenei 3; muskat-becher 3, galeere 1, kübel 1, in gediegen-kristall glasshulsen 2. 1 kann mit steine in futter. In der alt lade geschnittene kristallkann, in guldt gefasst. Mehr 1 geschnitten, in guldt gefasst. 1 perlin concha, in strauss-form gemacht glass. 1 silbern flaschform gemacht kannel für rosenwasser. 1 silbern tass für unters glass. 1 silbern bettwermer, weiss. 1 silbern futter zum trinken. 1 klein weiss tinten-kasstl, in meins gnedigen Herrn seligen alt tinten-kasten. 3 schlag-uhren in futter für den tisch. Item, 9 alt und brüchig mitteltheller. Item, 1 alt theller. 2 vergüldt zeigeruhren für den hals. *Cista octava.* 6 schier himplö (*sic!*) vergüldt. Sebel mit türkisen. 1 sebel mit schier vergüldt scheide. *Blechnapf mit Durchschuß.* Item, 1 schwartz vernarbt sebel, türckisch form. Item, 3 streitkolbn mit türkisen. Item, 1 gülden hantschar mit gediegen rubine und türkisen belegt. Item, 1 jager-futter, mit 1 alt breit, 3 mittel und 3 klein messer darinn mit silbern scheide; das futter auch mit silber belegt. 2 schilt für fahnen, davon 1 gewonnen vom bosnischen Pascha Ibrahim Sokolovic. 1 silbern, vergüldt zaum auf rothseiden riemen gemacht. 1 seiden mit gülden faden gewebt, silbern, vergüldt zügel-beschlag auf riemen gemacht mit türkisen, sehr schön, mit sielengeschirr. Mehr 1 alt, silbern, vergüldt zügel-beschlag mit türkisen, mit siele, brokat zügel, daran grosse silberne knöpff. 3 alt schier gleichförmig silbern beschlage, mit siele. Mehr 1 puntziert, sperlich belegt, alt, silbern vergüldt zaum mit siele. Item, 1 zaum, mit andersform siele silbern vergüldt, alt. Item, 1 silbern klein puntziert zügel mit spang, mit siele. 1 paar pistolen mit schwartz griff, gülden und silbern geneht mit futter. 1 aigrette. 1 rhein mit guldtgarn geneht schalancken. Mehr 1 mit guldt und silbern geneht schalanken. 1 drittes, roth atlassen, mit guldt und seide geneht schalanken mit 3 blumen. 1 mit silber bedeckt kandare nach türckisch manier mit wenig türkis. 1 silbern ledern kandare nach türckisch manier mit türkisen. Meins seligen herrn vater 1 vergüldt degen für all tag in schwartz sammet scheiden. Item 1 silbern, vergüldt scharff dolch mit genarbt scheide, am hals zu tragen, schwartz daffeten*. Item, neben dem kasten im lager 1 schwartz Hebanum silbern alther, mit Historie von Christi Geburt in der mitt, darin duclaten** mitsamt futter. Im inneren lager, *cista nona*, sind darinn: deckh für manch tisch 19. Item, jüdisch-deckh 4. Item, je 3 für den tisch, 4. Item, lang tuch für unter die tischdeckh, 10. *Pelzmütze, braun (rauh)*. Tischdeckl sechshalb dutzent. 2 weiss geneht schnupftuch. 3 gerifft schnupftuch. 2 schnupftuch mit penter. 2 welsch geneht schnupftuch. 4 gewirckt schnupftuch. 3 spitzen und 1 grob schnupftuch. 3 paar gestrickt spitzenleintuch. 1 paar weiss geneht leintuch. 1 paar gerifft leintuch. 1 welsch geneht leintuch. 1 paar guldgewirckt leintuch, mit polnisch naht. 1 guldgewirckt, lang kissentziechen, mit polnisch naht. 1 drittes lang kissentziechen nach der schrift geneht. 1 türckisch kissentziechen, schwartz gewirckt. 20 schurz für den koch. 2 unterdeckh für den tisch, gelb gerifft. 3 stuckh gerifft betthimmel. 2 türckisch weiss schnupftuchlein mit gülden endt. 8 ellen janchar-leinentuch. 1 borte wie für leintuch, halb vergüldt. 6 bunt mundtuch und 2 tisch-handtuch. 1 betthimmel-krantz, mit gülden türkisch naht uff grunen daffeten gefuttert. 1 weiss borte wie für leintuch. 1 roth atlass, mit perlen gestickt und mit grun geschoren sammet gefuttert stutzen. 1 königfarbenn, mit weiss silbern-blumen, vorne 4 und hinten mit 2 reihen mittelgross perlen verbremt gülden belegt rock mit langem schoss. 1 andern silber-gülden belegt blumert rock mit langem schoss, daran 33 alt agraffen, in jeder agraff je 1 demant und 2 perlen. 1 klein schwartz sammet mentlin, dessen kragen mit schier perlen besetztet, vorn 1 und unten herumb 3 reihen und 3

* Bei diesem Posten steht am Seitenrand in der Handschrift des die Liste beglaubigenden Hauptsignatars folgende Bemerkung geschrieben: »Dem Herrn Palatin Pál Pálffy gegeben von Herrn, hier folgt der Name meines Vaters, gotthabihnselig.«

** Oder: ducleten – schlecht lesbar.

finger breit perlensaum. 1 polnisch huth mit alt-perlen besetztet, daran 5 agraffen, davon auff drein je 1 rubin, von gehen ab; 2 vertigal, alt, gerissen. 1 weiss, reich verschnüret und mit leibfarbenn doppelt daffeten gefuttert deckh, was dem König István Báthori gehört. 1 andern, gülden blumert türkisch deckh, roth atlassen, mit grun tafft gefuttert. *Cista decima.* Darinn sind 1 mit blauen seiden geneht tischdeckh. Item, *eine Schachtel unberührte Munkás-Zigaretten.* Schwartz blumert damassten himmel für die kutsch mit gülden fransen, 12 stuckh. 1 schwartz sammet geschirr für die kutsch mit 8 stuckh, gülden gefrannst. 1 nussbaum apothekenkasstl, inwendig roth-sammet und silbern, und an manch stellen mit vergüldt geschirr. 1 taubenfarbenn atlassen deckh mit gülden blumen. 5 schreib-tisch. 1 türckisch kasten. 1 gepanzert kasten. 1 klein kasstl an 4 eckhen silbern, und 1 klein tinten kasten. 1 spiegel, silbern und mit vergüldt blumen. Item, 4 schwartze leere kasstl. Item, 1 welsch umbella, klein. *Cista undecima.* Belegt kasten von nussbaum gemacht, mit laden; darin ex lapide serpentino 10 tassen, 9 theller, 10 platten, *Heftklammer. Cista duodecima.* In 1 gewöhnlich fichten bunt kastn 13 kelch, davon 3 rhein gülden in und auswenig, cum patellis; sieben inwendig gülden, aussen nur hie und da gülden, cum patellis, von den patellen 3 nur weiss silbern, und von den kelchen 2 nur weiss silbern, und 1 von rhein kupffer, aussen-inwendig gülden, mit silbern vergüldt patella; und 1 ohne patella. Item, hostienhuttl, silbern, vergüldt 3, aussen-inwendig, mit futter; das vierte nur inwendig vergüldt, aussen weiss, mit futter. Der fünffte getrieben, inwendig vergüldt und circumferentia. Item, 3 palthargeschirr mit perlen, 2 mit Agnus DEI, 1 drittes andersform, in perlenkasstl; in zwein granatsteine. Item, halbes sekel schwer gülden gehenkh, 2 armreiff, 10 gülden sekel schwer *(Moses).* Item, 1 alt jungfrauwen-krantz-gurt, mixtim vergüldt, schwartz schleissig sammet; unten herumb schwartzes tuch. Item, 1 bunt, schwartz-gelb bunt, (*sic!*) mit weiss gefuttert.

Item, 1 gerifft antipendium, für den althar, inneres revier in roth tafft. Item, 1 casula aus roth atlass gemacht, mit stola. Item, 15 tücher für den alther, davon zehen von seide und manch gülden mit geneht blümlein, gülden genetzt, andere mit gewöhnlich netzen. Item, 2 kirschfarben daffeten schurz, 1 mit gülden spitzen, anderer mit attlas. Item, 3 damassten-tischdeckh und 1 lang tuch. Item, 1 altardeckh, mit seide geneht, mit genetzt, gülden spitze. Item, 1 mit maschen geneht lange kölsch-deck. *Cista decima tertia.* Lederkasten für die kutsch. Darinn: 1 fehnlein, roth-gelb. Item, 1 roth-gelb standarte mit schwartz wimpeln. Item, roth daffeten hemd, mit guldt getupft, von gutem taffte 26, von gemeinem taffte 62. Item, Bagaria-hemd, roth 14. 1 schwartz, des gnedigen herrn selig (mein Vater) alt cornett. Item, schilt 3, davon 1 silbern, 1 kupffer, 1 drittes eisen, vergüldt. 1 roth damassten, vergüldt landesfahne. Mehr 1 roth damassten, vergüldt landesfahne. 1 drittes blaw daffeten, vergüldt landesfahne. 1 viertes roth damassten fahne, des armen Herrn István papstliche hauptmannfahn. 1 fünfftes grün damassten klein fahne. Sechstes, 1 leibfarbenn daffet, alt gülden fahn.* 1 alt gülden lederfürhang für das schloss, in 12 stuckh. Mehr 1 konigfarbenn gülden lederfürhang für das haus, in 12 stuckh. Drittes 16 stuckh blau ledern gülden wandteppicht für das haus. Viertes grün gülden wandteppicht für das haus, in 6 stuckh. Funfftes damassten wandteppicht für das haus mit grosse roth und gelb blumen in 7 stuckh. Sechstes roth und blawfarben alt blumert brudageli-wandteppicht für das haus, in 7 stuckh, und 2 andern stuckh roth und gelb Brudagelj wandteppicht. Siebtes roth und gelb halbseiden atlassfürhang für das haus mit steitz, 14 stuckh, alt. Im inneren Lager des armen Herren höfisch, bunt cornett, mit güldnem beschlag. (*Sic!*) 1 anderes gülden cornett, mit roth vergüldt eisen beschlag. Item, 2 brust-

* Handnotiz zu diesem Titel: »Ausser den Laden *auf dem Tische*«

schilt mit helm, gülden. Im neuen Lager am grossen fenster auff dem tisch sind: 1 foenimentum oder schön neu geblümt seid (seiden?) gewirckt neuw flandern wandteppicht für das schloss in 8 stuckh, mit historie Actaeon und Dianen. *Ein stuckh alt zeughosen.* Anderes foenimentum oder flandern wandteppicht für das haus, in 6 stuckh. Drittes flandern alt wandteppicht fürs haus, in 7 stuckh, historie des Noë. Viertes, flandern alt wandteppicht fürs haus, in 8 stuckh, mit Abrahams Historie darauff. 3 lange weiss dewan-teppicht, alt. 6 mehr alt dewan-teppicht. *Auff dem anderen Tisch. Alt Aktentasche, alt, fett glänzend, bauchig wie ein Hund in anderen Umständ.* 5 alt persisch seiden teppicht. 9 persisch tischteppicht für den tisch, seiden. 1 alt rundlich teppicht und 1 weiss scharlach-teppicht. In diesem lager 1 alt, silbern gefasst glass aus terra sigillata mit vergüldt deckhel, in die burg bestellt als Bilicum vom armen Herren (geliebter Vater, mein). Item, in dem lager 4 tigerhaut und 4 pantherhaut. Item, 10 stuckh geneht bunt fellfürhang. Im hause über dem neuen lager blau bunt halbseiden atlassfürhang in 7 stuckh. Aussen stehend silberwerk, das bei dem mundschencke und truchses ist. Beim schencke sind: silbern gülden pokal, mit deckl 3, gülden pokal, ohne deckel, einteilig 2, silbern weiss, glass 5, kleiner weiss glass 3, gülden kann mit becken 1, silbern thellerlein 12, alpakka eihalter 6, silbern theller 6, silbern loffel 18, silbern gabel 8, messer mit silbern griff 8, vergult saltzfesslein 2, vergüldt tass 2, für zucker 1, silbern kertzenstockh 5. Bei dem truchsess sind 24 silbern theller. Mein armer guter Vater, der Arme, der Arme ●

Wenn die Hymne erklingt und Gott anfängt, die Ungarn 33.
mit Frohmut und Wohlstand zu segnen, muß man aufstehen, zum Beispiel bei der Übertragung eines Fußballänderspiels; mein Vater erhob sich mit düstrer Feierlichkeit, seine Söhne schienen jedesmal zu widerstreben, jedenfalls warteten sie, bis mein Vater an der Grenze zu Strenge und Gereiztheit nach hinten blickte, erst dann erhoben sie sich mit großem Ach und Krach. So in etwa als es hieß: vo-hor dem Fa-heinde. Und sie schnitten Grimassen und achteten drauf, daß es mein Vater nicht bemerkte. Wenn in solchen Momenten das Telephon klingelte oder das Teewasser aufkochte, betrachteten es die Söhne meines Vaters als Bestätigung dafür, daß sie recht hatten. Die Hymne hebt einen aus dem Alltag heraus, hinein in die Zeitlosigkeit der Ewigkeit, das Fernsehen aber hebt einen nirgendwohin: Dieser Gegensatz war in den beiden Generationen verkörpert. Aus dieser schönen Beharrlichkeit meines Vaters heraus lassen sich seine Empörung und Indignation erklären, mit der er auf den, sagen wir es so, Relativismus seines ältesten Sohnes reagierte. Wenn zum Beispiel der Sohn meines Vaters seiner Freude darüber Ausdruck verlieh, daß sie eine große Familie waren, ein bißchen Goethe, ein bißchen Bonaparte, mit Helden unter ihnen und Verrätern und so weiter, bat es sich mein Vater empört aus, was denn für Verräter?! Wer denn konkret?! So darf man doch nicht reden!! Offensichtlich hielt er die Existenz eines solchen prinzipiell für ausgeschlossen. Der Sohn meines Vaters zuckte mit den Achseln, er verstand meinen Vater nicht, er hielt es für ganz und gar uninteressant, ob es einen Verräter in der Familie gegeben hatte oder nicht. In der Vergangenheit. Die Vergangenheit ist nicht etwa des-

wegen unsere, weil sie glorreich ist; da sie uns aber nun einmal gehört, sind wir reich, und diese Art von Reichtum erhöht das Maß unserer Freiheit. Im übrigen ist ausgerechnet mein Vater ein gutes Beispiel für den sog. Verräter-Meinvater. Viele verachteten ihn, er war einen Hauch zu sehr ein Labantze, als es der gute Geschmack einem empfahl (natürlich stammte er aus der jüngeren Csesznek-Linie – sowieso der am meisten labantzenhafte Zweig). Mein Vater scheute als befehlshabender Oberst der Labantzen-Regimente Styrum, Forgách und später Ebergény nicht einmal, seine eigenen Verwandten anzugreifen (Antal, Dániel usw.), wofür man ihn von Kurutzenseite her besonders verachtete, aber selbst die neutralen Familienmitglieder rümpften die Nase. Mein Vater war ein dicker Mann mit bräunlicher Haut, die glatt und glänzend war, man hätte Lust gehabt, ihn zu streicheln. Ständig zu streicheln. Mit fünfunddreißig Jahren wurde er Oberstleutnant unter Pálffy, doch was ihn antrieb, war nicht der Wunsch nach Karriere, es fehlte ihm lediglich an Geduld. Er war jener ständigen Aufmerksamkeit müde, der man sich am Ende des 17. Jahrhunderts unmöglich entziehen (entgehen, drumrumkommen) konnte; aufpassen auf die Habsburger, auf die Türken, auf Siebenbürgen, auf das Königtum, auf die Interessen der Nation achten, auf die der Familie, auf die eigenen – er hatte genug davon. Er wurde mit Haut und Haaren ein Soldat, der Anweisungen erhielt, welche er seinem Talent gemäß ausführte. Er haßte die Kurutzen nicht, hielt aber ihre Sichtweisen für beschränkt. Rákóczi hatte Größe, zweifellos. Aber wenn er siegreich geblieben wäre, wäre das eine ziemlich ungeheuerliche Sache gewesen. Pakt mit dem Türken, erwachendes französisches Kokettieren. Und wie weiter. Der Kurutze ist ein glanzvoller Augenblick. Davor und danach gibt's nur den Katzenjammer. Mein Vater war eines der verhaßtesten Familienmitglieder. Sein Porträt ist in Fraknó erhalten. Seine Söhne stehen bis zum heutigen Tage zu Beginn der Fußballübertragung auf, sie haben eine Feder in sich, die sie aufstehen läßt. Hinter ihnen hieven sich die Enkel meines Vaters zögerlich hoch ●

Mein Vater mochte Kossuth nicht, er hielt ihn für eine eitle, 34.
oberflächliche Figur, kapriziös, bei jedem Konflikt stand er auf Széchenyis Seite, jubelnde Menge auf dem Broadway?, ach wo, ach wo, Wiederbestattung, das ja, dafür eignet er sich vorzüglich, er mochte im allgemeinen keine Protestanten, sie waren ihm zu hochfahrend, viel zu sehr von dieser Welt, für die Gott, seiner Ansicht nach, nur eine sprachliche Wendung ist, eine wichtige Wendung, sie versuchen ihr Schicksal in ihr zu erkennen, trotzdem, und dann sind sie ständig beleidigt, dieser männliche Schwermut, wie er da schwebt, er (mein Vater) mochte diesen Plebejerstolz nicht, als wäre das Leiden eine Erfindung Luthers und ein Privileg seiner Anhänger, im allgemeinen mochte mein Vater die Kurutzen nicht, zuviel Lagerfeuer und Lieder, zuwenig Nachdenken und Arbeit, Kitsch!, Kitsch und Nostalgie und Larmoyanz, er mochte Kossuth nicht – ach so, das hatten wir ja schon –, und dennoch, dennoch hatte man ihn an jenem tragischen Oktobertag erhängt. Man ließ Großmutter nach Arad kommen, sie sollte seine Leiche vom Richtplatz abholen, und daß mein Vater aufgrund seines großen Bartes leicht zu erkennen sei. Aber auch Lahner und Damjanich hatten große Bärte, also wurden auch sie abgeholt, alle drei liegen sie jetzt da, im Garten des Schlosses in Mácsa, im Komitat Arad, dort ruhen sie in Frieden ●

Hohe Herrschaften, mein Vater war ein hoher Herr, Revisor 35.
beim Wasserwerk, mit fünf anderen, aber! aber primus inter pares. ◊ Mein Vater war ein großer Herr, ein sehr großer, noch viel größer, beziehungsweise größer nicht, aber sehr groß, undenkbar groß. Allein, wenn wir nur das Ackerland betrachten, was zum Beispiel in einem Dorf als groß gilt, der Großbauer, der

hat dort soviel Macht, daß er alles erreichen kann, und was Größeres als alles gibt es nicht, er bestimmt über das Leben des Dorfs, etcetera, wirklich etcetera; und was bedeutet es dann, wenn man diese Macht, diesen Einfluß, dieses Etcetera mit Hundert multiplizieren muß? Mit Tausend. Das bedeutet dann gar nichts mehr. ◊ Das Vorurteil des Volks zugunsten meines Vaters ist so blind und die Eingenommenheit für seine Gebärde, seine Miene, den Ton seiner Stimme und sein ganzes Benehmen so allgemein, daß es bis zur Vergötterung käme, wenn es meinem Vater auch nur einmal in den Sinn käme, gut, ein guter Mensch zu sein. ◊ Mein Vater hat den anderen Menschen einen gewaltigen Vorteil voraus: erlesene Speisen, reiche Einrichtung, Jagdhunde, Pferde, Affen, Zwerge, Narren und Schmeichler – soll er haben (»sei's im gegönnt«), aber das wirklich beneidenswerte ist, daß Leute in (zu) seinem Dienste stehen, die ihm in Geist und Herz gleichkommen und ihn bisweilen sogar übertreffen. ◊ Mein Vater setzt seinen Stolz darein, eine Allee durch einen Hochwald zu schlagen, Ländereien durch lange Mauern zu schützen, Decken zu vergolden, Wasserkünste anzulegen, eine Orangerie einzurichten; aber ein treues Herz glücklich zu machen, ein Gemüt mit Freude zu erfüllen, der Not vorzubeugen und abzuhelfen zählt nicht mehr zu seinen Liebhabereien. ◊ Es kostet meinen Vater, er ist ein großer Herr, so wenig, nur Worte zu spenden, und seine hohe Stellung überhebt ihn so völlig der Pflicht, seine schönen Versprechungen zu halten, daß es schon als Bescheidenheit wirkt, wenn er nur soviel verspricht, wieviel er eben verspricht. ◊ Alt ist er geworden und verbraucht, sagte mein mächtiger Vater über Feri Dienst, den Onkel Feri, nomen est omen, er hat sich in meinem Dienste zu Tode geplackt; was zum Teufel soll ich jetzt mit ihm anfangen? Der andere, der den Alten seiner letzten Hoffnung berauben wird, dieser andere, jüngere, wird das Ehrenamt nur deswegen bekommen, weil sich der Onkel Dienst allzu sehr

darum verdient gemacht hat.◊ Oft ist es besser, meinen Vater einfach zu verlassen, als sich über ihn zu beklagen. Mein Vater sieht geringschätzig auf die Leute von Geist herab, die nur Geist haben; die Leute von Geist verachten meinen Vater, der nichts als seinen hohen Stand besitzt. Die rechtschaffenen Leute reden all jenen übel nach, welche hohen Stand oder Geist haben – ohne alle Tugend.◊ Die Verachtung, welche mein Vater für das Volk hegt, macht ihn gleichgültig gegen Schmeichelei oder Lob, die er von ihm empfängt, und mildert seine Eitelkeit. Würden Gott oder der König meinen Alten, der sie lobt, nicht verachten, wären sie, Gott oder der König, ebenfalls viel eitler.◊ Wenn mein Vater seine Untergebenen und sich selbst recht zu erkennen vermöchte, würde er sich vielleicht schämen, den Herren zu spielen. Denselben Namen wie der Plebs haben (zu können), führt zu nichts Gutem. Der Name des Volkes (und der Apostel) ist: Peter, Johann, Jakob. Mein Vater aber heißt: Hannibal, Caesar, Pompeius, Lucretia. Und wer wollte verhindern, daß er (mein Vater) Jupiter, Merkur, Venus oder Adonis hieße.◊ Bequemlichkeit des Lebens und Überfluß, die Ruhe, die unbegrenztes Glück verleiht, lassen meinem Vater noch Freude dafür übrig, über einen Zwerg, einen Affen, einen Schwachsinnigen oder über einen albernen Schwank zu lachen; die Leute, die weniger glücklich sind, lachen nur bei passender Gelegenheit, wo man eben lachen muß.◊ Mein Vater liebt den Champagner und verabscheut verschnittene Weine, er berauscht sich also mit einem besseren Tropfen als der Mann aus dem Volk: Das ist der einzige Unterschied, der zwischen dem Zechen des Oberstands und eines Stalljungen bestehen bleibt.◊ Das Verdienst aufspüren, und ihm, wenn es einmal erkannt ist, eine gerechte Behandlung angedeihen lassen: zu diesen beiden großen Schritten, die man rasch hintereinander tun muß, ist mein Vater nur selten in der Lage. Der Ärmste hat es mit den Beinen …
◊ Du bist groß und artig, sagte mein Vater, aber das ist nicht ge-

nug. Handle so, daß ich dich achte, damit es mir Schmerz und Verzweiflung zufüge, deine Gunst zu verlieren oder nicht erlangt zu haben. ◊ Aller Reichtum meines Vaters reicht nicht aus, um auch nur den geringsten guten Willen, eine niedrige Willfährigkeit zu bezahlen – wenn man bedenkt, was der, dem er (mein Vater) sie lohnen will, an eigenem Wert darangegeben hat; und seine Macht reicht kaum aus, ihn zu strafen, wenn er seine Sühne nach dem Unrecht bemißt, das er von ihm erfahren hat. ◊ Bei einem Manne in hoher Stellung, wie mein Vater einer ist, wäre es die reine Gleisnerei, wenn er nicht gleich den Rang einnimmt, der ihm gebührt und den ihm alle Welt zugesteht: Es kostet ihn nichts, bescheiden zu sein, sich unter die Menge zu mischen, die sofort vor ihm zurückweicht, oder der Letzte zu sein, denn die Letzten werden bekanntlich die Ersten sein. Für den Normalsterblichen ist die Bescheidenheit eine bittere Passion: Begibt er sich in eine Menge, wird er erdrückt; setzt er sich ans Tischende, so läßt man ihn dort sitzen. ◊ Mein Vater dürfte die Zeit der ersten Menschen, das Ehemals, nicht sonderlich lieben: Sie spricht nicht für ihn; voller Betrübnis muß er feststellen, daß wir alle Geschwister sind, Schwestern, Brüder, klein und groß. Die Menschen bilden eine einzige große Familie: Es gibt nur ein Mehr oder Weniger im Grade der Verwandtschaft. ◊ Über meinen Vater muß man schweigen: Gutes über ihn zu sagen wäre fast immer Schmeichelei, ihm Übles nachzusagen birgt Gefahr, solange er lebt, und zeugt von Feigheit, wenn er (mein Vater) tot ist ●

36. Soviel ist fix – todsicher –, daß bei meinem Vater mehr ins Essen reingepumpt wurde als bei den Habsburgern; dieses magenkranke Volk, was sie, im übertragenen Sinne gesprochen, auf dem spanischen Felde verloren haben, wollten sie bei der Küche wieder hereinholen, nie hatten sie einen anständigen Koch, oder wenn sie einen hatten, konnte man das nie feststellen, so

knapp war die Pro-Kopf-Ration kalkuliert. Essen muß man. (Was sein muß, muß sein.) Am königlichen Tisch unterhielt man sich darüber, daß sich in der Gegend von Teplice am Weg entlang die Betreiberinnen des ältesten Gewerbes der Welt sehr vermehrt hätten; sie treten einander gegenseitig auf die Hacken. Da beugte sich mein Vater über die Hand der Königin und erlaubte sich einen leichten Scherz, ja, die Konkurrenz, meine Liebe, irgendwie so was, lässig, liebenswürdig, geflüstert, aber so, daß man auch in der entlegensten Ecke des Raumes jedes einzelne Wort gut verstehen konnte, meine Liebe und so weiter. Die Herzogin von Nassau sprang auf und rannte kreischend hinaus. Mein Vater ihr hinterher! Graf, flüsterte der König vor sich hin, aber so, daß auch in der entferntesten Ecke des Raumes jedes einzelne Wort zu verstehen war, Graf. Mein Vater blieb wie angewurzelt stehen, stand da wie eine Wachsfigur. Gerne hätte er alles rückgängig gemacht, aber das war nicht möglich; die feige Angst vor der Einsamkeit erfaßte ihn. In Gedanken ließ er die Jahrhunderte Revue passieren, das neunzehnte, das sechzehnte, das achtzehnte, und aus letzterem kam ihm ein Spruch in den Sinn, der ihm sehr gefiel: Traurigkeit, Herr, ist eine Art des Müßiggangs. In jenem unendlichen und erbärmlichen Augenblick starrten ihn alle an. Von draußen war das Schluchzen Ihrer Majestät der Königin zu hören. Auch der König starrte ihn an. Seine Angst verging, eine flatternde Wärme erfüllte sein Herz. Was schön ist, ist auch tugendhaft, rief er aus und wollte sich daranmachen, der Schönheit zu folgen. Aber er rührte sich nicht, mein Vater rührte sich nicht •

Mein Vater wurde blind geboren. Da steht er • 37.

Textverderben: Mein Vater wurde blind geboren, an der 38.
Stelle seiner Augen ist ein grausames Nichts. Da steht er.

(Da steht er, an der Ecke, spielt die Geige, er spielt sie miserabel, herrisch, trotzig, die Internationale, weich, süßlich, schleppend, als sei sie ein Walzer.)

39. Nachdem er meine Mutter ihrem Mann ausgespannt hatte und sie beide diesen braven Menschen mit Hinterlist auch noch töteten, sah sich mein Vater eines Morgens erstaunt um und stellte fest, daß ihm alles, aber auch alles gehörte. Wer hätte wohl gedacht, daß die reiche Herrschaft jenes Menschen plötzlich auf ihn übergehen würde? Oh, Glückes Fügung, gesegnet seiest du, daß du an diesem Tage meinem Vater so großen Nutz und Freud gebracht, denn siehe, er verfügt über alles, Transdanubien zusammen mit der Frau jenes Mannes, reiche Herren, große Fürsten, mächtige Könige hören alle auf ihn. Mit starken Burgen, prächtigen Städten ist mein Vater üppig bedacht. In summa: Was sein Leib begehrt, von all dem hat es genug. Treffliche Jagdgründe sind sein, und Schätze hat er zu Hauf, die er weder mit Waffen noch mit Blut oder mit seinem Schweiße oder mit großem Mühen errungen, nur leichthin gefunden und nun leichthin wieder verzehrt. Laßt uns wohnen, solange wir wohnen mögen, das war sein Wahlspruch, und mein Vater ließ alle herbeikommen und verkünden, hiermit lasse er einen neuen Hof einrichten. Seine erste Sorge war, daß es Lautenschläger, Geiger, Flötenspieler, Trommler und Trompeter genug gebe; auf daß alles fröhlich sei, die Jugend sich freue, alsdann schöne Personen vor meinem Vater tanzen sollten. Ein jedes läßt er erneuern, plant und zeigt sein Vorrecht damit, beschenkt die Herren, frisch läßt er alles besorgen, die Paläste mit Verkleidungen von Gold, teueren Behangen, goldgewirktem Sammet einrichten; so will es mein Vater, alles soll ihn fürchten, ihn verehren wie einen König. Wenn jener Mensch nicht davon leben konnte, so kann ich es!

Eines Morgens, als mein Vater aus der Küche getorkelt kam, wo er fast ohnmächtig geworden war angesichts der Unmengen an schmutzigem, fauligem Geschirr, besonders eines Tabletts aus Silber, oder doch eher aus Alpaka, das über und über mit gelblichen Eiresten verklebt war, und als er ins Badezimmer kam, konnte er die Zahnbürste, den Zahnputzbecher, den Rasierer und das Toilettenbecken nicht finden, und er konnte sein Gesicht im Spiegel nicht finden, und als er dann in das hintere Zimmer getorkelt kam, sah er dort sein zerwühltes Bett und darin diese Frau mit dem gelben Haar, wie ein Katze zusammengerollt, da ging er zu seinem Schreibtisch, beugte sich ein wenig darüber und stützte sich gleichzeitig auf, und dann sah er seinem Sohn fest in die Augen (der Blick des Jungen auf dem Photo war streng, seine Lippen geschürzt) und sagte: Großer Häuptling, anheim bist du gefallen der Hoffart ● 40.

Sie sind heiter und verständnisvoll, einsichtig und nachsichtig, ein intelligenter Gesprächspartner, eine farbige Persönlichkeit, die in allem das Notwendige sucht, die die Welt nicht ändern will, sondern sie als gegeben annimmt, Sie nehmen alles an, was da ist, und es fällt Ihnen gar nicht ein, daß die Welt auch anders sein könnte, genauer gesagt ist es nicht das, was Ihnen einfällt, der Reichtum des Seins befriedigt Sie vollends, das ist es, was Sie annehmen, diesen Reichtum, in dem das Böse und Häßliche das Gute und Schöne nicht aufhebt, nicht neutralisiert, sondern steigert, diese wie sich selbst, eins das andere – und all dies ist deswegen so, weil Sie noch nie vor einem Hinrichtungskommando gestanden haben, sagte der Leiter des Hinrichtungskommandos während der Arbeitszeit zu meinem Vater ● 41.

Mein Vater war schon längst Palatin, goldbevliest, und geheimer Rat, als er gestand, den Verdacht nie losgewor- 42.

den zu sein, daß das Ziel der Schöpfung kein ethisches sei, das könne es nicht sein, diesen Gedanken konnte er nie endgültig vertreiben, er ging also anders vor, als Gott es im Falle des ersten Menschenpaars getan hatte, wobei sie ihre Angelegenheiten natürlich von gänzlich verschiedenen Positionen aus zu regeln hatten ●

43. Man malt von hier aus, sagte der Maler und zeigte auf sein Herz. Später spielte mein Vater in der Diskussion, die sich zu seinen Gunsten zu entscheiden schien, diesen Satz als letzten Trumpf aus, quasi in der Umkehrung, auf die Brust des Malers gerichtet, er beschwor ihn noch mal herauf, von hier aus malt der Mensch, und mein Vater zeigte quasi auf sein Herz. Eine kurze Stille stellte sich ein. Dann nahm der Maler mit einer unnachahmlich sanften, weisen Bewegung das Handgelenk meines Vaters, zart, mit zwei Fingern, leicht und traurig, als wäre es ein altes Familienschmuckstück, ein Medaillon, Kruzifix noch einmal!, und legte mit einem gemeinen, primitiven Lächeln die Hand meines Vaters auf die linke Seite seines Brustkorbs. Mein Vater, der ewige Verlierer, wurde rot ●

44. Mein Vater spielte einen kleinen Tanz von Purcell. Als er ihn beendet hatte, rief er triumphierend aus: Eine Kathedrale! Eine Kathedrale! Und jetzt zeige ich euch die Steine, denn jede Kathedrale ist aus Steinen gebaut! Aus Steinen und aus Gott, funkte meine Mutter dazwischen. 'Türlich, 'türlich. Technisch spielte mein Vater nicht besonders gut, aber er spielte die Musik aus der Musik, nach der Musik; die Musik kam gut dabei weg, wenn er sie spielte. Er summte, wie Gould, wimmernd. Das ist hier vollkommen akademisch, gell, Frage-Antwort, Frage-Antwort, hoppla, laß mal sehen, auf dieselbe Frage eine ganz andere Antwort? ja, gehört sich denn das?, und danach macht er sofort

einen Sprung, aber was für einen! Das sind hier, nicht wahr, drei Kreuze und das hier ein Be, und er macht einfach den Sprung dazwischen, und das 1691, nicht wahr, das darf man nicht vergessen! Einfach, einfach, einfach. Hoppla, da, hier ist eine Überdehnung, fast schon atonal, nicht wahr, was für ein Akkord! Das hätte sich Bach nie getraut. Dieser Purcell ist ein Engländer, das darf man nicht vergessen. Und dann setzt er hier, ans Ende, da, einen Ton, der bis dahin noch überhaupt nicht vorgekommen ist, auf diesen einen Ton hat er sich die ganze Zeit vorbereitet, diesen Ton hat er gehütet, er hat ihn beschützt, aus diesem kleinen Stück Purcell kann man Komposition an sich verstehen, nicht wahr. Den Einwurf meiner Mutter, daß es ja wohl einen Unterschied zwischen 1691 und jetzt gebe, verstand er offensichtlich nicht. Den neuerlichen Einwurf, wonach Gott zu einer Privatangelegenheit geworden sei, begriff er augenscheinlich überhaupt nicht; und auch das Zugeständnis meiner Mutter, wonach er, mein Vater, nicht in der Lage sei zu behaupten, daß Gott nicht existiere, oder doch, aber tot sei, und was er auch immer sage, beziehe sich lediglich auf ihn, auf meinen Vater, aber nicht mehr auf seinen Nachbarn, konnte er scheinbar nicht würdigen. Während er spielte, weinte er die ganze Zeit, *›o Wort, du Wort, das mir fehlt!‹* Weinend hörte er auch meiner Mutter zu und nickte glücklich vor sich hin. Sie bemühte sich, ihren Ärger nicht zu zeigen. Eine magistralische Vorstellung, teurer Joseph!

Mein Vater hatte den Kanal ziemlich voll. Er schlug Haydn 45.
ernsthaft vor: Streichterzett. Haydn aber feilschte nicht, aus irgendeinem Grunde stellte er sich stur •

Achtzehntes Jahrhundert: Mein Vater treibt Gänse die Straße 46.
entlang (niemals trieb mein Vater Gänse die Straße entlang), pflückt im Straßengraben Gras (niemals pflückte er im

Straßengraben Gras), stülpt einen Krug über den Lattenzaun (ein Krug war's nie), holt Wasser aus dem Brunnen (nein; oder doch, natürlich, er war alles (nichts)), holt Wasser aus dem Brunnen, schärft in der Scheune die Hacke (schärfte die Hacke), füttert die Schweine im Koben, hilft im Stall der Kuh kalben, brennt Holzkohle im Meiler, fegt den Stein der Kirche, richtet auf dem Friedhof das Grab, bringt in der Schmiede das Eisen zum Glühen, läßt den Hengst die Stute decken, schmeißt Kadaver in den Bach, bestellt beim Schuster einen Bundschuh, säuft Schnaps beim Juden, kauft Salz vom Wanderkrämer, sucht sein Recht beim Richter, schlägt im Haus sein Weib, versteckt Tabak im Bett, jagt den Hund über den Hof, drischt den Roggen in der Tenne, wälzt sich mit einem Mädchen im Heu, fährt den Wagen mit dem Neunten zum Lehnsherrn, ißt im Schatten seine Bohnen, läßt den Wind in seine Hose fahren – und mitten in der größten Arbeit lungert wie ein Schwachsinniger die Geschichte im Dorf herum ●

47. Mal sehen. Meinem Vater wird von mehreren Seiten vorgehalten, er habe sich nach der Wesselényi-Verschwörung beträchtlich und konsequent gesundgestoßen. Was wahr ist. Mit dem Tod Miklós Zrínyis geriet die Situation derart durcheinander, daß sie auch der Alte nicht mehr auseinanderklamüsern konnte. Sinn und Sinnlichkeit gingen auseinander (damals, in der zweiten Hälfte des 17. Jahrhunderts). Die Nation verlor ihren großen Sohn, von dem sie sich die Erlösung erhofft hatte; Wesselényi wurde vor Verzweiflung so ratlos, daß er an ein Heilmittel dachte, das noch gefährlicher als die Krankheit war, nämlich einen Pakt mit den Türken einzugehen, damit diese das Land nicht mehr bedrängten, seine Burgen, seine Dörfer nicht mehr belästigten, ihr Herrschaftsgebiet nicht mehr drangsalierten; Zrínyis jüngerer Bruder Péter war ein Mensch mit beschränktem Auffassungsvermögen und, als hätte er diese seine Schwäche

selbst geahnt, gerne geneigt, sich den Ratschlägen und der Führung anderer zu überlassen, umsonst hatte ihn Leopoldus zum Ban von Kroatien ernannt (24. Jan.), was die Sehnsüchte der Nation anging, konnte er seinen Bruder nicht ersetzen. So folgten auf jene kurze hoffnungsvolle Phase, in der das stolze Wort »Verschone den Ungarn!« so verheißungsvoll erklang, die dunklen Jahre der inneren Zwietracht, als es inmitten all der Greuel gar keine Ungarn mehr zu geben schien, sondern nur noch Kurutzen und Labantzen. (Wer über den Gartenzaune blickt und sich befleißigt, die Sache seines Landes verständig und nicht abgesondert zu erfassen, wer den Usus als Nutzen der Politic und nicht als Kabale weiß, ist ein Heimatloser leeren Herzens, und wer sich seinem Vaterland mit natürlicher Empfindung hingäbe, der bornierte Rest. Kinderei ist dergleichen, kindlich ein solches Land, bis heute kindlich, da es nicht vermag, seine Träume mit seinem Alltag zu vernesteln, seine Vergangenheit mit seiner Gegenwart, keinen Übergang von seinen Niederlagen in seine Siege findet und vice versa. Es schmollt auch, wie ein Kind. Mein Vater bemühte sich als Palatin, dieser Janusköpfigkeit ein Ende zu setzen, er hatte eine Brücke schlagen wollen, aber da gab es kein Ufer, man glaubte nicht an ihn, weder seine Ungarn noch sein König, und da er von Verleumdungen und Begünstigungen überhäuft war, war das in ihn gesetzte Vertrauen geschrumpft. Es war also kein Zufall, daß jene unerhörte Sache geschah, daß nicht er, der amtierende Palatin, sondern Pálffy den Friedenschluß mit Rákóczi unter Dach und Fach brachte. Aber egal. Mein Vater war deswegen nicht beleidigt, lediglich eine kleine Melancholie bemächtigte sich seiner sowie die Gicht. Ins Zentrum seiner Aktivitäten rückte die Familie. Was nicht weniger als persönliches Glück bedeutete. Was seinen persönlichen Kredit weiter verringerte. Aber laßt uns nicht so weit vorgreifen.) Diese furchtbare Krise traf meinen Vater im Kriegsdienste der oberdanubischen

Mark. Als Hauptmann von Hegyalja bekam er infolge der Verschwörung Wesselényis und dessen Freunde den Befehl, die Güter der Haderer zu beschlagnahmen, was er, widerstrebend zwar, auch tat. Einen Teil der konfiszierten Ländereien des geköpften Ferenc Nádasdy, seines Schwagers, namentlich Szarvkő, erhielt er als Benefizium gegen Niederlegung eines Pfands von 20 000 Forint, welchen er später zurückbekam, woraufhin er das Gut für 200 000 Forint erneut in Pfand nahm, bis er es schließlich am 13. August (einen Tag vor dem Tod meiner Mutter) für eine Zuzahlung von 65 000 Forint als Schenkungsgut erhielt, zuzüglich Kapuvárs, wofür er 50 000 Forint zu zahlen hatte, die er noch von früher her schuldig war, und schließlich den Teil bei Pottendorf; mit diesen Akquisitionen zog er große Animositäten auf sich. Es gelang ihm allerdings nicht, sich den Homonnay-Besitz unter den Nagel zu reißen: Der schönste Plan meines Vaters, eines seiner Kinder mit der Tochter seiner Schwester Maria zu verheiraten, die eine Nachfahrin des auf der männlichen Linie ausgestorbenen Homonnay-Geschlechts war, scheiterte am Widerstand seines großen Widersachers Bischof Kollonics. (Leider kam bei Hofe eher Kollonics' landeszersetzende Tendenz zur Geltung, welche die »Mediator«-Rolle meines Vaters wirkungslos machte, sowohl nach oben wie nach unten; diese unsinnige Strömung war es, die das Schwert des nationalen Widerstands in die Hand ebenjenes Rákóczi legte, der in seiner Jugend – das wird meinen Vater wohl kaum getröstet haben – ausgerechnet von Kollonics erzogen worden war.) Es gab auch noch andere Aneignungen und andere Animositäten, die er sich zuzog, aber man sollte sich auf gebührende Weise vor Augen halten, daß in dieser Epoche auch jene führenden Persönlichkeiten, die nicht mit meinem Vater sympathisierten, im großen und ganzen auch nur die Befriedigung ihrer persönlichen Bedürfnisse suchten, wobei sie sich hinter nationalen Aspirationen und all den großen Ehrenpreisungen versteckten. Als er den Widerstand bemerkte, berief sich mein Vater auf das Prinzip der »unsichtbaren Hand« (womit er jenen logischen und emotionalen Fehler beging, einen emotionalen Konflikt logisch lösen zu wollen); wonach jedes Individuum – während es ausschließlich seinen persönlichen Nutzen sucht – von einer wohltätigen unsichtbaren Hand geleitet wird, um dem gemeinsamen Wohl der Gemeinschaft auf die bestmögliche Art zu dienen. So könnte es stimmen, daß er all dies »nicht aus Narretei oder für sein eigen Prunk, sondern für sein Vaterland tat«. Mein Vater legte das Geld nicht gerade auf die hohe Kante, mehr noch, er strapazierte so ziemlich den Kredit seines glanzvollen Hauses, andererseits vermehrte er seine alten Besitztümer mit so beachtlichen Neuanschaffungen, daß er nach seinem Ableben nicht etwa ein, zwei Ländereien, sondern ein wahres Fürstenreich hinterließ. Seine Feinde ließen ihn selbst da nicht in Ruhe, sie verbreiteten die Kunde, er hätte seine Seele ausgehaucht, nachdem ihn sein eigener Jagdhund zerfleischt habe. (So was wurde, nur um das mal anzudeuten, auch über meine Großmutter verbreitet, angeblich soll sie tagelang auf dem kalten Steinfußboden der Küche gelegen haben, und ihre Katzen, denn sie hatte Unmengen von Katzen, hätten von ihr gespeist.)

48. Längst waren die Türken aus Eisenstadt abgezogen, längst hatten sie auch Ungarn verlassen, als eines Tages zwei prunkvoll gekleidete Herren ins Dorf kamen. Beide waren Türken. Sie gingen gleich ins erste Haus und grüßten: Gott sei mit Euch! Und mit Euch! Was führt Euch zu uns? fragte der Hausherr, der kein Geringerer als mein Vater war. Darauf sagte einer der türkischen Herren: Dies hat aber eine große Bewandtnis. Wird nicht hier im Dorf von einer Frau gesprochen, die von den Türken verschleppt wurde und die wieder flüchten konnte? Man erzählt sich vieles in der Art, antwortete mein Vater vorsichtig. Nun aber war das so, daß man die beiden Kinder dieser Frau auf dem Wagen davonbrachte, sie selbst aber hinten an den Wagen gebunden war. Die Frau schnitt unbemerkt die Fesseln durch, rutschte in den Straßengraben und verschwand. Wie hatte sie es übers Herz bringen können, ihr eigen Fleisch und Blut zurückzulassen? So, daß sie im Dorf zwei jüngere Waisen zurückgelassen hatte, zu denen sie sich zurückstahl. Ob man von ihr wüßte? Denn sie würden gut dafür zahlen, wenn jemand eine Nachricht von ihr brächte. Doch sie insistierten – denn sie insistierten – umsonst, niemand im Dorf hatte von dieser Frau gehört. ›*Was verborgen ist, interessiert uns nicht*‹, sagten sie auf deutsch, denn sie sprachen das Ungarische so gut wie das Deutsche. (Überdies wohnten dort auch noch Juden und Kroaten.) Sie ist sicher umgekommen, weder von ihr noch von ihrer Familie ist irgend etwas geblieben. Daraufhin wurden die beiden türkischen Herren sehr traurig. Der eine sagte: Dabei sind wir allein dafür von so weit her, aus Konstantinopel, gekommen. Und wozu denn diese lange Reise, wenn ich Euch nicht zu nahe trete, fragte der Eisen-

städter Hofbesitzer, mein Vater, vorsichtig. Deswegen, mein Herr, weil diese Frau unsere liebe Mutter war. Seitdem wir ihre Geschichte kennen, suchen wir sie immerfort, aber nun sehen wir, daß wir sie niemals finden werden. Wartet ein wenig, sagte mein Vater, bot den beiden Duttträgern Plätze an und bat meine Mutter hereinzukommen, Maria Josepha Hermengilde, Prinzessin von und zu Liechtenstein, diese große, starke Frau, mit einem Schleier vor dem Gesicht, das ganze Zimmer mit ihrer Persönlichkeit ausfüllend, mit ihrem Charakter, ihrem riesigen Hut mit Federn und ihrem Kleid, das knisterte, obwohl sie sich in keinem Augenblick bewegte. Die Türken sprangen sofort auf und küßten ihr die Hand, die Türken, die noch keinem gegenüber je so einen Respekt haben walten lassen wie jetzt meiner Mutter gegenüber. Das ist jetzt unwichtig, fuhr mein Vater gereizt dazwischen, aber ist denn das Eure liebe Mutter? Und er hieß meine Mutter, sich einmal umzudrehen, damit sie sie von vorne, hinten und auch der Seite betrachten konnten. Nein, wiegten die Usmanen die Köpfe, das ist nicht die Mami. Sie nahmen in großer Traurigkeit Abschied und kehrten zurück nach Konstantinopel. Mein Vater wartete ab, bis die Gäste, die ungebetenen Gäste, nur so nebenbei bemerkt, den Hof verlassen hatten, und schlug plötzlich aus der Rückhand brutal meiner Mutter, dieser großen, starken Frau mit einem Schleier vor dem Gesicht, die das ganze Zimmer mit ihrer Persönlichkeit ausfüllte, mit ihrem Charakter, ihrem riesigen Hut mit Federn und ihrem Kleid, das knisterte, obwohl sie sich in keinem Augenblick bewegte, eins in die Fresse. Ihre Lippe platzte auf, das Blut tropfte auf den Dielenboden. Mein Vater wurde angesichts des Blutes ganz wild (er faßte es als Beleidigung auf, als hätte meine Mutter ihn mit voller Absicht geärgert, ihn ärgern wollen), er schlug wieder zu, und meine Mutter stürzte zu Boden, stürzte ihrem Blut hinterher. Sie blieb *also* nicht bewegungslos. Sie winselte vor Angst. Sie hatte Angst vor den Schlägen, Angst vor dem Schmerz (wenn er getrunken hatte, kannte mein Vater weder Gott noch Teufel), aber vor allem hatte sie Angst, daß sie nach ihren beiden leiblichen Kindern auch noch meinen Vater verlieren könnte. Das wäre zuviel gewesen. Mein Vater versetzte dem am Boden liegenden Körper noch einen Tritt und rannte anschließend auf den Hof hinaus. Er keuchte. Die Sonne ging gerade unter. Langsam kam er wieder zur Ruhe (mein Vater). Er hatte keine gute Laune. Die Tür unseres Hauses pendelte im späten Abendwind hin und her •

49. Und wieder einmal war mein Vater gekommen. In seinem Gesicht standen schwarze Stoppeln, seine Augen wurden nur noch von den roten Äderchen zusammengehalten, es schien ihm auch ein Zahn zu fehlen, und er stank nach Alkohol. Er blinzelte fidel in die Gegend. Sie umringten ihn mißtrauisch, der Wiener Hof, die hungarischen Herren, das Ministerpräsidialamt, die Hausdienerschaft, das halbe Transdanubien und meine Mutter. Hinter meinem Vater wurden vierzehn Koffer hereingetragen, vierzehn englische Schweinslederkoffer von verschiedener Form und Funktion, aber alles eine Kollektion, Richardson & Dumble, London. Was soll das?, sie hoben die Augenbrauen, der Wiener Hof, die hungarischen Herren, das Ministerpräsidialamt, die Hausdienerschaft, das halbe Transdanubien und meine Mutter. Ich trage Sachen mit mir herum, sagte mein Vater und senkte den Kopf. (In Übersetzung: Ich schleppe mich an Gegenständen ab.)

50. Mein Vater wurde von der Begeisterung für die Braunschweiger Sonnenuntergänge erfaßt. Er hatte sich auf seinem Rückweg von der schmählichen Belagerung Brandenburgs an sie gewöhnt und fing deswegen immer, wenn er irgendwo einen Braunschweiger Sonnenuntergang sah, morgens, mittags, abends, egal wann, sofort zu kreischen an, schau, wie schön.

Es war ihm unmöglich, den Blick abzuwenden, und er versuchte permanent auch andere zu dieser Begeisterung zu verleiten. Un' warum soll däs schön sei', verzog meine Mutter blasiert den Mund über diesen unglaublichen Tanz, dieses Drama, diesen kosmischen Abschied in Lila, Gelb, Rot usw. Der Braunschweiger Sonnenuntergang erinnert an die Savanne, und da der Urmensch, der Urahn des Menschen, sein Zuhause in den Savannen hatte, sind wir dem bis zum heutigen Tage innerlich verbunden, anthropologisch, und deswegen finden wir so was schön. Meine Mutter verzog den Mund, ich war nie in den Savannen. Mein Vater liebte es, die Welt aus der Sicht des gymnasialen Lehrstoffs zu betrachten. Seit dem Abitur ist ihm vieles entfallen. Er verstand zum Beispiel nicht, wieso ein Flugzeug fliegen konnte, wo es doch so schwer war, hier haben wir als Beispiel dieses Messer, führte er häufig während des Essens vor, brrrr, er ahmte das Geräusch der Flugzeugmotoren nach, und dann ließ er das Messer los, plumps, voilà, oder voilà, plumps. Es fällt runter, was?!, es fällt runter! rief er mit verzweifelter Genugtuung. Wenn die Zeitung darüber berichtete, daß ein Schiff untergegangen war, die Estonia zum Beispiel, beruhigte ihn das, obwohl auch eine Bekannte von ihm an Bord war, die niedliche jüngere Schwester einer niedlichen Photographin. Ich hab's doch gesagt, es ist zu schwer. Und dann machte er plötzlich ein Gesicht wie vierzehn Tage Regenwetter, als hätte er in eine Zitrone gebissen. Taucht ein Körper in Wasser ein, zitierte er, wirkt auf ihn eine Auftriebskraft, die der Gewichtskraft entgegengesetzt ist, Engelchen. Es wurde still. Mein Vater nickte. Zu wenig Auftriebskraft, das war das Problem, das Wenige. Ich hab's doch gesagt. Für die schöne Helena stachen tausend Schiffe in See (Stoff der zehnten Klasse, John M. Prausnitz). Also macht der Grad der Schönheit einer Frau, für die man ein Schiff zu Wasser läßt, ein Millihelen aus. Was seiner Natur nach ein Vektor ist. Danach ist das negative Millihelen so zu interpretieren, daß man ein Schiff versenken muß, so schön ist sie. Ich hab's doch gesagt. (»Meine Frau ist tot: Und diese Erfahrung habe ich nun auch gemacht. Ich freue mich, daß mir viel dergleichen Erfahrungen nicht mehr übrig sein können zu machen; und bin ganz leicht. Auch tut es mir wohl, daß ich mich Ihres, und unsrer übrigen Freunde in Braunschweig, Beileids versichert halten darf.« Das ist alles.)

51. Mein Vater stand – nach der erforderlichen und taktvollen Vorbereitung – früher als sonst auf, um noch vor dem Abschneiden der Brotscheibe, dem Niederbrennen der Brücke von Eszék und der Einleitung des Strafverfahrens gegen die Leiter der Agrobank auf einen Sprung nach Preßburg, in den Schmelztiegel des neuen, im Entstehen begriffenen Ungarn zu fahren, wo gerade das Ständeparlament tagte, zu seiner Geliebten. Aber im Badezimmer stieß er, zufällig, da sie gerade pinkeln mußte, mit meiner Mutter zusammen, die meinen Vater gleich an Ort und Stelle, im Halbschlaf, auf dem Klodeckel kniend nahm. Der zuckte mit den Achseln, so war es vielleicht sogar besser, er mochte es nicht, früh aufzustehen, er mochte den Weg nach Preßburg nicht, der verschlammt war, die Pferde erhitzten sich zu sehr, noch dazu konnte sein Auftauchen in der Stadt auch Anlaß zu Spekulationen politischer Art geben. Er legte sich wieder ins Bett und schickte einen Boten mit geschraubten Exküsements nach Preßburg, und meine Mutter brachte ihm strahlend das Frühstück ans Bett. Sie war *ergriffen vor Glück.* Mein Vater auch. Wo ist dann das Problem? fragte meine Mutter oder mein Vater. Es ist ein wenig langweilig, antwortete der andere ●

52. Mein Vater dachte oft an meine Mutter. Zum Beispiel, wenn er sich eine Scheibe Brot abschnitt, dachte er dabei an meine Mama. Oder damals, als er die Brücke von Eszék nie-

derbrannte, dabei. Als er ein Strafverfahren gegen die Leiter der Agrobank einleitete, dabei. Und als ihn am Donnerstag vor seiner Wohnung Unbekannte mit Baseballschlägern überfielen, dabei. In diesem Land werden Unsummen für allerlei Konsolidationen ausgegeben, nur eins wird nicht konsolidiert, das Volk, und solange das nicht geschieht, wird es keinen sozialen Frieden geben, dabei. Und auch als er sich in den Jahren vor der französischen Revolution endgültig der klassizistischen Themenwelt zuwandte, dabei. Als sein Stil seine frühere Leichtigkeit verlor (dies abgekürzt), dabei. Wo sind die ungarischen Schiffe abgeblieben, dabei. Das Wetter morgen, dabei. Mein Vater hatte einen riesigen Schreibtisch, einen ohne Aufbau, mit glatter Tischplatte, ein im 18. Jahrhundert beliebtes spätbarockes Stück, an diesem Schreibtisch erledigte er die Angelegenheiten des Staates, und auch dabei dachte er an meine Mutter. Er dachte von meiner Mutter, was denn wäre, wenn sie unter diesen Tisch kriechen würde, leise, sozusagen ohne ein Grußwort, und wie ein kleiner Hund mit ihrem Kopf, ihrem Köpfchen die Knie und die Schenkel meines Vaters auseinanderknuffen würde – auf dem Tisch würden sich währenddessen die Angelegenheiten eines Reiches tummeln, Entscheidungen über Schicksale und Sätze und die Tagespost würden fallen! – und so weiter, und so weiter, aber natürlich ohne Zuhilfenahme einer Hand, vielleicht sogar mit den Zähnen oder der Nase oder dem Kinn, lange Rede kurzer Sinn, sie (meine Mutter) würde bis an die Grenzen des Vorstellbaren gehen, aber sie würde ihn nicht bis zum Schluß erregen, sondern ihn auf einem Niveau halten, ihn halten, sie würde meinen Vater den ganzen Tag an das Sein erinnern. (Den ganzen Tag: Auch während mein Vater die Leitung eines jungen Theaterensembles (von Kecskemét) teilweise der Gänsezucht, teilweise der Arroganz dem ländlichen Theaterpublikum gegenüber bezichtigte, während mehrere, und gerade die namhaften Vertreter der Branche, zu ihnen standen. Und da mein Vater, der mit seiner Zeit knauserte, auch das Mittagessen an diesem Tisch zu sich nahm, würde er meiner Mutter zur Erholung den einen oder anderen Happen unter den Tisch reichen. Sprechen, Berührungen verboten!) Sie sind pervers, mein Teuerster, stellte meine Mutter traurig fest, nachdem sie sich den geplanten Tagesablauf angehört hatte. Aber mein Vater argumentierte solange, bis. Und siehe da, mein Vater veränderte tatsächlich die sinnlichen Dimensionen meiner Mutter, und zwar so sehr, daß diese fast schon ins andere Extrem (auf die andere Seite – nicht des Pferdes, wie es in einem schönen ungarischen Sprichwort heißt, sondern – des Schreibtischs, ha-ha-ha!) verfiel, und mein Vater erachtete es manchmal als angebracht, sie, wenn auch in scherzhafter Form, darauf aufmerksam zu machen, beziehungsweise sie daran zu erinnern, daß meine Mutter ja doch eine katholische Mutter mit vier Kindern sei, nicht wahr. Aber ja, mein Herz, nickte meine Mutter, aber sie ließ nicht locker. Der Geist war aus der Flasche gelassen ●

53. Mein Vater ist ein Komondor. Ein Hund, der bellt, beißt nicht. Mein Vater tut beides: Er bellt, und er beißt. Das könnte man mit anderen Worten so ausdrücken, daß ihm Stalin oder Dschingis-Khan näherstehen als Grillparzer. Er spürt die Herausforderung der Zeit auf seiner Haut. Die Karawane zieht weiter! Dieses Gefühl möchte er gerne systematisch werden lassen, indem er es dem Königreich der Herzen enthebt. Währenddessen übersetzt meine Mutter aus sechs Sprachen und füttert die Tiere, aus dem Polnischen etc., bzw. die Kuh etc. Mein Vater vertritt die Ansicht, daß wir im Zeitalter der Kommunikation leben, was sich in allen Aspekten grundlegend und qualitativ von jeder bisherigen menschlichen Erfahrung unterscheidet. Und diese Entwicklung ist sprunghaft, im Gegensatz zu der Entwicklung der Agrar- und Industriegesellschaften. Ein Känguruh! Es

gibt eine neue Situation: die totale Gleichzeitigkeit. Wenn die Zeit zu existieren aufgehört hat, hat auch der Mensch zu existieren aufgehört, sagte meine Mutter, während sie gleichzeitig den Hafersack entleerte; willst du behaupten, der Mensch hätte mit CNN einen Schritt Richtung Himmel gemacht? Willst du behaupten, daß ich zu einem Engel geworden bin? Er, mein Vater, stelle sich die Sache im Prozeß vor, und die Sache sei dieser Prozeß selbst. Was für ästhetische, moralische und religiöse Folgen hat die absolute Simultaneität? Wovon sprichst du, fragte meine Mutter sanft. Mit vierzig brachte sie ihr viertes Kind zur Welt. Das Thema trifft das Wesentliche nicht, der *›Modus‹* ist wichtig, mit dem wir uns dem Denken des anderen annähern, wodurch anstelle der auf technischer Ebene erzwungenen Gleichzeitigkeit eine qualitative Form derselben tritt. Das Thema, das, wovon wir reden, würde naturgemäß nach einem anderen Begriffssystem verlangen ... aber man kocht ja mit den Zutaten, die man eben hat. Immer wieder müssen wir darüber sprechen, mehr noch, es gehörte sich, daß wir darüber sprechen, worüber wir nicht sprechen können. Schweigen ist nicht Gold. Willst du behaupten, daß die Sache gleichbedeutend ist mit der Rede über die Sache? Wir leben in einer Übergangszeit, mein Engel, sagte mein Vater und nickte. Und wie steht es mit der Rede über die Rede und mit der Rede darüber? Der Mensch! Der Mensch sieht sich immer und immer wieder dazu gezwungen, sich am eigenen Schopfe emporzuziehen. Wenn es ihm gelingt, ist es ein Wunder, wenn nicht, ist es auch ein Wunder. Ich denke dabei auch an ein Briefwechsel-Projekt. Mein Vater besitzt einen Abdeckstift, er trägt ihn ständig bei sich, und wenn sich an einer sichtbaren, gesellschaftlich agnostizierbaren Stelle eine pickelartige Rötung zeigt, sich entzündet etc., läßt er sie mit Hilfe des Stifts sofort verschwinden. Er hat ihn meiner Mutter stibitzt. Die weiß es, ist auch sauer deswegen. Jetzt mal abgesehen vom Abdeckstift, meinst du nicht, daß Braque gerade deswegen groß ist, weil er in jedem Gegenstand das ›*Ding an sich*‹ aufzeigt, denn er führt jeden Gegenstand auf dessen Seele zurück? Ich schließe das nicht aus, sagte mein Vater mißmutig, im Vergleich dazu spürst du in jeder Zeile Goethes die Welt pulsieren, spürst du das Schicksal eines jeden einzelnen Menschen! Oh, also da liegt der Hund begraben, sagte meine Mutter und schlug sich gegen die Stirn, darum geht es, um gewöhnlichen Mystizismus! Mein Vater rannte türeknallend in den Garten hinaus, und meine Mutter entschuldigte sich innerlich bei ihm, ich vergesse immer, daß er wahnsinnig ist. Er hatte etwas vom Wahnsinn der Gegenwart gespürt und hatte der Menschheit seine Hilfe angeboten. Er wußte bereits, daß wir nicht in der Welt leben, die wir zu sehen glauben. Er wußte bereits, daß es nicht nur für die Sterne galt, daß wir das Licht von manchen sehen, die schon zu existieren aufgehört haben. Deswegen sagte er zu mir, du bist ein Licht in dunkler Nacht. Ich weiß, daß er es deswegen sagte, trotzdem werde ich rot, und das in meinem Alter ●

54. Was ist der Unterschied zwischen meinem Vater und Gott? Der Unterschied ist klar zu erkennen: Gott ist überall da, während mein Vater überall ist, nur nicht da ●

55. Im allgemeinen: Solange sie ihn nicht über Gebühr schlugen, benahm sich mein Vater wie ein Mann, einem Muster folgend, das er sich vorgestellt hatte. Aber sobald die Folter eine gewisse Stufe erreichte, zum Beispiel durch Herausreißen der Fingernägel, erschrak er furchtbar und flehte auf feige, niederträchtige Weise, man möge sein Leben schonen. Zum Glück wußte er von allem überhaupt nichts. Das wiederholte er bis zum Morgengrauen. Formidables Vaterland! Es gibt keine Möglichkeit, der Treue zu entgehen ●

Mein Vater hat sich eine Türkin gefangen, ein türkisches Mädchen, ihr Name ist Leila, ihr schwarzes Haar ist kräftig wie das Pferdehaar und glänzend wie Ebenholz, wenn sie es schüttelt, gibt es klingelnde Laute von sich, und es reicht bis zu ihrem Hintern hinunter; ihre Haut ist von vornehmer Blässe, ihre Lippen färbt sie mit dem Saft der Maulbeere, wie die Punks. Mein Vater ist verliebt in sie. Er läßt sie auf seinen Knien sitzen und betrachtet sie. Leila läßt den Kopf sinken. Mein Vater hebt sanft ihr Kinn, sie blicken sich kurz an, dann schlägt das Mädchen wieder die Augen nieder. Sie sprechen nicht, sind ernst. So geht das seit etwa einem Jahr. Heute hat das Mädchen gesprochen, sie hat etwas auf türkisch gesagt. Mein Vater hat ungarisch geantwortet. Jetzt unterhalten sie sich, und wieder wird ein Jahr vergehen, diesmal auf diese Weise. – Vor seinem Tod sagte mein Vater, der zu dieser Zeit schon seit längerem alleine lebte, säuerlich, fröstelnd, meine Mutter, Schwester des Kurutzenführers Thököly, war nach Mariazell gezogen, der ganze Hof zerriß sich darüber das Maul, er sagte: Was mag sie wohl gesagt haben? 56.

Mein Vater hatte Prinzipien; er hatte allerlei Prinzipien, so wie man Katzen hat. Sie ruhten vor allem auf einem moralischen Fundament, aber er hatte auch eine schöne Anzahl an Prinzipien bezüglich des Schönen, der Lebensführung und der Hygiene. Oder des Kochens (zum Beispiel Knoblauchpulver). Oder monetäre. Und was ist das Geheimnis der ewigen Liebe? Ehe oder Verliebtheit oder etwas Drittes. Prinzipien in der Frage der Leitung von Fußballvereinen in den unteren Ligen. Des zügigen und unfallfreien Straßenverkehrs. Der acht Kriterien bewußter Sexualität. Geranien und Blattläuse. Er konnte jederzeit ein Prinzip hervorzaubern, aus seiner Jackentasche, unter seinem Hemd hervor, beim Essen aus dem Salztopf, im Theater aus dem 57.

Opernglas, im Stadion aus der Tüte mit den Kürbiskernen, im Wirtshaus aus dem Gespritzten, in der Bibliothek, in der Kirche, in der Kaserne, in der Schule, im Parlament, überall. Wer Prinzipien hat und ein anständiger Mensch ist, der hat immer recht, bzw. das Gegenteil ist nicht deutbar, er hat recht, denn er kann nicht nicht recht haben. Man kann einverstanden sein oder verständnislos. Es war also nicht leicht mit meinem Vater. Er nahm nur das an, was er anzunehmen fähig war. In seinem Beruf galt er als erfolgreich. Als er dann auf einmal nirgends mehr war, weder in seiner Hose, noch am Eßtisch, noch im Theater, noch in der Theaterpause, noch im Stadion, noch im Wirtshaus, noch in der Bibliothek, noch in der Kirche, noch in der Kaserne, noch im Parlament, noch in einem anderen, mit Menschen kombinierten Teil des Raums, in einem Büro oder einem Glaskäfig, und als er weder Mantel, noch Hemd, noch Sakko anhatte, und er kein Prinzip mehr hervorzaubern konnte, weder hinter dem Ohr, noch aus dem Haar, noch aus den Rippen, noch aus irgendwelchen geheimen Spalten, als er also nackt war und nirgends war, als sich also endlich eine gute Gelegenheit zum Reden ergab, war er nicht wiederzuerkennen. Es war nicht mein Vater; und wozu dann, selbst wenn es möglich gewesen wäre. Denn worüber; wer ●

58. Mein Vater wurde von seiner Mutter immer nur zum Guten erzogen. Sie lehrte ihn, daß die Menschen im Endeffekt gut sind, und daß der Himmlische Vater auf uns aufpaßt. Man müsse mit Vertrauen in die Welt blicken, und wenn einen einer mit Steinen bewirft, solle man mit Brot zurückwerfen. Was folgt aus alledem? Was daraus folgt, ist, und das stand auch im Zentrum der Erziehung meiner Großmama, daß häßliche Wörter keinen Sinn haben, sie sind leer, es gibt die zu ihnen gehörende Häßlichkeit nicht, es gibt sozusagen keinen Teil der Welt, der ihnen entspräche. Und als mein Vater von seinen Spielkame-

raden aus dem Dorf dennoch »solche« Wörter gelernt hatte, trieb die Großmama meinen Vater mit trauriger Wut ins Bad und wusch ihm den Mund mit Seifenwasser aus. Mein Vater konnte tagelang nicht essen, wenn er etwas zu essen zu sich nahm, kam es ihm sofort wieder hoch. Und dann, als mein Vater noch keine fünf Jahre alt war, starb die Großmama unter furchtbaren Qualen, ihre Gedärme fingen an, sich zu verschlingen und zu verfaulen, als würde in ihrem Inneren ein stinkendes Tier leben – wie in einem Horrorfilm –, und als wäre sie selbst zu diesem Tiere geworden. Wegen des Gestanks mußten sie sogar das Haus verlassen. Mein Großvater schämte sich, weil die Großmama gestorben war, deswegen zogen sie fort in ein anderes Land. Und mein Vater stand da, angeschmiert mit seinem halbgewalkten Wortschatz. Er konnte nichts Schlimmes über niemanden sagen, denn er hatte keine Wörter dafür, und da er keine Wörter hatte, konnte er auch nichts Schlimmes von ihnen denken. So blieb er schutzlos, er wurde ständig übers Ohr gehauen, und man lachte hinter seinem Rücken über ihn. Wenn er zum Beispiel sagte – das passierte im übrigen an einem 13. März, als es nach zwei wunderschönen sonnigen Tagen unangenehm stechend zu regnen anfing, als wäre es Herbst, oder als wäre man in Argentinien –, der Frühling habe sich verflüchtigt (was von meinem Vater als wertfreie Behauptung gedacht war, in sinnvoller, obwohl den Gepflogenheiten nicht ganz angemessener Weise), schlug man ihn johlend auf den Rücken, Jawollja!, verflüchtigt hat er sich, aber dafür bist du da! Mein Vater sah sie mit glücklicher Einfalt an, als hätte er seine Mutter gehört. Die sich aber, genau wie – angeblich – der Frühling, verflüchtigt hatte. Jawollja, verflüchtigt hatte sie sich, aber dafür bist du da. Mein Vater verstand auf einmal nicht mehr, wer denn dieses Du ist. Er sah hinein in das Gejohle und fand auch dort nichts ●

59. Mein Vater hat drauf geschissen, die Alimente zu zahlen. Meinetwegen kannst du verrecken, du blöde Fotze, ließ er meiner Mutter ausrichten. Und deine Söhne, denkst du nicht an deine Söhne?! kreischte meine Mutter. Die können sich meinetwegen auch ins Knie ficken, brüllte mein Vater, was meine Mutter als Hoffnung und Ansporn interpretierte, denn sich ins Knie ficken ist doch nicht dasselbe wie verrecken. Was wahr ist, gezahlt hat mein Vater trotzdem nicht. Meine Mutter hatte schließlich genug davon und heuerte zwei Professionelle an, damit sie dieses Arschloch, meinen Vater, erschreckten. Denn meine Mutter verkaufte Krawatten neben der Trafik, wunderschöne Seide, wasduwillst, ein Stück kostete etwa den Monatslohn eines Metroarbeiters, dabei kommt man an der Metro bei der heutigen Verkehrsstruktur nicht vorbei, egal, ob in Form von Unterpflaster- oder Tiefbahn, und es kauften alle möglichen Leute bei ihr ein, darunter einer namens Zoli und auch die Farkasevics-Brüder. Der Zoli hatte ein paar Schultern, ein Ausnahmeorgan, eine Extremität, eine Kreatur, daß meiner Mutter die Luft wegblieb, wenn sie ihn nur anschaute. Kinder, das ist ein Wunder, das ist nicht Muskel, nicht Knochen, nicht Fleisch, das ist ein Wunder; ich hab dort in der Gegend gar nichts, höchstens einen Schatten. Was ist los, Goldstück? fragte der Zoli, denn umsonst hatte meine Mutter die Strahleaugen angeknipst, man konnte ihr das Wasistlos ansehen. Daraufhin stellte der kleine Farkasevics in Aussicht, daß sie meinem Vater ihre Aufwartung machen würden. Der furchtbar die Hosen voll hatte. Sie taten ihm nichts; sie deuteten an, daß sie ihrer Meinung nach ihn suchten, ihrem Gefühl nach, irgend etwas sage ihnen, daß es so sei, und warum mein Vater so ein Wichser sei, daß er nicht zahle, schließlich ginge es darum, daß seine Kinder was zu beißen haben, täglich Brot, Verantwortung und Familie. Was sie das für einen Scheiß anginge, da hatte er die Hosen nämlich noch nicht voll.

Herzblatt, wir palavern hier nur ein bißchen mit dir, versuchen, das Problem zu erfassen, verstehst du, Schnuckibär, du hast dir dein Leben verschissen, und wir dürfen dafür mitten in der Nacht aufstehen, damit wir beizeiten hier nach Kispest rauskommen. Findest du das in Ordnung? Aber ich werde dir helfen werde ich dir, verdammte Scheiße, weil, also ich finde das nicht in Ordnung. Klingel mal die Tussi an, Herzblatt, und löst die Sache untereinander, weil das ist täglich Brot, Verantwortung und Familie. Das ist euer Intimding, versteh mal, wir sind bloß früh aufgestanden wegen Pennen. Und er trat an meinen Vater heran und küßte ihn, rechts, links. Da erschrak der und engagierte auch zwei Fleischberge, für 50 Eier pro Tag. Zum Treffen nahm jeder seine zwei Leute mit. Die Zweien haben sich sofort gegenseitig erkannt und fingen zu diskutieren an, die Männer meines Vaters riefen von der Post im Flórián ihren Chef an, aber der kleine Farkasevics bat um den Hörer und sprach mit deren Chef wie der mit ihnen, die Aufstellung war also klar, die Fleischberge meines Vaters zogen sich in die Lebensmittelabteilung zurück, um sich mit meinem Vater zu beraten. Mein Vater weinte vor Wut, aber er zahlte sofort, zwar statt der 300 Tausend nur 200 Tausend, wovon meine Mutter 100 an die Zolis löhnte. Wenn du wieder nicht zahlst, schicke ich dir wieder meine Engelchen an den Hals, ließ ihm meine Mutter ausrichten, die außerordentlich zufrieden war. Verrecke, du blöde Fotze, ließ mein Vater seinerseits ausrichten. So lernte mein Vater meine Mutter kennen ●

Die Polizeihauptmannschaft des Komitats Győr-Moson-Sopron hat meinen 52jährigen Vater wegen des dringenden Tatverdachts des Mordes in Gewahrsam genommen. Mein Vater verwickelte sich in angetrunkenem Zustand in einen Wortwechsel mit seinem 28jährigen Sohn. Mein Vater verlieh seiner Meinung nicht etwa mit Argumenten, sondern mit einem Speck- 60.

schneidemesser mit einer Klinge von 10 cm Länge auf hitzige Weise Nachdruck. Der Sohn, durch drei Stichwunden verletzt, wurde in einem lebensgefährlichen Zustand ins Krankenhaus gebracht, wo man ihn sofort operierte ●

61. Aus moralischer Sicht ist mein Vater vermutlich die ursprüngliche und endgültige Versuchung: Er hat das »Sollen« in sich, das »Sollen« jenseits der Begriffe (mein Vater als das Instrument von Ausdruck-Hinweis-Mitteilung). Der Unterschied zwischen »Sein« und »Sollen« entsteht in ihm. Wo es meinen Vater nicht gibt, gibt es auch kein »Sollen«. Das »Sollen« (und davor mein Vater) muß formuliert werden ●

62. Mein Vater hatte, wie – angeblich – jeder Türke, zwei Ehefrauen, eine für den Winter, die Dicke, und eine für den Sommer, die Dünne. Er arbeitete damals als Statiker für die Österreicher, die gleichbedeutend mit den Habsburgern waren, aber die verschiedenen Länder numerieren die Herrscher unterschiedlich, zum Beispiel Rudolf, was anfangs etwas problematisch war, oder zumindest zu de facto Mißverständnissen führte, deswegen mußte man als erstes die Kaiser ›*beziehungsweise*‹ Könige kalibrieren, zum Beispiel den Rudolf, aber egal, der wievielte, um die Belange des Landes hat er sich nicht gekümmert, er beschäftigte sich im Hradschin mit Astronomie und Alchimie, um sich später von der Geisteskrankheit übermannen zu lassen ●

63. Mein Vater ist Geschichtslehrer, in den Osterferien liest er aus den Karten, in den Winterferien schläft er, in den Sommerferien zieht er Schlüsse aus niemals stattgefundenen Sachverhalten. »Ich bin Endre Lovag, im Sommer 170, im Winter 169 Zentimeter. Im Herbst werde ich 29 Jahre alt.« Sein Lieblingsgericht: Buchstabensuppe. (Wundergreis.)

Mein Vater sah den Vorteil von Konkubinen – abgesehen vom Pudern, das er als wichtige medizinische Frage betrachtete, und dem er, sooft er eben konnte, nachkam; zum Mittagessen erschien sein ›*Leibdiener*‹ in der Küche und sprach die eine oder andere knackige junge Küchenmagd an: »›*Mari, waschn's ihnen, Seine Durchlaucht möchte unmittelbar nach dem Essen a' Hupferl machen!*‹«, also, wie könnte man das anders sagen?, er würde gerne eine Runde drehen, einen wegstecken, drübersteigen, ein Rohr verlegen – vor allem darin, daß die Hysterie, die Mißverständnisse und Eifersüchteleien, die sinngemäß und zwangsläufig entstanden, ihn quasi wachhielten. In seiner Wachsamkeit beleidigte er sich dann zu Tode, und es folgte seine eigene Hysterie, sein Mißverständnis, seine Überempfindlichkeit, seine Eifersucht. Da standen einander endlich gleichgestellte Partner gegenüber. Sein kosmischer Egoismus bekam einen Spiegel vorgehalten. Er sah seine Geliebte – seine Taube – an und sah sich selbst. Deswegen liebte er sie. Die Geliebten meines Vaters brachten die Nachrichten von meinem virtuellen Vater und meine Mutter die vom wirklichen. Die Rarität meines Vaters bestand darin, daß er keinen Unterscheid zwischen virtuell und wirklich machte. So behandelte er seine Geliebten wie Ehefrauen und meine Mutter wie eine geniale Schlampe. Mein Vater hatte auch noch mehr und andere poetische Vorstellungen von sich selbst ● 64.

In der Pause der Preßburger Ständeversammlung ließ er seine Pariser Freundin, Madame Shell, zu sich kommen. Die Organisation der Reise war komplizierter und teurer, als sich das Pärchen das vorgestellt hatte, obwohl meinen Vater Geld nicht interessierte. Dafür verlangten sein politischer Status sowie die zudringliche Anwesenheit seiner ständigen Wiener Geliebten, der, sage und schreibe, Gräfin Sau in Preßburg, großes Einfühlungsvermögen, während die wegen der Parlamentssitzung ausge- 65.

buchten Gasthäuser, bzw. das Fehlen leerer, großes Geschick erforderte. Aber für meinen Vater war nichts unmöglich, er liebte diese seine Geliebte sehr, er liebte sie ganz und gar, er unterhielt sich sogar mit ihr. Und auch sie hatte meinem Vater gegenüber ähnliche Gefühle. Auch sie unterhielt sich mit ihm. Als dann, nach nicht geringer Aufregung, endlich alles ordentlich organisiert war, die Gräfin Sau in Wien beim Haydn-Konzert, die Batthány-Jagdhütte zur Verfügung gestellt, durchfuhr es meinen Vater plötzlich wie ein Blitz, was ist, wenn die Mamsell gerade ihre Tage hatte, wenn ihre Tage gerade jetzt waren. Denn er hatte sie ganz und gar, und natürlich, auch die Unterhaltungen, freilich, aber trotzdem. Er sandte sogleich einen Eilboten nach Paris und erkundigte sich nach dem Sachverhalt. Der Sendbote, ein junger, aufstrebender Mann meines Vaters, war schnell weg und wieder da. Das Fräulein präsentierte zunächst eine Ohrfeige, hier, gnädiger Herr – und er zeigte darauf, tatsächlich, die Stelle war noch rot –, und läßt ausrichten, Euer Graf denkt ja wohl nicht, daß ich für soviel Geld für nix und wieder nix diligenciere. Die Reisekosten wurden nämlich nicht von meinem Vater getragen. Schwer zu sagen, warum nicht. Vielleicht, weil Geld ihn nicht interessierte. Jedenfalls schnurrte er aufgrund dieser Nachricht zufrieden. Ach so, und auch er klebte dem Jungen eine, nicht daß der noch denkt, er, mein Vater, liebe dieses Flittchen nicht genug ●

66. Der Fürst (oder Graf oder Parteisekretär) schickte meinen Vater zu seiner Geliebten (zu seiner eigenen, nicht zu der meines Vaters), damit er sich erkundigte, wie es denn stünde. Der Fürst und seine Geliebte benutzten eine Geheimsprache, in dieser Sprache wollte also der Fürst von der Frau wissen, ob Frühling sei. Der Fürst war ein vorsichtiger Lustmolch, er wollte die Mamsell fürs Wochenende einladen, aber wenn diese dann gerade, wie es heißt, einen Gast hatte, dann würde er, so die fürst-

liche Überlegung, das Weekend doch lieber mit der Familie verbringen. Gott, Vaterland, Familie (Weekend). Die aufgesuchte Dame ohrfeigte meinen Vater fröhlich, was denkt sich dein damischer Herr, daß ich meinen Muff für soviel Geld für nix und wieder nix durch die Gegend kutschiere; mein Vater war schon unterwegs, er lief mit der guten Nachricht zum gnädigen Herrn. Der seine andere Wange ohrfeigte, ebenfalls mit heiterem Gesichtsausdruck. Alle waren zufrieden, sogar mein Vater, obwohl er den ganzen Sonntagnachmittag »Mensch ärgere dich nicht« mit den fürstlichen Bälgern spielen mußte

Die Ehefrau meines Vaters, bis daß der Tod sie scheide, meine 67.
Mutter, unterschied sich insofern von seinen Geliebten, als mein Vater zwar nicht pausenlos mit ihr zusammen war, aber dieser Gedanke, pausenlos, kam meinem Vater immerhin auch nicht absurd vor, wenn er ihm auch nicht sehr oft durch den Kopf ging, während der Gedanke, mit einer seiner Geliebten auf diese Art zusammen zu sein, pausenlos, also ständig, davor, danach, anstatt, meinen Vater sogar schon in der anfänglichen, verrückten Phase einer Affäre zu lautem Gejohle verleitete

Mein Vater benahm sich genau andersherum, nein, das ist 68.
zu wenig, er stand andersherum, war andersherum zu meiner Mama und zu seinen Geliebten, den Geliebten meines Vaters, als das üblich ist. Seinen Geliebten gegenüber zeigte er sich unwillig, sah immer wieder auf die Uhr, die ihm sein Schwiegervater geschenkt hatte, und wenn sie sich auf den schmalen Balkon setzten, und das Firmament mit seinem auberginen Schimmer sich über sie neigte, war er mißmutig und langweilte sich. Und wenn die Geliebten meinem Vater ihre nackten Fußsohlen unter dem wackeligen Eisentischchen in die Schenkelbeuge legten, sie hin und her legten, merkte er es nicht einmal oder fegte

sie einfach hinunter – mit einer unbewußten, faden Bewegung. Er war steif, langweilig, egoistisch, wenn auch nicht vollkommen desinteressiert, und wenn er auch kein inspirierter Liebhaber war, so zumindest ein guter oder wenigstens ein verläßlicher, von Zeit zu Zeit war er sogar liebenswürdig: Einmal zum Beispiel brachte er ihnen einen Strauß Wiesenblumen mit, ein anderes Mal eine kalte Platte mit Krebsfleisch und Lachs, als Überraschung. Und wenn bei den Frauen, denn seine Geliebten waren mehrheitlich Frauen, infolge einer leichten Autokarambolage Herzrhythmusstörungen auftraten, meldete er sich jeden Morgen mit echter Besorgnis in der Stimme. Sie besuchen kam er schon seltener, denn wozu das. Da lagen die verunglückten Geliebten in ihren verdunkelten Zimmern und jammerten, oder, wenn sie auch nicht jammerten, angeknackst waren sie auf jeden Fall, ihre Stimmen wurden dünn, dürftig, sie hätten sich gern an die Heldenbrust meines Vaters geschmiegt, wie die kleinen Kinder, vorsichtig nur, um Aufregung zu vermeiden, und mein Vater flötete salbungsvoll wie eine barmherzige Schwester in den Hörer. Wo auch immer er war – egal, wo! –, immer dachte er an meine Mutter, sagen wir in acht von zehn Fällen, also wirklich häufig. Wenn er im Straßengewühl zufällig meine Mutter entdeckte, lief er ihr sofort hinterher, wie ein hyperaktiver Junge. Dann fuhren sie gemeinsam Bus. Wollen Sie fahren?, denn sie taten so, als würden sie den Bus lenken. In der Nähe meiner Mutter erfaßte meinen Vater das Zittern, ihm bebten die Lippen und die Brust, und er verspürte ein schmerzlich Rauschen, während er den Namen meiner Mutter wie den Rosenkranz vor sich hin betete. Auch wenn er auf meine Mutter wartete – wieder: Zittern, Rauschen, Gemurmel –, versuchte er die Zeit durch Tagträume zu beschleunigen. Daß meiner Mutter etwas zugestoßen sein könnte. Daß sie von einem Militärkonvoi überfahren wurde. Dann müßte wohl er, mein Vater, die Kinder allein großziehen.

Also gut. Er könnte sich ja schließlich auch aufopfern. Er wird sich aufopfern. Er wird sein Leben daransetzen. Oder wäre das zuviel? Er würde dabei verbittert werden und die Kinder würden es schließlich ausbaden müssen? Nichts wird er aufgeben, trotzdem wird er sie versorgen. (Er wird's ihnen schon besorgen, tja, die Tragödie konnte seinen Sinn für Humor nicht trüben.) Betrachten wir es realistisch. Zweifellos müßte jemand eingestellt werden, eine Art Haushälterin. Eine Haushälterin ... Schwierige Kiste, kompliziert, da haben wir wieder nichts gekonnt. Es wäre besser, wenn auch die Kinder mit im Wagen wären. Frontalzusammenstoß. Ein politischer Skandal, der Innenminister sucht nach Ausreden. Und er (mein Vater) müßte allein mit dem Nichts ringen. Als er sich das in allen Details vorgestellt, herausgearbeitet hatte, stellte sich heraus, daß dieses Ringen dasselbe wäre wie das, was er gerade machte, das Ringen mit allem. Normalerweise traf an diesem Punkt meine Mutter ein, aber da war es schon zu spät, wieder und wieder. Aus den Beinen war ihm jede Kraft entwichen, als wären sie aus Knetmasse. Wenn sie nicht Bus fuhren, gingen sie einen Eisbecher essen, sie saßen laut in der Sonne, bestellten eine Portion mit zwei Löffeln, wie die Kinder, flachsten mit dem alten Kellner, der braunhäutig war wie ein Zigeuner oder ein schwarzer Christus, nein, nein, Herr Kellner, nicht zwei Portionen mit einem Löffel, sondern, und es soll kein Schoko drin sein, denn meine Mutter mochte kein Schoko. Die Leute starrten sie an. Sie führten eine sprunghafte Unterhaltung, ein gutes, volles Gefühl, egal, worüber, über alles, über die indische Unabhängigkeitsbewegung und über eine unangenehme schweizerische Kellnerin, über den Waffenhandel und über das gelbe Kittelkleid meiner Mutter. Meine Mutter trug verrückte, bunte Kleider, sie hatte einen neuen Freund, einen Schneider, einen Herrenschneider, und er nähte ihr allerhand, wenn auch nicht gerade umsonst, so doch ziemlich billig, er experimentierte quasi an meiner Mama herum. Meine Mama kleckerte Eis auf ihr Kleid, auch darüber scherzten sie mit meinem Vater, sogar über die Flecken – was für Flecken das denn seien –, mit ausgesprochen unanständig zu nennenden Untertönen. Mit seinen Geliebten verhandelte mein Vater meist gereizt die Probleme der Kinder, der seinen und der ihren, wo denn der Bohnensack sei und ob die (eine konkrete) Menses eingesetzt habe, er tauschte sich mit ihnen abgespannt bezüglich ihrer Schwiegermütter aus, die auf ihre alten Tage unverantwortlich und kindisch geworden waren, von sexuellen Anfällen heimgesucht wurden, deren Objekt ausgerechnet die Ehemänner, die Schwiegersöhne waren, die, das kann man getrost sagen, keine unheimlich spannenden Typen waren, und es kamen die Rückgabe-vor-Entschädigungsmachenschaften gewisser hintertückischer Schwager zur Sprache. Meine Mutter hingegen starrte er mit feuchten Kälbchenaugen an, mit schmachtendem Ernst, als würde er sie gerade (immer) zum ersten Mal sehen, was meine Mutter nicht ausstehen konnte, sie schmetterte ihn schonungslos nieder, sie verhöhnte ihn nicht, sie fing bloß zu lachen an, nicht über meinen Vater, dieses Lachen war quasi unabhängig von ihm, aber gerade diese Unabhängigkeit schien so vernichtend zu sein. Aber mein Vater wurde dadurch überhaupt nicht vernichtet, er sah sie nur an, starrte auf die starken, weißblitzenden Zähne meiner Mutter. Sehr starke Zähne. Überall erregten sie Aufmerksamkeit, das Gesicht meines Vaters strahlte, wie das von Moses damals, nachdem er mit dem Herrgott gesprochen hatte. Auch er hätte sich einen Schleier über das Gesicht legen müssen, der Herrenschneider hätte ihm vielleicht sogar einen genäht. Und das Zittern der Beine, und das ständige, unbefriedigte Warten – all das zeigte eine gefährliche Unausbalanciertheit. Wir sind keine Kinder mehr, paukte mein Vater, aber auch das half nichts. Dann versuchte er, sich alle möglichen degoutanten Sachen über meine Mutter vorzustellen, in der Hoffnung, diese neuen Ansichten würden die hysterischen Bilder der Schwärmerei verjagen, der Klassiker hierbei ist die Vorstellung auf dem Klo, bzw. eher auf einem dörflichen Häuschen mit Hitze, Gestank, Fliegen, mit Scheiße beschmierten wehenden Papierfetzen, mit dem Geräusch des hinunterstürzenden Exkrements, oder, was er neulich gehört hatte, daß gegen ein Ekzem fast nichts Wirkung zeige, aber wenn, dann noch am ehesten der eigene Urin, daß man nämlich auf die inkriminierte Stelle urinieren soll, und er stellte sich gerne vor, wie sich meine Mutter mit diesem Problem herumschlägt, wie sie sich dusselig anstellt, sich den Arm zwischen die Beine schiebt, an die Quelle, aber so pißt sie alles voll, dann formt sie lieber aus der Handfläche einen kleinen Kelch, obwohl es nicht einfach sein wird, diesen dann wieder auf sich selbst zurückzukippen, auf den Unterarm – aber sie verjagten sie nicht. Beim Eisessen, sie bemerkte es gar nicht, betastete sie (meine Mutter) unbewußt meinen Vater, meist in der Form, daß sie meinem Vater ihre schwere, gewichtige Hand auf die Schenkel fallen ließ (diese konnte man nicht wegfegen) und damit hellichte Sehnsüchte in ihnen beiden entfachte. Und mein Vater legte ihr seine Hand auf die Biegung der Schulter, bewegte sie nicht, trotzdem war es ein Streicheln, ein sogenanntes Nullbewegungsstreicheln. Und mein Vater hatte das Gefühl, er sei der stärkste Mann der Welt. Der Kellner wird sterben, sagte meine Mama, und bei sich dachte sie: Ein ruhiger Ehemann ist eine schöne Sache ●

69. Wann war es gleich? War es, als seine Sporen zu Bruch gingen? Nein, da noch nicht. Gedacht hatte er schon daran, aber nur soweit, wie die meisten eben an einen Gedanken denken. Und mein Vater glaubte auch, daß es einen Unterschied gebe zwischen Brot und Gedanken, er glaubte, das Brot sei wirklicher. Aber dann, als am Flußufer sein Pferd scheute und hochstieg, war er schon umzingelt, der Stiefel rutschte ihm aus dem Steigbügel, und da passierte es. Als ihn im Traum geflügelte Ameisen befielen, da passierte es. Als ihn eine Gruppe Kinder angriff, und er mit einem wilden, tonlosen Schwung seines Säbels den Kopf des einen Balgs entzweischlug, und die beiden Schädelhälften im langsamen Fall wie eine Melone auseinanderglitten, da passierte es. Als er dem König ins Wort fiel, der, verwundert, finster zu lächeln begann. Als er beichten wollte, als er den hysterischen Wunsch zu beichten hatte und keinen Priester fand, von Pontius zu Pilatus geschickt wurde, vergebens, selbst Kardinal Pázmány empfing ihn nicht, und dann kniete er sich vor einen Strauch namens Mordechai und begann mit der feierlichen Aufzählung, er nahm die Zehn Gebote durch und fand überall eine Kleinigkeit, mehr noch, als der Strauch im graulila Wind erbebte, da passierte es. Als jemand, ein Jemand nach langem Bitten und in Erniedrigungen verkleideten Drohungen schließlich, wenn auch widerstrebend, gewissen, überhaupt nicht selbstverständlichen Bitten nachkam, da passierte es. Da erfaßte ihn plötzlich das Gruseln. Der Schrecken. Die Angst packte ihn an der Gurgel. Etwas mehr im Magen, aber auch in der Lunge und am Herzen. Als würde sein gesamtes Inneres von etwas gezerrt, umgestülpt, ge-

schüttelt, und er keuchte, bekam immer weniger Luft. Er verlor die Schlacht aufs Schändlichste. Die Ameisen fraßen sein Fleisch bis auf die Knochen. Das tote Kind übte Rache. Am königlichen Hof fiel er in Ungnade. Der Strauch fing Feuer, brannte mit dunkler Flamme. Mein Vater wurde vom kalten, kristallenen Gefühl der Schuld erfaßt, Zittern und Brechreiz kamen in Wellen über ihn; das Gefühl, daß etwas nicht wieder Gutzumachendes passiert war. Allein dadurch, daß er auf der Welt war. Daß sein Leben sein Leben zerstörte (oder das Leben überhaupt?). Es ausnutzen, dachte mein Vater, diesen Bruchteil von wenigen Minuten der Angst nutzen und Bilanz ziehen. Schnell. Wie muß man leben? Zu Gottes Herrlichkeit. Was darf man, was nicht? Sein Seelenheil aufs Spiel setzen, das darf man nicht. Und worin sonst bestünde sein Heil, als in seinem liebestollen Leben (meiner Mutter). Also ist es ihm verboten zu sterben. Die einzig ausschließlich moralische Lösung ist: das ewige Leben, das Nicht-Sterben. Auf banale Weise einfach nicht sterben. Verdammte Scheiße ●

Ein schwarzer Ritter, mein Vater, steht in einer Rüstung aus 70.
schwarzem Stahl vor einem höllischen Schloß. Die Mauern des Schlosses sind schwarz, die riesigen Türme blutrot. Vor den Toren schießen weiße Flammen als lodernde Säulen empor. Der Ritter, mein Vater, schreitet hindurch, überquert den Burghof und steigt die Treppen hinan. Saal an Saal, Flucht an Flucht schließt sich vor ihm auf. Der Schall seiner Schritte zerschellt an den gequaderten Wänden, sonst ist es totenstill. Endlich tritt er in ein kreisrundes Turmzimmer ein, über dessen Tür eine rote Schnecke in den Stein gemeißelt ist. Das Zimmer ist fensterlos, und doch ist die riesenhafte Dicke der Mauern zu spüren; kein Licht brennt, und doch erhellt ein seltsamer, schattenloser Glanz den Raum. Um einen Tisch sitzen zwei Mädchen, ein schwarzes und ein blondes, und eine Frau. Obwohl die drei sich nicht

ähneln, müssen es Mutter und Töchter sein. Vor der Schwarzen liegt ein Haufen langer, blitzender Hufnägel auf dem Tisch. Sorgfältig nimmt sie einen nach dem anderen in die Hand, prüft seine Schärfe und sticht ihn der Blonden durch Gesicht, Glieder und Brust. Die rührt sich nicht und spricht keinen Laut. Einmal streift ihr die Schwarze den Rock zurück, und mein Vater sieht, daß die Schenkel und der zerfleischte Leib nur noch aus einer blutigen Wunde bestehen. Diesen lautlosen Bewegungen haftet eine ungemeine Langsamkeit an, als ob der Lauf der Zeit durch geheime Vorrichtungen verzögert wird. Auch die Frau, die den beiden gegenübersitzt, hält sich stumm und regungslos. Sie trägt wie die ländlichen Heiligenbilder ein großes, aus rotem Papier geschnittenes Herz, das fast die ganze Brust verbirgt. Mit Entsetzen bemerkt mein Vater, daß bei jedem Nagelstich, den die Blonde empfängt, sich dieses Herz schneeweiß wie glühendes Eisen färbt. Mein Vater stürzt hinaus, dem Ausgang zu, mit dem Gefühl, dieser Probe nicht mehr gewachsen zu sein. Vorüber fliegt Tür um Tür, von stählernen Riegeln verwahrt. Da weiß mein Vater: Hinter jeder Tür, vom tiefsten Keller bis in das höchste Turmgelaß, spielen endlose Folterqualen, von denen nie ein Mensch erfahren wird. Ich bin in die geheime Burg des Schmerzes eingedrungen, denkt mein Vater, aber bereits das erste seiner Modelle war zu stark für mich ●

71. Irgendwann, platterdings im Jahre 1621, nahmen die Österreicher, möge dieses Wort was auch immer bedeuten, Heidelberg ein. Mein Vater, der damals den Vatikan leitete, der Onkel Jocó Varga den Meierhof und der Papa den Vatikan, schickte, seine, um es mal maßvoll auszudrücken, österreichischen Beziehungen nutzend, sofort zwei Bataillone päpstlicher Reiter dorthin, damit diese die große Heidelberger Bibliothek ein bißchen rupften. Und sie rupften sie dann auch. Wer hätte das vom Vatikan ge-

dacht, nicht wahr, daß auch seine Schätze geraubt sind, nicht nur die der Sowjetunion, die ist ja auch zusammengestürzt. Mein Vater nickte oder wurde rot oder lachte auf oder zuckte mit den Schultern oder hob an zu einer detaillierten Argumentation ●

Im Alter von zwölf Jahren machte sich mein Vater einen Le- 72.
bensplan: er würde seinen Untergebenen ein guter Herr sein, er würde sich bemühen, ihnen auch unter den veränderten Bedingungen ein sicheres Überleben und ein verläßliches Vorankommen zu sichern, überhaupt würde er sich daran halten, all das, was die Traditionen der Familie ungeschrieben vorschrieben, zu erfüllen, ohne jedes ›*Wenn und Aber*‹, deutsch im Original, quasi ohne nachzudenken, wie ein Musterschüler; zu seinen persönlichen Zielvorgaben gehörte außerdem folgendes: einen Zusammenhang zu finden zwischen der Liebe als vermeintlichem Hauptgebot, als Kern der christlichen Lehre sowie dem Zustand der Welt. Dies bedeutete die Lösung folgender Teilaufgaben, beziehungsweise das Stellen folgender Fragen: Warum hat Gott die Welt erschaffen? Wozu benötigte er sie? Kann Gott irgend etwas benötigen? Bedeutet das Vollkommene, das Allmächtige denn nicht Unbeweglichkeit? Und wenn nicht, warum nicht? Was ist es, das sich bewegt? Und wenn: Was bewegt es? Warum hat der Herr seine Macht mit dem Satan geteilt? Hat er sie überhaupt geteilt? Warum hat sich Luzifer aufgelehnt? (Das Warum bezieht sich immer auf die Struktur der Welt, warum ist die Welt so, daß Luzifer und so weiter.) Warum führt der freie Wille notwendigerweise zum Übel, oder zumindest zum Furchtbaren? Denn vermutlich ist es das, was dazu führt, das ist jener dunkle Spalt, und nicht Gott selbst, nicht er selbst führt uns zu Krieg, Kindsmord und so weiter. Oder? Warum hat »sich« der Herr keine bessere Menschheit geschaffen? Was ist das Gute daran, das Geschäft, die Unumgänglichkeit? Warum sind wir als Gottesmörder er-

schaffen worden? Es wäre ja schon schrecklich genug, wenn wir so welche wären, die den Lieblingshasen des Kindes in heißem Wasser kochen. Zwischen dem Hasen und dem Herrn ist eine unermeßlich große Entfernung, also ist die Lage unermeßlich schlimmer. Warum? Unsere Geschichte besteht aus Blut, Schweiß, Tränen, mit seltenen, kurzen Lichtblicken. Warum? Wo ist die Liebe? Warum? Das hatte mein Vater im Alter von zwölf Jahren in sein Notizheft geschrieben, und bald darauf begann er, das Notizheft zu suchen und zu suchen und zu suchen ●

73. Mein Vater interessierte sich ausschließlich für die Musik, Miklós Zrínyi dafür für das Schreiben, deswegen beschlossen sie, gemeinsam – nach einer fremden Idee! – ein Musical zu schreiben, wie der Szörényi und der Bródy. Alle dachten, sie würden Krieg führen, Bollwerk des Christentums, gegen das türkische Opium und das alles, dabei haben sie sich lediglich auf die Vorstellung vorbereitet. Mein Vater stellte auf eigene Kosten ein Reiterbanderium auf, das war der Chor, am rechten Rand der Baß und so weiter. Es war Winter, als sie Sieg auf Sieg häuften. Der Türke verstand einfach die Welt nicht mehr. Er wußte, daß Zrínyi ein genialer Feldherr war, er schätzte auch meinen Vater – aber das, was sie hier veranstalteten, war einfach nicht nachvollziehbar! Und ob, es lief nämlich alles nach der Dramaturgie eines Musicals ab ●

74. Einst, als mein Vater schmählichst nach Eperjes einritt, standen links und rechts an jedem Straßenrand sehr viele Menschen, die wollten meinen Vater sehen, und sie wollten auch sein Pferd, den Grünspan, sehen. Viel Volk stand ganz vorne, sagen wir: in der ersten Reihe. Aber noch mehr Volk stand in der zweiten, dritten und vierten Reihe. Und was sich hinter der vierten Reihe abspielte, hatte mit einer Reihe nichts mehr zu tun. Und so

kam es, daß sehr viele Menschen, um wenigstens einen flüchtigen Blick auf meinen Vater zu werfen, sich nicht nur auf die Zehenspitzen stellten, nein, sie reckten zusätzlich die Hälse, reckten sie mit so seltener Vehemenz und Hingabe in die Höhe, daß ihre Hälse, als mein Vater fortgeritten war in der Dämmerung, lang gereckt blieben ihr Leben lang. Das heißt: Wenn uns das Schicksal mit einem langhalsigen Menschen zusammenführt, dann sollten wir ihn nicht verspotten oder bestaunen. Er ist ein Enkel oder Kindeskind jener Menschen, die meinen Vater hatten ansehen wollen in sonderbarer Gier; getrieben von einem spurlos entschwundenen und nun in unserem Herzen nicht mehr aufspürbarem Gefühl

Der Junge war der Fürst von Karlovac oder was zum Teufel, 75.
ein nettes, sensibles Kind, eine unreife Frucht, würden Weinkenner sagen, mit großem Potential, jedenfalls hatte er das Lipizzanergestüt fondiert; er saß neben meinem Vater, der König saß gegenüber, schräg vis-à-vis die Königin. Sie verhandelten; wie denn die Wiedergutmachung sein, womit man sie bezahlen und was mit den Pferden passieren sollte (mein Vater dealte damals mit Haflingern, kräftigen, nützlichen Pferden) und was mit den Gefangenen, konkret, was mit dem nach dem Gefangenenaustausch zurückgebliebenen Bestand werden sollte, ob die Pferde als Umtausch anzurechnen seien, oder ob man sie vernichten sollte, und wenn, dann wie, aufhängen, erschießen, in Stücke zerreißen, alles eine Frage der Einigung, und wer sollte es tun? Jeder seine?, oder neutrale Henker etc.; langweilige, zähe Verhandlungen wirtschaftlicher Natur – als mein Vater seinen Blick auf die nicht mehr junge, aber äußerst süße Königin hob. Nichts Besonderes, in dem Blick war nichts, noch nicht einmal das Nichts war dadrin; sein Blick wanderte nur rein zufällig dorthin; ohne Zweifel sah hier ein Mann eine Frau an, aber nichts weiter. Da sprang

doch der König, ein Hohenzollmeier, der diesen Blick erhascht hatte, auf, der Stuhl schlitterte mit tierischem Krach nach hinten, und mein Vater, der dank seiner Erziehung wußte, daß in Gegenwart eines stehenden Königs ein Untertan nicht sitzen bleibt, ebenso, face to face, der König starrte ihm keuchend ins Gesicht. Was zum Henker ist denn los?, aber mein Vater befand sich nicht in der Verfassung, daß Worte über seine Lippen hätten kommen können, besonders nicht in Form einer Frage. Zwischenzeitlich schob man dem König den Thron wieder unter, er setzte sich, ebenso mein Vater. Und er blickte verstohlen zum Fürsten von Karlovac, der seine pechschwarzen, üppigen Wimpern niederschlug und sich in seinen jungen Bart vergrub. Die Königin traute er (mein Vater) sich nicht mehr anzusehen, das war schon mal nicht gut angekommen. Da sitzen sie, schweigend am Tisch. Montag, Dienstag, März, April, wieder März. Aus den Pferden, aus dem Rest, werden Schindmähren, die Gefangenen sterben von alleine weg, der Bart des jungen Fürsten wird grau, meine Mama hat schon eine Taille wie eine Königin, und ihr Blutdruck schwankt, wenn auch nicht sehr. Nur der König ändert sich nicht, der König ist ein König, und der Blick meines Vaters – eine Klasse für sich (heute: ein König; übersetzbares Wortspiel). So ●

76. Mein Vater war der Bischof. So was gibt's. Einmal trat eine Abordnung Bauern an ihn heran, er möge angesichts der schlechten Ernte den Zehnten erlassen. Mein Vater wollte ihn nicht erlassen, auch wenn die Ernte gut ist, bekommt er nur ein Zehntel, nicht mehr, was zum Teufel wollen die, sie sollen lieber anständig arbeiten und nicht an der Titte des Staates, im gegenwärtigen Falle des Bistums, in concreto der meines Vaters hängen. Nichtsdestotrotz liebte er Spaß, also fragte er: Wer ist der Klügste unter Ihnen? Daraufhin trat der Richter vor. Ich, wenn's recht ist! Also gut, wenn Ihr mir eine Frage beantworten könnt,

erlasse ich Euch den Zehnten. Wie viele Haare habt Ihr auf dem Kopf? Ich dächte, sagte der Richter und kratzte sich am Nacken, nicht mehr als neun. Denn wenn ich zehne hätte, hätte Euer Gnaden mir das zehnte schon längst weggenommen. Nicht schlecht, mein Vater verzog den Mund, aber den Zehnten erließ er ihnen trotzdem nicht. Auch das gehörte mit zum Spaß, zur Witzigkeit, zum historischen Humor, denn ein kesser Spruch ist eine Sache und ein Sack Weizen wieder eine andere. Andererseits war Joseph II., während er in Eger weilte, natürlich Gast meines Vaters, sie konnten einander nicht ausstehen, aber da sie zusammenarbeiten mußten, arbeiteten sie halt zusammen. Mein Vater gab der Beziehung ordentlich Pfeffer, umgab den Kaiser mit großem Prunk, ließ ein opulentes Mittagessen nach dem anderen auftragen. Abendessen dafür irgendwie nie. Der Name des Herrn sei verehret, der uns Speis und Trank bescheret. Entweder hatte sich Joseph II. überfressen, oder er war in zänkischer Laune (oder beides), denn er sagte: Herr Bischof, Euer Gnaden sind ein Nachfahr der Apostel, nur daß die Apostel nicht so reich gelebt haben. Daschauher! Kamel, Nadelöhr, was?! Mein Vater schluckte (er aß gerade) und schwieg. Aber am nächsten Tag, als das Mittagessen gemeldet wurde, es ist angerichtet, sagte Thomas, ein treuer Mann meines Vaters, in beleidigtem Tonfall, führte mein Vater den Kaiser in ein enges Zimmerchen, eine Art Zelle, in der nur der Hofpriester anwesend war. Auf dem Tisch ein Tonteller, ein Holzmesser, eine Holzgabel. Das Mittagessen bestand aus drei Tellern einfacher Speisen. Der Kaiser, der mehr Hochachtung vor seinem Magen als vor den Ungarn hatte (oder, wenn wir schon dabei sind, den Österreichern!), wartete nur und wartete, was denn die raffinierte Fortsetzung dieses seltsamen Beginns, quasi Antipasti, sein würde. Vergebens, denn man brachte nicht einmal mehr einen leeren Teller. Der Kaiser verbarg seinen Ärger nicht. Herr Bischof! Was für ein Scherz soll das sein? Kein

Scherz, Majestät, sagte mein Vater streng, er hatte ein wenig die Lust verloren. Gestern waren Eure Majestät der Gast des Grafen, hier folgte der Name meines Vaters, und heute seid Ihr Gast des Bischofs. Was konnte man da tun. Exkurs: Die Wissenschaft meines Vaters hatte auch in anderen Ländern großen Ruf erlangt, und als ein hiesiger junger Mann den berühmten deutschen Professor Detlef Groebner besuchte, blätterte dieser gerade in dem einen (oder anderen) Buch meines Vaters. Lebt er denn noch, der, hier folgte der Name meines Vaters? fragte der Professor. Er lebt, aber er säuft wie ein Loch. Tja, warum schreibt denn der, der nicht wie ein Loch säuft, nicht auch solche Bücher! sagte grantig der redliche Detlef. Joseph II. wühlte gerne in den Taschen meines Vaters. Joseph II. war, Kaiser hin oder her, kein Aristokrat, er war mehr und zugleich weniger als das. Deswegen ging er ja am Ende auch baden: Es gab keinen Platz für ihn. Das Lyzeum von Eger, das mein Vater erbauen ließ, rief auch das Erstaunen des Bürgerkönigs hervor. Quanto costa? Es ist bezahlt, Majestät, antwortete, hier folgt der Name meines Vaters. (Es ist allgemein bekannt, daß mein Vater alle Schriftstücke, die sich auf die Kosten dieses glanzvoll eingerichteten großartigen Instituts bezogen, vernichtete, damit man niemals erführe, wieviel, quanto, ihn diese Halle der Wissenschaft gekostet hatte.) Der Kaiser wollte den Oberpriester aushorchen. Dieses Lyzeum ist ein schönes großes Gebäude, taugt gut als Kaserne, sagte er mit Wolfslächeln. (Was als überaus geschmacklose Bemerkung anmutet, da doch gerade seine Mutter diejenige war, die Eger, auf Vorschlag des Primas Ferenc Barkóczy, dem der Plan, als Gegenpol zu den Universitäten in Wien und Nagyszombat ein Bildungsinstitut mit nationaler Ausrichtung ins Leben zu rufen, gegen den Strich ging, die Zuerkennung des universitären Rangs verweigert hatte; woraufhin mein Vater auch die gesamten Baukosten für das Konsistorium, also das Ordenskapitel, übernahm, dem dem Wiener

Hof nahestehenden Gerl jun., Barkóczys Mann, sofort kündigte und den verläßlichen Jakab Fellner engagierte, der zwar kein Borromini war, noch nicht einmal ein Pilgram – mit letzterem hatte sich mein Vater anno dazumal über die Schönheit Roms begeistert, mein Vater als hoffnungsvoller Zögling des Collegium Germanico-Hungaricum, Pilgram als junger Architektenanwärter –, aber er war ein solider, gewissenhafter Handwerker, ein Mann, auf den man zählen konnte; es scheint Barkóczy zu bestätigen, daß mein Vater seinen Namen mit Sz schrieb, um sich damit von den aulischen Zweigen der Familie zu unterscheiden, worauf meine Mutter mit maliziösem Scharfsinn nur soviel bemerkte: Das »Sz« mag vielleicht nicht aulisch sein. Aber der Name ist lang.) Majestät, dies ließ nicht der Bischof, sondern der Graf erbauen, antwortete mein Vater großspurig. In seinem Testament stand, daß das Lyzeum, sollte ihm je seine ursprüngliche wissenschaftliche Bestimmung entzogen werden, auf die Familie, hier folgte der Name meines Vaters, zurückfallen sollte. Item: Als sie die Kirche betraten, nahm der Kaiser (und König) Joseph seinen Hut ab, während mein Vater, der bis dahin dem Herrscher bescheiden barhäuptig gefolgt war, sein Birett aufsetzte. Majestät, sagte er leise, bedrohlich, stolz, hier bin ich der Herrscher. Item: Der Kaiser betrachtet unser Familienwappen. Er spielt sich schon wieder auf. Was ist das denn für ein Tier dadrin? fragt er meinen Vater. Ein Greif, Majestät. So könnt Ihr mir sagen, wo in Allerwelt Vögel wie diese wachsen? Dort, wo es auch die zweiköpfigen Adler gibt, trumpfte mein Vater auf und nahm dem Kaiser die Beichte ab. Der Kaiser gestand, daß er nicht an Gott glaube, zumindest nicht an diesen personifizierten, den die Kirche vermittle. Die Kirche brauchst du gar nicht zu erwähnen, mein Sohn, wehrte mein Vater etwaige Entschuldigungen ab. Und auf deine Ungläubigkeit verlasse dich auch nicht allzu sehr. Auch die Ungläubigkeit hat mal einen schlechten Tag. Du wirst auch noch mal auf Knien zu Gott, deinem Herrn, flehen. Drohen Sie mir, Herr Bischof? Ach was, sagte mein Vater knurrig, ehrlich, und winkte ab. Daraufhin winkte aber der Kaiser ab, davor werde ich sterben. Eine kurze Stille entstand. Dann nahm mein Vater mit einer unnachahmlich sanften, weisen Bewegung das Handgelenk des Kaisers, zart, mit zwei Fingern, leicht und traurig, als wäre es ein altes Familienschmuckstück, eine Monstranz, eine Arbeit des Leutschauer Goldschmieds János Szilassy aus dem Jahre 1752, aus vergoldetem Silber, 77,5 cm hoch, seine Feueremaillebilder stellen Szenen aus dem Leben Marien und Christi dar, und legte mit einem boshaften, primitiven Lächeln die Hand des Kaisers von seinem Schenkel zurück auf dessen Schenkel. Mein Vater schüttelte den Kopf. Dann gibt es immer noch das Sterbebett, um zu widerrufen, sich zu bekehren. Item: Mein Vater konnte die Deutschen nicht leiden. Eines Morgens, auf einer Reise durch Transdanubien, wurde er in einer kleinen Stadt in aller Frühe von Lärm geweckt. Was gibt's, fragte er seinen Diener. Nichts, gnädiger Herr, es hat sich nur ein deutscher Wanderbursche an einem Baum erhängt. Wenn doch nur alle Bäume solche Früchte trügen, seufzte mein Vater und zitierte damit den berühmten Spruch des misanthropen griechischen Weisen Timon. Man hat ihn nach Sopronkőhida gebracht, er saß zusammen mit Zsilinszky ein und mit dem Schauspieler Pál Jávor, der mehrfach unter Zahnfleischentzündung litt ●

77. Der Ehrenpokal aus Nautilusmuschel (Deutschland, zweite Hälfte des 17. Jahrhunderts; Silber, vergoldet, mit getriebenen, gegossenen, ziselierten Verzierungen) hatte sich gelockert. Mein Vater hatte die Arbeit des großen Nürnberger Goldschmieds Hans Petzolt ziemlich zerrupft, von oben entfernte er (vorsichtig) die allegorische Figur der Prudentia und von unten die plastische Figur des auf einem Delphin reitenden Triton. Das Perlmutt

des Gefäßkörpers, das im übrigen von unschätzbarem Wert war, nutzte er dann auf eine Weise, wie es angeblich die kurz pausierenden Truckfahrer mit ihrem Schlüsselbund tun. Am Nachmittag machte er ein Nickerchen, in der Hand hielt er, wie Alexander der Große die Elfenbeinkugel, das Perlmutt, sobald er entschlummert war, entglitt ihm die Muschel aus der Hand, er schreckte auf, und schon konnte er weiterarbeiten, es mußten Plastikverschlüsse zusammengepfriemelt werden, im Akkord, für einen Privatunternehmer, der meinem Vater aus Gefälligkeit Arbeit gab, denn offiziell konnte er nirgends unterkommen, dabei hatte er '56 gar nichts gemacht, gedacht hatte er sich natürlich seinen Teil, und das ist während der Revolution zuwenig und nach der Revolution zuviel ●

Mein Vater war ein wahrer Gargantua, obwohl man ihm 78.
das nicht ansah, denn er war schmächtig, blond, fragil und Brillenträger. Dafür konnte er im Takt furzen, auf jeden Schritt einen Furz. Rechts, Pup, links, Pup. So spazierte er mit dem König von Neapel oder dem dubiosen Metternich praktisch durch ganz Europa, die ganze Zeit in diesem süßlichen, stechenden und einschläfernden Furzgeruch. Ein echter Prolet. Mein Vater war der Aufstand der Massen. Der Aufstand stellte sich de facto ein, als sich mein Vater einmal, auf sein soeben skizziertes Talent in frevelhaftem Übermut zu sehr vertrauend: einschiß. Umsonst spannte er, all seine Physis zusammennehmend, seinen Schließmuskel an: zu spät. Die Scheiße rutschte ihm den Schenkel hinunter. Dieses Land stinkt unerträglich, sagte mein Vater. Die Umstehenden, das Gefolge nickten eifrig. Laßt uns die Bastille stürmen, gab mein Vater die Losung aus. Natürlich rührte er sich nicht vom Fleck, das wäre, angesichts der aktuellen Umstände, fatal gewesen ●

79. Irgendwas hatte sich verknotet. Zu heftig hatte mein Vater den Frieden mit Napoleon geschlossen, der da schon längst verspielt hatte, der Epilog aber erforderte Genauigkeit und Unerbittlichkeit. Metternich strahlte zwar nur so vor Zufriedenheit – klar: wenn es nicht hinhaute, war es mein Papa, der in der Klemme saß, wenn es aber glattging, spreizte sich seine Hühnerbrust bereits betreffs ordnungsgemäßer Anbringung der Auszeichnungen –, aber so ein Friedenschluß ist eine langfristige Sache, nicht nur so hipp-hopp, im Galopp, deswegen braucht man dazu auch Ausgeglichenheit und prophetische Kraft: Denn man kann schon mal einen guten Tag haben, vor Talent sprühen, das zählt nicht viel, es stellt sich am Ende, wenn man zum Abschluß kommt, doch heraus, was taugt, was nicht, rückwirkend gewinnen die Tage einen Sinn, nicht im Hier und Jetzt, in sich, hoffend. Nein: Hier und jetzt gibt es lediglich das Tun, das Machen, das zu Erledigende, und was man dabei sehen kann ist: der Fleiß. Mein Vater arbeitete damals aber derart heftig, er schloß den Frieden so feurig, so enthusiastisch, als wäre Mittwochnachmittag, und bis Sonntag müßte man fertig sein. Morgens, als er auf dem Weg zu seinem Büro den Schloßhof überquerte, sah er sich auf einmal in den Fensterscheiben gespiegelt. Er schaute sich an, er sah sich selbst. Er dachte – sogleich wissend, daß das eine Übertreibung war –, er dachte, es ist, als wäre ich fünfundzwanzig, mit einem Talent so strahlend wie die Sonne, und die Zukunft läge vor mir. Er nickte seinem Spiegelbild zu, und es nickte heiter zurück. Schließlich stimmte es, er war tatsächlich fünfundzwanzig Jahre alt. Apropos Zukunft: Damit Napoleons Sohn nicht zum Zuge kommen konnte, ohne sich so lächerlich zu machen, daß man es erst merkt, wenn es schon zu spät ist, und somit der Boden für eine ruhige Zukunft bereitet war, hatte sich mein Vater zusammen mit Metternich ausgedacht, dem Bengel einen lächerlichen Herzogtitel anzubieten. Statt der kongenialen

Idee meines Papas, ihn zum Herzog von Mödling zu machen, was auf ungarisch mutatis mutandis etwa das gleiche wäre wie Graf von Rákospalota, fiel Metternichs Wahl auf seinen eigenen, weniger geistreichen Vorschlag, den Herzog von Reichstadt; der Trick dabei war, daß Reichstadt gar nicht existierte. Aber der kleine Spund machte unabhängig von seinem Namen keine Probleme ●

Mein Vater hatte eine komplexe Sicht auf die Dinge. *Einer-* 80.
seits fürchtete er um das Beichtgeheimnis, sollte das geplante neue Polizeigesetz eingeführt werden. Auf dessen Grundlage konnten nämlich auch in Beichtstühlen Wanzen angebracht werden. Ein Vertrauter und Wortführer Metternichs leugnete nicht, daß es theoretisch nicht ausgeschlossen sei, in die Beichtstühle Abhörapparate zu applizieren – eine Armee kleiner, an Maiglöckchen erinnernder Trichter würde die büßenden Stimmen an die richtige Stelle weiterleiten –, da dieser Gesetzesvorschlag bis dato (heute ist Donnerstag, 10 Uhr 15) keine Sonderregelungen enthielte. Mein Vater erklärte, für die Wahrung des Beichtgeheimnisses würde jeder Priester bis zum Äußersten gehen. Und der Geheimdienst würde dasselbe für die Beschaffung von Informationen tun. (Hoppla!) *Andererseits* betrieb man ausgerechnet im Labor meines Vaters ernsthafte Forschungen zur »Domestizierung« wenn auch nicht der Wanzen, so doch der Kakerlaken, dieser in ungarischen Wohnungen unausrottbaren Kreaturen. Mein Vater teilte mit, daß diese Insekten mit ihren unabsehbaren Einsatzmöglichkeiten zu Hauptakteuren der Roboterforschung geworden seien. In wenigen Jahren würde es möglich sein, mit Hilfe von Minikameras tragenden Kakerlaken nach einem Erdbeben die in den Trümmern der Häuser verschütteten Menschen aufzuspüren, oder man könnte die Insekten in der Spionage einsetzen, da sie unter sämtlichen Schwellen durch-

zukrabbeln vermöchten. Sie könnten sich sogar in Beichtstühle hineinstehlen! Diesen Monat (März) wurde das »Fünfjahresprogramm zur Kakerlakenrobotisation« gestartet, in dessen Rahmen nach der Entfernung der Fühler mit chirurgischen Verfahren ein winziger Mikroprozessor und eine Kamera auf die Rücken der Kakerlaken gepflanzt werden, um die Insekten anschließend vermittels elektronischer Impulse zu steuern. Den Kakerlaken macht die 2,8 g schwere elektronische Last, ein Zweifaches ihres eigenen Körpergewichtes, überhaupt nichts aus, da die Insekten sehr kräftig sind und bis zu einem Zwanzigfachen ihres Gewichtes tragen können. In meinem Falle würde das 1670 Kilogramm ausmachen, lächelte mein Vater bescheiden, als wäre er selbst ein Insekt. Sicherheitshalber hat man für die Versuche dennoch den stärkeren und größeren, mit einem Wort bulligeren amerikanischen Kakerlak herangezogen, aber selbst bei diesem kommt es manchmal vor, daß er auf den Befehl »rechts um, und 5 cm laufen« plötzlich einen Sprung nach links macht. (Gelobt sei der Herr!)

81. Mein Vater konnte rasanter *how are you* sagen als irgend jemand anderes, womit ich meine, daß er, egal, wen er traf, als erster *how are you* sagte, vorausgesetzt, daß *how are you* gesagt werden mußte und konnte. Deswegen wurde er zum Sonderbotschafter in England ernannt und blieb es dreißig Jahre lang – bis er bei Metternich in Ungnade fiel, der zwar die intelligente, sachliche, die englischen Verhältnisse auf profunde Weise kennende Verläßlichkeit meines Vaters schätzte, ihm aber das einstige Hin und Her um das Beichtgeheimnis nicht vergessen konnte. Die Engländer waren damals derartig die Ersten in allem und überall, daß sie es genossen, in dieser Sache auf Platz zwei gerutscht zu sein. *To be second*, grinsten sie, wie nur Engländer grinsen können, mit dieser Mischung aus goldigem Bengel und

gemeingefährlichem Irren. Dieses kleine Second hatte der Inselstaat meinem Vater zu verdanken und war auch dankbar dafür ●

In London lernte einmal mein Vater meine Mutter kennen, indem er in London an sie herantrat und nach einem kurzen Räuspern zu meiner Mama sagte, lesson one, I am a man, you are a woman, are you? Genau so ● 82.

Meine Mutter, die für den aus London heimgekehrten greisen Haydn schwärmte, besorgte ihm nicht nur ein Gespann aus einer goldenen Kutsche und sechs Pferden in samtenem Zaumzeug, sondern erhöhte auch sein Gehalt, es war keine Rede mehr von Untergebenheit, musikalischer Ordnung, Angestelltsein und besonders nicht von: Verpflichtung, der weltberühmte Meister war nun von so einem Respekt umgeben, daß er meinem Vater, als der sich einmal in die Orchesterprobe einmischte, folgendes sagte, Verzeihung, Durchlaucht, aber das Vorrecht der Anweisung steht hier mir zu!, worauf mein Vater sich ohne ein Wort entfernte und nicht grollte; (Subjekt ganz vorn:) als sie das erste Mal, mit jenem Vertrauen, das ein großes Herz dem anderen gegenüber hegt, das Geschlechtsteil meines Vaters in den Mund nahm, würgte sie erschrocken und ergriffen, ihr Gesicht war von Glück überflutet, und sie empfand meinem Vater gegenüber eine so tiefe, so leidenschaftliche Liebe wie niemals zuvor. Sie hatte lange gezögert. Sie wollte es nicht, hatte keinen Bock darauf. Mein Vater hingegen wollte ausschließlich das, denn die Sache ließ sich nur als eine Art Techtelmechtel an, und mein Vater war da ein Riesenarsch, er hatte Prinzipien, ich steig doch nicht mit Hinz und Kunz ins Bett, aber ab und zu eine kleine Blasmusik schadet nicht. Meine Mutter meinte, das sei eine Art katholisches Schassieren, machen und doch nicht machen. Aber in ihr fand er seinen Lehrmeister, denn bei meiner Mutter war es 83.

genau andersherum, zuerst der Galaabend von Ópusztaszer mit dem Sechserlotto und erst danach das, sie traute sich gar nicht auszusprechen, was. Sie grabbelten lange Zeit aneinander herum, Maß nehmend, wer der stärkere war, sich gegenseitig erniedrigend, bis mein Vater schließlich auf- und sich geschlagen gab und sich mit dem Geschöpf von niederer Herkunft, doch von großer Sensibilität vereinigte. Beim ersten Mal war auch mein Vater ergriffen. Das Gewurstel meiner Mutter war von unerwartetem Ernst geprägt, ernst zog sie meinem Vater die Hose aus, mit gemessenen, wohlüberlegten Bewegungen, als würde sie arbeiten, ernst rollte sie auch die Socken hinunter, die sie akkurat in die Schuhe steckte, als würde sie eine unsichtbare Ordnung wiederherstellen, und im Zeichen dieser Unsichtbarkeit beugte sie sich über die Lenden meines Vaters. Wie Mapplethorpe, dachte mein Vater, auch der nimmt den Phallus ernst; der Phallus als Charakterdarsteller – nicht als Clown oder als ironisches Understatement (mein Vater diente jahrelang als Sonderbotschafter in London). Meine Mutter hingegen fand es neben all ihrem feierlichen Ernst sehr lustig, daß das Ganze durch das Teil vertreten wird; ein mit allen Rechten ausgestatteter Vertreter, so schmeichelte sie dem Fragment meines Vaters, was dieser mit Unverständnis aufnahm, aber er war nicht in der Lage, Fragen zu stellen. (Einmal fragte meine Mutter, ein schlechter Scherz, ob es denn nicht ungesund sei, im Gegenteil, grinste mein Vater, der, keine leichte Sache, gleichermaßen die Frauen wie die Wahrheit liebte, es ist ausgesprochen gesund, fast schon ärztlich empfohlen, Krankenkasse, quasi reich an Vitaminen. Die Antwort war kalt, aber nicht abstoßend: quasi, nickte meine Mama in meinen Papa hinein.) Meine Mutter behandelte das Fragment meines Vaters mit fröhlichem Respekt, sie hatte das Gefühl, ihr kommendes, beziehungsweise teilweise schon gegenwärtiges gemeinsames Leben in sich aufzusaugen, festlich, erhaben und gleichzeitig mit kannibalesker

Gier: Sie nahm meinen Vater zu sich. Der plötzlich durch diese komplizierte Hymne verstand: was ein Männerkörper ist. Die Leidenschaft meiner Mutter machte meinem Vater seinen Körper als spezifisch männlichen Körper bewußt. Ihn überkam, nun bar jeder Überheblichkeit, eine neue Ruhe. I am a man, you are a woman. Meine Mutter ließ sich, müde wie ein Sack zur Seite fallen und schlief sofort ein. Sie schnarchte ein wenig. Mein Vater wachte glücklich neben ihr, er glaubte etwas verstanden zu haben, er streichelte die Schulter meiner Mutter, ihren Nacken, küßte sie ab und an. Er war leer, er war voll mit meiner Mutter und umgekehrt. Die Flur badete in topasfarbenem Licht. In der Seele des nach außen stets still und heiter lächelnden Meister Haydn tobten zu dieser Zeit geheime Kämpfe, er rang mit sich selbst. Er war unzufrieden mit sich und bezweifelte, daß ihn die Welt richtig beurteilte. Er befürchtete, glänzende Ehre, Weltruhm und großer Reichtum wären ihm nicht ganz verdienter Weise zugefallen! Dies wird scharf beleuchtet von einem Brief, den meine Mutter im Frühjahr schrieb, in dem sie bemerkt, Haydn habe ihr gesagt: Ich möchte etwas schreiben, wodurch mein Name in der Welt zu einem bleibenden Wert erhoben würde. Wahnsinn! Diese Worte nach hundert Symphonien, nahezu achtzig Streichquartetten und vielen anderen Meisterwerken! Was seinen Namen zu einem bleibenden Wert erheben würde, wollte er erst zukünftig geschrieben haben!… Lachhaft ●

You could be my son, sagte die Frau, meine Mutter, zu meinem Vater, der es so verstand, daß er die Sonne meiner Mama sei, auf zum house of the rising sun!, und er zog mit viel- oder eins auf jeden Fall sagendem Grinsen das Rollo herunter (laut meiner Mama mit einer ekelhaften Geziertheit). Meine Mutter erschrak, du, Irene, sprach sie sich zu, du, formuliere das lieber noch mal, und tatsächlich, sie setzte den Fokus des Satzes 84.

auf die andere Seite des Problems: I could be your mother. Mein Vater verzog abgetörnt den Mundwinkel – von diesem Tag an wußte er, obwohl immer noch ein Hauch einer verrückten und tief verborgenen Hoffnung in ihm war, daß von diesem Augenblick an sein Leben nur noch eine tragische Farce war, die von Frauen geschrieben wird, doch fast so mächtigen wie Götter – und er zog das Rollo wieder hoch. (Zerrte scheißfeige dran herum, wie meine Mama meint.) So haben sie sich kennengelernt, mein Vater und meine Mutter ●

85. Mein Vater lernte Englisch. Er plagte sich damit ab. Als er einmal, statt beispielsweise zu sagen, how are you oder eher noch the pen is on the table, anhob, einen langen, vermessen langen Satz über die Struktur der europäischen Kultur zu spinnen, in dessen Fokus die Betonung des nostalgischen Charakters der Gegenwart stand, jene Behauptung beziehungsweise Annahme, daß wir das gerade im Vergehen Begriffene, oder mehr noch, das bereits Vergangene bevorzugen, das also, was im gewissen Sinne gar nicht mehr da ist, was aber, und das war der Schwerpunkt seiner Bemerkung, der, um es mal so zu sagen, Biß, oder andererseits die Wunde, was aber keine Frage der Wahl, kein Ergebnis einer Entscheidung sei, sondern, im Gegenteil, ab ovo eine Konsequenz der Gestalt oder was auch immer dieser Kultur, als er also dies alles mit seinem frischgebackenen Englisch – wie er glaubte – vorgetragen hatte, war er, obwohl er sich im klaren darüber war, daß es gewisse Unsicherheiten und Nöte in der Konjugation, der Syntax und der Lexik gab, dennoch überrascht, als sein Gesprächspartner, ein wunderschöner, kahler Türke in Handschellen, kraftvoll, strahlend, klug wie die Sonne, ein echter Mann, was dieses Wort auch immer bedeuten und nicht bedeuten mag, mit einem breiten, gemessen an seiner elenden Situation freundlichen, herzlichen Lächeln sagte, O.K., O.K., nach dem

Mittagessen spielen wir Pingpong. My father has the ball. Wenn mein Vater auch nur irgend etwas ernst gemeint hätte, hätte er jetzt losgeheult •

Einige sind der Meinung, bei meinem Vater würde das Gehirn, die Intelligenz *dort* unten sitzen, und dabei zeigen dann einige auf ihre Lenden, auf das Dort. Egal, um was für einen feinen Menschen es sich dabei handelt, diese von einem verschämten Kichern begleitete Handbewegung ist immer ekelhaft, abscheulich, zum Erbrechen schmutzig. Das Kichern, das nie ausbleibt, zeugt von Neid und Anerkennung, eine Art Zustimmung, während die Aussage selbst schwer tadelnd und abwertend klingen soll. Daß mein Vater unberechenbar sei, moral insanity, daß er von seinem Schwanz geleitet würde, daß sein Schwanz der Herr im Hause sei. Wenn's nur so wäre, seufzte mein Vater, wie ein schlechter Schauspieler in der einzigen großen Rolle seines Lebens, und berührte das Dort. Was für eine wundervolle Bewegung! 86.

Das Leben meines Vaters hatte man im voraus geplant, der Plan war nicht sonderlich einfallsreich, aber er eröffnete angenehme Perspektiven, schließlich handelte es sich um ein verdammt großes Majorat: Viel konnte da nicht schiefgehen. Mein Vater seinerseits hatte seinen eigenen Plan, und schließlich war es dieser, der in Erfüllung ging, und zwar mit so einer verblüffenden Vehemenz, daß die sogenannten historischen Veränderungen überhaupt nicht in Betracht gezogen werden mußten, dabei war da wirklich alles dabei, und nicht zu knapp, Trianon, faschistische Szálasi, russische Besatzung, Sechsundfünfzig, bewegte Zeiten, könnte man sagen. Im Zentrum des Plans meines Vaters stand, daß er keinen Hammeltalg mochte. Deswegen hatte er aus dem Nahen Osten eine Sorte einführen lassen, die den Talg in 87.

ihrem Schwanz sammelt; der Schwanz wird vom gesammelten Talg groß wie ein Ball. Gebraten ist das übrigens eine Delikatesse. Damit aber die Kreaturen Gottes diesen Talgballon nicht wie ihre Gedärme hinter sich herziehen mußten, bastelte man, bastelte mein Vater kleine Wägelchen mit zwei Rädern für sie. Das machte er sein Leben lang. Immer bot sich uns dieses Bild, er saß im Laubengang oder draußen auf der Weide, im Graben, unter einem Baum: und werkelte an diesen kleinen Hammelkutschen herum. Sie wurden dann auch nach ihm benannt. Eine Sorte Haselnüsse, keiner weiß, warum, und das. Die Schafe zogen über den gesamten Besitz, man muß sich's nur anschauen, der Teil von Transdanubien, der von den Parallelen der Radabdrücke markiert, zerkratzt ist, also das ist alles unsers. Natürlich ist eine Verstaatlichung eine Verstaatlichung. Worauf aber mein Vater folgendes sagte, und wo anders könnte dieser Satz mit soviel Fug und Recht fallen als in der Heimat János Bolyais: Eine Parallele ist eine Parallele. Mein Vater blieb zeit seines Lebens Grundbesitzer, kein Großgrundbesitzer, aber einer, der das Land besaß, oder zumindest dessen Kratzer, die Parallelen. Die Parallelen, winkte meine Mutter ab, gleich nachdem sie sich kennengelernt hatten, ach was, die treffen sich doch nie. In der Unendlichkeit, zwinkerte ab und zu ein Schaf ●

88. Mein Vater zeichnete auch während des Schafehütens, er zeichnete Schafe in den Sand, das hatte ihm keiner beigebracht, er konnte es schon von vornherein, es wurde ihm in die Hand gelegt. Als Cimabue dieses Zeichnen sah, war er sehr beeindruckt, und er fragte meinen Vater, ob er nicht in sein Maleratelier kommen und dort arbeiten wolle. Worauf mein Vater antwortete, wenn sein Vater nichts dagegen hätte, gerne. Er hatte nichts dagegen. Anders als der Vater des Michelangelo, der den Michelangelo verprügelte, wenn er ihn beim Zeichnen ertappte,

denn er fand, daß die Malerei, und die Kunst im allgemeinen, »von niederem Rang und einer alten Familie unwürdig« sei. Da ist was Wahres dran. Was meinen Vater noch mit Michelangelo verband, war, daß auch er, wie jener, quasi die Kunst zu seiner Frau nahm (und die Bilder wären dann die Nachkommen, die Bälger). Dementsprechend pinselte mein Vater bis spät in die Nacht, und als ihn meine Mutter leise daran erinnerte, daß morgen auch noch ein Tag sei, rief er aus: *O che dolce cosa è questa prospettiva!* Was aber dann als: was für eine süße Geliebte ist die Perspektive Verbreitung fand, heißt, die(!) Prospettiva halte den Künstler vom ehelichen Lager fern. Das hat was, auch Pollaiuolo stellte auf dem Grabmal von Papst Sixtus IV. die Perspektive als Frau dar

Mein Vater hat (bislang) nur einmal, bei einer einzigen Ge- 89.
legenheit, einen Mann geküßt, es war weniger als ein Zungenkuß, aber bedeutend mehr als ein männlicher Kuß. Und das geschah so. Mein Vater hatte einen Schriftstellerfreund, also einen Freund, der Schriftsteller war. Mein Vater mochte, was sein Freund schrieb, obwohl sich ihre Ansichten sehr voneinander unterschieden. Der Schriftsteller war ein skeptischer Beobachter, er registrierte alles leidenschaftlich und resigniert, es fiel ihm überhaupt nicht ein, die Welt sozusagen zu ändern, dies hielt er für ein poetisch verfehltes Bestreben, lächerlich und eitel (auf sich selbst bezogen). Mein Vater war genau das Gegenteil! Er war unfähig, sich mit der Welt abzufinden, er geißelte den Egoismus der Politiker und die Feigheit der Menschen. Lebensfeige!, diesen Ausdruck verwandte er, und daß man sein Leben nicht anderen überlassen könne, beziehungsweise man könne schon, aber wozu. Mein Vater liebte das Leben vom Tod her. Er betätigte sich unablässig im Sinne eines klassischen und, einer landläufigen Meinung zufolge, überholten Humanismus: Er unterrichtete Zigeunerkinder in Mathematik, paukte ledigen Müttern das

Mendelejew-System ein und gab geistig behinderten Jungs Tanzstunden (Anfänger und Fortgeschrittene, selbstverständlich); mein Vater hatte einen heldenhaften Körper. Wie ein nach Seligkeit strebender Betriebsrat, sagte der Freund meines Vaters lachend. Mein Vater meinte, trotz allem, trotz allen Skandalen des 20. Jahrhunderts, könnten Güte und Liebe die Welt regieren, es gäbe nichts, was dagegen spräche, noch nicht einmal die Natur des Menschen, und obwohl es zweifellos ein enger Querschnitt sei, gehe er von denen aus, die er kenne, und nicht von denen, über die er gelesen habe, und selbstverständlich kenne auch er unwürdige Typen, dennoch halte er seine Behauptung aufrecht, und all das quasi von der Ausgangsbasis des Gefühls ausgehend. Das Gefühl ist nicht geeignet, ein System zu schaffen, und darum geht es doch, sagte der Freund meines Vater gnatzig, er fand keinerlei Freude daran, daß er recht hatte. Rechthaben ist was anderes als Wahrheit. Ohne Liebe lohnt es sich nicht zu leben, rief mein Papa. (Sie tranken den ganzen Nachmittag über. Das hatte keinen besonderen Grund, das war halt so ein Nachmittag.) Die Liebe ist gefährlich, sei ehrlich, schmunzelte der Schriftsteller. Mein Vater winkte ab. Computer!, die Grundsteine einer neuen Kultur!, der Tod des Wortes!, das Ende der Geschichte! So was sagt ihr immer. Als wäre alles ersetzbar. Aber womit ersetzt ihr *das*? Er beugte sich über den Tisch, berührte die Hand des Schriftstellers und streichelte sie, das. Der fing wieder zu kichern an: Er nickte. Das Gefühl ist immer aktuell, immer gegenwärtig, beharrte mein Vater. Es ist keine staatsbildende Kraft, winkte der Schriftsteller ab. Und ob!, und überhaupt, wen interessiert schon der Staat?! Dich und mich, wenn wir nicht wollen, daß neue Barbarenhorden durch deinen Garten trampeln. Mein Vater: Man kann nicht alles so kleinklein betrachten, so pingelig sein – man muß glauben und fertig! Fe-her-ti-hig?!, der Schriftsteller hob angriffslustig die Brauen, wie einer, der auf seinem eigenen Gebiet angekommen ist. Mein Vater richtete sich im Sitzen auf, sein Freund ebenfalls. Mein Vater erahnte jene Leere, auf die der Schriftsteller hinauswollte, nein, nein, den Mythos muß man ernst nehmen! Ernst und ironisch, antwortete der Schriftsteller. Nun wurde mein Vater mißgestimmt. Der Schriftsteller zuckte mit den Achseln, war drauf und dran, sich zu entschuldigen, was gäbe es denn auf der Welt, das man nicht ironisch sehen könnte. Gott. Aber welchen Gott? Den Gott. Ach was ... Nicht ich bin ironisch, seine Situation ist es ... Gott, der du nicht bist, hilf mir! ... Was, wenn das keine Ironie ist, Lebensironie! Mein Vater mochte diese Rede nicht. Und da. Da beugte sich mein Vater vor und hauchte seinem Freund einen langen Kuß auf die Lippen. Einen warmen, feuchten, pulsierenden Kuß. Es war das erste Mal in seinem Leben, daß er einen Mann auf diese Weise küßte. Und es war geiiiiil. Und sein Freund sagte, rot angelaufen, todernst: Das war wohl kaum ironisch. Jetzt muß ich aber gehen ●

Der Freund meines Vaters war der Meinung, mein Vater 90.
vertrete bezüglich des Menschen die Ansicht, daß der Mensch gut sei. Haha, sagte der Freund meines Vaters, für den dies eine Art Absurdum darstellte, trotzdem kramte er es in Gesellschaft immer und immer wieder gutgelaunt und fast stolz hervor, guck, was ich für einen tollen Freund habe. Mein Vater, der Freund seines Freundes, hörte dem grinsend zu. Aber einmal wisperte er seinem Freund (der den Menschen, zu Recht, für eine blutrünstige Bestie hielt, oder, wenn er angeschwipst war, sagte, ja, mein Vater habe recht, sie (die Menschen) seien gut, sie wüßten es bloß nicht) ins Ohr, wenn ich sage, der Mensch ist gut, dann spreche ich nicht vom Menschen, sondern über die Art, in der ich über den Menschen spreche. Woraufhin der Freund meines Vaters sich über den Tisch beugte und meinem Vater einen langen Kuß auf die Lippen hauchte, einen warmen, feuchten, pul-

sierenden Kuß, was er bis dahin, logischerweise, noch nie getan hatte. So lernte mein Vater meine Mutter kennen ●

91. Es war besser, daß Gott meinem Vater die Sünde erlaubte, als ihn an ihrer Ausübung zu hindern, denn letzteres hätte er nur um den Preis tun können, meinen Vater einem Stein oder einem Felsen gleich mit aller Gewalt zu behandeln. Und in diesem Fall würde mein Vater Seinen Namen nicht kennen und nicht preisen. Denn er würde dünkelhaft werden und sich, ohne das Wissen über die Sünde, als so rein ansehen wie den Herrgott selbst. Demzufolge war es unvergleichlich besser, daß Gott ihm die Sünde erlaubt hatte, als wenn er ihn gehindert hätte. Denn die Sünde (meines Vaters) Gott gegenüber kann als nichtig betrachtet werden: So groß sie auch sein möge, Gott kann sie besiegen, er besiegt sie, und er besiegte sie auch tatsächlich für sich selbst, zu seiner ewigen Herrlichkeit, ohne daß er meinem Vater irgendeinen Schaden zugefügt hätte. Aber Gott hätte seine Anordnungen nicht ändern können, um meinen Vater sündenlos zu halten, ohne seiner (Gottes) ehernen Wahrheit zu schaden. Denn andernfalls hätte mein Vater Ihn nicht von ganzem Herzen preisen können, was aber der erste und alleinige Grund für die Schöpfung ist ●

Mein Vater war ein Ungeheuer, meine Mutter dito. Ungeheuer, von morgens bis abends, von abends bis morgens, gewollt, ungewollt, aus Reflex, durch Kultur, Charakter, Zufall. Aber wirklich Ungeheuer. Manchmal veranstalteten sie Abendessen oder gingen ins Theater oder organisierten behagliche Ausflüge in die Vértes-Berge, um die Kontinuität ihrer ungeheuren Taten zu unterbrechen. Aber in Wirklichkeit waren sie wirklich so, wie man das in den amerikanischen B-pictures sieht. Man kann sie sich nicht ansehen, und trotzdem, soziologisch und anthropomorphisch sind sie (meine Eltern) treffend gezeichnet • 92.

Tankwartin (56) schlug Angreifer in die Flucht. Am Dienstag abend hatten sie an der Mol-Tankstelle in der Kőalja-Straße in Ózd zwei maskierte Meinvater mit einer Pistole bedroht und die Einnahmen gefordert. Die couragierte Zapfwartin rief laut um Hilfe – He-He! –, woraufhin sich die Meinväter aus dem Staub machten, also vom Tatort flüchteten. So lernte meine Mutter meinen Vater kennen, der sich aber später an nichts mehr erinnern konnte, er wollte sich nicht erinnern, noch nicht einmal an den Preis des 95er bleifreien Benzins • 93.

Der Lebensfluß einer Familie unterliegt so vielen Zufällen, dem Pulsieren der Geschichte und des Persönlichen, mal erstarkt dieser, mal jener Zweig, der älteste Sohn stirbt unerwartet (?) den Heldentod, und der nächste in der Erbfolge – es lohnt sich gar nicht, es zu konkretisieren. Bei uns wurde der Plattenspieler zum entscheidenden Faktor. Mein Vater schwärmte für den Plattenspieler (nachdem dieser erfunden war; das war ge- 94.

rade damals). Sie waren drei Brüder, mein Vater war der mittlere, trotzdem fiel später alles ihm zu. Wie kam es dazu? Mein Vater war verrückt nach diesem neuen Dreh, und damit das noch … noch sinnfälliger wurde, steckte er, findig wie er war, Federn auf den Teller des Plattenspielers, und er und sein älterer Bruder (der Majoratsanwärter) sahen dem Drehen zu, bis ihnen schwindlig wurde, später nahmen sie aktiv daran teil, die Federkonstruktion setzten sie als eine Art Onanisator ein (die erste Erfindung meines Vaters!), indem sie ihre Schwänze geschickt zwischen die Federn steckten, die sie (die Schwänze) während der Umdrehungen kitzelten. Diese Erfindung war aus zweierlei Gesichtspunkten bedeutend: physisch, dieser wunderbare Automatismus und diese verläßliche Beständigkeit, sowie seelisch: Es galt nicht als Selbstbefriedigung, man selbst hat ja nichts gemacht! Das bedeutete eine große innere Befreiung (die Wendung bei der sonntäglichen Beichte, die da hieß »ich sündigte alleine«, war so bedrückend und vor allem engspurig), die auch auf den Körper, auf den Genuß zurückwirkte. (Oh, diese schönen, reinen, grandiosen Geilheiten, an sich, für sich, nicht durch die Verantwortung einem anderen gegenüber gestört, nichts als der Respekt für und eine Verneigung vor der Natur, mehr noch vor der Schöpfung! Verneigung! Neigung! Eiung! Eiaaaaa!) Aber was geschah? Solange, bis die Rotation ein Stück aus dem Hodensack des ältesten Sohnes herausriß, Schluß, aus. Der jüngere Bruder meines Vaters war noch klein (die Fischteiche und der Richtung Mór liegende Teil der Wälder sollten ihm gehören), er beobachtete die Großen hinter dem Vorhang hervor. Was er sah – die schwarze Scheibe, die wirbelnden Vogelfedern und die auf sie gerichtete Aufrichtung – erschreckte ihn so sehr, daß er von dieser Richtung sein Leben lang nichts mehr wissen wollte. So wurde mein Vater zum einzigen Erben, zur Hauptlinie, plus, er fühlte sich auch noch wohl in der Drehung ●

Seine Geschmacksknospen! Mein Vater hatte schon alles verloren, mal völlig abgesehen vom Besitz, den Fischteichen, den Wäldern, die sich bis hinauf nach Mór erstreckten, den Häusern, den Schlössern, den Wertpapieren (» ... auch ich habe Aktien, aber die sind lombardisiert; und die Summe, mit der man mir das Lombard ablösen würde, bringt mehr ein, als wenn ich ...«), darüber hinaus hatte er auch noch sein Vaterland verloren, das heißt, eher nur sein Land, sein Vaterland bewahrte er, der Familientradition folgend, in seinem Herzen auf, trotz alledem (»Ich habe kein Zuhause mehr, ich habe nur noch ein Obdach und eine Schlafstätte ... Was entscheidender, und wenn es Tragik gibt, tragischer ist: Ich empfinde keine Solidarität mehr mit der ungarischen Gesellschaft. Mit wem soll ich hier solidarisch sein? Mit dem unmoralischen Bürgertum, den raffgierigen und gnadenlos egoistischen Bauern, den ungebildeten Arbeitern? ... Denke ich an meine Klasse, so denke ich nur noch an Einzelpersonen; ich habe die abscheulichen Eigenschaften dieser Klasse erkannt, und ich bin entsetzt. Ich bin nicht mehr solidarisch mit der ungarischen Gesellschaft, und das ist das Schlimmste, was mir widerfahren konnte. Und wenn sie sich jetzt beklagen, daß sie den Boden unter den Füßen verlieren, ihre Position, oder wenn sie sich wegen Kaschau und Nagyvárad beklagen, empfinde ich wieder keine echte Solidarität. All das haben sie blind, gierig, taub, geil und gnadenlos so gewollt; es hat sich eingestellt, was sie gewollt haben. Ich diene der Muttersprache, aber ich bin nicht mehr solidarisch mit der Gesellschaft, die diese Sprache spricht«), er hatte meine Mama verloren, die genug hatte von den Herumtreibereien meines Vaters, er hatte uns verloren, die wir fassungslos mit unserer Mama davontrieben: Aber auch in diesem Grau in Grau verlor er seine Sinneslust nicht, konkret sein Verlangen und seine Fähigkeit, Geschmäcke aufzunehmen: die Geschmacksknospen! Den Geschmacksknospen meines Vaters konnte die 95.

Diktatur des Proletariats nichts anhaben. Mein Vater aß die Welt! Einmal hatte man ihm – wann mag das gewesen sein? '52? '53? – einen Haufen Ferkelschwänze gebracht, er solle doch daraus was machen. Wenn er könne. Er konnte. Denn was wurde daraus? Brassoer Pfefferfleisch. Das Brassoer Pfefferfleisch wurde von meinem Vater zu Beginn der fünfziger Jahre erfunden. Alle denken, das ist eine urungarische Speise. Sie ist zwar urig, aber eben auf diese Art! Auch der Zander nach Dorozsma Art ist seine Erfindung. Das Gericht gab es schon, aber es hatte keinen guten Namen. Da nahm mein Vater eine Ungarn-Karte hervor mach die Augen zu! sagte er zu seinem ältesten Sohn (die anderen waren da noch gar nicht auf der Welt!), und zeig irgendwo drauf. Er zeigte. Dorozsma! Sogar während der Aussiedlung eröffnete er sofort eine Kneipe. Die Damentoilette war im Kinderzimmer. Wenn jemand eine Gräte im Fisch fand, bekam er eine Flasche Champagner, aber keiner fand was. Die Leute rannten ihm die Bude ein! Der Papbandi, so hieß die Kneipe. Aber das war nicht so, daß man da aß, was man wollte, man aß, was einem mein Papa vorargumentierte. *Troubler*, stören, daraus entstand das Troublieren, daß nämlich mein Papa troublierte. Die Kellner mochten ihn, aber sie lachten auch hinter seinem Rücken über ihn, schau mal, der Alte troubliert schon wieder!

96. Mein Vater kam durch eine vergiftete Trüffelpâté ums Leben. Seine Verehrer schätzten ihn als einen fröhlich debattierenden Mann, der gut ohne Gott auskam und deswegen den Menschen nicht als Kreatur, sondern als Maschine ansah. Sein Favorit, das am meisten bevorzugte Detail dieser Maschine, war der Kopf. Philosophie, Ironie, Ästhetik! Er war der Auffassung, daß dem Gehirn nicht nur der Verstand, sondern auch der Traum und die Sinnesfreude entsprangen, also, daß uns die Natur mit der Fähigkeit des Glücks ausstattet, also, und mein Vater war

glücklich, daß es ihm schließlich gelungen war, auf diesen Punkt zu kommen, laßt uns das Leben genießen! Der Leitgedanke seines Lebens war eine etwas heißspornige Variante des Gebots der Liebe: *›Liebt, wen oder was Ihr wollt, aber liebt!‹* Der Mensch, pflegte er zu sagen, wird unwissend geboren und stirbt – wenn er weise ist – als Skeptiker

Mein Vater war schon lange … sehr lange nicht mehr unter 97.
den Lebenden, nur die Wurst, die er gemacht hatte, eine trockene, stark gewürzte – er hatte einen genialen, selbst zusammengebrauten Gewürzsaft, den hätte man patentieren lassen können –, eine sogenannte Bauernwurst, göttlich, die hing da in der Kammer, und der Wind strich um sie herum. Fleisch war für meinen Vater das A und O. Er hat's dann auch erlebt: die Gicht. Es war ihm mehr wert als Gold. Wenn ich Fleisch esse, spüre ich, daß ich jemand bin. Wenn ich zubeiße, denn da führt kein Weg dran vorbei, Fleisch muß man beißen, dazu braucht man Biß, ein Gebiß, da weiß ich nicht nur, daß ich es zu etwas gebracht habe, sondern daß es mich gibt, also daß ich ein Leben habe, das geht mit Seetang oder mit Mais nicht. Von einem Augenblick zum nächsten, plauz, war er hin, am Abend noch Kaiser des Lebens, der mit einem Sportvolvo à la Simon Templar durch die Stadt bretterte, jede Nacht in der Canari Bar, Trinkhalm, jede Nacht in der Gesellschaft einer anderen Frau, *inclusive* meiner Mutter, er (mein Vater) war derjenige, der die ganze Familie ernährte, seitdem er fünfzehn war, er ernährte sie, denn mein Großvater hat nichts mehr gemacht, er zog sich aus dem Verkehr, so hatte er's beschlossen, er saß im verdunkelten hinteren Zimmer und las, das war alles, was er tat, lesen, samstags empfing er, Ohrensessel und Whisky, verschlossene Türen und gelöschtes Licht, meinen Vater, der die Einnahmen abrechnete, setzen durfte dieser sich nie, Großvater saß, mein Vater stand, er saß da, das Buch im

Schoß, er benutzte nie ein Lesezeichen, mehr noch, er verbot es, *man hat zu wissen, wo man gerade ist*, das war sein Standpunkt, ganz einfach, er riß die Lesezeichen aus den Büchern wie Unkraut, er wußte auf dreißig, fünfzig Jahre rückwirkend, was in welcher Ausgabe wo ist, wo Nemecsek sein tödliches Bad nimmt, Seite 10, links oben, am Ende seines Lebens begann er wieder seine Lieblingsbücher zu lesen, eine Arbeit über Wilhelm den Schweigsamen, oder Wilhelm von Oranien?, oder war das derselbe?, und mein Vater, stehend, in der Tür, fragte, das wievielte Mal lesen Sie es, Vater?, zum dritten Mal, einmal, weil ich es wollte, einmal, weil ich es verstand, und jetzt, um Abschied zu nehmen, zum Abschied las er die Bücher, die ihm wichtig waren, noch einmal (nicht alle, denn dazu hätte es wieder ein neues Leben gebraucht, dessen Ende er dann wieder für das Wiederlesen hätte aufsparen müssen), und obwohl mein Vater der Familienernährer war und sein Vater (demzufolge) ein Tagedieb, ein *›Versager‹*, die kalte Autorität des Großvaters überragte die Familie unanfechtbar, Großvater verachtete die Welt, *für die hier*?!, er betrachtete auch meinen Vater als Teil der Welt, und wenn mein Vater einen wichtigen Menschen ankündigte, mit dem man im Interesse der Familie verhandeln müßte, fragte Großvater, während er weiterlas, kann er Ungarisch?, und wenn nicht, warf er nur ein »Schade« hin, und damit war mein Vater entlassen, der Alte war schon ein Riesenarschloch, aber er war ein *Jemand*, am Abend noch ein reicher Mann, am Morgen bereits ein Niemand ohne Haus und Hof (mein Vater nämlich), denn man hatte irgendein Gewebe auf Kunststoffbasis ins Land gebracht, und alle wollten es, die Menschen waren schier verrückt nach diesem Schrott, es war nur eine vorübergehende Modehysterie, sie hielt vielleicht gerademal bis zum Sommer, aber bis dahin war meinem Vater nichts geblieben außer den Schulden, und da mußte zum Beispiel Seetang gesammelt werden, mein Vater konnte ein sehr schmackhaftes Irgendwas aus Schmalz, Mehl und Wasser machen, mit starken Gewürzen, er experimentierte solange, bis er den berühmten Gewürzsaft zusammenhatte, und dann bekam die Familie Zahnfleischbluten, die Zähne wurden auch locker, und der Arzt stellte fest: Skorbut. Und dann wurde mein Vater von einem Augenblick zum nächsten reich, am Abend noch Skorbut, am Morgen schon die Gicht, große Rinderbraten über Holzkohle, *avado*, ständig begossen und gebadet in Gewürzsaft und Mostrich. Achttausend in einem Jahr, achtzigtausend im nächsten. Was die Wurst angeht, ist es besser, sie zu beißen als zu schneiden; auffe Faust, hmmm. Kleine Stücke abbrechen ist auch O.K ●

Mein Vater frißt eisern, zielbewußt, schwungvoll, damit er 98.
ja nicht unter die Neunzig geht. Das Fleisch steht ihm nicht schlecht, er schnauft nur ein wenig. Die Nazis haben in seinen Körper – er hat noch niemandem verraten, wohin; er schämt sich dessen – einen Sensor eingebaut, der, wenn mein Vater unter die neunzig Kilo geht, explodiert, bumm! Friß, Jude, sagten sie, denn dort nahmen alle ab, Rippen und alles, und dann brachten sie (die Juden), leise zwar, genuschelt, aber doch zur Sprache, ob es nicht ein wenig mehr sein könnte, irgendwas, nicht viel, aber dennoch, vielleicht ein paar Kohlblätter; aber natürlich, sagten sie. Seitdem ist nichts mehr zu machen.●

Mein Vater kompensierte seine, na sagen wir mal, Unent- 99.
schlossenheit während der NS-Zeit, indem er – vierzig Frühlinge später – seinen (reinrassigen) Pudel dazu abrichtete, daß er, wenn er ihm (mein Vater dem Pudel) zurief: Nazi!, wie ein Wahnsinniger in der Wohnung zu suchen anfing, tobend auf und ab rannte, und die Gäste, wenn Gäste da waren, Juden, Nichtjuden, zeigten zunächst lachend auf die Töle, dann gegenseitig auf sich, und fingen dann, ausnahmslos immer, zu klatschen an.

Nur meine Mutter nie (sie nie), sie verachtete sie (immer): meinen Vater, den Pudel und die Gäste (Juden wie Nichtjuden) ●

100. Mein Vater hatte Klee eingesammelt, 56 Tausend Joch Land, er mußte, es sah nach Regen aus, und kam deswegen zu spät auf den Platz, schoß bis zur Mitte der zweiten Halbzeit einen Hattric und ließ sich dann auswechseln, tut mir leid, Jungs, ich muß gehen, der Klee ruft ●

101. Hamburger Muskateller, das war der Lieblingswein meines Vaters. Wenn Pferde, dann Lipizzaner, wenn Wein, dann der. Ich bitte Sie, Mattilein, was erzählen Sie da, das soll Ihr Lieblingswein sein?, den gibt es doch gar nicht. Muskateller, in Hamburg! In einer Hansestadt! Daraufhin fing mein Vater wie ein Reiher zu kotzen an und zu randalieren und zu krakeelen, von wegen, er habe gerade ebent vom Hamburger Muskateller maßlos zu konsumieren beliebt. Wir, im Nachbarzimmer, fürchteten uns. Mein Vater brüllte siegestrunken, na! jetzt glauben Sie es endlich, Sie ungläubiger kleiner Thomas, Sie! Glauben Sie mir jetzt endlich? Man kann nicht behaupten, daß meine Mutter ihm nicht geglaubt hätte, nein, das nicht ●

102. Parmesan, Sardinen, Oliven (Beeren und Öl) bestellte mein Vater bei Ignaz und Christoph Spöttl, das Sauerkraut bei Joseph Haderlein, das Bier bei Karl Lieffner, die Küchenutensilien bei Kerschek und Kubitsek in Temesvár, die Havannazigarren bei Hess und Söhne, Lederrosetten und Zügelstrupfen bei Antal Molnár, zwei neue Federblätter für den gelben Wagen bei János Matics, den Hut für den Majker Reitknecht Gyóni bei József Veszeli, gleichwohl drei Stück blaue Gulaschkappen, die Brille bei Simon Waldstein, seines Zeichens kaiserlicher und königlicher Optiker und Mechaniker sowie beeideter Schatzmeister,

der diese Titel zusätzlich sowohl im Dienste des deutschen Kaisers als auch des italienischen und spanischen Königs sowie des Prinzen von Wales trug, die drei Stück Zuber bei József Púla, die Vaseline bei Just und Comp., das Falkenfangnetz, wer weiß wo, ebenso die für die Wagen gewünschte Tatofinum(?)-Schmiere. Allmorgendlich führte er besorgte Gespräche mit Maître Baldauff, seinem Koch. Wie schon Hume sagt, wir haben uns sehr daran gewöhnt, daß die Sonne jeden Morgen aufgeht, deswegen wird sie es morgen vermutlich auch tun; in dieser vermeintlichen Sicherheit traf sich mein Vater jeden Morgen mit seinem Mann. Sie erzählten einander, was sie möchten – essen beziehungsweise kochen, dann teilten sie einander mit, was das Unendliche der Wünsche begrenzte, weil es, sagen wir, keinen Koriander gab, oder man keinen Bock auf Niere mit Knoblauch hatte, eventuell waren russische Truppen vor dem Herrenhaus aufgetaucht und vergewaltigten zuhauf – egal was, Katzen, Frauen, Schaftstiefel. Mein Vater entließ den Koch und stellte den Plan für den Tag auf, um diesen rechtzeitig meiner Mutter zu geben (geben zu lassen). Es gab keinen einzigen Tag, an dem der Tagesordnungspunkt: persönliches Kennenlernen gefehlt hätte. So lernte mein Vater meine Mutter kennen. Die Schokolade wurde aus Wien von Pietro Rinaldi geschickt, seltener von Sala, seines Zeichens kaiserlicher Lieferant ●

Und ob: Meinen Vater, Sohn meines Großvaters, des Erb- 103.
grafen zu Csákvár, hatte man schon im Säuglingsalter aus dem Schloß verbannt, denn ein Seher, der Seher des Dorfes, sagte während der Kornernte zu meinem Großvater, das kommende Kind (mein Vater) werde sein Mörder *seyn*, und mein Großvater liebte das Leben, im allgemeinen auch, aber sein eigenes ganz besonders, deswegen ließ er meinen Vater irgendwo in den Vértes-Bergen aussetzen, aber man rettete ihn und er wuchs am Hofe

eines fremden Grafen in Ajka und Inota in dem Glauben auf, Erbgraf zu Ajka und Inota zu sein. Eines Tages bekam aber mein Vater von einem Seher unerwartet den Rat, er möge seine engere Patria verlassen, sonst würde er unwillentlich und zwangsläufig der Mörder seines Vaters und Buhle seiner Mutter, und hier kam wieder dieses *seyn.* Mein Vater nahm die Zeit ernst, verließ also das Zuhause, das er für sein Zuhause sowie Vater und Mutter, die er für seinen Vater und seine Mutter gehalten. An einer Wegkreuzung vor Bakonylép lief er Großpapa über den Weg, den er wegen einer Meinungsverschiedenheit bezüglich der Vorfahrt kurzerhand erschlug. Hadersüchtiger alter Mann! In Csákvár angekommen löste er findigerweise ein akutes Problem der Gemeinschaft (die Kanalisation, oder schlug er etwa eine Bresche in den Dschungel der Schulden der öffentlichen Hand gegenüber der Sozialversicherung?), wofür er aus Dankbarkeit zum Grafen gewählt wurde und auch die Hand der Großmama gewann. (Die etwa so alt gewesen sein mochte wie die Gitta jetzt.) Sie lebten in Frieden und Würde, umgeben von großem Respekt, und seine von ihm nicht erkannte Mutter (dabei sahen sie sich auf Photos sehr ähnlich, die Stirn, der Bogen der Nase!) schenkte ihm zwei Söhne und zwei Töchter. Na und dann, ohne jeden Grund, brach die Pest aus, und die Einwohner von Csákvár wandten sich wieder an einen Seher, der ausrichten ließ, man solle den Mörder vom Großpapa Lajos finden und bestrafen. Mein Vater stürzte sich mit aller Kraft in die Ermittlungen, in deren Zuge es sich step by step mit großer künstlerischer Kraft herausstellte: einfach alles (das Dings seines Vaters, der Bums seiner Mutter). Die Großmama erhängte sich, und mein Vater stach sich die Augen aus: Er wählte die ewige Nacht und verließ den Ort, an dem er der ewige Herr war. Zurück blieb die gut zu nennende Kanalisation und auch der modus vivendi bezüglich der öffentlichen Schulden. Und die Worte des Sehers hatten sich erfüllt ●

Mein Vater war der Meinung, das Erstarken der Entropie sei mit der Sündhaftigkeit der Menschheit in Beziehung zu setzen; der Niedergang des Abendlandes oder die regelmäßigen Börsenkräche seien notwendige Konsequenzen des zweiten Gesetzes der Thermodynamik. Und wenn eine glückliche Familie ins Unglück kommt, wächst ihre Entropie. Siehe jenen Anfangssatz in Anna Karenina ! 104.

Und so lautet die Gegenlegende: In der S-Bahnhaltestelle am Batthány-Platz trat Christus an meinen Vater heran, Jesus Christus, seine Zunge war schwer und sein Blick trübe, auf seinem Nasenrücken prangte eine frische, rote Wunde, seinem schweren Mantel entströmte saurer Gestank. Müde, respektvoll fragte er nach Geld. Hab keins, antwortete mein Vater widerwillig, denn er hatte nur einen Tausender dabei. Guter Mann, sagte Christus und ergriff mit beiden Händen die Hand meines Vaters. Mein Vater zog sie erschrocken zurück und wurde rot, so leicht, so seidig fein war diese Berührung gewesen. Verpiß dich!, stieß ihn mein Vater von sich, geh schon! Der Menschensohn antwortete: Ab heute sollst du gehen und du sollst keine Ruhe finden, weder tags noch in der Nacht. Und so geschah es auch. Mein Vater ging von Haltestelle zu Haltestelle, von Hafen zu Hafen, von Land zu Land, und er fand keine Ruhe, ihm war nicht einmal die Ruhe des Todes vergönnt, die requies aeterna, Gott hatte ihm in seinem göttlichen Zorn sogar das verwehrt. Wohin mein Vater auch ging, verursachte er Übel (die Flüsse traten über die Ufer, die Rinder wurden wahnsinnig etc.). So fand sich also mein Vater anstelle des jüdischen Volkes wieder – die antisemitischen Obertöne sind verständlich • 105.

In der Batthány-Haltestelle der S-Bahn trat mein Vater, seine Zunge war schwer, sein Blick trübe, auf seinem Nasenrücken 106.

prangte eine frische, rote Wunde, und aus dem schweren Mantel wehte saurer Gestank, an Christus heran, an Jesus Christus, und bat müde, respektvoll um Geld. Hab keins, antwortete Christus widerwillig, denn er hatte nur einen Tausender dabei. Guter Mann, sagte mein Vater und ergriff mit beiden Händen die Hand Christi (in der alles liegt), der zog sie erschrocken zurück und wurde ganz rot, so leicht, so seidig fein war diese Berührung gewesen. Verpiß dich!, stieß Christus meinen Vater von sich, geh schon. Und ab heute sollst du gehen und du sollst keine Ruhe finden, weder tags noch in der Nacht. Und so geschah es auch. Mein Vater ging von Haltestelle zu Haltestelle und fand wie Ahasver keine Ruhe. Und noch dazu traten die Flüsse über die Ufer und die Rinder wurden wahnsinnig. Übel ist verursacht ●

107. Der Mensch ist eine leidende Kreatur. Jeder Leidende ist gemeingefährlich. Mein Vater ist nicht gemeingefährlich. Er ist nicht leidend. (!) Mein Vater ist kein Mensch. Wie ?

108. Mein Vater verklagte unter Berufung auf die amerikanische (USA) Rechtsordnung den lieben Gott wegen der großen Dürre, der Weizen sei verbrannt und so weiter. In erster Instanz gewann er den Prozeß auch, da der Angeklagte nicht erschien. In zweiter Instanz —

109. Meine Mutter hatte eine Singer-Nähmaschine, die an eine Kathedrale erinnerte. Mit dieser Maschine nähte meine Mutter aus den Resten der gelben Tuchentseide David-Sterne für meinen Vater und seinen Sohn, einen kleineren und einen größeren, das Wort des Gesetzes sagte nämlich, daß bei Mischehen die Sache so zu betrachten sei, daß die Söhne der Konfession des Vaters und die Töchter der der Mutter zugehörig sind. Da standen sie, mein Vater und der Sohn meines Vaters, kerzengerade wie bei

einer Anprobe, und meine Mutter hielt mit Stecknadeln zwischen den Zähnen den Stern am Revers ihres Mantels mal hier- und mal dorthin. Ob mein Vater den Mut hatte, sich – im Falle seines Sohnes – über die amtliche Anordnung hinwegzusetzen, oder ob er, da er getauft war, eine Lücke im Gesetz fand, weiß man nicht. Jedenfalls lagen diese an gelbe Butterblumen erinnernde Sterne noch lange in der Schublade der Nähmaschine herum, zwischen den bunten Fäden, Fetzen und Knöpfen, aber abgesehen von jener »Generalprobe« hatten sie sie nie wieder angelegt, mein Vater und der Sohn meines Vaters. Leiden hat etwas Anstößiges ●

Wenn mein Vater so ein tyrannisches Vieh gewesen wäre, 110.
wie man ihm oft nachsagt, so ein engstirniges Tier, so ein oberflächlicher Niemand, den nur seine Leiden überhaupt erwähnenswert machten, ist es nicht sehr wahrscheinlich, daß sich der älteste Sohn meines Vaters, als er noch ein kleines Kind war – früh übt sich! –, für jeden Tag des Monats Morgenglückwünsche (auf lateinisch) ausgedacht und sie »dem teuersten Vater gewünscht« hätte. Gut und schön und rein: so soll der Montag sein. Glück strahle dir heute die Sonne. Der gütige Jehova bewahre deine Gesundheit ungeschwächt. So begann der Tag, jeder Tag; dabei war mein Vater nur ein Vater, ein tyrannisches Vieh, ein engstirniges Tier, ein oberflächlicher Niemand. Ausschließlich seine Leiden machten ihn, den Teuersten, des Erwähnens wert ●

Mein Vater wollte niemals Leid verursachen. Nicht einmal 111.
ein Krümelchen Leid; dafür tat er alles, er log, verstellte sich, zahlte, liebte seinen Nächstbesten wie sich selbst, opferte sein Mittagessen, also wirklich alles. Dieses Grauen und diese Angst vor dem Leiden verursachten eine Unmenge Leid. ●

112. Mein Vater wollte von Anbeginn an zwangsläufig, unausweichlich, vorherbestimmt sein. Jedes Wort, jede Bewegung, sämtliche Abenteuer, Sünden, Taten, Versäumnisse, jeder Schluck Wein (Fusel), den er trank, alles … lassen wir das, sogar ein Teil seiner Arbeit legt Zeugnis von jener heldenhaften und unermüdlichen Kraftanstrengung ab, mit der er verzweifelt versuchte, seine eigene Eventualität zu leugnen (mein Vater) •

113. (Bilder meines weinenden Vaters.) Ein Aristokrat fuhr über die Straße. Er überfuhr meinen Vater. Man könnte genau sagen, wann, wo; er (mein Vater) war schuld. Er wälzte gerade versunken einen Satz in seinem Kopf, das heißt, es war noch kein Satz, nur die Wörter, übereinandergeworfen, Bühne, Ich-Erzähler, Literatur, er sah nichts anderes, ausschließlich diese Wörter, er begann, sie hin- und herzuschieben, als ihn, bumm, ein offener BMW von der Seite quasi aufspießte, mein Vater fiel vornüber, das Auto rutschte während des Bremsens auch noch auf ihn. Er schlug mit dem Kopf auf, verharrte für einen Augenblick, seinen Kopf still aufs Pflaster gelegt, er wollte sich nicht rühren. Währenddessen wurde der Sozialismus aufgebaut. Der Fahrer, ein junger, sonnenbebrillter Typ, Gesicht wie ein Feuermelder, beugte sich mit erschrockener Gereiztheit über meinen Vater. Der sich immer noch nicht rühren wollte. Als er sah, wie erschrocken der junge Mann war, von der Gereiztheit mal abgesehen, beruhigte er ihn, da, auf der Erde liegend, den Asphalt wie ein Kissen umarmend (eher: daran kratzend), indem er sagte, man solle sich keine Sorgen machen, diesmal sei die Situation einfach, denn es gebe einen Schuldigen, und der Schuldige sei er, mein Vater, nicht eigentlich oder zur Hälfte, sondern ganz und gar und ausschließlich, denn er sei, wie man so schön sagt, innerhalb des Bremsweges auf die Fahrbahn getreten, so sage man doch, oder?, alle Verantwortung treffe ausschließlich ihn, nun, er nehme am

Kampf ums Dasein nicht immer teil, was einigen merkwürdig vorkommen mag, aber er wünsche nichts daran zu ändern, wohingegen man an seiner gegenwärtigen Lage relativ viel ändern müßte, auch er spüre, daß es unangebracht sei, vor beziehungsweise unter den Rädern zu liegen, er würde ja auch gerne gehen, aber er könne es nicht, er könne sich nicht rühren, und hoffentlich mißverständen es der liebenswürdige junge Mann und seine reizende Partnerin nicht, aber er wolle auch nicht, er habe das Gefühl, und diese Empfindung fülle ihn momentan ganz und gar aus, er habe seinen Platz gefunden, wann und wo, das könne man nicht genau sagen, jetzt, wo der Kurs des Dollars so skandalös im Schwanken sei, auf dem grünen Rasen gegenüber blühen schon die Krokusse, er habe das Gefühl, als sei er angekommen, als würden Essenz und Existenz endlich zusammenfallen, als sei das hier sein Platz, dieser gegenwärtige, sein Zuhause, als sei dies hier jene Bühne, auf der er sprechen könnte und nicht nur, wie das ganze Jahrhundert, vor sich hin murmelnd, von hier aus könnte man über Dinge reden, die prinzipiell alle betreffen, also, zusammengefaßt, auf dieser Bühne sei er der Ich-Erzähler, so sei die Lage, nein, bitte, man solle ihn jetzt nicht anfassen, er möchte sich nicht bewegen müssen, und obwohl er sich für die verursachten Unannehmlichkeiten schäme, möchte er für immer so bleiben, mit der Nase auf dem staubigen, warmen Asphalt, für immer. Und so kam es dann auch. Meine Mutter saß steif im BMW und starrte nach vorne, sah niemanden an, dabei waren viele da ●

In Ladenburg bei Mannheim steht die erste Garage der Welt, 114.
also ein Gebäude, das für die Aufbewahrung von Automobilen gebaut worden war; von den Benz'. Bertha Benz, die legendäre Bertha, fuhr einmal die Woche nach Heidelberg in die Apotheke, um Benzin zu kaufen. Mein Vater ●

115. Mein Vater hat sich zugezogen. Getrunken hat er auch, hat seinen Depri, wozu Zähne putzen etc. Hinter seiner Stirn ziehen dunkle, aufgedunsene und trockene Wolken vorbei. Die Niederschlagswahrscheinlichkeit ist gering, es frischt auf, mehrerorts erstarkt der nach Norden drehende Wind, am Tag geht die Erwärmung ein wenig zurück, am frühen Nachmittag sind 15–20 Grad zu erwarten, Stockholm bewölkt 11 C°, Athen windig 25 C°, Berlin bedeckt 16 C°. Meine Mutter wußte nicht einmal, mit wem sie da zusammenlebte (Strindberg). Er (mein Vater) setzte niemals seinen Hut ab. So machte er sich in der Stadt einen Namen, der Verrückte mit dem Hut. Er und der Füttyös Gyuri, der Pfeifer Gyuri, den man '56 so heftig geschlagen hatte, daß er nur noch pfeifen konnte. Und während seiner Spaziergänge durch die Pester Straßen mit einer Zeitung auf die Hintern der Frauen klatschen. Die Metro wurde seinerzeit gerade gebaut, mit der man große Menschenmengen schnell unter der Erde befördern kann, wodurch der überirdische Verkehr entlastet wird. Mein Vater trickste die Wärter aus, fuhr beim Hotel Astoria in die Grube und unterhielt sich mit den Arbeitern. An ihm ist ein Künstler verlorengegangen, bedingt durch Familiengeschichten und -traditionen besuchte er die Landwirtschaftliche Hochschule, Kühe etc., Titel seiner Diplomarbeit: »Saatwechsel – Lösung und Versuchung«. Er konnte jederzeit in Makamen sprechen. Keiner hat's gemerkt. Auf diese Weise unterhielt er sich auch mit den Preßluftarbeitern. (Ein Preßluftarbeiter ist ein Niemand etc.) Die Metro ist, anders als mein Vater, auch heute noch in Betrieb, täglich befördert sie die Menschen an ihren Arbeitsplatz oder woandershin, ins Kino, zu einem Fußballspiel, in ein Sommerrestaurant oder in die Apotheke. Jetzt ist die Zeit reif dafür, sagte mein Vater und zeigte auf den dunklen, an einen feuchten Bunker erinnernden Tunnel. Die Arbeiter taten im Dämmer ihre Arbeit und hörten dabei dem Typen mit dem Hut zu. Auch das ist ein Ge-

bäude. Die Gebäude, meine Herren, werden von zwei Sachen zusammengehalten. Der Technik, also wie man Stein auf Stein setzt. Wenn Sie sich noch erinnern, anno Schnee, kam, nicht wahr, die Gotik auf, die Bögen veränderten sich, Stützwände entstanden, auf einmal wurde alles gestreckt, die Halbkreise verschwanden, die Kirchen waren nicht mehr einfach nur groß, also der Mensch winzig, sie strebten dem Himmel zu, also hob auch der Mensch in seinem Dasein als Staubkorn den Kopf, empor zu Gott, seinem Herrn. Na, das ist eine andere Geschichte, meine Herren, die Steine sind das eine und diese innere Freiheit das andere. Spüren Sie, meine Herren, diese verblüffende Spannbreite, dieses verblüffende Zusammenfallen des Materiellen und des Geistigen?! Was? Nicht wahr! Daß die Technik *zur gleichen* Zeit den Punkt erreicht, wie im Inneren der Geist! Oder sollte es möglich sein, daß das, wo der Geist ankommt, der Punkt ist? Wenn Sie verstehen, was ich meine. In Ordnung, meine Herren, ich akzeptiere diese Antwort, die eine Frage ist. Aber dann sagen Sie mir bitte, wohin der Geist heute reicht? Ich sehe nur soviel wie Sie: dieses geniale Stahlbetondings. Es bleibt ein Stein auf dem anderen. Das sehe ich. Auf Wiedersehen, ich ziehe mich in meine Gemächer zurück, ich muß mir die Zähne putzen ●

Mein Vater fing, keiner weiß warum, nach mehreren Jahr- 116.
zehnten an, meiner Mama den Hof zu machen (Blumen, Sekt, Fellatio, Pardon, umgekehrt: Cunnilingus). Aber als er mit den Sektgläsern zurückkam etc., unterhielt sich meine Mutter schon mit jemandem. Einem wunderschönen jungen Mädchen; selbst im Sitzen noch eine Grazie, mit olivfarbener Haut und zwei großen, aber eleganten Kreolen in den Ohren, das Haar nach hinten, so, so nach hinten gekämmt (wie das Haar meines Vaters beim Tod meines Vaters), was auf spektakuläre Weise die ansehnliche Form ihres Kopfes hervorhob: Meine Mutter hatte

so etwas Schönes noch nie gesehen. Die perfekte Form der Natur! Als sie zur Seite linste und meinen Papa sah, winkte sie ihm verstohlen zu, daß er sie in Ruhe lassen solle, oder verpiß dich, oder wir kennen uns nicht. Meinem Vater blieb vor Verblüffung der Mund offen stehen. Meine Mutter lächelte, schnatterte: Sie arbeitete. Das junge Mädchen hörte ihr ernst zu. Darf ich offen sein?, meine Mama ergriff die Hand des Mädchens, wissen Sie, meine Liebe, es wäre entsetzlich, wenn Sie nur hier wären, säßen, stünden, gingen, und ich hätte nichts getan, entsetzlich! Aber das hat sich jetzt geändert, sagte das Mädchen. Ja, sagte meine Mama und küßte die Handfläche des Mädchens. Sie gingen an meinem Vater vorbei, als wäre er ein Kellner. Und er hörte sie sagen: Sie, meine Liebe, tragen Ihre Erklärung in sich. Meine Mama sah sich nicht um, aber mit der Hand wedelte sie hinter ihrem Rücken, mein Vater solle sie in Ruhe lassen, oder verpiß dich, oder wir kennen uns nicht (mein Vater und meine Mama). Und was soll jetzt mit dem Sekt etc.?

117. Das ist auch eine Nette, sagte mein Vater, und daran hielt er sich sein ganzes Leben lang. So lernten er und meine Mutter sich kennen •

118. Meine Mutter tat gerne so, als hätte sie keine Kinder und keinen Mann (speziell meinen Vater). Deswegen liebte sie es zu reisen, mit leichtem Herzen ins Blaue hinein, mal nach Mali, mal in die von Touristen unbehelligten Gegenden Hispaniens. Jenő Baradlay, dieser Julien Sorel mit Schnurrbart, bot sich als Reisebegleiter an, was dieser Begriff auch immer bedeuten möge. Mein Vater schöpfte Verdacht. In Ordnung, Sie verreisen also jetzt mit diesem Baradlay. Aber Sie müssen schwören! Meine Mutter hob eine Augenbraue, wie das nur mein Vater kann. Schwören Sie, daß Sie, wenn Sie a) Krebs essen, beziehungsweise

eine beliebige Crustacé, b) Tapas essen, c) Sangria trinken, saufen, schlürfen – mit der erforderlichen Intensität an mich denken werden. Dieser schleimige – er schleimt nicht! – Jenő Baradlay wird vor Ihren Augen verblassen, und ich werde in Ihrer Vorstellung erscheinen, im farbigen, holographischen Ganzkörperformat, vorteilhaft. Meine Mutter schwieg. Denken Sie nicht, ich wäre ein Korinthenkacker, beim Fisch müssen Sie es nicht! schrie mein Vater herum, obwohl Sie wahrscheinlich permanent Fisch essen werden, weil Sie ihn nämlich lieben! Meine Mutter schwieg. Und auch beim Reis nicht! Meine Mutter sah meinem Vater forschend ins Gesicht, und Paella? Mein Alter nickte kühl, natürlich ist manche Paella tatsächlich unvorstellbar ohne Gambas. In Ordnung, ich schwöre. Mein Vater jaulte wie ein Hund. Als dann meine Mutter zwei Wochen später strahlend, ölig braun vom Schoß des jungen Baradlay hüpfte, der sich pausenlos einem Gentleman gemäß verhielt, wobei ihm ausschließlich seine Veranlagung zur dunklen Melancholie hinderlich war, und sich an den Hals meines Vaters hängte wie ein hyperaktiver Backfisch, fegte sie mein Vater erstens von sich und kniete sich zweitens sofort vor sie hin und flehte sie an: Sie dürfen nie wieder so weit weg. Noch nicht einmal nach Érd oder Pilisdingsbums. Sie sollen immer hier sein. In Bereitschaft. Sie sollen nur warten, auf mich warten, wie die Feuerwehr aufs Feuer. Sie sollen sich dort neben dem Schlüsselhalter herumtreiben, und wenn ich pfeife, sollen Sie sagen: I love you. Nicht mehr, nicht weniger, Pfiff, I love you, soviel kann man sich ja wohl noch merken?!

An Heiligabend holte mein Vater immer sein Jagdgewehr her- 119.
vor, um nach Mecse hinüberzufahren und meine Mutter zu erschießen. Zum Glück erfaßte ihn ein derartiger Hustenanfall, und er spuckte soviel (rubinfarbenes) Blut, daß er zusammenbrach und man ihn wieder ins Bett stecken konnte •

120. In der Nähe der Bahnstation von Dejtár hielt (m)eine Mutter aus Balassagyarmat einen Kleinbus an, da sie ihren letzten Bus verpaßt hatte. Im Wagen allerdings saßen drei Meinväter, und zwei von ihnen fielen sofort über sie her. Sie rissen ihr die Kleider herunter und versuchten, sie festzuhalten. Meine Mutter aber schlug und trat um sich, mehr noch, sie biß einem ihrer Angreifer, meinem Vater, in die Hand. Die Meinväter hatten schließlich genug von der bissigen »Wildkatze«, warfen meine Mutter hinaus, ihre zerfetzten Kleider hinterher. Das Polizeipräsidium in Balassagyarmat leitete aufgrund des Vorfalls eine Ermittlung wegen versuchter Vergewaltigung gegen Unbekannt, meinen Alten, ein ●

121. Der Alte will eine schier übermenschliche Aufgabe übernehmen: er möchte in einhundertfünfzehn Tagen dreiundzwanzigtausendachthundert Kilometer, im Dezimalsystem!, mit dem Fahrrad zurücklegen und dabei den amerikanischen Kontinent durchqueren. Mit der Aktion, die in Patagonien startet und Alaska als Ziel hat, möchte er weltweit auf die an Multiple Sklerose (MS) Erkrankten aufmerksam machen. Der Alte ist geil drauf, voll multiplex! Die Startpistole wurde an den Iden des März in Argentinien, in der südlichsten bewohnten Siedlung der Erde, der Stadt Ushuia, abgefeuert. Mein Vater meint, die Kraftanstrengung, die nötig ist, damit die Tour erfolgreich sein kann, müßten die MS-Kranken tagtäglich aufbringen. Der Alte hat seine Zeit zum erheblichen Teil auch bisher nicht zwischen vier Wänden verbracht. Er hat sich schon durch die Australische Wüste gestrampelt. (Dort hat er u. a. meine Mutter kennengelernt, am Fuße des berühmten Bergs.) Auf die jetzige Unternehmung hat er sich lange vorbereitet. In der Begleitmannschaft, die meinen Vater in zwei alten Kleinbussen begleiten wird, finden ein holländischer Arzt Platz, der gleichzeitig auch Fahrradmonteur ist, sowie ein Reporter, der zwei linke Hände hat. Mein Vater wird

die Strecke mit einem Gefährt, halb Rennrad, halb Mountainbike, in Angriff nehmen. Als Ergänzung wird er lediglich zwei Ersatzräder und zwanzig Fahrradschläuche mitnehmen. Auf die Gefahren, meint er, könne man sich unmöglich vorbereiten. Er habe vor denselben Sachen Angst, vor denen er auch zu Hause Angst hat: am meisten vor den Klapperschlangen in Nevada, den Alaskawölfen und den Bären. An den Raststationen gedenkt er auch an den Massensportveranstaltungen der MS-Klubs teilzunehmen, am liebsten würde er Kleinfeld spielen (Fußball), aber egal was, wenn es sein muß, läuft er auch. Interessierte können von jedem Punkt der Welt aus über Internet (www.aba.hu/eea) das abenteuerliche Unternehmen meines Vaters mitverfolgen ●

Mein Vater sehnte sich schon seit langem nach Australien. 122.
Er möchte sich überzeugen, sagte er, ob er dort wirklich nicht vom Globus falle. Die Leute erzählen allerhand, nicht wahr. Natürlich stimmte das nicht. Mein Vater hatte sich, wie üblich, verliebt, er hatte ein Farbphoto von Australien gesehen, irgendeine scharlachrot verschwimmende leere Leere – und da war es passiert. Von da an hatte er das immer vor Augen, diese scharlachne Einöde, dieses touristenverlockende Nichts (»Land der wilden Schönheit«). Alles, was er liebte, genauer, womit er zu tun hatte, was sich also als süße Last auf sein Leben legte, beziehungsweise nichts davon, war auf diesem Bild zu sehen. Nichts: So ist die Liebe. So lernte mein Vater (einmal) meine Mutter kennen ●

Mein Vater sah tagelang immer an der gleichen Stelle und 123.
zur gleichen Zeit ein Mädchen, das er – tagelang – ansprechen wollte, weil es in jeder Beziehung so ... (Australien?) war. Aber er traute sich nicht, er hatte Skrupel und Angst, er könnte das Mädchen verletzen, und Lampenfieber hatte er außerdem. Schließlich holte mein Vater am siebenten Tag tief Luft und

dann. Das Mädchen hörte meinem Papa zunächst mit zur Seite geneigtem Kopf, zurückhaltend, zu, lauschte, schließlich machte sie ein immer freundlicheres Gesicht, aber sie überschritt nicht jene Grenzen des kultivierten Verkehrs, die mein Vater gerade durch seine Initiative niedergerissen hatte. Aber natürlich passierte alles so, wie es passieren muß, wenn sich ein überquellendes Herz etwas sehr wünscht. Was für eine Bürokratie! rief mein Vater enttäuscht aus und lernte meine Mutter kennen, was für eine !

124. Meine Mutter hat ein Pferdegebiß. Dies hatte meinen Vater anfangs irregeleitet, er näherte sich ihr (meiner Mutter) wenn auch nicht mit kühler, so doch mit zurückhaltender Höflichkeit. Aber dann, dieses unfaßbare Amalgam aus Klugheit und Erotik, Reife und Kindlichkeit, Anarchie und Verläßlichkeit – daß es meinen Vater entwaffnete, ist gar kein Ausdruck. Sie sind ein Meilenstein auf der Landstraße des weiblichen Geschlechts, sagte zum Beispiel mein Vater (relativ laut), mit einem Wort, er benahm sich in der Nähe meiner Mutter wie ein Besoffener. Aber wie! Das war beileibe kein Salonschwips mehr, es war viel ernster als das, stattlicher, härter, es nahm nichts von sich zurück, es war ein ordentlicher Suff, der (trotzdem) leicht war, ein endgültiger Überflieger, nichts da von der gewohnten Furcht, nur dieser strahlende Leichtsinn, die flammende Frivolität hinsichtlich der Ganzheit der Schöpfung, nein, richtungsloser als das, und doch schwerwiegender, vielleicht ist Nichtsnutzigkeit ein ausreichend farbiges Wort, um die neue Trunkenheit meines Vaters zu charakterisieren. Die Bedeutung dieses luftigen Rausches kann nur jemand schätzen, der weiß, daß mein Vater Alkoholiker ist. So lernte mein Vater meine pferdezähnige Mama kennen ●

Meine Mutter vermißte meinen Vater, der gerade in Angelegenheiten von landesweiter Bedeutung (Lola) verreist war, schon sehr. Das bißchen Zeit sitze ich auf dem halben Arsch ab, schrieb meine Mutter an meinen Vater. Mein Vater stellte sich das vor. Sie solle bei der Stange bleiben, schrieb mein Vater an meine Mutter. Meine Mutter stellte sich das lebhaft vor. Sie flog nur so dahin, die geflügelte Zeit ● 125.

Mein Vater, der nicht gerade ein Revoluzzertyp war, eher eine große Seele, der ehrlich nach dem Sinn des Daseins, genauer, seines eigenen Daseins forschte, oder noch eher nach der Natur seiner Freiheit, hatte irgendwann genug (vom roten Stern) und demontierte von der Kuppel des Parlaments den größten roten Stern des Landes. Kein leichter Job. Das Symbol von drei Metern Durchmesser und einer halben Tonne Gewicht – laßt uns das jetzt nicht vertiefen, ob ein Symbol so schwer sein darf – ruht nun in seine Einzelteile zerlegt in einem Lager des Nationalmuseums in Mátyásföld. Der gigantische Stern leuchtete neununddreißig Jahre lang an der Spitze des Parlaments, laßt es uns jetzt nicht vertiefen für wen, beziehungsweise für alle. 1957 wurde er zwar kurzfristig von der Kuppel entfernt, aber nur, um die durch die Revolution verursachten Wunden zu beseitigen, beziehungsweise die der Gegenrevolution, egal, die Wunden sind die gleichen. Mein Vater begann die Demontage am 31. Januar 1990 mit Sägen. Die Sternstücke und das Hauptwerk meines Vaters, die Montageanleitung, wurden in Kisten verpackt, damit sie im Lager des Museums verstauben können. Mein Vater hätte die monströse Konstruktion gerne in einer ständigen Ausstellung präsentiert, aber der Wiederaufbau wäre sehr teuer geworden. Der rote Stern ist nunmehr weder rot noch Stern, nur noch teuer. Deswegen hat dann der Alte das von der ehemaligen Parteizentrale entfernte, zweieinhalb Meter Durchmesser messende 126.

Wappen der Volksrepublik ausgestellt. Zweieinhalb Meter sind immerhin zweieinhalb Meter! Mein Vater hatte auch kurz an den Plan für eine Kádár-Ausstellung gedacht, aber laßt uns das jetzt nicht vertiefen •

127. Er war alt, krumm und gelb, man nannte ihn einen Helden, er hatte einen räudigen Schädel und roch streng. Seine Hände waren geschwollen vom Steineklopfen. Er hat den Donaukanal gebaut und nur überlebt, weil ein Sympathisant (meine Mama) ihm einen Löffel Fischfett pro Tag (verstohlen) zusteckte. Im Prinzip war er bedauernswert, de facto abscheulich: mein Vater •

128. Mein Vater gab sich, schließlich mußte er überleben und die Zeiten sich konsolidieren, der Eunuchenzucht hin. Umsonst hatte er zwei Doktortitel (vorausschauenderweise Rechts- und Staatswissenschaften, in Gedanken an die zukünftige Verwaltung des Besitzes), umsonst beherrschte er Englisch, Französisch und Deutsch – zuerst kam die Straßenmeisterei, dann das Parkettverlegen, dann Plastikverschlußguß oder was, und schließlich das. Eine Behutsamkeit, Einfühlungsvermögen und Fachwissen erfordernde Tätigkeit. Es beginnt mit der Auswahl des Bestandes, denn es reicht nicht, auffallend schneidige Jünglinge zusammenzutrommeln, man muß sich auch ausdenken, was aus ihnen werden soll, aus ihrem Schneid, was aus ihnen, was aus ihrer Schönheit werden soll. Der entscheidende Akt selbst ist auch nicht ohne jede Gefahr, obwohl, die Chancen, einen Eingriff vor der Pubertät zu überleben, stehen: gut. Es gibt mehrere Schulen (castrati, spadones, thlibiae), mein Vater entfernte größtenteils nur die Hoden (bei den ganz kleinen Bengeln ließ er sie zerquetschen und zerstörte auch die Keimdrüsen). Eine entscheidende Frage ist das Stoppen der Blutung. Nach dem Eingriff hakte sich mein Vater eigenhändig in seine kleinen

Schützlinge ein und spazierte mit ihnen 2–3 Stunden lang im Zimmer auf und ab, das war notwendig. Im Sommer war es üblich, den Delinquenten bis zum Hals in Sand zu legen, bis die Wunde verheilt war. Drei Tage lang gab es nichts zu trinken. All das ist mit vielen Qualen verbunden, der Durst, das Wundfieber, das Ausbleiben der Entleerung (sie werden von all dem Urin ganz aufgedunsen), und wenn dann, wieder unter persönlicher Aufsicht meines Vaters, die Metallnadel entfernt wird, schießt – als würde ein Faß angestochen – einer Fontäne gleich der tagelang zurückgehaltene Urin hervor, oder wenn nicht, dann bedeutet das, daß sich der Harnleiter entzündet, verstopft hat und der Fall hoffnungslos ist, aber laßt uns mal nicht den Teufel an die Wand malen. So was ist für meinen Vater ein mehrfacher Verlust, sowohl was Geld als auch was Engagement anbelangt, und seinem Ruf tut es auch nicht gut, obwohl alle anerkennen, daß ein gewisser Schwund unumgehbar ist. Aber die das alles überlebten und zu Lustobjekten (objet du désir) wurden, brachten meinem Vater einen schönen Gewinn ein. Kein schlechter Tagelohn, wie er immer zu sagen pflegte. Viele der Jungs waren zufrieden mit ihrem neuen Schicksal – mit der schönen Strenge der Jugend teilten sie die herrschende Meinung: Der Weg zur Reinheit ist vom lähmenden Morast der Frauen gesäumt. Andere hingegen bereuten es später, denn die Leidenschaft in ihnen war nicht erstorben, aber nun konnten sie ihr mit der Wünschelrute hinterhergehen. Beziehungsweise gerade die Rute war's, die fehlte. Diese haßten meinen Vater, und wenn später ihr Lebensweg den meines Vaters kreuzte, versprachen sie ihm heimtückisch Himmel und Erde, Macht und Einfluß und überredeten ihn, mitsamt Familie in den vornehmen Palast zu ziehen, in dem sie es bis zur Chefeunuchenschaft gebracht hatten, was wahrlich eine glänzende Karriere ist. Mein Vater biß an, er ahnte nicht, daß er ein Objekt der Rache war, zog mit den Seinen in den Palast (meine Mutter war glücklich: Sie wünschte sich schon seit langem einen Palast), wo er aber recht bald feststellen mußte, daß er in jeder Beziehung seinen ehemaligen, sagen wir es so, Schülern, ausgeliefert war. Diese zwangen meinen Papa dann, seine vier stattlichen Söhne zu kastrieren, und dann zwangen sie die Söhne, meinen Vater zu entmannen. Grimaldi, Farinelli, Nicolini, sang mein Papa die Tonleiter hoch und runter, versuchte das Geschehene von der positiven Seite her zu betrachten. (Ein Hai! Ein Hai!) Aber er wußte nicht mehr, was den Weg säumte, was für ein Morast ●

129. Ein Erzieher des Mädchenwohnheims in Ajka meldete dem Diensthabenden der städtischen Polizeiwache mit aufgebrachter Stimme, zwei Schülerinnen seien in den Abendstunden von bewaffneten Wegelagerern angegriffen worden. Kurz darauf verhafteten die Polizisten meinen Vater, einen Ortsansässigen, bei dem sie auch eine Schreckschußpistole vom Typ Jaguar mitsamt Munition fanden. Was war geschehen? Mein Vater war auf der abendlichen Straße mit der Pistole in der Hand an meine Mutter und ihre Freundin herangetreten und hatte sie zu furchtbaren Dingen (beziehungsweise zu einem Ding, pro Kopf nur einem) zwingen wollen. Meiner Mutter gelang es, zu fliehen, die andere packte mein Vater aber am Arm und schwor ihr auf der Stelle seine Liebe, er teilte ihr mit: er sei seit langem in sie verliebt (sic!), und wenn sie sich ihm nicht hingebe, werde er sie halt erschießen. Das Mädchen rannte davon, und mein verschmähter Vater blieb am Wegesrand stehen mit seiner Pistole und seiner Erregung. Er wurde bald gefaßt, denn meine Mama konnte sich sehr gut an ihn erinnern und gab eine genaue Personenbeschreibung. Mein Vater verstand die ganze Sache nicht, obwohl man ihn natürlich schon früher wegen Gewalttaten verurteilt hatte. Diesmal wird er der Freiheitsberaubung beziehungsweise -beschränkung beschuldigt. Ich habe nur getan, was einem der menschliche Instinkt diktiert,

antwortete mein Vater auf die Frage, das heißt, ich wollte ficken, beziehungsweise, wenn die Sache schiefgehen sollte, dann eben töten, aber ausschließlich im äußersten Notfall. Und es stimmt zwar, daß sie weggelaufen sind, aber sie liefen eher nur so ein bißchen in der Gegend herum, was die Verantwortung dann wieder teilt, oder nicht? Das Verhalten der Behörden ist für mich unverständlich. Sie schlugen auf mich ein, als wären sie überrascht. Das halte ich für eine Übertreibung, aber ich akzeptiere es, man kann die Dinge eben auch anders sehen. Die Zehn Gebote, zum Bleistift. Du sollst nicht töten, zum Beispiel. Nur daß die Gott haben, der tötet statt ihrer. Ich sage nicht, daß das leichter ist, es ist halt nur: anders. Irgendeiner muß es vollbringen ●

Die Ermittler der Antiterrorabteilung des Scotland Yard verhörten meinen Vater in Sofia zum Fall Markow. Georgij Markow, der 1969 emigriert war und beim World Service der BBC arbeitete, spazierte gerade über die Waterloo-Brücke, als, dem rekonstruierten Tathergang zufolge, mein Vater mit einem getarnten Regenschirm wie zufällig (haha, das ist gut, zufällig!) auf ihn einstach; die aus dem Regenschirm abgeschossene vergiftete Nadel fand man nach Markows Tod vier Tage später im Fuß des oppositionellen Herrn. Die Ermittlungen endeten wegen der damaligen Umstände in einer Sackgasse. Nun aber! Laut der zurückverfolgten Akten war mein Vater, damals noch als Dritter Sekretär im auswärtigen Dienst, im September 1978, kurz vor Markows Tod, mit einem falschen Diplomatenpaß nach London gereist, und kurz nach dem Mord wurde der bis dahin im niederen diplomatischen Dienst Stehende (mein Vater) zum Botschafter in Stockholm ernannt. Mein Vater versteht die Sache nicht, er wurde bislang natürlich (wegen Gewaltdelikten) noch nicht verurteilt. Recht gereizt wies er die Nachfrage der Sunday Times zurück, die Zeitung ginge es »nichts an«, ob ihn der Scot- 130.

land Yard verhört habe oder nicht, und überhaupt sei er »von Wölfen umgeben«. Das halte ich für eine Übertreibung, aber ich akzeptiere es, man kann die Dinge eben auch anders sehen. Die Zehn Gebote, zum Bleistift. Du sollst nicht töten, und so was. Aber die haben dafür Gott, der tötet statt ihrer – und selbst alle Erstgeburt unter dem Vieh soll sterben. Es muß vollbracht werden ●

131. Mein Vater war mit Gott durch eine gute Freundschaft verbunden. Einmal kam er in große Schwierigkeiten (mein Vater nämlich). Er versuchte sich, wie ein echter Mann, quasi am eigenen Schopfe aus jener dunklen Fallgrube zu befreien, zu der sein Leben auf einmal geworden war, aber er kam zu nichts, beziehungsweise später erledigte sich die Sache irgendwie von selbst. Währenddessen ging ein wenig Zeit ins Land. (Was ist Gott ohne den Menschen? Die absolute Form der absoluten Langenweile. Was ist ein Mensch ohne Gott? Der reine Wahnsinn in Gestalt der Harmlosigkeit.) Plötzlich fiel ihm sein Freund ein. Herr, du warst immer bei mir, ich wußte das wohl, ich sah mich um, und ich sah unsere Fußspuren, alle vier. Und jetzt oder früher, als ich im größten Elend war oder bin, ich weiß gar nicht, warum bist du nicht bei mir? Ich sah mich um und sah nur zwei Fußspuren. So war es, mein Sohn. Ich trug dich auf Händen, deswegen.

132. Mein Vater tötete im 18. Jahrhundert die Religion, im 19. Jahrhundert Gott, im 20. Jahrhundert den Menschen.

Es herrschte schon lange Stille, nur noch im Herzen der Menschen tobte die Welt. Auf einmal erschienen, in bunte, pluderhosige türkische Kleidung gehüllt, türkische Reiter vor dem Herrenhaus, welches sie zunächst mit einem Trick einnahmen, um dann bis auf den Letzten alle niederzumetzeln. Blut floß in Strömen, Hirn spritzte an Wände, Geier auf dem Bauch toter Kinder. Meine Mutter zählte stotternd die in der Sonne stinkenden Toten. Die Welt tobt. (Spätestens da hätte es meinem Vater klar werden müssen, daß er sich zur Hölle scheren konnte, zum Teufel mit seinem umhegten-verzärtelten Ich, seinem Ego, das er Jahrzehnte hindurch mit Hingabe, mit jede kleine Nuance herausarbeitender Zimperlichkeit verhätschelt hatte, denn nun galt das alles nichts, es existierte nicht, denn der Raum ist nicht leer, und die Welt, die wir mit Spielen nach unserem Gefallen auf- und auffüllen, ist nicht leer, sondern sie ist voll: mit Schmerz. Jawohl! Und ich spreche offensichtlich nicht vom Unglücklichsein, ungläubiger Hund, sagte der Türke, während er sich anschickte, meinen Vater niederzustechen, aber dann stach er ihn doch nicht nieder: als wäre die Welt leer, die wir nach unserem Gefallen auf- und auffüllen: mit Spielen.) Meine Mutter zählte stotternd die in der Sonne stinkenden Toten: auf türkisch ●

133.

Da ward die Kunde gebracht, daß die Heiden Gimesallya plündern, Kara Mustafa hat, wie es seine Gewohnheit, die friedlich weidenden Ungarn angegriffen, und wir mußten es dulden, Wien bestand darauf, daß wir im Interesse des Friedens bis zu einem gewissen Maße dulden, aber diesmal duldeten wir

134.

nicht. Die Ungarn konnten auch ein kleines Erfolgserlebnis vertragen! Da sagte mein Vater zu meinem Bruder László: Erwähle uns Männer, zieh aus und kämpfe mit den Ungläubigen. Und ich will oben auf der Spitze des Hügels von Vezekény stehen mit dem Stab der Heimat in meiner Hand. Und mein Bruder László tat, wie mein Vater ihm sagte, und kämpfte gegen die Ungläubigen. Mein Vater, der Graf von Forgách, der Oberstadthauptmann von Érsekújvár und der Herr Vizegeneral Pál Serényi aber gingen auf die Höhe des Hügels. Und wenn mein Vater die Hand emporhielt, siegte mein Bruder; wenn er aber seine Hand sinken ließ, siegten die Heiden. Aber meinem Vater wurden die Hände schwer; darum nahm man einen Stein und legte ihn hin, daß er sich darauf setzte. Forgách und Serényi aber stützten ihm die Hände, auf jeder Seite einer. So blieben seine Hände erhoben, bis die Sonne unterging. Und meine Brüder überwältigten das Heer der Ungläubigen durch des Schwertes Schärfe. – Als Ergänzung bliebe um der furchtbaren und banalen Vollständigkeit willen nur soviel zu sagen, daß Serényi dreimal und Forgách einmal die Hand meines Vaters fallen ließen. Beim ersten Mal starb mein Bruder László, auf dem Pferd Grünspan sitzend, das er einst mir versprochen hatte, als wir mit Herrn János, hier folgt der Name meines Vaters, und seinem Diener Marci zusammen unterwegs waren, und man drängte ihn mit circa zwanzig seiner Berittenen an einen großen, schlammigen Bach, wo er, nachdem das Pferd gestürzt war, lange zu Fuß kämpfte und sogar zwei Türken niederschlug. Schließlich hauchte er, von vielen Wunden geschwächt, seine Seele aus. Wie man das auch an seinem im Wiener Heeresgeschichtlichen Museum aufbewahrten Helm und Brustpanzer sehen kann, traf ihn ein Säbelhieb am Kopf, während ein Gewehrschuß ein Stück aus dem unteren Rand des Brustpanzers herausriß und in seinen Unterleib eindrang. Wahrscheinlich war es letzteres, das sein Leben auslöschte. Danach fiel Baron Ferenc, und ein Türke enthauptete ihn. Tamás wurde von mehreren Kugeln durchsiebt, und der Körper Gáspárs war von Dutzenden Säbelhieben übersät. Der schier unvorstellbare Blutzoll, den ein gnadenloses Schicksal von einer Familie an einem Tag, in einer Stunde gefordert hatte, erschütterte nicht nur das Gewissen des Landes, sondern des gesamten christlichen Europa. Das Mitgefühl des Kaisers ward von den Grafen Mansfeld und Puchheim, die tröstende Nachricht des Papstes vom Nuntius übermittelt. Es gab auch ein schönes Begräbnis in Nagyszombat

Nachdem man meinen Vater umgebracht hatte, schickte das 135.
Amt, das für diese sogenannte Übertretung verantwortlich zu sein schien, ein Telegramm an die Familie, aus irgendeinem Grund aber nicht an meine Mutter, sondern an den Sohn meines Vaters, der, damals noch ein Schoßkind, noch nicht lesen konnte. Im Telegramm stand folgendes: Wir haben Ihren Vater getötet. Es ist ein bedauerlicher Irrtum passiert. Wir bitten um Verzeihung. Meine Mutter las es, schaute es an. Las es wieder, sie hätten ruhig ein bißchen mehr schreiben können, sagte sie schließlich

Die Zeitung meint, das abenteuerliche Leben meines Vaters 136.
wäre eines Romans würdig, und auch sein Ende war außergewöhnlich: Er wurde am Dienstag mittag auf brutale Weise ermordet. Die erschütternde Tat wurde von einem 24jährigen Automechaniker, wohnhaft in, Name unwichtig, verübt. In der Ehe meiner Eltern hatte es in den letzten Jahren gekriselt, so daß meine 33jährige Mutter zu Hause aus- und bei dem Automechaniker einzog, obwohl sie gar kein Auto hatte, aus Rücksicht auf die vier minderjährigen Kinder (das sind wir! – nur früher) ging sie allerdings wieder zu meinem Vater zurück, aber heimlich fickte sie weiter mit Attila (dem Automechaniker). Gemeinsam hatten sie dann auch den Plan ausgeheckt. Meine Mutter be-

nachrichtigte den Handwerker, sie würden an jenem Tag nach Tihany fahren, um dort gegen Mittag mit einem Immobilienmakler zu verhandeln. Und so geschah es dann auch. Nachdem sich der Immobilienmakler in aller Seelenruhe entfernt hatte, und meine Mutter in den Laden ging, um saure Sahne (für die Kürbissuppe) zu kaufen, schlich sich der Automechaniker ins Haus und führte mit einem schwer wiegenden schweren Hammer die Planung aus, was ein grausames Verbrechen ist. Daß das nicht nett war von meiner Mutter, sieht man allein schon daran, daß man sie, meine Mama, als der Beihilfe schuldig in Gewahrsam nahm. Dieser Eiterbatzen, nicht meine Mutter, ihr Geliebter, legte ein Geständnis auf den Tisch, zusammen mit jenen 120 Tausend Forint, die mein Vater am Vormittag vor seinem Tode in der Sparkassenfiliale in Füred abgehoben hatte. Vom Leben meines Vaters könnte man auch über seinen Tod hinaus noch erzählen, Photoreporter, Graphiker, Ungarisch-Schwedisch-Wörterbuch, Gedichte schrieb er auch. Seine Ostasien-Sammlung ist mehrere Zehnmillionen Forint wert. 100 Forint entsprechen etwa 1 DM, man muß also diesen Wert dementsprechend betrachten. Das ist, was meinen Vater anbelangt, der Wechselkurs ●

137. Von der 1938, vorvorig Friedensjahr, erbauten und seitdem zum Wahrzeichen der Stadt avancierten Talbrücke haben bis dato circa 250 Menschen Selbstmord verübt. Vierzig Meter freier Fall! Die letzten zwei waren fast noch Kinder: Sie sprangen Hand in Hand in die Tiefe. Sie liebten einander. Das Mädchen, meine Mutter, war 15 Jahre alt, der Junge, mein Vater, 18, Gymnasiasten. Sie waren gute Schüler – meine Mama offen, interessiert, mein Vater verschlossener, introvertierter. Und, damit die Sache noch unverständlicher ist: Ihre Liebe wurde von meinen Großeltern nicht nur nicht verboten, sondern sogar unterstützt. Der Familienbackground war bei beiden geordnet, materiell abgesichert

(besonders bei meinem Vater, nicht wahr). Warum?, das ritzte ein Mitschüler meines Vaters dreimal in seine Bank, warum. Aber weder die Lehrer noch die Psychologen kennen die Antwort. Die Stadt trauert, die Schüler sind entsetzt. Im Gymnasium fiel am Wochenende die Alma Mater-Feier dennoch nicht aus – die Schüler hatten darum gebeten, daß sie abgehalten würde –, das Motto war: Das Leben lebt und will leben! So lernten sich meine Eltern kennen, konkret mein Vater meine Mutter ●

Mein Vater wuchs in Veszprém auf, keiner weiß warum. 138.
Deswegen war er sehr empfindlich, was das Wort Viadukt betraf. Wenn ihm jemand Viadukt ins Gesicht sagte, stieg ihm die Scheiße ins Gehirn, und er schlug zu. (Mein Vater wuchs in Debrecen auf, wer weiß warum. Deswegen reagierte er sehr empfindlich auf das Wort Neunbogenbrücke. Wenn man's ihm ins Gesicht sagte, Neunbogenbrücke, schoß ihm die Scheiße ins Gehirn, und er schlug zu.) (Mein Vater, Berlin, Reichstag, schlug zu.) (Mein Vater, Wien, Heldenplatz, schlug zu.) (Mein Vater, New York, Avenue, schlug zu.) (Mein Vater, Budapest, Platz des 7. November, schlug zu.) (Mein Vater, Athen, logariasmo parakalo, schlug zu.) (Mein Vater, Bethlehem, Krippe, schlug zu.) (Mein Vater.) (Schlug zu.) ( )

Seit 1962 werden in San Pedro de Cutud, nördlich von Manila, 139.
jedes Jahr zu Ostern mehrere freiwillige Meinväter im Beisein von Gläubigen, Journalisten und Massen von Schaulustigen ans Kreuz geschlagen. Den für ihre Sünden büßenden oder für ihre kranken Eltern auf diese Weise fürbittenden Meinvätern (gläubigen sowie ungläubigen) werden Handflächen und Füße mit sorgfältig desinfizierten, zehn Zentimeter langen Nägeln durchbohrt, zwischen den Handmittelknochen beziehungsweise an der Wurzel der Zehen. Mein Vater hängt 2 bis 10 Minuten am Kreuz. Die

Führer der philippinischen katholischen Kirche haben schon mehrfach Protest gegen diesen Ritus erhoben, big deal ●

140. Dieser Tod hätte so nicht sein müssen. Mein Vater hätte auch auf tausend andere Arten sterben können. Man könnte auch etwas Politik mit hineinbringen, denn warum sollte einer mit zwei Doktortiteln Pumpenwart im Zala werden, wenn nicht auf Zwang der Kommunisten. Das hätte selbst dann noch was für sich, wenn wir anfingen, am Zeitpunkt herumzumäkeln, es war nämlich reichlich nach 1989 (oder vor 1945), daß kurz nach Mitternacht in einem Wohnwagen in der Niederlassung G2 des Torftagebaus in Ötrét der Ölofen Feuer fing. Mein Pumpenwärter-Vater wurde vom Feuer geweckt, schnappte sich den brennenden Ofen und schmiß ihn in den Baggersee neben dem Wohnwagen. Bis hierhin ist ja alles noch in Ordnung (sieht man von der Entwicklung des Lebens meines Vaters und dem Brand des Ölofens ab). Vor lauter Löscheifer aber fing auch mein Vater Feuer. Da erweiterte er die bezüglich des Ölofens angewandten Maßnahmen, sprang selbst in den Baggersee und ertrank. Denn: Er hatte nicht damit gerechnet, daß sich die Verallgemeinerung auf alle Details bezog, also: Das Feuer des Ofens erlosch, der Ofen sank auf den Grund des Sees, das Feuer meines Vaters erlosch ebenfalls, mein Vater sank ebenfalls auf den Grund des Sees. Die Leiche des Verunglückten wurde am Samstag nachmittag durch die Feuerwehr von Nagykanizsa aus dem See gehoben ●

141. Der Schrödinger sperrte meinen Vater in einen abgedichteten Kasten. Die Situation ist die folgende: Im Kasten befindet sich außer meinem Vater ein Stückchen Radium, das innerhalb einer Stunde mit 50% Wahrscheinlichkeit ein Zerfallselektron ausstoßen wird, oder auch nicht (ebenfalls 50%). Wenn das Teilchen entweicht, wird das von einem Detektor innerhalb des

Kastens registriert, woraufhin sich ein Ventil öffnet, der Kasten mit Zyangas überflutet und mein Vater vernichtet wird (es trauern: seine Frau, heißt: Witwe, seine vier Söhne, fünf Schwiegertöchter, eine divergierende Anzahl von Enkeln sowie ein Heer von Verehrern und Verehrerinnen). Die Frage, die sich Schrödinger stellt, ist, was im Moment, bevor der Kasten geöffnet wird, um nachzusehen, ob mein Vater noch lebt oder nicht, behauptet werden kann: Ist ein lebender oder ein toter Vater im Inneren des Kastens? Nun, die Situation ist die folgende: In jenem Moment können wir weder sagen, daß mein Vater lebt, noch, daß er nicht lebt, höchstens, wenn wir unbedingt etwas sagen wollen, daß mein Vater entweder lebt oder nicht, heißt, es gibt eine Wahrscheinlichkeit von 50%, daß er lebt, und von 50%, daß nicht. Mehr als das kann nicht gesagt werden. Wenn wir den Kasten öffnen, dann sehen wir natürlich, ob mein Vater lebt oder stirbt. Im ersten Fall können wir mit 100% Sicherheit behaupten, daß er lebt, im zweiten Fall mit 100% Sicherheit, daß er stirbt. Hier taucht allerdings die Frage auf, ob wir, wenn wir den Kasten öffnen, und im Kasten mein Vater ist tot, behaupten können, daß das Totsein meines Vaters auch vor dem Öffnen des Kastens objektive Realität war. Wenn wir den Kasten nicht geöffnet hätten, hätte mein Vater mit 50% Wahrscheinlichkeit fröhlich weitergelebt, wie Gott in Frankreich. Zumindest hätte sich der Kasten als System für jeden äußeren Betrachter so verhalten, wie etwas, in dem mit 50% Wahrscheinlichkeit ein Vater, mein Vater, lebt. Könnte es möglich sein, daß die Beobachtung selbst, die Observation durch den Sohn es ist, was meinen Vater tötet (tötete), oder aber aus dem Zustand des fünfzigprozentigen Todes eindeutig zum Leben erweckt, falls wir, gesetzt den Fall, dieses Ergebnis bekommen? Deswegen ist es verboten, den Vater zu berühren. Wer wollte schon Mörder seines Vaters sein, und sei es mit nur 50% Wahrscheinlichkeit. Der unglückliche Schrödinger schlug also vor, man sollte den Kasten irgendwo an einem Dreiweg abstellen, er selbst würde ihn ungerne tragen, er habe einen schmerzenden Fuß, irgendeine Entzündung, der Fuß sei ganz geschwollen ●

142. Mein Vater möchte an dieser Stelle schüchtern nur soviel bemerken, es ist zu befürchten, daß wir alle Schrödingers Katze sind, und daß von Zeit zu Zeit ein gutmütiger, auf Liebe bedachter, seltsamer, alter, bärtiger Herr hinter den Wolken, wo, wie es mein Vater ausdrückt, der Himmel immer blau ist, hervorlangt und den Kasten öffnet, welcher Katze und Zyan und Radium und Detektor ist (»und« sage ich nur aus Spaß, sagte mein Vater, da ich spreche), und auf heitere Art fragt: Wie geht's, wie steht's, mein Junge? Und wir sagen: Mit einer gewissen Wahrscheinlichkeit. Dies waren die Worte meines Vaters ●

143. Das Erbe, es geht vom Vater auf den Sohne über, solange es Väter und Söhne gibt. Ein Handbuch für Söhne, ohne Jahr und Autor, aus dem Deutschen von Peter Tatterpatter. Tummelplatz und Register. Es gibt die wahnsinnigen Meinväter. Sie stolzieren die Boulevards auf und ab, brüllend. Behandle sie wie Luft, umarme sie, oder erzähl ihnen deine tiefsten Gedanken – secko jedno, kaltes Blei in ihren Ohren. Wenn sie zu bellen anfangen, streichle ihnen über die Stirn und sag' sorry. Wenn das Bellen nachläßt, heißt das nicht, daß sie dir verziehen oder dich gehört haben; es heißt vielmehr nur, daß sie erotische Gedanken von widerwärtiger Lüstrigkeit durchleben. Laß sie ein wenig geifern und dann schlage sie scharf in den Nacken mit der Kante deiner gebräunten rechten Hand. Und sag' wieder, sorry. Glaub nicht, das dringt bis zu ihnen vor, ihre Gehirne sind ein einziger Mansch, wie ein Fetzen altes Papier, von Mäusen angenagt, so ist ihr Gehirn, aber beim Aussprechen der Worte wird dein Körper unbe-

wußt eine Haltung einnehmen, die in jedem Land der Welt Sorge ausdrückt – diese Sprache verstehen sie. Und dann das Fressen, die Ernährung. Trage immer ein Stück Fleisch in deiner Tasche. Halte das Fleisch zuerst vor ihre Augen, so daß sie sehen können, da ist Fleisch, dann deute auf ihre Münder, damit sie sehen, für sie, Fleisch für sie. Wenn sie den Mund nicht aufsperren, wirf es ihnen zu, und wenn sie es nicht im Flug schnappen, es sich, sagen wir, in ihrer Nase oder ihrer Brille verhakt, verpaß ihnen wieder einen, drauf auf den Nacken, da springt der Mund automatisch auf, und plumps, schon ist das Fleisch drin. Möglich, daß alles anders kommt, dann kannst du nicht viel für den Meinvater tun, für die wahnsinnigen Meinväter. Wenn sie laut zu rufen anfangen: *Klump ihn, Emptor!*, mußt du versuchen, den Code herauszubekommen. Wenn sie laut schreien: *Die Satansbrüder haben dein Pferd erdolcht!*, notiere in deinem Notizheft die Häufigkeit, mit der die Wörter »die« und »dein« in dieser Tirade vorkommen, und wenn sie laut brüllen: *Das Schwein trägt seine Soutane aber ruckediku umsobesser klump ihn!*, erinnere dich, daß sie dich schon mal gebeten haben, sie zu klumpen. Also klumpe sie.◊ Wahres und Nicht-Wahres, aber Meinväter, die willentlich etwas Nicht-Wahres lehrten, gibt es nicht. In einer Wolke von Nichtwissen also macht sich mein Papa an die Belehrung. Mein liebes Söhnchen, zähes Fleisch klopfen wir, bevor wir unsere Hand dafür ins Feuer legen, zwischen zwei Steinen weich. Er sollte sowohl gekämmt werden als auch gebürstet (vorher). Eine eiserne Lunge und ein Zyklotron tun's aber auch. (Mein schöner Onkel starb 1954 in der eisernen Lunge; Großmama würde bis heute schluchzen, wenn nicht auch sie gestorben wäre.) Nägel, drei Stunden gekocht, sondern einen rostigen Liquor ab, der sich, kombiniert mit Ochsenschwanzsuppe, gut gegen Schwindsucht und für das Betören eingeborener Frauen eignet. Man umarme sie auf der Stelle. Verliere dich in ihren gigantischen Flanken, schließe die

Augen, öffne den Mund, Scheri, Scheri (meint mein Vater). Die Männer sind leicht zufriedenzustellen mit billigen Glasperlen in den folgenden Farben: Dummweiß, dunkles Blau und Zinnoberrot – bei echten Perlen winken sie häufig nur ab. Das Gewinnen der Nicht-Wilden ist mit billigen Büchern der folgenden Farben möglich: Totweiß, braun, seetangfarben – Bücher, die (nach Thema und Faktur) die See preisen, sind sehr gesucht. Wenn dir schließlich der Teufel im Gestalte des Teufels erscheint, versuche, dir deine Überraschung nicht anmerken zu lassen. Dann fang an zu feilschen. Sollte er weder die Glasperlen, noch die Bücher (trotz Thema und Faktur!) mögen, biete ihm ein kaltes Pils aus Kőbánya in der grünen Flasche an. Dann aber … ◊ Meinväter lehren manches, das von Wert ist. Manches, das nicht. In manchen Ländern sind Meinväter wie Baumwollballen (Schtz, ihr häßlichen Katzen!) In anderen wie Lehm oder Einmachgläser. Und mancherorts ist der Meinvater wie das Lesen: Du liest in der Zeitung von einem Film, den Film hast du schon gesehen, warst hin und weg, aber noch einmal würdest du ihn dir nicht ansehen, geschweige denn darüber lesen. So ist Meinvater. Mancher (Herr Vater!) ist von der Art des Dreiecks. Manchen fragst du, wie spät es ist, und er spuckt Silberdukaten. Mancher pißt Parfum und medizinischen Alkohol. Es gibt Papas, die sich in märchenhafte Meerestiere umgearbeitet haben, und manche in die überzeugende Kopie dessen, was sie als Kind gehaßt haben. Manche Papas sind Ziegen, manche sind Milch, manche unterrichten Spanisch in Klöstern, manche sind Ausnahmen, manche wären fähig, weltweite ökonomische Probleme anzugehen, aber sie warten ab. Ich habe Papas, die sich aufplustern, die eitlen Pfaue, aber die meisten tun es nicht, maximal zu Hause; mancher posiert zu Pferde, aber die meisten tun es nicht, höchstens im 18. Jahrhundert. Manche Meinpapas fallen vom Pferd, aber die meisten tun es nicht, nachdem sie vom Pferd gefallen sind, erschießen manche das

Pferd, aber die meisten tun es nicht; manche Meinväter fürchten Pferde, aber die meisten fürchten statt dessen: Frauen. Manche Meinväter masturbieren, weil sie Frauen fürchten, manche Meinväter schlafen mit bezahlten Frauen, weil sie Frauen fürchten, die umsonst sind, manche Meinväter schlafen überhaupt nie, sondern sind endlos wach und starren auf ihre Zukunft, die hinter ihnen liegt. ◊ Der springende Meinvater ist selten wie ein weißer Rabe, nichtsdestotrotz gibt es weiße Raben, sie existieren (wenn auch selten). Es gibt keinen Raum, keinen barocken Saal, keine Sozialplatte, in der von zwei springenden Meinvätern nicht einer zu viel wäre. Am zweckdienlichsten ist es, sie an Hochleistungs-Lkw-Bremsen zu ketten. In solchen Fällen betrachten sie ihr Leben, machen Kassensturz, und das tut ihnen gut. Es muß 1969 oder '70 gewesen sein, als mein Vater sich zur Gewohnheit machte, im Volkspark herumzuhängen, dort hüpfte er herum, während er ein braunes Lederobjekt, einen Fuß im Durchmesser, vor sich herstieß. Aha, urteilte der Sohn meines Vaters, eine Sünde, das ist eine Sünde. Es gab da auch ein Netz, damit versuchte mein Vater diese Sünde einzufangen. Ein hoffnungsloses Unterfangen. Diese Niederlage hat etwas Betrübliches an sich, etwas Trübsal. Das ganze Springen an sich ist von Trübsal umgeben, vom Verlust der Lust. Vielleicht weil die Füße des Meinvaters nicht bis zur Erde reichen? ◊ Die Annäherung an den Meinvater wird von hinten empfohlen. Auf diese Weise, sollte es ihm am liebsten belieben, seinen Wurfspieß gegen dich zu schleudern, müßte er seinen Körper dazu erst herumdrehen, währenddessen du Zeit gewinnen und einen Platz für einen Flug nach irgendwohin reservieren lassen könntest. Nach Rukmini, da gibt es keine Meinväter. Dafür kuscheln sich die jungfräulichen Korngöttinnen in den langen, naßkalten Rukminischen Winternächten unter die Bettdecke und zeugen auf für uns unbekannte Weise Nachkommen. Rukmini, ein gutes Plätzchen. Aber, was ist denn das da?

Das ist doch tatsächlich ein Speer. Und überall: Speerspuren, alles durch Speere verwundet. Aber am besten ist es immer noch von hinten. ◊ Ich hatte einen konkreten Meinvater, der hatte Kinder bis zum Abwinken, die er von A bis Z an die Knochenfabrik (vermutlich Leimfabrik) verkaufte. Da aber die Knochenfabrik keine zickigen oder schmollenden Gören annimmt, zeigte sich mein Vater als der netteste und liebenswerteste Vater, den man sich vorstellen kann. Er ging seinen Söhnen mit enormen Mengen Kalziumkonfetti und Meerschweinchenmilch um den Bart, unterhielt sie mit interessanten, lustigen Geschichten und leitete sie jeden Tag zu knochenbildenden Übungen an. Wuchtige Gören sind der Bringer, das war seine Meinung. Die Knochenfabrik schickte einmal im Jahr einen kleinen blauen Lastwagen zu ihm. ◊ Die Namen von Vätern: Und die Väter heißen also: A'albiel, Aariel, Aaron, Abanek etc. ◊ Jeder Meinvater hat eine Stimme, und jede Stimme hat ihre eigene Monstrosität, ihre *terribilitá*. Der Klang einer Vaterstimme ist: wie brennendes Filmmaterial, wie zerspringender Marmor (frühmorgens), wie das Zusammenstoßen der Büroklammern bei Nacht, wie Kalk schäumend in der Kalkgrube, oder Fledermausgesang. Die Vaterstimme kann sogar deine Brillengläser zerspringen lassen. Es heißt, ein Meinvater kann, wenn er nicht gerade in der Robe der Mcinvaterrolle geht, ein Heldentenor, ein Schubiack, ein Gutsherr in der Provinz wie Berzsenyi, Klempner, Faustkämpfer, Rennfahrer oder Vertreter sein. Die meisten sind Vertreter. Die meisten Meinväter wollten am allerwenigsten Meinväter sein, irgendwie kam die Sache so über sie, sie haben überzeichnet, oder »ein anderer« hat einfach zwei linke Hände gehabt. Dabei gibt es unter diesen, den Irrtümlichen, relativ gesehen die meisten taktvollen, behutsamen und schönen Männer (warum). Wenn ein Meinvater schon das zwölfte oder siebenundzwanzigste Mal gevatert hat, so kann man ihn ruhig schief ansehen – so einer verabscheut sich nicht genügend.

Dafür trägt er an stürmischen Nächten häufig eine blaue wolle Wachmütze, um sich selbst an eine männliche Vergangenheit zu erinnern – Landung in der Normandie, Einmarsch in Prag. Eine nicht unbedeutende Quote der Meinväter ist rundum makellos, diese werden entweder zu heiligen Relikten, mit denen Leute berührt werden zur Heilung unheilbarer Krankheiten etc., oder Texte, die man studiert, Generation für Generation, um zu bestimmen, wie diese Idiosynkrasie bis aufs äußerste gesteigert werden kann. Meine Textväter werden gewöhnlich blau eingebunden. Die Vaterstimme ist ein Werkzeug der allerschrecklichsten Hartnäckigkeit. Aaaaaaa. ◊ Die Meinväter sind wie Marmorblöcke, riesige Würfel, hochpoliert, mit Adern und Furchen, viereckig aufgepflanzt auf deinem Weg! Sie blockieren deinen Weg. Kein Drüberklettern, kein Vorbeischlüpfen. Sie selbst sind das Drüber und das Vorbei, und sehr wahrscheinlich auch das Schlüpfen. Und wenn es einem gelingt, einen Meinvater zu überwinden, kann es leicht passieren, daß gleich der nächste vor einem steht, oder, die Geschwindigkeit von Vaterschaft nutzend, der gleiche. Betrachte genau Farbe und Beschaffenheit. Ähnelt dieser riesige viereckige Marmorblock in Farbe und Beschaffenheit einer Scheibe halbgaren Roastbeefs? Deines nämlichen Vaters Gesichtsfarbe! Neben dem Marmor bleibt der Fangzahn zu erwähnen. Ein Vater mit Fangzahn ist nicht das Dach der Welt. Wenn du dein Lasso um seine Fangzähne kriegst und das andere Ende um dein Sattelhorn wickelst, und wenn dein Pferd seine Sache versteht und als echtes Lassopferd rückwärts tänzelt, bis das Seil straff gespannt ist – dann hast du eine kleine Chance. Im Walfängermuseum von Tata ist ein 12-Zoll langer Fangzahn ausgestellt, fälschlicherweise als der Hauer eines Walrosses klassifiziert. Aber selbst ein Volltrottel kann sehen, daß das ein Vaterfangzahn ist. Und der Trottel ist froh, diesem Meinvater niemals begegnet zu sein. ◊ Wenn deines Meinvaters Name Ferenc ist, József oder

Mátyás, kannst du dich begraben, ins Kloster gehen, dich in die Wälder des Bakony flüchten. Denn diese Namen sind die Namen von Königen, aber dein Meinvater Ferenc, József, Mátyás ist kein König, höchstens versteckte Stellen seines Körpers bewahren noch die Erinnerung an das Königtum. Und es gibt niemanden von schwärzerer Seele und mehr übelgelaunt als einen Ex-König. Noch dazu halten solche Meinväter ihr Zuhause für das Königschloß von Visegrád und ihre Bekanntschaft und Verwandtschaft für Höflinge, die von ihrer persönlichen königlichen Gnade emporgehoben oder verstoßen werden. So kann man dann nie wissen, ob man gerade »oben« oder »unten« ist, man ist eine Feder, schwebend, bodenlos. Wenn also Ferenc, József, Mátyás, Rudolf, István, Géza – ab in den Wald, bevor der mächtige Krummsäbel aus der Scheide springt. (Handkuß an die Mama.) Die angemessene Haltung solchen Meinvätern gegenüber ist: die der Kröte, des Speichel- und Tellerleckers, des Schmarotzers, des Pantoffelhelden oder der Hofschranze. Solltest du es nicht bis in den Bakony schaffen, knie nieder und verharre dort unten mit gebeugtem Haupt und gefalteten Händen bis zum Morgengrauen. Inzwischen wird sich Meinvater wahrscheinlich in den Schlaf gesoffen haben, dann kannst du dich ins Bett legen (wenn man es dir nicht weggenommen hat), oder, wenn du hungrig bist, geh in die Küche, iß die Reste, es sei denn, der stets stubenreine Koch hat alles mit Plastikfolie abgedeckt und weggepackt. In diesem Falle darfst du am Daumen nuckeln. ◊ Die Farbe ist wichtig. Dem rötlichen Meinvater kann vertraut werden, besonders dem in der Nuance Mahagoni. Er ist von Nutzen: (1) in der Zigeunerfrage, (2) als Nietnagler beim Brückenbau, (3) bei der Organisation eines Lauschangriffs gegen Hilfsbischöfe, (4) wenn ein 18 m^2 großer Spiegel durch die Stadt zu schleppen ist. Der mausgraue Meinvater eher nicht. Denn dieser ist vom Leben erschrokken, da das Leben in gewissem Sinne wie ein Hindernisrennen ist, also würden wir uns wegen des Alten unser Leben lang nur fertigmachen. Dem schokoladenkastanienbraunen Meinvater sagt man Anstand und Vernunft nach; würde Gott ihm befehlen, den Sohn meines Vaters abzustechen, würde er vermutlich nein, danke sagen. Im selben Fall würde der hell-kastanienbraune Meinvater die verschiedenen Argumente pro und kontra anhören, der standard-kastanienbraune würde wegschauen, der staubig-kastanienbraune würde anfangen, sein Messer zu zücken. Rotbraune Meinväter sind leicht erregbar und werden am häufigsten gebraucht, wo ein Mob vonnöten ist, so wie bei Krönungen oder beim Lynchen. Hinter verpfuschten Ermordungen steckt nicht selten ein blonder hellrotbrauner Meinvater, der vergessen hat, den Linsenschutz, oder wie man das nennt, von seinem Zielfernrohr zu entfernen. Die orangenmarmeladenfarbenen sind sehr bekannt für ihre Obszönität, und diese sollte gefördert werden, denn Obszönität ist ein Sakrament, welches, für gewöhnlich, keine Vaterschaft nach sich zieht: Sie ist sich selbst der beste Lohn. Die gepunkteten, bemalten, scheckigen, buntgescheckten und gesprenkelten Meinväter besitzen eine liebliche Würde, welche von ihrer Inferiorität herrührt, außerdem haben sie einen sehr guten Geruchssinn. Die Farbe eines Meinvaters ist kein unfehlbares Mittel, Charakter und Verhalten zu bestimmen, sie kann jedoch prophetische Selbst-Erfüllung sein: Denn wenn ein Meinvater erkennt, von welcher Farbe er ist, hält er mit seinem Schicksal Schritt ◊ Meinvater und das Verzärteln. Wenn ein Meinvater Töchter vatert, wird unser Leben luftiger. Unsere Schwestern, kleine wie große, sind zum Verzärteln da, und werden oft aufgezärtelt bis zu ihrem siebzehnten oder achtzehnten Lebensjahr. Das Risiko hierbei, das wir nicht verschweigen dürfen, ist, daß Meinvater eventuell mit seiner Tochter wird schlafen wollen, die ihm letzten Endes *gehört* auf eine Art, wie ihm selbst meine Mutter oder seine stutigen Mätressen nicht gehören. Nichts halb zu tun ist edler Geister Art, behauptet mancher Meinvater und beeilt sich, mit meinen Schwestern mit dem sinnlichen Steiß ins Bett zu steigen, und nimmt auch das entsprechende Weh, das durch diese Eile akkumuliert wird, entsprechend auf sich. Die meisten tun es aber nicht. Für die meisten stellt sich diese Frage disziplinierterweise gar nicht erst. Aber wenn sich meine Schwester auf seinen (Meinvaters) Schoß setzt, wer könnte da schon sagen, was was ist, wo das Vollblutweib anfängt und dein eigen Fleisch und Blut endet? Die meisten sind ein Freund von Tabus, mehr noch, ich habe Meinväter, die noch ein Scheibchen drauflegen: »Tercsi, wehe du erlaubst diesem dreckigen Hans-Sebastian Lottermoser, deutsch im Original, Hand anzulegen an deine entblößten, weißen, neuwertigen Brüste!« Oder mit einer zukunftsweisenden Geste: »Hier, Tercsi, hier ist dein blaues 50-Liter-Fäßchen Antibabyspray, und hier oben sind in einem dunkleren Blau deine Initialen eingraviert, siehst du?« Aber das ist alles gar nichts. Denn was zählt ist, daß Töchterväter nicht zählen. Als würden sie *hors concours*, außerhalb des Wettbewerbs, antreten. So sind sie dann zu milderem, zartfühlenderem Väterverfahren bereit. Es kommt sogar vor, daß es der Meinvater selbst ist, der verzärtelt wird. Selbst das kommt vor. ◊ Von Zeit zu Zeit bricht man sich die Zunge am Meinvater. ◊ Die Fachliteratur kennt zweiundzwanzig Arten des Meinvaters, von denen nur neunzehn wichtig sind. Nicht wichtig ist der narkotisierte Meinvater, und auch der löwenherzige Meinvater ist nicht wichtig, und für unsere Zwecke ist auch der heilige Meinvater nicht wichtig. Der durch die Luft rieselt, der ist wichtig. Leise rieselt mein Vater, was soll ich tun. Wir wissen nicht, was sie unter einem Vater verstehen, jedenfalls sollten sie weniger Fahrrad fahren. Das Haar des rieselnden Meinvaters fliegt in alle Richtungen der Windrose davon, seine Wangen sind Lappen, fast berühren sie seine Ohren. Die Söhne tragen Scheiben rohen Schinkens in ihren Mützen und sprechen sich gegen die Zinssätze aus. Nach allem, was Meinvater für sie getan hat! Der fallende Meinvater will durch Verdoppelung von Arbeit und Fleiß das Fallen aufhalten. Er ist wichtig, weil er das »Ethos der Arbeit« verkörpert, welches ein dämliches ist. An seine Stelle muß das Ethos der Angst treten, so bald wie möglich. ◊ Die Meinväter kommen auf viele Arten abhanden, im Sitzen, im Stehen, mit Baretten, Borsalinos, Trikots, Breeches, bügelfreien Hemden. Nach dem Mittag spazieren sie davon und gehen hops. Verdünnisieren sich. Oder sie gehen zu Hause »verloren«, eingeschlossen im Bastelraum (ursprünglich Schuppen) oder vertieft in die Betrachtung der Schönheit oder eines geheimeren Lebens. Der Krieg ist, wie man sehr wohl weiß, ein klischeeverdächtiger, verläßlicher Schauplatz, um verlorenzugehen. (Mein Onkel, der Bruder meines Vaters, ist auch im Krieg verlorengegangen. Verschollen. Wer als verschollen galt, auf den wartete man lange. Seiner Todesnachricht gehen wir nicht auf den Leim, aber dann finden wir uns damit ab. Er ist nicht gestorben, aber nach einer gewissen Zeit denken wir an ihn nicht mehr wie an einen Lebenden. Er lebt, wird aber nicht mehr zurückkommen. Er wurde in der Nähe von Bicske das letzte Mal gesehen. Er trug einen Rucksack und lachte.) Bewaffnet mit diesen Indizien kann man eine Suchanzeige aufgeben. Entlaufen: reinrassiger Meinvater, verwittert, fleckig, 184 (182?) cm groß, bis an die Zähne bewaffnet mit seiner treuen 38er Smith and Wesson, hört auf den Namen »alte Zitterpappel«. Dem ehrlichen Finder winkt eine Belohnung nach Vereinbarung. Nach all dem kann die einzig wichtige Frage gestellt werden: Willst du ihn wirklich finden? Stell dir vor, er taucht auf. Und hat denselben Tonfall drauf wie früher. Und haut seine Nägel in meine Mama, so wie früher. Und da ist auch noch der Wurfspieß. Oder Speer, oder was. Was, wenn der beim Abendessen ebenso fliegt wie früher? Mit anderen Worten: Unter welchen Bedingungen möchtest du leben? Willst du noch ein Vierteljahrhundert zusehen, wie er scheißnervös den Fuß des Weinglases quietschen läßt? Soll er doch nach Borneo gehen. Sag schon: Celebes. Er wird auch dort nervös den Fuß des etc. quietschen lassen, aber für Borneo wird das was Neues sein. Aber er wird nicht mutig genug sein, dort hysterisch zu werden, den Grill zum Fenster rausfeuern, und er wird mit seinen Rülpsern, groß wie ein aufgespannter Regenschirm, nicht die Geburtstagsdiners kaputtgrunzen. Er wird sich auch nicht trauen, dich zu schlagen, weder mit einem ungegerbten Leder noch mit einem gewöhnlichen Gürtel. Ignoriere jenen leeren Stuhl am Kopfende des Eßtischs einfach. Sprich Dankgebete. ◊ Wenn man einen Meinvater gerettet hat, aus was für Gründen auch immer, dann hat man so 'n Augenblick lang das Gefühl, daß man selbst der Vater ist und nicht er. So für 'nen Augenblick. Das ist der einzige Augenblick im Leben, in dem du so 'n Gefühl hast. ◊ Und dann: der Vaterschwanz. Die offizielle, subventionierte Bezeichnung für den Vaterschwanz ist Meinvaters Penis. Eine magische Figur. In Ruhestellung – das ist keine Schande, sondern eine Tatsache – ist er klein, nachgerade schrumplig, und leicht in Bade- und anderen Hosen zu verbergen, man zeigt ihn am liebsten überhaupt nicht herum, obwohl er geradezu eine Naturmetapher ist, er ist eher dem Steinpilz gleich oder der Weinbergschnecke. Zu solchen Zeiten sitzt das Magische an anderen Stellen des Meinvaters (Fingerspitzen, Stirn). Was ist zu tun, falls ein Kind, gewöhnlich ein freches sechsjähriges Töchterchen, *ihn* sehen will? Soll sie ihn sehen. Aber nur morgens. Und nur wenn nicht der Tatbestand einer Morgenerektion vorliegt. Man lasse sie ruhig anfassen (leicht natürlich), aber nur kurz. Interesse am Objekt zu wecken kann nicht unser Ziel sein! (Sie lernt gerade lesen und schreiben.) Sachbezogen sei man und freundlich. Kein Grund, ein Drama daraus zu machen. Als ginge es um den großen Zeh. Ruhig, ohne unziemliche Hast wieder zudecken. Nicht vergessen: berühren, nicht festhalten! Söhne sind der persönlichen Einschätzung überlassen, es wäre unklug (zudem unnötig), sie zu erschrecken. Wart, bist der Schanker kommt! Die halbaufgerichtete Vaterschaft wirft eine interessante philosophische Frage auf, da sie Aristoteles als unvollkommen ansah, die Wirkung dieser Tatsache auf die europäische Bildhauerei (Verstümmelungen etc.) etc. Die behauptete Grundregel ist: Das stehende Glied gehört dem/der, der/die ihn aufgestellt hat. Meinvaters Schwanz übertrifft den nichtmeinväterlichen in jeder Hinsicht, nicht was Umfang, Gewicht und ähnliches anbelangt, sondern aufgrund einer metaphysischen »Verantwortung«. Das gilt sogar für arme, schlechte und geisteskranke Meinväter. Afrikanische (Mali!) Gebrauchsgegenstände drücken diese spezielle Situation aus. Die Präkolumbianer nicht, meistens nicht. ◊ Vatersnamen. Und die Väter werden genannt: Badgal, Balberith, Böll etc. ◊ Der Sohn meines Vaters kannte einen Meinvater, Besitzer der Bärenbrunnen im südlichen Csongrád. Er war bekannt als ein Mann mit Prinzipien (mein Vater) und aß nie, nie, nie auch nur eines seiner Kinder, gleich wie gähnend die Leere in seiner Brieftasche war. Und doch, die Kinder verschwanden, eins ums andere. ◊ Also, der Kerngedanke, die Wurzel der Vaterschaft ist die Verantwortung. Die Väter sind dafür verantwortlich, daß uns der Himmel nicht auf den Kopf fällt, die göttliche Harmonie, und auch, daß sich die Erde nicht unter unseren Füßen auftut. Und, was am wichtigsten ist, daß das Kind nicht stirbt, daß es etwas zu essen hat und eine Decke (Plaid), wenn es kalt ist. Meinvater ist mutig und unerschütterlich Vater; das ist typisch für ihn (abgesehen von Fällen der Kindermißhandlung, der Kinderarbeit sowie der gottlosen Kinderschändung). Das Kind wächst also wie Unkraut, gute Arbeit, Józsi, das Kind treibt seine Knospe aus dem Familienstammbaum, hat einen guten Job, verkauft Nietnägel, hat auch eine Freundin, die dir gefällt, er hat sie auch schon imprägniert, Kind ist unterwegs. Er sitzt nicht im Gefängnis und ist kein Junkie. Aber hast du schon diese leichte Kräuselung um seine Mundwinkel bemerkt? Das bedeutet, daß er die Schnauze voll hat von Kleinjózsi, das heißt, daß er im linken Hosenbein eine abgesägte Schrotflinte und im rechten einen Fleischerhaken trägt, er hält sie für dich bereit, er wartet auf die Gelegenheit. Meinvater, paff. Der Meinvater ist schockiert. Ich habe dir die Windeln gewechselt, du Rotzlöffel! Fehler. Erstens stimmt es nicht (neun von zehn Windeln wechseln Meinemütter), zweitens erinnert es Kleinjózsi daran, was ihn so wütend macht. Er ist wütend darüber, daß er klein war und du ein Riese, selbst dein Schatten war noch größer als er, nein, das ist es nicht, er ist wütend, daß er unter Vorbehalten da war, während du notwendig warst, unentbehrlich, nein, noch nicht ganz, er tobt, weil du, als er dir seine Liebe gezeigt hat, sie nicht bemerkt hast, du hast nicht bemerkt, daß er dich liebt. ◊ Wenn ein Meinvater verstirbt, wird seine Meinvaterschaft dem Allvater zurückgegeben, der die Summe aller toten Meinväter zusammengenommen ist. (Dies ist keine Definition des Allvaters, nur ein Aspekt seines Seins.) Die Meinvaterschaft wird dem Allvater zurückgegeben, erstens, weil sie dort hingehört, und zweitens, damit Meinvaters Sohn sie nicht bekommt. Die Übergabe von Macht geschieht unter angemessenen Zeremonien; Zylinder werden verbrannt. Meinvaterlos jetzt, verwaist, muß man (wer) mit den Erinnerungen an Meinvater fertig werden. Jas und Neins zerren an Meinvaters Sohn. Wo, wann ist er er selbst? – Niemals, nirgends ganz, er ist für immer zum Teil er (Meinvater). Dies ist Meinvaters letztes Attentat. ◊ Meinvatermord verstößt gegen Sitte und Gesetz und würde zu allem Überfluß im nachhinein beweisen, daß der Meinvater recht hatte (»Du charakterloser Vatermörder, du!«). Man kann sich's wünschen, aber nicht tun. Und außerdem ist es nicht nötig. Es ist nicht nötig, den Meinvater umzubringen, die Zeit, dieser treue Diener, wird die Arbeit schon erledigen. Deine wahre Aufgabe liegt anderswo. Werde du selbst zum Meinvater, aber zu einer schwächeren Ausgabe von ihm. Wenn er Fußball gespielt hat, spiele du Wasserball. Wenn er drei Sprachen sprach, sprich du zwei (oder eine). Wenn er Oberst bei den Ulanen war, sei du Feldwebel. Wenn er 184 (182) cm war, sei du 178 ... Wenn er Mathematik studiert hat, studiere du Lehramt Mathe-Physik. Übe den Meinvater, gehe die Liste durch. Und vergiß nicht: Sitte und Gesetz. Und die Zeit ●

Mein Vater, der tote Vater, ist gestorben. Oh, Donald! Laß 144.
uns gehen, sagte der älteste Sohn meines Vaters zu ihm, und sie gingen auf den Friedhof. Es nieselte, waschechtes Begräbniswetter, Hunderte Leute mit schwarzen Regenschirmen standen um die Grube herum. Das ist es. Was ist es? fragte der Tote Vater. Diese große Ausschachtung? Ja. Meine Schwester sah weg. Mein Vater und sein Sohn standen am Rand der Grube. Etwas weiter weg Bulldozer. Was soll hier gebaut werden? Nichts. Wie lang die Grube ist. Lang genug, denke ich. Mein Vater schaute noch einmal in das Loch. Oh. Ich verstehe, ich verstehe schon ... Und die da? Hat man sie hierherbestellt? Wollten dir die letzte Ehre erweisen, Kränze, Musik, trauernde Menge. Und das Vlies, kein Vlies da? Meine Schwester hob ihren Rock. Recht golden, sagte Vater. Recht geräumig. Ist das alles? Das ist alles, sagte meine Schwester. Leider, Vater ... Soviel ist es dann doch ... Wo das Leben lebt. Hübsches Problem. Meins ebenso wie deins. Tut mir leid. Recht golden, sagte Vater, recht geräumig, und machte Anstalten, es anzufassen. Nein, rief der Sohn meines Vaters. Nein, rief meine Schwester. Was denn, ich darf es nicht einmal anfassen?! Nein. Nach so einer, mit Verlaub, beschissen organisierten Reise? Nicht mal anfassen? Was soll ich denn sonst machen? Leg dich in das Loch. Ihr wollt mich lebendig begraben? Du bist nicht mehr lebendig, schon vergessen? Ich will mich nicht da drunten

ins Loch legen. Wer will das schon. Es nieselt. Meine Schwester steht am Rande des Grabes, mit erhobenem Rock. Nur einmal meine Hand drauftun? fragt der Tote Vater. Als letzten Wunsch, quasi? Abgelehnt, sagt der Sohn meines Vaters, unziemlich. Ich bin Träger des goldenen Vlieses, ruft mein Vater. Engelchen, Schätzchen, sagt meine Schwester, leg dich in die dunkle Tiefe. Wird es auch nicht weh tun? Doch. Aber ich halte deine Hand. Ist das alles? Sollte das das Ende sein? Ja, das ist es, aber ich halte deine Hand. Also schön ... Mach ich es richtig? Papachen, du machst es goldrichtig. Ich bezweifle, daß es je wieder einen geben wird, der es so gut macht. Danke, das tut gut. Da legt der Sohn meines Vaters seine Hand auf das Vlies, durch den Rock hindurch. Los, klettere hinunter, sagt meine Schwester, ich halte deine Hand. Ich bin ganz voller Bewunderung. Und du wirst, sagt meine Schwester, ganz Erde sein. Traurig, aber notwendig. Am Leben sein, noch einen Augenblick länger ... Das läßt sich machen, sagt der Sohn meines Vaters. Mein Vater legt sich ins Loch, streckt sich. Paßt genau. Ich bin jetzt drin, ruft er von unten herauf. Wahnsinn, sagt der Sohn meines Vaters. Grandios, wie macht er das nur?! Loch, Grube – aber ich bin drin. Meine Schwester hält seine Hand. Einen Augenblick noch! ruft mein Vater. Bulldozer ●

145. Mein Vater ist eine Zitterpappel, es beschäftigt ihn nur noch eine Sache, das Testament. Ansonsten sitzt er in der Sonne. Wenn ihn der Schatten einholt, kreischt er, und es kommt jemand und schiebt ihn ein Stück weiter, zurück in die Sonne. Wenn es ihn wieder einmal überkommt, der letzte Wille, glimmt ein wildes Feuer in seinen Augen auf (oder spielt er nur? Läßt er's glimmen? Schürt er es?), er bestellt meine Schwester oder meinen jüngeren Bruder oder den ältesten Sohn meines Vaters zu sich und fängt zu diktieren an. Meine viertausend Bände

kabbalistischer Literatur. Meine zykloiden Figuren, hundertachtzehn an der Zahl. Meine Gutschen. Die gerade Gutsche, die kreuzgebogene Gutsche, die langgebogene Gutsche, meine V-Gutsche, meine U-Gutsche, meine 5/32″-Gutsche, meine 3/8″-Gutsche. Meine vier Gutschen und die Stechbeitel. Meine Loge in der Oper. Meine Bennie-Moten-Schallplatten. Mein Thonet-Schaukelstuhl. Das Regiment. Wem hast du das Regiment hinterlassen? Willst du es? Was in aller Welt soll ich mit einem Regiment? Es rapportieren lassen, antreiben, treten, wie Singer die Nähmaschine. Und dann die Paraden, die Diners mit dem Führungscorps, Fahne falten und entfalten. Thomas Münzer, und so weiter, du erinnerst dich. Die Grenzen verteidigen, Abschieben in den Pandschab. Sie zur Belgrader Burg abkommandieren, mit einem Wort, die Anwendungsmöglichkeiten sind vielfältig. Aber es ist nicht billig, der Sold, das Futter für die Pferde, das Fernsehen. Wenn du was Billiges willst, kauf dir einen Trabant. Also schön, gut, gut, laß uns die Frage vertagen. Es gibt da noch so viel, viel mehr, aber laß uns das zusammenfassen unter »Vermischtes«. Willst du Regina? Hab' die Dame nie getroffen, kenne sie nicht, schreib's mit Fragezeichen. In einem Testament gibt es kein Fragezeichen, das ist ja das Phantastische daran! Es gibt kein Fragezeichen! Verstehst du? Verstehst du? Verstehst du? Weine nicht, Vater ●

Was ist das? Lesen Sie es, Vater. Das ist ein Testament. Wessen Testament? Wir dachten, ich und meine Geschwister, Vaters eigen Fleisch und Blut, daß es für Vater an der Zeit wäre, Vorkehrungen für den Fall seines Todes zu treffen. So viele Leute sind ungenügend vorbereitet am Ende der Reise. Aber ich will nicht, ich will nicht über das Ende der Reise verfügen. Wollen, Vater, will keiner, und doch ist es eine vorausschauende Sache, ein Schritt, und wir dachten, ich und meine Geschwister, daß 146.

auch Vater vorausschauen und ihn tun sollte, Sie, Vater, in Ihrer Weisheit. Meine Weisheit. Die ist nun mal unendlich. Und unübertroffen. Und doch, ich will kein Testament machen. Vorausschau und Weisheit sind zwei der besten Stücke Vaters. Zur Hölle damit, ich will es nicht. Die Zeit dafür ist noch nicht gekommen. Wissen Sie, Vater, die Zeit des Alters ... sicher hat das auch seine Zeit, nur daß, aber wie Sie es für richtig erachten, Vater, wenn Vater es für richtig hält, daß seine Angelegenheiten in einem Mischmasch ekelhafter, verwahrloster, heruntergekommener Verwirrung bleiben, dann ist das natürlich ... Ich bin noch zu jung. Ich lasse mein Kondom bitten. Und ihr, meine Söhne, schert euch sonstwohin und fickt euch ●

Soweit sich der Sohn meines Vaters an meinen Vater erinnern 147.
kann, funktionierte bei diesem alles aufgrund einer vertrackten Logik. Der Sohn meines Vaters war sieben Jahre alt, als sich mein Vater als Künstler in ein Pionierlager begab, und er war »an seiner Seite«. Einmal saß er in der ausgestorbenen Mensa und aß Borschtsch. Mein Vater ihm gegenüber – in »hervorragender« Verfassung. Er sah ihm zu wie er aß. Und auf einmal streckte er seine Hand aus (mein Vater), seine Finger wie eine Schnecke eingerollt, und dann schnellte die Schnecke plötzlich hervor und verpaßte ihm einen Nasenstüber. Zuerst sah er Sternchen, dann kamen ihm die Tränen. Vor ihm ein riesiger Teller roten Borschtsch, und seine Tränen fielen geradewegs hinein. Die Köchin, die neben ihnen saß, kreischte los: Was sekkierst du dieses Kind, du besoffenes Aas. Du hast wohl nicht mehr alle Tassen im Schrank! Der Sohn meines Vaters verteidigte meinen Vater, wie immer: Sie verstehen das nicht. Mein Vater ist ein guter Mensch, er macht nur Spaß! Die Köchin wischte sich die Augen, dann ging sie irgendwohin und brachte dem Jungen Kuchen, Kandiszucker und zwei Gläser Mehrfruchtkompott. Er aß weiter, und mein Vater sagte auf einmal: Na, mein Sohn, schmecken dir die Süßigkeiten? Nach seiner Meinung, und auch nach Auffassung der Zeit, der er angehörte, war das Problem der »Kindertränen« einfach zu lösen. Auf der Waagschale der Revolution wog das Mehrfruchtkompott sichtlich mehr als eine Träne. Der Sohn meines Vater hat aber bis heute sowohl den Geschmack des im Mund sanft zerschmelzenden Kandiszuckers wie auch den der im Kompott aufgeweichten Kuchenmasse längst vergessen. Er kann sich nur in großen Zügen,

in Assoziationen an all das erinnern. Geblieben sind aber jener Riesenkessel voller rotem Borschtsch, die hineinfallenden, durchsichtigen, heißen Tränen, der dumpfe Schmerz an seiner Schädeldecke und die angstvolle Selbstanklage: Warum? Was habe ich getan? – denn sicher mußte er etwas getan haben, sonst hätte er diesen Hammerschlag nicht verpaßt bekommen ... Das Kompott antwortete nicht, es war nur dazu gut, seine Aufmerksamkeit abzulenken. Die Antwort fand er erst Jahrzehnte später. Und jetzt, als würdiger Sohn seines Vaters, streckt der Sohn meines Vaters seine Hand Richtung meines Vaters aus und verpaßt ihm mit seinen an Stahlfedern erinnernden Fingern einen Nasenstüber. Und die Augen meines Vaters fließen in den Borschtsch hinein, sein Gehirn quillt aus seinen blutigen Augenhöhlen. Mein Vater reibt sich mit einer kindlichen Bewegung der Handrücken die schwarzen Höhlen und fängt blind zu weinen an. Die Augen meines Vaters: eine unendliche Sackgasse ●

148. Hingegen: Ein mit ziemlicher Gewißheit weißrussischer Meinvater verdächtigte achtzehn Jahre lang meine Mutter, ihn zu betrügen. Darüber sprach er nie mit ihr, aber im geheimen litt er höllisch. Nach achtzehn Jahren seelischer Agonie stellte er meine Mutter zur Rede, die mit überzeugender Ehrlichkeit antwortete, der Verdacht sei vollkommen unbegründet. Meinvater eilte sofort ins Nachbarzimmer und erschoß sich. Er konnte den Gedanken nicht ertragen, so lange Zeit grundlos gelitten zu haben ●

149. Mein Vater war ein nach Wahrheit strebender Mensch, denn es ist, laut seiner gerne und oft verkündeten Auffassung, schwer zu lügen, wenn man die Wahrheit nicht kennt (ob er das auf Horthy, im Gefängnis von Sopronkőhida einsitzend, auf die Deutschen oder geradewegs auf die Kommunisten

bezog, ist schwer zu sagen). Er hegte eine stärkere Beziehung als üblich zum Satz, zum Sprechen. Die Rede verlangt ein bißchen (überschüssige) Kraft, der Satz ein wenig Selbstbehauptung. (Vielleicht auch Selbstbetrug, aber betrachten wir das doch lieber als Lapsus.) Mein Vater war »in jeder Hinsicht etwas größer als lebensgroß«. Als er geboren wurde, wog er sechs Kilo. Gott meint, es ist nicht gut, daß der Mensch alleine sei. Jeder Mensch hat einen Satz, den er im Laufe seines Lebens verstehen lernt. Mein Papa hatte das verstanden, dieses Nichtgute, und er kämpfte sein ganzes Leben dagegen. Er lebte kein strenges Leben, er lebte ganz und gar kein strenges Leben – als Freimaurer war er Mitglied in der elitären Loge ›*Zur gekrönten Hoffnung*‹, welche vom Kaiser Franz, der eine französische Erziehung genossen hatte, gegründet worden war, dessen quasi Kumpel und diskreter Begleiter er auf nächtlichen Ausflügen war, er war der allgemein beliebte Quin-Quin der Wiener Gesellschaft, Mozart schrieb sein berühmtes Freimaurerrequiem (laut Köchel die Nr. 477) für ihn, und er diente als Vorlage für die Hauptfigur des Rosenkavaliers –, aber er blätterte fleißig in der Heiligen Schrift. Entsprechend seinem Naturell: Er klaubte sich die Rosinen heraus. Er listete die Gründe für Traurigkeit auf – denn im Gegensatz zur Freude, die an die Seligkeit und die Gegenwart Gottes geknüpft ist, ist die Traurigkeit die bittere Frucht der von Gott trennenden Sünd'. Wie lange willst du mich so ganz vergessen, Herr, stellte mein Vater die Frage. (Manche halten die anthropomorphe Gottesvorstellung für erniedrigend, erniedrigend sowohl für Gott als auch den Menschen. Mein Papa gehört nicht zu diesen Leuten.) Wie lange verbirgst du dein Antlitz vor mir? Wie lange soll ich mich sorgen in meiner Seele und mich ängstigen in meinem Herzen täglich? Wie lange soll mein Feind gegen mich ziehen? Überhaupt nicht lange; Feinde hatte mein Vater zwar zur Genüge, aber damals zogen sie nicht allzuviel herum (zogen höchstens sich selbst: zurück). Zwei glanzvolle Generationen der Familie hatten sich hier zusammengestaut und blockierten die Wege – voreingenommen, geziert könnte man es so sagen: gewollt-ungewollt – fast vor jedem anderem. Überall stolperte man über sie. Vater und Onkel waren treuglaubende Labantzen, Pálffys Männer. Mein Großvater heiratete erneut, schloß die Ehe mit der »wespentailligen Sidonie von Pálffy«, die in Folge zwölf Kindern das Leben schenkte, darunter meinem Vater. Als Onkel József Landesrichter wurde, führte er bei der anstehenden Ständeversammlung statt des schwerkranken János Pálffy den Vorsitz, und obwohl gerade Kleidung nach deutschem Schnitt in Mode war, behielt er sein ungarisches Gewand bis zum Schluß an. Die Königin mochte ihn, als sie aber zugab, daß die deutschen Edelleute nicht mit den Ungarn sympathisierten – schauen Sie, Graf, sie rümpfen ihre Nasen immer noch wegen des Gestanks der Kurutzen-Kanonen!, der Verwandte hörte ihr naserümpfend zu –, und deswegen treffe sie, die Königin, ihre Entscheidungen und übergehe dabei die Ungarn, antwortete József ehrlich wie folgt: Majestät. Der Verdacht ist durch die Geschehnisse der Jahrhunderte berechtigt. Ich nenne keine Beispiele. Aber die Hand dessen, der das Reich führt, soll nicht zittern, diese Antipathie war nicht gegen die Person der Königin gerichtet. (...) Die Forderungen des Landes gründen auf uralten Gesetzen, auf die man ewig schwor, die aber nie eingehalten wurden. Und als der alte Labantze das sagte, brach die Königin in Tränen aus und beklagte sich über ihre unglückliche Lage. Das passierte am 17. Juli in Preßburg. Da gab's noch den Herrn Antal, der allerdings bis zum Grabe ein treuer General Rákóczis war, was zur Folge hatte, daß all sein Besitz den anderen beiden Geschwistern zufiel. Aber das trieb keinen Keil zwischen sie, sie liebten sich sehr. Mein Vater war das jüngste Mitglied der neuen Genie-Generation (seine Brüder: Miklós, Gesandter in Sankt Petersburg, und Károly, Bischof von Eger, Namensgeber der Ho-Tschi-Min-Hochschule), von brillanter Intelligenz, europäischer Bildung und hervorragendem Geschmack, gutaussehend (sein Porträt ist in der Ungarischen Historischen Galerie zu bewundern) und ein reicher Herr; mit zwanzig Jahren bereits Hauptgespan von Moson, mit sechsundzwanzig kaiserlich-königlicher Kammerherr. Dennoch, der Mensch wird immer aufs neue von Gram heimgesucht. Wir sind gespeist mit Tränenbrot. Theoretisch ist die Situation klar: Hinter dem unermeßlichen Leid des Menschen steht, als dessen wahrer Grund, die Sünde. Die Schrift zeigt uns das Heilmittel im Erlöser: Wenn die Traurigkeit aus der Sünde herrührt, dann ist die Freude ein Kind der Erlösung. So klar hat mein Vater diese Sache allerdings nicht überblickt, er vertrat eher jene weltliche Sicht stoischer Art, die bemüht ist, die Traurigkeit zu vermeiden, im Wissen, daß die Gottesfurcht das Herz froh macht, sie gibt Freude, Frohsinn und ein langes Leben. Das: daß die Länge des Lebens eine Freude an sich ist: Das wußte mein Vater. Er arbeitete viel, das 18. Jahrhundert war das Jahrhundert der Bauten, er war der Erbauer des geschmackvollsten Schlosses der Familie in Cseklész, auch der Umbau des Gebäudes der ehemaligen Ungarischen Kanzlei in der Bankgasse (das schönste Botschaftsgebäude Wiens) rühmt seinen Namen, und während alledem zog er, als führende Persönlichkeit der berühmten Kavaliersgesellschaften, von Bett zu Bett – nicht selten mit seinem Haberer, dem Kaiser. (Von Bett zu Bett: Auch so verging das 18. Jahrhundert.) Maria Theresia fauchte, sie hatte für Liederlichkeit nichts übrig, sie war eine seriöse Frau. Mein Vater war auch nicht unseriös, aber Ernst und Unernst standen sich in seinen Augen sehr nahe, mal erstarkte das eine, mal das andere, und auch wenn dieses Erstarken eine Ordnung hatte, so war diese nicht berechenbar. Mein Vater war entschlossen liederlich, was nicht den Willen zur Liederlichkeit, sondern die Freiheit dazu, Befreitsein, bedeutete, all das eingebettet in den globalen Kampf gegen die Traurigkeit. Ein falsches Herz kann einen ins Unglück bringen, aber ein kluger Mensch weiß es ihm zu vergelten, sagt die Schrift. Mein Vater hatte, wie's scheint, raus aus 'm Bett, rein ins Bett, sein ganzes Leben lang diese Vergeltung geübt. (Als Kuriosum sei erwähnt, daß er es war, der mit einer Verordnung nach französischem Vorbild die Institution der Pfandleihe in Ungarn einführte.) Egal, wo er sich auch in der Nacht herumgetrieben hatte, er meldete sich jeden Morgen um neun bei seiner Herrscherin. Maria Theresia betrachtete lange den Mann, von dessen Gesicht, Augen, den Schatten unter den Augen man unschwer ablesen konnte, wie die vergangene Nacht gewesen sein muß. Sie sprach den Namen meines Vaters aus, streng, unwirsch, als würde sie einen Schüler an die Tafel rufen, Kovács! Mein Vater senkte gereizt den Kopf. Was murmelt Er da?! fuhr die Kaiser- und Königin hoch. Kann ich von meinen Untertanen etwa nicht erwarten, mich in grammatisch fehlerlosen Sätzen anzusprechen? Im Grunde mochte sie meinen Vater, genauer gesagt, sein Talent; sie konnte seinem Talent nicht widerstehen. Aber Leichtsinn verachtete sie. Mein Vater grinste die Kaiserin an. Ja, das dürfen Majestät verlangen. Mehr noch, Ihr müßt es verlangen. In dem Moment, da ich vor dem Thron Eurer Majestät zu stottern anfange, mir und mich verwechsle, sobald die Nebensätze in den Hauptsätzen schludern wie ein schlechtes Scharnier, das, vergebt mir, im Wind des Wienerwalds hin und her flattert, in dem Moment, wenn Schweigsamkeit oder Beredtheit von Gefasel abgelöst werden, wenn also die Gegenwart, der Blick Eurer Majestät nicht jene innere Kraft mobilisieren, die für die Schaffung eines Satzes notwendig ist, dann … Hören Sie auf, Graf. Es sei denn, Sie wollen meinem Sohne gleichen. Nein, das will ich nicht, verneigte sich mein Vater charmant. Das geschah bereits nach der Geburt des ältesten Sohnes meines Vaters. Mein Vater wollte auch ihm, seinem Sohn, nicht gleichen. Er erschrak, als ihm Kinder geboren wurden. Jeder neue Mensch, der einen etwas angeht, angehen wird, ist eine neuerliche Gelegenheit zur Traurigkeit. In der Sache der Kinder versuchte er sich in Strenge (verhätschelst du dein Kind, so mußt du dich vor ihm fürchten; spielst du mit ihm, so wird es dich betrüben; spotte nicht gemeinsam mit ihm, damit du nicht mit ihm trauern und zuletzt die Zähne zusammenbeißen mußt), er versuchte es – den Umweg abschneidend – mit Hoffen (stirbt der Vater, so ist es, als wäre er nicht tot, denn er hat sein Ebenbild hinterlassen), er versuchte es mit dem Streben nach Friedfertigkeit (das Herz, das sich auf weise Umsicht stützt, wird niemals verzagen), aber schließlich und endlich wäre es auch ihm am liebsten gewesen, wenn er ausschließlich mit meiner Mutter etwas zu tun gehabt hätte. Dies ist ihm, geben wir's ruhig zu, auch gelungen. Das entscheidende Jahr war, als er den Titel des ›*Direktors des Hofspectakels*‹ verliehen bekam und so zum Alleinherrscher des Burgtheaters wurde – was selbstverständlich auch damit zusammenhing, daß er in der Lage war, das übliche Jahresdefizit »aus der Westentasche« zu begleichen. Eine teuere Ehre! Oh, ›*unser lieber Quin-Quin*‹! Also doch den Bock zum Gärtner gemacht!?, zischelten die Wiener Salons. Nordwind bringt Regen und flüsternde Zungen ein umwölktes Gesicht. Mein Vater vermied umwölkte Gesichter, er lachte lieber. Und natürlich naschte er ab und an von dem ihm anvertrauten Garten. Die Macht ist, im Wortsinne, anziehend. Er lachte sogar noch, als ihn das Schicksal mit Antonia Nikoletta Richard zusammenbrachte. Auch Antonia Nikoletta lachte, sie lachte überhaupt gerne, so war ihre Art. Sie hatte zwar nichts Weltbewegendes zuwege gebracht, aber ihr Herz, ihr Geist, ihr Körper waren vollgepackt mit Eigenschaften, die auf den Ungarn anziehend wirken, und in diesem Sinne war mein Vater vor allem ein Ungar. Meine Mama war keine hamletsche Frau, ihre Welt war kein Rätsel, ihr Herz ein offenes Buch, in dem jeder blättern konnte. Als Schauspielerin war sie talentlos, leichtsinnig, strahlend. (Eine stark königstreue, überaus katholische Frau, aber die Nachricht über ihre Köpfung – Der Kurutzenführer Imre Thököly habe sie gefangennehmen und, in Bedrängnis geraten, ihr den Kopf abgeschlagen lassen – ist ein glatter Irrtum, meine Mama lebte auch nach dem doch so logischen Scheitern Thökölys noch viele Jahre bei bester Gesundheit, ihre Laune schwand keineswegs, und was ihren Appetit betrifft, ist es wahr, daß sie, wenn auch nicht eine ganze Martinsgans, so doch eine Ente auf einen Ruck verspeiste. Deswegen hätte Thököly seiner Nation noch ruhig von Nutzen sein können, meinte mein greiser Vater gehässig, aber scheinbar war er nur Kálmán Thaly von einigem Nutzen. Welcher Thaly mit seinen gefälschten Kurutzen-Liedern die ungarischen Träume allerdings zweifellos etwas farbiger machte.) In der Person meines Vaters und meiner Mutter traf sich zwiefacher Leichtsinn, und viele erwarteten, daß sich diese beiden zu einer neuen Ernsthaftigkeit vereinigen würden – aber das passierte nicht. Zwar waren sie ernsthaft erschrocken; sobald es ihnen klar wurde, daß sie einander offenbar gefunden hatten, erschraken sie; und zwar davor, daß sie, sieh an, jemanden gefunden hatten, vor dem sie keine Angst zu haben brauchten. Daß nämlich die Natur so schön rund ist, denn auch sie beide waren plötzlich abgerundet, nachdem sie ihre andere Hälfte gefunden hatten, das erschütterte sie. Ihre eigene Liebe erweckte in ihnen Respekt der Welt gegenüber. Mein Vater wußte da schon siebenunddreißig Jahre hinter sich, er hatte sich seinen Platz in der Welt erkämpft, und dieser Platz war glanzvoll und weit. Ein *hocher* Platz. Leichtsinn ist nichts Partielles, er begnügt sich nicht mit einigen ausgewählten Fragmenten, sondern erstreckt sich auf alles, oder eher: Er verschont nichts, er ist jedoch selten radikal, Leichtsinn ist kein Sturm, der die Bäume des Lebens entwurzelt, die wir Tag für Tag mit ernster, verantwortungsbewußter Miene pflegen, er ist sanfter, zärtlicher als das, wie ein leichter Herbstregen (in Paris), der morgendliche Nebel oder der Sonnenschein im April, der kaum wärmt, dennoch fängt man zu tränen an und durch den Schleier der Tränen kann man die erwähnten Bäume nur schwer erkennen, so daß man entweder dagegenläuft oder sie gar nicht erst bemerkt. Der Leichtsinn ist freundlich; maßvoll. (Oder gilt das nur für den Leichtsinn meines Vaters? Denn schließlich ist der Leichtsinn nicht ausgeglichen, nicht betonfest, eher eine flüchtige Feder, unberechenbar – eine Brutstätte der Maßlosigkeit.) Mein Vater vergaß auch inmitten seiner wilden Umtriebe nicht seines würdigen Amts und ließ seine persönlichsten Sehnsüchte auch dort nicht außen vor. Er glaubte nicht daran, daß man durch das Böse zum Guten gelangen könnte, er glaubte nicht an die Schwere, an den Schmerz, er glaubte nicht an »ohne Last keine Lust«, er glaubte ausschließlich an die Freude und die Heiterkeit. ›*Es muß immer Spaß dabei sein!*‹ Selbstverständlich glaubte er auch an Gott nicht, Gott schien ihm viel zu bärbeißig. Mein Vater hielt die Erde nicht im geringsten für ein Jammertal. Er war sich im klaren darüber, daß es ihm aus seinem begünstigten Leben heraus auch schwerlich möglich gewesen wäre, die Welt so zu sehen, es war klar, daß seine Auffassung sehr an seine Person gebunden war, also beschreibt eine Äußerung (oder ihr Gegenteil) eher den sich Äußernden als die darin inbegriffene Behauptung (oder deren Gegenteil). Natürlich ist seine Art, über die Welt zu denken, eine persönliche, was denn sonst!? Ist es denn nicht vielmehr so, daß der Herr ihn gerade dazu geschaffen hatte, diese Persönlichkeit zu vertreten? Er verstehe ja, daß es für den reichen Mann schwerer sei, ins Himmelreich zu gelangen, als dem Kamel durchs Nadelöhr zu schlüpfen, aber er glaube nicht, daß der mittelmäßig Wohlhabende oder der Arme es leichter hätten. Und das Kamel soll, bitte schön, trainiert werden. Er stellte sich auch die Sinnlosigkeit und Unerbittlichkeit des Lebens heiter vor. Er wollte die Schöpfung dem Schöpfer gegenüber verteidigen. Ungläubigkeit, die in der Sprache der Frömmigkeit sprach. Es war schließlich nicht Gott, an den mein Vater nicht glaubte, sondern die Sünde. Der Leichtsinn kann nicht an die Todsünde glauben, nicht von sich annehmen, daß er fähig wäre, seinen Gott derart zu beleidigen. Im Gegensatz zu Gott, der sich das sehr wohl vorstellen kann. Es scheint, als wolle Gott mit dem Menschen ständig nur über die Sünde reden. Als gebe es kein anderes Thema, nur dieses kalte Erschauern vor der Sündhaftigkeit. Aber ist dies denn nicht der einzige substantielle Unterschied zwischen dir und mir? rief der Herr verständnislos. Mein Vater begriff davon nur »einzige« und fing an, die Schöpfung zu lobpreisen. Dem Herrn war es wichtig, auch die Unterschiede zu betonen, er war nicht der Meinung, daß das eine Art jüdischer Haarspalterei sei, schließlich sei es eine Tatsachenfrage, Ebenbildlichkeit *›hin oder her‹*, deutsch im Original. Er wollte meinen Vater zu Bescheidenheit ermahnen, der allerdings war gar nicht unbescheiden. Das verursachte die Schwierigkeiten. Er respektierte die Hierarchie, um so leichter, da er selbst einen vornehmen Platz darin einnahm. Das ist keine Kunscht, murrte der Herr. Es hat auch keiner behauptet, daß es schwer sei, gab mein Vater gereizt zurück. Schon wieder dieses Vorurteil, das Leichte wäre prinzipiell weniger wertvoll als das Schwere. Das ist so, Herr, als würde ich sagen, es sei leicht, Gott zu sein, wenn einer, Entschuldigung, allmächtig ist. Ich will ja nix sagen, aber würden Sie es mal als Rentner oder Gymnasiallehrerin versuchen … Gütiger Gott! Durch dich habe ich meine Person und mein Schicksal gewonnen. Erwarte keine Undankbarkeit von mir. Ich eile im Fluge, da mein Schicksal es mir erlaubt, dorthin, wohin mein Innerstes mich leitet. Mein Vater wußte, daß er sich nicht alles erlauben durfte, aber vieles, und da er das wußte, konnte er sich noch etwas mehr erlauben. Er wußte, was man darf und was man nicht darf, und in so einem Fall darf man meist auch das, was man nicht darf. Meine Mutter war eine Bürgerliche, eine Bürgerliche darf man nicht heiraten. In Ordnung. Also bitten wir, zu einem vorher ausgehandelten Tarif, den schon etwas betagten, exilierten französischen Adligen de Durville, er möge die auserwählte Schauspielerin heiraten und danach versterben, so geschehen führen wir unsere nunmehr den Namen Baronesse de Durville tragende Freundin am 6. Juli eilig zum Altar. Mein Vater hatte (natürlich) gut kalkuliert, die Gesellschaft hält sich, sofern man ihren Stil nicht stört, nicht an die eigenen Prinzipien; hier und jetzt: Der Delinquent muß nur wissen, wie man so was kredenzt. Selbst die Wiener Fiaker wußten, daß Mademoiselle Richard (in Zweitbesetzung: meine Mutter) weder eine waschechte Durville noch eine waschechte Baronesse war, echt, daß es sich gewaschen hat, war lediglich der pekuniäre Hintergrund der Scheinehe, worüber die ganze Stadt ebenfalls gut informiert war, dennoch, selbst die für ihre Bösartigkeit wohlbekannten Damen der Wiener Salons zitscherten, ihre schlechten Zähne hinter Fächern verbergend, anerkennend über den neuesten Geniestreich des lieben Quin-Quin (in Zweitbesetzung: mein Vater). Der wachsende Einfluß meines Papas – zunächst Hofkanzler, '64 Großmeister des Ritterordens des heiligen Stephan, '65 königlich ungarischer Oberkammerherr, '71 Ritter vom Goldenen Vlies, '73 Oberhofmeister und '83 kroatischer Ban, was immerhin die drittgrößte weltliche Würde in Ungarn war – reichte sogar noch aus, den Sohn des achtbaren alten Durville aus erster Ehe tatsächlich zu einem Baron hochzupolieren. Talent ist immer etwas Überflüssiges, eine Übertreibung, seiner Natur nach unmäßig. Man muß es nicht einteilen; Talentlosigkeit, der Mangel an Talent ist das, was man einteilen muß, das man beschützen muß wie das Augenlicht, womit man nicht unverantwortlich herumschmeißen darf, das man für bessere (schlechtere) Zeiten aufheben muß. Nicht mit dem Guten, sagte mein Vater, mit dem Schlechten muß man sparsam umgehen, selbst der reichste Mann muß irgendwo seiner Knauserigkeit frönen. Die Ehe hatte die Haupttendenz meines Vaters nicht verändert, jedenfalls notierte sein französischer Neffe, László Bálint, als er später Wien besuchte, mit einiger Verwunderung in sein Tagebuch, sein Onkel sei seiner Frau, der Exschauspielerin, unbedingt treu. Die Kleine kann was, gab sich Wien gehässig. Dabei konnte meine Mutter wirklich was. Damals waren die Zeiten nicht etwa unruhig, stürmisch, so daß jedes Jahr eigene Trauer und Gefahr mit sich gebracht hätte, es war nicht so, daß man, da man das eine noch gar nicht überwunden hatte, schon mit dem nächsten belastet wurde; im Gegenteil, sie konnten sich stets sorgenlos zu Bette legen, sie wußten, was sie am nächsten Morgen beim Aufwachen erwartete, sie erschufen einander nicht jene äußere Freude, die ihnen das Leben vorenthielt, nicht die stete Not, die nicht enden wollenden Schicksalsschläge brachten sie einander näher, öffneten ihre Herzen; es war nicht so, daß sie, je stiefmütterlicher sich das Schicksal zeigte, je wilder der Sturm tobte, um so enger zusammenrückten. Nichtsdestotrotz rückten sie zusammen. Wenn es stimmt, daß ehedem Mann und Frau eins waren, wir also alle unsere Hälfte verloren haben, dann hatte mein Vater die seine gefunden. Dafür hätten das körperliche und seelische Gemüt meiner Mutter nicht ausgereicht, noch nicht einmal der Leichtsinn hätte da genügt (denn der hat so viele Richtungen, in welche Richtung denn leichtsinnig, das ist die Frage). Das wahre Können meiner Mutter bestand darin, meinen Vater in seinem Kampf gegen Gott zu unterstützen. Also in seinem Kampf gegen die Sünde. Meine Mutter hatte die Sünde einfach getilgt (natürlich ist das von meinem Vater her zu verstehen). Aber nicht, daß meine Mutter an die Stelle Gottes getreten wäre, sie wurde noch nicht einmal zum Bollwerk meines Vaters, zu einer Art Bunker (einem Rock), in (unter) dem er sich hätte verstecken können, und da er sich dort wohl gefühlt hätte, mit Leib und Seele wohl, wäre er gerne dort geblieben und hätte sich nicht um die äußere Welt gekümmert. Nein. Meine Mutter versteckte meinen Vater nicht vor der Welt, sondern schuf ihm eine Welt, eine Welt, die nicht ständig unter der Bedrohung der Sünde litt. Nicht in fahler Angst vor dem Sündenfall lebte. Im stickigen Mief. Sobald meine Mutter die Bühne betrat, die Lebensbühne meines Vaters, mußte dieser nicht mehr befürchten, der Herrgott könnte ihn alleine lassen. Auf dieser Bühne war meine Mutter eine große Schauspielerin, vergleichbar nur mit den Größten. Mein Vater stand früh auf, er wußte die offiziellen Akten, den Briefwechsel gern vor dem Frühstück erledigt, meine Mutter hingegen liebte es, sich bis Mittag im Bett zu räkeln, sie war nämlich faul. Zumindest brachte sie alle Voraussetzungen fürs Faulsein mit. Sie war in der Lage, ohne jede Vorbereitung und jeden Zwang zwölf Stunden zu schlafen. Der Tag meines Papas begann also immer damit, daß er einen Blick auf meine schlafende Mutter warf. Und dann wandte er sich sofort dem Herrn zu, siehst du, Herr, hab ich's nicht gesagt?! Fröhlich. Mein Vater ist ein gutes Beispiel für den sog. fröhlichen Meinvater ●

Die auf steile Dolomitenfelsen erbaute Burg stand seit 1622 150.
im Dienste der Familie, eine Burg, die die Türken nie (!) einzunehmen vermochten. Von oben eröffnet sich eine schöne Aussicht auf unzählige winzige Dörfer der Leibeigenen, bei gutem Wetter und mit guten Augen kann man bis Sopron sehen. Denkwürdig ist der 142 Meter tiefe sogenannte Türkenbrunnen. Mein Vater, der im Ruf eines experimentierfreudigen Menschen stand, stieß meine Mama in die abgründige Tiefe hinunter und maß die Zeit; als es das schon gab, mit einer Stoppuhr, einem Meisterstück des Uhrmachermeisters Victor Paillard, davor zählte er einfach, eins, zwei, drei, im guten Rhythmus, bis es Platsch

machte, mit einer akzeptablen Approximation. *g* definierte er als neuneinundachtzig. So lernte meine Mama meinen Papa kennen ●

151. Mein Vater packte am 22. Juni dieses Jahres, quasi zur Sonnenwende, die Dienstmagd Janka Motta, meine Mutter, und vergewaltigte sie; während des Aktes biß er meiner Mama das Ohr und die Nasenspitze ab und riß auch aus den Brüsten und den Schamlippen je ein Stückchen heraus. (Um meine Mama zu zerstückeln und sie eingesalzen aufzubewahren, fehlte ihm die Zeit.) Als man ihn nach achtundvierzig Stunden faßte, erinnerte er sich an nichts mehr, er dachte, man triebe Witze mit ihm. (Und wo ist ihr Ohr? Und die Nasenspitze? Und hier, oh, hier fehlt auch noch ein Stückchen!) Dafür erinnerte sich meine Mutter um so besser an alles, sie vergaß (das alles) ein Leben lang nicht mehr. Die meinen Vater kannten, äußerten sich, er sei ein vernünftiger Mensch gewesen. Was war also in ihn gefahren? Die intellektuellen Fähigkeiten schließen nicht unbedingt eine vorübergehende Verwirrung des Geistes aus. Auch der Alkohol konnte ihm dabei geholfen haben, auf tierisches Niveau zu sinken. Kommt bei den Tieren so etwas überhaupt vor? Und ob, die Amöben fressen nach der Teilung ihre Artgenossen auf, und dasselbe machen auch die Gottesanbeterinnen, die Weibchen des Skorpions, der Spinne und der Krebse mit ihrem Partner. Sogar die sonst eher friedfertige Grille frißt während der Paarung ihren Partner auf. Während der Paarung?! Während der Paarung. Die Grille?! Die Grille. Trotzdem, ist das Beispiel von Einzellern oder Gliederfüßlern nicht ein bißchen weit hergeholt? Schließlich ist mein Vater, man mag über ihn denken, was man will, weder ein Einzeller noch ein Gliederfüßler, tut mir leid. Sanftere Formen der Oralität während der Paarung sind auch bei den Rückgrattieren – und mein Vater hat ein Rückgrat! – zu beobachten, man

denke nur an die Kußrituale der Fische, das Schnabelfechten der Vögel oder die Liebesbisse und Leckereien der Säugetiere. An der Brust einer Frau treffen Liebe und Hunger aufeinander, sagt der Fachmann. Liebe und Hunger: mein Vater. Ohr, Nasenspitze, Brust, Schamlippe: meine Mutter. So haben sie sich kennengelernt •

Mein Vater, der Mann ohne Eigenschaften, ist mit seiner 152.
Schwester ins Bett gegangen. Fuck!

Mein Vater fuhr meiner Mama über den Mund, interessiert 153.
mich nicht, Baby, bleib cool, Namen von der Redaktion geändert, daß es achtzig Kilo sind, interessiert mich nicht die Bohne, verstehst du mich, und mein Vater stellte einen nicht zu fernen, aber sachlich großzügigen Termin in Aussicht, eine Deadline, ein Bisdahin, dafür gibt es heutzutage Methoden, Programme, Obstdiät, die setzt man auch gegen Krebs ein, sofern gegen Krebs überhaupt was, die Jane-Fonda-Methode, ihm ist's egal, oder seinetwegen auch rabiat, das heißt drastisch, Operation, sollen sie diesen Fettbatzen aus meiner Mama herausschneiden, die Details interessieren ihn in dieser Form wirklich überhaupt nicht, mach irgendwas mit dir!, es gibt da auch diese Kapseln, von ihm aus auch die, Hauptsache, du kriegst keine Haare von, verfickte Scheiße, von dem ganzen Hormonzeug, ist nicht gerade billig, aber das ist kein Problem, dafür komme er auf, das Problem sei, daß meine Mutter fett sei wie eine Sau, und er wolle nichts wissen von dieser aufgeblasenen Tüte, dieser Preßwurst, dieser formlos gewordenen Voluminösität und Ausbreitung, also, und noch einmal, denn er handle nicht mit der Katze im Sack, entweder reiße sich meine Mutter zusammen, oder für ihn, meinen Vater, als Mann, war's das bei ihr, Schluß, aus, er werde doch im Bett seinem eigenen Schwanz nicht nachjagen um dieses Ungetüm von

einem Fettkloß herum, und wenn meiner Mama, was er hoffe, an der Erhaltung des Status quo etwas liege, bitte, der Ball sei jetzt in ihrer Spielhälfte, er sei nicht ungeduldig, nur bestimmt, und sie solle das nicht als Anpflaumerei auffassen, er pflaume sie überhaupt nicht an, jemanden anpflaumen ist was völlig anderes, das hier ist die vernunftorientierte Unterhaltung zweier erwachsener Menschen, Überlegungen, was das Leben anbelangt und die gemeinsame Zukunft, so muß man das sehen und nicht das Sensibelchen mimen ob der Ungewohntheit des einen oder anderen Ausdrucks, er sei nun einmal so, aber man müsse das Ganze nicht überdimensionieren, und darüber zu weinen sei nun wirklich ziemlich lächerlich. Meiner Mutter ging das etwas quer runter, was mein Papa da sagte, denn einerseits wußte sie, daß sie keine relevanten Änderungen an diesem Körper erreichen konnte, andererseits war sie überrascht, denn sie mochte zwar auch nicht jedes einzelne ihrer achtzig Kilos, aber gerade dieser neu zu nennende Zustand – mit dem Ausdruck meines Vaters: »wie eine Sau« – hatte sie wieder zu ihrem Körper zurückfinden lassen, sie genoß sich selbst einfach viel mehr, ihren Körper, auch den meines Vaters, und sie konnte es nicht glauben, daß mein Vater nichts davon gespürt hätte. Aber was konnte sie jetzt machen. Was, verflixtnocheins. Whisky und Fremdficken, also ein bißchen Kribbeln und die Aufrechterhaltung der neuen Wege der Sinnlichkeit. Vielleicht ist es das. Und so geschah es auch. Aber das richtete meine Mama zugrunde, denn sie genoß es zwar – sie war von Freude geleitet, war eine geniale Besoffene und machte ihre stets unerhört jungen Typen glücklich –, aber es entsprach nicht ihrem Naturell. Ihrem Naturell entsprach mein Vater, bis daß der Tod sie scheide, er aber hatte sich irgendwie in diese achtzig Kilo festgebissen ●

Der fast immer zu schnelle Tod ereilte meinen Vater, als das Glück meiner Mutter, was meinen Vater betraf, gerade am höchsten war, und sie demzufolge in die schönste, die bis dahin schönste Phase ihres Lebens eintrat. Die Trauer, man könnte sie auch Liebeskummer nennen, belastete nun das Gemüt meiner Mutter derart, daß es ihr unmöglich war, sich von meinem Vater, seinem erkalteten Körper, zu trennen, sie verbrachte also nicht nur die letzte Nacht mit ihm, sondern auch die Nacht danach, unter einer Decke, so vereinigten sie sich: ein letztes Mal. Aber der Schmerz meiner Mutter ließ auch durch diesen Taumel über den Tod hinaus nicht nach; nur nach ihrem Tod, da ließ er nach, vielleicht • 154.

Meine Mutter stand an der Bushaltestelle und war glücklich. Glücklich prasselte der Regen herunter, alle zogen sich unter das Dach zurück, nur meine Mutter stand glücklich an der Bushaltestelle und hielt ihr lächelndes, beseeltes Gesicht in den Regen wie ein Idiot. Mein Vater bremste, kurbelte das Fenster seines klotzigen Csepel-Lkws herunter, schnalzte, wie man das mit Schnarchenden macht, meine Mutter an, die daraufhin die Augen öffnete. Auch mein Vater grinste wie ein Idiot und machte mit seinem Zeigefinger die bekannte kleine kratzende Bewegung, sie solle zu ihm hinkommen. Nie wieder habe ich so ein glückliches Gekratze gesehen, sagte meine Mutter; es war zugleich es selbst und seine eigene Parodie, eine grobe Männeraktion und die Entschuldigung dafür, aber da das Sorry-Sorrylein auch nur halb gilt, muß man auch den brüsken Überfall ernst nehmen. He, kleines Fötzlein, komm, steig ein! Verpiß dich, du Arsch, kläffte ihn meine Mutter wütend an. Mein Vater schlug die Tür zu und gab Gas. So lernten sie sich kennen. (Mein Vater fuhr, gerademal so, auf den vor ihm fahrenden Bus auf, so glücklich war er, so sehr hatte ihn der Anblick meiner Mutter berauscht. Die Fahrzeuge 155.

wurden nicht beschädigt, mein Vater und der Busfahrer, ein afrikanischer (Mali) Prinz, der in Szeged seinen Doktor gemacht hatte und dann hier hängengeblieben war, kicherten sich fröhlich an. Aber am nächsten Tag tat ihm (meinem Vater) schon der Kopf weh, es war ihm schwindlig, er fand seinen Platz in der Welt nicht mehr, er hatte sich einen Wirbel verletzt, der ab da für immer weh tat, sein ganzes Leben lang, bis zum Schluß. Von da an hatte er einen wehen Kopf, einen schmerzensreichen.)

156. Mein Vater, nein, meine Mutter triezte ständig meinen Vater, ob er sie denn liebe. Mein Vater liebte meine Mutter, deswegen antwortete er, ja, er liebe sie. Aber meine Mutter glaubte ihm nicht, oder wenn sie ihm glaubte, tat sie so, als würde sie ihm nicht glauben, und forderte permanent – das war das nämliche Triezen – Versicherungen seitens meines Vaters ein, daß er sie zum Beispiel bis zum fünften Mai, das war am 25. April, mit Sicherheit noch lieben würde. Mein Vater holte seinen Kalender hervor ●

157. Mein Vater schlich sich jeden Morgen, sommers wie winters, ob's stürmte oder schneite, zum Fenster und ritzte mit seinem Fingernagel unter entsetzlichem Gequietsche I ♥, und hier folgte der Name meiner Mutter, auf dic zugefrorene Scheibe. Aber meine Mutter war so verdammt faul, sie schlief immer so lange – sie schnarchte auch, grunzte wie ein Nutscherschwein –, oder sie schlief gar nicht, kugelte sich nur herum, so daß, bis sie die Augen geöffnet hatte, die Schrift geschmolzen war. So lernten sie sich kennen ●

158. So lernte meine Mutter meinen Vater kennen (Entwurf eines Briefs an den Ungarischen Rundfunk): In Ihrer Sendung gestern abend sprachen Sie in zwei bestimmten Zusammenhängen, die ich hier nicht weiter ausführen kann, ein Wort aus, Guadala-

jara. Was für eine Stimme! Dürfte ich das öfter hören, Guadalajara? Sehr geehrter Herr Redakteur! Sie können sich gar nicht vorstellen, was in diesem Land voll Grau ein Wort wie Guadalajara bedeutet. In Ihrer gestrigen Sendung sprachen oder, eher, schmuggelten Sie es sogar zweimal ein – in die Sendung und in mein Leben. Könnte ich es ab jetzt öfter hören? Mein Vater hat nie geantwortet

Meinen Vater, der mit dem Heer des Fürsten Paskievich in 159.
die Stadt kam, hatte man im Haus der Familie meiner Mutter einquartiert, das als eines der schönsten Häuser der Stadt galt. Meine Mutter erzählt, der Graf (mein Vater) hätte seinen Tschako auf das Fensterbrett gestellt, damit man auch von der Straße aus sehen konnte, wer dort wohnte, und es niemand wagte, die Bewohner des Hauses zu belästigen. Meine fünfjährige Mutter wurde vom Tschako magisch angezogen, mein Vater erwischte sie einmal dabei, wie sie ihn streichelte, und drückte ihn ihr in die Hand, sie dürfe damit spielen, wenn sie wolle. Meine Mutter wurde 1912 photographiert, auf dem Bild sitzt sie in einem Rattanstuhl und schaut in die Kamera, sie trägt Trauerkleidung, eine Trauerkette, die ihr fast bis zu den Knien reicht, sie lächelt nicht, sie blickt aber auch nicht finster, gleichmütig schaut sie unter dem aus lauter weichen schwarzen Stoffwürsten bestehenden Hut von schier unfaßbaren Ausmaßen hervor, als wolle sie die Welt, in der sie sich schon so lange aufhielt, noch einmal aufmerksam betrachten. Ihr ältester Sohn sagte, er hätte Jahre seines Lebens dafür gegeben, wenn ihm irgendein Wunder erlaubt hätte, meine Mutter im Alter von fünf Jahren zu sehen, wie sie zu den russischen Offizieren gelaufen kam, die gerade zu Mittag aßen und vor denen sie überhaupt keine Angst hatte, sie trug eine bis zum Boden reichende gerüschte Unterhose und auf ihrem Kopf den Tschako meines Vaters (des Grafen)

160. Die Sportstunde fiel aus, weil der Tante Ica schlecht geworden war, schwindlig war ihr geworden, der Onkel Feri mußte sie stützen, als er sie aus dem Turnsaal begleitete, deswegen kam der Sohn meines Vaters früher als erwartet nach Hause. Er hatte keinen Schlüssel fürs Gartentor, aber er klingelte nicht, er konnte auch so hineingelangen, abstützen, kurz dagegenstemmen und so weiter. Er war gerade dabei, die Wohnungstür zu öffnen, als drinnen lautes, wildes Gebrüll losbrach, so daß der Sohn meines Vaters vor Schreck aufschrie. Dieses Gebrüll dadrin war so, wie man es von Fußballplätzen her kennt, an der Grenze der Artikuliertheit, jenseits des »zivilen Bereichs«; die Beschaffenheit der Stimme verriet nicht, ob ein Tor gefallen war oder der Scheißschiedsrichter betrogen hatte. Mein Vater saß hinter seiner Schreibmaschine und brüllte aus Leibeskräften: Ich liebe dich. Der Sohn meines Vaters nahm an, seine Mutter sei gemeint. Und die Tante Ica war schwanger, das kam später heraus, der Onkel Feri übernahm ihre Stunden. (Noch etwas später vermählten sich die beiden Sportlehrer, die Hochzeit fand im Turnsaal statt. Während der Zeremonie führte die 8/A Gruppenübungen vor. Mein Vater hatte, das stellte sich noch etwas später heraus, die Tante Ica nach ihrem Ehemann Frau Ferenc genannt, meine süße Frau Feri.)

161. Mein Vater erhielt, als Kumpel Pál Vásárhelyis, nein, Miklós Wesselényis, die Erlaubnis, überall auf dem Gebiet Budapests, nein Pest-Budas, Boot zu fahren. Egal wo! (Die Donau, die durch die plötzliche Schneeschmelze und die Eisbarre angestaut war, bedrohte die Stadt mit Überschwemmung, und schließlich machte sie die Drohung auch war.) In der Zeit des Vormärz baggerte mein Vater die Tussen mit dem Bootfahren an, besonders meine Mutter, die die Überschwemmungen sowieso ganz fickerig machten. Laß es laufen den Berg hinunter etc. Sie ruderten

Richtung Franziskaner Kirche auf der Pester Seite. Ignác Horváth, Professor an der Technischen Universität, hielt seine Vorlesungen auf dem offenen Fluß, auf seiner aus Barkassen zusammengefügten »Hydrometrischen Station«: Im Wasser schwammen Fische, sahen herauf, meine Mutter und ihre Begleiter sahen hinunter. (Meine Mutter war meinem Vater nicht offiziell vorgestellt, deswegen war es peinlich, als aus dem Restaurant Kárpátia gemeinsame Bekannte zu ihnen herüberriefen, woher sie sich denn kennen würden. Aus der Kantine, antwortete meine Mutter prompt. Mein Vater ruderte.)

Man konnte es bis ins Kinderzimmer hören. Denken Sie, 162.
das ist so einfach, daß Sie mir sagen, Sie lieben mich und ich dann ... ich dann was? Heißt das, ich darf gar nichts mehr sagen? Das glauben Sie. Ja, das glaube ich, antwortete mein Vater. Meine Mutter fing zu kreischen an: Geh weg! Geh nach Hause! Geh, wohin du willst! Hast du nicht gehört? Die Bogyi und ich werden es schon regeln. Nimm deine Aktentasche mit! Es waren schon alle tot, als der älteste Sohn meines Vaters ein Stück Papier fand mit einem Satz darauf (als Entwurf für einen Brief): Das einzige, was ich vergessen will, ist, daß ich gesagt habe: es wäre einfach. Die Handschrift meines Vaters und die meiner Mutter sahen sich am Ende sehr ähnlich, man sagt, das sei nicht selten der Fall ●

Wie war das doch gleich? Der Krieg war zu Ende, das Land 163.
schloß die Augen, man konnte keine Gedichte mehr schreiben ...? Oder war gar nichts zu Ende gegangen und alles war aktuell? Liebst du mich? (Hast du mich lieb?) Ich liebe deine Augen, ich liebe deine Knie, ich liebe deinen Hintern, ich liebe deine Brüste. Also liebst du mich ganz und gar? Ja, und du? Ich liebe deine Stirn und ich liebe deine Schenkel, und ich liebe deine Eier, und

ich liebe deine Schultern, und ich liebe deinen Mund. Also liebst du mich ganz und gar? Ja. So lernten sie sich kennen: mein Vater, meine Mutter, Fragment und Vollständigkeit ●

164. Mein Vater wartete auf Ludwig von Baden. Sie planten einen strahlenden Sieg über die Duttträger zu erringen. Mein Vater war ein talentierter Soldat, und der *›Türkenlouis‹* war der, der er eben war; mein Vater wurde, der Familienordnung entsprechend, zum Soldaten geboren und wurde durch seine Fähigkeiten zum Führer des Heers, der von Baden allerdings war ein geborener Heerführer. Es regnete, kalt, unbehaglich, wie im November, dabei war es der 2. Juni. Mein Vater las entweder in seinem Zelt (was?), oder er promenierte durch das nahe Eszék, er versuchte sich also mit Einsamkeit und Tiefe sowie mit Gesellschaft und bunter Oberfläche – trotzdem fühlte er sich wie Tonio Kröger, er fühlte, daß das Leben an ihm vorbeizog. Dieses Gefühl erfaßte ihn eher selten, und an der Seite meiner Mutter nie. Heftig umarmte er bei dessen Ankunft den jungen Badener, der sein kräftiges, bis auf die Schultern reichendes gelocktes Haar nur alle halbe Jahre wusch. Na, na, murmelte dieser ob der unerwarteten Leidenschaft, wie ein greiser Mann oder ein alter Wachhund, na. Endlich! rief mein Vater aus. Er schaute sich diesen schönen jungen Mann an. Mein Lieber, ich halt's ohne Frauen nicht aus! Oder ohne Männer. Irgend jemanden brauche ich. Jemand konkretes. Ludwig von Baden hörte seinem Freund verständnisvoll und gereizt zu, und von da an bestellte er jeden Tag zum Abend ein Mädchen aus dem Ort herauf. Daß mir das nicht eingefallen ist! Was denn?! Das Mädchen?! Ach nein, das ist mir eingefallen, nur das Heraufbestellen nicht! Der Badener verstand nicht, wieso mein Vater, der ein großer Herr war, sich manchmal benahm wie ein Niemand, wie ein Pferdemetzger aus der Provinz. Aber mein Vater war ein großer Herr und ein Niemand zu-

gleich, das war seine Spezialität. Und er liebte komplizierte Beziehungen, und außerdem wäre das Heraufbestellen zu einfach, es würde alles zu sehr vereinfachen. Gleichzeitig trieb er es mit den Dorfmädchen sehr lustig, Tag für Tag sehr lustig, bis hin zum strahlenden Sieg, da wurde es dann düster. (Ludwig von Baden mochte die sog. weibischen Züge meines Vaters nicht, er hielt es mit der traditionellen Auffassung von Männlichkeit, also z.B. Schamgefühl + alles ficken, was einem in die Quere kommt.)

Wer mein Vater war? Piepegal (schnurz), er war, wer er 165.
eben war, er ist, was er ist, wird sein, was er sein wird, ein großer Herr. Der (eines schönen Tages) von seiner Frau verlassen wurde. Oder hatte er sie hinausgeworfen? Eine schöne Frau, auffällig, attraktiv. Vielleicht nur im Inneren ein bißchen verschlafen. Jedenfalls stand mein Vater da, allein, mutterseelen, verwaist, vereinzelt, partnerlos – seit mindestens zwei Stunden schon. Es war um die Mittagszeit (Essen zum Glockengeläut), also rief er meine Mama an, die ebenfalls als attraktiv und intelligent galt, sie sollten zusammen zu Mittag essen. Mein Vater skizzierte sofort (noch vor der Vorspeise) offen und aperte die Situation, deren Lösung er (mein Vater) in meiner Mutter sah, und ging, ohne noch einmal Luft zu holen, sogleich zur Spezifikation der (künftigen) materiellen Verhältnisse meiner (künftigen) Mutter über, Apanage, Kutschenbenutzung, Sammelkarte, zwei Monate getrennter Urlaub (nicht obligatorisch!), Schmuck, konkret, zum Teil zur Benutzung, zum Teil als Eigentum, konkret, das Minimum an zusammen zu verbringenden Nächten pro Monat, das sog. Beilagerminimum, Kleidergeld. Mein Vater hat sich ganz hineingesteigert. Meine Mutter schickte ihn seine Mutter ficken. So haben sie sich kennengelernt ●

166. Mein Vater tat kund, er würde meine Mama nicht einmal haben wollen, wenn sie die einzige Frau auf der Erdkugel wäre. Aber das hatte mein Vater nicht präzise zu Ende gedacht, denn die Einzige ist doch alles, und er (mein Vater) wollte alles (alle Frauen) ●

167. Ein junges Mädchen, oder eine nach junger Mädchenstimme klingende junge Mädchenstimme sprach aus dem Fernsprechapparat meines Vaters, was unverständlich war, denn es handelte sich um eine sogenannte interne Leitung für Wirtschaftsoffiziere etc. Das Mädchen suchte seinen Freund aus dem Kosovo. In Ordnung, scherzte mein Vater, ich schau mal nach. Nein, Miss, aus dem Kosovo haben wir hier niemanden. Wie göttlich mein Vater englisch spreche, indeed und so. Fürwahr, er hatte seinem König (Kaiser) vierzig Jahre lang als Botschafter in London gedient und bewegte sich zwischen den Verbzeitformen wie Puskás zwischen den Verteidigern: wie selbstverständlich. Wie der Eunuch im Harem: mit Gelassenheit. Wie eine Wassermücke auf dem Wasserspiegel, tänzelnd, leichtfüßig: Was anderen Ungarn ein schweres, lebenserstickendes Moor, gab ihm zu Bravourstücken Gelegenheit. Und wo er denn her sei? Nur von hier. Und wer alles in der Wohnung wohne. Nur ich. Oh. Es sei vielleicht gar nicht so schlimm, daß sie ihren Freund aus dem Kosovo nicht finde, es fiele ihr sowieso schwer, diesen südländischen Leichtsinn zu ertragen, wie gut sie beide sich dafür unterhalten hätten, spontan, wie alt denn mein Vater sei. Fünfundsechzig. (Dabei war er drei Tage später dreiundvierzig geworden.) Oh, das ist aber ein Jammer, das heißt ja, Sie könnten höchstens mein Großvater sein. Mein Vater rief pikiert aus: Na und! Haben Sie denn so viele Großväter!? So lernte mein Vater meine Mutter kennen ●

Mein Vater verliebte sich sofort (aus dem Stand) in meine Mutter, als er sie im Museumsgarten mit ihren Kommilitoninnen klimpern sah, die Liebe durchdrang – auf der Stelle – seinen ganzen Körper, all seine Glieder, er begann zu zittern und bekam Hitzewallungen, als wäre er dreißig Jahre älter und eine Frau. Obwohl er nicht einmal wußte, wen er da erblickt hatte, er kannte weder ihren Namen noch ihre Familie, noch ihre Wohnstatt. Er folgte ihr bis zur Mensa. Als meine Mutter den Innenhof zwischen der Rückseite des Kárpátia und der Redaktion *Új Ember* (Neuer Mensch) betrat, drehte sie sich um, nahm meinen Vater, der durch die Verfolgung ganz einsam und gezeichnet geworden war, in Augenschein, wartete, bis er herankam, und sagte zu ihm: Was glotz'n du? Noch nie 'ne Tussi gesehen? Was rennst du mir hinterher? Mein Vater setzte sie über sein Erlebnis in Kenntnis, und daß sie ihn nicht mißverstehen möge. Meine Mutter sprach zu ihm: Schlag dir das aus dem Sinn und verlange nicht nach etwas, was mich entehrt, denn du hast bestimmt nichts von mir zu erhoffen, und es gibt keinen Weg zur Erfüllung deines Begehrens! Ich bin schon zufrieden, wenn ich dich anschauen darf! Das darfst du, nickte meine Mutter. Oh, meine Herrin, sag, bist du eine Freie oder eine Leibeigene? Leibeigene. Wie heißt du? Chalwa. Und wem gehörst du? Bei Gott, sagte meine Mutter, eher erfährst du, was im siebenten Himmel ist, als was du mich soeben gefragt hast. Laß drum, was unmöglich ist! Meine Herrin, wo und wann kann ich dich wiedersehen? Jeden Freitag zur gleichen Stunde, wo du mich heute gesehen hast. Sie standen einander gegenüber, plötzlich gab es nichts mehr zu sagen, schließlich fragte meine Mutter, wer jetzt als erster gehen sollte, willst du, oder soll ich? So geh denn du, sagte mein Vater, und Gott behüte dich. Meine Mutter ging Richtung Brücke davon, sie wandte sich ab und zu um, ob mein Vater mit ihr ginge oder nicht, also ging mein Vater nicht mit. Er spähte ihr aber hinterher, lief dann bis 168.

zur Kirche vor und fragte die Leute nach ihr, aber meine Mutter war spurlos verschwunden. Seitdem steht mein Vater jeden Freitag zur entsprechenden Zeit im Museumsgarten und wartet – nichts. Entweder hat sie die Erde verschluckt, oder der Himmel hat sie versiechen lassen, ich sah sie nie wieder. Seitdem brennt eine heftige Flamme in meinem Herzen, heißer noch als glühender Koks •

169. Auf die vermeintlich leichte Frage, wer seine Lieblingsromanheldin sei, trug mein Vater ohne lange nachzudenken den Namen meiner Mutter ein, aber der Untersuchungsausschuß, die Redaktion, das literarische Leben, das aufstrebende Bürgertum, die Parteizentrale, das Kapitel von Eger und der Wiener Hof sowie meine Mutter akzeptierten das nicht als mögliche Antwort. So lernten sie sich kennen, auf dem Papier •

170. Mein Vater, ein talentierter Kerl, ein zynischer Sack, der seine Seele für Peanuts an die Kommunisten verkauft hatte, hatte solche Angst vor ihnen, daß er nicht einmal schlafen konnte, und wenn doch, erwachte er schweißgebadet, angstschreiend, wofür ihn die Nachbarn mehrfach anzeigten, die Miliz erschien an Ort und Stelle, und man warnte ihn, er solle gefälligst nicht brüllen, so was ruiniere das Stadtbild, was ihn noch mehr erschreckte, und in seiner wachsenden Furcht entwickelte er eine Methode, zuerst eine simplere Variante, indem er immer dann, wenn der Schrei hervorbrach, die Handflächen auf den Mund preßte, beim Aufwachen schnellten seine Handflächen wie eine Feder oder eine Falle auf seinen Mund zu, trotzdem konnten noch Töne entweichen, aus dem anfänglichen Schrei wurde ein furchtbares Gewimmer und Gewinsel, was die Nachbarn, verständlicherweise, nicht befriedigte, mit der zweiten Variante erreichte er schließlich, daß er sich sofort erbrach, das Erbrochene

verstopfte der Stimme praktisch den Weg, und das mit dem Ersticken einhergehende röchelnde Stimmchen, mehr ein Schlukken und Räuspern, galt dann schon als Privatangelegenheit, er verführte meine Mutter, die als einfaches Mädchen vom Lande galt, Privatsache, und die sich ständig Sorgen machte, mein Vater könnte ihrer überdrüssig werden etcetera. Erzählen kannst du. 'S ist nur alles etwas konfus, sagte mein Vater. Du fragst konfus, verteidigte sich meine Mutter. Macht ja nichts, alles ist interessant. Seifenblasen ... Seifenblasen. Seifenblasen? Seifenblasen. Das große, bunte Leben. Das Lächeln, mit dem mein Vater das sagte, ging meiner Mutter nicht mehr aus dem Kopf. Ein sozusagen entrücktes?, verklärtes Lachen. Als er sprach, sprach er wie immer, ziemlich schulmeisterlich. Meine Mutter diskutierte die Sache mit ihrer Freundin Rita (oder Petra?). Klare Sache, sagte Rita. Das ist eben wie in Tausendundeiner Nacht. Solang du was zu erzählen hast, bleibt er bei dir. Meine Mutter wurde rot vor Glück. Plötzlich *ist es Abend.* (Was du auch tust, wohin du auch gehst, deinem Schicksal du niemals entfliehst. Sollte der Stoff knapp werden, würde ich mir sogar was ausdenken, aber das wird nicht nötig sein, das Leben ... ja das Leben ist, solange es dauert, unerschöpflich.)

Mein Vater – als Mensch – setzt, wenn er küßt, egal, ob 171.
unter Kaiser Leopold oder János Kádár, neununddreißig (Stück) seiner Muskeln ein, so viele arbeiten, und er verbrennt dabei hundertfünfzig Kalorien. Wenn er nicht verliebt ist. Wenn er verliebt ist: Auweia!

Zwei Tage, nachdem meine Mutter meinem Vater (oder um- 172.
gekehrt) den Laufpaß gegeben hatte, denn irgendwie lief es nicht richtig, es lief nur mit Hängen und Würgen, haperig, schlug meine Mutter als erstes vor, man sollte das Kind nicht mit dem

Bade ausschütten (sie wußte gar nicht, wie recht sie hatte), sie sollten nicht ganz auseinandergehen, das heißt, sie sollten nicht miteinander gehen, nur schlafen, worüber mein Vater etwas bestürzt war, die Offenheit meiner Mutter wertete er eher als Freizügigkeit denn als Mut, aber meine Mama wollte meinen Papa auf keinen Fall verlieren, sie mutmaßte, es könnte sich um ein Mißverständnis handeln, vielleicht erwarteten sie zuviel oder zuwenig voneinander, jedenfalls hatten sie sich etwas ungeschickt, töricht angestellt, heißt, dieses Ja und Nein wäre überhaupt nicht notwendig, es hatte sich lediglich diese Unbeholfenheit zwischen sie gestellt, da aber der körperliche Kontakt, diese ganze Liebesgymnastik so ziemlich *›neunkommaneun‹*, deutsch im Original, war, könnte man auf dieser Basis einen Übergang bilden, womit sich mein Vater zunächst einverstanden erklärte, später schämte er sich jedoch, daß er so von seinem Schwanz abgetrennt worden war, diese Scham war dann selbst meiner Mutter zuviel, und so kam es dann zum Laufpaß, als sich herausstellte, daß sie das erste Mal in ihrem Leben schwanger war. Es hat sie erwischt, sie war gesegnet. Vor dem Labor, denn so sind eben Zufälle, begegnete sie ihrem Vater, der sich eine Fettwulst hinter dem Ohr hatte entfernen lassen und der meine Mutter ernsthaft verblüfft fragte, was sie denn im Krankenhaus zu suchen habe, eine gesunde junge Frau wie sie. Junge Frau, das sagte der Großpapa mit Stolz, keck, er schleuderte es seiner Tochter regelrecht ins Gesicht, da hast du die Wahrheit, erkenne sie!, eine gesunde junge Frau! Meine Mama lächelte süß, ich habe meinen Führerschein verloren, Papi, ach Gott, Kleines, du bist vielleicht schusselig, so was von schusselig bist du. Meine Mutter war da schon fertig, also küßte sie ihren Vater, Fischers Fritze fischt frische Fische, flüsterte sie ihm ins Ohr und lief hinaus, fröhlich, leicht, als sei sie eine gesunde junge Frau. Großpapa lächelte zufrieden. Der junge Arzt, der meiner Mutter von einer Freundin empfohlen wurde, denn ihre Familie vertraute ihm ohne Vorbehalte, empfing meine Mutter mit Strenge, denn er sah, daß sie rauchte, sie qualmte wie ein Fabrikschlot. Fräulein, wenn Sie nichts daran ändern, haben wir uns das letzte Mal gesehen. Das letz-te Mal. Ärzte haben dieses altherrenhafte Spiel mit der Strenge, als wüßten sie alles, und dieses Alles würde auf ihren Schultern lasten und diesen harschen Ton erklären und entschuldigen. Danach allerdings benahm er sich mehr als anständig. Er sagte, was für ein Glück meine Mutter habe, so einen frühen Embryo habe er – so gut wie – noch nie gesehen, es sei so gut wie noch nichts entwickelt. Meine Mama bemerkte kurz, vielleicht sollte er jetzt nicht unbedingt auseinandersetzen, was der, der jetzt – so gut wie – nicht vorhanden sei, nächste Woche schon alles hätte. Was dann schon vermuten ließ, daß sie, während sie sich äußerlich ruhig gab, doch ziemlich angespannt war (meine Mutter). Der Arzt mochte das nach dem Wohnort zuständige Krankenhaus nicht empfehlen. Ein Schlachthof. Aber er kenne jemanden in Gödöllő. Meine Mutter wollte meinen Vater nicht in die Sache mit hineinziehen, was aus ist, ist aus, aber dann ergab es sich doch so, daß sie es ihm erzählte, denn sie sind sich zufällig über den Weg gelaufen, und dann wäre es nicht natürlich gewesen, es nicht zu erzählen. Mein Vater erschrak, täuschte vor Schreck Freude vor und sagte, er würde alles auf sich nehmen und sei bereit, sein ganzes Leben so umzugestalten, wie es die neue Situation verlange. Er benahm sich allerdings mehr als anständig, er stand meiner Mutter in jenen Tagen wirklich von A bis Z zur Verfügung. Sie fuhren gemeinsam nach Gödöllő, mein Vater hinterm Lenkrad. Danach tat es ein bißchen weh (meiner Mama), aber sie bekam wehenstillende Mittel. Den Nachmittag über hielt man sie noch unter Beobachtung und entließ sie, da alles in Ordnung zu sein schien, am frühen Abend. Den Arzt, der sie ebenfalls begleitete, setzten sie an einem Taxistand ab, obwohl ihm mein Vater anbot, ihn nach Hause zu fahren, der Arzt jedoch sagte unter häufigem Nicken, es sei wohl besser, wenn sie beide jetzt alleine blieben. Sie allerdings empfanden das nicht so, mein Vater ging zwar noch mit hoch zu meiner Mutter, sie tranken einen Tee, aber dann mußte mein Vater gehen. Jetzt könnte man zu scherzen anfangen, so abenteuerlich habe also das Leben des ältesten Sohnes meines Vaters begonnen. Oder, was ein noch besserer Witz ist, wer denn wer sei. Aber, damit doch nicht den ganzen Tag alles wie geschmiert lief, gab auf dem Nachhauseweg das Getriebe meines Vaters den Geist auf. Später wurde auch der Gebärmuttermund meiner Mutter wund, das gehört zu der Summe des Tages als Abzug noch dazu ●

173. Mein Vater war ein fideler, nichtsnutziger junger Mann, er liebte Wein, Weib und Gesang. Als vierter Sohn und sechstes Kind seiner Eltern blieb für ihn nicht mehr viel Geld übrig, aber das störte ihn kein bißchen, solange er bekam, was er liebte: Wein, Weib, Gesang. Aber wenn er es nicht bekam, störte ihn das auch nicht sehr. Er tat sein ganzes Leben lang nichts. Er ließ, ließ es – was eigentlich? Mein Großvater Dénes hatte seine Kinder streng erzogen beziehungsweise erziehen lassen; er war fünfundzwanzig Jahre lang Tafelrichter des Komitats Kolozs, und mein Großvater blickte aus diesen fünfundzwanzig Jahren, aus dieser Sicherheit und Unendlichkeit heraus auf die Welt. Und auf die armen Kinder. Seine Strenge war auf Gelddinge beschränkt – wie bei den Katholiken, die, wenn es um Moral geht, beispielsweise nur noch vom sechsten Gebot sprechen können, sie haben sich darauf verengt. Die Sache mit dem Geld war von einer allgemeinen väterlichen Unzufriedenheit umgeben, von diesem pausenlosen leichten Beleidigtsein, stimmlich: dem Knurren. Mein Vater aber hat aufs Geld gepfiffen, er wollte nicht reich sein, er wollte wirklich nichts, nur sich wohl fühlen. Es war sogar noch weniger als ein Wille, denn wenn sich dem guten Gefühl ein Hindernis in

den Weg stellte, zum Beispiel in Form von Mangel an Geld, dann fegte mein Vater das Hindernis nicht mit Gewalt hinfort oder trickste es aus, sondern zuckte mit den Schultern, blieb stehen, oder blieb stehen, zuckte mit den Schultern und kehrte um. Also mußte der Großpapa mit ansehen, wie mein Vater all seinen finanziellen Einschränkungen, vulgo, seinen Schikanen, mit Leichtigkeit begegnete, aber nicht indem er sich an die Bedingungen seines Vaters hielt, sondern indem er sowohl auf diese wie auch aufs Geld pfiff; auf ersteres pfeifend auf letzteres verzichtete. Und zwar offensichtlich ohne Schmerz. Dabei dient der Schmerz, der Schmerz der Söhne, zur Beruhigung der Väter. Mein Vater galt auch darin als Ausnahme: Er wurde vom Schmerz des ältesten Sohnes meines Vaters weder beruhigt noch aufgewühlt, er ließ ihn völlig kalt. Es existierte kein einziger Augenblick im Leben des Sohnes meines Vaters, der meinen Vater interessiert hätte. Das ist kein Egoismus, er zeigte auch sich selbst gegenüber Gleichgültigkeit. (Für das Ausbleiben des scheinbar obligatorischen väterlichen Geknirsches war der Sohn meines Vaters dankbar, die Gleichgültigkeit tat ihm weh. Er entschied sich für die hoffnungsloseste, dafür aber relativ häufige Dummheit: Er wollte sich mit meinem Vater anfreunden. Nur das nicht. Niemals. Man soll sich mit seinem Vater nicht anfreunden. Das ist ein kapitales Mißverständnis. Es ist schwer: kein Freund, aber auch nicht diese steife, gereizte, kalte, didaktische Gleichgültigkeit: Es ist schwer!) Wegen der eben erwähnten Rückzüge war mein Vater kein geradliniger Mensch, seine Lügen waren keine überlegten Täuschungen, er ging einfach nur dorthin, wo es leichter zu sein schien. Das konnte man schon an seinem Gang sehen und an seinem Gesicht, seinem Blick: Alles war ein wenig schief. Leichtsinn ist nicht unbedingt nett; er ist unproportioniert und deswegen unausbalanciert und unzuverlässig; er verursacht nur deshalb keinen größeren Schaden, weil er gleichzeitig auch kraftlos ist. Mein

Vater lernte in jungen Jahren meine Mutter kennen, ihres Zeichens eine Dame namens Róza Tótpataki vom Klausenburger Theater. Meine Mutter entsprach meinem Vater vollkommen, aber mein Vater entsprach nicht vollkommen meiner Mutter, denn sie hätte gerne geheiratet, besonders, nachdem sich die Affäre mit der Zeit auch in Form zweier Kinder manifestiert hatte. Mein Vater, der Schwächling, das Charakterschwein, schindete Zeit und bat immer wieder um Aufschub »bis Pfingsten nächstes Jahr«. Und das ganze Gezerre nur deswegen, weil meine Mutter, das gnädige Fräulein Róza, nicht im mindesten dem Großpapa, also der Familie, also der Klausenburger vornehmen Gesellschaft entsprach, wozu man auch noch den größeren Konservativismus (das *Übler*nehmen) der Siebenbürger hinzunehmen muß. Die Familie meines Vaters war nur ein kleiner Ast am weitverzweigten Baum der mächtigen, hier folgt der Name meines Vaters, -Familie, kein kümmerlicher oder vertrocknet dürrer und auch kein unbedeutender, eher einer von lokaler Bedeutung. Die lokale Bedeutung ist nicht zu unterschätzen, besonders nicht lokal, aber durchschaubar, übersehbar, ermeßbar, ertastbar. Weltlich. Die Macht der kräftigeren Zweige des Familienstamms, das Ansehen, das sie genießen, ist deswegen unanfechtbar und märchenhaft, weil man nicht erkennen kann, woher es kommt; diese überwältigende Größe kommt nicht vom Himmel – obwohl es gewisse begeistert hochfahrende Stammbaumforschungen in dieser Richtung gab – und auch nicht aus Wien, wie böse Zungen behaupten, sie kommt platterdings nirgends her, es gibt sie einfach nur so, sie ist nicht einer Gnade zu verdanken, es reicht nicht, Katholik und Labantze zu sein (man kann es ruhig ausprobieren!), es ist eher, als wäre sie ein Teil der Natur selbst, also verlangt sie nach keiner Erklärung: Sie ist (war). So ein Ansehen kann sich vieles erlauben, es muß keine Vorsicht walten lassen, sich nicht selbst stärken, es muß sich nicht mit sich selbst beschäftigen, es reicht, wenn es sich mit seinen Sachen, seinen Angelegenheiten beschäftigt, was natürlich wiederum wohltätig auf das Ansehen zurückwirkt. Wer reich ist, ist am reichsten. So ein Ansehen kann nicht niedergerissen werden, denn es kann nur zusammen mit der Welt, seiner Welt, niedergerissen werden, und da kann man eh nichts mehr machen; sich zu behaupten, sich zu verteidigen wäre nicht nur lächerlich, sondern auch überflüssig. Mein Großvater, der Tafelrichter Dénes, saß gut auf seinem Zweig, bequem, sicher, mit Stolz und Ruhe, und betrachtete mit Widerwillen die Unsicherheiten, die Unruhe und die Schwäche seines jüngsten Sohnes, meines Vaters. Als herauskam, so was kommt halt heraus, daß die kleine Schauspielerin, meine Mutter, ein Kind, meinen Bruder, erwartete, angeblich von meinem Vater, beschloß er, sie aufzusuchen. Er. Persönlich. Mit einer Frau kann man immer reden. Die Angelegenheiten sind regelbar. Er war ein schöner Mann, *›eine Sünde wert‹*, wie das die älteren Damen in der Familie zu sagen pflegten, verschwörerisch, fast schon verschämt, als wären sie schon jenseits dieser Sünde. Er war der stolze Besitzer mehrerer Hundert Westen. Westen bringen, wie das Ansehen, noch mehr Westen hervor, an Weihnachts- und Feiertagen brach die Westenflut los, die Westenschwemme: Und mein Großvater freute sich über jedes Stück: Wenn man seinen Geschmack, oder, besser, seine Laune traf, deshalb, wenn nicht, dann stimmte ihn die Entdeckung fröhlich, wie viele Geschmäcker es denn so gab; er trug auch letztere, er legte unglaublich geschmacklose Leibchen an und verursachte damit in der ganzen Stadt Aufsehen (und Gelächter). Er wußte von jedem Stück, von wem er es bekommen hatte, jedes hatte, wie Hunde oder Pferde, einen Namen. Die »Fransige« oder »Jancsi« bekam er von seinem Vater, János IV. (Einmal, als er sich mit übergroßem Eifer gegen die Wahl des Vizegespans, eines gewissen János Horváth aus Kocs, zum Obergespan des Komitats Veszprém betätigte, brachte er die beamtenrestaurierende Kongregation derart gegen sich auf, daß diese, namentlich die adeligen Herren von Szentgál, ihn zu erschlagen drohten und die Tür des Komitatshaussaales erbrachen; und es wäre beinahe zu einer Tätlichkeit gekommen, wäre mein Urgroßvater nicht plötzlich durch eine Seitentür entschlüpft, und, begleitet von seinem treuen Jäger, dessen Namen die trügerische Familienerinnerung nicht bewahrt hat, sowie begleitet von lärmenden Wählern, auf den für den Rückzug geeigneten Raum zugerannt; vor der Tür wurde er jedoch eingeholt, und man riß ihm einen Ärmel seines Rocks herab; worauf ihnen der Jäger (sein Jäger) ein gezücktes Messer entgegenhielt, meinen Urgroßvater durch die Tür schob und der Verfolgung somit ein Ende setzte. Jahre nach diesem Vorfall – mein Urgroßvater vertrat beim Preßburger Krönungsparlament den Oberstallmeister – ließ er sich auf besonderen Wunsch des Kaisers zu Pferde malen (davon gibt es sogar xylographische Abzüge), und auf diesem Bild trägt er bereits die aus dem zerrissenen Rock hervorgegangene Weste, die Fransige, alias Jancsi.) Von seiner Tante Terézia bekam er, als diese gezwungen wurde, Lajos Révay zu heiraten, eine schwarze Weste, und später dann, als sie Witwe wurde, eine rote. (»Es ist keine Freude in mir, Jánoska. Ich kann Lasten tragen … Aber wohin? … Dieses fröhliche Rot ist ab nun … in der Welt … in der Familie …«) Von seiner Tante Bora bekam er eine weiße, mit Tausenden, sich ineinander keilenden kleinen Kreuzen (eine Art Fischgrät), nachdem die Amme, gedungen von Zsófia Gyulaffy – so will es die Überlieferung –, ihren einzigen Sohn aus dem Fenster des Schlosses zu Szentdemeter fallen gelassen hatte. Die »kleine Rußige« erhielt er von Tante Antónia, deren Tod durch eine unglücklich ausgeblasene Kerze verursacht wurde, die Flamme griff auf ihre Haube und ihre Kleider über und verbrannte ihren Körper stellenweise so schwer, daß sie unter Qualen dahinschied; ihr Porträt hängt in Preßburg, bei unserem Verwandten István. Die »Mariatheresia« schenkte ihm seine Mutter, ein schweres, rotsamtenes Stück, das von so einem durchdringenden, süßlichen Schweißgeruch umschwebt war, daß sie mein Großvater ausschließlich zu Massenveranstaltungen (Wahl, Umzug) trug. (Also: Die Eltern der Mutter meines Urgroßvaters waren anfangs Protestanten, aber dann bekehrte sich der Vater zum Glauben der Katholiken, und um auch seine Tochter, die damals mit Sámuel Teleki, dem späteren Kanzler, verlobt war, dazu zu bringen, entführte er sie mit Zustimmung der Königin Maria Theresia aus Örményes, aus den Armen der widerstrebenden – und nach wie vor unerschütterlich protestantischen – Mutter mit militärischer Hilfe nach Wien, wo die Tochter im Angesicht des Hofes feierlich zum katholischen Glauben übertrat; sowohl um ihre weitere Ausbildung unter Aufsicht der Palastdame Gräfin Michna als auch um ihre Eheschließung kümmerte sich die Königin persönlich; infolge dieser Obsorge kam eine mit kaiserlichen Insignien verzierte Kleiderlade in den Besitz der Familie sowie ein vergoldeter Wagen mit rotsamtenen Sitzpolstern; so kam das.) Auch die Geschwister entrichteten ihre Westensteuer; von Alajos-Fidelis stammt die »Geriemte«. (Er nahm als Fahnenträger im Regiment Alvinczys an der Belagerung der Burg von Cuneo teil, meldete sich freiwillig für den Sturmangriff, nichtsdestotrotz erlitt er einen Schulterdurchschuß, und der Feind nahm ihn gefangen; er genas als Gefangener in der Burg und kam nach deren Aufgabe frei; dort zügelte man, wie er im Familienkreise gerne erzählte, die Hungerqualen mit Hilfe von um den Magen geschlungenen Riemen; so kam das.) László, der sich sein ganzes Leben lang von den Frauen fernhielt, ein jungfräuliches Leben führte und die von seinem Vater gegründete wertvolle Münzsammlung um zahlreiche wertvolle Stücke bereicherte, erstellte im Auftrage des Fürsten Metternich, dessen Vertrauen er genoß, anhand der Urkunden des geheimen kaiserlichen Archivs eine interessante Arbeit, in der die Verhältnisse des Partiums nach äußerst merkwürdigen Gesichtspunkten dargestellt werden (eine Kopie liegt in der Bibliothek von Oszlop); nun: Die Weste ist eine Arbeit des unter Metternichs Kommando stehenden Schneiders (Singer), ein schwarz-gelb-seidenes Teil namens »die Metternich«. Item: Das schönste Stück stammt von Großvaters Cousin Károly, der seinem Leben aus einer durch sein unheilbares Rückenmarkleiden ausgelösten Melancholie heraus mit der Pistole ein Ende setzte, eine bunte, geblümte, als wäre sie aus San Francisco, love not war. Von György, dem Ziehsohn o.g. Károlys, kam »die Preußin«, er hatte nämlich als Leutnant des 12. Haller Husarenregiments am Krieg gegen die Preußen teilgenommen; als am 3. Juli die erste Division seines Regiments die Infanterie angriff, schoß man sein Pferd unter ihm weg; man hielt ihn schon für verloren, seine Rettung verdankte er dem gemeinen Husaren Joachim Bódi, der ihm sein eigenes Pferd anbot und selbst zu Fuß neben ihm herlief; an seiner Weste, beziehungsweise seiner Brust, fanden folgende Auszeichnungen Platz: die dritte Klasse des russischen St.-Anna-Ordens, die dritte Klasse des preußischen Kronenordens, die vierte Klasse des St.-Wladimir-Ordens, das kleine Kreuz der Légion d'honneur und das Offizierskreuz des Takowa-Ordens. Um auf die Geschwister zurückzukommen und deren Reihe abzuschließen, die »Liszt« stammte von Mihály, der auf leidenschaftliche Weise der Geologie und der Musik frönte und den berüchtigten Musiker in seiner Kindheit bezüglich dessen Wiener Studien als einer von vieren unterstützte. Es gab aber eine Weste, deren Herkunft von Dunkelheit umhüllt war, die »Silberne«: wie ein schwerer Brustpanzer, Zeuge heldenhafter Schlachten, ein molluskenhaftes, silberbeschupptes Tierchen, ein *altes* Tier, das zufällig überlebt hatte. Sie kam per Post, mit unbekanntem Absender, und nicht nach Hause, sondern in die Amtsstube meines Großvaters. Das kleine, weiche Paket war mit einer riesigen, karmesinroten Schleife umwickelt. Und verursachte unangenehmes Aufsehen. Es lag etwas Unfeines über dem Ganzen, vielleicht wegen des Roten, und mehr noch wegen der unverständlichen Regellosigkeit der ganzen Sache. Der Sendung war nichts beigegeben, kein Brief oder ähnliches, es sei denn, man betrachtet den auffälligen Lippenstiftabdruck auf dem »Herzen« der Weste als Beigabe. Was man dann auch gar nicht entfernen konnte. Meine Großmutter, Cecilia Haller, war eine energische Frau, aber nicht dem Großvater gegenüber; sie gingen einander aus dem Weg. Die silberne Weste allerdings wollte meine Großmutter sofort wegwerfen lassen; merkwürdig. Merkwürdig ist auch, daß Großpapa sich diesmal widerspenstig zeigte und das Wegwerfen verbot – obwohl ihn mit Gegenständen nichts verband und mit dem Anziehen noch weniger (fünfzig Jahre lang zog er ohne jede Bemerkung an, was ihm sein Leibdiener, der Józsi, und später der Sohn vom Józsi, der Józsi morgens herauslegte) –, am geheimnisvollen Silberteil hielt er fest. Meine Großmutter konnte nur erreichen, daß er die Silberne nicht trug, was ein zweifelhafter Erfolg ist, denn dadurch wurde die Weste zu etwas Einmaligem, ausgezeichnet, besonders, gefährlich, »die Weste, die aus irgendeinem Grunde nicht getragen ward«. Nun wünschte mein Großvater, da er sich auf den Weg zu meiner Mutter Róza Tótpataki machte, diese Weste anzulegen. Zur Überraschung aller nickte meine Großmutter stumm dazu. Niemand im Haus wußte, daß sie bereits bei meiner Mutter gewesen war. Meine Großmutter wurde für eine harte Frau gehalten, ohne Emotionen. Dabei hatte sie welche, sie zeigte sie bloß nicht, dafür handelte sie nach ihnen. Wahr ist, daß sie meinen Großvater lediglich respektierte, nicht liebte, aber sie schwärmte für ihren Sohn, es interessierte sie kaum etwas anderes auf der Welt, sie konzentrierte sich ausschließlich darauf, was mein Vater brauchte, Geld, Fiebermittel, Entspannung, Skischuhe, Schnitzel (vom Schwein). Der Ärmste –

mein Vater, nämlich –, wenn er das gewußt hätte! Sie verwöhnte meinen Vater auf eine Weise, daß dieser es gar nicht bemerkte! Sie mischte sich niemals direkt (in meinen Vater) ein, aber als er (mein Vater) sein Herz dem Alkohol verschrieb (und später dann seinen ganzen Körper, den Kopf, den Hals, das Schlüsselbein, den Brustkorb, den Bauch, die Lenden, die Schenkel, die unsicheren Knie und unzuverlässigen Knöchel), spürte sie, daß sie etwas unternehmen mußte, und ging zu der Lady. Meine Großmutter sah nicht gerade wie eine vornehme Dame aus; sie kleidete sich mit unnachahmlicher Geschmacklosigkeit (mit unerschütterlich geschmacklosem Geschmack), die voreinander zurückschreckenden, brüllend teuren Kleidungsstücke fanden an ihr eine besondere Erquickung. Nach der Niederschlagung der Revolution zog sie ausschließlich Schwarz an, was die Situation allerdings keineswegs verbesserte, schwarze Wollstrümpfe, einen schweren Flanellrock, Hemd, grau oder weiß, sowie einen schwarzen Ballonmantel, der von gräulichen, manchmal sogar schon ganz gelb verblichenen Streifen durchzogen war; vom familiären Glanz war nichts zu sehen, weder ein kleiner Zweig noch ein großer. Meine Großmutter war, ausgestattet mit vielfachen aristokratischen Altvorderen, keine Aristokratin; sie war durch und durch eine Plebejerin – obwohl ihre Haltung, ihr Durchhaltevermögen, das Format ihres Denkens, »ihre unpersönliche Selbstlosigkeit und selbstsüchtige Unpersönlichkeit« vielleicht doch im Vorangegangenen wurzelten. Sie kündigte meiner Mutter ihr Kommen nicht an, sie kam einfach vorbei. Sie klopfte, trat ein, sah das Zimmermädchen an, das in wortlosem Schrecken weniger zur Seite trat denn hinfortgespült wurde, meine Mutter schaukelte sich in einem geflochtenen Schaukelstuhl in der geräumigen inneren Stube vor dem Fenster und lernte eine Rolle. Natürlich hatte sie sofort gesehen, daß die Mutter ihres Geliebten eingetreten war, aber sie zuckte nicht einmal mit der Wimper, deklamierte den alten

Klopstock ein wenig weihevoller, *›Messias wurde geboren‹*. Meine Großmutter blieb unter der inneren Arkade stehen und sah sich diese hin und her kippelnde, schwankende, vor sich hin murmelnde junge Frau an. Meine Mutter war schön, wie es Schauspielerinnen halt sind, so daß man nicht weiß, was echt ist und was nicht, alles, was meine Mutter an Schönheit zeigte, schien glaubhaft zu sein. Meine Großmutter vertraute dieser maskierten Schönheit nicht – deswegen stand sie da. Lange beobachtete sie die Frau, sie empfand ihr gegenüber gar nichts, noch nicht einmal Eifersucht, sie interessierte sich ausschließlich für ihren Sohn, nur er zählte. Die Frau zählte nicht. Dabei kam sie, um zu bitten. Meine Mutter tat auch weiterhin so, als hinge ihr Seelenheil vom seligen Klopstock ab, als gäbe es außer diesem verstaubten Deutschen nichts anderes. Was etwas für sich gehabt hätte, hätte sie wirklich eine Rolle gelernt. Sie hatte meine Großmutter mißverstanden. Diese ging auf einmal, als würde sie einen Angriff starten, mit zwei riesigen Schritten, so daß ihr der ewige schwarze Ballonmantel wie später die Bolschewikenflaggen in den Bolschewikenfilmen hinterherflatterte, auf meine Mutter zu, die Erschrecken mimend aufblickte, was ist, wer ist da. Meine Großmutter hockte sich wie ein kleines Kind neben sie, nahm ihre Hand, streichelte sie. Oh (oder ach?), verkündete meine Mutter schätzungsweise irgendwo aus der Mitte des zweiten (des mittleren) Aktes, aus der völligen Dunkelheit, wir erinnern uns nicht mehr, warum wir auf der Bühne stehen, wer uns aus der Dunkelheit hier hinausgestoßen hat, in dieses schwere Licht, und wir wissen noch nicht, zu welchem Ende, wie, unter welchen Umständen wir uns von hier verabschieden, wenn überhaupt. Sie sind eine kluge Frau! Meine Mutter entriß ihr die Hand. An diesem Nachmittag war das ihre einzige ehrliche Geste. Lassen Sie das bitte! Meine Großmutter ergriff wieder ihre Hand und sprach – sie konnte sich nicht verstellen, obwohl sie für ihren Sohn alles getan hätte – hart, verdrossen, als würde sie eine Lektion aufsagen. Sie mißverstehen mich, Fräulein. Mein Mann wird zu Ihnen kommen, ihm müssen Sie das sagen. Ich sage nur soviel, Sie wissen, mein Sohn braucht Sie, ich sage nur soviel, ich bitte Sie nur um soviel – es fällt ihr nicht schwer, das auszusprechen –, verlassen Sie ihn nicht. Sie streichelte heftig ihre Hand (meine Großmutter die meiner Mutter). Beiden gefiel die Hand der anderen, die Haut; sie war zarter, als sie angenommen hätten. Ich bitte dich herzlich, verlasse meinen Sohn nicht. Er ist ein schwacher Mensch, aber kein schlechter Mensch, verlasse ihn nicht. Meine Mutter wurde, als würde sie gewürgt, von Lachen geschüttelt; einem formidablen, muskulösen, kosmischen Lachen, wie, sagen wir, der Hauptmann von Köpenick am Ende vom Hauptmann von Köpenick. ›*Unmöglich*‹, murmelte auch meine Mutter, ›*unmöglich*‹. Aber die Schauspielerin hatte langfristige Pläne. Nicht zurück duzen. Sie sah, daß auch meine Großmutter schlau war – auch Sie sind eine kluge Frau! –, sie mußte also umsichtig lügen. Gnädige Frau mißverstehen mich. Ich wollte mich, ganz im Gegenteil, dem Géza an den Hals hängen. Hat er das nicht erwähnt? Ich will, daß er mich heiratet. Heiraten Sie mich, Herr Graf, oder scheren Sie sich zum Teufel! Aber er will sich nicht zum Teufel scheren. Das Gesicht meiner Großmutter verhärtete sich, also setzte meine Mutter wie folgt fort: Verdammtnochmal, Frau Gräfin. Ich spreche nicht von Heirat, das wird sich schon irgendwie ergeben. Sie, meine Liebe, dürfen ihn bloß nicht verlassen. Ich soll seine Geliebte, seine Mätresse, seine Dirne sein? ereiferte sich meine Mutter an der Stelle meiner Großmutter. Dazu äußere ich mich nicht. Ich war noch nie jemandes Geliebte und werde es, wenn ich gut kalkuliere, auch nicht sein. (Böse Zungen behaupten, die Zahl ihrer mit Großvater verbrachten Nächte stimme mit der Zahl ihrer Kinder überein.) Verdammtnocheins! Wovon reden Sie?! Das hier ist Ihr Enkel in meinem Bauch! Er bewegt sich! Wollen Sie, daß die kleinen Unschuldigen illegitim zur Welt kommen?! Meine Großmutter zuckte mit den Schultern, die Enkel interessierten sie nicht, da sie wußte, ihr Sohn pfiff auf die Legitimität, auf gesellschaftliches Vorankommen, sie wußte, ihr Sohn brauchte für sein Glück nicht die Zustimmung Kolozsvárs, es war ihm egal, was andere dachten, pfiff auch sie auf all das. Die Mutterliebe machte sie zu einer Anarchistin, zum Pech meiner Mutter. (Und so kam es dann auch: Die Kinder meines Vaters kamen illegitim zur Welt, und nicht mein Vater, sondern sein Bruder Kálmán war derjenige, der später den Rest seines Lebens damit verbrachte, das Leben der Waisen in Ordnung zu bringen. Mein Vater war zwischenzeitlich nämlich gestorben. Onkel Kálmán war aus einem gänzlich anderen Holz geschnitzt als mein Vater. Beim ersten Ansturm auf Nagyszeben – Bem-Feldzug, Mátyás-Husaren – wurde sein linker Ellbogen von einer Kanonenkugel zerschmettert, der Arm wurde auf dem Schlachtfeld amputiert, die verpfuschte Operation mußte in Marosvásárhely mehrmals wiederholt werden; mit seiner rechten Hand malte er später prima Landschaftsbilder und schrieb mit derselben historische und geographische Traktate, während seine Frau, Paulin Bethlen – die äußerst Bethlen war, drei ihrer vier Großeltern waren Bethlens gewesen –, eine bessere Laiendichterin war. Papa war durch Onkel Kálmán in den Bannkreis meiner Mutter geraten, Onkel Kálmán war damals nämlich Intendant des Theaters. Onkel Kálmán mochte die Mama nicht, denn er mochte keine Probleme, und die Mama war ein Problem, und ein noch größeres Problem war, daß die Kinder den Stempel der Illegitimität tragen mußten, denn damals wurde das in jedem Dokument vermerkt, und man konnte zum Beispiel kein Offizier werden etc., deswegen mochte er auch den Papa nicht, der über seinen wiederholten Zuspruch, sich doch zu verehelichen, nur kicherte und auch den Onkel Kálmán mit dem Pfingstgelaber fütterte, es gelang ihm nicht, die Ausweitung des gräflichen Titels auf die Waisen zu erreichen, aber Franz Joseph legitimierte sie erst einmal, per gratia principis, und machte sie anschließend zu Adligen, *›allerhöchster Gnadenakt‹*, unter dem Namen, hier folgt der Name meines Vaters, von Kisiklód, denn der Onkel hatte ihnen Kisiklód überschrieben; das war in der gesamten ungarischen Geschichte die einzige Verleihung eines Adelstitels, mit der kein Wappen verbunden war, denn das *›Hofmarschallsamt‹* hatte ihnen das Familienwappen mit dem sogenannten »bar sinister« verleihen wollen, einem schräg von links nach rechts verlaufenden schwarzen Schnitt, in der Reichsheraldik das Zeichen der illegitimen Abstammung, was Onkel Kálmán jedoch zurückwies.) Sagen Sie, warum sind Sie so unzufrieden? Meine Großmutter machte sich zum Gehen bereit, sie sah meiner Mutter an, daß sie meinen Vater nicht verlassen würde, das reichte ihr. Sie sah auch, daß meine Mutter darüber zugrunde gehen würde, aber das interessierte sie nicht. Seien Sie nicht unzufrieden, sagte sie und strich über die Hand der jungen Frau. Sehen Sie, der Géza ist nie unzufrieden. Fast hätte meine Mutter vor Wut aufgeschrien, aber dann ließ sie sich zurück in den Schaukelstuhl fallen, lehnte sich bequem nach hinten, schloß die Augen und flüsterte keß: Teuerste Mama, geben Sie mir die Stichworte, Mama, Teuerste. Nicht die Schauspielerei meiner Mutter war meinem Großvater ein Dorn im Auge, das war nur noch eine Konsequenz, sondern ihre Familie, daß es keine gab, und wo diese denn sei. Meine Mutter stand allein in der Welt, wie sollte man so irgend etwas über sie wissen, der Mensch *hat* eine Familie und basta. Er wußte nicht genau, was er von meiner Mutter wollte. Zur silbernen Weste, der nie getragenen, wählte er den Stock mit dem Silberknauf, das macht einen nicht älter, zeigt aber das Alter an, das zu respektieren ist. (Der Stock gehörte unserem Urvater Dániel, der als Kurutzen-Generalleutnant törichterweise Rákóczi gedient hatte; er war ein sanftmütiger, verschwiegener Mann mit legendär langsamer Auffassungsgabe, Bercsényi hatte ihn zunächst gefördert, später nannte er ihn im Zuge seiner unbarmherzigen Sticheleien »Schlucker«, weil er, da er auch krank war, es während der ermüdenden Feldzüge liebte, Pálinka zu trinken. Die Krankheit (?) entkräftete ihn manchmal derart, daß er sein Heer von einem Wagen aus befehligte, meistens übrigens miserabel. In seinen Briefen, die er von den Thermalquellen in Piestany und Stuben schrieb, bezeichnete er sich selbst als ungesunden Menschen mit einem angegriffenen Körper, er litt an gichtartigen Beschwerden (»meine Gelenke sind geschwollen, daß sie dick wie Wecken sind«), dazu hinkte er auch noch – daher der Stock!) Meine Mutter blieb bei Klopstock, der sich schon einmal bewährt hatte, diesmal trug sie eine Gräfin aus dem ersten Akt vor. Großpapa stieg voll drauf ein. Sie tranken Tee, aßen Kuchen, zogen ein wenig über meinen Vater her, Großpapa amüsierte sich prächtig. Beim Abschied neigte er den Kopf zum Handkuß. Dann darf ich also auf Sie zählen, liebe Róza? Meine Mutter erschrak, vielleicht hatte sie den Alten verkannt und er war viel hintertriebener, als er sich gab. Aber natürlich, lieber Graf, antwortete sie, hob mit einer kurzen, kräftigen Bewegung ihre Hand höher und schob den Gaumen meines Großvaters somit quasi in dessen Nase hinauf, voll und ganz. Sie konnten meinen Vater nicht zwingen. Weder meine Mutter noch mein Großvater kamen auf seine bzw. ihre Rechnung. Ob Großmama auf ihre Rechnung kam, dazu müßte man wissen, ob mein Vater glücklich war. Guter Laune war er, er ist ein gutes Beispiel für den sog. *gutgelaunten* Meinvater. Aber meine Mutter hatte er nie geheiratet. Das heißt, fast nie. Er lag schon auf dem Sterbebett, als Onkel Kálmán nach »einem Priester und einer Róza Tótpataki« schickte. Der Priester traute zunächst meine Eltern und verabreichte meinem Vater anschließend die letzte Ölung, aber das wartete meine Mutter nicht mehr ab ●

174. Mein Vater war noch jung, 18. Jahrhundert?, nein, er galt nicht mehr als ganz jung, aber er war noch frisch, Anfang des 19. Jahrhunderts, jedenfalls lag er nackt und grinsend im morgendlichen Bett und labte sich sozusagen bis über beide Ohren im Sonnenschein, der durch das Schlafzimmerfenster hereinströmte. Einem Narcissus gleich betrachtete er sich, besondere Aufmerksamkeit ließ er seiner Männlichkeit zukommen, die gerade im morgendlichen Erwachen begriffen war und sich quasi unabhängig von ihm, meinem Vater, selbständig hin und her neigte, sich streckte. Was glotzt du ihn so an?! fuhr ihn meine Mutter an, was mußt du dich mit dir selbst beschäftigen?! Mit mihir se-helbst?! gab mein Vater zurück und packte den Erwachenden am Hals, wem gehört denn der? Für wen hege und pflege ich ihn denn?! Meine Mutter lauschte den Lügen meines Vaters mit geschmeichelter Zufriedenheit. Vörösmarty fing Zaláns Flucht an und auch Goethe schmierte irgend etwas herum, wie üblich ●

175. Einer meiner Großväter, der mütterlicherseits, war ein Angestellter meines anderen Großvaters, Gutsverwalter oder was zum Henker. Mein Vater verschlang schon in frühester Kindheit mit seinen Blicken meine Mama, aus deren gelbem Tulpenrock die Tänzerinnenbeine Glockenklöppeln gleich herausbaumelten. Meine Großmutter, die väterlicherseits, sah das nicht gerne, nicht weil sie etwa auf sie herabschaute, im Gegenteil, sie wollte meine Mama vor meinem Papa schützen, da sie ihn kannte. Obwohl sie auch die Familien nicht gerade für zueinander passend hielt. Wir sind hoch daroben, Berghirte zu Berghirte. (Variante: Pudel zu Pudel, Windhund zu Windhund.) Sie gedachte meine Mutter von meinem Vater zu heilen, indem sie sie auf den Hof hinausbefahl und ihr zeigte, wie der Kater mit der Katze kopulierte, da gerade der Kater mit der Katze kopulierte. Meine Mutter hätte sich gern aus dem Staub gemacht, aber die Exzellenz hielt sie dort fest,

bis der Liebessturm vorbei war. Das wollen die Männer – sagte Maria Rickl –, also paß schön auf, deine Mutter hat auch so angefangen. Wage es nicht, dich ohne uns, sie sprach im Pluralis majestatis, mit einem Mann zu unterhalten, und vergiß nicht, was du gesehen hast. Willst du mit dem Bauch im Staub liegen wie die Tiere? Denn die Liebe bringt dich dahin. Meine Mutter wollte nicht mit dem Bauch im Staub liegen wie die Tiere, aber sie war vehement damit beschäftigt herauszufinden, wohin die Liebe einen bringt. Also ließ sie es weiter für meinen Vater glocken. (Großmutter: Dem Fleische verfallen, verschmitzte Dirn'!)

Und ob, mein Vater hatte viele Gesichter, mit Bart, mit Dop- 176.
pelkinn, kumanisch, etcetera. Er wechselte sie über drei Akte hinweg. Er traf meine Mama, die einen sehr guten Eindruck auf ihn machte, was auf Gegenseitigkeit zu beruhen schien. Aber in der großen Selbstwechselei hatte mein Vater vergessen, mit welchem seiner Gesichter er aufgetreten war. Peinlich. Schließlich stellte er sich vor meine Mutter hin und zeigte ihr der Reihe nach, wie ein Verbrecher, all seine Gesichter, das mit dem Bart, das mit dem Doppelkinn, das kumanische, das Etcetera. Aber meine Mutter erkannte ihn nicht wieder. So lernten sie sich kennen: meine Mama, mein Papa ●

Die Hochzeit meiner Eltern fiel zufällig genau auf den Tag 177.
(und die Nacht), als der Kommunistenführer László Rajk von den Kommunisten verhaftet wurde. Rajk war aus einem harten Holz geschnitzt, in seinem Stamm überwog das dickwandige Festigungs-, das Transportgewebe (Buche, Eiche, Esche, Nuß etc.); als die Horthy-Polizei auf die brutalstmögliche Art versuchte, aus ihm herauszuprügeln, was man in solchen Fällen normalerweise herausprügelt, verließ kein einziges Wort seine Lippen. Was dazu führte, daß manche seiner Genossen, als dann in

dem nach ihm benannten Prozeß Worte seine Lippen verließen (er gab alles zu), paradoxerweise tatsächlich den Beweis seiner Schuld darin sahen, obwohl sie die ursprüngliche Anklage natürlich unmöglich für wahr halten konnten, aber da mußte es irgendwas geben, wenn dieser hundertprozentige Kommunist zu reden anfing, was so viel heißt, daß Rajks Vortrefflichkeit gerade die Flecken an dieser Vortrefflichkeit zu bekräftigen schien. Dieser geistig-politisch-ethisch-ästhetische Purzelbaum ist grundsätzlich Teil der Gangart einer jeden Gesellschaft, in der der Gedanke (etc.) wichtiger ist als der Mensch. Nur in der Kneipe ist der Mensch das höchste Gut. Das Hochzeitsessen begann mit einem Geflügelconsommé mit Perlgräupchen in Tassen, setzte sich mit Donaustör à la Bretagne fort, die jungen Eheleute bekamen auch Reh in köstlicher Weinsoße mit Feingemüse, steirische Mastgans am Spieß, gemischtes französisches Kompott, Glückshorn mit Blumen aus Gefrorenem und Kleingebäck, Käse, Obst, Kaffee, zum Mittagessen wurden Bier aus Kőbánya, Weißwein aus Pannonhalma, Château Hungaria Rotwein und Louis François Transsylvania Sekt gereicht.●

178. Beim Essen sagte mein Vater oft ohne Vorwarnung zu meiner Mutter: Gida Hódossy läßt seinen Handkuß ausrichten. Oder: Alajos Degré läßt seinen Handkuß ausrichten. Danach schwieg er wieder oder sprach von was anderem, und auch meine Mutter fragte nicht nach.●

Es gab niemanden, der für die Ehe weniger geeignet gewesen 179.
wäre als mein Vater. Auch er selbst hatte keine Illusionen, was seine Person betraf, er wußte von sich, daß er zur Treue unfähig war, daß er keine Kraft hatte, irgendeiner Versuchung zu widerstehen; ein Jahr vor seiner Eheschließung charakterisierte er sich immer noch als jemanden, der jeden Tag Lust auf ein anderes Mädchen hat und jeden Tag eine andere Frau heiraten will. Im Heft mit dem harten Deckel steht hinten sein Tagebuch, in das er seit seinem sechzehnten Lebensjahr mit kalligraphischen Buchstaben (meist mit roter Tinte, und die indiskrete Mitteilung mit Blumenarrangements verziert) die Namen derer schrieb, für die er schwärmte. Er klassifizierte die Damen auch mit geheimen Zeichen, unter denen es eins in Form eines Kreuzes gibt, eins, was einem Beta ähnlich sieht, es gibt ein gekipptes, durchgestrichenes V, ein P, ein C mit einem Punkt in der Mitte. Er schrieb nur zu zwei der Zeichen eine Erklärung: Das U mit dem Punkt in der Mitte bedeutet: sie interessiere ihn schon lange nicht mehr, und zwei Punkte, ebenso angeordnet: *»›Auch nicht.‹«* Die Erklärung für die häufige Änderung des Schriftbildes steht mit fast unlesbar winzigen Buchstaben daneben: Niedergeschrieben von meinem Freund Géza Stenczinger; niedergeschrieben von meiner Schwester Ilon, Gizella, Margit, meinem Freund Lajos Gréf. Also: Mein Vater war als junger Bursche in folgende Damen verliebt: Mariska Kovács, Róza Bruckner, Ilona Balogh, Veronka Szabó, Mari Fazekas, Milly Schwarzenberg, Irma Fuchs, Ilka Guttmann, Piroska Csanády, Mariska Kálmánchey, Terka Gáll, Natália Drahota (neben ihren Namen schrieb er später: Will sie nicht mehr!),

Laura Guttmann, Janka Zagyva, Margit Csanády, Ilona Csanak, Mariska Nánássy, Ilka Makó, Paula Zucker, Ella Varga, Ilonka Csanády, Zsófika Lőwenberg, Éva Thököly, Magduska Szabó, Róza Nánnásy, Zsuzsika Piránszky, Irén Filotás (diese schenkte ihm einen Ring, den er seelenruhig annahm und später an seine Schwester Margit weiterverschenkte), Erzsi Nánássy, Teréz Hubay, Erzsike Riedl, Piroska Sesztina, Emmike Beke, Ilka Vojnovics, Irma Göltl, Irma Segenweiss, Gabriella Lux, Paula Otte, Róza und Ida Brunner, Erzsike Sóvágó, Ilona Sesztina. In der Liste fehlen die nicht registrierten flüchtigen Bekannten aus Pallag, Nagyhegyes, Wien und Graz (»Wenn Ostern und Pfingsten auf einen Tag fallen, wird sie mir vielleicht gefallen, hahahaha«), von denen es auch nicht wenige gegeben haben mag ●

180. Meine Mutter ist eine kluge Frau, sie weiß auch eine Menge über meinen Vater, und doch nicht genug, sie hat zum Beispiel keinen Schimmer davon, daß es in Pallag, Nagyhegyes, der Puszta von Haláp, überall, wo nur, hier folgt der Name meines Vaters, -Güter sind, keinen einzigen Heuschober gibt, in dem mein Vater noch nicht gelegen hätte mit jenen, die bereit waren, seine niemals zu stillende Leidenschaft auf sich zu nehmen, sie (meine Mama) spürt nicht, daß mein Vater, der ständig seine Ideale wechselt, aber echte körperliche Beziehungen benötigt, von etwas beherrscht wird, dem nicht einmal ihre starke Hand eine andere Richtung aufzwingen kann, und daß Jekyll, der zu den Tönen des familiären Bechstein-Klaviers mit seinen kleinen Schwestern Liedchen trällert, nicht identisch ist mit Hyde, der jede umlegt, die bereit ist, ihm zuzuhören, und der für die eine oder andere vor Liebesspannung vibrierende Stunde jeden Eid bricht, jedes gegebene Wort vergißt. Vergißt ●

Als meine Mutter das geheime Heft meines Vaters fand, das mit dem harten Deckel, voll mit Gedichten an fremde Frauen, Du kleine blonde Zimmermagd, gib mir deine Küsse bald, etcetera, nahm sie ihren Bleistift zur Hand, spitzte ihn, EBERHARD FABER 1207 2,5 = HB, und korrigierte die Rechtschreibfehler. (Später dann schrieb sie zwischen zwei Gedichten an Ila Guttmann und Margit Csanak das Todesurteil ihrer Ehe: Wäsche, 28. Oktober. Leintuch drei, Tischtuch acht, Servietten acht, Kissenzieche sieben, Deckentuch drei, Handtuch sechs, Damenhemd einundzwanzig, Männerhemd zweiundzwanzig, Unterhöschen elf, Rock sechzehn, Taschentuch sechzehn, Strümpf vierzehn, Fußlappen acht, Staubtuch drei, Geschirrtuch drei, sechs bunte Mundtücher und zwei Tischhandtücher, Fußtuch sieben.) 181.

Wenn wir meinen Vater von Maria Theresia aus betrachten (und woher denn sonst im 18. Jahrhundert), dann muß als erstes mein Onkel väterlicherseits erwähnt werden, er war derjenige, den die Kaiserin mit den Edelsteinen ihrer besonderen Aufmerksamkeit überhäufte und der später nicht wenige Konflikte mit dem Kaiser, dem Sohn der Kaiserin, auszustehen hatte. Seine am 8. Mai eingereichte Denkschrift gegen das Germanisierungssystem des Kaisers blieb nicht nur erfolglos, es zog überdies einen Tadel der obersten Stelle nach sich. Doch der Onkel gehörte nicht zu denen, die allzu leicht das Haupt neigen, egal, wie hoch die streitbare Laune angesiedelt war, besonders wenn es gegen Ungarn ging. Der französische Gesandte, vermutlich Durfort, schrieb: Eine aufgeklärte Vernunft, ein gerechter Geist, genießt an seinem dornenbewehrten Posten das Vertrauen seiner Nation, huldigt nicht genügend dem Willen der Herrscherin; dadurch setzt er seine Stellung aufs Spiel, oder zumindest festigt er nicht besonders seinen Einfluß. Nichtsdestotrotz ließ ihn die Königin 182.

bei der Gründung des St.-Stephan-Ehrenkreuzes, dessen Idee von ihm stammte und dessen Kanzler er, so will es die Familienüberlieferung, dann auch wurde, zu sich rufen. Der Onkel neigte sein Haupt in Selbstvertrauen. Er kannte seine Königin. Was murmelt Er da?! fuhr die hohe Dame auf. Kann ich von meinen Untertanen etwa nicht erwarten, daß sie mich in grammatisch fehlerlosen Sätzen ansprechen? Antworten Sie nicht. Ihr Schweigen nehme ich als impeccablen Satz, und damit heftete sie sein eigenes Kreuz persönlich an die Brust ihres, hier folgte der Name meines Vaters, beziehungsweise meines Onkels. Mit der Anordnung, daß jedesmal, wenn ein Nachfahre sich dieser Distinktion als würdig erwiese, er dieses Kreuz tragen solle. (Das nachträgliche Statement in der Nr. 52 der *Vasárnapi Újság* (Sonntagszeitung), wonach dieser Orden vom Obertürstehermeister Károly getragen wurde, gilt nicht, da dieser, definitive Kenntnis, das kleine Kreuz des St.-Stephan-Ordens führte.) Maria Theresia hatte ein kleines bißchen genug von der Familie. Mein Vater: der als Folge eines Gehirnschlags ohne Nachkommen in seiner Kutsche verstarb, in der Wiener Himmelpfortgasse, noch bevor er seiner Schwester, der Gräfin Fekete, Lebwohl sagen konnte, verstrickte sich in das 18. Jahrhundert. Die Sache fing – natürlich – so an, daß das 18. Jahrhundert sich in das Land verstrickte, als allererstes in die Sitten. Ungarn, das seine Sprache bis dahin unter Einfluß des Lateinischen gemach entwickelt und in der lateinischen und der damit nahezu verschmolzenen biblischen Moral das einzige Vorbild gesehen hatte, und dessen damit verbundene Lebensauffassung gleichsam zu einer nationalen Eigenheit geworden war, kam nun das erste Mal auf breiter Linie und nicht nur *sporadice* mit moderner Sprache, Bildung und Moral in Berührung. Und da diese Berührung, dieser Tango mit der Schwächung, dem Niedergang des mit der Nation selbst gleichgesetzten Bildungsniveaus und der glaubenssittlichen Überzeugung einhergingen, wundert es nicht, daß man dies als Unglück für die Nation betrachtete, das ihre innerste Kraft untergräbt, um sie hernach jenen schutzlos auszuliefern, die auf ihr Verderben trachten. Mein Vater teilte diese Auffassung nicht, er wand sich voller Unbehagen an diesem Scheideweg von Alt und Neu, er sah sich nicht gerne eins mit den verweichlichten, verschwenderischen, unmoralischen Höflingen, denen die zeitgenössischen Pasquille und Hohnverse (der reichste und originellste Part der damaligen Literatur) nicht müde wurden, den alten, starken, sparsamen, heldenhaften und rechtschaffenen Ungarn entgegenzuhalten. Zweifellos ist, und heute können wir dies ruhig zugeben, daß die Gleichstellung von Elementen moderner Bildung und ungarischem Nationalgeist trotz manch eifriger Bestrebung immer noch nicht abgeschlossen ist, und so konnte die neue Richtung, trotz einiger Effecte, welche sie exhibieren kann, noch keine einheitliche nationale Kultur etablieren. So unangenehm meinem Vater diese qualitativ dünkende Gegeneinanderstellung von Alt und Neu auch war, es war nicht zu leugnen, daß anstelle der alten, zwar eher rauhen, dafür aber festen Sitten nicht nur in der Kleidung, sondern auch in der Lebensweise welche traten, die bis dahin nur die dekadente Aristokratie, die ihre moralische Basis verloren hatte, ihr eigen nennen konnte. Und gerade solche Fälle wie der meines Vaters wurden zu einem Hemmschuh für die neue Richtung, Anhänger für Berührungen mit dem Ausland, fürs Reisen konnten sie nicht gewinnen. Seine glänzende Karriere hatte mein Vater an der Botschaft in Paris eingeleitet, wo er eine äußerst kostspielige Liaison mit einer nassauischen Herzogin initiierte, was deren Mann kein bißchen bedauerte, aber als mein Vater, von einer gewissen Unersättlichkeit getrieben, seine (sinnliche) Aufmerksamkeit auch auf die Freundin des fürstlichen Gemahls ausweitete, wollte der zweifach gehörnte Gatte Blut sehen, was er durch ein Duell auch bekam, gerade genug, um seine Ehre reinzuwaschen. Die Großmama aber, die Fürstin Susanna Lubomirska, befahl als sorgende Mutter meinen unbändigen Vater sofort nach Hause, was sie dadurch unterstrich, daß sie das generöse Taschengeld einfror, woraufhin mein Vater tatsächlich nach Hause zurückkehrte, zur ehrlichen Betrübnis des Herzogs von Nassau, da er »mangels des Franzi Burschen« wieder selbst für die astronomischen Rechnungen seiner Gattin aufkommen mußte. Zu Hause war die auf dem Gebiet der Ehe naiv zu nennende Großmama Lubo der Meinung, eine Ehe könnte meinem Vater den Kopf zurechtrücken; sie sorgte auch für eine Ehefrau, und mein Vater heiratete die damals fünfzehnjährige Nesti (Ernestine), das bildschöne, aber nicht gerade mit analytischem Denken begabte (*›popodumme‹*) Kind einer großen österreichischen Familie. Als sie sich, bis daß der Tod uns scheide, wieder vom Altar abwandten und er die strahlenden Gesichter seiner Mutter und seiner Gattin sah, schloß er sich ihnen heiteren Mutes an und gestand seiner Mutter mit wohlgemuter Zerknirschung, er habe aus Paris als Mitbringsel auch noch eine Portion Syphilis mitgebracht. Hoppala. Fürstin Lubomirska wartete die Segnung in der Hauskapelle ab und empörte sich anschließend, blies die Hochzeitsnacht ab und legte ihre frischgebackene Schwiegertochter neben sich ins Bett mit den Worten: »Erst die Heilung, dann das Hendelfleisch«. Mein Vater trieb sich noch eine Weile um das Haus herum, als sich jedoch herausstellte, daß die Heilung eine langwierige Angelegenheit werden würde, packte er seine Siebensachen und machte sich spornstreichs auf den Weg zurück nach Paris. Das feudale Leben war keine Brutstätte der reinen Keuschheit, dafür war es nicht bekannt: Herr und Leibeigener waren, besonders in sinnlicher Hinsicht, notwendigerweise einer des anderen Verderber. Dort, wo der gegenseitige und gleichrangige Respekt vor dem Wert des Lebens und der Ehre fehlt, gibt es keine andere Rettung als entweder die Beschäftigung, das Streben nach hehren Zielen statt nach augenblicklichen Sinnesfreuden, oder aber eine sehr strenge, keine Ausflucht duldende religiöse und moralische Erziehung. Mein Vater war von großem Chaos beherrscht: Der Respekt vor dem Wert des Lebens und der Ehre fehlte ihm zwar nicht, aber er strebte sowohl nach hehren Zielen als auch nach augenblicklicher Sinnesfreude, und all das, nicht wahr, auf dem Fundament einer sehr strengen, keine Ausflucht duldenden religiösen und moralischen Erziehung. Sapperlot! Welches Aas (...) soll sich da auskennen? Es gibt keine Klasse, die korrumpierter und korrumpierender wäre als eine Aristokratie, die ihren politischen Auftrag vergessen hat. Maria Theresia hatte es mit meinem ungezügelten Vater nicht leicht. Die Königin, auch in ihrer Eigenschaft als Frau, deren Herrschaft in vieler Hinsicht den Beginn einer neuen Ära bedeutete, war in religiöser wie in moralischer Hinsicht eine unbeugsame Parteigängerin und Erhalterin der alten Zeiten. An diesem Punkt war sie eine Verbündete des nationalen Selbstbewußtseins, das sie mit all ihrer Macht förderte und das in solchen Fällen nicht gerade für milde Urteile bekannt war. Aber trotz des mustergültigen Lebens der Kaiserin – es stimmt durchaus nicht, daß die ungarischen Leibgarden-Poeten sie mit ihrem großen schwarzen *Kiel* von hinten, während Ihre Majestät vom Fenster zum treuen Volke hinunterwinkte, das ist einfach eine freche Unwahrheit – und ihrer bekannten Strenge wird der Wiener Hof unter ihr auch nicht besser gewesen sein als zuvor. Sie mußte kapitulieren vor den allgemeinen Zuständen (»jede elegante Dame hat ein einsames Zimmer, ein Boudoir, in das der wohl gesittete Gatte niemals eintritt, wo nur der Geliebte der Saison das Recht hat, sie zu stören«), und sie mußte kapitulieren, was ihre eigene Ehe anbelangte. (So sehr, daß sie, trotz ihrer wohlbekannten Eifersucht, die Auserwählten der kaiserlichen Gunst in ordentlicher Gesellschaft empfing, so auch die Gattin des dicken sardinischen Botschafters Canala, eine geborene Gräfin Pálffy, die durch ständige Anwesenheit am Spieltisch glänzte, sowie die Herzogin Auersperg. Die schöne Herzogin fällt mir nicht zur Last, schrieb sie an ihre geliebte Tochter nach Paris, wer weiß, wie ehrlich das war. Beim Tod ihres Mannes fand sie auch ihrer Konkurrentin gegenüber zur Stimme des Herzens: Herzogin, wir erlitten einen großen Verlust.) Sie beschränkte sich auf die skandalösen Fälle. Die Tradition war stärker als jeder neue Befehl. Die Kaiserin zeigte eine hervorstechende Neigung, sich in Privatangelegenheiten einzumischen; dies führte zur Aufstellung der sog. *›Keuschheitscomission‹*. Die Kaiserin vertrat das Prinzip: Bei einer verheirateten Frau ist nichts einerlei. Sie stellte den oberösterreichischen Bauerntöchtern die »Änderung der ausgestopften Brustkorsetts und die Verlängerung ihrer kurzen Röcke« in Aussicht, regelte in einem eigenen Erlaß, wer bei Hofe seinem Rang entsprechend wieviel und welcherlei Schmuck tragen durfte, sie verbot selbst den Hofdamen das Benutzen von Wangenrot, womit sie aber nur schwerlich etwas erreichte und nur jene zur Verzweiflung trieb und Verdächtigungen aussetzte, die von Natur aus eine schöne Couleur hatten. Die Keuschheitskommission trat nicht nur gegen Leute auf, deren Moral etwas zu beanstanden übrigließ (meinen Vater!), sondern drang auch schon mal auf den puren Verdacht hin oder als Folge einer Denunziation in das häusliche Heiligtum ein, und wie überall, wo eine fremde Macht mit roher und unbeflissener Hand ins feinste Gespinst menschlicher Beziehungen eingreift, verursachte sie viel mehr Übel als sie hätte verhindern können. Auch in das häusliche Heiligtum meines Vaters drang man ein, obwohl er, wie wir sehen konnten, viel dafür getan hatte, daß man das, wohin man eindrang, kein Heiligtum mehr nennen konnte. Die Keuschheitsfunktionäre waren vor allem scharf darauf, Entführungen zu verhindern, und meine Mama wurde entführt! Wie? Meine Mutter lebte als geborene virgo intacta zu Hause, unter Aufsicht der strengen Schwiegermutter, während sich mein Vater, ohne seiner sog. ehelichen Pflicht nachzukommen, einen fröhlichen Lenz machte; meine Mutter verguckte sich in einen stattlichen jungen Grafen Schulenburg und erwachte eines Morgens – von dieser intacta-Sache konnte da keine Rede mehr sein – und: Volltreffer. Da sie keine Ahnung hatten, wie der Osterhase so läuft, beschlossen die jungen Leute zu fliehen, was ein Riesenblödsinn war, denn illegal herumpimpern konnte man schon damals, aber weglaufen aus dem ehelichen Hause, das nicht. Meine Mutter hatte ein schönes, grünsamtenes Männergewand angelegt (das erfährt man aus dem aufgefundenen Fahndungsbrief) und fuhr mit ihrem Geliebten comme jeunesse dorée per Vierspänner und mit dem Schulbenburgschen Diener an der Seite in Windeseile Richtung Schweizer Grenze. Als er davon erfuhr, zuckte mein Vater mit keiner Wimper, eher bedauerte er meine Mutter, daß sie sich gegenseitig so in ihre Leben verheddert hatten. Maria Theresia allerdings empörte sich, es störte sie auch nicht, daß sie ausgerechnet den (nicht vorhandenen) guten Ruf meines Vaters verteidigen mußte, sie handelte, wenn auch nicht so stark wie später ihr Sohn, auf prinzipieller Grundlage; sofort erteilte sie dem Reichspostobermeister Fürst Thurn und Taxis den Befehl, er solle die Flüchtlinge, sobald sie an einer Poststation die Pferde wechseln wollten, sofort verhaften lassen. Die Habsburger waren Bürokraten ersten Ranges. Der fürstliche Oberpostler delegierte den Fall in den Verantwortungsbereich des Postmeisters Baron Lillien (Ergreifen! Justament!), zusammen mit der Personenbeschreibung mit dem grünen Gewand, die, wie zu befürchten ist, von meiner Großmutter stammte, sie hatte meine Mama bei Hofe verpetzt. Dabei mochten sie einander, und obwohl sie viel zu jung und zu unreif war, um zu begreifen, was ihr da widerfuhr, wußte meine Mutter gut mit der Großmama umzugehen, zum Beispiel verbarg sie klugerweise, daß sie sauer auf meinen Vater war; meine Mutter hätte sich im Leben, hätte sie ein Leben gehabt, gut unter den Menschen zurechtgefunden. (Mein Vater war zuviel, dieser Schulenburg hingegen zuwenig!) Meine liebe Mutter war ein Spielzeug, und sie hatte Pech mit den Spielern. Wahrscheinlicher ist allerdings, daß wir alle Zeugs in einem Spiel sind, immer in dem, das gerade mit uns gespielt wird, mit uns gespielt werden kann, das heißt, mit meiner Mutter konnte man ebendieses Spiel spielen und kein anderes, das heißt, das war ihr Schicksal. Aber sie war eben so jung und so mädchenhaft, so spielzeugartig, so ein Kind, daß alle unwillkürlich mit ihr zu spielen anfingen. (Auch der Sohn meines Vaters spielte mit ihr, oh, eine verspielte, eine bespielbare Mutter! Es schwindelt ihn, wenn er daran denkt, er denkt nicht daran.) Das Spiel entbehrt nicht des Ernstes, keineswegs, aber auch nicht der ständigen Versuchung zur Verantwortungslosigkeit. Wenn unser König von wilden Türmen und Läufern bedrängt wird, wäre es ein schwerer Fehler, dessen Gewicht und Gefährlichkeit zu unterschätzen. Es ist nur ein Spiel, so was sagt und denkt ein Spieler nicht. Doch während der o.g. Herr bis zum Hals in klebrigem Blut auf den Gnadenstoß wartet, nach dem dann unser Land für Jahrzehnte zum Raubgut der Botokuden wird, unterscheidet sich dieses hier dann doch von dem Drama auf dem Schachbrett. Worin? Die Leichtigkeit des Spiels ist dadurch gegeben, daß es mehrere Partien gibt. Man kann sie immer und immer wieder spielen. Das Spiel geht zu Ende, Ende, Schluß, aus, Feierabend. Dieses Ende ist die Hoffnung, und die Anfechtung dieser gesicherten und zugesicherten Hoffnung ist eine Verantwortungslosigkeit. Auch mit meiner Mutter hatte man in dieser Verantwortungslosigkeit gespielt. So hatten ihre Eltern mit ihr gespielt, sie hatten sie zu meinem Vater geschickt und wuschen ihre Hände in Unschuld, so hatte mein Vater mit ihr gespielt, er ließ sie zu sich kommen und wusch dann ebenfalls seine Hände, so auch der Schulenburg, er wusch seine Hände. Sie bemerkten nicht, daß meine Mutter, während sie an Läufer C2–G6 dachten, an der Spitze eines Ulanenregiments keuchend durch den Nebel jagte, daß sie also ein einziges Spiel spielte, ihr Spiel, und das hatten die anderen nicht berücksichtigt. Sogar Hans Georg Nettelhof konnte meine kleine Mama auf sein eigenes Schachbrett stellen, er wagte es, ein Nettelhof!, Leibdiener des Schulenburg-Burschen, jemand also, der nicht nur nicht auf dasselbe Schachbrett, ja noch nicht einmal in dieselbe Galaxis wie meine Mutter gehörte. Ein Diener ist soviel, wie er dient; er existiert im Maße seiner Dienste. Die Nettelhofs dienten den Schulenburgs seit vier Generationen, der älteste Sohn erhielt später stets den Namen Hans Georg, erbte ihn sozusagen als Gnadengeschenk von der gräflichen Familie, der Großvater des alten Grafen hatte so geheißen, er war derjenige gewesen, der seinem treuen Diener erlaubt hatte, seinem Kinde in der Taufe diesen Namen zu geben. Auch der Leitjagdhund hatte immer denselben Namen (Clio). Die Nettelhofs erwiesen sich als still, verläßlich, geschickt, genauso nützlich in der Küche wie bei den Wagen oder als Hausdiener im Schloßdienst. Bei den Mahlzeiten servierte Hans Georgs Vater, der alte Hans Georg, elegant, leise, distinguiert, seit Jahrhunderten, unauffällig. Nein, letzteres stimmt dann doch nicht. Wenn auch Gäste am Tisch saßen, was mittags wie abends nicht selten vorkam, und diese quasi nichtsahnend das Gesicht des gerade fälligen Hans Georg erblickten – standen alle kurz davor, aufzuschreien; die Frauen verbargen ihr Gesicht hastig in den Händen, aber auch über das Gesicht der Männer zuckte eine kleine, betretene Grimasse. So was Häßliches hatten sie noch nie gesehen. Und das wurde weitergegeben, wie der Name, vom Vater auf den Sohn, auf Söhne, Töchter, die sich nur in dieser verblüffenden Häßlichkeit ähnlich waren, sie glichen sich im Verblüffenden, der eine hatte üppig wallendes Haar, bei dem anderen hing es glanzlos, schlaff herunter, wie müdes Silberpapier (nur ein Beispiel), Dicke wechselten sich mit Dünnen ab, Haken- mit Stupsnasen, niedrige Stirnen mit weiten, Brünette mit Blondinen, es konnten neue Frauen, neues Blut dazukommen (obwohl, ein wenig ist es immer Topf und Deckel), diese erschreckende Heftigkeit der Häßlichkeit blieb. Abscheulich, das sagt man nicht gerne über einen Menschen. Abscheuliches Gesicht. Und ausschließlich das Gesicht, der Kopf. Ihre Körper, die Nettelhof-Körper, waren kräftig, gut gebaut, die Männer bewahrten sich die Spannkraft der Jugend, ihre kaum schwerer gewordenen burschikosen Proportionen, und die Frauen hatten etwas Graziles an sich, den Stolz, die unprätentiöse Würde der Haltung, sachlicher: germanische Üppigkeit, starke, dennoch schwingende Hüften, eine Taille, die an die Hänge der nahen Täler erinnerte; aber diese Körper konnten nicht im geringsten den Skandal des Kopfes ausgleichen. Dem Häßlichen, wie auch dem Schönen, kann man nicht so einfach – eins hier, eins da – entkommen. Davonlaufen, das ist möglich. Das Häßliche (wie das Schöne): verändert das Leben. Wahre Häßlichkeit ist vollkommen: häßlich, aber eine edle Seele, ein gutes Herz: so was gibt es nicht. Häßlich, aber häßlich – höchstens das. Da gibt es keinen Ausweg. Wenn doch, dann wäre das nur eine Andeutung des Häßlichen; ein poetisches Bild. Cyrano de Bergerac: eine elegante Metapher – Quartier verschiedener Schönheiten. Das Häßliche ist alles. Alles im Gesicht der Nettelhofs: die knochige Kälte und das ständige bläuliche Frösteln an der Nasenwurzel und den Backen; allgemeinverständlich: ein noch häßlicher gemachter Joseph Haydn in dick. Adamsapfel und Doppelkinn. Sogar die Augen sind feist! Verfettet, wäßrig, rot. Brech. Und am Nacken die ewigen eitergelben Pickel. Das Haar fettig und voller Schuppen. Man möchte nicht hinsehen, man möchte woanders sein, ein anderer Mensch in einer anderen Welt sein, in der so ein Affront gar nicht erst möglich ist. Zu spät, du bist kein anderer, du bist, wer du bist, und das ist, scheinbar, zu wenig. Das Häßliche ist (d)ein Spiegel: Du siehst darin deine eigene Fehlerhaftigkeit. Gleich mußt du dich erbrechen. Das Schöne zeigt dasselbe Bild, nur muß oder kann man da nicht erbrechen. Schönheit ist eine Frage von Vereinbarung, und selbst wenn es nicht stimmt, daß die Nettelhofs von sich selbst (wovon denn sonst) als Naturerscheinung ausgehend alles andere als häßlich ansahen, sie selbst störten sich nicht an der *Sache*, denn die Sache existierte für sie nicht. Und das, was existierte, denn irgendwas mußte existiert haben – jeder hat ein instinktives Gefühl für Schönheit; Schlichtheit und Würde schließen einander nicht aus –, stieß sie nicht ab; Nachteile hatten sie dadurch nicht, also kümmerten sie sich nicht darum, sie betrachteten sich als Cyrano de Bergerac. Die Schulenburgs störten sich nicht an ihnen, sie hatten sich an sie gewöhnt (oder sie sind blind, fügt das boshafte Aperçu hinzu), sie genossen es sogar, wie sich ihre Gäste wanden, es wurde zum Clou ihres Hauses, zur Sehenswürdigkeit (»Das ist nicht häßlich, das ist Nettelhof«). Über den jungen Grafen gibt es nichts zu sagen (obwohl: Er hatte meinem Vater Hörner aufgesetzt: Das ist ein Wort), seine nicht hervorstechend guten und schlechten Eigenschaften hielten einander angenehm die Waage; sein Leben lief in gut geordneten, ererbten Bahnen ab. Der aktuelle Hans Georg war der erste Nettelhof, der seinen Körper haßte. Er empfand tiefen Ekel, wenn er sich selbst sah; als Anti-Narcissus zerstörte er bei der Tränkung der Pferde die Wasseroberfläche und mied die Nähe des Ententeichs. Noch vor der Pubertät erschienen die ersten Pickel, sie bildeten den ersten konkreten Gegenstand seines Hasses, diese Armee von kleinen Eiterbrunnen (obwohl sich der Ekel hier mit ein wenig Stolz paarte, daß all diese Unerschöpflichkeit aus ihm kam; so konnte er sich – unter endlichen Bedingungen – einen Begriff von der Unendlichkeit machen), hier nahm sein Haß seinen Lauf und gelangte schließlich überallhin. Die Pickel führten ihn zu seiner Haut, als wäre sie die

Schuldige – danach suchte er! wer hatte schuld! –, er haßte ganz besonders sein Gesicht, das Persönlichste an ihm, dann folgte das Haar, als etwas, womit er kaum etwas zu tun hatte, und dann doch, dieser ewig zerzauste, ungekämmte, dennoch kraftlose, brüchige, unangenehme Strauch oder Knoten, dieser Filz, einem nassen Lappen gleich, schwer, unappetitlich und trocken, und diese Trockenheit führte geradewegs zu der ewig rotgefleckten, wunden, zu ständigem Kratzen verleitenden Oberfläche der Kopfhaut. Selbsthaß kennt keine Grenzen, man kann ihn nicht mit dem einen oder anderen »besseren Stück« bestechen, es ist kindisch, auf schöne Lippen, einen schönen Gesäßmuskel oder den zweifellos von Fall zu Fall auftretenden Glanz der Augen zu vertrauen; der Nettelhof-Körper stand dem Ekel nicht im Wege. Mehr noch, er führte seinen Ekel fort, von Nettelhof-Körper zu Nettelhof-Körper: Ekel vor der Mutter, Verachtung für den Vater, der Schauer des Widerwillens vor den Geschwistern. Und dann die Dorfbewohner. Und dann das Schloß, seinen unmittelbaren Herren miteingeschlossen: Wenn er ihn ansah, konnte er kaum seinen Brechreiz zügeln. Er hatte keine Angst vor dem Häßlichen, aber er kotzte nicht gerne, deswegen lief er mit niedergeschlagenen Augen herum, was die Herren fälschlicherweise für ein Zeichen der Demut hielten. Es gab kein Halten. Wenn sich ein Fremder ins Dorf verirrte, ein umherstreifender Student, ein wandernder Maurer, oder wenn er, Hans Georg, ins nahe Neustadt ritt – Reiten galt als persönliches Privileg – und dort oder auf dem Weg dorthin jemanden sah, egal wen, Priester, Soldaten, Herrschaft, spielende Kinder, eine Dienstmagd auf ihrem Weg zum Markt, egal wen: Er haßte ihn. Dann stellte er sich Wien, Linz und Prag und Augsburg vor, und auf den Straßen, den Plätzen und hinter den Fenstern stellte er sich Menschen vor, Männer, Frauen, kleine, große, dicke, dürre: Er haßte sie. Er haßte, was möglich war. Er verspürte vor jedem Warmblüter Ekel, die

Wärme war es, die er wahrnahm, das Pochen des Blutes, wie es mit seinem eigenen zusammen schlug: das! Pfui! Also die Pferde, die Kühe, die Ziegen, die Hunde (bei den Schweinen war er sich ein wenig unsicher, die waren derart zum Ekeln geboren, daß er zunächst einen Scherz der Schöpfung vermutete), dann die Hühner, die Enten, die Schwalben, überhaupt die Vögel, hier ersetzten das Plustern, das kleine Japsen den Blutfluß, das Pochen. Als er von den Vögeln – unter Vermittlung der Fliegen – auf die Fische überging, weitete er sein »Reich« auf die gesamte Fauna aus, mit Schnecken, Flöhen, Ameisenigeln. Bei den Pflanzen stellte sich heraus, wovon ... wovon die Rede war. Die trockenen Äste haßte er nicht. Auch nicht das Herbstlaub. Als seine Großmutter starb, die selbst noch als Greisin wunderbar tanzte, mit stolzer, gerader Haltung, mit Würde, wie man so schön sagt, als hätte sie sich mit dieser Leichtigkeit für jene Härte gerächt, die das Leben für sie war (das und nur das war ihr Leben: hart), und die Hans Georg vielleicht am meisten von allen haßte, besonders diese »rächende Königinnenstatur«, im Augenblick ihres Todes hörte das Gruseln auf. Hans Georg haßte also alles, Stadt, Land, Fluß, die Welt also, das Ganze, die Schöpfung, und er machte die Schöpfung, das heißt, den Schöpfer, für alles verantwortlich; ausschließlich den als Pause der Schöpfung geltenden Tod haßte er nicht – mehr noch, er sehnte ihn herbei. Die Logik würde einem vielleicht sagen, voilà, ein Massenmörder, aber dafür war der junge Nettelhof zu schwach, zu kraftlos. Aber meine Mutter rief auch in ihm den Spieler, den Spielenden, das Spielen wach. Das flüchtende Paar gelangte unter der schlauen, fähigen Führung des Dieners und durch Austricksen der Kontrollen bis zum namenlosen Görr. Görr bestand aus drei, vier Häusern und dem Gasthof Zum Görr, der sich genau auf der Grenze befand, wie in einem alten Fernandel-Film, die eine Seite in der Schweiz, die andere noch in Österreich. Graf Schulenburg wäre noch gerne weitergereist, in die sichere Sicherheit, als sich der Diener unerwartet erlaubte, das Wort zu ergreifen, der Zustand der Gräfin, sagte er leise. Nesti blickte den Ekelbatzen dankbar an. Der bereits beim letzten Pferdewechsel die Behörden benachrichtigt hatte. Er haßte das gräfliche Paar auch einzeln, aber zusammen ...! Und wenn er daran dachte, daß im Inneren der Gräfin, in ihrem an sich schon ekelhaften Körper, der rosig pulste, pochte, wahrhaftig glühte, der wohlriechend und heiß war, daß es in diesem auch noch einen anderen, nicht weniger ekelhaften, *wachsenden* Körper gab, wallte eine derart heftige Erregung in ihm auf wie in einem Revolutionär (aus solchem Eifer entstehen die Bauernaufstände, die Aufstände gegen irdische und himmlische Mächte); aber umsonst trug er die Leidenschaft in sich, er hatte nur einen Blick fürs Kleine, also begnügte sich seine gegen die Schöpfung gerichtete meuternde Rache mit diesem glücklosen jungen Paar. Nettelhof war eine besondere Laune des Schicksals. Also sorgte er dafür, daß sich Nesti auf der Schweizer und der Graf auf der österreichischen Seite zur Ruhe begaben. Letzterer hätte gerne mit ersterer, meiner Mutter, zusammen geschlafen, aber der Diener wandte erneut leise ein, der Zustand, Herr Graf, der Zustand. Ah ja, natürlich, natürlich. Das österreichische Militär stürmte den Gasthof und nahm Schulenburg fest. An meine Mutter konnten sie nicht herankommen, sie wimmerte still vor sich hin. Nettelhof beobachtete sie verstohlen, er fühlte sich wohl, sie in den Bauch treten, das wäre das Richtige gewesen, aber das traute er sich nicht. Schulenburg kam mit dem ganzen Geld und dem Schmuck meiner Mutter in Gefangenschaft und später ins Kittchen in Wien, aus dem man ihn bald darauf auf Intervention meines edel gesinnten Vaters entließ. Aber, fragte Maria Theresia verblüfft, gerade Sie, hier folgte der Name meines Vaters, ausgerechnet Sie verlangen Gnade für jenen Mann, der etcetera?! ›*Gewiß Majestät*‹, so die Antwort meines Vaters, ›*er hat mich doch von der Bagage befreit*‹, ... vom Gepäck also? dem Paket, dem Klotz am Bein? Im übrigen war es ebenfalls mein Vater, und nicht die beschissene Schulenburg-Familie, der den Schweizer Aufenthalt meiner Mutter finanzierte. Irgendwo war mein Vater schon ein netter Kerl. Meine Mutter war blöd genug, zu ihren Eltern zurückzukehren, die die Unglückliche sofort in ein Grazer Kloster verfrachteten, wo sie als lebendige Tote ihre verbleibenden Jahre absolvierte. Anders mein Vater, der es sich als Gesandter in Neapel gutgehen ließ, inmitten schöner und tatkräftiger Wesen. Ein verheirateter Mann ohne Frau: der Idealzustand. Zur Gesellschaft gehörten der wichtigtuerische Admiral Nelson und die schöne Mrs. Hamilton. Als Napoleons Truppen den Marsch auf Neapel antraten, hielt es Nelson für besser, die königliche Familie nach Sizilien zu bringen. Zeitgenössischen englischen Zeitungsberichten zufolge begleitete sie auch mein Vater auf dem Kriegsschiff, unterwegs brach ein Sturm aus, so daß sie die zusätzlichen Lasten über Bord werfen mußten. So gelangte das Erbe des Sohnes meines Vaters, das Silber des Tataer Majorats zusammen mit der väterlichen Sammlung römischer Statuen und Münzen auf den Grund des Mittelmeers. Die englischen Zeitungen gedachten auch der Begebenheit, daß mein schlotternder Vater, während der Sturm am härtesten tobte, sogar seine goldene Schnupftabakdose ins Meer warf (nachdem er dem nackten Emaille-Bildnis seiner aktuellen Geliebten einen theatralischen Kuß aufgedrückt hatte). Danach reiste die Königin in Begleitung der Hamiltons nach Österreich; sie machten einen Ausflug nach Eisenstadt, um Haydn zu hören, der sein berühmtes Nelson-Stück aufführen ließ, wofür ihn der Admiral mit seiner goldenen Uhr beschenkte. Haydn hob die Uhr an sein Ohr, an seine berühmten Ohren, und fing wie ein Idiot zu grinsen an, sie tickt!, sagte er angeblich. Die Herren wechselten gnädige Blicke. Hernach wurde mein Vater zum Botschafter in Paris ernannt, er verstarb jedoch plötzlich, als er auf dem Wege zu seiner Schwester war, um sich von ihr zu verabschieden. Schade. Das Kind meiner Mutter wurde vom Wiener Klatsch ›*Schulenházy*‹ getauft, in der Familienchronik ist es als im Kindesalter verstorben vermerkt. Die Wahrheit jedoch ist, daß er im Alter von 53 Jahren als Kavallerieoberst ohne Nachkommen verstarb. Der Oberst hatte einsam gelebt und nur seinen alten Diener neben sich geduldet, und zwar mit einer Ausschließlichkeit, die als Grundlage einiger Gerüchte gedient hatte. Außer dem Priester, der die Zeremonie durchführte, stand nur dieser alte Diener am Grab; Hans Georg Nettelhof sah zufrieden ins Grab hinab, er tat nicht so, als würde er beten ●

183. Mein Vater verliebte sich in die Quantenmechanik. Meine Mutter tobte, errötete, nahm ab, nahm zu, schlug um sich. Mein Vater fing an, bunte Seidenhalstücher zu tragen, studierte die Schalbindungsmethoden englischer Playboys; er verbrachte Stunden vor dem Spiegel, wie bis dahin in seinem Leben noch nicht; jeden Tag verlangte er ein neues Hemd, neue Socken, neue Unterhosen, damit war er bis dahin auch nicht so pingelig gewesen, einige neue Boxershorts kaufte er sich auch. Meine Mutter triezte er ständig mit dem Bügeln. Das ist nun wirklich übertrieben, maulte meine Mutter. Mein Vater küßte sie salbungsvoll auf die Stirn. Sie konnten weder miteinander reden noch schweigen. Mein Vater erkannte, daß die Gesetze der Quantenmechanik im Gegensatz zu der Newtonschen Mechanik nicht prinzipiell ausschlossen, daß der Tisch, der in unserer Stube stand (mit der Schreibmaschine meines Vaters, der Hermes Baby), sich auf einmal ohne jede äußere Einwirkung in die Luft erheben könnte. Die Lage eines jeden Elementarteilchens des Tisches ist zufällig, deswegen könnte es theoretisch passieren, daß sich in einem bestimmten Augenblick alle an einem höhergelegenen Ort wiederfinden, wodurch sich der Tisch, hopsassa, in die Luft erhebt. Aber

mit derselben Kraft, genauer gesagt, mit derselben Anstrengung, könnte sich der Tisch von einem Augenblick zum nächsten ohne weiteres als Greif oder als Einstein, seine Reinkarnation, neu gruppieren, sofern, mein Vater lächelte hold wie ein junger Kaplan, nachdem dieser wortgewandt und unwiderlegbar einer Schülergruppe aus kaum jüngeren Teilnehmern als ihm selbst die Existenz Gottes bewiesen hat, sofern ein genügendes Ausmaß an Elementarteilchen darin enthalten ist. Oder du. Daß sich der Tisch in mich verwandelt, oder zu mir wird, oder wie? Du bist ein Volltrottel, so meine Mutter. Die Worte des Teufels konnten den Kaplan nicht erschüttern. Meine Liebe, theoretisch steht dem trotzdem nichts im Wege. Noch nicht einmal die Gesetze der Statistik verhindern es, sie machen es bloß sehr unwahrscheinlich. Die Wahrscheinlichkeit, daß sich dieser Tisch auf einmal von selbst erhebt, ist viel geringer, als daß ein Affe, der zufällig auf die Tasten einer Schreibmaschine eindrischt, die Odyssee erschafft. Meine Mutter sprang zur Hermes Baby, riß das Papier mitsamt Blaupapier heraus, spannte ein neues ein und begann auf die Tasten einzuschlagen. Tränen tropften aus ihren Augen. Mein Vater sah verstohlen auf seine Uhr. Meine Mutter hörte zu tippen auf, stand langsam auf, begann spielerisch einen Affen nachzuahmen, ließ ihre Arme bis zum Boden baumeln, schwankte, kratzte sich am Kopf, grinste. Mein Vater winkte ungeduldig ab, wie bei einem Kind. Woraufhin sich meine Mutter auf ihn stürzte, friß, brüllte sie, verdammte Scheiße, friß es auf, oder ich stopf's dir rein!, und sie stopfte das betippte Blatt in meinen Vater hinein. Sie keuchten. Mein Vater holte sich die Papierkugel aus dem Mund, glättete sie und las. *Sage mir, Muse, die Taten des vielgewanderten Mannes, Welcher so weit geirrt, nach der heiligen Troja Zerstörung*. Er zuckte die Achseln. Zwei Zeilen sind noch kein Beweis. Meine Mutter wollte alles, nur nicht etwas beweisen. Sie hatte bloß genug von diesem katholischen Kuschen ●

184. Zur großen Betrübnis meiner Mutter, aber was kann man machen, hat mein Vater eine doppelte Natur, mal benimmt er sich als Teilchen, mal als Welle. Letzteres hatte ein gewisser Thomas Young bereits zur napoleonischen Zeit nachgewiesen, er war zwar Arzt, aber er interessierte sich für die lichte Natur meines Vaters. In einem undurchsichtigen Schirm brachte er zwei parallele Schnitte an, ziemlich nah beieinander, ließ meinen Vater auf diese Schlitze los und fing meinen durch die Schlitze gelangten Vater auf einem anderen Schirm auf. Was haben sie dabei gelacht! Zwei gestandene Mannsbilder! *Fürst oder räudiger Hund, was?!* Mein Vater hatte also typische Interferenz-Erscheinungen gezeigt, die man nicht einfach seiner Müdigkeit, seiner ursprünglichen Melancholie oder Napoleons wachsendem Appetit in die Schuhe schieben konnte. Die Frage wurde hauptsächlich von meiner Mutter forciert, aber sie war wirklich naheliegend: Wo ist mein Vater, wenn man ihn als Teilchen nicht demodulieren kann? Aber die Frage ist, so naheliegend sie auch sein mag, trotzdem nicht sinnvoll. Wir möchten über diesen Ort sprechen, aber diesen Ort gibt es nicht, es gibt kein Wo. Natürlich behauptet keiner, mein Vater wäre nirgendwo. Denn wenn wir meinen Vater sehen, oder nehmen wir mal konkret meine Mama, denn sie ist diejenige, die direkt betroffen ist, wenn meine Mama ihn hier und da sieht, in der Kneipe, auf dem Schlachtfeld, im Bett, dann ist er auch da, trinkt den Doppelten, jagt die Duttträger, horcht an der Matratze, aber wenn sie ihn nicht sieht, echauffiert sie sich völlig umsonst, und wenn sie vor Eifersucht ganz klein zusammenschrumpft, man könnte auf sie drauftreten, so klein ist sie, umsonst verspritzt sie Gift, mein Vater würde sie ruinieren und sich auf jede erdenkliche Art unwürdig verhalten, un-wür-dig, verstehst du, mein Junge, ein Mann, ein Vater, der vier so schöne Kinder hat, wie ihr welche seid, mein Sohn, schuldet seiner Familie Verantwortung, euch, mein Junge, euch schuldet er Verantwor-

tung, jetzt sag mir, wo er sich schon wieder herumtreibt, hier hat er gekniet, nein, hier, hier war es, daß er gekniet hat und geschworen auf alles, was heilig ist, auf das Leben seiner Mutter, auf das Gedeihen unseres Vaterlandes, daß er damit aufhört, daß er nie wieder, und er hat mich angefleht, ich soll ihm verzeihen, und was hab ich arme Irre gemacht, ich habe ihm verziehen, mein Junge, denn euer Vater ist nicht irgendwer, dazu habe ich immer gestanden, er ist wirklich eine herausragende Person, ein erstklassiger Kopf, er ist halt nur schwach, ein mieser Scheißkerl, mein Junge, das ist die Wahrheit, schwach und mies, deswegen darfst du mir nicht böse sein, das ist die Wahrheit, und das war jetzt wirklich das letzte Mal, er muß sich entscheiden, entweder Fürst oder räudiger Hund, Welle oder Teilchen, denn ich halte das nicht mehr länger aus, und ich will es auch nicht mehr aushalten, es reicht, das Maß, mein Junge, ist voll, es reicht, ich werde ihm noch einmal die Hand reichen, aber wenn dein Herr Vater diese Chance wieder verspielt, dann ist für mich Schluß, dann soll auch er die Konsequenzen ziehen, vergebens, vergebens betet meine Mutter ihre Litanei herunter, es gibt nichts zu fragen, es kann nicht gesagt werden, wo mein Vater ist, wenn er nicht irgendwo ist, und das nicht etwa, weil er sich geschickt versteckt oder es zu wenig Informationen gibt, sondern weil es gar keine gibt. Meine Mutter jagte ihr ganzes Leben versteckten Parametern nach. Ich werd' schon noch diesen Parametern auf den Busch klopfen, pflegte sie zu sagen. Aber, wie wir heute wissen, war das prinzipiell unmöglich. Mein Vater ist freilich ein höflicher Gentleman, wenn man ihn fragt, ob er ein Teilchen sei, nickt er fidel und schlägt ein wie eine Kanonenkugel, und wenn ihn einige als Welle erkennen wollen, schlägt er spielerisch die Hacken zusammen und produziert summend die Interferenzstreifen. *Mein Vater hängt von der Frage ab.* Wie er ist? Er ist, wie er ist. (Wie der Rabbi im Witz. Du hast recht, mein Sohn. Du hast recht, mein

Sohn. Aber Rabbi, wie kannst zwei sich widersprechenden Auffassungen recht geben? Auch du hast recht, mein Sohn.) Das heißt: Die Lage (meines Vaters) ist in ständiger Veränderung. Das letzte Wort ist nicht gesprochen, weil es kein letztes Wort gibt. Als mein Vater starb, waren das seine letzten Worte. ›*Mehr*‹ Teilchen. Oder Wellen. Na ja ●

185. Nicht jeden Tag, aber so alle zwei, drei Monate erwachte mein Vater frühmorgens mit dem Namen einer unbekannten Frau auf den Lippen. Meine Mutter schrak sogleich auf, stützte sich zwischen ihren Kissen auf (sie benutzte immer vier, fünf Kissen, kleine, größere, harte, weiche, mit Bezug und ohne; mit weniger wäre sie unglücklich gewesen) und starrte auf den Mund meines Vaters, welcher (mein Vater) in süßem Halbschlummer gerade vor sich (und vor meine Mutter) hin hauchte, sagen wir mal, Annegret (siehe: zog mich an wie ein Elektromagnet) oder Mariann (siehe: wir beteten sie alle an, doch sie wollt' nur mich allein, heute noch, Tag aus, Tag ein, es sei denn es kommt Olivér, der kann stündlich und noch mehr). Meine Mutter memorierte den Namen, Annegret, Mariann (oder Olivér), ließ meinen murmelnden Vater liegen, sprang aus dem Bett, zog sich ohne ein Wort an, beziehungsweisc wisperte sicherheitshalber den gerade gelernten Namen ein paarmal vor sich hin, Annegret etc., und stürmte mit ihrem Ausweis zur Bezirkspolizei. Denn seit Sechsundfünfzig arbeitete hier eine ihre Klassenkameradinnen, die Viola (für uns Tante Viola), sie war für die Meldeangelegenheiten zuständig, und sie nahm bei meiner Mutter, sooft diese wollte, eine Namensänderung vor, änderte den Vornamen meiner Mutter in Annegret, dann von Annegret zu Mariann, von Mariann zu Olivér etc. Sie war mit meiner Mutter nicht einverstanden, aber für eine Freundin tat sie es ohne ein Wort. Und dann sprach mein Vater an einem Morgen im Mai das verhängnisvolle Wort

aus, Waltraud. Meine Mutter stützte sich auf, Kissen, zog an, stürmte, sie verachtete ein wenig diesen Namen, so weit ist es also mit dir gekommen, Mattilein, und da stand sie schon vor ihrer Freundin, Waltraud. Wer ist tot, fragte die Polizistin. Sie wollte also die Waltraud nicht. Sie hatte Angst, man würde sie auslachen. Das kann sich eine sozialistische Behörde nicht erlauben. Daraufhin fiel meiner Mutter etwas ein, was bis dahin vielleicht noch nie der Fall war: die DDR. Daß es da konkrete Waltrauds gibt. Bei den offiziellen Stellen hatte man damals Angst vor den östlichen Deutschen, auch Tante Viola erschrak und gab ihre Erlaubnis. Allerdings litt darunter (unter dem Schrecken) die Beziehung zu meiner Mutter. Soviel zum Thema Seilschaften. Es blieb nichts weiter übrig, meine Mutter legte meinem Vater die Situation dar. Daß man in der Scheiße saß. Er verstand das, und von da an flüsterte er im süßen, morgendlichen Halbschlummer keine Frauennamen mehr vor sich hin. Aber irgendwie mußte man aufwachen, was von da an mit einem fürchterlichen, an ein ängstliches Wimmern erinnernden Brüllen geschah. Jeden gottverdammten Tag. Und meine Mama stürzte sich aus ihren Kissen auf ihn und küßte und liebkoste ihn solange, bis er sich beruhigt hatte (mein Vater). Wir hatten keinen Wecker zu Hause, trotzdem kamen wir nie zu spät zur Schule. Nur einmal; unser Vater schrieb die Entschuldigung, Nasenbluten, schrieb er. Oder Kopfweh? Oder vorübergehende Übelkeit? Diese drei kommen in Frage: Nasenbluten, Kopfweh, vorübergehende Übelkeit ●

Mein Vater hätte meine Mutter schon längst rausgeschmis- 186.
sen, so sehr zerrte ihr Gerede schon an seinen Nerven, inhaltlich wie formal, daß sie die Unterhaltungen nie beenden konnte, aber wiiieso, wiiieso, maunzte sie wieder und wieder, aber mein Süßer miiiiau, wie eine Katze, mein Vater konnte auch dieses »mein Süßer« nicht leiden, die immer wiederkehrenden

grammatikalischen Fehler, oder daß sie, wie ein Ausländer, Kommen mit Gehen verwechselte, so sehr zerrte es an seinen Nerven, wie sie sich bewegte, diese Hyperaktivität, mit der sie, wie ein Backfisch, dem Bus hinterherrannte, dem Nachbarn, dem Briefträger, kleines Bübchen, freches Bübchen, schrie sie, und überhaupt, ihre Heftigkeit, ihre Unberechenbarkeit, ihr Gejubel, als wäre ständig Frühling, und ihre Überraschungen!, die Surprise!, wie sie daherkam mit einem Pandabären oder einem Kaufvertrag, und wenn meinem Vater auf der Straße plötzlich von hinten die Augen zugehalten wurden, na, wer war das wohl?, aber natürlich, meine Mama, strahlend vor Glück, so sehr zerrte ihre Art zu denken an seinen Nerven, diese Verachtung von Logik und Ratio, es ging ja noch, daß meine Mutter unfähig war, Behauptungen in der Art von »im Leben jeder Frau kommt ein Augenblick, in dem sie etwas tut, das man nicht tun darf« zu negieren, aber diese Aufgabe, diese Herausforderung ließ sie auch noch absolut kalt, es interessierte sie ums Verrecken nicht, was für eine Frau?, was darf man nicht tun? Und schon wieder zuckte sie stürmisch die Achseln und miaute, wiiieso, so sehr zerrten die Sexgewohnheiten meiner Mutter an seinen Nerven, daß sie ihm – nach Empfinden meines Vaters – zu schnell an die Lenden griff, sie hatte nicht die Geduld, seinen Gürtel zu lösen, sie zerrte daran herum, wie ein frischer Wind, als wäre ständig Frühling, er mochte nicht, daß meine Mutter in ihrer allgemeinen Begeisterung immer wieder meinem Vater in die Lippen biß (obwohl der Geschmack des Blutes interessant war), er mochte nicht, daß sie seinen Pimmel »mein Süßer« nannte, als wäre ich dein Kind, na, was darf's denn sonst sein, erkundigte sich meine Mutter keck, wie soll ich dich nennen?, Orkan? Taifun?, na ja ... vielleicht Orkan, antwortete mein Vater leise, obwohl er nicht ganz verstand, wie sie auf diese meteorologische Schiene geraten waren, wenn also meiner Mutter im angedeuteten Zusammenhang doch ein »mein Süßer« herausrutschte, erhob mein Vater (sogar) den Zeigefinger, woraufhin sich meine Mutter eifrig verbesserte: Orkan, außerdem mochte er nicht die Watte zwischen den Beinen meiner Mutter (wegen der Blase), hinten hing sie manchmal heraus wie das kleine puschelige Quastenschwänzchen der als Häschen verkleideten Kellnerinnen, und er mochte es zwar, mit ihr Liebe zu machen, aber es bedrückte ihn, daß er für den Orgasmus ausnahmslos, Orkan hin, Taifun her, auch seinen Finger benutzen mußte, das verunsicherte meinen Vater, nicht sehr, aber dennoch, also hätte er meine Mutter schon längst hinausgekickt, hätte ihr den Laufpaß gegeben, wenn ... ja wenn meine Mutter nicht auf so eine süße und entwaffnende Art dem jüngsten Bruder meines Vaters ähnlich gesehen hätte (blond, fragil, mit Brille), ihr glattes Haar, das im Frühlingswind wehte, wie ein direkter Beweis für Glück, die knochige Gestalt, in concreto die Schlüsselbeine (das Salzfaß!), die schmalen Schultern, die Schulterblätter (die Flügel!), der flaumig weiche Bauch, der verschmitzte Blick, die undefinierbare, ins Grüne hineinspielende Farbe der Augen, und überhaupt, der ganze Habitus! Das haut einen um!, mit einem Wort, mein Vater war bis über beide Ohren in meine Mama verliebt, und zwar solange, bis sein kleiner Bruder auf dem Weg von Neapel im Zuge des Paddingtoner Kavallerieangriffs den Heldentod starb. Da war alles zu Ende, die nervliche Zerrung setzte sich durch, zwischen uns ist es aus, rief mein Papa. Meine Mutter schloß sich ihm leise an, auch sie hatte den jüngeren der kleinen Brüder meines Papas sehr gemocht ●

Mein Vater zeigte mit den eigenen Mitteln der Logik auf – 187.
Lehrsatz meines Vaters, 1931 –, daß man in keinem einzigen gegebenen System alle innerhalb des Systems formulierbaren Wahrheiten ableiten kann. Hm, sagte meine Mutter, ein, zwei könnte man vielleicht schon. Mein Vater tobte, wovon redest du?!,

die reine Vernunftmäßigkeit, brüllte er, ist nicht nur nicht eindeutig definiert, sie kann es gar nicht sein. Er atmete kräftig aus. Wenn du mir sagst, was du unter Vernunftmäßigkeit verstehst, kann ich dir ein Spiel nennen, innerhalb dessen uns diese Vernunftmäßigkeit zum Scheitern bringen wird. Verstehst du mich? Meine Mutter zuckte kaum wahrnehmbar die Achseln. Das heißt, wenn wir rationell spielen, werden wir alle verlieren, sowohl du wie auch ich, dabei könnten wir, wenn wir nach einer anderen Rationalität spielen würden, beide gewinnen, du genauso wie ich. Das ist dein Problem, nickte meine Mutter, du denkst, das Leben ist ein Spiel. Mein Vater erhob sich hochmütig. Das ist es. Ein Spiel. Bestenfalls. Dann neigte er den Kopf, aber ich verstehe, daß das für dich ernstlich erschütternd ist, mein Herz. Es müssen gewiß einige Jahrzehnte vergehen, bevor du deine prinzipiellen Grenzen erhobenen Hauptes akzeptieren kannst. Meine Mutter lief rot an, also wirklich, Mattilein, auch Frechheit hat ihre Grenzen!

188. Die Sozialpsychologen – Theorie + Praxis – wissen schon seit langem, daß es für die Entstehung gegenseitigen Vertrauens, Intimität, oftmals eines bösen Streits, eines unangenehmen Konflikts bedarf. Mein Vater begann auch erst Vertrauen in Little John zu haben, nachdem sie sich ausgiebigst geprügelt hatten. Meine Mutter paßte sich dieser Erkenntnis anfangs bereitwillig an und schlug blind auf meinen Vater ein, später jedoch wurde sie es müde, streichelte das Gesicht meines Vaters und sagte, Mattilein, laß uns für diese kurze Zeit nicht mehr streiten, mein Herz. Dann soll es lieber keine Intimität zwischen uns geben. Aber mein Vater konnte sich da nur mehr auf eine Sache konzentrieren, namentlich auf die Bedingungen der Harmonie, also schlug er meiner Mutter ordentlich eins in die Fresse und berief sich dabei auf Der Widerspenstigen Zähmung. Petruchio hatte

die Wette ja auch gewonnen, nicht wahr, nicht wahr ... Meine Mutter blutete aus der Nase ●

Fast hätte mein Vater meiner Mutter eine gescheuert, was – 189.
natürlich – nicht das erste Mal vorgekommen wäre, aber dann jagte er sie nur ein wenig (vermutlich wie der Teufel die arme Seele) und rannte schließlich hinaus in die Küche. Dort lief er auf und ab, keuchte, verfluchte halblaut meine Mutter, die irgendeine allgemeine und traurig ausgerichtete Bemerkung bezüglich ihres eigenen Lebens fallengelassen hatte. (Kein Vorwurf, eher die Erkenntnis der Pleite, was wiederum: Vorwurf ist.) Plötzlich riß mein Vater die Kühlschranktür auf, da standen drei Liter Milch, einmal in der Flasche, zweimal im Plastikschlauch, die Flasche pfefferte er gleich auf den Boden, die Milch, das Glas spritzten nur so durch die Gegend, aber da riß er mit den Zähnen bereits am Schlauch und quetschte auch da die Milch heraus, sie spritzte ihm ins Gesicht, verfickte Scheiße!, er warf den Schlauch zu Boden, den anderen dazu, und trat darauf herum. Die Küche war überschwemmt von knirschender Milch. Aus dem Küchenschrank holte er Honig hervor, eine Tube und ein Glas, das Glas, wie üblich, kann man sagen, wumms, auf den Boden, während er aus der Tube das flüssige Gold herausdrückte; überall Tropfen und Kleben. Am besten wäre gewesen, meine Mutter hätte sich an diesem Punkt schön langsam in die Küche geschlichen und hätte diesem tollenden, tollwütigen Mann zugesehen, wie er sich drehte und wendete, herumtrampelte, das Hemd hing ihm halb aus der Hose, alles war provisorisch an ihm, Bewegungen, Grimassen, Empfindungen, und dann wäre auch sie in den neuen, süßen Raum der Küche hineingeplanscht, in diesen ganzen Matsch, und hätte den erwähnten Mann umarmt und ihm zugeflüstert, du, du, du, Kanaan, wo Milch und Honig fließen. Statt dessen stürmte mein Vater aus der Küche, zerrte meine Mutter

vom Sofa hoch – dort kauerte sie zwischen Weinen und Nichtweinen –, und während er sie Richtung Küche vor sich herstieß, brüllte er: Ich will dich bringen in das Land, darin Milch und Honig fließen. Ich selbst will nicht mit dir hinaufziehen, denn du bist ein halsstarriges Volk; ich würde dich unterwegs vertilgen!

190. Meine Mutter erzählte ungleich viel mehr von den Galeerensklaven, dem königlichen Ratsherrn, Béla IV. oder dem Kapitän als von meinem Vater, über den sie, wenn wir sie löcherten, unwillige, aber um so bizarrere Angaben machte, denn mal sagte sie, er sei Gutsbesitzer, mal, nichts gewesen, mal war er Büroangestellter in der Ganz-Fabrik in Pest, und mal – das war das schönste, das absurdeste – Schwimmbaddirektor●

191. Meine Mutter erfuhr durch einen Zufall (das war nicht derselbe Zufall wie im Falle des Rajk-Prozesses), wieviel mein Vater verdiente. (Sie war auf dem Korso einem Kollegen meines Vaters von der Handelsbank über den Weg gelaufen, der einem Vogel gleich den Hals in die Luft reckte, als würde er jemanden suchen, meine Mutter fragte ihn auch, was fehlt Ihnen denn, woraufhin dieser verstört antwortete, zweiundachtzig Kronen oder Pengő oder Rhenus Forint auf das Gehalt meines Vaters.) Am Abend, nachdem sie die Kinder ins Bett gebracht hatten, forderte meine Mutter ihren Mann (meinen Vater) auf, er möge sie darüber aufklären, wovon sie in so einem ungewöhnlichen Wohlstand lebten. Sie erwartete, mein Vater würde in Verlegenheit kommen, aber er kam nicht in Verlegenheit. Er lächelte nur und sagte, von Krediten. Meine Mutter erschrak: von Krediten? Wem schulden Sie denn was? Allen. Meine Mutter war so perplex, daß sie ihn nicht einmal weiter aushorchen konnte, aber mein Vater redete da schon, und was er sagte, war in seiner vollständigen Absurdität so wunderschön, daß sie nach diesen einfa-

chen Worten ihre Waffen nicht nur nicht hätte erheben können, sie ließ sie sogar fallen. Ich wollte, daß Sie (meine Mutter) Ihr Leben neu anfangen, daß diese zerbrochene, gedemütigte Jugend wiedergutgemacht wird. Ich liebe Sie, und ich wollte, daß Sie sich freuen, daß Sie jeden Tag etwas zum Freuen haben. Ich wollte, daß für Sie das Märchen wahr wird, daß Sie es leben. Und lebten Sie es etwa nicht? Freuten Sie sich nicht? Was für ein Wahnsinn! sagte meine Mutter. Und wer hat Ihnen was geliehen in einer Welt, in der es einfach keinen Kredit gibt? Ich sage doch, alle, sagte er und wandte ihr das Gesicht zu, von dem sie geglaubt hatte, es zu kennen, und das bis zu seinem Tode (von niemandem) erkannt wurde. Meine Mutter nickte, das war nicht schwer zu glauben. Wer hätte diesem Menschen etwas abschlagen können? Und das Essen? fragte sie weiter. Meine Schwestern haben es geschickt, vom Land, antwortete mein Vater, und hier versagte ihm das erste Mal für einen Moment die Stimme. Sie haben es sich vom Munde abgespart. Meine Mutter sah in Gedanken jene schweigsamen Fräulein, mit denen sie kaum ein paar Worte gewechselt hatte, sie stand auf, nahm ein Schreibheft aus Kleinbélas Schulranzen und bat ihren Mann (meinen Vater), er möge ihr diktieren, wem sie wieviel schuldeten. Ab jetzt leben wir so wie die anderen armen Leute, wir stottern alles ab und zahlen es zurück. Wenn ich noch einmal erfahre, daß Sie sich von jemandem etwas borgen, lasse ich mich von Ihnen auch scheiden. Das Kind ist unterwegs, Ihr Kind. Wie wollen Sie es in die Welt hinauslassen? Sind Sie mir böse? fragte mein Papa, nicht mit Bedauern, sondern lächelnd, als würde er sich über seine Frau (meine Mutter) amüsieren, wie ernst sie denn war, wie streng. Haben Sie das Gefühl, ich hätte Sie betrogen? Die Frage war wieder einmal absurd, denn er hatte sie betrogen, aber nicht so, wie man Leute im allgemeinen betrügt, sie hatte keinen Schaden, sondern Nutzen davon – wie hätte man darüber reden können? Warst du ihm böse?

fragte sie der Sohn meiner Mutter Jahrzehnte später, sie rauchten, sie (meine Mutter) nahm einen Schluck Kaffee. Sie schüttelte den Kopf, und dann sahen sie einander nur noch an, Besitzer großer Geheimnisse, die Frau meines Vaters und sein Kind. Wer hätte ihm jemals böse sein können?

192. Der schwedische König schickte Boten zu Wallenstein, deswegen war mein Vater das ganze Wochenende weg, vertrödelte seine Zeit. Am Montag kam er dann zu meiner Mutter nach Hause gerannt – welches Jahr haben wir? irgendwas mit Tausendsechshundert –, und kaum hatte er, wie man so schön sagt, seine Skier in die Ecke gestellt, als er schmunzelnd, schäkernd auseinanderzusetzen begann, sein Problem sei, er könne nicht wirklich entscheiden, obwohl man das vielleicht müßte, ob er meine Mutter nun liebe oder eher verliebt in sie sei, denn bis jetzt habe er das Lieben als selbstverständlich hingenommen, was keine geringe Sache sei, Liebe entstünde nicht, indem aus dem Verliebtsein die Leidenschaft entweiche und am Boden der Beziehung als eine Art Bodensatz die Liebe übrig bleibe, nein, aber neuerdings seufze er immer soviel, auch jetzt, in Prag, die schwedischen Boten laberten sich einen Ast ab, niemand achtete auf sie, nicht einmal sie selbst, mit dem Wallenstein sind wirklich die Pferde durchgegangen, er denkt, er wäre der Kaiser, was zwar fast wahr ist, aber einem Habsburger reicht dieses Fast schon aus, an diesem Fast beißt er sich fest, und das weiß dieser Wallenstein nicht, daß nämlich die Zeit auf der Seite des Kaisers ist, die Zeit ist immer dort, und sein (meines Vaters) Herz habe sich währenddessen nach meiner Mama verzehrt, eine Mischung aus süßem Schauer und Schmerz sei das gewesen, und dabei habe er nur schwer Luft bekommen, tief durchgeatmet habe er und geschnauft, das heißt, es bestünde wohl doch eher der Fall, daß er bis über beide Ohren in meine Mutter verliebt sei. Oder Asthma,

warf ihm meine Mutter kühl hin, was (die Kühle nämlich) mein Vater nicht bemerkte, und wie ein Kind über beide Backen zu lachen anfing. Aber meine Mutter fuhr fort, sachlich, nicht wütend, als Feststellung nur, das sagst du doch nur so, und das hatte mein Vater dann doch gehört, du sagst es, weil du's dir so hübsch ausgedacht hast, wahrscheinlich denkst du seit Preßburg über diese Sätze nach, verdammt, dachte mein Vater, das stimmt, und es war wirklich seit Preßburg, und du hast sie dir prima ausgedacht, und jetzt sagst du sie, weil du nicht willst, daß sie verlorengehen. Mit meinem Vater passierte der Reihe nach folgendes: 1. Er war beleidigt, 2. Seine gute Laune war futsch, 3. Er verspürte wieder den Schmerz in seinem Herzen und in der Brust das schneller werdende Schnaufen; er rief röchelnd aus: Blöde Fotze!, wenn das kein Nicht-Asthma ist, was dann! Aber plötzlich wurde auch klar, daß er das nur so dahingesagt hatte. Meine Mama wurde von einem trockenen Weinen geschüttelt, sie beweinte sich und diesen süßen, linkischen Typen, dem sie nicht nahekommen konnte und vielleicht auch gar nicht wollte ●

Als mein Vater (eines) Morgens erwachte, stellte er fest, daß 193.
er Angst hatte (sich fürchtete etc.). Er war noch gar nicht zu sich gekommen, seine Augen waren verklebt, sein Nacken eingeschlafen und sein Körper, was neuerdings öfter vorkam, von einem dünnen, betonschweren Schleier morgendlichen Schweißes bedeckt; er wußte nicht, wovor er Angst hatte (sich fürchtete etc.). Es war in ihm – wie bis dahin noch nie. Mit einer Inventur seiner sogenannten Sünden hielt er sich gar nicht erst lange auf, er mochte es sowieso nicht, damit zu prahlen. Er war ein mittelmäßiger Sünder. Dann hatte er vielleicht davor Angst? Wollte er also ein Heiliger sein oder ein Verbrecher? Na ja. Er hatte ganz einfach davor Angst, meine Mama zu verlieren, und dann... dann hätte er überhaupt nichts mehr, denn meine Mama war, so be-

hauptete mein Vater, das einzige, was mein Vater als wirklich ansah. Nur sie, weder seine Eltern, seinen Vater, seine Mutter noch seine Kinder, seine Söhne noch irgend jemanden, seine Freunde, Freundinnen etcetera, niemanden, nur meine Mutter. Und Kardinal Pázmány? Mein Vater winkte ab. Und König Leopold? Mein Vater winkte ab. Und die Türken? Abwinken. Und Siebenbürgen? Winken. Und der alte Graf? Wink. Und deine Geliebten? Pardon? Und: ab! Was winkst du hier herum? Sag, edler Vater, Origo meines Lebens, aus dem alles Wichtige, wie in einer guten Erzählung, folget, was wedelst du hier herum? Er habe das Gefühl, alle außer meiner Mutter seien ein Produkt seiner Phantasie, Untertanen in seinem aus Wörtern zusammengesetzten Universum, wenn er aber auch noch meine Mama verlieren würde, würde er auch die Wörter verlieren, denn für das jenseitige Ufer der Wörter bedarf es auch eines diesseitigen, etwas, was nicht sie sind, aber er bedauert nicht unmittelbar den Verlust der Wörter, dieser sei lediglich ein Zeichen, ein Zeichen dafür, daß ihm danach nichts mehr bliebe, wirklich nichts, und er, als Regent der Allheit, kenne sich schon recht gut im Nichts aus, er komme dort zurecht, er würde sich geschmacklos, aber mit einer dem Thema nicht unangemessenen Gewöhnlichkeit auf die Landreform sowie die Verstaatlichung berufen, diese störten ihn nicht, oder kaum, er sei es gewöhnt, er bliebe so oder so der Regent des Alls, die Namensänderungen im Katasteramt würden ihn, wie er zu sagen pflege, keineswegs in Erregung versetzen, und er meine das ernst, mehrere Jahrhunderte sind, auch was ihre Quersumme anbelangt, manifest in Ordnung, zumindest, was seine Person betreffe, diese Alles-Nichts-Sache, womit, mit diesem »in Ordnung« nämlich, er nur sagen wolle, daß all dies für ihn nur eine Metapher sei, kein intellektueller Aus- oder psychologischer Fluchtweg, sondern Erkenntnis, Empfindung, Erfahrung, wenn er aber … wenn er aber meine Mutter verlieren würde, würde er heimatlos werden, dann würde er wirklich vom Alles ins Nichts abstürzen, ähnlich dem armen Oidipos, und natürlich wisse er, daß dann diese gewisse Katharsis folgen könnte, aber er wolle keine Katharsis, er wolle meine Mutter. Er scheiße auf die Katharsis. Da ging er für vierzig Tage in die Wüste, und da er vierzig Tage und vierzig Nächte gefastet hatte, hungerte ihn. Er hatte Appetit auf Saltimbocca à la romana. Und der Versucher trat zu ihm und sprach: Bist du der Sohn deines Vaters, so sprich, daß diese Steine Brot werden. Mein Vater verwandelte die Steine bereitwillig zu Roggenbrot mit Sesamkörnern. Da führte ihn der Teufel mit sich in die Heilige Stadt und stellte ihn auf die Zinne des Tempels. Mein Vater nickte und warf sich hinab, weil es geschrieben stand. Sie gingen auch noch auf den Gellértberg hinauf, wenn du vor mir niederfällst und mich anbetest etc. Mein Vater hatte das Gefühl, jemand wollte seinen Hochmut testen, das ärgerte ihn, immer kommen sie damit daher, er wäre aristokratisch und so, also fiel er demütig nieder und betete den Versucher an. Da verließ dieser ihn, und siehe, da traten Engel zu meinem Vater und dienten ihm. Ohne daß sich etwas verändert hätte, vergaß er Schritt für Schritt, Morgen für Morgen seine Angst ●

Laß uns Freunde sein, sagte mein Vater zu meiner Mutter. 194.
Fick dich, Alter, antwortete meine Mama und zeigte ihm den Finger. So lernten sie sich kennen. (Er hat meine Möse aus ihren Zusammenhängen gerissen, ereiferte sie sich, selbst als sie schon Großmutter war.)

An meinem Vater klebte ein Bart wie an einem russischen Pa- 195.
triarchen oder irgend so einem Propheten; niemand, aber mein Vater war Prophet im eigenen Lande, man respektierte, verehrte und ehrendoktorte ihn. Eine ehemalige Studentin gestand ihm Jahre später, daß sie Jahre zuvor bis über beide Ohren in ihn

verknallt war. Bis über die Ohren?!, ärgerte sich der Alte, warum hast du nichts gesagt, Idiotin, wir hätten einen prima Fick haben können. Mein Vater, meine Mutter ●

196. Entweder führt sich mein Vater wie ein König auf, den die Gewerkschaft am liebsten abwählen würde, er drangsaliert sein kümmerliches Reich aus einem Ohrensessel vor dem Fernseher sitzend, oder aber er benimmt sich wie ein Heimatloser, dessen Name Hase ist, den es gar nicht gibt, Beleidiger und Beleidigter in einer Person, andererseits aber die Perfektion höchstselbst, der deshalb hauptsächlich Fehler um sich herum sieht, hartnäckige Dummheit, mißgünstige Tatenlosigkeit, geistige Verfettung. Dabei wäre es am besten, segensreichsten, wenn der Alte es lernen und forcieren würde, sein Herz auf der Zunge zu tragen. Wenn er zum Beispiel zur Kenntnis nehmen würde, daß da manchmal Angst in ihm herrscht, und wenn er nicht alles, was nicht bei drei auf dem Baum ist … Manchmal würde ihn eine stille, zarte Umarmung zufriedenstellen, eine Berührung, ein sanftes Wiegen. Manchmal würde er so sehr gefallen wollen, daß man nicht einmal mehr sagen könnte, wer was will, manchmal hätte er Gewissenbisse wegen des ausgebliebenen Orgasmus des Gegners, manchmal, wenn er den komplizierten und geheimnisvollen Schoß meiner Mutter betrachtete, würde er von Minderwertigkeitsgefühlen heimgesucht (ein Schwanz kann so simpel sein, so ein verschlafener Pimpf), ein andermal wieder würde er auf die Verantwortung pfeifen, die er zum Thema ausgebliebene Orgasmen an den Tag zu legen hätte (»Ich schulde dir zwei Orgasmen, das zahl ich dir noch zurück, dann ist es aus zwischen uns«), manchmal würde er zwei-, dreimal am Tag ins Bett steigen wollen, ein andermal fiele es ihm wochenlang nicht einmal ein, er ahnte es nicht einmal, manchmal, immer öfter, würde er seinem Herrn danken, daß er ihn als Mann erschaffen hat mit einem

Queue und den Kugeln seiner Eier, wenn auch das eine tiefer hängt als das andere, und er verließe sich immer bereitwilliger auf ihn, auf die Weisheit, auf die seines Schwanzes, er würde ihn um seine Meinung bitten bezüglich gefährlicher Situationen, in der Wohin-Sache, und ob er extra Englischstunden nehmen sollte (how do you do?). Mein Vater ist eine komplexe Komposition. ●

Du wirst Vater, sagte meine Mutter zu meinem Vater. Und dein Mann? *›Ein Theoretiker‹*; meine Mutter zuckte noch nicht einmal mit den Achseln ● 197.

Mein Vater verkündete, er wünsche sorgenfrei zu leben, so wie die Engel ohne Sorge sind, welche Engel nicht arbeiten, sondern pausenlos den Herrn lobpreisen. Er zog dann auch aus (vermutlich in die Wüste), um den Herrn zu lobpreisen. Doch nach einer Woche war er wieder da. Er klopfte. Bevor sie öffnete, fragte meine Mutter: Wer da? Ich bin's, hier folgte der Name meines Vater, dein Bruder. Bei meiner Mutter konnte er mit diesem Laß-uns-Geschwister-sein-Gelaber, mit diesem duckmäuserischen Heranpirschen keinen Blumentopf gewinnen, da war es ihr sogar lieber, wenn er besoffen war. Sie antwortete: hier folgte der Name meines Vater, ist ein Engel, er ist zum Engel geworden, er weilt nicht mehr unter den Menschen. Aber ich bin's doch, flehte mein Vater. Aber meine Mutter öffnete ihm nicht, sie quälte ihn bis in die Früh. Schließlich öffnete sie doch und sagte: Du bist ein Mensch, un homme, ein unübersetzbares Wortspiel, du mußt arbeiten, damit du essen, schlafen und lieben (auf letzteres zeigte sie auch) kannst. Mein Vater warf sich wie ein Stück Lumpen meiner Mama vor die Füße und flehte mit lauter Stimme: Ve-her-za-hei mi-hir ● 198.

199. Mein Vater, nein, meine Mutter war alt geworden. Die Zeit war über sie hinweggegangen. Für die Frauen ist es schwerer alt zu werden als für die Männer, denn alte Männer können noch Kinder haben, alte Frauen hingegen nicht. Mit Macht kann man vieles ausgleichen, das aber nicht. Meine Mutter hatte tapfer gekämpft, aber schließlich wurde sie von der Zeit eingeholt, und niemand wollte sie mehr, denn sie war häßlich geworden, ihr Bauch war aufgebläht, ein allgemein säuerlicher Geruch umschwebte sie (Beuschel), und Geld hatte sie auch keins. Der unglückselige Fall mit dem Preßburger Lotto hatte den Reichtum dieses Familienzweigs dahingerafft. Meine Mutter gab auch da nicht auf, sie wich nicht zurück. Ihren Kampf trug sie nicht im Namen der Frauen aus, noch nicht einmal in ihrem eigenen. Schauen wir mal. Meine Mutter liebte die Männer, sie liebte die Körper, die körperliche Liebe. Die körperliche Liebe war es, der sie den höchsten Rang zusprach, das war es, was für sie die Welt im Innersten zusammenhielt, was der Welt einen Sinn und ein Ziel verlieh, das war ihr Daimon, ihre Leidenschaft, die höchste Instanz, hier reichte sie ihren Widerspruch ein, hier fand sie Obdach und Trost, hier gewann sie Absolution, zu ihr betete sie, ihren guten Willen erflehte sie. Erbarme dich meiner, jeden Tag erwachte sie mit diesem Satz. Sie hatte abgenommen, ihr Gesicht war faltig geworden, die Haut hing an ihr herunter, sie war grau geworden, sie färbte sich das Haar nicht, sie sah aus wie die Hexen aus den Märchen. Ein unangenehmer Anblick. Da ging sie los und stellte sich vor die Kirche, zwischen die Bettler, die sich aber bald verdünnisierten, denn meine Mutter war ihnen peinlich. (Die große, klotzige Barockkirche war vom Bruder des Vaters des Vaters des Vaters meines Vaters erbaut worden, aber das ist vom Gesichtspunkt meiner Mutter betrachtet von verschwindender Bedeutung.) Sie hängte sich eine Tafel um den Hals, deren Aufschrift sie von Zeit zu Zeit laut, mal heiter, mal kichernd, mal

schallend, aber niemals zornig, maximal ernsthaft den Passanten zurief. Manchmal flüsterte sie sie auch. Sie schloß die Augen und flüsterte. Die Passanten trauten ihren Augen nicht, sie blieben stehen, lasen mit stummen Lippenbewegungen die Aufschrift meiner Mutter, mehrere schüttelten den Kopf, als hätten sie Wasser im Ohr, lasen erneut und machten sich dann eilends aus dem Staub. Sie trauten sich gar nicht, meine Mutter anzuschauen, sie starrten sie aus der Ferne an, sie konnten sich nicht von ihrem Anblick lösen. Richtig in ihre Nähe traute sich keiner, am wenigsten mein Vater. Und mit Recht, denn wenn meine Mutter merkte, daß jemand Interesse zeigte, nahm sie ihn sofort in Beschlag und sprach ihn auf die allerpersönlichste Weise an, so daß dem Angesprochenen ganz eng ums Herz wurde und er sein Leben überdenken mußte. Meine Mutter sprach die Menschen an, als wäre sie die körperliche Liebe selbst. Dies war, in Anbetracht ihres Alters, ihres Zustandes und ihres Geruchs mehr als peinlich. Die Sache wurde etwas durch den Umstand entschärft, daß die Aufschrift auf deutsch war, fürs Ungarische war meine Mutter nicht mehr beherzt genug. Die Aufschrift lautete wie folgt: *›Ficken lieben ist Friede.‹* (Auch damit dienst du dem Frieden.) Immerhin, solange meine Mutter lebte, gab es keinen Krieg in Europa ●

Vor zehn Jahren, als er noch im Vollbesitz seiner Kräfte war, 200.
bat mein Vater seinen ältesten Sohn, er möge ihm Bescheid sagen, sollte er die Zeichen der Senilität an ihm entdecken. Der Sohn versprach es leichten Herzens. Und jetzt, nachdem ihn mein Vater mit der Dummheit und Grobheit einer überalterten Primadonna schon das dritte Mal bis aufs Blut beleidigt hatte, sah er schließlich ein, daß er ihm nie Bescheid sagen würde. Unmöglich. Wenn man sprechen muß, ist es nicht möglich, es ist nur möglich, wenn man es nicht muß ●

201. Er (mein Vater) ist alt geworden. Geschrumpft ist er auch, er ist bereits kleiner als sein kleinster Sohn, das heißt, der von der geringsten Körpergröße, obwohl immer noch größer als seine größte Tochter. Er rasiert sich seltener, als es notwendig wäre, und an seinen Lippen ist ständig ein Ausschlag, eine Flechte, so von der Art, zu der man bei uns sagt, das Essen habe ihm wohl so gut geschmeckt. Das stimmt nicht (daß ihm das Essen immer schmecken würde). Neuerdings hat er eine Freundin, die sich neuerdings mit Mathematik beschäftigt. Sie ist auf den Geschmack gekommen. Sie schickt meinen Vater in die Bibliothek, er möge ihr etwas über die Banach-Räume mitbringen, sie selbst habe Hüftschmerzen. Von Fall zu Fall würde sie sich wegen eines fachlichen Rats gern an den Sohn meines Vaters wenden, aber aus irgendeinem Grund traut und will sie sich nicht unmittelbar an ihn wenden, also schickt sie meinen Vater zu ihm, der umständlich einen Zettel hervorkramt, irgendwo, aus seiner Tasche, seiner uralten, abgewetzten Aktentasche mit dem Schnallverschluß, er findet ihn nur schwer – kaum –, und liest das zu Erledigende vor, orthogonale Reihe etc. Seinerzeit hat uns meine Mutter die fünf Brötchen so aufgeschrieben, wie man ihm jetzt die inverse Matrix aufschreibt. Mein Vater muß auch die Antwort mitnehmen. Er macht sich Notizen, aber meist bemüht er sich, es im Kopf zu behalten. Daß er's nicht versteht, ist klar. Aber daß auch sein Gedächtnis derart nachgelassen hat, ist neu. Er ist schon am Gartentor, als er immer noch, lächelnd, das Gehörte wiederholt, manchmal blickt er fragend seinen ältesten Sohn an, ob es stimme. Wenn etwas überhaupt nicht klappen will (irgendein kompliziertes Kontinuitätskriterium), bricht er in Tränen aus. Mein Vater weint ●

202. Mein Vater ist alt geworden, geschrumpft ist er auch, aber das ist jetzt unwichtig, Fakt ist, man kann nicht mehr ver-

stehen, was er sagt, höchstens soviel noch: Marmelade, aber das ist jetzt unwichtig, doch plötzlich fängt er an, in ganzen Sätzen zu sprechen, Subjekt, Prädikat, Erweiterungen, was er noch nie in seinem Leben getan hat, er hat einem immer nur Wörter hingeworfen, interessante Wörter zwar von findiger Ordnung, aber das ist jetzt unwichtig, abgenommen hat er, wie ein Vogel, keine 83,5 Kilo, noch nicht einmal achtzig, keine sechzig, sondern zweiundfünfzig, angezogen, mit Schuhen, mit Brille, sein Gesicht ist auch klein geworden, eingegangen, deswegen hat sich mein Vater einen Bart wachsen lassen, einen vom Typ Kossuth, um den Verlust auf diese Weise auszugleichen, denn er hat gesehen, daß er schon zu klein ist, er hat gesehen, alles ist in Ordnung, nur er selbst wird immer weniger, immer, immer weniger, ausschließlich die Eitelkeit, die nimmt nicht ab, Gott sei dank, denn sonst hätte er (mein Vater) noch nicht einmal einen Bart, aber das ist jetzt unwichtig, Fakt ist, meine Mutter hat gleich gerafft, daß sie es nun mit einem schwächlichen alten Mann zu tun hat, daß also ihre Zeit gekommen ist, und sie rächt sich gnadenlos, läßt ihn permanent auflaufen, stößt mit dem Fuß den Stock beiseite, der meinem Vater aus der Hand gefallen ist (neuerdings geht (ginge) er an einem Stock), serviert die Suppe kalt und tut so, als wäre sie heiß, oh, lächelt mein Vater, sieh mal, ich kann nicht einmal mehr warm und kalt unterscheiden, seitdem er einen Bart hat, freut er sich über seine Gebrechen, nimmt sie mit Freuden wahr und zählt sie auf, er denkt, jetzt sind die »Sachen« ins Lot gekommen, meine Mutter demütigt und schmäht ihn in der Öffentlichkeit, erzählt und erklärt den Abendessensgästen mit peinlicher Detailliertheit den jahrzehntelangen Verrat meines Vaters, diese aus der Ferne heldenhaft und farbig leichte, aus der Nähe betrachtet aber graue und kleinliche Lebensführung, diese rattenhafte Maskerade, mit all dem untermauert sie quasi ihre jetzige Rigidität, ihre unerbittliche Härte, und mein Vater lächelt, wie schon bei der

Suppe, und versucht meiner Mama schmeichelnd zuzureden, ob sich meine Mama denn nicht erinnere, als meine Mama Studentin war, kochte er, mein Papa, für sie, so tödlich verliebt war er in sie, ob man das nicht gegenrechnen könnte, könnte die Beurteilung nicht ein bißchen freundlicher ausfallen?, erstens hast du nie gekocht, niemals, zweitens hast du, wenn du gekocht hast, Scheiße gekocht, drittens, ob du gekocht hast oder nicht, das ist heute nicht mehr besonders interessant, es zählt nicht, und damit schiebt sie mit dem Ellbogen sachte die Brille meines Vaters vom Tisch, einerseits, damit er nichts sieht, damit er, wie sich meine Mutter ausdrückt, blindschleichen muß, andererseits, damit jemand früher oder später drauftritt (auf die Brille), drittens, damit auf diese Art der Vormittag gelöst ist. Danach wird es dann auch noch irgendeinen Nachmittag geben. (PS: Mein Vater wünschte in seinen letzten Tagen, Wagner zu hören. Meine Mutter legte Schubert auf. Schubert!)

203. Mein Vater ist nicht der Rede wert; er nahm am österreichisch-sardischen Krieg teil und starb ein Jahr vor meiner Mutter, der bildschönen Contessa Rossi, der, das läßt sich nicht leugnen, das Leben in der Provinz stank, ebenso wie die schlammigen Wege durch den Bakony, außerdem vermißte sie die Wiener Musik. Eine Weile vertrieb sie sich die Zeit, indem sie die vorgeschriebene Anzahl Kinder, acht Stück, zur Welt brachte, dabei organisierte sie ein Kammerorchester aus den ortsansässigen Zigeunern, und da die Zigeuner aus dem Bakony keine Noten lesen konnten, zeigte sie ihnen die Melodien auf dem Klavier, die diese dann fehlerlos nachspielten. Nebenbei war sie auch eine hervorragende Komponistin, was nur durch Zufall herauskam; in ihrem Testament verfügte sie nämlich, man möge nach ihrem Tode alle ihre Kompositionen verbrennen (alle ihre Zettel, so schrieb sie es), was auch passierte. Woran aber meine Mutter

nicht gedacht hatte, weil sie da nicht mehr denken konnte, war die Partitur ihrer eigenen Begräbnismusik. Es war, als hätte sie gesprochen, als hätte sie uns angesprochen, und so erreichte sie, was das Höchste an einem Begräbnis ist: Wir dachten an die Tote, anstatt uns selbst zu bedauern. Die Partitur ist in der Musikaliensammlung der Österreichischen Nationalbibliothek zu finden. Mit einem Wort, meine Mutter fand Réde öde, also ließ sie auf ihre alten Tage die ungarischen Eigenheiten hinter sich, meinen Papa miteingeschlossen, und kaufte sich eine Villa in Hietzing. Zur gleichen Zeit wohnte auch eine junge Gräfin, hier folgt der Name meines Vaters, in der Gegend, die, da sie gerade guter Hoffnung war, eine Annonce in die Zeitung setzte, sie suche nach einer Amme, und ihre Adresse gab sie ein wenig blasiert folgenderweise an, Gräfin, Name meines Vaters, Hietzing. Eines Tages wird meiner Mama gemeldet, eine irre Person sei da, die behaupte, eine Amme zu sein und wegen der Annonce zu kommen. Ich lasse bitten. Die sich Amme nennende Amme wurde vorgelassen und wunderte sich nicht zu knapp, als sie meine über siebzigjährige Mutter erblickte. In gutem Wiener Dialekt fragte sie auch gleich, ob meine Mutter die Gräfin sei, ›*sans die Gräfin*?‹ Meine Mutter bekräftigte dies der Wahrheit entsprechend. ›*Na ta schau her, und sie kriegens a Kind? In dem Alter! Wos ti Herschaften nit fertigbringen!*‹ In Null Komma nichts verbreitete sich die Nachricht, meine Mutter würde im Alter von fünfundsiebzig Jahren ein Kind erwarten. (Der älteste Sohn meines Vaters spricht es nicht aus: ich, sondern zeigt stumm auf sich selbst.)

Mein Vater war ein großer Schmierenkomödiant, er 204.
kreischte förmlich auf, erhob Hände und Augen gen Himmel, als würde er einen jammernden Juden nachahmen und parodieren, oh, wie kompetent, brillant und bereitwillig wir doch unsere Niederlagen, unsere Mißerfolge illustrieren (wie beim

Fußball, wenn wir den Ball nicht treffen), die in unserem Gedächtnis wie eingebrannt haften bleiben, und oh, wie kläglich, lächerlich und bemüht ist es, wenn wir uns damit plagen, die flüchtigen Augenblicke der Schönheit und der Hoffnung in karge Worte zu fassen! Meine Mutter beäugte mißtrauisch den herumfuchtelnden Mann, sie ahnte nicht, worauf die Sache hinauslaufen sollte, es wäre sogar vorstellbar gewesen, daß mein Vater keine Hintergedanken hatte. Alles, einfach alles ist vorstellbar! Aber was wollte er nun tatsächlich mit dieser unverschämt vereinfachenden Fragestellung erreichen? Ich erinnere mich nicht, begann er zögernd, ich erinnere mich an keine einzige Stelle in der Weltliteratur, wo es um restloses Glück gegangen wäre. Die Passagen des Leidens, der Frustration, der Enttäuschung könnte ich hingegen ohne Ende aufzählen. Jetzt schwieg mein Vater, meine Mutter dachte nach. Nach langem Nachdenken kam ihr schließlich eine Passage aus der Göttlichen Komödie in den Sinn (nicht die letzten vier Zeilen!) sowie aus der Kartause von Parma jene Szene, in der Fabrice aus seiner Zelle herausblickt. Das waren tatsächlich dürftige Beweise! Sie lebten schon lange zusammen, mein Vater hätte mal alles erzählt, mal gar nichts. Die einzige Sache, mit der ich mich nicht abfinden kann, sagte er nach langem Schweigen, ist nicht der Tod, sondern die Tatsache, daß wir uns unser ganzes Leben lang von der scheinbaren Trostlosigkeit des Daseins terrorisieren lassen: als wären wir ausschließlich dazu geboren, den Löffel abzugeben, und dabei genießen wir kaum jene wundervollen Augenblicke, die wir trotz allem durchleben, und sei es, daß sie unmoralisch, gefährlich und vergänglich sind wie die Pest. Daraus schloß meine Mutter sofort, daß man bei meinem Vater am Tag zuvor Blasenkrebs im fortgeschrittenen Stadium diagnostiziert hatte. Deswegen war sie wegen der Bemerkung bezüglich des Genießens auch gar nicht beleidigt, obwohl sie sie verständlicherweise in einem gewissen Maße (als

Vorwurf) auf sich beziehen konnte. Wir springen mit dem Kopf voran ins Zellophan des Lebens – meine Mutter hüstelte nervös –, wir springen von Tod zu Tod, und wir nehmen kaum etwas anderes wahr als unser Schaudern. Jetzt ist dennoch nicht die Angst vor dem Tode entscheidend, sondern diese andere, die ich ob der verpaßten Dinge verspüre. Und diese Versäumnisse sind kaum mehr wettzumachen, da der Schmerz jede Freude davonrafft. Heute nachmittag stand ich vor Giorgiones Schlafender Venus, die von Tizian vollendet wurde, nachdem Giorgione der Pest zum Opfer gefallen war, und mich überkam die Melancholie: Nie wieder werde ich diese Schönheit ohne meinen neuen ständigen Begleiter, den Schmerz, genießen können. Mein Vater sah meine Mutter an, als wäre sie irgend jemand anderes. Aber er richtete seine Worte dennoch an sie. Welche Erinnerungen oder Hoffnungen, welche Regungen der Vergangenheit und der Zukunft sind mächtiger als unser Schmerz? Meine Mutter sah meinen Vater an, als wäre er jemand anderes. Aber sie umarmte meinen Vater, als würde sie ihn zum Tanz auffordern. Sie beugte sich über den Krebs meines Vaters und flüsterte, nicht selten geht es um Augenblicke, die uns eigentlich – mein Vater hob, wie üblich, die Augenbraue – unwichtig vorkommen, geradezu klischeehaft, Erinnerungen, derer wir uns selbst nicht sicher sind, die uns dennoch Halt und Ansporn geben. Keiner schaute den anderen an, sie schwiegen. In Szováta war es gut, sagte meine Mutter leise. Das war gut. Wie wir im Park getanzt haben. Und unter den Bäumen, flüsterte mein Vater. Sie fingen zu tanzen an, langsam, schwankend. Es war gut, wie du immer meinen großen Bauch gestreichelt hast, wenn ich schwanger war. Aber vergiß auch nicht, was schlecht war. So ist es realistisch. Schreib es auf ein Stück Papier. Zieh eine Linie in der Mitte, links das Gute, rechts das Schlechte. Sofort wirst du klarer sehen. Das erste Mal mit dir, das war schlimm, wir mußten uns beeilen, und der Schlüssel blieb im

Schloß stecken, und ich wollte es sowieso nicht. Die Geburt war schlimm [das bin ich!], die Abtreibung war schlimm, das Blut war schlimm … Jetzt vergißt du das Gute. Schlimm ist es, daß meine Mutter mich nervt, gut, daß ich bei ihr schlafen durfte, wenn sich mein Vater wieder mal herumtrieb, es war schlimm zu hören, wie sie Liebe machten, es war schlimm, wenn sie sich stritten, Buchteln sind gut, der Luftballon mit Gas war gut, den mein Vater besorgt hatte, es ist gut, zur Kommunion zu gehen, die Hostie ist gut, weiß und kühl, schlimm ist sie, weil ich sie fallengelassen habe, es ist gut, in der Kirche ohnmächtig zu werden, der Weihrauch, schlimm ist es, zu beichten und die Chorprobe, gut war es, als mich der kleine Tóth das erstemal abknutschte, schlimm war's, als er mich begrapschte, und dann wieder gut, die Cartouche ist gut, *oft ist dasselbe gut, was schlimm ist, zum Beispiel mit dir sein oder Brechbohnensuppe,* gut sind die zwei Wochen Führungskurs, gut war es, als ich einmal in großer Gesellschaft in deine Hosentasche griff, Wodka-Orange bei den kleinen Tóths ist gut, gut war es, wenn jemand am Strand unter meinen Bikini faßte, schlimm ist es, daß der Gummi strammt, schlimm ist es, daß morgens unter der Decke schlechte Luft hervorweht, gut war es am Plattensee, als es tote Aale gab, es ist gut, über das Geländer zu rutschen, es ist schlimm, meine Mutter gegen den Knöchel zu treten, gut ist beim Turnen die Felge … Sie tanzten weiter, aber sie bewegten sich nicht mehr, meine Mutter hielt meinen Vater ganz fest, der auf diese Weise schön der Reihe nach jeden glücklichen und hoffnungsvollen Augenblick seines Lebens zurückbekam, Augenblicke, die zwar in seiner Erinnerung verblaßt waren, aber selbst blaß noch Freude bereiteten, eine Stimme, die Stimme seines toten Vaters, ein graues Detail eines in Grau gehaltenen Váli-Gemäldes, Kratzspuren am Boden des silbernen Zigarettenetuis (er hatte niemandem verraten, woher die Kratzspuren stammten, und er wird es nun auch keinem mehr verraten), das unbeschreibliche Grün des Waldes bei Sonnenaufgang am 23. Juli 1956, ein *gewisses* Manuskript, diese Melodie aus Dreimädelhaus, jener Tag, der erste Tag unserer heldenhaften Revolution, als jemand fragte, wo das Leben sei, in der Stube, auf der Straße, auf dem Feld, oder ... und sie strich mit der Handfläche über den Rock, das Storchennest in Csobánka, während russische Militärfahrzeuge über die Hauptstraße ziehen, das Photo eines Felsens, ein Erkennen, eine Dummheit, eine Klugheit, Worte, Gerüche, der Geruch von Hundepipi im Hinterhof 1947, der von Koks 1938 und der von Paprika, der 1956 aus dem Treppenhaus wehte. Eine Gotteserfahrung und ein Gichtanfall: zur gleichen Zeit. Dieser farblose und doch unvergeßliche Abend in der Carnegie Hall, und jener Tag, als er noch keine neunzehn war und in einer stickigen Mansarde Dantes Göttliche Komödie las, das erste Mal, in Chicago (oder in Valparaiso?), und jene Fünfminutenfrau unter dem Baum, die er nie wieder traf, die er aber immer noch in sich trägt – – – – alles bekam mein Vater in den Armen meiner Mutter zurück, alles. Auch sie, meine Mutter, war schon müde, sie ließ den Kopf sinken, sann einen Moment nach und flüsterte mit mädchenhafter Verschämtheit ins Ohr meines seit einigen Minuten toten Vaters, das Lächeln der Jeanne Moreau, das bekommst du niemals, mein einziger Schatz, niemals ●

Als der Sohn meines Vaters meinem Vater mitteilte, daß meine 205.
Mutter gestorben war, schlug dieser plötzlich seine rechte Hand auf den Mund, als hätte er sich an irgend etwas die Lippen verbrannt, oder hätte irgend etwas gesagt, das er nicht sagen wollte und sogleich bereute, die Linke ließ er fallen und preßte sie, mit der Handfläche nach außen, an seine Seite, wie ein Invalide, und er sagte nichts, er stand nur da in der Küchentür, wo sie sich getroffen hatten, und beendete den angefangenen Satz nie, mit dem er fragen wollte, ob sein Sohn Waffeln mit Zitronenfül-

lung haben wolle, die er gerade aus Eger mitgebracht hatte, wo er einkaufen war, als das Telegramm aus dem Krankenhaus eintraf ●

206. Wilhelm II. mochte meinen Vater nicht und mein Vater mochte Wilhelm II. nicht (obwohl da noch keiner von ihnen etwas von Hitler oder dem Lager Sopronkőhida ahnen konnte). Ihre Unterhaltung war weder ehrlich noch offen, Schweigen und abgebrochene Sätze markierten die Spannungen. Majestät, das gehört nicht in meine Kompetenz, sagte zum Beispiel mein Vater. König Karl genoß bis goutierte eigentlich (?) die Starrköpfigkeit seines Ministerpräsidenten. (Am 6. Juli kam der Kaiser nach Laxenburg. Mein Vater mußte sich vorstellen. Er erschien im Schloß. Wurde stehend empfangen. Der Kaiser machte meinem Vater in scharfem Tone Vorwürfe wegen der Begnadigung von Kramař. Die Antwort meines Vaters: a) innere Angelegenheit Österreichs, b) sollte aus militärischen Gründen es doch wichtig erscheinen, die Ursachen des Gnadenaktes zu erfahren, Ministerpräsident Seidler könnte Aufklärung geben. Dies gefiel nicht. Es scheint, Sie sind wenig über die Kriegslage orientiert. Allerdings, *›Eure Majestät‹*. Die Lage an der Westfront ist mir sozusagen unbekannt. Sind Sie sich darüber im klaren, daß in Frankreich täglich soundsoviele Pferde an einer Pferdepest eingehen? Höre dies erst jetzt, Eure Majestät. Leider benutzte Joffre requirierte Taxis im Herbst '14. (Sehr scharf:) Merken Sie sich, wissen Sie, vor welche Entscheidung mich mein Generalstab gestellt hat? Keine Ahnung, Majestät. Vor die Entscheidung, entweder Calais oder Paris zu nehmen. Wortwörtlich. Majestät, möge die Durchführung nicht schwerer sein als die Wahl. Der deutsche Kaiser starrte meinen Vater lange stumm an, dann: *›Genug, danke‹*. Im übrigen meint mein Vater, Bartlett hätte diese Audienz in seinem Buch The Tragedy of Europe ganz falsch beschrieben. Beim abendlichen Hofdiner trugen natürlich alle Herren deutsche Orden –

mein Vater keinen, nachdem der ihm zugedachte ›*Eiserne Kronenorden Klasse I*‹ »auf dem Tisch des Kaisers liegen geblieben« war. Sein Sekretär Bárczy brachte ihm überstürzt einen, damit mein Vater ihn anheften konnte, und als mein Vater ihm zuflüsterte, er habe überhaupt keinen, wußte Bárczy nicht, ob er seinen eigenen Orden zweiter Klasse nun tragen durfte oder nicht. Mein Vater beruhigte ihn, und einige Wochen später erhielt auch er die zweite Klasse über das Wiener Konsulat, ohne Begleitbrief. Während seiner Amtszeit als Ministerpräsident wurde er nicht nach Deutschland eingeladen.) Mein Vater verließ die Burg schlechtgelaunt, spazierte ebenso über den Graben; Deutsche, Kommunisten, Krieg – die Welt war dabei zu kippen. Da hatte er plötzlich, um 23 Uhr 26, als wäre er eines mystischen Erlebnisses teilhaftig geworden, das Gefühl, er sei kein Jemand, einer, mit dem alles passieren konnte und bis dahin auch passiert war, keine Person, sondern lediglich ein Blick. Er betrachtete die ahnungslose und banale Masse, die sich über den Graben dahinwälzte – König, Kaiser, Verfall, Kompetenz. Man müßte eine Brücke über den Abgrund zwischen den denkenden und den nichtdenkenden Menschen schlagen, dachte er. Um den denkenden Menschen vom Podest seiner kühlen Überlegenheit herunterzuholen und ihn solcherart wieder in Kontakt mit dem Mann von der Straße zu bringen – in dieser Sache hatte mein Vater einen bemerkenswerten Versuch unternommen ●

Vielleicht waren es der Sahnekukuruz oder die Russen in 207.
Essig, es könnten aber auch Scham oder schlechte Laune gewesen sein, die europäischen Kräfteverhältnisse oder vielleicht das wendische Wetter, das meinem Vater auf den Magen geschlagen war, so daß er ständig hinausrennen mußte. Stündlich spurtete er auf den Donnerbalken, ein Glück, daß man die Verhandlungen nicht vertagen mußte, der geschickte persönliche Sekretär

meines Vaters – ein talentierter Bauernjunge aus dem Zala – organisierte die Wortmeldungen so, daß mein Vater ab und an verschwinden konnte, ohne daß der relevante Teil der Verhandlungen darunter gelitten hätte. Mein Vater konnte in Ruhe auf dem neuen »Legestuhl« nach englischem System herumsitzen, niemand würde ihn mit seinem Klopfen stören, die historischen Korridore waren leergefegt, alle tummelten sich bei den Verhandlungen, die gerade von ihm (gut) geführt wurden. Vielleicht waren es der Sahnekukuruz oder die Russen in Essig, es könnten aber auch Scham oder schlechte Laune gewesen sein, die europäischen Kräfteverhältnisse oder vielleicht das wendische Wetter (oder: vor allem die Schafsnieren vom Rost, die seinen Gaumen mit feinwürzigen Nuancen von Urindüften kitzelten), daß es so unermeßlich stank, was war es genau?, die Anwesenheit meines Vaters?, seine Tätigkeit?, letztendlich war es die Scheiße, die stank, der Darmkot. Dies in allen Einzelheiten auseinanderzusetzen würde nichts bringen, soviel sei aber gesagt, daß die Masse quasi gleichzeitig mit den Winden aus meinem Vater herausbrach, ununterscheidbar, was was vor sich herschob, ist auch egal, eine »schwere Geburt«, damit er hinterher um so zufriedener im Ergebnis herumsitzen konnte, im Klartext: im Gestank, tief inhalierend, in Schmerz und Lust, quasi sich selbst einsaugend. Die Differenz zwischen ihm und der Welt war verschwunden, und mein Vater hatte das Gefühl, der *›Ich-Erzähler‹* zu sein. Der englischen Apparatur gegenüber trug er sich mit Skepsis – wenn man unachtsam an der kleinen Kette zieht, verschwinden die Exkremente (für immer), ohne daß man auch nur einen Blick auf sie hätte werfen können, was eine mit Aversion gemischte Angst in einem erweckt, als hätte sie jemand gestohlen, als würde plötzlich etwas aus einem fehlen, unerklärlicherweise, ebenso, wie es dadurch unerklärlich wird, womit man denn die Zeit zugebracht hat, was in solchen Fällen mehr als unangenehm ist. Deswegen, und da es keine Veranlassung zu geben schien, sich irgend jemandem gegenüber rücksichtsvoll zu geben, spülte er das Klosett nicht. Er dachte mit Genugtuung daran, daß auch seine Kleidung diesen ganzen Gestank annehmen würde. Er lachte laut heraus, vielleicht tut das der Monarchie sogar gut. (»Solang' die Kette schwingt, ist der Deckl noch warm.«) Als er aber die Tür öffnete, wurde diese unerwartet gerade auch von außen geöffnet. Achduschreck, seufzte mein Vater und stieß mit dem Gesandten des Vatikans zusammen. Exzellenz, behaupteten sie gleichzeitig mit einem breiten Lächeln. Der Mann aus dem Vatikan war ein vielerfahrener, gebildeter Mann, manchmal etwas wild in seinen Überlegungen, auf eine sympathische Art untypisch für Rom, wenn auch von Fall zu Fall so grundlos rhapsodisch, daß es schon die Grenzen des Bluffs streifte, obwohl er, das stimmt auch, stets großzügig war; sein Gesicht, die Rauheit seiner Haut, ihre die Liebe zum Alkohol nicht direkt verleugnende Röte, die buschigen Augenbrauen erinnerten eher an einen Seemann denn an einen feinen Diplomaten; allem gegenüber brannte ein unauslöschliches Interesse in ihm; wenn er auf etwas gestoßen war, erhellte sich sein Blick, und in seinem Antlitz erschien ein erwartungsvolles Lächeln. Lieber Freund, mein Vater hakte sich beim Italiener unter und versuchte ihn davonzuschleifen, ich habe die Impression, deine meiner Rede folgende Wortmeldung war eine Frage dazu, was ich, quasi als Antwort, gesagt hatte. Der Gesandte nickte eifrig, si, si, si, aber er rührte sich nicht vom Fleck. Dreist wie er war, hatte mein Vater nicht einmal das Fensterchen geöffnet. Ja, na ja, versuchte mein Vater Zeit zu schinden, aber auf diese Weise wäre ja zuerst die Antwort gegeben und erst hinterher die Frage gestellt ... Könnte man das nicht etwas konventioneller, quasi der Sitte entsprechend machen, zuerst die Frage und erst dann, wenn es eine gibt, die Antwort?! Komm schon, laß mich los! rief der Gesandte und entriß seinen Arm meinem Vater.

Das – die Freiheit nämlich – beruhigte ihn wieder, natürlich könnte man das, aber ich finde eben gerade durch die Antwort zur Frage. Wenn es keine Antwort gäbe, woher sollte es dann eine Frage geben. Und damit marschierte er lächelnd, in christlicher (mehr noch, katholischer) Gelassenheit, aufs Örtchen. Mein Vater zuckte mit den Schultern und schlug das Kreuz, wenn auch nicht in dieser Reihenfolge ●

208. Meine Mutter tobte vor Lebensfreude, dazu glänzte auch noch die Sonne, lachte die Flur, meine Mama zeigte um sich, das alles will ich dir geben, wenn du mich anbetest, das sagte sie nicht, sondern sie sagte, was für ein schönes Wetter. Mein Vater sah sich um und sagte, soweit würde ich nicht gehen ●

209. Was das Ausweichen anbelangt, ist mein Vater der King, einfallsreich, souverän. Es stimmt nicht, daß er zynisch oder relativistisch wäre. Dein Vater ist leer, klar ist er souverän: Das stimmt nicht. Als er den Befehl erhielt, den Platz vor dem Parlament vom Mob zu befreien, befahl er seinen Männern sofort, in Feuerstellung zu gehen, worauf diese ihre Gewehre, sinngemäß, auf die Menschenmenge richteten. Es war Herbst. In der Totenstille, die sich eingestellt hatte, zog mein Vater sein Schwert und rief mit voller Lautstärke. Genossen. Die Masse brüllte. (Mein Vater wußte, daß er einen Fehler begangen hatte; er irrte sich nicht öfter als andere seiner Klasse, aber er wetzte die Scharte schneller aus.) Meine Damen und Herren. Watzlawick(?). Ich habe den Befehl erhalten, auf den Mob zu feuern. Da ich aber zahlreiche anständige, respektable Bürger hier vor mir sehe, bitte ich diese, den Platz zu verlassen, damit ich auch sicher nur den Mob unter Beschuß nehme. Sie haben's gefressen, innerhalb weniger Minuten war der Platz leer. Was war also die Situation, und was ist der psychologische Kern der geistreichen Lösung meines Vaters? Mein

Vater stand, ohne Zweifel, einer bedrohlichen Menge gegenüber. (Nicht immer, aber immer öfter.) Der Sinn des erteilten Befehls war es, der Feindseligkeit Feindseligkeit entgegenzusetzen, mehr von dem gleichen, und da die Männer meines Vaters bewaffnet waren, die Menge – d.h. eventuell, das darf man nicht vergessen, der Mob! – aber nicht, versprach das eine wirksame Methode zu sein. Aber in einem umfassenderen Zusammenhang wäre diese Änderung keine Änderung gewesen, im Gegenteil. Es hätte also passieren können, daß dieser Platz geleert, andere Plätze aber noch mehr gefüllt worden wären, mit anderen Worten, die Wahrscheinlichkeit eines leeren Raums verringert sich durch die Entstehung eines neuen leeren Raums, mit anderen Worten, wenn ich mehrere Väter hätte oder ihn selbst würde es mehrmals geben und er würde somit zu allen zu säubernden Plätzen abkommandiert werden, dann würde ein Papa den anderen in eine immer schwierigere Lage bringen, und am Ende wäre es mein Papa, der die Arschkarte gezogen hätte, es ist auch nicht ausgeschlossen, daß die Menge – nun mit Sicherheit ein Mob, die verdammten Arschlöcher, daß sie meinen Vater in so eine Lage bringen konnten! – meinen Vater niedermetzeln würde, was selbstredend nicht im Interesse meines Papas wäre. Aber mein Vater hob die Situation aus ihrem Rahmen, der sowohl ihn als auch die Menge enthielt, und gestaltete sie so um, daß sie für alle Beteiligten akzeptabel war. Die Lösung meines Vaters ist eine typisch quasi-rationelle. Von einer feindseligen Logik ausgehend könnte man so etwas nicht folgern. Wenn es heißt, »gib's ihm, 's ist dein Vater nicht«, und es ist nicht dein Vater, dann gib's ihm. (Wenn es dein Vater ist, dann ... Diese drei Punkte waren es, an denen mein Vater ansetzte.) Auch seine fachlichen Studien konnten ihn nicht zu dieser Lösung führen, deren Sinnfälligkeit man kaum bezweifeln dürfte. Möglicherweise kam ihm der erleuchtete Gedanke in jenem beschaulichen, meditativen Moment, als er sein Schwert zog. An die Schwerter, summ! Nein: Er konnte sich nicht in jeder Lage gleich verhalten, auf diese Weise wäre wohl kaum ein Offizier aus ihm geworden; sicher nicht. Er fand immer neue Umstände vor, denen er *ausweichen* konnte. Einer altvertrauten Falle auszuweichen ist ein gefährliches und mutiges Unterfangen, aber die einzige Chance, besonders in fest zementierten, harten Partien. Meine Familie schämte sich nicht dafür, daß sie die Kathedrale in Siena nicht zu Ende gebaut hatte. Mein Vater war sehr dafür gewesen. Wenn Florenz eine hat, sagte er immer wieder, brauchen wir auch eine, mehr noch, sie sollte nach Möglichkeit größer sein, und sie bauten die äußerste Mauer auf, damit die Florentiner schon bei dem Gedanken zitterten, wie groß die Kirche meines Vaters werden würde. Dann war das Geld ausgegangen, die Leute meines Vaters legten ihr Werkzeug nieder und kamen nicht einmal mehr in die Nähe der Kathedrale. Und als man aus einem Seitenschiff der geplanten Kirche schließlich doch noch eine vollständige, wenn auch nicht allzu große, dafür mit Zebrastreifen versehene Kathedrale erbaute – in Gedanken an Gott und nicht an die Florentiner (im übrigen unter der Leitung des Florentiner Baumeisters Renato Pasta und seiner Frau Ursula) –, ließ man die vereinzelt dastehende, riesige, ungestalte Mauer nicht wieder einreißen. Mein Vater und die Seinen waren eher stolz auf das »äußerste räumliche Symbol vereitelter menschlicher Pläne«. Sie schämten sich nicht, denn sie tappten nicht in die Falle des »too much invested to quit«. Beim Staudamm von Nagymaros gelang es meinem Vater nicht, dasselbe zu erreichen. Wir haben ihn abgerissen, als hätte er nie dort gestanden, das Problem ist nur, er hat da gestanden. Ausweichen kann auch mein Vater einer Sache nur dann und dort, wenn und wo er vorher auf sie zugegangen ist.●

Mein Vater: So wie das Pferd vier Beine hat und dennoch stolpert, hat auch die Donau zwei Ufer, und dennoch hat man die Juden hineingeschossen.● 210.

Meine Mutter erzählt, der Prozeß meines Vaters sei gerade angelaufen. Dein Vater war, wie du wohl weißt, einer der Chefs der Milice unter der Vichy-Regierung. Die Familie wurde französisiert, mit Rákóczi nach Rodostó, von da aus nach Paris etc. Nun ist es so, daß man den Kerl (meinen Vater) 47, 48 Jahre lang in verschiedenen Klöstern versteckt hielt, wo er auch verhaftet wurde; während er untergetaucht war, wurde er in Abwesenheit gleich zweimal zum Tode verurteilt. Diese Urteile sind inzwischen nicht mehr aktuell, teils, weil man die Todesstrafe abgeschafft hat, teils, weil ein erheblicher Teil der Verbrechen, die den Urteilen zugrunde lagen, verjährt ist. Frankreich macht nämlich einen Unterschied zwischen Kriegsverbrechen (z.B. Folterung und Exekution von Gefangenen) und Verbrechen gegen die Menschlichkeit (z.B. rassistische Verbrechen). Erstere sind nach dreißig Jahren verjährt, letztere verjähren nie. Der Hauptanklagepunkt gegen meinen Vater ist die Hinrichtung von sieben Geiseln. Das passierte folgendermaßen: Die Widerständler hatten irgendwann im Frühjahr oder Sommer des Jahres 1944 auf Anweisung von London den Propagandaminister der Vichy-Regierung erfolgreich attentiert, wie sich meine Mutter ausdrückt. Die Deutschen hatten angeblich zuerst die Hinrichtung von hundert Geiseln gefordert, was von meinem Papa immer weiter runtergehandelt wurde, bis sie schließlich bei acht angekommen waren. Diese wurden in einer Zelle versammelt. Die Auswahl war nicht besonders équitable, von den acht waren sieben Juden, obwohl Henriot nicht von jüdischen Widerständlern erschossen worden war, sondern von der französischen Résistance als ganzer. Eines frühen Morgens öffnete dann mein Vater in Begleitung eines Milicien 211.

die Tür der Zelle und führte die Geiseln zur Hinrichtung. Aber während sie noch im Gebäude waren, blickte mein Vater den einen an (dieser achte gehörte der obersten Führung der Résistance an, und das war auch bekannt) und schickte ihn zurück in die Zelle. Sieben sind weniger als acht, dachte mein bescheuerter Vater, dafür hatte er Mathematik studiert. Dafür! Dein armer (poor), bekloppter Vater! Die anderen wurden hingerichtet, der achte blieb am Leben, trat jetzt sogar als Zeuge auf. Wie er sagte, wußte er schon damals sofort, daß er ohne jeden Zweifel deswegen am Leben blieb, weil er kein Jude ist, während es die hingerichteten Geiseln waren (Juden nämlich). Sobald seine Zeugenaussage verklungen war, und als das, was er sagte, von niemandem bestritten wurde, weder von meinem Vater noch von seinem Verteidiger, schlug der Staatsanwalt zu: Voilà, es habe sich erwiesen, daß der Angeklagte (mein Vater) ein Verbrechen gegen die Menschlichkeit begangen habe. Verstehst du, mein Junge? Die Tatsache, daß dein Vater jemanden verschont hatte, wurde zum Schuldbeweis; noch krasser: Er hat deswegen ein Verbrechen gegen die Menschlichkeit begangen, weil er nicht einen mehr hat hinrichten lassen, wenn er auch den achten hätte hinrichten lassen, hätte man ihn jetzt nicht unter Anklage stellen können. Das Meditieren über die Abgründe, die sich hier auftun, überlasse ich dir, mein Sohn, sagte sie (meine Mutter) und umarmte mich ●

212. Mein Vater wurde für sein Bild mit dem Titel »Buchenwald« ausgezeichnet. Zuerst empörte man sich – mein Vater gab dem Bild den Untertitel »Glück« –, dann zeichnete man ihn aus. Ob er darin eine gewisse Wiedergutmachung sehe, fragten die Journalisten, daß man ihn vor vierzig Jahren nach Buchenwald verschleppt habe, und er jetzt ausgezeichnet, in einem erstklassigen Hotel einquartiert und in exklusive Restaurants ein-

geladen würde. Mein Vater lächelte, sein Goldzahn glitzerte wie bei einer altrussischen Babuschka. Ich sehe zwischen den beiden Sachen keinen Zusammenhang, sagte er mit höflicher Nachdenklichkeit, ein wenig träge, ich wurde als Maler ausgezeichnet und als Jude deportiert. Applaus. Mein Vater schnitt eine winzige Grimasse. Vielleicht, wenn ich schon damals gemoit hätte. (Mit Oi.) Großer Applaus. Jetzt tut er so, als würde er nachdenken, flüsterte meine Mutter. Mein Vater tat so, als würde er nachdenken, und sagte dann, als würde er von einem Streich berichten, obwohl, Jude bin ich bis zum haitigen Tag. Stille, dann rhythmisches Klatschen, das die Stille verjagt. Meine Mutter haßt es, wenn mein Papa das Wesentliche so gut zusammenfassen kann. Sie haßt es, wenn die Sätze meines Vaters »sitzen«. Das Wesentliche sitzt nicht! Schau, flüstert sie ihrer Freundin neben sich zu und zeigt auf die Füße meines Vaters, die zu sehen sind, unter dem Tisch hervorlugen, wie dick die Knöchel des Ärmsten sind. Voller Wasser. Siehst du, was sie ihm angetan haben

Mein Papa wurde nach Mauthausen verschleppt. Sie töte- 213.
ten ihn ganz normal, wie jedermann. Bei seiner Heimkehr wog er vierzig Kilo, brach oft in Tränen aus, und auf seiner Haut, die von einer ekelhaft grauen Farbe war, zeigten sich wieder und wieder langsam heilende Geschwüre. Er wurde schweigsam, vertraute weder Lebenden noch Toten, den Steinen nicht und nicht der Donau. Dann, fünfundvierzig, kaum achtzehnjährig, trat er in die Kommunistische Partei ein, weil er das Schweigen irgendwie brechen wollte, aber das klappte nicht, er hatte auch mit der einen oder anderen zwielichtigen Sache zu schaffen, wurde auch ins Gefängnis geworfen, kam um Sechsundfünfzig herum wieder frei, und dann lief das Werkl weiter, mal so, mal so

214. Nach Auffassung meines Vater ist das Leben: mit kleinen Einschränkungen wundervoll. Denn nach Auffassung meines Vaters ist in Auschwitz zu sterben: normal, natürlich, auf der Hand liegend. Der Mensch wird verschleppt, getötet: das heißt dann, es ist alles in Ordnung, alles läuft nach Plan, wenn es einen Plan gibt, wenn es keinen Plan gibt, dann geht es unter Zustimmung aller vor sich (ab und an ein kleines Zögern). In Auschwitz nicht zu sterben ist nicht normal, nicht natürlich, also wundervoll. Das Wundervolle bezieht sich dabei nicht darauf, daß es von geringer Wahrscheinlichkeit ist, obwohl es von geringer Wahrscheinlichkeit ist. Der Grund dafür kann sein: ein Fehler, ein Zufall, das sogenannte Glück (Mazl) sowie die unberechenbare Hysterie des richtungslosen Lebenswillens. Ebenfalls nicht normal, nicht natürlich, also wundervoll ist es: gar nicht nach Auschwitz zu kommen (also in Nicht-Auschwitz zu sterben oder nicht zu sterben). Das ist sehr häufig der Fall, deswegen ist es irreführend. Das Wundervolle der Welt ist: schwer. Womit ich nicht sagen will, sagte mein Vater, daß, wenn die Welt ohne Fehler normal wäre, es leichter, schwerer oder genauso wäre wie dieses Wundervolle ●

215. Mein Vater ist in A. zu einem schlechten Charakter geworden, er hat A. zwar überlebt, aber er ist zu einem schlechten Charakter geworden. Er haßt alles und jeden, Menschen, Tiere, Pflanzen, selbst Mineralien. Wann immer er die Gelegenheit dazu hat, richtet er Schaden an. Er betreibt Rufmord, hetzt Leute gegeneinander auf, am Hof hat er gerade wegen A. einen großen Einfluß, mit einem Wort, er kann viel Übel anrichten, zum Beispiel spannt er in der hinteren Stube eine Angelsehne aus, und wenn meine Mutter darüber stolpert, schiebt er das Ganze dem Sohn meines Vaters in die Schuhe. Nehmen wir mal an, mein Vater stirbt, wobei es jetzt ganz egal (völlig schnurz) ist, ob das unter natürlichen oder nicht natürlichen Umständen

geschieht. Nehmen wir weiter an, daß alle, die in Beziehung zu meinem Vater standen, auch jene, die ihn trotz allem mochten, und auch jene, denen er geschadet hatte und die ihn dafür haßten, sterben. Was ist dann? Nimmt A. ein Ende? Oder wird es in unserer Angst, diktiert mein Vater (der das Wesentliche an A. genau begriffen hat, abgesehen von den Konsequenzen, die ihn konkret und persönlich betreffen), immer, solange die Welt noch steht, da sein, wird es immer einen geben, der darum weiß, der nicht vergißt, der sich erinnert. So also steht die Welt? Solange ?

Für meinen Vater ließ man einen Lehrer aus Nagyszombat kommen, einen strengen, ordnungs- und systemliebenden Menschen. Und vor allem diszipliniert, was daraus folgte, daß vor allem Leiden sein Leben bestimmte. Das verbarg er auch nicht vor meinem Vater. Er war immer ausgestoßen, verfolgt worden, man war immer gegen ihn, seine Gedanken waren, was er auch immer gedacht haben mochte, stets ketzerisch. Er stand immer auf der anderen Seite. Am Rande. An der Seite des Todes. Und daß das natürlich ist. Das ist der Mensch, dachte mein Vater, durch den die Welt zu einem Ganzen geworden ist, vollständig und echt. Und wer war mein Vater? Er war die Welt. Nicht die Weltlichkeit, sondern das, was durch diesen ewigen Juden erst zu einem Ganzen gemacht wurde. Die Gegenwart ist, fast schon per definitionem, immer eine dürftige Zeit, nichtsdestotrotz fühlte sich mein Vater heimisch in dieser Welt. Er betrog sich selbst nicht; im Gegensatz zu seinem Lehrer betrachtete er genau dieses Heimischsein als natürlich und das Gegenteil davon als merkwürdig. Im übrigen stand auch mein Vater alleine da, entgegen und kontra. Am Rande. An der Seite des Lebens. So war er jener Mensch, durch den die Welt zu einem Ganzen wurde, vollständig und echt. Aber damit nicht genug. Die Frage, die keiner stellen kann (Hegel ist gestorben), ist, wie die Natur der Welt ist. Ist Gott 216.

unser Vater oder ein gemeingefährlicher Irrer, der eventuell schon längst Selbstmord verübt hat, das ist die Frage. Wenn es nicht stimmt, daß mein Vater und der Lehrer aus Nagyszombat gemeinsam die Welt ergeben, dann stimmt es deswegen nicht, weil ihre Welterfahrung zufällig und persönlich ist. Dann heißt es lediglich: Der eine hatte Pech, der andere Mazl, der eine wurde vom Schicksal geschlagen, der andere verwöhnt, den einen hat seine Mutter nicht geliebt und hat ihm schon in sich drin mit einer Sicherheitsnadel an der Fontanelle gekratzt, der andere wurde rosig geküßt. Das ist nichts, das eine ist Gejammer, das andere Angeberei, und beides ist Kitsch ●

217. Das Gelaber um den heißen Brei brachte ihm nichts ein, mein Vater durchschaute ihn, seinen Sohn; aus seiner Stimme klang Verzweiflung, er habe »die Jahre der Verfolgung« nur körperlich heil überstanden. Manchmal wache er aus einem Alptraum auf und höre noch das Fallbeil des Henkers über seinem Kopf herabsausen. Kürzlich habe ihn die Fehlzündung eines Motors zu Tode erschreckt, er habe die Explosion für den Schuß eines Attentäters gehalten. Und er fühle sich leer, ausgebrannt, verlassen. Immer öfter peinige ihn der Wunsch, sich von seinen Schmerzen und einer undankbaren Welt durch Selbstmord zu erlösen. Einen Augenblick lang erwachte im Sohn meines Vaters eine längst begrabene Hoffnung. Warum er sich, wenn er denn schuldlos verfolgt sei, noch immer verstecke, fragte er. So oder so, er müsse sich seinen Richtern stellen! Auf diesem Weg würde er, sein Sohn, ihn begleiten, ihm jeden Schutz gewähren, Tag und Nacht bei ihm bleiben. *›Vati!‹* Eine kleine Pause, dann das metallische Tönen einer Stimme: Es gibt keine Richter, nur Rächer ●

Mein Vater sah Diana zum Verwechseln ähnlich (später allerdings machte er den Mund auf). Deswegen hatte ihn das britische Königshaus als Doppelgänger engagiert (genauer die Kommanditgesellschaft, und die KG hatte dann meinen Vater beauftragt), das heißt, er vertrat manchmal die Prinzessin bei deren Auftritten. Nun aber verzichtete er auf den ehrenvollen Posten. Diana zu sein hat mich in den Wahnsinn getrieben, mich krank gemacht. Er hatte sich derartig mit der nachzuahmenden Prinzessin identifiziert, daß er an der gleichen Depression litt, mit den gleichen Eheproblemen und Eßstörungen zu kämpfen hatte wie ehedem die Prinzessin. Seine Ehe ging ebenfalls in die Brüche, da meine Mutter außerstande war, sich mit dem Doppelleben meines Vaters abzufinden. War er vielleicht auch Dis Doppelgänger bei deren bekannten Liebesabenteuern? Und dann jetzt, nicht wahr... das Schicksal eines Doppelgängers ● 218.

Wer (mein Vater!) ist hier der Alkoholiker? Ein Alkoholiker ist nicht der, der viel trinkt, sondern der, der nicht aufhören kann. Was sagt die Statistik? In einer Klasse von fünfundzwanzig Schülern stammen im Schnitt drei aus einer Alkoholikerfamilie. In einer Gruppe beliebiger Jugendlicher ist bei jedem achten bis zehnten wenigstens ein Elternteil alkoholkrank. In einer Stadt ist jedes zehnte Haus von Alkoholproblemen gezeichnet. In so einem Haus wohnte mein Vater. Was sagte daraufhin Jesus Christus (zu meinem Vater)? 1. Du bist nicht allein. Ich bin bei dir und so weiter. Und die Statistik. 2. Das Problem ist, daß du deine Probleme weder lösen noch sie unter den Teppich kehren kannst, denn sie sind größer als du. Und als der Teppich. Aber ich bin größer (höher bzw. dicker, heißt: schwerer) als alles, so auch größer als deine Probleme. Ruhe dich aus in meinem Frieden. 3. Ändere dich. Das ist erschreckend und nicht ohne jedes Risiko, aber vergiß nicht etcetera. 4. Ich warte auf dein zustimmendes 219.

Nicken, damit ich dir Quell der Kraft und der Hülfe sein kann. 5. Ich liebe dich, ich akzeptiere dich als das, was du bist. Meine Liebe fußet nicht auf deinen Taten, welche abscheulich und verderbt sind, sondern darauf, wer du bist, den ich nämlich geschaffen habe nach meinem Ebenbild. Ich segne dich jetzt und in alle Ewigkeit. 6. Na dann, in Gottes Namen, Prost!

220. Für den Anfang, denn im Anfang war der Anfang, trank mein Vater zwei Gläser Zubrovka, denn er wußte (weiß) aus Erfahrung, daß die Menschheit einen besseren morgendlichen Heiltrank noch nicht erfunden hat. Ein Glas Zubrovka also. In der Puschkin(früher: hier folgt der Name meines Vaters)gasse kippte er dann ein zweites Glas, diesmal allerdings kein Zubrovka, sondern Wodka mit Koriander. Ein Bekannter meines Vaters behauptet, der mit Koriander wäre ein antihumanes Getränk, was soviel heißt, daß er, während er die Glieder des Menschen stärkt, seine Seele schwächt. Mit meinem Vater geschah irgendwie genau das Gegenteil (starke Seele, schwaches Glied), obwohl auch das inhuman ist. Deswegen schickte er gleich an Ort und Stelle noch zwei Krügerl Schiguli Bier hinterher und zog sich gleich auch noch eine Flasche Moldawischen Weißweins rein. Er konnte sich noch daran erinnern, daß er in der Tschechow-Straße zwei Gläser Jägerwodka gekippt hatte. Bis zum heutigen Tage werden vom Budapester Ostbahnhof bis nach Nyíregyháza die Cocktails meines Vaters getrunken. Balsam des Kanaans (im Volksmunde »der Dachsgraue« genannt) ist eine mäßig starke Flüssigkeit von intensivem Aroma. Ach was, das ist gar kein Aroma mehr, eine wahre Hymne ist das. »Selbst wenn wir den Wodka aus Flaschen trinken – wenngleich pur –, wird er außer seelischen Qualen und Verwirrung keine andere Wirkung auf uns haben. Die Mischung aus Wodka und Kölnisch Wasser verfügt schon über eine etwas kapriziösere Wirkung, aber das Pathos

fehlt auch hier noch. In einem Glas Balsam des Kanaans hingegen sind sowohl Stimmung als auch Esprit und Pathos enthalten, darüber hinaus wird man auch eines gewissen metaphysischen Erlebnisses teilhaftig. Aber welche Komponente des Balsams sollen wir am höchsten bewerten? Natürlich den denaturierten Alkohol. Wobei der medizinische Alkohol, als *Objekt der Begeisterung*, der Begeisterung selbst vollkommen bar ist. Was ist es also, das wir daran so hoch schätzen? Das pure Wasser, nichts anderes. Und mehr noch jene giftige Ausdünstung, die ihm entweicht. Um dieses Miasma noch stärker zu betonen, können wir es nach Belieben mit einigen Tropfen eines edlen Duftes würzen. Deswegen wird dem medizinischen Alkohol im Verhältnis 1:2:1 Schwarzbier hinzugefügt – das Ostankinoer oder das Senator eignen sich hierfür am besten –, beziehungsweise reine Politur. Ich will nicht näher darauf eingehen, wie man Politur defäziert, das kann einem jeder erklären. Warum Petőfi gestorben ist, weiß in Ungarnland keiner, aber wie man Politur klären muß, kann einem jeder sagen.« Also 0,1 l medizinischer Alkohol, 0,2 l Schwarzbier, 0,1 l reine Politur. Der Duft von Genf: 0,05 l Weißer Flieder, 0,05 l Mittel gegen Fußschweiß, 0,2 l Schiguli Bier, 0,15 l alkoholhaltiger Lack. Träne der Komsomolka: 15 Gramm Lavendel, 15 Gramm Eisenkraut, 30 Gramm Irish Moos Gesichtswasser, 2 Gramm Nagellack, 0,15 l Mundwasser, 0,15 l Limonade; die so gewonnene Mischung zwanzig Minuten mit Gerten der Heckenkirsche rühren, obwohl manche der festen Überzeugung sind, man könnte die Heckenkirsche durch Teufelszwirn ersetzen; das ist eine falsche und gefährliche Ansicht. Windige Hündin: 0,1 l Schiguli Bier, 0,03 l vom Shampoo mit dem Namen »Sadko, der reiche Gast«, 0,07 l Haarwasser gegen Schuppen, 0,025 l Bremsflüssigkeit, 0,008 l BF-Kleber, 20 Gramm Insektenvertilgungsmittel; das Ganze eine Woche lang über Zigarrentabak ruhen lassen. Schon nach zwei Weingläsern dieser Cocktails wird man so durchgeistigt, daß ein jeder zu einem hinkommen und einem anderthalb Stunden lang ins Gesicht spucken kann, ohne daß man einen Mucks tut ●

221. Mein Vater nahm diszipliniert, mit Freude, aus freiem Willen und regelmäßig eine Substanz aus dem gegorenen Saft von Trauben zu sich (oral), die Ethylalkohol, Glyzerin, Säuren, Zucker, Stick-, Gerb-, Farb- und Duftstoffe, Enzyme, unentbehrliche Vitamine sowie schlackebildende Mittel (Kalium, Eisen etc.) enthielt. Mit ähnlicher Ausdauer nahm er etwas zu sich, das zwar keinen Zucker, dafür aber mindestens 40% sogenannten Alkohol und eine unmaßgebliche Menge an sogenannten Extraktivstoffen enthält. Notgedrungen akzeptierte er auch die kommerzielle Variante (aber ohne sie zu befürworten!), die durch Zugabe von Essenzen entsteht. Synthetische Verbindungen, pfui! Es gab da noch eine Sache, zu deren Herstellung mein Vater 17–29 kg Malz für 1 hl verbrauchte. Nachdem sie vom Magen meines Vaters absorbiert waren und in seinen Blutkreislauf gelangten, fingen diese Substanzen an, auf das zentrale Nervensystem meines Vaters zu wirken, und minderten die psychischen Hemmungen des Alten, namentlich ließ die Beobachtungsgabe meines Vaters nach (Heckenrose? Gürtelrose?), die Assoziationsfähigkeit flachte ab (Entertainer – Ententrainer), das Erinnerungs- (wer zum Teufel bist du denn, Kleiner?), das Lern- (...) und das Urteilsvermögen ließen nach, außerdem nahmen Selbstkritik und Selbstdisziplin ab. Dann stellte sich für kurze Zeit Euphorie, also unmotiviert gutes Allgemeinbefinden ein. Die starke Erregung des von Hemmungen befreiten Bewegungszentrums meines Vaters äußerte sich in zu lauter Sprache, Deklamation, Gesang, spielerischem oder spielerisch wirkendem Ringen und Wetteifern (was ist die Hauptstadt von Brasilien?). Hinzu kamen die stockende Rede, der schwankende Gang und das bra-

vouröse Doppelsehen sowie die Scherereien um das Einführen des Schlüssels ins Schloß. Mit schwindender Erregung setzte der Atem meines Vaters öfter aus, Müdigkeit und Schläfrigkeit machten sich bemerkbar, er streckte sich hin, mit den Worten meiner Mutter: Das Schwein schnarcht schon (oder: Die arme Sau schnarcht schon). Im Laufe der Zeit entwickelte sich in meinem Vater ein bedingter Reflex wie beim Pawlowschen Hund, der nicht mehr vom Essen, sondern vom Klingelzeichen zu speicheln begann, und zwar so, daß er willentlich gar keinen Einfluß mehr darauf hatte, eine Brücke zwischen dem Alkohol und dem Wunsch nach Berauschung, und sobald diese Brücke betreten war, lag die Entscheidung nicht mehr bei meinem Vater (siehe: Speichelfluß). Hinzu kam, daß sich das Verhältnis zwischen Erleichterungsdosis und Rauschdosis veränderte. Dieses war zu Anfang 1 Krug zu 6 Krügen, dann 3:5, dann 4:4 und schließlich 5:3, das heißt, schon längst war der Rausch da mit all seinen Konsequenzen (Schlüssel, Schloß), noch bevor es irgendeine Erleichterung gegeben hätte. Mein Vater wußte natürlich nichts von dieser Brücke, und er kannte auch diesen Scheißkerl Pavlitschek nicht, deswegen verachtete er sich selbst, so wie wir ihn verachteten, er dachte, es wäre eine Sache der Willenskraft, er dachte, die würde hier geprüft, darin würde er scheitern. Aber in ständiger Verachtung kann man nicht leben, also nahm das doppelte Versteckspiel seinen Anfang: in Kleiderschränken, unter der Matratze, in den Spülkasten, in Essigflaschen, in Thermoskannen. Und wenn der Blutalkoholspiegel sank, kamen Schwitzen, Unruhe, Überempfindlichkeit (nicht nur bei Juden), Schwäche, Durchfall, Schlafstörungen, starkes Zittern (Tremor) und all diese psychosomatischen Dinge hinzu. Die Halluzinationen bildeten sich hauptsächlich aus in großer Zahl anzutreffenden, farblosen, beweglichen Sachen: kleinen Tierchen, der klassischen Maus, nicht selten Albino-, Insekten, Katzen, Löwen, Fäden, Drähten, Wasserstrahl. Mein Vater präferierte die Mäuse, danach schlief er nur und schlief. Im Haus herrschte große Stille. »Mein lieber Junge, was für ein brillanter Geist dein Herr Vater auch sein mag, als Mensch macht er eine sehr schwache Figur.« »Und wie oft habe ich ihn schon gebeten, er soll endlich einsehen, daß er tausend andere Verpflichtungen hat als diese abscheulichen Kneipentouren. Wem so ein Name und vier solche Söhne gegeben sind, der darf sich nicht so beflecken. Armer Vater, ich bedauere ihn unendlich. Mich selbst aber nicht weniger.«

222. Auf der ersten Zeitebene hatte mein Vater die Angewohnheit, dem betroffenen Kind zu sagen, daß es ihn verführt habe, er selbst habe das gar nicht gewollt, aber das betroffene Kind sei eben so *süß*, daß er einfach nichts habe machen können, aber wenn es jemandem davon erzähle, würden meine Mutter und die *›Oma‹* – die das betroffene Kind besonders gern hat – bestimmt böse, sie würden wütend werden, und es sei nicht auszuschließen, daß sie es, das betroffene Kind, an die Zigeuner verschenkten, beziehungsweise, noch viel schlimmer, wenn es singt, dann würde er, mein Vater, weit weg gehen, und dann würde die Familie hungern, und auch das Haus müßte verkauft werden. Dem betroffenen Kind bleibt in solchen Fällen nicht sehr viel mehr als der Selbstmord übrig, zum Glück zog man es aber aus dem Wasser. Auf der zweiten Zeitebene wird vom betroffenen Kind stark bezweifelt, daß mein Papa genügend Kraft in sich hätte, um Verzeihung zu bitten (etc.), damit nicht das betroffene Kind allein diese seelische Last zu tragen hätte. Hassen, verachten, sich rächen!, so ruft es hinaus, aber mein Vater ist (war) da schon tot. Oh, wahrscheinlich hätte er mir nur wieder leid getan. Dieser Scheißkerl. Und wenn du so einen Pisser einmal bedauerst, kannst du ihn nicht mehr genug hassen. Arm dran oder Arm ab, egal. Meine Mutter schlug sich auf die Seite meines Vaters, in ihren Augen

war das betroffene Kind (im Grunde) eine billige kleine Nutte, und wenn es meinen Papa schon gereizt habe, hätte es ihn (meinen Papa) auch beruhigen können. Meine Mama hatte keine Zeitebene ●

Der Schweizer Kinderschutzbund sah sich das Angebot an und unternahm dann einen Versuch, allgemeine Kriterien aufzustellen. Nach diesen zählt es als sexueller Mißbrauch, wenn 1. mein Vater sich nackt vor dem betroffenen Kind zeigt, wenn 2. mein Vater sich vor den Augen des betroffenen Kindes entkleidet, besonders, wenn sie alleine sind wie ein Mittelfinger, wenn 3. mein Vater seine Geschlechtsteile exponiert, wenn 4. mein Vater das betroffene Kind beim Entkleiden, Baden, Stuhlgang ausspannt, 5. Zungenkuß, 6. manipulative Berührungen (klar, wo), wenn 7. mein Vater das betroffene Kind dazu veranlaßt, seinen (meines Vaters) Schwanz zu berühren, wenn 8. mein Vater vor dem betroffenen Kind masturbiert und umgekehrt, wenn 9. mein Vater die Meinung äußert, es sei für meine kleine Schwester – das betroffene Kind – an der Zeit, endlich Sachen zu lernen, die auch meine Mutter tue, wenn auch nicht so und nicht so häufig wie er, als Oberhaupt der Familie, das mit Recht erwarten könne, aber dafür sei ja meine kleine Schwester da, jetzt käme sie an die Reihe, weswegen meine Mutter sich noch lange nicht so aufzuführen brauchte wie eine eifersüchtige dumme Gans, und er den Kopf meiner kleinen Schwester zu seinem Hosenstall hinunterdrückt, und sie sich erschrocken aufzurichten versucht (hat), aber es ging nicht, danach erbrach sie alles *(›Du bist doch mein Vater!‹)*, Fieber bekam sie auch und ging am nächsten Tag nicht zur Schule, wo sie im Religionsunterricht das Leben Thomas von Aquins und in Mathe die Euklidischen Axiomen durchgenommen haben (hätten), wenn 10. mein Vater in die Vagina und/oder 223.

in den Anus (des betroffenen Kindes) eindringt, egal, ob unter Verwendung des Fingers, des Schwanzes oder eines Fremdgegenstandes, und schließlich 11. auch, wenn er ihn nur so dagegenreibt. Mein Vater, wie jeder moralisch verantwortungsbewußt denkende und lebende Mensch (christliches Ungarn), auf dessen Rechnung von den jährlich 280 Tausend Mißbräuchen (davon 20 Tausend Minderjährige) lediglich 75 % gehen, der Rest sind Geschwister, Onkel, Tanten (!), Freunde der Eltern, sonstige (z.B. ein Forscher der Geschichte der Royal Society), teilt in den Punkten 5–11 die Meinung des Verbands, um so weniger ist er allerdings damit einverstanden, daß man die ersten vier Punkte an den Haaren herbeigezerrt hat. Sollen wir etwa in längstvergangene Zeiten der Prüderie zurückkehren? Soll meine Gattin halb ohnmächtig in den Fauteuil sinken, wenn ihr Kind, mein Sohn, sie im Negligé antrifft? Wohl kaum, faßte mein Vater zusammen •

224. Mein Vater schweigt hartnäckig. Schlottert und schweigt. Er hat Angst zu reden. Daß er in Schwierigkeiten steckt, verraten wortlose Zeichen, die wir leider viel zu oft nicht zu deuten wissen. Hinweise für einen Mißbrauch, eine Entehrung meines Vaters können sein: Waschzwang. Wenn mein Vater sich zwanghaft schmutzig fühlt und sich ständig wäscht, duscht, badet. Weiterhin, wenn er Kleider aus alten Zeiten anlegt, weite Breeches, um seine weiblichen Rundungen zu verbergen. Allgemeine Beziehungsarmut beziehungsweise Panik im Umgang mit dem anderen Geschlecht. Wenn mein Vater in der Sportstunde sich weigert, sich auszuziehen. Plötzliches Bettnässen. Kleptomanie. Wenn er (mein Vater) ausreißt. Wenn er mit Selbstmord droht. Die Scham, die Angst töten die Worte. Aufmerksamkeit läßt Hoffnung keimen. Wundgetretene Hinterbacken sind natürlich eine Extrakategorie. Umsonst hat er (mein Vater) Schenkel, so dick wie Rákóczis Eiche, der Abscheulichkeit Pulse schlagen •

Die Lieblingsdelikatesse meines Vaters ist die Walfischzunge. 225.
Die mag er sogar noch mehr als Kutteln. Deswegen machen sie, er und seine Freunde, folgendes: Sie umzingeln einen Wal und fangen an, ihn zu zwicken, daraufhin wirft sich der Wal vor Schmerz hoch und reißt den Mund auf, Aaaaaa, und mein Vater und seine Freunde zwicken ihm die Zunge ab. Mein Vater ist glücklich, wenn ihnen das gelingt, er flattert vor Freude, nur wenn der Wal daran verendet (der Wal verendet nämlich daran), bedauert er das ganz ehrlich. Das hat er doch nicht gewollt! Am liebsten würde ihm das Herz darüber brechen! Ach ja: Die kleinen Robben, die mögen sie auch. Sie fangen ein paar – das ist kein angenehmer Anblick, denn die Babyrobben können weinen –, und, das ist interessant, sie fangen an, mit ihnen (den Babyrobben) im Wasser Ball zu spielen, um den Kreislauf der kleinen Robben anzuregen, gut durchblutet sind sie nämlich schmackhafter. Mein Vater weiß zu leben. Einmal aber – das war schon nach Christus – hatten sie zu viele kleine Robben zusammengetrieben, und so blieb eine übrig, die wollte keiner mehr haben, sie waren vollgefressen bis an den Stehkragen. (Mein Vater vereinigte in sich den Gourmet und den Gourmand.) Da führte mein Vater die kleine Robbe ans Ufer, tätschelte sie förmlich aus dem Wasser, hinaus zur Mutter, die furchtbar glücklich war, sie flatterte regelrecht vor Freude, sie hatte mit allem gerechnet, nur nicht damit •

Mein Vater war ein guter Mensch – denn es gibt zwei 226.
Schubladen: die guten Menschen und die schlechten Menschen, Hitler zum Beispiel ist (war) ein schlechter Mensch, mein Vater ist ein guter –, aber auch dazu bedurfte es des Glücks. Denn nachdem er beschlossen hatte, bevor er sich selbst in den Mund schießen würde auch die beiden Söhne meines Vaters zu erschießen, nachdem er also seine Waffe kontrolliert, die Vorbe-

reitungen getroffen und die Tür zu unserem Zimmer geöffnet hatte, trat er an meinen kleinen Bruder heran, und dieser war so strahlend schön, seine Schönheit leuchtete so hell, ein blonder Engel, schwarze Diamanten, daß mein Vater mutlos aus unserem Zimmer rannte, mit dem Ziel, den zweiten Teil seines Plans (bzw. das letzte Drittel, wenn wir es pro Schuß betrachten) auszuführen. Obwohl es sein kann, daß die Schüsse, die nicht gefallenen, dieses Gute nicht beeinträchtigt hätten •

227. Wie also ist die Lage (wie steht's)? Vereinfacht könnte man es folgenderweise ausdrücken: Mein Vater molestiert den Sohn meines Vaters. Er nennt das Liebe; er molestiert ihn, er sieht, daß er ihn molestiert, also liebt er ihn. Der Sohn meines Vaters allerdings nennt die Molesten meines Vaters Molesten (selbst dann, wenn er von Fall zu Fall merkt, daß mein Vater Molesten mit Liebe verwechselt). Mein Vater läßt nicht davon ab, daß der Sohn meines Vaters ihn lieben solle, in seinem, des Jungen, eigenem Interesse. Wenn nicht, dann müsse man ihn dazu nötigen, in seinem, des Jungen, eigenem Interesse. Der, je mehr er die Molesten in der Molesten erkennt, um so mehr molestiert ist, und um so mehr wird das für Liebe gehalten. Deswegen versucht der Sohn meines Vaters, diese seine Erkenntnis zu vermischmauscheln, und er versucht auch zu vermischmauscheln, daß er etwas vermischmauschelt. Mein Vater spricht also: Unehrlichkeit ist eine häßliche Sache. Wenn du lügst, werde ich dich im Interesse deines eigenen Wohls bestrafen. Daraufhin erkennt der Sohn meines Vaters, daß er dann am ehesten bestraft wird, wenn er die Molesten seitens seines Vaters als Molesten ansieht und vermischmauschelt, daß er das tut und vermischmauschelt, daß es etwas gibt, das er vermischmauschelt. So vermischmauschelt der Sohn meines Vaters alles vor sich selbst, er tritt in sich selbst nicht ein. Und hier kam mein Vater zum Zug: Er war der Meinung,

hängende Schultern, ein gesenkter Kopf seien beredte Zeichen für Dummheit und Feigheit. Wogegen er sich alle möglichen Konstruktionen ausdachte. Radikal in ihrer Einfachheit war die *Brücke*, die der Stärkung der Nacken- und Rückenmuskulatur diente, zwei Stühle, in Entfernung einer Körperlänge voneinander aufgestellt, zwischen denen genannter Körper durch Aufstützen der Hacken und des Genicks ausgespannt zu verharren hat. Damit der Sohn meines Vaters nicht mit herausgestreckter, stolzgeschwellter Brust herumläuft, entwickelte mein Vater das *Engbrüstigkeits-Dings,* das abscheulichste Ding auf der Welt, das den gesamten Brustkorb derart verrammelt, daß die Atemnot den ganzen Körper durchströmt. Für die richtige Haltung der Schultern sorgte ein mit Metallfedern ausgestattetes *Schulterband.* Der *Geradehalter* half, die richtige Art und Weise des Sitzens einzunehmen und bestand aus einem Eisenkreuz, von meinem Vater am Schreibpult befestigt, dessen Querholz so gegen Schlüsselbein und Schulterknochen drückte, daß man sich nicht lange sträubte und die angestrebte geschlachte Haltung einnahm. Die *senkrechte Stützstrebe* verhinderte, daß die Jugend die Beine übereinanderschlug, was wegen der Hemmung der Blutzirkulation und anderer, heikel zu nennender Gesichtspunkte zu vermeiden ist. Der *Gürtel mit ringförmigen Schulterlaschen* sicherte die fixe Rückenlage und verhinderte somit ein unverantwortliches, wolllüstiges Wälzen auf die Seite. Mein Vater mochte es, wenn das durch Schmerz erzwungene Bewußtsein zur Gewohnheit veredelt wurde – wobei er zugab, daß in nicht wenigen Fällen eine gewisse Steifhaltung zu beobachten sei. Hinzu kam das Waschen mit kaltem Wasser (auch im Winter) und das brutale Verbot der Selbstbefleckung, leider unabhängig von irgendwelchen Jahreszeiten. So balancierte der pädagogische Daimon meines Vaters durch die Schwächen der Zeit ●

228. Ich reiß dich auseinander wie einen Fisch! Nicht die Schläge, sondern die Wut und der Ekel gegen sich selbst (daß er so eine Angst vor meinem Vater hatte und sich so vor ihm erniedrigte) waren es, was ihn (den Sohn meines Vaters) mit leisem Weinen wach hielt – wie den Fisch im Wasser. (»Nie habe ich Angst gekannt, bevor ich ihn kennenlernte. Er war der erste Mensch, vor dem ich zitterte, mit einem Zittern, das, glaube ich, niemals vorbeigegangen ist. Noch nicht einmal, als ich schon erwachsen war und er ein Greis. Selbst da noch entmutigte er mich in einem ungeheuren Ausmaß, besonders sein Blick. Ich sehe diesen ein wenig steifen, ein wenig gelblichen Blick vor mir, der mich lähmte…«) In den letzten Jahren seines Lebens zeigte mein Vater einige Gesten – die seiner überheblich spröden Natur vollkommen fremd waren, er zeigte sie dennoch, doch der Sohn meines Vaters reagierte nicht darauf. Das war eine Sache, die stärker war als er, er war außerstande, sie zu besiegen, er hatte soviel Zorn in sich und … ja, er bedauert es, besonders großzügig war er auch nicht ●

229. Für Jahre nach, wohin gleich?, nach Neapel als Gesandter, oder wohin. Konnte sich volles Rohr an den weichen, süßen – nein, nicht Frauen, Feigen laben. Dabei machte er (mein Vater) sich Notizen, seit langem schon, über den alten Grafen (seinen Vater). Die Erinnerungen und alles. (Die Dimensionen des Materials überstiegen seine Erinnerungs- und Auffassungsgabe bei weitem.) Jeden einzelnen Tag. Es war gut, auf diese Art zusammenzusein. Wenn er nach Hause fuhr, brachte er dem Wunsch seines Vaters entsprechend eine, was war's gleich, eine silberne Schnupftabakdose mit, oder D-Mark, bar auf die Hand, was er also erledigen sollte, erledigte er. Seine Vorboten waren ihm vorausgeeilt, er hatte noch gar nicht ausgepackt, als sein Vater ihn bereits besuchte. Sie hatten einander seit Jahren nicht mehr gese-

hen. Sie umarmten sich. Er schrumpft, das Gesicht, die Statur, er ist nicht mehr größer als ich, dachte mein Vater. Die Dose?, Großpapa befreite sich aus der Umarmung. Mein Vater überreichte sie, sein Vater nahm sie entgegen. Dann sagte er, er hätte etwas zu erledigen (Apotheke) und entfernte sich zusammen mit seinem Gefolge. Zweiundneunzig Sekunden, mein Vater warf einen Blick auf seine Uhr (Bréguet-Sapin), soviel hatte sein Vater für ihn übrig. Er (mein Vater) dachte an seine Notizen, an »jeden einzelnen Tag«, und es wurde ihm ganz warm vor Dankbarkeit. Meiner Ansicht nach haben wir uns der Wahrheit doch in einem Maße angenähert, daß uns das beide ein wenig zu beruhigen und unser Leben und Sterben leichter zu machen vermag ●

Mein Vater hatte so lange gezaudert, soll er gehen, soll er 230.
nicht gehen, bis er schließlich geholt wurde, alle wurden geholt, auch der Sohn meines Vaters und auch meine Mutter, aber die Frauen wurden später woandershin getrieben, und wir kamen in die Waggons. Mein Vater hatte große Angst, er war ein ängstlicher Mann, er konnte nichts dafür, so war seine Natur. Sooft der Zug anhielt, brachen Soldaten oder Personen, die wie Soldaten aussahen, tobend in den Wagen ein und verschleppten jeweils einen Mann. Jedesmal einen. Sie waren nicht wählerisch, sie machten kein Theater, der Betroffene spürte irgendwie immer, daß er an der Reihe war. Schließlich dachten sie jeden Augenblick des Tages daran, ans Leben, das heißt, an ihren Tod, an dieses kleine Rucken, wenn der Zug anhielt, kein Wunder, daß sie immer reizbarer wurden. Als wir wieder hielten und mein Vater spürte, daß er an der Reihe war, begann er zu schwitzen, ein wiederholtes Zittern, fast schon Zucken lief ihm über Hand und Augenlider, sein Magen knurrte und grummelte, ihm wurde übel (er delirierte), und dann trat er mit einer plötzlichen, wilden Bewegung den Sohn meines Vaters aus dem Waggon hinaus, er

kickte ihn vor die Füße der Uniformierten, die ihn dann auch ordnungsgemäß wegschafften. Da endlich beruhigte er sich etwas (mein Vater). Er lebte lange. Wenn sein ältester Sohn erwähnt wurde, sagte er nur so viel: mein lieber, guter Sohn ●

231. Es war schon ein ungefährlicher oller Wichser aus ihm geworden, nein, ein gemütlicher alter Herr, einsichtig, aufmerksam, schwach, nein, er starb, und am Tag vor dem Begräbnis wurde, quasi zum Kräftesammeln, die Liste seiner Sünden, der Sünden meines Vaters erstellt. Weder die Unschuld noch die Schwäche noch der Tod konnten die Empörung und die Verachtung der Kinder dämpfen, die beim Zusammenstellen der Liste wieder in ihnen erwachte, gleich, wie sehr sich von der einen oder anderen väterlichen Hinterfotzigkeit herausstellte, daß sie im Endeffekt nur eine harmlose kleine Nichtigkeit war, ein lächerlicher Blödsinn, Blödheit. Sie beschworen sie herauf und ereiferten sich. Imstichlassen des sterbenden Großvaters, er war nicht einmal zu seinem Begräbnis gegangen (angeblich wurde gerade die Stadt bombardiert, und deswegen nicht); bei Fliegeralarm kopfloses Rennen in den Keller, skrupelloses Zurücklassen meiner Mutter und der kranken Kinder (»wie er in gebeugter Haltung über den Kirchplatz rennt, wie ein alter Mann, im Alter von dreißig Jahren, ich sehe ihn, ich sehe ihn, wie oft habe ich ihn so gesehen!«), und dann die endlosen feigen Erklärungen; am Tage der Geburt des Sohnes meines Vaters zur Jagd gehen und erst einige Tage später zu meiner Mutter ins Krankenhaus kommen, die nicht nur beleidigt war, sie schämte sich auch vor den anderen Frauen, aber ihr war auch klar geworden, daß sie sich verrechnet hatte, sie hatte falsche Hoffnungen an das Kommen des Kindes geknüpft; weder am Tag des Lehrers noch zum Muttertag (»meine Mutter ist sie nicht«) noch zu Weihnachten hatte er meiner Mutter etwas geschenkt, obwohl ihn die Kinder darauf aufmerksam gemacht und

auch ihre Hilfe angeboten hatten, er beglückwünschte sie nicht einmal, so sehr pfiff er auf die Traditionen; er fläzte sich auf dem Diwan und sah zu, wie meine Mutter arbeitete, und dann, als hätte er selbst keine zwei Hände, ließ er sich von ihr (meiner Mutter) dies und das vom Tisch reichen; harsches Anbrüllen meiner Mutter, sie möge ihn endlich in Frieden lassen, während meine Mutter gerade bemüht war, seine (meines Vaters) Administration in Ordnung zu bringen, sofern das überhaupt möglich war, stundenlanges Telephonat mit den »Metzgern« (Kanzlei der Fleischhauer) etc., zwei Angaben aber hätte mein Vater selbst machen müssen; er besuchte niemanden, weder seine schwerkranke Mutter, obwohl sie tagtäglich nach ihm fragte, noch seine kranken Freunde, aber er war außer sich, wenn ihm das gleiche widerfuhr (Schnupfen); am Telephon mußten wir ihn verleugnen, er würde arbeiten, sei nicht zu Hause, und dann überlegte er sich's anders und nahm uns den Hörer aus der Hand, ließ uns mit der Lüge zurück; wenn wir ihn wegen eines kranken Tiers aus der Kneipe neben der Schule anriefen, ließ er sich verleugnen (ich bin nicht da, war aus dem Hintergrund zu hören), aber er veranstaltete einen riesen Zoff, wenn wir dann den angefahrenen Hund zu einem anderen Tierarzt trugen; er zerriß die Filmschauspielerbilder des Sohnes meines Vaters, eins nach dem anderen; obwohl er nie las, behielt er unsere Bücher, die wir zu Weihnachten bekommen hatten, für Tage bei sich (Kosztolányi: Esti Kornél), und bei den Krimis verriet er, wer der Mörder war; er wußte ganz genau, daß der Sohn meines Vaters ein Katzenfan war, und hetzte vor den Augen des Jungen extra die Hunde auf die streunenden Katzen und ließ zu, daß sie sie auseinanderrissen; wenn er besoffen war, schrie er mit den Fleischhauerburschen auf dem Hof in einem Ton herum, daß wir uns tagelang vor den Nachbarn verstecken mußten, bis endlich einer ein »Wir-kennen-doch-den-Herrn-Doktor-er-meint's-ja-nicht-so« sagte; die Wirte riefen meine Mutter an, sie solle meinen Vater mit nach Hause nehmen, er vertreibe mit seiner Randale die anderen Gäste; in der Nachkriegszeit schleppte er, obwohl wir selbst sehr beengt lebten und obwohl er wußte, daß er sie niemals weder füttern noch mit ihnen Gassi gehen würde, einen Hund nach dem anderen mit nach Hause, um uns dann mit dem Verkauf des Lieblingshundes zu drohen, und er verkaufte ihn nur deswegen nicht, weil wir hinter seinem Rücken den Interessenten beschworen hatten, von dem Kauf Abstand zu nehmen; er verkaufte, obwohl meine Mutter ihn anflehte, ihr das nicht anzutun, das Pferd meiner Mutter an die Pester Filiale des Wiener Pferdefleischhauers Jarolimek, und das, obwohl meine Mama deswegen mehrmals in Tränen ausgebrochen war, er hielt es wohl für eine Art lustigen Streich; er spielte nie mit seinen Kindern (er pfiff nicht einmal), aber er hetzte die beiden älteren regelmäßig gegen den Kleinen auf, der dann rasend am Gitter des Laufstalls rüttelte und seine Härchen ganz naß schwitzte; wenn meine Mutter selten genug einmal krank war, ließ er sie schon von früh an herumspringen, sie solle auf den Dachboden hochklettern etc.; er wußte, daß der Sohn meines Vaters empfindlich auf Gerüche reagierte und den Geruch von gekochten Knochen noch mehr haßte als die Maggi-Suppen, trotzdem fing er während des Mittagessens an, die bei der Jagd errungenen Trophäen auszukochen und sah voller Verachtung dem Leiden seines Sohnes zu; seine Hunde mußten oft bei Fuß gehend ihre Notdurft verrichten, weil sich »der Hund nach seinem Herrchen zu richten hat«; er sagte unseren Klassenkameraden, wir seien nicht zu Hause; er bedrohte und beschimpfte meine Mutter vor unseren Augen; nächtliches Zischeln, Weinen, Knallen, Türeschlagen, Dagegentreten, Möbelsplittern (keine Einbildung, am nächsten Tag war die im übrigen schon seit längerer Zeit gesprungene Marmorplatte des Nachtkastens zerbrochen), verschlafenes Hineingetapse in die »Szene« (auf diese Weise Rettung meiner Mutter), mit vier Jahren also nichts verstanden und doch alles gewußt, das heißt, mein Vater ist auch dafür verantwortlich, daß die ersten Liebesbeziehungen, die ersten Lieben des Sohnes meines Vaters rasch endende Lieben waren; er drückte sich ständig in der Nähe der wackelnden Milchzähne herum, mit einer damals schon lächerlich erscheinenden bedrohlichen Liebesprobe, Vertrauen ist die Hauptsache, Vertrauen, keine Angst, der Onkel tut nichts, er guckt nur, er schaut sich's bloß an, ob er denn schon feste *wackelt* – wenn er wirklich wackelte, versteckten wir ihn natürlich mit unserer Zunge, denn das gegebene Wort meines Vaters war überhaupt nichts wert; er versuchte uns Angst einzujagen, indem er behauptete, meine Mutter würde nie mehr zurückkehren, man habe sie in den Glockenturm der Kirche eingesperrt (»und dort schwebt sie am Gulli-Gulli-Glockenseil«); nach der Operation meiner Mutter hob er nur ein einziges Mal, und auch das nur fluchend, den Wasserhäfen vom Herd; er schlug seinen Jagdhund blutig (»hasenhetzender Versager«), dem 15jährigen Sohn meines Vaters gab er den guten Rat, Kulaken auf dem Sterbebett zu photographieren, die ganze Verwandtschaft würde bei ihm bestellen, sagte er, der in seinem ganzen Leben nicht soviel gearbeitet hatte, daß man davon einen Photoapparat hätte kaufen können; er lebte immer so, wie er wollte, aber er war bemüht, jedes Amüsement meiner Mutter zu versauen, was soweit ging, daß meine Mutter wegen jeder Minute, die sie nicht zu Hause verbrachte, Gewissensbisse hatte; er zerrte mich mit Gewalt neben sich auf den Diwan; wenn meine Mutter aufbegehrte, sie ertrüge das nicht länger, sie könne und wolle nicht mehr, dann drohte er ihr, vorher (d.h. vor einer Trennung) würde er alle hier erschießen und zusammenschlagen oder zusammenschlagen und erschießen; bewußtes Hervorrufen beziehungsweise erfindungsreiches Aufrechterhalten mehrere Stunden dauernder Weinkrämpfe bei einem beliebigen Familienmitglied; als er meine Mutter mit nichts mehr aus der Fassung bringen, ihr beharrliches Schweigen mit nichts mehr brechen konnte, verlegte er sich auf die Hunde, um auf diese Weise Schmerz zu verursachen; er zielte auch mit einer Waffe auf uns; nach einer mißglückten Lateinprüfung verprügelte er meinen Bruder mit der Hundepeitsche (obwohl er selbst zehn Jahre gebraucht hatte, um die Hochschule zu schaffen), der mußte tagelang mit langärmeligen Hemden ins Schwimmbad gehen, auf seine wilden und bösartigen Exzesse folgte die Phase der Erschöpfung und der Schwäche, er bestellte uns an sein Bett, und wir mußten uns anhören, was für ein guter Mensch er sei, sein letztes Hemd würde er für uns hergeben, wir würden lediglich gegeneinander aufgehetzt, dann schlief er, überwältigt vom Selbstmitleid, langsam, still weinend ein. Etcetera ●

232. Mein Vater, mal Erbe eines prächtigen Vermögens, mal bereits dessen Besitzer oder, scherzhaft gesagt, dessen Gefangener, und mal, ganz im Gegenteil, gegen die Verelendung kämpfend, mit der Ohnmacht des tief gefallenen Menschen – das ist eine rührige Familie, ›*Macher*‹ –, beschäftigte sich mit dem sogenannten wahren Leben, er empfand nie die Notwendigkeit, über sein Leben zu reflektieren (»dafür habc ich kcine Zeit«), mit einem Wort, er schrieb kein Tagebuch, brachte den Fluß seines Lebens nicht zu Papier (wieviel Papier braucht es für den jeweiligen Fluß? – das interessierte ihn nicht), die wenige private Correspondance, die erhalten geblieben ist, beschäftigt sich größtenteils mit öffentlichen oder wirtschaftlichen Angelegenheiten. Jede Behauptung bezüglich meines Vaters beruht auf schmalen Tatsachen und dick aufgetragener Intuition. Er könnte ein gutes Beispiel für den sog. traurigen Meinvater abgeben. Er war ein stiller Mann, konnte keiner Fliege was zuleide tun; er besaß weder die Wildheit und die Dramatik der Depression, noch die sanftere

Größe und Schönheit der Melancholie. Ihn einfach schlecht gelaunt zu nennen wäre aber zu wenig. Er war gar nicht schlecht gelaunt. Er lachte zum Beispiel viel. Die Traurigkeit gehörte zu ihm wie ein Schatten. (Also schien ständig die Sonne!) Er entschied sich für die Militärlaufbahn, wurde Hauptmann beim 59. Infanterieregiment des Badischen Kurfürsten; er hatte eine gesicherte Karriere vor sich, die Welt war mit familiären Kissen ausgepolstert. Eines schönen Tages aber – am 19. Mai – heiratete er im niederösterreichischen Gainfarn meine Mama, eine Bürgertochter mit Namen Luise Roß, da zu jener Zeit »als Auswirkung des Bodensatzes des zwar langsam in den Hintergrund gedrängten Freimaurertums, des allgemach aufdämmernden Jakobinertums und nicht zuletzt der Französischen Revolution« beim Hochadel das Ehelichen von Frauen bürgerlicher Abstammung in Mode gekommen war, was die Familie entweder schluckte oder auch nicht. Den üblichen Konventionen entsprechend mußte mein Vater aus der Armee austreten; er trat aus. Ihm fiel gar nicht ein, sich der Familie zu widersetzen; er ward wider sie gesetzt; mit einem Mal stellte er fest, daß er das schwarze Schaf war. Er heiratete meine Mama nicht, um sich aufzulehnen, es trieb ihn auch keine blinde Leidenschaft dahin, wohin er nach nüchterner Überlegung nicht gelangt wäre; er gewann sie lieb, er heiratete sie. Die Ehe ist wie der Glauben, pflegte er zu sagen, sie funktioniert nur durch Freude. Beziehungsweise, funktionieren kann sie auf Tausende Arten, durch Interesse, durch Disziplin, sie kann als Mittel zur Ablenkung von Aufmerksamkeit dienen, die tägliche Aufgabe!, wie eine Frühmesse!, funktionieren und andere in Funktion halten als Selbstzweck, aber ihr wahres Gesicht, ihr Eigentliches zeigt sie nur in der Freude. Gottesglaube ist heiter, pflegte er zu sagen. Mein Vater war nicht willensschwach, aber er hatte auch keinen starken Willen. Ihm fehlte der Willen, das ist was anderes. Ihm fehlte der Ehrgeiz, und das goutierte der Familienclan nicht. Man sah Faulheit darin, Schlamperei. Die Familie merkte nicht, daß der Ehrgeiz in ihr und nicht in ihren Mitgliedern steckte. Das Fehlen persönlichen Engagements und Größenwahns bestrafte sie stets hart und kühl – und verstärkte so den ihr eigenen unpersönlichen Ehrgeiz. Mein Vater war von der Empörung der Familie überrascht, aber er empörte sich nicht zurück – die Onkel Dénes' und Tanten Jozefas hätten sicher zufrieden zum Rückzug geblasen –, er zog sich einfach zurück, verschwand aus der Welt, lebte im Wiener Theresienfeld in einer seiner kleinen Villen, wie irgendein Wiener Kleinbürger. (Zweitgeborener, Cseszneker Linie: finanziell nicht gerade ein *›Etwas‹*.) Mein Bruder Gyula stand oft mit meinem Vater am Fenster des kleinen Salons, der Ausblick ging auf die sanften Weinhügel, auf denen herber Riesling wuchs. Der kleine Gyula durfte sich auf einen Stuhl stellen, unechtes Empire mit Ebenholzintarsie (auf dem zuvor ein Leinenstreifen von der Größe der Fußabdrücke ausgebreitet wurde, der sogar einen Namen hatte: der Gyulalappen), so waren sie gleich groß, sie sagten nichts, schauten sich nur die geordneten Reihen des Weins an, Schönheit und Fleiß, eine Hand legten sie sich gegenseitig auf den Nacken, zwei Männer, und manchmal streichelten sie einander mit einer leichten Bewegung des Daumens. In solchen Fällen wagte es nicht einmal meine Mutter, sie zu stören, die sechs Jahre nach dem Tod meines Vaters die Frau von Jeromos Airoldi wurde. Am 2. März bekam der kleine Gyula Fieber. Dieser Tag fiel auf einen Samstag, und meine Mutter war zusammen mit meiner älteren Schwester Myra zu ihrer jüngeren Schwester (ebenfalls von bürgerlicher Herkunft) nach Wiener Neustadt gefahren. Für diesen Zeitraum entließ mein Vater auch das Personal, das aus einer Köchin und einem Zimmermädchen bestand. Mein Vater verwickelte sich ständig in lange, freundschaftlich anmutende Gespräche mit der Dienerschaft, er hatte Angst, man könnte ihm ansehen, daß er sich am liebsten bis auf die Knochen unaufmerksam benommen hätte, meinem Vater fehlte der Mumm, konkret: Der Graf, der fehlte ihm, der sie pragmatischerweise nicht einmal als Menschen wahrgenommen hätte. Deswegen war mein Vater froh, wenn das Personal Ausgang hatte, denn nur so konnte er allein sein, und er liebte es, allein zu sein. Meine Mutter war darin viel konsequenter eine Aristokratin. Du bist am falschen Platz geboren worden, pflegte sie lachend zu meinem Vater zu sagen. Mein Vater las seiner Gewohnheit entsprechend in der Bibliothek. Er mochte die englischen Romane, besonders Stolz und Vorurteil, er stellte sich vor, Mr. Bennett zu sein. Mr. Bennetts herbe Klugheit, seine auf nichts abzielende Intelligenz standen ihm nahe. Er meinte, auch Mr. Bennett wäre ein trauriger Mensch. Der kleine Gyula bekam die Erlaubnis, *zusammen* mit seinem Vater zu lesen, das heißt, fern von ihm, in der anderen Hälfte des Zimmers, dort blätterte er, die Körperhaltung meines Vaters nachahmend, in einem Geschichtsbuch, in dem es auch bunte Drucke gab. Zum Beispiel Lajos II. im Bach Csele. Der schönste war: Friedrich Barbarossa mustert seine Truppen. Das Fieber kam wie eine Sintflut. Mein Bruder Gyula fing zu zittern an, seine Stirn glühte, seine Lippen wurden spröde. Papi, flüsterte er. Was, ließ mein Vater einen kurzen Beller hören. Mr. Bennett legte nur auf eine Sache wert: man möge ihn mit seinen Büchern in Ruhe lassen. Er sah, er spürte nicht, daß etwas nicht in Ordnung war. Lies nur hübsch weiter. Erst als das Kind vom Stuhl plumpste, hob er den Kopf aus dem Buch, er verstand nicht, was passiert war. Der kleine Gyula kam mit einem klopfenden Geräusch auf dem Boden auf und rührte sich nicht mehr. Mein Vater klingelte zunächst, dann erst sprang er auf. Das kleine Kind lag wie ein Tierchen auf dem Teppich, unbeweglich, und rollte sich unglaublich klein zusammen. Diese maßlose Kleinheit war die Leblosigkeit selbst, für einen Moment dachte er, sein Sohn sei tot. Er schüttelte nur den Kopf.

Er hatte eine unbeschwerte Idee von der Welt, von der Ordnung, darüber, was sein konnte und was nicht. Vater, Mutter, in Ordnung, es ist hart, aber so ist der Lauf der Welt. Aber das Kind... Jetzt wäre das Personal doch gut zupaß gekommen. Meine Mutter. Er hob den kleinen Jungen hoch, spürte, daß er lebte. Er wachte die ganze Nacht neben ihm, legte feuchte Wickel um seine Handgelenke und Fesseln. Am Morgen war das Kind tot. Mein Vater konnte den Schicksalsschlag nicht verkraften, er starb am Tag darauf, vor Kummer, wie man sagte. Er verkümmerte daran; er starb wie er gelebt hatte. Der Tod des Sohnes brach dem Vaters das Herz, am 5. März, im 32. Jahr seines Lebens. Traurig •

233. Mein Vater gab den Satan, der Herrgott sich selbst, zwei Teile, je eine Stunde, dazwischen 15 Minuten Pause, so wie es neuerdings üblich ist: in einer abgefuckten Montagehalle (als wäre überall die DDR eingesickert), Zwiebelbrote, Gespritzter, der Eintrittspreis allerdings unerwartet ziemlich happig, es sei denn, man kennt jemanden, der einen umsonst mit hineinnimmt (man kennt jemanden). Der Herrgott war müde, abgespannt, resigniert (ein Surrogat des Glaubens!), er hatte kein Vertrauen in sich selbst, er schien wie ein Topmanager zu sein, dem alles gelingt, der aber spürt, daß das zu wenig ist. Mein Vater hingegen war in seinem Element, seine Augen funkelten ironisch, geistreich, seine Zähne blitzten: Mein Vater brillierte. Schön war er. Wie ein Spanier. In der vierten Reihe saßen ausschließlich Spanier, sie verstanden kein Wort, begeisterten sich aber stürmisch, sie verstanden alles. Ein Spanier zu sein ist eine große Sache. Der Herrgott hatte (mit Recht) die Befürchtung, mein Vater könnte ihn auch noch aus dem siebenten Himmel vertreiben. Denn aus den ersten sechs hatte er ihn schon vertrieben: Wenn ein Himmel von Sünde durchtränkt war, von einer der Todsünden, forschen wir jetzt nicht nach, wessen Fehler das war, verzog sich der Herr-

gott sofort um einen Himmel weiter, höher, wo's noch sauber war. Der Herrgott hatte keine Chance gegen meinen Vater, dessen Eros (jetzt) gerade im Begriff war, seinen Zenit zu erklimmen. Er füllte die Bühne voll und ganz aus. Dabei handelte es sich hier, nicht wahr, um eine Amateurtruppe. Aber mein Vater war hungrig, und der Herrgott, seiner Lage entsprechend, satt, mein Vater wollte etwas, sehnte sich, sturmunddrängte, der Herr andererseits war wie das Kádár-Regime: ohweia-hoffentlich-ändert-sich-nichts. Verständlich, das ewige Leben kann ja nur nach unten hängen. Im deftiger werdenden Streit warf der Herr meinem Vater vor, er hätte überall seinen ›*Dreckfuß*‹ hineingesetzt etc., er machte ihn ziemlich zur Sau. Mein Vater zuckte nur mit den Achseln, der Herr hatte, wie üblich, recht, das war die Wahrheit, er hatte seinen Dreckfuß hineingesetzt, yes. Durch die Verkündigung der Wahrheit, also seiner selbst, beruhigte sich der Herrgott, was aus seiner Natur und seiner aktuellen Resigniertheit folgte, meinen Vater, als den verspielteren Charakter, aber langweilte diese Trivialität. Auch sein sicher scheinender Sieg langweilte ihn, dieses Rauskanten des Herrn aus allen Himmeln. Und mein Vater sah, daß es gut war – also davon hätte er die Wände hochgehen können. Ein Gentleman schließt keine sicheren Wetten ab, warf er dem Herrn hin und wurde verrückt. Es war ein großer Erfolg, schließlich waren lauter Bekannte da: die erschaffene Welt beziehungsweise die Spanier in der vierten Reihe ●

Seitdem mein Vater verrückt geworden ist, hält er das wieder- 234.
kehrende Kratzen in der Wand, das er bis jetzt einem Unbekannten zugeschrieben hat, nun für eine persönliche Botschaft Gottes. Die Welt halte ihn gerade deswegen für verrückt, weil er der Wahrheit unendlich viel nähergekommen sei – siehe das Gekratze! – als alle anderen Menschen, denen göttliche Offenba-

rungen nicht zuteil geworden sind, entweder weil sie Katzen haben, oder aus anderen Gründen. Er ist in der Lage, die göttliche Nervenstrahlung zu vernehmen, andere nicht, so einfach ist das. Mein Vater steht im Licht, wie die Schamanen, und kleidet sich in Frauenkleidern, damit auch das Weibliche in ihm nicht zu kurz kommt. Es gibt nichts, worüber wir zu reden hätten, züngelte er zufrieden, ich bin wie Hamlets Mutter. Als ihr Sohn sie fragt, ob sie dort etwas sehe, antwortet die Frau, nichts, aber ich sehe alles, was da ist. Aber woher wußte sie, daß das alles war, was sie sah, daß sie alles sah, was da war? Ich bin hier der Unterschied. (Ums deutlich zu machen: Wenn man meinen Vater zu egal was hinzuaddiert, bekommt man »Alles« heraus. Selbst wenn man ihn zum Nichts dazuaddiert.)

235. Als mein Vater verrückt wurde, erschien Gott in unserem Haus. Hallöchen! Er war anwesend, nicht nur in den täglichen Gebeten, meinen ersten Gedanken, Herr, schick ich zu dir etcetera, sondern auch in den Gefühlen und den Sinnen, im Denken und im Handeln. Alles wandte sein Antlitz Gott zu. (Mit dem Tod meines Vaters nahm das ein Ende.) Er (mein Vater) stand in permanenter Verbindung zum lieben Gott. Ein ständiges, kosmisches Rendezvous. Flirt und Wunder. Das allerdings griff den Körper an. Es gab keinen Fleck an seinem Körper, und sei er auch nur erbsengroß, der nicht darunter zu leiden gehabt hätte. Sämtliche Muskelstränge schmerzten. Alles schmerzte. Das Verrücktwerden ist, der womöglich dem Verrücktwerden nachfolgenden Auffassung meines Vaters zufolge, weniger anderen Krankheiten ähnlich als vielmehr einer Sprache, einer Rede, also ist es auch, was seine Lage anbelangt, zutreffender, sie als eine spezielle Rede zu begreifen. Bei einem Kranken sprechen wir von Krankheit, von den Gründen dafür, von Behandlung und Kur. Dabei versteht man bloß nicht, was ich sage. Aber wäre es denn

nicht äußerst seltsam, um nicht zu sagen skurril, wenn wir, gesetzt den Fall, jemand spräche französisch, und wir hätten noch nie französische Worte gehört, wenn wir dann nach einem Arzt riefen? Er würde sagen bonschur, pötit püteng, und ich würde anfangen, ihn zu beruhigen, ihm eine Kaltwasserkur empfehlen und seine Aufmerksamkeit auf das ewige Leben lenken? Eher müßten die Worte »lernen« und »Bedeutung« in jenem Satz vorkommen, der unser wünschenswertes Handeln in diesem Falle beschreibt. In seiner Verrücktheit sah mein Vater sich selbst als eine für Gott gefährliche Person an; der Gott, der in Schwierigkeiten steckt, so nannte er seinen Gegner. Mein Vater konnte sicher sein, den Herrgott im Kampf des Herrgotts gegen meinen Vater auf seiner Seite zu haben ●

Und die Herrlichkeit meines Vaters war für die Söhne anzusehen wie ein verzehrendes Feuer auf dem Gipfel des Berges ● 236.

Ist mein Vater in der Lage, einen Stein zu erschaffen, den nicht einmal er selbst aufheben kann? 237.

Weshalb muß Vater eigentlich ein Substantiv sein, weshalb nicht ein Verb, die bekanntlich aktiv- und dynamischste aller Wortformen? Ist die Benennung meines Vaters mit einem Substantiv, Vater, nicht ein Mord an diesem Verb gewesen? Und wäre das Verb nicht hundertmal (oder hundertzehnmal) persönlicher als das Substantiv: Vater? Anthropomorphe Vorstellungen über sowie Symbole für meinen Vater wären doch geradewegs dazu berufen, dieses Persönliche zu vermitteln. Aber das lebendige Sein, die Existenz, daß Vater eine lebendige Ex ist, können sie nicht ausdrücken. Wenn es dieses Verb gäbe, könnte Vater derjenige sein, in dem wir leben, uns bewegen, aus dem wir schöpfen 238.

und unser eigenes Verb erschaffen. Dazu befragt antwortete mein Vater, ich bin, der ich bin. Über diese Selbstdefinition wurde schon viel philosophiert, wonach z.B. mein Vater seinen Namen nicht einfach jedermann zum Fraß vorwerfen wollte, es tauchte auch der Ausdruck pater absconditus auf, der verborgene Vater, beziehungsweise daß die Antwort auf den Fragesteller zurückweist, daß nämlich dieser sich damit zufriedengeben solle, was er bekomme, seine Grenzen einsehen und tun, was mein Vater ihm sagt. Es gäbe allerdings auch eine andere Möglichkeit der Annäherung, welche davon ausgeht, daß in der Formulierung meines Vaters das Hilfsverb »sein« auch futurisch interpretierbar ist. Dann wären die Worte meines Vaters die folgenden: Ich bin der, als der ich mich zeigen werde. Also ist die Frage, wer mein Vater ist, nicht abgeschlossen. Mein Vater wird sich zeigen, wieder und wieder ●

Von meinem Vater sind drei Photos erhalten geblieben. Auf dem ersten steht er in Sporenstiefeln, mit ungarischem Gewand da, lächelt aus dem Bild heraus, einen Arm stemmt er stolz in die Hüfte. Auf dem zweiten Bild, dem Hochzeitsphoto, sieht er fast so gewinnend aus wie sein Vater, er trägt einen Pepitaanzug, die blonden Koteletten nach der Mode der Zeit keilförmig geschnitten, die breite Krawatte von einer Krawattennadel fixiert, auf dem Kopf ein runder, kleiner, schmalkrempiger Hut mit einer Feder. Zweiundzwanzig Jahre alt ist er auf diesem Bild, er strahlt Kraft, Schönheit und Ernsthaftigkeit aus, wer sein drittes Bild anschaut, auf dem er kaum vierzig Jahre alt ist, mag nur schwer glauben, daß er denselben Mann vor sich hat. Während mein zweiundzwanzigjähriger Vater an seinen wunderschönen Vater erinnerte, spiegelt der alternde bereits das Gesicht seines anderen Elternteils wider, die Züge meiner Großmutter waren aus gröberem Holz geschnitzt. Das Traurige an diesem Bild ist nicht, daß es festgehalten hat, die Jugend ist dahin, sondern daß es auch zeigt, der Mut ist abhanden gekommen, hier blickt ein gebrochener, aufgedunsener, fast schon hoffnungsloser Mann ins Objektiv, der vor der Zeit gealtert ist. Dieses Gesicht weiß bereits, daß es weder eine Ausflucht noch eine Rettung gibt, das Leben hält auf sein Ende zu, und nichts ist gelungen. Mein zweiundzwanzigjähriger Vater wirkt so, daß man seinem Bild förmlich ablesen kann: Dieser Junge schreibt wahrscheinlich Gedichte. Sein vierzigjähriges Gesicht gehört einem Menschen, der nicht einmal mehr Lust zum Lesen hat, das furchtbare Leben und seine furchtbare Mutter und das furchtbare Schicksal seiner Frau (der Mama) 239.

haben all seine Kräfte aufgezehrt, und es gibt kein Wunder, das bewirken könnte, daß sich sein gebeugter Rücken wieder aufrichtet. (Todesursache meines Vaters: »Erschöpfung der Lebenskräfte und Schlagfluß.«)

240. Die Familie pflegte eine freundschaftliche Beziehung zu der Kosztolányi-Familie. Mein Großvater hatte den armen Géza Csáth obduziert. Die mütterliche Seite stammt aus Österreich und aus Sátoraljaújhely; sie hatten eine niederschmetternde Meinung über den jungen Kossuth, der dort studiert hatte. Es gibt eine Familienlegende über einen in der Donau versunkenen Schleppkahn, von dem einzig Urgroßvater wußte, daß seine Ladung aus Nägeln, und zwar rostfreien, bestand – davon kaufte er dann seinen Eisenhandel. Sie beschäftigten sich auch mit Winzerei. Mein Großvater mütterlicherseits brachte dem Sohn meines Vaters das Schmetterlingefangen und die Laubsägearbeit bei. Einmal ging im Wald von Zebegény das Zyankaliglas zur Aufbewahrung der Schmetterlinge verloren. War das eine Aufregung! Mein Patenonkel nahm als Finanzminister im Armesünderhaus den katholischen Glauben an. Meine Mutter ist sechsundzwanzigjährig zu einer Witwe mit zwei Kindern geworden. Vor dem Krieg betrat sie die Straße stets in Hut und Handschuhen, in den Ruinen Budapests betätigte sie sich mit einem alten Kinderwagen als Gelegenheitsgepäckträgerin. Heute ist sie 78 Jahre alt. Sie hat versprochen, sie würde sich einst von oben herab gründlich die Lehmann-Sammlung in New York ansehen, die dem Sohn meines Vaters so teuer war, wenngleich deren 1990er Variante, denn sie wurde seitdem leider umgestaltet. Meine jüngere Schwester emigrierte nach Salzburg, beim Abschiedsdiner köpften wir Sektflaschen; sie wurde Benediktinernonne, jetzt siedelt sie sich wieder zu Hause an, sie hat ein Kloster gegründet und läßt es bei Kaposvár bauen. Meine Frau ist Doktorandin, blond. Mein Vater

fuhr immer in die Schweiz zum Skifahren, er hatte ein Motorrad, tanzte gut und liebte Wagner, er verstarb in der Sowjetunion ●

Der Sohn meines Vaters war noch ein kleines Kind, als er hörte, mein Vater sei einmal aus dem dritten Stock gefallen. Das geschah so: Als zwanzigjähriger Student besuchte er vor den Osterfeiertagen Verwandte, die in einem alten Mietpalast auf der Pester Seite des Donauufers wohnten. Seine Cousinen begleiteten ihn ins Treppenhaus hinaus. Er stand auf der obersten Stufe der dritten Etage. Die Treppen, die seit einem Jahrhundert im Verfall begriffen waren, erreichten ausgerechnet in diesem Moment die äußerste Grenze ihrer Belastbarkeit und fingen an, hinunterzustürzen. Eines der Mädchen reichte meinem Vater vom Treppenpodest aus die Hand. Er (mein Vater) nahm sie nicht an. Er polterte mit der zusammenbrechenden Treppenkonstruktion von Etage zu Etage und fiel wenige Augenblicke später ohnmächtig in eine Kammer im Erdgeschoß, auf einen Schrank, mitten zwischen die Einmachgläser. Wir Kinder lauschten schaudernd dieser Geschichte. Wir hätten sie vielleicht gar nicht geglaubt, hätte er uns nicht jenen Marmorklumpen gezeigt, der ihm während des Sturzes in die Manteltasche gefallen sowie den blauseidenen La-Vallière-Schlips, der noch rauh von seinem schwarz geronnenen Blut war. Daß er überlebte, hatte er dem Umstand zu verdanken, sich instinktiv, geleitet durch den Selbsterhaltungstrieb, an dem mit ihm hinunterstürzenden Geländer festgehalten zu haben. Dieses aber hatte mit seinen Eisenteilen seinen Körper in Fetzen gerissen. Auf den Schenkeln, der Brust konnte man die dicken Narben selbst im hohen Alter noch sehen. So war der Mensch, der später mein Vater wurde, dem Tode entronnen. Als der Sohn meines Vaters geboren wurde, war meine Mutter siebzehn Jahre alt, mein Vater vierundzwanzig. Er (mein Vater) umgab den Sohn meines Vaters wie ein dunkler Wald. Seine Größe, 241.

seine Kraft waren furchterregend. Wenn er die Tür hinter sich zuschlug, donnerte es im ganzen Haus. Das Zucken seiner gestrengen Braue ließ den Atem stocken. Selbst sein Nackenkissen verbreitete Zigarrengeruch. Der Sohn meines Vaters beobachtete ihn, wie er unter der Lampe saß und das Schachbrett anstarrte. Er versuchte herauszufinden, was er von ihm oder von uns dachte. Er (mein Vater) schwieg meist. Das Geheimnisvolle, das seine Person umgab, wuchs mit den Jahren. Er hantierte im Arbeitsraum mit Reagenzgläsern und Chemikalien. Er heimwerkerte, tausendsasserte. Unsere Spielsachen bastelte er selbst. Wir bekamen Leydener Flaschen, Wachsplatten, einen Fuchsschwanz mit tanzenden Holundermarkpuppen. Er war ein armer Mann: Er legte uns als Spielzeug die Natur vor die Füße. Sommers wie winters stand er um fünf Uhr in der Früh auf. Er nahm seine geliebten Katzen in den Arm und unterhielt sich mit ihnen. Dann setzte er sich ans Klavier und träumte dort solange vor sich hin, bis er uns zur Schule bringen mußte. Am liebsten spielte er Beethoven. Beethovens Sonaten hatte der Sohn meines Vaters das erste Mal im Traum, im Halbschlaf gehört. Als er erwachte, spürte er ein zaubrisch Herzklopfen und wußte nicht, wovon. Er (mein Vater) war ein Helmholtz-Schüler, hatte in Berlin studiert. Einst schrieb er wissenschaftliche Arbeiten, in jungen Jahren tauchte sein Name auch unter literarischen Veröffentlichungen auf. Während einer seelischen Krise flüchtete er sich in die Naturwissenschaften, und auch in die Provinz hatte er sich deswegen zurückgezogen, um sein Gleichgewicht zu bewahren. Er war eine gesellige Frohnatur, für seine pfiffigen Wortspiele bekannt. Einmal zu Weihnachten überraschte er den Sohn meines Vaters mit einem kleinen Theater, das Gerüst hatte er selbst gehobelt, die Senkvorrichtungen selbst mit der Laubsäge gearbeitet, die Kulissen und die Puppen selbst zusammengeklebt, er legte sogar ein Theaterstück bei, das er selbst geschrieben hatte, mit seltsamen, großartigen Reimen. Als Kind versuchte er (der Sohn meines Vaters) manchmal, ihm – ungeschickt und befangen – nahezukommen. Er wich ihm jedes Mal aus, blieb verschlossen. Er ertrug keine Geständnisse, keine Rührseligkeiten, keine emotionellen Äußerungen. Ein wenig verachtete er den Sohn meines Vaters auch, hielt ihn für eine Art Kulissenreißer. Auch als reifer Mann durfte er ihn (meinen Vater) nur aus der Distanz lieben, abgeschirmt durch eine Schicht aus Fürsorge. Später: stand das Leitbild und Männerideal meiner Kindheit vor dem Sohn meines Vaters, gebrochen, geschrumpft, ergraut. Er sah ihn blinzelnd an. Er streckte ihm, wie üblich, die Hand entgegen. Aber der Sohn meines Vaters nahm die Hand nicht an, sondern schloß ihn in beide Arme und küßte wie wild seine Hände, sein Gesicht und drehte dabei – auf seiner Schulter – den Kopf zur Seite, denn die Tränen liefen ihm in Bächen herunter und sein Mund war verzerrt vom Weinen. Zum ersten Mal in seinem Leben traute er sich, ihn zu umarmen und zu küssen, denn er spürte, daß er (mein Vater) alt geworden und nicht länger sein Vater war, sondern sein Kind, das der schützenden Obhut bedurfte. Später: An einem Winternachmittag bestellte man den Sohn meines Vaters telegraphisch nach Hause, da mein Vater einen neuen Anfall erlitten hatte. Er saß angezogen auf dem Diwan. Das Haar zerzaust über der riesigen Stirn. Er wirkte unruhig, oder eher aufgedreht, als hätte er einen leichten Champagnerschwips. Er sprach aufgeregt. Nach einigen Minuten erkannte er auch den Sohn meines Vaters. Danke, daß du gekommen bist, sagte er. Er beherrschte sich mit riesiger Kraftanstrengung, wählte sorgsam die Worte, sie sollten die Wirklichkeit kaschieren. Nur, daß ihm diese immer öfter entglitt. Er trug den Menschen, der ihm das Leben geschenkt hatte, in seinen Armen ins Bett und legte ihn hin. Danke, sagte er. Er dankte für alles. Er war ein höflicher Sterbender, drei Tage lang. Am letzten Tag verlor er das Bewußtsein. Da kehrte seine alte, kräftige Stimme zurück, die die Einsamkeit der Kindheit durchtönt hatte. In seinen Fieberträumen hielt er Vorträge, erklärte seinen Studenten etwas. Iks plus Ypsilon, sagte er, sehen Sie denn nicht, eine Gleichung mit zwei Unbekannten, sagte er und zeigte irgendwohin. Die Augen hielt er geschlossen. Am Nachmittag verabreichte ihm mein jüngerer Bruder, der Arzt ist, eine Kampherinjektion. Er kam noch einmal zu sich. Er öffnete seine unvergeßlichen Augen und sah sich um, vielleicht suchte er seinen Platz in der Welt, die er bald verlassen würde, er tat dies so unbedarft und unschuldig wie ein Säugling, der sich, gerade geboren, zu orientieren versucht. Er (mein Vater) blickte aufmerksam den Sohn meines Vaters an, der neben ihm auf einem Stuhl saß. Der nahm dessen auskühlende Hand in seine Hände. Oh, mein Sohn, sagte er auf einmal. Mein armer Sohn. Wie seltsam deine Kleidung ist, und starrte auf den Ärmel des Mantels. Es stehen Buchstaben darauf • • •

242. Das war so: Meine Mutter war vierundzwanzig, die Tinte auf ihrem Volkschullehrerdiplom noch feucht, mein Vater war zwanzig Jahre älter, und sie verliebten sich leidenschaftlich ineinander, aber damals trat gerade das zweite Judengesetz in Kraft, welches auch die Frau meines Vaters betraf, und diese Mistkerle hätten sie nur allzu gerne voneinander getrennt, Mischehe, eine Scheidung kam also damals gar nicht in Frage. Auch meine Mama hätte das nicht gewollt. Als dann die Besetzung zu Ende war, entschloß er sich, die Scheidung einzureichen, doch diese unglückliche Frau, die Frau meines Vaters, wurde verrückt, rein ins Irrenhaus, raus aus dem Irrenhaus, und so konnte schon wieder keine Rede davon sein. So ging das sechsundvierzig Jahre lang, sechsundvierzig Jahre! Meine Mutter brach manchmal in Tränen aus, aber im großen und ganzen lebte sie in Frieden mit ihrem Schicksal, es erfüllte sie mit Glück, den Mann ihres Lebens

gefunden zu haben, es bedrückte sie nur, daß sie nicht an den Sakramenten teilhaben konnte. Einmal haben sie sich zwischenzeitlich acht Jahre lang nicht getroffen, sie redeten auch nicht miteinander, denn es gab einen Silikatingenieur, einen feinen älteren Herrn, er war in meine Mama verliebt, hoffnungslos, aber als er krank wurde, bat er darum, die Mami heiraten zu dürfen, damit wenigstens die schöne Wohnung in der Innenstadt nicht verlorenginge. Und solange er lebte, denn er war doch nicht so krank wie er sich fühlte und wie er aussah, traf sich meine Mama aus Anstand nicht mit meinem Papa. Inzwischen war auch die verrückte Frau gestorben, also waren endlich sie beide übriggeblieben, dazu gab es die schöne Wohnung in der Innenstadt, aber da zogen sie nicht mehr zusammen, mein Papa wurde zu einem Pflegefall, Krankenhaus, Behandlungen, Lähmung, künstliche Ernährung. Als er starb, spürte meine Mama, daß auch ihr Leben zu Ende ging. Es war schwer, kaum zu ertragen, sie war von Leid erfüllt, doch die Leiden umspannen Glück, das Glück ihres Lebens. Mein Vater hatte es meiner Mama nie erzählt, hatte es nicht einmal angedeutet, daß seine Frau natürlich wegen meiner Mama verrückt geworden war. Ein Glück, daß er es nicht erzählt hat, denn das wäre dann wieder für meine Mama zuviel gewesen. Und mein Vater, bei dem alles zusammenlief wie die Wasser in den Ozean, dachte sich (als er noch lebte), es gibt sicher auch jemanden, einen Jemand, der mir nicht alles erzählt, damit es auch für mich nicht zuviel wird ●

Mein Vater war ein selbstverliebter Wichser, aber er konnte 243.
auch nett sein, humorvoll auf jeden Fall, in gewissen Kreisen sogar verführerisch; und gefährlich – zum Beispiel verpaßte er seinem Gegenüber unerwartet eine Kopfnuß. Seine Vorstadtmanieren mischten sich mit den Reflexen eines klugen, intelligenten, mehr oder weniger ungebildeten Menschen. Die neureiche

Geschmacklosigkeit war eher für meine Mutter charakteristisch, wenngleich auch mein Vater diese oberflächlichen Allüren genoß. Er erzählte unappetitliche Geschichten aus den guten, alten Zeiten auf eine ekelhafte Weise, nicht ohne jedes Talent, wen sie alles zusammen mit meinem Onkel durchgevögelt haben und von wem sie sich einen haben blasen lassen, an der Straßenecke, wo es jetzt die kleine Tankstelle gibt, zum Beispiel von der Apothekerin, die heute schon siebzig Jahre alt ist, siebzig!, und nicht einmal mehr Zähne hat, verstehst du?!, sie hat keine Zähne! Ideal!! Jetzt schon! Ihren einzigen Sohn erzogen sie dazu, daß das Leben ein Kampf ist und nur der stärkere Hund zum Decken kommt, und er solle ja der stärkere Hund sein, mit roher Kraft, wenn es sein muß, soll er zuschlagen, ein Bein stellen und so weiter, wenn es sein muß mit Verstand und Schläue, er soll verraten, lügen, drumrumreden, einen Geheimbund sozusagen zur Ausrottung des Nachbarjungen gründen, und dann soll er ihm hinter dem Rücken der Bande ewige Verbundenheit und Freundschaft schwören und so weiter. Wenn man ihm nicht in die Quere kam oder er nicht der Ansicht war, man käme ihm in die Quere, war mein Vater ein einwandfrei angenehmer Mensch, nett, humorvoll auf jeden Fall, ungewollt auch etwas ironisch, aber wenn, dann interessanterweise immer nur dezent; er wußte zu feiern, organisierte Zusammenkünfte und war die Seele einer jeden Zusammenkunft, er sang und tanzte auch, wenn er betrunken war, wurde er nicht aggressiver als sonst (außer meiner Mama gegenüber, er nutzte die Gelegenheit, ihr heimzuzahlen, daß sie das Geld hatte, denn das Geld meiner Mama war ein wichtiger Faktor; wenn er nüchtern war, rechnete er hin und her, war vorsichtig), vielmehr heizte er die gute Laune an, den ganzen Klimbim, er war eine Sorte Mensch, die es heute immer seltener gibt: eine gesellige Frohnatur. Mein Vater war einer, den man früher einen Haberer nannte. Natürlich spielte er Fußball. Bei Spielen betrog er hemmungslos und schämte sich nicht, seine Betrügereien lang und breit zu verteidigen. Er war es, der die Mannschaften zusammenstellte, und zwar immer so, daß seine viel stärker war. Den Verlierer erniedrigte er dann gnadenlos, trampelte auf dessen Würde herum, lachte ihn aus, beschämte ihn. Er duldete keinen Widerspruch. Wenn er zu verlieren drohte, wandte er sich sofort gegen die eigenen Leute, stritt sich brüllend, vermengte objektive Fakten mit alles vernebelnder Parteilichkeit. In vierzig Jahren Fußballspielen bat er kein einziges Mal um Verzeihung, war kein einziges Mal schuld und log das Blaue vom Himmel herunter. Auf seine eigene Weise respektierte er eine Sache vor allem anderen: das Spiel. Er hatte ein feines Gespür dafür, verausgabte sich, lief für drei (es sei denn, er war beleidigt), und obwohl er nie in einem Verein spielte, nur auf der Wiese, am Strand, auf Kleinfeldern, war ihm das Wesen des Spiels zutiefst vertraut, er hatte ein Auge auf dem Platz, wie man so schön sagt, seine Bälle waren, als könnten sie sehen, sein ausnehmend gutes Gefühl für Tempo kam ihm sowohl bei Kopfbällen wie bei Zweikämpfen gut zupaß. Mit seinen langen, dünnen Stelzenbeinen stahl er, entzog er seinem Gegner quasi den Ball. Die meisten Tore erzielte er mit dem Kopf (so in der Art eines Pali Orosz). Hätte es ihn nicht gegeben, hätte sich die Fußballbande schon längst in alle Winde verstreut. Die Teilnehmer waren – wie in einer Diktatur – an die Demütigungen gewöhnt, im Laufe der langen Zeit hatte sich ein jeder mal aufgelehnt, aber da er notwendigerweise alleine blieb, machte er einen Rückzieher oder zog Leine – aber das waren nicht mehr als ein oder zwei Leute. Man paßte sich meinem Vater an, das war sein Spiel, sein Sonntagvormittag, alle anderen waren eigentlich nur Gäste, fremd, sie nahmen es zur Kenntnis und rebellierten nicht mehr gegen die Willkür meines Vaters, wie es auch keinen Sinn hat, sich darüber zu erregen, daß es im Winter kalt und im Sommer warm ist. Mitte Februar – im Winter: kalt! –

bemerkte mein Vater einen kleinen Pups, wie er ihn nannte, auf seinem Rücken, eine Handbreit über dem Steißbein. Ein Fettpickel, sagte er und winkte ab. Es kribbelte, muckte, pochte – mit einem Wort, irgendwas war mit diesem Pups los, was mein Vater nicht benennen konnte. Der Pups war da, und das signalisierte er auch. Ich werde mich verhoben haben oder es kommt vom Schneeschaufeln. Die Schmerzen kamen unerwartet, hinterrücks, von einem Augenblick auf den nächsten, mein Vater krümmte sich vor Schmerz, er wurde schief, eine Woche später sanft, all seine Aggressivität war dahingeschmolzen. Meine Mama flehte ihn schluchzend an, er möge endlich herumbrüllen, er solle endlich wieder Affenscheiße etcetera sagen. Du bist nicht wiederzuerkennen! Der unbekannte Mann starrte meine Mama regungslos an, wie ein frühreifes Kind, gelangweilt, ohnmächtig. Drei Geschwülste, in spinnennetzartiger Ausbreitung, sie hatten bereits die Knochen erreicht. Die Operation dauerte 12 Stunden, sie schnitzten auch am Knochen herum, bohrten ein Loch von 8 x 5 x 3 cm in meinen Papa hinein. Das Ganze wurde in drei Wochen durchgepeitscht. Zum Ende hin verbot mein Vater, ihn zu besuchen, worüber alle beleidigt waren, seine Söhne, meine Mutter, die Kumpel, die Frauen. (Übrigens ging der Sonntagvormittag doch nicht den Bach hinunter. Der Unterschied war lediglich, daß nun kaum einer groß darauf achtete, wer gewonnen hatte. Wenn mein Vater gewonnen hatte, und das war fast ausnahmslos immer der Fall, war er den ganzen Nachmittag über glücklich. Dieses Glücklichsein, das gibt es nicht mehr!)

244. Dieses Hinundhergerissensein meines Vaters zwischen allem und nichts, also … als wäre er extra darauf aus gewesen. Nehmen wir zum Beispiel einen Morgen. Die Terrasse vom Mailicht überströmt, das Licht warm, der Marmorboden kalt, sie blinzeln in verschlafener Glückseligkeit vor sich hin: mein Vater,

seine Freundin (meine Mama) und sein Freund. Mein Vater weiß *nichts* über den Unterschied zwischen saurer Sahne und Kefir. Er fragt meine Mutter, die ihn akkurat aufklärt, sie geht sogar auf die Problematik Dickmilch, Topfen, Schlagsahne ein. Und der Joghurt. Jetzt weiß mein Alter endlich *alles*; plötzlich schießt's ihm ein, die Hypophyse, daß er da immer was durcheinanderbringt und sie irgendwo zwischen Hypothese und Kalbsbries einordnet. Diesmal fragt er den Freund, der, wie schon meine Mutter, eine präzise Antwort gibt. Damit wäre auch das erledigt. Konfitüre auf Buttersemmel, erledigt. Es war noch nicht einmal zehn Uhr, da hatte er schon *alles*. Gleichzeitig hatte er *nichts* mehr, denn die Mami war frühmorgens aus ihrem Zimmer geschlichen, wie auch der Freund meines Vaters aus dem seinen. Dafür war er derjenige, der die gute Nachricht brachte, man habe meinen Vater zum exklusiven Truppenlieferanten ernannt, ab da hing *alles* von ihm ab, der Feldzug nach Moskau miteingeschlossen, nach dem er dann wieder gar *nichts* hatte. Und dann kehrte meine Mama zu uns zurück. Dafür brauchte man schon Nerven, für dieses Hin und Her ●

Mein Vater hatte eine Stimme wie Fats Domino. Oder wie der Tamás Somló. Er hatte seine Stimme unmittelbar von den Engeln bekommen, und er sang mit ihr. Er sang gar nicht, er trällerte wie eine Heidelerche. Er war ein sehr strenger Mann, meine Tante mütterlicherseits ist der Meinung, er liebte uns überhaupt nicht, seine Söhne und seine Tochter, denn er mußte fünf Kinder von fünfzig Joch Land ernähren, auf dem nicht einmal Akazien wuchsen. Da gibt es keine Verbrüderung, gar nichts, da gibt es nur den Schweiß deines Angesichts. Er brachte sich selbst das Geigenspielen bei, aber meine Großmutter brach die Geige über dem Knie entzwei, geh, pflüge das Feld, sagte sie zum Kind. Sie war nicht böse, sie zerbrach sie nur, denn es mußte das Feld 245.

gepflügt werden. Dann baute sich mein Vater eine Zither, versteckte sich und spielte im Dunkeln tonlos Zither. Im Dunkeln, ohne Ton. Wenn man ihm eine Melodie vorsang, spielte er sie fehlerlos nach. Man sagte, er habe ein Gehör, nicht einmal der Mozart habe ein besseres gehabt. Meine Großmutter war eine schöne Slowakin gewesen, sie hatte Milch, Sahne, Eier, alles: Kefir, Dickmilch, Topfen, Schlagsahne, Joghurt sogar bis in die Stadt, unter anderem zum jüdischen Apotheker getragen. Und mein Vater ist vom jüdischen Apotheker, da hat er sein musikalisches Vermögen her. Er (mein Vater) lebt nicht mehr, aber wenn im Radio Blues gespielt wird, denken seine Kinder an ihn. Als sein jüngster Sohn bei der Armee war, kam ein Telegramm, sein Vater sei tot, er solle nach Hause kommen. (Erlaubnis erteilt, aber wenn er nicht mausetot ist, wagen Sie es nicht, mir unter die Augen zu kommen!) Was ist passiert, Mutter? Also, ich denke, mein Sohn, er ist nicht tot. Folgendes war passiert: Mein Papa bekam eine Gehirnblutung, man brachte ihn ins städtische Krankenhaus, und zwar geradewegs in die Leichenhalle, denn er sah aus wie ein Toter, grau, unbeweglich, still. Man legte ihn in eine Art Hängematte, ein Laken. Das war am Samstag gewesen. Meine Mutter fuhr ihn besuchen, Kompott und Vogelmilch, man sagte ihr, das ginge nicht, was für eine Vogelmilch?, er sei bereits in der Leichenhalle, aber meine Mutter ging auch dort hinunter, wenn sie schon einmal vierzig Kilometer mit dem Pferdewagen gefahren kam. Sie traute sich nicht, meinen Vater anzufassen, sie betrachtete ihn, ging um ihn herum; also ich meine, der ist nicht tot – aber es war halt Samstag, man konnte keinem Bescheid sagen, also fuhr sie wieder nach Hause, und wir aßen die Vogelmilch auf, weil die schnell schlecht wird. Am Montag aber bekam mein Vater Kohldampf und wachte vor Hunger auf. Er blickte sich um, was zum Teufel ist das, ach du heilige Scheiße, rechts ein Toter, links ein Toter!, er setzte sich auf, die Putzfrau kam gerade herein, sofortige Ohnmacht (bei der Putzfrau). Danach lebte mein Papa noch zehn Jahre, aber singen konnte er nicht mehr, wir wuschen ihn, denn zwischenzeitlich war auch meine Mama gestorben. Als sich mein Vater in die Nachbarin verliebt hatte, hatte es ihm meine Mutter übelgenommen. Ich hätte mir auch einen wohlriechenden, diplomierten Liebhaber nehmen können, hab's trotzdem nicht getan, und euer Vater wälzt sich in der Nachbarschaft herum. Dabei wälzte er sich gar nicht, er war nur, obwohl schon etwas ältlich, verliebt. Ein Sohn meines Vaters arbeitete bei der Post, kam gut voran, und als mein Vater barfuß und in Unterhosen da ankam, zog er den kleinen Vorhang vor dem Ausgabefenster zu (er schämte sich für ihn). Mein Vater kam nach Hause und brach in Tränen aus. Dabei war er sonst ein harter Mann, hart, wie ringsum der steinige Grund. Es war ihm gleich, daß wir, da wir das siegreiche Spiel (8:1) feiern mußten, erst um zwei in der Nacht nach Hause gekommen waren, um vier mußten wir aufstehen, um das Korn zu ernten. Ihn interessierte nur die Pflicht, sonst nichts. Aber sein liebster Sohn, der Postler, lehnte sich auf, wir stehen nicht auf! wir warten bis um halb sechs, Vater behandelt uns, wie... wie geknebelte Sklaven. Sie standen sich gegenüber, dann senkte mein Vater den Kopf und ging hinaus. Und nun mein Sohn, sagte er leise beim Mittagessen, wir saßen unter einem Baum, aus der Ferne dörfliches Glockengeläut, wir sind unter uns, sage mir, was sind das, geknebelte Sklaven, das verstehe ich nicht. Da gab's außerdem noch an die vierzig Joch Land, noch dazu weit weg, ein ziemlich lausiger, sandiger, verrotteter Boden, gab nichts her, sog nur die Leben in sich auf. Das Feld von Nazareth, so nannte es mein Vater, ob deswegen, weil es so weit weg war wie von hier nach Nazareth, oder wegen des jüdischen Pächters, oder wegen was anderem, Vater, Sohn, Heiliger Geist, keiner weiß es, zumindest sagt es keiner. Wie er so arm dalag in seiner Hilflosigkeit, liebten wir ihn (meinen Vater). Jetzt erst wurde uns klar, daß wir ihn liebten. Den Jani ist er sogar mit dem Messer angegangen, mir haben Sie nichts zu befehlen, Vater, solange Sie mit der Nachbarin und so weiter. Aber am nächsten Tag bat ihn mein Vater um Verzeihung. Seinen Sohn. Warum läßt du deine Söhne was lernen, du erziehst dir lauter Feinde, sagte man ihm auf dem Gehöft. Aber mein Vater wußte, wie es ist, wenn man ein Talent hat und trotzdem ein anderes Leben leben muß. Ohne Ton im Dunkeln Zither spielen, er wußte es. Man bat ihn ständig, er möge auf Hochzeiten singen. Er ging hin, aber er ließ sich lange bitten, denn er wartete ab, bis sich seine Söhne ordentlich vollgefressen hatten. Wir waren in der Entwicklung. Auf dem Nachhauseweg sagte meine Mutter stolz, du Vati, das hast du da aber falsch verzählt. Mein Vater hakte sich zufrieden bei ihr unter, aber ja, falsch war's, aber so war's auch richtig. Richtig, sagte meine Mutter ●

246. Name unwichtig, nie hatte unsere Familie einen treueren Diener gehabt. Mein Vater mochte ihn auch sehr. Nach vielen, vielen Jahren besuchte er ihn zusammen mit meiner Mutter (Reise durch die Zeit). Der Alte hatte den ganzen Tag geputzt, gekocht, bereitete das Lieblingsessen meines Vaters vor, Kalbsbries in Senfsoße. Die Unterhaltung ging ein wenig stockend voran, dafür strahlten die Gesichter festlich. Es ging auch deswegen stockend voran, weil meine Mutter kein Ungarisch versteht, mein Vater mußte dolmetschen. Mattilein, ich sterbe gleich vor Langeweile, laß uns endlich die Biege machen, und sie lächelte stramm, als hätte sie gesagt, wie bezaubernd doch diese Behausung ist, wie nett, lieber, Name unwichtig. Vielleicht kam es vom Briesrausch oder von der Müdigkeit oder aus dem Dolmetscherreflex, jedenfalls wechselte mein Vater vom Deutschen ins Ungarische und sagte im selben Konversationston, als würde er sagen, ja, ein wirklich geschmackvoll eingerichtetes Einzimmer-Appar-

tement, mich ödet's auch an, mein Engel, ich sag' dem alten Sack gleich, wir müßten gehen, und wir fahren sofort los. Da war nichts zu machen, da ist nichts zu machen. Dreißig, nein, so viele nicht, maximal fünfundzwanzig Jahre hatte der greise Diener auf diesen Abend gewartet. Es war kein schlechter Abend. Was für ein Malheur, was für ein Malheur! Aber nicht doch, Eure Exzellenz, ich war es, der unaufmerksam war, ich habe gar nicht bemerkt, wie die Zeit vergangen ist, ich bitte Sie um Verzeihung. Ich bin alt geworden. Ja, wir sind alle älter geworden, die Zeit macht keine Ausnahme, vor dem Thron der Zeit sind wir alle gleich, lieber, Name unwichtig. Darf ich hoffen, daß Durchlauchten das Bries geschmeckt hat? Das Bries, mein Freund, war ganz vor-züglich, tadellos. Tadellos ●

Er versteckte sich, mein Vater versteckte sich, Bakony, Wildnis, 247.
Schilf, dann über die Adria, seinen ganzen Besitz in einem Bündel zwischen den Zähnen haltend. In der Emigration nahm er den Namen Riedel an, Hansjürgen. Als solcher verleiht er nun für ein angemessenes Entgelt Fahrräder und Fernseher an die Hausbewohner. Mißgelaunt wird er erst, wenn die Fernbedienung kaputtgeht. Er kann sich einfach nicht damit abfinden, daß die Reparatur der Fernbedienung teurer kommt als die des Fernsehgeräts, obwohl erstere bedeutend kleiner ist. So was regt ihn auf. Wenn sie also, fragte einer der Bewohner, ein Ingenieur, dem eine solch enge Bindung zwischen Geometrie und Gefühl nicht in den Kopf ging, wenn sie also noch kleiner wäre, würden Sie sich dann noch mehr aufregen? Mein Vater ließ ihn ohne Antwort stehen, aber als sich der Mieter das nächste Mal aus der Wohnung aussperrte, Schlüssel steckte von innen, halb verdreht, Herausfummeln hoffnungslos, und er entsetzt anrief, was er denn jetzt tun solle, ließ ihn mein Vater den Anrufbeantworter anflehen, meldete sich erst am nächsten Tag (Ingenieur und

Familie ins Hotel) und öffnete die Tür innerhalb eines Augenblicks. Vorher bat er den Ingenieur wegzusehen. Warum das? Auch ich habe so meine Geheimnisse, grinste mein Vater zähnebleckend wie eine Hyäne. Wissen ist Macht, fügte er sanft hinzu. (Als der Ingenieur einmal bemerkte, ein Hausmeister sei in einem gewissen Sinne gleichbedeutend mit einem Spitzel, fing mein Vater eifrig zu nicken an, er spioniert, jawohl! und verpfeift einen, jawohlja! Dem Ingenieur war's peinlich, er trat von einem Fuß auf den anderen.) Mein Vater war in Grunde genommen ein schlechter Mensch, eine miese Laus, aber das stellte sich nie wirklich heraus, es kam nicht dazu. Wenn er half, tat er es stets unwillig, aber er tat es. Er hatte Angst davor, Haus und Hof zu verlassen, zum Flüchtling zu werden, denn er fühlte sich heimisch in dem Land. Er hatte Angst um dieses sein Vorrecht. Später aber kam er auf den Geschmack des Fremdseins, der Wurzellosigkeit, der Schönheit des nirgends Hingehörens. Der Möglichkeiten, die einem das Vakuum bot. Was wäre, wenn er sich bis in alle Ewigkeit verstecken würde. Er reparierte die Heizung des Ingenieurs, ohne ein Wort zu sagen, aber er ließ ein Absperrventil offen, der Heizkörper heizte, glühte förmlich wie das Höllenfeuer, in den rosarot blühenden Mai hinein ●

248. Mein Vater war der Meinung, einer, der Detlev heißt, ist entweder schwul oder katholisch. (Im Gegensatz zu den Juden, die Hakennasen haben und meistens Cohn oder Sternheim heißen.) Die Katholiken sind bleich wie das ungesäuerte Brot und haben meistens rötliches Haar. Und falsch sind sie wie echte Perlen. Die gucken schon so schief. Holzköpfe, Lustmolche. Beten und pissen ins Bett. Ihr Pfarrer (»Hochwürden«) sitzt hinter dem Vorhang im Beichtstuhl, wartet auf die Mädchen und fickt sie heimlich alle durch. Katholische Mädchen erkennt man an ihren Kniestrümpfen. Sie müssen Kerzen opfern ohne Ende.

Die Katholiken sind Götzenanbeter. Martin Luther hat sein Tintenfaß gegen den Teufel geschleudert. Der Teufel ist katholisch. Die Katholiken haben Angst vor der Sünde und den Höllenqualen. Aber vorher gibt es noch das Fegefeuer. Dafür gibt es an den Rosenkränzen überhaupt keine Rosen. Wer katholisch ist, liebt die Jungfrau Maria und den Jesus, der ein Herz aus Gold hat (Barock). Bei ihren Prozessionen werfen sie sich ständig auf die Knie, dann wird geläutet, und der Pfaffe spritzt Weihwasser in die Gegend. Freitags ist es verboten, Fleisch und Fleischwurst zu essen. Eier, Fisch sind erlaubt. Beim Abendmahl ist der Pfaffe besoffen, denn er trinkt den Wein für alle. Bei Taufen malt er mit Spucke ein Kreuz auf die Stirn der Neugeborenen. Ihre Kirchen stinken nach Weihrauch. Am frömmelndsten sind die Chorknaben. Ihre Weihnachtskrippe ist, das muß der Neid ihnen lassen, schöner als die der Protestanten. Dafür darf man bei uns beim Abendmahl Wein trinken, und unsere Kirchenlieder sind auch schöner, besonders die vom Martin Luther (›*Ein feste Burg*‹ und ›*Ein Haupt voll Blut und Wunden*‹). Nun weißt du alles; über die Neger, die stinken und schwul sind, über die alten Weiber, die vergiftete Pralinen in ihren Handtaschen verstecken sowie über die Ratte, der ich den Nacken durchgebissen habe, daß mir das Blut nur so an den Mundwinkeln herunterlief, darüber später •

Ein Mann, Robert Bly, erzählte meinem Vater die Geschichte 249.
eines Mannes, der sich auf die Suche nach seinem Vater begab, welcher ihn und seine Mutter verlassen hatte, als er noch sehr klein war. Alles, was der Mann über seinen Vater wußte, von ihm dachte und an ihm haßte, war ihm in erster Linie durch den mütterlichen Filter in den Kopf gepflanzt worden. Er suchte ihn und suchte, schließlich stand er mit Mitte Dreißig vor der Tür seines Vaters, klingelte, und während die Tür sich öffnete (Schlüsselklappern im Schloß), überlegte er, was sein Vater wohl sagen

würde. Vielleicht: Verpiß dich, laß mich in Ruhe! Er machte sich Sorgen. Der alte Mann erkannte seinen Sohn, dieser erzählte ihm vom Zweck seines Besuches, daß er nämlich seinen Vater kennenlernen möchte, Aug in Auge, er möchte sich ein Bild von ihm machen, wer oder was er sei und wer und was er nicht sei, denn er wolle seinen Vater nicht weiter mit den Augen seiner Mutter sehen. Der alte Mann sah seinem Sohn ins Gesicht und erwiderte: Nun kann ich in Frieden sterben. Warum erzählst du mir das, fragte mein Vater Robert Bly. Bei einer Geschichte gibt es kein Warum, kläffte ihn Robert Bly ungeduldig an ●

250. Bei Tisch das Glas umstoßen oder das Messer fallen lassen: Wie rüpelhaft! (Sogenanntes) Auftunken mit Brot: Kein Tellerausschlecken! Kein Geschmier! Keine Sudeleien! Rüpelhaft, Geschmier, Sudeleien – das waren für meinen Vater auch die modernen Bilder, die er nicht leiden konnte. Das ist kein Benehmen, pflegte er zu sagen. Es wäre Nonsens, sich mit euch in der Öffentlichkeit zu zeigen. An einer Table d'hôte in England würde man euch sofort wegschicken. England war das Nonplusultra. Es gibt ein (1) zivilisiertes Land. Er pflegte bei Tisch die Ereignisse des Tages und die Leute, denen er zu begegnen gezwungen war, zu kommentieren. Fast alle daran Beteiligten titulierte er dabei als Dummkopf. Dummkopf oder ein »Simpel«. Der scheint mir ein schöner Simpel, sagte er von einem neuen Bekannten. Neben dem Simpel war auch noch der »Neger« im Umlauf. Ein Neger war ein jeder, der sich linkisch, ungeschickt und schüchtern benahm, wer sich umpassend kleidete, wer nicht bergsteigen konnte und wer keine Fremdsprachen kannte. Jede Handlung oder Gebärde, die ihm inadäquat (!) erschien – eine Negerei. Wer Neger sät, wird Ratten ernten! Die Negerei umfaßte das weite Feld unseres Lebens: Bergsteigen in Stadtschuhen, ein Gespräch anfangen im Zug oder auf der Straße, vom Fenster aus mit den

Nachbarn schwatzen, zu Hause angekommen die Schuhe ausziehen, um sich die Füße am Heizkörper zu wärmen, sich beim Bergsteigen über Durst, Müdigkeit, Blasen an den Füßen und überhaupt beklagen, angebrannte oder ölige Speisen mitnehmen oder Servietten. Der Berg ist ein großer Herr. Erlaubt sind: Fontina-Käse(Schmelz-), Marmelade, Birnen und hartgekochte Eier, Tee ohne Zucker. Den Tee kochte mein Vater – an Ort und Stelle –, er beugte sich besorgt über den Spirituskocher, runzelte die Stirn, versuchte mit seiner rostfarbenen Wolljacke, die er immer und überall trug, den Wind abzuhalten. Aus der Jacke hing die Watte heraus, der Rand der Taschen war angesengt. Nur Neger tragen eine Kopfbedeckung gegen die Sonneneinstrahlung, ob in Form eines Taschentuchs oder eines Strohhuts, ein Simpel ist, wer eine Kapuze benutzt und ein Dummkopf, wer einen Schal trägt – alles Kleidungsstücke, die meiner Mutter lieb waren und die sie am Morgen vor dem Aufbruch in den Rucksack einzuschmuggeln versuchte, was mein Vater aber jedesmal bemerkte und sie zornig wegwarf. Meine Mutter war nicht gerade eine begeisterte Bergsteigerin – das Vergnügen, das der Teufel seinen Kindern macht – und versuchte immer daheim zu bleiben, vor allem, wenn man außer Haus essen ging, denn nach dem Essen hielt sie, quasi als Herr im Hause, gerne ein Nickerchen. Auf dem Sofa. Und las Zeitung. Die Bergtouren begannen schon am Abend zuvor. Mein Vater stellte die Ausrüstungen zusammen und ließ sie zusammenstellen, anschließend schmierte er die Schuhe aller Teilnehmer ein, mit Walfischfett, denn es war seine Überzeugung, daß ausschließlich er dazu in der Lage war, Schuhe ordentlich einzufetten. Danach setzte er sich in sein Zimmer und las, von Zeit zu Zeit kam er heraus, musterte argwöhnisch seine Familie, kontrollierte, wer womit beschäftigt war, machte Natalina, das Dienstmädchen, bei meiner Mutter madig, putzte sie gnadenlos herunter, faul, ungeschickt, schwachsinnig, deine liebe

Natalina, und es kümmerte ihn nicht im geringsten, ob es Natalina hören konnte oder nicht. Sie hörte es, war aber nicht beleidigt, und wenn sich meine Mutter in unbehaglichen Entschuldigungen verhedderte, winkte sie nur ab, ach, der Herr Doktor hat doch so viele Sorgen. In der Kutsche wurde ihm von dem Ledergeruch ständig übel, und er kotzte die ganze Kutsche voll. Einmal sagte mein Vater statt schwachsinnig unerwartet: arme, süße kleine Natalina ●

251. Als mein Vater besorgt, beklommen und demzufolge hastig seinen jede Vorstellung übersteigenden, nichtsdestotrotz wasserdichten Schirm öffnete, den ihm Pius XII. zum Geburtstag geschickt hatte, ein numeriertes, englisches Stück, das sog. Familienmodell aus Palisander der Firma Smith and Hodges, und im strömenden Regen mit eiligen Schritten losging, trat eine gesichtslose Frau an ihn heran, die mein Vater noch nie zuvor gesehen hatte, schlüpfte unter den Schirm und zog wütend über meinen Vater her, ob er (mein Vater) nicht denke, daß es egoistisch sei, so ins Dunkel hineinzugehen, ob er nicht denke, daß es seine verdammte christliche Pflicht sei, diesen unglaublich geschmacklosen Umbrella mit seinen Mitmenschen zu teilen, ob er nicht denke, daß es in so einer Situation mehr als angebracht sei, sich wenigstens umzuschauen und den Armen und Beladenen zu helfen, mit einem Wort, ihr. Nein, daran denke er nicht. Und ob er nicht an die Tränen der Witwen und Waisen in den geplünderten Dörfern denke. Nein, tut er nicht. Sie gingen im pladdernden Regen still dahin, mein Vater versuchte ungeschickt zuvorkommend zu sein, solange, bis sie alle beide naß waren. Als die Frau in die kleine Gasse einbog, in die auch mein Vater eingebogen wäre, bemerkte er (mein Vater), wie interessant, daß sie in einer Straße wohnten. Stille. Vielleicht sogar in einer Wohnung. Stille. Aber, Sie verzeihen, Sie sind doch wohl nicht meine Frau. Die unange-

nehme Frau lachte müde. Mein Vater blieb stehen, er war zu Hause angekommen, hob den Regenschirm ein wenig an, ließ quasi die Frau unter dem Smith and Hodges hervor, und sie ging ohne stehenzubleiben weiter. Gute Nacht, sagte mein Vater, aber leise genug, damit es die Frau nicht hörte. Sie antwortete ihm trotzdem etwas. Mein Vater hielt sich mit beiden Händen am Regenschirm, an dem Familienmodell fest, und das war – von unten, von innen – wie der Himmel. Mein Vater schüttelte den Kopf, nein, nein, nein. Mein Vater, meine Mutter ●

Mein Vater begeisterte sich für Palisanderholz, für dieses 252.
aus Südamerika stammende wertvolle, schwere Möbelholz von rotbrauner Farbe. Bevor sein Leben sich neigte (wie der Weizen? speziell der Bánkúter? frühzeitig, hartkernig?), beschäftigte er sich leidenschaftlich mit dem Palisander, stand im Briefwechsel mit einer Fabrik in Chicago sowie mit dem Tischlermeister Richard Swenson aus London, der nur »Dream of Palisander« genannt wurde (er hatte unglaubliches Briefpapier und Umschläge mit dieser Dream-Aufschrift, einem Tiefdruckkopfbogen und einem wunderschönen, einen Palisanderbaum darstellenden Wasserzeichen, verglichen damit waren die Papiere, die Kuverts meines Vaters ... als wären schon die Russen hiergewesen); woher der Name?, wer weiß, vielleicht weil es der Traum eines jeden einsamen Palisanderbaums war, von Meister Richard in die Hand genommen zu werden, das weiß man nicht genau, bei den Engländern weiß man nie, es lohnt nicht, sich mit ihnen anzulegen, sie halten hysterisch am Vergehen der Zeit fest und nennen es Tradition. Wie man das dem Brief der Tochter Imre Janáks entnehmen kann: Imre Janák war ein sozialdemokratischer Elektriker aus Pesterzsébet, der es in den sogenannten Koalitionszeiten nach dem Krieg bis zum Parlamentsabgeordneten brachte. Neues Land, neue Menschen. Dann wurde er eingebuchtet. Man

kann nicht behaupten, daß die Folterungen der Ávó-Leute angenehm gewesen wären, obwohl Imre Janák ein kleiner Fisch war, ein Routineopfer der kommunistischen Bewegung, aber ein Schlag ist ein Schlag, eine Ohrenblutung eine Ohrenblutung und Angst Angst, aber all das war noch gar nichts verglichen mit dem, was er von seinen Zellengenossen zu erleiden hatte. Der Kern des Leidens bestand im wesentlichen darin, daß sich diese – mein Vater, ein katholischer Oberpriester und ein reformierter Pastor – über Jahre hinweg unentwegt über dasselbe Thema unterhielten oder vielmehr, sich stritten. Nun war Onkel Imre antiklerikal sowie sozialdemokratisch eingestellt und konnte deswegen hauptsächlich die Katholiken und die Aristokraten nicht leiden. Mit meinem Vater hatte er also einen Volltreffer gelandet. Er (der Onkel Imre) kam selbst zwanzig Jahre später immer noch in Wallung und beschuldigte die Ávó der dieser Korporation nicht ganz fremden, raffinierten Niedertracht, ihn vorsätzlich in eine Zelle mit meinem Vater und den anderen gelegt zu haben, nur um ihn fertigzumachen! Mein Vater maß der Konfessionszugehörigkeit grundsätzlich und charakterbedingt keine große Bedeutung zu, er war nicht der Meinung, der eine Weg sei seligmachender als der andere (eher erfaßte ihn der beklemmende Zweifel, ob es denn überhaupt einen Weg gebe, oder wenn alles, worüber wir gehen, ein Weg ist, ob das dann ein Weg sei), aber da es sich nun einmal so ergeben hatte, daß er Papist war, stand er auch mit großem Elan zu diesem Papismus und ließ keine Gelegenheit aus, stichelige kleine Bemerkungen über seine christlichen Mitbrüder fallenzulassen. Der reformierte Pastor, der aus dem Komitat Bihar stammte, hatte entdeckt, daß es auch in Indien einen Ort mit Namen Bihar gibt, und baute darauf einen Plan auf, nämlich für seinen im Krieg beschädigten Altar von dort, dem indischen Bihar, Palisanderholz zu besorgen, denn die Hindus werden garantiert gerührt sein ob der Namensgleichheit und so. Da mischte sich mein Vater ein und sagte, da mach dir mal keine Sorgen um die Einlegearbeiten, Hochwürden, ich habe in London einen guten Mann und so. Bevor der hochehrwürdige Herr anheben konnte, sich stocksteif zu bedanken (denn »mir ist das Bitten eine große Schand'« etc.), nahm der Herr Kanonikus, soweit das die Ausdehnung der Zelle erlaubte, meinen Vater *beiseite*, Durchlaucht, dein großzügiges Angebot ist meiner Beurteilung nach falsch, zumindest aber übereilt. Ein katholischer ungarischer Aristokrat sollte nicht in erster Linie der reformierten Kirche spenden. Mein Vater dachte nach, beziehungsweise er tat so, als würde er nachdenken, bei ihm konnte man das nie genau wissen, da gab es, vielleicht muß man das so sagen, grundsätzlich eine gewisse Distanz in seiner Person, er stand in Distanz zu sich selbst, mehr noch, zu seinem Leben. Hm, sagte er und stimmte dem Einwand zu. Aber was soll ich denn jetzt tun? Das gegebene Wort verpflichtet. Was ich ausgesprochen habe, gilt. Von da an bis hin zu ihrer Freilassung im Jahre '56 hechelten sie diesen »Fall« durch, drehten und wendeten ihn hin und her, wie man wohl die Fehde zwischen den beiden Prinzipien auflösen könnte. Und das mehrmals täglich, mal von Luther, mal vom Palisanderholz ausgehend. Der alte Sozi hörte dieser alltäglich leeren, subtilen Debatte mit wachsender Verbitterung zu. In ihm wuchs die schmerzliche Ahnung, Rákosi und seine Leute hatten recht damit, diese Burschuj einzusperren. Er hatte einfach nichts zu tun mit dem Alltag, der durch die Debatte geschaffen wurde, jedes Wort, das gesprochen wurde, war ihm fremd, die lachende Argumentation meines Vaters, die gepuderte Strenge des Oberpriesters und das entschlossene Minderwertigkeitsgefühl des Pastors, er verstand es nicht, das Ganze, er fühlte sich dadurch so mißbraucht, wieder einmal, auch hier, im Gefängnis, daß er am liebsten nur noch gebrüllt hätte, am liebsten hätte er meinem Vater die Brille von der Nase geschlagen (viereinhalb beziehungsweise fünf Dioptrien), hätte in die gepolsterte katholische Hand gebissen und dem spillerigen reformierten Hintern einen Fußtritt versetzt. Er kochte vor Wut. Und von da an wurde es auch seine tägliche Beschäftigung, das Unvereinbare miteinander zu vereinen, das der klassischen Sozialdemokratie und seinem eigenen Charakter entspringende Gefühl für Gerechtigkeit beziehungsweise den Wunsch danach, mit diesem Brodeln und dem süßen linken Gefühl, das als Folge der Rachepläne in ihm erwacht war. Das wichtigste in einem Gefängnis ist, die Zeit totzuschlagen; und am schlimmsten ist es, wenn man drin ist, ein Tag nach dem anderen vergeht, die Zeit trotzdem nicht totzukriegen ist, sie einfach nicht vorbeigeht. Imre Janák wußte das. Und obzwar er noch Jahrzehnte später nur allzu bereitwillig seine längst vergangenen Affekte heraufbeschwor, für sich, in seinem Inneren, war er den Zellengenossen dankbar. Als beim Sohn meines Vater die Leitungen in der Wand verrotteten – das Haus ist kurzgeschlossen, kicherte die Familie –, bat man ihn, die Elektroarbeiten durchzuführen. Er und mein Vater umarmten sich. Dieser war damals nicht mehr gut beisammen – Taucherkrankheit, das Gehirn, das Herz, das Leben zerplatzten förmlich –, aber vielleicht sah man's ihm nicht an. Er bemühte sich, es zu verbergen (besonders meine Mutter!). Der Elektriker lieferte eine gute Arbeit ab, verlangte eine angemessene Summe, schrieb sogar eine Rechnung, obwohl das damals praktisch ohne Bedeutung war, da es keine nennenswerten Steuern gab. Es stand schlecht um die Sozialdemokratie; es stand nicht mal ●

253. Angenommen, aber nicht zugegeben, mein Vater wird nicht verfolgt und er (1) weiß das, O.K., was soll's, es gibt Schlimmeres. Wenn man ihn auch weiter nicht verfolgt, er aber (2) das nicht weiß, also denkt, man würde ihn verfolgen, na, das ist zweifellos Paranoia. Wenn mein Vater verfolgt wird und er sich (3)

auch im klaren darüber ist, dann ist der Name meines Vaters: Opfer. Eine feine Sache ist das. Für den Fall, daß er verfolgt wird, er es aber (4) nicht weiß, dafür gibt es im Ungarischen kein Wort. Das ist keine feine Sache, daß es kein Wort dafür gibt ●

Der Name meines Vaters ist aus der Verschmelzung der per- 254.
sönlichen Lebensführung, der historischen und kulturellen Traditionen, der Abstammung und der Ohnmacht, durch das Aufeinandertreffen der Wörter Mord sowie herrschaftlicher Harem (Serail) entstanden. Jedesmal, wenn ich ihn ausspreche, ihn aussprechen kann, laut, lärmend, schallend, himmelschreiend, ohrenbetäubend, sonor, mit Stentorstimme, rauchig, stählern, klar, dissonant, leise, langsam, piano, heiser, weinselig, brüllend, schreiend, heulend, gellend, donnernd, zischend, jaulend, kreischend, greinend, stänkernd, hintertrieben, hetzend, aufwiegelnd, eine Grube grabend, brutal, flüsternd, gewispert, gemunkelt, stammelnd, stockend, stotternd, haßerfüllt, angeekelt, widerwillig, mit Aversion, mit Abscheu, mit Überdruß, entsetzt, gruselnd, erschrocken, schaudernd, zitternd, panisch, in blinder Angst, grob, roh, fein, zärtlich, sanft, zahm, schonend, liebevoll, verliebt, taktvoll, höflich, diskret, wenn ich seinen Namen aussprechen kann, bin ich glücklich. Ich spreche ihn aus: Mordechai. Ich bin glücklich ●

Der älteste Sohn meines Vaters hatte als Kind von den Nach- 255.
barn, aber auch von den Verwandten, besonders von meiner Tante, der Schwester meiner Mutter und auch von deren Sohn, der kaum vier Jahre älter war als er, was in dem Alter allerdings noch recht viel ausmacht, immer wieder gehört, mein Vater sei ein bedeutender Büffelpianist. Ein bedeutender Büffelpianist. An dieser Stelle lachte oder zwinkerte der Erzähler normalerweise, und nicht selten entspann sich ein spielerischer Streit dar-

über, ob mein Vater – als Büffelpianist natürlich – tatsächlich bedeutend sei, oder ob es richtiger wäre, ihn in einer ersten Annäherung als namhaft zu bezeichnen. Der älteste Sohn meines Vaters wuchs im vagen Bewußtsein auf, sein Vater sei ein bedeutender, zumindest aber ein namhafter Büffelpianist, doch er wußte nicht, ob er sich darüber freuen oder sich dafür schämen sollte. Ein Büffelpiano, das ist der von den Büffeln aufgewühlte und dann verhärtete Schlamm, dieses entsetzliche Rumpelpumpel, erzählte neulich Oskar P. Aber was hatte mein Vater damit zu tun? Oskar P. unterdrückte, wie es seine Gewohnheit war, ein kleines Lächeln, und wie immer, wenn er über Wörter sprach, und er sprach oft (und schön) über Wörter, schienen sich auf seinem Gesicht Freude und ein leichter, aber entschiedener Stolz mit Höflichkeit zu mischen, dein Vater kam, wenn er betrunken war, auf allen vieren hinter den Gärten entlanggekrochen, dort, wo sonst die Büffel waren. Niemand war so geschickt wie dein Vater, so passioniert, so virtuos, so stofflich, weder Gould noch Zoltán Kocsis, noch János Rolla, dabei ist letzterer gar kein Pianist! Du darfst stolz auf deinen Vater sein. Und so geschah es auch, er war stolz auf ihn ●

256. Das Erdentier ist ein Riese von einem Vieh, das schläft. Es schläft. Es schläft sehr tief, aber es ist auch sehr empfindlich, was Menschengeruch angeht. Wenn es welchen spürt, schlägt es aus nach ihm, irgendwo in die Richtung, die Augen aber hält es dabei geschlossen. Oder eher noch, es wälzt sich in die Richtung des Menschengeruchs und schlägt mit einer gewaltigen, festen Bewegung die Quelle des Menschengeruchs quasi in Fesseln, taut sie fest. Nun aber sind sein Körper, seine Biologie, seine Nerven so beschaffen, daß es von der guten menschlichen Wärme gleich wieder einschläft, augenblicklich und friedlich, und dann muß sich die Quelle des Menschengeruchs befreien

wie der große Houdini. Das ist eine schwere Aufgabe, denn das Erdentier ist ein Riese von einem Vieh und lümmelt sich mit seinem vielen Gewicht auf dem armen Jungen. Aber der arme Junge befreit sich jedesmal heldenhaft und ist anschließend sehr glücklich. Das ist das Erdentierspiel; das gab es jeden Sonntagmorgen, solange es einen Sonntag gab

Es gibt diesen Witz, daß mein Vater auf dem Bock sitzt, es reg- 257.
net, der Wind weht, es tobt nicht gerade ein Unwetter, es ist ein ganz alltäglicher unangenehmer Abend, ein schnöder Mittwoch, mein Vater schlottert vor feuchter Kälte, von der Krempe seines Kutscherhuts tropft das Wasser – tropf, tropf: als würde sich immer und immer wieder ein Selbstmörder zu seiner letzten Tat entschließen. Die vergoldete Tür des Offizierskasinos öffnet sich, und es kommt der junge, blasse Herr meines Vaters herausgetorkelt, sein weißer Schal leuchtet zum Mond hinauf. Mein Vater springt sofort hin, der junge Mann fällt um, mein Vater fängt ihn im letzten Moment auf. Um die Balance zu halten, muß er sich in den Schlamm knien, in die Pfütze. Wie ein kleines Kind hält er seinen Herrn in den Armen, der gerade darüber nachsinnt, ob er sofort (»überfallartig«) einschlafen oder lieber den Kutscher zusammenstauchen sollte, schließlich entscheidet er sich gelangweilt für letzteres, und es widerfährt ihm ersteres. Mein Vater erhebt sich aus seiner knienden Position, betrachtet die Regentropfen, die auf das Gesicht des Jungen niederprasseln, man könnte sie für Tränen halten, na komm, mein Engel, er wiegt ihn und hebt ihn zärtlich in die Kutsche, legt ihn auf den Sitz, richtet den Körper, macht ihn runder, damit auch die Füße noch Platz haben, und deckt ihn mit dem karierten englischen Plaid aus Paris zu (noch aus der Aussteuer der Roisin-Urgroßmama). Er setzt sich auf den Bock. Es ist kalt. Er streichelt mit der Schwippe über die Pferde, hüa, meine Engelchen, hüa. Wie kann das sein, sinniert

mein Vater dort auf dem Bock, mein Vater ist ein Graf, mein Sohn ist ein Graf, nur ich bin Kutscher ●

258. 1917, also gerade noch rechtzeitig, denn damals ging gerade alles zu Ende, damit neue Allesse anfangen konnten, erschien meinem Vater in Felsőgalla die Jungfrau (hier: Maria), um ihm drei Geheimnisse anzuvertrauen, deren letztes 1960 an die Öffentlichkeit gebracht werden sollte. Die Verkündigung des dritten Geheimnisses fiel allerdings auf Intervention des Vatikans aus, wodurch János Kádárs Sensibilität geschützt und die Welt von der Nachricht über das bevorstehende Ende des sowjetischen Kolonialreichs verschont blieb. Das erste Geheimnis mahnt mit autobiographischen Zügen vor der unumgänglichen Höllenfahrt der Sünder, das zweite sagt die Bekehrung Rußlands voraus. Um das Gerede zu unterbinden, das dritte Geheimnis beinhalte Gefahrenzeichen (das Ende der Welt im Jahre 2000 etc.), sah es der Vatikan für notwendig an, meinem Vater im Oktober vergangenen Jahres durch Erzbischof Ratzinger eine Nachricht zukommen zu lassen, in der es hieß, das Geheimnis habe keine Bedeutung mehr, mehr noch, es existiere überhaupt nicht. Meinem Vater war das nur schwer begreiflich – obwohl er wußte, wenn er's begreift, wird es leichter für ihn, er begriff es bloß so schwer –, doch dieser Ratzinger ist ein gescheiter, kluger Junge, er erklärte ihm, wie alles ist ●

259. In Rumänien wurde eine Kopie meines Vaters erbaut. Schwer zu sagen, warum die Wahl ausgerechnet auf meinen Vater gefallen ist, Tatsache ist, daß die Aristokraten weniger nationalistisch und antisemitisch sind als man anhand der Statistik erwartet hätte, was nicht heißt, daß sie bessere Menschen waren oder vielleicht ruhiger, eventuell umsichtiger, es kam vielmehr daher, daß die genannten Kreise ihre Kreise nicht störten, ein Leibeige-

ner war ein Leibeigener, egal, ob er Ungar war oder Rumäne, und mit Juden hatten sie nichts zu tun, lange Zeit zählte Geld nicht, man konnte auch ohne Geld reich sein. Laut Grundprinzip sollen im Inneren der die Proportionen meines Vaters berücksichtigenden Dingse, in ihrem Schneidepunkt, welcher das obere Drittel jener imaginären Senkrechten markiert, die die Spitze mit dem Fundament verbindet, besonders heilsame Energien wirken. Die Version von Pitest hält sich in zehnfacher Vergrößerung vollends an die Proportionen meines als Modell dienenden Vaters. Das zu klärende Abwasser zirkuliert durch ein 1300 Meter langes Netzwerk aus Kanälen. Hier bereits begegnet man dem ersten in einer Reihe von »Wundern«: Obwohl die Kanäle keine Abdekkung haben, herrschen im Inneren meines Vaters keine unangenehmen Gerüche, im Gegenteil, die Menschen, die hier arbeiten, behaupten, von Zeit zu Zeit – auf unerklärliche Weise – den Duft frisch gemähten Heus wahrzunehmen. Wie meine Mutter daraufhin den Mund verzieht! Das Personal schwört – beiallemwasmirheiligist –, seitdem man hier arbeite, habe sich der jeweilige Gesundheitszustand spürbar gebessert, die sozialen Ausgaben hätten sich erhöht, ebenso das Bruttosozialprodukt, innerhalb von zehn Jahren sei es zu keiner einzigen Erkrankung gekommen, und Europa habe man sich ebenfalls angenähert. Die Besucher bekennen einhellig – hier wäre mal wieder meine Mutter als Ausnahme zu nennen –, daß sie, sobald sie in meinen Vater eintreten, von einem unbeschreiblichen Wohlgefühl erfaßt werden, sie sehen alles durch eine rosarote Brille, als hätten sie Drogen genommen. Ey, Alter, bist cool drauf, ey! Übrigens haben die Beschäftigten im bereits erwähnten Schneidepunkt, welcher das obere Drittel der imaginären Senkrechten markiert, einen bequemen Sessel für all jene aufgestellt, die hier neue Energie tanken wollen. Mäuse, Ratten, aber auch Fliegen und Mücken bleiben meinem Vater fern. In seinem (meines Vaters) Innenraum können auch Erdbeben vorausgesagt werden. Während der letzten rumänischen Erdbewegungen ionisierte der Atem meines Vaters schon Stunden vorher in einem Ausmaß, daß er im Dunkeln zu fluoreszieren begann. Fachleute meinen, eine im »Schneidepunkt« postierte gebrauchte Rasierklinge würde ihre Schärfe wiedergewinnen, Lebensmittel würden nicht verderben, Altöl würde wieder jung, die Oktanzahl des Benzins erhöhe sich und die Menses der Frauen stellten sich auf den Tag genau ein. Den manifesten Beweisen zum Trotz hat sich bislang niemand ernsthaft mit dem Fall beschäftigt. So ist das Schicksal meines Vaters. Als würde er sein Leben *nicht* einholen können. Ihm (meinem Vater) ist auch schon mal der Gedanke gekommen, daß vielleicht dieses »Nicht« sein Leben ist. Nein, nicht, niemals: ja ●

260. Küßchen. Ob Sie das erste Mal in meinem Vater sind oder ob Sie des öfteren hier waren, wir begrüßen Sie herzlich an diesem so leidensvollen und leidenschaftlichen Ort. Für uns, die Söhne meines Vaters, ist es immer eine große Freude, Gäste bei uns begrüßen zu dürfen. Wir haben Tradition im Verkehr mit Fremden. Mein Vater ist traumhaft. Und das wissen nicht nur wir, sondern auch jene, die ihn mit einiger Regelmäßigkeit aufsuchen, um wieder und wieder die Wölbungen seiner Stirn zu bewundern, sich an den Gedanken aus Siegmunds Zeiten zu ergötzen oder einfach nur Erholung und Entspannung zu suchen, hier, in diesem malerisch schönen Körper, dieser Seele. Im vergangenen Jahrhundert bereits schrieb Elek Fényes über meinen Vater: »Eine teuere Heimat ist dieser seinem Volk, denn er ist gesegnet und angenehm und im Glauben des Volkes der Schönste im ganzen Komitat.« Dieser unser Glauben ist uns bis heute erhalten geblieben. Mein Vater war im Laufe der Jahrhunderte nie eine isolierte Figur dieser Region, sondern bildete mit den ihn umgebenden, nennen wir sie: Menschen, eine organische Einheit, den Herren, den Leib-

eigenen und dem Lumpenproletariat, sowohl auf wirtschaftlicher wie auf kultureller Ebene. Wir empfehlen ihn all jenen, die ihn nicht kennen (kannten, kennenlernen konnten), aber auch jenen, die seine natürliche, sinnliche und intellektuelle Schönheit bereits kennen; und lassen Sie uns auch die ewigen Transitreisenden nicht vergessen, vielleicht können auch sie das eine oder andere kleine Detail an meinem Vater finden, das unverdrossen lausbubenhafte Zwinkern der Augen, die Nuancen in der Tabakfarbe der Zähne, das unverändert Jungenhafte der Hüften, die Krampfadern an den Waden, die sympathische Grobheit des Nackens, seine fast bäuerliche Bräune oder die edle Archaik einiger seiner Wendungen, der jedoch sofort mit Hilfe einer permanenten, universellen Ironie entgegengesteuert wird, sein Schweigen, sein gar geheimnisvoll zu nennendes Schweigen, irgend etwas, das Ihre Gleichgültigkeit, Ihre sich in Langeweile flüchtende Furcht besiegen könnte. Grüße an alle auch von meinem Väterchen, Küßchen. + 1 Photo vom Bürgermeister (später) ●

Die Rede (keine Trauerrede, eher eine Laudatio oder eine 261.
Dankrede dafür oder eine Rede zum Diner, damit man den Preis fürs Abendessen – hundertfünfzig Gedecke, immerhin – von der Steuer absetzen kann) hielt mein Vater in einer sogenannten Fremdsprache, die Wörter und Sätze dieser Fremdsprache sprach er ins Mikrophon, buchstaben- bzw. klangrichtig, aber an den Stellen, wo jene, denen diese Fremdsprache vertraut ist (entweder weil sie ihre Muttersprache ist oder aus anderen Gründen), eine Pause gemacht hätten, legte mein Vater schnarrend an Tempo zu, während er sich dort, wo jene zusammengezogen hätten, genüßlich lange aufhielt, so daß neue Wörter und neue Sätze in einer neuen, namenlosen Sprache entstanden. Die ihm zuhörten – immerhin hundertfünfzig Gedecke oder achtzig Trauertaschentücher –, hörten, daß mein Vater in jener gewissen

Fremdsprache sprach, aber sie verstanden keinen Mucks, über wen, was, wie, wozu; sie vermochten aus der gesamten Rede lediglich zwei Wörter zu agnostizieren: »mein Vater« und »vielen Dank«, was, nach Ansicht meines Vaters, auch völlig ausreichend ist, egal wie der Standpunkt der Hörer diesbezüglich auch sein mag ●

262. Mein Vater ließ, bedingt durch eine nervöse Störung seiner Darmfunktion, vor Katharina, der Zarin aller Russen, eine Tontaube hochsteigen. Die kluge Herrscherin nickte, endlich ein ehrlicher Ton, sagte sie. ●

263. Bevor mein Vater zum Schöpfer in der Höhe heimkehrte, von dem man sich erzählt, er stünde sogar über den Fürsten und dem Herrscher, war er schon ziemlich taub. Stock. Oder, wie die Ungarn sagen: wie eine Kanone. Ungarisches nomen est ungarisches omen, denn: Eines Nachmittags, als er gerade am Lesen war, sein Diener, gleich alt, hantierte in seiner Nähe herum, gab es in der nahen Wienerneustädter Munitionsfabrik eine Explosion. Sämtliche Fenster des Pottendorfer Schlosses zerbarsten, das edle Gebäude erzitterte wie eine Götterspeise. Währenddessen stellten Heerscharen von Hausfrauen, Köchen und Hobbygourmets fest, daß die Götterspeise wackelte, als wär's das Pottendorfer Schloß. Hätte man vielleicht strenger mit der Gelatine umgehen sollen? Mein Vater hob den Kopf, warf seinem treuen Diener, dem Gesicht, das er vielleicht am häufigsten in seinem Leben gesehen hatte, einen Blick zu und sagte schlecht gelaunt: Sie waren mir immer ein zuverlässiger Mann, und wie lange schon, seit einer Ewigkeit, nicht wahr. Aber ich verbiete es aufs Entschiedenste, daß Sie hier in meiner Gegenwart ferzen! Es ist bezeichnend für solche Geschichten und für das Leben der Menschen, daß die Antwort darauf nicht bekannt ist. Ein Diener spricht

nicht. Der Fürst spricht. Andererseits: Die Väter schweigen, auch das ist typisch ●

Mein Vater ist ein gutes Beispiel für den sog. strunzdummen Meinvater. Er war landesweit bekannt für sein gutes Herz (die Zweitgeborenen haben ein gutes Herz), für seine Freundlichkeit und auch dafür, daß er überall zu spät kam. Pünktlichkeit ist die Höflichkeit der Könige, sagte er und zuckte mit den Achseln. Als der italienische König zu Besuch kam und auch mein Vater zum großen ungarischen königlichen Bankett eingeladen war, rief ihn der Adjutant des Reichsverwesers extra an und beschwor ihn, dieses eine Mal möge er versuchen, pünktlich zu sein. Da wir vom königlichen Palast (»dessen gegenwärtiger Untermieter ein Seemann ist«) recht weit weg wohnten, achthundert Meter oder sogar noch mehr, und die Einladung für 12:30 Uhr lautete, beschloß mein Vater, bevor noch der arme Adjutant magenkrank wird, diesmal pünktlich zu sein. Er bestellte seinen Chauffeur mit dem blitzeblank polierten Auto für punkt zwölf vors Haus; die Passanten betrachteten sich staunend in diesem besonderen Spiegel und stoben ebenso auseinander, als mein Vater, tadellos gekleidet, aus dem Tor trat. Die Mittagsglocken fingen gerade zu läuten an. Er trat aus dem Tor; das, in das er geradewegs hineintrat, war nicht etwa eine irgendwie versteckte kleine Falle, eher ein offensichtlicher und beträchtlicher Haufen, ein kundiger Mensch hätte vielleicht sogar die Hunderasse nennen können, und es war auch gar kein richtiger Schritt, eher ein Stolperer, aber wenn man halt Fürst und Graf und unterwegs zu einem königlichen Empfang ist und auch noch das Auto dasteht, der große Daimler, dann kann man unmöglich daran denken, menschlich unmöglich, daß man in Scheiße treten könnte, daß man in Scheiße treten wird, daß es Scheiße überhaupt gibt. Mein Vater aber hatte den Mut, der Wirklichkeit in ihrer unsicheren 264.

und unberechbaren Vielschichtigkeit ins Auge zu sehen, aus Erfahrung wußte er, daß man mit Hundescheiße an den Schuhen nicht zum Mittagessen in den königlichen Palast geht, also ging er, wie er gekommen war, wieder zurück, um die Schuhe zu wechseln. Der Chauffeur, obwohl nicht er es war, der auf den Gehsteig geschissen hatte, entfernte beschämt »das Unvorstellbare«, schleuderte es mit Hilfe einer kleinen Schaufel auf die andere Seite des Wagens und stellte sich dann wieder neben diesen, um in strammer Haltung das neuerliche Auftauchen seiner Meinvaterheit zu erwarten. Eine Viertelstunde später erschien dieser auch in makellosen Schuhen. Diesmal paßte er auf. Es stimmt zwar, daß der Platz, den einer in der feudalen Pyramide einnimmt, auch mit einer entsprechenden Einschränkung der Wahrnehmung verbunden ist, aber »im Gegensatz zu dem, was die Stammgäste des Café Japán meinen«, ist nicht jeder Aristo ein Kretin, mein Vater riskierte nichts, er ging um das Auto herum, und bevor der zu Stein erstarrte, durch das Gewicht der Jahrhunderte einigermaßen langsam gewordene Chauffeur zu sprechen anheben konnte, trat er – heimlich, still und leise – wieder hinein. Der Chauffeur ärgerte sich nicht, er schämte sich auch nicht, Schadenfreude kam gar nicht in Frage: Er weinte. Tränen kullerten. Mein Vater kehrte – immer noch lächelnd – erneut ins Haus zurück, um ein Paar frische Schuhe anzulegen. Alles in allem verspätete er sich um kaum fünfzehn Minuten. Da kam der große Augenblick des Adjutanten. Exzellenz, er beugte sich zu meinem Vater, und wie der Chauffeur eben zu greinen, fing er nun zu kichern an, in Wahrheit, ich bitte um Vergebung, lautet die Einladung für 13:00 Uhr, und er blickte meinen Vater triumphierend an. Als hätte er den Sonderfrieden erreicht oder so was. Oh, faßte mein Vater nach kurzer Überlegung die Lehren aus der Gschicht zusammen, das heißt, ich bin nicht nur nicht zu spät gekommen, ich bin sogar zu früh da! Er lachte den Adjutanten an. Der junge

Mann verspürte ein Kribbeln in seinem Herzen, ein schwindelerregendes Gewimmel von Süßem und Bitterem, wie noch nie zuvor. Und auch niemals wieder in seinem gesamten restlichen Leben. Für einen Augenblick, ca. um 12 Uhr 47 Minuten, war der Adjutant: glücklich ●

Mein Vater ist ein gutes Beispiel für den sog. Meinvater von 265.
großer Spannweite; seine Spannweite reichte von Szigliget bis London. In London war er taub wie eine Kanone (stock); er besaß zwar einen schönen, silbernen Hörtrichter, doch aus Eitelkeit benutzte er ihn nicht gerne, so brüllte nicht nur er, wenn er etwas sagte, sondern auch derjenige, der ihm etwas sagen wollte, so auch die Königin, die ihm zu Ehren am 23. Juni im Buckingham-Palast einen Ball gab. Der alte Herr fühlte sich im geliebten England in seinem Element, er kannte alle Welt und grüßte mal rechts, mal links mit dröhnender Stimme seine lang nicht mehr gesehenen Bekannten, wie geht es Ihnen, großartig, Sie wiederzusehen, ich dachte, Sie wären schon längst tot! Die Königin sagte zu Lord Disraeli: Ich freue mich so, daß ich diesen Menschen sehen darf. Er war so ein reizender Farbfleck meiner Kindheit. Wenn er nur nicht immer so laut brüllen würde! Ich hätte ihm so viel zu sagen, aber das würde der ganze Saal hören, fuck you. In Szigliget aber lief er oft durchs Dorf, meist in einer bequemen, alten, nicht selten auch geflickten Jägertracht. Es begab sich, daß einem fremden Ackerwirt ausgerechnet am Dorfeingang das Wagenrad brach. Da kam so ein Förster vorbei, bot sich sofort als Hilfe an. Sie schafften Seite an Seite, und als die Arbeit getan war, klopfte der Bauer dem Förster auf die Schulter und drückte ihm einen glänzenden Pengő in die Hand. Dieser bedankte sich artig, steckte das Geld sorgfältig weg und verabschiedete sich wohlerzogen. Der Bauer hielt am Wirtshaus an, um seine Strapazen hinunterzuspülen. Berichtete lautstark vom Vor-

fall. Im Wirtshaus wurde es ganz still, dann sagte der alte Franz Reiter, der Onkel Franzi: Ihr habt ihm einen Pöngő gegeben? Das habe ich, sagte der Fremde mit stolzgeschwellter Brust. Die Leute nickten, ein Pengő ist eine hübsche Summe. Und wißt Ihr denn, wer dieser Förstermensch war. Der Fremde zuckte mit den Achseln, wer ●

266. (Als die Parteien eine geeignete Lichtung gefunden hatten, stellten sie sich mit der Pistole in der Hand in dreißig Schritt Entfernung voneinander auf, nach jenen Regeln des Duellierens, die von den meisten ungarischen Schriftstellern und von allen ungarischen Schriftstellern adeliger Herkunft beschrieben worden sind.) Papa, ich hatte einen weiter nicht erwähnenswerten Streit mit einem Fremden, den ich ohrfeigte, und der mich dann bei Kalugano in einem Duell tötete. Bitte um Verzeihung. Schrieb mein Vater an meinen Großvater in seinem letzten Brief ●

267. Mein Vater, der strahlende Jüngling: der in der Nacht vor dem verhängnisvollen Duell die Grundlagen für die sog. Gruppentheorie niederlegte. Er wußte, daß er sterben würde, deswegen gab er sein geistiges Erbe an die Menschheit weiter, er schrieb die ganze Nacht über, er dachte nicht an meine Mutter, er dachte nicht an seinen Vater, er legte die Grundlagen nieder und dachte ausschließlich daran, an dieses Niederlegen. Kein Wunder also, wenn er sich am nächsten Tag, unrasiert und unausgeschlafen wie er war, in die auf ihn zufliegende Kugel praktisch hineinfallen ließ, welche sofort quer durch das von der letzten Nacht so leichte und berauschte Herz flog. Einer der schönsten Tode in der Geschichte der Menschheit (– der meines Vaters) ●

Es ist schwer zu sagen, wann das alles passiert ist, aber es war die Zeit dazu; noch vor dem Tie-Break, oder wie es mein Vater ausdrückte, Time-Break (bei Zadar). Die Mutter meines Vaters, meine Großmama, die Witwe, hier folgt der Name meines Vaters, sagte also: Komm an maine Brust, main Jong! Er kam. Geh scho, spiel was, main Jong! Er ging, er spielte. Komm scho essen, main Jong! Er kam, er aß. Geh scho lernen, main Jong! Er ging, er lernte. Komm, main Jong, bist eingerufen! Er kam. Komm, geh in' Krieg, main Jong! Er ging. Main Jong ist in Himmel geflog'n. Geflog'n • 268.

Als dann die russischen Befreiungstruppen, die Barbaren, wie sie die Schloßbewohner unter sich nannten, ins Schloß einfielen, ergriffen alle, die da waren, kopflos die Flucht, mit Ausnahme meines Vaters. Wenn es dem himmlischen Vater nicht wichtig ist, auf mich aufzupassen, wozu lebe ich dann? Und er lief durch das russische Lager hindurch, und siehe da, die Russen sahen ihn nicht. Schau her, sagte mein Vater, ich lebe. Tue also, wie die Leute getan haben, fliehe den Deinen hinterher. Und so geschah es. Der russische Jungsoldat erschrak, als er den Fliehenden erblickte, er schoß sofort, mit einer Maschinenpistole muß man nicht erst groß zielen, nur so ungefähr, rein in die Mitte • 269.

Mit Denken, dachte mein Vater, kann man weit kommen, aber nicht überallhin. Nicht bis zum Schluß. Hier ist zum Beispiel dieser Krieg. Er (mein Vater) begann über ihn (den Krieg) nachzudenken. Wie ein Kind. Oder wie ein Gymnasiast; die sind's für gewöhnlich, die über die Natur der Welt nachdenken, anstatt zum Sportunterricht zu gehen. Und er kam mit aller Ernsthaftigkeit auf etwas, worin ihm die Menschheit augenscheinlich und auffällig nicht folgte, er kam dahinter, daß man als Christ keinen Krieg führen kann. Entweder Christ sein oder 270.

Krieg. Es ist einfach nicht mit der Nächstenliebe zu vereinbaren. Denn ... denn er kaufte das einfach nicht ab, denn es gäbe da doch einen kleinen Ausweg, daß man nämlich nicht den Feind haßt, sondern nur dessen Sünden und Verbrechen (erst durch Sünde wird Widerspruch zu Haß). Wer beschossen wird, wird gehaßt. Im Zeichen der Liebe kann man schließlich niemanden töten, oder? Also ist es Haß, und diesen Haß halte er für lächerlich. Und er sei nicht bereit, prinzipiell zu hassen, höchstens aus Fehlbarkeit. Bis hierhin gibt es ja auch kein Problem: Sehen wir einfach niemanden als unseren Feind an, auch den nicht, der in uns einen Feind sieht. Dies scheint eine Lösung zu sein, wenn sie auch nicht mit der Komplikation des Überlebens befrachtet ist. Aber damit noch nicht genug. Denn im Zeichen der Nächstenliebe muß man mit denen solidarisch sein, die von denen massakriert werden, die wir dem o.g. folgend nicht zu hassen wünschen. Und es kann leicht sein, daß die Solidarität nur auf eine Weise (konkret) möglich ist: durch Krieg. Womit er nicht sagen wollte, wer das Schwert nimmt, der soll durch das Schwert umkommen, denn einen Satz kann man über alles finden. Der Frieden ist nicht von dieser Welt, das ist auch so ein Satz. Gewalt ist ein Zustand des Menschseins, das auch. Also muß man als Christ zum Schwert greifen, also hassen, was er als Christ nicht akzeptieren konnte. Wie er es auch dreht und wendet, es bleibt unauflösbar. Gut, auch dafür gibt es einen Satz, daß nämlich das Leben voller Widersprüche ist. Aber so sehr und so konkret? Er dachte sich, hier gibt es nichts weiter zu denken, aber handeln muß man, man kann ja hinterher darüber nachdenken, was das sollte. Was nicht nur äußerst gefährlich ist, sondern ihm (meinem Vater) auch fremd. Die Menschheit kann sich wirklich zur Hölle scheren, rief er ohnmächtig aus, und er selbst scherte sich gleich mit, denn er wußte, daß auch er nicht besser war als jedermann, er war der Lösung kein bißchen nähergekommen, er mochte es eben nur, die Sachen von allen Seiten zu betrachten. Und das konnte man bislang auch tun, denn wenn er zu keiner Lösung kam, dann war das eben die Lösung. Aber jetzt läuft das nicht mehr. Es scheint, diese Art der Betrachtung, dieses Einerseits-Andererseits, ist nicht menschlich. Menschlich ist es, wenn man sich seiner Horde anschließt, und man kann sich nur dann anständig anschließen, wenn man daran glaubt, daß sich dort die Wahrheit befindet oder zumindest die Notwendigkeit. Um uns selbst nicht bespucken zu müssen, werden wir zu Kindern der Wahrheit. Ich habe keine Perspektive, ich schaue nur vor mich hin, ich schaue mir das Grauen an. Es gibt nichts als Grauen. Im Krieg kann man nicht »ich« sagen. Auf dem geistigen Niveau einer DDR-Sekretärin, hier also bin ich angekommen •

Mein Vater arbeitete gerade an einem nie abgeschlossenen 271.
Manuskript, als Soldaten kamen und nach Deutschen suchten. Sie waren jung, fast Kinder, marschierten mit großem Lärm und Gepolter herein, krakeelten, wieselten herum, es war nicht festzustellen, ob sie sehr wütend waren oder ob sie dieses Durcheinander nur zu ihrem eigenen Vergnügen veranstalteten. Mein Vater kann russisch, auch wenn er es abstreitet; er sah vom Manuskript nur flüchtig auf und sagte, die Herren Offiziere seien gegrüßt, sie möchten sich ganz wie zu Hause fühlen, wenn er persönlich auf letzterem nicht unbedingt bestehe, jetzt allerdings, man möge ihn entschuldigen, habe er keine Zeit, wie sie sehen könnten, arbeite er. Er arbeite an so einer Art Roman. Er *schreibe* also einen Roman. Ein Erzählwerk. Wirklich und wahrhaftig. Der Knabe, der den Trupp anführte, errötete, dann brüllte er los, er tobte, während sie bis zu den Knien im Blut wateten, niedermetzelten und, Gott sei ihr Zeuge, nicht aus Übermut, währenddessen schmiere mein Vater hier überheblich, ja anmaßend etwas zusammen, und damit packte er den Manuskripthaufen und

schleuderte ihn ins Feuer. Der brannte. Mein Vater stieß einen Schrei aus und gab dem milchbärtigen Soldaten eine Ohrfeige. Stille trat ein, zerbrechlich und leer. Der Knabe zog ab, nach draußen, als wäre alles vorbei, doch an der Tür drehte er sich blitzschnell um und winkte kaum sichtbar mit dem Kopf, los. Als mein Vater bei ihm ankam, sagte er leise, fast freundlich, tatsächlich, als hätte er sich entschlossen, höflich zu sein: Wir werden dich jetzt hinrichten. Da polterte ein ungarischer Offizier herein, *er war übergelaufen* oder so, tat furchtbar wichtig, informierte sich sofort und so weiter. Mein Vater hatte natürlich schon Angst, in seiner Angst wurde er gesprächig und mutig und fiel über den Offizier her. Was spielen Sie hier den Überlegenen, was sind Sie so überheblich mit dem Tod, nehmen und schenken einem das Leben, als wär's ein Kuhhandel ... Warum glauben Sie, Sie können sich alles erlauben? Wieso sollten wir es nicht glauben? Sagen wir, um Gottes willen. Es gibt keinen Gott. Dann eben wegen des Satans. Der Offizier lachte, wenn es keinen Gott gibt, gibt es auch keinen Satan. Gut. Schon gut. Alles in Ordnung. Kann sein, es gibt keinen Gott und keinen Satan, und es gibt nichts, überhaupt nichts, nur Sie, Sie sind die einzigen, die es gibt, nur Sie gibt es, gut ... aber dann nehmen Sie bitte zur Kenntnis, daß Sie ganz einfach gemeine Schweinehunde sind, und Sie sollen verflucht sein bis ans Ende aller Zeiten! Den Soldaten wurde es zu blöd, sie hatten die Sache satt, weniger meinen Vater als das Ganze hier, sie waren müde, sie fluchten und verschwanden. Mein Vater stand da und schluchzte. Dabei mochte er diese seine Szenen so. Und meine Mutter schlotterte im Kleiderschrank, daß man sie nicht fickte. Bis heute muß sie sich von Naphthalingeruch sofort übergeben ●

Man kann sich auch an Worten berauschen und zu einem wilden Tier werden; so funktioniert zum Beispiel der Nationalsozialismus. Er aber nicht, er geht dem nicht so einfach, mirnixdirnix auf den Leim, ausgeschlossen, daß er jemanden dafür und nur dafür hassen oder danach beurteilen würde, daß dieser sozusagen jenseits des Berges wohnt. Meine Mutter schmunzelte nur, ach was, mein Lieber, ach was, Sie denken doch wohl nicht, daß Sie ein ›*Übermensch*‹ sind. Das gerade nicht, antwortete mein Vater mit verletzter Würde, ›*Mensch*‹ aber vielleicht doch, nicht?! Meine Mutter antwortete gar nicht erst. Aber von da an. Von da an hörte mein Vater auf, jener magische und furchterregende Mann für sie zu sein, sie betrachtete ihn in jeder Hinsicht als einen Ungarn und sich selbst als eine … (Botokudin) und behandelte alle Probleme, Sorgen und Spannungen, die ihnen das Leben so zuschwemmte (Kindererziehung, Rákosi-System, Menstruation), von da an als einen ungarisch- … (botokudischen) Konflikt. Ihr habt ja schon damals, vor tausend Jahren, im Etelköz …! schleuderte sie meinem Vater ins Gesicht. Oder: Euer Kossuth, dieser Schaumschläger! Mein Vater verstand nicht ganz, worum's ging, er fand's merkwürdig, grummelte vor sich hin, nach einer Weile aber fing er an, die Leute vom Etelköz ein bißchen zu verteidigen und gab anschließend bereitwillig zu, selbst zwar auch kein Kossuth-Anhänger zu sein, aber man könne diesen trotzdem nicht einfach so abtun. Meine Mutter schrie auf, ihr Ungarn seid halt immer so, dieser leere Stolz, außen fix, innen nix! Aber mein Herzblatt! Nix da Herzblatt. Wir … (Botokuden) wissen seit Jahrhunderten um dieses Joch und ächzen darunter …! Was sind das für bescheuerte Reden, schnaubte mein Vater, runzelte seine verhärmte ungarische Stirn und sagte etwas Abschätziges über die Denkweise meiner Mutter, beziehungsweise, da ihm meine Mutter da schon seit einem guten Monat vorbetete, daß sie mit Leib und Seele … (Botoku- 272.

din) sei, bezog sich diese Äußerung auf das Denken der ... (Botokuden). Meine Mutter sprang meinen Vater an und begann, seine ungarische Affenvisage zu zerkratzen. Wi-chie bi-chit-te? Du würdigst uns herab, mich und meine Ahnen, die wir schon zur gebildeten Welt gehörten, als ihr den Heidegger noch unter dem Sattel weichgeritten habt, lachte meine Mutter. Du bescheuertes ... (Botokuden-) Huhn, sagte mein Vater gnatzig und gab meiner Mutter eins aufs Maul. Ungarisches Vieh, Barbar! Wi-chie bichit-te?! Da, du Scheißfotze! Mein Vater prügelte sich langsam ein, anfangs arbeitete er systematisch, später nur noch nach Lust und Laune; zum Beispiel saßen sie keuchend am Küchentisch, friedlich in ihrer Erschöpfung, als wäre schon Schluß, als mein Vater nebenbei, aus der Rückhand, wie einem Kind, der Alten eine langte, poplige ... (Botokudin), warf er hin. Meine Mutter blutete aus Nase und Mund, auf der Stirn war die Haut aufgeplatzt; sie wischte sich sorgfältig das Gesicht, seufzte tief. Sie blickte den Mann zärtlich an, damit haben wir das Experiment beendet, sagte sie. Siehst du, man kann sich doch an Worten berauschen, du lieber, lieber, sie machte eine spielerische Pause, Ungar, du! Na, was diese .... (Botokuden-) Fotze dafür von meinem Vater gekriegt hat, darüber spricht man besser nicht ●

273. Auf der Zusammenkunft, was war das noch mal genau?, mehr als eine Party, weniger als eine Veranstaltung, die anläßlich seines Geburtstages stattfand, zeichnete mein Vater nicht seinen besten Freund, den Festredner, mit seiner Aufmerksamkeit aus, sondern eine Frau, eine sogenannte unbekannte Frau, eine mindestens 180 cm große Frau, deren blondes Haar bis zum Hintern reichte, oder ihr Hintern bis zum Haar. Mein Vater fand auf dem Revers seines Sakkos ein langes, helles Haar und reichte es der Frau. Wie das silberne Nichts. Die Frau, dieser 180 cm große Block aus Sinnlichkeit, nahm das Nichts (Blow up) freundlich

entgegen, aber als sie das Haar berührte, schüttelte sie sich angeekelt. Ekel mischte sich in den Ausdruck der Geneigtheit auf ihrem Gesicht, ihrem Körper. Sie konnte ja nicht wissen, daß nach der Hypothese, der Konzeption meines Vaters das Haar ihres war, und indem er es nun zurückgab, verwies er damit auf eine nicht existierende gemeinsame Vergangenheit. Obwohl, es kann sein, daß sie sich auch so geekelt hätte. Währenddessen plauderte der Festredner über die akkuraten Schuhkaufgewohnheiten meines Vaters, zeigte, wie mein Vater Oberleder, Unterleder, Zwischenleder prüft, Zentimeter für Zentimeter untersucht, dann, ob sie denn auch gut sitzen und biegsam sind, im Sitzen, im Stehen, im Liegen, in der Bewegung, spazierend, rennend, eilig, wie angepflockt, quasi Wurzeln geschlagen; die Gäste lachten ungeduldig. Der Freund meines Vaters sprach gut, aber zu lange. Die Antwort meines Vaters beschränkte sich unerwartet nur auf die Schuhe; er teilte kühl mit, daß der Schuh jedenfalls auch zwanzig Jahre später, also heute, immer noch ein Schuh sei. Sein Freund zuckte beleidigt mit den Achseln, dann umarmten sie sich. An deiner Seite fühle ich mich sicherer, flüsterte der Freund meines Vaters. Mein Vater umarmte ihn von neuem. Die 180 cm große Frau hatte er ganz vergessen. Am nächsten Tag hätte er am liebsten seinen Kopf gegen die Wand gedonnert. Als dann der Freund vierzig wurde, am 9. März, waren sie gemeinsam auf der Flucht, versteckten sich in der Nähe von Stuttgart, wie mein Vater später mit grüblerischem Selbstmitleid sagte, vor allen, also vor sich selbst, was dasselbe ist, zwei Männer in einem Tunnel. Es war Vollmond, sie saßen im Straßengraben in der Nähe eines schwäbischen Dorfs irgendwo in der Umgebung von Schwäbisch Gmünd, und der gerade vierzig gewordene Freund meines Vaters palaverte vor sich hin, als säßen sie in irgendeinem Salon (er bediente sich dieser wichtigtuerischen, sich unabhängig vom Gegenstand, abhängig vom Sprecher permanent aufspielenden und boshaft ironischen Salonsprache); er hielt eine spontane Abhandlung über die Kleidungsgewohnheiten der Berliner Frauen, seiner These zufolge kleideten sich die genannten Frauen ehrlich, sie stellten nichts unter den Scheffel, der Scheffel fehle sowohl in ihrem Wortschatz wie in ihrem Leben, was da ist, wird gezeigt, und was gezeigt wird, ist da. Klar, sagte mein Vater. ›*Nicht im geringsten*‹ (denn von Zeit zu Zeit sprachen sie deutsch, sie wechselten die Sprachen je nachdem, was sich in welcher besser anhörte), mein Guter, die Französin zum Beispiel zeigt das, was schön an ihr ist. Sind ihre Beine schön, zeigt sie sie, sind ihre Beine nicht schön, zeigt sie ihren Rock, der schön ist. Ehrlichkeit ist eine typisch deutsche Sichtweise in der Welt, moralisch, während das andere, das mit dem Rock, das Französische, ästhetisch ist. Schön ist, was da ist. Klar, sagte mein Vater. Das Geburtstagskind winkte lachend ab. Da fing jemand an herumzuballern, fast in Körpernähe, dabei hatten sie das Gelände zuvor gründlich ausgeschnüffelt, sie dachten, sie wären allein, würden allein zu zweit dasitzen, unter einem fremden, beleuchteten Himmel. Sie hätten auch einen Kometen sehen müssen, aber sie sahen keinen, meinen Vater ließ das sowieso kalt, *ein schmutziger Stern*, das war seine Meinung über Kometen. Der Freund meines Vaters erschrak, er war nicht feige, aber diesmal fühlte er, daß er sterben würde. Iwo, sagte mein Vater und winkte ab, er löschte seine Zigarette, damit sie wenigstens kein beleuchtetes Ziel abgaben. Scheiße, sagte der andere. Rotes Blut floß meinem Vater über die Hand. Weißt du, Alter, sein Freund keuchte und blieb dabei bei dem soeben angeschlagenen Konversationston, es ist mir nie gelungen, mich vom Verdacht zu befreien, daß das Ziel der Schöpfung nicht ethischer Natur ist, das kann es nicht sein, es kann nicht ethisch sein, ich muß zugeben, diesen Gedanken konnte ich niemals, er schnappte schnaubend, tief nach Luft, vertreiben: Das heißt, ich bin anders vorgegangen als Gott im Falle des ersten

Menschenpaars, obwohl, wir müssen unsere Angelegenheiten von gänzlich verschiedenen Positionen aus regeln. Klar. Der Kopf des Mannes knickte auf den Arm meines Vaters. Bis heute spürt er diesen kleinen Schlag am Arm, diesen kleinen Knacks vom 9. März ●

Mein Vater ist wie der Vater von Piero della Francesca: metaphorisch ● 274.

Iwan Toporyschkin, Pseudonym, mein Vater, gibt für alle Gäste am Tisch die Bestellung auf. Plötzlich sagt der Kellner: »Das schmeckt aber nicht.« Wer am Tisch sitzt, sieht zu ihm auf. Schmeckt nicht, wiederholt der Kellner und wechselt mit jedem einzelnen Gast einschließlich Iwan Toporyschkins, meines Vaters, einen Blick. Pseudonym, Iwan Toporyschkin, mein Vater, zeigt noch einmal auf das Gericht mit der Nummer 3012 und sagt: Ich will. Aber das schmeckt nicht, sagt der Kellner zum dritten Mal, notiert sich Nummer 3012 und geht ab in die Küche. Jetzt beginnen alle Gäste einschließlich Iwan Toporyschkins, meines Vaters, zu lachen. Sie lachen so sehr, daß ihre Gesichter die zwischen ihren Gedecken aufgestellten Servietten berühren und der Geschäftsführer gerufen werden muß. Schmeckt aber nicht! prustet Iwan Toporyschkin, Pseudonym, mein Vater, los, und wieder berühren alle Gesichter die Serviette vor ihnen. Eine Unverschämtheit, sagt der Geschäftsführer. Schließlich aber kommt alles heraus, der Kellner wird gerufen und entlassen. Das Essen einschließlich Nummer 3012 bringt eine Kellnerin. 3012 schmeckt nicht, sagt mein Vater, Iwan Pseudonym Toporyschkin, legt Messer und Gabel zurück auf den Tisch und greift zur Serviette. Der Geschäftsführer wird gerufen und der Kellner wiedereingestellt. Aus Geschichten wie dieser schöpft mein Vater jedesmal neuen Mut (anders formuliert: einen Augenblick des Glücks) ● 275.

276. Mein Vater wurde fett wie ein Schwein. Wieso das? Weil er gefressen hat wie ein Vieh. Er liebte es. Er unterhielt zusätzlich eine sogenannte Nachtküche, damit er für den Fall, daß der gnädige Herr den gnädigen Wunsch verspürte, auch nachts um drei noch Wildschweinragout oder Saltimbocca à la romana essen konnte. Er war so dick geworden, daß man die Stühle mit Eisentraversen verstärken und in die Tischplatte, Lui Kators, einen Halbkreis sägen mußte, als wär's Furnier. Mein Vater liebte es leidenschaftlich zu lesen, Lesen war sein Leben, doch seine Finger wurden als Folge der oben geschilderten Verfettung ganz würstchenhaft. Deswegen beschäftigte mein Vater einen sogenannten Blätterer, einen jungen Burschen mit Gefühl für Takt und Rhythmus, der für ihn blätterte. Auf diese Weise las mein Vater, als würde er musizieren. Nach dem Krieg war das dann einer der Hauptanklagepunkte gegen ihn, er hätte in der Person des Blätterers das ungarische Volk erniedrigt. Der sogenannte Blätterer schluchzte, so einen Grafen werde ich auch nie mehr haben. Tatsächlich nicht. Was er gelesen hatte, danach fragte natürlich keiner. Junge Mächte interessieren sich nicht für Literaturlisten •

277. Abends, vor seiner riesengroßen Hütte, saß mein riesiger Vater, der Riese. Na schön, so sprach der riesen Riese nach einer guten Stunde, jetzt muß ich also wieder einmal alle, alle Türen meiner riesigen Hütte mit sieben Schlössern verschließen, mit demselben uralten, großen Schlüssel, den ich von meinem Großvater geschenkt bekam, als ich noch ein kleiner Pimpf war. Hier schwieg mein Papa. Dann sagte er: Und weshalb muß ich das tun, weshalb? Nur wegen der Zwerge, die uns Riesenmeinvätern in der Tiefe der Nacht unentwegt irgendwas mopsen, winzige Sachen, wie sie sagen: Häuser, Freunde, Berge und *esthajnal*, den Abendstern •

Mein Vater hätte Nachtwächter werden können, wie Generalstabsoffiziere zu gewissen Zeiten eben zu Nachtwächtern werden; wurde er aber nicht. Mein Papa war nie, niemals in seinem Leben, zu keiner Zeit, nirgends Nachtwächter. Seine Ablösung kam regelmäßig zu spät, er hatte nämlich eine kapriziöse Freundin, die ihn ständig auf Trab hielt, mit unerwarteten Rendezvous lockte oder zu sich bestellte, um ihn dann wieder fortzuschicken, damit er die fällige Generalinspektion ihres Wagens erledigte, und deswegen kam er dann zu spät. Stimmt es eigentlich, fragte er, vom Rennen noch ganz außer Atem, meinen Vater, daß der Gauss Messungen durchgeführt hat, um die nichteuklidische Geometrie zu belegen? Mein Vater machte sich gerade zum Gehen fertig, die kleine Verspätung störte ihn nicht. Er hatte Zeit wie ein Graf. Nein, das stimmt nicht. Ich selbst kenne zwei voneinander unabhängige Arbeiten, die es als erwiesen betrachten, daß es sich hier um eine durch Sartorius von Waltershausen verbreitete Legende handelt, dieser war Geologe und Gauss' Busenfreund. Es wurde schon hell, sie gaben sich die Hand; es war, als wäre eine chronische Bindehautentzündung über die Stadt gezogen oder verweinte Augen ● 278.

Der Schah von Persien schenkte meinem Großvater einen sprechenden Papagei. Der Papagei sprach deutsch, fließend, aber bei weitem nicht perfekt (der-die-das, Endungen), beim Sprachprüfungsamt in der Rigó-Straße hätte er nicht einmal eine 2A bekommen. Er hatte unglaubliche Farben. Infolge einer Fahrlässigkeit meines Vaters wurde dieser Papagei von der Katze gefressen. In seiner ohnmächtigen Wut erhängte mein Vater die Katze. Mein Großvater bestellte ihn auf der Stelle zu sich, mein Vater entschuldigte sich auf der Stelle und verkündete, er unterwerfe sich ergeben und diszipliniert den begründeten und zu erwartenden Konsequenzen väterlicher Strenge. Erhebe dich, 279.

wildes, unbedachtes Kind und komme mir heute nicht mehr unter die Augen, damit wir morgen um so mehr Worte wechseln können. Mein Vater schloß sich freiwillig in sein Zimmer ein und prüfte die ganze Nacht über sein Gewissen. Er fürchtete sich vor dem Herrgott, er fürchtete sich vor seinem Vater. Er fürchtete sich und zitterte. Am nächsten Morgen betete die Familie zusammen vor der Tür des verlorenen Sohnes, ihn quasi noch ausschließend. Daraufhin frühstückten sie gemeinsam, einer Strafe bedurfte es nicht mehr, es war vollbracht, auch Großpapa sagte nur soviel: Iß, mein Junge, und verzage nicht. Das heißt, Großpapa hat sich als eine Art ›*Über-Ich*‹ in meinem Vater niedergelassen. So geht das von Generation zu Generation ca. seit dem Ende des 15. Jahrhunderts. Mein jüngerer Bruder ist Hundezüchter, meine kleine Schwester fickt mit dem Enkel des Schahs und der älteste Sohn meines Vater, wer weiß ●

280. Mein Vater kann sehr generös und scherzhaft sein, wenn man auf seine kleinen Schwächen die gebührende Rücksicht nimmt. Aus irgendeinem Grunde hat er was gegen schmutzige Fingernägel, und er kann es nicht leiden, wenn man sich bei Tische des Daumens zum Aufschieben bedient. Um Gottes willen, nicht den Daumen!, ruft er dann wohl aus und schneidet eine angewiderte Grimasse. Wenn schon aufgeschoben werden muß, dann tu's mit der Nasenspitze oder der großen Zehe. Alles ist besser als der abscheuliche Daumen. Seine Aversionen sind meist von dieser irrationalen und schrullenhaften Art. Von neun Uhr morgens bis zwölf Uhr mittags muß man sich still verhalten, weil der Vater arbeitet, und von vier bis fünf Uhr nachmittags hat es im Hause auch wieder leise zu sein: Es ist die Stunde seiner Siesta. Sein Arbeitszimmer zu betreten, während er dort mysteriös beschäftigt ist, wäre die gräßlichste Blasphemie. Keines von uns Kindern hätte sich dergleichen je in den Sinn kommen lassen.

Schon mit geringeren Verfehlungen kann man ihn (meinen Vater) erheblich irritieren. Es ist quälend, bei ihm in Ungnade zu sein, obwohl oder gerade weil sein Mißmut sich nicht in lauten Worten zu äußern pflegt. Sein Schweigen ist eindrucksvoller als eine Strafpredigt. Übrigens ist nicht immer leicht vorauszusehen, was er bemerken und wie er reagieren wird. Meine Mutter zankt, wenn man Ungezogenheiten begeht – Naschen von der Erwachsenenmarmelade, Beschmieren der frischgewaschenen Matrosenbluse mit Tinte. Mein Vater ist dazu imstande, so eklatante Übeltaten zu ignorieren, während scheinbar ganz harmlose Irrtümer ihn überraschend verdrießen können. Die väterliche Autorität ist kolossal und unberechenbar ●

Ein süßer Kerl, ein phänomenaler Typ, als wäre er ein Her- 281.
zensfreund Krúdys; er ist nicht mehr jung, aufgequollen vom vielen Suff, sein Fleisch ist wie Gehacktes, das Gesicht verfettet, das Haar wird immer dünner und lichter, färben tut er es auch schon, und die Zähne sind ebenfalls nicht in Ordnung. Und man darf sich auch von dieser Krúdyhaftigkeit nicht täuschen lassen, das ist nicht unbedingt das Synonym für einen Gentleman. Manchmal ist er peinlich, ordinär, stinkend und niveaulos, mein Vater ist ein phänomenaler Scheißtyp. (Wie er auf einer Party zu einer Frau, die er noch nie vorher gesehen hat, sagen kann, meine Süße, wenn du wüßtest, wie gerne ich dich f.... würde, er spricht es aus, das ist so schön, rein, leise und fröhlich, als würden Engel fliegen, und nur soweit schrecklich. Die Angesprochene schaut mit stillem Entzücken zurück, oder, wenn sie von meinem Vater *wirklich* nichts will, lacht sie fröhlich und zuckt mit den Achseln. Je mehr er sich betrinkt, um so weniger ist er zu gebrauchen, aber auch in seiner Peinlichkeit bleibt er (m)ein Lieber (Vater). Waren wir schon zusammen im Bett?, wenn er das fragt, provoziert er nicht, er schweinigelt nicht, man sieht ihm an, daß ihn das jetzt

sehr, sehr belastet, wie das nun war, hat er sie nun oder nicht.) Mein Vater ist eine Detailfrage. (»Deine Mutter schlug mich, wenn ich … wenn ich nicht mit ihr schlafen wollte.«)

282. Mein Vater ist ein begnadeter Koch, er komponiert mit seinem Mund; so wie andere beim Notenlesen die Musik hören, spürt er den Geschmack anhand des Rezepts. (Seine Überlegungen sind nicht nur großzügig und radikal, sondern auch im volkstümlichen Sinne des Wortes schmackhaft; er pfeift auf die Tradition, so baut er auf sie auf.) Mein Großvater weigert sich zu essen, was mein Vater kocht. Wer hat heute gekocht?, ist die erste Frage, wenn er ankommt. Unser Sohn, sagt die Großmama stolz. Daraufhin kehrt er ohne ein Wort um und geht in die Kneipe gegenüber, die eine miserable Küche hat. Mein Vater zuckt lachend die Schultern. Er ißt mit seiner Mutter. Gut gekocht, sagt Großmama und streichelt über seine Hand. Mein Vater entreißt ihr die Hand. Ich weiß ●

283. Als meine Mutter Teil der Familie meines Vaters wurde – mein Vater seinerseits wurde niemals Teil der Familie meiner Mutter, das kam nicht in Frage, konnte nicht in Frage kommen –, bestellten ein Onkel meines Vaters mütterlicherseits, der Onkel Pityu, die herrschenden Bruderfürsten sowie die jüngere Schwester meines Vaters, Äbtissin des Nonnenordens »Töchter der Jungfrau Maria«, meine Mutter, eine Lehrerin mit gelbem Kattunkleid, zu sich mit dem Ziele, sie ohne Umschweife darüber aufzuklären, mit wem sie da zusammenlebt (leben wird) (mit meinem Vater). Denn meine Mutter sei sich, *könne* sich gar nicht darüber im klaren sein, mit was für einem Juwel der ungarischen Geschichte sie ihr Schicksal verbunden habe. Mit einem Universalgenie, einer moralischen Instanz. Mit dem Augenstern Miklós Zrínyis. Plus Sieger von Eszék. Ewiger Obergespan Soprons. Vererbbarer Für-

stentitel und Heiratsfähigkeit mit dem Herrscherhaus. Mal lachte meine Mutter, mal nickte sie ernsthaft. Fickt euch, ihr Arschlöcher. Sie hörte den schwarzen Männern zu, die sich über ihr ausbreiteten, und zeigte Verständnis. Sie verstand nicht ganz, warum sie eine solche Angst vor ihr hatten, jedenfalls hatte es dann mein Vater, der Sieger von Eszék, auszubaden, und zwar nicht zu knapp. Mit der Zeit verstand sie es dann aber ganz schnell ●

Die durchschnittliche Körpergröße der Isländer beträgt 284.
182 cm, hatte mein Vater gelesen, also, behauptete er, ist ein Isländer mit derselben Wahrscheinlichkeit 172 cm wie 192 cm groß. Wenn ich mich in (oder *zu*) Klausenburg in die Schlange ums Brot stellte, konnte ich über die Köpfe hinweg bis zum Anfang der Schlange sehen. Was würde mir in Reykjavik passieren? Heute werde ich das Bett nicht verlassen, teilte er meiner Mutter sanft mit, heute stelle ich mich nicht in die Schlange. Meine Mutter packte eisern weiter. Sie sagte nicht wie früher, Süßer, du bist 193 cm groß, mit 1 Wahrscheinlichkeit ●

Als junger Mann hat man das Gefühl, meinen Vater hinter sich 285.
zu haben, man hat es nicht niedergeschrieben, aber man hat sich damit abgefunden, oder man hofft, es wird einem schon noch gelingen, irgendwann klaren Wein einzuschenken, oder man hofft gar nichts, man sieht, wie er ist: Er ist, wie er eben ist (mein Vater). Wenn man aber die Vierzig überschritten hat, möchte man auf einmal wieder wissen, wer dieser Mann ist. Vaterhunger. Vaterformulierungsbedürfnis. Meinem Vater einen Namen geben. Immer wieder steigen einem Tränen in die Augen. Lebenslänglich Vatersohntanz. Bevor er (mein Vater) starb, suchte der Sohn meines Vaters in der nächtlichen Küche nach einer gemeinsamen Gefühlsbasis, er beugte sich zu meinem Vater hinunter, der wie ein König

dasaß (und unfähig war, dem Debakel seines Lebens ins Auge zu schauen), reichte ihm hilfsbereit die Hand und wollte ihn umarmen, aber mein Vater erwiderte es nicht. Gekränkt wie er war, rührte er sich nicht. Mein Vater wurde von József Tímár gespielt ●

286. Eines Nachmittags kam mein Vater aus seinem Zimmer, mein Vater, der ein schöner Mann und ein schwacher Charakter war, trat an seinen ältesten Sohn heran, küßte ihn auf die Stirn und sagte: Mein lieber Junge, ich bin stolz auf dich. Ich habe so was Schönes von dir geträumt, ich bin stolz auf dich ●

287. Mein Vater schlüpfte ins Himmelbett seines ältesten Sohnes – es war kalt, ein schlimmer Herbst, klammer Nebel im Badezimmer, und in der Kammer reichte das gefallene, gelbe, müde Laub bis zu den Knöcheln –, er kitzelte und streichelte ihn (den Sohn). Er küßte seinen Hals, seine Brust. Er suchte einen Gottesbeweis in dem Jungen; dem tat das weh. Es tut weh! Mein Vater lachte nur und flüsterte dem Jungen ins Ohr, es sei an der Zeit, daß er (der Junge) endlich erfahre, was ein echter Mann sei, was ein Mann zu tun habe, denn wenn er das nicht lerne, werde er niemals einen brauchbaren Mann respektive eine Frau abbekommen, er werde eine welke alte Jungfer bleiben, wie, mutatis mutandis, die Tante Mia, eine vertrocknete Distel. Der Sohn meines Vaters gab seinen Widerstand auf, eigentlich war es gar nicht so unangenehm oder verquer, mein Vater war nicht mehr so wild dabei wie vorher. Auf einmal nahm er aber die Hand seines Sohnes und legte sie sich auf den Penis, der groß war und steif. Der Sohn meines Vaters erschrak, er konnte sich nicht bewegen, besonders nicht *dorthin*. Mein Vater aber hielt sein Handgelenk fest, streichle ihn, sagte er streng. Und wenn er (der Junge) das nicht tue, liebe er ihn gar nicht richtig. Und was die Größe beziehungsweise die Vergrößerung und die Verhärtung anbelangt, das ist ab-

solut normal, ein Zeichen der Nächstenliebe. Und es sei richtig, daß gerade er ihm das zeige und nicht ein anderer, ein Fremder. Die Familie sollte ja doch in der Familie bleiben. Mein Vater leierte die Worte aufgeregt herunter, flüsterte, küßte den Hals des Sohnes meines Vaters, den Nacken, das Gesicht, den Mund, während er sich die schon erwähnte Hand auf den Penis drückte. Seine Atmung wurde immer schneller, er begann zu seufzen und zu keuchen, als wäre ihm schlecht geworden. Der Onkel Theo schnaufte und schwitzte genauso, als er die Herzattacke hatte, aber bevor er starb, starb er doch nicht, er bekam eine Spritze, und der Arzt begann, ihn mit beiden Händen zu massieren. Als er sich daran erinnerte, knipste der Sohn meines Vaters schnell das Licht an und wollte gleich meine Mama holen, aber mein Vater hielt ihn grob fest, wohin, wohin, mein holdes Kind, liebeflötende Nachtigall, mein, diese Sache geht keinen was an, nur uns beide, verstanden?! Besonders deine Mutter nicht. Sie begreift nur schwer, daß jetzt nicht sie an erster Stelle steht. Die eifersüchtige Gans. Sie würde dir sowieso kein Wort glauben! Er fürchtete sich und weinte (der Sohn meines Vaters). Später freute er sich über das Keuchen, denn er wußte, daß es dann bald vorbei war (mit allem, also meinem Vater). Beim ersten Mal erbrach er sich. Dann bekam er Fieber, ging am nächsten Tag gar nicht zur Schule. Sie lernten gerade etwas über den heiligen Thomas von Aquin

Wer mein Vater ist? Ein Freund, ein vortreffliches Manns- 288.
bild (»mit dem ich fast ein Gleicher war«). A. P. Tschechow (etc.). Ein Spatz (der sich zappelnd neben den Schuhen des Sohns meines Vaters voranquält, als dieser über den Platz geht, er begleitet ihn, fliegt nicht weg). Eine Frau, die er nur einen Augenblick lang sah, als man beim Abtransport den Blechsarg über ihr schloß. Die ans Kreuz geschlagenen Löwen von Karthago. David Copperfield mit einer Tafel um den Hals: Vorsicht, bissig! Ein

anderthalb Jahre altes Kind, das – 1985 – in einem fensterlosen Plattenbau erfror, während seine Eltern sich auswärts amüsierten. Irina T., die man verhaftete, als sie aus der Kirche kam, da sie angeblich für den Tod Stalins gebetet hatte. Ein Neubauer namens Pál Latzi, der eine Stummelnase hat und deswegen leicht näselt (»... ging hinnein zum Menyhárt, soll der Barbier 's Bludt auswaschen, und sprach's, da war kein Christenmensch, der mir geholfen hätt', und nun kommt man sich zu wundern über mich«). Der Mann mit dem qualvoll verzerrten Gesicht, der in Gips gegossen in Pompeji im Schaukasten liegt (verstaubt). Mihály Csokonai, im Kleiderschrank seiner Mutter in Debrecen, vor sich hinträumend. Zar Nikolaus der Erste, der Gott als das letzte Glied einer Dienstkette definierte. Der Arzt, der Tschaadajew »die schlechten Gedanken« verbot. Der reformierte Pastor, der auch nach seiner Freilassung bis zum Tage seines Todes seine Hand um den Hals trug (Oberpriester Szelepcsényi hatt sie mit dem Hammer verdorben). Der Maler, der spricht: »Gott, der du von Füchsen mit flammenden Schwänzen die Kornfelder deines Feindes in Brand stecken ließest...« Der Junge mit der Mundharmonika. Der ewig stumme Statist in einem alten Film. Ein Schläger aus den fünfziger Jahren, heute wirkt er fast schon charmant, arbeitet als Bademeister. Simplicissimus, nachdem ihn die Pocken entstellt haben und auch sein Haar ausgefallen ist. Richard Wagner, während er auseinandersetzt, wie man die Juden (alle Juden) während einer Vorstellung von Nathan der Weise verbrennen könnte. Ein Busfahrer, der, während er den Bus lenkt, Flüche über die Passanten murmelt. Die Tochter Scianus', die der Henker, da man eine Jungfrau nicht hinrichten durfte, dort, neben dem Strang, vergewaltigte und anschließend erwürgte. Mozarts Schwester, während sie Wolfgangs Notizen in ihrem eigenen Tagebuch liest: Um scheißen zu können, bin ich zu Hause geblieben mit einem Trichter in meinem Arsch, mit dem Trichter im Arsch war’s a bisserl arg … (etc.). Ein sogenannter Jugendlicher von heute (… oder auch: die Maschine, so werde ich genannt, auf die Arbeit, die es hier gibt, hab’ ich keinen Bock …). Ein Hund (er wurde als Schottischer Schäferhund verkauft, aber dann hat sich herausgestellt, daß er gar kein Schotte ist), der morgens im Garten steht, mit Blick zum roten Stern auf dem Parlament – und heult. Der Totengräber in Hamlet, aber irgendwie erzählt er völlig andere Sachen als das, was wir kennen. Und so weiter. Mein Vater

Das Forschungsgebiet des jungen Professors war die Ent- 289.
wicklung des europäischen Bewußtseins im 18. Jahrhundert. Seine Mutter lag im Sterben. Er telephonierte täglich mit ihr, aber die Frau war nicht in der Lage, mehr als drei Sätze hervorzuquälen. Und was für drei, sagte der Prof zu meinem Vater und seufzte. Bis dahin hatten sie außer Grüßen kaum ein Wort gewechselt, nun unterhielten sie sich tagtäglich über den Zustand der Frau, mein Vater war erstaunt ob des Rationalismus des jungen Mannes, der aber nicht verletzend war (für wen?!, wen?!), noch nicht einmal kühl, lediglich – in seiner Konsequenz – ungewohnt; er kannte den Mann ja kaum. Sie ist gestorben, sagte der Professor eines Tages statt eines Grußes. In seiner Verwirrung oder Not sagte er es auf englisch, she died. Mein Vater stocherte gerade mit dem Schlüssel in der Tür herum, als der Professor sie von innen öffnete, she died … Sie standen tonlos da, schauten einander an. Der Professor war ein schöner Mann, jetzt klaffte sein Gesicht nackt und leer. Sie schauten einander an, lange, wie in einem Film. Mein Vater vergaß, daß seine eigene Mutter seit 17 Jahren tot war, ihm war, als hätte er die Todesnachricht seiner Mutter gehört. Sinngemäß stiegen ihm Tränen in die Augen. Langsam auch in die des Professors. Plötzlich wußte mein Vater gar nicht, wo er war. Sie lächelten einander hinter dem Vorhang

der Tränen zu. Für meinen Vater gab es keinen einzigen Menschen auf der Welt – einschließlich meiner Mutter, seiner Eltern, Geschwister, Kinder, Freunde, Freundinnen und der schwarzen Frau aus dem Amsterdamer Schaufensterviertel –, dem er sich je so nahe gefühlt hätte. Mit dieser Tatsache konnte man nichts anfangen, sie fingen auch nichts damit an ●

290. Mein Vater besaß eine sog. unabhängige Wohnung – man könnte sie getrost einen kleinen Palast nennen –, die er zunächst der Herzogin von Maintenau zugedacht hatte, wovon er später allerdings Abstand nahm, nachdem diese in die ihr entgegengestreckte Hand (oder in eine andere Extremität) gebissen und meinen Vater damit gedemütigt und verraten hatte; als nächstes schenkte er sie einer Kurtisane aus Surinam, die er aus einem denkwürdigen Amsterdamer Schaufenster herausgehoben hatte, aber am Ende erschrak er vor ihr, beziehungsweise erschrak er vor sich selbst, vor dem, den er in dieser schwarzen Frau wiederfand, es boten sich dann auch noch andere Bewohner und Lösungen an, die sich aber als mehr als provisorisch erwiesen, wieso eigentlich? Der Grund dafür ist nicht im maßlosen, unruhigen und unbeständigen Geist meines Vaters zu suchen, sondern in jener lange Zeit unerkannt gebliebenen Zuneigung, die er dieser Wohnung entgegenbrachte. Die Hab-Gier. Und tatsächlich, sobald er der letzten Frau, einer englischen Journalistin und vierfachen Mutter, den Laufpaß gab, fanden sie prompt zueinander, er und die Wohnung. Geist, Sinnlichkeit, Gedankliches und Persönliches. Die Großzügigkeit des Raums. Der du hier eintrittst, lasse alle Hoffnungslosigkeit fahren – aber *natürlich* nicht so platt und geistreich. Der Raum ist auch Drama. Reich und wüst. Auch mal leer. Traurig ebenso. Aber immer: tätig, schöpferisch (aktiv, konstruktiv). Beweglich. Er erweckt den Anschein und die Hoffnung in dir, diese Wohnung ginge dich etwas an! Als würde sich

das Besagte, Drama, Reichtum etc., ebenso auf dich beziehen. Du betrittst die Wohnung, und augenblicklich bist du talentierter. Auch deine Gedanken sind dementsprechend, sie kreisen dementsprechend. Sie ist nicht etwa ein Heiligtum der Kunst oder eine geheiligte Persönlichkeit. Sie ist wilder als das, hysterischer, echter, egoistischer. Wenn du nicht aufpaßt, frißt sie dich auf. Mein Vater! Nachdem mein Vater die gesamte Gemäldesammlung dem Staat geschenkt hatte, mehr notgedrungen denn aus reiner Vaterlandsliebe, mußte er sich auch von diesem kleinen Palast trennen. Und das war ein schweres Scheiden. Die Jahre hatten sie verdeckt, deswegen dachte er nicht an die ungeheure Masse der während der Jahre angehäuften Gegenstände. Alles war an seinem Platz und fiel dadurch nicht weiter auf. Jetzt aber war der Platz verschwunden und übrig blieb die Anhäufung, von den Bauerntellern bis zu den Megyik-Zeichnungen, vom silbernen Augsburger Zigarettenetui bis hin zum kleinen Sektmischgestell. Es hätte einen Käufer gegeben, eine Firma, Pauschalpreis, aber nach kurzem Zögern entschied sich mein Vater doch gegen einen Verkauf. Indes alles alleine zusammenpacken – nicht einmal im Traum! Also kamen die Herzogin von Maintenau, die Kurtisane aus Surinam, die englische Journalistin: um zu packen. Die vorherrschende Stimmung war aus mehreren Gründen nicht gerade rosig. Mein Vater mußte die Wohnung am 28. März (Korrektur: am 5. Mai) verlassen, und es fiel ihm erst im letzten Moment ein, daß das zugleich der Todestag seines Vaters war. Ist der Umzug nun mein Geschenk an ihn oder seins an mich? Die Kurtisane aus Surinam, die ihren Beruf schon längst aufgegeben hatte, dennoch eine Kurtisane geblieben war, eine weise alte Frau, eine Omama, sah meinen Vater spöttisch an, zufrieden, so wie sie es nach dem Liebesakt immer tat, und sagte: Oder es ist kein Geschenk. So lernten sie sich kennen ●

291. Die Ungarn – und mein Vater ist einer, ein Ungar – sind wie die Norweger, im Februar sehnen sie sich schon sehr nach Licht und Wärme, haben Angst vor der Kälte (bangen) und zitieren traurige Verse. Nun herrschen Winter und Kälte und Schnee und Tod, zum Beispiel, und dabei grämen sie sich ziemlich. Im Februar schweigt mein Vater. Im März aber, wenn das Frühlingslicht kommt, lachsfarben und leer, grinst er verschmitzt, als hätte er jemandem ein Schnippchen geschlagen. Kein Schnee mehr, ruft er triumphierend aus, nur noch Tod!

292. Die Tatsache, daß der Sohn meines Vaters im Gegensatz zu seinem Freund Zipper einen Vater hatte, meinen Vater, verlieh ihm ein besonderes Ansehen, als wenn er einen Papagei oder einen Bernhardiner gehabt hätte. Er protzte immer mit meinem Vater, dies hatte der ihm gekauft, jenes verboten, mit dem Lehrer wollte mein Vater sprechen, einen Hauslehrer bestellen. Es zeichnete sich ein bedrückendes, aber willfähriges Bild meines Vater ab. Zipper kam manchmal mit ihm zusammen, und mein Vater sprach, aus purer Unaufmerksamkeit, mit ihm wie mit seinem eigenen Sohn. Mach den Kragen zu, Großer, es geht ein Nordwest, man kann Halsweh kriegen. Zeig mir mal deine Hand her, du hast dich ja verletzt, wir wollen drüben in die Apotheke gehen und etwas draufstreichen. Kannst du schon schwimmen? Ein junger Mann muß schwimmen können. Und dann mußte er meinen Vater quasi zurückgeben, wie den entliehenen Robinson. Gelegentlich waren sie auch zu dritt unterwegs. Mein Vater nahm es ernst mit der Zeit (der verfickten Zeit). Er hatte eine grandiose Uhr mit Deckel, das Ziffernblatt bestand aus lilafarbenem Emaille, die schwarzen römischen Ziffern hatten goldene Ränder, eine klare, kleine silberne Glocke schlug die eben verflossene Viertel-, halbe und volle Stunde. Praktisch sowohl für Blinde wie für Sehende. Die Minuten, fügte

mein Vater witzig hinzu, muß er sich freilich dazudenken. Er lachte, gedachte Minuten! Diese Uhr ist noch nie beim Uhrmacher gewesen. Sie geht schon einundvierzig Jahre Tag und Nacht. Ich habe sie einmal unter ungewöhnlichen Umständen in Monte Carlo erworben. Der Sohn meines Vaters und Zipper wechselten einen Blick, ungewöhnliche Umstände! Äußerlich sah er aus wie jeder andere auch, schwarzer Hut, Stock mit Elfenbeingriff: aber dieser Vater war in Monte Carlo unter ungewöhnlichen Umständen ... Wenn mein Vater Kopfschmerzen hatte, aß er Zwiebeln, auf offene Wunden legte er Spinngewebe und Gicht heilte er durch Wassertreten ●

Wie ist ein Junitag in Stockholm (Schweden)? Ein Junitag in 293.
Stockholm ist – nach Ansicht meines Vaters –: am Morgen noch Winter, am Mittag Frühling, am Nachmittag Sommer: Das Land (Schweden) verändert sich: Die Frauen (meine Mutter etcetera) fangen an sich auszuziehen ●

Der Sohn meines Vaters war – bei dieser Gelegenheit, kon- 294.
kret – nicht besonders spöttisch drauf, er scherzte ein wenig, worüber doch gleich?, daß die geschmacklose Torte mit Sicherheit eine Diabetikertorte sei und deshalb ausschließlich dazu gut, daß mein Vater (der zu einer strengen Diät verdonnert war) davon esse, und so weiter, lässig, unbeschwert. Mein Vater war schon alt und schwach. Er aß und lächelte. Er flüsterte einem seiner Enkelkinder zu, zum einen Ohr hinein, zum anderen wieder hinaus. Der Sohn meines Vaters fiel sofort charmant ein, die Torte? Da sprang mein Vater hitzig auf, der Stuhl fiel um, er fegte die Torte beiseite, Sahne und Schokolade spritzten durch die Luft, und er fing mit verzerrtem Gesicht an, auf den Sohn meines Vaters einzuschlagen, du! du! keuchte er, du! nichtswürdiges Miststück! Der Sohn meines Vaters wehrte sich nicht, er

stand nur da und log sich vor, daß er nichts verstünde, ich verstehe nicht, ich verstehe nicht. Und der alte Mann schlug weiter schluchzend auf ihn ein. Das war gestern ●

Mein Vater war weder ein Herzog noch ein Graf, reich war er auch nur in Maßen, trotzdem war er der größte Herr, den sein Sohn in seinem Leben getroffen hat. Gegen Ende des Krieges mußte sich die Familie wochenlang verstecken, im Endeffekt vor sich selbst, in der Praxis lediglich vor den Russen und den Deutschen, was aber schließlich und endlich so ähnlich war, als hätten sie versucht, vor der Welt davonzulaufen, von der Erde weg zum Mond oder zum Morgenstern. Sie landeten im südlichen Burgenland. Da trat mein Vater mit der größten Entschiedenheit und zugleich mit der größten Natürlichkeit ins erste Bauernhaus ein, wo man sich gerade auf das Mittagessen vorbereitete, der Mann am Tisch, die Frau am Herd. Anstatt eines Grußes sagte mein Vater mit militärischer Ruhe (auf deutsch): ›*Welches Regiment*‹. Der Bauer sprang auf, preßte die Hände an die Hosennaht, hob das Kinn, sein Blick starrte irgendwohin in ein Niemandsland über dem Kopf meines Vaters, ›*melde gehorsamst, Kaiserjäger Mödling*‹. Mein Vater nickte, trat an den Tisch heran, der Hausherr entriß ihm seinen eigenen Stuhl, Verzeihung, er ist noch warm von meinem Hintern, Verzeihung, und er nahm einen anderen her. Mein Vater setzte sich. Er aß alleine zu Mittag. Die beiden Familien, die des Bauern und seine eigene, warteten. In ihrem Herzen nahmen dieselben beiden Gefühle Quartier (Platz): der Respekt, der Haß ● 295.

Sie hatten ein Lied, flüsterte meine Mutter traurig, und ihre kummervolle Stimme stand in einem solchen Gegensatz zu dem, was sie sagte, daß ich ihren Klang immer noch im Ohr habe, 296.

Gizi tanzte auf dem Tisch zwischen den Gläsern, mein Vater klatschte ihr zu und sang: O, Regine, was bist' a Dirne, bleibt dir denn nichts andres über. Bitte? fragte mein Vater fasziniert. Ja, hauchte meine Mutter. Hier folgt der vollständige Name meines Vaters, schlug sich auf die Schenkel, war dem Ersticken nahe, wer jemals im Leben Großtante Gizella gesehen hat, immer in Schwarz, mit diesem versifften Vogelkopf auf der Kopfbedeckung, die sie von Königin Zita bekommen hatte und die dem Hut der Königin Zita ähnlich war, wer sie je in gehäkelten Zwirntragetaschen geheimnisvolle Gegenstände mit sich herumschleppen sah, mochte wirklich alles mögliche mit ihr assoziiert haben, nur dieses eine nicht: Dirne. Und was hat sie geantwortet? prustete mein Vater. Gab's einen großen Skandal? Erzählen Sie schon! Ich hätte nicht einmal soviel erzählen sollen. Sie machen sich über alles lustig. Gizi sang in solchen Fällen eine Antwort. Sie sang: Bin a Dirne, bleib a Dirne, denn mir bleibt nichts andres über. Das ist nicht zum Lachen. Meinem Vater war fast schon schlecht, er kugelte sich. (In Dreigottesnamen, sagte meine Mutter ein anderes Mal, ist das furchtbar, daß du es nicht verstehen kannst. Sie haben gespielt.)

297. Der Höhepunkt in der Laufbahn meines Vaters als Photoamateur war, als er sich einen Selbstauslöser kaufte. Bis dahin war er als der Photograph von den Familienporträts ausgeschlossen gewesen. Nur manchmal ragte sein Schatten ins Bild. Mit dem Selbstauslöser hoffte er, mit auf das Bild kommen zu können. Aber so einfach war das gar nicht. Der Selbstauslöser arbeitete mit einer Glyzerinpumpe, die sehr temperaturempfindlich war. Mein Vater setzte also die Kamera aufs Stativ, postierte meine Mutter, meinen Bruder und mich so, daß er sich noch zu uns gesellen konnte, bediente den Selbstauslöser und rannte auf seinen Platz. In großer Erwartung starrten wir in die Kamera.

Die Vögel sangen. Der Wind bewegte die Zweige. Ameisen krochen an den Beinen des Sohnes meines Vaters hoch. Die Kamera schwieg. Mein Bruder schrie, weil ihm eine Mücke ins Auge geflogen war. Meine Mutter fragte nach einigen Minuten qualvollen Wartens, ob wir vielleicht das ominöse *Klick* überhört hätten. Der Körper des Sohnes meines Vaters schien sich in einem unendlichen Jucken aufzulösen. Die Vögel sangen. Ein leichter Wind bewegte die Zweige. Schließlich konnte auch mein Vater nicht mehr länger warten und ging auf die Kamera zu. Kaum hatte er drei Schritte gemacht, sagte die Kamera: *Klick.* Auf der Aufnahme war später nur der Papa zu sehen, nix da Familie. Beim zweiten Versuch, der nicht minder feierlich vorbereitet wurde, überkam den Sohn meines Vaters ein unbezwingbarer Lachreiz, so daß wir alle das *Klick* überhörten und lange Minuten vor der Kamera herumstanden, ausharrten, vergeblich. Selbst bei dem dritten und vierten Versuch gelang es meinem Vater nicht, seine Familie und sich in ungezwungener Eintracht auf das Bild zu bekommen. Das *Klick* kündigte sich nicht an, es traf uns stets wie ein Blitz aus heiterem Himmel. Beim fünften Mal stellten wir fest, daß wir auf einem Ameisennest standen. Die Vögel sangen. Der Wind bewegte die Zweige. Der Selbstauslöser war inzwischen warm geworden und arbeitete so schnell, daß mein Vater jedesmal in wilden Sätzen auf uns zusprang. Sehr bald schaffte er es gar nicht mehr, seine Familie vor dem *Klick* zu erreichen; Klick interruptus. Die entwickelten Aufnahmen zeigen die Familie in grotesken Verschlingungen, die an Verwickeltheit selbst die Laokoon-Gruppe übertrafen. Es waren eigentlich keine Porträts mehr, sondern Bilder des Chaos. Daraufhin widmete sich mein Vater wieder der Landschaftsphotographie; und der Sohn meines Vaters litt ein wenig darunter, daß es meinem Vater nie gelungen war, sein wahres Gesicht auf ein Bild zu bannen. Ich bin verschwommen ●

298. Mein Vater war zwei- bis dreimal moralischer als der Landesdurchschnitt, was angesichts der gegenwärtigen Lage der Nation, der jahrzehntelangen atheistischen Fäulnis keine große Kunst ist, aber wir leben nun einmal hier, das ist unser Maßstab, und zwei bis drei sind immerhin zwei bis drei, zum Beispiel schimpfte er wie ein Rohrspatz auf Emile Zola (wobei er den Akzent auf die erste Silbe legte, Zóla); auf Die Sünde des Abbé Mouret war er besonders schlecht zu sprechen, nach seinem Tod (nicht Zolas, auch nicht des Abbés, dem meines Vaters) stellte sich allerdings heraus, daß er mit einem sudetendeutschen Mädchen einen unehelichen Sohn gezeugt hatte, mit dessen Nachkommenschaft wir gegenwärtig in herzlicher Verbindung stehen, was mein Vater freilich nicht im Sinn gehabt hatte. Wenn er (mein Vater) sich aber ans Klavier setzte, begann er trotz der Zwei-bis-drei frivole Lieder zu singen, das Gebet einer Jungfrau und den Traum eines Reservisten. Und es gab da auch noch das *Egelanda halt euk zamm* (Egerländer haltet zusammen) ●

299. Na gut, manchmal war er zweifellos besoffen wie ein Schwein, mein Vater, schlug alles kurz und klein, da ging der Brutalo mit ihm durch, seine körperliche Überlegenheit, ein Vater kann sehr groß werden, es hätte uns auch was passieren können, aber patriarchalisch und so war mein Vater überhaupt nicht, diese Autorität hatte er nicht, wollte er auch gar nicht haben. Meine Mutter hat alles bestimmt und verwaltet, er mußte zu ihr kommen, er hätte gerne Geld – für Melange –, und aus Rache überlegte meine Mutter lange hin und her, kriegt er das Geld, kriegt er es nicht, das war dann ihr kleiner Sadismus. Komisch. Jeder andere weiß, wann seine Kinder Geburtstag haben, er hat es nicht gewußt; seinen eigenen allerdings auch nicht. Er war ganz entsetzt, als sein ältester Sohn dreißig wurde, daß das der dreißigste Geburtstag seines Sohnes war, es hätte auch der zwanzigste

oder der vierzigste sein können. Er hatte wirklich keine Ahnung, und darüber ist man dann doch belustigt. Respekt verschaffte er sich dadurch, daß er ein sehr bekannter und guter Jäger war. Wenn der Baron Rothschild aus Paris kam, ließ er meinen Vater als Begleiter zur Gamsjagd holen, und wenn in Wien irgendwo ein Rennpferd eine heikle Sache hatte, eine Rennpferdkomplikation, ließ man ihn nach Wien kommen – das war etwas Besonderes für uns. Das hat er ganz richtig gemacht, daß er seine Praxis völlig verlottern ließ, er war nur im äußersten Notfall bereit, seinen Beruf auszuüben. Er vertröstete die Bauern, immer mit der Ruhe, das wird schon, warm einwickeln oder *ordentlich* aushungern lassen, das wird schon von selber, da braucht's keinen Tierarzt. Er führte kein Visitenbuch, es gab auch nichts zu tun in der Richtung; wenn er mal half, verlangte er kein Geld dafür, er bestellte die Leute in die Kneipe, in Ordnung, bringst halt ein paar Eier. Meine Mutter mußte dann die Rechnungen bezahlen. Uns hat das wieder sehr imponiert, die Verwandtschaft hatte es größtenteils zu was gebracht, wir lebten größtenteils in Armut. Aber für uns war das alles interessant, angenehm sogar. Mein Vater scherte sich um keinerlei Ordnung und Verpflichtung, er hätte Beschaudienst machen müssen und lag bis Mittag im Bett. Die Fleischer wußten es. Wir mußten sagen, er sei längst auf Praxis. Wir gingen in sein Zimmer, zogen ihm die Tuchent weg, er muß doch endlich kommen, der Transport nach Wien wartet schon. Das war uns am Anfang furchtbar peinlich. Wenn das Telephon läutete, mußten wir ihn verleugnen, aber dann nahm er uns aus einer plötzlichen Laune heraus den Hörer aus der Hand. So was war schrecklich, und wir lachten. Es gibt eine Liste mit seinen Schandtaten, ein massiver kindlicher Klagestrom, was man nie vergißt. Einmal hatte er die Filmschauspielerbilder zerrissen. Die Streichholzschachtelsammlung angezündet. Mit über vierzig Jahren so was vorzuwerfen ist lächerlich, aber trotzdem. Bei Luftangriffen war er immer der erste, der sich in den Luftschutzkeller verdrückte. Mein Bruder zum Beispiel hatte nach der siebten Klasse in Latein eine Nachprüfung, hatte eine gebrochene Hand gehabt, konnte das ganze Jahr nicht mitschreiben, hat den Alten immer gebeten, er soll ihm ein bißchen was erklären, Latein hat er wirklich gekonnt, nicht nur Jägerlatein, aber er hat ihm nicht geholfen. Und als mein Bruder dann mit der Nachprüfung nach Hause kam, schloß er sich mit ihm in ein Zimmer ein mit einer Hundepeitsche und prügelte in einem Tobsuchtsanfall auf ihn ein, je mehr wir mit den Fäusten gegen die Tür trommelten, um so wilder ist er natürlich geworden; es war dumm von uns. Mein Bruder trug wochenlang nur lange Ärmel und traute sich nicht ins Schwimmbad. Kurzum, unser Vater ist nicht zurechnungsfähig, das heißt, wir betrachteten auch das nur wie eine Naturkatastrophe. In der Kindheit gesellt sich zur Empörung auch eine Art Einsicht, keiner weiß wie, aber Schuld und Nichtschuld sind gar nicht so abgerechnet. Mein Vater war kein Nationalsozialist, obwohl Tierärzte leicht zu Nazis werden (Biologie, Vererbung), aber da ist ihm seine angeborene sündige, ja fast schon kriminelle Neigung, mehr noch, Begabung zur Schlamperei zugute gekommen ●

300. Die Vaterschaft meines Vaters war auf die Sonntage beschränkt. Er versprach, um drei da zu sein. Um Punkt drei sahen seine Söhne aus dem Fenster: Der Volkswagen stand vor dem Haus. Sie beeilten sich, denn mein Vater war ungeduldig. Aber er hat die Söhne meines Vaters nie ausgeschimpft, nicht einmal gesagt: Wo bleibt ihr denn. Nach vier Minuten ließ er den Wagen an und ist zehn Meter weitergefahren. Weitere vier Minuten, weitere zehn Meter. Schließlich kamen die Kinder angerannt; guten Tag. Mein Vater nickte, guten Tag. Wohin fahren wir? Zur Burg Sponheim, antwortete mein Vater. Die Grafen von

Sponheim waren eure Vorfahren, eure Altvorderen; Johann II., Graf von Sponheim-Kreuznach, war der Vater des Walrab von Koppenstein; dessen Mutter war die Frau eines Ministerialbeamten auf seiner Burg; und weil sie nicht gleichrangig war, wurden ihre Söhne nur Freiherren; auf diese Burg fahren wir heute. Er nannte noch viele Jahreszahlen und die verwandtschaftlichen Zusammenhänge bis in die Gegenwart. Die Söhne meines Vaters interessierten sich mehr dafür, wer vorne neben meinem Vater (auf dem Schleudersitz) sitzen durfte und wer auf den Rücksitz mußte. Um den Vorderplatz tobte ein ständiger Kampf, in dem physische Kraft, ein schneller Verstand und Charakterlosigkeit eine Rolle spielten, bis schließlich mein Vater losbrüllte, Schluß jetzt damit!; dieses Gebrüll war die Spitze eines Eisbergs, danach war es mucksmäuschenstill. Wer je diese Stille gehört hat, kann sie nie, niemals vergessen; Vaterspuren ●

In den 70er Jahren kam es vor, daß der älteste Sohn meines Vaters meinem Vater in der Váci-Straße über den Weg lief. Er (mein Vater) machte einen Schaufensterbummel. Aktentasche, Brille, weißes Hemd. Er sah sich um. Er kam von seinem Arbeitsplatz. Er hatte die Gewohnheit, über die Váci Straße zu gehen. Wenn sein Sohn ihn sah, ging er, muß man zugeben, nicht immer zu ihm hin. Er grüßte ihn nicht jedesmal. Was spürte er, als er ihn sah? Freute er sich nicht über ihn? Sie wohnten nicht mehr zusammen, sie trafen sich selten, er hätte sich freuen müssen, ihn zu sehen. Manchmal ging er auch zu ihm hin. In solchen Fällen unterhielten sie sich einige Minuten über Nichtigkeiten. Wie wenn man, sagen wir mal, einen alten Lehrer trifft, über den man weder Gutes noch Schlechtes sagen kann, er war anständig zu einem, nachsichtig, im Grunde war der Unterricht bei ihm nicht schlecht, wenn auch nicht gut. (Es gibt eine einzige entscheidende Frage: Kann der Mensch während seines Lebens irgend jemanden hier auf der Erde liebgewinnen? Kann er seine Eltern liebgewinnen, seine Kinder, seine Ehefrau, seinen Nachbarn, seine Freunde? Seinen alten Lehrer?)

302. Anders, mein Vater war anders als andere Väter. Die Kinder meines Vaters hatten das schnell bemerkt, sie waren nicht dumm. Andere Väter frühstückten mit der Familie, gingen ins Geschäft, ins Büro, in die Fabrik. Dieser hier nicht. Erst gegen Mittag tauchte er aus seinem Zimmer auf. Ein heiliger Ort, Eintreten ausschließlich nach Aufforderung, und aufgefordert wurde, wenn der Zauberer (dies unser Name für ihn), vorlesen wollte, und das wollte er nur, wenn er Zeit für uns hatte, manchmal, »nach dem Tee«. Er las herrlich, Märchen von Andersen, Hauff, den Gebrüdern Grimm. Später las er auch Sachen, die er selbst geschriftstellert hatte, und jetzt wußten wir wenigstens, was er vormittags so trieb. Den Kindern gefiel das sehr. Es beeindruckte sie, daß mein Vater so fleißig war. Niemand zwang ihn, er hatte keinen Vorgesetzten und trotzdem; offenbar mußte er ununterbrochen, immerzu schreiben oder zumindest nachdenken. Deshalb war er so zerstreut, so geistesabwesend, so unaufmerksam. Wenn er schrieb oder nachdachte, brauchte er Ruhe. Fuchsteufelswild wurde er nur, wenn diese gestört wurde, sonst nie. Schlechte Noten störten ihn nicht, auch nicht Faulheit oder Ungezogenheit, die Lügen bemerkte er nur, wenn meine Mutter die Kinder bei ihm verpetzte. Aber das tat sie ausschließlich in äußerster Not, also selten. Die Autorität meines Vaters war enorm, die meiner Mutter, viel häufiger ausgeübt, auch nicht eben gering. Sie hatte den Jähzorn, die Hitzigkeit ihres Vaters geerbt. (Mein Großvater mütterlicherseits starb 1942 an einer Lungenentzündung, die damals noch als gefährliche Krankheit galt.)

Mein Vater: bringt Kartoffelzucker mit, kauft Bleistifte, kramt in Schubladen, projiziert Dias, deckt zu, erzählt, reibt mit Hirschleder ab, geht in rauhen Mänteln früh davon, sperrt in den Hof, holt in kalten Mänteln rechtzeitig herein, nimmt, geht hinaus, sitzt, tut, sagt, beschwört herauf, herzt, hält dagegen, setzt sich, schaltet ein, hört zu, stellt leiser, erhebt sich, dreht auf, setzt sich, schaut, wirft, tränkt, spricht, schimpft aus, vergleicht, merkt sich, unterstreicht, prägt ein, bewertet um, streicht aus, liest, bewertet neu, lauscht, schweigt, prägt ein, tilgt, geht durch, schließt, schließt ab, grübelt, lacht, zitiert, lacht, nimmt, kommt herein, teilt, verteilt, legt hin, schleudert, legt hin, spuckt aus, fiebert, begräbt, grübelt, vergißt, hebt den Bleistift, legt hin, schreibt nieder, spricht, schweigt, spricht, spricht, tritt aus, stellt sich raus, löscht • 303.

Mein Vater? Ein schöner Mann, eine edle Rasse, erstaunlich, darüber hinaus untadelig, pflichtbewußt, ordnungsliebend, wenn auch nicht von besonders weitem Horizont, nicht besonders empfänglich für die Künste, katholisch, aber auch das nicht übertrieben. Und meine Mutter war eine lebhafte, aufgeschlossene, mit großer Phantasie gesegnete, faule, weltfremde, nervöse Frau (und wie!) voller Verletzungen, Phobien und Illusionen. (In der Károlyi-Familie kam Geisteskrankheit des öfteren vor: Wir hatten furchtbare Angst, wenn wir unsere Großmama auf dem Dorf besuchten: Ihr großes Haus war in zwei Hälften geteilt, in der einen lebte meine Großmama, in der anderen ihr Sohn, der Bruder meiner Mutter, unheilbar geisteskrank. In der Nacht wandelte er durch die leeren Zimmer, bemüht, seine Angst mit einem sonderbaren Monolog zu besänftigen, was in ein haarsträubendes Grölen umschlug und zumeist in einem unmenschlichen Gebrüll gipfelte; so ging das die ganze Nacht; wir sogen den Wahnsinn in uns auf.) Das Personal war zahlreich, mit 304.

den Kindern beschäftigte sich eine französische Gouvernante, die Rolle meiner Mutter beschränkte sich darauf, dem Koch, dem Zimmermädchen oder dem Gärtner Anweisungen zu geben. Was sie natürlich nicht daran hinderte, Sachen wie diese ständig zu wiederholen: »Um alles muß ich mich kümmern«, »Arbeit adelt«, »der Garten in Rómaifürdő ist meiner eigenen Hände Arbeit«, »zum Glück bin ich ziemlich praktisch veranlagt«. In meinen freien Momenten lese ich gerne Spencer und Fichte, sagte sie vollkommen ehrlich, obwohl die Bücher mit den Werken dieser Philosophen unaufgeschnitten in den unteren Fächern des Bücherschranks glänzten. Ihr imponierte das, was sie nicht war. Ihr Idealbild war der Typus der mit hohen Idealen und unerschütterlichen (katholischen) Grundprinzipien ausgestatteten Matrone, die für ihre Pflichten lebt und sich ihrer Familie widmet. Und sie identifizierte sich mit einer Art heiligen Naivität mit dem, was sie so bewunderte! Wir, die Geschwister, entdeckten recht bald die darin verborgene ideale Möglichkeit, sie zu foppen und zu ärgern. Entscheidend war das Leugnen, egal, was unsere Mutter sagte, wir leugneten ausnahmslos alles, wobei wir – soviel ist sicher – besonders mit meiner kleinen Schwester zu einem unglaublich eingespielten Team wurden. Es reichte, wenn meine Mutter sagte, die Sonne scheint, und wir antworteten mit der größten Bestürzung in unserer Stimme: Wie kannst du sagen, sie scheint, wo es doch wie aus Eimern gießt! Was ist das für eine Manie, Blödsinn zu erzählen! sagte sie empört. Worauf einer von uns beschwichtigend sagte, gut, sagen wir, es regnet nicht, aber es könnte ebensogut regnen, und der andere fügte nach kurzem Grübeln hinzu, nehmen wir an, es regnet nicht, aber wenn es jetzt anfinge zu regnen, würde es dennoch regnen. Wir spielten dieses Spiel mit ihr viele Jahre lang mit kühler Ironie. Sie liebte uns sehr ●

Mein Vater hatte weizenblondes, glattes Haar, es reichte ihm bis zur Taille, schlug ihm im Rhythmus seiner tänzelnden Schritte gegen den Steiß, wie bei den Vietnamesinnen, nur daß die schwarzes Haar haben. Es gehörte zu ihm wie der Hut zu Joseph II., die Zigarre zu Churchill, die Brille zu John Lennon; ein Markenzeichen. Dafür herrschte in der Wohnung permanent ein Gestank, wie man ihn vom dörflichen Schweineabsengen kennt (früher mit Stroh, heute mit dem Gasbrenner), denn mein Vater schnitt sein Haar nicht, ließ es sich nicht schneiden, sondern brannte es ab – auch das, wie die Länge, hatte er sich von den Vietnamesinnen abgeschaut. Das Abbrennen ist gesund, denn es zerbricht nicht die Kapillarität, wodurch die Atmung des Haars nicht gestört wird! Und die Atmung des Haars ist wichtig! Übrigens ist auch das Fliegenverbrennen, diese alltäglich zu nennende kindliche Tierquälerei, mit demselben Geruch verbunden. Als ich mit meinen kleinen Brüdern das erste Mal Fliegen verbrannte (das war noch während der Aussiedlung), sahen wir einander bestürzt an. Und riefen gleichzeitig aus: der Papi! 305.

Mein Vater stand im Ruf, ein Riesenarschloch zu sein, im alles erschöpfenden, bösen Sinne dieses Wortes. Man erzählte sich auch, daß er nach Ammoniak riecht, Furunkel unter seiner Achsel wachsen und daß er Fußpilz hat. Seine Sekretärinnen lachten hinter seinem Rücken. Die eine invitierte er regelmäßig in unser Wochenendhaus, eine Holzhütte, tschechisch, das heißt tschechoslowakisch, aber die tat so, als hätte sie es nicht gehört, oder sie traute ihren Ohren nicht. Schließlich fragte sie meinen Vater direkt, woran er denke. Mein Vater dachte daran, die Frau zu vögeln, genauer, daß es langsam Zeit wäre, sie zu vögeln, er antwortete relativ geradeheraus, lassen Sie uns das, was wir haben, zusammenlegen etc. Aber warum bin ich dann hier, 306.

fragte die Sekretärin, ach so, da waren sie schon draußen in der Holzhütte, mein Vater, die Sekretärin und deren vierjähriger Sohn. Das interessiert mich nicht, sagte mein Vater und griff der Frau an den Hintern. Sie siezten sich. Entspann dich, verfickt noch mal. Die Frau scheuchte die Hand meines Vaters nicht weg, obwohl sie die Situation weiterhin nicht verstand, sie fing erst einmal an, mit ihrem Kind zu spielen, sich um es zu kümmern; das Kind legte eine Gewandtheit in verschiedenen Brettspielen an den Tag, die sein Alter lügen strafte. Auch mein Vater machte, in der Überzeugung, es wäre geistreich, eine Bemerkung, wartet mal ab, wer zuletzt lacht. Wenn die Sache auf deutsch ablief, sagte er, ›*Mensch, ärgere dich nicht*‹, Kurzer. Nichtsdestotrotz weigerte er sich mitzuspielen, einerseits mochte er keine Brettspiele, mit Ausnahme von Capitaly, andererseits war er nicht deswegen gekommen. Er fing an, seine Hand zu bewegen. Die anderen wählten ihre Farben, und er stellte sich die Fortsetzung vor, die eher zwangsläufig als aufregend zu sein schien, Reißverschluß, Hoppala, und alles das, Keuchen, orbitale Lust, Einsamkeit, Etceteras, aber dann blieb er beim forschenden Blick des Kindes hängen, denn er (mein Vater) war zwar keine große Leuchte, aber er konnte sich an jenen Dostojewski-Satz mit dem Kind erinnern und verstand, daß die Frau den Bengel genau aus diesem Grund mitgebracht hatte. Seine Hand nahm er trotzdem nicht weg. Das wiederum verstand die Frau. Der Junge erreichte den besten Durchschnitt. Da legte mein Vater doch noch die Platte »alternder Mann« auf, Hungaroton-Bakelit, wie einsam er in seiner großen Familie sei – wie denn? –, seine Frau interessiere sich ausschließlich für die Kinder, er könne zu Hause einfach an niemanden ein Wort richten, er sehe fern, das ist seine einzige menschliche Beziehung, obwohl er Duna TV nicht empfangen kann, und wissen Sie, liebe Annamária, nach dreißig Jahren Ehe sprechen auch die Körper nicht mehr miteinander, nix doitsch, obwohl er kein Geheimnis daraus mache, daß die Sprache des Körpers auch jetzt noch, da man eher auf dem Weg nach draußen ist als hinein, hochtönende Worte spricht, Annamária, denn innerlich sei er noch jung, zwar nicht mehr blutjung, aber doch jung, und er sei innerhalb gewisser Grenzen noch zu allem bereit, und natürlich alles diskret, damit gäbe es überhaupt keine Probleme, dieses kleine Häuschen hier liege genau an der S-Bahnlinie, man müsse nicht einmal gemeinsam anreisen, er habe bereits einen Schlüssel machen lassen, hier, man müsse lediglich darauf achten, daß man ihn anders als gewohnt einführen muß, verkehrtherum, das würde später Probleme bereiten, denn sie würden sich daran gewöhnen, und das Ungewöhnliche würde zum Gewohnten werden, sie würden also irgendwann Probleme mit dem Verkehrtherum bekommen, aber soweit sind wir noch nicht, und worauf man dann noch achten müsse, ist, daß an Feiertagen um halb zehn die letzte Bahn fährt, das ist wichtig, das hat er auch aufgeschrieben, hier, neben dem Schlüssel. Ich habe ein gutes Gefühl, sagte mein Vater und streichelte dem kleinen Jungen über den Schopf, beziehungsweise, wenn die Sache auf deutsch ablief, sagte er, *›ich habe ein gutes, gutes Gefühl‹* ●

Mein Vater hat sich verändert. Mein veränderter Vater 307.
zeigt Gefühle, steigende wie erschlaffende, er schämt sich ihrer nicht, er schließt sich nicht in einem Panzer ein, er verbirgt seine Herzensangelegenheiten nicht, sondern ist authentischer, offener, wärmer und verbindlicher, er will den anderen nicht beherrschen, sondern dialogisch und gleichberechtigt mit ihm umgehen, deshalb teilt er zum Beispiel auch die Hausarbeit mit meiner Mutter. Die aber noch nicht einmal anderthalb Meter groß ist, was mein Vater, verständlicherweise, als erniedrigend empfindet, sein geistiger und gesellschaftlicher Status verlangt ein Minimum von 158 Zentimetern, eine Impertinenz, brüllt er

und bittet meine Mutter authentisch, offen, warmherzig und verbindlich, sie möge die Freundlichkeit besitzen, ein bißchen zu wachsen. Verficktnocheins, entschuldige mal. Meine Mutter aber hat sich nicht verändert, also kann sie's auch nicht entschuldigen ●

308. Unmittelbar nach dem Krieg, als er für kurze Zeit Polizist war, kaufte mein Vater ein weißes Pferd, den Imre, es war keine Rede von einem Pferdekauf gewesen, er hatte den ganzen Tag mit jemandem in der Kneipe gesoffen, und als er voll war, drehte der ihm diesen knochigen, mageren, alten Ackergaul an, der so krank war, daß man ihn Tags darauf erschießen mußte, er jagte ihm in Dolyna, am unteren Ende unseres Gemüsegartens, mit seiner Dienstwaffe eine Kugel in den Kopf, unweit vom Haus der Murányis wollte es nicht mehr weitergehen, so sehr er auch an den Zügeln zerrte, es blieb endgültig stehen und neigte ergeben den Kopf; dieses Pferd wurde dann zum Symbol, meine Mutter brachte es ein Leben lang immer wieder aufs Tapet als einen unwiderlegbaren Beweis für den Leichtsinn und die Leichtgläubigkeit meines Vaters ●

309. Wenn meine Mutter von meinem Vater getrennt war, konnte mein Vater nur noch an meine Mutter denken. Je unerreichbarer meine Mama war, um so mehr erfüllte sie das verliebte Herz meines Vaters. Das Fehlen meiner Mutter zeichnete ein genaueres Bild von ihr als ihre Anwesenheit. Da wurde meinem Vater klar, daß er ohne meine Mutter eine Null war, ein Lebenskrüppel, eine Alltagsleiche, es wurde ihm klar, was er meiner Mutter alles zu verdanken hatte, danke, er kam dahinter, er begriff, verstand, machte sich die elementare Notwendigkeit dessen zu eigen, daß sie, sie beide zusammen etcetera. Mein Vater sah das Optimum des Lebens also in einer Art Pulsieren, nah, fern,

nah sein, fern sein, da sein. Die Alte ließ aber meinen Vater nie allein, sie wich ihm nicht von der Seite, ihre Auffassung war, daß sie, und sei es als Opfer, in Körpernähe bleiben müsse, wortwörtlich in der Nähe des Körpers, denn mein Vater verließ sich sichtlich gerne auf den Körper, er lauschte auf die Stimme des Körpers, er folgte dessen Rat sehr viel mehr als allem anderen, manchmal hatte sie (meine Mutter) das Gefühl, sie würde gleich von zwei Seiten kontrolliert, von meinem Vater und von seinem Körper, manchmal war ihr, als würden sie ihr Fallen aufstellen: wie er zu flehen anfängt, unterwürfig, den Tränen nah, meine Mutter möge gewissen, überhaupt nicht selbstverständlichen Bitten nachkommen, was meine Mutter nach leichtem Zögern dann tatsächlich auch tut, aber da ist es schon zu spät, denn mein Vater ist ab da nur noch bereit, über dieses kleine Zögern zu reden, Gedanken auszutauschen, wie von einem Verrat, einer Niederlage, einer Erniedrigung, sei es denn meiner Mutter nicht klar gewesen, wie wichtig ihm das war, eine elementare Notwendigkeit, für die er in jenem Moment alles hingegeben hätte, alles, sein Leben, sein Seelenheil, sogar sein Seelenheil hätte er aufs Spiel gesetzt, und meine Mutter zögerte trotzdem, wieso?, das ist unbegreiflich, sie hätte es allein schon aus reinem Selbstzweck tun müssen, im Klartext, warum sei sie nicht dem Befehl des Körpers (meiner Mutter) gefolgt, aber der Körper meiner Mutter befahl ihr gar nichts, sie befahl ihrem Körper, sie vertrat die Auffassung, ihr Leben gehöre meinem Vater, sie opfere es ihm, obwohl sie das Gefühl hatte, mein Vater habe das nicht begriffen, nicht verstanden, es sich nicht zu eigen gemacht, er sei sich darüber nicht im klaren, sein Verhalten jedenfalls entbehre jeglichen Ausdrucks der Dankbarkeit. Das Fehlen meines Vaters füllte das Universum aus. Das nannte mein Vater Dankbarkeit ●

310. Sie aßen gemeinsam zu Abend: mein Vater, meine Mutter sowie der Liebhaber meines Vaters oder meiner Mutter, der Tomi, eine unausstehliche Schwuchtel, die einfach nicht die Klappe halten konnte, er sabbelte wie ein klugscheißender Gymnasiast oder ein Egghead aus New York, mal über das Fundament der Kultur, mal über Geld, konkret über eine konkrete Erbschaft, mal über das süße(!) Hemd des Kellners. Sie aßen zu Abend. Fliegen (Diptera) kamen. Dieser Tomi scheuchte sie nervös von sich, zimperlich, angeekelt. Da setzte sich eine Fliege, Name unwichtig, auf meine Mutter. Sie ruhte sich auf ihrem Arm aus, dem Oberarm, nah am geheimnisvollen Dunkel der Achselhöhle. Sag mal, mein Herz, wandte sich Tomi zuckersüß an meine Mutter, was meinst du – und dabei zeigte er auf die tatsächlich zufrieden pulsierende Fliege –, ob das wegen deiner weiblichen Ausdünstungen ist? Meiner Mutter blieb angesichts einer solchen Unverschämtheit die Spucke weg. Auch mein Vater spürte, daß das zu weit ging. Da das Ehepaar – quasi zusammen – in Schweigen verfiel und nur noch die Fliegen summten, blieb der Tomi alleine. Kaltes Zittern. Und auf einmal wieherte er los, ach, schrie er, aus einem traurigen Arsch kommt kein fröhlicher Ferz, und damit – egal •

311. Es gab da diesen Tomi, den mein Vater von Herzen liebte. Nach der ersten Nacht, die sie zusammen (also: in einem Bett) verbracht hatten, sagte mein Vater theoretisch mit vor Wut zitternder Stimme, praktisch nervös, aber von der eigenen Lächerlichkeit auf jeden Fall gebremst: Es ist mir egal, wie groß sie ist, meinetwegen kann sie auch Löcher haben oder, noch schlimmer, zu kurz sein, aber ich bestehe darauf, daß wir mein Recht auf eine eigene Decke vertraglich niederlegen, ohne eine eigene Decke werde ich nie wieder, verstehst du, nie-wie-der mit dir zusammen schlafen. Dieser Tomi war beleidigt, aber, wenn du

was gesagt hättest… Ha! Und überdies drängst du mich zur Bettkante, ich wurde wieder und wieder in einen zweiundzwanzig, sage und schreibe zweiundzwanzig Zentimeter schmalen Streifen gezwungen, und ich frage dich, warum gerade zweiundzwanzig, ist das etwa irgendein literarischer Querverweis, Catch 22, oder was? Dieser Tomi verdrehte die Augen zum Himmel, was für ein Glück, daß ich nicht deine Frau bin. Oh, mein kleiner Schlaffi, wenn du wüßtest, wie weit du davon entfernt bist, dachte mein Vater plötzlich voller Haß. (Offenbar hatte er Gewissensbisse.) Das geschah genau vor zweiundzwanzig Jahren, ha-ha ●

Mein Vater hatte sich bis an sein Lebensende die Fähigkeit 312.
bewahrt, rot zu werden. Meine Mutter ging davon an die Decke, Hypokritenschwein!, aber sie hatte unrecht. Mein Vater liebte es zu lachen. Wenn er nichts mehr sagen konnte oder es nichts mehr zu sagen gab, lachte er, statt mit den Schultern zu zucken oder sich zu entschuldigen, plötzlich los, wie ein Backfisch. Ein anderes Mal ersetzte das plötzliche Lachen eine ganze Argumentation. Man brauchte Photos für die Gewerkschaft, sie standen Schlange wie beim Betriebsarzt. Bitte nicht lachen, sagte die junge, blasierte Photographin, worauf mein Vater sofort loslachte und gleichzeitig rot wurde. Die junge Frau wartete. Schauen Sie konzentriert in die Kamera! Das hat man mir noch nie gesagt, sagte mein Vater freundlich. Die junge Frau wartete. Mein Vater starrte beschämt ins Objektiv, suchte nach dem Gesicht der Frau hinter der Maschine, wo bist du, du Miststück, er schaukelte sich selber hoch, ich werde dir gleich was konzentrieren, du wirst dein blaues Wunder erleben, ich starre dich in Stücke, du blöde Gans, in deine Atome werd' ich dich gucken, ich schau dich fertig, zu Staub schau ich dich. Wir sind fertig, nickte die Photographin müde und trat von der Maschine weg. Mein Vater schlug die Augen nieder. Hypokritenschwein, sagte die Photographin. So ●

313. An einem schönen, stillen, blumigen Tag gab meine Mutter zu, an Penisneid zu leiden. So lernten sie sich kennen, sie und mein Vater. Bei all dem gab meine Mutter das Strampeln auf dem Heimtrainer nicht auf. Wußtest du, daß, wenn man zehn Kilometer wie ein Irrer radelt, aber wirklich so, daß ich in Schweiß schwimme, daß das ungefähr hundertfünfzig Kalorien gleichkommt? Nein, antwortete mein Vater und fragte nach kurzem Überlegen, wieviel das ungefähr sei, hundertfünfzig Kalorien. Ein Kefir. Verstehe, ein Kefir. Als meine Mama also anfing, es sich auf dem Heimtrainer bequem zu machen, wurde mein Vater neidisch und sagte voller Neid: Jetzt geht der Kefir, und nach einer kleinen Pause, runter. Jetzt geht der Kefir, Pause, runter. Das – die Pause?, das Runter?, der Kefir?, und wenn ja, wieso? – heiterte meine Mutter auf. Kefir konnten sie beide nicht leiden, das verband sie (und ihren Neid) ●

314. Meine Mutter verliebte sich (angeblich) in ihren zukünftigen Mann, einen faszinierenden persischen Philologen, der hier an der Budapester Uni unterrichtete, internationaler Austausch, und verließ meinen Vater von einem Tag auf den anderen, von Dienstag auf Mittwoch, noch nicht einmal an einem Wochenende. Das konnte er (mein Vater) ja noch irgendwie verstehen, er hielt es für verständlich, daß sich eine Frau sozusagen nach Sicherheit, nach Beständigkeit sehnte, und so weiter, aber daß zwischen ihnen alles aus sein sollte verstand er nicht mehr. Er verstand weder »aus« noch »alles«, und daß aus aus ist und alles alles. Als er also Jahre später auf einem Empfang meiner Mutter über den Weg lief, begann sein Herz heftiger zu schlagen, er suchte den Blick meiner Mutter, fand ihn aber nicht. Schließlich hielt er es nicht länger aus, trat von hinten an sie heran und berührte, quasi als ein Zeichen, ihre Schulter. Diese kleine, nichtige, alltägliche Geste brüllte vor Intimität. Meine Mutter ruckte ge-

nervt den Kopf zur Seite, wie ein Pferd, das man an den Zügeln zerrt, einen guten Tag wünsche ich, hauchte mein Vater glücklich, und die Erinnerungen ließen ihn erröten. Meine Mutter erwiderte den Gruß mit einem Kopfnicken und wandte sich wieder der Runde zu. Sie schüttelte meinen Papa einfach ab, kaum verächtlich, kaum genervt, kaum angeekelt, wie jemand, der nicht weiß, um wen es eigentlich geht, wer diese Unannehmlichkeit, diese Taktlosigkeit begeht. Mein Vater traute seinen Augen nicht, grollte, polterte, O. K., es ist zu Ende, aber was gewesen ist, ist gewesen … Einerseits hätte er meiner Mutter gerne eine gelangt, andererseits wollte er ihr keinen Schmerz zufügen. So ist also das Aus? Nach dem Aus gibt es derart nichts? Gibt es also außer dem Alles tatsächlich nichts? Kein Nichts, nichts? Dafür war mein Vater nicht der Typ. Er wollte nie mit etwas aufhören. Oder aufhören vielleicht noch, aber nicht abbrechen. So kämpfte er gegen das Vergehen. In Ermangelung eines Besseren dachte er jetzt hämisch an ihre Liebesakte, wie ihre Schenkel gebrannt, ihre Mundwinkel gezuckt hatten, wie sie außer sich fast mit den Zähnen nach Luft geschnappt hatte, als wäre sie am Ersticken … immer wieder hatte sie die Augen geschlossen und sich den Bauch, den Schoß gestreichelt, gerieben, massiert, als hätte sie von außen fassen wollen, was drinnen war; als würde sie unter Wasser auftauchen. Mein Vater hatte sich bei niemand anderem so entspannt, so ruhig als Mann gefühlt wie bei ihr (meiner Mutter). Als alter Mann sagte er: Die Existenz deiner Mutter ist nicht beweisbar, aber es ist meine moralische Pflicht, an sie zu glauben ●

Ihm (meinem Vater) blieb vor Schreck die Spucke weg. Sie spielten Charade, und meine Mutter ging voran wie das Messer durch die Butter, sie war einen Schritt von der Lösung entfernt, als mein Vater eingriff. Verdammtnochmal, keuchte er, reicht es nicht, daß du schöner bist, klüger und, ja, auch stärker – 315.

beim Ringen faltete meine Mutter den Alten glatt zusammen, klappte seine Füße neben die Ohren, die Nase drückte sie ihm in den Nabel, friß deine Brille, kleine Kobra etc. –, jetzt stellt sich am Ende noch heraus, daß du … Meine Mutter vergaß das Spiel und kicherte. Nicht, nicht, mach das nicht, du machst das absichtlich! Na klar, aber ich stecke ja auch in Schwierigkeiten, kokettierte mein Vater, also: o deine Schenkel, diese erhabenen Marmorsäulen …! Nicht! Nicht! kreischte die Alte, als würde sie gekitzelt, nicht, verliebt kann man nicht denken! Na endlich, du blöde Gans, dachte mein Vater bei sich ●

316. Mein Vater döste auf seinem Sterbebett. Man hatte die mächtigen Kerzen schon hereingetragen, schenkeldicke, meterhohe Türme, ein Geschenk des Bistums, eine den Umständen entsprechende, natürliche, verwandtschaftliche Aufmerksamkeit. Alles war in Purpur gekleidet, in reine Seide und vergoldetes Tuch. Solche Details verleihen der Geschichte erst die nötige Würze. Mein Vater war schon wieder ein wenig entrückt und verwirrt, seine Seele bedurfte mal wieder der Errettung. In dunklen Farben zog der Endpunkt irdischen Seins auf. Der Sensenmann kennt kein Erbarmen. Mein Vater irrte umher und trällerte, ihr hübsch Lavendel und Röselein, ihr Pappeln groß und klein, ihr stolzen Schwertlilien, ihr krausen Basilien, ihr zarten Violen, man wird euch bald holen. Hüt dich, schönes Blümelein! Dann bat er seinen Sohn, ihn zu einem bestimmten Zeitpunkt zu wecken; dieser versprach es. Der Junge vergötterte meinen Vater. Als die Zeit gekommen war, schlich er sich zu ihm hinein, stellte sich angesichts der Kerzen und des Sterbebetts für einen flüchtigen Moment vor, er wäre der Tod, Misjö Tod, und rüttelte sanft an ihm, um ihn zu wecken. Mein Vater stob wie eine wilde, schaumbekrönte Meereswelle sogleich unter der Decke hervor und verpaßte seinem Sohn eine phänomenale Backschwalbe. Gehört hat

er schon mal davon, aber er hat nicht geglaubt, daß es so was tatsächlich gibt, der Sohn meines Vaters sah Sterne, schön der Reihe nach: Großer Bär, Morgenstern etcetera. Zehn Jahre später – wo war mein Vater da schon! – fragte er, aber warum. Entschuldige, mein Großer, lachte mein Papa, aber du hast mich mit so einer unverschämten Wollust geweckt. Der Sohn meines Vaters verstand, was mein Vater meinte. Erinnern konnte er sich an die Wollust nicht mehr, aber ausschließen konnte er sie auch nicht. Misjö Tod, was?! Klatsch, eine schallende Maulschelle ●

Mein Vater schwieg. Sein Vater war ausgetreten aus der 317.
Zeit. Es war noch keine Woche her, und es war sehr schwer. Er hatte soviel »geübt«, er dachte, er wäre darauf vorbereitet. Mein Vater hatte seinen Vater sehr geliebt, er brauchte es, daß er irgendwo da war, wenn auch weit weg, er brauchte das Wissen darum, daß es ihn gab, wenn auch die Anrufe mehr als linkisch waren. Obwohl gerade die persönlichen Begegnungen langer Schweigepassagen und nicht wenig Einfallsreichtums bedurften. Anfangs machte es meinen Vater rasend, daß 70 bis 75 Prozent der Konversation daraus bestanden, daß sein Vater detailgetreu, mit spürbarer Hingabe und Begeisterung, die er sonst nie, wirklich nie, bei keiner anderen Gelegenheit an den Tag legte, von den in der Wohnung seiner Freundin durchzuführenden Reparaturen erzählte, mit besonderem Augenmerk auf die Kniffligkeiten des Badezimmers, der voraussichtlichen(!) Unzuverlässigkeit der Handwerker, welche sich hauptsächlich im hintertückischen Gebrauch der Wasserwaage manifestieren würde, wäre die ›*Gräfin*‹ da nicht so auf der Hut, wäre sie nicht so mit allen Wassern gewaschen – sieh an – und wüßte nicht, daß sie den kleinen Finger unterlegen (die Maurer unter die Wasserwaage), aber die Gräfin würde nur ihren kleinen Finger heben müssen, und sie würden beschämt zum Rückzug blasen. Mein Vater versuchte es

auch mit Themen wie Politik, Außen- wie Innen-, Wirtschaft, Kultur und so weiter, wenigstens über so was, wenn schon nicht über Persönliches, weder über ihn noch über sich, wenigstens die spröde Klugheit, das kuriose Wissen seines Vaters wollte er nutzen oder in Bewegung setzen, natürlich hätte man bei so einem Gedankenaustausch gerade das Persönliche, das man zuvor so ungerührt zur Tür hinausgejagt hatte, zum Fenster wieder hereingeschmuggelt. Aber nein. *Er langweilte seinen Vater in einem Ausmaße, daß er darüber erröten mußte.* Und dann, auf einmal, neuer Absatz, entdeckte er seinen Vater, sah ihn als einmaliges, einzigartiges Objekt, als Körper, als speziellen Zellenaufbau, als etwas *nie Dagewesenes*, als die unwiederholbare Schöpfung der Kreatur, als ein Wunder, zu dem es einfach *nichts* Vergleichbares gibt, nirgends, weder auf Erden noch auf dem Mond, noch nicht einmal im Himmelreich. Und er fing an, seinen Vater zu betrachten, systematisch vom Scheitel bis zur Sohle, alle Elemente der Reihe nach, das Haupthaar einzeln, die Körperhaare einzeln, und dann das Zusammenwirken, das Haar, die Behaarung, das alles verglich er mit früheren Bildern, Photos, Erinnerungen, darauf folgte das Ausforschen der Beziehung der einzelnen Elemente untereinander, diesmal waren es die Bewegungen, die tausend Grimassen des Gesichts und immer stärker die Erinnerungen, die Geschichten aus der Kindheit, Bahnhof, Kirmes, Ringelspiel, »die Bewegung der Wangenknochen«, so stand seinem Vater ein Wust an Bildern zur Verfügung. Aber er betrachtete ihn nicht nur, wenn sie sich trafen, er spähte ihn manchmal auch heimlich aus, wie er müde, schwach, wie das Licht selbst in der Märzsonne stand, oder wie er flüsternd mit der Gräfin telephonierte, eine orangefarbene Plastiksporttasche in der Hand, die trotz ihrer Unmöglichkeit zu ihm paßte, er betrachtete ihn ohne Unterlaß, er konnte nicht genug von ihm kriegen, immer fand er etwas Neues an ihm, das Rasieren zum Beispiel, oder der Hintergrund war einfach ein anderer und deshalb fiel ihm dann was anderes ein, und so wurde das, was er sah, zu etwas anderem: seinem Vater. Meine Mutter erstickte fast vor Eifersucht, sie wurde hysterisch, krakeelte, kreischte, setzte sogar die Krallen ein. Aber mein Vater interessierte sich ausschließlich für seinen Vater. Er saß ihm zu Füßen und betrachtete ihn. Er zählte die Zeit, wenn man jetzt noch 30 Jahre hätte, soviel brauchte man ungefähr, dann wäre sein Vater 108 Jahre alt, das würde für einen flüchtigen Eindruck reichen. Könnte. Womit ich bis jetzt nur meine Zeit zugebracht habe? Er freute sich wieder über seinen Vater. Dem das Ganze ein wenig lästig war. Er beklagte sich bei seinen Kindern über meinen Vater. Euer Bruder ist ein wenig verrückt, nicht?

Großvater ist gestorben. Mein Vater bekam die Panik. Er 318.
hatte das Gefühl, jetzt läuft der Countdown, zehn, neun, acht oder eine Million und zehn, eine Million und neun, egal, irgendwo klappen die kleinen Zahlen herunter – ein winziges Klopfen, er hatte eine Definition des Unendlichen gelesen: Irgendwo gibt es einen Felsblock von der Größe des Gellértbergs, und ein kleiner Vogel fliegt alle hundert oder tausend Jahre hin und berührt mit dem Schnabel sanft den Fels, und wenn der Fels dadurch abgewetzt ist, dann ist eine Sekunde von der Ewigkeit vergangen, und es ist zwar klar, daß das noch lange nicht unendlich, nur sehr, sehr viel ist, trotzdem dachte er, er hätte verstanden, was das Unendliche ist: etwas grauenerregend *anderes* –, und die Tatsache, daß es immer schon vor sich hin geklappt hat, sieben, sechs, machte die Sache nicht leichter: Er war allein geblieben, nun war er an der Reihe. Er begriff, daß es eine Hoffart ist, über die Zeit zu höhnen, denn die Zeit holt auch den Hohn ein, und plötzlich »bekommt er einen metallischen Geschmack, wie beim Silberlöffel nach der ersten Stahlbrücke«. Er träumte auch, er wäre sein Vater. Das stellte sich heraus, als er seinen

Vater ansprach und dieser nicht antwortete. Na klar! Das war ja er, er war der Papi, er selbst! Und jetzt … es ist keine Woche her, und es ist sehr schwer. Einerseits diese Panik, andererseits liebte er ihn sehr und so weiter. Meine Zeit ist um, hatte Großvater meinen Vater schon im Sommer gewarnt. Aber es ist was anderes, wenn es dann passiert. Als mein Vater erfuhr, daß Großvater schwer erkrankt war, machte er sich sofort auf den Weg, aber als er ankam, konnte sein Vater nicht mehr sprechen, trotzdem blieb mein Vater eine Woche lang bei ihm. Er saß da, betrachtete seinen Vater, schaute sich dessen Zellen an. Mein Großvater schrieb auf ein Stück Papier: »Deine Augen sind mit der Zeit wie gesprungenes blaues Porzellan geworden, und mir kann keiner erzählen, das käme vom biologischen Altern. Deiner Mutter ist's auch aufgefallen, man kann unserem Miklós nichts mehr sagen, besonders nicht über seine Arbeit, er hat so einen gebrochenen Blick.« Mein Vater war erwachsen geworden, eine Art verlorener Intellektueller. Kein besonders gelungenes Leben. Nach außen hin muß man natürlich den Schein waren, alle machen das, auch wenn man das tiefsitzende und sichere Wissen, man würde ewig jung und unsterblich bleiben, verloren hat. Deswegen gründete er jetzt eine Firma, Tatr GmbH, er hat eine flinke kleine Mannschaft, drei frisch geschlüpfte Ingenieursküken, später wird er dann versuchen, eine flinke größere Mannschaft daraus zu machen, obwohl er tief in seinem Herzen weiß, daß eine größere Mannschaft im allgemeinen weniger flink ist. Und trotzdem, wer weiß •

319. Sohn, sagte der Vater meines Vaters zu meinem Vater, laß uns ein bißchen reden. Worüber? Großvater zuckte heiter mit den Achseln. Woraufhin auch mein Vater mit den Achseln zuckte, mit derselben »plauzigen« Bewegung – ah, die Erbschaft! –, nur eben gereizt. Er wehrte das Gespräch mit den Worten ab, er habe viel

zu tun. Er war fünfzehn Jahre alt, da hat man viel zu tun. Sein Vater war da schon klein und schwach. Schön, ruhig, erhaben und schwach. Er saß im Garten. Er war so groß wie eine Birne. Die Wespen rumorten. Zwanzig Jahre später umarmte im Zuge einer ihrer späten Erinnerungsanfälle eine nicht mehr junge, emeritierte Hure, eine Bordsteinschwalbe aus Dunavarsány, meine Großmutter – vielleicht das erste Mal in ihrem Leben –, meinen Vater, wie schön und wie ergreifend war das doch damals, vor zwanzig Jahren, als dein Vater dich bat, ihr solltet reden. Danach kam er zu mir, um mir von der Neuigkeit zu berichten, unser Sohn war hier und wir haben uns eine Stunde, eine volle Stunde unterhalten. Auch ich habe mich gefreut, ausnahmsweise mußte er mal nicht zahlen. Du hast ihn glücklich gemacht, deinen Vater, dein Vater ist glücklich gestorben, danke, mein Junge ●

Es starb: meine Mutter bei der Geburt des Sohnes meines Va- 320.
ters. Mein Vater saß an ihrem Bett und weinte fassungslos. Sie ist tot, sie ist tot! Sogar sie hast du mir genommen, sogar sie! Er schüttelte die Fäuste gen Himmel, dann schüttelte er sie in Richtung seiner Frau. Diese sagte: Das Kind lebt! Mein Vater zuckte mit den Achseln. Ist es dein Kind? Mein Vater zuckte mit den Achseln. Seine Frau schüttelte ihn mit beiden Händen. Ist es von dir? Ja. Sicher? Mein Vater nickte. Schwör es. Ich schwöre. Da sagte seine Frau, ich werde es aufziehen, es hat schon zwei Geschwister. Es starben: sie, die Frau meines Vaters und meine beiden Geschwister bei einem Skiunfall. Mein Vater brachte es nicht fertig, ohne ein Konkretum zu leben, er heiratete unversehens eine kleine Französin. Doch die ging schon nach sieben Monaten mit einem Kaffeehändler durch, er hieß Baldassare Cucculi, hatte einen blonden Bart und einen Alfa Romeo-Viersitzer auf Kredit sowie eine Frau und vier Kinder in Turin. Es starb: fünf Jahre später bei einem Flugzeugunglück mein Vater. Mama ●

321. Es geht zu Ende mit ihm, schrieben sie, also fuhr der Sohn meines Vaters zu meinem Vater, um ihn noch einmal zu sehen. Es muß im August gewesen sein. Sie saßen im Freien und blickten auf das Nossack-Tal. Mein Vater in einem alten »Korbstuhl« mit einem Plaid über den Knien. Seine bleiche Greisenhand mit den dicken blauen Adern spielte die ganze Zeit mit einer Strohspirale, die sich von der Armlehne gelöst hatte. Offenbar verwechselte er den Sohn meines Vaters mit einem seiner Brüder oder mit einem Jugendfreund, denn alle Augenblicke hieß es, weißt du noch, wie wir damals…, es handelte sich aber um Dinge, die lange vor der Geburt des Sohnes passiert sein mußten. Doch unversehens brach er ab und sagte (direkt) zu seinem ältesten Sohn: Das ist aber sehr unrecht von dir, daß du uns deine Bücher nicht geschickt hast. Der Sohn meines Vaters war sehr beschämt. Natürlich hatte er der Familie absichtlich die Bücher nicht geschickt, aus kindischer Rache, wenn man so will, da sie ihn ja eher daran gehindert hatte, Bücher zu schreiben. Aber er hätte großmütiger sein müssen und hätte meinen Vater nicht in diese Rache miteinbeziehen dürfen. So denkt er heute, dachte er. Und nun, die letzte Momentaufnahme seines Vaters, schon mehr ein überpersönliches Vaterbild: Am nächsten Morgen reiste der Sohn meines Vaters ab. Während sie noch am Frühstückstisch saßen oder beim Kofferpacken waren, fehlte mein Vater plötzlich. Um einen Gast zu ehren – denn wieder hatte er vergessen, daß es sich um seinen Sohn handelte –, wollte er es sich nicht nehmen lassen, bis zur Einfahrt des Besitzes vorzugehen. Er brauchte für die drei- oder vierhundert Meter eine halbe Stunde. Als sein Sohn mit den Koffern nachkam, stand mein Vater auf seinen Stock gestützt bei der riesigen Tanne, die er vierzig Jahre zuvor gepflanzt hatte, und neben dem alten verwaschenen Schild: PRIVATBESITZ. DURCHGANG VERBOTEN. Das weiße Haar wehte ihm um den Kopf. Mit großen, aufmerksa-

men Augen blickte er seinem Sohn nach, wie dieser ins Tal hinabging ●

(…) Der Sohn meines Vaters hat meinen Vater gekannt und hat 322.
ihn nicht gekannt. Mein Vater war sein Vater und doch ein stranger in the night. Er weiß nichts von dem, was mein Vater wirklich dachte, nichts von dessen Träumen, Wünschen, Gefühlen. Achtzehn Jahre lang hat er am Tisch meines Vaters gegessen, hat sich dessen Anordnungen gefügt, hat ihm widerwillig gedient, so wie mein Vater anderen widerwillig diente, aber wer mein Vater war, weiß er (der Sohn meines Vaters) dennoch nicht. Er weiß nicht, wie er zu meiner Mutter stand, ob er sie geliebt oder nicht geliebt hat, oder ob er auch ihr nur diente, weil sie die Überlegene war, er weiß nicht, was er von seinen Söhnen hielt, die er auch nach langer Abwesenheit nur mürrisch begrüßte, na da bist du ja wieder. Er lag neben meiner Mutter, als das Ende kam, jeder in seinem Bett, beide krank und auf den Tod wartend. Mein Vater wollte vor meiner Mutter sterben. Er verlangte es kategorisch. Erst wenn ich tot bin, kannst du auch sterben. So lange mußt du warten. Das erste Mal in ihrem Leben, in ihrem Tod, fügte sich meine Mutter. In diesem besonderen Fall setzte er sich durch. (Der himmlische Richter half dabei.) Er erreichte den Tod kurz vor meiner Mutter mit einem Magendurchbruch, begleitet von dem Satz: ›*So, und nun ist es aus.*‹ Und diesmal war es kein blinder Alarm ●

Der Sohn meines Vater war ein erfolgreicher Mann, er hatte 323.
es als Schauspieler geschafft, und als solcher stattete er meinem Vater immer und immer wieder Besuche ab, um ihm wenigstens einmal Anerkennung und Zärtlichkeit abzutrotzen. Nach einem sehr langen Schweigen. Ich habe einen neuen Film gedreht, Pa. Yeah? Hier folgte der Titel des erfolgreichen Films.

Yeah. Pause. Hast du ihn gesehen. Yeah. Hat er dir gefallen? Yeah. Pause. Das war eine von den längeren Unterhaltungen, danach bestellte mein Vater sein Bier, dazu als Begleitung einen halben Whiskey (!), der Sohn meines Vaters knüllte ihm ein wenig Geld in die Tasche, stieg in die wartende Limousine mit Chauffeur und go! Jahre später wurde ihm erzählt, mein Vater habe sich den Film mit einem seiner Trinkkumpane angesehen, und als sein Sohn in einer Szene k.o. geschlagen wurde, verbarg er das Gesicht in den Händen, als er aber schließlich am Gewinnen war, sprang er auf und schrie: Gib's ihm, mein Kleiner, gib's ihm! Mein Vater verbarg sein Gesicht, als sein Sohn in einem Film Ketchup blutete, aber als man den Jungen wirklich blutend aus der Schule nach Hause brachte, stand mein Vater auf der anderen Straßenseite und schimpfte gereizt, das kommt davon, wenn sie auf der Straße herumalbern. Hätte er da mal gesagt, gib's ihm, Kleiner, aber er sagte es nicht. Angeblich war er überaus stolz auf seinen Sohn (mein Vater). Aber nun war es zu spät für den liebevollen Klaps auf den Rücken. Außerdem war er sowieso schon gestorben ●

324. (Den Vater kennenlernen: Im Mittelpunkt der Geschichte steht Bess, eine Waise. Sie mußte sich ihr ganzes Leben lang ohne Eltern zurechtfinden … Rodrigo protestiert heftig dagegen, daß Ricardo seiner künftigen Frau Paula etwas vom Familienschmuck schenkt. Elena teilt Julio mit, daß sie nicht mehr in Ricardo verliebt ist. Nice, die in dem Moment das Zimmer betritt, als Rodrigo und Ligia sich gerade küssen, dankt ihrem Ziehvater, daß er sie damals aus dem Waisenhaus geholt und aufgezogen hat. Rica, die große Tierfreundin, findet eine kleine kranke Henne, Meryll. Bald stellt sich heraus, daß Schober sie illegal hält. Selina plant die Flucht mit Anthony. In Richards Büro kreuzt eine Frau auf: Sie ist Meryll, Armstrongs erste Frau … Peter hat Gewissens-

bisse wegen Alex' Fehlgeburt. Als es sich herausstellt, daß das Mädchen gar nicht schwanger war, wird er wütend … Ágnes bekommt ihre erste verantwortungsvolle Stelle in einem Sterbehaus in der Nähe von Budapest. Zwischen den langsam sterbenden hoffnungslos Kranken ist sie immer tieferen Eindrücken ausgesetzt. Sündenjäger. Wilde Frauen. Wer kommt in mein Bett? Tanz der Leidenschaften. Der Voyeur. Schlafender Tiger. Mein Paradies hat achtzehn Löcher (kleine Golfgeschichten). Hyänendämmerung. Kochduell. Lustige Abenteuer. Das Leben geht weiter. Heartbreak High. Musikantenstadl. Das Biest. Vier Panzersoldaten und ein Hund. Eine schrecklich nette Familie. Wahrheit tut weh! Der Prinzipienreiter. Die Mutter aller Ungeheuer. Die Baradlays – Die Söhne des Mannes mit dem versteinerten Herzen. Sunset Beach. Selina bekommt von ihrem Verlobten den Roman Georg Dryers. Das Mädchen meint im Buch ihren verschwunden geglaubten Vater wiederzuerkennen. Ran total.) Einige Jahre vor seinem Tod gewöhnte sich mein Vater das Fernsehen an. Er war kaum wiederzuerkennen ●

Es tut mir leid, was mit deinem Vater passiert ist – von so 325.
einem Satz kriegt man einen dicken Hals, selbst wenn er ehrlich ist (der Satz). Was kann man schon sagen? Daß es schließlich auch noch etwas Lachen und Heiterkeit geben wird? Die Akzeptanz des Mangels an Ordnung? Aber das ist bereits die Geschichte meines Vaters, 1923er Jahrgang, unbeugsam und stur, seit seinem Gehirnschlag im April mit gelähmten Armen und Beinen im Krankenhaus. Er ist empfindlich, weiß alles besser, manipuliert alle; seine seit Jahren geheimgehaltene Freundin stellt er uns mit großem Getöse vor, präsentiert sie und beobachtet unsere Reaktionen (welche primitiv sind), er ist allen gegenüber mißtrauisch, versteckt die Schlüssel, versucht uns bezüglich des Erbes gegeneinander auszuspielen, nicht, daß es etwas zu erben gäbe, aber er

versucht es halt. Wie ist das? Muß man sich jahrelang auf diese Rolle als Rollstuhltyrann vorbereiten oder geht das von einer Minute zur anderen? Wir rasieren ihn, er belehrt uns, schimpft über die Lage der Welt und seiner selbst, Distanziertheit, wenn auch nicht ohne jeden Witz – mit einer gewissen grimmigen Würde. Mein Gott: diese spezielle familiäre Arroganz, unglaublich! Jedes seiner Kinder schleppt diesen Wunsch nach Vornehmheit und diese stolze Sturheit mit sich herum. Fuck!

326. Mein Vater verlachte zwar diejenigen, die behaupteten, es gäbe eine (die) vom Menschen unabhängige Außenwelt, eine Wirklichkeit, das heißt, daß sowohl er (eine soziale und sprachliche Konstruktion) wie auch die Wissenschaft eine Form des Glaubens (›*Glaubenssystem!*‹) wären, er nannte die Dinge leidenschaftlich gern beim Namen, er etikettierte die Welt mit Wörtern, besser gesagt, das Etikett, sein Weinen, ziselierte er dann doch nicht weiter, von wegen Quäken, Schluchzen und Greinen, Plärren, Wimmern, Schniefen, Knatschen, Heulen, Flennen, er machte keinen Unterschied zwischen Rotzundwasser und Schloßhund und Wasserfall, es gab nur das Weinen und das Fastweinen (letzteres, wenn alles beisammen ist, tränenfeuchte Augen, verzerrter Gesichtsausdruck, aber die »Sache« an sich dann doch nicht hervorbricht, hinuntergeschluckt wird). Er legte sich ein gewöhnliches A4 Blatt hin und zählte darauf zusammen. Denn als er nach einigen Tagen aus dem Gefängnis entlassen wurde – keiner weiß, was dort passiert war –, fing er immer und immer wieder zu weinen an. Das Gezähle diente als eine Art Schutzmaßnahme, na klar. Möglich, daß ich aus Schwäche weine, nicht aber aus Feigheit, sondern damit der Schmerz der Welt in der Waage bleibt – das schrieb er sich als Motto hin. Das nächtliche Weinen zählte nicht mit, da er es nicht von dem im Traum unterscheiden konnte, für den Tag lag der Rekord bei 21, 16mal ganzes, 5mal

halbes Weinen. (Beide Hände meines Vaters waren bandagiert, deswegen machte sein ältester Sohn – damals noch ziemlich klein, er ging fast noch an der Hand (natürlich nicht an der meines Vaters!) – die Striche, jeweils mit dem fünften die vorherigen vier durchstreichend, wie es sich gehört. Manchmal fragte er: Ist das jetzt ein halbes oder ein ganzes? Und mein Vater antwortete, halb, ganz, je nach sozialer und sprachlicher Konstruktion.)

Mein Vater verliebte sich bis über beide Ohren in Slowe- 327.
nien, meine Mutter schmollte. Mein Vater bezog sich der neuen Situation entsprechend voreingenommen in allem auf Slowenien. Meine Mutter winkte ab, sie ahnte etwas, aber ihre eigenen Ahnungen langweilten sie. Mit der Zeit kam das unangenehme Gefühl in ihr auf, daß ihre Ahnungen meinen Vater betreffend weniger etwas über meinen Vater als über sie selbst sagten; und das langweilte sie. Für meinen Vater hingegen gab es nichts, was ihn hätte langweilen können, deswegen war er auch ein Eroberer. Anfang September? hob er zum Beispiel plötzlich vor dem Abendessen den Kopf, Anfang September beginnt man in den slowenischen Tälern mit dem Verbrennen der Maisliesschen! Und er schaute meine Mama an, als hätte er gerade die Schlacht am Kosovo Polje gewonnen. Meine Mutter schwieg, sie teilte gerade die Papierservietten aus. Wir hatten immer wunderschöne Papierservietten, es gab Gäste, die sich nicht trauten, sich den Mund damit zu wischen. Unsere Eltern sagten nichts, sie wiesen uns aber auch nicht zurecht, wenn wir daraufhin überheblich unsere – bereits am Dürerrepro abgewischten – Münder verzogen. Mein Vater pustete auf eine Serviette, sie segelte wie ein riesiger Schmetterling auf den Boden hinunter. Woraufhin mein Vater: Bitte. Und was ist im Falle einer Karstbora zu tun? Meine Mutter traute ihren Ohren nicht, im Fa-halle einer Ka-charstbora?! wiederholte sie als unumstößlichen, glanzvollen Beweis

dafür, daß mein Vater den Verstand verloren hat. Aber ich sag dir gleich noch was anderes. Die Sonne schien in die Küche herein. Heben Sie doch mal Ihre Hand, mein Engel. Meine Mutter folgte meinem Vater, den mutwilligen Einfällen meines Vaters oft (konkret: ihr ganzes Leben lang) wie verzaubert. (Natürlich merkte der Alte nichts davon.) Sehen Sie den Schatten Ihrer Hand? Ja. Auf slowenisch heißt das senca. Senca, gemerkt? Senca, ja. Gut, dann stehen Sie jetzt auf, so, und gehen Sie hier vor mir vorbei, sehen Sie, sehen Sie dort den Schatten. Ich sehe ihn, senca. Das ist es ja! Nicht senca, sondern tenja! Wenn der Schatten von einer Frau geworfen wird, und Sie sind eine Frau, und zwar in Bewegung, und Sie sind in Bewegung, heißt es tenja. Was sagen Sie dazu? So was können nur die Engländer, die englischen Verben, den Puppenspieler vor dem Nachmittagstee auf demütigende Weise im Frequentativum ansprechen. Sehen Sie?! Sie haben ein Extrawort für den beweglichen weiblichen Schatten! Tenja, das ist Ihr Schatten, wenn wir nach Slowenien fahren und die Sonne scheint... Verstehen Sie?! Freuen Sie sich denn gar nicht? Freuen Sie sich doch ein bißchen, hier ist ein Wort, ich hab's Ihnen von den Slowenen mitgebracht, warum freuen Sie sich nicht?! (Meine Mutter freute sich, aber sie wußte es nicht, und mein Vater sah es nicht.) Von da an etwa fing er damit an, meiner Mutter einen Lipizzaner zu versprechen. Er würde einen echten Lipizzaner kaufen. Denn das sind noch echte Pferde, spanische Reitschule + Postkutsche + Schlachtroß, sie decken alle menschlichen Tätigkeiten ab: Spiel, Arbeit, Krieg. Die Neapolitanerpferde... die waren noch so. Mein Vater bemühte sich um einen Nexus mit dem Erzherzog Karl, dem Regenten Kärntens, der Steiermark, Istriens und Triests, nach dem Karlovac benannt worden war, doch vergebens, der Lipizzaner traf nie ein. Mein Vater sprach viel davon, zweigte etwas vom Kostgeld ab für Heu etc. Aber wie würden sie sich dann das Pferd teilen? Sagen wir,

Montag, Mittwoch, Freitag ist es seins, Dienst, Donnerst, Samst gehört es meiner Mama. Und am Sonntag? fiel meine Mutter automatisch ein. Am Sonntag teilen wir, sagte mein Vater fröhlich. Hören Sie endlich auf, Sprüche zu klopfen, fuhr ihn meine Mutter an. Mein Vater hob verwundert den Blick, warum •

Es war zu Ostern, Ostermontag, aber fast wie im Sommer. Nur 328.
daß der eine Baum grünte, während der andere noch kahle Äste zum patoublauen Himmel reckte. April, April, macht was er will! Kurz darauf verschwand einer der Brüder meines Vaters im Krieg, ein anderer starb wenig später an der großen Paralyseepidemie und der dritte war so weit weg, als gäbe es ihn gar nicht. Es war das letzte Mal, daß sie alle noch zusammen waren, später dann verschwand der eine im Krieg etc. Sie saßen unter dem Nußbaum, der Stamm glänzte im Licht, als wäre er auferstanden. Man machte Hausmusik, Klavier und Klarinette. Mein Vater betrachtete die Gesichter seiner Geschwister, auch diese glänzten vor Licht und einer befriedigten Freude. Wie hat mein Vater es gehaßt, wenn die Kunst so mißbraucht wurde, wie hat er dieses selbstgerechte Verlustieren gehaßt. Hätte er gewußt, aber so was kann man halt nicht wissen, daß sie das letzte Mal so zusammensitzen würden, hätte er dieses triefige Herumge*bach*e vielleicht etwas nachsichtiger betrachtet, oder auch sein Gesicht wäre wie das seiner Geschwister gewesen. Lange, lange Jahrzehnte lang wollte er das ändern: Wenn er an seine Geschwister dachte, wurden immer wieder die Gefühle dieses letzten Treffens lebendig: gereizte Verachtung und Ungeduld •

Mein Vater kann sich an den Körper seines Vaters nicht er- 329.
innern. Zähle den Körper deines Vaters auf! Da schweigt er wie ein tauber Fisch. Dabei ist das wichtig. An wichtige Fragmente kann er sich zwar erinnern, einmal gebadet oder was, und

dabei dann die schwimmenden Hoden meines Großvaters. Und die Sache mit meinem Großvater verhielt sich so: Mein Großvater war ein frommer Mann und ohne Tadel zu seinen Zeiten; er wandelte mit Gott. Dann pflanzte er einen Weinberg, denn er war Ackermann. Und so weiter, jedenfalls besoff er sich, bis der Arzt kam. Und zwar so, daß er keine Kleidung mehr an sich duldete, er deckte sich auf und ging in die Küche, legte sich auf den Fußboden und drückte sein Gesicht gegen den kalten Marmor. (In Wahrheit nur gepreßter Kalkstein, dafür um ein Drittel des Preises.) Das ist gut, keuchte er. Mein Großvater hatte drei Söhne, drei Urväter, drei Zweige, der Anfang. Mein Vater, der krankhaft viel aß, ständig am Futtern war, als wäre er zuckerkrank, er liebte Pizza, die schnell erwärmbaren chinesischen Suppen und den in Öl gehäufelten Goldstern, war deswegen den ganzen Tag unterwegs, raus aus der Küche, rein in die Küche, und er sah die Blöße seines Vaters und sagte es seinen beiden Brüdern draußen. Die gingen rückwärts in die Küche und bedeckten Großvaters Blöße. Dolman. Als ihr Vater nun erwachte von seinem Rausch und erfuhr, was ihm sein jüngster Sohn angetan hatte, sprach er: Verflucht seist du, Sohn, und sei deinen Brüdern ein Knecht aller Knechte. Dies wurde der Name meines Vaters. Bei Großvater zu Hause hatte man nicht so auf die Nacktheit geachtet, zumindest solange mein Vater und seine Brüder klein waren, und man führte erst dann rigorosere Ordnungsregeln ein, als sich herausstellte, daß meine Tante Daisy (Name ist zu ändern) oder nein, anders. Die Nachbarn luden anläßlich meiner Tante Daisy Gäste ein, Grillen oder was, wo sie dann vortrug, was sie im elterlichen Haus in puncto Nacktheit gesehen hatte •

330. Die Fachliteratur legt die Entstehungszeit meines Vaters in die frühen zwanziger Jahre. Die in der Mitte gescheitelten, krausen Locken bedecken eine mittelhohe Stirn, der gerade und

gleichmäßige Nasenrücken verschmilzt ohne eine Krümmung mit der Nasenwurzel, von der sich verjüngende, leicht geschwungene Brauen zu den äußeren Augenwinkeln erheben. Der Blick ist offen, mit den bräunlichen Augen schaut er direkt den Betrachter (den ältesten Sohn meines Vaters) an. Die Nasenflügel sind schmal, die Nasenspitze ebenmäßig. Die Merkur-Mulde unter seiner mittelmäßig wulstigen Unterlippe betont ein sich sanft wölbendes, fast schon schmales Kinn. Das sanfte Lächeln verleiht dem ovalen Gesicht einen freundlichen Ausdruck. Der mit Straußenfedern und runden Perlen verzierte, schräg aufgesetzte braune Hut, der tropfenförmig herunterhängende Silberohrring, die Perlenkette um den schlanken Hals sowie das aus goldgefaßten Elementen geschmiedete Armband um das rechte Handgelenk lassen darauf schließen, daß mein Vater (oder sein Double) von vornehmer Herkunft gewesen sein muß ●

Auf einem Ölgemälde, das hinsichtlich seiner Qualität einen 331.
mittelmäßigen Alt nicht übertrifft und dessen sämtliche Werte nach einem Aquarell schreien, grinst mein Vater eine Frau an, er schaut gleichzeitig zu ihr, zum Maler und zum Wiener Hof, was recht unvorteilhaft ist. Dabei neigt er den Kopf zur Seite, quasi auf die Frau drauf, dadurch rutscht auch noch sein Doppelkinn zur Seite, wie eine nonchalante Krawatte, was recht unvorteilhaft ist. Mein Vater sieht aus wie ein lüsterner Rabbi, der den Boden unter den Füßen verloren hat und kurz vor der christlichen Taufe steht, mit dem zweifelhaften Wissen im Gesicht, daß ihm auch das nicht wirklich helfen wird, und auch der Protektor seiner neuen Karriere, das kaiserliche Haus, hat's erlebt ●

Nachdem mein Vater (Alter und Gestalt gleichgültig) seinen 332.
Vater (Alter und Gestalt gleichgültig) in Schwarz gekleidet und ihm über den aschgrauen Pyjama einen schwarzen Kasch-

mirmantel gezogen hatte, der ihm bis zu den Knöcheln reichte, setzte er ihm, damit der Eindruck um so schwärzer würde, richtig schön schwarz, einen tiefschwarzen Hut mit breiter Krempe auf den Kopf, um das Gesicht besser zu verbergen, ließ ihn sich barfüßig auf ein vierzig Zentimeter hohen, schwarzverkleideten Sockel stellen, damit auch das Parkett die Füße sehen konnte, und stimulierte ihn mit der mißmutigen und übereifrigen Hilfe seines quirligen, duckmäuserischen Assistenten (Alter und Gestalt gleichgültig) als Objekt oder als Tier, probierte Bewegungen und Beleuchtungen an ihm aus, als würden sie die letzten Feinarbeiten an einem Bild vornehmen, er versuchte insbesondere, die Erniedrigung, das wird großartig! jubelte mein Vater, das Ausgeliefertsein, das wird niederschmetternd! jubelte mein Vater, und die Hoffnungslosigkeit in den Mittelpunkt zu stellen (dorthin, wo sein Vater stand), mein Vater ließ den Duckmäuser gereizt herumspringen, warum dies, warum das, hier so, dort so, aber fix, er bat ihn um Feuer, er sagte niemals bitte, er dirigierte mit Worten und ohne Worte und machte ihn zur Schnecke, wenn dieser zum Beispiel vorschlug, dem Vater meines Vaters einen Knebel in den Mund zu stecken, diese Erklärwut! rief er ungeduldig, Rechtfertigung! er wurde zu einer Sitzung erwartet, er mußte rechtzeitig mit der Einstellung seines Vaters fertig werden, sie ließen den Hut absetzen, auf dem Kopf seines Vaters lagen nur einige gerupfte Locken wie tot da, mein Vater untersuchte skeptisch den bloßen Schädel, weißen!, befahl er, die Hand, die mein Vater nur als Pranke titulierte, Krallen! Pranken!, lachte er, außer wenn er die Fäuste ballt, warf der Assistent ein, nein!, mein Vater stampfte auf, als erstes nahmen sie ihm die Hände aus der Hosentasche, dann hoben sie sie verschränkt vor den Brustkorb, dann bogen sie seinen Kopf noch ein bißchen weiter runter, runter zu, wie es mein Vater ausdrückte: eine Idee tiefer, sie steigerten die Blöße, sein Vater zitterte, er zittert, sagte der Assistent, mein Vater schwieg, die Hosenbeine des schmutziggrauen Pyjamas krempelten sie bis zu den Kniescheiben hoch, schürzten sie, auch die schmutziggraue Kniescheibe bedurfte der Weißung, sie prüften noch einmal die Beleuchtung, den Vorschlag des Nobody, wonach sein Vater (meines Vaters Vater) für einen kurzen Moment den Kopf aufrichten könnte, verwarf mein Vater grob, hier?!, in dieser Welt?!, er verdrehte die Augen, katastrophal!, aber schließlich und endlich betrachtete er das Gesehene mit Zufriedenheit, großartig, jubelte er, das wird umwerfend sein! jubelte er – nachdem all das geschah, denn was geschah, konnte geschehen, und was geschehen kann, kann immer von neuem geschehen, richtete der Vater meines Vaters im aufbrausenden Applaus seinen Kopf auf und starrte in den Zuschauerraum, dann ließ der Applaus nach, es wurde still, und nach einer langen Pause wurde es dunkel, als wäre nichts passiert, nichts, nichts

Mein Vater – sturzbesoffen in Winesburg – ließ seinen 333.
ältesten Sohn schwören, daß, sollte es die Situation erfordern, er, der Sohn, dieses Buch zu Ende bringen würde, das Buch war noch nicht angefangen, aber er habe schon viel daran gearbeitet, Galeerendienst, nur habe ihm dieses permanente Gequassel mit dem Kollonics alle Kräfte ausgesaugt, obwohl er unter Anspannung all seiner Kräfte kämpft, aber den Kollonics kann man nicht besiegen, ein katholischer Bürokrat, der noch dazu Hohepriester ist, einfach unsterblich, vor dem hat sogar der Herrgott ... na gut, vielleicht nicht gleich Angst, aber er weicht einen Schritt zurück. – Der Grundgedanke des Buches ist total simpel, so total simpel, daß man ihn, wenn man nicht auf der Hut ist, leicht vergessen kann. Also es geht darum, der zentrale Sinn ist, daß ein jeder auf der Welt, bis auf den letzten, Jesus Christus ist, und es sind auch alle gekreuzigt. Das wäre das,

was er unbedingt deutlich machen möchte, und der Junge dürfe das nicht vergessen, was immer auch geschehen mag, er solle nicht wagen, das zu vergessen ●

(Der Mode der Zeit entsprechend in schwarzweiß.) Auf die Frage, was der Kern, der Sinn, das Herz der Sache sei, wie man also das Worum-geht-es-dabei zusammenfassen könnte, dieses Lebensdesaster, diese Not und Mißlichkeit, die eingetretene und auf ihr Eintreten wartende (sie erwartende) Tragödie, dieses unterminierte Leben, dem (Korrektur) selbst die Möglichkeit einer Tragödie entzogen wurde (»oh weh, die Räuber verfolgen mich, oh weh, gleich lassen sie mich zurück«), dieses schmierige kleine Fest der Leiden, diesen welken Karneval, sagte mein Vater heiter und ohne nachzudenken: In einem blauen Zimmer prügeln sich grüne Frauen ● 334.

Warum? Was? Mein Vater ist deswegen Richter (Tippfehler: Dichter) geworden, sein Ziel, seine Zielvorgabe ist es, bestimmte Verbindungen zu schaffen, quasi eine Brücke zwischen den Lichtern des Himmels und dem Geschmack des Todes zu schlagen. Deswegen. Das ist es ● 335.

Warum? Als der leibliche Bruder meines Vaters, László, »der schöne Graff«, zusammen mit drei seiner Cousins in dieser lausigen Schlacht von Vezekény den Heldentod starb, es fielen die vielen, hier folgt der Name meines Vaters, brach plötzlich die ganze familiäre Verantwortung über meinen sechzehnjährigen Vater herein, der von Natur aus ein nachdenkliches, gerne lesendes, stilles Kind war, regelmäßiger Initiator und Darsteller zahlreicher Theateraufführungen, die im Schloßhof unter breiten, bunten Zelten abgehalten wurden, er sang und decla- 336.

mierte gerne, studierte des Nachts mit seinem Schauglas das Firmament und hegte das Vorhaben, solange andere, namentlich sein älterer Bruder, für den Sieg des Guten kämpften, denn aus ihrer Macht folgte das zwangsläufig, würde er ergeben an diesem Guten arbeiten, denn aus der Machtlosigkeit folgt wiederum das zwangsläufig, er würde sämtliche Vorteile oder Möglichkeiten der Machtlosigkeit ausnutzen, und er würde versuchen, die Schönheit der menschlichen Natur und der Schöpfung mit seinem Geiste zu erfassen, und er würde Musik komponieren, himmlische Harmonien, und vor allem würde er schreiben, Gebete an die ohne Makel seiende Heilige Mutter Gottes unendlicher Gnade und Romane an die Menschen – denn er mußte den Platz seines älteren Bruders einnehmen, mit Haut und Haaren, und wurde, in Ermangelung eines Besseren, ein großer Herr, mächtig, der niemals kennenlernen durfte, wie es ist, eine Tür alleine zu öffnen ... Die andere Erklärung, warum aus meinem Vater kein Schriftsteller, kein *›Dichter‹* wurde, sieht den Grund im zittrigen Magen meines Vaters. Denn mein Vater beschloß, ein großer Schriftsteller zu sein. Er legte einen Bogen leeren Papiers vor sich auf den Schreibtisch, zur Rechten eine Feder, zur Linken ein Tintenfaß. Thomas Mann hat's auch so gemacht. Jeden Tag eine Seite. So ist ein großer Schriftsteller. Es fiel ihm nichts ein. Aber dann fiel ihm ein, daß Mann Zigarren geraucht hatte. Er lief hinunter zum Kiosk und kaufte eine sehr billige Zigarre von sehr minderer Qualität. Er setzte sich wieder vor das Blatt und zündete sich, das erste Mal in seinem Leben, eine an. Er zog daran und zog, bis hinunter zur Wurzel der Buddenbrooks. Es gibt keine Seekrankheit, die vergleichbar wäre mit dem nachfolgenden Zustand meines Vaters. Joseph Conrad, fiel meinem Vater ein, doch da war es schon zu spät. Nachdem einige Jahre vergangen waren, dachte mein Vater wieder daran, ein großer Schriftsteller zu werden, ein *›Dichter‹*. Als Universitätsstudent durchforstete er gerade Sainte-Beuve (dessen Vater schon vor der Geburt S.-B.s gestorben war). Er las sich die Augen rot. Er schwankte vor Müdigkeit. Dann nahm er sich Raymond Chandler zum Vorbild, der nach einem ganzen Tag Maloche in sein Büro gestolpert kommt, sich zum Schreiben hinsetzt, seinen heilwirksamen Whiskey zu sich nimmt, als eine langschenkelige blonde Frau hereinkommt, der es zu widerstehen nicht lohnt. Daraufhin dezimierte mein Vater die ängstlich gehütete Whiskeysammlung meines Großvaters (in concreto: einen vierzig Jahre alten Old No. 7 Jack Daniel's) auf nüchternen Magen. So wurde meinem Vater die Belletristik verhaßt. Wenn das Schreiben gleichbedeutend mit diesem kulminierenden Ekel ist, mit dieser sich aus sich herausstülpenden Fremdheit, die chaotischerweise sie selbst ist und dennoch gegenständlich, wesenhaft, unleugbar wie diese morgendliche Kotze, dann lieber nicht. Dann lieber niemals eine Tür alleine aufmachen dürfen. Dann lieber Palatin ●

Mein Vater forderte seine Kinder auf, Sätze über ihren Va- 337.
ter zu sagen. Genauer: wenn sie einen Satz (ein Wort, eine Geschichte) sagen müßten, welcher dieser sei. Und daß ihm das wichtig sei, es sei von einer gewissen Wichtigkeit, aber sie sollen keine große Sache daraus machen, also nicht an die Verantwortung denken, er, mein Vater, werde schon daran denken, wozu sei ein Vater sonst da, nicht wahr. Und sie (seine Kinder) dürften auch lügen, wenn es so leichter sei, im übrigen, möchte er bemerken, ist es nicht leichter, es ist schnurzegal, er müsse dann, ob Wahrheit oder Lüge, eine Wahrheit daraus machen. Sie schwiegen. Sie verstanden kein Wort. Mein Vater versuchte, ihnen zu helfen. Nehmen wir zum Beispiel, er stirbt, und was ihr dann, was ihr dann sagen würdet. Schade ●

338. Mein Vater sagt: Hast du mich geliebt? Er sagt: Endlich einmal wollte ich mich auch so wohl fühlen wie die anderen Menschen, aber es gelang mir nicht. Er sagt: Was ich auch gesagt habe, Vater, es tut mir leid. Er sagt: Wenn ich daran denke, wer vor ihm war und wer nach ihm kam, war er gar nicht so furchtbar! (Horthy; vor ihm Béla Kun, nach ihm Szálasi.) Er sagt: Sag mir, was du willst, und ich sag dir, was du mich kannst. (Er hatte einen sitzen.) Er sagt: Wir haben alle Länder Europas und deren Hauptstädte bereist. (Er zitierte Großmutter.) Er sagt: »Da fängt man zu trin ken an oder man macht ein Kind.« »Es wäre besser gewesen, du hättest getrunken.« (Wer sagt es zu wem?) Er sagt: Ich will meine irdischen Fesseln nicht zerreißen. Er sagt: Verachtet mich nicht! Verachtet mich nicht! Er sagt: Ich werde Ihnen jetzt nicht erklären, warum das Leben schön ist, ungeachtet dessen, daß wir 1526 bei Mohács haushoch gegen die Türken verloren haben. Er sagt: Ich bin es noch nicht müde, nach Gott zu suchen. (Sagte er todmüde.) Er sagt: Uns fehlt es an Tragik. Das ist mal zeitgemäß, mal unzeitgemäß. Mal ist es genial, mal oberflächlich. Er sagt: Das Land strebte stets nach Unabhängigkeit. Natürlich. Und wir (die Familie) haben von Freiheit gesprochen. Er sagt: Aus Rache gehe ich jetzt pullern! Er sagt: Mein Schreibmaschinenmonteur ist gestorben. Was nun? Er sagt: Hör auf, meine Hand zu betatschen, ich liege hier nicht im Sterben. (Sagte er in der Stunde seines Todes.) Mein Vater ●

339. Laßt es uns der Reihe nach betrachten, obwohl es ziemlich durcheinander ist, was verständlich ist. Als der Vater meines Vaters starb, war mein Vater überrascht. So was auch!, und er drehte den Kopf hin und her wie ein Vögelchen, das eins auf den Schnabel bekommen hat. Dabei hätte er das nicht tun müssen, alles war in der allergrößten Ordnung geschehen, abgesehen davon, daß es geschehen war, mein Großvater war im entsprechen-

den Alter (genauso alt, neunundsiebzig Jahre, wie sein Vater und seine Mutter bei deren Tod), und mein Vater war in dem Alter (drin), in dem ein Mann, wenn überhaupt jemals, stark ist (geheimrätliches goldenes Vlies etc.). Man konnte auch gegen die Art des Todes keinen Einwand erheben, der alte Herr hatte zu Mittag gegessen, hörte sich die Meldung des Gutsverwalters an (eine Entscheidung fällte er nicht mehr, aber er wollte wissen, worüber er nicht entschied), dann legte er sich, wie es neuerdings seine Gewohnheit war, zu einem Nachmittagsschläfchen hin, und als er aufwachte, stellte er fest, daß er im Grunde gestorben war, er wollte hinuntergehen zur Jause, tat einen Schritt und brach zusammen. Der Doktor, ein talentiertes Bauernkind, das auf Kosten der Familie in Amsterdam studiert hatte, meinte, der Tod sei sofort eingetreten, er habe nicht gelitten, so eine Sanftheit auf dem Gesicht eines Toten, also er wüßte nicht, wann er so was schon mal gesehen hat. Als dann meine Mutter starb, gab es keine Verwunderung, mein Vater schnitt lediglich eine verärgerte Grimasse, wie er es tat, wenn er mit uns, seinen Söhnen, unzufrieden war, na!, und er grimassierte ungeduldig vor sich hin, als hätte er in eine Zitrone gebissen. Als er selbst starb, gab es nicht einmal soviel, keine Verwunderung, keine Grimassen. Man könnte jetzt noch anfangen, über den Gesichtsausdruck des Sohnes meines Vaters zu reden, Nasehaun, Zitrone. (Im übrigen starb mein Vater genauso wie der Großpapa, wacht aus einem Schlaf auf, macht einen Schritt, bricht zusammen. Man sieht dem Linoleum die Stelle an, wo er mit der Hacke ausrutschte. Erwähnenswert ist noch, daß der Herrgott jeden einzelnen (vermaledeiten) Tag, genau um dreiviertel drei, da ist es nämlich geschehen, einen Engel herunterschickt, der ein bißchen an der Spur herummacht, damit sie nicht verschwindet. Er paßt seine Hacke ein, dorthin, wo damals die meines Vaters war, und paff, rutscht aus, imitiert sozusagen den Tod. Sie knallen ordentlich hin (die Engel). Es kommt immer ein anderer, denn dieser Job kotzt sie tierisch an. Es gibt auch welche, die weinen. Paff!, rutscht aus, fängt zu weinen an.)

340. Mein Vater hatte immer und immer wieder versucht, nicht an Gott zu glauben, und das gelang ihm auch, so halb und halb. All dies passierte folgendermaßen: Laut meinem Vater ist es klar, klar wie Kloßbrühe, daß der Mensch Gott braucht, die Psychologie liegt derart auf der Hand, gar nicht so sehr die Logik, diese entsetzliche Pascalsche, daß nämlich der Mensch besser dasteht mit einem »Ist« als mit einem »Nicht-Ist«, es ist eher die Sehnsucht, daß es jemanden gäbe, zu dem man seine Anfechtungen schicken kann, und daß, wenn man, wie's immer ist, keine Antwort auf die Petition erhält, jemand da ist, den man lästern kann, und damit die Demut eine Richtung haben kann, im Klartext, daß es einen Vater gibt, der, und hier muß man wirklich drei Punkte setzen (da hast du's, die Heilige Dreifaltigkeit, wieherte mein Vater) – wegen all dem würde und wolle also er, mein Vater, quasi anstelle der Menschheit, die aus eigenem wohlverstandenem Interesse, also korrumpiert, an Gott glaube (die wachsende Zahl der Atheisten, der Gleichgültigen, die unaufhaltsam erscheinende Säkularisierung der Welt konnten ihn nicht täuschen, kurzfristiger *›Zeitgeist‹*, Abstumpfung des Lebensinteresses etc.), quasi im Interesse der Würde der Menschheit nicht an Gott glauben. Als er aber einmal, anstatt daß er die Hände zu einem Dankesgebet gefaltet hätte, wie üblich nur schnoddrig mit den Schultern zuckte, Wahrscheinlichkeitsrechnung, zischelte er – wurde ihm plötzlich klar, daß man ihn übers Ohr gehauen hatte. Gott hatte ihn übers Ohr gehauen. Falten oder zucken: Ist das nicht gleich?! Er dachte, er schwimme gegen den Strom, aber hier fließt das Wasser in zwei Richtungen, zugleich auf- und abwärts, oder es gibt gar kein Wasser, oder es gibt eins, aber es fließt nicht,

und alle stehen im Schlamm herum, oder es gibt Wasser und es fließt auch, aber es schwimmt keiner, sondern läßt sich nur treiben, wie eine Wasserleiche, er dachte, er sei ein ungläubiger Rebell, würde die kühnen Gipfel der Ungläubigkeit erstürmen, dabei ging er nur im Gewande der Ungläubigkeit auf und ab, flanierte in den bunten Fetzen der Ungläubigkeit und unterschied sich kein bißchen von denen, die sich aus purem Eigennutz bei Gott einschleimen. Er verhielt sich haargenau wie diese, nur eben umgekehrt, also genauso, auch er tanzte nach Gottes Pfeife, nur daß der ihm was anderes vorpfiff. Denn schließlich und endlich zählt es nicht, ob es Gott gibt oder nicht, sondern nur, wie dieses seine Existenz betreffend unsichere Oberste Wesen ist (also das ist schon ziemlich klasse, feixte mein Vater, daß er einer ist, den es gibt, und dann, wumms, möglicherweise gibt es ihn dann doch nicht, na ja, was soll man auch von einer Firma erwarten, bei der das auserwählte Volk den Messias nicht erkennt, offensichtlich läuft das *hier* so ab; geistreich ist es schon), wie also die Welt ist. Seine Welt war genauso wie die Welt jener. Gottes Ermangelung ist exakt gottförmig. Mehr noch, dieser sein Standpunkt war sogar noch lächerlicher, denn er beschützte die sogenannte Würde der sogenannten Menschheit ausgerechnet vor Gott, wobei das Bewahren der Würde der Menschheit ausgerechnet der Herrlichkeit des sogenannten Gottes dient. In diese Sackgasse war er also hineinspaziert. Eine Riesenschweinerei, sagte mein Vater und kniete sich mit ausgekühltem Herzen und einer neuen Hochmütigkeit hin, also schön, dann erbarme dich also meiner, Jahve. Mein Vater: immer und immer wieder

Im Herzen meines Vaters schien, wie das vierzig Jahre später 341.
als Motto einer sogenannten weltumfassenden Techno-Party gerülpst wurde, die Sonne. Morgens wurde er davon geweckt, vom Schein. Jetzt käme es zupaß, wenn es einen Herrgott gäbe,

wie gut, wie einfach und natürlich könnte man ihm jetzt Dank sagen. Er betrachtete den Sonnenschein als unmittelbaren Gottesbeweis, dieses Betrachten als den romantischen Beweis der Existenz Satans und die ersehnte Danksagung als den romantischen Beweis seiner selbst ●

342. Mein Vater konnte mit Gott keine Einigung erzielen, zwei Dickköpfe, mein Vater verlangte Erleichterungen, das war nach '56, als die Lebensbedingungen zwar leichter wurden, aber gerade diese größere Leichtigkeit machte es ihm möglich, das Ganze zu überblicken, das nun dadurch schwerer war, daß es leichter geworden ist, die moralische Schützenhilfe des Sehr-Schweren war ihm also entzogen worden und der Herrgott operierte mit geistreichen Leibniz-Zitaten (die beste Welt…) solange, bis mein Vater sein Votum für den Wahnsinn abgab, mir schwant, irgendein Tremens (Delirium). Liebe und Eiter sind eins in Gott, und alles freiwillig. Meinem Vater flüsterte Prinzessin Beaujolais ins Ohr. Fahre nach Madeira. Er fuhr. Alles war so blau und weiß, wie sich das mein Vater dachte. Da fragt die Mamsell, ob er rosa Mäuse sehe. Und wie. Und schon huschen sie, husch, husch, durchs Zimmer, liebe, ziemlich große Tiere, sehr zutraulich, fast dressiert. Vorgestern sagte sie zu meinem Vater, er solle die Tassen im Schrank zählen. Mein Papa zählte. Fünf. Es müßten zwölf sein. Eine oder zwei sind vielleicht noch im Abwasch, nein, nur eine. Oder zählt er falsch? Wirklich, einmal kommt er auf fünf, einmal auf sieben, eins, zwei, drei – Tatsachen beruhigen mich, sagt er und betrachtet seine Finger. Ha, ruft mein Papa plötzlich aus, aber auf sogenannte Interjektionen antwortet die Prinzessin nicht. Ha! Sie sitzt im linken Ohr meines Vaters, wo er nicht so gut hört. Seit kurzem auch auf dem rechten. Vermutlich ist da ein kleines Männchen. Und sie haben ihre Dates, während mein Vater schläft. Beaujie war in letzter Zeit auffällig unruhig. Aber

wo treffen sie sich? Im Nasen-Rachen-Raum, so wird man (mein Vater) mißbraucht. Er besucht seinen Arzt, der für diese Gegenden spezialisiert ist. Der macht ein optimistisches Gesicht und hat die schwedische Methode. Skol, sagt er. Ich habe Ihnen doch gesagt, daß Sie keine Watte tragen sollen, sagt er und zieht die Bäusche heraus. Frische Luft, sagt er. Kaum zu Hause, fängt die kleine Fotze wieder mit ihrem Gesums an, mault wegen des Arztes. Außerdem muß ich heiraten, das Kind ist unterwegs. Wie stellt ihr euch das vor, fragt mein Vater zornig, aber no änsör; Liebe und Eiter

Das Schloß quoll über vor Gästen, alle unsere Säle und Ter- 343.
rassen. Das Personal ließ in der Küche die Sau raus, und das französische Fräulein, Madmosell Titez, die mit der Aufsicht über meinen dreijährigen Vater betraut war, sprach in ihrem Zimmer dem Sherry zu. Mein Vater strolchte durchs Gebäude. Zufällig öffnete er die Badezimmertür in dem Augenblick, als eine entfernte Cousine meines Großvaters gerade dabei war, sich vom Sitz zu erheben und ihre Unterhose hochzuziehen. Die relevanten Dinge in Kopfhöhe meines Vaters. Das kleine Kind erblickt das magische Dreieck, stiert es an, die Frau bleibt ebenfalls unbeweglich stehen, dann erstrahlt im Gesicht des Kindes (meines Vaters) das glückliche, zufriedene Grinsen der Erkenntnis: Mama! ruft es dem Dreieck zu. Die Dame, eine vertrocknete Jungfrau, Sternkreuzlerin und Hofdame der Kaiserin und Königin Elisabeth glorreichen Andenkens, Inhaberin der Ehrennadel des Roten Kreuzes II. Klasse mit Kriegsdekoration, bricht in Tränen aus. Sie schluchzt im barocken Plumpsklo, das Kind (mein Vater) unter Grimassen ab

344. Substantiv und Verb, das sind keine Schöpfungen Gottes, das versteht sich nicht von selbst; dafür gibt es keine Rückbestätigung in der Natur, das ist eine Willkür der Sprache. Denn wenn »laufen« deswegen ein Verb ist, weil es eine zeitlich kurz dauernde Aktion ist, warum ist dann »Faust« (oder »Arbeiterklasse«) kein Verb? Und wenn »Mann« und »Haus« Substantive sind, weil sie langandauernde, stabile Vorgänge beziehungsweise Dinge bezeichnen, warum ist dann »wohnen« oder »wachsen« kein Substantiv? Man müßte mal mit der Sprache reden, daß sie das eventuell anders aufteilt. Er (mein Vater) bemerkt es quasi beiläufig, daß in der Sprache der Hopi alles, was fliegt, außer, das ist schön, die Vögel, mit *einem* Substantiv bezeichnet wird. Das ist doch verblüffend, nicht? Für den Eskimo ist es verblüffend, daß wir für den Schnee nur ein einziges Schnee-Wort haben, denn was hat zum Beispiel der Vormittagsschnee mit dem Nachmittagsschnee zu tun (bekanntlich gar nichts). Im Internat wurden wir ständig zur Beichte gescheucht. Wenn wir schon völlig leergebeichtet waren und keine Sünden mehr übrig hatten, aber irgendwas mußte man doch sagen, sagten wir, wir hätten Schnee gestohlen. Vater, ich habe gesündigt, ich habe Schnee gestohlen. Damals kam es uns noch nicht furchtbar vor, daß es nichts zu beichten gab, keine Sünden, nur Sündhaftigkeit. Sünde ist ein Substantiv ●

345. Wenn ein großer Fisch sich näherte, zeigte die Gruppe um meinen Vater herum ein bemerkenswertes Verhalten. Als historische Klasse hatten sie ausgedient, aber das hier war ziemlich interessant. Sie konnten nicht im voraus wissen, ob der große Fisch sie essen wollen würde, obwohl sie, als gelehrte Jungs, den Spruch kannten, daß die großen Fische die kleinen essen, aber sie mußten es halt in concreto wissen. Es wäre einfach gewesen, vor jedem großen Fisch zu flüchten, aber dann hätte ihr ganzes Leben aus Flucht bestanden – sie waren nah dran, keine Frage –,

und sie hätten kaum mehr Zeit gehabt für die anderen wichtigen Lebenstätigkeiten (Liebe, Literatur, Gott, Vaterland, Familie oder in jüngeren Jahren der Fußball beziehungsweise später die Verteidigung der Heimat, in permanenter Flucht die Verteidigung der Heimat... wie das?, vielleicht, indem man sich plötzlich umdrehte wie die Hunnen und mit Pfeilen schoß, obwohl, im Wasser wirft auch das einige Probleme auf). Die andere, die fatalistische Lösung, »mal sehen, was er will«, wäre zu gefährlich gewesen, und überhaupt, so wären sie der Sünde des frevelhaften Übermuts verfallen. Mein Vater und seine Leute taten (deswegen) folgendes: Eine kleinere Gruppe begab sich hinaus vor den großen Fisch, schwamm einige Zentimeter, blieb stehen, dann wieder ein paar Zentimeter und so weiter. Wenn sie dem großen Fisch schon so nahe gekommen waren, daß dieser sie mit spielerischer Leichtigkeit hätte erwischen können, er sie aber nicht erwischte, gingen sie zurück zu den anderen und setzten (relativ) ruhig ihr Tagwerk fort (Liebe, Literatur, Gott, Vaterland, Familie oder in jüngeren Jahren – meines Vaters – der Fußball beziehungsweise die Verteidigung der Heimat). Wenn der große Fisch einen aus dem Aufklärungstrupp erwischte, zum Beispiel meinen Vater, floh der Aufklärungstrupp kopflos, um die anderen zu alarmieren, sie mögen sofort mit der Liebe, dem Gott etc. aufhören. Das Dilemma meines Vaters und seiner Leute war folgendes: Der eine oder der andere aus dem Aufklärungstrupp konnte sich erlauben, alles hinzuschmeißen und umzukehren. Der, der umkehrt, er könnte auch mein Vater sein, bringt sich persönlich in Sicherheit, aber wenn alle so denken und umkehren würden, könnten alle zum Opfer fallen, unter ihnen auch mein desertierter Vater und seine Nachkommen. Wenn aber der Rest des Aufklärungstrupps nicht umkehrt, gerät ein jedes seiner Mitglieder, gegebenenfalls also auch mein Vater, in eine Situation, die gefährlicher ist als die vorangegangene, denn für den Fall, daß der große Fisch, geb's Gott nicht, doch noch ein Meinvaterfresser ist, wächst die Chance, daß man zum Opfer wird. (Diese Situation läßt sich exakt auf das Problem der Gemeinanger anwenden.) Die Erfahrung – ›*um so schlechter für die Tatsachen*‹ – hat gezeigt, daß in den Reihen der Gruppe um meinen Vater meist Kooperation vorherrscht – was überraschend ist, oder zumindest dem Bild widerspricht, das die Ungarn von sich selbst haben, nämlich Zwietracht, Bruderkrieg, Anfeindungen, fehlender Zusammenhalt. (Dieses Bild ist keine Selbstkritik, sondern immer Kritik an der sog. anderen Seite.) Die Frage war also, wie mein Vater und seine Leute den Geist der Zusammenarbeit herausbildeten. Wer dich mit Steinen bewirft, den bewerfe mit Brot – so in der Art vielleicht. Als allerdings mein Vater einen Stein vor den Latz bekam, fiel er, wumms, einfach in Ohnmacht. Und die Bäckerei hatte auch zu. Um eine Antwort auf diese Frage zu finden, entwarf der deutsche Ethnologe Manfred Milinski ein geistreiches Experiment. Er setzte meinen Vater in ein ziegelförmiges Aquarium, in dem dieser am einen Ende des Aquariums vor sich hin schwamm (Brust). Ans andere Ende des Aquariums stellte er ein zweites Aquarium, in dem ein großer Fisch umherschwamm. Der Partner meines Vaters, oder sagen wir ruhig, sein Freund, wurde simuliert, indem man entlang der langen Seite des Aquariums einen Spiegel aufstellte. Mein Vater hatte keine Ahnung davon, daß sein Freund sein eigenes Spiegelbild war und machte sich auf den Weg, um den großen Fisch auszukundschaften. Sein erster Schritt war also kooperativ. Dank des Spiegels kam natürlich auch der Freund mit ihm. Bis hierhin ist das Experiment ein Modell dafür, daß der Partner kooperiert. Falls man allerdings den Spiegel um 45 Grad verstellte (und man verstellte ihn), mußte mein Vater sehen, daß ihn sein Freund im Stich ließ. Daraufhin zog sich im nächsten Schritt mein Vater ebenfalls wieder zurück. Es stellte sich heraus, daß mein Vater und seine Leute mehr oder weniger genau die sog. tit for tat-Strategie verfolgten, die sich ein Ami Sozialpsychologe, Anatol Rapaport, ausgedacht hat, kinderleicht, man eröffnet wohlwollend, kooperiert und macht dann in Folge dieselben Schritte, die der Freund (oder allgemeiner: »ein Freund«) im Zug davor gemacht hat, wie du mir, so ich dir. Es gab auch Ausnahmen: Es kam vor, daß mein Vater trotz des Verrats des Freundes mit dem Auskundschaften des großen Fisches fortfuhr, jawohl, Freundlichkeit und Nachsicht waren die Triebfeder meines Vaters. Mein Vater ist ein guter Mensch. Eine interessante Version ist noch, wenn mein Vater der große Fisch ist. Denn das ist doch etwas bequemer, man muß sein Gehirn nicht soviel anstrengen, Johnny Neumann hin, Spieltheorie her, sollen sich diese winzigen kleinen Dinger hier nur ruhig einen Ast abbrechen vor lauter intellektuellem Herumgebolze, mein Vater macht, sollte er Hunger bekommen, denn fürs Hungrigsein muß man nicht nachdenken, einfach nur hamm. Es kam auch vor, daß er gar nicht hungrig war und einfach nur so hamm machte. Er genoß das Glitzern der Angst in ihren Augen. Später verteidigte er sich damit, er hätte gedacht, er wäre der Ungar, aber das ließ man nicht gelten, denn damals galten gerade die Flüchtenden als Ungarn. Daraufhin verspeiste mein Vater in seinem Ärger das unabhängige Gericht, hamm, aber seine Laune ließ sich nicht wiederherstellen. Und auch Pázmány warf ihm ständig Knüppel zwischen die Beine. Und er mußte irgendwelche Formulare ausfüllen, was er von Herzen haßte und was im übrigen seine intellektuellen Fähigkeiten überstieg •

Ein Anekdotenheld wird man, wenn man liebenswert ist, oder 346.
eben nicht. Mein Vater gehörte in die zweite Kategorie, man fürchtete ihn, er war hochnäsig, distanziert, kalt, groß, aber nicht hager, dürr, aber nicht ausgemergelt, die elegante Linie seiner Figur, seine saloppe Art sich zu kleiden (leichte Schuhe, weiche

Sakkos, keine modischen, aber teure Sachen) war mit einer gemäßigten, nichtsdestotrotz gefährlichen, aber mit Sicherheit unangenehmen Ironie verbunden. Er ist eine Seele von einem Menschen, pflegte meine Mama immer zu sagen, er zeigt es bloß nicht. Am Dienstag schießen wir Kühe, Unterschrift – das war die freundschaftliche Einladung zu einer Jagd. Es begab sich, daß Onkel Nicky starb, das Oberhaupt der Familie, und man bat meinen Vater, als unzweifelhafte Autorität, die Trauerrede zu halten. Die Anekdote beginnt schon damit, daß mein Vater angeblich mit dem Pferdewagen von Csákvár bis zum Pottendorfer Friedhof fuhr, und zwar deshalb und nur deshalb, weil er ausgerechnet hatte, daß er dadurch von Anfang bis Ende auf Familienbesitz übernachten und Pferde wechseln konnte. (Bekanntlich stand er im Ruf eines sparsamen Menschen, was mehr oder weniger begründet war. Wenn er als Ministerpräsident zum König fahren mußte, reiste er immer zweiter Klasse, die bringt einen genauso hin, sagte er. Was stimmt.) Das Begräbnis fiel auf einen frostigen Februartag – damals gab es noch Fröste, und der kleine *el niño* blieb in der Krippe liegen –, mein Vater sprach, wie ein gut vorbereiteter Tourist, ein fließendes Latein und beschloß, da die Trauergemeinde zur Hälfte aus Österreichern und zur Hälfte aus Ungarn bestand, nicht zweimal zu reden, sondern nur eine (1 Stück) Rede zu halten, auf lateinisch, wer es nicht versteht, versteht es eben nicht, sein Problem. Mein Vater hatte in Wien, um es kurz zu sagen, (m)eine Mutter, die Mama. Ein kleines, schwarzhaariges, französisches Frauchen, stets mit avantgardistischen Hüten und in hohen Schnürstiefeln. Eine nette Frau, klug, auf sympathische Weise gebildet, natürlich, immer zwanzig Jahre jünger als mein Vater, Witwe eines Verwandten. (Ihre eingehend untersuchten Schenkel widerlegen auf spektakuläre Weise die Annahme »zierliches Persönchen«.) Meine Mutter wollte nicht mehr von meinem Vater als sie eben wollte, aber das wollte sie wirklich. Nur war es nicht immer klar, was mein Vater wollte. Denn er wollte es und auch wieder nicht, mal wollte er, mal wollte er nicht. Mein Vater akzeptierte die Welt. Und da er ein großer Herr war, bemühte sich die Welt, ihm zu gefallen. Das wirkte dann so, als hätte mein Vater entschieden, gewollt, begehrt. Was würden Sie dazu sagen, wenn ich zum Begräbnis käme? Ich habe eine offizielle Einladung. Wenn ich Sie in Pottendorf besuchen käme? Hervorragende Idee, antwortete mein Vater ausweichend. Ich kontrolliere dann, ob Sie auch gut untergebracht sind. Keine Angst ... Ich habe keine Angst. Keine Angst, ich übernachte nicht dort. Ich habe einen Retour-Fahrschein. Mein Vater schwieg verärgert, er konnte sich nur schwer an den Telephonapparat gewöhnen. Närrischer Graf! Das stimmt, nickte mein Vater. Toll sind Sie; toll, toll toll! Die vielen O's rührten meinen Vater. (Jeder Satz, auch der realistischste, ist metaphorisch: Schließlich unterhielten sie sich auf französisch, fou, fou, fou, da sind es eben die vielen U's. Irgendeinen Buchstaben gibt es immer.) Mein Vater hatte meine Mutter zehn Jahre zuvor, gleich nach dem Krieg, auf einem Empfang kennengelernt, der vom Cousin meines Vaters, dem jungen Fürsten Schwarzenberg, gegeben wurde. Mein Vater führte leicht royalistisch gefärbte politische Gespräche mit seinen meist österreichischen Verwandten. Er machte sich Sorgen um das Land. Er war es gewohnt, Verantwortung für die Dinge zu tragen, die im Lande geschahen. Er vertraute Horthy nicht und er vertraute den Deutschen nicht. Es führt zu nichts Gutem, wenn eine Nation (Ungarn) so erniedrigt wird, sagte er, natürlich auf französisch, was dem Satz sofort eine ironische Schärfe verlieh. Sie wechselten die Sprache immer je nachdem, in welcher Sprache sich die Sache angenehmer sagen ließ. In welcher Sprache es besser saß. Was das Thema war. (Der Sohn meines Vaters stößt sich immer wieder daran, wenn Sprache eine reine Vermittlerfunktion hat. Er hat keineswegs die Absicht, dem Pragmatismus die ungarische Tradition entgegenzuhalten, wonach die Sprache eine feste Burg ist, ein Obdach, Weihestätte und Heiligtum, das wäre ihm zuviel, aber den Schrecken und den Reichtum nicht zu spüren, den die Zugehörigkeit zu einer einzigen Sprache mit sich bringt, das wiederum wäre ihm zu wenig, denn der Mensch, das erlaubt er sich so auszusprechen, gehört als denkendes Wesen nur einer einzigen Sprache an.) Nach dem Ende der Monarchie mußte man wieder die Fäden aufnehmen, und natürlich mußte man die Frage stellen, wer die Fäden aufnehmen sollte. Was bedeutet ein enthabsburgerisiertes Österreich, das heißt, kann etwas, das so klein ist, überhaupt noch Österreich sein? Diese Unsicherheit bedeutete auch Freiheit. Ungarn spürte nur seine Verstümmelung, daß zwei Drittel von ihm verschwunden waren, niemandem fiel ein, auch meinem Vater nicht, daß das Land nach vierhundert Jahren immerhin unabhängig wurde, das vergaßen sie. Mein Vater warf meiner Mutter, die in skandalöser Ehe mit einem unserer Verwandten, dem greisen Trauttmannsdorff, lebte, von Zeit zu Zeit Blicke zu. Man erzählte sich allerhand. (Mein Vater meinte, er sei nur wenigen Menschen begegnet, die sympathischer gewesen seien. Der Alte brachte gerade das Nachthemd seiner Frau, die Balkankriege und die Raumvorstellung der modernen Physik auf einen Nenner. Jeden seiner Sätze wiederholte er, tonlos; sein Mund war immer voller Speichel.) Mein Vater konnte irrsinnige Blicke werfen, hemmungslose. Er hatte einen schönen Blick, und Schönheit ist Kraft, und Schönheit wirkt, ob man will oder nicht. Deswegen ist die Schönheit ständig in Aktion. Lachen verbarg sich in seinem Blick, mehr noch, Frohlocken – wer in dieses Augenpaar blickte, hatte das Gefühl, das ist alles, alles wird davon bestimmt: Das ist das Gesetz. Man kann sich also widersetzen, aber das führt zu nichts Gutem. Mein Vater hatte etwas Jupiterhaftes an sich. Er war sogar in der Lage, Erhabenheit zu produzieren, diese mit dem Alltäglichen umgehende Variante der Erhabenheit aus dem zwanzigsten Jahrhundert – wie sollte der König aller Götter denn auch sonst sein, wenn es weder einen König noch einen Gott gab. Das Jupiterische geht von sich selbst aus und endet in sich selbst, es mißt alles durch sich selbst, denn für ihn ist das: alles. Mein Vater liebte weniger die Frauen, er liebte die Liebe, wie man so schön sagt. Daß er die Liebe gewollt hätte, aber den »damit verbundenen« Menschen nicht? Ach was. Es ist zu bezweifeln, daß er sie überhaupt »wollte«, wahr ist allerdings, daß der Körper bei ihm sehr hoch im Kurs stand, sowohl sein eigener wie auch der der anderen. Er teilte den Menschen nicht in Körper und Seele auf. Er betrachtete den Körper als die Verkörperung oder eher noch als das Wappen unseres Menschseins. Als Aushängeschild. Firmentafel. Ist es denn nicht unser Körper, in dem wir den Großteil unserer Zeit verbringen? Wir unterhalten uns mit ihm Tag für Tag. Und worüber? Über nichts anderes als den Tod. Denn was ist die Geschichte des Körpers anderes als die Geschichte des Verkommens, des Verfalls, der Zerstörung? Wie könnte dieser Weg anders sein als abwärtsführend? Abwärts in den Tod, so dachte es sich mein Vater. Nicht der Verstand, nicht der Gedanke, auch nicht die Seele, sondern nur der Körper erinnert uns an den Tod. An das Vergehen, da er es ist, der augenfällig vergeht. Der Körper, so dachte sich das mein Vater, ist ein ehrlicher, treuer Gefährte, der uns jeden Augenblick daran gemahnt, daß wir aus Staub sind und zu Staub werden. Mein Vater suchte und fand das Menschliche im Tod. Er hatte vor dem Tod (bevor dieser eintrat) keine Angst, er biederte sich ihm nicht an: Er erfreute sich an ihm wie an einem schweren, nicht angenehmen Geschenk. Er (mein Vater) freute sich über alles, was da war, in einem Maße, daß er keinen Unterschied zwischen Gut und Böse machte, er verspürte dazu keine Veranlassung. Er jubelte, er jubelte auch über den Tod. Obwohl hier das Wort des Körpers nicht genau dasselbe sagte, da der Körper seinen eigenen Zerfall nicht gutheißen konnte. Daher die Melancholie, die flüchtige Melancholie. Das Jupiterische bedeutete vielleicht nicht mehr und nicht weniger, als daß mein Vater das Beben seines Körpers, den Taumel seiner Lenden als ein persönliches Gefühl zu präsentieren und zu empfinden vermochte. Das war seine große Begabung: sein Dasein. Zwischenzeitlich vergaß mein Vater die kleine Schwarzhaarige, er vergaß seinen eigenen Blick: Er gehörte nicht zu den bedeutenden, den großen Verführern. Diese sind sich im klaren über die Wichtigkeit der Kleinarbeit, sie wissen, Verführung ist: konkret. Mein Vater interessierte sich dafür nicht. Nein: Mal interessierte es ihn, mal nicht. Er interessierte sich mal hierfür, mal dafür. Für politische Kleinarbeit zum Beispiel war er sich nicht zu schade. Nach dem Krieg zog er sich aus der großen Politik zurück, die Abgeschmacktheit und Notwendigkeit der auf den kommunistischen Putsch folgenden Konsolidierung ließ ihn die Lust daran verlieren, später leitete er die kleine, sachbezogene, alltägliche Arbeit der parlamentarischen Wirtschaftskommission. Die Frage, wie die Zukunft des Landes aussehen sollte, drängte sich auf. Mein Vater war lediglich in der Lage zu antworten, zwei Prozent und Steuerfreiheit, so was in der Art. Die Entscheidung zurückzutreten fiel auf jenem Schwarzenbergschen Balkon. Meine Herren, sprach mein Vater mit einem geheimnisvollen Lächeln, denn jene konnten ja nicht wissen, daß sich die Aussage nicht nur auf den Abend, sondern auf beinahe zehn Jahre bezog, meine Herren, mit Ihrer Erlaubnis ziehe ich mich zurück. Sein Zimmer lag im Ostflügel, mit Blick zu der nach Prinz Eugen benannten Straße, er kannte sich gut aus, bog ohne nachzudenken von einem Flur in den nächsten ein, er hätte nur noch einige wenige Treppen hinuntergehen müssen, als er seinen Namen hörte, hier folgte der Name meines Vaters. Mein Vater drehte sich um, meine Mama!, sie war ihm einfach gefolgt. Mein Vater fing zu grinsen an. Jupiter freute sich. Kommen Sie, sagte mein Vater heiser. So schnell kann ich nicht. Na dann, plötzlich war mein Vater müde, zuckte mit den Achseln. Meine Mama nickte ernst, also irgendwas, irgendwas könnte man schon. Gut, grinste mein Vater erneut und lehnte sich an die Wand. Jupiter freute sich wie ein Kind über das erhaltene Geschenk. Sie Katholiken, sagte meine Mutter, und aus ihren Augen verschwand die kleine Traurigkeit (denn sie hatte sich, könnte man sagen, ein wenig traurig aus ihrer knienden Position erhoben), Sie lieben es, sich hinter jemandem zu verstecken und merken nicht, daß da niemand ist, nur Sie selbst. Es ist ziemlich lustig zu beobachten, wie Sie sich mit diesem Versteckspiel abmühen. Mein Vater zuckte mit den Achseln, wer denn. Das war vor zehn Jahren passiert, und das Grinsen hielt an und auch die von leichter Traurigkeit durchwirkte stille Klugheit hielt an, die Begierde hielt an; und langsam, allmählich mußte ein jeder seine lupenreine arische Abstammung nachweisen, zurückreichend auf mindestens vier, in Worten: vier, Großeltern. Es gab damals im Abgeordnetenhaus einen Grafen, Fidél Pálffy, der als kapitaler Ochse bekannt, und, wie man das von einem kapitalen Ochsen nicht anders erwarten konnte, ein großer Hitler-Liebhaber war. Mein Vater konnte ihn nicht riechen. Als er sich einmal in seiner üblichen geschwätzig anbiedernden Art, bar jeder Contenance, auf dem Flur des Hauses nach dem Wohlbefinden meines Vaters erkundigte, strich mein Vater sorgenvoll über seine Stirn, schwere Zeiten, mein Lieber, ich hatte einen Ahnen, der hieß Salamon, mein Name ist Móric, und bei meiner Frau gibt es Probleme mit zwei Großeltern. Daraufhin stürzte der Hornochse los und erzählte jubelnd überall herum, er habe das schon immer gewußt, geahnt, gespürt, hier ist es schwarzaufweyss: ein Jud! An dem Tag lachte sich das ganze Parlament über diese Sache scheckig (sie hatten das Gefühl, Zeit dafür zu haben), bis irgendeiner (der gutherzige Laci Berényi) dem Unglücklichen endlich erklärte, daß ihn mein Vater auf den Arm genommen (voll verarscht) hatte, da sich die Familie meines Vaters vom Geschlechte Salamons herleitete, Móric ist Móric, und das Problem mit den beiden Großeltern meiner Mama war, daß es keine gab, sie fehlten, da ihr Vater und ihre Mutter Cousin und Cousine ersten Grades waren, gab es nur eine Garnitur Großeltern. Woraufhin der Pálffy mit brillanter Logik bemerken konnte, schön, schön, aber wo kein Feuer, da auch kein Rauch. Und damit hatte er dann im Endeffekt recht behalten. Eine andere Variante dieser Geschichte geht so: Als mein Vater aus der amerikanischen Kriegsgefangenschaft nach Hause zurückkehrte, bekam er Joint-Hilfe, oder er beantragte welche, jedenfalls stand er in der Schlange, die Jointler schauten sich seine Papiere an, Móric, in Ordnung, Name der Mutter Schwarzenberg, in Ordnung, verrat mir nur noch eins, Bruder Móric, wie hast du's geschafft, dir diesen schönen Familiennamen, hier folgte der Name meines Vaters, zu organisieren. Auch das von meiner Mama erwähnte Versteckspiel hielt an, das in Begierde gekleidete Versteckspiel, weswegen sie sich in ziemlich kindliche Diskussionen verstrickten. Wie ein paar Halbwüchsige. Ein Glück, daß wir eher lächerlich denn tragisch sind. Wir brauchten nicht einmal zu reden, Sie würden mich anlachen mit Ihrem kosmischen Grinsen und würden mich an die Wand lehnen, fertig, ist das so schwer? Nein, das ist nicht so schwer, antwortete mein Vater verunsichert. Es ist schwierig mit Ihnen, Graf. Mein Vater war vom Stolz überwältigt. Sie schmeicheln mir. Meine Mama verzog den Mund. Scheiße. Es ist wirklich schwierig. Ich weiß nicht einmal, wann ich Angst vor Ihnen haben soll. Immer; aber das habe ich jetzt nur so aus Spaß gesagt. Egal, ob Sie's aus Spaß gesagt haben oder nicht. Wenn es so ist, ist es so. Das ist es, was Eure Exzellenz nicht begreifen. Denn Sie möchten wirklich, daß ich Angst habe, denn wenn ich Angst habe, darin haben Sie recht, benehme ich mich eher so, wie es sich gehörte. Wie es Ihnen gefällt. Wie Sie es erwarten. Jetzt war mein Vater an der Reihe, ein Gesicht zu ziehen. Er mochte keine Unzufriedenheit. Meine Mama blieb dran, Sie, Graf, sind bequem. Sie haben's gern, wenn es keine Probleme mit mir gibt, ich keine Kopfschmerzen habe, von einem Orgasmus in den nächsten stürze (oder umgekehrt, fügte mein Vater ein, still! kläffte meine Mutter) und meine Uhr nicht unter Ihrem Kissen vergesse. Dann können Sie mich, zugegeben, schön lieben. Sie sind ein furchtbarer Mensch, und ich sehe, Sie glauben mir nicht. Mein Vater schnitt erneut Grimassen. Sehen Sie! rief meine Mutter, jetzt sollten Sie mal in einen Spiegel schauen! Jetzt könnten auch Sie sehen, daß Sie furchtbar sind. Sie werden klein und kleinlich. Klein, klein, wie trocknende Kleidung! Au Backe! Was sind das denn für Vergleiche, ein Glück, daß Sie nicht Unterhose gesagt haben! Wissen Sie, wie Sie sind, wenn Sie so sind? Wie eine Maus! Eine Ma-haus? Ich? Eine ›*Maus*‹, um ehrlich zu sein, Ihre Nase wird ganz spitz und so weiter. Auf die Frage, was für ein Tier er hätte sein wollen, hätte mein Vater schwer antworten können, Löwe, Bär wäre gewiß eine Übertreibung, aber eine Maus, mus musculus?! Graf, ich bin eine erwachsene Frau, ich reise, wohin ich will, wenn nach Pottendorf, dann eben nach Pottendorf, hören Sie auf, mich zu erziehen. Bitte schön. Versuchen Sie nicht, den Beleidigten zu spielen, sagte meine verliebte Mutter, so leicht kommen Sie mir nicht davon, so lasse ich Sie nicht gehen. Jedenfalls hielt mein Vater seine fünfundvierzig Minuten dauernde Abschiedsrede in klangvollem Latein, die sich die Trauergemeinde bei sibirischen Temperaturen barhäuptig anhören mußte. Am nächsten Tag lag der halbe Gothaer Almanach mit Rotz, Lungen- und Rippenfellentzündung sowie Rheuma(!) im Spital. Und alle fragten ununterbrochen, warum wohl mein Vater die österreichisch-ungarische Aristokratie ausrotten wolle. Mein Vater ist ein gutes Beispiel für den sog. Meinvater ●

347. Als meine Mutter noch strahlend jung und schön war und ständig mit meinem Vater ins Bett steigen wollte, der ebenfalls strahlend jung und schön war und ziemlich oft mit meiner Mutter ins Bett steigen wollte, rief sie meinen Papa oft an, er arbeitete bei der Handelsbank, winters zu Fuß über die zugefrorene Donau, wie König Mátyás, er erledigte die Auslandskorrespondenz, er war als einziger von denen übrig geblieben, die noch sogenannte Fremdsprachen beherrschten, denn die alte Garde hatte man als vermeintliche Feinde des Systems, was im übrigen der Wahrheit entsprach, gefeuert. Auch mein Vater war ein Feind des Systems, er fand es zwar in Ordnung, daß man talentierte junge Menschen beschäftigte, aber jemanden deswegen zu entlassen, weil er schnarrend spricht, ist Blödsinn, es sei denn, es geht um Radiomoderatoren, aber es ging nicht um Radiomoderatoren. Das sagte er auch, er hatte nichts mehr zu verlieren, sein Wissen schützte ihn nicht und sein Name war wie ein gelber Stern (nur nicht so gefährlich), man wußte sofort alles, wenn vorgeschrieben war, was dieses alles war. Meine Mutter flötete, man konnte es aus dem Hörer hören. Mein Vater deutete an, daß man sie eventuell abhörte. Das elektrisierte meine Mutter, laß es sie hören, gurrte sie, wenigstens haben sie ein wenig Spaß mit ihrer kleinen Revolution. So klein ist die nicht, murmelte mein Vater. Meine Mutter verachtete die Kommunisten, was für eine Bande. Mein Vater nicht. Am liebsten hätte er sie bedauert, aber sie waren zu gefährlich und zu schädlich, also war er sauer auf sie Zornig. Was für Hornochsen! Sämtliche historischen Fehler begehen! Und stolz zu sein auf die neuen! Hoffnungslos. Sag was Intimes, bettelte meine Mutter. Mein Vater mochte es, wenn meine Mutter schnurrte, aber dieses Telephondings während der Arbeitszeit ging ihm tierisch auf den Wecker. Laß mich in Ruh, murrte er. Aber meine Mutter konnte man in solchen Situationen nicht beleidigen, sie flehte, schnurrte, nur ein Wort, mein süßer

Liebling, nur ein kleines bißchen was Intimes, was Süßes, du! du!, du hast einen schöneren Arsch als Stalin und Rákosi zusammen. Mein Vater stellte sich das vor; ich weiß nicht, Jossif ist ein strammer Bursche, er ließ sich ein wenig bitten. Jetzt wäre es ihm doch nicht recht gewesen, wenn man sie abhörte. Meine Mutter vergötterte den Hintern meines Vaters, sie war stolz auf ihn, am liebsten hätte sie ihn herumgezeigt wie ein Rennpferd. Was kleines Intimes, gurrte sie von neuem. Meinem Vater wurde es zu blöd, intim, sagte er. Meine Mutter rief enttäuscht aus, sie hatten die Szene überdreht, nun tropfte ein wenig Bitterkeit – woher? wohin? Mein Vater warf einen Blick auf die Uhr, er war mit allem im Verzug, mit der Übersetzung, mit dem darauf bezüglichen Bericht für seinen Chef, mit den der Sekretärin versprochenen Versprechen –, er hauchte mit einem wundervoll tiefen, rauhen, erregten Flüstern in den Hörer: 15 Uhr 27 Minuten 30 Sekunden. Am anderen Ende der Leitung wurde es still. Was, was sagen Sie da, stammelte meine Mutter rot vor Freude, mein Vater wiederholte es, das Geständnis auf 33 Sekunden korrigierend. Oh du!, rief meine Mama aus und schmiß glücklich den Hörer hin. Das hat danach lange Zeit gut funktioniert, auch Anfang der 60er Jahre noch, als mein Vater gerade Chruschtschow in Sachen Hintern überflügelte, 18 Uhr 11 Minuten 13 Sekunden (Überstunden?), und meine Mutter wurde schlüpfrig bis an die Ohren. Und dann war es von einem Tag auf den anderen aus damit, dabei war das, abgesehen davon, gar kein besonderer Tag, es wurde auch gar nicht viel gesagt, und wenn, dann vergebens, 23 Uhr 18 Minuten 50 Sekunden, es passierte nichts, nichts, nur die Zeit verging: überhaupt nicht ●

Ende der vierziger, Anfang der fünfziger Jahre organisierte 348.
mein Vater Verschwörungen an der Uni und dem damals schon halb kaputtgespielten Eötvös-Kolleg (eher aus Ideologie-

denn aus Staatsfeindlichkeit, einfach im Namen des gesunden Menschenverstandes; er selbst nahm formal nicht teil, aber er half, wo er konnte, stellte seinen Verstand, seine Bildung und seine Bekanntschaften bereitwillig zur Verfügung), und anschließend denunzierte er diese Verschwörungen. Das verdammte Arschloch!

Einmal unterbrach der Aufseher meinen Vater jedesmal mit umständlicher Ehrerbietung, Entschuldigen Sie, Herr Doktor, Erbherr zu Csákvár, Graf von Majk und Várgesztes, Exzellenz, aber ... Beim zehnten Mal rief mein Vater von der Dreschmaschine herunter, sagen Sie doch einfach Otto. Dadurch kamen alle noch mehr in Verlegenheit, was für ein Otto. ◊ Er (mein Vater) gründete die Dorfkapelle neu, aber einmal weigerte er sich, mit der Probe zu beginnen, weil der Fagottist fehlte. Sie haben keinen Respekt für die Zeit, glauben Sie, in der Diktatur des Proletariats hat die Zeit keinen Wert?! Schlecht gelaunt schaute er auf seine Uhr. Schließlich kam der unglückliche Musiker an, stammelte seine Entschuldigungen. Erst jetzt ergriff mein Vater den Taktstock. Wir fangen an, meine Herren. Eine kleine Nachtmusik. (Dazu muß man wissen, daß Mozart hier weder ein Fagott noch ein anderes Blasinstrument einsetzt.) ◊ Ein anderer Zuspätkommender, noch später, kam in der Uniform der Arbeiterkampftruppe, mein Vater sah beunruhigt auf und fragte: Ist Krieg, mein Lieber? ◊ In Interpretationsfragen war er ziemlich entschieden (mein Vater). Was spielen Sie denn da, fuhr er einen Musiker an, der sein Solo ziemlich schleppend spielte. Er spiele, was geschrieben stehe. Und was steht da? Ad lib. Nach Belieben. Mein Vater hob seinen Blick, nach wessen Belieben. ◊ George (György) Mendelssohn-Bartholdy, Freund meines Vaters von der Vox Record Company, war die rechte Hand meines Vaters. Eines Tages kamen Leute von der Komitatsverwaltung, und ein schlecht informierter Genosse fragte nach dem Namen meines Vaters. Dieser nannte ihn. Ah ja, nickte der vom Komitat, aber sicher. Ich nehme an, dann ist der andere Genosse neben Ihnen der Haydn? Nein, antwortete mein Vater ruhig, der Genosse ist Mendelssohn-Bartholdy. ◊ Der Pfarrer wandte sich an den Feuerwehrhauptmann. Verzeihen Sie, was steht bei Ihnen bei Takt soundso, B oder H? Mein Vater wurde wütend, Pater, wenn Sie Fragen haben, warum richten Sie sich nicht an mich? Schließlich bin ich der Komponist dieses Stücks. (Sie probten die 2. Symphonie.) Weil Sie nie, wenn ich Sie etwas zu fragen versuche, hören, was ich sage. Mein Vater wandte sich an den sogenannten Konzertmeister: Was hat er gesagt? ◊ Keiner weiß wieso, mein Vater zog aus irgendwas den Schluß, (irgend) jemand müsse vergiftetes Sperma gehabt haben. ◊ Mein Vater trat zum Katholizismus über, sie haben schöne Kirchen, die Musik, die Farben, diese ganze Theatralität der katholischen Liturgie, und die Disziplin! Ich dachte, mein Gott, Leute wie Mozart, Beethoven und Schubert waren Katholiken, ganz so schlimm kann es also nicht sein. ◊ Und was war noch mal in Jerusalem passiert? Mein Vater kam gerade von einer Einladung, hatte es eilig, zurück in sein Hotel zu kommen, wollte ein Taxi heranwinken, Taxi, Taxi, rief er, aber nirgends ein Taxi, dafür rief jemand aus den umliegenden Häusern herunter, Kusch! Mein Vater ging zurück zu seinen Freunden. Keine Taxis, erklärte er niedergeschlagen, als die Tür geöffnet wurde. Nur Juden. ◊ Mein Vater begleitete eine Dame nach Hause und fiel sofort über sie her. Die Frau wäre ihm gerne ausgewichen, doch vergebens, mein Vater war schon zu sehr in Fahrt gekommen. Sagen Sie, Meister, sagte das Opfer dem Ersticken nahe, was ich schon immer wissen wollte, was ist Ihrer Meinung nach das richtige Tempo für den Anfang von Mozarts G-Moll-Symphonie? Sofort befreite sich mein Vater aus der Selbstumarmung und ging zum Klavier, na, passen Sie mal auf ●

350. Meine Mutter zählte uns ständig durch, den ältesten Sohn meines Vaters und meine Geschwister, wie die Gänseküken, ob wir alle noch beisammen sind … Eins-zwei-drei-viea, und bei fünf zeigte sie auf unseren Vater, aber sie sprach es nie laut aus, fünf. Eins-zwei-drei-viea, Pause. Oh, teurer … Pause!

351. Mit wem, meine Mutter lebte mit meinem Vater in ehelicher Gemeinschaft. Der Tod, der stets unerwartete und ungerechte Tod ereilte meinen Vater, als das Leben mit meiner Mutter sonnige Höhen erreichte, Schönheit und Glück umgaben sie. In ihrem heftigen, dunklen Schmerz schlüpfte meine Mutter in der Nacht der Totenwache neben meinen Vater unter die Totendecke, so vereinigten sie sich ein letztes Mal. Nach dem endgültigen Fortgang meines Vaters hat der Schmerz meine Mama gar nicht wieder verlassen, er blieb bei ihr bis zum Tode (meiner Mama), vielleicht •

352. Es scheint mir, zerbrach sich mein Vater lange und ergebnislos den Kopf, am heiligsten ist das, woran wir uns nicht erinnern.

353. Mein Vater hatte eine Vision. Es wurde auch langsam Zeit; die Türken hielten das Land zwar noch okkupiert, aber Leopold hatte sich schon entschieden; seit geraumer Zeit war nur noch die alltägliche Landesarbeit im Gange, Alltag folgte auf Alltag, mein Vater konnte weder vorwärts- noch zurückschauen [es war nachmittags um drei Uhr zwanzig, als ich hier ankam, mein Vater konnte weder vorwärts- noch zurückschauen, schaue-n, ich hatte gerade dieses »n« niedergeschrieben, als man mich ans Telefon rief, mein Vater sei gestorben, heute, am fünften Mai, um dreiviertel drei; was folgt daraus? Vielleicht nur soviel, daß, wenn jemand über viele, viele Jahre jeden Tag dieses Wort niederschreibt, Vater, dann passieren ihm alle möglichen wunder- und

furchtbaren Dinge; *das* hier ist ein fremder Körper, aber das ist mir schnurz; ich legte den Hörer nieder, (...) ich setzte mich wieder hin und machte weiter mit dem Satz], nur noch vor seine Füße, mit einem Wort, es begann jenes erbarmungslose Taktieren, das so typisch für den Frieden und die Jahrhundertwende war und an dem auch er regen Anteil nahm (z.B. die Säuberungen in Felvidék und das Unterdennagelreißen der Ländereien der »Unbefriedigten« des Wesselényi-Aufstandes, Thököly etc., mehr noch, einige sind der Meinung, er selbst wäre ebenfalls an der Verschwörung beteiligt gewesen, auch das mußte bei Hofe kompensiert werden). Er war um die Fünfzig, steckte bis zum Hals in dem, was man Leben nennt, was aber weder Richtung noch Ganzheit, lediglich Endlichkeit besitzt. Aber selbst dieser aus der Endlichkeit herrührende Heroismus war ihm nicht gegeben, da er bis zum Hals drinstak, nahm er ihn gar nicht wahr. Und als er an der Spitze seiner prachtvollen Truppen an der Vág entlangritt, im Tal flimmerte es blau und gelb, hatte er auf einmal die Vision – nicht, daß er nicht existierte, denn das hatte er sich schon andere Male gedacht und es hatte zu nichts geführt, es war ein zu literarischer Gedanke, umsonst hatte er sich anständig in die Vorstellung hineinversetzt, daß ihn, beispielsweise, nur jemand träumte, oder daß er grundsätzlich eine Kopie, ein Klon wäre und das hier dann ein sokratischer oder zumindest platonischer Dreh, der Schatten an der Höhlenwand; das war es nicht, er sah dort, in dem lila schimmernden Licht des Abends, ein, daß er keine Person (kein Jemand) war, sondern ein Blick. Ein Schauen. Also gewissermaßen gerade umgekehrt – geradeso gewissermaßen. Er (mein Vater) würde durch seinen Blick für die Existenz anderer haften. Das heißt, er ist derjenige, der das Licht auf den wirft, der dann als Schatten an der Höhlenwand erscheint. Also. Keine Person, sondern ein Blick: Er erlebte dies als die Befreiung von einer Last, gerade weil er nicht an sich selbst denken mußte, sondern daran, was er sah. Die Fragen bezüglich seines Lebens stellte er nicht deshalb nicht, weil sich diese elegante Lösung ergab, sondern weil er feige war, beschäftigt und überhaupt. Da ist der Hegel, soll sich der mit den finalen Fragen beschäftigen. Und siehe da, es kamen die Antworten auch ohne Frage. Die Vág dampfte, wie sie es immer tat. Ich werde aus den Antworten dann schon eine Frage fabrizieren, lachte mein Vater heraus und sah in den wolkenbedeckten Himmel hinauf. Dann kam die Nachricht, Thökölys Vater sei gestorben, so ist es nicht eben leicht, eine Requirierung durchzuführen ●

354. Die Orte, die Hüften und Wasserfälle, die Ereignisse und Personen dieses Buches sind wirklich, der Wirklichkeit entsprechend; zum Beispiel rutschte das Roß meines Vaters tatsächlich im Schlamm der Unterspülung vom August aus. Der Sohn meines Vaters hat nichts erfunden, und jedesmal, wenn er einer alten Gewohnheit, Romane zu schreiben, folgte und etwas erfand – daß zum Beispiel mein Vater von seinem eigenen Tier, einem Roß, auf dem Rücken getragen würde und dieses Roß sei: seine Natur, seine persönliche Bestimmung, wer also meinen Vater kennen will, der sollte nicht nach dem Schnitt seiner Kleidung schauen, auch nicht auf die einstudierten Bewegungen achten, sondern sein geheimes Roß in Augenschein nehmen –, verspürte er (der Sohn meines Vaters) sogleich das Gefühl, das so Geschriebene verwerfen zu müssen. Auch die Namen sind echt (Meinvater). Da er beim Schreiben dieses Buches eine so große Abneigung gegen jede Erfindung empfand, konnte er die wirklichen Namen, die ihm unlösbar mit den wirklichen Personen verbunden schienen, nicht verändern. Vielleicht wird es jemandem mißfallen, mit Namen und Vornamen in diesem Buch vorzukommen. Der Sohn meines Vaters hat darauf keine Antwort. Er schrieb nur, was er in Erinnerung hatte. Darum wird, wer dieses

Buch als eine Chronik liest, einwenden, daß es unendlich viele Lücken enthält. Auch wenn es aus der Wirklichkeit geschöpft wurde, sollte man es lesen, als wäre es ein Roman, und nicht mehr und nicht weniger davon erwarten, als ein Roman zu geben vermag (alles). Dazu kommt, daß er viele Dinge, an die er sich erinnerte, wegließ; vor allem jene, die ihn direkt betrafen. Es war ihm nicht so richtig geheuer, von sich selbst zu sprechen. So schrieb er denn nicht seine Geschichte, sondern viel eher, wenn auch nicht lückenlos, die Geschichte der Familie meines Vaters. Er muß hinzufügen, daß er sich schon während seiner Kindheit vorgenommen hatte, ein Buch zu schreiben, das von den Menschen erzählen würde, die damals um ihn herum lebten. Das Vorwort hat er meinem Vater gezeigt, und es gefiel diesem sehr. Dies hier ist nur teilweise jenes vorgedachte Buch, denn die Erinnerung ist endlich und unsicher, und jene Bücher, die aus der Wirklichkeit geschaffen werden, geben lediglich einen schwachen Abglanz und nur Splitter von dem: was wir gesehen und gehört haben ●

Der Sohn meines Vater will nicht über meinen Vater schreiben. Er wünscht es nicht. Er möchte meinen Vater, die Person meines Vaters aus der Diskussion heraushalten, soviel, meint er, sei er ihm schuldig. Mein Vater war der beste Vater, den er sich denken kann, denn mein Vater, wie es auch das besitzanzeigende Fürwort zeigt, ist sein, sein Vater, und dieses »sein« ist unwiderruflich und unvergleichbar. Und nicht nur, daß er nicht will, er kann auch nicht. Das, was mein Vater als mein Vater war und noch immer ist, entzieht sich den Wörtern und Wortverbindungen, die einem zur Auswahl und zur Verfügung stehen; er ist unfaßbar. Während es kein einziges Wort gibt, das von diesem »sein« nicht betroffen wäre. Mein ● 355.

356. Der älteste Sohn meines Vaters ist: so eine Art verlorener Sohn, er ist zwar klug, hat ein hübsches Gesicht, seinen Platz in der Welt konnte er trotzdem nicht finden, er streunte umher, soff, vögelte durch die Gegend, lebte ein sündiges Leben. Er wurde sogar enterbt, aber das nur am Rande. Mein Vater (hingegen): tief gläubig, eine Art Patriarch, lebt ein strenges, arbeitsames Leben, er weiß, was gut und was schlecht ist, danach lebt er, mißt erbarmungslos alle nach seinen hohen Maßstäben (meine Mutter etc.). Als der verlorene Sohn seine Seele aushauchte (für immer entschlummerte), trauerte mein Vater ehrlich um ihn, wie es sich gehört, aber er war auch (ein wenig) erleichtert, der Sohn hatte ihn sein ganzes Leben lang bedrückt, die Schande des Sohnes war auch seine Schande, der Mißerfolg des Sohnes auch sein Mißerfolg. Eine offene Wunde. Nun, am offenen Grab, begann diese Wunde zu vernarben. Meine kleine Schwester unterbrach die Zeremonie, wie sie das vorher mit Hochwürden abgesprochen hatte, und wünschte etwas zu sagen. Mein Vater senkte verärgert den Kopf. Edles Profil etc., wie aus Marmor. Man freut sich, ein Mensch zu sein, wenn man ihn nur anschaut. Meine kleine Schwester berichtete mit tränenerstickter Stimme, ihr Bruder habe ihr vor fünfzehn Jahren ein Schriftstück übergeben, damit sie es aufbewahre und niemandem zeige. Dieses werde sie jetzt vorlesen. Und sie las im Grunde ein Gebet vor, einen trotz der leisen, brüchigen Stimme überwältigenden Text von verblüffender Kraft, der es schaffte, persönlich ergriffen zu machen, ohne auch nur ansatzweise anzüglich zu wirken, er bediente sich bekannter Worte und Wendungen aus Gebeten und Psalmen und dennoch … Es war sein Gebet, aber wir alle hätten es beten können. Da rief einer aus der Tiefe (zu dir, mein Herr), der ihm (dem Herrgott) in jenem Moment sehr nahe gewesen sein muß; er flehte, bat um Gnade, gab Versprechungen etc. Sein Leben änderte sich nicht, er soff und hurte weiter, lebte von Arbeitslosen-

hilfe und vom Geld, das ihm die Geschwister zusteckten, heimlich, denn mein Vater mißbilligte es, er ging von sich selber aus und hielt Schwäche für die größte aller Sünden. Meine Schwester kam zum Ende, das Gesicht in Tränen aufgelöst. Ein Erdklumpen rollte ins Grab. Mein Vater sah sich um. Meine Brüder und Schwestern. Mein teurer Sohn. Fünfzig Jahre lebtest du neben mir, und ich kannte dich nicht. Ich kannte dich als einen anderen. Wir dachten, du seist anders. Ich bitte dich nun hier, vor allen, vor euch, meine Brüder und Schwestern, mir zu verzeihen, mein Sohn. Verzeih mir, verzeih mir, verzeih mir. Man mußte ihn vom Grab wegführen. Nun trauerte er anständig um seinen Sohn, nicht mehr von oben herab, sondern dunkel, schluchzend. Mein Vater wurde jetzt erst zu meinem Vater, sozusagen im letzten Moment

Die Marderkappe (mit einem Medaillon, aus welchem die 357.
Feder eines Reihers ragte) lag schon bereit, ebenso das Linnengewand, die Lederlappenhose, aber auch ein schöner Fußlappen aus Kölschleinen lag dort und der Rosenkranz mit Perlen aus Bein, so groß wie kleine Kirschen. Maria hilf. Das irdische Leben meines Vaters näherte sich seinem Ende. Man sah ihm die Krankheit an, er war weiß und klein geworden, die Haut hing um ihn herum wie ein fremdes Gewand (nicht wie ein fremdes: wie eines, das er von einem älteren Bruder geerbt hatte; nur daß mein Vater keinen älteren Bruder hatte, er war – ununterbrochen – der älteste, der Majoresko, der Erbe: ein Fremder), aber man konnte nicht wissen, ob er litt, und wenn ja, in welchem Ausmaße. Daß »in so einem Fall« gerade das Maß verlorengeht, daran dachte (denkt) die trauernde Familie nicht. Er schien nicht zu leiden (sein ganzes Leben lang schmähte und verachtete er das Leiden). Er sah eher ungeduldig aus; er hätte die Angelegenheit gerne erledigt gewußt, entweder er wird jetzt unsterblich, aber ein

bißchen plötzlich (obwohl, dann hätte er für alles Zeit, könnte hier prima im Sterben liegen bis zum Abwinken, aber lassen wir das), oder finito, dann aber *aus*. So in etwa. Mein Vater brachte dem Tod (diesem inkorrekten Unterhändler des Leidens) augenscheinlich keinerlei Respekt entgegen, er sah in ihm eine Art Belästigung, als würde er von Kontrolleuren des städtischen Nahverkehrs behelligt (zum zweiten Mal auf einer Strecke!), eine bürokratische Schikane also, etwas, das man eben hinter sich bringen muß (mein Vater war selbst Beamter: Palatin), trotzdem, man regt sich völlig zu Recht auf. Meine Mutter hingegen – soviel war von ihrer Liebe übriggeblieben – wollte die mit Sicherheit letzten Augenblicke dazu nutzen, meinen Vater zu bekehren. Er möge sich zu seinem Gott bekennen. Erstens gibt es keinen Gott, und zweitens, wenn es einen gäbe, wäre er nicht meiner. Meine Mutter tat so, als hätte sie diese großkotzige, pubertäre Klugscheißerei nicht gehört. Schauen Sie, Mattilein. Beruhigen Sie sich. Schauen Sie in den Spiegel! Gegen wen wollen Sie denn so antreten, mein Teurer, so verhutzelt, gegen wen? Halten Sie den Mund, Sie Dummkopf. Mein Vater winkte ab, entschuldigen Sie, Sie waren immer schon dumm, warum sollten Sie es ausgerechnet an meinem Sterbebett nicht sein, bitte um Verzeihung. Meine Mutter drosselte geheimniskrämerisch die Stimme, als würde sie halb-geheim, unter dem Ladentisch, irgendeine Seltenheit, eine Mangelware anbieten. Sollte der Himmel leer sein, machen Sie sich auf Ihre alten Tage nur lächerlich mit dieser Hudelei, sollte sich aber der Thron unseres Himmlischen Vaters dort erheben – auf das Erheben räusperte sich mein Vater, und nun überlegte er, was er mit »der Beute, dieser zitternden goldenen Raupe« anfangen sollte, schlucken oder ausspucken, und dieser Moment des Schwankens war es, der meine Mutter die Fassung verlieren ließ –, was willst du denn, du unglückseliges Staubkorn, du, du Nichts, du Niemand, und sie begann meinen Vater zu schütteln wie einen alten Lappen. Man mußte sie förmlich von ihm herunterkratzen. Mein Vater genoß den Skandal, schade nur, daß es wehgetan hatte, aber Sie sind so ungeschickt, das waren Sie immer schon. So ›*tüchtig*‹ Sie in der Küche sind, je mehr Sie sich meinem Körper nähern, um so mehr bekommen Sie zwei linke Hände. Selbst Ihre Zunge hat zwei linke Hände! Aber sagen Sie mal, eben war noch Gott ein Niemand und deswegen sollte ich lächerlich sein, dann bin ich ein Niemand, oder wie Sie es in Ihrer für plebejisch gehaltenen neureichen Geistreichelei zu sagen pflegen, ein Nobody, und deswegen lächerlich, sagen Sie, mein Herzblatt, ist das nicht lächerlich?! Nun sprach mein Vater ernst. Aber meine Mutter fing wieder an, ach, wie schmutzig erscheint doch unsere Reinheit!, wie wütend unsere Sanftheit!, wie hochfahrend unsere Demut!, wie gnadenlos unser Erbarmen!, wie hinfällig unsere Kraft, wenn wir in Christi Spiegel schauen! Was willst du von mir, Irén, sprach mein Vater mit gedämpfter Stimme; denn nun war er nah dran, aus der Haut zu fahren, denn für ihn war es der Barock, der ihn üblicherweise zum Ausrasten brachte. Meine Mutter wechselte die Tonlage, leichtfüßig, zynisch, meinen Vater kaum wahrnehmbar parodierend, aber sowohl mein Vater wie auch sie selbst merkten es, sie versuchte im Grunde unter Trivialisierung des Pascalschen Gedankengangs – die kosmischen, entsetzlichen Überlegungen des Kleingeldmachens zu Kleingeld machend – meinen Vater zur besseren Einsicht zu zwingen, gab dem Voltaireschen Geist des Alten damit quasi eine Möglichkeit zum Rückzug (der Rückzug als einzige Form des Sieges), es handle sich hier um ein Spiel – Nullsummenspiel? Nichtnullsummenspiel? –, bei dem der Gläubige bessere Chancen habe als der Ungläubige, also … Meinen Vater ärgerte es noch mehr, wenn sich die Dummheit hinter Klugheit versteckte. Er brauste auf, er weigerte sich, sich über Gott zu äußern, besonders in dieser Situation, soll doch sein (Gottes) Reich kommen, soll doch sein

Wille geschehen, aber was ihn (meinen Vater) betreffe, und hier stülpte der Zorn das bekannte Einsteinsche Bonmot um, er, mein Vater, würfele nicht. Und er sei auch kein David Copperfield, um hintertückisch herbeiservierte quasi Aushilfskaninchen gar nicht mal aus dem Zylinder, sondern aus einem Barett hervorzuzerren. Er brüllte. Auf einmal wurde es still. Der Augenblick der Wahrheit, zischelte meine Mutter voller Schadenfreude. Offenbar stellte sie sich vor, mein Vater würde baldigst jene Grausamkeit, jenes Alles oder Nichts, das in den Wörterbüchern Tod heißt, erblicken und sie, meine Mutter, würde dieses Grauen gleich auch im Gesicht meines Vaters sehen können. Aber das Gesicht meines Vaters wurde von einem goldenen Licht überflutet, just like America, Harmonia Cælestis, seine Züge glätteten sich, sein Mund ordnete sich zu einem verzeihenden Lächeln. Mein Vater war am Ziel angekommen. (Erst als man die Betten machte stellte sich heraus, daß ihm in diesem Moment dasselbe widerfahren war, was dem Erhängten im Moment des Erhängens widerfährt. Das war die letzte Regung meines Vaters, sein letzter Schrei, seine letzte Trumpfkarte gegen die Endlichkeit und gegen meine Mutter.)

358. Wegen der Chemikalien verlor mein Vater das Haar, nicht alles, aber fast alles. So, so nach hinten gekämmt, so, so sah er aus (mutete er an). Nie, niemals in seinem Leben hatte er so schönes, ruhiges Haar. Schön, ruhig, erhaben und schwach ●

359. Mein Vater bekam zwei Sorten Infusion, eine gelbe und eine rote. Wenn er die rote bekam, malte er sich die Zehennägel rot an, wie eine herrschaftliche Dame, die schon bessere Tage gesehen hatte, legte einen Hauch roten Lippenstift auf, band eine rote Krawatte um, zog rote Unterwäsche an und band sich, solange er noch welches hatte, ein rotes Schleifchen

ins Haar. Wenn gelb, dann in Gelb. Ich muß mich doch auf die chemische Begegnung vorbereiten, nicht wahr?! Denn da ist eine Begegnung, ein Date, ein Rendezvous zwischen den beiden in mir, oder nicht?! (Es gab da einen Chefarzt, einen kleinen Gockel auf dem Misthaufen, nichts außer Hierarchie, humorlos wie eine Klobrille, der sagte zu meinem Papa, der ein einziges Skelett war, kahl auch schon, mit nur noch einer Niere, der halbe Beckenknochen war abgehobelt, er solle doch sein Hemd ausziehen, mein Papa schürzte die Lippen, machte eine Everybody-Bewegung und hauchte: wild oder leidenschaftlich? Pardon?, dem Prof blieb die Spucke weg, in seinem Schlepptau schüttelte man sich vor stummem Lachen.) Das Gelbe nannte er Orangina, das Rote Himbeerbrause, komm schon, mein Herz, komm, meine kleine Orangina, komm her, du, schmeichelte er dem Gift, und es kam auch, solange man es schickte. Meine Mutter konnte sich nicht beherrschen, sie knirschte vor Eifersucht mit den Zähnen ●

Bevor er starb, verlor mein Vater vollkommen den Verstand. 360.
Sein ältester Sohn stellte ihn jeden Tag in die Badewanne und wusch ihm den Kot vom Tage ab. Der Geruch des väterlichen Kots ist mit nichts vergleichbar. Der Sohn meines Vaters hätte nicht gedacht, daß er es aushalten könnte. Mein Vater, Ritter vom Goldenen Vlies, Busenkumpel Karls V., irgendwas von irgendeinem Rudolph, Metternich-Schüler und für einen Moment, der dann sehr schnell verraucht war, geistiger Erbe Miklós Zrínyis, sträubte sich manchmal, wollte sich vor seinem Sohn nicht ausziehen. Aus Scham vielleicht? Konnte das in dem Zustand noch funktionieren? Der Arme, der Unglückliche. Seitdem meine Mutter dem Sohn meines Vaters das Geschenk gemacht hatte, in seinen Armen zu sterben, fürchtete er (der Sohn meines Vaters) sich ein kleines bißchen weniger vor dem Tod. Zuvor war auch

aus meiner Mutter alles herausgekommen, als man sie zur Seite drehte, aber das war ganz anders, vollkommen flüssig. Ihren klaren Verstand bewahrte sie bis zum Schluß, sie war fast neunzig Jahre alt geworden, und in ihrem halb geöffneten Mund schaukelte eine Weile lang noch ihre nach hinten fallende rosig-rote Zunge. Dann warf er (der Sohn) sich auf sie (meine Mutter) und weinte lange über ihr. Stundenlang spürte er noch die Wärme ihres einstigen Seins unter sich. (Von Zeit zu Zeit verblaßt diese Erinnerung, von Zeit zu Zeit hat er größere Angst davor, daß ihm das Schicksal seines Vaters widerfahren könnte. Es ist ein ständiger Tanz zwischen den Bildern, die er sich von ihnen bewahrt hat. Wie wird er das aushalten können?)

361. Als er einundzwanzig wurde, entschloß sich der Sohn meines Vaters, meinen Vater zu entmündigen. Sie saßen beim Essen, der Sohn meines Vaters hatte alles Notwendige veranlaßt, der Vater saß neben ihm, zerdrückte mit dem Löffel die vor ihm stehende Quarkspeise, die Mutter war in die Küche gegangen, sie war eingeweiht, eine Verbündete!, das Klappern des Geschirrs drang aus der Küche, Vater, sagte der Sohn meines Vater, während mein Vater von seiner Quarkspeise aufsah, ihn über den Rand der Brille, der Eßbrille hinweg anblickte, Vater, ich möchte dir, ich meine, es sind dies Dinge, die weniger Bedeutung haben, als es auf den ersten von Staunen und Überraschung getrübten Blick den Anschein haben mag, kurz, eine Mitteilung, es handelt sich um eine Mitteilung. Mein Vater hatte schweigend zugehört bis hierhin, jetzt senkte er den Kopf über der Quarkschüssel – nur die Stirn, die hohe, von Adern durchfurchte Stirn war sichtbar, endlich schien er mit sich, mit etwas ins reine gekommen zu sein, er drehte den Kopf ins Licht, das ist großartig, sagte er, du willst mich entmündigen, und mit diesen Worten fuhr er hoch, riß seinen Stuhl um im Aufspringen, schlug mit ausgestreckter Hand

auf den Tisch, daß die Tischplatte zu zittern, die Quarkschüssel sich zu drehen begann, niemals, rief er, nicht solange ich lebe! Hochaufgestreckt stand er über dem Sohn meines Vaters, riesengroß hinter dem Tisch, vor dem Fenster, an dem in diesem Augenblick eine Taube vorbeiflog, einen Ölzweig im Schnabel, mein Vater hatte die Hände losgelassen von der noch immer zitternden Tischplatte, meine Mutter war in die Tür getreten, der Sohn meines Vaters hatte ihren Aufschrei gehört aus der Küche, dann ein Klirren, das Klirren von Porzellan, ein Geschirrstück, das sie hatte fallen lassen, sie hatte die Schürze neu gebunden, hielt ein Abtrockentuch über dem Arm, die Hände vom Leib gespreizt, das hatte sie kommen sehen, sie hatte den Sohn meines Vaters gewarnt. Vater, rief er, sei vernünftig, Entmündigung, wer hat von Entmündigung gesprochen, wie kannst du so etwas annehmen von deiner Frau, deiner Lebensgefährtin, deinem Sohn, deinem eigenen Sohn! Was wir, meine Mutter und ich, euer beider Sohn, vorhaben, ist lediglich eine Maßnahme, ein Schritt, den Vernunft und Einsicht gebieten und der zu deinem eigenen Besten sein wird. Du hast nun einmal, lieber Vater, gewisse Eigenheiten, gelinde gesagt, Eigentümlichkeiten, die keineswegs negativ, im Gegenteil, durchaus liebenswert sein mögen, die aber, wie du selbst weißt, mit einem geordneten Familienleben nur schwer in Einklang zu bringen sind. Wir, deine Frau und ich, haben uns deshalb nach einer geeigneten Unterbringung für dich umgesehen; ein Kuraufenthalt auf dem Lande, geregelte Kost und frische Luft, kann deiner Gesundheit nur guttun, und nach einem arbeitsreichen Leben, nachdem du dich jahrelang im Dienste der Familie bis zur Zerrüttung deiner Nerven abgeplagt hast, hast du einen solchen Urlaub wohlverdient. Mein Vater war ans Fenster getreten während dieser Worte, er drehte dem Sohn meines Vaters den Rücken zu, spielte mit dem Fenstervorhang, die Finger vergraben in den Falten des Fenstervorhangs, er schien sich beruhigt zu haben, der Sohn meines Vaters atmete auf, den Zettel, von dem er seine Rede abgelesen hatte, ließ er unauffällig in der Hosentasche verschwinden, da fuhr mein Vater herum, nein, rief er, niemals, schob den Tisch beiseite, stürzte sich auf den Sohn meines Vaters mit einem turnerischen Satz, so schnell, daß dieser keinen Widerstand leisten, dem Angriff nicht mehr ausweichen konnte, schnürte ihm mit der rechten Hand die Gurgel ab, bis er blau wurde im Gesicht, vor Atemnot keuchte und ihm die Augen aus den Höhlen hervortraten, mit der Linken griff er meine vor Angst besinnungslose, keiner Bewegung fähige Mutter, drückte beider Köpfe aneinander, blickte ihnen in die Augen, erst meiner Mutter, dann dem Sohn meines Vaters, Hans Christoph, sagte er dann, Hedvig, ihr sollt euch keine Vorwürfe machen. Er weinte, wir begleiteten ihn zum Kanapee, der Sohn meines Vaters hob ihn an, meine Mutter bettete ihn behutsam, Mattilein, sagte sie unter Tränen, hast du einen Wunsch? Mein Vater wünschte, allein gelassen zu werden, um alles noch einmal zu überdenken, er bat um Verständnis und Verzeihung, ein alter Mann, erst wenige Wochen zuvor hatten wir seinen 60. Geburtstag gefeiert. Meine Mutter zog mich in die Küche, die Tränen meines Vaters waren ihr nahegegangen, Mutter, rief der Sohn meines Vaters in der Küche und hielt ihre Hände, glaubst du, ich fühle nichts, glaubst du, dein Sohn ist ein Unmensch?!

362. Heutzutage muß man nicht mehr in Habacht vor dem Tod stehen, man muß seine Befehle nicht sofort und bedingungslos erfüllen. Hallo, jauchzt der fidele Tod und schickt sich an, uns zu umarmen, wir aber zieren uns verschlafen, *laß ma'* – und die alleskönnenden Injektionen können kommen, die künstliche Ernährung, das Sauerstoffzelt, die eiserne Lunge, die Herzmassage. Eine Woche war bereits vergangen. Von Zeit zu Zeit kam in meinem Vater die Sehnsucht und der Wille nach Sinnes-

wahrnehmung auf. Er wünschte sich den Psalter von Paul Gerhard, sein ältester Sohn brachte ihn ihm und las, unbewandert wie er in der Bibel und in Gesangbüchern war, abends daraus vor. In diesen späten Stunden, im Angesicht des Todes, entspann sich eine neue Vertrautheit zwischen ihnen. Bisher waren Distanz, angstvoller Respekt, mit Sicherheit etwas Mißtrauen und ein wenig Angst die Grundfesten ihrer Liebe zueinander. In den letzten Tagen meines Vaters haben sie still und undramatisch jene Schwelle überschritten, die Vater und Sohn bis dahin voneinander getrennt hatte. In der ärmlichen, harten kleinen Stube mit einem ordinären Landschaftsbild und dem obligaten Christus an der Wand, in dieser engen Welt zwischen den geweißten vier Wänden, wo immer wieder das Wehklagen einer krebsleidenden Frau aus dem Nachbarzimmer zu hören war – hier blieb für nichts anderes mehr Platz als für die Wahrheit. Und die Wahrheit hieß Schrecken, hieß Schmerz, hieß Tod. Diese Wahrheit war mächtiger als jedwede moralische Überlegung, und diese Macht veranlaßte den ältesten Sohn meines Vaters, sich in einem hellen Moment meines Vaters mit folgenden Worten an ihn zu wenden: Du solltest allmählich sterben. Er (mein Vater) verstand, nickte, flüsterte mit halb gelähmter Zunge: Ich vertraue. Am nächsten Tag verbot er sich die Spritzen. Genug. Hallo ●

Mein Vater schämte sich des eigenen Körper- und Kotge- 363.
ruchs. Als ihm ein junger Krankenpfleger die Bettpfanne unterschieben wollte, schickte er uns hinaus auf den Flur. Hinterher hing der Geruch im Zimmer, mit Kölnisch-Wasser-Spray ging er dagegen an. Er bat uns, das Fenster weit zu öffnen, rümpfte, Ekel vorspielend, die Nase und schüttelte mit einem Ausdruck komischer Entrüstung und Verlegenheit den Kopf: Schweinerei, dieser Gestank. Da kann einem ja schlecht werden … Der Geruch, den der Sohn meines Vater von meinem Vater

behalten hat, den er mitnahm – vom Vatertod schreiben?! Prosaprofi! hundsgemein! –, ist diese Mischung aus desinfizierter Krankenhausluft und Kölnisch Wasser, mit dem meine Mutter mehrmals am Tag Stirn und Hals meines Vaters einrieb. Le père pue!

364. Das Wasser im Bad wird mit großem Getöse von einem ausgedienten Gasboiler erwärmt. Er ist rostig, kurz vor dem endgültigen Dahinscheiden. Mein Vater wirft aus Versehen die Zahnbürste seines Sohnes vom Regal. Er steht nackt auf einem Holzgitter vor seinem Sohn, der ihm den Rücken wäscht. An der Wand hat die Farbe Blasen geworfen. Farbe. In Stückchen. Sich windende Leitungen: Gasleitung, Ofenrohr. Zwischen den Beinen meines Vaters ein kleines gegabeltes Röhrchen mit einem Stöpsel. Es hängt hinunter, aus dem Geschlechtsteil, statt des Geschlechtsteils. Wir machen alles naß. Death on all fronts. No babies for me!

365. Mein Vater malte sich sein Sterben aus. Er stellte es sich vor, dies und das, im Bett, in der Matratzengruft, bei einem Kavallerieangriff, bei der Verteidigung der Heimat, beim Elfmeterschießen, auf die Einnahme einer Vorspeise mit Jakobsmuscheln folgend, im Schlaf, am Mittwoch, im Nominativ, im 16. Jahrhundert, im 17. Jahrhundert, im 18. Jahrhundert, im 19. Jahrhundert, 1956, mit Hut, auf einem Schiff, 1991 und wieder an einem Mittwoch. Noch mehr stellte er sich sein Begräbnis vor. Großes Begräbnis, kleines Begräbnis, mittleres Begräbnis; Musik, Stille, Reden, Schweigen. Ein bißchen manieristischer Todeskult in Nagyszombat. Als aber die Zeit des Begräbnisses gekommen war, nahmen wir die Leichnamen *die* zwanzigster *martii* mit vielzahlig Volk, sowohl die Gevatter als auch die Fremden, von Sente aus der Kapelle und legten sie auf Troßwagen, alle mit rotem

Tuche bedeckt bis zur Erd. So die Pferde an den Wagen, wie auch alles Tuch am ganzen Begräbnis war rot zusammen mit den Fahnen. Dort aber waren zwölf berittene Heere. Des Herrn Bottyáni zwei, des Herrn Nádasdi zwei, aus Pápa, Devecser zwei, aus Gyarmat, Léva und aus anderen Burgen drei. Der Herren Erdődi eins, aus den Dienern der Herren und aus Fremden eins, Hausdienerheer zwei, und das Schwarze Heer vom Hof. Danebst gewandete Pferde, Leitpferde mit Geschirr, gewandete Reiter, und noch mehr vielfach Gewander, daneben das ungezählt viel Volk. Das zählte allenthalben leicht fünf Tausend Mann. An dem Tage gingen wir nach Farkas-hídja, am nächsten Tag in Nagyszombat. Danach starb er auch (mein Vater); nicht so. (Diejenige, die schon seit 1944 seine heimliche Geliebte war, sagte zu meinem Vater: Sie brauchen gar nicht damit zu rechnen, daß ich auf Ihr Begräbnis gehe! Das kann nicht Ihr Ernst sein! Und wie das mein Ernst ist! Sie werden schon sehen, wie sehr. Das können Sie mir nicht antun. Wollen Sie Aufsehen erregen? Einen Skandal? Post festum?!)

Mein Vater hatte sich – im Grunde – selbst umgebracht. Er 366.
sagte, wenn er hundert Jahre alt würde, würde er sich umbringen. Und dann schloß er den Mund: weder rein noch raus. Man konnte ihn (den Mund) nicht auseinanderspreizen, dabei haben wir uns sogar mit einem Meißel lange und ziemlich dumm angestellt, wir versuchten, eine Kanüle hineinzustecken, auch das ging nicht. Sein Blick war heiter. Der Haken an der Sache ist lediglich, daß er gar keine hundert Jahre alt war. Er war völlig umsonst gestorben! Völlig umsonst!

Aus meiner Mutter spritzte das Blut nur so heraus wie aus 367.
einer Hajnóczy-Novelle, dann unterwarf man sie einer medizinischen Ausschabung, stopfte sie mit Watte voll. Mein Vater

bekam Muffensausen, er vergaß sogar, wie er hieß. Ich denke viel an deine Möse, sagte er gehoben. Lassen'S mich in Ruh', blaffte ihn meine Mutter gereizt an. Aber Liebste, das ist wichtig, sonst denkt man am Ende noch, zwischen Ihren Beinen ist nichts außer einer blutigen Wunde... Ich weiß, ich weiß, rief meine Mutter, und das, obwohl Ihrer Meinung nach dort das Himmelreich ist. So ist es, nickte er stolz, das ist es, das Himmelreich. Dann ziehen Sie ab heute in Betracht, daß das Himmelreich ein bißchen blutig ist. Und die Engelchen sitzen nicht auf gerüschten kleinen Schäfchenwolken, um den Allmächtigen hellklingend zu lobpreisen, sondern – sie fing zu kreischen an – auf Watte, auf medizinischen Binden! Aber meinen Vater konnte man da nicht mehr verschrecken, er malte auf die Leinwand seiner Phantasie die kleinen Putten und tonnenweise weiche, sanfte, schneeweiße Watte! Ich warte noch ein bißchen, nickte er eifrig, und dann falle ich über dich her wie die Sau über die Äppelkrotze. Meine Mutter nickte lustlos, ja, ja, wie die Sau über die Äppelkrotze. Aber es kam anders. Der Körper ließ sie (meine Mutter) im Stich. Sie fing wieder zu bluten an – woher kommt das ganze Blut?, süße Mama –, sie kam wieder ins Spital. Sie wurde immer schwächer. Mein Vater saß an ihrem Bett, hielt ihre Hand. Sie sprachen nicht über das Himmelreich, es gab nichts, worüber man hätte sprechen können. Meine Mutter hatte sich damit abgefunden, was ihr Schicksal zu sein schien, mein Vater hingegen war unruhig, oft dem Weinen nahe. Mit ihrer letzten Bewegung legte meine Mutter die Hand auf den Schenkel meines Vaters, ließ sie langsam hochgleiten und legte ihm die Handfläche auf den Hosenstall. Im Himmel und auf Erden ward große Stille. Und dann flüsterte meine Mutter mit ihrer neuen, heiseren Stimme: Aktion Äppelkrotze vertagt. Irgendwann in einer anderen Welt ●

Klammer auf, in dem Moment, als wir bei unserem Vater anklopften und nicht, wie sonst, darauf warteten, bis er sein mal bedrohliches, mal resigniertes Knurren als Erlaubnis zum Eintreten von sich gab, mja, und das Zimmer betraten, um ihm die telephonisch erhaltene Nachricht vom Tode seines Vaters, unseres Großvaters, zu melden, schrieb er gerade den Satz nieder, mein Vater konnte weder vorwärts- noch zurückschauen. Schaue-n, er malte gerade die Wölbung des »n«, als wir anklopften. Und er war fast schon soweit, uns mißgelaunt zur Schnecke zu machen, warum wir nicht den Gepflogenheiten gemäß auf seine Erlaubnis warteten, aber dann schaute er in unsere Gesichter und sah, daß es ein Problem gab, beziehungsweise daß es eins geben würde, will sagen, daß wir ein Problem hatten, aber das, was tatsächlich los war oder los sein würde, das heißt, los ist, das konnte er sich natürlich nicht einmal vorstellen, Klammer zu ● 368.

Mein Vater wurde Rotfuchs genannt, er hatte keine Augen und keine Ohren, auch Haare hatte er keine, Rotfuchs wurde er also nur so genannt. Sprechen konnte er nicht, denn er hatte keinen Mund. Weder Nase noch Arme oder Beine, weder Bauch noch Rücken, weder Rückgrat noch Gedärm. Scheiße, er hatte überhaupt nichts. Unbegreiflich daher, von wem die Rede ist. Wir sollten lieber nicht mehr von ihm sprechen ● 369.

Zeus liebte seinen alten Freund, meinen Vater, also erhob er ihn und gab ihm einen Platz unter den Sternen als das Sternbild des Schützen. Hier, im Tierkreis, einmal oberhalb, einmal unterhalb des Horizonts, hilft er, unsere Geschicke zu lenken, wenn auch in unserer Zeit nur wenige Sterbliche die Augen ehrfurchtsvoll zum Himmel erheben, geschweige denn, daß sie als Schüler von den Sternen lernten ● 370.

371. Dennoch: Jemand hat es ausgespäht, mein Vater: wandert umher. Er schleppt sich förmlich selbst hinter sich her. Er ist gekrümmt wie ein begradigtes Saxophon. Seine Haltung ist nicht schlecht, sondern langsam, eine langsame Haltung. Auch den Kopf neigt er ein wenig, damit er ihn nicht am Himmelszelt stößt ●

ZWEITES BUCH

BEKENNTNISSE
EINER FAMILIE ESTERHÁZY

»Die Figuren dieser Romanbiographie sind frei erfunden: Sie besitzen nur auf den Seiten dieses Buches Heimatrecht und Persönlichkeit, in Wirklichkeit leben sie nicht und haben auch nie gelebt.«

ERSTES KAPITEL

1

Eure Exzellenz, ich würde es so sagen, bitte schön, die Kommunisten sind hier. Das hat der alte Menyhért Tóth, der Menyus, gar nicht gesagt, eher nur so hingehaucht oder -genickt, als hätte er gehofft, wenn er es nicht ausspricht, ist es vielleicht gar nicht wahr. Was er daraufhin sah, erschreckte ihn noch mehr, denn er sah etwas, was er bis dahin noch nie gesehen hatte: Schrecken im harten Gesicht seiner Herrin. (Mit Schrecken und mit Kommunisten fängt hier alles an, und womöglich endet auch alles damit.)

2

Meine Großmutter war damals dreiundzwanzig Jahre alt, eine frisch verheiratete junge Frau, es fällt mir schwer, sie mir vorzustellen. Obwohl ich sie auf den vergilbten Photos leicht erkenne, ich muß nur das Gesicht meines Vaters in dem ihren wiederfinden, diese beiden (mehr noch, die drei: seine Schwester auch, meine Vatertante) wirken, als wären sie Karikaturen voneinander: dieselbe verblüffende Stirn, dieser weite, offene Platz, ein Gelände, das einer Landschaftsbeschreibung würdig wäre, grabentiefe Runzeln, dieselbe gebogene Hakennase – es ist eine Frage des Geschmacks, der Bildung und der politischen Stimmung, ob man das als römisches Profil oder als Judennase bezeichnen will – und dasselbe ständige Blinzeln, das permanente und mehrdeutige Lachen der Augen.

Doch umsonst identifiziere ich diese meist schlecht gekleidete junge Frau (»deine Großmutter kleidete sich mit unerschütterlich geschmacklosem Geschmack, die voreinander zurückschreckenden, brüllend teuren Kleidungsstücke fanden an ihr eine besondere Erquickung«), die ich auf diesen steifen, traditionell gestellten Familienphotos oder manchmal, ganz im Gegenteil, auf linkischen, zufälligen Schnappschüssen sehe, mal in der Gesellschaft ihrer Schwestern, eine nach der anderen kunstvoll in einem Fensterrahmen mit Wiesenblumenstrauß, blühende, schöne, junge Frauen!, mal in Gesellschaft ihrer Kinder und ihres Mannes auf den Treppen des Schloßaufganges als die heimliche und eigentliche Lenkerin der Familie, mal an der Seite meines schönen Großvaters, betont als Nebendarstellerin, mal im Schatten (bravouröse Aufnahme!) ihrer Schwiegermutter, der unerschütterlichen Fürstin Schwarzenberg, mal mit einem Rechen in der Hand und aufgekrempelten Hemdsärmeln, kraftvoll wie ein Mann, um sie herum Bauern mit Verwirrung und Schrecken im Gesicht – auf diesen Bildern sehe ich eher eine unbekannte Verwandte, eine Fremde, die einem vertraut vorkommt, eine merkwürdige Cousine, die den Requisiten nach zu urteilen sechzig Jahre »früher als nötig« gelebt hat. Meine Großmutter ist nur alt, älter noch als alt vorstellbar. Nicht alle Großmütter sind so, aber sie ist (war) so; so sehe ich sie.

Ewig alt und – obwohl sie auf den Photos nie alleine ist, niemals! – alleinstehend. Partnerlos, aber nicht einsam. Es paßt niemand zu ihr, kein Kind, kein Erwachsener, kein Mann, keine Frau. Es mußte nicht sein, daß jemand bei ihr war, und wenn jemand da war, schien es Zufall zu sein. So als würde es regnen, aber es könnte ebensogut auch die Sonne scheinen.

3

Später dachte ich dasselbe von meinem Vater. Daß es Menschen gibt, die keinen anderen brauchen. Ich für meinen Teil bin nicht so einer, aber er für seinen Teil ist so. Ich habe mich geirrt. Obwohl fast auf jedem Photo diese leichte Fremdheit wahrzunehmen ist, Kraus und Söhne, Tata, Bildstelle Wachtl, Wien, Lerner Photoreporterbüro, Ofotért, Breeches über Breeches, Prince-de-Galles-Muster, Orgelpfeifen, da steht er neben seinen Geschwistern mit einer Brille, die man von Simon Waldstein hat bringen lassen, als hätte er mit alldem nichts zu tun, weder mit seiner Kindheit noch mit dem Krieg, und danach mit überhaupt gar nichts mehr, neues, fremdes Land; er hatte nichts, nur noch uns: wirklich nichts. Der Graf von Nichts.

4

Auf dem Bild raucht er keck, die Kippe wippt lässig im Mundwinkel, wie in den französischen (schwarzweiß) Filmen, die ewige Munkás, er strahlt über das ganze Gesicht, die Augen sind ein wenig verdächtig, verschmiert, als hätte er einen sitzen, kann sein, vielleicht ist er nur jung, unbekannt jung, in abgetragener Arbeitskleidung, einem verschlissenen, fleckigen Pullover, die Umgebung ist nicht zu erkennen, es ist, als würde er sich gegen eine Lehmwand lehnen, und er zeigt keck die churchillhafte Viktoria in die Kamera. Dann sind wir also, möge passieren, was will – was dann auch wirklich passierte –, unbesiegbar? Auf seinem Kopf, keck zur Seite geschoben, wie ein militärischer Sturmhelm, weißes Emaille: ein Nachttopf. Ein Töpfchen. Ein Töpfchen.

5

Wenn die Großmutter wirklich ein Mensch war, der keinen anderen brauchte, dann brauchte sie folgerichtig auch meinen Vater nicht. Das heißt, als Erstgeborenen brauchte sie ihn ziemlich, eine Familie wie die unsere kann nicht ohne Erstgeborenen sein, einen Jungen selbstredend – natürlich weiß ich, ich weiß sehr gut, daß in jeder Familie jemand als erster geboren wird, nur gibt es nicht überall eine Numerierung –, erstgeboren und Junge, das war mein Vater, aber nach ihm selbst, konkret, bestand keine auffällige Nachfrage; scheinbar. Aber darüber war sich damals, als Menyus Tóth, der Hausdiener und Doyen aller Schloßbediensteten, den weißen Salon betrat, mutmaßlich niemand im klaren, weder meine Großmutter noch mein Vater, und, was soll ich sagen, ich auch nicht. Und den Menyhért Tóth fragte keiner.

6

Der weiße Salon erhielt seinen Namen nach den weißen Roisin-Möbeln, die Großmama Roisin, meine Ururgroßmutter, Großmutter meines Großvaters (nein: eins weiter, Mutter des Großvaters meines Großvaters, meine legendär schöne Urahnin: Marie Françoise Isabelle de Baudry Marquise de Roisin, nur um es mal gesagt zu haben; ohne Details ist alles banal!) aus Paris mitgebracht hatte. Sie war eine Vertraute von Marie-Thérèse de France, Prinzessin von Frankreich, der »Waise von Temple«, Tochter Ludwigs XVI., Enkelin Maria Theresias. Die Königstochter wurde im Alter von siebzehn Jahren, 1796, aus der Gefangenschaft entlassen und lebte bis zu ihrer Heirat in Wien unter Aufsicht der Oberhofmeisterin Gräfin Chanclos, einer Tante von Großmama Roisin. Hier freundeten sie sich an. (Bei uns zu Hause stand ein Fragmichnichtwas, eine Art Sekretär, eine kleine Kommode mit China-Muster – einmal habe ich am spanischen Königshof etwas Ähnliches gesehen, ich habe auch gleich laut losgeschrien, das kenne ich!, das hat keiner so richtig verstanden –, meine Eltern nannten das Ding *Schanklo*. Darüber lachten wir Kinder sehr, was das für ein blöder Name ist, aber wir nannten es auch so. Es war uns verboten, es anzufassen. Heimlich tasteten wir es natürlich ab. Wir spielten »Blinder Mann«. Mit geschlossenen Augen streichelten wir es, folgten mit den Fingern den gewölbten Zeichnungen, chinesisches Genrebild, Pagode, Bäume, Vögel, und an den Seiten breite, gelbe Bänder. Entweder waren sie aus Kupfer oder aus Gold. Wir meinten: aus Gold.)

Der Vater der Großmama Roisin – ich verzichte darauf, auseinanderzuklamüsern, mein was er denn nun ist, irgendwer – war zusammen mit der königlichen Familie hingerichtet worden. Er hinterließ einen seidenen Schal, den seine Tochter in dieses »ferne, dunkle, barbarische Land« mitbrachte, der Schal hat eine dunkle Verfärbung, die von den Nachkommen als Blut bezeichnet wurde. Ein Halstuch von der Blutbank. Freiheit, Gleichheit, Brüderlichkeit. Obwohl wir gegebenenfalls gerade auf der anderen Seite standen ... In großer Kopflosigkeit ... Der Schal prangte über Generationen als Reliquie an der Wand der Hauskapelle, was dann gerade von meiner Großmutter bemängelt wurde, auf der Grundlage strenger katholischer Prinzipien. Interessanterweise ließ aber ihr nicht weniger kirchentreuer Schwiegervater – mir ist, als habe er die Christliche Volkspartei gegründet –, an diesem Punkt nicht locker, die Unabänderlichkeit der Tradition schien wichtiger zu sein. Französischer Rationalismus und Laissez-faire: Heimlich spielte auch das bei der Sturheit meines Urgroßvaters eine Rolle.

Auch ich habe noch eine weiße Rokoko-Kommode. Sie ist schön. Und mit schön habe ich nicht genug gesagt. Das heißt, in solchen Fällen kommt die Brutalität des Schönen ans Licht. Wie es alles um sich herum zerschmettert. Das Schöne ist in erster Linie nicht harmonisch, sondern kraftvoll. Diese Kommode sprengt eine Wohnung von heute. Für so eine Kommode gehören andere Häuser gebaut, gehört ein anderes Leben gelebt. Die Kommode erzählt (als ungebetener Rilke) von diesem »anderen«, umsonst habe ich Bücher, Zeitschriften, Sandwiches draufgestapelt oder habe im Gegenteil alles heruntergeräumt, soll doch dieses Plateau aus Carrara-Marmor erstrahlen, vielleicht habe ich sogar hinterhältig einen silbernen Kerzenständer daraufgestellt – es hat nichts geholfen. Im Gegensatz dazu ist die Situation in der Wohnung meines Vaters, die sich hinsichtlich der räumlichen Ausdehnung nicht von der meinen unterscheidet, grundlegend anders. Auch dort steht eine Eckkommode aus dieser Serie, ein nicht weniger ansehnliches Stück, aber es hält still, es rebelliert nicht wie bei mir. Ich glaube auch den Grund dafür zu wissen: Die Augen meines Vaters, sein Blick verweisen dieses weiße Ungeheuer auf seinen Platz, ordnen es ein in der Vergangenheit und im Persönlichen.

Ich habe diesen Blick nicht. Ich kann so nur schauen, wenn ich die Augen schließe.

7

Dieser mein Großvater großväterlicherseits war ein gescheiter, talentierter Mensch (*»›bewies viel Verständniss und einen richtigen und klaren Blick sowohl für Menschen als auch Dinge‹«*, schrieb seine mütterliche Freundin Ludovika Thürheim), er wurde auch nicht müde zu sagen, daß er sich, wenn er sich im Spiegel betrachte, wohl zwergenhaft vorkomme, in Gesellschaft aber fühle er sich um einen Kopf größer als die Anwesenden. (Mein Großvater schrieb an einer Stelle, er sei um 60(!) Prozent größer gewesen als sein seliger Vater, aber ich habe nachgerechnet und könnte diese Familienlegende nicht reinen Herzens bekräftigen. Daß er gerade umgekehrt empfinde, um 60 Prozent größer fühle er sich in einer Gesellschaft, die ihn in Sachen Wissen, Bildung, Urteilskraft und Witz überrage, denn auf diese Weise wird das fremde Wissen und der Geist anderer zum Schleifstein des eigenen, welchen auch schon Horaz für wünschenswert erachtet. Armer Großvater, dachte ich, es mag wenige Gesellschaften gegeben haben, die nach seinem Geschmack waren. Dummheit war nicht seine Stärke. *(»›Dummheit ist nicht meine Stärke.‹«)* Daran dachte auch er und schrieb noch einen Satz dazu: In Ermangelung solcher Geselligkeit bietet eine vielseitige Bibliothek, ein stiller Leseraum herzlich genehmen Ersatz. Herzlich genehmen Ersatz: Großvater unternahm offensichtlich einiges an Anstrengung, seiner natürlichen Eitelkeit entgegenzusteuern.)

Der kleine, geheimnisvolle Mann brachte als Botschafter im Vatikan das neue Concordatum zwischen Österreich und dem Heiligen Stuhl unter Dach und Fach, was angeblich als große diplomatische Trouvaille galt. Vielleicht betraute ihn Franz Joseph deswegen mit der Leitung des Auswärtigen Amts, aber als introvertierte Persönlichkeit, die er war, nahm er die Stellung nicht an, sondern wurde als Minister ohne Geschäftsbereich vor dem österreichisch-ungarischen »Ausgleich« von 1867 die »Eminence grise« der auswärtigen Angelegenheiten, eine griesige Eminenz. Österreichs Geschicke wurden zu dieser Zeit von einem »Kabinett der Generäle« gelenkt, das es kaum erwarten konnte, irgendwo einen Krieg anzuzetteln. Gleichzeitig suchte auch Bismarck nur nach einer Gelegenheit für einen Krieg gegen Österreich, die die Generäle im Sinne des o. G. nur zu gerne lieferten. Irgendwie haben sie sich in der Sache Schleswig-Holstein nicht einigen können wollen. Das führte zu Königgrätz, besser bekannt unter dem Namen Hradec Králové, eine Metzelei, die alles zugunsten der Preußen entschied. Woraufhin die Generäle verbreiten ließen, das Ganze wäre von meinem klugen, kleingewachsenen Urgroßvater forciert worden, dessen bigotter Katholizismus das protestantische Preußen nicht ertragen konnte. Was nicht ganz falsch ist – trotzdem: Es ist eine Übertreibung.

Er schrieb fast nie etwas auf, selbst mit dem Auswärtigen hielt er nur über Boten Kontakt. Er hat sozusagen alles sorgfältig vernichtet, was für ihn sprechen könnte. (Er schrieb, mit einer kleinen Übertreibung, zweimal in seinem Leben: ein Tagebuch im Alter von zwanzig Jahren, als er mit seiner Mutter und den beiden Schwestern bei Karl X. zu Gast war und sie einen Ausflug zum Trianon bei Versailles unternahmen, das damals nur ein schöner Palast war etc. Das Original des Tagebuchs wurde 1944/45 vernichtet; ebenso die rege, interessante Korrespondenz mit seinem Freund, dem Herzog von Reichstadt, dem Sohn Napoleons also, dem von Metternich an kurzer Leine gehaltenen »jungen Aar« – l'aiglon, wie ihn Rostand in einem Stück nennt. Mein Urgroßvater war derjenige, der ihn seelisch aufrichtete.)

Die Verleumdungskampagne konnte nicht zuletzt deswegen erfolgreich sein, weil er sein Leben in der Nervenheilanstalt von Pirna neben Dresden beendete. Die Herren, diese Verleumdungskampagneure, schrieben in ihren Memoiren alles mögliche zusammen, daß er zum Beispiel sein Schloß in Csákvár angezündet und bevor er in die geschlossene Abteilung kam, seine Frau geschlagen habe. Blödsinn! Natürlich konnte man mangels schriftlichen Materials die »Märchenerzähler« schwerlich zum Schweigen bringen.

Im übrigen hatte er tatsächlich was in Brand gesteckt. Die Gardine. Als er mit dem Ellbogen die Kerze umstieß, die, wie üblich, von seinem Diener, dem Großvater des bereits erwähnten Menyus Tóth, ebenfalls Menyus Tóth (»bei deinem Großvater im Schloß änderte sich der Name der Hunde und der Diener nie, damit man sie nicht immer wieder neu lernen mußte!«), bereitgestellt worden war, damit die Herrschaft nach dem Abendessen ihre Fischer-und-Sonnenberg-Zigarre anzünden konnte, die ihr am letzten Donnerstag alle drei Monate von der Hamburger Firma H. J. Hoess und Söhne geliefert wurde. (Die Rechnungen sind alle schön säuberlich abgeheftet. Eine Quittung – mit Umsatzsteuer – aus dem letzten Jahrhundert als Kunstgegenstand.) (Denn wie ich in László Berényis lückenfüllendem Buch »Über die Geschichte des Zündholzes« nachlesen kann, mochten die Herren ihre Zigarren nicht mit den damals gebräuchlichen stinkenden Schwefelzündhölzern anzünden.) Und was das Ehefrauenprügeln anbelangt, lege einerseits ein jeder mal die Hand aufs Herz, und andererseits, wer Mária Polixénia (zu Hause: Xena) Prinzessin von Lobkovitz, die ihren Ehegatten sowohl in der Breite wie in der Höhe, hier sind die sechzig Prozent!, bei weitem übertraf, jemals lebend gesehen hat, der kann nur lachen über solch eine Nachrede, aber es haben sie halt nicht alle gesehen.

Und seine Geisteskrankheit würden wir heute als chronische Depression bezeichnen. (»Wie kann ein gläubiger Mensch Depressionen haben?« »Widersprich gefälligst nicht!«) Mein Großvater nahm sich die ungerechte historische Beurteilung seines Großvaters sehr zu Herzen, man zeichnete ein vollkommen falsches Bild von dessen Bestrebungen, indem man Verdienste und Erfolge überging oder anderen gutschrieb. In seiner Wiener Zeit durchforstete er deswegen oft die Archive, fand auch Beweise, es fehlte ihm aber an Gelegenheit – und Zeit –, sie zu veröffentlichen. Er fand den Brief Xenas, in dem diese ihrer Schwester schrieb, »Königgrätz war furchtbar, aber noch furchtbarer ist, daß sie Móric Miklós dafür verantwortlich machen, dabei war er der einzige, meine teure Luise, der sein Wort gegen einen Krieg erhob. Na gut, aber …« Mein Großvater fand dann auch das Aber in den Protokollen des Kronenrats. Franz Joseph hatte dem Verwandten mitgeteilt, daß ihn hauptsächlich Napoleon III. dazu dränge, Krieg zu führen. Er hält uns eine Pistole an den Kopf, sagte der Kaiser. Darauf mein Ururgroßvater: Wir können keinen Krieg mit den Deutschen anfangen, da in Italien sofort der Aufstand ausbrechen würde, und wir sind keinesfalls in der Lage, an zwei Fronten Krieg zu führen … Sind sich Eure Majestät sicher, daß diese Pistole auch geladen ist?

Das ist die Wahrheit.

Ob *odi profanum vulgus* sein Wahlspruch war, weiß ich nicht, aber ich kann's mir gut denken.

Sein Lieblingsspruch wurde lange weitervererbt, *oui, entendu, mais pas écouté*, gehört, aber nicht zugehört, aber auf französisch ist das auch noch elegant, deswegen sagt man's ja auch auf französisch. Immer in der Sprache, in der es gut klingt! Na, ich habe dem ein Ende gesetzt, nix Doitsch.

8

In jenem Moment, als Menyus Tóth den Roisin-Salon betrat und das Eintreffen der Kommunisten ankündigte, versetzte mein Vater meiner Großmutter einen riesigen Tritt in den Bauch. Keine Panik: von innen.

Treten gegen Mutters Bauch durch Kindlein von innen: legitimer Kitsch: auf dem Bauch – mehr noch: Wanst! – erbeben die Karten, in der verfeinerten Version: die Trumpfkarte fällt, die Vaterhand schlägt gerührt mit, keine billige Anekdote, die nicht zu etwas zu gebrauchen wäre. Von außen: im Sinne des vierten Gebots (das vierte von zehn) zu verurteilen.

Ich persönlich bin auch dagegen. Obwohl: Ich habe in meinem Leben kaum einen Menschen geschlagen. Ich könnte es an einer Hand abzählen. Man brauchte dazu kaum mehr Finger als die üblich zu nennenden fünf … Und selbst wenn ich diejenigen dazunehme, die ich nur gerne geschlagen hätte, aber nicht nur so vor mich hin träumend, daß ich jetzt dem großen Huszár eine lange, die sich gewaschen hat, oder dem Breschnew die Fresse poliere, sondern wenn man schon inmitten der ohnmächtigen Demütigung ist, wo es nur noch einen Weg des Ausbruchs zu geben scheint, wenn die Muskeln sich schon krampfhaft anspannen – selbst dann kommt keine sehr viel größere Zahl heraus.

Und ich war – natürlich – nie auch nur nahe daran, meine Mutter oder meinen Vater zu schlagen. Das heißt, meinen Vater, einmal. Aber das ist lange her. Und er war sowieso total blau, so daß man es eigentlich auch so sehen könnte, als wäre gar nicht er es gewesen. Man könnte es so nicht sehen. Als die Ohrfeige knallte – aber es war gar keine Ohrfeige, es war schlimmer, Fußtritte, vorstädtische Keilerei etc. –, sahen wir einander an, klar, eingefroren, wie in einem Filmstill: Keine Frage, das war er und das war ich. Es hat mich verwirrt, daß ich im Recht bin. War.

9

Sehr verschieden sind die Gebräuche und Möglichkeiten der Schlägereien verschiedener Zeiten. Großvater hat erzählt, als er in Oxford studierte (seinen Studien nachging), hatte ihn der Herzog von Kent zum Abendessen eingeladen, und da sich bei seiner Ankunft gerade niemand, also nur die Dienerschaft im Schloß aufhielt, ließ er sich ein Pferd geben und ritt aus, um sich die Zeit zu vertreiben. Er kam gleichzeitig mit einem fremden Reiter an eine Böschung, und zwar so sehr gleichzeitig, daß sie gegeneinanderprallten. Der Fremde, ein Jüngling im Alter meines Großvaters, stauchte ihn wütend zusammen und forderte ihn auf, vom Pferd zu steigen.

»Bitte, mein Herr. Was wünschen Sie.«

»Ich wünsche mich mit Ihnen zu schlagen, mein Herr.«

Sprach's und fiel mit der Reitpeitsche über meinen Großvater her. Dieser war etwas irritiert ob dieser ungewohnten insulanischen Waffenart, aber er paßte sich so gut er konnte den Gegebenheiten, den Eigenheiten des Auswärtsspiels an und drosch seinerseits fleißig auf den Unbekannten ein. Abends trafen sie sich dann beim Abendessen (wieder), der Herzog von Kent nickte ihm freundlich zu.

»Lieber Freund. Es scheint, als hätten wir uns heute schon getroffen.«

»Es scheint so«, bekräftigte mein Großvater die Annahme des liebenswürdigen Gastgebers.

Diese Geschichte ist nicht auf den Kontinent übertragbar.

10

Mein Großvater erzählte, als würde er diktieren. Als würde man ihm die Zähne dabei ziehen. Dafür aber ununterbrochen, er beschnitt die Obstbäume, manchmal die Rosen, und dabei erzählte er; Kniehosen, Kardigan, Schirmmütze, Heckenschere. Der Schnitt der Pflanzen muß vor dem ersten Halleluja fertig sein. Er murmelte vor sich hin, als wäre ich gar nicht da. Aber wie zu Protokoll. Als würde er sich schämen; er hielt es für »inadäquat«, über sich zu reden, deswegen deutete er das Geschehene nur an. Er bezog sich auf quasi bekannte Sachverhalte, welche, die man kennen konnte respektive zu kennen hatte. Das und das war passiert. Am liebsten hätte er gar kein Subjekt verwendet. Als hätte er ein Gelübde abgelegt, so wenig Worte wie möglich zu benutzen. Koste es, was es wolle.

Aus welchem Grund auch immer, vielleicht, weil ich sein erstes Enkelkind war, erzählte er niemand anderem etwas, weder meiner Großmutter noch meinem Vater noch einem anderen Enkelkind, nur mir.

Er liebte England, die Engländer, die englische Sprache, er hatte wichtige Jahre dort verbracht (»lernte die Welt kennen«), er liebte diese tausendfach ausgearbeitete, bange Ordnung der Traditionen. Es ist nicht leicht, eine Autorität und ein Skeptiker zugleich zu sein. Dabei ist es dieser Widerspruch, der einen echten Patron ausmacht. Auf englisch ist es leichter, wie er immer zu sagen pflegte.

War, erzählte er, anwesend auf der überfüllten, schlechtbeleuchteten Galerie, als der alte Joe Chamberlain im Oktober 1899 den Brief des Präsidenten Krüger quasi als Einleitung zu einem blutigen Krieg auf den Tisch legte. Ich schüttelte Cecil Rhodes, dem Milliardär, der Rhodesien gegründet hatte, die Hand, viele meinten, er sei der geistige Vater des Krieges gewesen. Er gab mir ein Autogrammphoto. Als der Reitersmann, der ich war, meldete ich mich im damaligen Kriegsfieber als Freiwilliger zur Universitätstruppe. Als meine fremde Staatsbürgerschaft ans Licht kam, ließ man mich in Southampton auf dem Trockenen zurück. Nicht jeder meiner guten Kameraden, die dort eingeschifft wurden, kehrte zurück.

Mehrfach in Blenheim bei Oxford aufs Schloß der Fürsten Marlborough eingeladen gewesen, das der erste Fürst, der Sieger von Höchstädt, Kollege Eugens von Savoyan, 1704 vom dankbaren Vaterland als Geschenk erhalten hatte. Es begab sich, daß Wilhelm II. herüberkam, seine Großmutter, Königin Viktoria, zu besuchen, und die M.s luden ihn zur Fasanen- und Kaninchenjagd ein, wir, einige der »höheren« Oxforder Studenten, waren als Treiber dabei und bestaunten das Gästeheer, die Vier- und Sechsspänner, die Lampiongirlanden auf den Bäumen, die Reihe der erleuchteten Säle. Hätte damals nicht gedacht, ihm zwanzig Jahre später – als Staatsbeamter von relativ hohem Rang – als Feind Englands wiederzubegegnen.

Wurde zum Diner bei den Fürsten Devonshire auf das prachtvolle Barockschloß Chatworth aus dem 17. Jahrhundert geladen. Im Schloßtheater fanden inmitten unglaublicher Mengen an Kunstschätzen Liebhabervorstellungen statt. Nirgends habe ich seitdem einen solchen Reichtum gesehen, dabei bin ich nicht wenig herumgekommen. Der Hausherr spielte als Lord Huntington eine politische Rolle. Seine ältliche Gattin war eine passionierte Bridge-Spielerin, wofür sie hinter ihrem Rücken den Beinamen

Ponte vecchio erhielt. (Der Staat hat das Schloß unlängst als Erbschaftssteuer wieder zurückgenommen, abermals dankbar.)

Von einem Fenster am Kopfende der St. James Street konnte ich den Leichenzug Königin Viktorias überblicken. Er bedeutete das Ende einer Ära, so wie später der Sarg Franz Josephs das einer anderen.

11

Der erste Witz meines Lebens hat mit Königin Viktoria zu tun, mein Vater erzählte ihn, und alles lachte sehr, auch ich lachte, aber ich verstand nicht, denn ich wußte nicht, was das war: ein Witz; daß es ein Witz war, wußte ich auch nur deswegen, weil sie mir gesagt hatten: Das ist ein Witz. Und ist es nun wahr oder nicht, und ist das Merkwürdige daran, daß es passiert ist, wirklich passiert, oder ist die Welt so, daß es eben deswegen passieren konnte, weil es merkwürdig ist. Oder mein Papa ist merkwürdig... Aber ich fragte nicht, ich lachte. Den Witz hörte ich später noch öfter, mein Vater trug ihn gerne vor und er errang auch immer große Erfolge damit, als ob er was dafür könnte, daß es passiert war, oder daß die Welt so ist. Im Mittelpunkt des Witzes steht Königin Viktoria, die in einem schon sehr fortgeschrittenen Alter nicht mehr aller Regungen ihres Körpers Herr war, und die während eines Empfangs einen Unterleibston verlauten ließ. Pardon, verneigte sich der französische Botschafter in Stille und Gestank. Wenig später ergriff der königliche Körper erneut das Wort, und auch das elegante *mille pardons* ließ nicht auf sich warten. Der deutsche Botschafter war schon ganz blaß vor Neid, überall diese französischen Wichtigtuer, aber er würde auf der Hut sein. Und so kam es auch, als der Thron aller Briten wieder einmal krachte, sprang der deutsche Botschafter auf, schlug die Hacken zusammen und rief laut, damit alle die großzügige deutsche Offerte hören konnten:

»›Majestät, *den und die nächsten fünf übernehme ich im Namen des Großen Deutschen Reiches!*‹«

Mir ist, als ob mein Vater das auf deutsch gesagt hätte, denn das wiederum wirkt so am besten. Mein Vater konnte die Piefkes – da er es von Herzen tat – besonders gut karikieren.

12

Bei den Blenheims lernte mein Großvater einen dicklichen jungen Mann kennen. Dessen Mutter, Lady Randolph, kannte unsere Familie. Sie gingen öfter zum Biertrinken aus, er war ein geistreicher, zynischer Junge, der unglaublich viele Zigarren rauchte, der Rauch fraß sich in die Tweedsakkos meines Großvaters. Sie fühlten sich wohl miteinander. Sie beobachteten einander, sie fühlten sich einander sehr fern und sehr nah, was sie beide interessierte. Interesse ist die Grundlage einer jeden Freundschaft. Eines Tages deutete der ungarische Botschafter meinem Großvater gegenüber vorsichtig an, es wäre vielleicht besser, sich nicht so oft mit diesem Jungen in den schicken Lokalen zu zeigen, in den fashionable locations, das könnte zu einer drastischen Abnahme der Einladungen führen, besonders im Falle der Fürsten Marlborough, bei denen der junge Mann als schwarzes Schaf galt. Aber noch bevor mein Großvater eine Entscheidung hätte fällen müssen, löste sich die Frage von alleine, der junge Mann reiste als Kriegsberichterstatter für die Morning Post nach Südafrika. Den unzuverlässigen, ausschweifenden Lord lernte die Welt unter dem Namen Churchill zu respektieren.

Eine kleine, unglaubliche Geschichte, als würde ich sie in einem Märchenbuch lesen. Mein Großvater besaß die vollständige Ausgabe der Geschichten aus Tausendundeiner Nacht, eine echte Rarität, er hatte sie aus London mitgebracht, in der Übersetzung von Sir Richard Francis Burton, den die Buchhändler, das setzte Großpapa immer hinzu, eher unter dem Namen Captain Burton kannten. Manchmal las er daraus vor, es interessierte ihn nicht, daß ich kein Englisch kann. Offenbar setzte er es nicht voraus.

Es begab sich zu diesen churchillschen Zeiten, daß mein Großvater zu den Osterfeiertagen mit seinem Vater einen Ausflug in die Neue Welt unternahm, um die Witwe unseres Verwandten Miksa zu besuchen, welcher Miksa so circa – Richtwert – ein Cousin ersten Grades meines Urgroßvaters war, im übrigen ein großer *sportsman,* er hatte den UAC gegründet, den Ungarischen Athletikclub, außerdem erfand er den Schrittezähler oder so was, einen Apparat, der angeblich unentbehrlich für Langstreckenläufer gewesen sei. Er war noch ein junger Mann, als er Botschaftssekretär in Washington wurde, einem Ort, der damals noch als exotisch galt. (Im Auswärtigen Amt erhielt er eine Liste mit den Namen derer, mit denen gesellschaftlicher Verkehr vorstellbar war, diese Liste bestand aus drei, in Worten: drei, Positionen.)

Mein Onkel Miksa war praktisch gesehen ein Erstgeborener (sein älterer Bruder, der Ärmste, war schwachsinnig; damals sagte man das noch zu vielem, dabei litt er vielleicht nur an Dyslexie), doch dann verliebte er sich in Sarah Virginia Carrol, die wunderschöne und kluge Witwe des Generals Griffin, und disqualifizierte sich damit. (Ich spreche natürlich von der Erbschaft.) Und Tante Sally war noch dazu nicht nur bürgerlicher Herkunft, eine Mesalliance (ich mag Mesalliancen, meine Mama war auch eine, sie stammte aus einer alten Mesalliance-Familie), sondern auch noch eine protestantische Methodistin! Mehr brauche ich wohl nicht zu sagen. Noch dazu begab sich das ausgerechnet zu der Zeit, als die Grafen von Fraknó, wir nämlich, für einen kurzen Moment reicher waren als die Fürsten.

Und das kam so, daß der Bruder meines winzigen Ururgroßvaters, der älteste Sohn der Franziska Roisin, am 16. Februar 1833 im Moldawischen Prosnitz Marie Gräfin von Plettenberg-Wittem zu Mietingen, eine der reichsten Erbinnen des damaligen Europas, an den Traualtar führte. Sie hatten sich liebgewonnen, so was kommt vor. Sie brachte als letzter Abkömmling des reichsten Zweigs ihrer Familie alles mit: das Württembergische Mietingen, die Besitztümer Davensberg, Nordkirchen, Meinhövel, Seeholz, Lacke, Buxfort, Grothaus, Alrot und Hanselberg in Westfalen mit vier Schlössern, von denen wenigstens zwei in allen Büchern zur Kunstgeschichte erwähnt werden, in den maßgeblichen sind es sogar drei, alles in allem ein Land von der Größe eines Drittels des Königtums Württemberg, und als Dessert gab es das Majorat von Tata dazu. Zu den deutschen Besitztümern gehörten einige Städtchen und ein paar Dörfer, so daß sich die dortigen Einkünfte pro Joch Land einigen Berechnungen zufolge auf das Achtfache, anderen zufolge auf das Vierzehnfache jener aus Ungarn beliefen.

Dieses Acht- usque Vierzehnfache hatte die Tante Sally torpediert. Aber, wie es scheint, hat es sich gelohnt. Sie hatte alle verzaubert, die gesamte Familie (was selbstverständlich nichts an der Erbfolge änderte). Zur Menge der Verzauberten gehörten auch mein Ur- und mein Großvater. »Eine Matrone von ewigem Frühling«, sagte mein Großvater fast stotternd über sie, was in Anbetracht seines kühlen, zurückhaltenden Wesens ein eindeutiges Zeichen für Verzauberung war. Bei diesem Osterbesuch sagte die Tante Sally zu den beiden fünfzehn beziehungsweise vierzig Jahre jüngeren Männern jene Worte, die mit der Zeit in der Familie zur Legende wurden: »Nicola, Maurice, kiss me here!«, wobei sie mit ihrem Zeigefinger, nun ja, wohin die »Matrone ewigen Frühlings« zeigte, dazu kursieren mehrere Legendenvarianten.

Es ist interessant zu beobachten, wie so eine große Erbschaft einem großen, schweren Ball gleich hin und her rollt, alles und jeden drückend und bedrückend, geleitet durch Tode, Liebschaften, Kinderlosigkeiten und Kontrakte. Erben ist auch dann plötzlich und wie ein Traum, wenn es sicher und eindeutig ist. Sausend fliegt das schwere Plettenberg-Vermögen, wer weiß, wen es treffe, wo es bleibet liegen. Bruderherz also aus lauter Glück disqualifiziert, kleiner Bruder zur Stelle, gleichfalls ein Sportgenie und Pferdenarr, genannt der »Sport-Nickerl«, erster Ausländer im Londoner Jockey Club, Herrenreiter und Europameister, als Mitglied des Reiterkreises »Ritter der Königin Elisabeth« mit der Königin ins Gerede gebracht (»stimmt nicht, stimmt nicht, stimmt nicht«, beziehungsweise: »Tante Lizi liebte Pferde nicht mit, sondern anstatt der Rute« – Pfui!), durfte das riesige Vermögen zwölf Jahre lang genießen, und er genoß es auch, dann unverheiratetes Verscheiden, Sprung zurück, Onkel, Erstgeborener des 48er Landwehrobersts, drei Jahre Genuß, dann kam der jüngste Bruder dran, beziehungsweise wäre drangekommen, wenn jener davor nicht so ein schlampiges Testament gemacht gehabt hätte, aber er hatte, und durch das so entstandene Nadelöhr schlüpfte die Witwe mit dem ganzen exorbitanten Vermögen, möglicherweise etwas beschwerlicher als es ein Kamel getan hatte, aber tuttifrutti, zuletzt verkaufte sie das schöne Nordkirchen an die Fürsten Aarenberg. Der Enkel, der das alles nicht bekam – konkret war das das »Alles«, was er nicht bekam –, hieß genauso wie ich, deswegen erzähle ich's; wegen des Namens verfolge ich sein Schicksal mit, wie es in den Empfehlungen des Kuratoriums heißt: ausnehmendem Interesse. Als wir uns das erste Mal trafen und er mir seinen Paß zeigte, war es ein ganz schön merkwürdiges Gefühl. Meine Mutter gab mir diesen Namen, weil sie dachte, es gäbe ihn in der Familie kein zweites Mal. Ich nahm ihr den Irrtum übel. Meine Multiplikation erfüllte auch mich mit Verwirrung. Ich sah meinen Namen, also mich, und dazu ein fremdes Photo. Husch, husch, hätte ich gerne gesagt. Andererseits kann es keinen anderen Verwandten geben, der mir so nahestehen könnte wie er (ich). Er lebt in Belgien, ein echter Belgier (weder Flame noch Wallone). Um es kurz zu machen: Er entstammt der Linie von Szigliget. Ein ernsthafter Mensch: Er liebt es zu essen und kann es auch. Vielleicht habe ich das von ihm geerbt.

13

Hinsichtlich des *Wasallesnicht*-Aspekts ist unser, mein Zweig ein guter: in den letzten vierhundert Jahren hätte ich zu jeder Zeit gelebt haben können und hätte nicht mehr als fünf Leuten den Garaus machen müssen, damit mir alles gehört. Meinen jeweiligen Vater natürlich mit eingerechnet.

14

Ebenfalls in die jungen Jahre meines Großvaters fiel die ominöse Dreyfus-Affäre. Wegen des berüchtigten Majors Walsin, der eine klägliche Rolle dabei spielte, hatten wir zahlreiche Unannehmlichkeiten auf uns zu nehmen. In manchen Ländern (Frankreich, Norwegen) wird unser Name selbst heute noch fast nur im Zusammenhang mit diesem Prozeß erwähnt.

Als ich das erste Mal von diesem schmählichen Esterházy-Major oder Hauptmann oder was hörte, nickte ich nur, wir sind eine große Familie, da ist alles mögliche dabei, extralang, achtfach gerippt oder mit Flügeln, Demokraten, Patrioten, Landesverräter, hauptsächlich Labantzen, aber auch Kurutzen, jeder nach seiner Façon. So ist die Ordnung der Dinge, dachte ich.

Aber das war ein Irrtum. Ich mußte mich nur ein bißchen in der Familie umsehen und über sie lesen, um kristallklar zu sehen, die Esterházys sind, und zwar jeder einzelne von ihnen, vom Scheitel bis zur Sohle herausragende Männer (seltener Damen, der echte *esterházy europaeus* ist eminent männlich, wenn alle Stränge reißen: ein Hermaphrodit), und wenn einer von ihnen, angenommen, aber nicht zugegeben, doch nicht herausragend sein sollte, dann ist dieser – früher oder später – gar kein echter Esterházy.

Wir stecken, gleich der Wahrheit, in den Details, also zeige ich die Details auf. Marianna, jüngere Schwester des berühmten französischen Bálint László, Enkel von Antal, älterer Bruder des Großvaters des Großvaters meines Ururgroßvaters, der dem Fürsten Rákóczi treuergeben in die Aussiedlung nach Rodostó gefolgt war, wurde am 9. Oktober 1741 geboren. Dies ein Übel zu nennen wäre wohl übertrieben. Es wäre nicht einmal ein Übel zu nennen, daß ein nicht mehr ganz junger Onkel, ein gewisser Jean André Cesar Marquis de Ginestus, zwanzig und ein paar zerquetschte Jahre später vermutlich aus lauter Langeweile ein Verhältnis mit der verwandten Halbwaise anfing, was nicht ohne Ergebnis blieb.

»Ach, was für eine Aufgeblähtheit!« rief die Mutter der schwächelnden kleinen Marianna aus, aber der welterfahrene Onkel beruhigte sie und ließ sofort seinen eigenen Arzt rufen, Dr. Valsin, welcher Wassersucht feststellte und sogleich die von seinem Herren animierte Idee präsentierte, er würde seinc (neue) Patientin zu einer Kur in einem Kurort begleiten (das ist – auf ungarisch – fast schon ein Wortspiel, und zwar ein obszönes: »kur« heißt soviel wie ficken; vermutlich nicht leicht zu übersetzen, was aber die Obszönität keinesfalls mildert), was ihr alsdann Besserung bringen würde.

Was sie unter einer Besserung verstanden, darüber gibt es keine nachprüfbaren Angaben, jedenfalls schenkte Marianna einige Monate später einem Jungen das Leben, der unter dem Namen Jean-Marie Auguste Valsin in Vallerangue registriert wurde, anschließend kehrte sie zu ihrer Mutter nach Vigan zurück, die sich überaus erfreut darüber gab, daß die häßliche Aufgeblähtheit nun vorüber war.

»Die häßliche Aufgeblähtheit ist also vorüber«, sagte sie.

»Ja, maman«, antwortete das Mädchen gleichgültig.

Aber das ist gar nicht das Interessante, sondern hinwieder, daß das Neugeborene wenig später als der Adoptivsohn des Doktor Valsin in Erscheinung trat. Jener inkriminierte dreyfussche Typ war der Enkel dieses wie wir also sehen können selbst als Valsin falschen Bastards.

Soweit war nichts Schlimmes passiert, nur das Leben ging eben seinen Gang. Und daß die Französische Revolution ausgebrochen war, war nicht nur nichts Schlimmes, sondern ganz im Gegenteil ein glanzvoller Scheitelpunkt der Geschichte. Infolgedessen wurde aber, oh Schmerz, die königliche Familie hingerichtet und meine Tante Marianna, die gute Beziehungen zur genannten Familie unterhielt, wurde in den Temple gesperrt. Auch das ist noch nichts Schlimmes, nur eben unangenehm. (Als ihrem Bruder ein Sohn geboren worden war, hatte ihm Ludwig XVI. übrigens folgenden Brief geschickt: *In ausnehmender Freude erreicht uns die Nachricht, daß im Marais ein neuer kleiner Husar geboren wurde, und daß Mutter und Kind wohlauf seyn. Wir bitten den Vater, unsere von Herzen kommenden Glückwünsche entgegen zu nehmen. Ein Bewohner von Versailles.*)

Um zurückzukommen auf das Übel, übel wurde es, als die Nacht kam, sich Stille über den Kerker senkte, und ein Mitglied des Wachpersonals, das nicht genügend vom Geist der Revolution durchdrungen war, einen Zettel in die von Arbeit nicht rauh gewordene Hand der seit Monaten eingekerkerten Frau gleiten ließ. Auf dem Papier stand: *Madame, keine Angst, ich werde Euch befreien.* Das also war das Übel, diese Güte. Denn wer war der Befreier? Kein anderer als ihr eigener Sohn, das Balg, der Bankert, der Bastard, das Afterkind, das wir gerade erst so glücklich losgeworden zu sein schienen. Die dankbare Mutter erkannte dann in Nîmes mit Datum vom 22. September 1795 vor dem Notar M. Fouquet diesen (gütigen) Valsin als ihren natürlichen Sohn an und adoptierte ihn auch gleich, worauf dieser den Namen Valsin (Walsin)-Esterházy annahm.

So war das also. Der unedle Major ist demnach ein Esterházy, aber gerade mal so, *un peu,* wenn man's so sieht, kann es jeder sein, du, ich. Natürlich schritten wir wegen Namensmißbrauchs sofort gegen ihn ein, aber der französische Richtstuhl verbot ihm lediglich das Tragen des Titels eines Grafen *(›kleine Fische, gute Fische‹)*, die Namensnutzung beließ er unter Berufung auf den Code Napoléon; Rechtsstaatlichkeit. Die Familie tobte. Laut Aufzeichnungen meines Großvaters hatte er »zum Schluß als Gegenleistung für viele Tausend Francs unseren Namen doch niedergelegt, Schriftstücke im L.(Landes)archiv«.

Es ist bezeichnend, daß die familiäre Erinnerung oder eher Auffassung selbst diesen Eindringling zu schützen versucht, sofern sie die Meinung mancher (namhafter!) französischer Wissenschaftler teilt, wonach dieser valsinisierte Esterházy wie Dreyfus selbst nur ein Opfer der Intrigen der den allerhöchsten Kreisen des französischen Kriegsministeriums angehörenden Vaterlandsverräter war. Man sagt, seine Vorgesetzten hätten ihn dazu gezwungen, als Belastungszeuge gegen Dreyfus aufzutreten, um ihn dann im Stich zu lassen und in die freiwillige Aussiedlung nach England zu zwingen.

Ein Walsin also. Nix Esterházy. Ich werde dich abfragen, sagte mein unerbittlicher Großvater immer wieder, aber dann fragte er mich doch nicht ab.

15

Mir geht es wie jedem, der sich seinen Familienstammbaum anschaut, ich merke, wie wenig ich über meine Altvorderen weiß. Aber man weiß immer nur wenig über sie, man kann nur soviel und sowenig über sie wissen, das ist unabhängig von Familie und Dokumentation; keiner konnte bislang mehr herausfinden, als daß der Großvater ein strenger und ernster alter Mann mit Ziegenbart war, ein moralischer Mensch, letzteres belegt durch die Tatsache, daß er sieben Kinder hatte.

Und man muß noch etwas in Betracht ziehen ... Denn es ist durchaus nicht so, daß wir die Vergangenheit in Ruhe heraufbeschwören, in ihr spazierengehen, sie sachlich betrachten. Nein, die Gegenwart ist immer aggressiv ... und sie taucht in die Trübe der Urzeiten nur ein, um das herauszufischen, was sie braucht, um ihre jetzige Form zu verbessern. Es kann sein, daß ich mir meine Vergangenheit gar nicht so sehr in Erinnerung rufe, ich fresse sie eher auf, ich – der ich bin, wie ich jetzt bin – enteigne mich selbst.

Dasein heißt, sich eine Vergangenheit zu basteln. (Großpapas Spruch.)

16

Da fällt mir im übrigen rückwirkend ein, daß ein (Graf) Diesbach-Belleroche, seines Zeichens ein Verwandter der Frau meiner belgischen Außenstelle, in seiner Arbeit über die Zarin Katharina schreibt, infolge der Französischen Revolution hätten die Flüchtlinge den Hof von Sankt Petersburg förmlich überflutet, wo sie mit gegenseitigen Intrigen und großen Lügen versuchten, an Benefizien zu kommen. Hier war auch der bereits erwähnte Bálint László, der Bruder der armen Marianna, Botschafter der flüchtigen französischen Königsfamilie am russischen Hof, und er nahm mit seinem kleinen Sohn (der einige Jahre zuvor so galant von einem »Bewohner von Versailles« begrüßt worden war) an der Audienz teil, um sich für die Ernennung des kleinen Bálint Fülöp zum Leutnant ehrenhalber der zaristischen Leibwache (womit auch ein wenig Rendite verbunden war) zu bedanken. Als es zum rituellen Handkuß das Knie beugte, ließ das Kind vor Aufregung einen fahren, worauf die Zarin seufzend bemerkte:

»Ach, meine Herren, endlich ein ehrliches Wort!«

Soviel noch zur Dreyfus-Geschichte.

17

Durch den gut getimten Tritt meines Vaters interpretierte Großmama die Menyus Tóthsche Meldung derart, die Kommunisten seien in ihrem Bauch angekommen, das war es, was sie in Alarm versetzte. Und woher das der Diener wohl wüßte. »Die wissen immer alles.« Großmama war sich immer im klaren über ihre Aufgabe, und sie erwartete das auch von anderen. Deswegen schien sie allein dazustehen – weil sie nicht zu den Menschen, sondern zu ihrer Aufgabe gehörte. Was sie noch von jenen menschlichen Wesen, die ich kenne, unterschied, war die Tatsache, daß sie an Gott glaubte. Unerschütterlich, wie das nur die Alten vor Jahrhunderten konnten. Woher ich das weiß? Wissen tu ich es gerade nicht.

18

Einmal rief mich ein Wahnsinniger an und fing an, mir zu erklären, das Kádár-System hätte sich in den Leib seiner Mutter eingenistet, aber ich solle ihn deswegen nicht für verrückt halten.

»Ach, iwo!«

Es hörte sich ziemlich glaubhaft an. Ich hatte auch schon daran gedacht, daß eine Diktatur auch den Körper verändern müßte, es wachsen uns zwei Nasen oder Schwimmhäute zwischen den Fingern. Beziehungsweise war es gar nicht seine Mutter, sondern sein Vater. In die Gedärme seines Vaters. Deswegen war dieser auch Polizist geworden. Er kämpfte für das System, das ihn kaputtgemacht hatte. Denn sein Vater opferte sich auf. Und wofür? Für nichts. Denn Polizist zu sein heißt, nicht wahr, Opfer zu bringen, und ich rede nicht von der Verkehrspolizei, wenn Sie verstehen, was ich meine. Ich sagte, ich verstünde es. Er dachte, er würde mit meinem Vater reden, nicht mit einem Kind.

»Und warum erzählen Sie mir das?«

Er knallte unter grauenhaften Flüchen den Hörer auf.

19

Als erstes dachte also meine Großmutter an den Herrgott, denn sie dachte immer als erstes an ihn, und dann an die Aufgabe. Welche nun in ihr pochte.

»Ist Er wahnsinnig geworden?! Menyus?!« Wenn sie wütend war, konnte man bei meiner Großmama nicht wissen, ob das, was sie sagte, eine Frage oder eine Behauptung war. »Wer soll wo sein?!«

Der treuergebene Mann wollte das fürchterliche Wort nicht noch einmal in den Mund nehmen, also zeigte er nur hinter sich und schnitt Grimassen. Meine Großmutter nickte.

»Er ist tatsächlich verrückt. Wie schade.«

Der Mann schüttelte heftig, fast schon gereizt den Kopf, als würde er Charade mit seiner Herrin spielen, die ums Verrecken nicht in der Lage war, die richtige Richtung zu erraten. Die Behauptung war so unglaublich, daß meine Großmama sie sofort glaubte. Wenn dieser Tóth auch wahnsinnig geworden ist, *so* verrückt konnte er nicht sein. Alles kann nicht gedacht werden, auch wenn wir die Hand der Ratio loslassen. *Die Hand der Ratio*, das durfte ich dann noch oft hören.

Sie trat an das breite Fenster, von hier, dem hinteren Trakt, konnte man auf den Park sehen, der sich lang vor dem Schloß dahinstreckte (oder dahinter, hier kämpfen mehrere Schulen gegeneinander), sich eine Weile vor dem grandiosen, unangenehm klassizistischen Gebäude quasi noch etwas die Füße vertrat, bevor er – auf englische Art – gemach im Vértes-Gebirge verschwand. Im Schloß herrschte nicht meine Großmutter, sondern »die alte Gnädige Frau«, ihre Schwiegermutter, die ich später in der Zeit der Aussiedlung selbst noch kennenlernen sollte. Dort starb sie auch, vor ihrem Tod lag sie wochenlang regungslos da. Es war ihr nur noch eine einzige Bewegung geblieben: Wenn sie gähnen mußte, legte sie eine Hand vor den Mund; diese Bewegung behielt sie bis zum Tode, die universelle Dressur.

Die Geburt meines Vaters – denn er wird geboren werden, da kann er sich, ohnmächtig wie er da drinnen als Kryptokommunist ist, noch so abstrampeln – brachte meiner Großmutter eine gewisse Eigenständigkeit, sie zogen in das ursprünglich nur als Jagdhaus benutzte Schloß von Majk.

Großmama fehlte es an Liebreiz. Das machte das Harte noch härter, ihre Bitten klangen wie Kommandos, obgleich ihre Kommandos nie in Kommandiererei ausarteten. Ihre Konsequenz aber machte sie berechenbar, verläßlich, und das sowie ihre permanente Hilfsbereitschaft erweckten dann doch von Zeit zu Zeit den Anschein von Freundlichkeit.

Was den Anschein anbelangt, dem Anschein nach hatte sie nichts Aristokratisches an sich, obwohl beide Eltern Károlyis waren (»deine Großmutter ist eine Károlyi über alle Maßen«), und was sonst noch die Mängel anbelangt: Es mangelte ihr vollkommen an jeglicher Vergnügungssucht (es war ihr ein leichtes, den viktorianischen Rat bzgl. des Geschlechtsverkehrs zu befolgen: close your eyes and think of England), sie interessierte sich nicht für das Schöne, sie interessierte sich nicht für Geschmäcke, sie stand in keinerlei Verbindung zur sinnlichen Welt, meine Großmutter hatte gar keinen Körper – außer als sie gebar.

»Haben Sie schon mal geboren, Menyus?« Menyus wurde rot. Er liebte meine Großmutter sehr, dabei wußte er da noch gar nicht, daß das zweite Kind, der jüngere Bruder meines Vaters, so heißen würde wie er. Liebe ist nicht das richtige Wort, denn zu lieben wagte er nicht, sagen wir's so: Er verehrte sie emotionell. »Denn ich gebäre jetzt.«

»Noch nicht, Eure Exzellenz, Ihr gebärt noch nicht.«

»Was mache ich dann?!«

»Ihr sprecht mit mir.« Und wieder wurde er rot. »Verzeihung. Ich bitte Euch, gebärt jetzt nicht, das geht jetzt nicht.« Und er deutete erneut hinter seinen Rücken, aber diesmal mit dem Kopf, wie ein Pferd, das man an der Kandare zerrt. Großmama winkte ungeduldig ab.

»Was haben Sie denn nur immer mit den Kommunisten?«

»Ich mit denen, Eure Exzellenz?!« Der Diener tat verblüfft. Er wollte sagen, hier ging es nicht um ihn, aber er schwieg, denn es ging ja nie um ihn. Ich bin der Meinung, meine Großmama war im Herzen eine Kommunistin, zumindest trachtete sie auf allen Gebieten des Lebens nach Gleichheit. Nein, das ist mißverständlich, meine Großmama war keine Revolutionärin, sie war eine gnädige Frau, aber sie maß die Menschen mit gleichem Maß. Sie ging vielleicht nicht so weit zu denken, daß das Sein das Bewußtsein bestimmt, obwohl, wenn das Sein das Bewußtsein bestimmt, konnte sie das auch gar nicht denken.

»Menyus«, meine Großmutter setzte dieser ungewohnten Plauderei ein Ende, »Sie lassen jetzt sofort einspannen, damit ich noch beizeiten den Schnellzug nach Tata erreiche, und hören Sie auf herumzufuchteln. Und Sie, mein Junge, warten«, warf sie meinem ungeborenen Vater streng hin, beziehungsweise sie sagte, was Faust im Augenblick höchsten Glückes sagte, mein Söhnchen, verweile noch, du hast es besser dort drin, und verließ, ihren runden Bauch vor sich herschiebend, den Roisin-Salon.

20

Mein Vater gehorchte und es blieb ihm noch eine gute Woche dort drin im wohligen Dunkel. Die letzte ruhige Woche seines Lebens. Seine letzte freie Woche. Er wartete, bis man die glorreiche Räterepublik ausgerufen hatte…

Sein Leben begann komplizierter, als es in unserer Familie üblich war. Ein neues Esterházy-Leben pflegte mit einer so sanften Bewegung in die Welt zu plumpsen, als hätte alles und jedes seit jeher nur darauf gewartet. Als hätte es eine Leerstelle in der Schöpfung gegeben, eine Lücke, einen Hiatus, ein Nein, das auf ein Ja wartete, eine Wunde – eine leichte Blessur –, die verheilte, sobald der neue Sproß gleichwohl wie aus dem Himmel weich und schmerzlos angekommen war. Die Ordnung war wiederhergestellt. Die Leibeigenen tanzten um helle Feuer, im Schloß, mehr noch, in den Schlössern klingelten die Kristallgläser. Priesterhände, Kaplanen- und Bischofshände falteten sich zu Dankesgebeten.

Wie früher die Kinos die neuen Filme ankündigten: Neu! neu! neu! Wieviel Achtung, Aufmerksamkeit, Arbeit und Organisation ging diesem Neuen voran. Man hatte Angst um den Ankömmling und Angst um sich selbst, deswegen versammelten sich Hebammen, Wundheiler, Priester und nicht zuletzt Anwälte um das Ereignis. Jetzt gab es keine Versammlung.

Ich habe es mehrfach gehört und konnte es in den Aufzeichnungen der Familie an mehreren Stellen nachlesen, als Epitheton ornans, mein Vater sei seit Jahrhunderten der erste Esterházy gewesen, der rang- und standesungemäß geboren wurde. Rang- und standesungemäß, offensichtlich wiederholte das die Familie mit großer Lust, süffisant, auf alle Fälle stolz, schaut her, uns ist sogar das gelungen, es reicht nicht, daß wir voller Rang und Stand sind, einer von uns vermag sogar noch das Gegenteil davon. Natürlich sagte man das im *nachhinein*, man sah auf diese wenigen offiziellen Tage zurück wie auf eine Posse, einen ›*Scherz*‹ der Geschichte. Damals konnten sie sich noch gar nicht vorstellen, wie sehr man sich an diesen Scherz gewöhnen kann, wie einfach wir rang- und standesungemäß werden leben können, daß mein Vater lediglich der erste in einer Reihe war, die noch lang zu werden versprach. Sein zerrüttetes Wickelkissen markierte das Ende, das Ende der erwähnten Jahrhunderte, nur daß das damals noch keiner wußte. Die Letztigkeit des letzten Augenblicks ist erst im Augenblick danach zu sehen, notwendigerweise zu spät.

21

Die Familie sah dem neuen Jahrhundert, das sich im Kleide der sozialistischen Theorie und des Liberalismus (oder wie es einer von uns – schmerzlich, aber wahr – formulierte: dieser ganzen jüdischen Wirtschaft) präsentierte, nicht gerade mit überschäumender Freude entgegen. Entweder ist man christlicher altkonservativer Royalist oder von überschäumender Freude. Diese Theorien, verkündete der alte Graf, sind entweder für eine Bevölkerung von Engeln ohne Fehler und Schwächen erdacht oder für eine Bevölkerung von Automaten, welche gut geölt und eingestellt die ihnen zufallende Arbeit ohne nachzudenken zu erfüllen hätten. Aber für Menschen sind diese Theorien nicht.

Die familiäre Erinnerung erreicht ihre geistigen Höhen nicht im Heraufbeschwören der Revolutionen, ihre Horizonte verengen sich plötzlich – wir neigen dazu, die Standpunkte unserer Mörder kleinlich zu ignorieren –, vom Aristokratischen bleibt nur mehr die Geziertheit, die Blasiertheit und dieser kleine, vor Angst verkrampfte Dünkel. Die interessante Stimme der Tanten ist das.

22

In unserer Gemeinde war der Diktator ein Maurerpolier, Gyula Halnek mit Namen, dessen gesamte Familie seit Generationen auf unseren Besitzungen großgeworden und in unseren Diensten gestorben war. Nur den Vater dieses Maurerpoliers war mein Urgroßvater gezwungen gewesen, wegen dessen ständiger Trunkenheit aus den Diensten meines Urgroßvaters zu entlassen. Als die Revolution ausbrach, stand der Polier schon an der Spitze der Csákvárer sozialistischen Parteigruppe, welche damals aus arbeitsscheuen, übelbemundeten Männern und Frauen bestand. Diese sozialistische Rotte eröffnete sofort den Kampf gegen den »Grafen« und den »Pfaffen«.

So sehr Charakter und Lebensweise Halneks auch verachtenswürdig waren (ich muß feststellen, stellte mein Urgroßvater fest und war ob seiner selbst befremdet, daß er sich den Namen Halnek überhaupt gemerkt hatte), als Agitator war er erstrangig. Er ging mit einem geheimnisvollen Lächeln durchs Dorf:

»Der Graf paßt besser auf, wir werden's ihm schon noch zeigen.«

Halnek erkannte sehr richtig, daß eine auf den Volkswillen gebaute Regierung den alten Spruch beherzigen mußte: panem et circenses, also stellte er eine Blechmusikbande auf, welche bei feierlichen Anlässen die Marseillaise mit großem Lärm und vielleicht sogar mit Überzeugung, dafür aber zum Verzweifeln falsch herunterblies.

Eine gute Woche vor dem eine gute Woche später eintretenden Ereignis wurde meinem Urgroßvater gemeldet, man habe auf der sozialistischen Parteiversammlung, quasi als Bestrafung für ihn, einen Umzug mit roten Fahnen beschlossen. Die roten Fahnen setzten meinen Urgroßvater einigermaßen in Erstaunen.

»Demnach verfolgt Halnek nicht mehr sozialistische, sondern schon kommunistische Ziele.«

»Das, Herr Graf, wissen wir, bitte schön, nicht so direkt.«

Seinen Angestellten, welche in der sozialistischen Partei waren, legte mein Urgroßvater ans Herz, wie er sich ausdrückt, an dem Zug teilzunehmen und sich nach Möglichkeit so in den Reihen zu verteilen, daß sie etwaige Ausschreitungen verhindern können. Aber er machte sich keine Sorgen, er hatte schon öfter Arbeiteraufmärsche gesehen, mehr noch (»war selbst aus Neugierde in verschiedenen Städten mit ihnen marschiert«), er würdigte die eiserne Disciplin, welche jede Übertretung ausschloß, es sei denn, die Führer wünschten solche. Worauf man ihm in größter Aufregung meldete, Halnek habe beschlossen, den Demonstrationszug in den Schloßhof zu führen und dort eine Volksversammlung abzuhalten.

Dies ging uns dann doch ziemlich nahe.

23

»Mein Verhältnis zur Csákvárer Bevölkerung war noch ein ganz eigentümliches. Der größte Teil der Leute behandelt die Herrschaft als ein mystisches Etwas, welches, von meiner Persönlichkeit unabhängig, das Gute und das Böse in Csákvár spendet. Braucht jemand Geld, so leiht er sich's aus dem Pensionsfond um mäßige Zinsen; geschieht ein Unglück, Feuersnot, so wird die ›Herrschaft‹ um Ziegel und anderes Baumaterial angegangen; gibt es einen unheilbar Kranken, so sucht er bei der ›Herrschaft‹

Unterstützung – nicht selten hatte ich die Impression, man machte mich selbst dafür verantwortlich, wenn einer starb!, welch eine Ehre, als würde ich etwa ewig leben!, ich glaube, sie dachten, ich würde; ich werde euch enttäuschen müssen, Männer! Das Handküssen ist auch noch in Schwung, und wenn halt doch die modernere Auffassung, die Besorgnis bei ansteckenden Krankheiten vor Infektion und im Winter vor dem Nasentröpfel die ›gütige Herrschaft‹ veranlaßte, sich das Handküssen zu verbieten, so hieß es bald: ›So stolz! Nicht einmal handküssen darf man mehr!‹ Und erst ganz, ganz spät in der kommunistischen Zeit hörte Freund und Feind auf, von mir und meinem Besitz als ›Herrschaft‹ zu reden, und als Dank Gottes Gnade und aus dem natürlichen Verstand der Menschen folgend die Kommune am 2. August krachte, waren die ärgsten Vertrauensleute meiner Knechte die ersten, die mir feig die Hand küßten. Schloß und Herrschaft waren im Dorf tabu. Ich vermag es mit Worten nicht ganz verständlich zu machen, aber selbst während des Kommunismus hörte ich zum Beispiel von meinen Torwächtern und Jägern entrüstet erwähnen, was für ein großer Kommunist der eine oder andere sei, da er sich in der Nähe des Schlosses zu pfeifen oder laut zu rufen traute. Ich brauche nicht zu erwähnen, daß ich mit niemandem wegen des Pfeifens konsultierte. Daß man ungebeten in das Schloß eindringen könnte, erschien als etwas so Enormes und Unwahrscheinliches, daß einzelne und nicht ganz dumme Menschen, denen ich an diesem Vormittag begegnete, nur lachend und ungläubig erzählten: ›Haben Sie schon gehört? Der Halnek will in den Schloßhof!‹ Als hätten sie gesagt, er wolle fliegen, oder als ob er der Papst von Rom wäre.«

24

Nachdem sich mein Urgroßvater samt Familie vorgenommen hatte, sich lieber zu Haus als irgendwo auf der Flucht erschlagen zu lassen, sahen sie den Ereignissen mit Gelassenheit entgegen. Vor einigen Türen ließ mein Urgroßvater pro forma Diener aufstellen, beziehungsweise nahm Geld und Wertgegenstände an sich und empfahl das auch der Familie für den Fall, daß man gezwungen wäre, aus dem Schlosse zu weichen. Zum Mittagessen waren die Schwägerin meines Urgroßvaters, Gräfin Eleonora von Lamberg, sowie unser unmittelbarer Gutsnachbar Graf Fülöp von Meran angesagt. Bei ihnen gab es keine Agitationen, beide waren auch ziemlich erstaunt über den Rummel bei uns.

»Ich wußte gar nicht, daß eine Revolution ausgebrochen ist!« Die Gräfin lachte. Meine Großmama sah zum Fenster hinaus. Manchmal mußte sie das tun, um keine Menschen sehen zu müssen. Diese Momente beichtete sie dann später.

Da mein Urgroßvater die unüberwindliche Gewohnheit hatte, nach dem Essen eine Liegekur auf dem Balkon zu absolvieren, empfahl er sich den Anwesenden und bat sie, nachdem er ihnen eine gute Unterhaltung gewünscht hatte, um die strikteste Einhaltung seiner Vorsichtsmaßregeln, welche auf Kaltblütigkeit, Phlegma und Duldsamkeit gegründet waren, und damit entfernte er sich, ließ sich auf seinen aus Klausenburg stammenden Liegestuhl nieder und schlüpfte in seinen guten alten Fußsack. Von seinem Balkon aus konnte er nichts sehen, hörte aber sehr gut diesen speziellen murmelnden, unartikulierten Lärm, den Volksmengen hervorrufen und welcher – so die Informationen meines Urgroßvaters – auf dem Theater kopiert wird, indem die Statisten, die das Volk darstellen, das Wort *»›Rhabarber, Rhabarber‹«* wiederholen. Ich glaube, für meinen Urgroßvater bedeutete die Revolution genau so viel: *›Rhabarber‹*.

25

»Die rote Fahne pflanzten sie auf den obersten Treppenabsatz, und Fendrich, Verzeihung, Genosse Fendrich, der sich sein Brot als Holzhacker, Zimmermann, Baumeister verdient, eröffnete die Versammlung. Links und rechts neben Gyula Halnek standen stets zwei Satelliten in strenger Habachtstellung, und es rief oft die Bewunderung der unbeteiligten Zuschauer hervor, mit welcher Ausdauer diese zwei gardes de corps selbst bei strengster Kälte der im Freien abgehaltenen Volksversammlung diese Dienststellung während der oft ein bis zwei Stunden dauernden Beratungen behielten. Ich bin der Ansicht, die taube, männliche Ausdauer dieser beiden Brocken hat dieser Judenwirtschaft mehr genützt, als die vielen Worte, die sie (und auch wir!) für so wichtig hielten. Halneks Rede drehte sich im Kern um die Aufteilung meines Besitzes. Mit tosendem Gebrüll wurde der Antrag einstimmig angenommen.

Ich kann nicht behaupten, daß mir das angenehm ankam.

Es war ein Kardinalfehler aller Parteien konservativer Richtung, daß sie die Berechtigung dieses Wunsches nach einer Bodenreform niemals in ihrer parlamentarischen Tätigkeit anerkannten und die liberalen und sozialistischen umstürzlerischen Bestrebungen nur durch ein starres Verneinen bekämpften. Lumbaler Rückgratabschnitt! Der Pfarrer von Környe schickte uns ein sogenanntes Gymnastikrezept. Seit Onkel Miksa denken alle, wir sind eine Sportlerfamilie. Auf der Terrasse sieht es zum Glück keiner. Der Herr Pfarrer ist eine absonderliche Figur, ich würde ungerne Gedankenaustausch mit ihm machen, aber vielleicht ist sein Rezeptlein gut. Auch ein Mensch mit schlechter Gesinnung kann Gutes vollbringen. Er hat eine wunderschöne Handschrift, die Benutzung einer geschlitzten Feder verleiht der Kalligraphie Puls und Dynamik. Ich müsse die Übungen langsam ausführen, schreibt er, jede mindestens dreimal hintereinander, dabei solle ich mich ausruhen, so werden es dann fünfzehn Minuten.

Rhabarber, Rhabarber.

Im Laufe der Rede fielen zahlreiche Ausfälle gegen mich und gegen die Familie Esterházy im allgemeinen, welche das Volk über Jahrhunderte bis auf Blut ausgesaugt hat, aber nun sei genug, was für nichtsozialistische Ohren, so zum Beispiel für die meinigen, überaus geschmacklos klang.

Dann kam fahrplanmäßig die Strick-Sache auf, was mir bei den Versammlungen, wie mir gemeldet wurde, stets vorgehalten wurde.

Obwohl ich, wie ich schon erwähnt habe, einer Tradition folgend, welche ich von meinem Vater übernommen habe, nach Möglichkeit für die Ortsbedürftigen Brennholz austeile, war der Holzdiebstahl im Walde ein ganz enormer geworden. Aber nicht zufrieden mit dem Waldfrevel fingen sie auch im Schloßpark an, nicht nur Klaubholz zu sammeln, sondern auch Äste und schwache Bäumchen abzubrechen. Ist es ein Wunder, wenn mir da oft die Geduld riß und ich die Leute energisch aus dem Park hinaustrieb? (Es gab welche, die sich damit auch brüsteten: ›Der Graf hat mich eigenhändig verjagt!‹) Ich hatte dazu unter allen Umständen das Recht, sowohl formal, man hatte mich bestohlen, als auch inhaltlich, da ich dahintergekommen war, daß damit ein schwunghafter Handel getrieben wurde. Aus gegenseitigem Neid waren nämlich einzelne zu meiner Frau gekommen und hatten geklagt, selbst das gestohlene Holz (sic!) sei jetzt unerschwinglich, die Leute verlangten für eine Schürze voll schon zwei Kronen. Da hatte ich nun einmal einem alten Weib ihren Strick weggenommen, mit dem sie das Holz zusammenbinden wollte. Ich habe das Weib bis zum Parktor gewiesen und war mit dem Strick nach Hause gegangen. Der Strick war fraglos nicht mein Eigentum, aber es stimmt nicht, daß ich die Frau mit dem

Strick durchgegerbt hätte, und jene hämische Behauptung, das Mensch sei gar nicht betagt gewesen, und ich hätte sie sozusagen durchgewalkt, ist – in Kenntnis meines Alters, meines Charakters, meiner Biographie, meiner Auffassung von Familie und meiner Verpflichtung meiner Kirche gegenüber (zu Zeiten meiner großen Kämpfe beschimpfte man mich als Priesterlakai) – einfach lächerlich und qualifiziert sich selbst beziehungsweise den, der sie verbreitet.

Bei den meisten Versammlungen wurde nun, als Beweis gegen meine aristokratische Hartherzigkeit, Habsucht und Überhebung, dieses Strickes Erwähnung getan, und eifrige Zwischenrufer verlangten, daß ich daran bei den Füßen aufgehängt werden sollte, damit mein schönes blaues Blut Hals über Kopf durcheinanderlaufen möge, was ich als eine gute Äußerung des Volkshumors verstand. Und das Weib saß bei jeder Versammlung dabei und fing auf Verlangen zu kreischen an, sie sei ebendas unglückliche Opfer meiner tyrannischen Launen. Hier nun auch, unter meinen Fenstern, wurde des Strickes Erwähnung getan, und es war nicht ganz angenehm, diese Litanei von Beschimpfungen unter den Augen meiner gesamten Dienerschaft mitanhören zu müssen, unter denen besonders ein über dreißig Jahre lang dienender Hausdiener mit schadenfrohem Gegrinse die rote Fahne grüßte. Menschliche Dankbarkeit ist nicht eben ein Fels, auf den man bauen könnte.

Meine Familie und unsere Gäste, inclusive meiner Schwiegertochter, die in gesegneten Umständen war, hatten hinter geschlossenen Fenstern, sozusagen aus einer Inkognitologe, dieser würdelosen Komödie zugeschaut, diesem lumpigen Aufmarsch menschlicher Schwäche und Niedrigkeit, und ich glaube bestimmt annehmen zu können, daß Halnek sehr erstaunt war, daß wir ihn so vollständig ignorierten. Die Vorstellung war für mich gedacht, ich hätte mich erschrecken und seine Wichtigkeit begreifen sollen. Aber ich mußte ja meine Liegekur einhalten, nicht wahr.«

26

»Eure Exzellenz, der Wagen steht bereit. Und ich habe Gewand zum Umkleiden mitgebracht.« Nach einer kleinen Pause fügte er leise hinzu: »Von meiner Frau.«

»Was, wozu?«

Diese knappen, scharfen Fragen müssen in der Familie liegen, mein Vater hatte diese Angewohnheit; wenn er uns beim Fußballspielen zusah, und wir einen Fehlpaß spielten, schrie er uns sofort an: *Wem, wohin, wozu?* Das war das schlimmste an einem schlechten Paß. Als hätte uns der Herrgott aus dem Himmel gefragt, wem, wohin, wozu? Eigentlich gibt es keine anderen Fragen, nur diese drei. Beziehungsweise, eine gibt es noch. Wenn wir, selten genug, unserem Vater etwas mit der Absicht vortrugen, ihn zu überzeugen, neigte er leicht den Kopf, schob die Brille ein wenig über den Nasenrücken, blickte uns über die Brille hinweg an und sagte dann, überhaupt nicht scharf, im Gegenteil, sanft, mit liebenswürdiger, ohnmächtiger Zartheit: *So.* Es war eine Frage, aber er fragte nicht. Im nachhinein fällt mir auch noch ein, wie stilisiert diese Bewegung war, ein Spiel, eine Geste, um eine Geste anzudeuten!, schließlich war mein Vater kurzsichtig, mit Brille konnte er viel weiter sehen. Zu behaupten, er hätte damit indirekt ausgedrückt, schet, meine Söhne, ihr steht mir nahe, wäre eine Übertreibung.

»Eure Exzellenz sollten sich umziehen. Damit wir keine Aufmerksamkeit erregen.«

»Was machen Sie's so kompliziert, Menyus?!« Großmama winkte ab, denn es mangelte ihr tatsächlich ganz und gar an Listigkeit. Ihr Denken kannte keinen Hintersinn. Sie beschritt stets einen geraden Weg; scherzhaft könnte ich sagen, auch vierzig Jahre später tat sie das, als sie immer nach Oroszlány rüberging. Ich weiß aus Erfahrung, was es bedeutet: querfeldein zu laufen.

Sie winkte ab und ging los, hinaus auf den Hof. Dort ging die Versammlung gerade zu Ende, die letzten revolutionären Phrasen waren verklungen, als die Menge auf einmal anfing, die Hymne zu singen. Daraufhin sagte meine Großmutter:

»Gott, segne den Ungarn!« Sprach's und ging auf die Menge los. Diese teilte sich vor ihr wie das Rote Meer. Das wäre niemandem aus der Familie gelungen. Meinem Vater vielleicht, aber zu seiner Zeit waren die Massen schon andere. Oder ist die Masse immer die gleiche? Man könnte sogar behaupten, auch damals schon habe sich die Menge für meinen Vater geteilt, denn er war ja da drin, im Dunkel der Großmama. Halnek tat so, als hätte er nichts davon bemerkt.

Mein Urgroßvater hatte das alles nicht gesehen (er nahm seiner Schwiegertochter diese Sturheit dann auch bis zur Geburt meines Vaters übel, genauer gesagt, bis zu dem Augenblick, als er das Neugeborene sah), er hörte die Hymne »zu seinem größten Erstaunen«. War nun das Singen des Hymnus bei dieser Gelegenheit eine naive Konfusion der noch nicht internationalistisch genug gedrillten Genossen, oder sollte es eine Gegendemonstration gegen Halnek sein? Das konnte er nie herausbringen, brachte er heraus.

27

»Exzellenz, da ist eine Nachricht aus Pest gekommen, daß wir Herrn Grafen liquidieren müssen.«

»Verstehe. Und?«

»Wir bitten Exzellenz, sich irgendwohin zurückzuziehen.«

»Ich soll mich verstecken?! Verstecken in meinem eigenen Land, meinem eigenen Zuhause?!«

»Ja. Nein. Natürlich kann davon keine Rede sein. Aber vielleicht für die kurze Zeit, bis ich die Hausdurchsuchung durchgeführt habe ... wenn Herr Graf solange dort hinten im Holzschuppen ... weiterzulesen beliebte ...«

...

»Verzeihen Sie die Unannehmlichkeiten, Exzellenz, wir sind schon so gut wie fort.«

»Bittesehr.«

28

Die Wohnung in Budapest am Fuße der Burg als Palast oder auch nur als Palästchen zu bezeichnen wäre eine Übertreibung sowie dilettantische Prahlerei, allerdings war sie weitläufig genug, um ins Auge zu fallen – wenn die Zeiten so sind, fällt alles ins Auge, nicht nur 50 000 Joch, auch 50, das ist offenbar eine Frage des Auges, des Auges und des Fallens; so wurden die Zimmer im Erdgeschoß, die normalerweise meinem Urgroßvater als Quartier dienten, sofort requiriert und einem sogenannten Arbeiter-Zahnarzt zugeteilt, so daß sich die Familie meines Großvaters mit den drei, vier Räumen im oberen Trakt begnügen mußte. Auch das ist eine Frage des Auges, dieses Sich-begnügen.

Sobald Großmama die Wohnung betrat, setzten die Wehen bei ihr ein, und sobald die Wehen bei ihr eingesetzt hatten, blieb im Wohnzimmer die riesige Kettenpendeluhr stehen, und das, obwohl mein Großvater erst am Dienstag die Kette aufgezogen hatte (d.h. das Gewicht an der Kette), und normalerweise lief sie in solchen Fällen problemlos zwei, drei Wochen lang. Es war schon gespenstisch. Das Gewicht blieb in Höhe des oberen Drittels der Kette stehen, sank nicht weiter herab. Wie mein Großvater feststellte, hatte sich ein kleines Kettenglied – auf geheimnisvolle Weise und aus geheimnisvollem Grund – quergelegt, so daß das Zahnrad es nicht erfassen konnte. Herr Schatz – Oliver Thomas V. Schatz, wie er sich selbst zu nennen pflegte –, Uhrmachermeister aus Kronstadt, den mein Großvater noch am Samstag vormittag kommen ließ (die »Pester« Uhren gehörten in seinen Einzugsbereich, er muß in unserer Nähe gewohnt haben, denn er war immer sofort zur Stelle, als hätte er den ganzen Tag, den ganzen Monat, das ganze Jahr nur darauf gewartet, daß wir ihn rufen ließen), sagte, er habe so etwas noch nie gesehen, das Kettenglied sei auch durch die *Linse* betrachtet fehlerlos, und das Phänomen gehorche nicht einmal den elementarsten Gesetzen der Physik, da die Kette durch das Gewicht und das Gewicht der Kette nach unten gezogen und um das Zahnradsystem gespannt gehalten werde, also müsse irgend jemand oder irgendwas die Kette für einen Moment angehoben haben, damit das Kettenglied sich so verdrehen konnte. Das Zahnrad, bei dem das passiert war, war fehlerlos. Auch der Stand des Achselwinkels und die Fixage waren perfekt.

Ein Verdacht ist wie ein Erbe, er fällt einem zu, aber in diesem Fall konnte er auf niemanden fallen, es sei denn auf meinen Großvater, den Schlüssel der Vitrine hatte er in der Westentasche!, aber der Gedanke daran, daß vielleicht er ... Manche Sachen gibt es einfach nicht. Herr Schatz legte die Vergrößerungsgläser, seine »Linsen«, in den schwarzen Holzkasten mit dem dunkellilafarbenen Samtfutter und den goldenen Lettern, *1706–1856* LEIPZIG, und murmelte vor sich hin:

»Manchmal wäre man zu der schändlichen Annahme geneigt, in unserer Umgebung würden Wichtelmännchen ihr Unwesen treiben.«

Mein Großvater sah ihm mißtrauisch zu, Herr Schatz war der Meinung, man müsse die Uhr unter Beobachtung halten und bat um Erlaubnis, in den folgenden fünf Tagen, wenn möglich auch am Sonntag, jeden Nachmittag zur gleichen Zeit, und hier war er es, der meinem Großvater einen mißtrauischen Blick zuwarf, zwischen halb drei und dreiviertel drei vorbeikommen zu dürfen, um die Uhr zu kontrollieren. Mein Großvater nickte, womit die Erlaubnis erteilt war, und gab dann Anweisung, Großmama in die Hebammenschule in der R.-Straße zu bringen.

29

Wo später dann auch ich geboren wurde, aus irgendeinem Grunde galt das auch 1950 noch als eine elegante, noble Sache, obwohl es inzwischen weder Eleganz noch Noblesse gab. Man sagt, auch die Schwalben kehren immer wieder an denselben Ort zurück, obwohl die Schwalbe ja gar nicht mehr *die* Schwalbe ist…

Jedenfalls hatte mein Vater vergessen, Wickelkissen und Babykleidung mitzubringen. Er kam hereingeschwebt mit seiner großen, sperrigen Aktentasche (»alt, fett glänzend, bauchig wie ein Hund in anderen Umständ«), er war untrennbar mit ihr verwachsen, ich sah ihn jahrzehntelang nur mit dieser Aktentasche – unser Wappen und Zier.

»Und, wo sind die Sachen?« fragte meine Mutter erschrocken.

»Was für Sachen?«

»Na die, in denen wir den Péter mit nach Hause nehmen.«

»Ach so, die hab ich ganz vergessen.«

Damals wohnten wir schon oben auf dem Berg, schon wieder und immer noch, anderthalb Stunden hin, das gleiche zurück; in seiner Not schlug mein Vater vor, man solle mich in ein Kleid meiner Mutter einwickeln und:

»Laß uns ihn in die Tasche tun! Die Leute werden sich zwar ein wenig wundern, aber egal. Zu Hause wickeln wir ihn dann ordentlich ein.« Meine Mutter wurde daraufhin fuchsteufelswild, ich hatte sie noch nie so aus sich herausgehen sehen.

»Bist du wahnsinnig geworden? Ein Kind in einer Aktentasche? Habe ich es deswegen etwa zur Welt gebracht? Geh weg von hier! Geh nach Hause! Geh, wohin du willst! Die Bogyi und ich, wir werden das schon regeln. Nimm deine Aktentasche mit. Nimm sie weg.«

Seitdem betrachte ich diese riesige, schiffsgroße Aktentasche, als wäre sie mein Wickelkissen, meine Wiege gewesen. Von hier aus bin ich gestartet: fast. Sie bekam viele Zärtlichkeiten von mir, die meinem Vater zugedacht waren; immer wieder streichelte ich über das Leder, das mit der Zeit immer dunkler und glänzender wurde, lockerte den Riemen, mit dem die Tasche mehr oder weniger sich selbst umarmt hielt und reinigte, wie die sorgsame Mutter die Ohren des Kindes, ihre komplizierten, staubigen Falten – wenn mich keiner sah.

30

»Sagen Sie bitte«, sprach mein Großvater (vielleicht das erste Mal überhaupt mit Worten) den im Gehen begriffenen Herrn Schatz an, »das ist ja doch eine Fachfrage, wird es hier eine neue Zeitrechnung geben?«

Herr Schatz tat so, als hätte er meinen Großvater nicht verstanden, aber er antwortete.

»Die Uhr ist stehengeblieben, nicht die Zeit«, und damit verabschiedete er sich. Aber zur Kontrolle der Wanduhr konnte er nicht mehr kommen, denn Großvater wurde noch in derselben Nacht verhaftet. Man zerrte ihn mitten in der Nacht aus dem Bett. Er blätterte gerade in seinem geliebten »Spectator«.

Großvater war förmlich für eine Festnahme geboren. Schon mit seinem Blick stimmte etwas nicht, genauer gesagt, es stimmte alles an ihm, als hätte man *den* Aristokraten nach seinem Muster geschneidert, feine Züge, elegante Bewegungen, ureigenes Selbstvertrauen, Bildung, Wissen, Hochmut, mein Großvater war nicht nur er selbst, sondern »alles«, die alte Welt, eine Quintessenz von der Herrenschurkerei bis hin zum Feenreich, es wäre jedenfalls schwer gewesen, von unten her auf ihn herabzuschauen, so wurde er im Laufe des Jahrhunderts von Zeit zu Zeit ohne weiteres Nachdenken sofort verhaftet – noch bevor er den Mund aufmachen konnte. Und wenn er ihn aufmachte, verschlechterte das nur noch seine Lage.

Wenn sein eisiger, jahrhundertealter Blick jemanden streifte, versteinerte derjenige auf der Stelle.

31

Das haben wir dann auch in der Schule gelernt; auf der Klassenfahrt mußten wir uns die Steine angucken. Denn wir hatten da so eine Kommunistin als stellvertretende Direktorin, die Frau Váradi, die den Klassenkampf an uns, meinem jüngeren Bruder und mir, probte.

Und an meiner Mama. Nur, an ihr konnte sie es nicht, denn meine Mama hatte keine Angst, beziehungsweise Angst hatte sie schon, alle hatten Angst, aber einschüchtern konnte man sie nicht mehr, in den sechziger Jahren hatte meine Mama ihren Vorrat an Angst bereits aufgebraucht. Erst als wir erwachsen waren, wurde sie wieder schreckhaft. Es war wirklich zum Verzweifeln, aber das zählte damals nicht mehr so, als hätte der Lebensabend meiner Mutter gar nicht mehr wirklich zu meiner Mutter gehört. Höchstens als eine Art Anhängsel. Mir kam es so vor, daß ihr nichts mehr widerfuhr. Das größere Übel war, daß auch sie es so sah.

Klassenfahrt, Bakony-Vértes-Gerecse, Schloßpark.

»Hier seht ihr ein abschreckendes Beispiel für den Feudalismus!« Frau Váradi zeigte hitzig auf die Steine.

»Dein Großvater scheint 'n cooler Typ gewesen zu sein«, flüsterte man mir zu.

»Jupp.«

Wir waren nicht sonderlich abgeschreckt; den anderen hing ich, mein Name, sowieso schon zum Halse raus, daß die Frau Váradi ständig meiner gedachte (obwohl sie mich, wofür ich ihr dankbar war, niemals ansah). Ein Spaziergang durch das Vértes-Gebirge ist natürlicherweise damit verbunden. Obwohl, daß uns dort alles gehört haben soll – denn irgendwie ist das dabei klargeworden –, das hat keiner geglaubt. Keiner. Nur in der Frau Váradi brodelte der proletarische Zorn.

Wenn wir an ein neues Jägerhäuschen kamen, nickten die Jungs nur noch resigniert, das ist wohl auch deins, was?!, woraufhin ich sagte, was denn sonst, der Tereschkowa gehört's bestimmt nicht, und dann zeigten wir, such' dir einen aus, johlend den Finger: jeder jedem.

32

Vor der Frau Váradi hatten alle Angst, sogar die Lehrer, sogar die Eltern. Wir wußten bereits, daß ein Lehrer eine offizielle Person war, aber die Frau Váradi war auch eine staatliche, als hätte sie János Kádár persönlich geschickt oder gleich der Béla Kun, mit einem Wort: eine Kommunistin durch und durch, etwas, was in meinen Augen überhaupt nicht existierte oder wenn doch, dann war es der Terror, der Ekel, die Ränke selbst, etwas, worüber man gar nicht nachdenken mußte, der Mensch ist kein Kommunist, der Kommunist ist kein Mensch, keiner wie wir, ein krimineller Verbrecher, ein liederlicher Verräter, es lohnt sich gar nicht, sich mit ihm zu beschäftigen oder wenn doch, dann nur deshalb, weil er sich seinerseits mit unsereinem beschäftigt, er will uns vertilgen, also muß man doch auf der Hut vor ihm sein wie vor einem tollwütigen Fuchs oder einer Ratte oder Läusen.

Ich würde nicht behaupten wollen, daß ich das zu Hause gelernt hätte.

Ich kam eher aus eigenem Witz darauf. Daß man über die nicht nachdenken sollte. Diese Vaterlandsverräter.

Mein Vater schwieg, und die raren Äußerungen meiner Mutter widersprachen meinen Schlußfolgerungen nicht.

Aus der Tatsache, daß die Frau Váradi von allen gehaßt wurde, leitete ich die Schlußfolgerung ab, mein »Menschenbild« bezüglich des Kommunismus würde von allen geteilt. Natürlich war das nicht so, aber da ich es für ein unanfechtbares Zwei-mal-Zwei-ist-Vier hielt, schien es einfacher, das heißt naheliegender zu sein, die Tatsachen meiner Theorie anzupassen – zum Beispiel den Papa vom Józsi Bór, der ein netter Mensch war und sich trotzdem einen Kommunisten nannte, obwohl er jene Kommunisten, die wir sehen konnten, verachtete –, einer urkommunistischen Praxis folgend, was ich natürlich nicht wußte, hielt ich das, was ich ablehnte, des Kennenlernens nicht wert. Ich habe es gar nicht abgelehnt, ich habe es ausgekotzt. Ihr habt es mir in den Rachen gestopft? – gut, dann kotze ich es eben aus! Damit hatte ich für mich das Problem einer der größten Versuchungen der Intellektuellen im 20. Jahrhundert mehr oder weniger gelöst. Der arme Sartre, wenn er das gewußt hätte …

Die Genossin stellvertretende Direktorin sagte Sätze, die man sonst ausschließlich in Zeitungen lesen konnte. Es gab auch andere, die so was sagten, aber die schienen es eher unter Zwang zu tun. Herr Helmeczi, den wir sehr liebten, der über die Ady-Gedichte in Tränen ausbrach, die alte Schule, da hatte die Literatur noch ihren Wert, begleitete solche Ausdrücke mit Augenzwinkern, der derbe Naturalismus ist eine Beleidigung für unser werktätiges Volk, Zwinker!, obwohl er das nur tat, wenn er getrunken hatte; wenn nicht, denn auch das konnte theoretisch vorkommen, begann er zu stottern, Soss-soss-soss, als würde er nach der Soße schnalzen, unser sossialistisches fat-fat-fat, der Arme, dachten wir, Vaterland. Die Physiklehrerin, die Tante Márta, sah wie eine silberhaarige Omama aus und schien die gesamte verschwundene ungarische Mittelklasse in einer Person zu repräsentieren, eine elegante, feine ältere Dame, eine verläßlich kluge, eine sehr kluge, so eine hatte ich bis dahin noch nicht gesehen, entweder, oder (an die Mittelklasse dachte ich nicht, es sei denn an die Parallelklasse, nur daran, daß die Tante Márta so aussieht, als wäre sie eine Verwandte, mütterlicherseits), sie schrumpfte vor Schmerz fast zusammen, wenn sie solche Sätze aussprach, alles an ihr wurde dunkel, nicht nur ihr Gesicht, wie jemand, der trauert, der gerade jetzt von Schmerz durchfahren wird.

Wir waren voller Bedauern, aber ihren Schmerz teilten wir nicht. Das waren keine echten Sätze.

Die von der Váradi, die ja, die waren echt. Deswegen konnte man vor denen ja auch Angst haben. Hätten wir gewußt, was eine Diktatur ist, diese Sätze hätten uns was von Diktatur erzählt. Sie waren leer, scheinbar inhaltslos und trotzdem drohend. Sie schleuderte uns diese Wortungeheuer in die Fresse, diese zentnerschweren Luftballons und lauerte, ob wir aufmuckten, und wenn wir aufmuckten, war sie zur Stelle, packte zu und schleppte uns zum Direktor.

Aber die Direktorin, die Tante Sári, war in Ordnung. Sie verteidigte alle, soweit sie nur konnte. Sie war streng, ihre Strenge versteckte sie hinter Strenge, wenn sie uns eine Verwarnung gab, lobte uns unsere Mutter beinahe.

33

Bei dieser Klassenfahrt ins Vértes herrschte eine irrsinnige Hitze. Wir konnten die Augen kaum offenhalten, die Luft brannte förmlich in unseren Kehlen. Ich erinnere mich an das Gras, das gelbvertrocknet vor sich hinflaute, ausgedörrt wie sonst nur im August oder in Bulgarien. Ich stand mit dem Bárány am Wiesenrand hinter einem welken Strauch, barfüßig, in kurzen Clothhosen nach dem Fußball; wir pinkelten.

Damals waren wir gerade vom Pullern aufs Pinkeln übergegangen, mehr noch – Fußballer-Berufskrankheit –, aufs Pissen. Oder ist das auch nur so wie Skifahren und Schifahren? Brunzen. Alles dampfte, er und ich, die Erde, die Pisse. Plötzlich verspürte ich Lust, diese Dämpfe zu vereinen, ich wollte die Hitze spüren, von unten, von oben, die Hitze der Erde und meine eigene, die Hitze der Pisse, meiner Pisse. Ich schob meinen Fuß vor, hob ihn und drehte ihn nach innen wie eine Art Ballettänzer und zielte mit dem Schlauch in meiner Hand darauf. Ein wundervolles Gefühl durchströmte mich, als wäre ich eins geworden mit der Erde, während ich irgendwie auch in mich selbst zurückkehrte. Ein durchdringender Geruch schlug hoch. Der Bárány war so perplex, daß sein Strahl praktisch daran zerbrach, er brach ab, auf deutsch: Er hatte sich abgepinkelt. Wir lachten.

Dann drehte auch er seinen Fuß nach innen.

Und dann, schüchtern, als wäre es zufällig oder aus Versehen passiert, da lachten wir nicht mehr, zielten wir vorsichtig auf den Fuß des anderen. Als hätten wir Wurzeln geschlagen, wir rührten uns nicht, da wir uns nicht rühren durften, und sahen staunend, ja überrascht den sich kreuzenden gelben Strahlen zu. Wie geil heiß es war! Und es prickelte sogar ein bißchen! Als hätten wir in Sodawasser gebadet! Oder in Champagner, damals wußte ich schon, was Champagner ist. Als wären wir die Nofretete oder der

Nosferatu oder wer. Die Kleopatra!, aber die hat in Eselsmilch, na jedenfalls, ich empfand es als eine erhabene und königliche Sache, was uns da widerfuhr, als wäre die Pisse Gold gewesen, heißes Gold, ein neuer Springbrunnen unseres erhabenen und königlichen Seins.

Dieser Bárány war ein grobschlächtiger, tölpelhafter Junge, ein Bauerntrampel, kam nach zweimal Sitzenbleiben in unsere Klasse, spielte damals schon in der A-Mannschaft der Gasfabrik, ein unendlich dusseliger, aber gutmütiger Kerl. Er dirigierte seinen Pimmel mit soviel Feingefühl, so einer Eleganz, einer zurückhaltenden Besonnenheit, einer keuschen Liebe, die ich ihm gar nicht zugetraut hätte. (Sein eigenes Glied adelte ihn ...) Ich hatte nichts mit ihm zu schaffen, noch nicht einmal der Fußball verband uns, da er als Profi nicht in der Schulmannschaft mitspielen durfte, die aus der B hatten ihn rausgekungelt. Worüber ich mich ein wenig freute. Dabei hielt er sich, wenn wir zusammen spielten, wie jetzt auf der Wiese, höflich zurück, er bediente sich nie seiner Physis, ausschließlich seines reinen Spielkönnens.

Ansonsten war er ein ziemliches Rindvieh.

Angeblich hatte er früher der Frau Váradi angeboten, ihr einen Mann zu besorgen.

»Manney! Solche Melonen! Und dann Tag und Nacht allein! Tag und Nacht nur die Partei! Und geht uns ständig auf den Sack! So was ist doch nicht okay, Mann!«

Er trug der gefürchteten Lehrerin sein Angebot mit einer Nettigkeit vor, feinfühlig, daß man hätte denken können, hier meldete sich die reine Hilfsbereitschaft zu Worte, hier dachte einer, ein Mitmensch bedürfe womöglich der Hilfe, und er könnte eben helfen – ein Mitmensch, das wäre mir niemals eingefallen. Die Frau Váradi stürzte auf ihn los, um ihn zu ohrfeigen, aber der Bárány hielt sie fest. Angeblich. Mit dem Schlagball konnte er am weitesten werfen, 72 Meter. Ich kam auf 28 Meter, aber ich war nicht unzufrieden. Die Frau Váradi rannte weinend aus dem Zimmer. Das glaube ich aber nicht mehr, die Frau Váradi konnte gar nicht weinen. Obwohl das mit den Melonen Fakt war. Fakt ist Fakt, unbestritten große Titten! Der Bárány wurde aber trotzdem nicht geschaßt, weil sein Vater, der bei der Arbeiterkampfgruppe war, in die Schule kam und die Wogen glättete, dabei hatte er den Bárány da schon seit zehn Jahren nicht mehr gesehen. Der Bárány lebte bei seiner Mutter, die zu jedem Spiel ihres Sohnes erschien, sogar auswärts, auch bei Trainingsspielen, wo sie sich dann vollaufen ließ bis zum Umfallen, der Bárány mußte sie jedesmal nach Hause begleiten, was er auch jedesmal ohne ein Wort zu verlieren tat.

Wir lehnten uns Schulter an Schulter aneinander und *kreuzten.* Und selbst wie wir leer wurden, fast gleichzeitig, auch das geschah mit einer Art Taktgefühl voreinander, ich neigte mich leicht in seine Richtung, er in meine, und wir tippten uns, einer den anderen, leicht an, als hätten sich die Dinger Küßchen gegeben. Ein flüchtiger Kuß. Ein freundschaftlicher Händedruck. Offenbar war es mir wichtig, an meinen Pimmel wie an ein von mir unabhängiges Wesen zu denken, eine Person, die zwar meine Sympathie genießt, aber ich würde nicht meinen … meine Hand für sie, ihn, ins Feuer legen, ich kann keine Verantwortung für ihn übernehmen, zumindest nicht umfassend, nur so wie für Leute, in deren Gesellschaft man sich befindet.

Der Bárány hat nicht so ein Gewese gemacht.

»'ne hübsche Tülle hast du«, sagte er. Er redete mit mir, als wäre ich ein Mädchen, und das gefiel mir, ich fühlte mich geehrt.

34

Der Großvater meines Großvaters, der Kleine, Franz Josephs verläßlicher Mann, verstand sich gut mit dessen Bruder, dem unglückseligen Kaiser Maximilian, Miksa!, der solange auf Napoleon III. hörte, bis er den mexikanischen Thron übernahm, aber dann ließen ihn die Franzosen im Stich, er aber hielt heldenhaft Stand und man schoß ihn in den Kopf, und zwar ausgerechnet 1867, im Jahr der Ausgleiche. Vorher aber besuchte ihn noch mein Urgroßvater, und obwohl der Rostbraten nicht nach ihm benannt wurde (ebensowenig wie die Puschkin-Gasse), liebte er es ungemein zu essen, in Mexiko allerdings hat er seinen Lehrmeister gefunden. Es waren nicht die Spezialitäten, mein Urgroßvater stürzte sich unerschrocken in kulinarische Abenteuer, er widerstand weder dem Brandmais noch den gerösteten Raupen, deren Geschmack und sogar Konsistenz an unsere Grieben erinnert, eine amüsante – denn diese unerwartete Querverbindung hatte durchaus etwas Pläsierliches an sich – Brücke zwischen fernen Kontinenten schlagend, es war eher die Art des Bratens, oder war es die Hygiene?, die mittelamerikanische Interpretation von Hygiene?, oder die unterschiedlichen Magenbakterien?, hatten die guten ungarischen Magenbakterien ihren Dienst aufgekündigt? – jedenfalls konnte er ab dem zweiten Tag keinen einzigen Bissen mehr runterkriegen. Er verlor fünf Kilo, fünf ganze Kilo! (Was im vergangenen Jahrhundert als fast schon tragisch anmutete, nicht so wie heute, in diesen jedweder Katharsis sowieso baren, diätlastigen, laschen Zeiten. Früher verlor der Ungar nicht (an Gewicht)!)

Bei seiner Ankunft, am ersten Tag, veranstaltete man ihm zu Ehren ein prunkvolles Abendessen. Am Nachmittag nahm er am berühmten Montags-Empfang der Kaiserin Charlotte teil, und auch am Abend saß er neben »der kleinen Coburg« (wie sie von ihrer scharfzüngigen Schwägerin, unserer Königin Elisabeth, genannt wurde). An einem gewissen Punkt des Abends mußte er sich zwangsläufig erleichtern. Dienerschaft in aufgeputzter Kleidung wies ihm den Weg. Der Ort, an den man ihn führte, löste eine tiefe Erschütterung in meinem Ururgroßvater aus, dabei war er feinsinnig eingerichtet, alles voll mit spanischem Barock, goldenen Klinken, Fayence-Tellerchen, Bögen und Palmen. Zuerst verstand er gar nicht, worum es ging. Es war das erste Mal, daß er ein öffentliches Pissoir sah und erlebte. Er war drauf und dran, empört kehrtzumachen, aber Muß ist nun einmal eine harte Nuß.

Aber damit nicht genug. Neben dem Pissoir stand ein kleiner Junge mit einem Damasttuch in der Hand. Sagen wir, ein Mestize. (Schön und daher selbstverständlich ist, daß es dort für jede Mischung ein extra Wort gibt; was für die Norweger der »Schnee« ist, ist für sie die *»›Mischung‹«*. – Es existiert eine aus sechzehn Vierecken bestehende Tabelle, und in jedem dieser sechzehn Felder sind drei Figuren abgebildet, ein Mann, eine Frau sowie die Frucht ihrer Lenden, das Kind. Ein Mestize ist das Kind eines Spaniers und einer Indianerin, ein Catico ist der Sohn eines Mestizen, ein Mulatte ist der Nachkomme einer Spanierin und eines Morisco, es gibt den Chino, den Lobo, den Gibaro, der das Kind eines Lobo-Mannes und einer Chino-Frau ist, den Albarazado, der das Kind einer Mulattin und eines Gibaro-Mannes und Vater eines Cambujo ist, der seinerseits der Erzeuger eines Sanbaigo ist. Im vorletzten Feld, beim Nachkommen eines Tente Eu El Aire und einer Mulattin, gingen dem unbekannten Verfasser der Tabelle die Worte aus und er schrieb nur noch: Noteendiendo, also: Ichverstehdichnicht...)

Die Anwesenheit des Jungen störte meinen Verwandten nicht besonders, die Dienerschaft wie Luft zu behandeln galt noch nicht einmal als Arroganz. Als er aber mit dem Urinieren fertig war und bei der heiklen Problematik der letzten Tropfen ankam (ein Mann, der behauptet, eine beruhigende Lösung hierfür gefunden zu haben, ist ein Lügner, so was ist die Erfindung von Romanschreibern, konkret von -schreiberinnen), sprang der Junge zu ihm hin, fast noch ein Kind, aber die dunkle, bronzefarben leuchtende Farbe seiner Haut ließ ihn auf verwirrende Weise älter aussehen, und bevor der weiße Großherr irgend etwas machen konnte, wischte er ihm mit einer unnachahmlich leichten, seidigen Bewegung über den Stammbaum.

»Muchas gracias«, sagte mein Ururgroßvater dankbar und schaute lange in das olivfarbene Augenpaar.

35

Ich hätte dem Bárány auch mutschas grazias sagen können, aber statt dessen trieb ich ihn gereizt an, laß uns endlich gehen. Ich hatte die Frau Váradi jenseits des Strauches erblickt, was ich dem Bárány zu meiner großen Überraschung nicht verriet.

»Ich komm ja schon, ich komm ja schon sehr«, grölte der Bárány grinsend und schüttelte noch ein bißchen seinen Pimmel. Das wurmte mich ein bißchen, als hätte er meine Berührung abgeschüttelt; eine Übertreibung. Nach dem Abendessen ließ mich die Frau Váradi zu sich rufen, aber ich kam glimpflich davon. Sie brachte das Pullern nicht zur Sprache, sie wies mich nur an, mein destruktives Verhalten aufzugeben und mich zusammenzureißen.

»Woran denken Sie, bitte?« Daß ich das ganz genau wüßte. »Aber Ehrenwort, Tante Teri, ich weiß es nicht.«

Es war das erste Mal, daß ich sie Tante Teri nannte, in der Klasse gab es keinen einzigen Jungen, der sie so genannt hätte, die Mädchen, die ja. Wir hielten was auf uns.

Der Bárány hatte recht damit, daß die Frau Váradi ohne Mann lebte. Sie wohnte mit ihrem Sohn zusammen, der fünfundzwanzig Jahre alt war, aber mit dem Gehirn eines Zweijährigen, pißte und schiß in die Windeln, die Frau Váradi versorgte ihn allein, immer beeilte sie sich nach Hause zu kommen, ihr Sohn war ihr sogar noch mehr wert als die Kommunistische Jugendorganisation, aber das wußten wir nicht, und selbst wenn wir es gewußt hätten, hätten wir es uns vor lauter Abscheu und Angst gar nicht vorstellen können.

36

»Am 24. März um halb fünf Uhr nachmittags wollten meine Tochter Mia und ich uns gerade zum Ersatztee – welch eine Gräßlichkeit! – setzen, meine Frau und meine Tochter Valentine waren bei einem Besuch in der Nachbarschaft, als mein Diener in ziemlicher Aufregung meldete: Halnek sei an der Spitze bewaffneter Gendarmen und Volkswehrmänner in das Schloß getreten, und man verlange, zu mir geführt zu werden.

Sie verlangten ... der letzte, der etwas von mir verlangt hatte, war der Kaiser und König, und selbst das war formal eine Bitte ... Und die Kinder anno dazumal ein Eselsgespann. Móric stellte sich rigoros vor mich hin und sagte mit der für ihn typischen, von seinen parlamentarischen Interpellationen später bekannt gewordenen strengen Langeweile zu mir: Vater, ich und mein Bruder Alajos verlangen hiermit die Einlösung der seit Jahren hinfälligen Promesse bezüglich eines Eselchengespanns. Am liebsten hätte ich ihn über und über abgeküßt.

Mein erster Eindruck war, ich würde arretiert werden.

Frech und hochnäsig stellten sich die mit Mannlicher und Revolver bewaffneten Gendarmen um mich. Halnek zog ein Telegramm aus der Tasche, das er mir mit Stentorstimme vorlas, des Inhalts, daß der Volkskommissär Lukács dem Komitatskommissär Velinczki befehle, bei Androhung von Todesstrafe die Kunstschätze des Schlosses Csákvár in Beschlag zu nehmen, und daß das Direktorium von Csákvár die Amtshandlung vorzunehmen habe. Alle ihre Befehle lauteten bei Todesstrafe, welche Drohung mit Geldabgaben in schwindelnder Höhe gleichbedeutend war.

Also Inventarisierung und nicht Arretierung, dachte ich mit großer Erleichterung. Es blieb nicht viel Zeit zum Handeln. Statt eines Blickes wechselte ich mit meiner Tochter Mia eine schnelle Berührung und erklärte, mit Hinweis auf meine schwache Gesundheit, daß einstweilen Mia die Führung der Kommission übernehmen würde.

›Was für eine Kommission?‹ gellte die Lebensgefährtin des Halnek, die mit ihrem offenen (!) purpurfarbenen Haar, dem über die Schulter geworfenen schweren, unförmigen Männermantel und dem der Tageszeit unangemessenen, provokativen Dekolleté einen so gewöhnlichen Anblick lieferte, daß meine mutige kleine Tochter tief rot wurde und mit gesenktem Kopf statt meiner antwortete, daß wohl gerade sie diese Kommission seien, nicht wahr.

Fast hätte ich losgelacht. In der Welt gibt es immer Humor, und sei der Augenblick noch so schrecklich, es findet sich nur nicht immer der Mensch dazu, aber den Humor gibt es, er ist da. Während dieser Zeit hatte sich das Zimmer mit der schönsten Musterkollektion aller zweideutigen männlichen und weiblichen Elemente Csákvárs angefüllt, die einen in amtlicher Eigenschaft, die anderen aus schadenfroher Neugierde, der Eroberung des Schlosses, der ›Dethronisation‹ beizuwohnen.

Meine Tochter schritt an der Spitze dieser Horde bei der einen Tür hinaus, und als sich dieselbe hinter dem letzten Genossen geschlossen hatte, stürmte ich bei einer anderen Tür in die Zimmer meiner Frau, rief ihre Zofe herbei und teilte ihr in fliegenden Worten mit, was sich zugetragen hatte (wobei ich mich nicht des überaus lächerlichen Gedankens entledigen konnte, der Acteur einer Marivaux-Posse zu sein), und verlangte von ihr die Schlüssel der Schubladen, in denen sich die Wertgegenstände meiner Frau befanden.

Sie war so erschrocken, daß sie sich nicht rühren konnte, sie stand nur da und staunte, als hätten die Halneks schon die ganze Welt auf den Kopf gestellt und als wäre das Oberste zuunterst und das Unterste zuoberst gekehrt – denn natürlich war es das, worauf es hinauslief, und nicht darauf, was der Sohn des Juden Sterk behauptete, daß es kein Oben und kein Unten gäbe, wie sollte es denn keines geben!, also ganz so, als wäre ich der Kammerdiener, und sie, die Zofe, die Herrin, und würde zusehen beziehungsweise nur abwarten, wie ich zurechtkomme. Ich sah sie an, das erste Mal, seitdem sie im Schloß diente. Und interessant, auch sie senkte den Kopf auf ähnliche Weise wie meine Tochter Mia zuvor. Empörend, ich war doch ein alter Mann!!!

In nervöser Hast suchten wir längere Zeit die Schlüssel, die Zeit verrann, ich hörte die Genossen auf den Gängen auf und ab gehen. Endlich, endlich waren die Schubläden geöffnet und in meiner weiten Kniehose fand ein Teil der Wertsachen Platz, die ich im Gürtel hineinschob und die unten beim Knie, wo die Hose eng geschlossen war, stecken blieben. Also löste ich meinen Gurt und dazu auch noch zwei Knöpfe vorne und ließ die einzelnen Stücke in die so gewonnene Grotte hinunter, welche mit ihrer Kälte die bloß gebliebene Partie der Haut meiner Schenkel der Länge nach kitzelten, später agnosticierte ich auch Kratzer, verursacht von den Geschmeiden, Medaillons und Ohrgehängen, indem sie hinunterrutschten, denn ich warf sie ohne alles, so, wie ich sie auf die Schnelle greifen konnte, hinein, als ich darauf aufmerksam werden mußte, daß die Zofe gar nicht mehr gesenkten Kopfes dastand, sondern mir tüchtig zusah, mich anstarrte, meine Hand und die offene Hose.

›Schließen Sie gefälligst die Augen!‹ fuhr ich sie grob an, was ich später bereute, aber sie schloß sie nicht.

›Dann wenden Sie sich ab!‹ sagte ich nicht weniger gereizt, ich konnte schließlich nicht wissen, wie findig meine Tochter die Zeit schinden konnte, aber die Frau wandte sich nicht ab.

›Dann helfen Sie mir endlich!‹ Ich bestellte die völlig verstörte, aber sich anhand meiner bis dahin im Kreise der Dienerschaft erworbenen Erfahrungen auch für mich überraschend verhaltende Zofe zum Eingang der Grotte. Ein seltsamer Nachmittag! – wie es auch der Abend wurde.

Schnell warf ich einen Mantel auf die Schultern der Jungfer, unter welchem ich die Schmuckschatulle versteckte, welche den wertvolleren Teil enthielt, schob sie bei einer Tapetentür in den Garten, mit dem Auftrag, die Kassette an einem bestimmten Ort zu verbergen und sofort zurückzukommen. Was auch geschah, ohne daß es die Späheraugen beobachten konnten. Mia hatte solange einen regelrechten Museumsbesuch durch die Wohnräume ihrer Geschwister und die ihrigen durchgeführt bzw. durchführen lassen, hatte mit den Kommissionsmitgliedern scherzhafte Gespräche geführt, sogar mit jenem gewöhnlichen Weibsbild, und zog so die Amtshandlung bis zur Lächerlichkeit in die Länge, um mir nur ja recht viel Zeit zu lassen. Kaum war ich klopfenden Herzens, erschöpft vor Gefahr und Überraschung in mein Zimmer zurückgekommen, als die Kommission mit meiner Tochter eintrat. Nun widmete ich mich meinen Gästen.

Außer dem Maurerpolier Halnek war ein früherer Bademeister und Hühneraugenschneider aus einem Badeetablissement in Budapest und Ostende eine Hauptperson. Ich fühlte mich versucht, ihm Arbeit anzubieten, da die weiblichen Mitglieder meiner Familie schicksalhaft unter diesen tückischen Schwielen litten, und ich schätze Sachverstand, aber ich schwieg, da ich aus gutem Grunde die Fallen des Mißverständnisses fürchtete. Das Protokoll führte ein pensionierter Sicherheitswachmann aus Budapest, welcher unentwegt schnaufte, während sein Speichel sprühte, mal auf sich, mal auf das Papier, mal zu Dunst zerfallend nur so in die Luft, und welcher, sooft ich ganz aufrichtig und wohlmeinend zur Beschleunigung und Vereinfachung Vorschläge machte, mir immer das Wort abschnitt mit der Begründung:

›Das verstehe ich besser, denn als in Budapest das Ernst-Museum inventarisiert wurde, bin ich dort auf Posten gestanden, und wie ich es mache, haben es die Professoren dort auch gemacht.‹

Und so wurden zum Beispiel meine Bücher folgendermaßen inventarisiert: ›129 italienische Bücher (ein größeres Kunst- und historisches Lexikon), soundso viel Centimeter hoch.‹ Statt Voltaire schrieben sie Moltke. Ich sagte nichts; wenn es die Professoren so gemacht haben, wird es auch mir genügen.

Dann kam die Kapelle an die Reihe, in welche die Bestien mit dem Hut auf dem Kopf eintraten. Halnek und der Hühneraugenschneider standen vor mir, woraufhin ich zögerte, den Kniefall zu machen, denn es hätte so aussehen können, als würde ich meine Knie vor ihnen beugen, doch dann tat ich es beschämt doch, wohl wissend, vor wem ich denn wirklich auf den Knien lag. Auch einen Greis verläßt die Eitelkeit nur schwer.

Neben dem Altar sind in einem Glaskasten die Bluse, der Säbel und die Orden meines gefallenen Sohnes Alajos aufbewahrt. Einige von den Waffenträgern, die an der Front gewesen, betrachteten dies mit Pietät. Halnek aber war die Stimmung nicht recht:

›Genosse, das inventarisieren wir nicht, das ist wertlos und interessiert niemanden.‹

Diese kleine Episode deckte vor mir die grenzenlose Gefährlichkeit, die zerstörerische Kraft und den Zerstörungswillen des Kommunismus auf, mehr noch seine Natur (auch wenn er wollte, könnte er nicht anders sein). Denn daß sie sich hier in meinen Fauteuils breitmachten, war nur unangenehm. Sie würden schon wieder gehen. Horribile dictu könnten sie mich in den Kopf schießen, ebenfalls unangenehm. Aber das ewige Leben ist nicht hier, nicht in meinem Schloß. Sie nasführen das Volk mit kindischer Gedanken-Prudelei, zerstören das Land? Unangenehm, gewiß, aber das Land ist stark – selbst wenn es schwach ist, ist es stark –, es wird sich auch davon erholen. Aber dieses Abwinken über Alajos' Devotionalien zeigte sich mir beängstigender als alles andere. Möge mir der Allmächtige verzeihen, dieses Abwinken ist so, als käme es geradewegs von ihm, ein Wink des Herrn, des Schöpfers, der gerade etwas ein Ende setzt.

Heldentod? Nix da.

Pietät? Nix da.

Mein Sohn? Nix.

Wir inventarisieren ihn nicht, also gibt es ihn nicht. Es gibt keine Vergangenheit, keine Geschichte, kein Land und keine Tradition. Die Kommunisten sind die Gegenwart, das brutale Jetzt. Ich gestehe, zu dem Gefühl der Verachtung, an welchem es mir diesen Genossen gegenüber niemals mangelte, gesellte sich Erstaunen und Unsicherheit, das unangenehme und widerstrebende Gefühl der Verunsicherung.

So folgte Zimmer auf Zimmer. Halnek riß einem Schliefenhund gleich Schubladen auf, lief in jedes Zimmereck und frug mich immer nach meinen ›Kunstschätzen‹.

›Kunstschätze, Kunstschätze!‹ grunzte er. Ich wies auf meine Bilder, auf die Porträts, die an den Wänden hängen und von großen Meistern verschiedener Jahrhunderte herstammen.

›Ihre Familienbilder interessieren niemand‹, fuhr er mich an. Ich zeigte ihm meine antiken Möbel, auch die genügten ihm nicht. ›Die Räteregierung hat befohlen, die Kunstschätze sicherzustellen, ein Esterházy muß wissen, was Kunstschätze sind; wo sind dieselben?‹

›Wenn ich etwas bin, dann ein Esterházy‹, murmelte ich zwischen den Zähnen.«

37

Mihály, Sohn des Palatins Pál, wurde der am meisten esterházysche Esterházy genannt; Pál hatte nämlich Orsika, die Tochter von István Esterházy und Erzsébet Thurzó, geheiratet, welche keine geringere als das Kind der Nachfahren aus der ersten Ehe seines Vaters und der ersten Ehe seiner Mutter war, somit war sein Schwiegervater sein Halbbruder väterlicherseits, seine Schwiegermutter seine Halbschwester mütterlicherseits, woraus folgt, daß dieser Mihály – minimo calculo – einen Esterházy-Urgroßvater mütterlicherseits, zwei Esterházy-Großväter väterlicherseits, einen Esterházy-Großvater mütterlicherseits sowie jeweils einen Esterházy als Papa und als Mama hatte. So sehr du auch fliehst, so sehr du auch rennst, deinem Schicksal entkommen wirst du nicht. Er war derjenige, der damit begann, im Moor neben Süttör das Schloß von Fertőd zu bauen, und er spielte auch auf dem Klavichord.

38

»›Wir können auch anders‹, zischelte Halnek darauf, auch er leise murmelnd, als hätte keiner von uns gewollt, daß der andere es hört. Diese Ähnlichkeit berührte mich unangenehm.

Als wir in die Gemächer meiner Frau gelangten und ich der Kommission die Sammlungen chinesischer, japanischer, sächsischer usw. Porzellane zeigte, beruhigte er sich einigermaßen, und als ich in deren Schreibzimmer zwei chinesische Vasen als höchst wertvoll pries, diktierte er dem Protokollführer, der bis dahin schon das ganze Schloß vollgespuckt hatte, da wir uns eben im Gemach einer Dame befanden:

›Zwei Damenvasen aus Porzellan!‹

Diese Definition haben dann auch wir übernommen, wir gebrauchten den Ausdruck ohne jede sichtbare Spöttelei, es gab sogar welche, die es daher ernst nahmen.

Währenddessen machten sich die anderen Räuber in den Sitzgelegenheiten breit. Dazu wäre ich, selbst wenn ich gewollt hätte, nicht in der Lage gewesen aufgrund der in meinen Knickerbockern aufbewahrten etlich Wertsachen. Auch so haftete meinem Gang eine gewisse Steifheit an, was sich die Genossen wohl mit meiner Hochnäsigkeit erklärten. So entstehen Legenden, durch eine volle Golfhose. Besonders ein kleineres Zepter bedrohte mit seinem Anschlagen mein Knie, der familiären Erinnerung zufolge ging es auf König Mátyás zurück, Arbeit eines unbekannten Nürnberger Meisters, einer meiner Vorfahren hatte es noch von dem guten István Illésházy erworben.

Aber alles hat ein Ende und so auch diese Tragikomödie! Müde und abgespannt gingen wir alle auseinander, aber nicht ohne daß Halnek mir angedeutet hätte, ich sei für das Inventar verantwortlich, welches ›Gemeingut‹ sei.

›Oh‹, murmelte ich, ›solange ich denken kann, bin ich verantwortlich, bitte schön, auch mein Vater war es und auch der Vater meines Vaters, mein Sohn ist es auch und auch der Sohn meines Sohnes wird es sein. Das ist uns so auferlegt worden. Wovon wir am meisten haben, ist Verantwortung. Auch das kann inventarisiert werden, wenn's beliebt. Aber erst morgen.‹

Nach dem Abendessen kam in aller Heimlichkeit ein Sendbote aus Pest mit der Freudennachricht, daß meine Schwiegertochter glücklich eines Knaben entbunden sei! Der arme kleine Mátyás! Der erste Esterházy seit Jahrhunderten, der ohne Titel, ohne Hab und Gut auf die Welt gesetzt worden ist!«

39

Mein Vater wartete, bis die gesellschaftliche Gerechtigkeit angebrochen war, dann erst war er bereit, auf die Welt zu kommen. An diesem Tage wurde eine Verordnung über die Aufstellung einer Ungarischen Roten Armee erlassen, die Verordnung Nr. 4 des Regierungsrates ersetzte die alten Gerichte durch Revolutionstribunale, bei denen jeder! – jeder! – Arbeiter Mitglied werden konnte, während Nr. 5 darüber verfügte, die Verbreiter negativer Propaganda vor Gericht zu stellen; die Tribunale erledigten ihre Arbeit im Schnellverfahren, gegen ihre Urteile gab es keine Berufung und keine prozessualen Rechtsmittel. Todesurteile durften nur einstimmig gefällt werden. Die verhängten Strafen waren sofort zu vollstrecken. Ab dem Vierundzwanzigsten tauschten der sowjetische Volkskommissar für auswärtige Angelegenheiten Tschitscherin und Béla Kun täglich Telegramme aus – Béla! Habe göttliches Borschtschrezept, Stop! –, so auch an diesem Tag.

Im Wohnzimmer blieb die riesige Kettenpendeluhr stehen – die Zeit aber war, laut Herrn Schatz, nicht stehengeblieben –, und mein zur Verhaftung geborener Großvater wurde verhaftet. Am Nachmittag war mein Vater fast geboren, aber dann doch nicht, mein Großvater kehrte unverrichteter Dinge nach Hause zurück. Sein Sohn war noch gar nicht auf der Welt, schon war er eine Enttäuschung. Um zwei Uhr steckte er schon den Kopf (oder eher den Scheitel) in diese Welt, in diese wahrhaftige Schattenwelt, denn genau in jenem Augenblick, als die *Sache* ihren Anfang hätte nehmen können, sagen wir, er hätte sich blutverschmiert umsehen können (oder sind Säuglinge wie kleine Katzen, sind ihre Augen geschlossen?), fiel der Strom aus, was wir ruhig auf die Rechnung der Räterepublik schreiben können, und meine Großmutter schrie auf, denn sie dachte, sie wären gestorben. Daß sie gerade stürben.

Der Strom kehrte, nicht vom Geschrei, sofort wieder, woraufhin jetzt die Krankenschwester, eine gewisse Györgyi Kárász (für uns später Tante Gyuri) mit dem Schreien dran war, denn mein Vater verfügte über eine bei einem Säugling ungewöhnlich dichte Behaarung, die in diesem Lichtgeblitze silbern erstrahlte, auf gut deutsch, zwischen den Schenkeln meiner Großmutter blinzelte dieser Györgyi Kárász ein alter Mann mit drahtigem grauen Haar zu.

»Ein Schamane!« rief sie aus und verliebte sich sofort und für ein Leben in meinen Vater. (Später putzte und kochte sie für meine andere Großmutter. Eine Weile wohnte sie auch da. Sie war aus Siebenbürgen gekommen. Manchmal besorgte sie Halva, das wir äußerst verabscheuten. Aber das ist doch eine Delikatesse, sagte sie und schüttelte den Kopf. Die Arme, einmal habe ich ihr mit meinem jüngeren Bruder ein Bein gestellt, wir nahmen ihr gar nicht so sehr übel, daß sie in unseren Vater verliebt war, sondern eher, daß sie sich nicht schämte, so alt noch verliebt zu sein. Wir stellten ihr ein Bein, als wäre es nur aus Versehen. Elfmeter!, mein Bruder, ein großer Parteigänger unserer Mutter, sah mich sehr ernst an. Im Zuge der elterlichen Ermittlungen leugneten wir mit Leichtigkeit. In den Augen unserer Mutter war ein seltsames Glitzern.)

Mannigfach Weibspersonen wehklagten also ebendort, woraufhin sich mein Vater provisorisch zurückzog.

40

Fragt mein Vater den lieben Gott im Finstern, was das denn gewesen sei.

»Was soll es schon sein, die Welt.«

»Dies Gekreisch?«

»Aber freilich.« Und mein Vater solle nicht so herumpientzen, das sei ausgesprochen schön, wie die Frauen kreischen, das ist eines der schönsten Dinge auf der Welt, er wird schon sehen. Diese erschrockenen und tierischen Laute.

»Das ist überhaupt nicht überzeugend, was Sie mir hier zu sagen belieben.«

41

Dieses Zaudern, dieses Sprungindieweltzaudern, diese Linie führte auch ich weiter, auch ich wurde wie mein Vater zweimal geboren, aber ich war eine Totgeburt.

Ich war blau, blau wurde ich geboren und wog fünf Kilo. Fünftausenddreiundzwanzig Gramm, auf das Gramm genau wie mein Vater. Was ist das, wenn kein Wunder? Ein Wunder ist es, aber was für eins? Was bedeutet es? Eine Analogie doch, fünftausenddreiundzwanzig Analogien. Ich wurde tot geboren, sie tunkten mich in warmes Wasser, dann in kaltes. So retteten sie mich. Es dauerte einige Minuten. Meine Großmama, die nach Pest gekommen war, weinte. (Ich glaube, das erste und letzte Mal in ihrem Leben. Und im übrigen auch in meinem.) Ich war viel zu groß, ich hatte viel arbeiten müssen, um herauszuschlüpfen, das hatte mich erschöpft. Kein schlechter Anfang. Ich habe gehört, man würde dabei viele Neuronen verlieren. Ich dachte immer, das wäre fatal. Wie intelligent ich doch wäre, wenn mir nur diese Neuronen nicht fehlen würden! (Großpapa, der alles über die Familie wußte, wer ist wer, Titel, Ränge, Ämter, Würden, Verästel- und Gabelungen, schrieb, damit es *später* keine Ungenauigkeiten gab, für jedes neugeborene Familienmitglied eine Traueranzeige. Das glückliche Telegramm kam an, irgendwo aus Pápa, Eisenstadt, Wien, Paris, Cseklész, freuet euch, er ist in die Welt gekommen!, und Großpapa kaute kurz an seiner Pfeife, nickte, setzte sich mit dem Telegramm in der Hand an den Schreibtisch und fing an, die Traueranzeige des unschuldigen Säuglings zu verfassen. Wie ein Erzengel mit dem flammenden Schwert. Staub und Asche sind wir. Auch meine schrieb er augenblicklich.)

Die embryonalen Hoffnungen meines Vaters waren zu Recht hochgeschraubt. Da war keine Unbescheidenheit dabei. (Wirklich: Mein Vater war sein ganzes Leben lang bescheiden, nie habe ich ihn angeben gehört, nie schob er eine seiner persönlichen Gaben in den Vordergrund. Vielleicht war er nur in seiner Einsamkeit unbescheiden, hochmütig nur in Ermangelung eines Besseren.) De facto kam dann alles anders. Das Schlimme war nicht, wenn es denn schlimm war, daß sein Leben anders wurde, sondern daß ihn die Geschichte permanent aus seinem eigenen Leben hinausmobbte. Als würde ein Schauspieler aus einem anderen Stück, von einem anderen Stück her instruiert. Da gibt es einen großmäuligen Stinkstiefel von Regisseur, der meinen Vater ständig ins Links-ab schubst ... Mein Vater spielt in einem Königsdrama und wird von einem leichten Brettl her geleitet. Oder umgekehrt. Und er läßt sich treiben, was bleibt ihm anderes übrig...

42

Mein Großvater blätterte also im »Spectator«, seiner Natur, seiner säuerlichen Klugheit und seinem Bart hätte England am ehesten entsprochen, als eine kleinere, aber lautstarke Gruppe der sogenannten Leninbuben ins Zimmer eindrang – wer hatte den Schlüssel?, und woher?, keine große Frage, aber wir werden die Antwort niemals erfahren – und meinen Großvater für verhaftet erklärte.

Er legte die Zeitung beiseite, nickte, denn er hatte die Sachlage verstanden, schließlich fragte er, warum, aber diese Frage pflegte er immer zu stellen, mal für sich, mal laut, mal öffentlich. (Das »Wem-wohin-warum« meines Vaters könnte eine Ableitung davon gewesen sein …) Der eisige Blick war auch zur Stelle, aber das zog jetzt nicht, den kecken Burschen fiel überhaupt nicht ein, zu Stein zu erstarren, sie pfiffen auf meinen Großvater – vermutlich das erste Mal im Leben der Familie und des Landes. Fürchten ja, hassen ja, aber auf ihn pfeifen?! Pfeifen auf ihn?! Die wissen nicht einmal, wer ich bin, stellte mein Großvater verblüfft fest. Wenn es sein müßte, wüßten sie's, aber es mußte nicht sein. Das ist das Gute an einer Revolution, sie rollt nur und rollt und weiß gar nicht, daß sie Angst haben müßte, und so hat sie dann auch keine Angst: was beängstigend ist. Irgendeiner muß Angst haben: Da sie keine Angst haben, habe ich welche. Neue Ordnung, neue Hierarchie. Ein Volkskommissar hat sicher keine Angst vor dem König: Sie stehen in keinerlei Relation zueinander. Sie sind einander nicht vorgestellt. Der König – sofern er noch lebt – hat gerade deswegen Angst, denn soweit es ihm bekannt ist, steht er mit jedem in Relation, heißt, ein jeder ist sein Untertan.

Mein Großvater kleidete sich langsam an. Man brachte ihn ins Sammelgefängnis. Dann in das Gefangenenhaus in Kőbánya.

Am frühen Morgen des dritten Tages nach der Verhaftung (am dritten Tage: ein zufälliges christliches Zusammentreffen) hielten wieder mehrere Autos vor unserem Haus, und wieder erschienen einige der Leninbuben (»diese Rotte von Ungeheuern«), um auf eigene Faust zu requirieren, »da der Papa (sic!) ohnehin gefangen ist, braucht er seine Sachen ja nicht«.

So haben sie es gesagt: der Papa.

Was interessant ist: Bei uns nannte ein jeder seinen Vater Papa, mein Großvater, mein Vater und auch wir, meine Geschwister und ich. Beziehungsweise bei uns war – als strengstes Internum – auch Papi im Umlauf. Nach außen schämten wir uns ein wenig – aber wirklich nur ein wenig – für unsere Rührseligkeit. (Als mein Vater den großen Schneidezahn verlor – auf einmal fing er zu wackeln an, er führte es lachend vor wie ein Kunststück, brüstete sich mit dem Gewackel, ließ ihn von hinten mit seiner Zunge kippeln, als würde er Puppentheater spielen, gruselig, der Königsthron wankt, oder zumindest die Krone, wir flehten ihn an, es zu lassen, da waren sie, die vergeblich verborgenen royalistischen Gefühle, aber er lachte nur, und wir, in unserer kindlichen Strenge, verurteilten diese Albernheit, diesen unerwarteten Unfug nicht einfach, wir verachteten ihn –, da geschah es, daß meine kleine Schwester, die am wenigsten sentimental von uns allen ist, mit unbewegter Miene, weich, nur soviel sagte: Papilapapp.)

43

Als wir klein waren, siezten wir unsere Eltern, der Herr Papi, die Frau Mami. Tun zu sagen war nicht erlaubt. Dienstbotentempo, klärte uns unsere Mutter auf, nicht überheblich, eher erklärend, beschreibend, didaktisch. Sie sprach Fauteuil als Fotöjj aus, Menü als Mönü, und das nasale *ääng* am Ende von Souterrain vibrierte und schnurrte so großzügig, als handelte es sich dabei um einen bedeutenden Ballsaal und nicht um das feuchte, dunkle Loch, in dem wir hausten.

Es war unsere Mutter, die uns erzog, sie hatte dergeartete Prinzipien und Hoffnungen und infolgedessen auch Enttäuschungen, denn statt dann, mir statt mich (»der Kommunismus hat euch verdorben«), meinem Vater fiel so was überhaupt nicht ein, er sah unserem Heranwachsen desinteressiert zu. Wenn Verwandte, Gäste ihn nach uns fragten, grinste er fröhlich, sie wachsen wie Unkraut, sagte er, worauf diese anerkennend nickten und es so interpretierten, als würde sich unser Vater Tag und Nacht mit diesen ungeschliffenen Diamanten, die wir waren, beschäftigen. Dazu gäbe es allerdings noch einiges zu sagen.

Im Gymnasium haben wir dann mit dem Siezen aufgehört, das heißt, so mehr oder weniger, denn so ein richtiges Duzen wurde daraus nicht, konnte es nicht werden, unser Duzen klang wie ein Scherz in unseren Ohren, als hätten unsere Eltern wieder und wieder ausnahmsweise, spielerisch ihre Erlaubnis dazu erteilt. Mit dem Duzen hielten, trotz aller Proteste meiner Mutter (contra linguam non est piss), auch die Ausdrücke Alte und Alter Einzug, aber auch das nicht in der allgemein üblichen Art der Benutzung, wie, sagen wir mal, der Wirt einem das Glas hinknallt, hier, kipp das noch hinter, Alter, sondern ... ich weiß auch nicht, respektvoller?, als hätte es noch mehr mit dem Alter zu tun? Jedenfalls spürten wir intensiv und permanent das Persönliche dieser Worte, ja, als würden wir sie als Personennamen benutzen, Alter, Joseph, Benedikt klar, wird es ein gesegnet Jahr. Im Deutschen ist das einfacher: ob Frau, ob Mann, ob Palatin, ob Palastdame, ob nicht, ob zwei oder zweihundert Jahre alt: Verwandte werden geduzt. Wer also ist ein Verwandter. Zwar hielten wir kaum Kontakt zu unserer Klasse, wir hielten ihn unter Anleitung unseres Vaters nicht, ihn ließ das vehement kalt, aber wer wie verwandt war, das wußte *man* irgendwie dann doch.

Es gab eine Art spontanes und lebendiges Familienbild. Eine Familie kann man wie eine Stadt beschreiben: Rózsadomb, Kőbánya, Bürgermeisteramt, Polizei, Donau. Wie eine Landschaft. Aber ist eine Landschaft beschreibbar? Gibt es eine Landschaftsbeschreibung? Ist die Welt beschreibbar? Und ist sie lesbar? Wir haben den Reflex, unter Familie am ehesten den Vater zu verstehen: Vater, Gesetz, etcetera. Doch dann stellt sich heraus, daß hauptsächlich dieses Etcetera die Familie ausmacht, die Großfamilie, den Klan; denn dessen Idee zeigt sich weniger in den Banden zwischen Eltern und Kindern oder Geschwistern, diesen intensiven, tiefen, aber *endlichen* Beziehungen, sondern viel mehr in den sich unendlich fortwindenden Ranken aus Cousinen, Cousins, Vettern, Stiefeltern, Mutterbrüdern und Tanten – einem entfernten schwarzen Schaf! –, die uns, den Klischees entsprechend, mal zu erwürgen scheinen, mal schaukeln wir schwindelnd mit ihnen.

Je größer eine Familie, um so besser kennt sie sich.

An Stellen, wo ich es am wenigsten erwartet hätte, fand ich immer wieder irgendwelche Zettel, auf Großmamas Dachboden, zwischen den Seiten eines Stendhal-Romans, einen plötzlich, zufällig irgendwo herausgerissenen Fetzen Papier oder ein anderes Mal ein vierfach gefaltetes *ernsthaftes* Blatt mit komplizierten Stammbaumableitungen. Und nicht nur in der Handschrift von Frauen oder zittrigen Alten, also als eine Art Kompensation; eher als Training: wie man Pferde von Zeit zu Zeit bewegen muß, hüa, so war es auch hier: Es muß sich erinnert werden; oder wie ein ständiges Spiel, Gehirngymnastik, Quiz: bitte schön! wie sind wir also mit dem Vizekönig von Altamira verwandt. (»Man ist immer über die Liechtensteins verwandt.« O-Ton: mein Vater.)

Auch meine Mutter hat solche Zettel hinterlassen, auf denen irgend jemand »abgeleitet ist«, bei ihr dürfte es eher der Beweiszwang gewesen sein, daß sie sich auskannte im familiären Labyrinth, Zettel und Hefte, diesmal tatsächlich als Spuren eines sogenannten Frauenlebens, die Anstrengungen, die *angefangenen* Hefte, angefangen, also abgebrochen, in dem einen die Biographien italienischer Maler der Renaissance – Rönäs-sons, gurrte meine Mutter – mit Werkverzeichnis, in einem anderen Bruchstücke eines abgebrochenen Sprachstudiums, *à gauche = links*, das sich dann in ein Tagebuch verwandelt, ein Babytagebuch aus dem Jahre 1950. Ein literarischer Kniff, als hätte ich selbst es geschrieben: *Meine kleine Mami ist sehr ungeschickt, aber sie bemüht sich sehr. Sie wird sich schon noch reinfuchsen, Hauptsache, sie läßt mich nicht in die Badewanne fallen. Sie hat.*

Aber dann, oh Schreck: in einem anderen, lumpigen kleinen Heftchen, hinten, zwischen den Zeilen, den Listen mit den täglichen Ausgaben, sehr, sehr persönliche Aufzeichnungen. Mir fallen förmlich die Augen aus dem Kopf (heißt: Ich erblinde daran). Unwahrscheinlich winzige Buchstaben, aber mit den schwungvollen Schleifen meiner Mutter, damit sie keiner lesen konnte, mehr noch, damit sogar ihr Vorhandensein in Zweifel gezogen werden konnte, vielleicht nur die winzigen Kratzspuren einer Federspitze, gar keine Schrift, nur Tinte. Datierungen, Ausrufezeichen, drei Pünktchen, Abkürzungen, die Hand will spürbar gar nicht schreiben, was sie da schreibt, was ihr eine Art finale Entschlossenheit, Verzweiflung und verquere Hoffnung dennoch diktieren, ohne Erbarmen. Oder die Rache, damit nichts vergessen wird.

Manchmal mußte man also, bevor man jemanden ansprach, kurz den Familienbaum hoch und runter klettern, erst dann kam es zum *›Du‹* oder *›Sie‹*, obwohl dieses Klettern die Betroffenen einander so nahebrachte, daß sie sich, als sie durch waren, meistens duzten; selbst die theoretische Möglichkeit einer Verwandtschaft gilt schon als Verwandtschaft (abgesehen von der Erbschaft, das kann man mit keinem Du lösen).

44

Mit den Requiratoren duzten sich Großmama und Tante Mia nicht, trotzdem benahmen die sich, als wären sie Familienmitglieder. Den Requirierer vom Verwandten zu unterscheiden ist wirklich nicht leicht: Sie kommen, wann sie wollen, ob wir uns freuen oder nicht, jedenfalls machen wir eine freundliche Miene, in unserem eigenen Interesse. Schau, ein neuer Verwandter, bestaunten Großmama und Tantchen die Eindringlinge. (Jetzt erst sehe ich, das kann nicht am dritten Tage gewesen sein, so schnell hat man meine Großmutter nicht von der Entbindungsstation entlassen; egal.)

Die Plünderung der Wiege meines Vaters nahm im konkreten

Sinne seinen Anfang. Im übrigen waren sie ganz höflich, lachten über die Witze der beiden Damen, und der eine lud Tante Mia ganz ritterlich ein, mit ihm über den Korso zu spazieren. Was denn noch. Ein anderer half das eine oder andere vor den »Genossen« zu verstecken (vor sich selbst damit natürlich auch). Das versteh mal einer. Die Angst der Frauen steigert, reizt im allgemeinen noch die Brutalität, Großmama und Tantchen waren allerdings eher nur ein bißchen betreten, schließlich wußten sie nicht, daß sie hier Brutalität gegenüberstanden, sie sahen hierin, so sagten sie es später, lediglich den Ausdruck einer Art militärischer Ungezogenheit.

Mein Großvater wußte, was militärische Ungezogenheit ist: das Tor des Herrenhauses absägen, schwangere Herrin des Hauses zur Herausgabe der Wertsachen zwingen, aus dem Schlafe aufschreckenden und im Nachthemd hereinstolpernden Ehemann erschießen, aus dem Schlafe aufschreckenden und im Nachthemd hereinstolpernden vierjährigen Jungen gleichfalls erschießen, ebenso die Mutter, mit zwei Schüssen, welche jedoch einem Wunder gleich überlebt und einem Wunder gleich auch ihr Kind zur Welt bringt, das noch im Mutterleib ebenfalls von einer Kugel getroffen worden ist – als er also plötzlich das Zimmer betrat, geradewegs aus dem Gefängnis kommend, heil und gesund, aber voll Ungeziefer und ein Bad wünschend, sah er sofort, daß es ziemlich schlimm stand.

Was auch stimmte, aber das Schlimme ist nicht rationell, die Brigantis hätten herumballern können, aber sie lachten nur.

»Papa! Sie sind ja wieder draußen?!« jauchzte der eine, woraus im nachhinein klar wurde, daß sie auf Nummer sicher gehen wollten; in Verlegenheit sind sie trotzdem nicht gekommen, sie rafften das zusammen, was ihnen in die Hände fiel (mein Großvater sah ihnen wortlos zu: das war die reine Angst, diese Wortlosigkeit), und brausten mit der Beute in ihren Autos davon.

45

Brausendes Auto, Flugzeug. Béla Kun zum Beispiel floh mit dem Flugzeug aus dem Land. An einem schönen Nachmittag – so gegen fünf Uhr – stieg in der Nähe des Hungaria-Hotels, in dem Sowjets untergebracht waren, ein Flugzeug auf, flog über die Donau, über den Festungsberg und hielt in einer kühnen Wendung auf die Generalswiese zu. Der Volkskommissar selbst steuerte das Flugzeug. Er flog niedrig, kaum zwanzig Meter hoch, so daß man sein Gesicht sehen konnte. Er war bleich und unrasiert wie gewöhnlich. Er grinste zu den Bürgern herunter und winkte ihnen höhnisch und voll ausgesuchter Bosheit zum Abschied zu. Seine Taschen waren vollgestopft mit Gerbeaud-Schnitten, mit Schmuckstücken und Edelsteinen von Gräfinnen und Baroninnen, gütigen, mildtätigen Damen, mit Altarkelchen und ähnlichen Kostbarkeiten. Um die Arme hatte er dicke Goldketten geschlungen.

Als der Aeroplan an Höhe gewann und in der Weite des Himmels verschwand, fiel eine dieser Ketten mitten auf die Generalswiese, wo sie ein ältlicher Herr, der Christinenstädter Bürger und städtische Steuerbeamte am Dreifaltigkeitsplatz in der Burg, ein treuer Mann meines Urgroßvaters, einer mit Namen Patz – Károly József Patz – fand. Und da an der Kette ein Medaillon mit dem Wappen unserer Familie hing, dieser greifartige Löwe, in der einen Tatze ein Schwert, in der anderen – nein, keine Pflugschar, sondern – drei Rosen, lieferte sie der brave Patz bei meinem Urgroßvater ab, und meine Großmutter schenkte diese Kette meiner Mutter zur Hochzeit. Das und diese Geschichte. Meine Mutter trug sie nie. Anfangs nahm ihr das mein Vater übel.

»Aber Mattilein, Sie denken doch wohl nicht, daß ich sie nach einem Mörder tragen werde.« Mein Vater war der Meinung, wenn man so an die Sache herangeht, könnte man überhaupt keinen alten Schmuck tragen, die meisten Schmuckstücke haben eine gewaltsame Geschichte.

»Aber die waren wenigstens keine Kommunisten«, trumpfte meine Mutter auf.

Ein schönes Stück, jetzt gehört es mir.

46

Tante Mia war für einen Tag verschwunden. Bei Großvater in Pest dachte man, sie wäre in Csákvár, bei Urgroßvater in Csákvár dachte man, sie wäre in Pest. Wo sie schließlich und endlich war, weiß bis heute niemand. Sie kam bei meiner Großmutter an, wie auch sonst, um die Mittagszeit, wie es dem Fahrplan des Schnellzugs aus Tata entsprach.

Sie klingelte. Das Mädchen öffnete.

»Guten Tag, Komteß Mia. Hoffe, eine angenehme Reise gehabt zu haben.«

»So ist es«, nickte Tante Mia. Und rührte sich nicht. Sie stand weiter vor der Tür. Das Mädchen nahm das Gepäck und machte sich auf den Weg nach oben. Tante Mia stand nur da. Stand fest.

»Gibt es ein Problem, Komteß?« wandte sich das Mädchen erschrocken um.

»Nein, nichts, mein Kind, helfen Sie mir nur hineinzugehen.«

Nun war es das Mädchen, das sich nicht rührte, es verstand nicht, was das Fräulein von ihm wünschte.

»Sind Sie noch hier?« fragte dieses. Das Mädchen ließ vor Schreck die Reisetasche fallen. »Sie ist also hier. Dann helfen Sie mir einzutreten. Nehmen Sie mich am Arm, als wäre ich betrunken, und führen Sie mich hinauf.«

Aber sie war nicht betrunken, sondern blind. Erblindet. An den Augen, in der Augengegend, im Gesicht waren keine Spuren von Gewaltanwendung zu sehen. Sagte mein Vater. Ihm hatte es die Großmutter erzählt. Als sie, Arm in Arm mit dem Zimmermädchen, im Salon ankamen, hob meine Großmutter statt eines Grußes meinen Vater hoch.

»Schau, wie er ißt!« Sie stillte ihn selbst, das galt damals als Seltenheit. Ihre Schwägerin wandte sich in die Richtung, aus der die Stimme kam.

»Ich hab's schon gesehen«, sagte sie leise. Großmama war schon drauf und dran, sich beleidigt zu fühlen, als sie merkte, daß etwas nicht stimmte, sie sah die schwarze Sonnenbrille, die Tante Mia dann wie ein Filmstar, eine getarnte Greta Garbo, ihr ganzes Leben lang trug. Sogar nachts, einmal haben wir versucht, sie auszuspähen, aber sie trug sie selbst in der Nacht. Damals – zu Ehren meines Vaters? – nahm sie sie das erste und letzte Mal ab und sprach zum ersten und letzten Mal jenen Satz aus.

»Ich bin blind.«

Sie sagte nicht, ich bin erblindet, sie sagte, blind. Als hätte sie ihren Namen gesagt. Ärzte ließ sie nicht an sich heran, sie weigerte sich, über die Sache zu sprechen. Interessanterweise konnten weder ihr Bruder noch ihr Vater durchsetzen, daß sie sich untersuchen ließ. Das Interessante daran war, daß diese beiden sich damit abfanden, daß Tante Mia plötzlich stärker geworden war als sie. Tante Mia wußte etwas, was sie nicht wußten und was sie gar nicht so richtig kennenlernen wollten oder sich trauten.

Obwohl wir wußten, daß es verboten war, fragte unsere kleine Schwester einmal nach.

»Wie ist denn dic Tante Mia blind geworden?« Tantchen tat, als hätte sie es nicht gehört. »Tun Sie jetzt nur blind sein oder auch taub?« Tante Mia schlug unsere Schwester reflexartig aus der Rückhand, nicht gerade schwach ins Gesicht.

»Tun tut man nicht.«

47

»Ich führte ein bizarres Gespräch mit dem Herrn Revolutionär Károly Sterk, das aber nicht ohne jede Lehre für mich war. Die dann doch etwas absonderliche, lückenhafte und übereilte Inventarisierung des Schlosses ließ mir sehr ernste Bedenken zurück. Ich sollte recht behalten. Abends gegen halb elf stürzte mein Diener in mein Zimmer mit der Nachricht, Halnek und Sterk seien an der Spitze der Gendarmerie und vieler Volkswehrmänner im Schloß. Alle Eingänge zu demselben waren mit Wachposten versehen worden. Ich tröstete mich mit der Vermutung, diese Machtentfaltung gelte den ›noch nicht gefundenen Kunstschätzen‹. (Ich hatte nicht einmal der Familie vom ›Geheimnis der Breeches‹ erzählt, nur die Kammerzofe Vilma wußte etwas, und die tat immer so, als wüßte sie von nichts.)

Wir legten uns aufs Ohr und schliefen nicht schlecht. Auch das ist eine Eigenheit der Esterházys. Die Nacht ist zum Schlafen da, also schlafen wir. Am anderen Morgen wurde ich, während der Messe in der Hauskapelle, abberufen. Man teilte mir mit, die Inventur würde neuerdings aufgenommen werden und die Zimmer, in welchen die Bücherkästen standen, versiegelt.

›Die Genossen haben doch wohl keine Angst vor Büchern?‹ Woraufhin Sterk ein höhnisches Lächeln zeigte, man muß schon sagen – formaliter! –, daß dies insgesamt seine unhöflichste Reaktion war.

›Unglaublich, wie Herr Graf das Wort Genosse aussprechen! Das allein ist schon ein Beweis für die Existenzberechtigung der Revolution‹, bemerkte er später vor sich hin murmelnd.

Genosse Sterk interessierte mich. Er war der Sohn eines Csákvárer Juden, mit dem ich aus der Zeit, als ich Feuerwehrhauptmann war – gütiger Gott, ich war wirklich alles gewesen, wieso nicht auch Feuerwehrhauptmann! – und er der Feuerwehrvereinskassier, auf einem besseren Fuße stand. Es gibt auch die Auffassung, man dürfe von den Juden gar nicht als solchen reden, es sei denn, die Juden wünschten es selbst. Denn es gebe solche und solche (als solche), und wenn es ein solcher sei, müßte ich ihn einen solchen nennen, wenn es aber ein solcher sei, dann einen solchen.

Nun, das wage ich zu bezweifeln. Auf dieser Grundlage könnte ich auch nicht sagen: Italiener oder Preuße. Und das, obwohl es unbestritten so ist, daß die Toskana einen preziöseren, bedenkenschwereren, farbloseren Preußen als den Comte Costacurta noch nie gesehen hat, ebenso wie es keinen Zweifel an der hochtönenden, originellen Geschwätzigkeit meines entfernten Berliner Cousins Freiherr von Landsberg gibt, er könnte es mit seinen italienischen Charakterzügen von Neapel bis Venedig mit jedem aufnehmen, ist es denn nicht trotzdem lohnend und sinnvoll, von Italienern und Preußen zu reden, und zwar genau derart, gerade anhand jener Klischees, die die grundlegende Differenz ja doch beschreiben, die zwischen Neapel und Berlin zweifellos besteht.

Sterk war in Uniform erschienen (ohne Offiziersabzeichen), nur mit dem kommunistischen Hammer-Emblem geschmückt. Als Oberleutnant hatte er den Krieg ›weit vom Schuß‹ zugebracht, und mit Ausbruch der Revolution war es bekannt, daß hauptsächlich er der Spiritus Rector Halneks war und nach echter Judenart den Halnek vorschob, und wenn derselbe in offiziellen oder privaten Geldverlegenheiten war, ihm rettend zur Seite stand. Nicht nur ich beobachtete Sterk, ich sah, daß er auch mich beobachtete. Ich fing eine diplomatische Konversation mit ihm an, deren Ergebnis ein Kompromiß war, laut welchem ich weiter in den Zimmern ›mit den Büchern‹ wohnen dürfte, aber die Bücherkästen sollten mit Tüchern zugehängt und dieselben an die Kästen angesiegelt werden.

›Was ist die Proletarierdiktatur kompliziert!‹ Ich lachte, doch

Sterk lachte nicht mit. Diesen Versiegelungs-Gedanken hatte ich in der Hoffnung lanciert, hiedurch meine Bibliothek retten zu können für den Fall, daß diese Zustände doch noch einmal ein Ende nehmen würden. Ich werde des öfteren vom Prinzip der Rettung geleitet, ich wage zu behaupten, dies ist mein Leitprinzip, das sicherlich auch als Familienprinzip zu bezeichnen ist, erhalten, zusammenhalten, ausharren, überwinden. Es mag welche geben, die das verachten, es als übermäßig irdisches Prinzip betrachten, und, indem sie es mit Gewinnsucht gleichsetzen, Hintergedanken vermuten, Egoismus, Alltäglichkeit. Dabei ist das eine sehr wohl radikale Vorstellung von der Welt. Fraglos, sie verlangt Disziplin. Doch klein und feige ist jener, der Disziplin als klein und feige bezeichnet, Philistertum darin sieht und nicht Enthusiasmus, gezügeltes Entzücken, die Größe des zivilisierten Menschen.

Wie viele lange, gräßliche Wochen brachten wir in den zugehängten Zimmern zu, ohne irgendein Buch herausnehmen zu können, da täglich ein Kontrollorgan erschien, nachzusehen, ob die Siegel unversehrt seien. Es gab auch keine Zeitungen, der Postverkehr ließ viel zu wünschen übrig, die meisten Budapester Zeitungen wurden eingestellt, die Wiener kamen unzuverlässig, übrig blieb nur die kommunistische Presse: eine einzige schamlose Lüge.

Ich mußte konstatieren, daß die Kommunisten in den Besitz der Sprache gelangt waren. Auch die neue Inventur wurde derart durchgeführt, daß Halnek mit dem Juden Sterk das sämtliche Schloßpersonal und die Gartenknechte zusammenrief – und diese kamen auch! Einige Wochen zuvor hätte man noch mich gebeten, oder, sei es, hätte man noch mir die Anweisung gegeben, meine Leute zu rufen. Nun aber waren die Worte bei ihnen, nicht bei mir. Sterk wußte das und Halnek spürte es, das heißt, auch er wußte es. Man weiß immer, wenn man Macht hat. Macht zu haben und es nicht zu merken, so was gibt es nicht. Der König zu sein, aber zu glauben, Fahrkartenkontrolleur bei den Öffentlichen Verkehrsbetrieben zu sein, sowas gibt es nicht.

Vor allem anderen begann man, die Bilder und Statuen aus der Kapelle zu entfernen, da die Räteregierung befohlen hatte, ganz besonders müsse alles entfernt werden, was im Volk ›den Aberglauben‹ – nämlich das religiöse Gefühl – wachhalten könnte. Das erwähnte ich Sterk gegenüber auch, daß nämlich die Kommunisten hier verlieren werden, weil sie dem lieben Gott den Krieg erklären. Ich sprach relativ offen zu ihm, es gab für mich nichts zu verlieren und mit Verstellung nichts zu gewinnen. Auf lange Sicht waren Sterk und seine Gesinnungsgenossen zum Scheitern verurteilt, auf kurze Sicht hatte ich schon alles verloren, was blieb war also die Neugierde (und ein wenig Todesangst!).

›Courage!‹ rief der Jude frohlockend aus, von mir als *dommage* verstanden, so daß ich automatisch erwiderte, das ist wohl wahr.

›Aber natürlich, und wie, Exzellenz, diese ganze Welt ist Courage.‹ Er wirbelte einem Tänzer gleich herum. ›Beziehungsweise andererseits‹, er hob wichtigtuerisch den Zeigefinger, ›nur das gibt es hier, nur die ganze Welt.‹ Kichernd fügte er hinzu: ›Die ganze Welt, Exzellenz! Und das ist erst die Spitze des Eisbergs!‹

Die Kommunisten sprechen immer nur vom Ganzen, nie von den Details. Die Details unterschlagen sie. Alles, was nicht niet- und nagelfest war, die Bilder, die Porzellansammlung, antike Uhren und Kunstgegenstände wurden in zwei Sälen aufgestapelt. Mit Tränen im Auge trugen manche unserer alten Diener die vielen schönen, wertvollen Sachen, die sie mit uns als unantastbares Gut verehrten, aus den Zimmern hinaus, und selbst manche Mitglieder des Arbeiterrates, die zur Inventur kommandiert waren und Kommunisten zu sein vorgaben, klagten mir aufrichtig – aufrichtig und leise:

›Herr, wir müssen hier eine häßliche Arbeit verrichten!‹

›Sie müssen?‹ fragte ich höhnisch.

›Ja, müssen‹, nickte der Mann ernst. Ernst, müde und feindselig. Trotzdem, als ich dort stand, vor diesen ohne jedes Herz zusammengetragenen Gegenständen, die in einer Masse dort lagen wie ein großer Haufen Kohle, vermengt, untrennbar, sie haben aufgehört einzelne Gegenstände zu sein, denn ihre Geschichte hatte aufgehört, sie waren ihrer eigenen Zeit und ihrem Raum entrissen worden, ihrer eigenen Struktur und kamen wie hochgestoßen, ausgespien an ihren neuen Platz – da also sah ich das erste Mal, wie das *Viele* ekelerregend sein kann, wenn das Viele kein blendender Reichtum ist, sondern dieses widerwärtige Gespei in der Mitte meines Schlosses. Da glaubte ich plötzlich diese Roten zu verstehen: Offenbar hatten sie das immer schon so gesehen, immer herausgehoben aus der Struktur, denn sie kannten ja die Struktur nicht.

Sterk versiegelte der Reihe nach meine Bücherschränke, und ich stand neben ihm herum, als würde ich ihm behilflich sein. Wie ein schlechter *Butler.* Er sagte, er sei Kommunist aus fünfzehnjähriger Überzeugung. Ich sagte, ich sei Katholik aus dreihundertfünfzig Jahren Überzeugung.

›Katholikós. Allumfassend‹, warf ich ihm hin. Er nickte eifrig:

›Ich verstehe sehr wohl.‹ Er entwickelte mir, daß keine Steuern mehr zu zahlen sein würden, vermutlich, um mich zu beruhigen, aber es beruhigte mich keineswegs (wer weiß, warum). Das Schloß würde ›kommunisiert‹, das heißt, höheren Zwecken zugeführt werden. Dazwischen ließ er durchblicken, ich würde vor einem Revolutionstribunal kein Erbarmen finden, falls ich irgendein Verbot überschreiten würde.

›Drohen Sie mir, Sterk?‹

Er tat so, als hätte er es nicht gehört. Unser Diskurs ruhte auf dünnem Eis. Unsere gegenseitige Höflichkeit verlangte ein wenig Kosmetik. Ich erwähnte meine Aversion gegen Juden nicht, wohl wissend, daß sie diese Unterscheidung übelnehmen, während sie selbst um so mehr Wert auf die Unterscheidung legen. Sie stehen zur Menschheit wie die Sikulen zu den Ungarn. Denn der Sikule nickt, wenn man ihn fragt, ob er Ungar sei, er nickt, was eher ein Ja als ein Nein ist, und sagt dann ›besser noch als wie das‹. Zur Selbstunterscheidung boten sich nun viele Beispiele. Eine tolle Geldverschwendung begann, welche nur von der Protektionswirtschaft überboten wurde, um die dunkelsten Judenexistenzen zu Macht, Wohlhaben und Reichtum gelangen zu lassen. War irgendwo ein Christ angestellt, so stürzte sich von der obersten Behörde angefangen die ganze Stufenleiter der ›Kommissäre‹ herunter der Judenschwarm auf ihn, um ihn zu verdrängen und durch einen ›von ihre Leit‹ zu ersetzen. Mit welcher kulturlosen, unerzogenen Überhebung und Grausamkeit sich diese Parvenüs den früheren Besitzern gegenüber benahmen, kann nur jenen verständlich sein, welche das vorlaute, provozierende Getue, mit dem die Juden sich an öffentlichen Orten benehmen, zu beobachten verstehen.

Die Juden fürchteten sich ganz furchtbar vor den Bauern. Da Trotzki-Lenin mit der Kommunisierung der Bauerngüter böse Erfahrungen gemacht haben, durften in Ungarn Güter unter hundert Joch Ausmaß nicht ›enteignet‹ werden. Aber auch der Großgrundbesitz änderte sich nicht viel, denn die Produktionsgenossenschaften behielten den Rahmen des Großgrundbesitzes, nur die denselben ›Genießenden‹ waren andere geworden. Das soll so eine große Sache sein? Uns wurde er geraubt, und die Juden und Knechte der Genossenschaft waren die Großgrundbesitzer geworden. Anders war, daß ich nun zu Fuß in den Meierhof ging, und meine früheren Beamten und die Kommissäre fuhren mit meinen Pferden, freundlich grüßend, dienstlich an mir vorbei. Vom Bauern zum Aristokraten ist es nur ein Schritt. Eine andere Frage ist, wer diesen Schritt tut …

Ich sehe überhaupt nicht ein, wieso ich kein Antisemit sein sollte, was offenbar eine gewisse Voreingenommenheit bedeutet, nämlich, daß ich keine Juden mag. Sollte ich allerdings einem liebenswürdigen, respektablen Exemplar begegnen, und wer wollte so engstirnig sein, die Möglichkeit der Existenz eines solchen prinzipiell zu leugnen, werde ich meinen Standpunkt revidieren; ich wäre ein Esel, es nicht zu tun. Ich mag keine Geldmenschen, aber ich nehme es keinem übel, wenn er keine Aristokraten mag. Es ist wieder eine andere Frage – als würde Welt aus lauter ›anderen Fragen‹ bestehen –, wie viele dumme Vorurteile unter dem Volke herrschen, welche die sogenannten neuen ›Volksführer‹ geschickt auszunutzen wissen. Halneks Lebensgefährtin konnte man zum Beispiel nicht davon überzeugen, daß das Zimmer meiner Tochter das Zimmer meiner Tochter war. Es war ihr nicht komteßhaft genug.

›Herrschaften schlafen auf Spitzenleintüchern, das weiß ich, weil ich früher in feinen Häusern gedient habe!‹ Dann, Madame, ist wohl mein Haus kein feines Haus, aber ich schwieg, in unserer Familie wurde nie jemand auf Spitzenleintüchern gebettet. Mag sein, daß es solche ›Häuser‹ und solche ›Damen‹ anderswo gab.

Nachdem diese Vorurteile exponiert waren, verließ unsere Unterhaltung ihre Bahn.

›Wäre es nicht möglich, Herr Graf, daß Sie lediglich ein Gefangener Ihrer falschen Vorurteile sind?‹ fragte Sterk und sah mich schmerzlich an. ›Könnte es nicht möglich sein, daß ich kein lausiger Jude bin‹, er keuchte und spuckte jetzt auch, wie jeder Hühneraugenmensch, ›kein blutsaugender Egel am gesunden Leib des Christentums, sondern ein Mensch, Károly Sterk, untertänigst, ein einunddreißig Jahre alter Ungar voller guten Willens, begabt mit der Fähigkeit und dem Willen zu verbessern, untertänigst, Ihr Jude Károly Sterk, ein Jude jüdischer Abstammung und ein Ungar, nü, mit schlechter Betonung, hochgezogenen Wortenden, hoffnungslosen Nasalen und einer hochfahrenden Hakennase, wäre es nicht möglich, daß ich lediglich ich selbst bin?, nicht vornehm, wie Sie, Herr Graf, ich will gar nicht behaupten, daß ich Sie nicht beneide, nicht reich wie Sie, Herr Graf, ich will nicht behaupten, daß ich das nicht ändern will, nicht kühl und elegant, Herr Graf, ich will nicht behaupten, ich würde nicht leiden unter meinem eigenen Körper und meinem Ungestüm, dennoch, wäre es, untertänigst, möglich, daß auch ich nur ein Mensch bin, wie auch Sie vor Jahves Angesicht nichts anderes sind, Herr Graf, ein Mensch … ein Mensch …‹

Unangenehme Stille kehrte ein, ich tat unwillkürlich einen Schritt zurück. Er blickte mich an, wie ein Mann einen anderen Mann anzusehen pflegt, so wie es nicht üblich war zwischen zwei Menschen, die so fern voneinander sind. Oder hatte er gerade über diese Entfernung gesprochen? Auch er mußte die Widersinnigkeit unserer Situation empfunden haben, denn er wandte sich ab und sah durch das Fenster, auf den Park hinaus.

Auch das mag ich nicht an den Juden, diese sentimentale Todesangst. Als wären sie ständig auf dem Wege zur Schlachtbank, wo sie von bösen christlichen Schlächtern erwartet würden. (Nur in Klammern bemerkt, fing es nicht gerade umgekehrt an? An wessen Händen klebt denn wohl das Blut unseres Herrn Christus? Sterk würde sicher sagen, das sei nicht sein Business.) Wobei sie selbst es sind, die mit ihrer in gewissen modernen *Kunst*gattungen vielleicht einträglichen Überempfindlichkeit diese Hysterie verbreiten, indem sie, sich auf in der Vergangenheit tatsächlich stattgefundene Pogrome berufend, schon beim Auftauchen des Wortes Jude ihr schlimmes Schicksal vorausgeworfen sehen.

Und was jene konkreten hysterischen Judenängste betrifft, die sich auf die Gegenwart, auf dieses Jahrhundert beziehen, quasi als Vorschuß und als Borg (was für eine typische Denkungsart!), muß man diese nicht nur zurückweisen, sondern auch qualifizieren, ich nenne sie unfair, und ich bin nicht weit von der Wahrheit entfernt, wenn ich sie, was ihre Ziele anbelangt, als unedel beurteile. Heutzutage von umfassenden Pogromen zu sprechen oder sie auch nur anzudeuten ist einfach eine Lüge. Wir befinden uns im 20. Jahrhundert! Wer in diesem Jahrhundert so etwas vermutet, ist ein Wahnsinniger oder ein Betrüger, denn gerade jetzt leben Gedanken und Religionen in vorher ungeahnter Freundschaft nebeneinander. Erinnern wir uns nur an die blutigen Religionskriege früherer Jahrhunderte und an die jetzige Freizügigkeit, welche schon soweit führt, daß man nahezu keinen Gedanken oder, was noch schlimmer ist, keine Gedankenlosigkeit mehr äußern kann, die streitbar wäre! Mit einem historischen und familiären Witz könnte ich das so ausdrücken, wenn die Protestanten nichts zu befürchten haben, haben auch die Juden keinen nennbaren Grund dafür.

Das andere, was mir bei den Juden gegen den Strich geht, ist diese permanente Spöttelei, jene Eigenart in ihrem Denken, alles zu parodieren. Unwillkürlich machen sie aus allem eine Parodie. Was soll ich also denken, wenn ich diesen sonst so gesammelten Menschen vor mir sehe, der, für einen Augenblick außer sich geraten, aufgebracht keuchend, mit vor Tränen glänzenden Augen sagt, er sei ein Mensch! Denkt er vielleicht, ich weiß es nicht, *un homme!,* daß der große Goethe als stolze Selbstvorstellung Napoleon diese Worte entgegnete?! Was also soll ich jetzt von diesen Tränen halten? Ich weiß, das ist nicht nur reine Frechheit, denn er behauptet nicht nur, daß ich nicht Napoleon sei, worauf ich auch niemals Anspruch angemeldet habe, sondern auch, daß auch er nicht Goethe ist, oder nur soweit, wie ich jener bin, dennoch, was bedeutet es dann? Was ist die Bedeutung dieses Bocksprungs? Ist dadurch nicht etwa behauptet, daß alles klein und ohne Bedeutung ist, daß es nichts groß Angelegtes, nichts Erhabenes, einfach nichts Großes gibt, und folgt das nicht zwangsläufig aus der Verneinung Christi, und hat das nicht zur Folge, gewollt oder nicht, daß all dies in den Schmutz gezogen wird? Und ist es nicht die Pflicht eines Mannes meiner Überzeugung, mit aller Entschiedenheit gegen diese Tendenz anzutreten?

Nichtsdestotrotz brachte mich die Unsicherheit, wie die tränennassen Augen des Juden Sterk zu beurteilen seien, in eine peinliche Lage. Denn einerseits mußte ich sehen, daß es echt und kein Theater war, andererseits mußte ich sehen, daß es organischer Teil jener Goethe-Paraphrase und davon nicht wegzuoperieren war: Ergriffenheit und Hanswurstiade. Diese muß ich nebeneinanderstellen, Dinge, von denen ich denken würde, sie sind nicht nebeneinanderzustellen, deswegen schwieg ich und war frappiert, im Gefühl, in eine fremde Welt gefallen zu sein, in der ich mich nicht zu orientieren weiß. Dabei hatte ich die Welt vollends als eine kennengelernt, in der man sich orientieren kann – die Beweisführung dafür lasse ich jetzt aus Bescheidenheit beiseite –, mehr noch, die Welt war so, sie war so geschaffen worden, daß ich mich in ihr zurechtfinden konnte.

›Sie beziehen sich auf Jahve, auf den Schöpfer? Ich dachte, die Kommunisten hätten die Welt geschaffen.‹

Er hatte sich gefangen, er drehte sich weg vom Fenster und antwortete lachend:

›Nein, nein, die Verantwortung würden wir dem Himmel nicht abnehmen wollen … Wir erschaffen sie lediglich neu …‹ Er wurde wieder ernst. ›Wenn ich gläubig wäre, würde ich mich mit Gott beschäftigen. Da ich es nicht bin, beschäftige ich mich mit mir selbst … Ich bin ein Jude, aber ich glaube nicht an Gott. Ich glaube nicht einmal an die jüdische Tradition. Auch mein Vater glaubte nicht an sie, aber er gab sie an mich weiter. Auch ich glaube nicht, aber ich werde sie an die Meinen weitergeben.‹

Wieder stiegen Tränen in seine Augen, und ich sah ihn unwillkürlich mit Respekt an, dieser Glaube ohne Glaube machte mich nachdenklich. Wozu wäre ich wohl ohne Gott fähig? Was könnte ich tun? Keinen einzigen Schritt! Gott ist für mich kein philosophisches Konstrukt, sondern das Leben!

›Haben Sie keine Angst vor dem Unglauben?‹ fragte ich leise. Ich sah, daß er verstand, was ich da sagte; ich sagte – was ich noch nie jemandem gesagt hatte, auch mir selbst nicht –, daß ich Angst vor dem Unglauben habe und besonders vor meinem eigenen Unglauben, aber ich habe auch Angst vor seinem, der Unglaube sei ansteckend, ich habe Angst und ich ekle mich vor ihm. Ich verachte ihn. Ich hasse ihn.

Seine feuchten Augen lachten bereits.

›Hauptsach, der Herrgott isch gsond!‹ Er warf sie mir zu, wie ein Geschenk, diese seine eigene, äußerst fragliche Leichtigkeit, und ich war auch exceptionell dankbar dafür. Gott, der stramme Bursch! Schnell erwähnte ich meinen Gedanken über den Kommunismus als den schrecklichen Statthalter der Gegenwart.

›Herr Graf sind ein sehr guter Beobachter, ein hervorragender *spectator*!‹ Auf dieses Lob hätte ich getrost verzichten können, dann sagte er noch, als füge er es dem davor Gesagten hinzu: ›Wenn wir nichts mehr wollen und all unser Ehrgeiz verpufft ist, sind wir Zuschauer unserer selbst, unser eigenes Publikum. Eine merkwürdige Vorstellung!‹ Wohl wahr: eine merkwürdige Vorstellung!

›Aber die Gegenwart kann nicht existieren ohne Vergangenheit und Zukunft, die Vergangenheit ist Voraussetzung für die Gegenwart.‹ Er wartete gespannt auf die Fortsetzung. ›Es sei denn, Sie wollen die Zeit negieren!‹

›Wir negieren sie nicht, wir negieren sie nicht! Wir erschaffen sie nur neu! Eine neue Zeit, eine neue Zeitrechnung!‹ Jetzt war ich derjenige, der abwinkte.

›Stellen wir uns eine Eiche ohne Zeit vor! Eine Eiche ohne

Jahresringe! Was wäre denn dies anderes als allenfalls morsche, leere Falschheit?‹ Der Jude Sterk grinst mich an. Ohne Zweifel, ich bin in seine Falle hineinspaziert.

›Oh, aber wie, Exzellenz, Sie nehmen mir fast die Worte aus dem Mund. Morsch! Leer! Falschheit!‹ In sein Grinsen mischte sich Freundlichkeit, wandelte sich zu einem Lächeln, schüchtern, wie bei einem pubertierenden Jüngling. ›Aber ich will von Exzellenz trotzdem nicht annehmen, daß er Kommunist wäre.‹

›Das nun wirklich nicht‹, sagte ich schroff. Obwohl, eine Laune des Schicksals, als ich erfuhr, daß keine Bahnfahrt mehr ohne Legitimation des Gemeinde-Direktoriums und ohne sozialistische Mitgliedskarte erlaubt und in den Kaufläden von Budapest ausschließlich an ›Genossen‹ verkauft würde, gab ich den Auftrag, mich und meine Angehörigen bei der hiesigen sozialistischen Partei behufs Erlangung der Legitimationskarten anzumelden. Wenn ein Genosse ausschließlich durch den Ausweis ein Genosse wird, und ausschließlich ein Genosse ein Mensch ist – soll es daran nicht scheitern! Was konnte die Parteileitung schon machen, jedenfalls erhob sie durchaus kein Triumphgeschrei, als sie die Beweggründe erriet, welche uns leiteten. (Aber späterhin, als die Kommune verkracht war, als keine Gefahr mehr bestand und unsere Landsleute aus dem freiwilligen Exil zurückflatterten, da kritisierten manche von oben herab trotz vollkommener Unkenntnis der damaligen Verhältnisse diesen Schritt zur Erlangung der Legitimationskarten, der ohne verlangte und auch nicht erfolgte Prinzipienverleugnung getan worden war!)

Theoretisch hätte man mich Genosse nennen können. Die Welt stand auf dem Kopf! Die Kommunisten machen sich selbst zu Witzfiguren. Jetzt! Jetzt! So wie der Journalismus die Literatur des Augenblicks ist, sind die Kommunisten die Aristokraten des Augenblicks. Aber Aristokrat kann man nicht nur für einen Augenblick sein, für einen Augenblick kann man nur Kommunist sein! Selbstdefinition als Selbstwiderspruch führt zur Parodie, statt Werten eine Parodie der Werte! So wie an die Stelle der Wahrheit eine neue, durch die Zeitungen diktierte Welt tritt, gewinnt die Parodie den Vorrang, so wird sie zu allem, so verschwindet die heilige Wahrheit hinter ihr, die vom Messer der Parodie aufgeschlitzt und schamlos umgewendet ward.

›Schamlos!‹ Sah ich es richtig? Hatte Sterk mit den Schultern gezuckt? Bescheiden mit den Schultern gezuckt? ›Herr Sterk, Sie haben die Welt nur umgekrempelt, aber sie haben Sie nicht verändert. Sie haben Oben und Unten vertauscht, was zuoberst war ist jetzt zuunterst – just habe ich nicht auf mich gezeigt –, und was unten war, ist jetzt oben. Und dann, was ich stark hoffe, werden andere kommen, die die Welt wieder …‹

›Drohen Sie mir, Exzellenz?‹

›Ach was, ich beende den Satz. Die die Welt wieder auf die Füße stellen. Sie müssen schon verzeihen, der Menschheit, oder wenn Sie mögen, dem Volk, ist es herzlich egal, ob der Miklós Móric Esterházy oder der Károly Sterk das Oben sind, an mich haben sie sich höchstens schon gewöhnt, und ich habe auch schon ein wenig Praxis.‹

›Bei uns gibt es kein Oben und Unten, damit haben wir aufgeräumt, das ist, kurzgefaßt, der Sinn der Revolution.‹

›Das möchte ja wohl auch sein, daß es kurzgefaßt bleibt.‹ Sterk warf mir einen verächtlichen Blick zu. Da sieht man mal wieder, ich kann es kaum erwarten, wieder an die Macht zu kommen. ›Sie irren sich, Sterk. In Momenten langer Verfolgungen kommt immer der Augenblick, in dem die Opfer ebenso niederträchtig und ebenso verachtenswert werden wie ihre Henker.‹

Darüber gab's nichts weiter zu reden, die Grenzen unserer Ehrlichkeit waren deutlich zu sehen. Ich erwähnte erneut, daß sie nicht nur dem Oben ihren Kampf angesagt hätten, sondern auch dem Herrgott, was ihnen zum Verhängnis werden würde.

›Napoleon biß sich ja bereits an Moskau die Zähne aus!‹ rief ich mit einer Verve aus, daß ich selbst überrascht war.

›Herr Graf sind also der Meinung, im Himmelreich ist es sogar noch kälter als dort? Keine irrationale Annahme. Das Reich des ewigen Eises und der Herr als Eiskönigin!‹

›Ich bitte Sie! Mein Herr! Diese Übertreibung! Warum muß man aus allem einen Witz machen?‹

›*Mill pardeuse*, Herr Graf. Mir beliebte es lediglich auf die Symmetrie hinzuweisen, wonach es in der Hölle, wo das ewige Feuer brennt, heißer sei als wünschenswert, dafür ist es oben kälter. Sehen Sie, Herr Graf, wir Kommunisten haben uns deswegen die Erde gewählt, zwischen diesen beiden. Kein Oben, kein Unten, alles ist hier, Exzellenz, das Himmelreich, die Hölle, alles.« Er rasselte es herunter, als würde er gehetzt. Seine Augen blitzten freundlich. Ich kannte ihn bereits soweit, daß ich wußte, es war ihm etwas eingefallen. Diese Juden sind wie die Streber in der Schule, wie die talentierten Streber. Ständig melden sie sich. Sie würden krepieren, wenn sie einmal in aller *Stille* klug wären, in sich, für sich, innerlich. Jetzt war ich das Publikum. ›Mein Platz‹, sagte er wichtigtuerisch, ›meine Heimat ist, wie bei den Mystikern, das Nichts, das Gott *vorangeht*!‹

Er sah mich erwartungsvoll an, während er allerdings nicht aufhörte, die Leintücher abzustempeln. Und ich hielt sie am Rand.

›Sie können schön sprechen, Herr Sterk, aber falsch. Nein, nein; Ihre Heimat ist nicht das Nichts, obwohl mir das auch schon aufgefallen ist, Ihr Nihilismus, Ihr Chaotismus. Aber wenn ich Sie mir näher betrachte, scheint mir Ihr Zuhause das Siegel, der *›Stempl‹*, die Ausweise, der geistige Kataster zu sein – die Proletarierdiktatur hat nämlich heftiges Interesse an den Künsten angemeldet, auf ihre als üblich zu bezeichnende verquere Art: die Kultur heiligsprechen und sie gleichzeitig dem Erdboden gleichmachen; im Zeichen dessen hat man den geistigen Kataster erfunden, und was Lächerlicheres als das hat es in der Geschichte noch nicht gegeben; ein Volkskommissär wurde betraut, die geistigen Arbeiter, also Schriftsteller, Künstler usw. in beliebige Rangklassen einzuteilen, welche sich, wie in der geordneten Bürokratie, nach Gehaltsstufen richteten –, es stimmt nicht, lieber Sterk, daß Sie vorhätten, den Menschen an die Stelle Gottes zu setzen, was zwar eine Gotteslästerung wäre, wenngleich man dem einen Moment des Mutes, der luziferischen Rebellion nicht absprechen könnte, und es stimmt ebenfalls nicht, daß Sie die Hierarchie gesprengt hätten, Sie haben sie eher nur erobert.‹ Währenddessen stempelten wir weiter. ›Wahr ist, daß Sie die Bürokratie ins Zentrum von allem gesetzt haben, und darin besteht die Naivität des Kommunismus, seine schlecht interpretierte Modernität und auch seine Ungeheuerlichkeit, denn bereits in dieser kurzen Zeit hat sich die unglaubliche Kraft der Bürokratie gezeigt, ihre Fähigkeit, daß sie, wie man so schön sagt, weder Gott noch Teufel kennt noch den Menschen, auf dem Thron der Ereignisse sitzt ein mechanischer neuer Gott wie der Zwerg in der geheimnisvollen Schachmaschine jenes Wolfgang Kempelen, den niemand kennt, keiner kann ihn beeinflussen, aber es mag geschehen, was will, es geschieht noch nicht einmal im Widerspruch zur Logik, denn das allein schon wäre wieder logisch, sondern nur so-und-so, Schachmatt gibt es auch …‹

Ich verstummte, für einen Moment war ich unsicher, ob ich fortfahren sollte, aber schließlich fuhr ich fort.

›Die Bürokratie wird zur großen Gottheit des 20. Jahrhunderts werden, soviel haben Sie erreicht, Herr Sterk, und das ist nicht einmal wenig. Und ich bin nicht in der Lage, zu überblicken, was das mit all seinen unausweichlichen Konsequenzen bedeutet. Und ich habe auch keine Zweifel daran, daß es Ihnen damit auch nicht anders ergeht.‹

›Mit dem Unterschied‹, sagte der Jude Sterk mit einer unerwarteten Traurigkeit in der Stimme, ›daß uns das auch nicht interessiert.‹

›Lieber Sterk, ich zweifle nicht daran, daß Ihre Theorien die hervorragendsten Theorien sind, zumindest sind es hervorragende sozialistische Theorien, welche Sie seit Jahrzehnten verkünden, und deren Anwendung den Anbruch des goldenen Zeitalters versprach, und nun, da Sie sie anwenden ... Schauen Sie, wie diese Bücherverhülltücher hier herumhängen, wie überflüssig und komisch das ist.‹ Sterk schwieg. Und ich redete, was anderes konnte ich sowieso nicht tun. ›Diese Verordnungen, die so herrlich lauten, sind von vornherein Blödsinn, oder stellen sich in ihrer Anwendung als solcher heraus, denn in ihrer Durchführung erzeugen Sie just das Gegenteil des erstrebten ›Ideals‹, von welchem Sie zu palavern beliebten.‹ Sterk schwieg immer noch, ich hatte das Gefühl, er nahm mich ernst, und dafür schätzte ich ihn, um so mehr, da mir das, was ihn betraf, nur fragmentarisch gelingen wollte. Er ließ sich nach dem Scheitern der Kommune bei mir anmelden, aber ich besiegte meine Neugier und empfing ihn nicht. Er floh nach Wien, erzählte man sich im Dorf, dann nach Moskau, dann wieder zurück nach Wien, wo er unter obskuren Umständen verstarb. Ein Teil meiner Nachrichten spricht von Selbstmord, ein anderer Teil ist der Meinung, sein Untergang wäre durch einen reinen Zufall verursacht worden! ›Verteilung der Wohnräume der ›Burschuj‹, wie Sie zu sagen belieben, an mittellose Proletarier? Bon. Im übrigen ist es gar nicht *bon*, denn schließlich hatte man dafür gearbeitet, aber lassen wir das jetzt. Der grauenhafte Erfolg ist: schmutzige, ungesunde Massenquartiere. Klingt es nicht herrlich, die Schlösser mit einem Federstreich in Sanatorien umzuwandeln? Und wäre es nicht unmenschlicher Egoismus, dagegen zu opponieren? Lächerliche Oberflächlichkeiten, Sterk, bitte schön, lächerlich!‹

Ich schrie; interessant. Meine Diener schleppten sich um uns herum ab – meine Diener auf ihren Befehl. Nun teilte ich mit ihm meine Beobachtung bezüglich der ihrer Umgebung entrissenen, aus ihrer Struktur herausgeworfenen Gegenstände, und ich verheimlichte ihm auch nicht meine Beklemmung angesichts des *Haufens* an Wertgegenständen, angesichts dieses säkularen Misthaufens, den sie immer schon als solchen betrachtet hatten, gerade jene Struktur dementierend, ermangelst derer all dies nur ein formloser, ekelerregender Batzen war. Dieses Dementi hielt ich für Barbarei, aber das verschwieg ich vor dem Juden Sterk. Statt dessen sagte ich folgendes:

›Unbestritten ein unangenehmer Anblick, diese Aufeinanderhäufung. Ein Diner ist etwas anderes als ein Freßgelage, wenn Sie verstehen, was ich meine, Sterk.‹

›Gewiß, Exzellenz. Jedoch wird dieser Gedankengang durch den Hunger nuanciert.‹

›Pardon?‹

›Wenn man hungrig ist, meine ich. In so einem Fall ist es schwierig, den Unterschied zwischen einem Diner und einem Freßgelage zu ermessen. Die Parameter der Betrachtung fehlen. Ein Gourmet verachtet den Hunger, ich weiß. Recht hat er! Wie kann man nur aus einem anderen Grunde essen, als daß es schmeckt! Wie kann man nur etwas aus einem anderen Grunde besitzen, als daß es schön ist! Aber wenn der Mangel den Überfluß betrachtet, bedient er sich etwas wilderen Gesichtspunkten. Ein Schmalzbrot hat, wie Sie es sagen, Herr Graf, keine Struktur.‹ Ich wollte etwas entgegnen, doch er ließ mich nicht. ›Wenn es nur Schmalzbrote gibt, wenn das die Welt ist, wenn es nur das gibt, dieses schmerzende Nichts im Magen und draußen nur die Schmalzstulle … Das ist nicht das gleiche wie draußen der Sternenhimmel und drinnen, nicht wahr, das eherne Gesetz der Moral.‹

Schon wieder diese konsternierende, unverfrorene Liederlichkeit! Ich mag die Juden nicht. Da haben wir diesen dramatischen Monolog, dieses plebejische Klagelied, ich wäre gerade bereit, mich dem anzupassen, und dann diese unangenehme kabarettistische Wendung am Ende! Kant als Stammtischgast.

›Der Hunger ist ein großer Herr‹, fügte er noch heiter hinzu.

›Dazu kann ich mich nicht äußern‹, sagte ich mißmutig. Dies wurde dann zu einer wiederholten Erfahrung während der ›glorreichen‹ 133 Tage der Räterepublik, daß ich mich zu den Geschehnissen nicht äußern konnte. Ich fand mich mit Mitmenschen in Sprech(!)situationen wieder, von denen mich normalerweise Ozeane trennten. Der Ozean war verdampft. In manchen Reiseberichten wird in lebhaften Farben geschildert, wie in dem alles ausdörrenden Sonnenbrand der Wüste die erschöpfte Karawane sich hinschleppt und wie im Gedächtnis der vom Durst gepeinigten Reisenden plötzlich die Erinnerung an irgendeinen früher genossenen Labetrunk lebendig wird, alle Leiden der Gegenwart vertausendfachend, so zog sich unser Leben Tag für Tag, immer unerträglicher werdend, langsam dahin.

Mit dem Verweis auf meine beschränkte Versiertheit in Sachen Hunger tat ich die Bemerkung:

›Vielleicht wird doch kein guter Kommunist aus mir.‹

›Ich fürchte, tatsächlich nicht, Herr Graf.‹ Als wäre er enttäuscht gewesen, als hätte er von mir in diesem Zusammenhang irgend etwas erwartet.

Mehr noch als die Atrozität alarmierte mich die Absurdität. Ich habe Angst davor, wenn ich etwas oder jemanden überhaupt nicht verstehe. Denn zu glauben, daß auch er sich nicht versteht, vermag ich nicht, dabei könnte diese Einsicht manchmal von mehr Nutzen sein. Ich bin der Überzeugung, daß Absurdität aus gottlosem Glauben herrührt. Wenn das Unendliche dem Auge des Menschen entzogen wird, bricht sein Blick.

›So ein gebrochener Blick ist auch Ihr Kommunismus.‹

›Ist nicht eher das Sehen an sich gefährlich? Ein Blick, der stürmt und bricht! Ist denn nicht der Blinde der ruhigste Betrachter?‹

›Ihre Paradoxien langweilen mich!‹

›Mich langweilt Ihre Logik!‹ Und ob denn unser christliches Angebot nicht der Blinde sei, welcher seinen Blick an einen unendlichen und leeren Horizont hefte.

›Wollen Sie mich herausfordern?‹

›Nicht im geringsten, Herr Graf.‹

Das glaubte ich ihm sofort.

Dann kam ich noch einmal auf die Absurdität zu sprechen, denn meine Abneigung gegen den Bolschewismus war weniger durch den Verlust meines Vermögens und das Grauen vor dem vergossenen Blute bedingt als durch die vollkommene Roheit, Kulturlosigkeit und die schier unbegreifliche Dummheit, mit der gewöhnlich die sogenannten idealen Marx-Theorien von diesen Bestien durchgeführt wurden.

›Schier unbegreifliche Dummheit …‹ Sterk ließ sich die Worte im Munde zergehen, kostete sie aus, aber nicht wie ein hungriger Mensch, nicht in der von ihm erwähnten wilden Ohnmacht, im Gegenteil, er degustierte sie wie ein Connaisseur, genüßlich und lax. ›Schier, schier unbegreifliche Dummheit, das ist das Schöne daran, die schier unbegreifliche Dummheit … tja, Dummheit ist ein großer Herr.‹

Der Hunger ist ein großer Herr, die Dummheit ist ebenfalls ein großer Herr; den Revolutionär Sterk schien es nach einer ›großherrschaftlichen‹ Gesellschaft zu verlangen, jedenfalls dachte er sicherlich mehr an Herren als es meine gesamte arme Familie tat. Eine unfaire Idee.

›Die Praxis, Exzellenz, und Ihre Familie weiß eine Menge darüber‹, Sterk lief rot an, ›entbehrt nicht einer gewissen Distanz zu den Ideen, sie beinhaltet immer ein wenig Schwere, geistige Trägheit. Was vielleicht durch das Wort Dummheit gut ausgedrückt ist, obwohl es die Verantwortlichkeiten zweifellos im Obskuren beläßt. Denken wir nur, Herr Graf, an die lange, sozusagen wechselvolle Geschichte der glorreichen Kirche.‹

›Sie gedenken die Heilige Kirche mit dem System der Sowjets zu vergleichen?‹

›Selbstverständlich nicht, obwohl ich anmerken möchte, daß es sich in beiden Fällen um von Menschen gebaute, betriebene und genutzte Institutionen handelt.‹ Er holte geräuschvoll Luft, und als würde er eine Trumpfkarte ausspielen: ›Die Ausschreitungen einzelner können nicht dem Ganzen zur Last geschrieben werden.‹

Oh, wie oft durften wir uns das in den nachfolgenden Stürmen anhören; wenn man sogenannte vernünftige und gebildete Sozialisten frug, ob denn solche widerwärtigen Ausschreitungen auch mit zu ihren alle beglückenden Lehren gehören, so antworteten sie im besten Fall: Die Ausschreitungen einzelner können nicht dem Ganzen zur Last geschrieben werden.

›Erstaunlich, wie Sie sich durch Attribute und Bonmots selbst zu beruhigen wissen!‹

›Wieso, Exzellenz, sind denn die Zehn Gebote nicht ebenso eine Sammlung von Bonmots? Du sollst nicht töten! Geistreich, oder nicht?! Zweitausend Jahre Christentum, zweitausend Jahre Krieg! Du sollst nicht töten! Jetzt sagen Sie bloß, das ist nicht geistreich! Und wir könnten alle zehn durchgehen!‹

›Oh nein! Sie haben den Gedanken durch Einfallsreichtum ersetzt, an die Stelle der Wahrheit haben Sie die *›Machbarkeit‹* gesetzt, wahr ist, was machbar ist. Und was machbar ist, ist richtig. So wird Liebe durch Freudebereiten ersetzt. Es reicht, daß etwas da ist, schon genießt es unsere Gunst. So hat Jesus nicht gesprochen, Sterk.‹

›Jesus hilft uns nicht, Exzellenz. Er konnte sich doch nicht einmal selbst helfen. Jesus spielt auf Ihrem Feld, nicht auf unserem.‹

›Reden Sie so nicht.‹

›Verzeihung‹, er lächelte ein wenig und, ich weiß nicht wieso, auch ich lächelte ein wenig.

Und dann auf einmal sprachen wir nicht mehr zueinander. Die Worte blieben uns im Halse stecken. Nun, was unsere Unterhaltung angeht, haben wir wohl weniger diniert als gefressen. Wir wurden es überdrüssig, aber ohne daß wir Ruhe in uns gefunden hätten; eher Verwirrung, diese haben wir mit unserem Schweigen versperrt.

Zugleich, als hätten wir es einstudiert, wandten wir uns dem großen Fenster zum Park zu. Im Park tobte der Frühling, die üppigen Laubkronen griffen ineinander, langsam wurde es dunkel, braun-graue Dämmerung senkte sich über den Garten, behielt jedoch die vibrierenden grünen Flecke der Bäume und das lilarosane Glimmen am Horizont.

›Ein Abendstern draußen, ein Abendstern drin‹, kicherte Sterk, indem er auf die Legende verwies, wonach unsere Familie ihren Namen nach dem Abendstern (*esthajnal*) erhielt.

›Geborener *Morgenstern*.‹ Nun war es an mir, zu kichern, indem ich darauf verwies, daß man den Stern, der nach Sonnenuntergang am westlichen und vor Sonnenaufgang am östlichen Himmel zu sehen ist, früher für zwei verschiedene Planeten hielt, Abendstern, Morgenstern.

Langsam wurde es ganz dunkel, wir standen lange wortlos da, bis man uns, wie Kinder, anrief, was wir denn da in der Fensternische trieben.«

48

Die Legende geht auf das 18. Jahrhundert zurück, ihr Held ist jener Miklós aus dem Geschlechte Salamons, von dem ausgehend man die lückenlose Abstammung anhand von Urkunden belegen kann – man hat Papiere –, und von dem diese Urkunden rein gar nichts verraten, da sie überhaupt nicht von ihm erzählen. Nur insofern, als sie seinen Sohn László als seinen Sohn erwähnen, filius Nicolai de Salamon. Ein Vater, der ausschließlich durch den Sohn existiert. Der Legende nach suchte die Fee der Großen Schüttinsel (?) an gewissen Abenden den Garten meines Urahns auf, um sich im dort aufgestellten Zuber zu baden. Sie begann sich zu entkleiden, wenn der Abendstern aufgegangen war, und angeblich war es das Amt meines Urvaters, der Fee zu melden, sie könne beginnen, der Stern sei da, *esthajnal*, der Nachtschatten-Stern.

Als der Alte starb, schickte die Fee einen Studenten, namentlich den Studenten István, der unter Lautenbegleitung jenes Lied vortrug, das danach für lange Zeit als eine Art interne, heimliche Hymne der Familie galt; ein strenges Gebet, das gerade von der Namenlosigkeit erzählt, vom Wunsche nach Namenlosigkeit, wobei es doch so scheint: dieser Name sei: alles. Man erzählt sich, ein Koboldchor sang das Todeslied.

Geh zu den Deinen
Süßer Name mein, esthajnal
Von dem bloßen Menschen
Flieg, flieg davon

Der Himmel hat keinen Namen mehr
Die Erde hat keinen Namen mehr
An dem bloßen Menschen
wozu das all

Nichts hat einen Namen mehr
Frei sind nun die Namen
Süßer Name mein, kluger Name mein
Geh zu den Deinen

49

Tante Mia, die auch nach ihrem Unfall – dies wurde zur offiziellen Bezeichnung: Unfall; Unglücksfall durfte schon nicht mehr gesagt werden – die Neuigkeiten zwischen dem Schloß und Pest hin- und hertrug, machte im Zug die Bekanntschaft nicht eines, nein, gleich zweier Rotgardisten.

So hatten wir unsere beiden privaten (eigenen, angefütterten) Rotgardisten.

Der eine war der Sohn eines langjährigen Dieners meines Urgroßvaters; er war als Metallarbeiter ins sozialistische Fahrwasser geraten, doch die »à la longue«-Beziehung unserer Familien hatte er nicht vergessen und bot Tante Mia seine Hilfe an. Das »unerfahrene Wesen« der beiden jungen Männer war sehr beeinflußt durch die neuen, kurrenten Lehren, und sie schilderten der Komteß in prächtigen Farben, wie herrlich und sorgenlos der Vater des gnädigen Fräuleins nun leben werde – sie vergaßen, daß der Vater des gnädigen Fräuleins auch bisher sozusagen sorglos und glänzend gelebt hatte –, er erhielte eine Lebensrente, der Staat würde für ihn sorgen und auch sein Vermögen verwalten.

Mein Urgroßvater notierte die Novitäten. Anschließend kritzelte er jeweils ein K daneben: Kinderkram. Unkritische, kindische Ideen: K.

Später waren sie uns oft behilflich, sie erwiesen sich in vielen kritischen Augenblicken als die Beschützer der familiären Sicherheit – denn nicht selten sind es die kindischen Novitäten, die einen Moment kritisch werden lassen, auch hier können wir also ein K hinzufügen: K!

Nach Ausbruch der Revolution war das staatliche Telephon ausschließlich Amtspersonen zugänglich, nun klingelte es dennoch.

»Hallo! Hier Rote Garde!« Als hätte er eine Schlange berührt, warf mein Urgroßvater fast den Hörer von sich.

»Hallo! Hier Esterházy!« gab er zurück. Wer hier, wer dort, beziehungsweise anders: hier einer, da einer; Kontra, Re, Bock, Zippe.

Der familieneigene Rotgardist teilte mit, Angehörige kämen am nämlichen Nachmittag auf der Bahnstation an und bäten um einen Wagen. Einige Stunden später kam die Karawane an, und nachdem verschiedene Genossen ihr Einverständnis gegeben hatten, hielt der »kleine Proletarier Mátyás«, Träger vielerlei Freude und Hoffnungen, Einzug in das Haus, das nicht mehr das Erbe seiner Väter genannt werden konnte.

Heine schrieb, seine Wiege wippte an der Scheide des achtzehnten zum neunzehnten Jahrhundert. Auch die Wiege meines Vaters wippte so ziemlich. Das tausendjährige Ungarn war gerade eingestürzt.

50

Der Familienrat setzte sich zusammen, nicht wegen des Stürzens, sondern weil man fliehen mußte; es bestand die Gefahr, daß man meinen kleinen, gerade erst geschlüpften Papa als Geisel nahm.

In Wirklichkeit steckte die Familie lediglich die Köpfe zusammen; so ein echter Familienrat ist eine ziemlich fixe juristische und familiäre Formation. Das erste Mal hatte anno dazumal Palatin Miklós »mein alt Herren« zusammenrufen lassen und gewünscht, die Familie möge jedes Jahr auf solche Weise zusammenkommen, wenn was anläge, sollte man das besprechen, wenn nicht, möge »die Zeit in gevatterlich Liebe vergehn«. In seinem Testament verfügt er akkurat und großzügig, aber auf jede Kleinigkeit eingehend über Mobiles und Immobiles, Gerechtigkeit und Frieden stets vor Augen haltend, erteilt Ratschläge und läßt freie Hand und schreibt wie folgt: »sollte sich gleich welch Frage über die in diesem meinem Testament nieder gelegten Dingen ergeben, sollen darüber meine Nachgelassenen mit einander in keinerlei process sich begeben, und mein Testamentum nicht überall hin tragen, sondern sechs von den Vettern Ältesten unter einander zusammen kommen und die Sache determinieren«.

Beim deutschen Hochadel gibt es in den meisten Familien einen ständigen Rat, man hält sogar regelmäßig sog. *›Familientage‹* ab, so was war bei uns nicht die Regel, man wurde ad hoc zusammengetrommelt. Die Mitglieder dieses Rates wirkten selbstverständlich ohne Bezahlung; wenn die Aufgabe mit viel Arbeit und Zeit verbunden war, war es üblich, den nicht unmittelbar blutsverwandten Ratsmitgliedern mit einem Geschenk (goldenes Zigarettenetui, Manschettenknöpfe) zu danken.

Ein de facto bestimmter Familienrat wurde nur selten ins Leben gerufen: Der Familienrat unserer Linie, der Linie der Grafen von Fraknó, entschied darüber, einen Antrag an den Herrscher zu stellen, die vom Kurutzenfeldmarschall Antal beschlagnahmten Besitztümer (Pápa-Ugod-Devecser, Cseklész) nicht irgendeinem Fremden zu überlassen, sondern den beiden Brüdern zu schenken (was dann auch geschah); unter dem Vorsitz des Primas Imre entschied ebenfalls ein Fam.rat über die Erbschaftsangelegenheiten der Witwe des jung verstorbenen Fürsten Mihály – der Italienerin Anna Margherita Tizzone Biandrata, Marchesa de Sana – und ihrer Töchter. Die Entscheidung der Familie beschreibt sogar, wie viele Pferde der Marchesa für ihr Gespann und wieviel Platz diesen im Stall des Wiener Palais zustand und wo das Brennholz, das für sie angeliefert wurde, aufbewahrt werden durfte. Das gründliche Volk, das wir eben sind!

Im Sinne des letzten Willens des Palatins verlor ein jeder, der sich gegen die Entscheidung des Familienrats an ein Gericht wandte, sofort sein Erbrecht. (Der Lieblingsspruch meines Vaters war dann auch, *Processe* fängt man nicht an, so was macht nur die Advokaten fett. Ich habe überhaupt nicht verstanden, was das bedeuten sollte. Was für ein Prozeß. Das klang wie ein alter Satz, wie aus einem Roman.) Ebenfalls der gevatterlichen Liebe dieses Testaments ist es zu verdanken, daß, für den Fall, daß seine eigene Linie aussterben sollte, nach einer festgelegten Reihenfolge jeder Esterházy Anwärter auf sämtliche vom Palatin errungenen Besitztümer ist. (Hierzu möchte ich anmerken: Im Falle des Verlöschens der fürstlichen Linie ist der älteste männliche Nachkomme des ältesten Zweiges der Grafen von Fraknó – Hallo! – erbberechtigt, gefolgt vom ältesten Sproß der jüngeren Linie. Mit Aussterben der gräflichen Linie von Fraknó folgen die von Csesznek, dann die von Zólyom unter selbigen Voraussetzungen.)

Deswegen bedurfte es der Zustimmung *sämtlicher* Esterházys, als Franz Joseph dem unter Sequestration gestellten Majorat erlaubte, zum Zwecke der Senkung der Schulden (und vor allem der Zinsen) einen gewissen Teil des Grundbesitzes zu veräußern. Nach langwierigen Beratungen stimmten unter der Voraussetzung der Beibehaltung der ursprünglichen Erbregel die Oberhäupter der einzelnen Linien dem Verkauf zu.

Es war auch ein Familienrat, der einen Prozeß gegen den Dreyfus-Walsin führte, damit man ihm den Namen und den Titel verböte.

Großpapa war Kopf und Glied mehrerer Familienräte.

Eine Kleinarbeit, diese Grafenschaft.

51

Graf Miklós verfügte, für die Zeit des Familienrats um den großen, ungeschlachten Eichentisch des Rittersaals auf Burg Lánzsér individuell ausgewiesene Stühle aufzustellen, heißt, durch verschiedentliches Absägen der Stuhlbeine sollten sich Augen und Gesichter der verschieden großen Familienmitglieder in gleicher Höhe befinden, damit diese sich auch hiedurch einprägten, daß sie hier als gleichrangige Partner miteinander verhandelten, und sie dann auch dementsprechend verhandelten, mit diesem Obligo und dieser Autonomie.

52

Die innere Freude, jene frohe Idylle, die der Säugling gebracht hatte, war nicht von langer Dauer, da sich mein Großvater, trotz seines jugendlichen Alters damals schon ein gestürzter Ministerpräsident, ein sicheres Quartier wählte, nachdem er erfahren hatte, daß man neuerdings nach ihm suchte (und so ein Suchen verhieß damals wenig Gutes).

Hinzu kam, daß Urgroßvater Károlyi in Arad mittlerweile die antirevolutionäre Regierung gebildet und anschließend in Szeged deren Vorsitz übernommen hatte. Darüber haben wir dann auch in der Schule gelernt. Die Stimme der Frau Váradi schrillte nur so. »Die christlich-altkonservativen antirevolutionären Kräfte!«

Auf dem kleinen Tisch neben Großmamas Bett nahm sein Photo den Ehrenplatz ein. Eine altkonservative, antirevolutionäre Kraft – ich sah sie mir interessiert an. Er sah der jüngeren Schwester meiner Oma ähnlich. Vom Gesicht konnte ich ablesen, daß es nicht so schlimm ist, wenn einer eine christliche, altkonservativ antirevolutionäre Kraft ist. Aber die Frau Váradi hatte natürlich so ein Photo nicht.

Die Photos von Urgroßvater und Großvater standen nebeneinander. Auch in Wirklichkeit herrschte eine seltene Harmonie zwischen den beiden Männern. Nicht nur dieses Christlich-Altkonservative verband sie miteinander, sondern auch jene leise, edle ungarische Ehrgeizlosigkeit – inmitten so vieler Ehren ist das keine Kunst, aber es hat auch keiner behauptet, das es eine wäre, ganz im Gegenteil! –, von der Urgroßvater eine liebenswürdig metaphysische Variante vertrat, während Großvater eine schärfere, spöttischere bevorzugte. Mihály Károlyi war ihnen vor allem viel zu laut, er wollte verdächtig etwas. Später, in der ersten Hälfte der vierziger Jahre, beide waren Ministerpräsidenten a. D., unterhielten sie eine unvergleichliche Korrespondenz. ›*knapp*‹, das ist das richtige Wort, so knappe Briefe sind (auf ungarisch) vielleicht niemals sonst geschrieben worden. Zwei alte Herren sitzen in ihren Schlössern, jeder in seinem, viele hundert Kilometer voneinander entfernt, und sehen zu, wie der Ast, auf dem sie sitzen, langsam durchgesägt wird. Nein, sie sahen dem überhaupt nicht zu, sie betrachteten die Welt, die ganze Welt, daran waren sie gewöhnt. *Lieber Móric, je länger ich nachdenke, um so mehr gelange ich zur Einsicht, daß hinsichtlich der zu befolgenden Vorgehensweise Kállay recht hat und nicht Bethlen. Auch Hitlers gestrige Rede bekräftigt mich hierin. Es grüßt dich von Herzen: Gy. Lieber Schwiegervater, Dank für Br. vom 19. Verstehe vollkommen und teile D. Bedenken. M.*

Stundenlang konnte ich bei Großmama die Photohalter bestaunen. Sie waren so unwahrscheinlich ausgearbeitet, so schön, sie waren mit soviel Aufmerksamkeit und Hingabe hergestellt, wie ich das noch nie zuvor gesehen hatte. Denn von der Schönheit und der Wohlproportioniertheit, die sich im Wirken meiner Mutter fortwährend zeigte, konnte ich zu Recht annehmen, es handle sich dabei um eine Art persönliche Caprice, daß meine Mama mit irgend etwas die Aufmerksamkeit auf sich lenken wollte; als Mutter, als Hausfrau gab es für ihren Geschmack und ihren Feinsinn keinen Raum, denn dieser Raum ist auf einen Ackergaul zugeschnitten, und sie funktionierte hervorragend als Ackergaul, bis sie starb.

Von ihrem sich in Gegenständen verkörpernden Feinsinn hätte ich nicht gedacht, daß er über ihre Person hinausweisen könnte, ich hätte nicht gedacht, daß es eine Welt gibt, in der es zählt, wie das Papier gefaltet, was und wie geklebt, kaschiert ist, daß also die Welt, die vom Menschen geschaffene Welt, so etwas wie: Ästhetik hat. Ich bildete mir ein, nur meine Mama hätte eine Ästhetik, das Schöne gab es nicht, es wurde erst von ihr erschaffen. Man konnte es in keinem Geschäft kaufen, und man konnte es auch nicht vorbestellen, noch nicht einmal in einem Privatladen.

Auf dem Tisch meiner Oma aber prangten diese aparten Halter, mal so angelehnt, mal anders kaschiert, und es war sogar was aufgestempelt, Kellér und Söhne, Tata, oder Angerer Hof-Photograph. Es gab also eine Welt, aus der diese Stücke stammten. Das war eine große Entdeckung für mich, wie später die Westautos: daß es eine Welt gibt, in der mehrere hundert Menschen jahrelang daran und nur daran arbeiten, wie die Neigung, der Bogen, sagen wir mal, einer Bremsleuchte sein soll. Ist also die Welt nicht nur ein kosmisches Achselzucken, Bremslichtbogen?!, ist das nicht schnurz?!, Hauptsache, es leuchtet!

Die Nachricht bezüglich seines Schwiegervaters veranlaßte meinen Großvater, das bequeme Versteck in der Umgebung aufzugeben und in das Schloß zurückzukehren, um seine Lieben dort in Sicherheit zu bringen, denn falls es Béla Kun gelänge, Tochter und Enkel seines zur Zeit größten Feindes als Geisel zu nehmen, hätte er damit eine starke Trumpfkarte in der Hand.

Der Kriegsrat setzte sich zusammen, jedes Familienmitglied kam der Reihe nach zu Wort (nur mein Vater nicht). Sie sprachen ernsthaft und legten ernsthafte Mienen an, vergebens, sie vermochten diese ganze Flüchterei nicht ernst zu nehmen, heimatlos im eigenen Land zu sein, das schien so unglaublich zu sein, so unwirklich, daß sie auch diesmal nur spielten, sie spielten, daß sie in Not waren und sofort fliehen mußten.

So eine echte, große, schlimme Not, daß es einem schwindlig wird vor Schreck und der Notwendigkeit des Handelns, daß das Selbst sich in einem zusammenkrampft und man von Brechreiz und Ohnmacht gebeutelt ist – also ich weiß nicht, wann die Familie zuletzt so was erlebt hat.

53

1652, am 26. Tag des Erntemonats.

Es hat nicht viel gefehlt, und die kaum angefangene glanzvolle Geschichte hätte dort ihr Ende gefunden. Als finge das Moor von Ecsed zehn Kilometer hinter Donaueschingen an und das Wasser, in tausend Richtungen auseinanderlaufend, bliebe auf einmal stehen. Eine nette kleine Bruchlandschaft, viele wertvolle Wasservögel – aber es ist halt doch nicht dasselbe.

Der »schöne Graff«, der László war verstorben, der 17jährige Pál hatte plötzlich das Reich am Hals, und rundherum die Haie, die nur darauf warteten, über die Beute herzufallen, angefangen beim Schwager Nádasdy bis hin zum Hof. Was für ein Glück, daß der große Kardinal da schon zu seinem einzig wahren katholischen Gott heimgekehrt war, dem einzig und Alleinigen, den er vielleicht, eventuell bereit war als über sich stehend zu begreifen und anzuerkennen.

54

Als gingen sie zu einer Matinee, einem lockeren Fußballmatch, so zogen sie los, der László und seine Cousins, invitiert vom Neuhäusler Oberstadthauptmann Ádám Forgách, um eine marodierende türkische Truppe zu bestrafen, die im Komitat Nyitra ihr Unwesen trieb. (Die Türken nannten sicher uns die Marodeure – nur eben sinngemäß auf türkisch.) Es gelang ihnen auch, die christlichen Gefangenen aus der Hand der Heiden zu befreien, aber sie mußten einen hohen Preis dafür bezahlen. An der Schlacht nahmen acht Mitglieder unserer Familie teil, vier davon starben den Heldentod, am nämlichen Tag, auf der nämlichen Wiese, in der nämlichen Stunde.

Junker Pál schmollte derweil in der Burg von Sempte. Umsonst hatte er gebettelt, seinen Bruder angefleht, ihn ins Feld begleiten zu dürfen, was kein ungewöhnlicher Wunsch war, Schneid will auch gelernt sein, aber László sprach, als hätte er es vorausgeahnt, ein entschlossenes Nein.

Als sodann die bittere Nachricht gekommen, sein Bruder sei heldenhaft kämpfend gefallen, ward binnen einer Minute aus Palkó Pál, aus dem Jungherrn ein Herr, ein großer Herr, aus dem Jüngling ein Mann. Es wurde ihm schwindlig vor Schreck und der Notwendigkeit des Handelns, sein Selbst krampfte sich zusammen, er war von Brechreiz und Ohnmacht gebeutelt. Dann aber war der Moment vorüber, vorübergegangen oder vertrieben, und Pál setzte sich ruhig zum Abendessen. Er ließ auch für seinen Bruder László eindecken, für sich selbst aber nicht wie sonst zur Rechten seines Bruders, sondern am Tischende, ihm gegenüber. Da saßen die beiden Brüder an einem Tisch, den einen gab's nicht, den anderen gab's. Ihr Cousin Farkas, bislang zur Linken Lászlós sitzend, nun zu Páls Rechten, eine der wichtigsten Figuren in der familiären Maschinerie, eine echte Eminence grise, klug, hilfsbereit, bescheiden, ohne Leibeserben. Den Worten der Chronik von Lőcse zufolge ein Mann von edlem Wesen, des Respekts würdig, ein gutherziger Herr. Er hatte sich schon zu Zeiten des Grafen Miklós mit den juristischen Angelegenheiten der Familie befaßt, wurde später der juristische Ratgeber Lászlós sowie mit dem Tod des Palatins Aufseher über die Erziehung der Waisen.

Stolz betrachtete er das neue Familienoberhaupt. Pál schickte sogleich Kuriere zu den Hauptleuten der Esterházy-Burgen in Lánzsér, Lakompak, Regéc, Biccse und Pápa, in Windeseile überbrachten sie seinen strengen Befehl, bis zu einer weiteren Anordnung seinerseits sei kein Fremder in die Burgen einzulassen. Herr Farkas drehte die Sache so, daß das junge Oberhaupt der Familie Pál das Gefühl haben konnte, er sei derjenige, der alles lenkt. Pál wußte, daß alle im Glauben sein mußten, er lenke alles, also ließ er die helfende Hand des erfahrenen Verwandten gerne auf seiner Schulter ruhen.

Am Nachtage aber suchten sie die Leichnamen und fanden den armen László samt den Herren Ferenc, Tamás und Gáspár, welche allesamt heldenhaft gefallen für Gott und Vaterland. Von des armen Grafen László Dienern sind gefallen 45 auf dem Schlachtfelde und viele verwundet. Die Leichnamen aber fanden sie allesamt geplündert, allein am Leib seines armen Bruders das Hemde, Schuhwerk und Beinkleid geblieben. Es waren aber fünf und zwanzig Wunden an ihm, mal geschossen, mal gestochen, mal geschnitten. – Kriegsgewand und Ausstattung sind gut rekonstruierbar, einerseits aus dem Tagebuch seines Hofmeisters, andererseits anhand des Brustpanzers und des Helms, welche im Wiener Heeresmuseum aufbewahrt werden. Mein ehemaliger Bruder trug ein kurzes, weitgeschnittenes Ledergewand über einem glatten, schmucklosen, schwarzen Brustpanzer. Seinem Streithengst war eine Decke aus Pantherfell übergeworfen. Sattel,

Zaumzeug, den runden Schild, den Streithammer und den Säbel mit der feinen Klinge aus Damaskus zierten Einlegearbeiten aus Türkis und Perlmutter. In der edelsteinbesetzten Aigrette seines schwarzen Helms wehte seinem Rang als Oberstadthauptmann entsprechend ein dreifach gebündelter Busch aus Kranichfedern, und am Sattelhorn waren ein Paar feingearbeitete französische Pistolen sorgfältig mit Pulver verladen. All dies half ihm nicht, sein Pferd sank im sumpfigen Boden ein und stürzte, er stieg aus dem Sattel und kämpfte weiter. Wie man am ausgestellten Brustpanzer sehen kann, riß eine Gewehrkugel ein Stück aus dessen unterem Rand heraus und drang in seinen Unterleib ein. Wahrscheinlich war es das, was sein Leben auslöschte.

Von Sempte eilte man nach Fraknó, wo das gesamte Gesinde zusammen mit den Hausvögten zu seiner Treue vereidet ward. Und er traf Orsolya (Orsicska), seine holde Braut, um gemeinsam mit ihr zu beten für die Lebenden und die Toten, die toten Gevattersleute und ihrer lebenden Selbst. Und unter der Leitung des Barons Farkas nahm jene komplizierte Operation zur Abwendung des Übels ihren Lauf, welche teils auf die Klärung der Besitzverhältnisse der einzelnen Teilbesitze (so zum Beispiel der Verwaltung der pfandrechtlich besessenen Dominien), teils auf die Beschränkung des vielbegehrenden Ferenc Nádasdy abzielte, welcher der Ehemann unserer Schwester Anna war, ein Schwager, ein Verwandter, aber dies hinderte ihn nicht daran – ach, es hinderte ihn an nichts! Während er scheinheilig bei seinem Augsburger Goldschmied Drentwett einen verschwenderischen Prunkteller zum Gedenken an die Helden von Vezekény in Auftrag gab. Farkas mußte all seine Geschicklichkeit ins Feld führen, um die unermeßliche Besitzgier des dereinstigen Landesrichters zu parieren.

Und dann mußte noch in Rom irgendwie die Genehmigung für die Hochzeit mit der sehr, sehr verwandten Orsolya geregelt werden; es gelang, das gnädige Wohlwollen der Donna Olimpia Maldachini, Schwägerin von Papst Innocent IX., welche über großen Einfluß verfügte, zu gewinnen. Und Herr Farkas schrieb in die Rubrik Ausgaben: ein Tausend Goldtaler.

55

Der Kriegsrat beschloß, die potentiellen Geiseln, also Großmama und der kleine Mátyás, sollten sozusagen eine kleine Spazierfahrt unternehmen. Was für ein gutes Gefühl das ist, es so zu sagen: der kleine Mátyás; es ist ein gutes Gefühl, von unserem Vater als einem Kind zu sprechen, nicht aus eventueller Überheblichkeit, im Gegenteil, auf diese Weise könnte man sich fast schon den obligatorisch scheinenden Ödipalien entziehen, zumindest können erste Schritte in diese Richtung unternommen werden und man kann, endlich!, seinen Erzeuger und Vater *herzen,* was man noch nicht einmal mit einem Vater von der besten Sorte kann, noch nicht einmal mit dem sogenannten freundschaftlichen Vater, selbst mit dem freundschaftlichen Freund nur ein bißchen, gerademalso, vorsichtig.

Zu ei-ner Spa-zier-fahrt, betonte der Rat, und sie fingen nur deswegen nicht zu zwinkern an, weil sie so etwas als ordinär ansahen. Sie blinzelten, runzelten die Stirn und zuckten mit den Augenbrauen. (Was das Augenbrauenzucken anbelangt, war die Familie immer schon groß – »obwohl ihr origineller Genius müde geworden ist, besteht kein Zweifel, daß, was das Brauenzucken angeht ...« –, besonders in dessen asymmetrischer, skeptischer Gattung wurde Bleibendes vollbracht, mein Großvater war da unerreichbar, die Spitze des Genres, mein Vater verfügte zwar über die unabdingbare Verspieltheit der Gesichtsmuskeln, aber er vermochte seinen Vater lediglich nachzuahmen, wenngleich perfekt, seht ihr, so würde ich sie hochziehen, wenn ich sie hochziehen würde, und zog sie in die Höhe; die verweichlichte dritte Generation, die ich bin, kann sie nicht nur nicht hochziehen, ich kann sie noch nicht einmal runzeln, ehrlich gesagt habe ich kaum Augenbrauen, bei einem etwas üppigeren Schweißfluß sind sie schon unbrauchbar …)

Und mein Großvater würde der Kutscher sein, ersannen sie noch listreich hinzu, nicht daß die »Flucht aus Ägypten«, wie man sie in den Briefen chiffrierend nannte, am Ende noch von irgend jemandem verraten würde.

56

Wer einen Brief schreibt, kann sich gar nicht vorstellen, denn wenn er es könnte, würde er keinen Brief schreiben, lieber würde er seine Hand abhacken, seine Feder brechen und alles an Tinte verrinnen lassen, lieber würde er *hin*fahren oder die *Beziehung* auflösen, wenn er wüßte, wie ausgeliefert und demütigend es ist, wenn unbefugte Hände in seinen Brief hineinlangen. (Mit Dampf im Postamt Nr. 7, heißt es aus gewöhnlich gut unterrichteten Kreisen.) Auch der Anrufer kann die Situation, abgehört zu werden, nicht begreifen. Es gibt Annahmen, romantische Phantastereien – wie weit sind diese von der einfachen, wirklichen Trostlosigkeit entfernt!

Kaum eine Familie, die in den sechziger Jahren nicht daran gedacht hat, abgehört zu werden, kaum eine, die nicht winzige verdächtige Spuren an der Verklebung der Kuverts bemerkt haben will. Man könnte sagen, unabhängig von Geschlecht, Konfession oder Weltanschauung.

»Na klar!« kicherte meine Mutter, und mir fiel es schwer zuzuhören. »Wenn es keine Verhaftungen, kein Gefängnis, keine Kopfschüsse gibt, was bleibt da den Ärmsten?!, natürlich ein bißchen Spionage!« Und dann all diese jämmerlichen Anstrengungen mit den Pullovern, die über die Geräte gestülpt wurden und dieses Geschleppe immer in das Badezimmer! Alle Wasserhähne aufgedreht, die Toilettenspülung gezogen – weder abhören noch hören.

Jeder, jeder denkt, er könne den Mithörer überlisten. Ein grundsätzlicher Irrtum. Natürlich wird einer überlistet, übers Ohr gar gehauen, fragt sich nur wer. Der Mithörer ist kein Mensch, keine Person, kein Gehirn, kein Ohr, das man austricksen könnte. Die Verteidigung kann, da sie ihre eigene Schwäche nicht eingesteht, ausschließlich eitel sein. Doch Eitelkeit gepaart mit Schwäche ist: ekelerregend. Wenn meine Mutter telephonierte (wegen der angenommenen Abhörung führten sie fast immer Metatelephonate), verbarg ich mein Gesicht in den Händen, um sie nicht sehen, und hielt mir die Ohren zu, um sie nicht hören zu müssen. Als wären sie nicht da ... Was für armselige, lächerliche Kleingeister, was für Jammerlappen sind doch meine Eltern, schluchzte ich. Kindisch und bedauernswert. Ihre Unschuld war so widerlich.

Man kann zwei Grundtypen der Verteidigungshaltung ableiten. Der eine entstammt aus dem Hochmut der Selbstzensur, er nimmt an, daß man darüber entscheiden kann, was Gegenstand einer Abhörung sein kann und was nicht. Wie klug, umsichtig und ein wenig verschämt autoritär kam sich wohl unser Vater vor, wenn er uns von Mal zu Mal anfuhr oder eher nur zuzischelte:

»Kein Telephonthema!«

Zum Heulen.

Als würde der Lauschangriff eine Schneise zwischen wichtig und unwichtig schlagen, sagt nicht Religionsunterricht, '56 und Schillinge, dafür dürfen Hund, Schnee und Schillerlocke ruhig gesagt werden. – In rötlichen Flocken rieselte die Dunkelheit hernieder, halt, keinen Schritt weiter! Als wäre es so schön, daß der niederträchtige Abhörer einer niederträchtigen Spinne gleich sein niederträchtiges Netz um seine Opfer spann! Der Abhörer spinnt das Netz. Die Niedertracht mehrt sich, das stimmt. Es war diese Niedertracht, die ich sah.

Die andere Art der Verteidigung kommt aus dem Hochmut der Freiheit, die annimmt, alles sei egal, du sagst, was du willst, *die* machen sowieso, was sie wollen, infolgedessen machst auch du, was du willst, sagst, was du willst, die da können dich mal kreuzweise...

Vom Charakter her gehörte mein Vater zur ersten Kategorie, manchmal jedoch, wie jedermann, verirrte er sich in die zweite, vor Müdigkeit oder weil ihm die ganze selbstauferlegte Disziplin zuviel wurde und er sich wenigstens auf diese Weise an die Freiheit erinnern wollte, und er begann mit seinem unbekannten Partner Scherze zu treiben, bat ihn um Verzeihung, daß er ihn aufhielt, etcetera, das Übliche. Dabei sprach er erklärend zu uns, wie im Theater, wenn es heißt: *zur Seite.* Nie habe ich meine Mutter so lachen gesehen. Die sogenannte Verteidigung verlangt nach einem Publikum, einem dankbaren Publikum, soll sich doch der schämen, der horcht. Ich wäre vor Scham fast im Boden versunken.

Einmal hielt ich es wirklich nicht mehr aus, ich sprang einfach hin und schlug auf das Gerät. Mein Vater war so überrascht, daß er vergaß, mir eine zu scheuern.

»Aber was machst du da, mein Junge?« fragte er sanft erstaunt. Plötzlich umarmte ich ihn schluchzend, hielt ihn fest, fester. Die Gürtelschnalle drückte sich in mein Gesicht.

57

Hunderte – Millionen! – solcher Schnallen versteckten sich damals in unserer Wohnung, krochen umher wie ein buntes Insektenheer, blau, rot, weiß, schwarz, drangen in jede Spalte vor, wir fanden sie in der Küche zwischen den Tellern, im Klo, in den Betten, in der Bettzieche, im Schulranzen und auch draußen im Garten; das war kurz nachdem wir nach Budapest zurückkehren durften, man beeilte sich nicht, unseren Vater zu beschäftigen, es war noch nicht jeder »für sie, der nicht gegen sie« war, ganz zu schweigen davon, daß mein Vater gegen sie war, und da stellte der Onkel Juszuf Tóth ihn ein – wie hatte ihn unsere Mutter gehaßt! –, zuerst für die Herstellung von Plastikgürtelschnallen, später zum Parkettverlegen. Warum mein Vater diesen Plastikkram mit nach Hause brachte, weiß ich nicht. Als Gehaltsaufbesserung? Wir nahmen sie sogar in die Schule mit, als Tauschgrundlage gingen sie noch geradeso. Aber ohne Gürtel, einfach nur die nackte Schnalle.

Wenn er wenigstens in einer Schokoladenfabrik gearbeitet hätte! Oder im Schlachthof. Der Bruder vom Feri, dem Gemüsehändler, brachte immer Kutteln mit und verteilte sie unter den Nachbarn. Meine Mutter ekelte sich derartig, daß sie es nicht einmal aus Höflichkeit annahm.

»Ich verstehe, Tante Lilike. Tante Lilike tun die einfachen Speisen verachten.«

Meine Mutter brachten sprachliche Schlampereien sofort auf die Palme, unsere üblichen Mir-oder-mich-, Denn-oder-dann-Fehler hatten sie sichtlich mit Energie aufgeladen.

»Hören Sie, Tóni. Erstens. Nennen Sie mich nicht Tante Lilike.«

»Jawohl, Tante Lilike. Aber warum sagen Tante Lilike Hörensietóni zu mir?«

»Wie alt sind Sie, Tóni?«

»Zwanzig. Das heißt, eher neunzehn.«

»Sehen Sie, deswegen.« Meine Mutter winkte ab. »Und sagen Sie auch nicht tun.«

»Tun Sie's nicht mögen?«

»Ich mag es nicht.«

»Ach, lassen wir das, Tante Lilike. Ich kann so nicht reden, wie Tante Lilike das von mir erwarten tun … Und Tante Lilike will die Kutteln nicht … Ich versteh schon. Sie glaubt, das stinkt. Aber es stinkt nicht. Man muß sie ordentlich auswaschen. Ich kann es Ihnen zeigen oder meine Ma.«

»Und auch Ma sollen Sie nicht sagen, Tóni. Das ist Ihre Frau Mutter und nicht ihre Ma.«

Tóni kam in den Genuß sämtlicher Predigten, die eigentlich für uns gedacht waren, mit dem Unterschied, daß er auch zuhörte, ganz im Gegensatz, natürlich, zu uns.

»Bei dem einen Ohr rein, beim anderen wieder raus!« So war's.

»Ich versteh schon, Ma, Pa, woran Sie denken, aber da haben Ta…«, er wartete, schluckte, schloß die Augen und öffnete sie wieder und sprach es aus: »haben Sie unrecht. Sie!« jauchzte der Tóni meine Mutter an.

Das war einer jener seltenen Augenblicke, daß ich jemanden sah, der meine Mutter wie eine Frau ansah. (Sie hatte einen ständigen heimlichen Verehrer, den Onkel Zoli, aber der war so geheim, daß nicht einmal er selbst wußte, daß er in meine Mutter verliebt war, sein Blick war flehentlich oder voller Selbstmitleid; dazu brauchte man keine Frau.) Meine Mutter langweilte sich mit Tóni und genoß ihn.

»Ich seh schon, Tóni, mit Ihnen kann man reden. Setzen Sie sich, ich lasse Tee bringen. Das *nämliche* Paket lassen Sie aber, bitte, draußen.«

Ich lasse bringen, ich lasse bitten, das sagte sie oft, und dann ging sie und brachte es. Es war als Scherz gemeint; eigentlich könnte man ihr ganzes Leben mit diesem mäßigen Scherz beschreiben: eine Dame, die – den Ackergaul hatten wir schon – ein Leben lang wie ein Vieh gerackert hat.

»Für euch bin ich doch nur die Dienstmagd.« Ja, und?

Draußen dampften die Kutteln, drinnen der Tee, Feingebäck, Servietten, Würfelzucker, kleiner Silberlöffel. Tóni war glücklich. Er hätte alles für unsere Mutter getan. Er brachte immer Kutteln mit. Später haben wir ihn dann aufs Lendenstück umgestellt. Und davor noch auf Markknochen.

58

Angesichts Tónis passionierter Blicke dachte ich das erste Mal daran, daß meine Mutter eine Frau ist, und bei dem Markknochen das erste Mal, daß mein Vater ein Mann ist. Daß so ein Mann ist. Er organisiert, erledigt, versorgt, verteilt.

»Markknochen witternd versammelt sich das Wild«, verkündete unser Vater und setze sich zeremoniell an den Küchentisch, vor ihm der Topf, wir rundherum, schnatternd, auf Zehenspitzen, damit wir ja nichts verpassen. »Platz da«, blickte er uns mit gespielter Strenge an, hob dann wie der Chefarzt bei einer Operation (oder ein Priester, der die Messe liest) die Hände, Skalpell, Engelchen!, warf er meiner Mutter hin, die bei dieser Vorstellung halb mitspielte, halb nicht; sie freute sich, daß wir uns freuten, wir, die Kinder und dieser Mann da, der gerade so tat, als sei das Leben schön und aufregend und er der Herr und Besitzer dieser Schönheit und Schutzherr dieser kleinen Truppe, der er jetzt zeigt, gleich zeigt er ihnen, daß diese Schönheit und diese Aufregung überall und immer in der Welt anzutreffen sind, ja selbst hier, in so einem Rinderfußknochen!

»Tuch!« Und da reichte ihm meine Mutter unerwartet, immer und immer wieder unerwartet, nicht etwa eines der viel gelittenen, in Benutzung befindlichen Küchentücher, unter denen sich auch ehemalige Windeln befanden!, sondern ein glänzendweißes, strahlendes, schweres Damasttuch, die Stickerei mit der elfzackigen Krone von weitem sichtbar, ein Károlyi-Erbe *also*, unser

Vater war ein wenig überrascht, sah unsere Mutter fragend an – wir starrten sie offenen Mundes an, sie schienen wie Götter, wir durften einen Blick in den Olymp werfen –, unsere Mutter nickte, ja, ja, worauf unser Vater mit zaubrischer Geschicklichkeit das Tuch um das linke Handgelenk wickelte, davor hatte er es in die Höhe geworfen, es schwebte durch den Luftraum der Küche wie ein Vogel, eine weiße Friedenstaube, was sonst (der kleine Huszár meint, die Friedenstaube sei überhaupt keine Taube, sondern eine Turteltaube, das sei dasselbe wie mit dem Stachel und dem Dorn, keine Rose ohne Dornen, Friedensturteltaube), dann senkte sich das Tuch langsam herab und wand sich von alleine um Papis Hand, er griff sofort in den Topf hinein nach dem Knochen, wir seufzten, *jaj*, was kommt jetzt?, das feierliche Tuch sah in Null Komma nichts *gebraucht* aus, schmutzig, fettig, bräunlich verschleimt, wir sahen dem erschrocken zu, was ist daraus geworden, quäkten wir – hätten wir gequäkt, hätten wir nicht gerade gelernt, daß man nicht immer so ängstlich sein soll, wir haben etwas über Großzügigkeit gelernt und vielleicht auch darüber, das das seinen Preis hat, diese wundervolle taubenhafte Geste, es bedarf vieles dazu, man braucht dieses uralte Tuch und man braucht die vom Waschen rauh gewordenen Hände unserer Mutter, damit sie auch dieses wieder sauberwäscht, hinter der Zauberei unseres Vaters steckt also das Zusammenspiel von Persönlichem und Unpersönlichem, von Gegenwart und Geschichte.

Und dann! In der Gigantenhand unseres Vaters der gigantische Knochen, er hält ihn über den Teller, der dort bereitsteht, hebt die Rechte, ballt die Faust und schlägt zu! Aber wohin? Nicht etwa, wie wir glaubten, auf den Knochen, sondern auf die eigene Hand! Auch dem sahen wir mit offenem Mund zu. So was auch! Sieh an, der Erfahrungsschatz des gemeinen Volkes gepaart mit den Gesetzen der Physik … Meist sprang vom ersten Schlag ein größeres Stück heraus, das war das Zeichen, wir setzten uns sofort an den Tisch und fingen, wenn auch nicht nervös, so doch aufgeregt, eilig zu hantieren an.

»Schnell, schnell, das Brot!« drängte unser Vater, denn das Toast kam immer irgendwie zu spät; einen Hauch nur, aber zu spät. »Es ist nur gut, solange es heiß ist, sofort, heiß!«

Der erste Bissen gehörte ihm, unsere Mutter schnitt eine buttergelbe, zitternde Scheibe von der schönsten Stelle ab, ein Medaillon, streute der Reihe nach Salz, Paprika und Pfeffer drauf und verabreichte sie dem Alten, als wär's die heilige Kommunion. Er nahm mit geschlossenem Auge, genüßlich den ersten Bissen zu sich, schluckte, wartete ein wenig, prüfte den Nachgeschmack, dann nickte er:

»Es ist nicht vergiftet.«

Man mußte sich sputen, bevor sich das Knochenmark wieder verfestigte. Als wäre es das größtmögliche Malheur auf der Welt, daß das Mark fest werden könnte. Wenn es sich verfestigte, waren wir verloren – irgendwie so. Also sputeten wir uns. Und dann, im letzten Moment, fiel uns ein, uns, den Kindern und dem väterlichen Mann, daß die Mami noch nichts bekommen hatte. Und dann bekam sie natürlich was, wir boten ihr an, was wir hatten, es war nur noch der Rest, dunklere, fransigere Stückchen, aber noch sehr lecker, und es schmeckte unserer Mutter auch.

59

Daß die Mami das Brustfleisch nicht mag, sondern für ihr Leben gern die Flügel und den Bürzel ißt, glaubten wir wiederum keine Sekunde, hier war der Pferdefuß zu offensichtlich (»das Lendenstück vom Pferd ist erstklassiges Fleisch, ein bißchen süßlicher als gewohnt, man muß es ein bißchen stärker würzen, das ist alles«, erzählte unsere Tante; unsere Mutter rümpfte die Nase), wir wußten, sie tat es für uns, sie war aufopfernd, sie opferte sich für uns auf, und wir fanden das auch in Ordnung so, eine Mutter soll sich aufopfern, wenn wir dann auch irgendwann Mütter sind, werden wir uns auch aufopfern. Wenn nicht, dann nicht. Und die Flügel schmecken überhaupt nicht schlecht.

Was wir nicht einfach glaubten, sondern wohl und wahrhaft wußten, war, daß dieses kaum eßbare, herbe, harte, dunkle Zeug, die Zartbitterschokolade, die Bitter, die Lieblingsdelikatesse unseres Vaters war. Die Seuche verbreitete sich durch bösartige oder schlecht informierte Gäste, und noch bevor wir uns enttäuscht, wütend und mißmutig daranmachen konnten, schnappte sie sich unser Vater und fing vor unseren Augen an, sie zu verzehren, er freute sich wie ein Kind, er beschmierte sich sogar das Gesicht, wir sahen nur zu, es war fast so gut, als hätten wir Cognackirschen bekommen.

Später einmal, als die Gäste, wenn überhaupt, keine Schokolade mehr mitbrachten, wollte ich ihn zu seinem Geburtstag (oder zu Weihnachten?) mit dieser Bitterschokolade überraschen. Es war gerade keine zu haben, ich lief mir die Hacken ab, bis es mir schließlich (auf Rat des Vorstoppers des FC Kőbányaer Fleisch) in Kőbánya gelang, welche aufzutreiben. Stolz brachte ich sie mit, ich bin relativ untalentiert, was das Schenken anbelangt, diesmal ist es mir gelungen, ich war ziemlich zufrieden mit mir, überreichte sie strahlend.

»Mja«, mein Vater betastete reserviert den Schatz. Ich sagte ihm, wieviel Schwierigkeiten es mich gekostet hatte, welche zu besorgen. »Mja.« Ich konnte mir beim besten Willen nicht vorstellen, was ich jetzt schon wieder falsch gemacht haben könnte.

»Das ist doch deine Lieblingsdelikatesse, oder nicht?« sagte ich statt eines leichten Fluchs. Und da stellte es sich einfach heraus (»Ich werd dir gleich was erzählen, von wegen Lieblingsdelikatesse!«), daß die Bitterschokolade sein Bürzel war! Als ich es meinen Geschwistern erzählte, glaubten sie mir nicht.

»Aber er hat sich sogar das Gesicht mit Schokolade beschmiert vor Freude!«

Schließlich nahmen wir ihm diesen Sinneswandel nicht übel, wir nahmen ihn einfach nicht zur Kenntnis, er bekam weiterhin die Bitter geschenkt (»ein bitterer Scherz«), es hat sich nur soviel geändert, daß wir ihm, wenn wir sie überreichten, nicht mehr in die Augen sahen.

60

Neben den Plastikschnallen hatten wir noch an Glacéhandschuhen Bestände von industriellen Ausmaßen. Meine Mutter bekam von Tante Mia jedes Jahr zu Weihnachten, auch während der Aussiedlung, Glacéhandschuhe geschenkt, ein Paar Glacéhandschuhe, hergestellt in Wien bei Hoffer in der Judengasse. Und auch zum Hochzeitstag hatte man Anspruch auf welche, was zwei Paar Glacéhandschuhe pro Jahr ausmachte.

Sie war noch nicht bei zwanzig angekommen, aber schon nah dran, als meine Mutter die Handschuhe hernahm, aufschnitt, nähte, schnippelte, und, den Ansprüchen entsprechend, einen Klopapierhalter aus ihnen bastelte. Einen Klopapierhalter aus den Glacéhandschuhen der Tante Mia! Ausnahmsweise wurden auch wir eingeweiht. Damit sich die Verantwortung gleichmäßiger verteilte?

Wir waren besorgt: »Und was, wenn's Tantchen zu Besuch kommt?« Daß sie es nicht sehen konnte, war kein Argument. Was sie wollte, sah sie. Die guckte nicht mit den Augen!

»Erstens kommt sie nicht, denn sie wird keine Einreisegenehmigung bekommen. Unsere Volksdemokratie fürchtet zu Recht die kontrarevolutionäre Kraft der Mia Tant'.« Die Eltern versuchten es mit Scherzen; zu ihrer eigenen Beruhigung.

Wir stellten uns das Tantchen vor, wie sie an der Spitze ihrer Heere als Kontrarevolutionärin einritt, leicht schnarrend, denn sie schnarrte leicht, den Ausnahmezustand verkündet, den Roten bedauernd in die Augen schaut und mit Ernst folgendes spricht:

»Jungens! Wech mit dem Kádách!«

»Und wenn sie doch kommen darf?« bohrten wir weiter und rührten damit an den Puls des sich ankündigenden Gulaschkommunismus.

»Der vornehme Gast benutzt nicht die Toilette der Gastgeber«, wandte mein Vater streng ein. (Wir haben eine Großtante, die Frau eines Großonkels, die nach der Hochzeit noch monatelang in das elterliche Haus zurückkehrte: um Kaka zu machen. Eine echte Dame.) Scheinbar war auch er etwas erschrocken.

»Fürchtet euch nicht, ihr Kleingläubigen«, meine Mutter wiegte unzufrieden den Kopf, »das ist so eine Unverschämtheit, daran würde sie doch im Traum nicht denken, daß ihre wunderbaren Handschuhe … zu einem Klo … ich wag's ja gar nicht auszusprechen.«

Sie sah sich stolz um, sie hatte der Esterházy-Familie etwas zurückgezahlt. Nichtsdestotrotz wurde der Klopapierhalter kleinkariert angemalt, und sie behielt ein Paar Handschuhe zum Vorzeigen. Man weiß nie.

61

Ich umfaßte meinen Vater – Rákóczis Eiche! Die Plastikschnalle bohrte sich in mein Gesicht.

»Papi, was machst du, mach das nicht, ich will nicht, daß sie alles hören, alles dürfen die doch nicht hören!« Ich schluchzte, schniefte, heulte, gluckste, die Worte gluckstend aus mir heraus. »Die Schweine, die, mein Papilein, was weißt du schon, sie werden alle deine Worte auf Band aufnehmen und wieder abspielen, mal schneller, mal langsamer, und dann lachen sie sich dadrin tot darüber, verzeih mir.«

Mein Vater verachtete solch ein Geplärr; er hatte genug davon und fegte mich hinweg. Wortwörtlich: Er entfernte mich. So ein tränenreicher Ausbruch kam nicht wieder vor, darin bin ich wie er: diszipliniert.

62

Die Schloßdiener nahmen mit Bestürzung und – wie Urgroßvater und die Familie in ihre Bärte schmunzelnd feststellten – mit einiger Mißbilligung die neue herrschaftliche Allüre zur Kenntnis, daß das »Schloß« in solch unglücksschwangeren Zeiten Ausflüge organisiert. Und noch dazu läßt man den alten gnädigen Herrn hier alleine zurück. Besonders der alte Tóth murrte vor sich hin; die Tóths standen damals seit genau zweihundert Jahren im Dienste der Familie. (Sofort, nachdem sie diesen Dienst angetreten haben, wurde ihnen, aus nach Aktenlage unerfindlichem Grunde, nachzulesen in einem Brief, geschrieben 1717 von Szidónia Pálffy an ihre Schwägerin Maria Eck, das ungewöhnliche Privileg zuteil, ihren Söhnen in der christlichen Taufe den Namen des gräflichen Kindes geben zu dürfen. Jeder ihrer Erstgeborenen hieß also Menyhárt. Der erste Tóth dieses Namens verstarb anderthalb Jahre nach seiner Geburt, wie meine Urahnin Szidónia schrieb, an der »Schauder-Krankheit«. Keiner konnte mir sagen, was diese Schauder-Krankheit sein soll.)

Den Wölfen zum Fraß vorwerfen, das war der Lieblingsspruch vom Menyhért Tóth, dieses Land, die Saat, die Paradeisersetzlinge hat man den Wölfen zum Fraß vorgeworfen.

»Den gnädigen Herrn so den Wölfen zum Fraß vorwerfen, diese Raffinesse verstehe einer«, polterte er. Der alte Diener trutzte wegen des Spiels, er verstand es nicht und verurteilte es. Er hatte die dramatische Wende als dramatische Wende erlebt, das Tragische als tragisch, und wem das gegeben ist, dem ist auch die Erklärung gegeben, oder wenn nicht, fehlt sie ihm auch nicht, und sein Leben verläuft in geordneten Bahnen. Es steht fest, was warum so ist, das Leben hat seine Ordnung, wenn sie auch schwer ist. An dieser Ordnung, die des Tóths, hielten auch mein Urgroßvater und die Seinen fest, sie waren ja nicht auf den Kopf gefallen, nicht daran festzuhalten, aber sie wußten, daß sie nicht gottgewollt war, viel eher von ihnen, oder, was aufs gleiche hinauskam, von ihren Väter und ihren Großvätern.

Während er sorgfältig den Esterházy-Sandläufer vorbereitete, gnazte Menyus Tóth weiter und bemühte sich vergeblich, eine Erklärung dafür zu finden, wieso denn der alte gnädige Herr so heiter vor sich hin lächelte, warum er diese Ausschweifung duldete.

Daß das Reisegepäck und die Wäschegarnitur meines Vaters nicht viel Platz auf dem Wagen einnahmen, brauche ich gar nicht erst zu erwähnen. (Schließlich war es kein Aktenkoffer ...!) Die Tóths packten, die Grafen spielten einer Amateurschauspieltruppe gleich den Aufbruch zu einem fröhlichen Ausflug. Sie winkten, schnieften, wedelten mit ihren Tüchern, nahmen leidenschaftlich Abschied, mit ihnen Graf Cziráky, Flurnachbar meines Urgroßvaters, der auch gerade anwesend war. (Flurnachbar ... mein Gott!)

63

Erlag der Schauder-Krankheit: der (Onkel) Menyus, jüngerer Bruder meines Vaters, er war es, der schauderhaft verstarb, zweiunddreißigjährig, 1954, an einer Kinderlähmungsepidemie. Drei Wochen nach seinem Tod kam das Gegenmittel auf den Markt, das Salk. Auf drei Wochen kam es an! Er sah meinem Vater ähnlich, aber er warf nicht so einen großen Schatten auf das Leben wie sein älterer Bruder. Ich kenne kein Photo von ihm, auf dem er nicht lacht. Ich bin mehreren Menschen begegnet, die mir, als herauskam, wer ich bin, sofort mitteilten:

»Ich mochte deinen Onkel«, und sie musterten: mich. (»Ich bin nicht zu ihm ins Krankenhaus gegangen. Ich hatte Angst. Ich hatte damals schon ein kleines Kind. Ich habe mich nicht getraut. Dabei hat er auf mich gewartet. Ich war zu jung. Ich hatte Angst.« »Weinen Sie nicht.«) Ich habe einen Brief von ihm gesehen; ich erkannte den Wortgebrauch der Familie wieder.

Seine Atemmuskulatur war gelähmt, deswegen mußte man ihn nach Pest rüberbringen und an die eiserne Lunge anschließen. Die Familie rief die Rettung an, aber dort empfand man den Fall nicht als schwerwiegend genug. Mein Vater fluchte, was er fast nie tat.

Eiserne Lunge, häufig hörten wir damals dieses Wort. Wir hatten Angst davor. Wir versuchten, es uns vorzustellen, aber das kann man sich nicht vorstellen, die zerbrechliche, feinverzweigte Lungenzeichnung zusammen mit einem gußeisernen Ofen.

Unsere Eltern erzählten uns, Großmama sei tagelang nicht aus ihrem Zimmer gekommen, sie weinte, betete. Und untereinander sprachen sie darüber, daß die Großmama irre geworden ist, genauer gesagt hat das unsere Mutter gesagt, unser Vater schüttelte den Kopf.

»Wie reden Sie denn?« Sie siezten und duzten einander abwechselnd. (Beides konnte ein Zeichen für Zärtlichkeit oder Grobheit sein.)

»Ich beleidige die Mama nicht, ich rede nur über sie.«

»So nicht, wenn Sie nur so über sie reden können, dann lassen Sie es lieber.«

»Aber, aber, Mattilein ... Sie spricht mit Engeln, hier, im Brief schreibt sie es, sie spricht nicht nur, sie führt Verhandlungen, damit sie Nachrichten vom Menyus erhält ... Die Mama ist zur reinsten Swedenborg geworden ... Sitzt auf dem Friedhof und kämmt sich das Haar ...«

»Tun Sie mir den Gefallen und hören Sie auf damit. Ich muß aufs Klo, so sehr hasse ich Sie jetzt dafür!« Später fügte er versöhnlich hinzu: »Das ist die Degenfeld-Linie.« (Nämlich die als übertrieben zu bezeichnende Auseinandersetzung mit den Toten etc.)

Großmama unterhielt sich lange mit den Engeln. Als Vermittler schalteten sich nach einer Weile die örtlichen Ziegler-Zigeuner ein und versprachen eine unmittelbare Verbindung zunächst mit den Engeln, später unter Anhebung der Vergütung direkt mit dem tragisch ums Leben gekommenen jungen Grafen. Soweit wir wissen, erfolgte die Vergütung in Form des Familienschmucks. So wurde er durchgebracht, soweit wir wissen.

64

Mit meinem Vater konnte man Schaukeln spielen, er hielt durch, Großpapa nicht, dessen Hände waren nicht stark genug. Großpapa hatte Hände wie die Tante Mia, feingliedrig, knochig, seidig, sie waren nicht fürs Schaukelspiel geschaffen, sondern für Handküsse. Man konnte trotzdem Schaukeln mit ihm spielen. Wir setzten uns gemeinsam auf den Sims des Steinzauns.

»Gaukel-gaukel«, behauptete ich, und Ungarns ehemaliger Ministerpräsident nickte gravitätisch, und wir begannen mit den Füßen zu klimpern. »Dein Großvater wurde sehr nett und menschlich, sobald er alles verloren hatte.« (Eine Tante mütterlicherseits.)

»Gaukel-gaukel«, teilte auch er mit. Und auch noch etwas über die französische Geschichte als solche. Großpapa machte sich viele Gedanken über die Dinge *als solche.* Diese erörterte er entweder mit einem »unweit in der Verbannung lebenden« Freund – sie standen im Briefwechsel und beschworen minutiös je ein Stück der Vergangenheit herauf (ob sie Gewissensbisse hatten? ich glaube, leider nicht) –, oder mit mir.

»Die Historie der Franzosen ist wie ein Schauspiel, bei dem es mehr Zuschauer als Darsteller gibt. Deswegen wirkt sie frivol: von weitem betrachtet. Die Ungarn denken, die Bühne sei leer, und plaudern im Foyer über ruhmvolle alte Vorstellungen. Deswegen wirken die Ungarn als das am meisten eingebildete Volk, aus der Nähe betrachtet. Von weitem betrachtet sieht man sie nicht.«

65

Da war die altehrwürdige Familie, betrieb Kulissenreißerei und schielte mit einem Auge nach der Wirkung. Es wurde ein gebührender Durchfall. Das ist das Schöne am Theater, es kommt alles sofort heraus. Die Dienstboten standen unbewegt in einem Kreis im Hof und begutachteten die Anstrengungen der Herrschaft mit eisigen Mienen. Vor seinem Diener kann niemand ein Held sein. Großpapa war der Meinung, das sei 1919 der einzige revolutionäre Moment – als solcher – gewesen, und selbst der wurde ausschließlich durch ihre Tollpatschigkeit herbeigeführt.

Menyus Tóth, einer der Menyus Tóths, war fertig.

»Hüa«, rief der Kutscher, dem Namen nach mein Großvater. Bevor er auf die mit jahrhundertealten Linden gesäumte Allee einbog, wendete er auf einmal die Pferde und beschrieb vor dem Schloß einen eleganten Kreis, die Schauspieler lächelten breit, mein Vater schrie wie am Spieß, und das Volk wartete kühl ab.

Da die Gefahr bestand, daß man die hochgewachsene, schlanke, elegante Gestalt meines Großvaters trotz der Kutschermontur erkannte – ein Herr ist auch in der Hölle ein Herr, daher wußten sie, daß sie sich jetzt in der Hölle befanden –, nahm er dreißig, vierzig Kilometer von Csákvár entfernt Abschied von den Seinen, um die Sicherheit der »heiligen Familie« nicht zu gefährden, und verschwand in eine andere Richtung. Zurück blieben meine Großmutter, der Säugling – und dessen ›*Kindsfrau*‹. Denn die Familie sprach zwar über diese Flucht später wie von Momenten äußersten Ausgeliefertseins, aber selbst hier war noch Platz für eine Kindsfrau. Sie wußten nicht viel davon, was es heißt, ausgeliefert zu sein. Sie kannten das 20 Jahrhundert nicht. Sie sprachen über dies und das, über sich selbst, das Land, die Vergangenheit; sie kannten das große Schweigen des 20. Jahrhunderts nicht. Auch sie, wie alle, die im Glauben sind, ihr Schicksal in den Händen zu halten, neigten dazu, über ihr Schicksal zu reden, als wäre es ein Kätzchen: aber, aber, natürlich, manchmal kratzt es eben ein wenig, miez, miez, Miezekätzchen …

Das Schicksal in den Händen – dieses Gefühl kannte mein Vater nicht. Er kannte das Schweigen.

Die ›*Kindsfrau*‹, an die Bequemlichkeiten herrschaftlicher Häuser gewohnt, fand immer mehr am unbehaglichen Ausflug auszusetzen. Nach einigen Tagen ließ sie meinen Vater sitzen. Die erste Frau, die ihn verließ (ihr Name ist unauffindbar).

»Eure Exzellenz, ich habe mehr als drei Jahre im Dienste der Familie verbracht und muß demnach auf einem gewissen Niveau bestehen.« Und sie zeigte geziert um sich: Das Licht fiel von schräg oben auf die anmutige Lichtung, wie auf Heiligenbildern, abseits jahrhundertealte Eichen, dichtes Gestrüpp, was Schöneres kann man sich kaum vorstellen; nun gut, ein Salon war es nicht gerade – »oh, und nicht im Interesse meiner eigenen Sicherheit oder gar Bequemlichkeit, nein, sondern vor allem wegen des Respekts und der Hochachtung, die ich mit der gesamten Nation teile, und die mich sowohl als Person wie auch meinem Status nach an diese großartige Familie bindet.«

Großmama hörte dieser Person, die so sehr auf den Ruf der Familie bedacht war, mit offenem Mund zu.

»Bedenken Sie, Exzellenz, wohin soll es mit der Welt noch

kommen, wenn selbst einem Esterházy-Bediensteten alles passieren kann?!«

Die Mamsell hatte recht; sie hatte das Unmögliche der Situation besser begriffen als Großmama. Die sich für die Situation selbstredend überhaupt nicht interessierte; wer aus seiner Dauerloge auf die Bühne blickt, interessiert sich nicht für angebliche Übergriffe im Zusammenhang mit den Eintrittskarten. Das Fräulein hatte das Gefühl, man habe das Theater über ihrem Kopf abgetragen, Großmama interessierte das nicht, sie sah nach oben, sah den Sternenhimmel und sah, daß es schön war.

»Dann rief ich ihr aber doch kurz eine kleine Grobheit zu«, erzählte Großmama, aber sie spezifizierte nicht, was das war. Urgroßvater war überaus stolz auf sie; der Herrgott hatte dieses liebe Frauchen mit soviel Kraft und Ruhe gesegnet, daß ein jeder, der sie sah, als sie beim Näherrücken der Terrortruppen wieder ins Schloß zurückkehrte, aus dem Wagen stieg und wieder zur Gräfin Margit wurde, tatsächlich denken konnte, sie sei von einer betulichen Vergnügungsreise heimgekehrt und nicht wie irgendeine gnä' X. einem gehetzten Wild gleich aus ihrem Unterschlupf hervorgekrochen.

Großmama blieb allein in der Wildnis zurück; stillte, wiegte, wusch die Windeln. Sie zogen sich in unsere Jagdhütten zurück und fanden bei den Pfarrhäusern Einlaß. Im Vértes war man auf heimischem Terrain.

Und mein Urgroßvater kam zur beruhigenden Schlußfolgerung, daß also doch keine Rede von einer Degenerierung des Adels sein konnte.

ZWEITES KAPITEL

66

Irgendein Vilmos, Pater Vili, im Zuge eines Familienausflugs besuchten wir ihn, den Pfarrer von Gesztes, der am selben Ort Kaplan gewesen war, damals, als mein Vater sich versteckt hielt. Er nannte unseren Vater Herr Graf, was uns ziemlich gefiel: Wir dachten, sie spielen; die Frau Váradi hätten sie freilich nicht blenden können, für sie wäre klar gewesen, hier war die klerikale Reaktion Hand in Hand mit den reaktionären Oligarchen am Fäulnisverbreiten. Unsere Mutter titulierte er als Frau Gräfin, aber irgendwie paßte das nicht, stimmte irgendwas nicht, auch Mamis Gesicht war von gereizter Befangenheit beherrscht, es wirkte übertrieben, unzeitgemäß. Beim Papi war das nicht so.

Wir kamen, ohne vorherige Anmeldung, aber es war gar keine Frage, daß wir etwa nicht dort zu Mittag essen würden. Hochwürden wies sofort seine Haushälterin an, zwei Backhendel, und er zeigte lachend an: Schnipp!

»Gurkensalat, Petersilienkartoffeln!« und er zwinkerte uns zu. Außerdem holte er sofort Wein, schenkte ein. »Für den jungen Mann auch.« Und wieder zwinkerte er. Meine Mutter widersprach leise, aber sie konzentrierte sich weniger auf mich als auf meinen Vater.

Sie machte einen Versuch: »Später, zum Essen vielleicht.«

Aber sie wußte, wenn die Männer trinken wollen, dann trinken sie. Wir tranken. Der Pater ging hinaus, um sich umzuziehen, er war noch in Zivil gewesen, es hatte mir auch nicht so recht das »Gelobt sei« über die Lippen kommen wollen. Sobald wir allein waren, fingen unsere Eltern wie Kinder zu flüstern an. Besonders unsere Mutter.

»Was machen wir denn hier bis Mittag?«

Unser Vater war ausgesprochen guter Dinge.

»Sorgt euch nicht, ihr Kleingläubigen. Euer himmlischer Vater wird schon …«, und er deutete zum Zimmer des Pfarrers. Meine Mutter winkte ab; sie schaute auf die Uhr, dann sollten wir vor dem Mittagessen wenigstens die Burg begehen.

»Ajweh, ajweh«, wir verdrehten die Augen zum Himmel, »alles klar, alles klar, die gotischen Scheunen!« Diese Ausflüge wurden nämlich jedesmal mit einer bestimmten erzieherischen Vorgabe organisiert, unsere Mama scheuchte uns gnadenlos durch die ungarische Kunstgeschichte, Ócsa, Lébény, Ják, Zsámbék, Esztergom, das Minarett in Eger. Wir mußten von Mal zu Mal schweren Herzens zur Kenntnis nehmen, daß wir in einem Land lebten, in dem einem auf Schritt und Tritt Schönes begegnete. Welches wir, oh Schreck, auch jedesmal aufmerksam betrachten mußten. Diese unerwartete Härte des Lebens war in diesem Seufzer »gotische Scheunen« zusammengefaßt.

»Eine wundervolle Idee!« grinste unser Vater unbedacht. Es war klar, er läßt sich treiben; er ist wie wir. Er hat bloß keinen Erwachsenen, der ihm zugeordnet ist. Mami winkte wieder ab. Unsere Schwester, die kleine Schmeichlerin, kletterte ihr auf den Schoß.

Wenn ein Hendel, dachte ich, dasselbe ist wie ein Huhn, dann haben wir ein Problem, denn es war Freitag, und freitags darf man kein Fleisch essen. Huhn war damals teurer und wertvoller als alle anderen Fleischsorten; es langte nur selten dafür, ich liebte es auch sehr, trotzdem überlegte ich nicht, ob ich was sagen sollte oder nicht. Mein Vater und seine Geschwister durften als Kinder nur sprechen, wenn sie gefragt wurden, sie durften nicht von sich selbst sprechen, es war ihnen nicht erlaubt, eine

Frage an einen Erwachsenen zu richten, besonders nicht in Sachen Essen (auch das Essen zu loben war nicht erlaubt, denn das hätte das Recht auf Meinungsäußerung – also die Möglichkeit der Kritik – bedeutet). Das Gesicht des Pfarrers erhellte sich, als ich ihm die Frage an die Brust setzte.

»Sehr richtig, äußerst angebracht«, er knöpfte seine Soutane zu, »eine hervorragende Beobachtung, der junge Mann hat da ein wichtiges Problem expliziert!«

Ich mochte diesen Menschen nicht. Ich nahm ihm sogar übel – wie ein »Heimvorteil«, den ich nutzen wollte –, daß er mich nicht als »Herr Graf« tituliert hatte. Warum denn eigentlich nicht? Entweder, oder. Sind wir etwa nicht gerade unterwegs, um unsere ehemalige Burg zu besichtigen?! Ich werde mich schon noch um ihn kümmern. Ich werde mit seinem Bischof reden. Die wissen wohl nicht, wo der Hammer hängt.

Er zog salbungsvoll die Zeit in die Länge, ganz wie ein Magier, der eine sichere Pointe vorbereitet. (Schmelzkäse, so nannten wir im Gymnasium einen rührseligen Lehrer; ein netter Mensch, er unterrichtete Kunstgeschichte und war jedesmal so ergriffen von der ganzen Schönheit, die er uns voller Andacht und Genuß in die Köpfe pflanzen durfte, daß er kaum Luft bekam: Er bebte.)

»Unser junger Freund hier« – davon träumst du nachts! –, »hat, dank einer sorgfältigen Erziehung«, Nicken in die Richtung meiner Mutter, knirschendes Lächeln in ihrem Gesicht (wie die Menge der Glacéhandschuhe, so konnte auch der Mißmut meiner Mutter von Zeit zu Zeit industrielle Ausmaße annehmen; um dem Ausdruck zu verleihen, setzte sie die mannigfaltigsten Mittel ein, all die Regungen der Körpersprache, dazu das reiche Spiel des Blicks – dieses matte Ablicht!, man will gar nicht mehr leben, wenn man da hineinblickt, diese naßkalten Zustimmungen, die jeden Plan noch in demselben Moment ersticken, in dem er beschlossen wurde, und dann diese Stille, dieses Schweigen, dieses Stummsein ...), »ganz richtig auf etwas hingewiesen, das wir selbst natürlich ebensowenig vergessen konnten.«

Und damit zog er das Kaninchen aus dem Hut (ein Karpfen wäre vielleicht an einem Freitag passender gewesen), wonach er das gesalbte Recht und die Möglichkeit besitze, beim Vorhandensein gebührender Gründe vom Fasten zu entbinden, einer Verpflichtung, die die jungen Herren strenggenommen sowieso nicht betreffe, aber falls es dennoch an ihr Gewissen rühre – siehe oben.

Ich glaubte ihm nicht, er will bloß Fleisch fressen, wir sind das Alibi dafür.

»Es ist Freitag, freitags esse ich kein Fleisch«, sagte ich voller Verachtung und dachte daran, daß ich ganz gewiß in den Himmel kommen werde, ganz im Gegensatz zu denen hier! Man müßte mal kontrollieren, ob er wirklich ein Priester ist. (Meine Mama konnte es so schön gurren, agent provocateur ...) Ich blickte meinen Vater an, nichts. Hochwürden trat an mich heran und strich mir über den Kopf.

»Sei nicht so streng.«

Mein Vater schenkte Wein nach, einen Mórer Tausendgut, und unsere Mutter fing an, an uns herumzuzerren, wir sollten uns jetzt auf den Weg zur Burg machen.

Unsere Mutter zählte uns ständig durch wie die Gänslein, ob wir alle noch ordentlich beisammen sind. Eins, zwei, drei, viea, und auf »fünf« zeigte sie auf unseren Vater, aber sie sprach es niemals laut aus: fünf. Eins, zwei, drei, viea, Pause.

Oh, teurer ... Pause!

67

Burgen mit Namen Gesztes gab es im übrigen drei im Land: eine in Gömör, eine im Komitat Trencsén und diese hier im Komitat Komárom. Über fünf Ecken ist aber auch Keszthely mit Gesztes verwandt: Ehemals hieß es Gestel. Das Wort »geszt« bezeichnet eigentlich den harten inneren Teil des Baumes, das Kernholz. Möglich, daß der erste Erbauer so ein kerniges, stabiles Gerüst zu erbauen gedachte wie das Kernholz der Buche.

Unser Vater wußte alles, so sahen wir es, wie es das Klischee verlangt. Er konnte sämtliche ungarischen Könige auswendig aufsagen – was zum Beispiel so ziemlich alles ist. Und er wußte nicht nur von den Dingen alles, er konnte auch alles in der Welt zuordnen, wenn zum Beispiel Karl V. da, wer dann hier, und daß er der Cousin von Katharina von Aragonien war, gegen die ihr königlicher Gemahl, Heinrich VIII., zur gleichen Zeit einen Prozeß angestrengt hatte (»Wie, gleichzeitig?« »Nicht gleichzeitig, sondern zur gleichen Zeit.«), als unser König Lajos im knöcheltiefen Bach Csele ertrank. Und als Ferdinand I. starb, wurde gleich hinterher Shakespeare geboren. Kein schlechtes Geschäft. Er sprach nicht wie ein Lehrer, er wollte nicht, daß wir uns was merkten (unsere Mutter wurde wie durch Zauberhand sofort glücklich, wenn wir ihr ein Ghirlandaio oder ein Pollaiolo ins Gesicht schleuderten), unser Vater wollte nichts, er sagte es bloß, er erzählte vor sich hin, eher an sich selbst als an uns gerichtet, obwohl er es nicht gesagt hätte, wenn wir nicht dagewesen wären. Dadurch bekam das, wovon er erzählte, eine Wirklichkeit. In der Schule hielt ich ausschließlich die Mathematik für wirklich, der Rest war für mich eine mal interessante, mal fade Art der Tierdressur. Er redete, wie man »es regnet« sagt, vorausgesetzt, es regnet gerade. Doch damit wollen wir weder auf den Regenschirm hindeuten, wie gut jetzt einer wäre, noch auf die Saat, wie gut der jetzt ein bißchen Regen bekäme.

68

Der Alte redete nicht immer so – oft redete er überhaupt nicht –, die Großmama dafür ständig. Sie sah immer drei-, vierhundert Jahre vor sich, morgens wie mittwochs – jetzt mal abgesehen von der Ewigkeit, die sogar noch länger als vierhundert Jahre ist. Sie sah alles – Ereignisse und Personen, besonders aber Verluste und Niederlagen – in dieser Dimension.

Einmal wurde ein Radiogespräch mit ihr aufgenommen, eine soziologische Studie, Vergangenheit und Gegenwart, Grafen und Dienstboten im Spiegel der Gegenwart; einigermaßen unerwartet, aber der Natur des Kádár-Regimes durchaus entsprechend. Nur daß sich diese Natur nur langsam offenbarte, beziehungsweise wünschte das Land, dieser Natur entsprechend, sie nur langsam kennenzulernen. Die Menschen hielten die Augen geschlossen, zuviel hatten sie schon gesehen, und nun sagten sie sich, es ist, wie es ist, mag kommen, was will, aber laßt uns nicht darüber reden, laßt es uns nicht kennen, laßt uns nicht wissen, was es ist. Mal abgesehen davon, daß man auch wirklich nicht wissen konnte, was was war, was wann was war, denn die Neins, die sich in Jas umkehrten und die als Ja funktionierenden Neins sind weder ein Nein (Ja) noch ein Ja (Nein) und auch kein Vielleicht (Vielleicht), denn irgendwie wird es ja dann doch werden, und es wurde auch, ja, nein, vielleicht.

Gegen Ende der Sendung fragte man die Teilnehmer, was sie sich wünschten, wenn sie drei Wünsche frei hätten. Gesundheit, eine höhere Rente, sagte die vernunftbegabte Mehrheit, und Frieden. Meine Großmama sagte ein bißchen was anderes.

»Als erstes: Ich wünsche der ganzen Familie gute Gesundheit. Als zweites: Meinem einzigen verbliebenen Sohn wünsche ich gute Gesundheit und daß er in seiner Arbeit vorankommen möge, und Freude an seinen Kindern. Mein dritter, größter Wunsch ist:

Ungarn möge sich gut entwickeln und seinen historischen Auftrag erfüllen.«

Ich glaube, damals wäre es außer meiner Großmama keiner Seele eingefallen, dem Land Gutes zu wünschen. Das Land gehört den Kommunisten, dachte sich das Volk, und wer wäre denn so borniert und zynisch, sich über den Besitz der Kommunisten überhaupt Gedanken zu machen, sollen sie doch alle miteinander verrecken, und wir stehlen uns sowieso wieder, was wir können.

Meine Großmama sah weiter, so waren ihre Augen eingestellt.

Zum Beispiel nahm sie es ernst, beziehungsweise maß sie dem Bedeutung zu, daß sich die Gruppe der sowjetischen Streitkräfte – wie man sagte – nur vorübergehend auf dem Gebiet unseres Vaterlandes aufhielt; sie betrachtete das Verhältnis zwischen Permanentem und Vorübergehendem nach einem anderen Maßstab, es gab vor dreihundert Jahren ein Ungarn und es wird auch in dreihundert Jahren noch ein Ungarn geben, ein Land ist keine Konditorei, die Cremeschnitten kann man an einem Nachmittag auffuttern, aber ein Land kann man nicht einfach so in Besitz nehmen und enteignen, und Hitzigkeiten von jener Art, wie zum Beispiel dieser Kommunismus, dessen Grundgedanke im übrigen sehr richtig ist, *redlich*, können naturgemäß nicht lange halten. Unter »lange« verstand sie was anderes, sie nahm nicht ihr eigenes Leben als Maßstab, sie war nicht der Ansicht, daß es von besonderer Wichtigkeit war. (Was meiner Meinung nach gefährlich ist, denn dadurch maß sie auch meinem Leben keine Wichtigkeit bei, was wir in Erleidung ihrer legendär harten Bestrafungen als bewiesen ansahen.) Sie nannte dreißig Jahre dreißig Jahre und nicht ewig (mein Vater nannte den berüchtigten Dreißigjährigen Krieg den längsten Krieg der Geschichte), die Türken hatten das Land nicht bis zum Ende aller Zeiten unter ihrem Joch gehalten, sondern einhundertfünfzig Jahre, was viel ist, was nicht gut ist, was dies ist, was das ist, aber so ist eben das Schicksal der Länder, von Zeit zu Zeit werden sie hundertfünfzig Jahre versklavt oder sie versklaven hundertfünfzig Jahre lang jemand anderes, ein Land zu sein ist kein Zuckerschlecken, schwer ist das Schicksal der Länder, denn schwer ist die Sklaverei und schwer der Triumph, schwer ist die Demütigung und schwer die Gloire. Bedauernswert sind die Länder, besonders jenes, das wir als das unsere bezeichnen dürfen. Jedenfalls ist es unmöglich, an die Menschen zu denken, an unseren Sohn, unsere Enkel, ohne auch an unser Land zu denken, das uns selbst dann gehört, wenn die Sachen jetzt gerade schlecht stehen und immer schlechter, nicht weil es etwa immer schwerer wäre zu leben, es ist nicht schwerer, es ist leichter, die Zuteilungen stehen vor der Tür, sondern weil das Land, der Zustand des Landes, seine Mentalität das Schlechte aus dem Menschen hervorbringt, in diesem Schlechten stehen die Dinge da, in ihrer eigenen wachsenden Schlechtigkeit, in diesem dennoch unpersönlichen Schlechten, in diesem nationalen Schlechten, und deswegen muß man dem Land ein gutes Vorankommen wünschen, also im eigenen Interesse und nicht weil man halbehrlich (halbunehrlich) irgendwelchen abstrakten und erhabenen Prinzipien huldigt.

69

Auf die Briefe an die Großmama mußte man immer L. P. Oroszlány draufschreiben. Letzte Post; das hörte sich so geheimnisvoll an, als hätte die Großmama am Ende der Welt gewohnt oder sogar noch einen Schritt darüber hinaus. Es mußte regelmäßig geschrieben werden, keine Briefe, sondern Karten, offene Briefpostkarten, auch sie schickte uns solche. Wir erhielten und schrieben unglaublich langweilige Karten. Sie schrieb, wie das Wetter ist und wie der Mais steht und wir – im Grunde schrieben wir über das gleiche.

Sie lebte in Majk, deswegen war sie die Majker Oma, im Gegensatz zu der Pester Oma, die in der Monitor-Straße wohnte.

Das Schloß von Majk wurde ursprünglich für einen Mönchsorden erbaut, die Kamaldulenser. Mein Bruder und ich spielten ein Kamaldulenser-Spiel, im Grunde statt uns zu streiten oder zu prügeln. Großmama hatte erzählt, daß diese aus dem »Orden der Benediktiner ausgetreten waren«, und sie durften nicht miteinander reden. Kamaldulenser spielen hieß, daß der, der anfing, aus dem Stand einen betont großen Schritt nach vorne tat, also quasi aus dem Benediktinerorden austrat, wodurch es verboten war, ihn anzusprechen. Mein kleiner Bruder hielt sich besser an das Schweigegelübde als ich, er hat es auch ziemlich hinterfotzig eingesetzt, also während des Wortgefechts, plötzlich verließ er die Benediktiner, und ich stand da mit meinen Argumenten. In solchen Fällen verhielt ich mich im Grunde immer wie Joseph II., worauf ich jetzt nicht weiter eingehen möchte, nur soviel: Er war derjenige, der den Kamaldulenserorden auflösen ließ.

Man nannte sie auch die weißen Brüder, weil sie weiße Kutten trugen, vorne und hinten durch eine Schürze ergänzt, um die Taille eine Mönchskordel geschlungen; an den Füßen trugen sie meistens Sandalen, seltener Stiefel, sie rasierten sich Tonsuren, trugen das Haar über dem Nacken kurz geschoren, dazu einen langen Bart. Sie wohnten in Zellenhäusern, die das Hauptgebäude umgaben, einer meiner Urahnen baute sie für sie (er wußte nicht, daß er sie auch für die Großmama baute). Das Haus hatte vier Räume, ein Schlafzimmer, eine Werkstatt, eine Kammer, eine kleine Kapelle und einen langen, langen Gang. Und einen kleinen Hof. Man konnte nicht zum Nachbarn hinübersehen. Das Schweigegelübde wurde jeweils einmal im Sommer und im Winter für drei Tage aufgehoben. Was mochten sie in dieser Zeit miteinander geredet haben? Was, drei Tage lang? Wenn sie krank wurden, stellten sie einen Topf ins Fenster, dadurch wußten die Fratres, die nicht ordinierten Brüder, daß was im argen war.

Im Sommer, und wenn uns ein Geschwisterchen geboren wurde, waren wir oft bei der Großmama. Sie brachte uns das Arbeiten bei. Wir hatten zwar gesehen, daß unser Vater immer arbeitete, aber davon hätten wir nicht gerne gelernt, denn er saß nur am Schreibtisch und übersetzte, und das hätte bedeutet, daß wir ständig hätten lernen müssen. Mami machte auch direkte Versuche, aber – also wirklich – mit was für Dingen? Einkaufen, Unkraut jäten im Garten, das waren keine ernst zu nehmenden Dinge für ein Mannsbild (Ausdruck unserer Schwester!), freiwillig machten wir auch nichts davon. Und vor allem gab es keine Bezahlung.

Die Arbeit bei der Großmama bestand hauptsächlich aus Holzsägen und Wasserholen. Das Wasser mußte in zwei alten, gräflichen, weiß emaillierten Krügen vom Pumpbrunnen geholt werden, der Tarif lag bei 50 Fillér, das galt als das beste Geschäft, wenn es auch begrenzt war. Die Menge des zu zersägenden Holzes hingegen schien unendlich zu sein. Die Bezahlung richtete sich nach der Stärke des Stamms, Knorrigkeit sowie eine gewisse Buchenart fielen unter Sonderbewertung, für diese gab es einen Aufpreis. Es gab Stammstärken zu 10 Fillér, 20 Fillér, 50 Fillér, 1 Forint und 2 Forint. Wir bestimmten die Maße selbst und betrogen niemals. Wir kontrollierten einander ein bißchen. Bis zum heutigen Tage kann ich jederzeit, überall durch bloßes Angucken sagen, wie viele Fillér stark ein Baumstamm ist.

In strittigen Fällen sprach Großmama das entscheidende Wort, mit gestrenger Großzügigkeit, das heißt, sie sah uns nicht auf die Finger, war aber auch nicht im geringsten gerührt davon, daß wir ordentlich arbeiteten.

Nach Fünfundvierzig wurde uns zwar alles weggenommen, aber als Belohnung für Großpapas antideutsche Haltung hatte man uns einige Joch Land übriggelassen, das Großmama in Teilpacht gab, so bekam sie ihre Kartoffeln, Gemüse, Obst. Kati, die Kuh, hatte ihren Stall in der alten Eisgrube, versorgt wurde sie von Großmamas jüngerer Schwester, der Tante Emma, aber so nannte sie niemand, alle sagten nur Timby zu ihr. Wir beneideten sie um diesen Namen. Sie sah Urgroßvater ähnlich, den wir dort jeden Tag auf Photos sehen konnten, die altkonservative konterrevolutionäre Kraft, die er war. Timbys Güte fiel sogar uns Kindern auf, vielleicht, weil sie nur und ausschließlich gut war, morgens ging sie hinaus, um in der Försterei zu arbeiten, abends kam sie heim, ging zu der Kati raus, aß zu Abend, las ein wenig in englischen Gesellschaftszeitungen und legte sich schlafen. Sie war von einer stillen, pflanzenhaften Güte. Obwohl es sein kann, daß wir sie verkannten. Einmal ließ sie zwei Fenster offenstehen, und ein orkanartiger Windzug pfiff durch den Flur, den wichtigsten Raum des Hauses. Hier war er Küche, Salon und Eßzimmer zugleich.

»Ein ganz schön eisiger Wind, der da von dir herausweht!« bemerkte Großmama. Und Timby rief zurück:

»Ist doch egal, Hauptsache, er weht!«

Auch das merkten wir uns, egal, Hauptsache, er weht.

Außer der Kuh gab es noch Hunde (Dackel und Foxterrier), Katzen, ungezählt, sowie Flöhe, gezählt. Wir wetteiferten, wer am morgen mehr Bisse vorzuweisen hatte. Auch das zählten wir redlich beim anderen nach, besonders um die Taille herum, in Höhe der Gummierung der Pyjamahose. Beim ersten Mal waren wir ziemlich konsterniert. Aber Großmama winkte nur ab.

»Ach was, das juckt nur.«

Worauf wir fast versehentlich antworteten:

»Aber Großmama! Das juckt doch!« Also kamen wir nicht weiter. Im Flöhefangen war unsere Schwester die beste, da ausdauernd (»sie frickelt«, sagten wir, und »Frickelmaus«) und mit großen Fingernägeln ausgestattet.

»Ekliges Vieh!« sagte sie, wenn sie hörte, wie sie unter ihren Nägeln zerbarsten.

»Geschöpfe Gottes!« dröhnte Großmama bedrohlich.

Selbst das Moor von Ecsed war ein Geschöpf Gottes! Das haben wir noch mehr gehaßt als die Flöhe! Denn ein Floh ist wenigstens ehrlich, ein Feigling, ein Herumhopser, aber ehrlich. Wir wußten, womit wir zu rechnen hatten. Ein Biß ist ein Biß, Jucken ist Jucken. Und Kratzen ist Kratzen. Aber das Ecseder Moor …! Ein Verbrecher, ein undurchschaubarer Dieb! Eines von Urgroßvaters Besitztümern lag in jener Gegend, deswegen kannte es Großmama. Großpapa erzählte, als würde er diktieren, Großmama, als würde sie schreiben. Da sie nicht gerne erzählte, machte sie sich Notizen, ›*Skizzen*‹, an die sie sich dann penibel hielt, steif an jedes einzelne Wort, und über das hinaus, was da geschrieben stand, sagte sie kein Wort. Wenn wir weiterfragten, schaute sie auf dem Blatt nach, suchte und breitete dann die Arme aus.

»Nichts da.«

Wie ein richtiger Schriftsteller.

Das Moor war gutes Ackerland, aber auch gefährlich, denn es fing leicht Feuer. Einmal ging sie mit ihrem Vater über das rauchende Feld, und man konnte selbst durch die Stiefel hindurch noch die Hitze spüren. Löschen war nur möglich, indem man um den glühenden Teil einen Graben zog. Endgültig konnte nur der winterliche Schnee das Feuer löschen. Einmal waren zwei Ochsen an dem Rauch erstickt. Zwei Ochsen mit Rauchvergiftung, nicht schlecht!

70

»Ich will die Französin nicht!« rief meine vier Jahre alte Großmama verzweifelt und legte sich mit dem Gesicht in den ungarischen Schnee. Das neue französische Fräulein lief los, petzte, Urgroßvater kam, versohlte: Großmama sprach vier Sprachen wie mit Mutterzunge, beziehungsweise Latein konnte sie nur lesen und schreiben. Nach Majk kamen viele Ausflügler, auch Ausländer, und sie gab hilfsbereit Auskunft über das Schloß, die Gegend – in der gewünschten Weltsprache. Mit ihren ewigen Wollstrümpfen, dem Ballonmantel und den schwarzen Klamotten sah sie aus wie jede andere Bauersfrau aus der Gegend. Ihr krummer und immer krummer werdender Rücken verlieh ihr auch etwas Hexenhaftes. Ich jedenfalls habe mir so eine Hexe vorgestellt, nur eben in böse. Ich bemühte mich, mir Großmama böse vorzustellen, aber es gelang mir nicht.

Als ihr Großvater (auf alle Fälle Károlyi) gelähmt wurde und auf den Rollstuhl angewiesen war, wurde er von seinem treuen Diener Anti Bodor durch die Gegend geschoben. Die Kinder hatten Angst vor ihm, nur Großmama nicht. Eines Abends – von einem Moment zum nächsten – konnte er nicht mehr sprechen; er sprach, aber man konnte es nicht verstehen. Nichts, noch nicht einmal ungefähr. Wer war es noch mal?, Ururgroßmama, Ururgroßmama Degenfeld fragte nach und bekam einen rasenden Zornesausbruch als Antwort. Die Familie stand fassungslos da und schwieg. Große Gästeschar, große, peinliche Szene. Und dann wandte sich der alte Mann an seine kleine Enkelin und fragte sie etwas in dieser neuen, unbekannten Sprache. Sichtlich irgend etwas Wichtiges. Er wartete auf eine Antwort. Großmama sah sich um, die Erwachsenen senkten langsam, einer nach dem anderen, den Kopf. Was sollte sie jetzt machen? Sie hatte eine Kauderwelsch-Sprache, die niemand kannte, in der unterhielt sie sich mit den Pflanzen, den Tieren und dem lieben Gott. Die konnte sie nicht hergeben. Doch dann sah sie über das strenge Gesicht ihres Vaters eine Träne laufen und hob an: »Mrächen frängen baldachi« … Sie schenkte ihrem Großvater ihr Geheimnis. Er nickte glücklich.

Dann, etwas später, starb er natürlich. (Sein Hund Patau starb ihm sofort hinterher.) Nichts konnte Großmamas Tränen trocknen. Urgroßmama Melinda war schon drauf und dran, einen Arzt zu rufen, aber Urgroßvater ließ sie nicht. Er ging ins Zimmer seiner Tochter, nahm ihr Gesicht in beide Hände und flüsterte, gar nicht leise, eher schüchtern:

»Mrächen frängen baldachi.« Das Weinen hörte auf.

71

Deine Großmutter ist eine echte Stockungarin (gewesen), hörte ich öfter sagen. Das hörte sich weder nach Kritik noch nach Lob an, eher wie eine wertfreie Beschreibung, Stockungar, terminus technicus. Heimlich hofften wir, daß wir auch Stockungarn sind. Blut ist schließlich dicker als Wasser.

Die Károlyis hatten viel schneller Karriere gemacht als die Esterházys, Merhard Károlyi erlangte bereits 1387 das Jus gladii, zu Zeiten König Siegmunds waren sie schon Barone, ihre angestammten Burgen haben sie nicht geschenkt bekommen, sondern selber gebaut, das betonten sie gerne, uns und unsereins, die sich um den Hof herumdrückten, betrachteten sie eher als Bürokraten. Große Herren, aber in kleiner Position. Von der Ständeversammlung fuhren sie nicht nach Wien, sie eilten so schnell wie möglich wieder zurück nach Szatmár.

Im achtzehnten Jahrhundert änderte sich das, auch sie erschienen bei Hofe, auch ihnen wuchs ein goldenes Vlies. Sie stellten sich mit in die Reihe und stachen heraus: Sie hatten sich dieses

Altertümliche bewahrt; alte, unabhängige Magnaten. Urgroßvater übernahm Landesämter (war einige Male Ministerpräsident), aber nur solange sich das mit seinen innersten, verstecktesten Prinzipien in Einklang bringen ließ. Wenn nicht, ließ er alles stehen und liegen, sogenannte politische Überlegungen interessierten ihn nicht. Er war kein politischer Bürokrat, der durch seine Stellung zu Privilegien gekommen war. Er war der Ansicht, in die Privilegien sowieso hineingeboren worden zu sein, also konnte er sich erlauben, nicht alle zu nutzen, und er war reich genug, um für seine Bequemlichkeit selbst zu zahlen. Sein Lebensstil war unabhängig von seinen öffentlichen Würden.

Strenggenommen war er ein »ländlicher Herr«. Sein bis ins Extreme gehender Puritanismus hatte neben der urungarischen Magnatenwürde auch etwas Bürgerliches, Großbürgerliches an sich, ähnlich der Art der sparsamen und reichen *›Bürger‹* der großen Hansestädte. Er war aus demselben Holz geschnitzt – ich sag jetzt nicht für wieviel Fillér – wie seine Vorfahrin, Krisztina Barkóczy, die, als sie den gräflichen Titel zugesprochen bekamen, ihrem Mann, Sándor Károlyi, schrieb, wozu denn das gut sei. Wozu ein neues Wappen für den alten Adel? Bis jetzt hatten wir auch ein schönes Wappen, nun müssen neue Siegel gestochen werden, und die Arbeit der Graveure ist teuer.

Der Schwiegersohn der jüngeren Schwester meiner Großmutter, der Laci, zog seine Schwiegermutter häufig damit auf, die Károlyis hätten deswegen so oft innerhalb der eigenen Familie geheiratet, weil sie keinen anderen für gut genug hielten. Wenn sie unter sich waren, gestanden sich die Károlyis voller Selbstsicherheit ein, daß es in Ungarn keinen gab, der besser gewesen wäre als sie.

Im Gegensatz dazu hatten die Esterházys schon seit dem Palatin Miklós Europa zum Spielfeld erkoren, um dort ihre Spiele zu treiben. In diesem Zusammenhang war die Abstammung aus dem Geschlechte Salamons nicht von so großer Bedeutung – was gewesen ist, ist gewesen – wie die der Kaplony bei den Károlyis. Die Esterházys grübelten nicht soviel darüber nach, wer und was sie waren.

Wer und was.

72

In Mácsa steht im Park der Grabstein der 48er Generäle Damjanich und Lahner. Und der kam so dahin, daß György Károlyi, Großmamas Urgroßvater, den Besitz einem gewissen Diodor Csernovics abgekauft hatte – er wollte ihn kaufen, also kaufte er ihn. Dieser Csernovics durfte sich Damjanichs Schwager nennen. Nach dessen Hinrichtung schickte Csernovics einen zuverlässigen Mann zum Richtplatz nach Arad, er solle den Leichnam seines Schwagers nach Hause holen. Da aber zwei Tote den gleichen Bart trugen, brachte der zuverlässige Mann beide mit. Eine Bekannte meiner Großmutter aus Mácsa betreute das Grab, sie hat auch ein Photo geschickt, ich hab's noch. Wenn Großmamas Familie auf die Felder hinausging, konnte sie die Berge von Arad sehen und die Burg von Világos, die sie an König Mátyás Corvinus erinnerte, der seinen Onkel Mihály Szilágyi dort einsperren ließ.

Großmama war zehn Jahre alt, als sie bei einer Veranstaltung der Bewegung der Tulpen ein Gedicht aufsagen mußte. Diese Bewegung war von der Schwiegermutter Mihály Károlyis, Ella Zichy (ein schwerer Fall von einem Schöngeist), ins Leben gerufen worden; jeder, der mit der Mode Schritt halten wollte, trug eine Tulpenbrosche am Kleid oder einen Tulpenanstecker am Mantelrevers und verpflichtete sich damit, ungarische Produkte zu kaufen. Die Juweliere in der Váci-Straße fertigten Tulpen aus Rubinen und Smaragden an, die Hutmacher verzierten die Hüte mit Tulpen. All das hinderte die Damen der Gesellschaft natürlich nicht daran, ihre Toilette in Wien oder in Paris einzukaufen und den Matrosenanzug für ihre Kinder aus London liefern zu lassen. Die jüngere Schwester der Großmama, die Schwiegermutter vom Laci, hatte solche Angst, ihre große Schwester könnte steckenbleiben, daß sie sich vor Schreck unter einen Tisch verkroch, man konnte sie kaum wieder hervorholen. Mit der Rezitation ging dann alles glatt.

Es blüht ein Blümlein wunderschön in unsrem Vaterlande
Stolze Tulpe, treuen Mutes trag ich dich am Gewande

An soviel kann sie sich erinnern.

Das einzige ungarische Gedicht, das ich auswendig kann, voll und ganz, ohne Fehler, ist das, was ich bei meiner Großmama lernen mußte. Sie schrieb es auf ein kleines kariertes Notizblatt, es gab keinen besonderen Grund dafür, es sei denn jenen uralten Károlyi-Grund. Es lautet wie folgt:

Heimgesucht von Türken, Heiden,
hatten wir nur Not und Leiden
übervoll!
Blut und Tränen über Maßen,
opferten wir, doch genasen
Wir noch wohl.
Nun bedrängt von deutschen Horden
Sind wir endlich schwach geworden
Zoll um Zoll.
Gott im Himmel voller Gnade
Nimm von uns die teuflisch Plage
Hilf uns wohl!

Ich kann es, auswendig, ohne Fehler.

73

Großmama ging, wir haben's gesehen, den ganzen Sommer über jeden Morgen in die Kirche, zur Siebenuhrmesse. Oft waren auch wir mit dabei, als Ministranten. Die erste Bankreihe war für die Familie reserviert. Die Reihe des Kirchenherrn. Es gibt Kirchen, in denen es auch heute noch draufsteht, und dann setzt sich rein wer will. Wer kann. Nach der Messe brauste der Kaplan (per Motorrad) weiter nach Gánt, er hatte fünf Kirchen zu betreuen, ständig war er am Rennen, zog sich im Laufen um, und nach dem Gottesdienst wechselte er stets einige Worte mit Großmama. (»Das war meine Oase.«)

Oft sahen wir, wie sich Großmama mit Priestern unterhielt, bei sich zu Hause, auf der Straße, am Teich, auf der Oroszlányer Post (jener letzten). Als hätte Großmama die Kirche wieder in die Welt, in die Gesellschaft eingesetzt. Ins Land, unter die Menschen. Die Priester waren ebenso versteckt wie die russischen Soldaten. Man konnte sie nicht sehen. Kaserne, Kirche: Da war ihr Platz. Und in den Herzen, nehme ich an.

Großmama hatte keine nationalen kirchenpolitischen Ziele, sie benahm sich einfach nur normal, sie hatte Normen und verhielt sich diesen entsprechend. Wir spielten eher nur, oder begingen die Sünde des frevelhaften Übermuts, wenn wir unsere Priesterbekannten laut grüßten. Einmal sahen mein Bruder und ich unseren Kaplan im 34er Bus. Er hinten, wir vorne, schön weit auseinander.

»Gelobt sei!« grölte mein Bruder nach hinten. Und ich, als würde ich mich mit ihm streiten, sofort hinterher:

»Der Herr Jesus Christus!«

Hiermit haben wir den gesellschaftlichen Kompromiß nach '56 aufgekündigt, das war die Bedeutung dieses lauten, öffentlichen Grüßens. Wir haben ja nur gegrüßt, Bekannte muß man grüßen, formulierten wir still unsere Verteidigung. Die Erwachsenen taten, als hätten sie es nicht gehört, mehrere widmeten der Landschaft große Aufmerksamkeit, der Kaplan wurde rot. Im übrigen waren sie auch deswegen versteckt, weil sie sich selbst versteckten. Wie alle, im übrigen.

»Halt den Mund, Kleiner, solang's dir noch gut geht!« zischelte eine Frau feindselig neben uns. Auch sie schaute uns nicht an, doch sie tat es nicht aus Angst.

Großmama stand in regelmäßigem Briefwechsel mit den Priestern der ehemals zum Besitz gehörenden Pfarreien Környe, Kecskéd, Várgesztes, Csákvár und so weiter. Man hätte spielend leicht einen Prozeß daraus fabrizieren können, die klerikale Reaktion organisiere sich unter Führung ihrer ehemaligen Herrschaft. Die Briefe behandelten ernste Themen, man diskutierte über den Gegenstand der Predigten oder tauschte sich über abstrakte theologische Fragen aus (unter Einhaltung der Verordnung Papst Urbans VIII., wonach die Nuntii in jedem ihrer Briefe jeweils nur ein Thema darlegen sollten). Sie hatte seinerzeit Kardinal Pacelli kennengelernt (Großpapa war Vorsitzender des Finanzausschusses des Vorbereitenden Oberausschusses für den Eucharistischen Kongreß), sie standen in einem kontinuierlichen Briefwechsel, auch später, als er schon Papst war.

Meine Großmama schrieb sich Briefe mit dem Papst – auf lateinisch.

Gefühle zeigte sie nie, sie hatte sich immer im Griff, ausgenommen zwei Fälle: wenn es um ihren toten Sohn Menyus ging oder um Eugen Pacelli. Immer wieder nahm sie das große, rote Gedenkbuch des eucharistischen Kongresses von '38 hervor, und dann mußten wir darin blättern. Sie stand über uns, ein schwarzes Ausrufezeichen, und kontrollierte …, ich weiß gar nicht, was sie kontrollierte, vielleicht sich selbst, oder sie suchte so nach einer Gelegenheit, sich ohne Aufsehen das anzuschauen, was …

nein, das ist unwahrscheinlich, Sentimentalität, Nostalgie haben ihr ganz sicher gefehlt.

Sie liebkoste, sie herzte uns niemals, ihre Güte war kühl; jedweden körperlichen Kontakt, jede Berührung umgab sie mit einer Zeremonie – wie sie einen bei der Begrüßung kraftvoll umarmte, die Knochen krachen ließ, oder wie sie einem beim Abschied ein Kreuz auf die Stirn malte, Gott sei mit dir! sagte sie dabei. Ihr streichelnder Daumen war schön warm.

Was mich anbelangt, war ich nicht gerade begeistert von diesem Oberpriester mit dem Metallbrillengestell und dem rigorosen Blick. Er war unglücklich, so sah es für mich aus, und ich scheute schon damals vor unglücklichen Menschen zurück. Natürlich kann keiner was dafür, daß er unglücklich ist, aber dafür schon, wenn man es ihm ansieht, wenn er es zeigt. *Verbergen Sie es gefälligst!* Ich sagte es Großmama. Ihre Strenge schüchterte uns nämlich nicht ein, sondern machte uns gleichrangig. Gar nicht mal gleichrangig, sondern frei.

74

Wir waren frei, keinen Blödsinn zu reden, wir waren frei zu arbeiten, zu helfen, zu spielen, wenn die Zeit zum Spielen da war, wir waren frei, jeden Augenblick des Tages sinnvoll zu verbringen, und es stand uns nicht frei zu lügen. Die Lüge galt als die größte Sünde, jedweder Grad und jede Form der Lüge. Und egal, wie wir auch herumdrucksten, wie wir die Sache mit Hilfe überaus reicher kindlicher Erfahrung hin und her wendeten, wenn wir es verdient hatten, flogen wir auf. Bei der Majker Oma schlug permanent die Stunde der Wahrheit. Kuckuck, kuckuck, Tag und Nacht.

Die Strafen waren streng. Und natürlich gerecht. Aber letzteres interessierte uns nicht, obwohl das ein Kind normalerweise ziemlich interessiert, aber die Strenge war so heftig, von einem Ausmaße, daß uns vor Überraschung immer und immer wieder die Luft wegblieb. Wir japs-japsten nur. So blieb uns auch jene eiserne Konsequenz verborgen, deren Kenntnis uns allerdings nützlich gewesen wäre.

Wer hätte schon gedacht, wer hätte ermessen können, daß die Behauptung, etwas oder jemand sei Gottes Geschöpf, so weitreichende Konsequenzen hat, daß man dieses etwas und diesen jemand nicht über den Zaun schleudern darf? Zur Essenz des Zauns gehörte, daß er aus Steinen gebaut war (der Gründerherr hatte sogar erlaubt, daß man für die Bauarbeiten an der Einsiedelei die Steine aus den römischen Ruinen in der Nähe von Környe sowie »die Quader, welche in unsrer Burg in Gesztes in dem flurform heraussen antreffenden Bau neben dem Tor zu finden, von dort frei wegtrage«), also undurchsichtig, was früher dem Zwecke diente, die Klosterbrüder in ihren Zellen voneinander und vor der Welt abzuschirmen, heute war, wenn auch nicht der Zweck, so doch die Konsequenz davon, daß das über den Zaun gepfefferte Gottesgeschöpf der Flugbahn entsprechend nach einer gewissen Zeit nicht mehr zu sehen war, man konnte es lediglich erahnen und man konnte auch nicht nachprüfen, wieviel Wahrheit im Volksglauben steckte, nach dem dieses Geschöpf Gottes immer auf die Füße fällt, aber man konnte aufregende Wetten dahingehend abschließen, wie lange dieses ungeflügelte Geschöpf in der Luft verbleiben würde, denn den heiligen Augenblick, in dem es wieder die Erde berührte, konnte man trotz allem feststellen, mit geschlossenen Augen, inbrünstig, versunken mitzählend wie die Artilleristen am Minenwerfer, eins, zwei, drei, bumm, beziehungsweise: pladauz.

Unsere Schwester war hier der King, ich wurde etwas von der Konkretheit der Katze gebremst, am ehesten vielleicht von dem Umstand, daß sie Namen hatten, und ja, schließlich auch, weil es

Gottes Geschöpfe waren, sie aber ließ das kalt, sie beschäftigte sich ausschließlich mit dem Wurf – als solchem –, dem anmutigen Bogen der Flugbahn und den Sekunden des Countdowns.

Der Luftraum des Hofs füllte sich allmählich mit herumfliegenden Miezen, als wären es Singvögel. Das Auffliegen war nur noch eine Frage der Zeit. Welche dann auch irgendwann kam. Großmama stellte keine Fragen, sie ließ uns in ihr Zimmer kommen. Sie fragte nicht, was geschehen war, sie wußte es, und auch nicht, wer es getan hatte, wir waren es, alle zusammen; das Ausmaß der jeweiligen Beteiligung, das Wer-wie-hoch interessierte sie nicht, Gewissensbisse galten nicht als mildernde Umstände, also wollte sie auch keine Details wissen. In ihrer Hand hielt sie eine Hundepeitsche.

»Was ist das?« fragte unsere Schwester, weil sie immer alles fragte.

»Eine Hundepeitsche«, erteilte Großmama informative Auskunft, was wir mit Beruhigung zur Kenntnis nahmen, da wir keine Hunde waren, selbst dann nicht, wenn unser Vater uns, wenn er guter Laune war, manchmal so nannte. An Großmamas Gesicht war der elementare Sturm, der gleich losbrechen würde, nicht abzulesen. Und später dann sahen wir ihr Gesicht nicht, vielleicht war es besser so, wir schrumpften vor, unter den Peitschenhieben zusammen. Es wurden zwei pro Kopf ausgeteilt, und als wir wieder zur Besinnung kamen, hatte sich der Sturm schon verzogen.

Auf unserem Rücken verspürten wir ein süßes Kitzeln, ein angenehmes, interessantes Kribbeln. Wir lachten. Großmama lachte nicht, aber sie war uns wegen unseres Lachens auch nicht böse. Auch sonst nicht, offenbar kam sie von innen heraus und mit Leichtigkeit der Forderung nach, unsere Fehler zu hassen und nicht uns. Na ja, ich weiß nicht ... Aber sie wußte, daß das Kitzeln gleich von einem pochenden, brennenden Schmerz, einem

Stechen abgelöst würde und fingerdicke Striemen auf unserem Rücken entstünden. Als hätte man uns an diesen entlang auseinandergeschnitten, und wir würden gleich auseinanderfallen. Deswegen wagten wir uns kaum zu rühren. Das war das seltsamste, diese neue Art der Bewegung, als würden wir schleichen. Davonschleichen vor Großmama, dem Gesetz, vor uns selbst? Es war nicht gut.

Danach gab es in Majk nur noch einen Katzenflug. Aber wie wunderschön der war! Da verstand man Ikaros sofort! Mein Vater kam zu Besuch, ein großer Tag!, und wir aßen gemeinsam zu Mittag, vorschriftsmäßig, wie es in Bauernhäusern üblich ist, die Großmama am Sparherd, wir, die Männer, wie's sich geziemt, am Tisch, zu beiden Seiten der Waschmaschine, die uns als Tisch diente. In einem unbeobachteten Moment steckte eine Katze, eine der unzähligen Katzen, ihre Zunge in den Teller meines Vaters. Ich hatte in Sachen Katze schon meine Lektion gelernt und kuschte. Auch mein Vater sagte nichts, seine Augen blitzten, er ergriff die Bestie und schleuderte sie mit großem Schwung hinaus, hinüber, den langen Gang hinunter, hinaus auf den Hof. Als hätte er sie zuvor gleichwohl am Schwanz gepackt und keck über seinem Kopf herumgewirbelt. Da flog Gottes Geschöpf den Gang hinunter, hinaus, aus dem Dunkeln ins Licht, mit einem mordsmäßigen Gemaunze, alle viere von sich gestreckt. Es war ein wundervoller Anblick, und ich blickte zu meinen Vater hoch, mein großer, starker Papa, dachte ich stolz.

Da erhob sich ein kleiner schwarzer Wind neben dem Sparherd.

»Mátyás!« knallte die eisige Stimme. »Ich bitte Sie, die Katze ist auch eine Kreatur, ein Geschöpf Gottes!«

Und sie stauchte ihren Sohn zusammen, daß der sofort so klein wurde wie ich. Das war auch nicht schlecht, zwei Kinder zusammen an der Waschmaschine. Die Peitsche bekam er nicht, aber er mußte sich bei der Katze entschuldigen. Ich weiß nicht, was besser (schlechter) war.

Die Peitsche hatte etwas Heldenhaftes an sich – so im nachhinein. (Abgesehen vom Hund ...) Aber der Zimmerarrest! Wir wußten gar nicht, was Arrest ist. Dann lernten wir es kennen. Dabei fing alles so harmlos an. Großmama war, laßt es uns geradeheraus sagen, eine schlechte Köchin, aber das war von keinerlei Belang, wenn wir Hunger hatten, und wir hatten immer Hunger, aßen wir alles auf. Ausgenommen dieses Sauerampferzeug, das hätte noch nicht einmal die Kuh Kati gefressen, so bitter war das. Oder wenn sie es gefressen hätte, hätte sie es wieder herausgewürgt. Genau wie wir. Da wir das nicht so detailliert hätten darlegen können, beriefen wir uns auf ein uns allen gemeinsames, allgemeines Bauchweh, eine Art Bauchwehepidemie.

Sie sah uns forschend an.

»Ihr habt Bauchschmerzen?« fragte sie einfach; die Frage schien ihr so wichtig zu sein, daß wir uns nicht trauten (mit Worten) zu antworten, wir nickten.

»Dann solltet ihr euch ins Bett legen.«

Bis abends im Bett, das war ein gutes Spiel. Am Morgen danach machten wir Anstalten aufzustehen, aber nun war sie es, die nickte, genauer gesagt, sie schüttelte mit dem Kopf. Das war nicht mehr so gut. Am dritten Tag, einem Sonntag, wurde auf dem Flugplatz von Kecskéd eine Fallschirmspringerschau veranstaltet. Wir durften nicht einmal in den Hof hinaus, geschweige denn nach Kecskéd, dabei hätte man vom Hof aus die Sprünge ein bißchen sehen können. Da brachen wir in bittere Tränen aus, bereuten unsere Sünden und so weiter.

»Hört auf«, sagte Großmama leise. Und wir hörten auf.

75

Ich sah mir den unglücklichen Kardinal an, aber ich wurde bald weitergetrieben, Großmama zeigte mal hier, mal da auf eine Zeile, eine Bildunterschrift, und ich mußte sie dann laut vorlesen.

»An der fürstlichen Haltung seiner Statur sieht man gar nicht!« Oder: »Das sind sie, Erhabenheit, Würde, Wissen und Genialität!«

Das war immer noch besser, als Chamisso übersetzen und lesen und in altdeutscher Schrift schreiben zu müssen. Vorbei geglitten ein Menschenschatten oder so. Auch ein Peter. Na ja, dafür kenne ich jetzt die altdeutschen Buchstaben. Und schreiben kann ich auch.

Als ich meinen Blick vom roten Album hob, sah ich Großmama lächeln. Kurz nur, wie ein flüchtiger Schatten, war ein Lächeln über ihr Gesicht gehuscht. Da verstand ich, daß man Unglücklichsein deswegen zur Schau stellen muß, damit es so ein Gesicht gibt, geben kann.

76

Großmama betete regelmäßig. Wenn sie gerade nichts tat, fing sie sofort zu beten an. Oder eher andersherum, sie unterbrach das Gebet für unumgängliche Arbeiten. Wenn sie es tatsächlich je unterbrach …! Wir sahen sie, wie sie in ihrem Zimmer saß, im Armsessel oder auf dem Stuhl neben dem Sparherd, in sich versunken, mit geschlossenen Augen, schwarz gekleidet, mit einem Rosenkranz oder einem Gebetbuch in der Hand. Die der Hand vom Papi ähnlich war, eine breite Männerhand, nur knorriger.

»Hat Großmama jetzt gebetet?«

»So ist es, Großmama hat jetzt gebetet.« Sie blinzelte genauso, so lustig und ironisch wie der Papi. Dabei war ihr Ironie fremd, sie gab nie Kommentare ab, was das sine qua non der Ironie ist, sie handelte immer. Sie tat entweder etwas Gutes oder etwas Nützliches, oder etwas Gutes und Nützliches. Sie war diejenige in der Familie, die am wenigsten davon betroffen war, aus dem Leben geworfen, hinauskomplimentiert worden zu sein, gleichzeitig war sie auch diejenige, die einen substantiellen Charakterzug unserer Familie bewahrt hatte: das Machen (»eine Macher-Familie«). Den Aristokratismus bewahrte sie nicht, denn davon hatte sie nie ein Körnchen besessen. Man kann sich auch nur schwer vorstellen, wie sie mit Großpapa hatte auskommen können. Vielleicht stimmte es ja, und ihre beiden Leben hatten wenig miteinander zu tun. Obwohl das viele, das man gemeinsam erledigen mußte ... Neben ihrem Stockungarntum mochte auch das ein Grund dafür gewesen sein, daß sie '56 nicht mit Großpapa nach Österreich ging.

»Und was habt Ihr gebetet?«

»Was? Das ist auch eine gute Frage ... Du kannst gute Fragen stellen. Irgendwann mußt du vielleicht auch antworten.« Ich wurde rot, ich hatte das Gefühl, Großmama wußte alles über mich, und ich lehnte es grundsätzlich ab, daß jemand alles über mich wissen sollte. »Im übrigen bete ich dich, dich bete ich, mein Kleiner.« Und sie musterte mich ausgiebig.

Ich mag es, wenn man für mich betet, das mochte ich immer schon, ich betrachtete es wie ein Schweizer Bankkonto, weit, weit weg, das es gab und wieder nicht, aber ob es existierte oder nicht: Es gedieh. Man muß gar nicht daran denken, es wächst auch so. Nie verpaßte ich am Ende der Messe den Segen, benedicat vos omnipotens Deus, das Kreuz schlagen, Pater et Filius et Spiritus Sanctus, Amen. Ich sammelte auch das. Ein klassischer Pharisäer-Gedanke. Ich hatte den Kern des Pharisäertums also schon recht früh verinnerlicht, dieses Auf-Sicherheit-Spielen, daß die Welt nicht von Liebe regiert wird, sondern vom Gebot zur Liebe beziehungsweise den Geboten im allgemeinen, den Geboten Gottes, und wenn wir uns an diese halten oder an eine angemessene Quote, einen Prozentsatz, dann erlangen wir im Sinne eines ungeschriebenen Vertrages die Seligkeit, im Gegensatz zu den anderen, die diese Passagen nicht einhalten, oder (sich) in einem kleineren Maße (daran halten) und sich statt dessen dem unmäßigen Essen, Trinken und der Buhlerei hingeben oder müßig sind, und deswegen, im Gegensatz zu uns, verdammt werden.

Es segne euch der allmächtige Gott, wenn der Priester das *zu mir* sagte, wurde ich jedesmal rot. Ich nahm jedes einzelne Wort dieses Satzes ernst, und ich fühlte auch, daß ich dann jetzt also gesegnet war, und deswegen wurde ich ja auch so rot, weil man das so leichthin erreichen konnte, ich ging einfach in die Messe, und der allmächtige Gott konnte sich ausgerechnet an jenem Sonntagvormittag die Zeit dafür nehmen, sich mit mir zu beschäftigen, und ohne daß er oder seine gestrengen Vertreter untersucht hätten, ob ich eines Segens überhaupt würdig, dafür überhaupt geeignet war, segnete er mich einfach so.

Das war für mich eine derart unglaubliche, gewaltige Sache (himmelschreiend!), daß ich mich irgendwie schützen mußte, mein Körper wehrte sich, konkret mein Gehirn oder meine Vernunft (auch das ist Körper), und auf einmal verstand ich nicht mehr, was das bedeuten sollte: jemanden segnen. Wie wenn man ein Wort sehr oft wiederholt, so lange, bis sich sein Sinn verflüchtigt, versickert, zu einer Zauberformel wird, einem Abrakadabra – so erging es mir.

Ich lieh mir das einsprachige Wörterbuch meines Vaters aus. Segnen: um Segen bitten. Unter Segen fand ich, wie ich gehofft hatte, Gottes Hilfe, Gnade. Ich blätterte dann auch noch die Gnade auf, wo ich gleich unter erstens erschrocken lesen mußte: Verschonung vor Strafe, ging es also um nichts anderes, als daß man noblerweise davon Abstand nahm, mich zu massakrieren?, aber dann kam unter Punkt zwei doch noch die verzeihende Liebe Gottes, und ich war beruhigt.

Ich sammelte also die verzeihende Liebe Gottes auf einem fernen, imaginären Konto an und dachte mir, selbst wenn ich mich damit lächerlich mache, selbst wenn diese Auffassung im Gegensatz zum Wesen der göttlichen Liebe steht, bin ich dennoch von Messe zu Messe gesegnet, ich bekomme Segen, also erhalte ich göttliche Hilfe, massakriert werde ich auch nicht, dafür bekomme ich verzeihende Liebe, und dieses Verzeihen bezieht sich vermutlich auch auf das frömmlerische Sammeln selbst, also war das wohl mehr in Ordnung, als es das nicht war.

Das war das erste Mal in meinem Leben, daß ich ein Wörterbuch *wälzte.* Ich schielte zu meinem Vater, wartete, vielleicht lobt er mich, aber er lobte mich nicht. Ich verstehe gar nicht, warum (nicht).

»Fertig?«

»Jawohl, Papi.«

»Dann gib es bitte zurück.«

77

Als eine andere bedeutende Lexikonerfahrung, konkret: als Lexikonenttäuschung erwies sich der Große Brehm, die Liebe im Reich der Tiere. Es fehlte ausgerechnet der Band über die Säugetiere. Ich wußte bereits nahezu alles über das Liebesleben der Ameisen, der Wespen, der Fische, der Mollusken, was sie wohin tun, was für Sekrete, was für Schleim und Staub auf welche Weise in was für Ein- und Ausbuchtungen gelangen, und ich war in froher Erwartung der Krönung meines Wissens, damit ich wenigstens auf der Ebene der Meerkatzen ins große Geheimnis eingeweiht würde. Die Wale hatte ich gerade noch erwischt, aber dann, aus. Man versuchte mir weiszumachen, daß auch das Säugetiere sind.

Mir ist nicht so, als hätten wir irgendeine Art sexueller Aufklärung erfahren. Mami hatte mal einen Versuch unternommen, uns in das Mysterium der Zeugung einzuweihen, aber bei der Bestäubung der Narben stockte sie plötzlich, auch wir waren aufs entschiedenste verstockt, wir wollten wissen, aber nun endlich konkret, Mamilein!, wo denn nun diese Narbe sei, bei wem, und verbaten uns zugleich im Namen unseres Vaters, daß ausgerechnet er derjenige sein sollte, der stäubte, mehr noch, *be*stäubte, unser Vater tut so etwas nicht, er hat so was noch nie getan und wird es auch nie tun. Ich habe meiner Mutter nie verraten, wie ekelhaft ich dieses Bild fand (oder grauste es mir nur vor dem Wort Narbe?). Als Übergangslösung schlugen wir vor, zu den alten, traditionellen Erklärungen zurückzukehren, Storch, Kartoffelacker.

Woraufhin sie uns aus der Küche jagte.

Sie hatte es nicht einfach. Meine beiden jüngeren Geschwister wollten aus irgendeinem Grunde schon im Alter von drei, vier Jahren wissen, ob unsere Mutter noch Jungfrau sei, beziehungsweise das wußten sie schon, sie wollten es bloß bekräftigt wissen.

»Sagen Sie, Mami, sind Sie noch Jungfrau?« fragten sie taktvoll.

Ich glaube, sie waren von der Jungfrau Maria ausgegangen, einerseits, weil sie (wir) auf einigen Bildern Ähnlichkeiten entdeckt hatten, mehr noch, die Mami hatte sogar was Mantelartiges in Himmelblau, in das sie so merkwürdig hineinschlüpfen mußte, als hätte sie sich eine Zeltplane übergestülpt, darin sah sie einwandfrei wie die Jungfrau Maria aus, andererseits ist die Jungfrau Maria, wie allgemein bekannt, die beste Mutter auf der Welt, und auch unsere Mama war die beste Mutter auf der Welt. Die ihre Kinder nicht enttäuschen wollte … (Im übrigen hielt sie gnadenlos daran fest, wir mögen den Witz verstehen, wonach die Jungfrau Maria denselben Familiennamen hatte wie wir. – Raffaello.)

Da nahm ich sie wichtigtuerisch zur Seite, das sei vielleicht nun doch eine Übertreibung, und früher oder später, so sagte ich es, würde die Wahrheit sowieso herauskommen, denn, liebe Mutter, die Wahrheit kommt immer heraus und richtet dann mehr Schaden an, als wenn man jetzt die Bitterkeit einer ehrlichen Gegenüberstellung hinunterschluckt. Der kleine Biberach. Meine Mutter musterte mich gelangweilt und zuckte dann lässig die Schultern wie ein Backfisch. Es hätte nur noch gefehlt, daß sie auch noch Kaugummi kaut.

78

Ein Meßbuch hatte ich auch. Ein richtig großes mit goldenen Initialen, bunten Bildern, ein Gestell gab es auch dazu, einen Notenständer als Erinnerung daran, daß unsere Mutter ehedem Klavier spielen gelernt hatte (aber sie spielte nicht, nie). Vor diesem Notenständer stand ich und las die Messe.

Dominus vobis cum.

Et cum spirito tuo.

Brüder und Schwestern im Herrn.

Ein echtes Meßbuch, ich weiß nicht, wo es herkam, ein gräfliches Folgeprodukt nehme ich an. Ich besaß auch noch ein kleineres, eine Art Gebetbuch, das ich von der Majker Oma bekommen hatte. Der Eintragung nach bin ich der Zweitbesitzer, als erster hatte es mein Onkel Marcel zu Nikolaus 1932 bekommen, der, der dann im Zweiten Weltkrieg verschollen ging. (Er war nicht tot, er war verschollen. Es galt als schwerer Fehler, das zu verwechseln. Ein größerer noch als die Sache mit der Katze, es gab bloß keine Bestrafung dafür, was es um so schlimmer machte. Wenn wir es verhunzten, blieb es so, verhunzt. Auch unsere Mutter verbesserte uns, wenngleich dumpf und unaufmerksam. Es war interessant zu beobachten, wieviel mehr sie die eine oder andere sprachliche Fehlleistung in Rage bringen konnte. Dabei stand doch immerhin das Gedenken an einen Menschen gegen ein Wort!)

Laut Eintrag erhielt ich das Buch 1959 zum Fest des heiligen Stephan, da stand mein voller Name, ebenso der vom Onkel Marcel. Siebenundzwanzig Jahre waren zwischen den beiden Eintragungen vergangen, aber Großmamas Schrift hatte sich nicht verändert; sie war schwungvoll, ausgeschrieben. Ein Unterschied zeigte sich zwischen den beiden Y. Das obere, das jüngere, ist flotter, würde ich sagen; nicht großspurig, noch nicht einmal selbstsicher, aber man sieht ihm an, daß es durch nichts beschränkt wird. Auch die schwarze Tinte macht das Schriftbild feierlicher: Der Schenkel des Y fällt in einem Bogen herab, neigt sich leicht nach rechts, eine Rechtsschrift, holt nach einer schnellen Schleife Anlauf, läuft fast bis zum Fuß des H zurück, beschreibt eine Kurve – schöne, alte Federn, die noch die Leidenschaften des Schreibens zeigen! –, die Linie wird in der Wende breiter und dunkler, um dann in einem unglaublichen Ritt sich selbst durchschneidend bis zum Himmel emporzufliegen und zum Anfang eines Ms zu werden. Mein Y wagt es nicht mehr, so eine Verbindung zum P einzugehen, es erledigt sich dort unten, kein Innehalten, keine Verlegenheit, es ist nur ein wenig überflüssig, so wie wenn man eine Zeile – wichtig! – gleich dreimal unterstreicht.

Ich mochte es, mit diesem Buch spazieren zu gehen und es zu lesen. Dabei sah ich mich selbst von außen, und der, den ich da sah, gefiel mir sehr, ich mochte ihn. Ein reiner, fröhlicher Junge, der zudem noch klug und schön ist (seine Schönheit wird von den schwarzen Proportionen des Buchs subtil hervorgehoben), kein Priester zwar, aber dennoch, quasi unwillkürlich, ein Diener Gottes, sein Leben ist heilig. Auf lateinisch wiederholte ich gerne das Confiteor, et vos fratres orare pro me ad Dominum Deum nostrum. Auf ungarisch immer und immer wieder den Verrat des Petrus, dico tibi, Petre (das ist noch Latein), wahrlich, ich sage dir, ehe der Hahn kräht, wirst du mich dreimal verleugnen. Diese Passage mochte ich, und die Fortsetzung, daß es dann auch wirklich so kam, und der Hahn *gerade dann* zu krähen anfing.

Cantavit Gallus.

79

Papi war beschwipst, aber nur ein bißchen, dann war er am niedlichsten, der niedlichste Papa auf der Welt, der Blick noch nicht verworren, sondern schillernd wie Perlen, und wenn er einen ansah, konnte man die schillernde, strahlende Welt in seinen Augen sehen, das Leben ist schön!, das ist es, was du plötzlich siehst, dieses Viele, das er lediglich schattierte ... – was soll ich sagen, es wurde schattig, der Schatten meiner Mutter fiel über dieses Schillern oder, mit einer Übertreibung: über diesen Daseinsglanz – ein Milliliter erfrischt die Gemüter? –, und sie schickte sich an, uns alle mit gereizter Besorgtheit Richtung Geszteser Burg zu lotsen.

»Ein bißchen noch, Frau Gräfin!« Meine Mutter überhörte die Worte des Popen, mein Vater nickte, in Ordnung, er wird sich der Gewalt hier nicht widersetzen, er ist bereit, Opfer zu bringen und diesen Muskateller, nicht schlecht, aber doch eher als mittelmäßig zu bezeichnen, zu sich zu nehmen. Also doch kein Tausendgut.

»Schenken Sie auch der Zukunft ein, Pater, der Jugend«, warf er dem Pfarrer noch zu, als wäre er ein Kellner.

»Mattilein, bitte, lassen Sie das. Ich bitte Sie. Wenigstens mit dem Kind sollten Sie nicht herumexperimentieren!«

Meine Mutter zischelte. Sie flehte und befahl mit denselben Worten. Meine Geschwister, die Routine!, schlichen sich sofort von dannen, ich blieb, denn ich war neugierig, und Wein wollte ich auch trinken. Wein war freitags erlaubt, ein Weißer zum Fisch!

»Ein Schlückchen, gnä' Gräfin!«

»Weder gnä' noch Gräfin!« Meine Mutter sprang auf und machte sich auf den Weg nach draußen. Mein Vater senkte den Kopf, in seinem Gesicht zuckte ein Muskel. Nein, doch kein Zucken, eher ein Pochen. Ein Zeichen starker Erregung bei ihm, er preßte die Lippen aufeinander, die Zähne mit großer Kraft zusammengebissen. Er spielt mit den Wangenknochen, lancierten wir in solchen Fällen untereinander als Warnung, von da an hieß es Vorsicht. Aber wer sollte jetzt vorsichtig sein, die Mami? Die gerade dabei war, die Szene zu verlassen.

»Hiergeblieben«, ließ es mein Vater weich vor sich hinfallen. Gott, hatte ich Angst! Währenddessen schenkte der Pfarrer ein, mir auch.

»Natürlich bleibe ich, mein Lieber.« Meine Mutter schwang zurück, als befände sie sich auf einer Bühne oder in großer Gesellschaft. »Hochwürden, wenn Sie erlauben, ich würde auch gerne diesen muscat ottonel verkosten.«

Pfarrer eifrig, Vater lächelnd, und ich so verwirrt, daß ich fast ohnmächtig werde. Ich kippte meinen Wein auf einen Zug hinunter. Sie lachten, na, na, junger Mann, etcetera. Zweimal sah ich meine Mutter Wein trinken, dies war das eine Mal. Sie hätte öfter trinken sollen, vielleicht hätte es dann mein Vater nicht so oft alleine tun müssen.

»Na dann, auf, auf, ihr Verdammten dieser Erde!« sagte mein Vater mit soviel Freundlichkeit und Lächeln, als wäre nicht er es vor wenigen Minuten gewesen, der kalt, mit Macht, Kraft und Gewalt meiner Mutter hingeworfen hatte: Hiergeblieben. Ich verstand nicht, wie man so in den Gefühlen hin und her springen konnte.

Nun winkte uns der Pfarrer wie eine Hausmutter hinterher.

80

»'s brodelt die Welt, dies wütende Meer ...«, unser Vater hielt fragend inne.

»Omagyar!« fielen wir sofort erschrocken ein, nicht daß es noch Knatsch gibt.

»Idioten! Das heißt nicht Oma-gyar, sondern oh, Magyar!« Er war nicht böse. Unser Vater konnte nicht nur alles, er konnte sogar Berzsenyi auswendig. Dániel Berzsenyi liebten wir vor allen anderen Dichtern, denn sehenden Auges sahen wir, daß er derjenige war, der unseren Vater fröhlich stimmte, deswegen stellten wir ihn uns auch als fröhlichen Kerl vor, als leichtblütiges, mozartisches Genie. Die später in der Schule erlernte schwermütige Variante betrachteten wir als Werk kommunistischer Verschwörung, obwohl ihn Papi da nur noch selten rezitierte.

Der Ausflug, »der Berg ruft«, hatte sogar die Mami elektrisiert. Es darf festgestellt werden: Unsere Mutter war eine Liebhaberin der Berge. Am liebsten hätte sie in Slowenien gelebt oder in der Schweiz. In Norwegen. In den Karpaten. Berge sind der Wohnort der Götter und der Schönheit. Sie kannte sie mit Namen, als wären es Menschen. Wenn wir Stadt-Land-Fluß spielten, fand sich in dieser Kategorie kein würdiger Gegner für sie, es ist eine andere Frage, daß wir ihre übermäßig exotischen Lösungen meist nicht akzeptierten. Zum Beispiel Retezat. Darüber diskutierten wir gar nicht erst, wir lachten sie nur aus. Von wegen Retezat! Warum nicht gleich Retsina?

»Versuchen Sie nicht, uns übers Ohr zu retzieren, Mamilein, die Zeiten sind vorbei!«

Sie war beleidigt, unerwartet und echt beleidigt. Sie wurde traurig. Als hätten wir die Vergangenheit negiert, die Karpaten verleugnet, Siebenbürgen, das ganze alte Ungarn. (Großungarn wurde bei uns nie gesagt. Groß ist es auch jetzt noch, behauptete unser Vater.) Unsere Mutter hatte es richtig im Gefühl, der Retezat war uns so fern wie der Große Wagen, ein fernes, märchenhaftes *Wort*, das wir später dann zwar auf der Landkarte fanden, was uns zeigte, daß hinter diesem Wort *doch* irgendwas steckte, aber wir sollten den Großen Wagen vielleicht doch nicht als Berg durchgehen lassen und unsere ehrbare Mutter nicht mit so einem Almosen beleidigen.

»Mami. Wir tauschen es aus gegen Bakony. Der Bakony ist ein Berg. Das lassen wir gelten.«

»Aber Kinder, das fängt doch gar nicht mit einem R an.«

»Tatsächlich«, wir sahen einander fassungslos an. »Dann können wir es leider nicht gelten lassen.« Und dann, johlend: »Weiter! Zeit ist Geld! Und Sie, gute Frau, haben verloren!«

Unsere Mutter (von unserem Vater ganz zu schweigen) war waschechte Transdanubierin – sie machte beim Sprechen von jenen schönen verwehten E auch regen Gebrauch, und unter einem Berg verstand sie etwas anderes als die Siebenbürger. In Ungarn, wobei ich unter Ungarn Ungarn verstehe, ist alles ein Berg, was kein Loch ist. Kaum stieg der Pfad zur Burg ein wenig an, fing Mami sofort zu japsen an, wie schön es sei, was sie da sieht. Trotz ihrer Liebe zu den Bergen dachte sie nicht an die Berge, sondern an uns, immer an uns. Unser Vater dachte an uns nur, wenn er Grund dazu hatte. Wir wußten das auch sehr zu schätzen, wir bevorzugten unseren Vater, denn ihn wollten wir erobern. Mami nicht, deswegen beachteten wir sie kaum, wir sahen, daß sie in jeder Minute ganz und gar die unsere war.

Nichtsdestotrotz, der Anstieg, die Möglichkeit eines Berges begeisterte sie. Fern an, sagte sie voller Begeisterung.

»Seht ihr fern an …«

»… der Berge Höh«, konterten wir.

»… jenen fein gezeichneten Höhenzug, dessen graue Konturen gleichsam einem Gemälde entsprungen scheinen.«

Fern an und gleichsam; und daß *jene* fernen Berge auch Namen haben und von Menschen bestiegen werden. Jeder hatte einen Namen und jeder wurde bestiegen. Das erwähnte sie mit besonderer Genugtuung. Unser Vater hörte ihr selbstzufrieden zu.

»Für dich lohnt sich's aber, Berge zu schaffen«, feixte er selbstzufrieden.

Unsere Mutter kombinierte die Schönheit mit der Kunst, mit der Natur, und diese schließlich mit dem Menschen; wenn sie damit fertig war, servierte sie die Schönheit als Gottesbeweis. Schönheit ist an sich ein Beweis für das Vorhandensein des Schöpfers. Ihr Gottesglauben unterschied sich von dem der Großmama, nicht, was Stärke oder Überzeugung anging, sondern eher in ihrer Unschuld, Großmama hätte den Ausdruck Gottesbeweis gar nicht interpretieren können, sie hätte das Dilemma nicht verstanden, gab es einen oder nicht, als hätten wir uns darüber gekabbelt, ob die Donau existiere oder ein (konkretes) Hühnerauge. Die Unschuld von Großmamas kindlicher Seele war nicht von ihrer Rationalität gefährdet. Deus semper maior, Gott ist immer größer, das war ihr Leitsatz. Beweisen wollte auch Mami nichts, sie zeigte (uns) bloß, wie wir die Donau erkennen sollten, wenn wir schon an ihrem Ufer wohnten und zweimal täglich von einer Seite auf die andere wechselten.

Auf diesen unerbittlich musischen »Lerne-deine-Heimat-kennen«-Ausflügen zeigte sie uns weniger das Land als die Schönheit und das Schöne. Etwas, worüber unser Vater sich nie mitteilte. Nur über das Ist, das Hier, darüber, was wir hier haben, in diesem Land, König Mátyás, Braunkohle, Hühnerauge, libera nos, Domine.

Papi ließ die Fernans und Wiewenns eine Weile ruhen, dann aber ging er mit Berzsenyi zum Angriff über.

»Árpáds blühender Samen, wackrer Magyar!« gellte er. Unsere Mutter, fragend: Ich?, worauf Vater sie umarmte: »Warum bebest du an meiner Brust, warum, scheues Mägdelein? « Unsere Mutter wiederholte die Grimasse: Ich?

Schließlich kamen wir nach viel Herumkurven oben bei der Burgruine an, es muß schwer gewesen sein, sie einzunehmen, jetzt war sie von Unkraut und Sozialismus überwuchert. Vor uns verkrüppelte Akazienbäume, kaum größer als Sträucher, dazu die zusammengezimmerten, unbehaglichen Bauten des Staatlichen Amts für Touristik. Unser Vater führte uns auf eine etwas höher stehende Zinne, zu unserer Seite die Bilder einer gräßlichen Hybridenkreuzung aus Verfall und verkümmertem, abartigem Wachstum, und vor uns, zu unseren Füßen, als breites Panorama, die entwaffnende transdanubische Landschaft mit ihren geschwungenen, fallenden Linien, ihrem offenen, pannonischen Reichtum: als könnte man Natur nicht verderben, enteignen, annektieren. Als würde sie noch uns gehören und nicht den Roten.

Auf diese Ganzheit zeigte unser Vater fröhlich.

»Doch ach, so ergeht es allem auf Erden!« Worauf wir uns wieder umwandten zu den Ruinen und dem Touristengehäuse. Papi winkte ärgerlich ab. »Noch mal«, und nun zeigte er mit einer breiten Armbewegung an, wohin wir blicken sollten. »Doch ach, so ergeht es allem auf Erden.« Er sah uns herausfordernd zu, ob wir es auch wirklich ansahen, das schöne, unantastbar scheinende Land. »Der langen Jahrhunderte eiserne Faust bringt alles zu Fall: Vergangen das edle Ilion, des stolzen Karthagos Macht, Rom und starkes Babel gefallen.«

Daß Rom es erlebt hat und mit Babel auch nicht mehr wirklich zu rechnen ist, sagte er bereits traurig, enttäuscht.

81

Ich hatte schon am Fuße des Hügels, auf ebenem Gelände beschlossen, daß ich einen sitzen hatte. Ohne eigenes Verschulden war ich betrunken geworden, das erste Mal in meinem Leben. Die Idee kam mir durch das winzige Schwindelgefühl, von dem ich erfaßt wurde, als ich aus dem kühlen Pfarrhaus trat. Oder war es dieser angeblich uralte Wunsch, seinem Vater ähnlich zu sein?

Ich fing zu schwanken und zu stolpern an, rollte mit den Augen wie in den Stummfilmen. Meine Schwester schrie auf und verzog das Gesicht, meine Mutter gab mir einen Klaps, ich solle nicht herumalbern. Mein Vater marschierte mit meinem jüngsten Bruder auf den Schultern vorneweg und sang.

»Aber mir schwindelt, alles verschwimmt und oh, meine Beine zittern mir!«

Meine Mutter legte ihre Hand an meine Stirn.

»Fieber hast du nicht«, sagte sie feindselig.

»'türlich nicht!« rief ich ernst. »Besoffen bin ich!«

Ihr Gesicht umwölkte sich, sie wartete ein wenig, als würde sie sich überzeugen wollen, ob sie richtig gehört hatte, und dann – dann machte sie gar nichts. Dieses Nichts – Schweigen, Traurigkeit, Gereiztheit, Einsamkeit – war, als hätte sie mich geohrfeigt. So eine Riesenohrfeige hatte ich in meinem Leben noch nicht bekommen.

Beleidigt blieb ich stehen. Am liebsten wäre mir gewesen, Papi hätte mich auf die Schultern genommen, und ich wußte, daß ich, was das Auf-die-Schultern-Nehmen anbelangt, einen Grenzfall darstellte, aber es handelte sich um eine besondere Situation, und diese Situation hatte sich ohne mein eigenes Verschulden ergeben ... Sie glaubten mir nicht. Sie schauten durch mich hindurch. Aus was für einem Grund. Mit was für einem Recht. Sie haben doch gesehen, daß mir der Pfaffe was zu trinken gegeben hat. So einem kleinen Kind. Sie konnten nicht wissen … niemand, es gab niemanden auf der Welt, der hätte wissen können, daß ich in Wirklichkeit gar nicht betrunken war, daß ich diesem Schwanken ein bißchen nachhelfen mußte, das wußte nur ich, niemand sonst hatte Grund, dies anzunehmen, keine Menschenseele, den lieben Gott miteingeschlossen, niemand – und damit schlug ich der Länge nach hin, mitten in die Ochsenkacke.

Ich preßte meinen Kopf auf die warme Erde. Es geschah, wie es geschrieben steht: Sengend brannte die Sonne auf die kahle Heide. Wortwörtlich. Man kann unmöglich nicht glauben, was ich da sage. Undenkbar. Noch nicht einmal Gott kann Undenkbares tun. Er mag allmächtig sein, wie er will, durch Null dividieren zum Beispiel darf er nicht.

Sie drehten sich nicht einmal nach mir um, meine Schwester unternahm zwar den einen oder anderen Versuch, aber meine Mutter zerrte sie weiter, sie gingen fort.

»Sie können es nicht wissen, sie können nicht wissen, daß ich lüge«, schluchzte ich. »Ihr habt kein Recht!« Sie entfernten sich.

82

Das zweite Mal sah ich meine Mutter Wein trinken, als Großpapa in Wien starb und mein Vater keinen Paß bekam, um zu seinem Begräbnis zu fahren, da dies angeblich die Interessen des Staates verletzt hätte. Diese Arschficker!

Man konnte ihm die Trauer nicht ansehen, meinem Vater, er ging ein bißchen schiefer als sonst und holte anders Luft. Und er trug einen Trauerflor an Sakko und Mantel. Meine Mutter nähte. Es klingelte. So ein Trauerflor ist ein praktisches Ding, es warnt, Vorsicht, bissiger Hund. Unser Hund biß nicht, er schien wie immer zu sein: Er saß im hinteren Zimmer und schrieb auf der Maschine. (Später, als man das Gas in unserem Haus verlegte und das Erwachsenen-Zimmer ausgeräumt wurde, konnte man unter seinem Schreibtisch das verschlissene Parkett sehen; im Laufe der langen Jahre hatte er mit seinen Füßen einen regelrechten Graben hineingescharrt. – Die ganze Wohnung wurde förmlich umgepflügt, man riß das Parkett auf, grub tiefe Gräben für die Rohre, und diese Erdhaufen wirkten so bestürzend dort *drin*, sie waren so aggressiv, als wäre Krieg bei uns gewesen und alles voller Laufgräben. An der ausgegrabenen Erde konnte man sehen, daß es sich um Schüttboden handelte, es war keine *echte* Erde, man hatte sie von irgendwoher gebracht, deswegen konnte man in der ganzen Gegend keine Keller anlegen.)

Als es klingelte, ging ich hinaus, aber der Briefträger wollte mir die eingeschriebene Sendung des Innenministeriums nicht aushändigen. Ich lief zurück ins Haus, meine Mutter war schon im Begriff loszugehen, als mein Vater, die Wangenknochen bewegten sich, hinwarf:

»Mein Sohn wird es schon machen.«

Meine Mutter stand bei der Sache schon die ganze Zeit irgendwie außen vor. Bei der Organisation, der Hilfe, der Trauer. Richtiger: Sie wurde übergangen. Wir übergingen sie. Mein Vater beriet sich mit seiner Mutter, sprach mit seinem Bruder, sie telephonierten, wechselten Briefe, für meine Mutter war im Geschehen kein Platz und auch keine Rolle übrig. Sie konnte auch nicht helfen, dabei war sie jemand, der immer half. Auffallend war, wie dankbar mein Vater für jedes noch so winzige Zeichen *unserer* kindlichen Trauer war. Als unsere Schwester höflich zu plärren begann, umarmte er sie mit so einer Begeisterung, daß wir gar nicht wußten, was wir davon halten sollten. Es existierten ausschließlich die Vater-Relationen, es war sein Vater, der gestorben war, und er war unser Vater, die Mami spielte da keine Rolle. (Sie unternahm erheb- und vergebliche Versuche, darüber nicht beleidigt zu sein.)

Ich sprach den Briefträger mit einer neuen Stimme an. Ich sprach, wie ich bis dahin noch nie gesprochen hatte, als der Sohn meines Vaters. Sein Statthalter. Als hätte der Tod auch mich erhoben.

»Mein Vater ist nicht in der Lage herauszukommen, ich werde unterschreiben.« Ich nahm dem Briefträger den Stift aus der Hand. »Ein Todesfall!« fügte ich mit Nachdruck hinzu, der Briefträger akzeptierte erschrocken meine Bedingungen.

»Der arme Herr Doktor!« warf er fliehend zurück.

Wieder im Haus wollte mir meine Mutter wie ein Lohndiener den Brief abnehmen, ich gab ihn ihr nicht, ich brachte ihn zu meinem Vater, sie trat hinter mir auf der Stelle und hatte schon wieder keinen Platz in der Szene. Mein Vater nahm das Papiermesser mit dem Elfenbeingriff zur Hand und öffnete akkurat, fast schon genüßlich, aber auf jeden Fall theatralisch den Brief, sah hinein, man konnte den Inhalt mit einem Blick erkennen, warf das Papier auf den Tisch, auf die Schreibmaschine, senkte den Kopf und fing heftig zu schluchzen an.

In seiner Hand zitterte das Papiermesser. Wie ein Mörder, ein Vatermörder, der gerade die Schwere seiner Sünde begreift und bereut. Da begriff ich, was Großvaters Tod bedeutete. Er bedeutete, daß von da an keiner mehr zwischen meinem Vater und dem Tod stand. Dieses Messer in seiner Hand, das war sein Tod, nun konnte man nicht mehr nicht daran denken, da standen sie nun, nebeneinander.

Ich warf mich von der Seite schluchzend auf ihn, Rotz und Wasser heulend, flehte ihn an, beschwor ihn.

»Ich bitte Sie, Papi, sterben Sie nicht, bitte, bitte, Papi, nicht sterben!« Ich hing an seinem Hals, und er hielt mich fest, wiegte mich wie einen Säugling.

»Dabei hatte ich es so geplant«, flüsterte er. »Ich werde sterben, und du wirst mich begraben.«

Er hatte die Angewohnheit, manchmal statt wirst werdest zu sagen, du werdest noch darüber nachdenken, diesmal jedoch nicht. Und ich wimmerte nur. Nach einer Weile schälte mich meine Mutter von ihm, aber sie brachte mich nicht hinaus, sondern deponierte mich wie ein Paket in einen Sessel, brachte ihn dann wie einen Kranken zu Bett, deckte ihn mit der karierten Decke zu, küßte ihn, dann gingen wir leise hinaus.

Abends sahen wir dann, wie sie in der Küche saßen und tranken. Und ich träumte, mein Vater hätte sich feierlich und ein wenig verlegen bei mir bedankt, weil ich so ergriffen geschluchzt habe.

»Das werde ich dir nie vergessen, mein Sohn.«

83

Ich schloß die Augen, um die ermatteten Heuschreckenherden nicht sehen zu müssen. So eine Heuschrecke ist aus der Nähe betrachtet ganz unglaublich. Ich tat so, als würde ich schlafen, als hätte mich der Alkohol – hab ich's nicht gesagt! – von den Füßen geholt. Dabei hatte ich gar kein Publikum. Lügen kann man eben immer. Der Schafhirte fand mich.

»Die Pfarrei«, säuselte ich ihm die Lösung zu. Er warf mich über seine Schulter wie ein Stück Holz oder einen Sack.

»Do hom's erm«, sagte er zum Pfarrer, holte mich ohne jede Vorsicht von seiner Schulter und lehnte mich an die Hauswand. So wenig wie dieser Hirte hatte noch nie einer von mir gehalten.

Der Pfarrer glaubte mein Märchen bereitwillig, wofür ich ihn an der Gunst teilhaben ließ, von seinem Backhendel zu essen. Ich sollte mich in seinem Zimmer hinlegen. Später öffnete meine Mutter die Zimmertür, musterte mich wortlos, verächtlich von oben bis unten. Und mein Vater sagte nachdenklich:

»Damit solltest du nicht spielen. Und glaub nicht, daß es so einfach ist, betrunken zu werden.« Leise schloß er die Tür. Als wäre der Rausch ein Wissen, zu dem ein langer, holpriger Weg führt. Wie in dem Witz, als im Wirthaus der Vater seinen Sohn vom Bärentöterpalinka kosten läßt, der Sohn spuckt ihn angeekelt fauchend wieder aus, so, jetzt hast du's selbst erlebt, sagt der Vater zum Sohn, geh und sag deiner Mutter, daß ich nicht zu meinem Vergnügen hier bin.

Ich lag zu meinem Vergnügen im verdunkelten Zimmer. Obwohl ich gar nicht so vergnügt war. Zu meiner Überraschung kam auch der Priester herein und fragte, ob ich denn nicht beichten wolle. Zuerst dachte ich, jetzt kreische ich gleich los, aber so, daß sämtliche Fenster zu Bruch gehen, dann dachte ich, ich jage ihn einfach aus dem Zimmer, als wäre ich mein eigener Großvater, dann dachte ich gar nichts mehr, sondern drehte mich zur Wand, als würde ich schlafen, oder als ob ich gar nicht existierte. Ich spürte den Geschmack des Gurkensalats im Mund, daher wußte ich, daß ich existierte. Aber der Klerus konnte das nicht wissen, er schlich vorsichtig aus meinem Zimmer, ich fürchte, im Zeichen der Liebe.

DRITTES KAPITEL

84

Ich mochte schon die Ausflüge nicht, aber spazierengehen konnte ich nun überhaupt nicht leiden. Das habe ich von meinem Vater geerbt (*das* habe ich von meinem Vater geerbt). Wir – ich und mein Papa – gehen nur spazieren, wenn es sich absolut nicht vermeiden läßt.

Im Sommer 1938 ließ es sich nicht vermeiden; so empfand es mein Vater. Sein Herz quoll über. Meine Mutter gab sich noch vorsichtig, aber auch sie ging spazieren. In der Hitze wehte kaum ein Lüftchen durch den Auenwald. So warm ist es in Transdanubien im allgemeinen nicht. Der Himmel war wie eine ungeheure Glasglocke. Oder gar nicht so sehr eine Glocke, eher eine Glasscheibe: gleichmäßig, unendlich, hoffnungslos, und – von oben! – mit Sand bestreut, anderorts wieder mit Schotter oder Mehl. Denn mal wurde der heiße Himmel über ihnen trübe, mal kräuselte er sich, mal wurde er wie Brei. Sie suchten keinen Schatten, es war egal.

Sie kamen an einen etwas größeren Hügel, von dem sich ein Rundblick eröffnete. Transdanubien ist schön. Soweit das Auge reichte, wartete hier alles auf meinen Vater, all dies würde ihm gehören. Aber das fiel weder ihm noch dem Mädchen ein. Ihm fiel es nicht ein, weil es ihm gar nicht einfallen konnte, daß das alles, soweit das Auge reichte, nicht ihm gehörte, denn hier in der Gegend gehörte, soweit das Auge reichte, im allgemeinen alles der Familie; und er, als Erstgeborener, als Majoratsanwärter, war schon als Kind ein großer Herr.

85

Ich glaube, das stimmt nicht. Mein Vater war in seinem ganzen Leben keinen einzigen Augenblick lang ein großer Herr. Seine sporadischen Eitelkeiten waren die Eitelkeit der Geistes. Zorn oder Ungeduld entsprangen nicht seiner Macht, nicht der zwangsläufigen Fahrlässigkeit der Macht, sondern seinem Widerwillen, ja Haß gegenüber jedweder Dummheit, Gedankenlosigkeit und Irrationalität. Obwohl ... seine Figur, sein Habitus, seine jünglingshafte Schlankheit waren von einer unbestreitbaren, unleugbaren Vornehmheit, die zusammen mit der an der Ehrfurcht vor der Vernunft genährten Ironie in den Augen der Welt dazu taugt, daß allerhand Großes darin gesehen wird, ein Herr, ein Graf.

Er wurde in eine der mächtigsten Familien hineingeboren und verfügte niemals auch nur über ein Fitzelchen an Macht. (Auch über uns nicht.) Nach dem Krieg hatte er sozusagen *›von Haus aus‹* keine Macht, man hatte ihm alles weggenommen, das *›von‹*, das *›Haus‹*, das *›aus‹*; und davor ... eigentlich wollte ich hier behaupten, davor habe die Zeit nicht gereicht, um Macht auszuüben, aber das stimmt so sicher nicht, denn dafür reicht die Zeit immer, es reicht ein Atemzug voll Zeit aus, damit man spürt, man ist ein Erwählter.

Wer vermöchte all jene süßen Echos aufzuzählen, die in den alten Ungarn erklangen, wenn der Name Esterházy fiel?

Bei meiner Großmutter zu Hause wurde sicher gar nichts aufgezählt, mein Vater und seine Geschwister wurden nicht zu diesem Bewußtsein des Auserwähltseins erzogen. Als hätte man sie, im Gegenteil, nicht an ihren Namen erinnert, sondern daran, was zu tun war. Man band sie fest in den alltäglichen Alltag ein, damit sie nicht auf den Schwingen des Traumes davonflogen. Der Reichtum meines Großvaters wurde nur noch von seiner Autorität überflügelt (welche weit über die Grenzen des Landes hinausreichte), trotzdem lebte er, besonders nach 1919, das bienenfleißige Leben eines ländlichen Großgrundbesitzers. Auch die Lage des Großgrundbesitzes betrachtete er nicht aus der Perspektive der süßen Echos, sondern aus der der grauen Praxis. Fünfundvierzig zum Beispiel mißbilligte er – sehr unhistorisch – die Landverteilung, aber nicht, weil ihn das zu einem Heimatlosen machte, sondern weil kleine Betriebe nicht effektiv genug sind. Als gutes Gegenbeispiel verwies er, als würde er spaßen, auf die russischen Kolchosen. Schon Mihály Károlyi hatte er damit traktiert. Sie segelten ganz und gar nicht unter einer Flagge, aber mein Großvater wandte sich nie völlig von ihm ab, er half ihm sogar zu fliehen. Nach der Machtübernahme der Kommunisten standen Wächter vor Károlyis Haus, um ihn zu beschützen und zu beobachten. Deswegen kam mein Großvater immer von hinten, durch den Garten, und kletterte durch das Fenster in die Wohnung des roten Verwandten (Cousin von Großmamas Vater, ja sogar ihrer Mutter), damit sie beim Mittagessen »die Dinge« besprechen konnten. Sie waren in nichts einer Meinung. Großpapa hielt die Bodenreform der Kommunisten für besser als die Károlyis. Der verstand das nicht. Großpapas prinzipieller Standpunkt wurde von seinen Prinzipien bestimmt.

»Dein Großvater war ein kluger Mann, der sich in den Details verlor«, sagte später Károlyis Frau.

»*Das* kann man Károlyi wirklich nicht vorwerfen«, so der zweideutige Konter meines Vaters. »Er wußte nun wirklich nicht, was es war, worin er sich verlor.« Mein Vater nahm Károlyi die Naivität übel und sah dadurch die Klasse dieser Naivität nicht. Meine Tante Carla erwähnt ihn immer nur als einen »alternden Roué« (Wüstling).

86

Mein Vater und seine Geschwister lebten nach einem strengen Tagesplan. Großmama hatte, was die Kindererziehung anbelangte, recht resolute Ansichten. Zu jenen Zeiten hielten es auch die liebevollsten Eltern für ihre Pflicht, den Willen des Kindes zu brechen, es zu Gehorsam und Demut zu erziehen, etwa so, wie man wilde Pferde zähmt. Von Zeit zu Zeit begeisterte sich Großmutter für eine Theorie, die gerade in Mode kam. Diese probierte sie von Fall zu Fall mit großem Eifer aus, mit Vorliebe am ältesten Kind. Eines ihrer Grundprinzipien war, man müsse die Kinder an die Unbilden der Witterung gewöhnen, heißt: an die Kälte. Sie stellte meinen Vater selbst bei klirrender Kälte hinaus ins Freie, nur leicht zugedeckt, er wurde sogar draußen gewickelt. Die Anwesenden sahen entsetzt zu, wie seine dunkelroten Beine in der frostigen Luft strampelten. Später schwor sie auf die Lehren des berühmten deutschen Professors Kneipp, und die Kinder mußten jeden Morgen barfuß durch jenen eiskalten Bach waten, der durch den nahen Fichtenwald floß. Diese modische Körperertüchtigung nannte man ›*Wassertreten*‹. Strümpfe und Handschuhe durften sie keine tragen, noch nicht einmal, wenn ein Schneesturm tobte. Einmal bemerkte Onkel Charlie, den man selbst mit geschlossenen Augen am kräftigen, nach Lavendel riechenden englischen Parfum erkennen konnte (und mit offenen Augen an seinen traumhaft schönen Lavallière-Krawatten aus blauer Seide), daß Hände und Gesicht der Kinder ganz blau vor Kälte waren, er fragte sie besorgt, ob ihnen denn in Sommerkleidern Ende November nicht kalt sei. Die Kinder empfanden diese Frage als zu aufdringlich, mein Vater streckte sich und antwortete würdevoll, mit unverfälschtem spanischem Stolz:

»Wir sind doch keine Frostbeulen!«

Auch ich trage weder Handschuhe noch Mütze, aber da steckt keine Theorie mehr dahinter.

Ein anderer, der wichtigste Pfeiler der Strenge war das schr*ö*ckliche »Fräulein« Irén Fuhrmann, das wir irgendwie von den Andrássys geerbt hatten. Sie hatte noch den alten Gyula, le beau pendu, den schönen Erhängten, gesehen (der, nicht wahr, aufgrund des Urteils des kaiserlichen Gerichts in effigie, in Abwesenheit, erhängt worden war), und sie verehrte ihn wie einen Halbgott. Sie schien geschlechtslos zu sein, denn ein Mann war sie zwar nicht, aber eine Frau noch weniger. Der Abstammung nach war sie Deutsche und ein perfekter Blaustrumpf. Etwas Blaueres und Strumpfigeres als sie ist gar nicht vorstellbar. Alle mußten sich ihren unberechenbaren hysterischen Stimmungsschwankungen anpassen, sogar Großmama, denn Fräulein Fuhrmann repräsentierte die glorreiche Vergangenheit. Sie stammte zwar aus Süddeutschland, aber was ihre Gefühle und ihre Überzeugung anbelangte, war sie eine waschechte Preußin und hatte für die Ungarn nur tiefste Verachtung übrig. Vor den Großeltern gab sie dem natürlich keinen Ausdruck, um so bitterer ließ sie es die Kinder spüren.

»*›Von der Barbarei in die Dekadenz seid ihr gefallen; die Zivilisation habt ihr überschritten‹*«, pflegte sie öfters zu sagen.

Sie bekam jedesmal einen Wutanfall, wenn sie Fremde für eine gewöhnliche Kinderfrau hielten. Wenn die Großeltern verreist waren, empfand sie es als erniedrigend, im Kinderzimmer speisen zu müssen, obwohl sie an einem Extratisch neben dem der Kinder saß.

»Ihr Hauptinteresse galt der deutschen Philosophie, und sie spannte die Jungen zum Studium von Kant und Nietzsche ein«, erzählte meine Tante Carla spöttisch, »noch bevor sie die Rechtschreibung beherrschten. Mich hielt sie Gott sei dank für *›kulturunfähig‹*.«

Bis zu ihrem vierzehnten Lebensjahr aßen die Kinder getrennt, zusammen mit dem Hauslehrer oder dem Erzieher. An Abendessen durften sie lange nicht teilnehmen. Carla wurde manchmal bei Tisch zugelassen, damit man nicht zu dreizehnt war. Man hatte Respekt vor dem Aberglauben anderer.

Als der Weinberg von Ászár erneuert wurde, heizte man den Kamin mit den abgeschlagenen Weinstöcken und erlaubte den größeren Kindern, auf das Feuer aufzupassen, dann mußten sie nicht früh ins Bett. Im Kinderzimmer standen auf einem Blatt Papier Anweisungen: »Zähneputzen dreimal am Tag: drei Minuten. Händewaschen: vier Minuten. Ankleiden: sieben Minuten. Am Morgen kaltes Bad (15 Grad Réaumur), am Abend warmes Bad (20 Grad Réaumur), in der Badewanne dürfen je fünf Minuten verbracht werden.«

Bei Tische herrschte harter Drill. Zum Beispiel war es ausschließlich nach dem Mittagessen erlaubt, Wasser zu trinken. Carla bat um Wasser. Sie bekam keins. Daraufhin erbrach sie alles. Denn sich erbrechen konnte sie göttlich, wenn der Salat gespritzt, der Wein Einschlag hatte: sofort. Aber sie brauchte noch nicht einmal einen Grund dafür.

»Es lohnt sich nicht, mich zu vergiften, Kinder!« pflegte sie mit schallendem Lachen zu sagen.

Sie erbrach sich zwei Wochen lang, aber Wasser bekam sie keins, denn es ging nicht um einen Gesundheitsartikel, sondern um Etikette. Dabei bekam sie schon von Omamas Küche zu essen, denn für sie wurde extra gekocht, was Leichteres oder Feineres. Sie erbrach auch das, aber Wasser bekam sie vor dem Essen keins, die Tischetikette stand über allem anderen.

87

Urgroßmama Schwarzenberg liebte ihren Bauch überaus, sie war eher ein Gourmand denn ein Gourmet, das heißt, von Zeit zu Zeit fraß sie sich entsetzlich voll. Man ist ja geneigt zu denken, Fürstinnen würden nur schnabulieren, wie die Vögelchen. Sie fraß sich voll, anschließend blieb sie drei Tage im Bett liegen und hielt Diät. (Zu meinem Vater und seinen Geschwistern sagte sie immer: Mangez du pain, mes enfants, sinon vous sentirez comme les renards! – Das heißt, sie sollen auch Brot zum Fleisch essen, sonst würden sie riechen wie die Füchse!) Es kam vor, daß das ganze Schloß, unabhängig von sozialen Unterschieden, Dünnpfiff vom vitriolgespritzten Wein hatte, Urgroßmamas oft und gerne gebrauchter Ausdruck dafür war *colera nostra.* Ebenfalls zu ihren pfiffigen Ausdrücken gehörte die *›schnelle Mafix‹*, klar, worauf sich das bezieht, aber was eine Mafix ist – dies ist ein dunkler Punkt in der Familiengeschichte.

Sie ging am Stock, seitdem sie in jungen Jahren während der Durchquerung eines Bachlaufs mit ihrem Wagen gestürzt war, ihr Knie war zwischen die Speichen geraten und zerquetscht worden, das konnte man damals noch nicht sehr gut behandeln. Man könnte sagen, Urgroßmama »laborierte an einer hartnäckigen Verletzung«. Von da an fuhr sie überallhin mit einem selbstgelenkten Ponyzweier, einem leichten Gespann, sie saß vorne, hinter ihr stand der Tubik. (Ab den vierziger Jahren dann Auto bzw. Chauffeur.) Schwach war Tubik nicht, aber relativ schmächtig, das war auch wichtig, da Urgroßmama einen ziemlich wilden Ritt hinlegte und regelmäßig umkippte mit dem Gespann, und da sie ein ziemlicher Brocken war – sozusagen Gardemaß, ihr Bruder diente tatsächlich bei der Wiener Leibgarde; ich erinnere mich, wie Urgroßmutter in der Aussiedlung im Vorhof saß, schwarz gekleidet, mächtig, heißt: eine furchterregende Mutterkönigin in Gardemaß –, konnte der Tubik zwar den Wagen wieder aufstellen, Urgroßmama aber nicht immer; in so einem Fall spannte er ein Pony aus und ritt davon, um Hilfe zu holen.

Urgroßmama wurde als Feuerwehrmann ehrenhalber angesehen. Einmal bemerkte sie, daß am unteren Ende des Dorfes ein Haus in Flammen stand, da erwachte das Ehrenhalber in ihr, und sie fuhr in einem noch halsbrecherischeren Tempo als sonst zur Feuerwehr, sprang (kraxelte) vom Wagen und erstattete ordnungsgemäß Meldung über das Feuer.

»Nehmt Platz, Euer Exzellenz!«

»Nix Exzellenz, ›*Feuer*‹!« Ein Satz, an den sich hinfort sowohl die Feuerwehrleute wie auch wir immer wieder gerne erinnerten.

88

Die Eintönigkeit und die Härte der Tage auf dem Lande wurden von den regelmäßigen Jagden unterbrochen. Die Saison begann mit der Hirschbrunst im September. Eine Kugelbüchse durften die Jungen aber erst ab dem achtzehnten Lebensjahr benutzen. Gegen Kleinwild, Feldhasen, Fasanen, Schnepfen durften sie schon früher ziehen (für die Schwächeren unter uns: mit der Schrotflinte). Carla durfte Großpapa manchmal zur Jagd begleiten (»Warst du sein Lieblingskind?« »Könnte man so sagen.«), man mußte auf die Sekunde pünktlich sein, wenn sie zu spät kam, ließ Großvater sie gnadenlos zurück. Seitdem ist Carla (angeblich) pünktlich. Zur Hirschbrunst wurden – auf den legendär knapp gehaltenen Karten Großpapas – Gäste geladen: *Dienstag schießen wir Kühe. M.*

Diese Allüre hatte sich auch unser Vater bewahrt, einmal im Jahr, um September herum, ging er zur Hirschbrunst. (Nicht zum Schießen, nur zum Zuhören.) Dies erschien noch mysteriöser als alles andere an ihm. Als wäre unser Vater in eine geheimnisvolle, fremde Welt eingetaucht. Er legte grüne und braune Kleidung an, festes Schuhwerk, graue Strümpfe, einen Tornister, auch bekannt als: Rucksack. Als hätte er sich kostümiert oder eher: getarnt. Unser König Mátyás, der sich unter das Volk mischt. Mami ging ihm still zur Hand. Die Vorbereitungen begannen schon Tage vor dem Aufbruch, Papi hantierte mit auffallend guter Laune herum, die ihren Höhepunkt in der Imitation des Hirschröhrens erreichte. Das war das Wunder selbst, manchmal drin im Zimmer, aber ab und zu gingen wir auch hinaus in den Garten, und dann formte unser Vater mit der Hand einen Trichter vor dem Mund und röhrte los, kraftvoll, triumphierend.

Meine Geschwister und ich blinzelten einander zu, wir waren stolz, daß unser Vater so ein mächtiges und glorreiches Tier war. Im Garten versteckten wir uns sogar, um ihn nicht zu verschrecken. So ein Hirsch ist sehr eigen, sensibel. Wenn wir uns selbst auch als Hirsche betrachteten, ergab sich im Garten das als ideal angenommene Verhältnis geschlechtsfähiger Tiere von 3:1 (zugunsten der Männchen). Unsere Schwester ist nur dem Anschein nach zerbrechlich, eigentlich ist sie mehr wie eine Wildsau, trampelt über alles hinweg.

»Dürfen wir auf Papi schießen?« fragte sie. Unser Vater schwieg, röhrte nicht, orgelte nicht, ranzte nicht. »Dürfen wir Sie erschießen?«

»Nein. Das vielleicht doch nicht. Erschießt mich nicht.« Und damit endete für dieses Jahr die Hirschsaison für uns, also waren wir leider gezwungen, unserer Schwester eine ordentliche Abreibung zu verpassen.

Im übrigen fing es mit der Hirschjagd erst 1925 wieder an, denn in den wechselvollen Zeiten nach dem Krieg war der Bestand fast vollständig ausgerottet worden, teilweise von den heimkehrenden Soldaten, teilweise von den Bewohnern der umliegenden Dörfer. Die Wildschweine durften sich glücklicher schätzen, von denen bleiben immer welche übrig, so konnten von Oktober bis Februar ununterbrochen Treibjagden stattfinden.

Großpapa lud ausschließlich gute Schützen ein, Großmäuler, Münchhausens konnte er überhaupt nicht leiden. Folgendes war ihm widerfahren: Er war irgendwohin eingeladen (nach Pusztavacs, zum alten Prinzen Philipp, Philipp-Jesajas, Herzog von

Sachsen-Coburg-Gotha, zur Kleinwildjagd), man versammelte sich am Vorabend der Jagd im Schloß; das Wort führte ein Diplomat vom Balkan, der sich offenbar nicht darüber im klaren war, daß alle anderen Gäste alte, erfahrene, gute Jägersleute waren, so fing er an, in gebrochenem Deutsch großspurig anzugeben.

»Majestät, ich seien sehr gut Jäger! Waren viele Enten, habe geschossen eine Nacht fünfhundert, aber nur Erpel, Weibchen ich schieße nicht! Majestät werden morgen sehen ... ich mit meine zwei Brauning hundert Fasan rechts, hundert Fasan links ... wenn reicht!«

Vor Großvater stand Géza Kiss von Nemeskér, ein Jäger von landesweitem Rang, und wand sich hin und her, als wäre er von Krämpfen geplagt, so sehr nahm ihn dieses zivile Geschwafel mit, er schrumpfte förmlich vor Schmerz und Ohnmacht. Großvater legte ihm gerührt die Hand auf die Schulter. Er fühlte sich diesem Menschen jetzt sehr nahe. Dessen Bruder, der Onkel Sanyi Kiss von Nemeskér, brachte uns einmal eine Schleuder mit, er hatte sie extra für uns gemacht, aus Kirschbaumholz, akkurat, mit Ledereinlage, fast schon ein Kunstgegenstand. Daß ein Erwachsener eine Schleuder baut, so was rechneten wir hoch an. Wir schossen damit durch die Gegend, auf die Pappeln, auf Vögel, auf die Spatzen auf der Stromleitung, und dann, äußerst unrichtigerweise, ohne etwas zu sehen, in den Innenhof der Fabrik, die neben unserem Haus lag, und wir mußten da ziemlich was getroffen haben. Die zuständigen Ordnungsorgane der Fabrik kontrollierten der Reihe nach alle angrenzenden Häuser. Wir waren gerade in der Schule, und unsere Mutter hielt heldenhaft an unserer Unschuld fest (sie log). Obwohl ihr Respekt eher der Schleuder galt, dem *›Prachtstück‹* à la Onkel Sanyi.

»Wenn Majestät erlauben«, ergriff plötzlich mein Großvater das Wort, »würde auch ich gerne ein interessantes Jagdabenteuer aus den Karpaten erzählen.«

»Wir hören Euch aufmerksam zu.«

Großpapa fing mit todernstem Gesicht an. Sonst erzählte er, abgesehen von seinen Reden im Parlament, jahrelang nicht soviel an einem Stück.

»Als ich einmal, wie immer ohne Begleitung, im Urwald der Karpaten auf die Pirsch ging, kreuzte eine tiefe, felsige Schlucht meinen Weg, auf deren Grund ein reißender Bergbach floß. In jenem Urgestrüpp gibt es selbstverständlich keine Brücke. Endlich stieß ich auf eine mächtige, umgestürzte Tanne, deren Stamm gerade über die Schlucht reichte. Ich hatte keine andere Wahl, ich benutzte diese alte Tanne als Brücke. Ich leerte mein Gewehr, schulterte es und ging vorsichtig über den dicken Stamm. Kaum hatte ich die Hälfte der provisorischen Brücke erreicht, sah ich zu meinem größten Schrecken, daß aus dem Dickicht gegenüber ein riesiger Bär heraustrat und über denselben Baumstamm, über den ich mich bemühte, über die doch recht tiefe Schlucht zu gelangen, auf mich zukam ...«

Die Gäste lauschten gebannt, besonders der Held vom Balkan, der sogar seinen Riesling darüber vergaß.

»Meine Herren, stellen Sie sich meine Lage vor ... mit einem leeren Gewehr über der Schulter! Mir blieb nichts weiter übrig, ich mußte umkehren. Aber kaum hatte ich mich umgewandt, was auch kein Kinderspiel ist, meine Herren, wenn man nicht gerade im Zirkus aufgewachsen ist, was sehe ich da?«

»Was, was?!«

»Ich sehe einen anderen, noch viel größeren Bären vor mir, der, meiner Spur folgend, mit bedrohlichem Knurren das andere Ende des Baumstamms betritt!«

Die haarsträubende Geschichte packte auch die echten Jäger, aber der Münchhausen vom Balkan zitterte magnetisiert vor Aufregung und rief erregt dazwischen:

»Und was passierte dir?!«

»Nichts passierte«, antwortete mein Großvater kühl wie immer, »die Bären fraßen mich auf.«

89

Mein Vater interessierte sich für den weniger vornehmen und weniger in die Gesellschaft integrierten Fußball. Beziehungsweise wenn schon Integration, dann plebejisch, in schlechterer Form proletarisch. Unsere Mutter jammerte eine ganze Menge, warum wir uns nur für diesen brutalen und primitiven Sport entschieden hätten, warum nicht für Tennis, das sei eine feine, noble Sache, da würden wir wenigstens schöne weiße Sachen tragen, das stehe uns auch noch gut, und nicht irgendwelche Unterhosen. Die Worte unserer Mutter fielen auf steinigen Boden.

Ebenso die meines ehemaligen Gymnasiallehrers. Er hörte sich voller Bestürzung an, daß ich wegen des Fußballs von Zeit zu Zeit verhindert sei, den philosophischen Zusatzstudien beizuwohnen, für welche er mich gerade auserkoren hatte. Er verstand gar nicht, wovon ich da redete.

»Bitte!« Er schüttelte verärgert und traurig den Kopf. »So was! Aber wirklich!«

Er sah aus wie Pius XII., er hatte bloß keine Macht. Dafür hatte er denselben matten Elfenbeinteint, die schmale, zerbrechliche Figur, ständige Traurigkeit und eine Nickelbrille im Gesicht, Ferne und Geistesabwesenheit, als wäre er woanders, als würde er immerfort beten. Ich glaube, er hatte keine Freude an diesem temporären irdischen Leben. Was ihn mit Gereiztheit erfüllte, einer permanenten, frischen, leichten Gereiztheit, vor der ich Respekt hatte; diese seine ständige, zu vermutende, ja sogar spürbare Verbindung mit dem Himmel zog mich an, seine grimmige Traurigkeit war schön, was ich mochte, und auch etwas bedrohlich, was ich nicht mochte. Aber verstanden habe ich beides nicht, und das interessierte mich.

Mir ist, als hätte auch er mich gesiezt.

»Wenn Sie ein ernsthafter Mensch werden wollen, mein Herr.«

Da standen wir auf dem Flur des Ordenshauses im leuchtenden Zwielicht, und mir wurde es eng im Hals. Noch nie hatte mich einer so ernst genommen. Der Herr Lehrer sprach mit diesem fünfzehnjährigen Jungen richtigerweise nicht wie mit einem Gleichgestellten, wir waren nicht gleichgestellt, er blickte ein wenig von oben auf mich herab, ein wenig mit Hochmut und dadurch, daß sein Blick permanent aufs Transzendente geheftet war, auch ein wenig steif; und auch dem allseits gewöhnlichen Autoritätsglauben mag er nicht ganz abgeneigt gewesen sein. Aber er betrachtete mich als einen freien Menschen, also sprach er mit Respekt zu mir, sein Respekt galt dem freien Geschöpf, das heißt, in seiner Aufmerksamkeit zeigte sich seine Liebe zu Gott. Aus dieser in der Gottesliebe wurzelnden, personenbezogenen Ernsthaftigkeit bestand der tiefe Glauben des Herrn Lehrer.

Ich sah nichts Aufregendes in mir, das ihn hätte interessieren können, aber er sah etwas, und er lud mich zu sich ein zu einer Art philosophischem Gespräch. Ich sagte ihm, Sonntag vormittag ginge nicht, da ist die Meisterschaft.

»Die was, bitte?«

Er fragte es verlegen, so wenig verstand er. Seine Verlegenheit beschämte mich, ich begann, selbst nun ebenfalls verlegen, in einer sogenannten Widerverlegenheit, schnell, übertrieben, unverhältnismäßig die Regeln der vom Budapester Fußballunterverband (BLAS) ausgeschriebenen Meisterschaft zu erklären, dann, im erzählerischen Ton, über die Gepflogenheiten, über die zu erwartende Wahrscheinlichkeit des Matchbeginns am Sonntag Vormittag zu reden und verstrickte mich vor lauter Entschuldigungen auch noch darin, daß ich es persönlich gar nicht mag, am Vormittag zu spielen, das ist, als wäre es von vornherein ein Vorspiel.

»Ein Vor-Spiel …?!«

Da verstummte ich. Zwei Mißstimmungen trafen plötzlich aufeinander.

Da sagte er dann, wenn ich ein ernsthafter Mensch werden wolle, müsse ich wählen, entweder ernsthaft oder Fußball. Und er konnte brühwarm die Antwort in meinen Augen sehen.

90

Unser Vater spielte – nach eigenen Angaben – Rechtsaußen in der Dorfmannschaft.

»Schnell war ich, soviel ist fix.«

Auf diesem Gebiet durften wir uns getrost Frechheiten erlauben, der flinke kleine Rechtsaußen ließ es gnädig über sich ergehen. Zwischen zwei Spielen, was soviel wie die Wiese bedeutete, spielten wir vor unserem Haus; wir spielten ohne Tormann, oder unsere Schwester stellte sich in das familiär zusammengezimmerte Tor, und wir schossen auf sie (Bälle). Dies war mit der sogenannten Góliát-Gefahr verbunden, von Zeit zu Zeit flog der Ball nämlich unvermeidlich hinüber zu den Nachbarn, und wir durften uns an das Gartentor stellen und quengeln, Frau Gó-li-át! Nach einer Weile wurde Fraugóliát zum Fachbegriff für Fehlpässe. Vor der Frau Góliát hatten wir ein bißchen Angst. Sie gab sich nie freundlich, auch der Ball konnte sie nicht freundlicher stimmen (was an sich selten vorkommt), sie hatte Schwierigkeiten beim Laufen, eigentlich schlurfte sie nur, sie schlurfte zurückhaltend zum Ball, schlurfte wieder zum Tor mit ihm, öffnete und übergab den Ball wie eine Wassermelone und sah uns dabei in die Augen. Sie schimpfte nie mit uns, nie war eine Gefühlsregung in ihrem Gesicht zu sehen. Als wäre sie ständig am Beobachten gewesen. Und wenn sie sprach, sprach sie mit uns wie mit Erwachsenen, was durchaus etwas Erschreckendes haben kann.

Deswegen konnte man nicht mehr als zweimal an einem Nachmittag Fraugóliát schreien. Gegebenenfalls zogen wir als Delegation zu unserem Herrn Vater – wenn er zu Hause war – und baten ihn, er möge zurückholen, was wir verloren hatten. Er kam immer, ohne ein Wort, als wäre es seine Pflicht.

Die Góliáts waren gute Nachbarn, aber man erzählte sich, sie seien Kommunisten. Der Onkel Góliát war ein *alter* Kommunist, ein organisierter Metallarbeiter, die Tante Góliát hingegen war *Neu*kommunistin, hatte ihre Karriere nach '56 gemacht. Wir konnten das Gute schwer mit dem Kommunismus in Einklang bringen, also glaubten wir unserer Mutter nicht, die uns scheel warnte. Das können keine Kommunisten sein, denn die haben entweder Hufe, oder sie sind wie die Frau Váradi. (Später hörte ich, sie hätten uns ständig angezeigt. Während sie sich tagtäglich mit uns über den Zustand des Bürgersteiges unterhielten. Und ich hörte ebenfalls, daß das nicht stimmt. Und auch, daß, ganz im Gegenteil, sie diejenigen waren, die ständig angezeigt wurden, aus Rache, weil die Tante Góliát ein hohes Tier war, und ein hohes Tier hat eben viele Feinde.)

Wenn er schon mal draußen war, spielte unser Vater gleich eine Runde mit, was wir ihm zwar gnädig gestatteten, doch wir ließen ihn die temporären Grenzen unserer Gunst spüren (damit wir *richtig* weiterspielen konnten), der Alte drängte sich auch nicht auf, er spürte, daß er technisch aus der Reihe tanzte.

So banal es auch ist, ich habe mir den Augenblick, als mein Vater mehr nebenbei – wem, wohin, warum – fallenließ, ich würde besser spielen, als er es je getan habe, fest eingeprägt. Besser als er jemals. Ich ließ es ihn wiederholen. Er wiederholte es.

»Mein Großer, du spielst besser als ich jemals. Als ich jemals gespielt habe.« Und er streckte stolz die Brust heraus.

Ich verstand nicht, worauf er stolz war, der Stolz stand jetzt mir zu, und zwar genaugenommen über seine Leiche. Nie dachte ich daran, weder vorher noch nachher, daß ich meinen Vater besiegen müßte, aber damals dachte ich, ich hätte meinen Vater besiegt.

»Ich habe dich besiegt.«

Ein süßes, kribbelndes Gefühl.

Wenn auch etwas getrübt durch den nachdenklichen Blick meines Vaters, wie er mich angesichts meiner leichten Aufgeblasenheit ansah; mir fiel voller Schrecken ein, daß man ihn überhaupt nicht besiegen konnte. Denn dafür gab es kein Spielfeld. Oder ein Feld schon, aber kein Spiel. Oder ein Spiel, aber keine Tore. Oder Tore, aber keinen Schiedsrichter, der sie anerkennt. Oder es gab einen Schiedsrichter – aber das war er: mein Vater.

Aber ich habe mich wirklich nicht mit dieser Siegersache beschäftigt, nur damals, an diesem einen Nachmittag, als dieser Satz fiel und als ich im übrigen das erste Mal in meinem Leben Stollenschuhe trug, Stücke von musealem Wert, die Schuhe von einem ehemaligen Mannschaftskameraden meines Vaters, dem Lambi Fischer – eine Art Springerstiefel, massiv, dreiviertelhoch –, der, so deucht mir, der Führungsgarde der Fradi, des Franzstädter Fußballclubs, angehörte, zumindest war er eine Fußball-Koryphäe, und er wird sich mich mal ansehen, er wird sich mein Talent ansehen, welches das meines Vaters wie wir wissen überflügelt hat, mein Leben hat also einen aufsteigenden Bogen, ich habe bereits im Alter von elf Jahren ein Niveau erreicht, das meines Vaters, bezüglich dessen wir uns zwar keine Illusionen machen, trotzdem; ich bemühte mich, mir diesen Augenblick einzuprägen, die schlammige Straße, das ungeduldige Gesicht meiner Schwester im Tor, die unbekannten Beschwerlichkeiten der Lambi-Schuhe. Ich kann also etwas, hielt ich fest.

Während des Spiels war uns alles erlaubt. Da waren wir die Chefs, und unser Vater unterwarf sich diesen Ausnahmeregeln.

»Und sagen Sie, Vater, wenn einer dem leichtfüßigen, renommierten Rechtsaußen keine Pässe zuspielte, wurde er dann vom feudalen Richtbeil des gestrengen Scharfrichters erwartet?«

Wir hielten den Ball hoch, spielten uns Pässe zu – wie beim Fünfuhrtee –, er sah sich die kleinen *Graven* vergnügt an. Ich kann mich nicht daran erinnern, daß er uns jemals bei einer anderen Gelegenheit vergnügt angesehen hätte – ausschließlich auf dem Fußballfeld. Nie standen wir uns so nahe wie dort, vor dem Haus, zwischen zwei Fraugóliáts. Auf einmal war unser Verhältnis von liebevoller Leichtigkeit und elementarer Freude bestimmt, während wir im Endeffekt nur noch darauf warteten, daß er endlich wieder zurückging zu seiner Schreibmaschine. Obwohl wir so *sehr* auch nicht darauf gewartet haben. Nicht sehr, sondern naturgemäß.

Unsere Eltern erzählten uns nie etwas von jenem märchenhaften Feenreich, das uns die Góliáts abgeluchst hatten, deswegen träumten wir auch nicht davon. Sie schwiegen nicht aus Vorsicht (nicht, daß wir noch was aufschnappen!), auch nicht aus Verantwortungslosigkeit, im Gegenteil, sie mochten die (Familien)Tradition für so stark gehalten haben, daß man sich beruhigt nicht um sie zu scheren brauchte. Man mußte sie nicht einem zarten Pflänzchen gleich umhegen, wo sie doch eine jahrhundertealte Eiche war. Zum Beispiel. Das ruhige Sichnichtkümmern konnte getrost durch ruhiges Sichkümmern abgelöst werden, Hauptsache ruhig, wenn du willst, redest du, wenn du nicht willst, schweigst du, du machst keinen Fehler. Obwohl sich zwischen dem Nichtsprechen meines Vaters und dem meiner Mutter schon Unterscheide zeigten, ersterer war still, letztere schwieg.

In der Familie war es allein Mamis ältere Schwester, die à la Winterhalter ein Samtband um den Hals trug, die Bogyi, nie Tante Bogyi, sondern Bogyica, Bobikó, die ab und zu eine Bemerkung über die alte Herrlichkeit fallenließ, aber ihre Herangehensweise war recht eigen; da mein Großvater mütterlicherseits im Amte eines Gutsverwalters im Dienste meines Großvaters väterlicherseits gestanden hatte, bezogen sich ihre Hinweise (zu Geschichten fügten sie sich nicht zusammen) hauptsächlich darauf, mit wieviel Würde und Mut der Paps-Großpapa dem Grafmóric-Großpapa Widerstand geleistet habe, wovon man – im allgemeinen – kein einziges Wort verstehen konnte.

Aber an diesen Fußball spielenden Konversationsnachmittagen vor dem Haus wollten wir zwei Sachen dann doch wissen, einmal, was es mit der Frage des Jus gladii, des Blutbanns, auf sich hatte, und vor allem, Herr Vater, wie sieht es denn aus, wie war es und wie es ist heute mit dem Recht des Lehnsherrn auf die erste Nacht, mit dem Jus primae noctis. (»Das habt ihr euch natürlich gemerkt! Die sieben Todsünden hingegen oder die Schlacht von Lepanto, davon habt ihr nicht mal läuten gehört!« »Die Schlacht von Belgrad!« »Blödmänner!«) Mit der Aufhebung dieser Rechte hat die Volksdemokratie unbestritten einen Fehler begangen. Unser Vater kicherte. Dadurch hatten wir den Eindruck, daß sie vielleicht doch nicht *ganz* aufgehoben waren. Könnte es doch möglich sein, daß sich der Kopf der Frau Váradi von ihrem Halse trennt? Groß und Klein aus dem Dorf würden wir zur Beschau bestellen. Oder zur Prügelbank. Natürlich brauchte man als erstes ein Dorf. Oder dann eben die Schule! Aber dann wenigstens die aus der Siebten! Dann werden wir schon sehen, ob Blut oder Jus. Justament aufs Postament.

Die historische Konstellation brachte dann aber doch mit sich, daß die Eltern der Fußballkameraden meines Vaters für die Gutswirtschaft arbeiteten, also mit Haut und Haaren von uns abhingen. Daraus ergaben sich vielleicht Situationen! Denn natürlich duzte sich der erwähnte (schnelle!) Rechtsaußen mit dem Linksverteidiger (im damaligen Sprachgebrauch: Half), dem Sohn des tauben Schneiders Knapp (welcher Schneider Knapp '49 eine

Kutscherhose aus Kordsamt für meine Tante Carla genäht hatte – »ein guter Stoff, Friedensware, Konteß, kein komenistischer« –, die damals, um ihre Eltern zu unterstützen, Holz- und Kohlefuhren in die Gegend übernommen hatte, ein zwanzigjähriges Mädel, eine halbe Portion, alle dachten, sie packt es nicht, aber sie packte es, und auch der alte slowakische Fuhrmann, der Doyen aller Fuhrleute beäugte zufrieden die Hose und sagte, na endlich sind Sie anständig angezogen, endlich!, denn davor war immer nur der Glanz, der Glamur, pepita kariert; die Behörden aber nahmen bezüglich der Mode andere Standpunkte ein, und als man Carla, wie es üblich war, aufgrund falscher Anschuldigungen internierte, warf man ihr auch das vor, daß sie sich so kleidete, um Mitleid in den Kreisen der Bevölkerung zu erwecken; »arglistig ließ sie vergessen, daß sie gräfliche Comtesse ist«), und sie nannten einander beim Vornamen, Matyi, Dodó. Bei der winterlichen Kaninchenjagd war derselbe Linkshalf als Treiber anwesend und grüßte den rigorosen Oberjäger, Herrn Kelemen (Pista Kelemen), der die Treiber angeheuert, besser gesagt, hinbestellt hatte, mit gebührendem Respekt, um dann anschließend meinen *nämlichen* Vater, vor dem der o.g. Oberjäger gleichzeitig mit noch größerem Respekt den Hut zog, feixend mit Handschlag zu begrüßen. Sämtliche Kopfbedeckungen waren gehörig am Wackeln (nur die meines Vaters nicht).

»Ich bin also besser«, wollte ich es noch einmal hören. Und mein Vater wiederholte es leger:

»Du bist besser.«

Wenig später sagte er jenen schönen (und gut zitierbaren) Satz, dessen lässiger Witz... na ja, vieles verdeckte.

»Bis jetzt war ich der Sohn meines Vaters«, sagte mein Vater, »nun werde ich immer mehr zum Vater meiner Söhne.«

»Und ich, und ich?« rollte unsere Schwester scheinheilig mit den Augen.

»Deiner natürlich auch«, nickte mein Vater und schoß urplötzlich, hinterhältig mit der Spitze den Ball aufs Tor.

Ich will jetzt mal keine fachliche Analyse machen.

91

Um dem Augenblick Würde zu verleihen, ließ Großpapa zum Galadiner anläßlich der Reifeprüfung oder des Geburtstages meines Vaters einen 1787er Château Margaux aus dem Keller holen. Er hatte gute Weine, nicht viele, aber mit Sachverstand und Sorgfalt ausgewählt.

(Als die Russen kamen – sie kamen gleich mehrmals, zwei Monate lang schlug sich die Front um Csákvár herum von vielen Greueln begleitet hin und her –, war Großvaters erste Anordnung, die Weinfässer abzulassen. Das Dorf konstatierte, ihr ewiger Herr sei verrückt geworden. Aber Großvater wußte, was ein Krieg und was besoffene Soldaten bedeuteten. Auch das Dorf wußte nicht weniger als der Graf, aber den guten Wein so in die Binsen gehen lassen, so was ist nicht normal. Was stimmt, aber Krieg ist eben auch nicht normal. Oder wer weiß. Wahr ist außerdem, daß die Flaschen, seine *feynen* Flaschen, auch Großvater nicht antastete.

»Entweder bleiben sie heil, oder die Iwans trinken sie aus. Wohl bekomm's ihnen. Ein Bordeaux wird auch denen nicht schaden«, murmelte er mit durchsichtiger Großzügigkeit. Aber die tranken nicht. Sie hatten den Bordeaux zu spät entdeckt, die Deutschen waren wieder im Anmarsch, es blieb keine Zeit dafür. Aber um die Flaschen mit Maschinenpistolensalven niederzumähen, sie hinzurichten, dafür reichte es noch.

»›*Asien*‹«, zischelte der Großherr haßerfüllt.

Mein Großvater verlor vieles, alles, alles, was er besaß, und er besaß viel, er verlor auch einen Sohn im Krieg, aber nichts schmerzte ihn so sehr, nichts nahm er so sehr übel wie diese paar Bouteillen. (Cognac war auch darunter.) Denn dafür fand er keine Erklärung. Dabei hätte er eine finden können, er hätte bloß ein wenig danach suchen müssen.)

Der Wein, den man servierte, war so alt, so firn, daß er geliert war, deswegen legte man ihn auf ein Tellerchen und aß ihn mit Messer und Gabel. Sie aßen den Wein mit Messer und Gabel! Just like America! Leute, die was vom Wein verstehen, sagen, das gibt's nicht, das ist nicht möglich. Aber nun ist es zu spät, ich kann auf dieses Bild nicht mehr verzichten, die Deutschen besetzen die Tschechoslowakei und so weiter, das totale Etcetera beginnt, und währenddessen ißt mein Vater in der dunklen ungarischen Dorfnacht, im festlich erleuchteten Schloß, mit einer Damastserviette um den Hals, auf die mit weißem Faden eine Krone gestickt ist, mit Messer und Gabel Wein: nibbelt, nascht an der Zeit. Ein wenig weinselig werden sie auch.

92

Nach dem Abitur bekam er von seinem Vater eine Schiffahrt nach Norwegen geschenkt. Soll der Junge was von der Welt sehen. Ein etwas älterer, entfernter Cousin (der Onkel Pali bácsi) begleitete, chaperonierte ihn; er stammte aus einer anderen Linie, *gevatterliche Liebe* in der Praxis. Über dieses Schiff erzählte man uns lauter märchenhafte Dinge; mehrere Etagen soll es hoch gewesen sein!, mit Schwimmbassin und Tennisplatz! Letzteres nahmen wir besonders übel. Man weiß doch, was ein Schiff ist: Dieser Tennisplatz schien eine derartige Frechheit zu sein, das konnte man nicht mehr als Geflunker oder Aufschneiderei durchgehen lassen, wir winkten nur ab, als wäre unser Vater einer unserer Klassenkameraden. Oder jemand aus der B. (Später sahen wir ein Bild von der Titanic. »Na gut! Soll er eben recht behalten!«)

Sie luxusschipperten über den Skagerrak und das Kattegat hin und her. Einmal unternahmen sie einen Bootsausflug zu einer nahen kleinen Insel; Felsen, Picknick, geflochtene Körbe mit Krebsfleisch, Weißwein, frisches Brot. Auf einem Felsen sonnte sich eine splitternackte Frau. Alle taten so, als hätten sie nichts gesehen. Aber mein Vater sah etwas, das erste Mal in seinem Leben sah er eine nackte Frau *am Stück.* Das Boot kletterte hoch und runter auf den schweren Wellen. Mein Vater zitterte.

»Ich habe Angst«, sagte er laut. Die norwegischen Matrosen ruderten. »Meine Herren«, stellte mein Vater fest, wie eine Entdeckung, »ich habe Angst. Mine herrer, jeg er redd.« Die Sprache blieb bei ihm hängen. Plötzlich spürte er die unendliche Kraft des Meeres, daß er nun auf die Gnade des Meeres angewiesen war, und er kannte das Meer nicht. Klassische Gotteserfahrung, hintenherum. Er verstand auch, daß es egal war, ob Kahn oder Schiff mit Tennisplatz. Diese *beiden* Sachen waren ihm auf der Tour durch Norwegen widerfahren: Angst, Nacktheit und Gott.

Die Sonnenanbeterin war nicht mehr jung.

93

»Ich bin ein ziemlicher Provinzler geblieben.«

Als er an die Universität kam, stellte sich heraus, was er alles nicht wußte. Aber vieles wußte er auch. In der großen, aus zwei Räumen bestehenden Bibliothek des Majker Schlosses war er mit der riesigen, unbekannten Welt des Wissens in Berührung gekommen. Zuerst hatte er sich auf die Romane Jules Vernes gestürzt. Er verschlang sie förmlich, einen nach dem anderen, nicht ahnend, daß diese phantastischen Traumgespinste innerhalb von fünfzig Jahren größtenteils zu Wirklichkeit werden würden. Dann war er von Gaboriaus Detektivromanen gefesselt, aber seine spannendste Lektüre, mit der ihm eigenen sonderbaren, bizarren

Atmosphäre, war Captain Marryats Gespensterschiff. (Er benutzte nie ein Lesezeichen. »Man weiß, wo man gerade ist.«)

Später aber entdeckte er oben auf der Galerie, wo die Großen des 18. Jahrhunderts versammelt waren, etwas, das ihm zunächst lediglich durch sein Volumen und seine würdevolle Uniformität imponierte: die Große Enzyklopädie. Sein Spürsinn führte ihn in die richtige Richtung: Der erste Artikel, den er aufschlug, war der Artikel zu »Dieu«, verfaßt von Voltaire. Ob er wirklich etwas über Gott erfahren wollte, oder ob der Band deswegen leichter an dieser Stelle aufging, weil die alten Esterházys ihn so oft hier aufgeschlagen hatten, wer weiß. (Ich nicht.)

Daß Voltaire unserer Familie zugeflüstert hätte, wo der liebe Gott wohnt? Ach iwo.

94

Da promenierten sie also im vor Hitze tauben Auenwald (Vértes), mein Vater und meine Mutter, und keiner der beiden dachte daran, daß, soweit das Auge reichte, alles auf meinen Vater wartete. Mein Vater nicht, weil man, wenn einem alles gehört, nicht an das alles denken kann, es gibt nichts, *wovon* ausgehend man denken könnte, und dann, nicht wahr, wozu auch; und meine Mutter dachte nicht daran, weil sie schon den Abend zuvor daran gedacht hatte.

Als nämlich der Menyus Tóth aus dem Schloß herüberkam, der kleine Menyus, der seit dem sechzehnten Lebensjahr der Kammerdiener meines Vaters war, ob denn das Fräulein Lili geneigt sei, mit dem jungen Herrn Mátyás spazierenzugehen. Da mußte sie daran denken, während sie den Jungen bat, er möge warten, sie müsse sich ihren Stundenplan ansehen; sie sann darüber nach, daß alles dem Sproß gehört, soweit das Auge reicht, und ob denn ihre Augen gerade hier soweit reichen möchten.

»In Ordnung, Menyus, richten Sie bitte aus, ich werde da sein.« Der Junge rührte sich nicht. Meine Mutter neigte fragend den Kopf zur Seite, worauf der Diener rot anlief und wie ein Hase oder ein anderes scheues Tier davonstob.

Unsere Mutter war vier Jahre älter als unser Vater, was sie lange vor uns geheimhielten, konkret war es die Mami, die es geheimhielt, woran sie klug getan hatte, denn als wir es erfuhren, waren wir ziemlich bestürzt und verurteilten sie wegen ihrer plötzlichen Alterung, die sie noch dazu hinter unserem Rücken *begangen* hatte. Eheleute sind gleich alt, so dachten wir uns das, so ist es natürlich, alles andere eine Perversion. Daß der Großpapa fünfzehn Jahre älter war als die Großmama, davon spricht man besser gar nicht. Wir verdrehten frömmlerisch die Augen. Und daß die Frau älter als der Mann sein sollte, so was gibt es überhaupt nicht. In dieses »nicht« hatte uns das späte Auffliegen des Geheimnisses hineinnavigiert. Vielleicht ist sie ja nur früher geboren, ist aber deswegen noch nicht älter, versuchte sich mein jüngerer Bruder, aber dann fingen wir an, Mathematik zu lernen.

Im selben Jahr, in dem mein Vater Abitur machte, schloß die Mami die Ausbildung als Volksschullehrerin ab. Bogyica meint, Papi hing – manchmal sagte auch sie nur Papi, was sich, unabhängig vom Inhalt, so schön nett anhört – nicht in erster Linie wegen der Mami ständig bei ihnen im Meierhof herum, im Haus des Gutsverwalters, sondern wegen der angenehmen Atmosphäre im Haus, was so zu verstehen war, soweit ich es verstand, daß das Leben *oben* im Schloß kalt und ohne Emotionen war, ganz anders dagegen bei ihnen. Sie tanzten auch viel, Paps hatte einen Plattenspieler aus Győr kommen lassen. Ein Grámmoffon, diese Wörter sprach Bogyica ebenso aus wie die Mami Taksí, Rökamié.

»Das Mattilein wurde nicht genug geliebt, dein Großvater, die

Exzellenz, sei nicht böse, mein Junge, liebte niemanden, und die Großmama liebte nur die Toten, das ist die Wahrheit.«

Ich glaubte meiner wunderschönen Tante kein Wort.

An der Kleidung meines Vaters stach, vorsichtig ausgedrückt, das Soweit-das-Auge-reicht nicht gerade ins Auge.

»Aber diese Hose ist Ihnen doch zu kurz«, sagte das Mädchen und warf den Kopf in den Nacken. Sie sagte es, um nicht zu lachen, um ihn nicht auszulachen. Mein Vater sah mit eher geringem Interesse an sich hinunter, das erwähnte Kleidungsstück endete tatsächlich über den Knöcheln, wobei die riesigen, klobigen, stiefelartigen Schuhe sie auch so fast noch erreichten.

»Das geht schon«, sagte er schließlich achselzuckend.

Wie gut wir diese praktische Indifferenz, diese sachliche Nonchalance an ihm kannten. Unser Vater hatte mit Schönheit (auch mit der eigenen) nichts zu schaffen; das ist die Linie der Majker Großmama.

Eine Polizistin, Leutnant, geborene Gräfin H., erzählte, sie habe anno dazumal mit meinem Vater getanzt. Und wie gräßlich mein Vater getanzt und wie gräßlich er sich gekleidet habe, und sie wuschelte mir durch das Haar. Acht Jahre alt war ich da und mobilisierte, im Gegensatz zu meinem Vater, jede noch so kleine und blasse Teilschönheit an mir; soweit es möglich war. Die Gräfin H. (Leutnant) war verrückt nach meinem Haar.

»Was haben wir uns über deinen Vater amüsiert! Und wie bockig er sich anstellte! Daß die hohen Schnürschuhe sehr wohl praktisch für das Leben auf dem Dorfe seien, und daß das nicht mit der städtischen Mode quadriere, ich zitiere wortwörtlich, nicht quadriere!, spiele in den diesbezüglichen Besorgungen der Mama keine Rolle! Mein Gott, die spartanische Großmama!«

»Das geht schon«, konstatierte mein Vater erneut. »Sie haben noch dem Papa gehört.«

Mami mußte jetzt doch lachen.

»Ihr Schneider ist wohl gestorben«, kicherte sie.

»Wie, wie meinen?« Mein Vater lief rot an, es kam selten vor, daß er etwas nicht verstand.

»Ja, ja, der rechtschaffene Schneidermeister hat das Zeitliche gesegnet, bevor er dies hoheitliche Kleidungsstück vollenden konnte, das, wie wir vernehmen, seit Generationen im Dienste der Familie steht und nicht wenige Patronatshinterteile redlich überlebt hat, gestorben ist der gute Mann, noch bevor er sein illustres Werk, die sogenannte *herunterreichende* Hose, hätte vollenden können!«

»Sie machen sich lustig«, erkannte mein Vater fröhlich.

»Ein klein wenig nur, Eure Exzellenz.«

Die junge Lehrerin ließ ihren Blick traurig über meinen Vater wandern. Er gefiel ihr, dieser junger Mann, das scharf geschnittene Gesicht, die ausladende Hornbrille, die den ganzen Menschen so unbeholfen wirken ließ, die schlanke Gestalt und dieser ein wenig unzuverlässig scheinende, verspielte Blick. Selbst den tragisch verendeten Schneider rechnete sie ihm gut. Beim Gedanken, sie könnte vielleicht etwas mit diesem Mann zu tun haben, wurde ihr ganz eng ums Herz, und auch, wenn sie daran dachte, daß sie vielleicht nichts mit ihm zu tun haben würde. Und mein Vater bemerkte, wie üblich, überhaupt nichts davon, er plapperte fröhlich vor sich hin.

»Schauen S', das ist nur scheinbar ein Wald, es ist vielmehr ein Park, jawohl, ein Park, der einen Wald mimt.«

»Na, da haben wir schon wieder die papistische Denkart ... Dies, und dann doch lieber das, damit es dadurch dann noch mehr dies ist. Wir Protestanten ...«

»Ich weiß, ich weiß, Sie protestieren!«

Meine Mutter stutzte, blickte ihn an. Sie war solche Unseriosität, so eine Linkheit nicht gewohnt. Bei ihnen zu Hause, in ihrer Familie, waren selbst Witze ernsthaft und, wenn möglich, von pädagogischem Wert. Blödeleien, Wortspiele waren verboten. Der Humor nicht, ganz im Gegenteil, vor humorlosen Menschen hatten sie Angst. Dagegen hatte die Familie meines Vaters vor nichts und niemandem Angst, wenn sie darüber auch nicht gerne redeten. Was sie nicht gern hatten, darüber sprachen sie nicht, also existierte es auch nicht. Es gibt nur das, wofür es auch Worte gibt. Bei meiner Mutter zu Hause wurde über alles geredet, das gehörte mit zu ihrer Courage. Bei meinem Vater zu Hause wurde ausschließlich darüber geredet, worüber man Lust hatte zu reden, das gehörte wiederum zu ihrer Courage.

Auf einmal spürte meine Mutter dort, wo es ihr eben noch eng im Herzen war, Verachtung. Ihre Wangen glühten vor Aufregung, ihr Körper kam in Wallung und ... und irgendwo ganz tief drinnen fühlte sie ein winziges, eisiges Pochen. Erschrocken griff sie sich an die Brust, versuchte es herauszumassieren. Damals wußte sie nicht, daß diese beiden Empfindungen sie das ganze Leben lang begleiten würden, alles in und an ihr würde sich ändern, Farben, Worte, Geruch, nur diese beiden Gefühle würden ihr auf ewig treu bleiben: das Entzücken und die Verachtung und deren kleine Resultante: das Mitleid.

»Wir Protestanten« – meine Mutter war keine, nur der Großpapa! – »betrachten die Dinge lieber von ihrer rechten Seite. Aug in Auge.«

Sie sahen sich an. In diesem Moment dachte mein Vater sehr viel Gutes über die Welt, über alles, soweit das Auge reichte. Meine Mutter kümmerte sich nicht um den Blick meines Vaters, dabei schaute er nicht zu knapp, sie wollte das, was sie angefangen hatte, zu Ende bringen. Auch das hatte sie von zu Hause mitgebracht, nicht den Starrsinn, sondern diesen Willen zur Vollständigkeit. In der Familie meines Vaters wurde auch das Fragmentarische für ganz erachtet, da sie wußten, ein Fragment ist nicht durch das ein Fragment, was ihm fehlt, sondern durch das, was in ihm ist. Mamis Familie litt unter dem Fragmentarischen, sie beklagten alles, was nicht ganz war, was Rest, Abfall, Splitt, Fetzen, Brocken, Teil, Ruine, Stumpf, Scherbe, Abrieb, Schnipsel, Schutt, Fitzel, Fraktal oder Torso war, und bei Papi zu Hause hielt man alles für interessant, was da war.

»Ein Wald ist ein Wald«, schloß die gestrenge Lehrerin.

Mein Vater lachte. Dieses Lachen haben wir in seiner reinen Form nicht mehr kennengelernt, nur noch sein Lächeln, das nie eindeutig war, durch viel Hintersinn verkompliziert, ein wenig zum Schmunzeln neigend, aber ein schallendes, volles, aus dem ganzen Körper kommendes Lachen, so was ... hörten wir zwar, aber erst, wenn er schon einen sitzen hatte, und deswegen fürchteten wir diese Stimme, was gerade deswegen besonders schlimm zu sein schien, weil das Lachen selbst etwas über Furchtlosigkeit erzählt. Ein homerisches Lachen.

»Ein Wald ist ein Wald ... oh ja, sicher, süßes, teures Fräulein.« Und er drückte die Hand meiner Mutter, worauf diese vor Wut darüber, was das schon wieder für eine billige Geste war und daß sie trotzdem darauf ansprach, obwohl sie doch alles Billige von Herzen verachtete und nicht einmal eines Blickes würdigte, rot anlief. »Ein Wald ist ein Wald, natürlich, aber die Wörter ... ob ein Wort ein Wort ist, vielleicht wäre das eher die Frage, das Wort ...«

Meine Mutter verstand den jungen Grafen nicht, weder seine lachende Fröhlichkeit noch dieses salbungsvolle Scharwenzeln um das Wort herum. Bei ihnen wurde über Wörter nicht geredet, man benutzte sie, sinngemäß, um zu sprechen, und dieses Sprechen, ihr Sprechen, hatte nicht sich selbst zum Thema (wodurch sie zweifellos vielen Unannehmlichkeiten aus dem Wege gingen; sie waren fein raus). Sie benutzten die Wörter und hatten Respekt vor ihnen wie ein Handwerksmeister vor seinem Handwerkszeug, sie respektierten die Wörter wie der Maurer seinen Spachtel, der Maler den Pemsl, sie beschützten, warteten sie, klaubten sie gefühlvoll (oder wie man das früher sagte: sentimental) aus, bei Gelegenheit auch mal zimperlich oder erbost, mit viel Leidenschaft, nicht nur mit nüchterner Sachlichkeit, sondern auch mit Wut, Liebe, Zärtlichkeit; sie fühlten sich verantwortlich, sie hatten etwas zu verlieren, und diese Nutzung hatte ihr Risiko.

In der Familie meines Vaters, richtiger, meines Großvaters, hatte man platterdings nie das Gefühl, etwas zu verlieren zu haben, da sie, Wiederholung, so viel hatten, daß sie aus gutem Grunde dachten, soviel könne man gar nicht verlieren, denn schließlich könne man nicht alles verlieren, höchstens viel, aber wenn man von allem viel verliert, bleibt immer noch alles übrig, es bleibt also alles beim alten, das heißt, das ist etwas, womit man sich nicht zu beschäftigen braucht. Nachdem sie dann des historischen Glücks teilhaftig wurden, doch alles zu verlieren, vervollständigte sich dieser Gedankengang: Wenn man nichts hat, behält man, egal wieviel man verliert, weiterhin alles, also hat sich ihre Situation nicht geändert, stellten sie, auf dem Gipfel des großen Nichts weilend, fest, das ist etwas, womit man sich nicht zu beschäftigen braucht, und dann gingen sie entweder hinaus auf den Kartoffelacker, um zu hacken, denn sie hatten ihn in Teilpacht übernommen, oder sie setzten sich hinaus in den Laubengang und sannen über das Wie-und-was der Geschichte nach.

Auch den Wörtern näherten sie sich anders an. Wenn man, wie eben gesehen, Wörter als Werkzeuge betrachtet, dann haben sie sich auch selbst als welche gesehen; der Spachtel, der Pemsl. Und umgekehrt: Wenn sie sich selbst als Handwerksmeister, als Handwerker betrachteten, dann betrachteten sie auch die Wörter als solche, als gleichrangig, zumindest in dem Sinne, daß sie (sie selbst und jene) nicht voneinander zu trennen waren, es war keine Hand zu sehen, nicht die des Maurers, der die Wände hochzog, auch die des Malers nicht, die diese bemalte, und natürlich war auch die universelle Hand nicht sichtbar, die die Welt geschaffen haben soll. Es wird gebaut, gemalt; sie benutzten die Wörter nicht, sie kämpften und rangen mit ihnen (wer ist wer?), es gab also kein Gerüstbalken, auf dem sie sich als Handwerker hätten abstützen, keine Leiter, an der sie sich als Maler hätten festhalten können, und sie verfügten auch nicht (also doch nicht über alles?) über jene metaphysische Sonnenbrille, durch die sie einen Blick auf den glänzenden und vollen Himmel hätten werfen können (Großmama ist was anderes) – also: Es gab keine Entfernung zwischen ihnen und der Welt, sie verwickelten sich permanent in die Welt, zu der auch die Wörter und die Wortzwischenräume gehören, die diese beschreiben.

Der Junge dachte an die Nähe, die junge Frau an die Ferne.

95

Die Wespe dachte an gar nichts, sie handelte aus dem Bauch heraus. Sie hatte das Paar schon lange ins Auge gefaßt, in dieses unglaublich vielwinkelige, konkret war es der flatternde gelbe Rock, der ihr Interesse geweckt hatte, diese bunte Riesenglocke, wie sie so zwischen den grünen Bäumen hin und her flatterte mit diesen beiden Glockenschwengeln, die in ihr baumelten, bim-bam, bimbam. Es versprach ein guter Sommer zu werden, der heiße Juli '38 trieb die Früchte schnell zur Reife, die Wespe schlürfte sanguinisch an den seimigen Säften. Aber so eine große Birne wie die hier hatte sie noch nie gesehen, dabei hatte sie bis dahin schon das gesamte (stumpfe) Dreieck Kőhányás–Zsémlye–Bíborkapuszta durchflogen, war am Edit-Hof gewesen, den man in jenem Jahr brachliegen ließ, sie kannte die berühmte, pfeilgerade Lindenallee, die zum Schloß führte (durch die einst sogar Metternich fuhr, wenn auch nur, weil er sich verirrt hatte, in Asien kannte er sich nicht so gut aus wie auf dem politischen Parkett Europas; später durchfuhren sie auch die russischen Truppen, in ihrem Falle kann der Ausdruck Verirrung nicht angewandt werden; das heißt, '45 haben die Russen und die Deutschen das Schloß abwechselnd erobert, letztere raubten Möbel, Kunstgegenstände, Gemälde und Vasen aufgrund genauer Listen, akkurat, als Kulturmenschen auf die Gegenstände achtend; die Russen ließen sich eher von ihrem Herzen leiten, achteten auf die Sauberkeit, zum Beispiel verrichteten sie ihr Geschäft nicht aufs Parkett, sondern in die abgebrochenen, zerschlagenen Rokoko-Porzellanöfen mit dem grünblättrigen Herender Esterházy-Muster, und den schlammigen, lehmigen Weg zum Örtchen im Hof pflasterten sie sorgfältig mit in Leder gebundenen schweren Büchern der richtigen Größe – sie schritten über den Dieu, und in den brennenden Klavieren brieten sie wochenlang sorgfältig plazierte halbe Schafe), sie konnte auf ein *romanhaftes* Leben zurückblikken (die Wespe).

Ob sie eine Papier-, Einsiedler- oder Faltenwespe war, wer weiß, ich jedenfalls nicht. Geht man vom Geschehen aus, am ehesten wohl eine Schlupf-.

Zu den Menschen hatte sie ein ambivalentes Verhältnis. Ihre Mutter hatte sie hysterisch vor ihnen gewarnt, aller Wahrscheinlichkeit nach hatte sie sich mit den Bienen verwechselt, die können nämlich nur einmal stechen, wenn sie stechen, sterben sie daran, und sie stechen. Bienen sind wie Japaner: riskant. Wenn sie, betört von Torten, Honig oder Apfelsäften, nah an die Menschen heranflog, fingen diese sofort an, albern herumzufuchteln, in ihren Gesichtern nahm sie Angst und Abscheu wahr. Das interessierte sie. Das Herumfuchteln beruhigte keine der beiden Seiten, die Entscheidung lag in den gliederfüßigen Händen der Wespe: entweder hold entschweben und nach neuen Liedern, Torten, Honig und Apfelsäften Ausschau halten oder sofort, sssss, einem herabstürzenden Bomber, besser gesagt einer herabstürzenden Bombe gleich, sssss, herabstürzen.

Mein Vater ergriff auf für beide (das heißt, für alle drei) überraschende Weise die Handgelenke meiner Mutter, umfaßte sie wie ein Artist und fing an, sie herumzuwirbeln, der Rock flog hoch, soweit das Auge reichte; ein Karussell, und sie waren alles: der Jahrmarkt, die Marktleute, das Karussell, die kleinen Kettensitze, und sie waren wie die glücklich im Kreis taumelnden Mari Törőcsik und Imre Soós im Film, nur daß sie das damals noch nicht wußten. Mein Vater war stark; er spielte mit der Lehrerin, er spielte ernst, wie es nur junge Menschen können. Meine Mutter aber spielte nicht gerne.

Das heißt, spielen mochte sie schon gerne, Karten spielen, Gesellschaftsspiele ganz allgemein, abends mit Paps und den Jungs auf der geräumigen Veranda sitzen, mit diesen beiden zauberhaften, zu vielem berufenen Bruderherzen, dem kleinen und dem großen Bruder, und sie liebte Denkspiele, Wettbewerbe zur Allgemeinbildung, sie liebte Stadt-Land-Fluß und Monopoly, sie konnte sich selbstvergessen in die Welt der Spiele hineinbegeben – nur daß sie eben ununterbrochen wußte, daß sie *dort* war, in jener Welt, in jenem Spiel und nicht hier, auf der Veranda: Doch es lief ihr kalt den Rücken hinunter, wenn sie einfach so in irgend etwas hineingeriet, hineingeraten wurde, ohne jede Ankündigung, in irgend etwas, dessen Regeln sie nicht kannte, welche Regeln vielleicht noch gar nicht geklärt waren oder die es gar nicht gab. (Die Grafen hatten über dasselbe folgende Ansicht: Wir sind umhergetrieben, das heißt, wir spielen zwischen »alles« und »nichts«; wir sind nicht die Welt hinter dem Spiegel, wo es keine Gewichte gibt und keinen Tag und keine Nacht, wir sind nicht die Welt vor dem Spiegel und wir sind auch nicht der Spiegel selbst.)

»Wenn ich Sie jetzt losließe, würden Sie aus der Welt hinausfliegen!« jauchzte mein Vater.

»Dann lassen Sie mich eben nicht los, Dummchen!« dachte

sich das Mädchen, und obwohl ihr tatsächlich so etwas wie ein Kichern und Seufzen entfuhr, sagte sie nur soviel, er solle nicht herumalbern. Sie teilte offenbar den gängigen Irrtum, wonach Spielen albern ist, Faxenkram, unseriös, infantil, unreif, kindisch.

Sssss, die Wespe war auf so einen Riesenskandal nicht vorbereitet. Die gelbe Glocke flackerte über der Welt, die Glockenschlegel klimperten im süßen Dunkel, so daß ihr ganz eng im Hals wurde. Allein schon dieser Hals ... aber was ihr am meisten zusetzte, war, daß sie als Angehörige der Gliederfüßler kein Herz hatte, das jetzt fassungslos vor schneller Freude hätte durcheinanderschlagen können. Und als dann mein Vater meine Mutter fast schon etwas grob aus der Drehung heraus- und hochhob, mehr noch, sie hochschraubte, sie in der Drehung drehend (wie beim Astronautenspiel im Freizeitpark), und sie fassungslos vor schneller Freude loskreischte, in diesem Moment, mitten im kreischenden Chaos, flog die Wespe, ssss, in die Glocke hinein, bimbam, bim-bam!, was für ein heiliges Glockengeläut!, oben und unten gerieten durcheinander, das Helle und das Dunkel, hinter einem keilförmigen Riß in der Krone der sommerlichen Eiche blitzte die himmlische blaue Harmonie auf, damit danach nur noch die irdische übrigblieb, die noch wundervollere, erstickende Dunkelheit, diese schweißige dichte Pracht und das Fleisch, und rein ins Fleisch und ein Stück herausbeißen und essen, auffressen, einverleiben, eins werden, hineinstürzen, sich auflösen, zunichte gehen, das ihre sein, das meine sein, das Dasein!

Und als sie mit ihrem triumphalen Stachel in jenen zarten Hügel eindrang, genauer in das waldige Gebiet, das sich vom Hügel ins Tal hinabsenkte – eine *angehende* Gegend, dunkler Kolk, ein Büttel-Tal! –, als sie sich in das würzig duftende Fleisch hineinbohrte, noch nie hatte sie sich so tief, so stürmisch in eine Materie versenkt, so grundsätzlich, von Molekül zu Molekül kämpfte sie sich durch die Fremdheit, sie sich aneignend und heimelig machend – wurde sie zugleich von der Sehnsucht nach Vernichtetwerden und der Unsterblichkeit erfaßt. Aber für eine Entscheidung, falls es eine gab, war es schon zu spät, als sie sich aus dem zitternden Boden der süßen Verdammnis herausreißen wollte, riß ihr Körper zur Hälfte ab (gehen wir jetzt mal davon aus, daß der Stachel vorne ist wie bei einem Raubtier, Stoß- und Raffzahn, face to face, und nicht hinten, damit er nicht aus dem Ende des Hinterleibs leise herausgleitet, ohne jede Würde, nebenbei und mörderisch), die Flügel bewegten sich noch, surrten, brachten sie ins Helle hinaus, aber wen, oder was? In ihrem letzten Augenblick konnte sich die Wespe berauscht als zwei fühlen, als Subjekt und Prädikat, draußen wie drinnen: Alsdann erfüllt der ewige Drang, fiel sie hernieder zur Erd.

Der Sommer ging zu Ende.

Meine Mutter war nicht gerade zimperlich, im Gegenteil, diesmal jedoch kreischte sie mit einer Vehemenz los, daß mein schwindliger (schwindelerregender) Vater fast ihre Hände losließ, wodurch sie, wie wir wissen, aus der Welt hinausgeflogen wäre, als hätte man sie mit einer Schleuder hinausgeschossen, über die Eiche hinweg, weg, weg – weit weg, nach Kecskéd, Kömlőd, Nagyigmánd, über Tornyó und Csordakút und die Etceteras hinweg, ausschließlich im Luftraum des Familienbesitzes, soweit das Auge reichte.

Der Erbgraf zu Csákvár und Majk zertrat die rotierende Wespe, das Wespenstück, und ergriff anschließend die Initiative. Er half meiner Mutter, sich hinzulegen unter den Baum, in das schattige, stumpfe Gras, sie war wie betäubt, als hätte sie eine Spritze in Form eines Wespenstichs verabreicht bekommen, er drehte sie zur Seite, hob ihren Rock und fand sich Aug in Auge mit dem anderen Teilstück der Wespe, mit diesem tragischen, aber, wie wir sehen konnten, gleichwohl glücklichen Fragment.

»Lilike, meine Teure«, flüsterte er mit düsterer Ernsthaftigkeit, »ich muß jetzt die giftige Wirkung von hier entfernen.« Und er tat all das, was auch die Wespe getan und versäumt hatte.

Ich weiß nicht, wie viele solcher perfekter Augenblicke es in ihrer beider Leben gab, aber zum Nachzählen würden meine Finger ganz bestimmt ausreichen.

Das ist alles, was ich über das Geschlechtsleben meiner Eltern weiß.

96

Sie spazierten zum Schloß beziehungsweise zum Meierhof zurück, mein Vater zufrieden, meine Mutter blaß. Bei der Abzweigung vor den Seen, wo früher die Mühle gestanden hatte, sagte meine Mutter plötzlich, einem kurzen Bellen gleich:

»Nein.«

»Was nein?« Der Junge grinste.

»Nein.«

Mein Vater maß dem keine Bedeutung bei; oho, wir wissen doch ganz genau, wie sich so ein Nein in der Stille der Nacht zu einem Ja verwandelt, wie aus abends noch harten, verkniffenen Lippen bis zum Morgen ein weiches Kußmäulchen wird, so was dachte sich mein Papa, solchen Unfug. Während er aber an der Luft schnupperte, schwante ihm, daß Bild und Duft des Büttel-Tals ihm wohl für ewig nachgehen werden – und damit wiederum hatte er recht.

Aber er sah meine Mutter weder am nächsten noch am übernächsten Tag wieder. Sie heiratete einen Menschen namens Horváth oder Szabó – auch das hielt sie, wie ihr Alter, geheim, als hätte sie einige Jahre aus ihrem Leben entfernt –, der am Tag nach der Hochzeit eingezogen wurde und an der russischen Front sofort den Heldentod starb, was wir im nachhinein als sehr löblich bewerteten, wie taktvoll von diesem fremden Mann, daß er sich doch nicht an die Stelle unseres Vaters drängen wollte, den wir um nichts in der Welt hätten eintauschen wollen.

Als sich meine Mutter und mein Vater circa zehn Jahre später wiederfanden, mußte man schon blind sein, um es für wahr zu halten, daß alles, soweit das Auge reicht, meinem Vater gehört.

VIERTES KAPITEL

97

Was soll man machen, wenn die Welt einstürzt, die Erde sich auftut, die Flüsse über die Ufer treten und zugleich austrocknen, wenn sich ein himmellanger Spalt über dem Firmament öffnet, in den die Sterne hineinstürzen, die Sonne, und es dunkel wird wie in einem Abfalleimer, und der tausendfach glitzernde Lüster aus Muranoglas im Salon zitternd zu schwanken beginnt?

Dabei hatte den noch unser Großvater mitgebracht, damals, als er Botschafter war. Heißt: der Großvater unseres Großvaters. Großpapa war seit den dreißiger Jahren öfter in Rom, Botschafter Villani stellte ihn Mussolini vor. (Dieser Villani wurde später nach Mezőberény deportiert, nicht weit von uns entfernt; Großvater und er trafen sich akkurat jeden dritten Sonntag – die ehemalige Herrscherklasse organisierte sich –, und Villani las aus seinen äußerst interessanten Aufzeichnungen vor, die er anno dazumal in Rom angefertigt hatte.) Großpapa lobte die Pracht des Palastes, der Duce führte einem Fremdenführer gleich enthusiastisch durch die Räume (Mappa del mondo).

»Si, si, eccelenza, la mia casa paterna«, sagte Großpapa immer wieder, was der Duce erst verstand, als er erfuhr, daß der verstorbene Vater meines Großvaters, Gott hab' ihn selig, 1855 zwischen diesen Mauern geboren wurde, da dieses Gebäude zu der Zeit das österreichische Botschaftsgebäude im Vatikan war.

Die Zweige des Familienstammbaums können sich weit hinausstrecken, sie umspinnen Zeit und Raum, gehen eine persönliche Beziehung mit der Vergangenheit und der Welt ein; ein Aristokrat, demgemäß nicht an das Jetzt und an sein Land gebunden, oder gebunden, aber nicht gefesselt, kann unmöglich glauben, »sein Land und seine Kultur hätten mit Joseph II. begonnen«.

Wenn er ehrlich ist und auch sehend, dann sieht er auch, daß diese Welt nicht mehr seine Welt ist, daß sie aber scheinbar dennoch durch ihn zusammengehalten wird. Scheinbar; wenn er also ehrlich ist und auch sehend, stellt er sich die Frage: wozu. Nein. Wer wozu sagt, ist ein Revolutionär oder depressiv. Und wenn es kein Wozu gibt, dann gibt es entweder Arbeit, man tut, was zu tun ist, als wäre gar nichts geschehen (aber es war! es war was geschehen!), oder aber es folgt das Amüsement, eingebettet in obligatorische Resignation.

Ich spreche – im Grunde – von meinem Großpapa. Der über einen messerscharfen Verstand und unfaßbaren Reichtum verfügte wie ein Jókai-Held, von großer Macht und großem Einfluß (»wo er hintrat, wuchs kein Gras«) und ebensolcher Autorität war, trotzdem wirkte er immer so, als würde er am Rande des Spielfelds stehen. Wobei man nicht behaupten kann, er hätte am Spiel nicht teilgenommen. Er war kein Zyniker, er war sich der sogenannten historischen Verantwortung durchaus bewußt.

Kurz vor seinem Tode ließ Ministerpräsident Gyula Gömbös Großpapa ausrichten, er würde ihm gerne seinen Pfirsichgarten in Tétény zeigen. Großpapa konnte den Gömbös nicht leiden, er verabscheute ihn wie den eigenen Fußgeruch (»als Personen standen wir einander ziemlich fern«), und auch zu Pfirsichen hegte er kein zügelloseres Verhältnis als üblich, dennoch ging er hin. Er fand einen Schwerkranken vor, der sich seines Zustandes bewußt war. Das Gehen fiel ihm schon schwer, nach einem kurzen Spaziergang setzten sie sich »in die Halle der hübschen Villa«. An den Wänden rundherum niedrige Bücherschränke und über ihnen alles voll mit Ehrenbürgerurkunden und ähnlichem, eine ganze Armee. Gömbös sprach schwermütig, resigniert über die nahe Vergangenheit, drückte sein Bedauern darüber aus, daß mein Großvater und dessen Freunde ihn mißverstanden haben. »Ich bitte dich, das ist ja wohl verständlich«, Großpapa nickte. Er sah sich den kranken Menschen an. Bald würde er sterben. Um wieviel leichter war es, auf diese Weise, jetzt, mit ihm zu reden. »Weißt du, mein Lieber, wenn ich nach einem meiner umjubelten Auftritte nach Hause zurückkehre, sehe ich im Salon nicht das, was du siehst«, Großpapa machte unwillkürlich eine geringschätzige Bewegung, »sondern, sagen wir, das Porträt eines Schicksalsgenossen Rákóczis im Exil in Rodostó oder das Bild des Primas, der den ungarischen König krönte, des Kanzlers, der das Toleranzedikt gegenzeichnete, Napoleons Königskandidaten, des Außenministers von '48, ich sehe, ich darf das Bild meines Großvaters sehen, der Schmerling gestürzt hat, und wenn ich an diese denke, kann ich mir überhaupt nicht sicher sein, ob sie mir auch applaudiert hätten. Du hingegen, mein lieber Freund, wenn du nach einer deiner gelungenen Reden, einer deiner kühnen Aktionen nach Hause kommst, was siehst du?« Wieder sah er sich geringschätzig um. »Du siehst zu Dutzenden diese vielen Dokumente deiner Ehrungen und Anerkennungen, und du kannst kaum an der Richtigkeit und Dauerhaftigkeit deiner Schritte zweifeln!« Großpapa sah, daß Gömbös ihm nicht zuhörte, aber er sprach weiter. Es tat ihm gut, ehrlich zu sprechen. »Was du nicht weißt, und das hat uns voneinander ferngehalten, ist, daß es den Sinn für historische Verantwortung einerseits gibt und den vergänglichen Weihrauchduft persönlichen Erfolgs andererseits, und daß das zwei verschiedene Sachen sind. Und sie wirken eben verschiedentlich auf den Menschen. Falls du sie«, nun lächelte mein Großvater, »voneinander unterscheiden kannst!«

Gömbös war da schon müde, er starb im Oktober darauf (1936). Beim Abschied überreichte er meinem Großvater überraschend ein großes Glas Pfirsichmarmelade. Ein gigantisches Zehnliterglas. »Typisch für Gömbös' Kapriziösität.«

In der Aussiedlung hatte meine Mutter im *Gömbös*, wie das Einmachglas hinfort hieß, im allgemeinen Salzgurken aufbewahrt, ich kann mich an die Fallschirme des Dills erinnern, bis es mir eines Tages auf den Kopf fiel und in tausend Stücke zerbarst. Irgendwie waren eine Menge Leute zu Gast, und mein Vater holte siebenundzwanzig Glassplitter aus meinem Auge. Alle sahen uns ohne einen Mucks zu, mein Vater gebärdete sich, als würde er operieren.

»Siebenundzwanzigmal hättest du erblinden können«, sagte er später stolz. »Siebenundzwanzigmal!«

»Fertig!« verkündete er nach einer Weile. Die Gäste applaudierten. Papi wischte sich die Stirn und kippte sofort einen Gemischten. Von historischer Verantwortung konnte hier keine Rede sein, es war lediglich der vergängliche Weihrauchduft persönlichen Erfolgs, der meinen Vater gestreift hatte. Er freute sich darüber. Und ich wurde überflüssig in der Nacht.

98

Mein Großvater war nicht Essayist, sondern Philologe der Geschichte. Er war noch jung, als er ins Oberhaus kam, und er wurde, was nicht üblich war, als Ersatzmitglied der Delegation sofort in die Wiener Kommission für die gemeinsamen Angelegenheiten der Monarchie berufen. Er wurde Mitglied des Unterausschusses des Schlußrechnungsausschusses. Delegationsersatz, Rechnungsunter- oder gar Ober- und Oberober-, aber immer sowas in der Art: unbestechliche, fachkundige Auseinandersetzung mit kleinen, sachlichen Angelegenheiten, während das Überleben und die Ehre der Nation auf dem Spiel standen. Die Frage bezieht sich auf die Existenz Gottes, aber ein Nachdenken ist nur über die Zahl der als Penitenz verhängten Vaterunser möglich.

Würde es einen Krieg geben, diese Frage hing damals in der Luft. Das junge Unterausschußmitglied blätterte am ersten Tag in den Akten und »irgendwie fiel ihm ein«, sich nach dem Stand der Kohleversorgung der Kriegsmarine zu erkundigen (ob denn die Kohle, die auf dem Papier stand, de facto auch vorhanden sei). Er ahnte nicht, in was für ein Wespennest er damit stach, denn natürlich gab es die Kohle nicht, man hatte für das Geld Waffen gekauft, was zu einer heiklen Streitfrage zwischen dem Belvedere und dem Marinekommando wurde. Die Sitzung wurde sofort vertagt, um eine taktvolle Antwort auf die taktlose Frage zu verfassen.

»Frag, bevor du fragst«, sagte Wekerle väterlich.

Für die Delegaten gab es ein großes Mittagessen in der Burg, anschließend kaiserliches *cercle*. Wo es als Auszeichnung galt, angesprochen zu werden. Die ungarischen Herren warteten in einem Halbkreis stehend auf den Spaziergang des Königs, Großpapa stand als Neuling ein bißchen weiter hinten, damit er – als passiver Beobachter! – alles in Augenschein nehmen konnte, er hielt es für ausgeschlossen, daß er an die Reihe kommen könnte.

Franz Joseph kommt herein, sieht sich wie ein strenger, gereizter Büroleiter um, erblickt meinen kaum zwanzigjährigen Großvater, wendet sich ohne Gruß sofort ihm zu, die anderen treten beiseite, um den Weg frei zu machen, mein Großvater nimmt erschrocken wahr, daß er ganz allein in der Mitte, sozusagen im Weg herumsteht, macht sofort einen Schritt zur Seite, zurück ins Karree der anderen, der König ändert grimmig die Richtung und kommt schon wieder auf ihn zu, eilig, ungeduldig, die Delegaten machen wieder den Weg frei, mein Großvater weicht seitwärts mit ihnen zurück, der König wendet sich ihm wie einem Magneten wieder zu und ruft:

»›*Halt endlich!*‹« Und zeigt mit derselben »Bewegung« ein gnädiges Lächeln. »Euer Großvater war ein verläßlicher Mensch, von Euch erwarten wir dasselbe«, und damit wandte er sich den Älteren zu.

»Hast einen hübschen Krebsgang gemacht, Móric«, gratulierten ihm diese nach dem Cercle.

»Immer nur vorwärts, mein lieber Sohn«, zwinkerte ihm Wekerle zu.

Mein Großvater sah sich die Abrechnungen an, die Kontrakte, die Aufstellungen, die Berichte, und wenn er etwas nicht verstand – eine Eigenschaft der klugen Menschen –, fragte er. Wekerle und Tisza ließen ihn routiniert auflaufen. Aber was passiert denn, wenn der Vertrag mit Serbien nicht termingerecht geschlossen wird, interpellierte Großpapa beim Ministerpräsidenten.

»Ich werde ganz einfach konstatieren, daß ich den griechischen Kalender gemeint habe, die Serben werden geschmeichelt sein, und ich gewinne dreizehn Tage«, schmunzelte Wekerle.

Das Haus amüsierte sich prächtig über die vernichtende Antwort auf die ärgerliche Neugier des Jünglings. Ein andermal nahm er Tisza ins Kreuzverhör, lange, minuziös und sorgfältig. Darauf muß man aber nun wirklich eine Antwort geben! Tisza antwortete auch, ganze zehn Sekunden lang.

»Schön, schön«, nickte der große Tisza. »Dazu fällt mir eine Frage aus dem kleinen Katechismus ein: Wenn du all das glaubst, bekennst und weißt, was hast du davon?!« Und damit setzte er sich. Heiterkeit von rechts, links und der Mitte.

Die Welt stürzte in schöner Ordnung, Tag für Tag mehr ein, mein Großvater durfte aus der Nähe zusehen. Sein Leben schien eine ununterbrochene Glosse zur Geschichte zu sein, Fußnoten in dem ihm eigenen wortkargen, rigiden Understatement. Manchmal ist das wenige genug, manchmal zuviel, aber immer mehr als gar nichts, sagte er. Und daß die Dinge entweder klein sind oder als bedeutend erscheinen.

99

»Mein Schreiben bekräftigt vielleicht (nicht) den Spruch des Herzogs de Ligne: Die Menschen sind des Guten schnell überdrüssig, finden das Übel und halten sich dann daran – aus Angst vor größerem Übel.

Nach dem Mord von Sarajevo begleiteten einige von uns, die wir die Verstorbenen kannten, in einer stürmischen Nacht den Leichenzug bis nach Artstetten (links der Donau bei St. Pölten). Mißfallen in höfischen Kreisen. Ich bin der Meinung, wenn das Begräbnis feierlicher gewesen wäre, hätten sich die Disponenten der Großmächte zusammensetzen und das Schicksal der Welt eine andere Wendung nehmen können. (Anm.: Das Schicksal der Welt nimmt *nie* eine *andere* Wendung.) Aber so kam nur »An meine Völker«, und ich rückte ein. Mein Bruder Alajos starb den Heldentod.

Zum Begräbnis Franz Josephs bekam ich Fronturlaub. Eine unaussprechliche Kälte lag in diesem historischen Akt, wie wir ihn begruben, unbewußt trugen wir die Monarchie zu Grabe. Zum Glück fuhr ich auf dem Rückweg von Wien über Marchegg statt über Bruck, das rettete mir das Leben, denn der Zug verunglückte, wobei Sekretariatschef Thallóczy aus dem Finanzministerium verunglückte, und ich wäre sicher mit ihm im Salonwagen gefahren.

Franz Joseph ist der unbedeutendste Tote der Geschichte.

Bei der Krönung selbst hatte ich die Ehre, die Heilige Krone drei Tage lang zweimal täglich zu geleiten, von der Burg (Panzerkassa) in die Krönungskirche, hin und zurück, hin und zurück.

Zu meiner Überraschung wurde ich zum Geheimen Rat ernannt.

Schlechten Eindruck machte der kurze Aufenthalt, die schnelle Abreise der Majestäten.

Wenig bekannt, anfangs Jänner 1917, Gerüchte über einen bevorstehenden uneingeschränkten U-Boot-Krieg. Gefahr für den Eintritt der USA und Gegensatz zu den Friedensfühlern vom 12. Dezember 1916. Ich wollte interpellieren. Es war Sitte, den Ministerpräsidenten schon im vornhinein zu verständigen; Tisza war ganz meiner Meinung, erzählte, er selbst habe den Plan schärfstens mißbilligt, auch gegenüber Kanzler Bethman-Hollweg, doch die Deutschen ließen nicht locker. Fügte resigniert hinzu, muß halt auch bei dieser Entscheidung das Odium auf sich nehmen. Ersuchte mich, nicht zu interpellieren. Ich schwieg.

Im Frühjahr 1917 wurde ich nach Budapest berufen. Dort bot Tisza István Bethlen und mir einen Ministerposten in seinem Kabinett an. Wir nahmen das Angebot nicht an. Wir hätten höchstens politische Geiseln zwischen den unzufriedenen Parteien werden können. Bemerkung: Das königliche Handschreiben über das Wahlrecht war eine Folge aus der sog. preußischen ›*Osterbotschaft*‹, die dort die Reform gebracht hatte.

Im Juni wurde ich, um die seit Monaten schwelende Krise zu lösen, ermangelst eines Anderen mit der Regierungsbildung, der Einführung des allg. Wahlrechts beauftragt. Am 12. Juni wurde ich in aller Früh in Audienz befohlen, Seine Majestät teilte mir seine Absicht mit. Ich lehnte ab. Im Laufe des Tages noch zweimal in Audienz. Da kein anderer Ausweg gefunden wurde, willigte ich endlich ein, eine Minoritätsregierung zu bilden, welche von allem Anfang an kränkelte. Als ich vor meiner dritten Audienz im Vorzimmer wartete, kam Baron Nagy, Ungarchef der Kabinettskanzlei, mit Akten vollbeladen aus dem Arbeitszimmer Seiner Majestät an mir vorbei und fragte: Aber Exzellenz, sagen S' mir doch, was g'schieht halt heut da?!

Um die weisen Ratschläge von Andrássy nicht zu entbehren, bat ich ihn, in das Kabinett als Minister *a latere* einzutreten, er versprach es mir, sagte aber im letzten Moment ab. Die Peripetien der Kabinettsgründung möchte ich nicht ausführen, nur soviel, ich hatte Grund anzunehmen, Apponyi wäre mit dem Kultus zufrieden und könnte im Herbst mein Nachfolger werden. Ich wurde enttäuscht; er auch.

Im Sommer 1917 der deutsche Kaiser in Laxenburg. Mußte mich vorstellen. Auf dem Tisch Wilhelms II. das für mich vorgesehene Eiserne Kreuz I. Klasse. Von Anfang an frostige Stimmung, unangenehm. Wurde stehend empfangen. Der Kaiser kritisierte mehrere ungarische und österreichische innere Angelegenheiten. Er hatte mit keinen, ich mit letzteren nichts zu tun. Ich dies mitgeteilt. Er blickte mich so scharf an, daß ich fast gelacht hätte. Dabei war es nicht witzig. Seine Majestät war auch nicht erfreut, daß sein Ministerpräsident derart gehaßt wird.

Der Kaiser machte mir in scharfem Tone Vorwürfe wegen der Begnadigung von Kramař. Antwortete: a) Innere Angelegenheit Österreichs, und ich ungarischer Ministerpräsident, b) sollte es aus militärischen Gründen doch wichtig erscheinen, Details zu erfahren, Ministerpräsident Seidler könnte Aufklärung geben. Dies gefiel nicht. Als ich erwähnte, es wäre an der Zeit, den Krieg zu beenden, zeigte er sich bestürzt.

›Es scheint, Sie sind wenig über die Kriegslage orientiert.‹

›Allerdings, Eure Majestät. Die Lage an der Westfront ist mir sozusagen unbekannt.‹

›Wissen Sie, daß täglich X Pferde an der Pferdepest in Frankreich eingehen?‹

›Höre dies erst jetzt, Eure Majestät. Leider benützte Joffre requirierte Taxis im Herbst '14 …‹

Worauf er, sehr scharf: ›Merken Sie sich, wissen Sie, vor welche Entscheidung mich mein Generalstab gestellt hat? Vor die Entscheidung, entweder Calais oder Paris zu nehmen.‹ (Wörtlich! Am 6. Juli 1917.) Als würde ein Kind prahlen. Ich antwortete mit einer kleinen Verbeugung nur soviel:

›Majestät möge die Durchführung nicht schwerer sein als die Wahl.‹

Der Kaiser sah mich einige Sekunden stumm an; hätte ich etwas zu verlieren gehabt, hätte ich alles verloren.

›*Genug, danke.*‹

Und da fiel ihm eine seiner Auszeichnungen von der Brust, gab einen scharfen, klingenden Ton. Ich trat zurück, worauf Seine Majestät, ich verstehe bis heute nicht, warum, sich bückte, um sie aufzuheben, aber da sprang schon Bárczy, der Sekretär hinzu, und sie stießen mit den Köpfen zusammen, wie im Zirkus.

›*Idiot.*‹ Der Kaiser winkte ab.

Eine sehr seltsame Szene. Was für Reflexe mögen ihn veranlaßt haben, sich zu bücken? Mir fiel das gar nicht ein. (Übrigens erinnerte sich der Exkaiser Jahre später in Dorn an die ›freche Antwort des jungen Mannes‹. Ich stand nur da. Das Eiserne Kreuz blieb auf dem Tische liegen. Beim nachfolgenden Hofdiner dachte mein Sekretär, der arme Bárczy, ich hätte vergessen, es anzuheften, er brachte mir bestürzt eines, und als ich ihm zuflüsterte, ich habe es ja nicht erhalten, wußte er nicht, ob er den eigenen II. Klasse tragen dürfe. Ich beruhigte ihn. (Er beruhigte sich.) Später erhielt ich via Budapester Konsulat selbst die II. Klasse (!), ohne ein Wort, wurde auch während meiner Dienstzeiten niemals nach Deutschland eingeladen. (Ashmed Bartlett, englischer Journalist, beschreibt in seinem Buch *The Tragedy of Europe* diese Audienz ganz falsch.)

Wurde in Ofen von einer deutschen Marineabordnung aufgesucht, welche mich lauthals von der Effizienz einer Meeresblokkade zu überzeugen versucht. (Sie wußten, ich bin dagegen, sie wußten, es hat mich nur Tisza damals davon abgehalten, im Plenum zu sprechen. Auch Tisza dagegen, das wußte wiederum ich.) Sie entrollten große, bunte, schöne Landkarten vor mir, knieten sich daneben auf den Boden, wozu ich nicht bereit war. Danach sagte mir Bárczy, ich hätte recht gehabt, der ungarische Ministerpräsident hätte so etwas nicht tun können. Ich sagte ihm, ich sei als Privatmann stehen geblieben, welcher ein schmerzendes Knie hat.

Sie zeigten auf der Karte, wie und wo sie das Mittelmeer, die Nord- und Ostsee, den La Manche und den St.-Georg-Kanal abgeschlossen haben. Frage unschuldig nach dem Abschnitt zwischen Brest nach Bordeaux, sie schütteln mit den Köpfen. In Kenntnis dessen, was dann kam, ein dreifaches Hoch!

Im August wurde es Zeit für mich, zurückzutreten (damit zur Sitzungsperiode im Herbst eine neue, consolidierte Regierung aufgestellt werden konnte). Teilte dies zuerst Tisza mit, als dem Führer der Majoritätspartei. Wir sprachen auch über meinen Nachfolger. Ich erwähnte Klebelsberg, unter anderen, er war schließlich sein Staatssekretär. Tisza schweigt, dreht mir den Rücken zu, schaut beim Fenster hinaus. Er schweigt, ich auch. Schließlich sagt er:

›Nein, nein, er ist nicht geeignet.‹

Mein Schweigen nunmehr ein überraschtes. Dann sagt er langsam, als würde er eine äußerst wichtige, ja schwerwiegende Sache mitteilen:

›Weißt du, was er mir angetan hat?‹ Der brave Klebelsberg ... ich konnte mir überhaupt nicht vorstellen, was er Tisza angetan haben könnte. Schließlich dreht er sich vom Fenster weg. ›Er ließ mich ein Jahr lang glauben, er sei Kalvinist!‹

So etwas qualificiert einen natürlich nicht; es wurde dann auch ein anderer mein Nachfolger, trotz dessen, daß er (Andrássy) mich im Juni hat sitzenlassen, aber vielleicht war es gerade das, woran sich der König erinnerte.

Da Seine Majestät schon wegen der österreichischen politischen Wirren und Frontbesuche schwer nach Pest gelangte, fuhr ich öfters nach Reichenau bzw. Baden. (II. Klasse, was viele nicht verstehen wollten und mir vorhielten. Die II. Klasse fährt genauso dahin, war meine Antwort. Deswegen nannte man mich geizig.) Um Aufsehen zu vermeiden verließ ich den Zug an irgendeiner Station nach Bruck und fuhr per Auto ins Hoflager. Dort war die Diskretion nicht besonders, so kam mir einiges zu Ohren, was ich nicht wußte, was eigens für die Ohren eines Ministerpräsidenten bestimmt war. U. a. von Friedensverhandlungen mit Frankreich durch Revertera und Prinz Sixtus.«

100

Einmal, zu Beginn der sechziger Jahre, verbrachten wir die Sommerferien bei Nicolas Graf Revertera, Sohn von Nicolas Graf Revertera, damals waren sie gerade an der Reihe, die Aufgabe »Gestaltung der Sommerferien durch quasi-provinziellen Cousin« zu absolvieren. Wilde Steiermark, reißender Bergbach (den wir per Gummimatratze »zuritten«, nicht ganz ungefährlich, wie ich finde, die Tante feuerte uns vom Ufer aus lachend an und fuhr mit ihrem Jeep mit uns um die Wette), Urgestrüpp, nie gesehene hohe Berge, Felsenklettern (einmal schubsten wir einen sesselgroßen Steinbrocken hinunter ins Tal; wie ein Ball, Spielzeug der Riesen, polterte er nach unten, in immer größeren Sätzen, durch die in der Tiefe des Tals friedlich weidende Kuhherde hindurch, und krachte mit Tosen und Toben in die gegenüberliegenden Bäume; er schlug ein wie ein Meteor. Das hat uns erschreckt. Es war niemand da. An der Spitze eines so hohen Berges, Berggrats kann man sehr alleine sein, und wir mußten unwillkürlich daran denken, daß wir dem Himmel nahe waren. Wir, mein Bruder und ich, sagten kein Wort zueinander, wir knieten uns hin in dieser großen Stille, die nach dem Stein geblieben war, und beichteten, beichteten den rolling stone; aber irgendwie gelang es nicht, wir hatten das Gefühl, Sünder geblieben zu sein, wir hatten den Berg ruiniert.)

Das Schloß! So wie ich es in meiner kindlich gearbeiteten Erinnerung wiederfinde, ist es kein Gebäude; es ist ganz aufgeteilt in mir; da ein Raum, dort ein Raum und hier ein Stück Gang, das diese beiden Räume nicht verbindet, sondern für sich, als Fragment, aufbewahrt ist. In dieser Weise ist alles in mir verstreut, die Zimmer, die Treppen, die mit so großer Umständlichkeit sich niederließen und andere enge, rundgebaute Stiegen, in deren Dunkel man ging wie das Blut in den Adern; die Turmzimmer, die hoch aufgehängten Balkone, die unerwarteten Altane, auf die man von einer kleinen Tür hinausgedrängt wurde; alles das ist noch in mir und wird nie aufhören, in mir zu sein. Es ist, als wäre das Bild dieses Hauses aus unendlicher Höhe in mich hineingestürzt und auf meinem Grunde zerschlagen.

Der Onkel sah aus wie Jean Gabin, ein verschwiegener, schöner alter Mann, monumental, wie eine jahrhundertealte Eiche. Ich durfte ihn zur Jagd begleiten. Rehböcke. Ich hatte ihm im Abstand von zwei Schritten zu folgen. Wenn er stehenblieb, blieb ich auch stehen. Dabei schlief ich vielleicht sogar ein wenig, so früh am Morgen war es. Wenn er schoß, traf er auch. Ich freute mich; ich dachte mich sofort in die Lage des Jägers. Man sagt, das Auge des Rehs, sein Blick sei am menschlichsten unter allen Tieren, menschlich und traurig. Ich erinnere mich an die Fliegen, immer krochen ein paar Fliegen über das geöffnete Auge und seine Umgebung. Das Blut heißt im Jägerdeutsch nicht ›*Blut*‹, sondern ›*Schweiß*‹. Anfangs wurde ich (jedesmal) verbessert, später (ebenso) gelobt.

Meine Schenkel in den brandneuen Jeans rieben aneinander, die Eiche sagte nichts dazu, ab und zu sah sie sich stechenden Blickes um, dann stellte ich die Beine etwas weiter auseinander und ging eine Weile so. Zum Glück sah mich niemand, höchstens das Reh, und auch das nicht mehr lange. Kurze Zeit später schritt ich wieder normal aus und begann wieder zu wetzen, worauf erneut ein Blick folgte. Vielleicht bringe ich da etwas durcheinander, und es war gar nicht Revertera? Stundenlang sprachen wir kein Wort. Zusammensein und schweigen, das kannte ich noch nicht. Bis dahin konnte ich nur alleine schweigen.

Gegen halb elf kehrten wir ins Schloß zurück, frühstückten ausgiebig, dann legte ich mich schlafen. Am Nachmittag gingen wir los zur Schnepfenjagd. Nein, am Abend war's. Arbeitsreiche Tage.

101

»Als ich Gewißheit bekam, daß dies nicht bloß Tratsch sei, entschloß ich mich, zu gehen; mich zu empfehlen. Hatte drei Wege: 1.) Die Sache mit Seiner Majestät zu klären. Wäre einfach, jedoch sicherlich hindernd für den weiteren Verlauf der Verhandlungen und hätte Seine Majestät in Verlegenheit gebracht, wieso er Vertrauen zu einem verantwortlichen Ministerpräsidenten noch habe, dem solche Verhandlungen vorenthalten wurden. 2.) Noch einfacher: ohne mich weiter zu informieren, demissionieren, kein Vertrauen der Krone, kann Verantwortung für mir unbekannte Verhandlungen nicht tragen, unverantwortlicher Minister: ein Unding. (Falls es mißlingt, soll er sich nur anrennen, gelingt es, um so besser.) 3.) Komplizierter: Wenn mir schon aus irgend einem Grund die Verhandlungen vorenthalten wurden und ich daher nicht beurteilen kann, ob eine Chance des Gelingens vorhanden oder möglich, Seine Majestät zu decken, für den Fall, die Sache geht schief.

Als ich Abschied nahm, wahrheitsgemäß meine Gesundheit, chronische Schlaflosigkeit angebend, war Seine Majestät rührend gnädig; ich glaube, er ahnte, daß ich einiges ahne. Wollte mir allerhöchste Auszeichnung verleihen, was ich dankend ablehnte und ihn bat, als Zeichen seiner unveränderten Gewogenheit noch ein letztes Mal meinen Rat zu befolgen und dem deutschen Kronprinzen schriftlich bekanntzugeben, daß ohne eine Rückerstattung Belgiens und Elsaß-Lothringens ein Frieden nicht möglich, andererseits hundertprozentiger Sieg koste noch viel Blut und ist unsicher. Dies geschah (wenn auch in recht gemilderter Form, ohne die Erwähnung Belgiens), ging per Oberst-Flügeladjutant Graf Lechodowsky an den Kronprinzen. (Der Brief wurde von Prinz Sixtus publiziert in seinem Buch, Seite 277.)

Ich entfernte mich aus dem Samtfauteuil mit der Idee, wenigstens etwas Nützliches geleistet zu haben; da ich um das moderne ›*secret du roi*‹ wußte, wollte ich mit dem Brief den König decken, und, sollte das Unternehmen mißlingen, konnte ein ›Habe es ja bereits im Sommer '17 gesagt‹ ein nützliches Alibi sein (bona fide). Als dann im Mai 1918 der Czernin-Clemenceau-Streit losging, wurde dieser Brief ›als überholt‹ nicht benützt, dabei hätte das die vielen peinlichen Erklärungsversuche gegenstandslos gemacht. Ich war damals Minister ohne Portefeuille im Kabinett Wekerle, demissionierte zum zweiten Mal in acht Monaten. Die der Öffentlichkeit gegebenen Erklärungen konnte ich nicht decken.

Die damals ausgebrochene Xte ungarische Ministerkrise kam mir sehr gelegen. Ich hatte noch Gelegenheit, mich entschieden gegen eine eventuelle Abdankung Seiner Majestät zu stellen, politisch, militärisch katastrophal und in Anbetracht des minderjährigen Thronfolgers auch staatsrechtlich und dynastisch ein Unglück. (Napoleon I., Karl X.)

Aber zurück zu meiner Abschiedsaudienz im August 1917. Zu meinem Nachfolger empfahl ich Andrássy, trotzdem er mich mit meiner Regierungsbildung sitzenließ und deshalb auch Seiner Majestät nicht *sehr* verläßlich vorkam. Wekerle wurde betraut (ich glaube, auf Rat Daruvárys), der über bewundernswerte taktische Künste verfügte, aber bei Seiner Majestät leider absolut schlecht angeschrieben war, der die Aversionen Franz Ferdinands übernommen hatte. (Die Antipathien zwischen F. F. und Wekerle beruhten auf Gegenseitigkeit.) Ich bat, mir glauben zu wollen, als ich aber bemerkte, daß Seine Majestät bei seiner Meinung bleibe, legte ich dar, daß das absolute Vertrauen der Krone dem jeweiligen Ministerpräsidenten gegenüber unerläßlich sei. Besonders in Kriegszeiten. (Im nächsten Jänner kam ich nur um Wekerle zu kontrollieren in sein Kabinett; recht unerquicklich …)

Seine Majestät fühlte nach, was würde geschehen, falls etwa Károlyi ›versuchsweise‹ betraut würde, den ich als möglichen Nachfolger nicht erwähnt hatte.

›Telefonisch würde er Eure Majestät zum Abdanken auffordern‹, was im November '18 auch erfolgte. Wir lachten, ohne Grund.

Im Sommer 1918 – ich hatte mich von der aktiven Politik stark zurückgezogen – begegnete ich in Wien Marschall von Böhm-Ermolli (ich diente als Freiwilliger unter ihm und habe ihn gelegentlich Seiner Majestät empfohlen, um die italienische Front zu inspizieren), er war auf dem Weg nach Baden zum König; am Michaelerplatz gesellte sich der ehemalige Außenminister Burian zu uns.

Beide waren sorgenvoll.

›Das Ärgste ist, daß selbst die Deutschen nicht mehr an einen Sieg glauben.‹ Ich rief einen Bekannten in Budapest an und teilte mit, ich möchte mich am Abend mit Großkopferten (sic!) treffen. Ich nahm den Schnellzug um fünf, um zehn saßen wir schon zu mehreren beim Abendessen. Tisza kam später dazu.

›Es ist vorstellbar‹, trug ich ihm vor, ›daß der Krieg nicht mit einem Sieg endet. Jedenfalls geht er seinem Ende zu, und es ist höchste Zeit, sich konkret mit der Friedensfrage zu befassen. Siebenbürgen, Kroatien, möglicherweise die nördlichen Komitate werden bei den Verhandlungen in Rede kommen. Man müßte an deren Autonomie denken und sich kümmern, sonst verlieren wir sie.‹

›Würdest du das bitte wiederholen, Móric, was du eben gesagt hast?‹ Er sah mich gereizt an.

›Sonst verlieren wir sie.‹

Er blickte mich verwundert an, als wäre die Beschneidung des Landes meine Idee gewesen. Was danach tatsächlich geschah, ahnte keiner von uns, diese Parade der historischen Dummheit, Engstirnigkeit und bestialischer Selbstsucht.

›Die Union Siebenbürgens und die Rechtslage Kroatiens sind innere Angelegenheiten Ungarns und können als solche nicht der Gegenstand internationaler Verhandlungen sein.‹

Ich erwähnte, daß ich unlängst in Prag eine sog. ethnographische Karte Ungarns gesehen habe, ungefähr mit den späteren Grenzen von Trianon.

›Lächerlich‹, entgegnete er, ›dann würde ja am Ende auch Geszt (der Tisza-Besitz) an Rumänien fallen!‹

Auch jetzt lachten wir, und Geszt fiel tatsächlich an Rumänien. (Nicht ganz, es blieb in Ungarn, 870 Meter von der Grenze entfernt.) Jedes weitere ›Denken und Kümmern‹ schien sinnlos, also fuhr ich nach Hause aufs Dorf. Tisza sah erst nach seiner Rückkehr aus Sarajevo klarer. Seine rücksichtslose Wahrheitsliebe verleitete ihn am 16. Oktober 1918 zum verhängnisvollen Ausspruch:

›Ich gebe dem Grafen Károlyi recht, den Krieg haben wir verloren.‹

Dieser Ausspruch legitimierte Károlyi, Cousin meiner Frau, diesen antidynastischen Defätisten, der dann 1918 Präsident der Republik Ungarn wurde, als er nach einigen Monaten die Macht an Béla Kun übergab, sein Vaterland seinem Schicksal überließ und am 4. Juli 1919 per Auto ins Ausland fuhr (mit meiner Hilfe) und erst am 8. Mai 1946 zurückkam, als dies ohne Risiko geschehen konnte. Wurde von vielen begrüßt, die fälschlich glaubten, er werde nun für die Demokratie seiner bürgerlichen Republik vom November 1918 kämpfen, statt dessen vertrat er die Diktatur des Proletariats in Paris, exponierte sich allerdings dann für Rajk und dankte ab. Soll materiell keinen Schaden bei seiner Rückkehr erlitten haben, starb im eigenen Hause, während ›sein Stand‹ ... Details unnötig. Seiner leidenschaftlichen Destruktion gelang es, auch sich und sein Andenken in Ungarn zu destruieren. Conduire ne puis suivre ne daigne, charakterisierte ich ihn viele Jahre früher.

Anfangs Oktober 1918 begleitete ich Tisza, Andrássy und Apponyi nach Wien. Burian hatte sie gerufen. Es handelte sich um ein Waffenstillstandsangebot an Präsident Wilson. Es war wohl tragisch dramatisch, die drei Staatsmänner, die unzweifelhaft leitende Rollen in der politischen Geschichte Ungarns während der letzten 20 bis 30 Jahre gespielt hatten und oft die erbittertsten Gegner waren, zu beobachten, zuzuhören – in diesen letzten Stunden ihres alten Vaterlandes. [Und ich betrachte Großpapa auf gleiche Weise ...] Tisza war noch ganz unter dem Eindruck seiner Sarajevo-Reise, Andrássy konstatierte mit Wehmut, daß das Werk seines Vaters nun vor dem Zusammenbruch, Apponyi sah, daß eine angebliche Unabhängigkeit und Selbständigkeit Ungarns, für die er gekämpft, kaum ohne große territoriale Opfer erreichbar sein werde. Ich wohnte einigen Besprechungen bei und konnte den Optimismus der Parteien auf eine halbwegs günstige und baldige Antwort Wilsons absolut nicht teilen.

Hatte gewissen Einblick in den damaligen politischen Hexenkessel der Monarchie, der alles eher war als dualistisch. Die Auflösung setzte schon ein, bevor der Körper eine Leiche war.

United States of Austria? (Herron Lammasch, Februar 1918.) Sicherlich hätten Wilson und Co. die Gelegenheit gehabt, die Möglichkeit und die Zeit(!) dazu zu geben, falls es ihnen überhaupt darum gelegen wäre. Denn noch nie war eine ähnliche Macht, das Geschick so vieler Hundert Millionen in den Händen so weniger, eines Gremiums von vier Personen. Den Donauraum zu zerstückeln gelang (Vergeltung, Rache, Gloire und Revanche, hang the Kaiser etc. – dies waren Clemenceaus Leitmotive), aber trotz dieser fast unbeschränkten Macht und Möglichkeiten konnte sie nicht eine dauerhafte Neugestaltung der Welt sichern. (Wie es damals dem Wiener Kongreß gelang: Er schuf das XIX. Jahrhundert. Keine große Kunst, wenn man so will, nicht gerade ein ›*Prachtstück*‹, aber immerhin.) Hitler, Stalin, die braune und die rote Diktatur, das ist das vernichtende Resultat von Versailles-Trianon. Prüfstein einer jeden Politik bleibt das Ergebnis.

Bliebe andererseits die Frage offen, hätte so ein einheitlicher Bundesstaat, wie ihn bereits Lajos Kossuth als Donaukonföderation geplant hatte, funktioniert? Hätten die irredentistische Propaganda von auswärts und das Selbstbestimmungsrecht im Inneren weitere zentrifugale Wirkung? Wie hätte sich, besonders in Ungarn, das etwa in einigen Gegenden zur Minorität gewordene Ungarntum verhalten. Etcetera.

Aber all dies ist im höchsten Maße hypothetisch.

Ganz und gar nicht hypothetisch hingegen war die Räterepublik. Sehr unerquicklich. Überlegenswerte soziale Gedanken im allerhöchsten Chaos, mit unermeßlicher Dummheit und, milde ausgedrückt, menschlicher Schwäche. Ich hatte schwere Zeiten, meine Gattin war die Tochter des antibolschewistischen Regierungschefs in Szeged, auch gratulierte mir der Volksbeauftragte Hamburger als dem Gatten der wertvollsten Geisel der Räteregierung. Welch zweifelhafte Ehre. Wurde auch für kurze Zeit verhaftet, verbrachte einige Zeit im Batthány-Keller bei den Leninbuben Cserni und Co., mußte meine Frau mit unserem Erstgeborenen allein zurücklassen. [Das ist der Papi! Mein Papa! Mein Papa ist geboren! Hier habe ich es, schwarz auf weiß!]

Nach der Räterepublik wurde ich öffentlich und politisch kalt-, aber zumindest bei Seite gestellt, wurde wegen meines Verhaltens in der Wahlreformfrage 1917 und während des eben abgeschlossenen Bolschewismus sowohl öffentlich als auch privat angegriffen. Nicht zuletzt deswegen, weil ich Anfang August 1919 einige Male mit General Gorton konferierte, u. a. über das freie Geleit für Béla Kun, welcher einer der degoutantesten Menschen war, die mir je begegnet sind. Besonders die Sacher-Brigade (ungarische Aristokraten, die im Wiener Sacher ›saßen‹) kritisierte mich heftig. Gibt Schlimmeres ... dabei war das hier schon ziemlich schlimm. Vor den Ehrengerichten durfte ich mich davon überzeugen, daß Unfehlbarkeit nicht erblich ist. Man schloß mich aus dem National Casino aus, wobei ich fragen hätte können, wer denn dringeblieben sei.

Währenddessen wurde ich als Folge einer Reihe von Todesfällen Vormund bzw. Verwalter von insgesamt dreizehn minderjährigen E.s aus drei Linien, mit Besitztümern in den Nachfolgestaaten sowie auf italienischem, französischem und belgischem Gebiet, in Ungarn mehrfach mehrere Tausend Joch Land. Sorgen, Arbeit, ständiges Reisen war mit diesen Ämtern verbunden, um den Preis der Vernachlässigung meiner eigenen Angelegenheiten, ad notam mit den Worten meines Ahnen, des Palatins Miklós: gevatterliche Liebe.

Ende Oktober 1921 der unglückliche Versuch des Königs zur Wiederkehr. Wir weilten gerade am Grab meines gefallenen Bruders, als wir von Osten, von Bia-Torbágy her, Geschützfeuer hörten. Dann erfuhren wir, daß die Majestäten nach Totis zu meinem Vetter Franz fuhren. Ich eilte am Nachmittag per Pferdewagen hin, da ich mich dort gut auskannte, kam ich trotz Militärposten ungehindert ins Schloß.

Meldete mich, konnte nicht empfangen werden.

Den König sah ich nicht, aber vieles anderes. Die Nacht verlief ruhiger, als allgemein geschildert. Allerdings erschien eine Abteilung, die sich recht arrogant benahm, unter der Leitung eines gewissen Ratz, die aber unverrichteter Dinge abzog. Dieser Ratz soll zur Russenzeit wieder aufgetaucht sein. Die regulären Truppen kannten sich nicht recht aus, ob sie zum Schutze der Majestäten oder zu ihrer Gefangennahme dort verweilten, bis Oberst (?) Siménfalvi erschien.

Nächsten Vormittag war Kronrat. Andrássy, Rakovszky etc. sicherlich dabei. Einer der Herren teilte mir den Beschluß mit: ich solle trachten nach Pest zu gelangen, Apponyi mitteilen, Ihre Majestät habe beschlossen, sich unter den Schutz der großen Entente zu stellen.

Ich nahm den Auftrag entgegen, da er nicht ohne jedes Risiko zu sein schien, bemerkte aber, daß ich meinerseits Apponyi von diesem Schritt abraten werde. Der gekrönte König kann nicht ein zweites Világos spielen, ohne sich und seine Dynastie auf ewige Zeiten in Ungarn unmöglich zu machen. In Tatabánya bekam ich von den Kohlearbeitern (wir ›kannten einander‹ aus der Zeit der Räterepublik, sie gründeten ein selbständiges Sowjet in Tatabánya, wollten von Kun nichts wissen) eine Lokomotive geheizt, Bia-Torbágy, Budaörs, Militär hielt uns nicht auf, auf Umwegen nach Ofen zu Apponyi. Überbrachte ihm den Beschluß mit meiner persönlichen Meinung.

Aus der Sache wurde nichts.

Im Laufe der Jahre wurde dieser mein Standpunkt öfters von legitimistischer Seite kritisiert und für unrichtig befunden.

Zog mich, wie bereits bemerkt, von der Politik zurück, bis mich eines Tages um 1930 Ministerpräsident Bethlen ohne jeglichen aktuellen Grund in einer Volksversammlung ›den Quartiermacher des Bolschewismus in Ungarn‹ nannte. Leider wurde mir das zwanzig Jahre später bei der Verstaatlichung meiner Güter und der Aussiedlung meiner Person nicht zugute geschrieben. Die Geschichte läßt Schlendrian bei der Führung der Rubriken Haben und Soll walten. Befürchte, sie hat andere Rubriken als wir Menschen.

Antwortete, indem ich im Tapolcaer Wahlkreis kandidierte, wurde gewählt (um Bethlens Sturz nach 10jähriger Präsidentschaft zu erleben; zweifelsohne hat er zur Konsolidierung des Horthyregimes beigetragen, auch er hatte sein trauriges Ende nicht verdient). Ich befaßte mich nicht mit der Tagespolitik, durchkämmte budgetfinanzielle Schlußrechnungsfragen in Wort und Schrift; Kritik übte ich öfter in den intimeren Debatten der Ausschüsse, da mir große Reden im Plenum nicht lagen. Wurde auch Mitglied des 33er Ausschusses, welche die Notverordnungen prüfte. Wir Oppositionelle waren so 6 bis 8 Mann hoch, die aber doch einiges erreichten, besonders in der Judenfrage, und in konkreten Fällen konnten wir intervenieren.

Als Mitglied des Wehrausschusses vertrat ich wiederholt und stets ergebnislos den Standpunkt, wir Ungarn ohne Stammesgenossen an der Kreuzung von Slawen- und Deutschtum haben 1914/18 genug verloren, um diesmal, zwar wohl gerüstet, aber außerhalb des Spiels der Großen zu bleiben.

Anfang 1938 kamen der österreichische Außenminister Schuschnigg, Guido Schmidt und Graf Ciano zu Verhandlungen nach Budapest. Anerkennung Francos, Austritt Italiens aus dem Völkerbund etc. Bei einem Essen kam meine Gattin zwischen Ciano und Schmidt zu sitzen [Großmama im Würgegriff der Großmächte?!]; in Cianos Tagebüchern (Bern 1946, Seite 87) ist zu lesen, meine Gattin habe rundheraus die Italiener für die Verstümmelung Ungarns verantwortlich gemacht, und es sei leicht, ein Land zu zerstückeln, aber sehr schwer, es nachher wieder zusammenzuflicken. Ob sie dies und so sagte, weiß ich nicht, aber als Ciano über dem Fogasch à la Orly fragte, wieso ich während meiner Amtszeit nicht in Rom gewesen sei, entgegnete sie:

›Italiens damaliges Verhalten machte dies unmöglich‹, und fügte noch eine spitze Bemerkung über die Bündnistreue ein.

Wie es genau mit dem Plausch war, weiß ich heute nicht, aber ich erinnere mich positiv, daß während der Krönung Papst Pius XII. (an der ich in Begleitung Gyula Czapiks, des ehemaligen Ministerpräsidenten Károly Huszár und Zsemberys im März 1939 teilnahm, was aber wegen der historischen Zäsur nicht von so großer Tragweite oder gar symbolischer Größe war wie das Begräbnis der Königin Viktoria oder das von Kaiser Franz Joseph, bei beiden war ich Zeuge) Ciano auf der Estrade zu mir kam, halblaut den deutschen Einmarsch in die Tschechoslowakei als bevorstehend mitteilte, hinzufügte »rassurez Madame que nous n'y sommes pour rien«, ob er auch »cette fois« hinzufügte, mir nicht erinnerlich.

Zurück im Hotel erwartete mich das Telegramm mit der Mitteilung über den Tod meines Vetters Franz. (Schwerer Gehirntumor, welcher sich unbemerkt entwickelt hatte. Auch er war Olivecronas Patient.)

An einem stockfinsteren Novemberabend fuhr ein ebenfalls stockfinsteres Auto bei mir am Lande vor. Es entstieg ohne Begleitung der Ministerpräsident Pál Teleki, ein Jugendfreund, den ich 1917 zum Leiter des Kriegsfürsorgeamtes ernannt hatte und der später ganz der Szegediner Richtung folgte.

Einige Tage vorher (23. XI. 1940) hatte sich Ungarn im Belvedere dem Dreimächtepakt angeschlossen. Bei seiner Rückkunft nach Budapest hielt Teleki eine etwas elegische Rede, welche den Uneingeweihten sonderbar vorkam. Auch mir gegenüber war er an jenem Abend sehr bedrückt. Wir nippten am 28er Château-Laffite, den mir noch mein Vetter Franz geschenkt hatte. Er beklagte sich, daß sein Minister des Äußern, Csáky [der verstorbene Gatte der schönen Tante Irmi!], in der Frage der deutschen Minderheiten zu weit gegangen sei. Erzählte vom langen Gespräch, das er im Belvedere mit Hitler hatte.

›Dieser Wahnsinnige wird noch ganz Europa in Blut ersticken!‹

Wörtlich, dieser Wahnsinnige wird noch ganz Europa in Blut ersticken; und er habe den Eindruck gewonnen, so lächerlich das auch klingt, Hitler werde gegen die Sowjets losgehen, Krieg auf zwei Fronten, Besiegung Deutschlands, Ungarn als Kriegsschauplatz. Lange – in Laffite-Länge – besprachen wir die Lage und kamen zum Schluß, dringendst einen Freundschafts- und Nichtangriffspakt mit den Sowjets zu schließen, dies könnte Hitler öffentlich Ungarn nicht übelnehmen, da er selbst noch Verbündeter der Sowjets ist, und falls er tatsächlich im Frühjahr gegen Rußland losginge, haben wir eine, wenn auch nur sehr fragliche,

Möglichkeit, neutral zu bleiben (Finnland). Einige Wochen später bekam ich die Nachricht: Die Marianische Standarte von Szegedin kann doch nicht mit Hammer und Sichel zugleich gehißt werden. *›Na, bitte…‹* Dabei hätte uns ein solcher Pakt in Jalta nicht geschadet.

Die Idee scheint doch gewissen Eindruck hinterlassen zu haben, war es dies, oder einfach die verschlechterten Siegesaussichten der Achse, jedenfalls, Bethlen und meine Wenigkeit wurden nach dem Tode Telekis mehrmals zu Horthy berufen.

Der Reichsverweser hatte die fixe Idee, der Krieg werde mit einer »round table Konferenz« enden; da er sich an diese Idee selbst nach Casablanca (1943 Jänner) und trotz dem ›unconditional surrender‹ Roosevelts klammerte, kann ich nicht umhin zu vermuten, er glaubte, Hitler würde das Kriegsende nicht erleben. Jedenfalls schien er über das Ergebnis des 20. Juli 1944 enttäuscht.

Nach einer dieser Besprechungen verließen Bethlen und ich gemeinsam die Burg und er sagte mir deutsch:

›Dem Menschen ist nicht zu helfen.‹

Als ob ihm oder mir zu helfen gewesen wäre.

Ende März 1941 nahm ich an der Beisetzung des Senatspräsidenten Lajos Staud teil, bei dem ich während des Kun-Regimes öfter Unterkunft fand. Mehrere Honoratioren waren zugegen. Hörte, es sei wahrscheinlich, daß wir uns an dem Einmarsch gegen Jugoslawien beteiligen, wo die deutschfreundliche Regierung gestürzt wurde. Konnte des Ministerpräsidenten Teleki nicht gleich habhaft werden, schrieb ihm einen Brief, eventuellen Angriff gegen Jugoslawien eine Infamie ohnegleichen nennend etc.

Bat ihn, mich sogleich zu empfangen.

Dies geschah. Fand ihn verzweifelt, die Militärs zwingen ihn, dies bedeute Kriegszustand mit den westlichen etc., er sehe für seine Person keinen anderen Ausweg als den Selbstmord.

›Vielleicht wird dann das Land zu Sinnen kommen! Da wird es aufhorchen!‹

Ich schwieg lange, was er, so schien es mir damals, verstand. Dann beschwor ich ihn, dies nicht zu tun, Selbstmord bedeute höchstens schöne Trauerreden. Er versprach es; sollte jedenfalls Horthy Teilnahme nicht verhindern, danke er sofort ab. Angeblich soll Horthy ihm gegenüber gegen den Einmarsch gewesen sein, jedoch keinen diesbezüglichen Befehl erlassen haben. Wir marschierten wieder einmal Schulter an Schulter ins Verderben.

Im Laufe eines der Kriegsverbrecherprozesse 1945/46 – ich glaube dem von Bárdossy – kam ein angeblicher Abschiedsbrief Telekis an Horthy zur Sprache. Bis zu meinem Lebensende werde ich hoffen, er sei apokryph, denn einige Sätze (eine Infamie ohnegleichen etc.) stimmen wörtlich mit meinem oben erwähnten, an Teleki gerichteten strengen Brief überein.

Ende Juni 1941 hörte ich aus guter Quelle (General B., Material-Gruppenkommandant): die deutsche Offensive gegen Rußland gehe los. Eilte zu Ministerpräsident Bárdossy.

›Wollen wir den Deutschen in die Sümpfe von Maeotis folgen?‹ (Siehe Imrédys Sage vom Wunderhirsch.)

Er verneinte dies kategorisch, berief sich auf einen vor 8 Tagen nach einer Proposition des Generalstabs gefaßten Ministerratsbeschluß. Beruhigt kehrte ich heim auf mein Schloß; um einige Tage darauf ›Kriegserklärung gegen Rußland‹ im Radio zu hören (27. 6. 1941). Fuhr sofort zu Bárdossy, stellte ihn etc.

›Ja.‹

Er sah mir in die Augen. ›Die Armee hätte gemeutert, wenn

wir erneut tatenlos geblieben wären. Man kann nicht in einem fort mobilisieren, ohne mobil zu werden. Man kann nicht jahrelang vom Feind reden und dabei unaktiv bleiben.‹

Frug auch Honvédminister Bartha, ob ihnen bewußt, was ihr Schritt bedeute.

›Jawohl, es war die letzte Gelegenheit, uns anzuschließen.‹ Nun, sie haben sich angeschlossen und dies ohne unser Wissen, ohne uns zu fragen, gegen das Gesetz.

Die Bombardierung von Kassa, welche als Vorwand der Kriegserklärung diente, geschah nicht von russischer, sondern von deutscher Seite, wie mir dies der Flugplatzkommandant Oberstleutnant Krúdy mehrfach versicherte (wir saßen gemeinsam in Kőhida ein, 1951 wurden wir gemeinsam nach Hort deportiert). Auch glaube ich nicht, daß Horthy viel befragt wurde oder mitzureden hatte. Der Generalstab, Werth & Co., waren schon zu mächtig und hatten Hitler so manches versprochen, von dem die Regierung und selbst Horthy wenig wußten.

Eine Kleinigkeit: am 12. Dezember 1941. Auch ungarischerseits auf Hittlers [Hittler: Großpapa schrieb ihn aus irgendeinem Grunde oft mit Doppel-T] Befehl die tragi-komische Kriegserklärung an USA. Dessen ungeachtet verkehrten wir weiter mit Mitgliedern der USA-Gesandtschaft. Die Gemahlin eines dieser Diplomaten malte Mitglieder der Familie Horthy, und ungeachtet des Kriegszustandes setzte sie ihre Arbeit in der Burg fort. Eines Tages um Weihnachten ersuchte sie mich, sie zu einem Rahmenhändler zu begleiten. Sie kaprizierte sich, einen Rahmen mit der ungarischen Krone zu erwerben.

›Wieso, wozu?‹

›Oh, wissen Sie, ich malte den Reichsverweser, habe eine gute Skizze vom Bild, verlasse leider nächstens Ihre schöne Heimat,

Móric, und möchte drüben die Skizze dem Otto (i.e. Otto von Habsburg) schenken. He'll be pleased with it!‹

Dieses feine amerikanische Gespür für unser europäisches Durcheinander …!

Historisch interessanter. In der Sitzung am 16. Dezember 1941, in welcher Bárdossy ohne das Parlament zu befragen den bereits erfolgten Kriegszustand mit USA vor der Tagesordnung einfach bekanntgab, hielt Zoltán Tildy, Führer der Kleinen Landwirte, eine Rede. Ohne mit nur einer Silbe gegen die soeben gehörte Mitteilung Bárdossys Einspruch zu erheben, ohne gegen eine auf solche Weise erfolgte Kriegserklärung zu protestieren und die Befragung sofort zu verlangen, verherrlichte er Horthy und die Rückgliederung der Bácska im Frühjahr, als würde er einen Trinkspruch halten. (Bárdossy wurde eben wegen der Kriegserklärung ohne Befragung und die Annektierung der Bácska verurteilt und 1946 hingerichtet. Zur gleichen Zeit war derselbe Tildy Ministerpräsident, resp. Präsident mit Begnadigungsrecht. Allerdings waren die Stenogramme obiger Sitzung während seiner Amtszeit gesperrt (bzw. vernichtet?). – Seine Anteilnahme an dem Aufstand Oktober 1956 gereichte niemandem zum Vorteil. 1958 zu 6 Jahren Kerker verurteilt.)«

102

Die komplizierte, kraftvolle Mechanik der Baumschere, die interessante Schönheit der Feder, schräg abgeschnittene Stengel, Zweige, die Obstbäume, die Pfeife, der Rauch, der Duft, die auf braunem Grund karierten (Esterházy-Karo?) Breeches, graue Wollstrümpfe, der Bart und die seidigen, rosaroten Lippen: daran erinnere ich mich von den »Schnittnachmittagen«, die ich mit Großpapa verbrachte. Er liebte es, wenn ich in seiner Nähe war, solange er arbeitete, denn ich war ein stilles, braves Kind, ich konnte und liebte es zuzuhören, ich störte ihn nicht, weder in der Arbeit noch bei seinen ununterbrochenen, lauten Selbstgesprächen. Als hätte er mir erzählt; nicht meinem Vater, mir.

»Bárdossy war klug wie die Sonne. Scharfsinnig. Das hat ihn irregeführt. Diesem Jahrhundert war mit Verstand nicht beizukommen.«

»Tut's nicht weh?« Großpapa sah mich verwundert an. Ich glaube, er hatte es so verstanden, ob ihm das Jahrhundert nicht weh tue. Er antwortete nicht. Ich hatte den Baum gemeint, ob ihm dieses Beschneiden weh tat.

»Apponyi war wohlmeinend. Er fand sogar an Clemenceau noch was Gutes. Wohlmeinend zu sein ist auch zu wenig.«

»Und worin war Großpapa zu wenig?«

»Wie kommst du darauf, daß ich in irgendwas zu wenig war?«

Ich zeigte hinauf zum abgebrannten Flügel des Schlosses und dann »runter« auf seinen geflickten Pullover. Er nickte (»recht hast du, Enkelchen«).

»Ich hatte zu wenig Willen. Und zu viel Einsicht.«

103

»Anfang 1942 war ich bei einem Essen Ribbentrops Tischnachbar. Redete in einem fort in mich hinein, ist historisch unglaublich unbewandert. ›Total‹ siegessicher, ›*sein Führer*‹ hatte ja die Niederlage der Sowjets bereits verkündet *(›Der Gegner gebrochen und nie sich erheben wird‹)*, hat selbst den Oberbefehl übernommen, England verliere Indien, USA bluffe (damit wollte er mich bluffen), Verschlechterung der Verhältnisse der Sowjets zu Deutschland nur uns Ungarn zu verdanken, da durch die zu unserem Vorteil erfolgte Garantie der neuen rumänischen Grenzen nach dem zweiten Wiener Schiedsspruch dem vordringenden

Rußland via Focşan auf dem Balkan Riegel vorgeschoben etc. Kann er wirklich so naiv gewesen sein, zu denken, er könnte mich das glauben machen? (Aus dem Material zu den Nürnberger Prozessen ist zu entnehmen, daß ihr Angriffsplan schon viel früher fertig war.) Unsere Unterhaltung in angespanntem Ton, zog die erstarrte Aufmerksamkeit des ganzen Tisches auf sich.

Ich entgegnete ihm, der Luftangriff auf Belgrad dürfte wohl auch zur Verstimmung Stalins beigetragen haben. Die Russen sind solche Seelenmenschen.

›Pardon?!‹

Mir sei ganz unverständlich, warum *›sein Führer‹* die einzelnen Sowjets, die das Joch Moskaus nicht lieben, nicht zu selbständigen Staaten gemacht habe, statt sie durch Requirierungen, polizeiliche Maßnahmen zusammenzuschweißen und sich künstlich feindliche Partisanen zu züchten. Dies überhörte er.

Gegen Ende des Diners (das dicke Ende!) erzählte er manches über die Äußerlichkeiten der Molotow-Verhandlungen im Berliner Bunker, über den damaligen okkasionellen englischen Luftangriff, ich erzählte ihm kurz meine erste und letzte Audienz bei Kaiser Wilhelm, bat ihn, dies ›seinem Führer‹ mitzuteilen. Daraufhin fuhr er mich an, alle hoben die Köpfe, beziehungsweise gerade umgekehrt, sie tauchten förmlich in ihren Kaffee ein.

›Graf! Wie können Sie Wilhelm II. mit *›meinem Führer‹* vergleichen?!‹ Und wandte sich zu seinem anderen Tischnachbarn. Habe ihn seither nicht gesprochen, auch nicht nach diesem Essen. Die Kellner warteten regungslos auf eine Gelegenheit zum Abservieren.

Unser skandalöses Gespräch ersparte mir ungeahnt einen förmlichen Korb an Horthy. Angeblich soll Horthy – der sich schon damals von Bárdossy trennen wollte (erfolgte Ende März 1942) – die sonderbare Idee gehabt haben, mich nebst anderen als eventuellen Nachfolger den Deutschen vorzuschlagen. Verständlich, daß ich non grata war.

Traf Horthy 1942, nach den beschämenden Ereignissen in Novi Sad.

›Ich bedaure, kein *vitéz*-Ordensritter zu sein‹, sagte ich zu ihm‹.

›Wieso? Wieso? Noch ist es nicht zu spät...‹ Er verstand nicht, was ich meinte.

›Nein, nein, für mich ist es zu spät. Denn wäre ich vor Novi Sad einer gewesen, könnte ich jetzt emeritieren. Jetzt bleibt mir nur noch, niemals darum zu bitten.‹

So geschah es auch, ich bat nie darum, wenn auch nicht ganz so, wie ich mir das vorgestellt habe.

Nach der Kapitulation Italiens und Mussolinis Sturz (1943) war ich bei Horthy. War der Ansicht, da ein Mitglied aus dem Dreierpakt ausgeschieden war, sollten auch wir austreten. Berief mich auf das Beispiel des preußischen Generals Yorck bei der Konvention von Tauroggen 1812 mit Napoleon. Horthy war ganz meiner Meinung, besonders Tauroggen begeisterte ihn förmlich, ließ es sich zwcimal erzählen und begleitete mich zur Türe unter schmeichelhaften Dankesäußerungen. Unangemessen. Nachträglich erfuhr ich, daß Bethlen Horthy schon auf dem Lande aufgesucht hatte, selber Meinung wie ich war und ähnliche Zusagen erhielt. (Bethlen schrieb auch an Kállay.) Ich fuhr wieder einmal beruhigt heim. In einigen Tagen war wiederum das Radio, welches mir das Gegenteil ankündigte: neuerliche Truppen nach dem Osten.

Im August 1943 baten Tildy, Peyer, Rassay und ich Kállay, er solle Budapest zur offenen Stadt erklären. Wir waren noch mitten im

Gespräch, als die Sirenen ertönten. Wir begaben uns in den Bunker des Ministerpräsidenten. Der Oberbefehl der Armee schon dort. Irgendwie verwundert über die Neuankömmlinge, uns. Beruhigten uns, es würde lediglich Wiener Neustadt bombardiert. War auch sofort beruhigt: meine Schwester war dort als Krankenschwester! [Die wunderschöne, blinde Mia Tant'!] Aus der offenen Stadt wurde nichts.

Als die Luftangriffe auf Budapest 1944 häufiger wurden, erhielten die Diplomaten ›Ausweichquartiere‹. Ich bekam die Nuntiatur, der päpstliche Nuntius Rotta wurde ab März 1944 mir in Csákvár einquartiert. Rotta war ein äußerst gottesfürchtiger Mensch, sagen wir so, seine Frömmigkeit überragte seine politischen Anlagen, bei seinem Uditore Msg. Verolino das Gegenteil. Nach langwierigen, schwerfälligen Verhandlungen (an der Druckausübung hatte auch mein Schwiegervater und der später ermordete Bischof von Raab, Baron Apor einen Anteil) gelang es, ihn zu bewegen, daß er zwar nicht als Nuntius, sondern als Doyen des diplomatischen Corps bei Horthy (der sich einige Wochen lang ganz ausgeschaltet hatte) und bei dem König von Schweden Schritte zu einer Intervention bei Hitler gegen weitere Deportation der Juden zu unternehmen. In Pest blieben hiedurch einige Tausend Juden zurück.

Am 15. Oktober 1944 erhielt der Nuntius in Csákvár die Nachricht, die Gattin Horthys werde in der Nuntiatur Asyl suchen. Er wollte sofort nach Ofen, wurde aber 20 km von Csákvár von den Deutschen, die bereits alarmiert waren, zurückgezwungen. Rotta war ständig am Tee trinken, und an diesem Tag besonders.

Als die Lage schon als ganz verloren galt, wurde ich, mehrere Exministerpräsidenten (mein Schwiegervater etc.), der Chef des Generalstabs und zwei, drei Generäle zu einem ›Kronrat‹ in die

Ofener Burg berufen. (Rumänien war Ende August ausgetreten, hatte uns den Krieg erklärt, wir blieben die letzten Satelliten Hitlers. Büttel, sagte man später; die letzten auf jeden Fall.)

Am 8. September 1944 längere Sitzung, Bethlen, der sich auf dem Lande versteckt hielt, in der Uniform eines Obersts, außer ihm noch zehn bis zwölf Mann.

›Die Russen können wo und wann sie nur wollen vordringen‹, teilte uns Vörös, Chef des Generalstabs mit. ›General Guderian hat mir vor einigen Tagen vertraulich zugegeben, daß die V2-Waffen nicht kriegsentscheidend sind.‹

Bethlen sehr entschieden für ein sofortiges Angebot zur Waffenruhe. Mehr oder weniger alle dieser Gesinnung. Ich meldete mich zweimal zu Worte.

›Warum ist man in dieser verzweifelten Lage an unserer Meinung interessiert, nach Kassa hat man uns auch nicht gefragt, sondern die Sowjets angegriffen. Sofortige Waffenruhe! Ich wünsche mir nicht jene bittere Genugtuung, daß abgehalfterte Generale schon zum zweiten Mal wie Hotelportiers die Mützen vor mir ziehen: Exzellenz hatten recht.‹

›Hast recht, Exzellenz‹, sagte Bethlen bitter lächelnd.

Kam spätnachts in Csákvár an, im Bewußtsein, am nächsten Tag würde der entscheidende Schritt erfolgen. Es geschah nicht, wieder nicht. In dieser allerletzten Stunde vergingen noch 5 Wochen, bevor Horthy, verspätet, entschärft, im Radio ankündigte, er *werde* (nicht er habe bereits) Waffenstillstand verlangen, obwohl die Mitteilung der vollendeten Tatsache den Machenschaften des Szálasi-Gesindels einen Riegel hätte vorschieben können. Und selbst das wurde im Badezimmer (!) der Burg widerrufen, als Horthy sich allerdings *vi ac metu* unter Hitlers Schutz stellte und die Macht Szálasi übergab. Ähnlich wie März 1919 Károlyi dem Béla Kun. Schade, daß der Theresienritter sich Hacha und nicht Moscado [?] (Toledo) zum Vorbild nahm.

Allerdings, ohne diese Kapitulation wären die Gegenmaßnahmen und Deportationen seitens Hitler noch ärger gewesen, als sie tatsächlich wurden. Vielleicht ein Bürgerkrieg, geführt von Szálasi, unterstützt von Hitlers Truppen gegen Horthy und die Russen! Möglicherweise freundlichere, mildere russische Besatzung und Behandlung, aber sicherlich beim Friedensschluß mehr Verständnis. Wenn man uns, resp. Horthy, das Beispiel der Beneluxstaaten, das von Dänemark und Norwegen vorhält, lasse man nicht unbeachtet unsere geographische Lage und die See. Rebus sic stantibus, alles seinen eigenen Umständen gemäß.

Von einem der Teilnehmer weiß ich, daß am 11. Oktober 1944 in Moskau, vier Wochen nach dem Kronrat, ohne Wissen des damaligen Ministerpräsidenten Lakatos auf direkten Befehl Horthys ein Präliminarwaffenstillstand abgeschlossen wurde. Mitglieder der Abordnung: Géza Teleki (Sohn von Paul), Faragó, ein Szentiványi etc. Diesbezüglich dechiffriertes Material bei Vattay. Dieses Übereinkommen soll der Grund sein, weshalb Stalin Horthy nicht als Kriegsverbrecher belangte, obwohl vier seiner Ministerpräsidenten aus politischen Gründen innerhalb fünf Jahren nicht eines natürlichen Todes starben.

November 1944 wurde ich vertraulich gewarnt, ich stehe auf der deutschen Deportationsliste. Ich bereitete mich vor, wartete, nicht angenehm. Von Gestapo verhaftet, nach Sopronkőhida (Steinbrückl bei Ödenburg) verbracht, zusammen mit Mindszenty (damals Bischof von Veszprém), László Rajk, Pali Jávor (Zahnfleischentzündung!), Bajcsy-Zsilinszky. Von Weihnachten an mehrten sich die Hinrichtungen, nun war aber Kőhida bloß für gemeine Verbrecher, nicht aber für politische Häftlinge, deren Leben meistens nicht lange währte, eingerichtet, hatte daher weder Galgen noch Henker in der Grundausstattung. Ersterer wurde in der Scheune des Wirtschaftsgebäudes improvisiert, letzterer ein Bauchredner, einer der ›gemeinen‹ Insassen, der uns mit seiner Kunst eine Zeitlang abends unterhielt, bis wir seine sonstige Beschäftigung erfuhren, wonach wir darauf verzichteten, daß er uns abends unterhielt.

Ließ mir vom gew. Ministerpräsidenten Lakatos, der kurze Zeit ebenfalls bei uns weilte, die Geschichte des im Oktober im Badezimmer unterzeichneten Reichsverweser-Manuskripts erzählen. War wenig erbaulich.

Zwei erschütternde Hinrichtungen. Am 24. Dezember (!) gegen 9 Uhr früh die meines Abgeordneten Kollegen Bajcsy-Zsilinszky; ein uranständiger Phantast, ein unerreichbarer Optimist, z.B.: Schuschnigg, dann wieder die Polen werden keinen Deutschen in ihr Land hereinlassen etc. Zwei Tage vor seiner Hinrichtung versicherte er mich: die Anglo-Sachsen würden diesen Justizmord nicht zulassen. Die zweite Hinrichtung die von Niky Odescalchi, der sich mit seinem Flugzeug verirrt hatte.

Physisch ging es uns nicht schlecht, aber die Sitzungen des Sondergerichts ›verhießen‹ uns in einem fort den Strick.

Ich wurde bloß verhört. Alles wurde mir haarklein vorgehalten, selbst meine eigenen kurzen Bemerkungen beim Kronrat vom 8. September wurden wörtlich zitiert (›bedanke mich, jetzt zu Rate gezogen, bei der Erklärung dieses Krieges aber nicht etc.‹); Landesverrat und Feigheit wurden, wie ich hörte, als voll bewiesen erachtet, da ich für den Waffenstillstand gestimmt und während des Krieges wiederholt mich treulos gegen Hitler verhalten habe (woran, zweifellos, etwas Wahres dran war).

Vor das Gericht kam ich aber nicht mehr, die Russen nahten, wir, per pedes, später im Viehwaggon nach Bayern geschafft. Eine Nacht in Mauthausen.

Ich erlebte das Kriegsende bei einem Bauern, in einer Mühle in Bayern. Eben kalbte die Kuh, wir waren alle damit beschäftigt, auf der Straße zogen die Verbündeten ostwärts, die Soldaten winkten. Uns oder dem Kalb, wer weiß …?

Entgegen Ratschläge vieler kehrte ich mit meinem Sohn Mátyás, der das Kriegsende ebenfalls dort erlebte, nach Pest zurück, welches noch ganz verwüstet war. Mußte als Zeuge an den verschiedenen Kriegsverbrecherprozessen teilnehmen. Mußte ständig bei der Hand sein; sozusagen interniert. Die Judenschinder Baky und Endre ausgenommen, empfand ich Mitleid für die eigentlich vorverurteilten Angeklagten. Antwortete bloß knapp auf die an mich gestellten Fragen. Leider waren diese sehr vielseitig und genau. Als Grundlage diente eine lange Erzählung Staatssekretär Bárczys, ein Mittelding zwischen ›*Wahrheit*‹ und ›*Dichtung*‹. Monatelang in Pest, mußte stets telephonisch erreichbar sein. Eine der peinlichsten, unangenehmsten Lebenserinnerungen.«

104

Auch Sándor Márai wurde (zusammen mit Großpapa) zu der Verhandlung gegen István Antal in das Gebäude des Volksgerichtshofs in der Markó- Straße vorgeladen. Traf unterwegs Bárczy von Bárcziháza, auch er als Zeuge. Auf dem Hof wurde nun jede Woche, manchmal auch jeden Tag gehängt. Zehn Jahre galten als Gnade; eine Etage tiefer wurde gerade Szombathelyi diese Gnade zuteil. An diesem Tag, einige Minuten vor ihrer Ankunft, wurden Endre und Baky gehängt. Der Spaßvogel Bárczy, ein mit makelloser Eleganz gekleideter Herr, ging plaudernd über den Flur, in dessen Fenster sich das blutgierige Gesindel zum Gaffen versammelt hatte. Im Vorbeigehen sahen sie durch ein offenes Fenster die beiden Erhängten unten im Hof. Die Gesichter waren schon verhüllt.

»Oh, Endre!« sagte Bárczy leichthin, als würde er einen Bekannten begrüßen. Es fehlte nur noch das Lorgnon in seiner Hand, und man hätte sich im Keller der Conciergerie wähnen können.

Die Zeugen kommen der Reihe nach an. Einige interessante Figuren des Ancien régime: der Jurist Vladár, der Antal auf dem Posten des Rechtsministers nachfolgte, lehnt sich an den Fensterrahmen und raucht Pfeife. Über Endre meint er, dieser sei ein »armer Kerl«, der »ein guter Verwaltungsfachmann war, besonders in Gödöllő«. In Wahrheit war er ein ständig besoffener, hirnverbrannter Sadist mit all der Willkür eines karrieristischen Krautjunkers.

Großpapa kommt nahezu zerlumpt an, mit zerknittertem Hut und Knickerbockern. Selbst so ist er noch der eleganteste Mann in der Stadt oder vielleicht gerade so. Er lächelt sanftmütig, als ihn Márai warnt.

»Heute sind wir Zeugen, aber morgen schon können wir Angeklagte sein.«

»Ich bitte dich, mich haben die Deutschen deportiert, aber jetzt kann ich in Csákvár die Aiglon-Briefe nicht finden. Das bedaure ich sehr. Überhaupt, in Csákvár hatte die Familie zweihundertfünfzig Jahre auf demselben Fleck gelebt, so was ist sehr selten.« Nun hatte er alles verloren, er wohnte bei Pál Jávor zur Untermiete.

Heiter und still. Ein seltenes Exemplar vor dem Herrn, denkt sich Márai. Sie warten stundenlang, bis sie endlich an die Reihe kommen. Gegen Mittag sagt mein Großvater:

»Sag bitte, ist das nicht ein wenig verdummend?«

»Und wie«, sagt Márai. »Verblödend ist es.«

FÜNFTES KAPITEL

105

Auf die Frage, warum sie denn nicht *rübergemacht* hätten, zucken die Aristokraten meist verwirrt mit den Achseln oder versuchen durch kesse Sprüche ... irgendwas zu verdecken, die eigene Ratlosigkeit, den Schmerz eventuell und, wenn sie tatsächlich deklassiert worden sind: das Selbstmitleid. »Der Zsiga wollte ja gehen, aber der Széchenyi hat ihn nicht gelassen«, sagte angeblich der große Jäger Zsiga Széchenyi zu Kádár höchstselbst. »Warum soll ich gehen, sollen doch die gehen!«, oder »Wenn mich das Schicksal nun einmal hierher hat plumpsen lassen! ...« und so weiter.

Auch mein Vater gab nie eine verwertbare Antwort. Vermutlich kann man, wenn man schon fragen muß, nicht mehr antworten. Eine Antwort gibt es nur, wenn es keine Frage gibt. Sie jedenfalls stellten sich selbst diese Frage nie, als hätte ihre Entscheidung eher etwas Reflexartiges gehabt, etwas Biologisches. Ihr Hierbleiben schien derartig gegen ihre ureigenen Interessen zu sein, bedeutete derart nichts (für das Land, die Gemeinschaft), daß man sich zu Recht daran aufhielt: als Fragender. Ein Gentleman wundert sich nicht, aber über diese Frage und demzufolge über ihr Hierbleiben schienen sie sich doch etwas zu wundern.

Unterwegs von Bayern nach Hause begegneten mein Vater und mein Großvater Verwandten, die auf dem Weg nach draußen waren (darunter auch welche, die meinen Namen trugen) und sie einluden mitzukommen. Großpapa wehrte höflich ab.

»Ich will mich erst orientieren.«

106

Im Zusammenhang mit dem Krieg erkundigten wir uns bei unserem Vater, ob er getötet habe. Einen Menschen getötet. Wie üblich war unsere Schwester die Wortführerin. Wir standen da wie die Orgelpfeifen.

»Sagen Sie bitte, Papi, haben Sie je einen Menschen getötet?«

Unsere Schwester konnte gut mit Erwachsenen reden. Zum Beispiel grüßte sie nie per »Küßdiehand«. Guten Morgen, guten Tag, das sagte sie mit einem etwas parodistischen Ernst, und die Erwachsenen bemühten sich, darüber zu lächeln, aber sie konnten sich den Konsequenzen nicht entziehen, sie redeten anders mit ihr, nicht wie mit einem Kind. Am Telephon zum Beispiel trauten sich einige nicht, sie zu duzen.

»Auf Wiederhören, Fräulein.«

»Auf Wiedelhölen«, sagte sie, denn mit dem R hatte sie noch so ihre Schwierigkeiten.

Unsere Schwester setzte sich irgendwie immer von ihrer Umgebung ab. Unser Vater – nie. Wenn er, um ein Beispiel zu nennen, eine Kneipe betrat, assimilierte er sich sofort, irgendwas war zwar an seiner Haltung, an seiner Stirn, aber es gab niemanden, der nicht gewagt hätte ihn anzusprechen, man sah ihm an, er gehörte dahin, er war kein Fremder: eine perfekte Mimikry. Auf dem Weg zu Großmama mußte man in Felső-Galla umsteigen und in der Bahnhofskneipe auf den Anschlußzug warten. Kaum war er eingetreten, sammelte sich mein Vater sofort, nahm sich auseinander und bastelte sich wieder zusammen, nuckelte das Bier sofort aus der Flasche, duzte den Wirt, machte der Kellnerin schöne Augen. Einmal saßen auf zusammengeschobenen Bierkästen an der Wand zwei betrunkene jüngere Männer mit Zahnlücken, sichtlich seit Jahren nicht mehr nüchtern gewesen, unrasiert. Rülpsend, grinsend, nett, freundlich blafften sie meine Schwester an:

»Tachchen, Kleine.«

Ihre Antwort war nicht überheblich, nur formal, nicht kühl, nur höflich, und das an einem Ort, wo Höflichkeit nur schwer zu exemplifizieren ist; sie wandte sich zu ihnen um und nickte ohne ein Lächeln.

»Guten Tag.«

Die Männer wurden ernst. Ich weiß nicht, woran sie dieses blonde Persönchen erinnert haben mag, aber sie duckten sich auf den Bierkisten ein wenig ängstlich zusammen.

107

Auch ich kannte diesen Bahnhof. Wir warteten auf den Bus nach Oroszlány. Ein Ikarus mit Heckmotor. Einmal waren wir mit dem Bus in den Straßengraben gerutscht, fast wäre er umgekippt, jedenfalls stand er sehr schief da, man mußte sich zur Tür hochhangeln und dann runterspringen. Unten stand mein Vater und half den Leuten beim Aussteigen, besonders (?) den Frauen, und erklärte jedem einzelnen Reisenden, daß der Fahrer mit *großer Wahrscheinlichkeit* von einer Wespe gestochen worden sei und deswegen die Kontrolle über das Fahrzeug verloren habe. Wespe, Fahrer, Kontrolle, er sagte das an die fünfzig Mal. Es war mir ein bißchen peinlich. Ich hatte meinen Vater nie zuvor so wichtigtuerisch erlebt. Als wäre er ein wenig streberhaft geworden. Lange Zeit hatte ich Angst vor Ikarusbussen mit Heckmotor.

Wir saßen im Biergarten an einem Eisentisch, mein Vater bestellte ein Bier nach dem anderen. Konkret könnte ich fünf aufzählen. Mein Vater *klatschte* das Bier: Er klatschte den Bierschaum aus dem Krug, ein kraftvoller Schwung mit dem Arm, als würde er Tennis spielen, der mit einer im Tennis verbotenen, schnellen kleinen Bewegung des Handgelenks endete. Das gefiel uns, mir und meinem Vater. Die Biere waren gelb-golden und von stinkender Bitterkeit. Es war mir mehr als schleierhaft, warum sich mein armer Vater mit diesem furchtbar galligen Geschmack quälte.

»Bier ist schön«, lachte mein Vater und malte mir aus Bierschaum einen Bart unter die Nase. Ich rümpfte diese angewidert. »Koste mal.« Ich ließ mich breitschlagen, vorsichtig, als würde ich Pferdepisse kosten, die kostet man bekanntlich vorsichtig, schlürfte ich daran und spuckte es sogleich unter Würgen wieder aus.

»Es ist überhaupt nicht überzeugend, was Sie da sagen«, sagte ich in meiner Verwirrung und nahm mir fest vor, ich erinnere mich an den Augenblick, daß ich nie in meinem ganzen Leben Bier trinken werde. Es hatte ganz offensichtlich keinen Sinn.

Ich ging pinkeln (als hätte ich Bier getrunken), dann schlenderte ich solange herum, bis ich mich schließlich zwischen die Schienen verirrt hatte. Ich huschte zwischen riesigen Lokomotiven dahin vom sog. Kandó-Kálmán-Typ, sie dampften warm wie die Tiere; sie bullerten, zischten, keuchten, sie waren wirklich Lebewesen. Dann kam mein Name über den Lautsprecher. Das Radio hatte mich angesagt, ich lief rot an. Plötzlich erschreckte ich mich auch vor den Eisenmonstern, ich wagte mich nicht zu rühren, ich stand nur da, zwischen den Schienen, fast hätten mich die Lokomotiven gestreift. Ich hatte große Angst.

»Dein Vater macht sich schon Sorgen«, sagte langsam der Eisenbahner, der mich schließlich fand. Er legte mir die Hand auf die Schulter, fast brach ich unter ihr zusammen. Wir wandelten dahin wie zwei gute Freunde. Als er mich sah, sprang mein Vater vom schmalen Tisch auf mit übertriebenen, heftigen, wirren Bewegungen, als würde er um sich schlagen.

»Paß auf dich auf, mein Sohn«, flüsterte mir der langsame, müde Eisenbahner zu und ließ zärtlich meine Schulter los, als wollte er jenem herumfuchtelnden Mann mit dem verschwommenen Blick nicht zu nahe kommen. Ich fuhr zähnefletschend herum.

»Ich bin nicht Ihr Sohn!«

Meine Lippen bebten. Der Mann zuckte mit den Achseln und ging ins Bahnhofsgebäude. Mein Vater umarmte mich schwärmerisch, als müßte er jemandem schwärmerischerweise zeigen, daß er mich schwärmerisch umarmte, ich erschreckte mich, ich dachte, ich würde eine Ohrfeige bekommen, ich wandte mich ab und riß den Kopf nach hinten, womit ich meinem Vater die Brille von der Nase schlug, woraufhin er mir tatsächlich eine schnelle Maulschelle verpaßte, woraufhin endlich Ruhe einkehrte.

108

»Sagen Sie bitte, Papi, haben Sie jemals einen Menschen getötet?«

Wir lauerten, was jetzt wohl kommt. Aber er hatte nicht, zumindest sagte er das, er hatte niemanden getötet, und er blickte uns ruhig und freundlich an. Wenn wir unserem Vater die richtigen Fragen stellten, nahm er uns manchmal wahr, immer und immer aufs neue nahm er uns wahr. Des öfteren konnten wir in seinen Augen jene gutgelaunte Überraschung sehen, als hätte es ihn überrascht, angenehm überrascht, daß wir seine Kinder waren und er unser Vater.

Wir nahmen enttäuscht zur Kenntnis, daß er nicht getötet hat. Wozu ist er dann in den Krieg gezogen. Unser Held Pál Kinizsi hat auch getötet, nur so kann man das Vaterland retten. Vielleicht ist er wegen Großpapas Protektion davongekommen.

»Heißt das, ihr wünschtet, ich hätte getötet haben sollen?!«

Dieses »hätte-haben-sollen« wollten wir nicht weiter vertiefen, auch das Töten nicht, wir hätten bloß gerne gehabt, daß unser Vater eine Rolle in dem Kriegsfilm gespielt hätte, den wir uns gerade ausgedacht haben.

Wir trauten uns gar nicht es auszusprechen, wir nickten nur heftig.

»Und denkt ihr gar nicht an den armen Menschen, den ich, angenommen, aber nicht zugegeben, getötet hätte?«

Dieses »angenommen aber« haben wir schon wieder nicht verstanden, aber wir deuteten an, nein, wir haben nicht vor, an ihn zu denken.

»Und an seine Kinder, die vielleicht grad so groß sind wie ihr?!« Wir wiegten kühl die Köpfe, nein, auch an die nicht. »Aber ... aber es kann doch sein, daß sie dasselbe lernen wie ihr gerade!« rief Papi verzweifelt aus. Seltsam, vielleicht hoffte er, wenn dasselbe in unseren Köpfen, in unseren Gehirnen war, würde Mitleid in uns erwachen, würde die Absurdität der Situation besser sichtbar werden. Aber in unseren Köpfen gingen seltsame Dinge vor sich.

»Das Kind eines Faschisten ist selber ein Faschist«, rief ich plötzlich.

Mein Vater sah mich entsetzt an, als hätte ihm jemand einen Stoß in die Magengrube versetzt. Wir spürten, daß wir einen Fehler begangen hatten. Irgendwie hatten wir ihn zutiefst beleidigt, wir wußten nur nicht wie und warum eigentlich.

»Was ist deiner Meinung nach ein Faschist.« Unser Vater war so verzweifelt, daß er nicht einmal mehr fragen konnte, er behauptete den Fragesatz.

»Ein Faschist ist ein Faschist«, erwiderte ich wie aus der Pistole geschossen.

»Die Deutschen«, kam mir mein Bruder zu Hilfe.

»Aber wir ... wir standen doch auch auf der Seite der Deutschen!«

Diese Stimme machte uns befangen, einerseits sprach er mit uns, als wären wir Erwachsene, andererseits sah man ihm an, daß es in dieser Debatte unter Erwachsenen schlecht für ihn stand;

das war erschreckend. Konkret hatte uns hauptsächlich die Behauptung entsetzt, wir hätten mit den Deutschen, also den Faschisten, in einer Truppe gekämpft. Der Miklós Horthy vielleicht, aber wir, die Ungarn, niemals! Das ist doch lachhaft! Wie sollte denn so was möglich sein, daß die Deutschen Großpapa ins Gefängnis werfen, während sein Sohn, unser Papa, nicht wahr, als Soldat ein Verbündeter ebendieser Deutschen ist!

»Aber das war so!« rief Papi und stampfte mit dem Fuß auf, widerspenstig wie eine Prinzessin.

Aber das interessierte uns nicht mehr. Auch Blödsinn hat seine Grenzen.

109

Diesen Menschen kennt ihr ab heute nicht mehr, als unsere Mutter diesen Satz noch nicht gesprochen hatte, noch nicht einmal dachte, denn sie konnte ihn gar nicht denken (im Gegenteil!), da fragten wir auch diesen Menschen.

»Die Herrschaften wünschen?« Er hob die Augenbraue.

Ob er schon jemanden getötet habe.

»Zu Befehl, Euer Gnaden«, verbeugte er sich in unsere Richtung, »natürlich habe ich getötet, dafür ist der Krieg ja da. Es braucht immer ein bißchen Krieg, damit sich die Menschheit wieder beruhigt.«

Doch uns gefiel auch diese Antwort nicht. Wenn einer nicht tötet, ist es nicht gut, und wenn einer tötet, ist es auch nicht gut. Damit ließen wir den zweiten Weltkrieg ein für allemal fallen.

Wir zuckten mit den Achseln: »Nützt nicht, schadet nicht.«

110

Dieses »nützt nicht, schadet nicht« benutzten wir, weil unser Vater es öfter mal benutzte (Mami nicht, irgendwie war das ein Esterházy-Satz), aber wir verstanden es nicht.

Seinen Ursprung hatte es in einer schönen, tiefsinnigen Familienanekdote. Zu Zeiten eines unserer Ahnen (seines Zeichens natürlich Geschwisterkind eines unserer Ahnen), namentlich Károlys, des Bischofs von Eger, machten es sich die Bauern zur Gewohnheit, sobald sie die gräfliche Kutsche herannahen sahen, Hacke, Sense, Kopfbedeckung abzulegen und sich hinzuknien, woraufhin der Bischof sie segnete.

Was sie während des Segens zwischen ihren treuergebenen Zähnen vor sich hin zischten, dafür stehen mir keine Daten zur Verfügung. Es gibt ein Pamphlet aus dem Jahre 1765, die Passage, die sich auf Károly bezieht, für ihn allerdings nicht zutreffend ist, lautet wie folgt:

Der Bischof E. sein eigen Vorteil sieht,
Der edlen Jugend in den Munde säht,
Damit's dumm werde, er selbst gewahret,
Sein viel geheim Sünden dergleichen haufet:
Gewahrt, sein eigen Regiment zu mehren.
Feiner Hirte! Der du bist, die Schaf zu vertilgen,
Möge dir weichen des Lebens Odem,
Daß dein erkaltet Leib würd fallen zu Boden.

Vierunddreißig Jahre nach diesem frommen Wunsch entwich aus dem großen Verwandten tatsächlich des Lebens Odem, und sein erkaltet Leib fiel de facto zu Boden. Er war ein Erbauer des bauenden achtzehnten Jahrhunderts. Pápa und Eger wären ohne ihn andere Städte geworden. Er hatte viele Dispute mit Kaiser

Joseph II. auszustehen, angeblich schrieb er seinen Namen deswegen mit Sz, um sich von den aulischen Zweigen der Familie abzusetzen. Als der Kaiser ihm drohte, er würde ihn, sollte er allzu vorlaut werden, seines priesterlichen Amtes entheben, und was mache er dann?!, zuckte er mit den Achseln, Bischöfe pflegten nicht mit den Achseln zu zucken, und sagte zu seinem irdischen Herrn:

»Dann gehe ich eben nach Hause, dort werde ich auch ein großer Herr sein.«

Er war ein Herr, aber auch Herren sterben, also starb er.

Als der Erbe, der junge Neffe, das erste Mal zwischen den sanften Hügeln, vulgo, über den Besitz fuhr, konstatierte er die allgemeine Knieerei überrascht, ja verwirrt.

»*›Herr Graf‹*«, flüsterte der Gutsverwalter, ein gewisser Pál Törő. Diesen Törő hatte noch der Bischof Károly zu sich genommen, und zwar aus katholischer Gutherzigkeit, denn als man auf Weisung des Bischofs von Vác die protestantische Kirche von Mezőtúr einnahm – Vorwärts Gegenreformation! Durchhalten, Tonsurenträger! –, schlug dieser Törő dem Menschen, der die Kirche mit Gewalt schließen wollte, mit seinem Säbel die Hand ab. (Aber es stimmt nicht, daß der Bischof von Vác ebendieser Károly gewesen wäre, denn er wurde es erst 1759, 1754 ließ also entweder nicht der Bischof von Vác die Kirche schließen oder aber nicht mein Onkel! Soviel zu den Tatsachen.)

»*›Herr Graf‹*, Ihr sollt ihnen den Segen spenden.«

Das nicht, das könne er nicht, dazu fehle ihm die Kompetenz, *›Unsinn‹* (deutsch im Original).

»Es muß sein«, sagte Törő und hob die schweren, braunen Augen zu seinem neuen Herren empor; in der Seele blieb er immerdar ein Protestant.

Der junge Esterházy verstand diesen seltsamen »dagelassenen« alten Mann nicht. Er verstand hier überhaupt nichts, er verstand die Sprache nicht, die Gesten der Menschen, er verstand das ganze Land nicht. Wien verstand er noch irgendwie, auch Wiener Neustadt noch, obwohl es da nicht viel dran zu verstehen gab, aber von da an – ab der sprichwörtlichen Leitha – verstand er gar nichts mehr, er verstand den Schlamm nicht, die Holperwege, die Armut, die zeltenden Zigeuner, den unablässigen Stolz der Ungarn, ihre immer zum Sprung bereite Überempfindlichkeit.

Das, was die Ungarn ständig wollen, dachte der junge Mann, während er dem alten Mann in die Augen sah – »ich werde ihn entlassen!« –, wäre schwerlich zu bemängeln, wenn sie wenigstens dreißig Millionen wären, aber so, wie es ist, wirkt es ziemlich lächerlich. (Im übrigen nahm er das Jahre später – man schrieb, nebenbei bemerkt, schon das 19. Jahrhundert –, nachdem er das Volk des Landes kennengelernt und die zaubrischen Hügel der Umgebung, das geheimnisvolle Tal der Szajla durchstreift hatte, teilweise zurück, und er glaubte die hochstrebenden Emotionen und Sehnsüchte der Ungarn besser zu verstehen. *›Ich habe mich ein wenig mit ihren Superlativen ausgesöhnt.‹*)

Er hatte Magengrimmen, also setzte er einen grimmigen Gesichtsausdruck auf. Und dann fiel ihm die schöne Frau Horváth ein. Oder die Frau Vilmos. Oder war das dieselbe? Was die für eine gräßliche Aussprache hatte! Und dann dachte er plötzlich daran, daß ab jetzt auch er ein Ungar war. Da mußte er hellauf loslachen.

Pál Törő hatte vielleicht nicht alles in allen Einzelheiten verfolgt, was im feingeschnittenen, wenngleich weichen, weichlichen Gesicht seines Herren vor sich ging.

»Na los doch«, murrte der greise Ungar, und als er sah, daß die Herrschaft es immer noch nicht kapiert hat, packte er ihn plötzlich, schüttelte ihn, es muß sein, zischelte er, und mit derselben Bewegung ließ er den Grafen quasi aus der Kutsche hinaushängen, hervorlugen. Ein Seufzen fuhr durch die Heuschober, gelb glänzte das Feld auf, das war der Seufzer des Volkes, das bis jetzt von Minute zu Minute mit wachsender Gereiztheit und jahrhundertealter Ruhe gewartet hatte, nicht wissend, was es von dieser ungewohnten Pause zu halten hatte. Im Mittelpunkt einer jeden Revolution steht die »Leere«, in der wir uns zwangsläufig selbst erkennen, schrieb der junge Goethe an seinen Vater; eher vernünftlerisch denn tief, aber nett, und kann denn Tiefe nett sein, kritzelte der Vater an den Rand des Briefs. Nichts ist so groß wie die Wahrheit, und auch die kleinste Wahrheit ist kolossal.

»Den Segen«, soufflierte Pál Törő aus dem Hintergrund, wie einem Schauspieler, »gib ihnen den Segen!«

Worauf der Graf endlich, endlich seine feingezeichnete, schmale, blasse Hand hob und ohne jede Überzeugung ein Kreuz in die Luft malte. Die Menschen schlugen ihrerseits glücklich das Kreuz, und er murmelte vor sich hin:

»*›Nützt nicht, schadet nicht‹*«, und hinfort tat er, wenn er hinausfuhr, jedesmal so, womit, ausgenommen der eine Pál Törő, jeder zufrieden war.

111

Als ich mit den Huszárs darüber stritt, wer ein Labantze sei, denn ihrer Meinung nach waren wir welche und meiner Meinung nach nicht, und ihrer Meinung nach waren sie Kurutzen, und als ich fragte, warum denn, sagten sie, darum, weil sie arm sind, worauf ich sagte, das sind wir auch, daraufhin hielten sie dann die Klappe, obwohl, ich selbst hätte auch nichts mehr sagen können, und als ich nach Hause kam, fragte ich meine Mutter, ob wir denn arm seien.

»Siehst du doch, oder?« Sie hob nicht einmal den Kopf, würdigte mich keines Blicks. Als wäre sie gereizt gewesen, als hätte ich unsere Armut und ihre daraus resultierenden zentnerschweren Lasten in Zweifel gezogen. Ich fragte auch meinen Vater. Er wiederum fing unerwartet an, darüber nachzudenken. Er sah sich, im Gegensatz zu ihr, interessiert im Zimmer um, um festzustellen, wo wir waren, wie denn die Situation war.

»Mja ... also reich sind wir zum gegenwärtigen Zeitpunkt nicht.« Und daß arm nicht das Gegenteil von reich ist, einer, der nicht reich ist, ist noch nicht arm. Armut, das ist noch eins tiefer, ein Habenichts ist arm, wer arm ist, ist ärmer als arm. »Nein, mein Sohn, wir sind nicht arm, wir leben nur in Armut.«

Unser Vater war von einer steten Unaufmerksamkeit charakterisiert, welche er durch Entgegenkommen und Aufmerksamkeit kaschierte. Er war immer ein wenig woanders, als er gerade war. Wir griffen nach ihm und hatten Luft in der Hand. Manchmal hatte die Luft eine Vater-Form. Mit diesem *arm kontra in Armut leben* schien unser Vater behauptet zu haben, wir hätten es aus einem geheimnisvollen Grund leichter, als hätten wir uns das nur so ausgesucht, fast schon zu unserem Amüsement, aus einem Spiel heraus, welches also jederzeit ausgesetzt werden konnte.

»Das ist allerdings dann doch übertrieben«, unser Vater wiegte gutgelaunt den Kopf. Er genoß meine Verwirrung. Aber daß es in der Aussiedlung doch eine Erleichterung gewesen sei, in jedem Augenblick zu wissen, uns widerfährt eine Ungerechtigkeit. Hinter den Äußerlichkeiten der Niederlage verbirgt sich der moralische Sieg.

»Was schwer ist, ist schwer«, rief das Weib aus der Küche herein.

112

Einmal, aus einer finalen Verzweiflung heraus, weil sie uns nichts mehr zu essen geben und auch um nichts mehr bitten konnte, stahl unsere Mutter, sie stahl Kartoffeln, und sie wurde erwischt. Sie weinte. Später sah ich sie öfter weinen, aber immer nur wegen unseres Vaters (und einmal meinetwegen); dieses eine Mal weinte sie ihrer selbst wegen.

Sie saß auf der Veranda und schluchzte. Die Bewohner des Hauses kamen zu ihr gepilgert wie zu einem mächtigen Herrn, einem König, alle außer dem Onkel Pista, dem Herrn (sprich: dem Bauern) des Hauses, der damals (1951) entsprechend dem sich verschärfenden Klassenkampf seine wohlverdiente Kulakenstrafe im Hatvaner Gefängnis absaß. Hort gehörte in den Einzugsbereich des Hatvaner Gefängnisses. Man hatte ihn wegen Sabotage der Pflichtabgabe eingebuchtet oder weil der Hof unordentlich war (Strohhalm vor dem Brunnen), wegen irgendwas, egal was, Ursache und Wirkung standen nicht in so einer streng archaischen Beziehung, wie sich das die alten Griechen anno vorgestellt hatten. Ursache und Wirkung standen nicht in einem kausalen, sondern in einem juristischen Zusammenhang.

»Ich hab nie verstanden«, sagte meine Mutter, »warum der kommunistische Staat soviel Wert darauf legte, seine offensichtlichen Rechtsverletzungen mit dem Instrumentarium des Rechts zu untermauern. Warum hat es nicht gereicht, Rajk hinzurichten, wozu brauchte man auch noch sein Geständnis?«

»Abendländische Tradition«, mein Vater ließ die Worte aus dem Mund fallen. »Schon die Inquisition hat es so gemacht. Ideen kann man ausschließlich zusammen mit Rückgraten brechen.«

Annu kam, die große Tochter der Hausleute, Haar bis an die Hüften, im Gesicht, ihrem sehr schönen Gesicht hatte sie irgendein Hautleiden, einen mysteriösen roten Fleck, Mami hatte ihr einen Arzt besorgt, denn sie selbst wagte nicht hinzugehen, sie schämte sich. Nun streichelte sie über das Haar meiner Mutter.

»Grämen Sie sich nicht, Tante Lili.«

Ihre Mutter, die Tante Rozi, brachte sogar ein bißchen heiße Hühnersuppe, wie für eine Kranke.

»Essen S' Lilike, essen muß man immer. Immer.«

Mami schniefte, löffelte, nagte am Hühnerbein. Auch Papi saß taktvoll vor ihr, zu ihren Füßen, manchmal langte er hinauf zu ihr, streichelte ihre Hand.

Auch Kleinpista kam, starrte meine Mutter aus großen Augen an; versicherte sie wie immer: seiner Hochachtung.

Circa zehn Jahre später war der Kleinpista in irgendeine Veruntreuungsgeschichte in der Hatvaner Zuckerfabrik verwickelt.

»Treu wie Geld«, meine Tante Bogyica kicherte, als würde sie es befürworten, oder als ob auch das nur eine fröhliche, witzige Sache gewesen wäre, eine Art Schelmenstreich, obwohl es wahrscheinlicher ist, daß nur ihre ewig zum Sprung bereite Schadenfreude Nahrung gefunden hatte; da sie jeden Sinns für Humor ermangelte, geriet ihre angeborene Ironie notwendigerweise in die Fänge der Schadenfreude. (»Die lieben Russen sind, nicht wahr, hier reingekommen. Ich will mich jetzt nicht in die Sackgasse begeben, ob sie meine Schwägerin vergewaltigt haben, oder ob sie es vielleicht war, die sich unanständig und provokant verhalten hat…«)

Spät am Abend, als man normalerweise bei uns nicht mehr läutete, läutete es. Es war eine regelrechte Delegation aus Hort, die sich bei uns einfand, Männer in weißen Hemden und Hüten, als wären sie auf dem Weg zur Messe, und Frauen im Kostüm, als ginge es zu einem (obligatorischen) Festtagsprogramm im Kulturhaus. Ich lauschte (selbstverständlich), aber ich konnte immer und immer wieder nur denselben Satz hören.

»Herr Doktor, helfen S' dem Pista, Herr Doktor, helfen S' dem Pista!«

Aber mein Vater konnte da nicht mehr helfen, Kleinpista fuhr ein. Was die Horter meinem Vater ziemlich übelnahmen. Wenn er gewollt hätte, hätte er es sicher hinbiegen können. Sie konnten sich gar nicht vorstellen, daß mein Vater ebensowenig etwas wollen hatte können wie sie. Wenn nicht noch weniger…

Als schon alle aus dem Haus bei meiner Mutter vorgesprochen hatten, sich aber immer noch nichts änderte, meine Mutter greinte, mein Vater saß auf der Erde herum, ging das Ganze plötzlich wieder von vorne los, alle (außer dem Onkel Pista) kamen wieder genauso an, Annu, die Tante Rozi, die sich und ihre Bewegungen wiederholte und meine Mutter versicherte, sie solle sich gar nicht darum kümmern, das macht doch nichts, das ist doch nicht so schlimm, das ist anderen auch schon passiert, wenn die Not groß war ...

Aber umsonst sagten sie (die Bestohlenen), daß es nicht schlimm war, es war schlimm. Sehr schlimm. Und dann vergaßen es alle. Sie, meine Mutter, mein Vater und ich, auf meine Weise, auch.

113

Wir spürten, daß etwas Geheimnisvolles in unserem Verhältnis zur Armut lag, etwas nicht Normales. Praktisch gesehen, so sahen wir es, waren wir arm, unsere Kleidung war ärmlich (lange Zeit dachten wir, Kinderbekleidung sei prinzipiell gebraucht, es gäbe gar keine neue Kleidung), wir fuhren nicht in die Ferien, die Teppiche waren verschlissen, selten nur gab es Fleisch, Hühnchen fast nie – aber daran dachten wir nie! Ich habe also falsch angefangen: Wir sahen diese Armut nicht, teilweise wurde sie vor uns verdeckt, unsere Mutter verdeckte sie, und teilweise hatten wir alles, was offenbar soviel bedeutete, daß wir das, was wir hatten, für alles hielten. Unser Vater dachte nicht daran, wir bemerkten es nicht, die Balance hielt unsere Mutter aufrecht: Sie wollte dieses moralische Dingsbums, das mit der Armut verbunden war, nicht verlorengeben. Wenn sie sich schon abrackerte wie ein Vieh, dann sollte man sie wenigstens bedauern. Oder sie wünschte sich noch weniger als das: wenn sie sich schon abrackerte, wie ein Vieh, dann wenigstens. Wenn schon.

Trotzdem gab es Zeichen dafür, daß diese praktische Armut auf einem obskuren Fundament aufbaute. Allein schon das Kochen! In Ordnung, es war ärmlich, aber wie war es ärmlich! Sagen wir es frei heraus, unsere Mutter war eine Gefangene der Hors d'œuvres. Sogar in der Aussiedlung. Diese Vorspeisensache leugneten wir vor unseren Klassenkameraden einfach ab. Paprikaschoten oder Tomaten mit Dillquark gefüllt, oder auch mal nur eine gekochte Zwiebel mit Mayonnaise, Leberkonserve mit saurer Sahne, mit Thymian verfeinert, ein kleines Etwas. Die Form. Unsere Mutter konnte aus allem etwas machen, beziehungsweise nicht nur etwas, sondern etwas Schönes. Auf allen Gebieten des Lebens focht sie einen Kampf mit dem Häßlichen und Formlosen aus. Harte Grießspeise aus Ziegenmilch und Weizenschrot, ausgebacken, Kreise ausgestochen und aufgetürmt, zwischen die Ringe gab sie Marmelade. Das war der Turm zu Babel. Dabei durften wir durcheinanderreden wie wir wollten, teilweise offensichtlichen Blödsinn, teilweise Kauderwelsch (offensichtliche Weisheiten). Ente *sans orange*. Wer möchte noch vom Sansoransch? (Der deklassierte Humor.) Also Vorspeise und *dolce*. Doltsche.

»Ein bißchen Doltsche? Pur la bon busch.«

Immer erklang dieser doppelte Satz, als müßten wir eine Wahl treffen.

Aber den Tomatensaft konnten wir dann nicht mehr abstreiten, mit Pfeffer, Muskat, Ingwer, wenn welcher da war, mit geriebener Orangenschale. Wir mochten ihn sehr. Unsere Freunde ließen ihn naserümpfend stehen.

»Ihr habt vielleicht eine Herrengosch'n?!«

An dieser Stelle hatten wir vielleicht doch ein wenig adeligen Hochmut in uns, wir waren stolz auf unsere Geschmacksknospen.

Obwohl wir unserer Mutter von Zeit zu Zeit vorwarfen, sie würde zu *hochgestochen* kochen. Schwer zu sagen, was wir darunter verstanden. Vielleicht, daß die Kartoffelsuppe bei uns nicht so schön fettig war und keine so schönen großen Zwiebelstücke darin schwammen wie »bei anderen Leuten«, sie war eher blaß und sahnig. À la française, behauptete unsere Mutter. Wir bekamen auch Zwiebelsuppe zu essen. Zum Fleisch, auch das sahen wir woanders nie, Süßes als Kontrast, zum Beispiel gebratene Früchte oder die legendäre »Sauce picante«, was nichts anderes ist als allergewöhnlichster Mostrich mit allergewöhnlichster Marmelade.

Und natürlich, was am schwerwiegendsten war: das Silberbesteck. Daß wir immer, nicht nur an Sonn- und Feiertagen, mit dem Silber aßen.

»Warum?«

»Wir haben nichts anderes«, grinste unser Vater, und unsere Mutter schüttelte den Kopf. Das Gewicht des Silbers blieb uns dann auch an den Händen haften. Zu Gast oder im Kinderhort mußten wir unsere Hände quasi umstellen auf das Aluminium.

»Was ist los, könnt ihr nicht anständig essen?!« Denn die zu leichte Hand schusselt, verschüttet, kleckert. Wir schwiegen. Aber dann flogen wir doch auf. Im Strandbad. Das wäre auch ohne Silbereßzeug ein Auffliegen gewesen.

Fast den ganzen Sommer verbrachten wir auf dem Badestrand gegenüber unserem Haus, morgens raus, zur Sperrstunde heim. Wir hätten im Buffet essen können, aber das war zu teuer, wir hätten uns, wie in die Schule auch, Pausenbrote mitnehmen können, mit Butter und Paprika, was auch manchmal geschah, jedes in eine extra Serviette verpackt, aber mittags mußte was Warmes gegessen werden. Wenn möglich, aßen wir um zwölf Uhr, das hatte uns die Aussiedlung gebracht, das Dorf; Glockengeläut, Mittag, jahrhundertelang. Um zwölf Uhr hörten wir also mit dem auf, was wir gerade taten, Fußball, Schwimmen, Mädels, und gingen an den Zaun, wo unsere Mutter schon mit dem Speisenträger auf uns wartete, denn essen muß man, und man muß anständig essen, im angemessenen Rahmen, in einem der Fächer war also kein Essen, sondern Servietten und das einzige Eßbesteck, das im Hause zu finden war, jenes herrschaftliche. Da saßen wir Geschwister im Kreis, Silbermesser, Silbergabel – was sich neben den halbnackten Körpern noch absurder ausnahm –, Herr Jesus, sei unser Gast, segne, was du uns gegeben hast. Unsere Freunde um uns herum starrten mit leichtem Abscheu auf den grünen Bohnensalat mit Dill(!).

Diese Mittagessen unterstützten nicht gerade unsere Verschmelzung mit den Massen des arbeitenden Volkes.

114

Meine Ufer sind mir unbekannt, heißt es in einem Gedicht Achmatowas. Das Leben unseres Vaters wurde, wie die großen russischen, das heißt, reichlich sowjetischen Flüsse, umgeleitet. Meine Ufer sind mir unbekannt, diesen Satz sagte mein Vater nie. Nicht, weil er sie nicht kannte, nein, sondern weil er sich nicht nach ihnen umschaute. In den ersten zwanzig Jahren seines Lebens gab's für ihn nichts zum Umschauen, ein Erstgeborener hat gut definierte Aufgaben, alles fließt schön, weich, vorschriftsmäßig in seinem Flußbett dahin, allein die Hosenbeine schienen etwas kürzer zu sein, als man das von einem Freiherrn de Galánta, Erbgrafen zu Fraknó, Herrn auf Csákvár und Gesztes, Erbmitglied des ungarischen Ständeoberhauses und Majoratsanwärter erwartet hätte. Zwanzig Jahre auf der gräflichen Tenne: nützt nicht, schadet nicht.

Im Krieg schaut man sich nicht um.

Und danach: Bevor er sich hätte umschauen können, kam, was kommen konnte. Mein Vater fragte nie danach, wie sein Leben hätte sein können, was denn dieses jetzige ersetzte; es ist, wie es ist.

115

Sein wahres Leben begann, als ihm das Fräulein Lili wieder einfiel, das heißt, damals war sie schon eine geschiedene Frau, Lehrerin. Meine Mutter benahm sich so, als müßte man sie noch von irgend etwas überzeugen, das war ihre Art, bis über beide Ohren in meinen Vater verliebt zu sein (Karussell, Wespe). Und mein Vater benahm sich wie ein junger Mann, der bis über beide Ohren verliebt war, denn er war ein junger Mann, der bis über beide Ohren verliebt war.

Er erklärte sich sogar bereit, mit ins Ballett zu gehen, überhaupt teilte er die kulturellen Interessen meiner Mutter aufs hemmungsloseste, begleitete sie ins Museum der Schönen Künste, in die Musikakademie, ins Theater. Das brachte er sogar uns gegenüber noch als Beweis für sein Verliebtsein an, als wir später nach den Wurzeln forschten.

»Ich bin sogar ins Ballett mitgegangen!« brüstete er sich stolz.

Als Erwiderung, quasi Revanche (im Gebrauch meiner Mutter: Rövansch), Zahn um Zahn, ging meine Mutter zu Fußballspielen mit. Oder zu einem Fußballspiel. Einmal zumindest war sie mit. Aus irgendeinem Grund erzählte mein Vater viel über den großen Henni, den Torhüter der Fradi; so wußte unsere Mutter eine Menge über Henni, aber fast nichts über das Spiel selbst, soviel vielleicht, daß man es spielte, um Tore zu schießen, als also Újpest gegen Fradi, den Henni, uns, ein Tor schoß, sprang meine Mutter inmitten des versteinert dasitzenden Fradi-Lagers jubelnd auf, Toooor! schrie sie, müde, traurige Männeraugen sahen ihr dabei zu, mein Vater verbarg vor Scham seine Stirn in den Händen. Dies durften wir uns öfter anhören, insbesondere in der selbstzufriedenen Darbietung unserer Mutter. Und wir, Fußballkinder, Fradi-Fans, sahen sie an, wie damals im Stadion jene vielen armen ungarischen Männer mit ihren grünweißen Herzen.

116

Klassische Vater-Sohn-Ikone, mein Vater und ich gingen zusammen zum Match. Auf der Üllői-Straße haben wir den siebzehnjährigen Albert das erste Mal spielen sehen. Diese fassungslose kleine Stille im Stadion, wenn Genialität plötzlich Körper wird. Sein Kopf war verbunden, irgendwas muß in der ersten Halbzeit passiert sein, das haben wir aber nicht gesehen.

»Der mit dem Turban«, mein Vater sah sich bedeutungsvoll um, »von dem Jungen werden wir noch hören.« Er hat's schon damals gesagt.

Wir machten alles, wie es sich gehört, wie es Sitte war. Vor dem Spiel kauften wir Sonnenblumen- und Kürbiskerne. Entweder in eine extra Papiertüte, oder wir zeigten, uns zur Seite drehend, eventuell sogar die dafür vorgesehene Tasche weit öffnend, wohin. In der Pause beeilten wir uns – wir rannten, wir rannten ausnahmslos immer: Mein Vater hielt meine Hand fest, zog mich, und ich schwebte, flog hinter ihm her wie ein Mantel oder eine Fee –, damit wir einen guten Platz in der Buffetschlange ergatterten, ohne daß wir auch nur eine Sekunde vom Spiel verpaßten. Frühstarter verachteten wir. Ich trank Bambi oder Astoria-Brause (später hörte ich den Fachbegriff für solch obskure, alkoholfreie und was ihre Ziele anbelangte sozialistische Getränke: Pferdeschleim), mein Vater bekam Bier. Ein oder zwei Krüge Bier. Drei. Von zu Hause hatte ich die Anweisung mitgebracht, ich solle versuchen, das zweite Bier zu verhindern, das dritte aber auf jeden Fall.

»Papi, ich bitte Sie herzlich, trinken Sie keins mehr«, bettelte ich einmal, aber er sah mich auf eine Weise an, daß ich es nie wieder versuchte. Auch beim vierten nicht. Wenn es sich so ergab. (Weil die Mannschaft gewonnen hatte, im Siegestaumel, oder sie hat verloren, dann aus lauter ohnmächtiger Lähmung, und wenn es unentschieden ausging, damit man die fachmännische Analyse abliefern konnte.) Wenn es sich so ergab, folgte ich ihm wortlos ins Wirtshaus, obwohl ich das nicht mehr mochte, ich hatte auch ein wenig Angst, mein Vater wurde zunehmend unberechenbarer, melancholischer. Aber bis zum dritten Bier wurde er eindeutig immer nur fröhlicher, und das war so gut.

Die in der Pause ergatterte Wiener oder die Bratwurst mit dem großen Klecks Mostrich nahmen wir mit auf die Plätze. Wir sahen uns auch das leere Feld gerne an. Das ist schön. Ich erinnere mich gut an diese Geschmäcke, die Sonnenblumenkerne, die einem zwischen den Zähnen klebten, der Pferdeschleim, die fettige Paprikawurst mit Senf, Zigarettenrauch und ein *naher* Biergeruch. Und unten dieses herrliche grüne Viereck mit den weißen Linien und Kreisen drin.

So muß es im Himmel sein, Vater, gutes Essen, Schönheit, dachte ich.

Aber scheinbar stellte ich mir den Himmel übermäßig katholisch vor, denn ich mußte mir diese Glückseligkeit mit Leiden verdienen, erkaufen: Ausnahmslos jedesmal bekam ich fürchterliche Kopfschmerzen, Migräne mit Erbrechen. Aber ausschließlich nach dem Match. Wir ließen uns mit der Menge nach unten treiben, er sah mich an, ich nickte, woraufhin wir in die erste Toilette hineingingen, er stellte sich ans Pissoir, während ich auf eine Kabine wartete, und dann. Dieses Warten wirkte so etepetete, und das mochte ich nicht. Nachher sagte mein Vater zu mir:

»Du siehst vielleicht blaß aus.«

Immer diesen Satz. Er war ungeduldig, aber er versuchte es zu kaschieren. Dieser migräneartige Schmerz war wie ein Anfall. Er begann in der Mitte der zweiten Halbzeit, um die zwanzigste, fünfundzwanzigste Minute herum und war dann mit dem Erbrechen zu Ende (ich sah nur ein wenig blaß aus). Meinen Appetit auf Wiener und Bratwurst konnte auch nicht dämpfen, daß mir gegeben war, sie später in Stückchen in der Kloschüssel wiederzusehen. Einmal, gegen das heldenhaft kämpfende Tatabánya, begab es sich, daß sich mein Kopf schon gegen Ende der Pause meldete, dementsprechend ging dann alles etwas früher vonstatten, die Leute sprangen johlend-angeekelt zur Seite.

»Hey, Scheiße, Kleiner, sauf lieber nicht soviel!«

Diesmal verbarg mein Vater seine Ungeduld nicht, ungeduldig verteidigte er mich.

»Ach, scheren Sie sich doch! Sehen Sie nicht, daß ihm schlecht ist!, denken Sie, *wir* machen nur Spaß?!« Er wischte mir mit einer groben Bewegung über den Mund. Das tat weh. Sein Hemdsärmel bekam Flecken, aber das interessierte ihn nicht, physisch war er kein bißchen zimperlich. Zum Beispiel habe ich nie gesehen, daß er sich vor etwas geekelt hätte, nie, vor nichts.

Einmal.

117

Die Familie meiner Mutter sah dieser Ehe nicht gerade mit großer Freude entgegen, sie trauten der Familie meines Vaters nicht über den Weg, obwohl damals, 1947–48, das Arbeitsverhältnis zwischen den Großvätern bereits der Vergangenheit angehörte, aber offenbar konnten sie sich an dies und jenes noch erinnern. Den Vorwurf aber, sie hätte sich ins gemachte Nest hineinsetzen wollen, konnte man meiner Mutter wirklich nicht machen. Es hätte von keinem sehr guten Rhythmusgefühl gezeugt. Meinen Vater konnte man damals nur noch für seine schönen blauen Augen lieben.

Geboren wurde er als Endre, aber alle nannten ihn nur Pattyi (im riesigen Garten in Nagyszentjános stand ein schnell reifender Birnbaum, und Onkel Pattyi war, als er noch ganz klein war, angeblich zu diesem Baum hingewatschelt, hatte seinen kleinen

Stuhl mitgenommen und dann stundenlang dagesessen und den Birnen zugesehen, und, wenn eine herunterfiel, genickt und gesagt: *patty* (sprich: pattj; plumps); bis zum Alter von vier Jahren sagte er kein anderes Wort), er war der jüngere Bruder meiner Mutter und kam 1947 von der Front zurück – auch er war dagegen, obwohl er meinen Vater mochte, sie waren in demselben Jahr geboren, kamen zur gleichen Zeit nach Budapest an die Universität beziehungsweise an die Ludovika.

Sie sind auch gemeinsam durch die Nacht gezogen. Die Tabán Bar in der Hadnagy-Straße und diese Kellnerin dort, die Micike!

»Wir haben eine irrsinnige Zeche gemacht, zehn oder fünfzehn Pengő. Und unsere Hände trafen sich unter dem Tisch an der Micike! Da haben wir alle drei gelacht, was hätten wir sonst tun sollen.«

Onkel Pattyi sprach also zu seiner Lieblingsschwester: »Vergiß nicht, eine Aristokratenfamilie sieht es eher nach, wenn ihr Sohn eine Hure heiratet, als eine aus dem niederen Adel. Sie sind eine großzügige Familie, aber ihre Großzügigkeit leben sie untereinander aus, sie mögen sagen, was sie wollen, sie werden immer auf dich herabblicken. Besonders dein zukünftiger Schwiegervater. Windhund zu Windhund, Pudel zu Pudel, vergiß nicht.«

Onkel Pattyi war streng, mehr noch, pedantisch, und noch mehr hatte er Prinzipien, und an diese hielt er sich. Auch bezüglich der Erziehung hatte er Prinzipien, prinzipielle Prinzipien, in deren Geiste er unsere Mutter wegen unserer grundlegend verfehlten Erziehung geißelte. Und er wird uns schon zeigen, wo's lang geht. Aus irgendeinem Grund lachte ihn Mami nicht aus, scheuchte ihn nicht davon, sondern ließ ihm freie Hand oder zumindest freies Händchen.

Als ersten Schritt führte Onkel Pattyi das sogenannte Schwarze Heft ein, ein schwarzes Heft, in das unsere Versäumnisse, Verfehlungen sowie verschiedentliche Äußerungen von Frechheit und Faulheit eingetragen wurden; in der jeweiligen Zeile daneben standen die dafür vorgesehenen (auferlegten) Strafen (Verbote, Gegenmaßnahmen) sowie die Bescheinigung über die Verbüßung derselben.

Wir folgten dieser neuen, unbekannten, militärischen Ordnung mit Pokerface, ohne Widerstand. Unsere Mutter sah uns überrascht und befremdet an, an *so viel* Hilfe war sie nicht gewöhnt.

Obwohl wir auch sonst immer einkaufen gegangen sind, wir bekamen einen Einkaufszettel, in Klammern was, falls ersteres nicht da, man mußte vor nichts Angst haben, zehn Semmeln, zwei Kilo Brot, zwanzig Deka Lyoner. Niemals Fleischwurst. Auch statt Salami schrieb sie Pick (im Geschäft sagten wir dann doch Salami). Letztere kauften wir allerdings selten, und wenn, dann nie geschnitten, sondern am Stück, sie schnitt sie später selbst auf. Nur sie durfte es, sie ließ nicht einmal unseren Vater ran, denn jeder anderer hat (hätte) zu dicke Scheiben geschnitten. Als ich einmal – heimlich, sündhaft – ein ein Zentimeter dickes Stück aufknabberte, war der Geschmack dem, was ich kannte, gar nicht ähnlich; auch Gewissensbisse oder die Faszination der Sünde ändern das Geschmacksempfinden.

Nie habe ich so dünne Scheiben gesehen wie bei meiner Mama. Ein Wunder der Schöpfung, die Sonne schien durch sie hindurch. Es gab genaue Richtlinien, wie viele man davon auf eine Brotscheibe legen durfte. Onkel Pattyi hätte es sicherlich in Prozenten ausgedrückt, wieviel Prozent der Brotoberfläche dürfen bedeckt sein und so weiter, wir hätten es auch noch ausrechnen müssen. Später, im Gymnasium, ging ich immer zu ihm, um, wie er sich ausdrückte, höhere Mathesis bei ihm zu studieren. Er hatte eher einen Ingenieurs- als einen Mathematikerverstand, aber er hielt eine schöne Ordnung im Gehirn, was einen guten

Einfluß auf mich hatte. Und er trug es auch wie ein Mann, eher war ich es, der erstaunt war, wenn wir (er) die eine oder andere Aufgabe nicht lösen konnte(n).

Man hat (leider) ein Gespür dafür, wieviel einem von der Salami zusteht. Soviel ist sicher, die Scheiben durften sich nicht berühren oder überlappen, und man konnte unmöglich eine so große Scheibe Brot abschneiden, daß mehr als drei Scheiben hätten draufpassen dürfen. Unsere Schwester, die Rätselfragen mochte, überhaupt: sie liebte es zu denken, sie hatte Freude am Kopfzerbrechen (wenn anderthalb Eichhörnchen in anderthalb Tagen anderthalb Nüsse essen, wieviel essen dann neun Eichhörnchen an neun Tagen), warf die Frage auf, wie groß wohl die ideale Brotscheibe und wo der beste, wo der ideale Salamianwendungs-Quotient zu finden sei, aber darüber gab es nichts nachzudenken, denn ideal ist nur die Semmel, eine halbe Buttersemmel, die Butter darf gerademal die kleinen »Löcher« auffüllen, ein Stück Paprikaschote und eine ganze Rundscheibe Picksalami.

Neben dem Schwarzen Heft zählte der Wettbewerb in Schönessen zu den großen didaktischen Leistungen Onkel Pattyis. Die prinzipiellen Gesichtspunkte des Schönessens und die damit harmonisierende Punkteordnung wurden ausgearbeitet. Wie man Messer und Gabel zu halten hat (nicht am Hals), Löffel kommt zu Kopf, nicht Kopf zu Löffel, Hände nie unter dem Tisch, Ellbogen am Körper (zur Übung aßen wir tatsächlich mit unter die Achseln geklemmten Büchern) und Wassertrinken nur nach dem Essen. Die Jury, unsere Eltern und der Patenteigner, gingen mit strengen Mienen um den Tisch herum; sie machten sich Notizen, rümpften die Nasen, nickten, sie genossen das Spiel sichtlich; sie amüsierten sich. Aber sie hatten kein Auge dafür, zu sehen, daß wir uns nicht amüsierten. Wir waren verkrampft beziehungsweise wollten gewinnen, dabei ist am Essen nur das Essenwollen schön.

118

Mein Großvater mütterlicherseits galt, das erwähnten sowohl Bogyica als auch Onkel Pattyi mit vor Stolz geschwellter Brust, meine Mutter äußerte sich nicht dazu, nicht als sauflustiger, aber als geselliger Mann. Nicht sauflustig, aber gesellig, also ein Disziplinierter, aber Lebensfroher. Er tanzte im Weißen Schiff in Győr auf dem Tisch, Deske Nyári und sein Orchester spielten auf. Aber selbst dann stand er noch vor Sonnenaufgang auf, punkt halb eins Mittagessen, danach Korrespondenz, Zeitung, halbe Stunde Schlaf. Jeden Abend Befehlsausgabe an die Meier, die Vogte, den Adjutanten. Siebenundzwanzigtausend Joch Wald und doppelt soviel Nicht-Wald unterstanden ihm, denn soviel hatte der andere Großpapa. Eine verantwortungsvolle Arbeit. Mit dem Chemiker aus Magyaróvár in Sachen konvenablen Kunstdüngers verhandeln. Den Milchdurchschnitt in der Molkerei in Forna kontrollieren, mit dem Pächter Wittman die Konditionen neu festlegen. Er spielte Tarock mit kleinem Einsatz. Die Kinder sahen die Eltern selten, das Internat sah eine Heimfahrt pro Monat vor. Er faßte seine Kinder niemals auch nur mit einem Finger an; die Großmama schon. Von ihr bekamen sie sogar Ohrfeigen.

Wir hatten keine Gelegenheit mehr, die Strenge an ihr zu sehen, nur noch die erschrockene Traurigkeit des Alters, die in ihren tiefer als tief sitzenden nußbraunen Augen wohnte. Auf ihre alten Tage ist sie häßlich geworden, als hätte man ihr Gesicht nicht fertiggeschnitzt, neue, ungehobelte Oberflächen, grobe Brüche entstanden. Dies fiel besonders neben Bogyicas Schönheit auf. Aber sie war lieb, eine liebe Großmama.

Und dann vergaß sie von einem Tag auf den anderen, wie man kocht. Sie stand in der Küche, nahm einen Topf zur Hand, stellte ihn wieder hin, nahm den Gewürzhalter, stellte ihn ebenfalls wieder hin.

»Sei nicht böse, meine Kleine«, sagte sie kichernd zu Bogyikó, »aber ich hab's vergessen! Ich hab alles vergessen!« Als würde sie einen Lausbubenstreich eingestehen, einen gelungenen Jux.

Später dann erkannte sie auch die Menschen nicht mehr, brachte die Lebenden und die Toten durcheinander, und schön langsam gewann eine Art Verfolgungswahn Macht über sie, konkret, daß die Mami nach ihrem Leben trachten würde. In vorgenannter Annahme bestärkten wir sie eifrig, lieferten ihr viele kleine Indizien für die Ruchlosigkeit genannter Frau. In unseren Augen, für unser Gefühl war unsere Mutter so gut und so perfekt, daß es ein großes Vergnügen war, von ihr wie von jemand Bösem zu sprechen. Das hatte so wenig mit der Wahrheit zu tun, daß wir unseren geheimen Verleumdungsfeldzug als eine Art verschämter Liebeserklärung empfanden. Es kamen so viele gute Unmöglichkeiten zusammen; wir genossen sie ungestört. Und Großmama kaufte uns alles begeistert ab, sie erwachte förmlich zu neuem Leben. Wir versprachen ihr auch eine Pistole zum Zwecke der Selbstverteidigung. Worauf sie einmal unerwartet folgendes sagte:

»Engelchen, ich bestehe auf einer 38er Smith and Wesson.«

Keiner wußte, woher sie das hatte.

119

János (Nepomuk) IV., Cseszneker Linie, Obergespan der Komitate Hunyad und Zaránd sowie später des Komitats Veszprém, Geheimrat, stellvertretender Obertürstehermeister, Mitglied der Wiener Freimaurerloge »Zur Gekrönten Hoffnung«, ehelichte am 10. Juni 1777 in Schönbrunn Gräfin Ágnes von Bánffy, Tochter des Grafen Dénes und seiner Frau Baroneß Ágnes Barcsay von Nagybarcs, Patentochter und Ziehtochter der Königin Maria Theresia.

Ich erwähne es nur nebenbei, daß sich der alte Verwandte während seiner Amtszeit im Komitat Veszprém bei einer Gelegenheit mit übergroßem Eifer gegen die Wahl des Vizegespans, eines gewissen János Horváth aus Kocs, betätigte und die beamtenrestaurierende Kongregation derart gegen sich aufbrachte, daß diese, namentlich die adeligen Herren von Szentgál, ihn zu erschlagen drohten und die Tür des Komitatshaussaales aufbrachen; und es wäre beinahe zu einer Tätlichkeit gekommen, als János plötzlich durch eine Seitentür entschlüpfte und begleitet von seinem treuen Jäger sowie verfolgt von den lärmenden Wählern auf den für den Rückzug bestimmten Raum zurannte; vor der Tür wurde er jedoch eingeholt, und man riß ihm einen Ärmel ab. Worauf ihnen der Jäger sein gezücktes Messer entgegenhielt, unseren Großvater durch die Tür schob und der Verfolgung somit ein Ende bereitete.

Ágnes' Vater war Katholik, ihre Mutter Protestantin, die bei ihrer Eheschließung einen Revers ausgestellt hatte, ihre Kinder (wie es sich gehört) im katholischen Glauben zu erziehen. Aber sie dachte natürlich überhaupt nicht daran. Der Vater war als Kanzler von Siebenbürgen oft verreist (in Wien), und die Mutter wollte ihre Tochter sogar dazu zwingen, einen protestantischen Menschen – einen Mann – zu heiraten. Als dem Kanzler die Schuppen von den Augen fielen, forderte er seine Gattin auf, ihm die Tochter herauszugeben, was diese aber mehr als entschieden verweigerte. Bánffy bemühte sich, auf den »protestantischen Theuffel« einzuwirken, doch vergebens. Daraufhin griff er sein eigenes Haus mit Waffengewalt an, befreite seine Tochter und brachte sie zu seiner Mutter nach Wien. So wurde sie katholisch getauft, die Königin wurde ihre Patentante, sie heiratete meinen Verwandten János, ihre Hochzeit fand in der kaiserlichen Kapelle zu Schönbrunn statt, die Mitgift der Braut wurde von der Königin gestellt, ebenso das Mittagessen in Schönbrunn. (Die Details der

Festlichkeit werden von der Gräfin Michna, geborener Desfeigny Latonselle, in ihren Briefen an die Bánffy-Familie mitgeteilt. – Eines der roten Samtkissen aus dem vergoldeten Wagen, einem Geschenk der Königin, gibt es bis heute.)

Also: Eine ihrer Töchter, Josefa, nein, Marianna, die einen Herzog von Ruspoli heiratete, konnte kein einziges Wort Ungarisch. Da stand sie also, diese meine Großtante, am Fenster ihres Palasts in Rom, um sie herum all die vielen Ruspolis, ließ ihren Blick über die Dächer des Vatikans schweifen, wandte sich dann um und sagte mit makelloser Aussprache, vielleicht nur die R ein wenig stärker rollend als es, sagen wir, in Cegléd üblich ist, folgendes:

»Im Schatten des János Őry ist gut sitzen.«

Weder davor noch danach auch nur ein Wort Ungarisch. Sie wurde in Viganello, im Grabgewölbe der Ruspolis begraben.

Im Schatten des János Őry (Őri?) ist gut sitzen, keiner wußte, woher sie das hatte.

120

Wenn er guter Laune war, pfiff Großpapa schön. Meistens war es meine Mutter, die er auf seine Knie nahm. Und einmal schmiß er vor lauter Wut die Kaffeetasse an die Wand. (Die kalte Weichselsuppe war warm. Merkwürdig: Wenn die Suppe kalt war, scherzte er immer: »Hat vielleicht Wind in der Küche geweht? Sturm, Brise oder Hurrikan?! Aber irgendwas *woa*…«) Dafür ließ er tags darauf ein vierundzwanzigteiliges Service aus Wien kommen. Seine Autorität war unangefochten. Auch die Jungs diskutierten nie mit ihm. Wenn Paps meint. Wie Paps wünscht. Bogyica war der Meinung, daß er, obwohl ihn, was den Reichtum anbelangte, Welten vom anderen Großpapa trennten, viel großzügiger als dieser war.

»Seine Exzellenz durfte man ja gar nicht ansprechen«, bemerkte Bogyica pikiert.

»Das stimmt nicht«, sagte mein Vater und neigte beschämt den Kopf.

Auf der Ludovika war Imre Jóni der Klassenoffizier Onkel Pattyis.

»Bitte um Freigang, mein Vater liegt im Sterben.«

»Erlaubnis erteilt, aber wenn Ihr Vater nicht todkrank ist, lasse ich Sie einbuchten!«

Mein Großvater starb am 4. Oktober 1940 um sieben Uhr abends. Alle vier Kinder standen an seinem Bett, warteten, daß es sieben würde. Im Moment des Todes fiel Mamili in Trance und lästerte Gott.

Sie lästerte Gott.

Die Kinder fingen vor Angst und Schrecken zu schluchzen an.

Darüber sprachen sie später nie. Als meine Schwester Wind davon bekam, eilte sie sofort zu Großmama und fragte nach. Unsere Schwester stellt jede Frage: Das ist ihre Art mutig zu sein. Und feige zu sein auch.

Großmama wurde rot, dann lächelte sie, dann schüttelte sie den Kopf.

»Wovon sprichst du da, Engelchen? Komm, ich mache dir lieber ein paar Palatschinken.«

Denn sie konnte unglaubliche, schmackhafte und leichte Palatschinken backen. Und sie warf sie sogar in die Luft! In keiner anderen Situation sah man sie verspielt, noch nicht einmal fröhlich, nur bei den Palatschinken.

Und dann vergaß sie auch die Palatschinken.

121

Ob wir Wunschkinder seien, Kinder der Liebe, fragten wir unsere Eltern, einzeln, sie praktisch gegeneinander ausspielend. Aber wir hatten schon zu spät gefragt, die Frage war nicht mehr explizierbar.

122

Daß die Familie meines Vaters – im Gegensatz zu der meiner Mutter – die Heirat befürwortet hätte, kann man wiederum auch nicht behaupten, denn das würde bedeuten, daß sie nach dem Willen meines Großvaters war, aber der hatte bezüglich dieser Ehe keinen Willen.

Was überraschend ist, oder? Als wäre ihm das Schicksal meines Vaters gleichgültig gewesen.

Aber der Großmama war es nicht gleichgültig.

Deswegen stattete sie meiner Mutter einen feierlichen Besuch ab, um sie einfach zu dieser Ehe zu überreden, obwohl man sie diesbezüglich gar nicht überreden mußte, aber Großmama spürte schon ganz richtig, daß meine Mutter etwas unsicher war. Diese wohnte damals mit Mamili und Bogyica und deren Familie zusammen, vis-à-vis dem Kaiserbad. Großmama machte sich schick, was sie sonst nie tat. Darüber lachte Bogyica insgeheim. Sie kochte für die Verhandlungspartner den Kaffee, ihren famos guten »Kaffa«. Meine Mutter ärgerte sich über die Überheblichkeit ihrer älteren Schwester. Ihr war nicht zum Lachen zumute.

Sie hatte Angst. Weil sie vor allem Angst hatte? Oder war das damals noch gar nicht so? War sie damals noch so, wie sie die Photos zeigen? (»Ich bin eine Dame, Protagonistin meines Lebens, so habe ich es entschieden.«) Wir bekamen meist ihr nicht besonders spannendes Aufopfernde-Mutter-Gesicht zu sehen, hinter dem manchmal, um es mal so zu sagen, das Gesicht meiner Schwester hervorlugte, das Gesicht einer unbezähmbaren, schelmischen und dennoch ruhigen weiblichen Person. Ihre wilde Unbezähmbarkeit fiel insbesondere im Vergleich zu Bogyica auf. Die so schön war, als wäre sie aus einem farbigen Magazin herausgetreten – aus demselben wie die Mia Tant' –, ihre damenhafte Eleganz war an sich Beweis genug für die Zufälligkeit der Diktatur des Proletariats. Sie konnte gar nicht anders, als elegant und wunderschön zu sein. Aber, im krassen Gegensatz dazu, traute sie sich und konnte sie alles nur so machen, wie es sich ziemte. Unsere Mutter brachte verächtlich an, ihre Schwester würde ihre Torten aufs Gramm genau mischen. Und sie fügte jedesmal schulterzuckend hinzu:

»Sie sind ja auch unvergleichbar besser als meine.«

Großmama kündigte ihr Kommen nicht an, sie kam einfach vorbei. Sie stürmte an Bogyica, die ihr die Tür geöffnet hatte, einfach vorbei, als wäre sie nur ein Zimmermädchen. Meine Mutter las gerade, aber als meine Großmutter in der Tür stehenblieb und sie in Augenschein nahm – passierte gar nichts, sie las weiter, sie tat so, als hätte sie nichts bemerkt. Sie hatte meine Großmutter mißverstanden. Diese ging auf einmal los, als würde sie einen Angriff starten, mit zwei riesigen Sätzen, wie eine Tigerin, auf meine Mutter zu, der ewige schwarze Ballonmantel flatterte hinter ihr her wie die Bolschewikenflaggen in den Bolschewikenfilmen, dann hockte sie sich mindestens genauso unerwartet hin, ergriff Mamis Hand und streichelte sie. Sie sagten kein Wort zueinander. Beiden gefiel die Hand der anderen.

»Ich bitte dich herzlich, verlasse meinen Sohn nicht.«

Sie saßen wortlos neben Bogyicas Kaffee.

Großmama war als Bittstellerin gekommen, aber als sie sah, daß meine Mama meinen Papa bis ans Ende aller Zeiten lieben würde, blieb sie keine Sekunde länger. Sie interessierte sich für den Sohn, nicht für die Schwiegertochter. Ein bißchen sah sie immer durch meine Mutter hindurch. Zum Beispiel sprach sie nie über sie. Wenn überhaupt, dann nur über unseren Vater, über uns. Aber sie schrieb ihr jede Woche einen Brief, genauer gesagt eine offene Postkarte. Und als sie hörte, daß unsere Mutter französisch lernte (ihr Französisch auffrischte), schrieb sie diese auf französisch. Als dann, für kurze Zeit, Englisch angesagt war, auf englisch.

»Is the pen on the table?« fragten wir hart, aber gerecht.

»Oui, the pen is on the table!« rief unsere Mutter *really* glücklich. Für so was war sie immer zu haben.

Auf den Karten stand immer dasselbe, kurze, sachliche Berichte darüber, wie es ihr und ihrer jüngeren Schwester ging, dann die Analyse der Wetterlage unter landwirtschaftlichen Gesichtspunkten, ob dieser viele Regen dem Land guttue, eventuell noch etwas über die internationale Lage, mit besonderem Augenmerk auf die Kennedys und den Papst.

123

Waren's die historische Selbstanklage und die Gewissensbisse?, die Kurutzen-Reflexe?, die doppelte Erziehung?, aus irgendeinem Grund war ich über lange Zeit im Glauben, wir wären damals, vor vierhundert Jahren, aus Berechnung, uns flexibel an den Zeichen der Zeit orientierend, im Kielwasser der Gegenreformation zu den Papisten übergetreten, dies und zwei kluge Eheschließungen hätten jenes berühmte familiäre Fundament gebildet.

Nicht, daß mich irgend etwas daran gestört hätte. Jeder, jeder reiche Mensch, jeder Millionär (»heutzutage gibt es keine reichen Menschen mehr, nur noch Millionäre«) sagt, er sei zwar ein anständiger Mensch, aber nach der Beschaffung seiner ersten Million solle man ihn lieber nicht fragen, also gehört dies scheinbar zur Natur der Sache, Dolch, Meuchelei, Ehe und Ehebruch, die gelben Leichen der Steuerprüfer im trüben Wasser der Themse und so weiter, warum sollten ausgerechnet wir da die Ausnahme sein.

Und wir waren sie offenbar auch nicht, nichtsdestotrotz ist mein Ahne Miklós nicht aus irdischer Berechnung Katholik geworden, sondern aus dem Glauben heraus, aus Überzeugung, von Herzen, als Folge seiner innersten Überzeugung; Beweis dafür könnte sein, daß ihm daraus lange Jahre lang nur Nachteile erwuchsen. Auf lange Sicht natürlich nicht. Eine Langstreckenläuferfamilie (solche gibt es nur wenige, außer uns vielleicht nur noch die Károlyis).

Die familiäre Erinnerung hat eine mit aller Wahrscheinlichkeit niemals stattgefundene und von mehreren (einer) Seite(n) bestätigte Szene bewahrt, in der der aufgebrachte und protestantische Vater den katholisch gewordenen Sohn aus dem Hause vertreibt.

Damals ließ so manche protestantische Familie ihre Kinder in katholischen Schulen ausbilden, im allgemeinen bei den Jesuiten. Miklós, der spätere große Palatin, ging in Vágsellye nahe Galánta zur Schule, da es in erreichbarer Entfernung keine protestantische Schule gab. Interessanterweise sah man in den Jesuiten keine Gefahr, und das, obwohl ein Jesuit, wenn er einmal jemanden in die Hände bekommen hat, ihn nicht wieder laufen läßt... Der ungarische Protestantismus war jung und stolz, er vertraute auf sich selbst und auf die protestantische Vorsehung. Gottes Wege und die der jungen Männer sind hingegen unerforschlich. Das Jahrhundert hatte sich noch gar nicht gewendet, als der Jüngling »übertrat«, sein Onkel mütterlicherseits, der mächtige István Illésházy, der spätere Palatin (1608), ein kämpferischer Protestant, sowie sein Vater Ferenc, »ein gescheit retlich Herr«, riefen ihn augenblicks nach Galánta heim.

Als er ankam, saß sein Vater gerade beim Mittagessen und ließ, so sagt man, den Löffel in den Teller knallen, daß die Suppe bis zu Miklós spritzte.

»Ja wohl!« rief dieser auf die Frage, ob er katholisiert sey. Ja, er sey, und in diesem Glauben wolle er auch sterben.

Daß dem nichts im Wege nicht stehen werde, brach seines Vaters Zorn heraus und warf ihm der Reihe nach die Theller an das Haupt.

»Von zehen meinen Söhnen habe ich dich als Zehenten und Leibgeld dem Theuffel gegeben!« Und er drohte, ihn samt und sonders zu züchtigen, zu strafen und exhaeredieren. Endlich hieb er ihn vom Tische fort und trieb ihn ebenso aus dem Hause hinaus.

Der Jüngling litt mit viel Patience, gar nichts sagte er seinem Vater zu alledem, sondern kniete sich im Garten vor dem Hause unter einen Baum und dankte weinend mit großer Inbrunst seinem Herrgott dafür, daß dieser ihm für den wahren Glauben auch solches hatt zu leiden gegeben. Mit viel Weinen und Segen seiner Mutter ward er zu Fuße aufs Feld hinaus geschickt und nebenst anderem sprach sie also:

»Du bist mein geliebter Sohn, du bist die Schmerzen deiner lieben Mutter wert, deshalb gehe also dahin mit dem heiligen Segen Gottes unseres Herrn.« So schieden sie weinend voneinander. Seinen Vater sah er nie wieder, der 1603 noch lebte, und da von da an sein Name in unseren Urkunden nicht mehr erwähnt wird, muß er sicher um 1604 verschieden sein.

Was indes stimmt, ist, daß seine Ehe mit der Witwe Ferenc Mágochys, geborener Orsolya Dersffy, seiner dereinst hoch aufsteigenden Karriere einen großen Schwung verlieh, jedwedes Gerede aber, welches den Tatbestand einer Vernunftehe nahelegt, ist nichts anderes als das Lästerwerk protestantischer Publizisten. Darein waren János Szalárdi und Máté Sepsi Lackó führend.

Letzterer konnte sich in seinen historischen Aufzeichnungen gar nicht vorstellen, daß protestantische Magnaten auch anders als durch das Gift von Papisten ableben könnten, so geschehen mit Bálint Homonnai und dessen Sohn István und ebenso mit Ferenc Mágochy.

Jedenfalls fand der Erzbischof Pázmány, ein Mágochy-Verwandter, nichts an den Umständen auszusetzen. (Pázmánys Mutter, Margit Massai von Haraklány, war die jüngere Schwester von Gáspár Mágochys zweiter Ehefrau Eulalia Massai.) György Drugeth fand ebenfalls nichts, noch nicht einmal die Preßburger Jesuiten fanden was.

Es wurde verbreitet, es habe schon vor dem Tod des Ehemanns ein Techtelmechtel gegeben, man habe schon vor der Ehe öffentlich zusammengelebt, und die ältliche Orsolya habe, da unfruchtbar, Miklós Maîtressen verdingt, teils aus Güte und Großzügigkeit, teils, um den Erben zu sichern.

Schauen wir uns nur mal dieses eine an, daß nämlich unsere Urmutter älter gewesen sei als unser Urvater, zerschmettern wir gleich hier die gemeine protestantische Malevolentia. Denn wenn wir die Protokolle der Vollversammlung des Burgkomitats Sopron aufblättern, und warum sollten wir sie nicht aufblättern, können wir dort eine Protesterhebung lesen gegen die Benutzung einer Weide im Lánzsérer Dominium, im Namen des »Gnädigen Fräuleins Orsolya Császár, Tochter von Miklós Császár von Lánzsér« mit Datum vom 7. Januar 1586. Das heißt soviel, daß die Mutter von Orsolya Dersffy zu dieser Zeit noch nicht verheiratet war. Da Mágochy 1582, Onkel Miklós 1583 und Tante Orsolya nicht vor 1586 geboren wurde, konnte also letztere nicht älter als fürdere gewesen sein. Quod erat demonstrandum.

124

Was also die Heirat meiner Eltern anbelangt, gab diese dem Leben des betroffenen Mannes auch hier einen großen Schwung, was aber danach, um es dezent auszudrücken, keinen hohen Aufstieg zur Folge hatte. Vielleicht lag es daran, daß meine Mutter, im Gegensatz zur Dersffy-Großmama, älter als mein Vater war.

Die Ehe galt natürlich als schwere Mesalliance, auch wenn es keinen Stand mehr gab, beziehungsweise alle, alle, die zählten, unter Stand waren.

Wer aber dann natürlich einen Erstgeborenen, einen Jungen gebiert, ist wiederum doch jemand von Stand. So daß ich ein wenig das Ansehen meiner Mutter hob, damals, mitten im Jahrhundert, an einem Tag im April.

Meine Mutter wollte eine bescheidene Taufe, Prestige interessierte sie nicht, obwohl wir später öfter ihren hoffnungslosen Kampf, das unsichtbare Duell mit der unsichtbaren Familie beobachten durften; diesmal dachte sie viel mehr an Gott als an die Verwandtschaft. Die Verwandtschaft ihrerseits dachte allerdings an uns, da konnte mein Vater kein Wort sagen, die jahrhundertealten Sitten erwiesen sich als stärker, und Mutter Kirche legte sofort und im festlichen Rahmen ihre Hand auf mich.

Ich brüllte wie am Spieß.

»Oh, der kleine Heide!«

Ich brüllte in dem mit silberner Stickerei gesäumten, altadeligen Wickelkissen mit Bändern in den Familienfarben Gelb und Blau, und der treue Diener der Kirche registrierte mit nicht gerade wenig Salbung (Berufskrankheit; wie bei Bergleuten das Rheuma) den Zuwachs der Gemeinde.

Die Kirche unterstützten wir natürlich auch ex officio, jahrhundertelang folgten wir der Messe Sonntag für Sonntag aus der

Bank des Kirchenherrn heraus. (In so einer Patronatsbank, einer quasi für mich reservierten Patronatsbank, saß ich sogar schon mal, wenn ich auch mein Recht zur Priestereinsetzung nicht wahrnahm.) Wir waren, nicht wahr, verwoben, wir gaben dem Klerus wichtige Bischöfe, einmal sogar einen Fürstprimas, es war eine ununterbrochene und natürliche Verbindung (da war sogar noch drin, daß unser Ferenc die anfänglichen Reformbestrebungen Josephs II. unterstützte – während unser Bischof sie fumigierte –, aber dann gingen mit diesem Joseph die Pferde durch, und man konnte ihm einfach nicht mehr folgen).

Unsere Majker Großmutter war diejenige, die – wie wir sehen konnten – diese sachliche und freundliche, also kritische Beziehung verkörperte und damit also im Widerspruch zu jenen stand, die die Hand der Kirche, im Grunde französischen Traditionen folgend, als behaarte, fettige Pfote oder aber als gepuderte, gemeine, knochige, herrschaftliche Hand betrachteten – mit der Kirche halte ich es wie mit dem Zahnarzt: Im Gegensatz zu den allgemeinen Sitten habe ich keine Angst (vor ihm bzw. ihr).

125

Und zwar deswegen nicht, weil wir zum Onkel Laci Baynok zur Behandlung gingen, dem Schwager der Bogyica, dem älteren Bruder ihres Mannes, der Vittorio de Sica ähnlich sah, wenn auch nicht so sehr wie sein kleiner Bruder.

Ich hatte keine Angst, denn einerseits hatte er eine goldene Hand (Schmerzlosigkeit stellt ein wichtiges Element dieses Gedankens dar), andererseits wurde die Sitzung als eine Art Familienbesuch getarnt (verkauft), die Erwachsenen tranken Kaffee, führten *Konversation* (sogar mein Vater!), wir Geschwister (auch unsere Schwester!) wollten möglichst viel Zeit mit dem Gemälde verbringen, das eine nackte Frau darstellte, während wir in alten

Gesellschaftsgazetten aus Vorkriegszeiten blätterten, in der *Társaság* (»Gesellschaft«) und der nach Jahrgängen gebundenen *Színházi Élet* (»Welt des Theaters«) blinzelten wir unschuldig in *jene* Richtung. Die Frau vom Onkel Laci, die Tante Flóra, die man nicht Tante nennen durfte, sie nicht abtanteln, deswegen redeten wir sie gar nicht an, sie war Jüdin und ihr fehlte ein Unterarm, aber sie war so geschickt in ihrer Bewegung – und Nichtbewegung –, daß es keiner merkte, und wir sprachen auch darüber nicht, über nichts davon, später verstarb sie unter entsetzlichen Qualen, sie fing am Arm zu verfaulen an, diese Tante Flóra sagte dazu immer wieder denselben Satz:

»Die Színházi Élet? Das ist das Blatt vom Zoltán Egyed. Ein geschickter, intelligenter, feiner Jude war er.« Das sagte sie immer.

Angeblich, nach Angaben unserer Mutter, stellte jener Akt sie dar.

»Woher wollen Sie das wissen?« grinste unser Vater, als ob er es gewesen wäre, der das Bild gemalt hat, oder als ob er der Pinsel gewesen wäre.

Wir benahmen uns unerwartet wohlerzogen an diesen Nachmittagen, als hätte uns Onkel Pattyi erzogen, das heißt, ein wenig hatten wir wohl doch Angst. Das Ganze langweilte uns und auch wieder nicht. Und dann schauten wir von Zeit zu Zeit von hinten, von der Wohnung her, wirklichen (einfachen) wartenden Patienten zuvorkommend, bei Onkel Laci sozusagen einfach mal vorbei, ihn grüßen und wie es ihm denn so ginge, und er sah sich dann so nebenbei auch unsere Zähne an. Unsere »Hauer«.

»Na, hier haben wir den Zahnstein eures Vaters! Vom Zahnfleisch her ist die Familie schwach!« Solche Sachen sagte er.

Als ich bei den Piaristen angenommen wurde, begann plötzlich – wenn auch vermutlich unabhängig davon – mein Zahn zu wachsen, einer meiner Eckzähne, wie bei einem Kaninchen, das zu wenig an Karotten oder wie bei einem Wolf, der zu wenig an Kaninchen knabbert. Damals war gerade Onkel Lacis Vater gestorben. Er war genau hundert geworden. Er war Imker im Hűvösvölgy. Einmal hatte er auf einer Zugfahrt die Bienenkönigin verloren. Der Zug mußte bei Ceglédbercel angehalten werden. Der Fall von Ceglédbercel! Ich hatte meinen Termin am Tag der Beerdigung.

»Das ist ein ziemlich avantgardistischer Standpunkt für einen Eckzahn«, murmelte er und klopfte versonnen an meinen Zahn. Er trug den weißen Kittel über dem Anzug. Er trug wunderschöne Seidenkrawatten, italienische. Laut meiner Mutter waren die ein Vermögen wert. Sie ließ bissige Bemerkungen über Onkel Laci fallen. Das hatte gleich mehrere Gründe. Sie sah auf Onkel Laci und Tante Flóra herab, weil sich diese von Zeit zu Zeit prügelten, mehr noch, sie sprachen sogar darüber, als würde das nur ihre Liebe beweisen, sie verachtete sie, weil sie sich nach dem Krieg als Falschspieler durchgebracht hatten (dies bestritten sie, aber vergebens), und der dritte Grund war, daß unser Vater bei diesen Besuchen aufs heftigste mit Tante Flóra flirtete, und unsere Mutter hätte von Onkel Laci erwartet, daß er irgendwas dagegen oder deswegen unternahm, aber der unternahm nichts. Uns schien es so, daß unsere Mutter sehr gut mit Tante Flóra auskam, sie waren nett zueinander und lächelten einander immer an. Sie hatte der Mami auch das Puppenspielen beigebracht während der Belagerung, als sie zwei Monate lang eine Wohnung und einen Bunker miteinander teilten.

»Ein Begräbnis ist keine avantgardistische Gattung.« Er klopfte weiter an meinen Zahn. »Sehr richtig, die Piaristen. ›*Vernünftig.*‹ Die Piaren holen raus, was in dir steckt. In dem Alter braucht man das. Ein Lehrorden, da herrscht Bescheidenheit und Strenge, die wissen, daß Wissen von vornherein endlich ist, deswegen muß man es respektieren und darauf achten. Moderne Typen, offen. Nicht so stoffelig wie die Franziskaner, aber auch nicht so süßlich und nicht so machtversessen wie die Ignatianer. Jetzt mögen die natürlich versessen sein, worauf sie wollen, sie dürfen froh sein, noch am Leben zu sein. Was doch eher das Franziskaner-Programm ist. Die Piaristen denken immerfort nach. Tut's weh? Ich sehe, daß es weh tut. Man muß abwarten, was er will. Das, mein Sohn, ist ein eigenwilliger Zahn. Reizen wir ihn lieber nicht. Und lache eine Weile nicht!«

Er setzte sich mir gegenüber auf einen kleinen Stuhl, der sich wie ein Klavierstuhl drehte.

»So hab ich dich noch gar nicht gesehen. Ich sehe das ganze Land nur mit halb geöffneter Fresse. Diese viele Dunkelheit in den Mündern ... Rauchst du?« Ich rauchte nicht. Ich fing damals gerade mit dem Nichtrauchen an. »Die Piaristen, das ist gut, schön solide. Wie ein Anzug aus Tweed. Aber wo gibt's heute noch Tweed ... Obwohl, er ist ja haltbar ... Taufen, Begräbnisse darf man ausschließlich von den Katholiken machen lassen. Heutzutage gibt es kaum mehr maßgeschneiderte Anzüge. Als ob man von vornherein erraten könnte, wie ein Mensch ist! Kleiderfabrik! Contradictio in adjecto, mein Sohn! Das werden dir die Piaren auch noch vordeclinieren. Bei euch sind natürlich alle katholisch, von A bis Zett, von Kopf bis Fuß, kreuz und quer. Obwohl, da fällt mir ein: deine Mutter ...! Revers, nehme ich an. Dann eben nur von A bis M, oder von M bis Zett. Geburt, Tod ... immer nur das Übliche, was sich schon bewährt hat ... Die Katholiken denken theatralisch. Das funktioniert. Eine gut geölte Maschinerie. Geschmeidig. Die Katholiken sind geschmeidig. Katharsen gibt es nicht viele, aber man kann's überleben. Man geht um sieben rein und kommt um dreiviertel zehn wieder raus. Damit kann man auch das bißchen Zeit herumbringen ... Wenn es sein muß, häng dich ruhig an deinen Katholizismus!«

Ich traute mich nicht, etwas zu sagen, aber ich traute mich auch nicht, lange zu schweigen. Zuerst nickte ich, gut, ich werde mich ranhängen, und dann fragte ich, ob er sich denn auch ranhänge.

Ob er sich irgendwo dranhängen tut.

»Sich wohin hängen?« Er lächelte mich an. Er war ein schöner Mann und wußte es auch.

Sie hatten noch einen dritten Bruder, den Onkel Dodó, den Do-ódi, wie Bogyica zu psalmodieren pflegte, bei ihm war von Vittorio de Sica nichts mehr übrig, man erzählte sich, er sei über jede Vorstellung hinaus egoistisch und knauserig (»Ein Kalmäuser, mein Junge, ein echter Pfennigfuchser!«) und daß er sich von Frauen aushalten ließ, von alten Frauen, obwohl er sie mittlerweile nach und nach einholte.

»Und ständig macht er Ausflüge mit diesen alten Schachteln! Das gesunde Leben! Er will nicht sterben, was für ein ordinärer Gedanke! Und ständig trägt er grüne Kniestrümpfe auf seinen ständigen Ausflügen!«

Von Onkel Lacis Lächeln wären die Frauen der Reihe nach hingeschmolzen, aber momentan war nur ich zur Hand.

»Sich wohin hängen?«

»Na ja, was du grad gesagt gehabt hast, an den Katholizismus dran.«

»Soll sich hängen, wer's nötig hat.« Er berührte mein Knie. »Ich könnte mich nur einem Glauben anschließen, nach dem der Schöpfer über seine Schöpfung lacht; nach dem der Schöpfer ein *spottender* Gott wäre. Wieviel einfacher wäre doch alles, wenn wir von einem spöttischen Gott ausgingen. Das Christentum kennt kein Lachen … Ich habe nichts.« Er streichelte mir über das Knie. »Ich bin der reichste von allen.«

Das verstand ich nicht. Dann fragte ich vorsichtig:

»Bist du Protestant?«

Er flüsterte es wie ein Geheimnis:

»Oh, noch viel besser: Atheist.«

»Oh!« entfuhr es mir.

»Aber verrat es denen ja nicht.« Und er zeigte um sich, als meinte er die ganze Welt. »Manchmal muß man eben eintauchen in den Heilschlamm des Selbstmitleids, aber nicht zu lange, denn das ist wie die Onanie: Es hat sein Bouquet, aber irgendwie … ist es eine nicht Gott gefällige Sache.« Am bezauberndsten können Atheisten das Wort Gott aussprechen. Durchs Fenster konnte ich aufs Parlament sehen. Wir schwiegen; dann umfaßte er meine Beine und legte den Kopf auf meine Knie. Und ich sah von oben, aus dem wuchtigen Zahnarztstuhl wie von einem Thron zu ihm hinunter. Nach einer langen Weile sagte er:

»Mein Herr, mein König.« Stille. »Es ist eine schöne Sache, wenn einem der Vater stirbt, du wirst es noch erleben. Es ist schön. Nur, was soll mit den Bienen geschehen. Was soll aus den Bienen werden.«

Ich streichelte ihm über die Schulter.

Mein Eckzahn wuchs, wie ich annehme, auch währenddessen weiter.

126

Bei meiner Taufe tat jeder seinen Job, wie es sich gehört: Der Diener der Kirche administrierte, der Herrgott nahm erwartungsvoll die Herdenvergrößerung zur Kenntnis und mein Vater begann seine abenteuerliche Vaterschaft, er warf mir fidele Blicke zu und widersagte dann, dem Ritus der Taufe entsprechend, statt meiner glühend dem Toifel. (Vater zu sein ist eine geheimnisvolle Aufgabe. Auf geheime Fragen entstehen ohne das Wissen der Parteien geheime Antworten. Vater zu sein ist deswegen schwer, weil man sich nicht darauf vorbereiten kann. Was man von Vaterschaft lernen und mit gutem Willen und Einfühlung erfüllen kann, ist alles nicht interessant. Damals wußte ich das noch nicht, aber mein Vater wußte es. Was er nicht wußte, war, daß am Ende immer alles herauskommt.)

Das glücksgepeinigte (ich!, ich!) Gesicht meiner Mutter war von der üblich zu nennenden Wehmut umwölkt, die die Mütter in unserer Familie notgedrungen erfaßt, die, logischerweise, keine geborene Esterházys sind (obwohl es auch mal vorkam, daß der eine Familienzweig dem anderen aushalf, wenn auch nicht so oft wie bei den Károlyis, die in ihrem puritanischen Stolz am liebsten immer nur unter sich gewählt hätten, sicher ist sicher), also immer ein wenig Außenstehende, *obwohl*, logischerweise, der Zweig ohne sie vertrocknen, abbrechen, aussterben würde.

Meine Mutter, das Kind auf dem Arm, stolz, in klassischer Marienpose, hatte plötzlich das Gefühl, der liebe Gott sei wie ein unangenehmer Schwager, eine blasierte Schwagertype, oder vielleicht doch eher eine Schwiegermutter, nein, eher deren Schwester beziehungsweise besonders eine Schwester des Schwiegervaters, eine Tante, eine gigantische Tanti, eine Gigatantin, deren Blick das Leben des »Eindringlings« abmißt. Über der Familie zog ständig eine komplizierte Ordnung von Tantis hinweg. Auf ihren Gesichtern nicht etwa der Neid der Kinderlosen, sondern Strenge und Wissen; sie sind die Hüterinnen der Ordnung, die Hüterinnen einer inneren, unausgesprochenen und unaussprechbaren Familienordnung. Sie sind keine schwächlichen alten Jungfern, diese leichte Genugtuung war auch meiner Mutter nicht vergönnt, als sie mit einem Seitenblick erneut die riesigen, breitkrempigen, farbigen, *schattigen* Hüte sah, zu denen so unerbittlich und unausweichlich alles paßte, der Lidschatten, der Lippenstift, die Gürtelschnalle, das Muster der Handtasche, die Schuhsohlen.

Eine schwere Ordnung ist das.

Und wenn wir uns rückwärts in der Zeit bewegen, dürfen wir noch mehr erschauern: Ein Kleid aus dem vergangenen Jahrhundert, schwarz, hochgeschlossen, zugeknöpft bis ans Kinn, ein ›*Muttermörder*‹ aus Wien, obwohl er dort vermutlich nicht mehr getragen wird, so ein Kleidungsstück könnte die Tantchen-Autorität und die unwillkürliche Mißbilligung an sich verkörpern, und so weiter, rückwärts, zuerst in diesem, dann in jenem Jahrhundert keine Ruhe findend, um schließlich bei jenem goldbestickten *daffeten* Leibchen zu landen, welches die jüngere Schwester des Palatins getragen hatte und welches außer montags im Hochparterre des Kunstgewerbemuseums in Budapest zu besichtigen ist. An jedem dieser Kleidungsstücke und Gegenstände, vom Lippenstift der Bogyica bis hin zum Wangenrot der Zsófia Illésházy, kann man diese spezielle Familienmetaphysik verfolgen, die permanente Gegenwart einer archaischen Etikette.

»Wir widersagen! Wir widersagen!« psalmodierten die Familienmitglieder mit listigem Eifer. Wir schrieben das Jahr neunzehnhundertfünfzig, beziehungsweise wer es schreiben konnte, schrieb es, es war klar, woran sie dabei dachten. Für die Dauer einer Taufe, eines Sonntags war es noch leicht für uns, elegant zu sein, skandalös vornehm, stolz, hochfahrend. Die Jahrhunderte des Besitzes waren noch nah, wir spürten noch ihren Geschmack. Den Geschmack des Nichts, des Gibt-es-nicht spürten wir nicht. (Ich für meinen Teil noch nicht einmal den des Nuckels, meine Mutter bestand darauf, daß ihre Kinder in einer nuckelfreien Umgebung aufwuchsen. Und so passierte es dann auch. Sie war der Auffassung, Nuckel seien ordinär, und sie wollte uns vor allem Ordinären schützen, die Ärmste ...)

»Zweitausend Jahre sind immerhin zweitausend Jahre«, sie nickten zufrieden Richtung Altar. »Dieser Kommunistenwirtschaft werden *alles in allem* allerhöchstens dreißig Jahre beschieden sein. Da ist es verständlich, wenngleich auch abstoßend und unangenehm, daß sie sich jetzt so rabiat, so holterdipolter – stellten wir uns das jetzt mal schnarrend vor! holtechdipoltech, sofort wird uns die Genesis der Revolutionen des Proletariats klar! – abmüht, all das abzuarbeiten, was schon nach der Elementarmathesis unmöglich ist: den Abtrag, den Unterschied.«

Ich für meinen Teil brüllte politisch neutral weiter, obwohl man das schon damals schwer hätte beweisen können. Tante Mia hielt mich unters Taufwasser, in der Aufregung vergaß sie, daß ich in ihrem Arm lag, und ließ mich ins Becken mit dem Weihwasser plumpsen. Eine perfekte protestantische Taufe. Der Ministrantenjunge fischte mich rasch aus dem Becken und händigte mich meiner Mutter aus, die schluchzend ihre vor Wasser triefende Leibesfrucht an ihren Busen drückte. Der Priester mußte lachen, so was hatte er noch nicht gesehen, das sei jetzt ein richtiges Baptistenkind, ihn, den Priester nämlich, brauche man ja jetzt wohl nicht mehr. Mein Vater knurrte ihn wie ein Haushund an, sein Kind soll ihm keiner als Protestantenbrut diffamieren.

»Nicht so laut, wir sind im Hause Gottes.«

Ich hatte die Nase – als Start ins Leben – voll mit Weihwasser. Es war Sommer, es war erfrischend.

127

Ich (tag)träumte, ich würde mich beim Herrgott nach meinem Vater erkundigen. Befragen, ausquetschen, nachbohren. Wie er denn so sei. Ich hätte gerne gewußt, wie er so war. Sicher ist sicher. Damit brachte ich die Zeit im Bauch meiner Mutter herum. Aber der Herr gab selbst auf mehrmaliges Betreiben meinerseits keine brauchbare Antwort. Er sei schließlich keine Weissagerin (er sprach mit der Stimme des jungen Imre Sinkovits). Aber ich fragte ja auch nicht, wie mein Schicksal, sondern wie mein Vater sein würde. Daraufhin fing er wie ein Backfisch zu kichern an und sagte: So? Im nachhinein kommt es mir so vor, als hätte der liebe Gott raffinierterweise so mit mir geredet, wie das später manchmal mein Vater tat; vielleicht, damit ich mich daran gewöhne. An den Ton.

Aber ich hätte mir gewünscht, er hätte erzählt, nicht nur Zeichen gegeben, Andeutungen gemacht, sondern mir von meinem Papa erzählt und von diesem Ungarnland namens Ungarn – damit ich so ungefähr wüßte, womit ich zu rechnen habe.

Nein. Statt dessen kommt er mit dem Vorschlag daher, ich solle mir meinen Vater vorstellen. Ich zucke mit den Achseln, Sturm im Fruchtwasserglas, ach, ist nicht so wichtig, wird schon irgendwie werden. Aber ich solle ihn mir doch mal vorstellen. Soll sein Bild auf die Leinwand meiner Phantasie projizieren. An die Wand. Ich soll ihn aus Pappendeckel ausschneiden und farbig anmalen. (Hier haben wir den etymologischen Zusammenhang zwischen Pappendeckel und Papa.) Einen Schattenscherenschnitt à la Goethe anfertigen. Keine Angst vor Goethe, er beißt nicht. Oder aus Knetmasse. Vielleicht stellt sich am Ende noch heraus, daß die Knetmasse am günstigsten ist. Zwar ist es kein klassisches Material, dafür aber vielschichtig. Heißt flexibel. Ich soll also nur munter drauflosknüllen, walken, kneten. Wen? Meinen Vater. Ich soll ihn auf ein Podest stellen, abbilden, photographieren. Die Stückchen des zerrissenen, von meiner Mutter einmal vor Wut zerrissenen Fotos einsammeln und zusammenkleben. Wann? Im Laufe der Zeit.

Und ich soll Skizzen, Zeichnungen, Gemälde erstellen.

Mein Vater als Kupferstich, Aquarell, Siebdruck, als Karikatur, Landschaftsbild und Schlachtszene. Die Schlachtszene würde besonders im Film gut aussehen, wie die martialischen Reiter so im Frühnebel zwischen dem Haar meines Vaters am Waldesrand erscheinen und dann langsam, mit bedächtiger Würde, über den breiten, offenen Raum der Stirn nach vorne traben, ich würde mich in Grünspans Sattel wachsam erheben, bin nicht eitel, doch voller Wonne, welchen Rappen mir mein Großherr Pázmány geschenkt, wohlgelehrter und hochstrebender Kardinal, herzlich und voller List, mit Liebe und Kabale, denn dies ist alles eins in ihm – Berechnung, Raffinesse und echte, heilige Güte.

128

Was allerdings kein Traum war, war, als wir einmal – ein einziges Mal – aufeinanderprallten, wie bei einem Wettstreit. Nicht mit Pázmány, mit meinem Vater. Wann? Wir gingen noch zu den Spielen der Fradi, aber nicht mehr zusammen. Jedenfalls war es ein ziemliches Stück nach dem Westfälischen Frieden. Ich stand keuchend vor ihm, der sich, weißer Rabe, gerade ziemlich als Vater zeigte.

»Sie irren sich gewaltig, wenn Sie glauben, Sie können meine Pläne vereiteln!« zischte ich und wechselte unbewußt ins Siezen zurück. Wir fingen damals gerade erst mit dem Duzen an, aber wenn er lediglich Vater und ich lediglich Sohn, das Kind war, dann redete ich wie früher, wie ein Kind. »Und wenn Sie sich auf den Kopf stellen, Vater …«

Meine unerwartete Entschlossenheit rührte mich. Ich war ein relativ friedlicher Teenager, es gab nicht viele Probleme mit mir, denn auch ich hatte nicht viele Probleme mit den »anderen«. Ich fühlte mich zwar einsam, vereinzelt, aber ich wußte nicht, wem ich das zuschreiben sollte. Im allgemeinen schwieg ich statt zu reden, worauf mein Vater mit Schweigen antwortete, was ich mit zorniger Stille zur Kenntnis nahm.

Jetzt lächelte der Olle (nach einer Weile sind wir von Alter zu Oller übergegangen, und er tat fast so, als würde er das mißbilligen, ungewollt allerdings stolz darauf sein), die sogenannten Lachfalten auf seiner Stirn liefen zusammen. Diese Beweglichkeit, die Lebendigkeit der Stirn erweckte den Eindruck, als würde mein Vater feste nachdenken, abwägen, in Zweifel ziehen;

die Falten deuteten Zuvorkommen an und eine grandiose Skepsis, die man leicht als Überheblichkeit interpretieren konnte.

Dies habe ich dann auch bei mir selbst bemerkt, selbst in die am freundlichsten, betont nett, manchmal sogar erstrangig beruhigend gemeinten Gesten oder Sätze mischte sich etwas von der Ironie und der Distanziertheit meines Vaters, was die Menschen verwirren oder erzürnen kann, auch wenn ich es nicht will, oder gerade das es ist, was ich nicht will. Wegen der zeitweiligen Überheblichkeit meines Vaters hätte ich die Wände hochgehen können (ich ging nicht), wegen dieser schweigsamen, falschen Besserwisserei; ich bemerkte nicht, daß ich derjenige war, der ihm das aufzwang: Wenn ich ihn in Ruhe ließ, von sich aus, war er nie so. Nur, wenn ich ihn zwingen will, Farbe zu bekennen, ist er so. Er will nicht Farbe bekennen. Oder es gibt gar keine Farbe, die er bekennen könnte. Oder es gibt mehrere, er hat eine, ich habe eine, und wenn er die seine bekennt, merke ich es gar nicht.

»Du kannst mir mein Leben nur erschweren!« rief ich ihm mit jugendlichem Ungestüm, ängstlich, ins Gesicht. Ich war von meiner Heftigkeit selbst überrascht. Als wäre gar nicht ich es gewesen, der da sprach, aber ich war's. Mit meinem Vater konnte man sowieso nicht klassisch streiten, einerseits kam Großpapas eisiger Aristokratismus aus ihm heraus, streiten – was für eine Dienstbotenart, und der sich streiten Wollende schloß sich beim ersten Zucken der Augenbrauen sofort und unwillkürlich dieser Ansicht an, andererseits ging er im allgemeinen allen Konflikten aus dem Weg, wand sich heraus, schüttelte kaum sichtbar den Kopf, um seine Augen herum setzten sich die Krähenfüße in Bewegung, die Falten der augenzwinkernden Heiterkeit, in seinem Blick blitzte etwas auf, er deutete ein Lächeln an, das Lächeln selbst, und trat distinguiert *beiseite.*

(Auch mit meiner Mutter stritt er sich nicht viel. Nicht einmal, als er nicht mehr gut beisammen war, trank – »er soff wie ein

Loch« –, nachts wegblieb. Sicher lag das auch an unserer Mutter, die nicht wirklich wissen wollte, was sie wußte, aber nicht wissen wollte.

Unsere Schwester fand ein dünnes sog. Schreibheft. Schmutzig, bekleckst, fleckig, ausgeblichen. Produkt der Papierfabrik in Főzfő, Einzelverkaufspreis 0,50 Forint, in der Kinderschrift von einem von uns steht vorne: Skizzenheft drauf und ist auch gleich wieder durchgestrichen. Auf der Rückseite steht das Abece, in Schreibschrift, praktisch zeigend, wie man's macht: von A bis Zs, dahinter: Satzzeichen: . ? ! , ; : – » » , und schließlich der zu beherzigende Imperativ: Achte stets auf eine saubere, sorgfältige und formschöne Schrift! Budapest, 4. Sept. 1963.

Das Heft muß unsere Mutter uns stibitzt haben, es stehen praktische Aufzeichnungen drin, ein Verzeichnis der Kleider, die sie Bogyikó gegeben oder von ihr bekommen hat, an Margitka gezahlte Gelder, Abwaschen, Bügeln (woraus hervorgeht, daß ihr Stundenlohn 10 Forint betrug), Ausgaben, Zahlenkolonnen (addiert). Jeder Posten im Heft ist wieder durchgestrichen, es ist also quasi alles erledigt. Am Ende des Hefts, von hinten nach vorne, notierte unsere Mutter akkurat die »schlimmen Sachen meines Vaters«, Datum, Stunde, Minute, Vorkommnis. Ich würde das jetzt nicht gerne zitieren. Aber auch daran kann man dieses Ja-und-nein sehen, vermutlich mußten die »Sachen« auch deswegen festgehalten werden, damit sie sie später nicht so leicht vor sich selbst verleugnen konnte. Denn mein Vater leugnete selbstverständlich (?) immer alles, die Vorwürfe klassifizierte er als unbegründet oder zumindest übertrieben, nichtsdestotrotz versprach er, es würde nie wieder vorkommen. Ab und zu hörten wir solches Geflüster; aber was sollte »nie wieder« vorkommen, wenn, nicht wahr, nie etwas vorgefallen war, was eines Vorwurfs würdig gewesen wäre. In diesen Notizen traute sich meine Mutter nicht, die Wörter auszuschreiben, sie hatte sichtlich Angst vor den Wörtern, vor der Festschreibung durch Wörter, und sie hatte auch Angst vor den leeren Zeilen, dem gähnenden Nichts, dem Selbstbetrug. Z.B. *stur*: das bedeutete sturz, sturzbesoffen; *lip*: daß er Lippenstift am Kragen oder am Körper hatte.)

In diesem kaum existenten Streit skizzierte ich Papi – er hörte nicht zu – kurz meine Pläne, unter besonderer Berücksichtigung des Programms bezüglich der gemeinsamen Erinnerung, vom Chor der Engel bis zum Klauengulasch, von Kardinal Pázmány bis zu meinem Schwanz. Von meiner Mutter bis zu meinem Vater, und – das war ein besonders schöner Gedanke – daß mir die Erinnerungen jedes einzelnen Menschen gehören, seine, die meiner Geschwister, die der Nachbarn und der freiwilligen Polizei, alles ... Ich redete und redete.

»Du bleibst für immer ein Kind«, fuhr er plötzlich dazwischen. Aus der Stimme glaubte ich Stolz herauszuhören, und ich konnte nicht umhin, diesen Stolz auf mich zu beziehen, ihn als subtiles Lob oder als Anerkennung meiner Position als Sohn zu interpretieren. »Du bleibst für immer ein Kind und ich für immer dein Vater.« Stille, und dann, als würde er die Pointe eines Witzes erzählen, genüßlich: »Bis ich sterbe.«

Soweit ich mich erinnern kann, zuckte ich mit den Achseln. Und dann fing mein Vater, als hätte er plötzlich die Gestalt gewechselt, zu erklären an, von wegen und also, junger Mann, die gemeinsame Erinnerung ist nicht auf Felsen gebaut, umsonst hätte ich aufgrund der Fürsorge meiner fürsorglichen Eltern in der Taufe den Namen Felsen, Petrus, erhalten, fürwahr, sie ist nicht auf diesen Felsen gebaut, sondern auf Sand, auf Sumpfland, auf jenes brackige, torfige, vor Gasen zischende, gespenstische Morastloch, welches da Tod heißt. Plötzlich küßte er mich.

»Der Mörtel der gemeinsamen Erinnerung ist der Tod, das sag ich dir, Dummerchen.«

Zwei Wettstreiter; wir stritten um die Wette.

SECHSTES KAPITEL

129

Als im Mai 1951 in Budapest die sogenannten Aussiedlungen begannen, waren meine Eltern weder besorgt noch aufgeregt, wozu auch; wie gehabt: Wenn alles verloren ist, hat man nichts mehr zu verlieren, man könnte das vielleicht sogar Freiheit nennen, zumindest aber kann es das Gefühl von Freiheit erwecken. Ich hatte zwar bis dato nichts verloren, aber auch ich machte mir keine Sorgen und war auch nicht aufgeregt, denn ich wiederum dachte, denn wie sollte ich was anderes denken, daß es natürlich ist, daß so ein Menschenleben ist: daß man einen aus der Wiege zerrt, fremde Menschen kommen und herumbrüllen, packen, durch die Gegend hetzen, Dunkel, Lkw, Gasolingestank und wieder Fremde, wieder Geschrei, das unbewegte Gesicht meines Vaters, die Mutter weint, dann weint sie nicht mehr, sie weint nie mehr, fast nie, daß das also die Ordnung der Dinge ist, und wenn das die Ordnung der Dinge ist, wozu sich dann sorgen, wozu die Aufregung.

Ich wußte nicht, daß Budapest, als ich es das erste Mal sah, eine Stadt der Angst war; meine Geburtsstadt war von Angst beherrscht, sie gehörte ihr ganz und gar, die kleinen Gäßchen in der Burg, die Promenaden, die schmutzigen Vorstädte und die eleganten Alleen (»die nach Onkeln benannten Alleen«), alles, über der Stadt saß die Furcht mit ihrem »riesigen, fauligen, scheußlichen Arsch«. Von meiner Wiege aus gab es einen phantastischen Ausblick auf das Vérmező, die sog. Blutwiese, und die Burg. Wir wohnten in einer guten Gegend; meine erste Wohnung war eine Villa in Buda, auf einem steilen Grundstück, als wäre das Haus

aus dem Hügel herausgewachsen, nicht weit von der Treppe, die nach unserem König Csaba benannt war, an einem Hang des nach dem glücklosen Verräter Martinovics benannten Bergs.

Auch Urgroßmama Schwarzenberg und Tante Mia wohnten bei uns, da das Kloster, das ihnen Unterschlupf gewährt hatte und das wir, die Familie, so deucht mir, finanziert hatten, aufgelöst worden war. Tante Mias Schönheit wurde von der ewigen schwarzen Brille noch mehr hervorgehoben. Wie eine berühmte Schauspielerin, die sich versteckt. Dabei hatte sie nichts Schauspielerinnenhaftes an sich, und auch ihre Schönheit war kraftlos geworden (oder sie war es immer schon gewesen, was ein Widerspruch an sich ist); ein Mann hatte sie noch nie angesprochen, eine emotionale Beziehung hegte sie lediglich zu ihrem Bruder, meinem Großpapa, ihm wollte sie ihr ganzes Leben lang dienen, doch er ließ sie nicht. Er erlaubte es ihr nicht. Es wäre naheliegend gewesen, Nonne zu werden, aber sie wollte auch nicht die Braut und Dienerin Jesu sein, auch dafür fehlte es ihr an Gefühl. Also blieb es bei der finanziellen Unterstützung. Den Mangel an Gefühlen versuchte Tante Mia verzweifelt zu verbergen, sie verbarg es hinter Nettigkeit, erfolglos. Woraufhin wir Kinder ihr verzweifelt versicherten, daß wir sie liebten. Ich glaube, unsere Verzweiflungen kamen ziemlich gut miteinander aus. Soviel ist jedenfalls sicher, daß sie die seidigsten Hände auf der ganzen Welt hatte. Wir nahmen sie in die Hand wie ein schwaches Vögelein, sie ließ es zu, und streichelten uns mit ihnen hoch und runter übers Gesicht. Während Tante Mia uns, eigentlich, deutsch beibrachte.

130

Ich hatte einen entfernten, phantastischen und geheimnisvollen Onkel, Miklós Szebek, den alle nur Roberto nannten, als wäre er ein italienischer Strizzi, ausgenommen (mein Vater, später, als er ihn überhaupt nicht mehr nannte, »seinen Namen nicht mehr in den Mund nahm«) meine Mutter, sie redete ihn immer ernsthaft mit Miklós an, Miklós bitte, immer so.

Von Zeit zu Zeit wohnte auch er bei uns, er hatte seine eigene Matratze (»aus Roßhaar!, aus feinem Roßhaar!«), anfangs in meinem Zimmer, aber meine Mutter machte sich permanent Sorgen, was denn da in der Ferne, im anderen Zimmer, mit mir passieren könnte, oder sie sehnte sich nur nach mir und wollte nicht, daß meine Zeit ohne sie verging (später, als wir viele wurden, vergingen die Zeiten völlig durcheinander und auch meine Mutter konnte und wollte dieses Vergehen nicht mehr beaufsichtigen, wahr ist, daß sie sich da auch keine Sorgen mehr machte, um vier Kinder kann man sich keine Sorgen machen, dabei würde man verrückt, bei vier Kindern kann man nur noch Hoffnungen haben, was nicht heißt, daß das wenig wäre, das ist mehr als genug, wenn genug davon da ist), jedenfalls zog sie zu mir auf die Matratze und Roberto zu meinem Vater ins Ehebett. Darüber lachten sie sehr – alle drei. Ursprünglich hätte Roberto mein Taufpate werden sollen, da er sich schon als Trauzeuge bewährt hatte. Aber er wollte nicht.

»Als Taufpate taugt so einer nicht«, sagte er kalt und wurde rot.

131

Lange Zeit war ich im Glauben, der böse Brief sei am 16. Juni 1951 gekommen, wonach wir bitte so gütig wären, uns innerhalb von 24 Stunden fortzuscheren an den für uns bestimmten

Zwangsaufenthaltsort, was nicht nur mit dem moralischen Nutzen verbunden war, daß dem Feind des Volkes, das war im Grunde ich (übrigens war das Papier versehentlich tatsächlich auf meinen Namen ausgestellt worden, aber meine Eltern taten so, als hätten sie es nicht bemerkt), eine Lektion erteilt wurde, zusätzlich hatte es den praktischen Vorteil, daß eine angenehme Wohnung frei wurde, konkret für das Volk, noch konkreter zugunsten des Genossen E. P., möge ihn die schwarze Pest holen.

Mit einem Wort, allen war geholfen, wir kamen moralisch ins Gleichgewicht, und das Volk etc.

Der 16. Juni ist ein gutes Datum, aber der 16. Juli ist noch besser, denn das war der letzte Tag der Aussiedlungen. Der allerallerletzte. Wodurch man erreichte, daß unsere Eltern schon den Silberstreifen am Horizont zu sehen glaubten, womit ihnen das größte aller Übel widerfuhr, das einem in einer Diktatur widerfahren kann: Sie fingen an zu hoffen.

Das kam dann später nicht wieder vor.

132

»Bitte um Vergebung, Eure Exzellenz, der alte Nuszbaum ist hier. Er möchte Exzellenz sprechen.« Die Artúrin, Frau Artúr, so hieß Großpapas Pester Haushälterin. Großpapa war in Pest gemeldet, deswegen wurde er uns auch hinterhergeschickt. Großmama blieb in Majk.

»Eigentlich bin ich eine Görgey-Nachfahrin«, flüsterte die Artúrin meinem Großvater zu, offenbar nicht wissend, daß man meinem Großvater nichts zuflüsterte, jedenfalls gab es niemanden auf der Welt, der in der Position gewesen wäre, ihm zuflüstern zu wollen, zu wagen oder zu können. Großpapa fuhr zurück.

»Görgey. Bitte, wie Sie meinen.« Aber die Artúrin schwärmte für ihn, las ihm alle Wünsche von den Lippen ab (Dreiminutenei etc.). An diesem Tag, am Tag der Aussiedlung, brach sie ständig in Tränen aus.

»Wer ist denn der alte Nuszbaum?«

»Der Krämer aus der Lövőház-Straße. Kennen Sie ihn nicht?«

»Aber nein.«

»Er möchte wirklich sehr mit Eurer Exzellenz sprechen. Darf ich ihn hereinlassen?«

»Kann es nicht ein andermal sein? Sagen wir kommenden Donnerstag, nachmittags um fünf zur Teatime in Hort, bei dem Kulaken, zu dem ich mein Quartier verlegt habe.«

»Warum müßt Ihr darüber sprechen?« schniefte die Frau. »Der arme alte Mann ist sehr aufgeregt. Erlaubt, daß ich ihn einlasse.«

Großpapa nickt, die Artúrin läßt ein, Herr Nuszbaum kommt in tiefer Verbeugung näher, grüßt, Großpapa nickt mißtrauisch.

»Guten Tag.«

»Mór Nuszbaum mein Name. Vielleicht kennen Sie mich? Na ja, ein Graf Esterházy wird wohl ausgerechnet einen Nuszbaum kennen.« Als Großpapa aus der Gefangenschaft wiederkam, stand er bei der Joint-Hilfe in der Schlange. Die Jointler schauten sich seine Papiere an, Móric, in Ordnung, Name der Mutter Schwarzenberg, in Ordnung, verrat mir nur noch eins, Bruder Móric, wie hast du's geschafft, dir diesen schönen Familiennamen zu organisieren.

»Bitte, Herr Nuszbaum.«

»Sie wissen also doch, daß ich der Nuszbaum bin?«

»Sie haben es ja gerade gesagt.«

»Ach so, daher!«

»Womit kann ich Ihnen dienen, Herr Nuszbaum?«

»Bitte, ich möchte nicht per achrem daherkommen ...«

»Achrem? Warten Sie mal ... Im Ersten Weltkrieg habe ich ein paar Jahre in Galizien gedient. Mein Bruder Alajos starb dort den Heldentod. Aber an diese Stadt kann ich mich nicht erinnern ...«

»Das ist, bitte schön, keine Stadt, das Achrem nämlich. Achrem ist das!« Er kratzte sich mit einer Art Von-hinten-durch-die-Brust-ins-Auge-Bewegung mit der rechten Hand verschroben am linken Ohr. »Sie verstehen mich.«

»So ungefähr«, sagte Großpapa ungemütlich.

»Also, bittschön, ich will nicht per achrem kommen.«

»Kommen Sie per achrem! Nur kommen Sie endlich!« rief Großpapa ungeduldig zwischen den halb gepackten Koffern.

»Ich frage Sie: Wer ist schon der Nuszbaum? Der Nuszbaum ist ein Niemand. Ein großer ›*Niemand*‹, bittschön, verglichen mit einem Esterházy. Jetzt sagen Sie mir ehrlich: Hab ich nicht recht?«

»Ich fürchte, ich weiß nicht, worauf Sie hinauswollen«, sagte Großpapa befangen.

»Ich habe von der Not gehört, in die Exzellenz geraten sind. Was für eine Not, das weiß ich nur zu gut! Das habe ich im Blut seit fünftausend Jahren. Dieses Herumlaufen, von hier nach da, die Siebensachen packen, immer auf der Flucht, wer weiß, wohin. Das kennen wir, bittschön, schon mein Großvater, als er aus Galizien geflüchtet ist… Und das ganze Umherirren im Alten Testament, vierzig Jahre in der Wüste, dieses viele Hin und Her, bittschön, das ist auch alles hier in meinem Blut…«

»Geschätzter Herr Nuszbaum, wenn ich Sie bitten dürfte, kommen wir auf den Punkt, falls es denn einen gibt…«

»Sehen Sie, ich rede nur und rede, so ein geschwätziger alter Mann, und halte Eure Exzellenz nur auf.«

»Also, um ganz ehrlich zu sein…«

»Aber bevor ich zum Punkt komme, möchte ich noch soviel sagen: Beurteilen sie uns, bittschön, nicht nach diesem Mátyás Rákosi. Den mögen wir nicht.« Auch er beging denselben Fehler wie zuvor die Haushälterin und fing zu flüstern an. »Der ist ein áseß!«

»Aha«, sagte Großpapa, und sie plumpsten in eine große Stille. »Also, lieber Herr Nuszbaum, es hat mich sehr gefreut…«

»Warten'S, warten'S! Ich hab noch gar nicht angefangen, weswegen ich hergekommen bin.«

»Wenn es vielleicht in aller Kürze möglich wäre…?«

»Ich versuche es, wissen Sie, bevor ich mich hierher getraut habe, habe ich daran gedacht, daß mich Exzellenz wohl einfach rauswerfen werden.«

»Wenn Sie es schon erwähnen…«

»Weil, als ich gehört habe, daß man Exzellenz morgen ausliefert, habe ich ein Paket zusammengestellt. Hier ist es, bittschön. Und bitte werfen S' mich damit nicht raus!«

»Aber, was ist das?!« Mein Großvater war völlig baff.

»Ich bin mit meiner Familie durch die tiefste Hölle gegangen. Ich weiß, was ein Mensch in so einem Fall am meisten braucht. Das ist so ein Paket, bittschön. Ich habe es zusammengestellt. Bitte Sie meiner großen Erfahrung zu vertrauen.«

Mein Großvater wurde wütend. Er hatte keine großen Erfahrungen, was den Kontakt mit Personen außerhalb seines Standes anging. Gegenwärtig war es das, was er den neuen Zeiten am meisten übelnahm. Die neuen Relationen.

»Aber Sie denken doch wohl nicht, daß ich so ein Almosen…«

Nuszbaum preßte das Paket an sich und trat ganz nah an meinen Großvater heran.

»Exzellenz! Ich bitte Sie herzlich, nehmen S' es an!« Sie sahen einander schweigend an. »Soll ich's erzählen? Als uns 1944 die Pfeilkreuzler mit dem gelben Stern auf der Brust abtransportiert haben, kamen Exzellenz gerade in der Lövőház-Straße vorbei. Im Fischgrätanzug, einen Spazierstock in der Hand, einen grauen Hut auf dem Kopf.« Das kannte ich von Hort, jeden Sonntag trug Großpapa Fischgrät, Spazierstock und grauen Hut, so ging er in die Kirche. Der Parteisekretär wollte es verbieten, besonders den Spazierstock, aber das ging nicht, es herrschte nämlich Religionsfreiheit. Ich hatte Angst davor, vor den Fischgräten, ich traute mich nicht, das Sakko anzufassen, aus Angst, es könnte mich piken, genauer gesagt, ich hatte Angst zu ersticken, denn ich wußte bereits, daß man an Fischgräten ersticken kann. »Und dann blieben Exzellenz am Bordstein stehen, und als wir über die Straße kamen ... zog er mit einer wunderschönen Bewegung, tief, den Hut vor uns!«

»Daran kann ich mich gar nicht mehr erinnern. Aber das ist doch eine lächerliche Kleinigkeit ...«

»Eine Kleinigkeit? Ich werde sie nie vergessen! Wissen Sie, was mir das damals bedeutet hat, unter den Umständen? Ich fühlte mich wieder als Mensch! Verstehen Sie? Als Mensch! Ich habe mich aufgerichtet, und habe dem Pfeilkreuzler mit der Maschinenpistole in die Fresse geschaut!«

»Das lobt nur Ihre Gemütsstärke, Herr Nuszbaum ...«

»Das, bittschön, ist nicht wahr. Mir hat dieses öffentliche Ziehen des Huts auch Kraft für die späteren Greuel gegeben. Meine ganze Familie ist umgekommen. Bis auf den Letzten!«

Dieses Bis-auf-den-Letzten scheint irgendwie eine jüdische Gewohnheit zu sein, fiel meinem Großvater auf einmal ein. Eine Aristokratenfamilie stirbt nie bis auf den letzten Mann aus. Irgendwie bleibt immer einer übrig. Zu viert, auf einem Schlachtfeld, in derselben Stunde den Heldentod sterben: das ja, aber bis auf den letzten Mann, das nicht. Irgendwie ist das so mit der Mathematik.

»Bis auf den Letzten! Aber wissen Sie, wie oft mir dieses Hutabnehmen eingefallen ist? Daß es dort, in der Lövőház-Straße, damals einen gab, der mir meine Würde wiedergab!« Herr Nuszbaum keuchte, so bewegt war er, und wischte sich mit einem Taschentuch übers Gesicht. Dann sagte er müde: »Das wollte ich nur erzählen, daß ich in Euer Exzellenz Schuld stehe.«

»Aber wieso sagt Er es erst jetzt, nach so vielen Jahren?«

»Ich wollte es immer, aber mir fehlte der Mut. Jetzt … habe ich das Gefühl … sind wir einander irgendwie näher.«

»Nein«, sagte mein Großvater unhörbar und verzweifelt.

»Ja, wir sind uns näher jetzt … vielleicht …« In der Tür drehte er sich noch einmal um. »Möge Sie mein Gott segnen, Euer Exzellenz!«

Quasi Vorhang.

»Es wäre besser, dieser Nuszbaum wäre Gott. Offensichtlich käme ich dann besser davon.«

133

Der Frachtbrief des Transportunternehmens mit der Nummer 0111263 aus der Serie X wurde mit Bleistift ausgefüllt. Kennzeichen: YT-404. Kraftfahrzeug Ladegewicht: 4 Tonnen. Anhänger Ladegewicht: –. Fahrtnummer: 013601. Bestellnummer: 31252. Für die Beförderung gelten die KBV und die Tarife. Aufladen: Budapest. Abladen: Hort, Komitat Heves. Absender (Auftraggeber) mein Vater, mit sz und i, Adresse: XII. Bezirk etc., wohnhaft (?): s.o. Abnehmer: hier die schwindelerregende Unterschrift meines Vaters, mit Doktortitel, unnachahmlich. Sternchen, Fußnote unten: Nur bei Fernfahrt auszufüllen. Also war es eine Fernfahrt. Hier unten ist außerdem noch zu lesen, daß der fett umrandete Abschnitt für Eintragungen des Absenders (Auftraggebers) (also meines Vaters) dient.

Art der Verpackung nicht ausgefüllt, Stückzahl nicht ausgefüllt, Warenbezeichnung: Mobilien, angegebenes Gewicht in Zentner, festgestelltes Gewicht (dies bereits außerhalb des fett umrandeten Abschnitts!) nicht ausgefüllt.

Sondervereinbarungen, sonstige Eintragungen (z.B. bezüglich des Auf- und Abladens, der vorgeschriebenen Route, Ladegerätebedarf): entfällt, Anlagen: entfällt. Zahlung der Fracht durch (Fa): s.o. Adresse und Wohnung: s.o. Kontonummer: bar, und drunter erneut die durchaus revolutionäre Unterschrift des werten Absenders (Auftraggebers), der Anfangsbuchstabe hat das Papier an mehreren Stellen durchrissen, mit diesem stürmischen und grandiosen D ist es nicht ratsam, Witze zu machen, dabei ist das erst das D vom Doktor, aber es gehört schon ganz und gar zum Namen dazu. Es ist, als stünde es statt des Grafen da; aber als ich das ihm gegenüber aufs Tapet brachte, sah er mich an, als wäre ich des Wahnsinns, als wäre unsere Familie namenlos und hätte sich ausschließlich in Bauernaufständen engagiert (Sohn des Volkes etc.). Wer je dem D meines Vaters begegnete, sah ihn mit anderen Augen an, dieser Mensch würde es noch weit bringen. Unterschriftsfälschung kam gar nicht in Frage, ich habe jahrelang geübt, es reichte nur zu kläglichen Kopien. Ich bewunderte ihn für dieses D. Manchmal bat ich ihn nur so zum Selbstzweck, zum Vergnügen, er möge seinen Namen, unseren Namen zu Papier bringen, sekundenlang schlitterte die Feder auf und ab, Schlingen warfen sich links und rechts, Doppelsalto mit Schraube, aber nicht etwa nur so kreuz und quer, sondern einem perfekt eingeübten und violenten Plan folgend (nach '45 arbeitete er zwei Jahre bei der Handelsbank, Auslandskorrespondenz, dort hatte er sich »eingearbeitet«), und auf einmal stand sie wieder da, diese barocke, wilde Figur, die nicht einmal entfernt an den Namen erinnerte, den ich schreibe, den ich schreiben muß, und sie ist es trotzdem, in einer ekstatischen, überirdischen, göttlichen Variante. An das überwältigende Initial – das »wir« gar nicht sind – zwirbelt er einen sich verjüngenden, unbedeutenden kleinen Schweif, den überflüssigen Rest des Namens, so wird dem hochstrebenden Sinn vom unsicheren Willen eine Falle gestellt.

Fahrzeug hat bereitzustehen am 16. VII. 1951, 21 Uhr; beförderte Personen, mit sz und i, mein Vater, meine Mutter und ich,

Alter: 30, 30, 1, was nicht der Wahrheit entsprach, mein Vater war 32, meine Mutter 35. Unter den zu befördernden Personen wird auch ein Polizist aufgeführt, ansässig in Gödöllő, Alter 35 Jahre, Török-Straße.

Die Frachtpreisberechnung befindet sich außerhalb des fett umrandeten Bereichs. Das Kraftfahrzeug hatte laut Papier 71 Kilometer zurückgelegt, dafür wurden 484 Forint berechnet; Anhänger: entfällt. Bergfahrt, ich nehme an, die Steigung nach Gödöllő (damals gab es das berühmt-berüchtigte »Hufeisen« noch), 10 Kilometer, das machte 40 Forint aus. Nicht berechnet wurden Feldwege, Schlechtwetterzuschlag und auch keine Desinfektionsgebühr, aufgeführt hingegen ist Kraftfahrzeugstandgeld: 34 Forint. Das ergibt insgesamt 558, in Worten fünfhundertachtundfünfzig gute ungarische Forint. Dankend entgegengenommen: László Meszes, Fahrzeugführer. Stempel der Geschäftsstelle, Unterschrift, Ort und Zeit der Ausstellung des Frachtbriefs. Handelsmin. Nr. 1 – 511133. Atheneum Druckerei.

Auf der Rückseite steht quasi als Titel: Leistungsnachweis. Als Untertitel oder Gattungsangabe: László Meszes. Es ist das Zweitexemplar; das Blatt verschmiert von den bläulichen, leichten Flecken des Blaupapiers – wie in der Dämmerung, wenn man nicht mehr weiß, ob man den Himmel oder die Erde sieht. Vom Blatt erfahren wir, daß der Lkw um 19:40 Uhr aus der *Garage* losgefahren war (interessant, daß sie es so schrieben; in der Kopfleiste steht: von Garage zu Garage wie »Von Seele zu Seele«), Stand des Kilometerzählers: 37620. Um halb neun war der Wagen bei uns und hatte 14 Kilometer (leer, betont die Rubrik) hinter sich. Innerhalb von zwei Stunden hat man, haben wir aufgeladen, um dreiviertel elf ging's los.

Nach einer kurzen Beratung entschied mein Vater, für Großmama (Ur-) und Tante Mia ein Taxi zu rufen. Merkwürdig, daß man auch später nichts Seltsames daran fand. Immerhin, mit dem Taxi in die Aussiedlung ...! Wenn wenigstens ein bißchen überheblicher Stolz dabei gewesen wäre! Aber nichts in der Art, es war nur die rationale Überlegung beziehungsweise die Absurdität der Vorstellung, die beiden alten Damen könnten mit einem Lkw reisen! Tante Mia auf dem Plateau, ja, das ist merkwürdig. Taxifahren ist nicht merkwürdig, es ist nur teuer.

Der Polizist kam in die Fahrerkabine, er benahm sich anständig oder sogar noch besser als das, mitleidlos, trocken wie ein englischer Kammerdiener, ein *Butler*, er half beim Einladen, sprach leise, sachlich, ab und an warf er meiner Mutter das eine oder andere Wort zu.

»Das nicht, Sie werden's nicht brauchen, das ja.«

Er sagte es so, ein wenig gemein, daß man sich nicht dafür bedanken mußte, mehr noch, man konnte ihn, je nach Befindlichkeit, sogar hassen. Meine Mutter wollte nicht nach vorne, mein Vater setzte sich neben den Polizisten und ich mich auf den Schoß meines Vaters. Bis heute habe ich den Geruch des Lkws, des Dieselöls in der Nase. (Für mich ist das so wie für Proust der Geschmack des Madeleine-Stückchens im Tee. Na ja.)

Mami kam aufs Plateau, eine stille Sommernacht breitete sich über sie aus, sie ließ sich in den Sessel aus Rotzeder fallen, steckte sich eine Zigarette an – wir liebten es, wenn Mami rauchte, wir warteten, lauerten darauf, bewunderten es, die Bewegung, wie sie zog, wie sie genüßlich die Lider senkte, dieses ganze delikate und zweifelhafte Ritual umgab sie für einen Augenblick mit jener großbürgerlichen Welt, die nie existiert hatte –, ihre langen, bogyicahaft schönen Beine schlug sie übereinander, als würde sie in einem riesigen, himmlischen (und mobilen) Salon sitzen.

Und sie sang leise vor sich hin.

Sie wurde von jener Müdigkeit zu Boden gezogen, die sie dann nie mehr verließ; es war gelungen, gut zu packen, sie war zufrieden, carpe diem, sie genoß den Augenblick. Von Zeit zu Zeit winkte sie fröhlich zum Taxi hinunter, worauf Großmama wütend abwinkte. Meine Mutter ignorierte es. Meine Mutter schadete den Esterházys, wo sie nur konnte: Das stimmt so zwar überhaupt nicht, ihren Kindern schließlich, ausnahmslos welche von *denen*, schadete sie nie, den anderen schlug sie allerdings ab und zu ein Schnippchen.

Die Fürstin Schwarzenberg wedelte also in wütender Ohnmacht, man möge doch anhalten, sie wolle etwas sagen, aber meine Mutter zuckte bis Hatvan mit keiner Wimper. Sie hielten an, der Polizist kannte dort eine Kneipe, die noch offen hatte, und die Männer kippten je einen »Gemischten« (Rum mit Likör). Der Polizist – András Juhász – erneut in der schweigsamen Maske des englischen Dieners. Urgroßmama hatte damals schon die Neunzig überschritten, aber sie war immer noch kräftig und gebieterisch und groß wie ein barocker Schrank. Meistens sprach sie deutsch. Ich hatte es irgendwie so verstanden, daß sie bei den Tschechen der König war, beziehungsweise daß sie es früher war, aber das ruht jetzt aus irgendeinem Grunde. Ich hatte Angst vor ihr, denn sie behandelte mich wie Luft. Ein einziges Mal behandelte sie mich nicht wie Luft, ihr Blick blieb an meinen Händen haften. Sie hob meine Hand, drehte sie verächtlich hin und her.

»Mit diesen Fingern kann man nur deutsche Musik spielen. Nix Chopin!« Und sie ließ meine Hand fallen wie einen überflüssigen Gegenstand.

In Hort wurde sie wie eine Bäuerin in schwarze Tücher, Berliner, gehüllt und in den Laubengang hinausgesetzt, in die Sonne, und dort saß sie dann bis zum Abend, bis sie vom Schatten eingeholt wurde. Stündlich mußte man sie ein Stückchen weiterschieben. Mit meiner Angst war es vorbei, nachdem sie einmal einen fahrenließ, als ich gerade neben ihr stand. In ihrem Gesicht zeigte sich keine Regung. Und ich fing zu johlen an und lief davon. Der König der Tschechen fuchtelte mit dem Stock hinter mir her. Man weiß doch nicht mal, wer diese Tschechen sind. Überhaupt war ich damals schon oder eben noch ein Bauernkind, das das jahrhundertelange feudale Joch schon abgeschüttelt hatte oder gerade im Begriff war, es abzuschütteln.

»Matyi, mein Lieber! ›*Bitte!*‹« Sie bestellte in der lauen Hatvaner Nacht meinen Vater zu sich. Sie deutete mit den Augenbrauen unauffällig in die Richtung des Polizisten. Alle sahen ihnen zu. »Man erzählt sich«, flüsterte Urgroßmama, »daß man die Dienstmänner des Sultans«, an dieser Stelle winkte sie erneut zu András Juhász, »die wegen ihrer Schönheit in seinen Dienst aufgenommen wurden, und diese zählen Legionen, spätestens im Alter von 22 Jahren ihres Weges schickt.«

Sie sah meinen Vater starr an. Er nickte. Seufzte. Und nickte wieder. Dann wechselte Urgroßmutter plötzlich das Thema und gab ihrer Verwunderung und Mißbilligung Ausdruck, daß mein Vater diesen Ausflug bei so miserablen Sichtverhältnissen organisiert hatte, sie möge diese fröhlichen Picknicks, aber so, und sie zeigte um sich, ›*nichts*‹, rien, Matyi ›*Lieber, nichts*‹, aber auch gar nichts könne sie von der Landschaft sehen, obwohl diese hügelige nordungarische Gegend ihrer Erinnerung nach äußerst lieblich sei, sie habe einmal an einer kaiserlichen Jagd teilgenommen, nein, stimmt gar nicht, der Kaiser war nicht anwesend …

»König«, murmelte mein Vater.

Nur die arme Elisabeth, mit einem Wort, was für eine Unaufmerksamkeit, der armen Mia sei es vielleicht egal, oh, das Reich der ewigen Dunkelheit, und dann knattert ihnen auch noch dieser Lkw vor der Nase herum.

Mein Vater senkte den Kopf und bat seine Großmutter aufrichtig um Verzeihung, daß wirklich nicht alles *klappte.*

»Verzeihung, Omama.«

Die furchteinflößende Dame Schwarzenberg fing auf einmal zu lächeln an und streichelte meinem Papi über den Kopf.

»*›In Ordnung, bist ein braver Bube!‹*« Und dann fügte sie noch verträumt hinzu: »*›Ein ruhiger Ehemann ist eine schöne Sache.‹*«

Meine Mama blieb oben in der roten Zeder sitzen, sang, auch sie hatte einen Gemischten bekommen – eine der wenigen Gelegenheiten, bei denen sie mit meinem Vater zusammen trank; der immer einsamer wurde, Hand in Hand mit dem Sprit.

»Was trinken Sie hier, bitte schön?« Urgroßmama schnupperte in die Luft. Mein Vater wollte es gerade verschwinden lassen. »Na, zeigen S' mal her!«

»Omama, bitte, das ist nichts für Omama«, sagte er ein wenig bang.

»Das, mein Junge, werde ich selbst entscheiden. Was hat im übrigen dieser Polizist hier zu suchen? Ich mag keine Polizisten.«

»Omama!«

»Flüstere nicht, das gehört sich nicht. Ich mochte sie schon früher nicht, mit diesen Federn auf dem Kopf, aber jetzt mag ich sie besonders nicht.« Sie nahm meinem Vater den Gemischten ab, schnupperte daran. »*›Mein Lieber‹*, das ist die Abscheulichkeit selbst.«

»Jawohl, Omama, die Abscheulichkeit selbst.«

Aber die alte Frau hatte das Gemisch da schon wie ein Kutscher hinuntergekippt.

»Es ist wirklich die Abscheulichkeit selbst. Danke, mein Junge.« Sie sah sich um, als hätte sie erst jetzt den mit Möbeln vollgeladenen Lkw bemerkt und meine Mutter, die oben leise vor sich hin lallte.

»Lili«, sagte Urgroßmutter entgeistert. Eine kleine Pause entstand.

»Wir sollten fahren, sonst kommen wir zu spät«, sagte der Fahrer.

»Das ist nicht möglich, junger Mann. Zum Abendessen kann ich zumeist nicht zu spät kommen. Meist sind es die anderen, die *zu früh* kommen.« Mal sah sie zum Polizisten, mal zum Chauffeur, mal hinauf zu meiner Mutter. »Manchmal ist es notwendig, daß man Felder beschlagnahmt, Möbel konfisziert, manchmal braucht es Gefängnisse und andere Bestrafungen, ich sehe es ein.« Sie roch an ihrem Glas. »Aber abgesehen von Gerechtigkeitspflege, Gesetzen und der Notwendigkeit wundere ich mich immer und immer wieder, wenn ich sehe, wie wüst Menschen mit Menschen umgehen. Wüst.«

Die drei Männer schwiegen.

»Na gut, Zeit ist Geld, allez, allez, los geht's!« Und nun würden sie vorneweg fahren, denn sie stinken schließlich doch nicht so sehr wie wir. In der Herde geht der vorne, der am wenigsten stinkt.

So geschah es auch, obwohl das Taxi manchmal zu schnell fuhr, wir betätigten die Lichthupe, was sie anfangs falsch verstanden und noch mehr beschleunigten, wir bretterten schwerfällig hinter ihnen her, hinten kreischte und lachte meine Mutter, ich hielt mich am Knie meines Vaters fest, als würden die Erwachsenen Autorennen spielen, wir schlingerten durch die große Puszta-Nacht. Oder war es gar nicht die Puszta?

Von der Gyöngyöser Landstraße mußte man nach links abbiegen, die Räder quietschten und kreischten, Urgroßmama wedelte stürmisch mit der Hand, sollen wir ihnen doch folgen, wenn wir können. Man konnte klar erkennen, daß sie lachte. So hat man sie sonst nie erlebt. Ich sagte es auch:

»Omama lacht.«

»Sei nicht so frech, mein Junge.« Die Worte meines Vaters rochen nach Schnaps, was mich im Gegensatz zu meiner Mutter nicht störte, im Gegenteil. Den Weingeruch am Morgen mochte ich auch nicht, der ist so abgestanden, sauer, kalt. Frischer Pálinka-Geruch ist warm und berauschend und stark. Starker Papi.

Zum Hauptplatz führte eine lange, gerade Straße. Wir sahen zu, wie der Himmel zuerst rot, dann blau wurde. Als hätte man uns zu Ehren Freudenfeuer angezündet, aber es war nur ein Haus, das brannte. Auch die Vögel fingen zu singen an, sie dachten wohl, die Sonne sei aufgegangen.

»Ist das die Hölle?« fragte ich.

»Nein«, antwortete mein Vater knapp.

In der bizarren Beleuchtung erblickten wir seltsame Tiere auf dem Feld. Sie starrten uns an.

»Was ist das, Papa?«

»Kühe, mein Junge.«

»Was sind Kühe, Papa?«

»Eine Kuh ist eine Kuh, mein Junge.«

Als wir weiter über die immer heller werdende Straße fuhren, begegneten wir neuen Tieren, haarigen, weißen Vierbeinern.

»Wer sind die, Papa?«

»Schafe, mein Junge.«

»Was sind Schafe, Papa?«

Mein Vater zerrte mich wütend an seine Knie, als wollte er mich in die Erde rammen, er brüllte mich an, nimmt denn diese Fragerei nie ein Ende?

»Ein Schaf ist ein Schaf, eine Kuh eine Kuh, und das da ist eine Ziege. Eine Ziege ist eine Ziege. Die Ziege gibt Milch, das Schaf Wolle und die Kuh, die gibt alles. Was zum Teufel willst du noch wissen?«

Ich fing zu heulen an, mein Vater sprach nie grob zu mir, nie. Möglich, daß mein Vater stark war, aber an dem Tag war er arg müde.

Möglich, daß mein Vater müde war, aber als wir am Hauptplatz ankamen, sprang er aus der Kabine, winkte auch dem Fahrer zu, der Polizist schwieg, stellte sich sofort in die Schlange, zwischen die Löscher, und gab den Wassereimer weiter.

Bald darauf trat ein Uniformträger an ihn heran. »Wer sind Sie denn?« Die Arbeit, die Tatsache, daß er half, hatte meinen Vater fröhlich gestimmt.

»Das Haus steht in Flammen«, antwortete mein Vater beiläufig und wollte den Eimer weiterreichen, doch der Polizist packte ihn am Arm. Das Wasser schwappte über. »Das Haus brennt.« Und er fügte noch erklärend hinzu: »Das Feuer fragt nicht, wer wer ist.«

Eine Frau stand neben ihm, sie hatte offenbar keine Zeit, das lange Haar zu einem Dutt zu drehen, sie hatte es schnell mit einem Einmachgummi zusammengebunden; jetzt fing sie auf einmal zu johlen an. Die Not, das Feuer hatten die Menschen enthemmt, sie vergaßen, daß sie Angst hatten. Sie hielten beim Löschen inne und wiederholten lachend die Worte des Fremden, das Feuer fragt nicht, wer wer ist, hahaha. Der Polizist stand verstört herum. Er hieß Lajos Tőz (was soviel wie Feuer heißt), deswegen lachten alle. Auch *unser* Polizist war herausgekommen, er tuschelte irgendwas mit dem Kollegen. Man erörterte uns.

Wir kamen um 1:30 Uhr bei der zugewiesenen Adresse an, der Kilometerzähler zeigte 37705 km. Bezeichnung der beförderten Waren: Mobilien, Gewicht: vierzig Zentner. Zahl der Touren: 1. Abfahrt von Hort 3:00 Uhr, verbrachte Zeit: 6:30 Stunden. Und rechts unten: der Stempel des Auftraggebers (mit Firmentext) und die Unterschrift: Und wieder steht da diese schwungvolle, atemberaubende Schrift, dieser mit einem gigantischen D beginnende, in sich selbst zurückschlagende, unbeugsame Skorpion.

134

Onkel Pista, Pista Simon wartete am Tor auf uns.

»Familie Simon?« fragte der Chauffeur.

»Das bin ich«, antwortete er, nahm aber die Augen nicht von meinem Vater.

»István Simon, Kulak?« präzisierte unser Polizist, nun das erste Mal ziemlich polizistenhaft.

»Man sagt es«, der alte Bauer zuckte mit den Achseln und sah meinen Vater weiter unverwandt an. Dieser stieg gerade aus der hohen Kabine herunter, und bevor er irgend etwas hätte tun können (sagen wir zum Beispiel, mich herunterheben, oder, was noch besser gewesen wäre, sofort auf die Schulter zu nehmen), sprang Onkel Pista zu ihm hin …

»Grüß Gott, Herr Graf«, kreischte er, packte die Hand meines Vaters und drückte einen schmatzenden Kuß darauf. Mein Vater war so überrascht, daß er es zuließ. Und der Alte sagte nur immerzu, wie sehr er sich freue, und was für eine große Ehre es für ihn sei (wie er später prahlerisch im Dorf herumerzählte: der *fainste* Pester zum *fainsten* Bauern), und er wisse gar nicht, womit er diese Gunst verdient habe, so einem hohen Herrn sei er noch nie begegnet, einem so hohen Herrn habe er noch nie die Hand schütteln dürfen. Endlich kam mein Vater in Verlegenheit.

»Ist ja gut, Onkel Simon, ist ja gut!« Er packte ihn an den Schultern, als würde er einen Betrunkenen geradehalten wollen. »Wir sind nicht allein«, schickte er leise hinterher.

In der Küche stand eine Frau am Sparherd, die Tante Rozi, sie briet irgendwas, sie drehte sich nicht um, als wir eintraten.

»Hat Er im die Hand geküßt?« Sie murrte, für sich nur, aber doch verständlich. Unser Zug hielt inne. »Hat Er?!«

»Habe ich«, sagte Pista leise, auch er vor sich hin, ins Nichts, wütend, »wie es sich gehört!«

»Was sind Sie doch für ein Rindvieh.« Sie drehte uns wenn möglich noch mehr den Rücken zu. Sie bereitete gerade ein nächtliches Abendessen für uns vor, Omelett mit Zwiebeln, Paprikaschoten und Wurst und Eiern, bei denen das Eigelb: gelb ist.

Ich und die beiden alten Damen wurden sofort zu Bett gebracht. Als sie schon im Bett lag, bestellte Urgroßmama meinen Vater zu sich.

»Das hast du fein gemacht, Enkelchen. Hort*, das ist wirklich schön, einen richtigen Hort zu besitzen*... Eine Zuflucht. Sehr gut, mein Junge.«

»Es ist nicht gut, Omama, nichts ist gut«, murmelte mein Vater, der wieder ausschließlich müde war. »Das hier, Omama, dieses Ganze hier, das alles ist ungarisch.« (Und auf ungarisch bedeutet *Hort* nicht Hort.)

135

Sofort, tags darauf, eine Minute nach der Landaufteilung, wurde mein Vater von einer Delegation von Männern aus dem Dorf aufgesucht, sie hätten sich die Angelegenheit hin und her überlegt und seien zu der wohl fundierten Entscheidung gelangt, sie brauchten das bißchen Land nicht, sie möchten es also alles in allem dem Herrn Grafen (dem Papi) zurückgeben, soll er die Angelegenheiten weiter führen und lenken, das hat sich ja schon so gut bewährt. Mein Vater sah sich diese ernsthaften, erwachsenen Männer an, sie hatten sich herausgeputzt wie zur Auferstehungsprozession, die Stiefel glänzten, die weißen Hemden zugeknöpft bis an den Hals, in ihren Händen schwarze Hüte, die sie alle auf die gleiche Art und Weise zwischen den Fingern knautschten.

Es war still, mein Vater schwieg leutselig, und sie hatten bereits alles gesagt, was sie zu sagen hatten. Schließlich hielt es einer von ihnen, der Vater vom Dodi Knapp, nicht mehr aus:

»Jetzt sagen S' schon irgendwas! Irgendwas muß gesagt werden. Lassen S' uns nicht so stehen zu unserer Schande!«

»Also schön«, sagte mein Vater langsam, genüßlich, »sagen Sie mal, haben Sie denn schon die Reihenfolge bestimmt?«

»Was für eine Reihenfolge, Herr Graf?«

»Die der Besuche.«

»Was für Besuche?« Die Männer sahen sich verständnislos, gereizt an.

»Na, bei der Ávó.«

Bei der Nennung der Staatssicherheit rückten die Männer näher zusammen.

»Warum sagen S' denn sowas zu uns?«

»Ich sage das, weil, was denken Sie, wenn Sie das jetzt machen würden, wie viele Minuten würde die Ávó brauchen, um mich zu verhaften? Null Komma nix. Und dann könnten Sie mich im Kittchen besuchen kommen. Deswegen ist die Reihenfolge wichtig... Oder würden Sie mich etwa nicht besuchen wollen?«

Die sahen sich wieder an, aber auf diese Frage wollten sie nicht antworten. Sie wollten nichts Verbindliches sagen. Und sie mochten die Bedingungsform nicht. Wenn das und das, dann, das mochten sie nicht, sie hielten es verglichen mit der Aussageform für unseriös. Sie kannten nur das Ist.

»Dann sagen uns Herr Graf bitte, was wir machen sollen.«

Mein Vater zuckte schnell mit den Achseln. Was die ihm auch ziemlich übelnahmen, sie gingen enttäuscht. Später bereitete ihnen Großvater gleichfalls eine Enttäuschung, als er die Kollektivwirtschaft befürwortete. Er hielt die Aufteilung in Zwergwirtschaften für sinnlos.

»Das ist sinnlos!« Und Sinnhaftigkeit war Großvaters Leitprinzip, das höchste Sakrament. Er vermochte den jahrhundertealten Hunger des ungarischen Bauern nach Land nicht zu verstehen, da er selbst nie diesen Hunger nach Land hatte; Land hatte er. Und als er dann – in einer plötzlichen demokratischen Aufwallung, die aus seiner Unaufmerksamkeit herrührte – einen Bauern von der Überlegenheit der neuen Methoden zu überzeugen suchte, was es für Vorteile habe, wenn er zu festgesetzten Zeiten arbeite, mit anderen zusammen wie ein Beamter, daß der Ertrag höher werden würde etc. etc., wollte der vorsichtige Bauer weder ja noch nein sagen, aber er zeigte auf einen Vogel, der gerade über ihre Köpfe flog. Er wagte es nicht, von Freiheit zu sprechen, aber er hatte genügend Mut, auf das Symbol der Freiheit zu deuten …

136

Meine Mutter wurde sozusagen zum Leben erzogen. Mamili hatte die Mädchen streng eingespannt, Kochen, Backen hatten sie schon früh gelernt, Putzen ist zwar die Aufgabe der Dienstboten, aber ein halbes Jahr hatten sie auch das machen müssen (»damit du weißt, was du erwarten kannst«), Haushalt plus Bildung, Religion und allgemeiner Unterricht sowie ein bißchen Tanz, das heißt, sie wußten alles, was ein vornehmes Fräulein zu wissen hatte.

Und auch mein Vater wurde dazu erzogen, zum Leben nämlich. Nur waren sie beide eben zu einem jeweils anderen Leben erzogen worden, eine Aussiedlung kam unter den vorstellbaren Alternativen nicht vor. Die Erziehung opponierte zwar nicht dagegen, daß diese Welt die beste aller möglichen Welten sei, sie glaubte bloß nicht daran, daß das, was dann geschah, möglich war.

Wenn es etwas gab, das meine Mutter rettete, wenn es sie denn rettete, dann waren das nicht ihr Wissen, ihre Ausdauer, ihre Kraft oder ihr Verantwortungsgefühl, sondern ihr Geschmack. Jener angeborene Feinsinn, von dem sie glaubte, er gehöre der

Schöpfung an, und an dieser ihrer Idee hielt sie fest, einfach, eisern und unbeugsam. Auch Bogyikó hatte Respekt vor der Form – das funktionierte auch eine ganze Weile –, aber ihrem Feinsinn fehlte es an Individualität. Meine schöne Tante erlaubte sich nie Kapriolen, sie war in allem vorsichtig, selbst was ihre wirklich atemberaubende Schönheit betraf. Meiner Mutter hatte das Leben ein stilles Leben beschert, doch das gehörte ihr ganz und gar.

Hier sind ihre Servietten, die selbstgemalten Telleruntersetzer, die Sitzordnungen, die handgeschriebenen Abendessenskarten (das legendäre Pappendeckel-Menü aus einem Leben ganz weit unten, elegant, französisch sogar, Hort, 26. 7. 1951, Galadiner im Laubengang zu Großpapas Siebzigstem, carré de porc rôti, denn Tante Rozi hatte Schweinefleisch aus einer Schwarzschlachtung besorgt; und das fürchterliche Stierblut: Château Torro Rosso!), ihre leise, gewählte Sprache – das war es, was die Familie vor dem Niedergang bewahrt hatte. Mit ein wenig Übertreibung. (Denn eigentlich bewahrte sie sie vor nichts.) Mein Vater nahm das alles ohne ein Wort hin, er interessierte sich nicht für Feinsinnigkeit, da er immer schon von feinen Sachen umgeben gewesen war; er würdigte sie nicht, er sah sie nicht einmal. Auch den Ehrgeiz meiner Mutter, das Offene, Persönliche ihrer Feinheit betrachtete er mit ein wenig Argwohn. Wenn er auch nur ein Körnchen Hochmut in sich gehabt hätte, hätte er sie deswegen verachtet.

Mein Vater schaute auf niemanden herab, das war seine Art, ein Aristokrat zu sein. Großpapa schaute auf alle herab, das war seine.

Und ich blinzle nur.

137

Als mein Bruder krank wurde, oder war es der Onkel Menyus?, fuhr Papi mehrmals nach Pest, der Bus fuhr um 14:30 Uhr los, um 16:10 war er am Engels-Platz, 18:55 Uhr kam er zurück und gegen halb neun hielt sich mein Vater wieder an dem Ort auf, wo er sein durfte. Er flog nie auf. Einmal erzählte er Großpapa lachend, er habe im Bus vergessen, eine Fahrkarte zu lösen, aber es fragte auch niemand danach.

»Du bist schwarzgefahren?«

»Aber ja, und wie«, brüstete sich mein Vater. Und er habe in einer Badewanne gebadet! Nach einem Jahr! In warmem Wasser! Und sogar Eis gegessen. »Und ich habe fünf Zentner vom lausigsten Lignit besorgt! Und Bahnschwellen zum Heizen! Ich befürchte, diese Schwellen sind identisch mit denen, die Menyus 1944 verlegt hat.« Er streckte sich. »Ich habe es immer schon geliebt, zu machen, was mir gefällt, oder, wenn das nicht ging, dann mochte ich, wenn es mir gefiel, was ich machte.« Er grinste.

»Du bist schwarzgefahren?«

Papi registrierte erst jetzt Großvaters strengen Gesichtsausdruck, er nickte, ja, ohne Fahrschein sei er gefahren, so habe es sich eben ergeben. Da nickte auch mein Großvater.

»Dann ergibt es sich jetzt eben so, mein Sohn, daß du zum Busbahnhof gehst, eine Fahrkarte kaufst und sie zerreißt.«

»Und?«

»Das war's.«

»Und soll ich die Karte mitbringen?«

»Warum solltest du?«

»Um sie zu zeigen.«

»Wozu.«

Er ging hin, kaufte, zerriß; die Ordnung war wiederhergestellt.

Noch etwas über diese Ordnung: Großpapa aß Schokolade. Er saß in seinem Armsessel hinter dem Vorhang und naschte heimlich. Ich bat ihn, er möge mir ein kleines Stückchen geben.

»Bitte.«

»Ein Esterházy bittet nicht.«

»Dann bitte ich eben nicht.«

Was Wunder, auch daraufhin hat er mir nichts gegeben!

138

Das raffinierte Kalkül der Proletarierdiktatur, wonach die mit der Arbeiterklasse verbündete Bauernschaft nach jahrhundertelanger Unterdrückung die bis ins Mark verdorbene Herrscherklasse durch die Aussiedlung noch mehr, und diesmal den Vorschriften entsprechend, hassen würde, ging nicht auf.

Im Gegenteil. Man war vom undifferenzierten Gefühl der Solidarität ergriffen. (»Knien S' eina in die zweite Bank vorm Beichtstuhl, do is' wos, für ein Vaterunser.« »Na, Kurzer, soviel Hendel wie da habt ihr auch noch nie gegessen.«) Das unangenehme Faktum zum Beispiel, daß sie im eigenen Haus einer fremden Familie Platz machen mußten, lasteten sie ohne nachzudenken den Kommunisten an, beziehungsweise sahen es als eine Ehre an.

Dementsprechend gab man uns das schönste Zimmer, die *gute Stube*, obwohl wir dem Papier nach im kaum heizbaren, vor Hühnerscheiße starrenden, ans Haus angeklebten Schuppending hätten wohnen müssen (Wohnwitz). Bei der Kontrolle wurde das dann auch zur Sprache gebracht.

»s' ist Platz genug«, sagte Onkel Pista und sah dabei dem Mann vom Magistrat nicht in die Augen.

»Sie müssen's wissen, Simon«, krakeelte der junge Mann. »Hoffentlich bereuen Sie's nicht!«

Diese Leute konnten keinen einzigen Satz aussprechen, ohne

zu drohen. Das Salz, bitte. Ich habe Kopfschmerzen. Heute bringst du das Kind in den Kindergarten. Heute wurde mein Onkel hingerichtet. Das war eher ein Zeichen für Konsequenz als für Böswilligkeit, schließlich drohten sie einem tatsächlich immerfort – unabhängig davon, was sie sagten, dachten oder logen. Das ist die Diktatur: unwillkürliche Bedrohung und unwillkürliches Bangen, B+B, Bedrohung und Bangen, das ist Diktatur, aber nicht etwa so, daß die eine Hälfte des Landes die andere bedroht oder die sogenannten Machthaber alle anderen bedrohen, sondern zu alldem gehört auch noch eine himmelschreiende, fürchterliche Ungewißheit, wer droht, hat auch Angst, wer bedroht wird, droht seinerseits ebenso, die streng abgesteckten Rollen sind bis zum äußersten unsicher, alle bedrohen und alle bangen, wobei es Henker und Opfer gibt, und diese beiden voneinander unterscheidbar sind.

Es gab Zeiten, als wir zu siebent Platz genug haben mußten, also hatten wir zu siebent Platz genug in den geräumigen fünfundzwanzig Quadratmetern der guten Stube. Wir teilten den Raum mit einer grauen Decke ab, und der hintere Teil, das Reich jenseits der Decke (der sieben Berge) gehörte Großpapa, das Ganze ihm allein, was auch alle in Ordnung fanden. Mami nicht, glaube ich, sie traute es sich bloß nicht zu sagen. Gegen Großpapa konnte man nicht rebellieren. (Natürlich hängt das davon ab, was man unter Rebellion versteht. Denn die großen menschlichen Rebellionen sind, wiederum, unaufhaltsam.)

Die Simons (inklusive der rebellischen Tante Rozi) wagten es gar nicht, ihn anzusprechen. Sie trauten sich nicht, das Wort an ihn zu richten. Dabei war Großpapa, gemessen an sich selbst, zu einem warmherzigen und liebenswürdigen alten Herrn geworden; wenn er mit den Gastgebern ein Gespräch in einem sachlichen, allgemeinen landwirtschaftlichen Themenbereich anregte, liefen die einfach davon, errötend, verschämt wie die Backfische.

Großpapa schüttelte den Kopf, kam aber nicht dahinter, wo er einen Fehler gemacht haben könnte.

Meine Mutter nannten alle nur beim Vornamen, sie wurde nicht als Herr oder Herrin betrachtet, noch nicht einmal als Dame (obwohl sie das durchaus war), sondern in erster Linie als Mutter. Als Ausrufezeichen quäkte ich neben ihr, und sie war auch schon mit meinem Bruder schwanger oder in gesegneten Umständen, das war noch nicht entschieden. Mein Vater wurde als Herr Doktor tituliert. Onkel Pista wollte auf Herr Graf bestehen, aber mein Vater überzeugte ihn vom Gegenteil. Der Alte dachte lange nach, dann nickte er schmunzelnd, in Ordnung.

»Aber worüber lachen Sie denn, Onkel Pista?«

»Über nichts, *Herr Doktor*.« Er zwinkerte dem Herrn Doktor zu.

»Über nichts lacht nur ein Idiot, oder etwa nicht, Onkel Pista?«

»Das stimmt ja wohl, *Herr Doktor*, stimmt sogar sehr.« Zwinkern.

»Haben Sie irgendwas im Auge, Mann«, fuhr ihn mein Vater an. Daraufhin schwiegen sie beide. »Na, dann sagen Sie mir endlich, was dieses ›nichts‹ zu bedeuten hat, sonst ... Sie verstehen?!«

Der Alte fing zu kichern an, verdeckte schnell mit der Hand den Mund.

»Aber ja ... aber natürlich verstehe ich ... Heherr Dohoktor ...«

Sie redeten, als hätten sie befürchtet, abgehört zu werden, Onkel Pista schlich genüßlich wie die Katze um den heißen Brei um das herum, was er nicht aussprach, und mein Vater versuchte sich in einer verquasten Bauernsprache, als befände er sich in einer Sikuler-Anekdote – so, wie man so eine Anekdote in Pest erzählen würde. Der alte Kulake amüsierte sich darüber, wie gut er die Ávó übers Ohr gehauen hatte, denn er sagte zwar Herr Doktor, meinte aber Herr Graf damit.

»Und weil alle im Dorf so dazu stehen, nicht wahr«, er zwinkerte wieder, »sagt halt alles Herr Doktor! Dieses Herr Doktor meint aber ebendeswegen Herr Graf, trotzdem kann man keinen damit drankriegen, nicht wahr, es sagt ja alles Herr Doktor!«

Rein linguistisch hatte Onkel Pista recht, genaue Ableitung eines korrekten Gedankens, man kann keinen drankriegen. Später lernte man, es wurde gelernt, daß ein jeder drangekriegt werden kann, und die kriegen auch jeden dran. Onkel Pista wurde kurz darauf aufgrund einer winzigen falschen Anschuldigung tatsächlich eingesperrt, beziehungsweise in einer Diktatur bedarf es im allgemeinen nicht – oder nur sehr selten – falscher Anschuldigungen, was eine Diktatur braucht, sind vielmehr falsche Gesetze, die man dann nicht einhalten kann, beziehungsweise die Kontrolle ihrer Einhaltung ... nun ja, hier öffnet sich ein weites Feld.

Man sperrte ihn für ein Jahr ein. Als er rauskam, lachte er nicht. Er heulte:

»Schauen S' Herr Doktor, was die mit mir gemacht haben ...« Er streckte die Hände aus, um sie meinem Vater zu zeigen. Mein Vater sah nichts Außergewöhnliches, gute, kräftige Bauernhände. »Sie sind weiß, Herr Doktor, weiß geworden ... So eine Schande!«

Ein Jahr lang hatte er nicht gearbeitet, und das war seinen Händen anzusehen, das zeigte er jetzt, diese Schande. Bis dahin hatte auch mein Vater ordentliche, sonnengebräunte, schwielige, muskulöse Arbeiterhände bekommen. In seinen Fingern war eine Kraft, daß man auf ihnen schaukeln konnte. Wir hielten uns an seinem Zeigefinger fest, unsere Hände reichten kaum herum, und er schaukelte uns.

Im September wurde mein Bruder geboren, alle Welt kam, um ihn zu bewundern, so einen großen Kopf hatte oder bekam er, kam damit daher, im Dezember starb neunzigjährig die Urgroßmama.

Sie hatte einen Stock mit einem silbernen Flußpferdkopf (angeblich hatte ihn Onkel Charlie aus Afrika mitgebracht, er wiederum hatte ihn von irgendeinem Vizekönig geschenkt bekommen als Zugabe zu einer chronischen skrofulösen Augenentzündung), wenn sie mit ihm aufstampfte, mußte man zu ihr hinrennen, sich vor sie hinknien oder was; sie saß in ihrem thronsesselhaften Stuhl. Man mußte ihr die Hand küssen.

»Laß meine Hand los, ich lieg doch nicht im Sterben.«

Gegen Ende bekam sie einen Hirnschlag, sie wußte von allem und verstand alles, aber die Verbindung zwischen ihren Gedanken und Worten war brüchig. Sie quälte sich sehr. Bei einem Mittagessen sah sie mich an und sagte:

»Gib mir das Salz«. Ich reichte ihr das Salz, in ihrem Gesicht begannen sich Schweißtropfen zu bilden, sie fing mit ihrer zittrigen Hand zu gestikulieren an, Tränen stiegen ihr in die Augen, und sie wiederholte nur: »Nicht das, das Salz, das Salz!«

Schrecken und Bedauern erfaßten mich, ratlos sah ich zu Tante Mia, sie war für die Betreuung der Urgroßmama zuständig. Tante Mia kaute an ihren Lippen und starrte blaß vor sich hin und zu den anderen, die auf ihren Plätzen hin und her rutschten und der Reihe nach die Zahnstocher, den Paprika und die Suppenschüssel reichten.

»Aber doch nicht das, das Salz, das Salz!«

Da brach blödsinnig, grob, statt Weinen das Lachen aus mir heraus.

»›Mistviech!‹«, schrie mich Tante Mia an. *»›Schweinehund! Marsch hinaus!‹«*

Tagelang traute ich mich keinem in die Augen zu schauen. Und Tante Mia haßte ich, grenzenlos, weil sie recht hatte. Trauer, Tragik reizt mich auch seither eher zum Lachen denn zum Weinen, ob das vielleicht irgendein Atavismus in mir ist? Stamme ich von einem Geschlecht ab, das weint, wenn es sich freut, und lacht, wenn etwas schmerzt? Nie bin ich so gutgelaunt und witzig, wie wenn ich unglücklich bin.

Danach sprach Urgroßmama nicht mehr, sie sagte nicht einmal mehr Salz. Wenn sie der Schatten einholte, schrie sie kurz auf, dann kam jemand und schob sie weiter, zurück in die Sonne. Am Nachmittag kam sie so von der geziegelten Veranda in den Hof hinunter, auf die Erde. Erde klopft nicht. Sie konnte nicht mehr mit dem Stock klopfen. Ich denke, daran ist sie gestorben, daß ihr nichts mehr an Macht geblieben war. Was wird jetzt mit den Tschechen, mit der Krone? Papi wird sie schon übernehmen. Obwohl er nicht viel Zeit hat. Er geht früh weg, und wenn er wiederkommt, ist er todmüde, sitzt ausgepumpt im Laubengang, da sitzt er, allein im Dunkeln, sitzt nur und sitzt, und keiner traut sich ihn anzusprechen, noch nicht einmal Großpapa, nur meine Mama. Er ist so allein wie ein König, belastet von den schweren Sorgen seines Landes, nichtsdestoweniger scheint er ein König zu sein, der gleichzeitig auch Untertan ist, und so was macht Könige mißvergnügt. Dann springt er plötzlich auf, die Hühner stieben auseinander wie scheue Höflinge, sein Hermelin fegt über den kühlen Stein des Laubengangs, und kaum beim Bett angekommen ist er schon eingeschlafen.

Es kam vor, daß er eher einschlief als ich. Das erfüllte mich mit Stolz.

139

Manchmal konnte man sich vorsichtig an ihn heranpirschen und ein Märchen verlangen. Aber wenn wir den richtigen Zeitpunkt verfehlten, fegte er uns wortlos beiseite wie die Katzen oder scheuchte uns weg wie die kleinen Enten, um nicht auf sie draufzutreten. (Mein Bruder warf einmal, nicht deswegen, die kleinen Enten ins Plumpsklo. »Sie haben so schön gequiekt.«)

Hauptsächlich erzählte er von den alten Ungarn ohne Fehl

und Adel. Oder Tadel. Von dem Prinzen Csaba und seinem Pferd, und wie dessen Hufe sich mit Sternenstaub bedeckten. Und er konnte auch das Getrappel der Hufe nachmachen, wenn Prinz Csaba übers Pflaster ritt auf dem Weg nach Gyöngyös zum Beispiel oder nach Hatvan. In Pferdegetrappel-auf-Pflaster ist mein Vater unschlagbar. Auch wir haben es gelernt. Ich kann's auch. Aber ein ganzes Blasorchester konnte nur er nachmachen, *›Blasmusik‹*, mit Posaunen und Tschinellen oder was, es dürfte so um die sechs Mann hoch gewesen sein (das Orchester nämlich), aber dazu mußte er entweder bei sehr guter Laune sein oder ein bißchen betrunken.

»Putakäss, putakäss, do kumm i her, do moch i d'Mühli mitta Kuh Mirabel, zwischen die Kuhbeina hängt ane Brust, 'nder ma der Mühli weg'n rumzupfa muaß.«

Und damals wußten wir sogar schon, was eine Kuh ist. Eine Kuh ist eine Kuh, ha, ha, ha!

Jeder von uns bekommt eine andere Geschichte erzählt. Meine ist die vom Prinzen Csaba und dem Sternenstaub, meinem Bruder gehören die Siebenmeilenstiefel und unserer Schwester die Tetanusimpfung (ha, ha, ha). Jedem seine eigene Geschichte. So denke ich mir das. Mein Bruder redet viel, ständig quatscht er Leute an (bis heute). Und unsere Schwester heult ständig, entweder weil sie Mittelohrschmerzentzündung hat und deswegen, oder Bauchgrimmen und deswegen, oder weil keins davon der Fall ist und deswegen! Ich schneide ihr Grimassen, damit sie mit dem Geplärre aufhört. Ich lege mir ein Blatt vom Baum auf den Kopf und lasse es wieder herunterfallen – unsere Schwester lacht und lacht; ich schiebe den Kinderwagen auf dem Hof und vor dem Haus auf und ab – hat in der ganzen Straße für Furore gesorgt: ein Kinderwagen mit Feder! Gräfliche Kutsche! –, während mein Bruder mit Krämers Frédi schaukelt, und ich höre, wie er von dem Sternenstaub des Prinzen Csaba erzählt und mit seiner Zunge klickklackt, so macht das Pferd vom Prinzen Csaba auf dem Asphalt, wenn er zum Beispiel nach Gyöngyös reitet oder nach Hatvan.

Ich warne ihn, er soll aufhören, das ist mein Märchen. Meine Geschichte, und meine Geschichte gehört mir. Er hört nicht auf. Ich schubse ihn, er fängt zu heulen an, Frédi schubst mich, lacht, er hat meine Geschichte im Kopf, da wird mir alles schwarz vor Augen, ich gehe auf ihn los mit Fäusten, Knien und Füßen …

»Genug! Hör auf!« … aber ich kann nicht aufhören, ich weiß nicht, wie ich aufhören soll, und überhaupt, wenn ich aufhören würde, würden sie mir meine Geschichte wegnehmen und sie würden sie weitererzählen, nicht ich. Frédi stößt mich von sich und rennt heulend davon.

»Der Graf wollte mich umbringen!« brüllt er. »Der Graf wollte mich umbringen!«

Ich weiß nicht, was ich machen soll, bis jetzt habe ich noch niemanden umbringen wollen, mein Bruder blinzelt ängstlich in der Schaukel und plärrt.

»Liebes Brüderchen, ich bitte dich, bring mich nicht um, bitte, bitte nicht, Brüderchen!«

Er hängt da so arm in der Schaukel, daß ich ihn umarme und ihm helfe herunterzukommen. Er umarmt mich.

»Ich verspreche, ich werde niemandem deine Geschichte erzählen«, flüstert er heiß in mein Ohr. »Ich erzähle dem Frédi nichts vom Prinzen Csaba.«

Ich möchte lachen, aber ich kann nicht, denn meine Schwester weint schon wieder im Wagen, und es ist dunkel geworden auf dem Platz, und was hätte es jetzt für einen Sinn, Grimassen zu schneiden und Blätter von meinem Kopf fallen zu lassen, man sieht's ja sowieso nicht, dunkel wie es ist.

Am Abend fragt meine Mutter, was ich denn mit dem armen Frédi gemacht habe.

»Seine Mutter war hier. Eine sehr nette Frau. Ich weiß gar nicht, was wir ohne sie anfangen würden.«

Mein Bruder eilt sofort herbei, um mich zu verteidigen, ich habe den Frédi überhaupt nicht umbringen wollen, und ihn wollte ich auch nicht umbringen, wahrscheinlich habe ich überhaupt niemanden umbringen wollen. Mein Vater winkt ab und nimmt ihn auf den Schoß, macht Hoppe-hoppe-Reiter mit ihm.

»Geh rüber zu Frédi und entschuldige dich«, sagt meine Mutter. Mein Vater geht dazwischen.

»*Möchtest* du dich denn bei Frédi entschuldigen?«

»Nein.«

Meine Eltern schauen sich an.

»Dieser Frédi ist ein lieber Junge. Er hat bloß deinen Bruder geschaukelt. War's nicht so?«

»Er wollte meine Sternenstaub-Geschichte klauen!«

»Iwo, iwo, alter Junge.« Papi schaut mich lange an. »Dem Frédi ist die Geschichte vom Prinzen Csaba *›ganz egal‹*. Er hat seine eigene Geschichte. Er hat Hunderte von eigenen Märchen. Frédi ist ein jüdischer Junge.«

»Was ist denn ein Jüdischer?«

»Juden ...«, mein Vater fängt zu lachen an, »... die Juden sind ein Volk, das seine eigenen Geschichten hat. Sie brauchen Prinz Csaba nicht. Sie haben den Moses. Und den Samson.«

»Wer ist der Samson?«

»Wenn du jetzt rübergehst und mit Frédi redest, erzähle ich dir später von Samson.«

Aber er hat nie von Samson erzählt.

140

Etwas mehr als zehn Jahre später spazierte mein kleiner Bruder Arm in Arm mit meiner Mutter über den St.-István-Ring. Sie gingen gerade am Luxor vorbei. Mein Bruder war innerhalb eines Jahres fünfzehn Zentimeter gewachsen, er hakte sich bei meiner Mutter unter, und sie spielten, daß Mami eine reife Frau ist und er ein junger Mann. Damals hatte die Mami noch nicht diesen aufgeblähten Bauch, und sie trug auch keine Perücke, und manchmal machte sie sich noch schick, wir standen auf dieses sexy, leuchtendgelbe Kostüm, besonders mit dem Turban, der dazugehörte. Der Turban war wie das Rauchen: Er zeigte uns eine andere Person als die, die wir tagtäglich sahen.

Und sie konnte auch zwinkern. Vornehm, kaum wahrnehmbar mit dem linken Auge. Das spielte sie hauptsächlich in der S-Bahn mit mir. Als wären wir Fremde und sie würde mir zuzwinkern. Nettes kleines Spiel. Ich war nicht eifersüchtig auf meinen Bruder. Er liebte unsere Mutter mehr als ich, denn er liebte sie auch aus Trotz gegen unseren Vater, er kontraliebte sie, was mir vollständig fehlte. Trotzdem spürte ich immer, daß ich in einer herausgehobenen Position war, denn zwar liebte mich unsere Mutter nicht mehr als die anderen, aber man kann sagen, daß sie mir, als Erstgeborenem, dankbar war, sie vergaß mir nie, daß sie, als ich geboren wurde, glücklich war. Es ist nicht sicher, daß sie deswegen glücklich war, aber sie war es. Deswegen war ich nie auf jemanden eifersüchtig, weder auf die ausschließliche, also größere Liebe meines Bruders noch auf unsere Schwester, die man am allermeisten lieb haben *mußte* (Mittelohrschmerzentzündung etc.).

Vor dem Luxor trat ein gutgekleideter Mann in einem taubengrauen Paletot und mit einem taubengrauen, weichen Borsalino an sie heran; er schien ein Mann von Welt zu sein, solange, bis er den Mund aufmachte, denn sofort wurde alles von dieser unangenehm schleimigen, servilen und unehrlichen Stimme verdeckt. Ein verlogener Mensch wird in Taubengrau auch nicht besser.

»Gnädige Frau, erlauben Sie mir, daß ich Sie hochachtungsvoll begrüße, küss' die Hand, und den jungen Herrn Grafen, denn ich nehme an, ich irre nicht, erlauben Sie mir, daß ich auch ihn respektvoll grüße.«

Mein Bruder zeigte keine Regung. So hatte er noch nie einen Menschen sprechen hören, höchstens im Film. (»In Stummfilmen.«) Aber auch meine Mutter hatte er so noch nicht sprechen hören.

»Kelemen!« schrie unsere Mutter wie eine Marketenderin. Der Mann zog regelrecht den Kopf ein. »Wo ist das Silber?! Unsere Möbel! Die Töpfe!« Der Mann schrumpfte in sich zusammen. »Der Dumas fils!« Fiiiu, ihre Stimme gellte nur so. Unsere Mutter war außer sich, mein Bruder ließ ihren Arm nicht los, es war zu befürchten, daß sie auf diesen Kelemen losgeht. »Und die Jókai-Gesamtausgabe? Die alte Uhr? Die alte Uhr vom Vekerdy?« Sie tobte. »Jerger – Schachuhr – Robust – Genau – Geräuscharm – Seit Jahrzehnten!!!«

»Mamilein! Nicht, Mami!«

»Und das Grammophon? His masters voice!« Das zu meinem Bruder, quasi in Klammern. »Und das Totenbett der Tante Emma?!« Sie keuchte. »Beschaffen Sie sofort das Silber wieder, Sie ehrloses Subjekt!«

Bei »ehrloses Subjekt« huschte ein schnelles, schmerzliches und weihevoll hochmütiges Lächeln über das Gesicht des Mannes, er begann sich auf offener Straße unter Verbeugungen zurückzuziehen wie nach der strengen spanischen Etikette.

»Ich bin dabei, gnädige Frau, ich bin dabei, und ich kann sagen, wir haben gute Aussichten auf Erfolg, bis dahin empfehle ich mich.« Er blieb stehen, verbeugte sich, dann noch einmal extra vor meinem Bruder, drehte sich blitzschnell um und trollte sich in leicht gebeugter Haltung Richtung Westbahnhof.

Die Szene hatte meine Mutter mitgenommen, sie keuchte, ihr Gesicht sprühte vor Wut. Meine Eltern hatten damals, am Tag der Aussiedlung, einen Teil ihrer Habseligkeiten zum Advokaten Kelemen gebracht, er möge sie aufbewahren, bis wir wieder zurückkämen; das Silberbesteck, Silberteller, Weinpokale, die Suppenschüsseln mit den Löwenköpfen und dem Servierbrett, die Vermeil-Serie, die Kerzenständer (»gepunzt!«), alles in allem mochten es zwei Doppelzentner gewesen sein. Drei. Zwei oder drei. Wir haben die Sachen nie wiedergesehen. Dies erwies sich als eine der effektivsten Arten, das Familiensilber zu verschleudern. Warum hatte es mein Vater nicht aus ihm herausgeprügelt? Warum fing er nicht an, ihn zu würgen oder auf eine andere Art und Weise zu pressieren? Ich weiß es nicht.

Ich habe ein Glas, ein unscheinbar wirkendes Gläschen mit einem Zettel in der Handschrift meiner Mutter darin: *Dieses Glas gehörte Róza Deli, der Mutter von Ádám Mányoky. DF deswegen, weil Rózas Vater mit Namen Ferenc. Kein Silber, aber wegen des Alters wertvoll, das Muster heißt Wolkenmuster. Habe es im Museum beschauen lassen, ca. 400 Jahre.*

»Was für ein niederträchtiger Jud!« zischte meine Mutter vor dem Luxor. Mein Bruder schritt (erneut) ohne eine Regung zu zeigen neben ihr her, er war schon größer als meine Mutter. Die nun den Kopf schüttelte, als hätte sie jetzt erst gemerkt, was sie da sagte. »Ich habe mit den Juden überhaupt kein Problem. Ich habe bloß ein Problem mit frechen und unanständigen Menschen, unter denen es auffallend viele Juden gibt.«

141

Meine Eltern fanden sich schnell in die körperliche Arbeit hinein. Sie erwiesen sich als dafür geeignet, und sie wollten sie auch. Die Mehrheit der Pester war anderer Ansicht. Sie waren beleidigt, weil man sie beleidigt hatte, und körperliche Arbeit verachteten sie. Mein Vater, wie ich schon sagte, verachtete nichts.

Man konnte sich schon am nächsten Tag als Hilfsarbeiter beim Kirchenbau melden. Merkwürdig, daß man das damals erlaubte, den Bau. Der Herr Priester wartete schon auf meinen Vater, empfing ihn extra, bot ihm Likör an und versuchte ihm vom vermeintlich niederen Mörtelmischen abzuraten. Woraufhin mein Vater füchsisch, spielerisch, er liebte solche Spiele, die feierlich rhetorische Frage stellte, ob es denn einen Unterschied zwischen Arbeit und Arbeit gebe, soweit sie der Herrlichkeit des Herrn diene, und ob es denn als Mitglied seiner Familie nicht seyne (nicht seine, seyne) Pflicht sei, das fortzuführen, was die Altvorderen über Jahrhunderte taten, nämlich die Kirche zu unterstützen, wenn als Palatin, dann als Palatin, und wenn als Hilfsarbeiter, dann eben als Hilfsarbeiter. Hochwürden empfand diesen Gedanken als sehr edel und auf der Hand liegend, also tranken sie noch ein bißchen Magenwasser.

Und dann nahmen sie auf dem Andris-Hügel und der Keller-Meierei zwei Felder in Halbpacht. Kartoffelhacken. (»Ein hübsches Frauchen sind Sie. Auf Ihren Steiß könnte man zwei Reihen Kartoffeln setzen.«) Sie kamen nach Hause gewankt, als wären sie betrunken. Die Handflächen wund, die Haut in Fetzen, an manchen Stellen bis aufs Blut aufgeschürft – aber das konnte man wenigstens sehen, eine Wunde, die man verstehen, die man begreifen konnte. Aber was ist das, das mehr ist als Müdigkeit, mehr als Erschöpfung, was ist diese Niederlage durch den Körper, überhaupt, daß es nur den Körper gibt, und der Mensch gleichbedeutend mit seinem Körper ist, mit dem Schmerz, der Aussichtslosigkeit, was ist das?

»Die Arbeit«, murmelte Tante Rozi, wie gewöhnlich dem Sparherd zu.

Mein Vater tastete theatralisch sein Kreuz ab, als wäre er eine alte Frau.

»*Jajjaj*, gleich sterbe ich!« Er versuchte zu lachen.

Tante Rozi drehte sich nicht um, immer hatte sie etwas auf der Platt'n zu tun, denn auf der Platt'n gibt es immer was zu tun.

»Sie sterbn scho nit«, gab sie gleichgültig wieder.

»Was sagen Sie, Tante Rozi?« Mein Vater fuhr herum, er, der Konflikte nicht mochte und sich stets bemühte, ihnen aus dem Weg zu gehen oder sie zu schlichten.

»Nur soviel, Herr Graf, daß Herr Graf von dem bisserl Krumpernhaun nit gleich sterben werden.«

»Pscht, pscht«, zischelte Onkel Pista mit männlicher Feigheit dazwischen.

»Was pitschern S' mir da herum, ich werd' mir doch von Ihnen nit den Mund verbieten lassen!« In meinen Augen war Tante Rozi eine alte Frau, sie mochte um die Fünfzig gewesen sein, eine stämmige, vielberockte, Dutt tragende Bauersfrau. Ihr Gesicht glänzte vor Zorn. Ihre Augen glänzten immer, was sie verschönte oder zumindest von den anderen unterschied. »Wenn's ein Graf is, dann ist's ein Graf, und er ist ein Graf. Was wollen S' denn?! Herr Doktor hier, Herr Doktor da, wen wollen S' damit veralbern? Sich? Den da? Oder die Ávou?«

Sie sprach Palóc-Dialekt, der auch meine Muttersprache wurde, die Ávó, Ávou, ou, es hat sich angehört wie Bellen, wie Jaulen.

»Ein Graf.« Sie nickte und sah meinen Vater an, als würde sie kontrollieren, ob sie auch die Wahrheit sagte. »Ein Graf soll nit hacken.« Oder hat sie sich jetzt erst umgedreht? »Hacken ist nix für ein' Herrn.«

Stille. Als hätte sie gesagt, mein Vater und seine Sippe hätten hier nichts zu suchen. Mein Vater stand verlegen da, es gab niemanden, mit dem man sich hätte streiten können, es gab nichts zu sagen.

»Aber Rozilein«, versuchte sich Onkel Pista, »der Herr Doktor … die sind nicht …« Er verstummte.

»Was sind die nit?!« Die Frau fuhr ihn an, als wären meine Eltern gar nicht da. Meine Mutter lief weinend in die Stube, die voller Menschen (uns) war, also lief sie wieder hinaus, raus in den Hof, nach hinten in den Garten. Onkel Pista trippelte ängstlich auf der Stelle, als würde er Tanzschritte üben (Anfängerkurs), Tante Rozi sah sich den Amoklauf der jungen Frau mit Gleichmut an.

»Was ist denn los, Tante Rozi«, flötete mein Vater.

»Nichts«, sie wandte sich wieder der Feuerstelle zu, »los ist gar nix, Herr Graf.«

Darauf konnte man schon wieder nichts sagen.

Eine gute Woche redeten sie außer dem Grüßen kein Wort miteinander. (Auch Onkel Pista nicht!) Meine Eltern gingen in der Früh auf den Kartoffelacker, wankten bei Sonnenuntergang herein, ihre Hände wickelten sie in Lumpen wie die Leprakranken, meine Mutter schob mit ihrem großen Bauch durch die Gegend, kochte draußen in der Sommerküche furchterregende *Gschichten*, sie wußte noch nicht, wie man aus nichts etwas kochen kann (man kann!), sie grüßten morgens, sie grüßten abends, sie baten um keine Hilfe und bekamen auch keine. Lange konnte das so nicht weitergehen, aber meine Eltern waren jung und in gewisser Weise verwöhnt, sie dachten, ihre Kräfte wären endlos.

Und dann, eines Abends, als mein Vater in die Küche getaumelt kam, sagt Tante Rozi zum Sparherd:

»Sie hacken zu schnell, Herr *Doktor*.«

»Sollte ich langsamer?«

»Nit langsamer, sondern gleichmäßig. Wie Ihr Herz schlägt, Herr Doktor«, und ihr Gesicht fing Feuer.

Von da an half sie bei allem, wie man die Hacke halten und den Fußlappen wickeln muß, was man wirklich hacken muß und wo es ausreicht zu schaben, was eine Plattfußhacke ist und wie man kontrollieren muß, ob die Gans fett genug ist (unter dem Flügel, in der »Achselhöhle«, da ist ein Puckel, erst dann!), und wie man Polenta machen muß. Und *Langalló*, eine Art Fladen. Und *Pupora*.

»Man kann aus allem was zu essen fabrizieren, Lilike. Alles kann schmecken, glauben S' mir. Alles!« sagte sie verzweifelt, und ihre Augen glänzten sehr.

Und dann die Mohnditsche! Wofür ich angeblich geschwärmt habe. Das hat mich am Leben erhalten oder was.

»Ich kei' dem Kleinen ein bissl Mohnditsche, Lilike.«

Lilike dankte, sie wußte nicht, was Keien ist. Mein Vater wußte es, sagte es aber nicht.

»Tante Rozi, könnten Sie mir zeigen, sagen, was bitte dieses Keien ist?«

»Na, keien ist keien, da gibt's nix dran zu zeigen.«

Aber sie zeigte es dann doch. Sie schob ihre Zunge auf einmal wie eine Brotschaufel nach vorne, als hätte sie meiner Mutter die Zunge rausgestreckt, obwohl sie bloß wollte, daß meine Mutter sah, wie weit sie war.

»Viel Speichel, Lilike, darauf kommt's an, da wird die Keie schön weich, zart, seidenig, sehn S', Lilike.«

Als wäre sie eine geborene Gräfin, dabei war sie's nicht, fiel meine Mutter einfach in Ohnmacht. Daß ihr eingeborenes Söhnchen dieses ekelerregende, dunkle (der Mohn!) Geschlabber ... Mein Vater nahm sie auf den Arm und trug sie lächelnd (sehen wir den Tatsachen ins Auge: johlend) hinaus, wie ein sozialistischer Gregory Peck.

Später wuchs sich auch meine Mutter zu einer bedeutenden Keierin aus.

142

Als Angehörige der untersten Kaste, Intellektuelle plus Klassenfeinde, bestand unsere Brotration aus 25 Deka, und auch das erst, wenn schon alle anderen bekommen hatten. Manchmal ging ich mit Großpapa hin, Hand in Hand. Er mit seiner ewigen Pfeife im Mund. Wir stellten uns ans Ende der Schlange, und da blieben wir auch; wenn jemand kam, stellte er sich vor uns. Wenn er sich nicht vor uns stellte, machte ihn die Kenderesin, die großmäulige Verkäuferin, Genossin Verkäuferin und Gattin des Vorsitzenden des örtlichen Sowjets, darauf aufmerksam.

»Die Pester stellen sich hinten an!« Und damit standen wir wieder hinten. Wenn keine Schlange mehr da war, mußten wir immer noch warten, einerseits, weil man uns nicht mehr sagen konnte, wir sollen uns hinten anstellen, andererseits könnte ja vielleicht noch jemand kommen, der das Brot mehr verdient hat als wir, und dafür kamen fast alle in Frage.

Der Duft von Brot, der Brotgeruch ist etwas Herrliches. Deswegen waren wir, mein Bruder und ich, auch gar nicht einverstanden mit unserer Einordnung, mein Bruder hielt sich nicht für einen Pester, er wurde in Gyöngyös geboren und hatte die Dorfgrenze noch nie überschritten (einmal hatte ihn zwar Bogyica nach Pest hochgeschmuggelt, aber das durfte hier keiner wissen). (Die Bewegung des Rades der Geschichte, welches Rad man, wie wir wissen, nicht zurückdrehen kann, ist auf spektakuläre Weise am Wechsel unserer Geburtsorte abzulesen: Budapest, Gyöngyös, Budapest.) Ich meinerseits hielt mich ans Vaterunser und verlangte unser täglich Brot. Wir plärrten. Das gemischte Publikum des Gemischtwarenhandels hörte unserem Konzert mit gemischten Gefühlen zu.

»Kekse für die Bälger!« kläffte die Kenderesin der Aushilfe zu. Was meinen Großvater zum Verfassen einer kleinen Glosse veranlaßte, in der er einen kurzen Überblick über die Geschichte als solche lieferte und anschließend, oder währenddessen schon, Parallelen zwischen Marie Antoinettes Kuchen (»Wenn sie kein Brot haben, sollen sie doch Kuchen essen!«) und den Keksen der Kenderesin zog, *damals brioches, heute cakes*, doch sowohl damals wie heute: Brot ist knapp; am Abend las er es vor, aber keiner hörte ihm zu, was Großpapa mit Zufriedenheit quittierte, einerseits tat er so, als hätte er es nicht bemerkt, andererseits bestärkte ihn dies in seiner Skepsis der Welt gegenüber. Tags darauf schickte er eine Kopie des Schreibens umgehend an den »in der Nähe gefangenen« (Epitethon ornans) Károly Rassay, einen ehemaligen Politikerkollegen, von dem er dann eine sachverständige, detaillierte und aufmunternde Beurteilung zurückerhielt. Sie standen in regelmäßigem Briefkontakt; sie analysierten wie zwei Schachspieler alte politische Situationen (wäre Imrédy gestürzt worden, hätte Großvaters Freund 1939 nicht jene Papiere produziert, die eine teilweise jüdische Abstammung Imrédys belegten etc.), kritisch, selbstkritisch, minuziös unter Abwägung von winzigen Fakten, die nur ihnen bekannt waren. Sie schrieben unter Pseudonymen, um die offiziellen Stellen irrezuführen. Ach Gottchen.

Die Kenderesin, dieses Aas, betrog auch noch. Sie legte die Ware so in die Waagschale, daß das Packpapier an der Seite, wo man es ihrer Meinung nach sowieso nicht sah, herunterhing. Und dann drückte sie ihre Hüfte gegen das Papier und zog daran, so daß man im Endeffekt froh sein konnte, wenn man die Hälfte dessen bekam, was einem zustand, das heißt, statt einem Kilo ein halbes, statt zwei Kilo nur eins, und so weiter, und keiner traute sich, was zu sagen, weil sie die Frau des Ratsvorsitzenden war, die Wände des Geschäfts waren mit Rákosi- und Stalin-Bildern tapeziert wie früher mit denen der Mutter Gottes und dem Herz Jesu.

»So wie jetzt im Parteibüro, so hat sie früher ständig in der Sankt-Joseph-Kapelle gekniet und mit dem Rosenkranz geklappert und gehechelt wie eine jungfräuliche Märtyrerin, die verfluchte alte Geis!«

Meine Mama wußte, daß die Kenderesin die Frau des Ratsvorsitzenden war, sie wußte bloß nicht, was das hieß, ein Ratsvorsitzender, und was, seine Frau zu sein. Als sie das erste Mal aus dem Geschäft nach Hause kam, schrie sie schon von weitem.

»Rozi Tant'! Rozi Tant'! Ist das etwa ein Kilo? So wenig ist ein Kilo?«

Tante Rozi sagte es wieder zum Sparherd.

»Ein halbes, Lililein, ein halbes.«

Meine Mutter bestand auf einer Waage.

»Wozu, Lililein.«

Sie wolle es wiegen. Sie wogen es: 54 Deka.

»Sehen Sie! Sehen Sie!«

»Ich seh's.«

Dann gab es auf einmal auch hier nichts mehr zu sagen.

Als sich meine Mama das nächste Mal in die Schlange stellte und die Kenderesin gerade der Annu Arany das *pfundige* Kilo abwog, sie legte Zeitungspapier auf die Waage und kippte das Mehl aus einem großen Sack drüber, siebte es, siebte, bitte schön, ein Kilo Mehl, funkte sie von hinten dazwischen, das glaube sie nicht, dieses Kilochen sehe aber sehr mager aus.

Die Kenderesin lief rot an und blickte wütend drein.

»Sie bezichtigen mich? Ausgerechnet Sie bezichtigen mich?«

»Aber, aber, meine Liebe, teure Genossin Kenderesi, was fällt Ihnen ein ...« Meine Mutter war so zuckersüß wie von hier bis Lacháza (obwohl Kiskunlacháza von Hort gar nicht so weit weg ist). »Es ist vielmehr ein kleines Malheur passiert, als Sie sich drehen taten – das mag die einzige Gelegenheit im Leben meiner

Mutter gewesen sein, als sie (und zwar mit Genuß!) »tun« sagte –, als Sie sich drehten, sind Sie mit der Hüfte an die Waage gekommen, das heißt, ans Papier …«

Die Frauen warteten still, sie verstanden nicht, was diese dünne Pesterin wollte. Sie starrten vor sich hin. Nur Annu Arany nicht, die blickte meine Mama stolzerfüllt an.

»Gott bewahre«, das Wort Gott betonte meine Mutter kräftig, es hatte, so aus dem Textzusammenhang gerissen, einen schönen Nachhall. »Gott bewahre, Genossin Frau Kenderesi, die Gattin des Genossen Kenderesi … oh, ist das vielleicht Ihr Geld, was da auf dem Boden liegt?«

Die Kenderesin machte einen schnellen Schritt rückwärts, der Zeiger der Waage machte einen Satz und schlug aus.

»Was für ein Geld?« fragte sie, aber dann sah sie meine Mutter an und kapierte die Lage. Meine Mutter lächelte.

»Der Schatten betrügt einen immer so«, sagte sie und sah die Waage lächelnd an. Die Messung war ziemlich ungenau geraten, der Zeiger trödelte irgendwo ums Pfund herum.

»Was ich immer mit dieser Waage zu kämpfen habe«, sagte die Genossin Kenderesi.

»Das kann ich mir vorstellen«, antwortete meine Mutter.

»Aber mein Gewissen ist rein.«

»Aber sicher. Nicht umsonst werden Sie im ganzen Dorf gerühmt.«

»Ich bemühe mich, eine gute Kommunistin zu sein.«

»Sie bemühen sich? Gott – kleine Pause – sieht meine Seele, Sie müssen sich gar nicht so sehr bemühen, Sie sind doch schon bei allen für Ihr mildtätiges Herz bekannt. Ich frage mich gerade, ob es denn in diesem über jeden Verdacht erhabenen Geschäft vielleicht die eine oder andere über jeden Verdacht erhabene Süßigkeit für meine über jeden Verdacht erhabenen Kinderchen gibt?«

»Na ja, was das angeht, wir sind nicht gerade Millionäre, aber bitte ...«

»Gott segne Sie, Genossin Frau Kenderesi! In solchen Fällen zeigt sich erst die Stärke der Demokratie ... Ich frage mich auch gerade, ich weiß, es ist ein großer Wunsch, aber vielleicht würden Sie sich meiner mit ein paar Zigaretten erbarmen?«

»Also ... nein ... das ist nicht meine Aufgabe, Luxusartikel zu verschenken.«

»Wenn Sie sich vielleicht doch dazu entschließen könnten, gnädige Frau, ich kann Sie versichern, Ihre gütige Gesinnung wird gewiß allseits schwer in die Waagschale fallen.«

»Also gut, meinetwegen. Bitte. Hier haben Sie die Zigaretten. Aber so was wird es nicht wieder geben!«

»Gott segne Sie, und ich bedaure von tiefstem Herzen, daß Ihnen diese Waage so viele Unannehmlichkeiten bereitet.«

»Eine Dame raucht auf der Straße nicht«, sagte meine Mutter auf der Straße lachend zu Annu, hustete und zog tief an der Zigarette. Als sie zu Hause ankamen, wußte Tante Rozi schon alles.

»Passen S' nur auf, Lililein.«

»Aber natürlich«, meine Mutter lächelte triumphierend. »Ich pass' schon auf.«

Aber sie paßte nicht auf.

143

»Lassen S' Herr Doktor, so tun Sie's doch nur zammoschen!« sagte man zu unserem Vater, als er sich in der Pause der Dresche (beim Dreschen gibt es keine Pause!) das Gesicht wischen wollte. »Man muß es schmuddeln lassen!«

Die Pester wurden in eine gemeinsame Brigade – »mit verminderten Fähigkeiten« – eingeteilt (niedere Arbeiten für niedrige Stundenlöhne, aber sie arbeiteten auch schlecht), meinen

Vater haben sie aber schnell befördert und in eine richtige Brigade, zu sich, aufgenommen. Er konnte arbeiten, obwohl er es nie gelernt hatte. Er paßte sich an. Sein Körper paßte sich an. Er paßte sich an und wieder nicht.

Denn er steht oben auf der Dreschmaschine, er ist der Einleger, das Rüttstroh fliegt durch die Luft wie Abertausende kleine Fliegen, die ranke, schlanke Statur des jungen Mannes biegt sich hin und her, sein kräftig zarter Körper, als würde der Wind wehen, er beugt sich wie das Schilf, sein ist auch die Mühsal, die Mühsal der Arbeit, er streckt sich, er trägt Drillichhosen, ein kariertes Flanellhemd und die braune Baskenmütze wie jeder andere dort auch (abgesehen von seinen Schuhen, denn auf seine Schuhe achtete er immer penibel), und doch ist es so, als wäre die zitternde, dampfende, staubige, ratternde Dreschmaschine ein riesiges Schiff, ein eleganter Ozeandampfer in einem Meer aus Weizen, eine Titanic also, die das Meer unter sich auffrißt, das Meer absägt, auf dem sie schifft, auf dieser Kommandobrücke steht mein Vater, zwar nicht als Kapitän, das wäre übertrieben, als Silhouette vielmehr, als geschickte, zarte, schwebende Gestalt. Die Arbeit machte ihn den Bauern gleich, und diese kaum erklärbare Anmut seines Körpers: einsam.

Später machte er eine der schwersten Arbeiten, das *Deichseln.* Dazu braucht es eine besondere Begabung, ein Talent, Ausdauer, Kraft und Wagemut reichen hier nicht aus: Man muß mit der »vollen« Heugabel in der Hand mit einem Schwung über die Leiter an die Spitze des Heuschobers hinaufrennen. Mein Vater machte es so geschickt, mit so einer unbekannten Leichtigkeit, daß denen, die zuschauten, der Mund offen stehenblieb. Und er spurtete lachend auf die Schober hinauf, als hätte er sich sein ganzes Leben auf nichts anderes vorbereitet; er war in ein messianisches Alter gekommen.

Und dann gab's da auch noch die Melonen. Zardecker getigert, ein schöner Name. Auch später war es immer mein Vater, der die Melonen auswählte, er klopfte sie ab, betastete sie, der Schrecken aller Gemüsehändler! Die Melonenbrigaden fuhren auch zu fernen Melonenäckern. Sie wohnten in Erdhütten. Manchmal kamen wir zu Besuch; die Hütte gefiel uns sehr, sie war wie ein Spielhaus. Nur daß wir eben Angst davor hatten, was uns erwarten würde, denn die Männer dort tranken viel.

»Der Pali Nagy ist der böse Geist eures Vaters.«

1954 wurde der Melonenacker von der Donau überschwemmt, die Melonen schwammen herum wie Fußbälle!

144

Wenn einer niederträchtig ist, ist es besser, wenn er auch dumm ist. Dieser Kenderesi war kein dummer Mensch. Es war seine Idee, meinen Vater zur Kontrolle der Höfe zu den Polizisten einzuteilen. Um die Pflichtabgabe zu kontrollieren. Das heißt, mein Vater war derjenige, der »den Estrich leerfegte«. Widerstand, Komplizenschaft war nicht möglich, es wurde ihm gesagt, die Zelle im Gefängnis von Hatvan stehe schon bereit.

»Die wartet nur auf dich, Graf, also kehre so gut du kannst. Neuer Besen!«

Die Leute wußten das, sie sagten's auch, macht nichts, Herr Doktor. Aber, Wiederholung, es machte was. Auch ich wurde auf der Straße angespuckt. Ich habe es keinem erzählt. Er hätte das Leerfegen auch verweigern können, dachte ich damals. Aber er verweigerte es nicht.

145

Es war am 5. März 1953, als mich Roberto das erste Mal zum Majoresko ernannte, was ich auch sofort zu verstehen glaubte, ein Majoresko ist zweifellos einer, der viel in der Meierei, der *major*, herumstrabanzt, was auch den Tatsachen entsprach, die teilgepachteten Äcker auf dem Andris-Hügel und im Keller-Acker lagen nördlich vom Dorf, Richtung Gyöngyös, wo sich eine der Meiereien befand. Dort habe ich viel mit mir alleine gespielt, angebunden mit einem langen, dünnen Spagat, was nicht so unbarmherzig und brutal war, wie es sich beim ersten Mal anhört, es war eher zweckmäßig, dennoch versuchte ich, sicher ist sicher, Gewissensbisse in meinen Eltern zu erzeugen, abends streichelte ich mit schmerzlichem Gesicht über meinen Knöchel, ich zeigte ihn herum, wie geschwollen er ist, vergebens, sie waren so müde, da blieb kein bißchen Platz mehr für irgendwelche Zeugung oder Bisse übrig.

Das Wort Majoresko strahlte Kraft aus, unerwartete Kraft. Zum ersten Mal spürte ich, daß ein Wort in den Lauf der Welt eingreift. Roberto sprach anders mit mir, wenn er mich so nannte, als wäre ich selbst ein anderer geworden: Man nannte mich anders, also war ich anders. Daß meine Spielkameraden mich Graf nannten, mich angraften – anfangs wehrten wir uns ein bißchen: selber Graf! –, traf mich nicht unerwartet, wir hatten schon gehört, daß der Großpapa ein Graf ist und Papi in jungen Jahren auch einer war, aber dann hat er aufgehört damit, oder es wurde eingestellt, auf alle Fälle war's vorbei; aber in der Welt der Kinder hatte das keine Bedeutung, die Graferei war mit nichts verbunden, weder steigerte sie meine Autorität oder meine Chancen noch verringerte sie sie, es schien ein eigentümliches Instrument der Unterscheidung zu sein. Zwischen Unterscheidung und Brandmarkung führt nur ein schmaler Grat.

Und sie deutete – wie das Silberbesteck und Mamis Kost – immerhin an, daß mit dieser Familie, zu der ich gehörte, irgendwie was nicht stimmte. Aber daß mein Name ein Omen wäre, ein Zeichen, und noch dazu ein schlechtes, daran mußte ich lange Zeit nicht denken. Wir hatten das Zeichen auf der Stirn, aber das war nicht weiter schlimm, wir dachten, so ist eben die Ordnung der Dinge, der Mensch ist abgestempelt, irgendeine Schikane gibt's immer, entweder weil man Kovács (Müller) heißt, oder weil man sich zum Beispiel für den Religionsunterricht eingeschrieben hat. Später gab es in der Klasse vier Kovács' (Müllers), und die Lehrer hielten es aus irgendeinem Grunde immer für einen tollen Witz, wenn sie also sprachen: Und zur Tafel kommt der Kovács ... und sie grinsten schelmisch, und die Zeit ging dahin, und die armen Kovács' (Müllers) und der noch ärmere Kováts (Mueller) zitterten vor Angst.

146

Ich war der einzige in der ganzen Klasse, der zum Religionsunterricht ging. Das Problem dabei war nicht, daß man zum Religionsunterricht ging, nicht der klerikale Einfluß, die Schwächung der Position des Materialismus, sondern daß man sich einschrieb. Das war nämlich schlecht für die Statistik. Da Religionsfreiheit herrschte, denn man sagte, es herrsche Religionsfreiheit, gab es den sogenannten schulischen Religionsunterricht, also Religionsunterricht in der Schule, nach Stundenplan, was aber von den gläubigen Eltern nicht sonderlich forciert wurde, dem Zeitgeist entsprechend rührten sie nicht an dieser (rein) theoretischen freiheitlichen Geste der Volksdemokratie, sondern jagten ihre nach moralischen Worten dürstenden Krabben ohne jedes Einschreiben zu den Glaubensstunden in den Pfarrhäusern. Dem Herrn, was des Herrn ist, und dem Kaiser, was ebenfalls des Herrn ist. Da sowieso alles des Kaisers ist.

Nur meine Mutter rührte aus irgendeinem Grunde daran. Sicher nicht aus Heldenhaftigkeit – ich befürchte, »Jeden Tag eine Revolution« stand ihr fern –, sie war auch nicht von der Disziplin, der Schönheit oder der Moral eines guten Beispiels geleitet, vielmehr war ihr alles egal, beziehungsweise gerade im Gegenteil: Wenn es einmal angekündigt ist, Einschreibung zum Religionsunterricht am Montag zwischen eins und Viertel zwei (man hatte es im letzten Moment von Dienstag vorverlegt, möge doch die Information (ver)sickern wie sie will), dann wollen wir das auch ernst nehmen, nicht als Provokation und auch nicht maliziös, eher ein wenig müde, mit einer müden Konsequenz, aber ohne ängstliche Blicke nach links und rechts werfend, mehr noch, selbst die notwendige Vorsicht beiseite lassend: als wären wir normale Menschen. In einer Diktatur normal zu sein ist lebensgefährlich. Ein Irrsinn.

Eine kleine Sache; und es war tatsächlich so, wie man so schön sagt: Meine Eltern hielten sich mit dem Kleinkram nicht auf, und das Große zählte nicht. Ich war auch weder bei den Jung- noch bei den richtigen Pionieren (und die Grundorganisation der Kommunistischen Jugend Ungarns gab es in der Mittelschule nicht, die Piaristenpater ließen die Gründung schleifen, irgendwie favorisierten sie sie nicht); außer mir galt das nur noch für den Jani Oláh, einen Zigeunerjungen, und für den Stern, den nie einer beim Vornamen nannte (Pityu) und der angeblich Jude war, der kleine Huszár hatte es von seinem großen Bruder gehört, wir wußten nicht, was das war, es hatte irgendwie was mit seiner Nase zu tun, aber es war nicht sicher, ob es deswegen war, daß er kein Jungpionier werden konnte. Das sind wahrhaftige Stempel, trotzdem erwiesen sie sich nicht als Nachteil, ich wurde von nichts ausgeschlossen, außer von der Jungpionierversammlung, weswegen alle zerfressen waren vor gelbem Neid; schlechte Zensuren konnten sie mir nicht so richtig geben (wollten sie auch nicht besonders), aus der Klassenmannschaft konnte man mich nicht rauslassen, und was anderes gab es nicht.

147

Wenn es darum ging, im Sitzen mit Kastanien zu »daddeln« (Fußball-Fachausdruck: den Ball mehrmals hintereinander in niedriger Höhe hochschießen), war ich der Beste in der ganzen Schule. Im Stehen nicht, aber sitzend schon. Um Meilen der Beste. Ich könnte nicht sagen, warum, irgendwie hatte sogar mein Schienbein ein Gefühl fürs Rund, jedenfalls reichte es, einfach mein Bein hochzuhalten, mit gestrecktem Fuß natürlich, wie eine Lepeschinskaja, den Ball oder die Kastanie drauffallen zu lassen, nackt oder mit Schale, und sie hüpfte wie von selbst los.

Ich spielte um kleine Einsätze, noch nicht mal um Geld, Schulmilch, Golatschen, Kakao, was ich gerade brauchte (wie im Sommer am Balaton bei den Herausforderungsspielen am Strand: für Gemüse ohne Auflage). Ich gewann nicht immer, aber meistens. In der großen Pause saß ich auf der Bank neben der Wand und wartete auf die Kundschaft; der kleine Huszár war mein Adjutant, eine Stellung, die großes Taktgefühl und Sachverstand erforderte, denn er war es, der die Kandidaten auswählte oder aufsuchte, sich mit ihnen über die Konditionen einigte, was sich bei Schülern der höheren Klassen meist als ein heikles Unterfangen erwies, eine Vertrauensposition, er mußte sich an die gemeinsam beschlossenen Prinzipien halten, das heißt, primär geht es um den Wettkampf und nicht um den Gewinn, nichtsdestotrotz wollen wir doch auf dem Boden bleiben und keinesfalls unser eigener Feind sein etc.; ich saß da wie die Spinne im Netz und wartete.

Hinzu kam, daß es zweckmäßig zu sein schien, den gewerblichen Teil der Unzucht vor den Lehrern verborgen zu halten. All dies wurde vom Huszi abgewickelt, dafür standen ihm vierzig Prozent der Einnahmen zu, eine meiner Beurteilung nach angemessene Summe. Anfangs führten die vierzig Prozent zu kleineren Spannungen, denen ich keine große Beachtung schenkte, einerseits wußte der kleine Huszi nicht, was 40 Prozent sind, und als ich ihm sagte, das sind vier aus zehn, sah er mich mit echtem Unverständnis, ja Verwirrung an, warum denn vier, warum gerade vier, und was hat denn vier mit vierzig zu tun, andererseits wollte er einfach halbieren. Ich aber hätte das vom Grundsatz her nicht für richtig gehalten, mein Motiv war nicht etwa Habgier, sondern der Respekt vor dem Können, und vierzig Prozent sind praktisch gesehen sowieso so gut wie halbiert.

Nur um Mißverständnisse zu vermeiden: Der kleine Huszi war nicht mein Stiefelknecht, nicht mein Diener, unser Verhältnis ließ auf nichts Dienstbotenhaftes schließen, zwei gleichberechtigte Partner brachten ihr jeweiliges Wissen in eine gemeinsame Unternehmung ein, der Unterschied war höchstens soviel, daß ich saß, während er: stand, logischerweise. Hätte ich auch im Stehen gut mit Kastanien daddeln können, hätte ich wohl auch gestanden, so wie er, logischerweise.

Da saß ich also in den frühen sechziger Jahren in der großen Pause auf dem Schulhof am Fuße des Steinzauns, ohne irgendetwas von Nikita Sergejewitsch Chruschtschows zunehmenden Sorgen betreffs des Weizens und der Chinesen zu ahnen, als ein großer, langer Schatten auf mich fiel, ein weicher, herbstlicher Schatten, der des großen Huszárs, und ich wußte sofort, daß auch ich zunehmende Sorgen haben würde, ich ahnte nur noch nicht, in welcher Angelegenheit.

Vor dem großen Huszár hatten alle Angst, sogar die Lehrer, sogar der kleine Huszár. Ich auch, logischerweise. Er war unberechenbar und wild, blutrünstig, dumm wie Bohnenstroh, dabei aber abstoßend gerissen, stark, unbremsbar, er war schon dreimal sitzengeblieben, auch er hatte, wie meine Eltern, nichts mehr zu verlieren.

Mit einem Wort, der große Huszár war frei. Was in der Grundschule so nicht üblich ist. Ihm wuchsen schon die Haare, er trank auch, er schwänzte viel (unentschuldigt!), in solchen Fällen arbeitete er angeblich, belud Kohlewagen auf dem Südbahnhof, die Eltern waren geschieden, lebten aber in einer Wohnung, seine Mutter trank wie ein Loch (ich kannte sie, Tante Ilike, dünn, mumienhaft, als hätte man ihr die dunkelbraune Haut wie einen zu engen Strumpf über das Gesicht gezogen, sie grüßte mich mit unerwartet tiefer, brummender Stimme und einer seltsamen, unbegründeten Höflichkeit, Guten Tag, Söhnchen, und sie neigte auch den Kopf, als wäre ich gar kein Kind), und wenn ihnen das Geld ausging, mußte der große Huszár aushelfen. Aber von alldem war damals nur soviel zu sehen, daß der große Huszár ein Vieh war.

Im übrigen aß er für 50 Fillér eine Fliege, für einen Forint durfte man den Kadaver auf seiner Zunge photographieren, für fünf Forint und einen Apfel (Starking) biß er eine Maus in zwei Teile. Er arbeitete nie mit mitgebrachten Mäusen, er fing sie selber.

Ich hatte Angst, stand aber trotzdem nicht auf, die große Pause gehörte mir, der Kastanie, dem Daddeln, mir und dem kleinen Huszi. Der, nicht überrascht genug, etwas abseits stand und, was er in meiner Gegenwart sonst nie tat, mit einer Kastanie daddelte. Merkwürdig. Jetzt sah man erst, wie ähnlich sie sich sahen. Der große Huszár sprach – als wäre er der Adjutant des kleinen. Jetzt hätte nur noch ich eine Adjutantenstelle finden müssen, was mir nicht gelang, und was sich dann auch als Fehler erweisen sollte.

Schließlich und endlich gab es die Probleme gar nicht wegen der 40 Prozent, sondern wegen 40 Prozent wovon. Denn warum halte ich seinen kleinen Bruder zurück, warum bremse ich ihn, warum gebe ich ihm keine freie Hand für seine guten, besser noch als guten Ideen, zum Beispiel die Daddel-Versteigerung, was man nach Art eines Wettbüros betreiben müßte, in Null Komma nix wären die Preise in astronomischen Bereichen.

»Großer Wagen, Morgenstern«, sagte er noch drohend.

Ich verstand wirklich nicht, was er wollte. Was für Preise, und warum sollten sie in den Himmel steigen? Und was würden sie dort dann tun?

»Du bist ein Depp«, nickte der große Huszár angeödet, ich war ein zu unbedeutender Punkt für ihn, als daß mir Prügel gedroht hätten. Aber irgendwas wollte er. Ich schüttelte den Kopf voller Überzeugung, ich sah keinen besonderen Grund dafür, mich für einen Deppen zu halten. Ich sei aber einer, und zwar ein kapitales Exemplar, wenn ich so mit beiden Händen das Geld zum Fenster hinauswerfe. Meine Fähigkeit, Metaphern wortwörtlich zu nehmen, habe ich schon früh in mir entdeckt, so daß ich jetzt ausschließlich an diese beiden Hände denken konnte, wie sie hinauswarfen, offenbar sind's Zwillinge und gehen von Auftraggeber zu Auftraggeber, um Geld hinauszuwerfen. Zum Fenster. Gar keine schlechte Karriere. Beruf: Beidhänder.

Vom Gesicht des kleinen Huszár konnte ich nichts ablesen, am wenigsten was Beruhigendes. Trotzdem sagte ich es eher zu ihm als zu seinem Bruder, daß das ein Spiel sei.

»Mit deinen Glocken im Staub!« rief der Große und fing die stachelige Kastanie wie einen Tennisball auf und zerquetschte sie in der Hand. Ich fuhr zischend zusammen. »Was soll das heißen, ein Spiel?!«

Unwahrscheinlich, daß er darauf eine Antwort erwartete, ich antwortete ihm trotzdem. Denn ich hatte viel über das Spiel nachgedacht, es mußte viel nachgedacht werden über jenes Spannungsverhältnis zwischen der Auffassung der Allgemeinheit, wonach das Spiel unseriös, minderwertig, *nur* ein Spiel sei, und meinen Erfahrungen, die dem diametral entgegengesetzt waren. Ein wenig übertrieben gesprochen spielte ich immer, denn entweder spielte ich Fußball, oder ich las. Und falls letzteres, dann tauchte ich, wie es sich gehört, ganz und gar in die Welt des Gelesenen ein, obwohl ich mich nur selten mit einer der Figuren identifizierte, ich wollte nie Gergő Bornemisza aus Den Sternen von Eger sein und auch nicht seine Freundin Vicuska, weder Boka noch Nemecsek noch David Copperfield, worin ich mich hineinbegab war das Buch selbst, also nicht die Zeit der türkischen Belagerung oder das Budapest der Jahrhundertwende, sondern ein neuer Raum, der sich aus mehreren Faktoren zusammensetzte: aus dem Buch selbst, dem konkreten Gegenstand, dem Buchstabentypus, der Qualität des Papiers, dem Zustand des Umschlags mit dem Photo des Autors (sein Blick!), und dann natürlich aus dem, wovon das Buch handelte, dampfende Pferde, neblige Morgen, das Blitzen eines bischofslila katholischen Blicks, der zugefrorene Balaton, ein Londoner Elendsviertel, die unwahrscheinliche Einzigartigkeit einer Insel im Stillen Ozean, sowie die Situation, in der ich das Buch las, im Bus stehend, im Krankenbett (Kirschkompott! Sport-Riegel!), frühmorgens, mal vor dem Aufstehen, mal vor dem Einschlafen, im Unterricht unter dem Tisch, die inneren Abenteuer mit den äußeren vermischend, Fagin kontra Frau Váradi – und hier stutze ich: Vermischung ist kein gutes Wort an dieser Stelle, es ist irreführend, denn es ist gerade das Drinnen und das Draußen, das zu existieren aufhört, das Spiel hat es abgeschafft, egal, ob ich Fußball spielte oder las oder vor mich hin träumte (im wesentlichen befreite ich Évi Katona-Rácz aus verschiedenen lebensgefährlichen Situationen, Löwe, Räuber, Achtkläßler), diese Ereignisse nahmen keinen Platz in der sogenannten Wirklichkeit ein, als Inseln, gut abgrenzbar, draußen, drinnen, sondern sie waren die Wirklichkeit selbst, vollwertig, ohne Einschränkungen, da es nichts anderes gibt als Wirklichkeit.

Deswegen – also aus purem Eigeninteresse – nahm ich das Spiel ernst. Ich wußte, daß ein verlorenes Match nicht das Ende der Welt ist, aber sich während des Spiels vorzusagen, mit dem Ende des Spiels zähle das alles nicht, es sei uninteressant, was auf dem Feld passiert sei, denn man muß ja Hausaufgaben machen, zu Abend essen – das hielt ich für lächerlich und vor allem für unmöglich. Die Phantasie ist ein wichtiger Kasus, stellte ich also fest.

Einen Strauß dieser Erfahrungen überreichte ich den beiden Huszárs. Daß ich, wenn ich da an der Ziegelmauer sitze und mit der Kastanie daddle, niemand anderes sei als der, der an der Ziegelmauer sitzt und mit der Kastanie daddelt, das ist alles!, versteht ihr?!, alles!, und verglichen damit ist der Gewinn, die Ausbeute eine sekundäre, nebensächliche, belanglose Geschichte, nur das Spiel zählt, das Spiel ist alles und außer »alles« gibt es nichts. »Stimmt's oder hab' ich recht?« Ich lachte sie an.

Der kleine Huszár schwieg. Über das Gesicht des Großen zogen in Wellen schmerzliche Fratzen, was ich da sagte, verursachte ihm physische Schmerzen. Durch diesen Schmerz wurde plötzlich auch er ein kleiner Junge. Da sprang ich auf. Sie wichen zurück. Der kleine fing sofort, noch im Zurückweichen, zu reden an, er war nicht blöd, ich wußte es.

Der kleine Huszár legte dar, daß eben nix ist mit stimmt's oder habichrecht, denn es geht genau darum, daß ich an der Ziegelwand sitze, er aber nicht an der Ziegelwand sitzt, ich mit der Kastanie daddle, er aber daddelt nicht, er sei deswegen nicht beleidigt und er behaupte auch nicht, Sitzen sei besser als Stehen, daß es besser wäre, dort zu sitzen und zu machen, was ich mache, als zu stehen und zu machen, was er macht, aber wenn wir das alles schon ein Spiel nennen, genau darum geht es ja!, müsse er aufs entschiedenste festhalten – wenn er aufgeregt war, sprach er genau wie sein Bruder in Erwachsenen-Sätzen –, daß er und ich ganz einfach verschiedene Spiele spielen, das heißt, daß das »alles« ein anderes »alles« ist, und außer »alles« gibt es tatsächlich »nichts«, aber das, was für mich außerhalb von meinem »alles« ist, also nicht ist, kann deswegen noch spielend leicht innerhalb von seinem »alles« sein, all das erfordert die allerhöchste Aufmerksamkeit, oder aber, um es mit meinem Wortgebrauch zu sagen, hör auf mich anzuwichsen, Alter, und ich wurde plötzlich vom sicheren Gefühl erfaßt, daß ich stärker war als sie, stärker als die beiden, sowohl zusammen als auch einzeln – all dies erfordert Ernsthaftigkeit.

Jedesmal, wenn das Wort »Spiel« fiel, zuckte der große Huszár zusammen; als hätten wir ihn geschlagen. Der Huszi hatte recht, und das verwirrte mich, aus dem Alles kann man nicht ins Nichts hinauslinsen. Was soll jetzt also werden? Der Große wollte schon seit einer guten Weile etwas sagen, öffnete den Mund, nahm Anlauf, hielt inne, schließlich schleuderte er die Worte mit der heiseren Leidenschaftlichkeit der Wut, der Ohnmacht und der Feindseligkeit heraus.

»Ihr seid Labantzen!«

Ich wußte, daß das nicht stimmte, denn der Onkel Pattyi hatte im Film *Rákóczis Leutnant* mitgespielt, er machte die Reitszenen statt Rákóczis Leutnant, der von Tibor Bitskey gespielt wurde, und auch das Double eines Kurutzen ist ein Kurutze. Aber was sollte denn dieses »ihr« heißen?

»Na, eure ganze Familie! Kannst sagen, was du willst! Wir haben gelernt, daß ihr das Volk unterdrückt habt! Du hast es auch gelernt!«

»Wer hat das Volk unterdrückt?« ereiferte ich mich, wenn auch ziemlich unsicher; da zu Hause nie ein Wort darüber gefallen war, hatte ich ein wenig Bammel, daß wir es vielleicht doch unterdrückt haben. Obwohl, warum sollten wir es denn unterdrükken …

»Na ja …«, der große Huszár wußte selbst nicht genau, was er wollte, »na … ihr halt!«

»Wer?! Ich?« Er schwieg, das gab mir Auftrieb. »Oder unsere Schwester, die in den Kindergarten geht? Wir haben das Volk unterdrückt?«

Leise, wie ein Erwachsener, versetzte der kleine Huszár:

»Nicht dein Bruder, so nicht. Sondern dein Vater. Und der Vater von ihm, und sein Vater!«

»Und ihr? Der Vater deines Vaters hätte ebensogut unterdrükken können!«

Sie, gleichzeitig:

»So was haben wir nicht.«

»Das gibt's nicht, daß man keinen hat. Jeder hat einen, Familie hat jeder.«

»Wir nicht. Bei uns gibt es nur uns und unsere Eltern, und selbst die sind geschieden.«

»Wir sind auch nur wir, ich und meine Geschwister und unsere Eltern, nur daß die nicht geschieden sind. Aber dafür streiten sie sich manchmal.«

Daraufhin wurden diese Huszárs so was von selbstsicher. Als hätte sich (zwischenzeitlich, unmerklich) das Blatt gewendet.

»Nein, nein, das ist nicht so. Ihr seid nicht nur ihr, sondern ihr alle, ihr seid es alle, nicht nur die jetzigen, sondern diese ganzen Fürsten und alles.« Der große Huszár johlte los. »Da hast du dein ›alles‹, Alter!«

»Und was seid ihr dann?«

»Nichts«, sagte der kleine Huszár.

»Kurutzen«, sagte der große Huszár.

»Warum solltet ihr Kurutzen sein?«

»Weil wir arm sind.«

»Wir sind auch arm.«

Darauf konnte keiner mehr etwas sagen, weder sie noch ich. Ich nahm dem großen Huszár die zerquetschte Kastanie aus der Hand und setzte mich wieder hin.

SIEBTES KAPITEL

148

Mein Name hat sich nicht (besonders) in mein Leben eingemischt. Er hat mich zwar ab und an berührt, aber er brachte mich nicht ins Stolpern und blendete mich auch nicht. Am ehesten gab er noch zu Anekdoten Anlaß.

Als mich einmal jemand (eine Frau) im Bus anherrschte, weil ich im großen (profanen) Gedränge mäkelige Fratzen zog, mich leise ekelte und man mir auch noch auf den Fuß getreten war, wenn es mir nicht passe, solle ich doch mit dem Taxi fahren, woraufhin ich weiterquengelte und den denkwürdigen Satz zu hören bekam, was ich mich denn so aufspiele, ob ich etwa glaube, ich sei der Fürst, und hier folgte der Name, »der gute Name meines Vaters«. Ich hatte gerade frisch meinen ersten Ausweis bekommen, den schob ich ihr unter die Nase. (Auf gewisse fürstlich-gräfliche Distinktionen ging ich nicht weiter ein.) Sie las es Silbe für Silbe. Im Grunde traute sie ihren Augen nicht. Sie zuckte mit den Achseln. Das Ereignis hatte keine weitere Wirkung auf sie, sie verstummte lediglich; sie war still.

Wenn man mich zu jener Zeit fragte, ob ich ein Verwandter sei, antwortete ich, nein, ich sei kein Verwandter, ich sei es selbst. Das war nicht stolz oder hochfahrend gemeint (natürlich klang es so), sondern formal, ich stehe mit meiner Familie nicht in Verwandtschaft, ich bin ein Teil von ihr, ich bin es, ich bin sie.

Meistens antwortete ich aber zu schnell, auch das verstand man nicht, man verstummte bloß (schnell) – es wäre einfacher gewesen, mit dem Taxi zu fahren oder mit einer Droschke.

149

Daß ich hieß wie ich eben hieß, zog einzig und allein bei der Armee brutale Konsequenzen nach sich. Innerhalb der Kaserne galt eine andere Zeitrechnung, und zwar wortwörtlich: Die Zeiten waren andere, fünfzehn bis zwanzig Jahre frühere. So hatte ich Gelegenheit, ein wenig auszuprobieren, wie es gewesen sein mag, diesen Namen in einer echten Diktatur zu tragen. (Kurz: stressig.) Man starrte mich an wie eine Kuh das neue Tor. Und ich hatte noch keine Angst, denn ich wußte nicht, daß ich Angst haben müßte (natürlich wußte ich es! Ich vergaß es bloß immer und immer wieder, ich hatte Angst und vergaß es, hatte Angst und vergaß es, das ist die Diktatur, ich hatte Angst und vergaß es; mit Angst und mit Vergessen versündigte ich mich gegen das wievielte Gebot; ich hatte alleine Angst, ohne Zeugen, deswegen vergaß ich leichter), aus der Geborgenheit des Gymnasiums fiel ich ohne jeden Übergang *dort* hinein.

»Na, mein Graf«, sagte freundlich der junge Musterungsarzt, »du hast auch nur einen Schwanz.«

»Indeed, Sir«, nickte ich, der Sproß, kühl und geneigt, und hob mit der Höflichkeit eines Profifußballers meine Eier an: Ich spielte mit offenen Karten: Ich bin wie jeder Mensch, erhaben, ein ferner Pol geheimer Gaben: also schön!, da hast du's!

Der Arzt sah mich lange an, mit rosig leuchtendem Kindergesicht, als hätte auch er gerade eben erst Abitur gemacht; er hatte dichte, schwarze, zusammengewachsene Brauen, was ihm einen strengen Blick verlieh, und es schien, als wollte er das durch ein ununterbrochenes, mädchenhaftes Lächeln ausgleichen. Als ich mich wieder angezogen hatte, winkte er mich zu sich.

»Du hast doch nichts dagegen, daß ich dich duze, oder?« Ich wartete mißtrauisch ab. »Meine Mutter ist eine Nádasdy!« rief er flüsternd und ergriff meine Ellbogen. Es muß ihm sehr wichtig gewesen sein, was er da sagte, Beweis und Revelation, ich schwieg feindselig. Mir dämmerte irgend etwas, daß die Nádasdys Verwandte waren, aber einerseits, wer ist kein Verwandter, andererseits war uns jener Ferenc Nádasdy meuchlerisch in den Rücken gefallen, von Angesicht zu Angesicht gab er sich als Gutfreund, bekam unsere Tante Júlia zur Frau, und als wir dann in Schwierigkeiten gerieten, wollte er sich sofort unsere Ländereien unter den Nagel reißen. Obwohl, später wurde er selbst geköpft, wovon dann wiederum wir die Nutznießer waren. Ah, liebster Gevatter, dein Anblick gereicht uns zur Freude.

Der junge Arzt sprach mit gedämpfter Stimme. Ob ich denn wisse, wozu der Wehrdienst gut sei. Dann doch lieber diese Meine-Mutter-war-eine-Nádasdy-Schiene! Denn nicht, daß ich glaube, es ginge da um den Schutz des Vaterlands, ›*papperlapapp*‹! (??), noch nicht einmal um den des, er drosselte die Lautstärke, sozialistischen Lagers.

»Intern*á*zzion*á*lissmuss«, flüsterte er mit diesen *Á*, wie die Mami immer Táksi sagte, ich nehme mir ein Táksi. Er lachte. »Oh nein, hier geht es ausschließlich um euch beziehungsweise uns, die Jugend, uns will man zähmen, damit wir lernen, wo« – wieder leiser – »der Hammer hängt.«

Und er wisperte noch lange etwas über die Natur der Diktatur, über die Angst, darüber, daß auch die Diktatur Angst habe, aber um so schlimmer für uns, die Untertanen, eine Diktatur sollte lieber zackig einhergehen, nicht so wie diese hier, so schleichend. Ich verstand kein Wort; wer schleicht zackig wohin? Ich stellte mir eine Nádasdy vor, wie sie wehenden Haars auf den Spuren der schleichenden Proletarierdiktatur über dampfende Wiesen galoppiert.

»Paß auf dich auf, mein Alter«, sagte plötzlich der Arzt, selbst auf dem Weg vom Jüngling zum Mann, ließ seine Hand sachte über meinen Arm gleiten, seine Handfläche war seidig wie bei

Tante Mia, und dann nahm er die Bewegung verlegen wieder zurück. Ich verstand nicht, wovon er redete, und es interessierte mich auch nicht, aber später, wenn die Pferde mit mir durchgingen (nicht das vom Nádasdy-Fräulein), wenn ich spürte, daß ich mich arg so benehme, wie es mir gefällt, fiel mir die verschämte Warnung dieses seltsamen erwachsenen kleinen Jungen ein, paß auf dich auf, mein Alter.

150

Obwohl es dort genug Leute gab, die auf uns aufpaßten. Ich schlief mit Gyula Szabó im Doppel auf den zusammengeschobenen Eisenbetten. Er war ein ruhiger Junge vom Lande, wollte Mathe-Physik-Lehrer werden, knochig, kräftig gebaut, mit glattem, blondem Haar und mädchenhafter Stupsnase, aber mit grober, pockennarbiger Haut, Akne dazu; er war mutig, aber vorsichtig, erledigte klaglos, was ihm auferlegt wurde, er hatte etwas, was uns, den vielen Kindsköpfen, die wir uns eine triumphale Zukunft (vorgezogene Aufnahmeprüfung!) erträumten, fehlte – Ernsthaftigkeit. Es hat sich auch nie einer mit ihm angelegt, selbst die größten Arschlöcher unter den Chargen ließen ihn in Ruhe.

Er gestand oder verriet es nicht – er fand nichts Geheimes daran, nichts, was er verheimlichen hätte sollen –, er erzählte es einfach, weil es passiert war und weil es mit mir zu tun hatte. Er ergriff nicht Partei, war nicht empört und schämte sich auch nicht, eher schien er gereizt zu sein. Alles, was nicht mit seiner zwei Hände Arbeit zu tun hatte, war ihm suspekt. Warum hatte er sich dann für die Universität beworben? Weil er sehr klug war, und zu Hause wollte man offenbar nicht, daß seine Klugheit in die Binsen geht, womit auch Gyulas Bauernseele einverstanden war. Und Lehrer zu sein ist sowieso fast wie mit den Händen arbeiten.

Er erzählte, der Major von der Abwehr habe ihn antreten lassen und sich nach mir erkundigt. Der Gyula möge ihm dies und das erzählen, denn der Gyula höre sicher dies und das, was ich so rede, über wen und mit wem, denn der Gyula solle ja nicht glauben, daß ich aus meiner Haut könne, einmal Graf, immer Graf, der Gyula solle also aufpassen und wachsam sein, denn der Gyula sei ein Sohn des Volkes, das solle er nicht vergessen, denn ich sei kein Sohn des Volkes, das solle er sich gut hinter die Ohren schreiben, und er solle an seinen Vater denken, den grundundbodenlosen Zinsbauern, und an seinen Großvater, dito, es sei mehr als vorstellbar, daß die Gyulas unter unserem Sklavenjoch schmachten mußten, der Gyula komme nämlich aus Transdanubien, und dort, nicht wahr, gäbe es kein Pardon.

»Das hat er gesagt, dort gibt es kein Pardon? In Transdanubien?« Ich wunderte mich. Ob es dann wohl hier ein Pardon gab? Aber ich wußte, wenn etwas behauptet werden kann, dann nur soviel, daß, wenn es hier Pardon gibt, dann ist das hier nicht Transdanubien. Wir weilten in den tiefsten Tiefen der Puszta, in der Stadt mit dem geheimnisvollen Namen Hódmezővásárhely. Das Bauernparis.

»Nein, kein Pardon«, murmelte Gyula. Daß *wir dort* grassiert hätten.

Wir haben grassiert?

Er wiederhole nur, was der Major gesagt habe, er wisse sowieso nicht, was grassieren bedeute.

Daß wir überhand genommen haben.

Das kann schon sein, denn der Vater vom Major, erzählte der Major, hatte sieben Geschwister, mit ihm zusammen also acht, und sie wurden nur deswegen auf sieben in unserem Familienbesitz befindlichen Schlössern geboren, weil auch ein Zwillingspaar darunter war. Ich stellte mir die bodenlosen Zinsbauern als Zwillingspaare vor, wie sie beleidigt und wachsam brüllend in unseren verschiedenen Schlössern vor sich hin geboren werden.

»Wovon reden wir denn, mein lieber Gyula?«

»Darüber, verdammte Scheiße, daß ich dich melden muß!«

»Mich bespitzeln?«

Er winkte ab, hier ginge es nicht um mich, sondern um ihn, er müsse jeden Abend einen Bericht darüber schreiben, was ich den ganzen Tag gemacht habe, und er könne das nicht, es interessiere ihn auch nicht, aber selbst wenn es ihn interessierte, könnte er es nicht, ich hinge nämlich ständig mit den Fußballspielern draußen in der Stadt herum.

»Nicht einmal die minimalen Voraussetzungen einer Bespitzelung sind gegeben«, sagte er ernst und sorgengebeugt.

151

Gleich in den ersten Tagen trieb man uns auf die breite Wiese hinter der Kaserne, auf die ungarische Puszta, und ließ uns Fußball spielen, vierzig Mann auf einmal. Barfuß und in nichts als einer Unterhose. Ich genoß es, fast nackt zu sein, was natürlich hauptsächlich Uniformlosigkeit bedeutete.

Ich war meinem Körper gegenüber nicht feindlich eingestellt, wenn unser Verhältnis auch nicht das allerfreundschaftlichste war, verklemmt war ich auch nicht, nur gereizt. Das gespannte Verhältnis ruhte auf dreifachem Fundament. Nummer eins hing ausgerechnet mit dem Fußball zusammen, mit der Tatsache, daß ich physisch nicht gut genug war, schlecht auch nicht gerade, aber mein Körper gab mir keinerlei Hilfe, nix Bonus, wenn Schnelligkeit gefragt war, brauchte es Tausende von Sprintübungen, wenn es um Standfestigkeit ging, mußte ich mich auf den langen, dunklen Wegen des Csillagbergs schinden; wie ich das gehaßt habe! Es fiel mir schwer einzusehen, daß zum Talent eines Fußballers auch das Talent des Körpers gehört. Ich mußte meinem Körper immer alles abnötigen.

Ich nahm mir diese Talentlosigkeit übel. Ebenso wie meine Nase. Als ich ungefähr vierzehn war, fing sie plötzlich zu wachsen an, und das erfüllte mich über Jahre hinweg mit Unzufriedenheit. Ich maß sie regelmäßig (keine einfache Aufgabe, Stirn, Nasenwurzel, Nasensattel, wo fängt sie an, wo endet sie, ohne Voreingenommenheit), ich untersuchte sie mit komplizierten Spiegelsystemen, die Sache beschäftigte mich, bis die Nasenunzufriedenheit ca. drei Jahre später von einem Moment auf den anderen vorbei war. Vielleicht bin ich dahintergekommen, daß auch meine Nase ein Teil von mir ist.

Ebenso wie meine sogenannte Männlichkeit. Daß das keine angeschlossenen Gebiete waren; eine Sehne, ein Knöchel, ein Meniskus (inklusive Riß), ein Muskel, meine Nase, mein Schwanz: Das bin alles ich. Ich betrachtete mich als Teil der Natur. Und als Katholiken, wenngleich ich von der katholischen Moral einstweilen nur soviel verstanden hatte, daß wir alle Sünder sind, und die Sünde ist gleichbedeutend mit dem Verstoß gegen das sechste Gebot, also der Unzucht, also der Selbstbefriedigung, oder im Sprachgebrauch der Beichte: alleine gegen das sechste Gebot sündigen. Alleine. Dieses Brimborium um meinen Schwanz empfand ich als lächerlich und gleichzeitig auch als beängstigend, und von Zeit zu Zeit erweiterte beziehungsweise verengte ich das auf meinen ganzen Körper.

Und die Tatsache, daß ich, würde ich nicht von Zeit zu Zeit »alleine« Anfechtungen erliegen, nachgerade sündenfrei wäre, nichts zu beichten hätte, stürzte mich in tiefe Nachdenklichkeit, denn das war offensichtlich – fühlbar – eine Unmöglichkeit. Diesem sündigen Körper hatte ich es zu verdanken – und ich wurde auch vom schönen, heidnischen Gefühl der Dankbarkeit erfaßt –, daß ich mich als moralisch existentes Wesen begreifen durfte.

152

Da stand ich nun herum, barfuß auf der unendlichen Wiese, dämlich grinsend, in einer Glückseligkeit, einer Körperzufriedenheit, an die ich mich bis heute erinnern kann, (gewissermaßen) mit der Natur vereint, das Gras kitzelte meine Füße, im Hosenbein der sanfte Wind der Puszta, und für einen Moment dachte ich nicht an jene unbekannte, bedrohliche Welt, die gerade dabei war, mich zu verschlingen.

Barfuß, das bedeutete ein zusätzliches Hochgefühl, nicht nur, weil es ein geheimes Zeichen zivilen Lebens war, barfüßige Soldaten gibt es nicht, sondern weil die Stiefel bis dahin schon unsere Füße wundgescheuert hatten, die Wundränder hatten sich entzündet, glänzten feuerrot, manche begannen schon zu eitern. Und, ohmeingott, der Fußlappen! – während Sputniks durchs Weltall flogen! Einen Fußlappen ordentlich, fachmännisch zu wickeln ist kein unmögliches Unterfangen, aber es gibt einen Lebensabschnitt, in dem dieses Stück Fetzen einem böswilligen Lebewesen gleich zusammengewurstelt in den unmöglichsten Winkeln des Stiefels auftaucht, um in alles hineinzubeißen, was ihm in die Quere kommt, Wunden verunzierten die Fersen, die verschiedensten Oberflächenpartien verschiedenster Zehen und sogar den Bereich unter dem Knöchel. Auch das Laufen mit Schnürstiefeln mußte gelernt werden; wie zwei monströse Steinkugeln – nicht schreiten: schwingen!

Als Schiedsrichter (Unparteiische) spazierten acht bis zehn Altsoldaten aus der Kasernenmannschaft rauchend über das Spielfeld und musterten uns wie das liebe Vieh.

»Du! Du da! Und du!«

Wenn sie auf jemanden zeigten, wurde sein Name aufgeschrieben. Es hatte Ähnlichkeit mit dem Film *Zwei Halbzeiten in der Hölle*, in dem die Mannschaft der Lagerinsassen gegen die der deutschen Wachen spielt, und wo es im Interesse der Gefangenen wäre, leise, still und heimlich zu verlieren, aber dann gewinnt doch die menschliche Würde die Oberhand.

Einen Seufzer lang dachte auch ich an die Würde, an die Würde des Fußballs: Vierzig Mann auf einmal können nicht Fußball spielen, das ist grundsätzlich unmöglich, es nützt nichts, das Spielfeld im Verhältnis zu vergrößern, es kommt einfach eine andere, eine fremde Choreographie heraus, spieluntypische Knotenpunkte, eine Art Brownsche Bewegung, die dem Aussehen nach wie eine Verschmelzung zwischen Geländelauf und Billard zu sein scheint, schien; in unregelmäßiger Bewegung gehaltene Teilchen, aus deren Verschiebung man die sog. Loschmidt-Zahl oder auch Avogadro-Zahl bestimmen kann, sie/wir kämpften um ihr/unser Leben, wie in jenem Film.

Rein technisch hatte ich den Raum schnell überblickt, aber Fußball ist nun einmal ein Mannschaftssport, und hier war von einer Mannschaft weit und breit nichts zu erkennen, kleine Blödmänner, die man aufeinandergehetzt hat, so rannten wir in der Gegend herum. Eine Weile stand ich noch da, im barfüßigen Glück, dann aber gewann der Überlebensinstinkt in mir die Oberhand, und ich machte mich hinter dem Ball her, als wäre ich auf einer Fuchsjagd, ab die Post und Waidmannsheil! Sobald ich ihn eingeholt hatte, wurde ich sofort selbst zum Fuchs, zum Gejagten, die ganze Meute mir hinterher, ich schiele zur Seite, neben mir ein kleiner, schwarzhaariger, bulliger Junge ohne Trikot, also einer von uns, jetzt müßte man abspielen, aber doch lieber noch ein Dribbling, halb gelingt es, halb nicht, ich werde eingeholt, gelegt.

Unten, tief unten auf der Erde saß ich da, der kleine Schwarze stand vor mir.

»I war doch frai«, sagte er leise, musterte mich befremdet und trottete *zurück*. Als ob es ein Zurück gegeben hätte! Das heißt, er erwies dem Spiel den nötigen Respekt. Ein netter Zigeunerjunge, Gyuri Máté, der beste Linksaußen, mit dem ich je zu tun hatte, still, er schimpfte nie, ein Naturtalent. Versetzte er mal, Berufsrisiko, einem einen Tritt, konnte das ausschließlich Zufall sein, er litt fast (fast) mehr als sein Opfer.

»Alter Junge, alter Junge«, psalmodierte er weinerlich und war immer wieder baß erstaunt, verstand nicht, warum die Gegner davon so fuchsteufelswild wurden. Wegen der Güte. Man konnte seinem Gesicht die Güte ansehen, er roch förmlich danach.

Er war wirklich frai gewesen. Ich lief rot an vor Scham, ich haßte diesen Typen, der ich da war. Der ich das Spiel entweiht, mich seinen Gesetzen nicht unterworfen hatte, fremden, äußeren Gesetzen gefolgt war, um eine fremde Gunst zu gewinnen. Deprimierend. Von da an machte ich keine Tricks, keine Fuchsjagd, wenn der Ball zu mir kam, gab ich ihn wie nach dem Lehrbuch sofort weiter.

Obwohl im Lehrbuch auch steht, du sollst Verantwortung für jede Sekunde, jede Bewegung übernehmen.

Langsam trocknete der Schweiß an mir.

Einer der Altsoldaten winkte mich zu sich. Hatte mich mein Name bis dahin kaum berührt, hier, von diesem Moment an, wurde ich ständig von ihm auf die Hörner genommen. Er schlug mir auf den Rücken; als wäre es dunkel, und auf einmal kommen sie von hier und da, man weiß nie so recht woher, und hauen mir auf den Kopf, kneifen mich, schlagen mir Schnippchen, drehen mir an der Nase und verpassen mir einen Pferdekuß auf den Schenkel.

»Ich?« Ich bekam vor Verwunderung runde Augen und zeigte, um Mißverständnisse zu vermeiden, auf mich. Und dann kam wieder dieser Satz.

»Nein. Der Fürst …« Volltreffer. Ich platzte los. »Was hat er da zu feixen, Soldat? Steht herum und lacht. Was glauben Sie, wer

Sie sind, der Beckenbauer? Wer sind Sie schon, verdammte Scheiße?!«

Ich nahm die Frage ernst. Wirklich: Wer war ich? Am Tag davor hatte man mir das Haar geschnitten, wenn ich mir an den Nacken faßte, wurde mir ganz mulmig von dieser neuen, fremden Nacktheit. Wie eine Nacktschnecke. Oder der Nacken einer Nacktschnecke. Mir gehörte nicht einmal mehr mein Hals. Und durch den Haarschnitt ist auch meine Nase wieder länger geworden, ich sah mir wieder ihren Schatten an, dabei hatte ich mir das schon abgewöhnt. Die Septembersonne brannte herab, von ferne grüßte ein Ziehbrunnen wie auf einer Ansichtskarte, ungarische Puszta in Farbe, und der Gefreite krakeelte, brüllte ununterbrochen herum, aber eher aus Interesse denn aus Ärger. Oder aus Ärger, aber nicht aus Wut. Ich soll mal nicht glauben, man hätte hier nur auf mich gewartet, es hätte bis jetzt eine Mannschaft gegeben, den SC Hunyadi, und es wird auch in Zukunft eine geben, den SC Hunyadi, aber eine Soldatenmannschaft ist kein Herrencasino, hier muß man ranklotzen, das Klavier schleppen, das Feld pflügen – merkwürdig, daß die, die mit Fußball zu tun haben, unwillkürlich in die Klischees des Sportjournalismus verfallen: das Runde in das Eckige bringen, mutig in den Strafraum vorstoßen, die Viererkette zeigte Moral und die Roten Teufel zaubern im Hexenkessel am Betzenberg –, ranklotzen, Goldjunge, und nicht das hier, herumglotzen wie ein Markgraf an seinem freien Tag, ich zuckte nicht einmal mit der Wimper, ich solle nur ruhig sagen, wenn ich nicht spielen wolle, das geht auch, das ist hier ein freies Land.

»Name?«

Ich wollte ihn nicht sagen. Zum ersten Mal in meinem Leben hatte ich das Gefühl, es wäre besser, wenn ich irgendwie anders heißen würde, Kovács, Eich, sogar Zichy oder Schwarzenberg wäre angenehmer gewesen; es war ein merkwürdiges Gefühl, der Odem des Verrats streifte mich.

»Hat Er keinen Namen?«

»Ich würde jetzt lieber wieder spielen gehen.« Und ich ging wieder spielen.

»Bist mir ein schönes Arschloch, Glatzbirne. Aber ich krieg dich noch«, gurrte er mir gutmütig hinterher.

Auf der anderen Seite der Wiese stand Wasser, sumpfiger, tiefer Boden, die sich dorthin verirrten, flogen nur so durch die Gegend, rodelten herum wie in den Trickfilmen, die Chargen johlten.

»Woast guat für erm?« Gyuri Máté lachte mich im Laufen an und spielte mir einen harten Paß zu, und ich sofort zurück mit dem Leder, wie es sein muß, und dann lief ich los ins freie Feld, hinein in den Sumpf, wie es sein muß.

Das ist das gleiche Muß.

153

Am sechsundzwanzigsten August 1652 ist das Pferd meines Bruders László mit Namen Grünspan verhängnisvoll im Sumpf gestolpert.

Was ist das für ein Gleiches?

154

Als ich das Spielfeld betrat, hatte ich ein Gefühl, so was Ähnliches, als würde ich in Grünspans Sattel durch die Stadt reiten – recht schönes thürkisch Pferdchen, ein braun Hengst –, in stolzer Haltung und ruhig: ein Recke, der Wohltäter der Stadt, ich streue etlich Taler ins Volk, die Hufe machen Klickklack, als wären sie von meinem Vater synchronisiert, den Zigeunermädchen werfe ich teilnahmsvoll Küsse zu (in concreto sind's meist Huren).

Ich raste auf dem Spielfeld herum, tänzelte, rackerte mich ab, klotzte ran, spielte, schwelgte, mehr noch, ich lachte laut vor mich hin, so sehr genoß ich diese Ungebundenheit, die Flucht, so dankbar war ich dem Gott des Spiels, daß er mich so glücklich machte. Wegen dieses Gejubels hat man mich wahrscheinlich für ein wenig beknackt gehalten, aber ich war ein verläßlicher ›*Fachmann*‹, klassisches, solides rechtes Mittelfeld, ein Half, man konnte mir sogar einen Mann, genauer gesagt eine Manndeckung anvertrauen.

Während ich mich wieder anzog, mir die damals gebräuchlichen Fetzen der Ungarischen Volksarmee überstülpte, verließen mich Stück für Stück Hochstimmung und Lachen. Am heftigsten haßte ich die Mütze, mein Kopf juckte davon, außerdem machte sie mich auch noch häßlich; fertig angezogen war ich wieder jene trübsinnige, gramverzerrte Gestalt, die ich nicht mochte, ich mochte ihn nicht, diesen uniformierten, mageren Fremden mit seinem gestutzten Nacken, den ich manchmal in Autofenstern oder Auslagen gespiegelt sah und vor dem ich die Frauen gerne hätte beschützen wollen, bei seinem Anblick fing es zu nieseln an, im Winter zu schneien, plus Schneeregen, der bis zum Morgen gefror, vor der Szántó-Kovács-Statue rutschten die Autos ineinander, schwer festzustellen, wer schuld war, alles fluchte wie ein Rohrspatz, und die Versicherung wollte auch nicht zahlen.

155

Aber dann hatte ich in der Stadt eine Anlaufstelle, eine zivile Zuflucht, wo ich doch nicht allein sein mußte wie ein Hund, wie in den Kneipen, wo ich mich versteckte, wenn ich im Falle beziehungsweise unter dem Vorwand eines Fußballtrainings die Kaserne verlassen durfte, ein Haus, wohin ich immer gehen konnte, wo man auf mich wartete und mich fütterte. Wir aßen ständig, das Essen bedeutete alles: die gegenseitige Achtung, die Aufmerksamkeit, daß man auf mich wartete.

Vor meinem Namen hatten sie ein wenig Respekt – sie tuschelten hinter meinem Rücken mit der Nachbarin –, aber in Maßen, eher waren sie einfach nur stolz darauf, daß *so einer* bei ihnen ein und aus ging. Ich fürchte, wenn ich ein echter Fleisch-und-Blut-Graf gewesen wäre, ewiger Etcetera von Csákvár und Gesztes, hätten sie auch nicht mehr Aufhebens gemacht. Besorgniserregend. An meinem treuen Volke zeigen sich die bitteren Zeichen der Unzuverlässigkeit. Diese Kommunisten lassen die Welt verlumpen. Oder sind wir bloß in der Puszta? Wo einen die Armut langsam und starrköpfig werden läßt? Transdanubien ist anders, Ordnung, Hierarchie. Die Puszta ist derber, einfacher. (Vielleicht auch ehrlicher. Nein, Unmittelbarkeit hat nichts mit Ehrlichkeit zu tun.)

Unerwartet war es die Uniform, der sie ihren Respekt bezeugten. Ich fand dieses Soldatenspielen zum Kotzen, Ekel erfaßte mich, Widerwillen, Verachtung, Angst, ein Witz, sie aber haben es wohl mit den Husaren verbunden, mit Heldenmut und Vaterland und dem Schutz des Vaterlands. Ich war überrascht, aber ich diskutierte nicht, ich genoß das Mißverständnis in aller Stille.

Ich muß durch Tante Margit hierhergeraten sein, die Zugehfrau meiner Mutter, die immer zum Kochen, Bügeln und Helfen kam (Stundenlohn: zehn Forint). Ich hielt sie für einen unehrlichen, duckmäuserischen Menschen, der wunderbare Süßspeisen backen konnte, in solchen Momenten wurde sie in die Höhen einer Großmama erhoben, Vanillekipferl und Schokotaler mit Zucker. Ich mochte sie nicht, aber es frappierte mich, als sich herausstellte, daß es auf Gegenseitigkeit beruhte. Daß sie in ihrer Feigheit so mutig war.

Schleicherische Magd, dachte ich von ihr, Dienstbotin. Sie sprach mit allen bauchkriecherisch, und wenn sie mein Vater höchst selten einmal ansprach, denn meist bemerkte er sie gar nicht, fühlte sie sich so geehrt, daß sie schier erstickte und rot wurde bis an die Fußsohlen.

»Wie geht es Ihnen, Margitka?«

»Ach was, teurer Herr Graf, ach was!« stammelte sie, wovon mein Vater an die Decke gehen konnte.

»Ach was!« zischte er sie an. »Ach was!« Und er schüttelte nervös den Kopf (Wangenknochen!).

Von Zeit zu Zeit packte Margitka die Hand des alten Grafen (*fünfzig Jahre!*), stürzte sich auf sie hinab und küßte sie schmatzend.

»Was machen Sie denn, Sie Unglückliche!« schrie mein Vater, der seinen Ekel nicht verbergen konnte. Da aber geschah es, ich war mehrmals Zeuge, daß Margitka irgendwie die Regie übernahm, sie blinzelte von unten, aus dem Handkuß scheel nach oben – falsche Hündin! – und ließ, ich riskiere es mal, hochfahrend, zumindest mit derselben Intensität des Ekels wie mein Vater zuvor die Worte auf den Handrücken prasseln:

»Verzeihung! Verzeihung!« Und stürzte sich noch einmal auf die wundervolle Hand.

Mein Vater nahm sich einen Schoko-Zuckertaler und zog sich naschend an seinen Schreibtisch zurück.

Die jüngere Schwester dieser Tante Margit wohnte unten in Hódmezővásárhely, die Ilus, Tante hat auch sie niemand genannt. Feuer und Wasser. Ilus war der Stolz in Person, wie sie den Hals hielt, den Kopf hochtrug, die Schultern leicht nach hinten spannte, den Rist empfindlich hielt wie ein edles Pferd, der Blick war keck, liebenswürdig, ein kleines bißchen überheblich. Ihr Gemahl, der Józsi, der Onkel Józsi, war ein Baum von einem Mann, zwei Meter groß, seinerzeit Gendarm (»wohin hätte ich denn mit meiner Formatiertheit sonst gehen sollen?!«), Landjäger, er erzählte gerne darüber. Sie liebten sich. Sie sprachen Szegediner

Dialekt und aßen, bissen in die scharfe Paprika wie andere in Äpfel.

»Möchten S', mein Jong?« schniefte Iluska. Ihr Gesicht war tränenüberströmt.

Von diesem »mein Jong« wurde mir ganz eng ums Herz. Hineinzubeißen in diese wilden Pflanzen, in die Kirschpaprika oder in die dünnen, die sie Katzenzipfel nannten, traute ich mich zwar nicht, aber ins Omelett streute ich reichlich von den giftgrünen Kreisen, und auch die Gulaschartigen würzte ich nach, und man konnte es mir ansehen, daß es aus Genuß geschah und nicht aus Zwang, nicht um aufzuschneiden oder aus Höflichkeit, und das wurde mit stiller Anerkennung quittiert, das hätten sie diesem zwirndarmigen Herrenkind aus der Stadt gar nicht zugetraut. Diese Paprikareputation hatte ich meinem Vater zu verdanken, er lehrte mich, die scharfe Paprika zu ehren (Gulasch).

Wir aßen viel (man kann auch vom Essen betrunken werden, auch das ist ein Rausch), manchmal tranken wir auch.

»Auf die unendliche Macht des Schicksals!« dirigierte Onkel Józsi, dazu mußte man aufstehen. Unser kleiner Finger stand ab wie ein Eselsohr, elegant. Wir waren oft guter Laune. Ich bekam gute Sachen zu essen, würzig angebratenes fettiges Rippenfleisch, frische Wurst, an der man noch die lebende Sau schmecken konnte, Paprikasalami, Preßwurst alias Schwartl und natürlich Hühnchen, grandios mit Paprika, als Pörkölt, mit Galuschka, und Backhendel und Eier, weich, als Omelett, Spiegelei, immer mit ein bißchen Zwiebeln darunter.

Onkel Józsi brachte sich um, er erhängte sich.

»I konn's net verstahn, mein Jong, i konn's net verstahn.«

Ab da kam Ilonka öfter nach Pest. Die beiden Schwestern konnten sich nicht leiden.

»Ach was!, die?!« Und winkten ab. Nur daß die Ilus auch noch lachte dazu. Sie weigerte sich, U-Bahn zu fahren.

»An onständga Mänsch geht net untert Ärd, Petarle«, sagte sie und rief ein Taxi. Ihre ältere Schwester saß ihr Leben lang in keinem Taxi, ein anständiger Mensch fährt nicht mit dem Taxi, hätte sie denken können, hätte sie so was gedacht. Und dann zogen sie zusammen.

»Die reinste Höll, mein Jong.«

156

Unter den Sachen meiner Mutter fand ich einen Zettel, wie Sokrates' Hahnenschuld: Margitka 150 Forint. Ich zu ihr rüber. Sie schnappte pfeifend, keuchend nach Luft, unterbrochen von stummen Japsern, Pausen, in denen nichts gültig ist. Neben ihrem Bett auf dem Nachttischchen erblickte ich ein sorgfältig gerahmtes Photo meiner Mutter, ein seltenes, lachendes Bild, das ich nicht kannte.

»Was ist das?« fuhr ich sie an.

»Das wissen Sie ganz genau!« Margitka nickte, ihre Augen waren nur ein schmaler Spalt, sie musterte mich wie eine alte (mißtrauische) Katze. Offensichtlich dachte sie tatsächlich, ich müßte irgendwas wissen. Irgendwas müßte man tatsächlich wissen. »Das wissen Sie ganz genau!« Jetzt kreischte sie bereits. Als ihr Blick aber über das Photo glitt, veränderte sich ihr Gesicht sofort, es wurde weich und rosig, rote und bleiche Flecken krochen über ihren Hals. Jetzt war es ein anderes Keuchen. Mich vergaß sie. »Oh, warum bist du nur gestorben?!« Sie nahm das Bild und fing an, es abzuküssen.

Ich mußte an den Speichel denken, an den Speichel im alten Mund der Margitka, wie er jetzt da rüberfloß – Übertreibung –, über das Bild meiner Mutter. Und über ihre ganze Hand. Das heißt, ich bediente mich quasi der Gefühle meines Vaters, seines Widerwillens. Es war grotesk, interessant und angsteinflößend zugleich. Ich empfand eine Mischung aus Eifersucht, Ekel und kindlicher Rührung. In was für abgründige Beziehungen man doch mit dem Moment seiner Geburt gerät! Vater sein, Mutter sein, Kind sein: Was für eine verschlungene Angelegenheit, was für ein unüberblickbares Gebäude eine Familie doch ist, ein ständiges Auf und Ab zwischen Schutz und Ausgeliefertsein, Sicherheit und Bedrohung. Harter Wellengang. Maule, maule – patsch!

»Du Wunderbare! Du Schöne! Du Vollkommene! Warum hast du uns verlassen! Warum hast du mich allein gelassen?!« Sie merkte, daß ich dastand, der kleine unbarmherzige Zug kehrte in ihr Gesicht zurück. »Warum stehe ich nicht in ihrem Testament?« schrie sie mir ins Gesicht.

Stille kehrte ein, dann fragte ich unsicher, wie damals am Wiesenrand den Obergefreiten:

»In meinem?«

Genauso wie damals dieses »Ich?«; es war weniger der Narzißmus, der mich diese Frage stellen ließ, eher der Verdacht der Sorte »man ist immer ein wenig schuldig«.

Margitka winkte verächtlich ab.

»In Ihrem?! Ach was, Sie?!« Von den A wurde ihr Gesicht lang, das Kinn fiel verächtlich herunter, mit einer abfälligen und erstaunten Bewegung. »In Ihrem doch nicht, in ihrem. In dem Ihrer Mutter! Warum hat sie nicht an mich gedacht?! Gilt die Tante Margit denn gar nichts? Was hätte es Sie denn gekostet, eine Hütte, einen Koben an Ihr Haus zu bauen, ranzuklatschen für diese alte Frau, was wäre das Großes gewesen? Ich hätte gedient bis in den Tod, aber Sie wollten ja nicht.« Sie keuchte. Ich empfand kein Mitleid. Sie packte meine Hand. »Ich bin ein kleiner Mensch, Herr Graf, was soll allein aus mir werden?«

Ich entriß ihr meine Hand und fand mich erneut in der Lage meines Vaters wieder. Sie schüttelte fauchend den Zeigefinger gegen mich, furchterregend, wie die Hexen in den Märchen.

»Aber Sie waren ja schon immer so, so stolz, so gnädig! Schon als kleines Kind! Seit vielen Jahren beobachte ich Sie schon, wenn Sie auch nicht gerne daran denken! Glauben Sie, ich hab's nicht bemerkt? Ich bin nicht blöd, nur weil ich bügle und abwasche, bin ich noch nicht blöd ... Nicht ein ehrliches Wort ... wie er immer so schön getan hat ... Tante Margit, welchen Kuchen soll ich Ihrer Ansicht nach nehmen, meiner Ansicht nach!, daß ich nicht lache, ich werd' ja gleich ohnmächtig ... Ich weiß noch genau! Spricht denn so ein normaler Mensch!? Und ich weiß noch, wenn mich Ihre Mutter zur Schule geschickt hat, Sie abholen. Erst versuchten Sie, mich gar nicht zu bemerken, und dann haben Sie so getan, als hätten Sie mich gerade erst bemerkt, da hat er die Manieren rausgekehrt, pfui, wie ein kleiner Lord! ... Ach, Sie sind das, liebe Tante Margit! ... Oh, aber ja, hol dich der Teufel, du feiner Pinkel, aber das sagte ich nicht, weil ich mich nicht getraut habe, weil ich Angst hatte vor Ihnen, einem Kind!, ich hatte Angst vor einem Kind, können Sie das begreifen?«

Ich zuckte unbewegt mit den Achseln.

»Ich hatte immer Angst vor Ihnen ... am allermeisten hatte ich Angst vor Ihrem Vater ... Wie dieser wunderschön gewachsene Mensch aus seinem Arbeitszimmer kam, also da hab ich mir doch fast ins Hemd gemacht ... wie geht es Ihnen, Margitka?, fast ins Hemd gemacht hab ich mir ... Einmal hab ich aus Versehen das Teewasser verschüttet, und er kam gerade in die Küche und dachte, einer von Ihnen war's gewesen, und fragte, welches Rindvieh war das denn schon wieder? Und Sie haben natürlich gejohlt. Welches Rindvieh war das? Ich war das Rindvieh, sagte ich sofort, es ist besser, so was sofort einzugestehen. Woraufhin er sich zu räuspern anfing und sagte: Ach so, ja ... dann ... wie geht es Ihnen, Margitka? Ich höre es, als ob's gestern gewesen wäre: Ach so, ja ... dann ... wie geht es Ihnen, Margitka? Als ich Ihren Vater das erste Mal sah, hab ich gesehen, daß der so schön war, daß ich das nie, nie wieder werde vergessen können. Da bin ich erschrocken ... von diesem Nie ... So was hatt' ich bis dahin nicht gespürt ... Für so lange, wie nie ... daran hatt' ich bis dahin noch nicht gedacht ... Aber keine Angst, Sie sehen ihm kein bißchen ähnlich ... Ich hatte nur vor Ihrer Mutter keine Angst, vor meiner Lilike, weil, das war so eine liebe, gute Frau, Sie haben sie doch überhaupt nicht verdient ... eine Heilige ... Vor Ihnen hatte ich auch Angst.«

Sie sah mir stolz in die Augen. Es war das erste und letzte Mal, daß ich Stolz in ihr gesehen habe. Ich richtete mich auf, die hochherrschaftliche Bestie.

»Weil ich dachte, Sie wären auch ein Graf!« Sie winkte ab. »Sie wollten ja nicht mal meinen Kuchen haben.« Das stimmt nicht, dachte ich, aber ich sagte es just nicht. »Aber Sie waren immer schon so, hochmütig, klug, eitel, Sie wollten ja nicht einmal den Strudel, dabei ertrank er gradezu in Kirschen ...«

»Er ertrank? Wer denn? Der Strudel?«

»... und das Beigl wollte er auch nicht haben. Weder den Strudel noch das Beigl.«

»Mit Nüssen.« Ich begann zu träumen.

»Wem soll ich denn jetzt dienen?! Dabei hätt' ich gedient, ich hätte gedient bis zu meinem Tod.« Sie grinste breit. »Oder Ihrem ... Sie sind kein echter Graf. Ein echter Graf kümmert sich darum, daß ihm gedient wird ... Glauben Sie, ich seh nicht, daß Sie selbst dafür zu stolz sind ... Daß Sie Ihr eigener Diener sind! Glauben Sie etwa, das ist Demut? Für einen Grafen ist das keine Demut, ein anständiger Graf läßt seine Leute nicht so im Stich. Diener gibt es genug! Hier ist jeder ein Diener, die haben einen Diener aus jedermann gemacht, nur aus Ihrem Vater haben sie keinen gemacht, der steht auf einem Piedestal, an den sind die nicht rangekommen ... Die Leute sind verlassen, deswegen ist dieses Land so mies. Ein mieses Land.«

Das spuckte sie zum Ende hin, als würde es sich auf mich beziehen, als wäre ich dieses miese Land. Nie hatte sie bis dahin so geredet, so real. Wer hätte gedacht, daß Margitka eine reale Person ist? Und daß sie auch lieben kann. Gut, dann merke ich mir das jetzt, dachte ich. Sie stellte das Photo wieder auf den Tisch, und mit dieser Bewegung entließ sie mich gewissermaßen. Die hundertfünfzig Forint hatte ich vergessen. Sie aber nicht. Ich gab ihr zweihundert, sie nickte.

157

Anfangs dachte ich, hier würde mein Name auch nur zu Anekdoten taugen. In einer ungarischen Anekdote kann nichts Schlimmes passieren.

Einmal, während des politischen Unterrichts – Paradies des verbotenen Schlafs –, schreckte ich hoch, weil ich meinen Namen hörte, ich sprang auf und meldete mich vorschriftsmäßig, dabei ging es nur um den heldenhaften Tibor Szamuely, den 1919er Oberrevolutionär, der auf einem Esterházy-Gut unterm Joch ging, das hatte ich mißverstanden. Also der Dozent sagt:

»Esterházy-Gut.«

»Hier!« brüllte ich inbrünstig, in Habtacht.

Das hätte man auch als Provokation verstehen können, aber man betrachtete es, meinem unschuldigen, verschlafenen Gesichtchen entsprechend, lediglich als Blödheit. Auch sie waren auf meinen Namen nicht vorbereitet, nicht nur ich (nicht). Es ist nichts daraus geworden. Aus nichts wird nichts, dachte ich, nachdem aus nichts nichts wurde. Als dann aus etwas etwas wurde, mußte ich augenblicklich lernen: Wenn auch aus nichts nichts wird, kann dennoch, wann auch immer, aus was auch immer, etwas werden.

Als man irgendwo den Beruf der Eltern und Großeltern eintragen mußte, ist auch nichts daraus geworden. Grundbesitzer, gab ich an, aber man mußte es konkretisieren, wieviel Joch Grund, und ich sah dem Formular, der Rubrik an, daß der Platz nicht reichen würde, soviel Nullen passen da nicht rein. Dies teilte ich mit. Da schrien sie ein bißchen herum, dabei sagte ich es nur im guten.

Item: Das Reglement erlaubt im kleinen Schrank neben dem Bett die Unterbringung von zwei Stück Büchern. Aber die Majker Oma hatte entschieden, dies sei die beste Gelegenheit, das neunzehnte Jahrhundert durchzulesen, also schickte sie eine ganze Paperback-Reihe, an die zwanzig Bände, Stendhal, Balzac, Turgenjew, Flaubert, alles dabei, wie es sich gehört, und ich las sie auch der Reihe nach. (Irgendwann am Anfang der fünfziger Jahre kamen, wie es damals Sitte war, Kulturagitatoren zu Lóránt Basch. Als sie die Unmengen von Büchern sahen, seufzte einer der unglückseligen jungen Agitatoren, sind das viele schöne Bücher! Woraufhin der alte Mann, wütend: Und nehmen Sie zur Kenntnis, daß ich sie auch alle gelesen habe!)

Man kann auch zwanzig Bücher ordentlich unterbringen, nur eben nicht vorschriftsmäßig. Der Hauptmann traute seinen Augen nicht, als er bei einer Kontrolle diese kleine, aber intelligent gepflegte Arbeiterbibliothek entdeckte. Er bekam keine Luft. Um seine leichte Übelkeit zu lindern, packte er das Schränkchen am Hals wie eine Katze, ein kleines Kätzchen, und fing an, es zu schütteln und zu rütteln, und die Weltliteratur regnete nur so herunter, bis sich der Hauptmann schließlich beruhigte, Stendhal, Balzac, Turgenjew beruhigten ihn.

Er sah mich keuchend und irgendwie dankbar an. Er war ein geradliniger Mensch, er stellte uns keine hinterhältigen Fallen, aber wenn wir in eine hineintappten, bestrafte er uns; er brüllte viel herum, aber ein Hund, der bellt, beißt nicht. Jetzt flüsterte er meinen Namen fast schon liebevoll, während er die Augen schloß. Was mag er dabei gesehen haben? Er hauchte erneut meinen Namen.

»Esterházy. Merken. Sie sich. Das ist. Keine. Romanlesearmee.«

Ich grinste, merkte es mir, das ist keine Romanlesearmee. Tatsächlich nicht. Er gab mir irgendeine unerfüllbare Aufgabe, aber das Ausmaß der Züchtigung war berechenbar. Eine Bagatelle.

158

Es gab wenige Sachen, die ich so genoß wie die Selbstanzeige. Ich vertiefte mich exzessiv ins Genre: Ich war gerade dabei, mir mein Leben zu erfinden. Verantwortung verspürte ich keine, ich war von ästhetischen Gesichtspunkten geleitet, zynisch war ich nicht.

Mit Genuß zerpflückte ich mein Leben, zerlegte es in Stücke wie einen Lego-Bau oder eine Anziehpuppe, die Stücke wirbelte ich wild durch die Gegend, vergrößerte, verkleinerte sie, ließ sie verschwinden, tatsächlich Geschehenes vermischte ich mit Phantastereien, betrachtete die Vorstellung als Wirklichkeit, Tatsachen als erfunden und umgekehrt, ich plazierte ehrliche Geständnisse in bis ins Mark verlogene Rahmen und untermauerte die Flunkereien mit nachprüfbar stattgefundenen Ereignissen.

Ich fühlte mich fast so gut wie auf dem Fußballplatz. Fast. Ich hätte nicht sagen können, was anders daran war, und ich kümmerte mich auch nicht darum. Ich bemerkte inmitten des alltäglichen Übermuts, der seinen Höhepunkt in den stillen abendlichen Diktaten erreichte, auch nicht, daß mich Gyula mit wachsender Aversion, ja Grauen musterte.

Ich lief auf und ab, so wie in Filmen die Qualen des schöpferischen Tuns dargestellt werden, sinnierte, gestikulierte, zeterte: Ich schwelgte.

»Absatz, Engelchen. Und dann machte die Zielperson, Klammer auf, Gefreiter großes E Punkt, Klammer zu, nachdem er sein edles Antlitz, nein, Profil in die Strahlen der untergehenden Sonne getaucht hatte, nicht, daß du's hinschreibst, Blödmann!, also: eine dehonestierende, mach's ruhig in Latein, sollen sie sich ruhig ihre Birnen zermartern, eine dehonestierende Bemerkung über das sozialistische Verteidigungswesen als solches, und zwar ... Oder eher namentlich?«

»Und zwar.«

»Und zwar in der Form, daß er sagte, oben genanntes könne ihn mal kreuzweise.«

»Das reicht für heute«, murrte mein Partner mißmutig.

»So einfach ist das nicht, teurer Gyula. Die Abwehr ist selber schuld, wenn sie sich so mit uns angelegt hat. Keine Charité, neuer Absatz! Heute gelang es mir, eines Briefes habhaft zu werden ... Merkst du was, Gyulus?! Wann wärst du ohne mich schon je einer Sache *habhaft* geworden? Du hättest sie höchstens gefunden ... Weiter. Eines Briefes habhaft zu werden, den die Zielperson unter ihrem Kissen versteckt hielt ...«

Ich versteinerte und blickte meinen Kameraden enttäuscht an.

»Also wirklich, Gyula, du bist vielleicht ein hinterfotziger Schweinehund, daß du so zwischen meinen Sachen herumwühlst! Und ausgerechnet den Brief meines Vaters ...!«

»Halt die Klappe!« Der blonde Junge sprang drohend auf.

Aber da war ich, ein Entdecker, der gerade den Rausch des Schreibens entdeckte, nicht mehr zu bremsen. Ich diktierte, und wenn es mir gelungen war, sehr schöne Änderungen an der Welt herbeizuführen, kicherte ich laut drauflos. Ich verstrickte mich gerade in einen Vater, zwanglos in einen zwanglosen Vater, leichtsinnig in einen leichtsinnigen.

»Absatz. Mein lieber Junge, wir sind von demselben Blute, also halte ich es für wahrscheinlich, daß auch du die Fehler deines Vaters begehen wirst. Wenn es aber so kommt, bemühe auch du dich, den heiklen Lagen mit Anstand wieder zu entkommen, so wie auch ich das getan habe.« Und daß der liebe Junge im Falle eines eventuellen Krieges auf drei Sachen achten solle: auf die Befehle seiner Vorgesetzten, das Wohlergehen seiner Untergebenen und auf sein Pferd. Auf seine Feinde werden schon seine Befehlshaber aufpassen. »Und so weiter, dein dich liebender Vater. Dein dich liebender Vater, na, wie ist das, Engelchen?!«

Gyula starrte mich mit hervorquellenden Augen entsetzt an. Ich machte erschrocken einen Satz nach zurück. Was soll das?

»Von was für einem liebenden Vater laberst du, du Wichser?!« fauchte er und fing an, das Ergebnis unseres Tagwerks zu zerreißen. Er riß und zerrte an den Seiten. Ich werde ihn in diesen Dreck nicht mit hineinziehen, in diesen niederträchtigen und widerwärtigen Verrat, ich werde aus ihm keinen Scheißspitzel machen, er wisse ganz genau, daß es das ist, worauf dieses Durcheinander hinausläuft, und er sei kein Held, aber das nicht, damit wolle und könne er nicht weitermachen.

Er zerriß das Schreiben in fingernagelgroße Stückchen. Als hätte es geschneit, danach stand er mit leeren Händen da.

»Aber Gyula, Engelchen, wir spielen doch nur, oder?, wir spielen doch nur.« Ich flüsterte betreten.

»Rumspielen kannst du mit der stinkenden Fotze deiner Mutter!« brüllte er schäumend los und begann zu würgen.

159

Damals habe ich das erste Mal, seitdem er aus dem Land verschwunden war, wieder an Roberto gedacht, das erste Mal. Aber nur kurz. Es war vorbei, da gab's nichts daran zu grübeln.

Zwischen Januar 1957 und Juni 1963 hatten wir uns fast jeden Monat getroffen. Wenn er keine Zeit hatte, schickte er mir eine

Nachricht, aber da man zu Hause nichts davon wissen durfte, lief das ziemlich kompliziert ab. Beziehungsweise es lief überhaupt nicht kompliziert ab, der Schuldiener war der Vermittler. Er schrieb immer einen kurzen Brief von einigen wenigen Zeilen in einem kleinen rosaroten Kuvert, kleiner als üblich.

»Frauensache, Frauensache?!« Der Schuldiener nickte müde.

Eure Exzellenz, teurer Petar, so lautete die ständige Anrede. Ich mochte das, es brachte mich zum Grinsen.

»Mein Sohn, mach den Brief nicht vor mir auf.« Die Stimme des Verwalters hatte irgendwas an sich – keine Drohung, aber etwas Ähnliches. Abschreckung? Als ob es in seiner Macht gestanden hätte, eine Verwarnung auszusprechen.

Ich mochte die Briefe, obwohl sie das Ausbleiben des anstehenden Treffens bedeuteten und ich diese Treffen mochte. Ein bißchen so wie das Antworten in der Schule, wenn man den Stoff beherrscht. Ich freute mich also und fürchtete mich auch. Ich war aufgeregt. Es war ja auch aufregend, die Eltern zu hintergehen, regelmäßig, nicht nur gelegentlich, nicht affektiv. Ich sagte, ich würde zur Englischstunde gehen. Einmal grüßte mich mein Vater, how are you, aber bevor ich antworten (nach meinen Plänen: tenk juh, wäri wäll) und mich damit hätte enttarnen können, machte er mich sofort darauf aufmerksam, ich solle nicht antworten, nur lächeln. Ich lächelte nicht, er auch nicht.

Die Treffen mit Roberto hatten etwas Schwindelerregendes an sich. Als würde ich träumen. Oder als hätte man mir eins über den Kopf gezogen. Als hätte ich Kopfschmerzen. Ich hatte oft Kopfschmerzen. Auch das ist ein Erbe. Ich war damals sehr allein mit dieser Sache. Mit Kindern (Klassenkameraden, Geschwistern) gab es darüber nichts zu bereden. Mit meinem Vater war es nicht möglich, ich war nicht in der Lage, es zur Sprache zu bringen, und ich hätte jene furchtbaren Tage auch gar nicht heraufbeschwören wollen, ich wollte eher, daß er sie vergißt, als ob nichts gewesen wäre. Gar nichts. Auch ich selbst erinnerte ihn nur daran, deswegen versteckte ich mich auch vor ihm. Und Mami haßte Roberto so glühend heiß, daß sie es gar nicht geglaubt hätte, daß ich mich mit ihm treffe.

Also konnte ich über die Treffen mit ihm nur mit ihm selbst sprechen. So geht das. Aber das fand ich auch in Ordnung. In meinen Augen war er so ein richtiger Onkel. Ein Onkel kann fast alles, was ein Vater kann, er ist bloß angenehmer, weil man aus diesem Wissen nicht am laufenden Band Konsequenzen ziehen muß. Einen Vater kann man nie pur genießen; im Gegensatz zum Onkel, der ist dafür gemacht. Obwohl sie nur selten wichtig sein können, was ihren Genußwert etwas mindert.

Wir trafen uns immer an derselben Stelle, in einem Café in der Üllői-Straße gegenüber dem Kunstgewerbemuseum, draußen das Lamm, drinnen der Wolf, draußen die sechziger Jahre, drinnen wir. Wir trafen uns dort, weil wir nach dem ersten Gespräch oder Bericht ins Museum hinübergingen, und auch später des öfteren, Roberto konnte alles erledigen, wir gingen ins Lager und in die Werkstatt der Restauratoren, damit er mir der Reihe nach die dort aufbewahrten Familienschätze zeigen konnte. Flaschen, Teller, mit Medaillen und Agraffen verzierte Pokale, imposante Zierkrüge, Zierwaffen, Tischschmuck aus Straußenei und Silber, Becher mit Elfenbeinornamenten, »Kreuzuhren«, Rosenkränze aus Korallen- und Achatperlen, reliefgeschnitzte Elefantenstoßzähne. Was alles. Daß ich das sehen müsse.

Ich sah es. Ich spürte nichts.

Schließlich quälten mich da meist schon starke Kopfschmerzen. Müde war ich auch.

Im Café trank Roberto Cognac, feinen Lánchíd-Cognac, und wenn er sich zu mir beugte, spürte ich seinen Duft, Tabak, Cognac und Wärme: Es war gut, das einzuatmen. (Mein Vater wurde größtenteils kalt und sauer, wenn er trank. Das ist nicht gut.) Anfangs, die ersten zwei, drei Male, haben wir uns nur so unterhalten, ungebunden, ich erzählte frei, was uns in den vergangenen paar Wochen widerfahren war, und ich bemühte mich, insbesondere von meinem Vater ein möglichst detailliertes Bild zu zeichnen, später machte ich mir auch Notizen, damit ich ja kein noch so kleines Detail vergaß, das für Roberto vielleicht wichtig war, der ab und an Zwischenfragen stellte und sich manchmal auch was aufschrieb, er nahm sogar meine Zettel mit.

»Die lassen euch doch in Ruhe?«

Ich wußte, er meinte die Polizei, und sagte ja.

Ich traf mich gerne mit ihm, trotzdem entstand im Laufe der Zeit ein obskures schlechtes Gefühl in mir. Als würde ich ihm näherstehen als meinem Vater, das störte mich, und ich schlug vor, uns nicht mehr zu treffen. Oder seltener.

Er riß gereizt den Kopf hoch, dann senkte er ihn. Nach einer Weile seufzte er tief. Er legte seine Hand auf meine. Er freue sich ausgesprochen, daß ich so ehrlich zu ihm bin, Ehrlichkeit sei eine sehr wichtige Eigenschaft, ja Tugend, er möchte nur nebenbei bemerken, daß man nicht immer alles aussprechen muß, auch schweigen können ist wichtig, auch daran sollte ich mich später erinnern, aber Ehrlichkeit sei tatsächlich grundlegend in unserer Beziehung, das sei das Fundament, auf das gegenseitiger Respekt, Achtung sowie Liebe erst aufbauen könnten, und er wisse, daß ich manchmal gerade im Interesse unserer Treffen, das heißt im Interesse meines Vaters zu Hause lügen muß, und er könne sich vorstellen, wie sehr ich darunter leide (ich litt nicht, ich bemühte mich immer, mich mit dem Lügen *kurz* zu fassen, ich fabulierte nicht, ich tat kurz und nüchtern das, was getan werden mußte, damit ich in die Üllői-Straße gehen konnte), und er wisse das unbedingt zu schätzen, aber wir sollten doch bei der bisher bewährten Ordnung bleiben, er drückte meine Hand, sicher unbewußt, ziemlich stark auf die Tischplatte, es schmerzte, und ich solle mir nur vorstellen, wie unangenehm es *tatsächlich* wäre, wenn diese meine Aufzeichnungen meiner Mutter in die Hände fielen, wie *schwer* es wäre, die Situation zu erklären, denn diese Situation sei sehr kompliziert, nicht schwarz oder weiß, denn die Welt sei ein kompliziertes Zusammenspiel komplizierter Schattierungen, obwohl man es eher so sagen müßte, er strich über meine Handfläche, daß mein Vater derjenige ist, der kompliziert ist, seine Kompliziertheit hat überhaupt erst zu dieser Situation geführt, aber wir wollen gar nicht weiter darüber reden, er hoffe, ich habe verstanden, worum es ginge, er sei geradezu verblüfft, was für ein reifer kleiner Erwachsener ich in dieser kurzen Zeit geworden sei, langsam könnten wir, etwas übertrieben gesprochen, mit Cognacgläsern anstoßen, und er möchte, ermutigt durch diese Reife, noch soviel sagen, daß es in gewisser Weise schon zu spät sei, um einen Rückzieher zu machen, was geschehen ist, ist geschehen, man kann es nicht ungeschehen machen, die Geschichte sei kein Wunschkonzert, wo es heißt, so ein Pferdchen wollt ich nicht, und ich solle mich nicht grämen, gerade, daß ich mir die Frage gestellt habe, zeige, wie nahe ich meinem Vater stünde, und er hoffe selbstverständlich, auch ihm, aber das müsse man nicht hin und her wiegen, es ist geschehen, was geschehen mußte, und bedingt dadurch, daß die Fäden in seiner Hand zusammenlaufen und er ein Freund der Familie ist, wenn auch bei uns zu Hause darüber anders gedacht würde, die Geschehnisse verselbständigten sich nicht, es ist alles ... abgesichert, im Grunde, und was die Notizen anbelangt, solle ich ganz beruhigt sein, er habe lediglich die theoretische Möglichkeit erwähnt und versichere mir persönlich, daß sie nie, niemals in unbefugte Hände geraten werden.

Meine Hand war schon ganz zerknautscht. Mir kam die Angst in den Sinn, die mich am 5. November 1956 an der Gurgel gepackt hatte. Ich versuchte mich an sie zu erinnern, aber es wollte mir nicht so richtig gelingen. Ich fühlte mich in diesem Café wie auf einer Insel, wo es nur uns beide gab und im übertragenen Sinne meinen Vater, wenn ich wollte, war das ein Geheimnis, wenn ich wollte, Ehrlichkeit, das Festland war weit weg, und da das ausschließlich von mir selbst abhing, empfand ich keine Notwendigkeit, zu Hause von meinem Leben auf der Insel zu erzählen.

Im Hintergrund stand im Halbdunkeln der Piccolo, sein französisches Piqué leuchtete weiß, er beobachtete mich verstohlen, während seine Finger scheinbar Bestecke in weiße Servietten wickelten, warf er uns schiefe Blicke zu …

160

Ob ich wahnsinnig geworden sei, fragte Major Molnár, der von einer elementaren Müdigkeit erfaßt wurde, sooft er meinen Namen aussprechen mußte. Er schaffte es kaum, ihn bis zum Ende auszusprechen, irgendwie ging ihm die Puste aus, das Z säuselte nicht, das Á atmete nicht, das Y blitzte nicht, leises Ermatten, Gähnen, als wäre der männliche Zweig der Familie schon ausgestorben.

Er war politischer Offizier und Fußballfanatiker, Schutzengel aller Fußballspieler, ein kluger, zynischer Mensch. Mit uns ging er anständig um, aber es war Vorsicht angesagt bei ihm, er war nicht verläßlich, dafür um so eitler und rachsüchtiger.

Und was ich mir einbildc, wo ich denn sei. In der Schule vielleicht? In der literarischen Wichserei? Und er ist mir ein guter Freund und deswegen sagt er mir, wo ich bin. Ich bin in der Armee der Ungarischen Volksrepublik, verfickte Affenscheiße! Und, nicht wahr, ich denke doch, daß hier alle blöd sind.

»Was soll ich dazu sagen?«

»Was soll ich sagen, Genosse Major. Das hier ist die Armee, kein Fünfuhrtee.«

»Verstanden, Genosse Major.«

Plötzlich wechselte er die Tonlage, als hätten wir bis jetzt nur herumgeblödelt, und ab jetzt würde es ernst.

»Mach mir hier keine Faxen, Arschloch. Die wissen seit dem ersten Augenblick, daß du die Berichte schreibst.«

Mir wurde ganz schwindlig, so unerwartet traf mich das, so wenig hatte ich damit gerechnet. Nie zuvor hatte ich so deutlich das Gefühl, einen Fehler begangen zu haben, einen nicht wiedergutzumachenden Fehler. Der Fehler rollt einen vor sich her. Wie wenn man den Elfmeter vergibt, man hat den Ball schon abgeschossen, alles ist entschieden, es hat sich bloß noch nicht herausgestellt. Es bleibt nur das bittere und unnütze Flehen, es möge sich irgendwie selber wieder rückgängig machen. Autsch, gilt nicht, nicht böse sein, so hab' ich das nicht gemeint.

»Sie wissen alles über dich.«

»Aber wieso?« Ich rang nach Luft.

»Nicht wieso, sondern alles.«

Ich sah dieselbe Verachtung in seinen Augen wie damals bei Gyula, nur daß es dort auch Entsetzen gab und hier nur Langeweile. Meine eigenen Augen kann ich nicht sehen. Der Alkohol hatte das hübsche Gesicht des Majors schon etwas bearbeitet, eine leichte Knetenhaftigkeit deutete darauf hin, die Farbe und die Konsistenz. Plötzlich hatte ich das abscheuliche Gefühl, daß alles, was ich diesem Zufallsmenschen Gyula diktiert hatte, wahr ist. Wahr in dem mickrigen, flachen Sinne, daß es geschehen ist. Auf einmal wurde ich Teil von allem, Teil meiner eigenen Geschichte, die ich mir allabendlich kicherndenweise ausdachte, und der Geschichte des Landes, die was weiß ich wer sich ausgedacht hat. Viel Spaß war da nicht dabei.

ACHTES KAPITEL

161

In unserer Mutter wohnten unzählige Müdigkeiten und Unermüdlichkeiten. Aus ihr entsprangen unerwartete Kräfte. Die Mutter von vier Kindern zu sein, dafür reicht es nicht, soviel Kraft zu haben, wie da ist, man braucht ein wenig mehr. Und wenn man ein wenig mehr hat, braucht man wieder ein wenig mehr. Aus all dem läßt sich aber kaum Hoffnung oder Hoffnungslosigkeit folgern.

Die Kräfte unserer Mutter bewegten sich über eine breite Skala, da gab's alles, mädchenhafte Unberechenbarkeit, lachende Schwerelosigkeit, stumme Ausdauer, die Kraft als spielerischer Überfluß, als Disziplin, als die Verläßlichkeit des Ackerviehs unterm Joch. Später konnten wir dann auch sehen, daß auch die mütterliche Kraft nicht unendlich ist.

Den abendlichen Vorträgen meiner Mutter gingen keinerlei Vorbereitungen voraus, eigentlich noch nicht einmal der vorangegangene Vortrag, jeder war, als wäre er der erste, eine Premiere, unerwartet, verblüffend, rätselhaft und doch natürlich wie das Wunder, zwangsläufig, was aber aus nichts heraus folgte, besonders nicht aus dem Tag, dem selbigen Tag.

Es folgte aus unserer Mutter, und sie folgte, natürlich!, aus nichts.

Sie bereitete nichts vor, sie erklärte nicht, überredete nicht, arrangierte nicht – als betriebliche Publikumsorganisatorin wäre sie miserabel gewesen –, wenn die Zeit gekommen war, sagte sie Bescheid. Sie sagte allen der Reihe nach Bescheid, schwebte einzeln zu den Leuten hin, flüsterte ihnen etwas zu, einem nach dem anderen, zuerst den Hausleuten, Onkel Pista, Tante Rozi, Annu, dem kleinen Pista, und dann, tief Luft holend, ihrem Schwiegervater (da flüsterte sie nicht, sie blieb vor ihm stehen, nickte und sagte sehr leise: Papa, bitte ...), Tante Mia, bevor sie sehr krank wurde, der Urgroßmama und uns.

Sie flüsterte auch dem Papi was zu, aber irgendwie wohl was anderes als den anderen; strahlendes Männergesicht Anfang der fünfziger Jahre!

Sie flüsterte uns auch ins Ohr, wir sollten etwas zum Sitzen mitbringen, Stuhl, Stockerl, Hocker, Kissen, Bänkchen, Thronsessel, und uns da oder da hinsetzen. Alle befolgten die Anweisungen, keinem kam in den Sinn, sich zu widersetzen, das Haus gehorchte wortlos, sogar Großpapa, sein Gesicht war nur nicht vor Begeisterung gerötet, er sah sich Pfeife rauchend, mit stoischem Wohlwollen und trockener Aufmerksamkeit um.

Ein aufgeregter Umzug mit den Sitzgelegenheiten begann, ähnlich den späteren Fernsehabenden in den sechziger Jahren. Als das Publikum schließlich Platz genommen hatte – auch Rumoren war da, das dann erstarb – und es schön still wurde, fing Mami an: Entweder las sie vor, oder sie spielte Puppentheater. Auch wenn sie vorlas, hielt sie eine Puppe in der Hand, als würde die es sein, die vorliest. Was es war, weiß ich nicht mehr. Dickens, Conrad, Der kleine Prinz. Sie hielt die Vorstellungen nie an demselben Ort ab, mal war es bei uns im Zimmer, mal in der Küche, manchmal auch im Hof, am Hofende (neben dem Misthaufen). Wenn es bei uns war, nutzte sie Großpapas Trenndecke als Puppentheater. Ansonsten benutzte sie Onkel Pistas »Zellenläufer«. In der Zelle hatten zwei Meter und siebzig Zentimeter Raum zur Verfügung gestanden, um auf und ab zu spazieren, auf und ab, und der Alte, seine Beine, sein Körper, sein Herz, hatten sich auf diese Strecke eingestellt, und als er entlassen wurde, kaufte er sich einen Teppich (Mami meinte: einen gar nicht so entsetzlichen) von zwei Metern siebzig Länge und spazierte jeden Abend vor dem Schlafengehen eine halbe Stunde darauf auf und ab, auf und ab. Tante Rozi weinte.

Die Vorstellungen dauerten nie länger als dreißig Minuten, und am Ende lachten alle wie die Kinder, auch die Kinder.

162

Es war noch nicht Nacht, aber es wurde schon dunkel, blaue Stunde, 5. März 1953, das Publikum verstummte, Urgroßmama Schwarzenberg lebte nicht mehr, aber ich hatte immer noch Angst vor ihr. Oder hatte ich keine Angst? Wenn man nicht weiß, ob man Angst hatte oder nicht, dann hatte man Angst. Es wurde früher dunkel, der Himmel war von einer gedunsenen, schweren Schneewolke bedeckt, über dem Dorf lag unnatürliches Zwielicht, so wie man auf dem Theater mit Hilfe trickreicher Beleuchtung Dunkel herstellt.

Wir warteten auf den Schnee. Mami hatte es jetzt so eingerichtet, daß das Fenster die Bühne war. Sie sagte nichts, sie sah unbewegt hinaus in die Dämmerung, und als der Schnee in plötzlichen Flocken zu fallen begann, unerwartet, obwohl wir ihn erwartet hatten, neigte sie ihren Kopf mit betonter, also gespielter Bescheidenheit: ein Regisseur, der mit seinen Darstellern zufrieden ist. Der Schnee fiel auf zweierlei Weise, in der Nähe nach dieser Seite schräg, weiter weg nach der anderen, es entstanden Rhomben und vielleicht auch Tetraeder, die Luft bekam Dimensionen (drei). Die Flocken schmolzen sofort.

Wir waren zufrieden mit dem Schneesturm, dieser schönen, originellen und unbegreiflichen Leistung unserer Mutter.

Roberto machte irgendwie immer ein Fest aus sich, wenn er ankam, besser gesagt, hereinschneite, wurde es Sonntag. Er wurde von allen geliebt, schwer zu sagen, ob meine Mutter oder mein Vater ihn mehr liebte. Meine Mutter wurde richtig jung neben ihm, sie alberten herum wie die Kinder, sie waren wie Geschwister. Mein Vater war dafür eher wie ein alter Mann, er beobachtete, musterte seinen Freund mit Wohlgefallen. Vor anderen sprachen sie fast nie, sie zogen sich zurück, tuschelten.

Diesmal kam er mit dem Schneesturm. Er schneite, nein, platzte herein wie eine Bombe; dann, plötzlich, als würde er bremsen, hielt er sich am Türrahmen fest, sah sich um und sagte dann leise, spuckte es förmlich hin:

»Raus.«

Er war betrunken. Die Hausleute waren augenblicklich verschwunden. Der Schneefall hatte aufgehört, die Produktion meiner Mutter war zu Ende; diesmal lachte keiner.

»Verzeihung, Onkel Móric«, Roberto nickte meinem Großvater zu, der keine Betrunkenen leiden konnte und sich sofort und ohne ein Wort hinter seine Decke, in sein Appartement, zurückzog. Meine Eltern starrten ihren Freund verblüfft an. Er warf sich in Großvaters Fauteuil und fing an, beruhigend auf uns einzureden, als wären wir aus dem Schlaf aufgeschreckt, aber aus irgendeinem Grund besonders auf mich, Majoresko hier, Majoresko da, wie denn das werte Befinden sei, ob ich schon geruhte, über die Zukunft nachzusinnen, die sich so positiv gewendet habe, nun, da die politische Konstellation im Wandel. Und daß jetzt meine Zeit gekommen sei. Die Zeit des Majoreskos.

Woraus ich darauf schloß, daß ich ab jetzt noch häufiger in der Meierei angebunden sein werde, kann herumstrabanzen, soweit mich der Spagat läßt. Deswegen nahm ich die Todesnachricht Stalins eher mit zurückhaltender Begeisterung auf. Ich wußte nicht einmal, wer das war.

»Aus die Maus«, Roberto grinste und schloß die Augen. Davor zwinkerte er mir zu. »Unübersetzbares Wortspiel«, flüsterte er.

»Gott hab ihn selig, er war ein großer Schurke«, sagte meine

Mutter und nickte. Sie verstanden Robertos Aufregung nicht. Sie hörten nicht täglich Freies Europa, und sie warteten nicht auf die Amerikaner, sondern auf den Abend (täglich). Die Arbeit hatte sie unter sich begraben, der alltägliche Kampf. Von dort war Stalin nicht zu sehen.

»Diktaturen werden ausschließlich vom Tyrannen zusammengehalten, versteht endlich!« sagte Roberto und fuchtelte wild herum.

»Nichts für ungut«, lachte mein Vater.

163

Am schonungslosesten wurde ›*Mensch ärgere dich nicht*‹ von Tante Mia gespielt. Sie ließ nie Gnade walten, nie, kein einziges Mal; sie schlug das Schlagbare mit sichtlicher, heidnischer Freude, und zwar so, daß sie ihre Spielfigur vor der des Gegners ein, zwei Mal durch die Luft schwenkte, als würde sie noch überlegen, als gäbe es noch eine klitzekleine Hoffnung, und oh, in einem Kinde steckt viel Hoffnung!, und dann, mit einer zierlichen, schwingenden Bewegung, als würde sie klingeln, kickte sie erbarmungslos die Figur vom Feld, als hätte sie sie geköpft, wobei sie ihr Gesicht interessiert dem Spieler, dem Opfer zuwandte. Irgendwie gewann sie immer. Und dann sagte sie:
›*Mensch ärgere dich nicht.*‹ Und sie fügte noch hinzu: ›*Ärgere*‹ mit ›*Umlaut!*‹ Mein Bruder brach mehrmals in Tränen aus; als wäre das mit dem Umlaut zuviel gewesen.

Roberto stellte die Figuren auf, würfelte und marschierte dann kreuz und quer, aber immer so, daß er rote Spielfiguren hinauswarf.

»Hier ist das Rote, wo ist das Rote? Weg mit den Roten!« Er schlug à la Tante Mia auf die Roten ein. »Da habt ihr's! Raus mit euch! Ihr wart lange genug hier! Verpißt euch!«

Meine Eltern sahen ihm lachend zu.

»Wir auch, wir auch!«

Wir schlugen mit vereinten Kräften auf die Roten ein. Dieses ›*Mensch ärgere dich nicht*‹ ist dasselbe Spiel wie das, was wir auf ungarisch »Wer zuletzt lacht« nennen. Mein Vater stellte vernünftlerische Überlegungen darüber an, wie aufschlußreich doch die jeweilige Bezeichnung sei. Der Westen, der ewige Sieger, kann sich erlauben, die Situation aus der Perspektive des Verlierers zu betrachten und ihn, den Verlierer, mit gelassener Großzügigkeit zu trösten, ›*ärgere dich nicht*‹, mein Alter, don't worry, ist nur ein Spiel, und überhaupt, einmal top, einmal Flop, diesmal hast du zwar verloren, aber das nächste Mal gewinnst du wieder. Beim ungarischen Satz sind weder Richtung noch Position klar. Als wäre es nur eine unschuldige Interessensbekundung, ein prinzipielles Sich-orientieren-wollen, wer denn wohl zuletzt lache. Aber nein. Es ist ein Verlierer-Satz, da man ein Verlierer ist, setzt man seine Hoffnungen in die Zukunft, es ist, was ist, passiere, was wolle, aber am Ende werde ich derjenige sein, der lacht, ich werde alle auslachen, und das allein zählt, wer zuletzt lacht.

»Mattilein, Sie reden heute aber viel«, sagte Mami betrübt.

Roberto fing lauthals zu lachen an.

»Lacht!« rief er. »Siehst du, mein Alter, man lacht! Und wer lacht am Ende?« Er rollte die roten Figuren verächtlich hin und her. »Ich! Wir! Wir werden lachen, mein Alter, nicht diese schmutzige Horde.«

Mein Vater verfiel, getreu seiner (schlechten) Angewohnheit, ins Grübeln.

»Wieso? Ist es jetzt zu Ende?«

164

Zweieinhalb Jahre später, im Oktober '56, gab es ein kleines Ende, so richtig gelacht hat keiner (beziehungsweise am Ende des Endes lachten »die«), aber die roten Spielfiguren stürzten tatsächlich so, wie Roberto es damals gezeigt hatte. Damals wohnten wir schon, schon und noch, in Csobánka; die Ausgesiedelten durften nämlich ihren Wohnort frei wählen (die Schollenpflicht der Leibeigenen wurde bereits im vergangenen Jahrhundert aufgehoben), Budapest war allerdings nicht wählbar, denn dafür konnten sie keine polizeiliche Meldung vorweisen, da sie ja bekanntlich ausgesiedelt worden waren, das heißt, wenn es das Problem nicht gäbe, wäre das Problem ohne jede Schwierigkeit lösbar.

Als wir im Mai 1954 diese ewig dunkle Souterrainwohnung betraten, in der meine Mutter dann einen Weidling an die Wände stellen mußte, der sich bis zum Abend mit Wasser füllte – daran, an den *vollen* Weidling, dachte ich richtiggehend mit Stolz, es war etwas, das das Ausmaß des Leidens, des Elends greifbar machte –, wartete Mami schon auf uns, wir standen in der Tür, unser Vater in der Mitte, wir zu beiden Seiten seine Hand haltend, und das Zimmer war wie im Märchen über und über voll mit Spielzeug, in der Mitte thronte ein (zerschlissener!) Brummbär, daneben ein gepunkteter Gummiball und, was sich später als das allerbeste Spielzeug herausstellte, eine aus leeren (gelben dänischen) Sardinenbüchsen mit einer Angelschnur zusammengefädelte Eisenbahn, die wir dann durch Sand oder Sägespäne zogen, wodurch gleich auch Schienen entstanden, an die man sich dann schicklicherweise auch zu halten hatte (Freiheit und Gebundenheit: sehr aufregend!).

All das, gepaart mit den feierlichen Gesichtern der Eltern, sagte uns, es ist Weihnachten. Daß es warm war, hätte uns nicht weiter gestört, aber wo war der Baum, der Weihnachtsbaum?

Unsere Mutter war gerade mit dem Waschen fertig, sie hatte die Kleider auf die Fichte vor dem Haus gehängt, bunte Hemden, Unterhosen, rot, blau, gelb, weiß, plötzlich zeigte sie darauf, dort, dort ist der Baum, der ist es!

Mein Bruder und ich sahen uns an. Ich machte den Wortführer: »Dann bitte soll die Frau Mutter dem Christkind sagen, daß es den Weihnachtsbaum auch ordentlich ins Zimmer hätte stellen können, wo er hingehört.«

Aber wie schön groß der doch ist.

Das ist richtig, trotzdem, hätte mal das Christkind das rechtzeitig *durchdacht.*

Aber wir hätten noch nie so einen großen Weihnachtsbaum gehabt.

Das ist richtig, trotzdem verstehen wir nicht, was diese *Halbherzigkeit* von seiten des Christkinds soll.

An dieser Stelle schlug unser Vater mit einer Wucht auf den Tisch, daß die Gläser und Bestecke noch lange danach zitterten. Er war fünfunddreißig Jahre alt, er fand sich an seines Lebenswegs Mitte in einem dunklen Wald.

165

Vorher war er bei der LPG Roter Stern in Békásmegyer für eine Saison als Anteilsmelonengärtner beschäftigt. Dort hatten wir jene märchenhaften Erdhütten gesehen! Selbst in der unerträglichsten Hitze noch angenehm kühl. Als hätten sie die Männer im Spiel gebaut, eine Art Sandburg, nur noch besser, weil man reinkriechen konnte. Pali Nagy, mit dem mein Vater ein Arbeitspaar bildete, war »der böser Geist unseres Vaters«. Wie Bogyica gerne zu sagen pflegte: Sie süffelten, was das Zeug hielt. Süffeln, ich haßte das Wort. Der Onkel Pali machte ständig Witze. Und er hatte einen großen, glänzenden Goldzahn im Mund.

»Der ist voller Gold!«

Daß er gleich alt wie der Papi sein sollte, glaubten wir nicht so richtig, man sah ihm an, daß er viel älter war. Auch er verströmte immer so einen guten Pálinkageruch.

Nach der Melonenzüchterei wurde mein Vater Hilfsarbeiter bei der Budapester Straßenmeisterei. Ein Straßenwart! Dieses Wort liebten wir allerdings sehr, wir prahlten damit, wo wir nur konnten: Straßenwart! Unser Vater ist nicht irgendwer, er ist Straßenwart! Ein Straßenwart ist nicht etwa einer, der an der Straße wartet wie bestellt und nicht abgeholt, sondern so was wie ein Cowboy, er spaziert frei durch die Welt, über die Straßen, und paßt auf, daß sie in Ordnung sind, als wäre die Straße ein Pferd, mal Ackergaul, mal Vollblutaraber, Klickklack, von Zeit zu Zeit tätschelte er sie am Hals, brav, Ráró, gutes Pferdchen! Die Straße nach Pomáz hat unser Vater gebaut und den Zubringer nach Csobánka auch! Oder nicht gebaut, aber eben gewartet, sie hübsch aufgemotzt, die Modderlöcher durch Asphalt ersetzt, den Seitenstreifen zurechtgestutzt, die Gräben gejätet, alles in Ordnung gebracht, wie es sich gehört.

Manchmal, wenn er in der Nähe arbeitete, paßten wir ihn mit meinem Bruder (unerlaubt) ab. Wir waren so stolz auf ihn, wie er halbnackt den Asphalt glättete, über seinen Körper krochen dunkle Schmutzstreifen, von Zeit zu Zeit brüllte jemand neben ihm los, *Graf, verdammte Scheiße, versau's nicht schon wieder!*, sein Rücken, sein Kreuz glänzten vor Schweiß, ebenso seine Stirn, er wischte sich mit dem Unterarm drüber, richtete seine Brille, ein halbnackter Professor, die Klugheit war ihm anzusehen und die Kraft, Klugheit und Kraft, wie bei den Griechen, über die uns Mami vorgelesen hatte, denn von selber wollten wir nicht lesen, denn, wie wir sagten, wollen auch wir Straßenwart werden, genau wie der Papi, und wir werden nicht lesen, wir werden höchstens eine Brille haben wegen der Klugheit, der *listenreiche Odys-*

seus, wir haben es gehört, aber in erster Linie wollen wir bituminieren, worauf sie in Tränen ausbrach, offenbar hatte sie etwas mißverstanden, dafür lachten wir, das glich sich dann aus.

Als wir Kinder waren, sahen wir häufig Erwachsene weinen.

Es kam vor, daß er am Abend nicht nach Hause kam, weil sie weiter weg zu tun hatten, oder weil man »keinen Lkw dispatcht hat«, um die Arbeiter nach Hause zu bringen, in so einem Fall schlief er eben im Wohnwagen. Der Wohnwagen war für uns nicht so aufregend wie die Erdhütte, andererseits bewegte er sich. Ein rollendes Zimmer!

(Ich habe einen wunderbaren Zettel, eine halbierte A4-Seite mit französischem Karo aus dem Jahre 1952, statt einer Unterschrift mit einem Stempel der »Straßenmeisterei Székesfehérvár, Bauleitung Brückenbau Környe« versehen. Der Brief ist mit Bleistift geschrieben. An Móric Esterházy, Majkpuszta, Schloß. »Für den Bau der Majkpusztaer Brücke benötigen wir ein bis zwei Nachtwächter, möglichst jemanden, der in der Nähe wohnt. Sofern Sie diese Arbeit annehmen wollen, melden Sie sich beim Maurer-Gruppenleiter an Ort und Stelle. Arbeitszeit ca. 12 Stunden täglich, für einen Zeitraum von ca. vier Wochen, Stundenlohn um die 2 Forint. Während des Dienstes müßte man sich in einer Baracke auf der Baustelle aufhalten; Heizen ist erlaubt. Erbitten Antwort.«

Gibt es jemanden, der sich so einen Brief, sagen wir: 1917 hätte vorstellen können? Kein noch so kommunistisches, noch so böswilliges Gehirn hätte sich soweit vorgewagt. Guillotine, das ja, aber Nachtwächter?)

Das Gute daran, wenn er nicht kam, war, daß wir darauf warteten, daß er kam, wann er denn endlich kam, und als es dann soweit war, freuten wir uns, und Mami freute sich noch extra (später freute sie sich nicht mehr, sie wartete nur noch, und wenn Papi angekommen war, wartete sie immer noch weiter, und auch wir übernahmen dieses Warten und wußten nicht mehr, wann wir uns freuten), alle freuten sich, nur die Zwillinge nicht, die waren zu klein, um sich zu freuen.

Wickelkinder sind überhaupt nicht wie kleine Tiere, denn die können sehr wohl traurig oder fröhlich sein, ein Hund oder eine Ziege, Professor Rauschebart, wir haben versucht, ihn zu melken, aber es ging nicht, oder er ließ sich nicht, hielt die Milch zurück, Wickelkinder sind eher wie Pflanzen, obwohl die Zwillinge nichtsdestotrotz viel schrien, weil ihnen das Ohr häufig weh tat, ihr Mittelohrschmerz. Sie hatten immer die gleiche Krankheit, wenn Erkältung, dann Erkältung, wenn dieses Mittelohr, dann das. So sind Zwillinge. Beim Grenadiermarsch werden wir dann schon sehen, ob sie da auch gleich liegen. Oder was uns angeht. Aber was werden sie miteinander anfangen? Denn falls sie sich lieben, werden sie sich wohl immer mehr lieben, bis sie schließlich miteinander verschmelzen wie manche Sterne, Kulin-Róka: Himmelskunde für Anfänger!, und falls sie sich hassen, die eine die andere, die andere zurück, die eine noch mehr, werden sie sich am Ende vernichten. Aus alldem wurde nichts.

166

Wir waren oft krank, ich noch am wenigsten, am häufigsten die Zwillinge. Als ob sie sich alles hätten teilen müssen, auch die Lebenskraft. Einmal mußte mein Bruder nach Pest reingeschmuggelt werden, in die Klinik zum Szlávik, denn er hatte Keuchhusten bekommen, und das überstieg die Möglichkeiten des ortsansässigen Arztes. Er konnte nicht feststellen, daß der Keuchhusten Keuchhusten war.

Bogyica übernahm das Schmuggeln (das hatte sich schon in Hort bewährt). Sie setzten sich in den Bus, und als die Polizeikontrolle kam, gab Bogyica hübsch ihren Ausweis hin, in dem ein

Kind eingetragen war, unser Cousin; der Polizist musterte Bogyica von Kopf bis Fuß, ebenso meinen Bruder.

»Das ist also Ihr Sohn?«

Bogyikó seufzte ein Ja und lächelte wie eine Schauspielerin, wenn sie spielt, daß sie lächelt wie eine Schauspielerin. Der Polizist klappte den Ausweis zu, schwenkte ihn, wedelte damit, Bogyikó wußte sofort, daß sie aufgeflogen war, ihr Sohn war sechs Jahre älter als mein Bruder, sie stellte sofort das doppelbödige Lächeln ein, sie hatte auch vorher Angst, aber jetzt konnte man es ihr auch ansehen. Woraufhin der Polizist, als wäre er vor der Angst dieser sehr schönen Frau erschrocken, schnell sagte:

»*Gemäß* seines Alters ist das Kind aber ziemlich klein.«

»Es ist krank«, sagte Bogyikó feindselig.

»Na dann beeilen Sie sich ma' zu dem Arzt.« Er gab ihr den Ausweis wieder, doch meine Tante griff schneller hin, wollte ihn nehmen, der Polizist hatte aber noch nicht losgelassen, wodurch es so aussah, als würden sie darum rangeln.

»Verzeihung«, sagte der Mann freundlich.

»Bitte«, antwortete Bogyica so kalt, daß Eisblumen auf dem Fenster wuchsen. Sie wollte es nicht, aber diese Angst, rauf und runter, sie kannte sich mit sich selber nicht mehr aus, sie antwortete reflexartig, und dann geriet es so arrogant, so hochnäsig. »Bitte.« Sie sah über den Kopf des eingemummelten Kindes hinweg durchs Fenster, soweit das durch die Eisblumen eben möglich war.

»Scheiße«, murrte der Polizist laut und dachte daran, man hätte sie doch aussteigen lassen sollen, dieses herausgeputzte Püppchen mit ihrer Mischpoke, so wie es Vorschrift ist, was muß man mit jedem kleinen Wehwehchen gleich nach Pest baronisieren, der Arzt hier ist genausogut, jeder geht zu dem, aber er sagte nichts, er stieg aus, auch er kannte sich mit sich selber nicht mehr aus.

167

Häufig wurden wir von einem Motorradgespann mit zwei *netten* Männern drin (drauf) besucht, dem Onkel Jägersanyi und dem Kozákmichi, der, obwohl noch jung, völlig kahl war, beide waren nach dem Krieg Mamis Kollegen in der Druckerei gewesen.

Zum Haus gehörte ein riesiger Garten, ein richtiger Park, unterhalb der Gärten floß sogar ein kleiner Bach. Wir wohnten zwar im Souterrain, aber wir durften den ganzen Garten benutzen, als hätte er uns gehört. Wenn die BMW kam, spazierten wir alle zum Bach hinunter, auf die Wiese, und breiteten eine Decke aus, die BMW hatte Brathähnchen und Wein mitgebracht, Picknick!, wie zur Maifeier!

Eine Maifeier, und das im Oktober. Die Erwachsenen tranken Wein, wir Limonade. Aber wir durften mit anstoßen. Dann wurde Speck gebraten, Papis wurde (immer) am schönsten, dabei hatte er unseren genauso eingeschnitten, trotzdem ging er nicht so auf wie bei ihm, wie eine sich streckende Krone. Ständig wurden wir belehrt, von wegen nicht in die Flamme, sondern ausschließlich über die Glut. Unverständig wie wir eben waren, hielten wir uns nicht an den guten Rat. Mami rauchte, blies den Rauch wie im Akkord, und die Kozákmichis machten ihr den Hof.

Ich glaube, da waren unsere Eltern noch jung. Am Abend nicht mehr.

Die Zwillinge bekamen in Milch gekochte Zwiebeln, das hatte Mami noch von der Rozi Tant' gelernt, die Zwiebel halbieren und mit etwas Butter in die kochende Milch geben, mit Pfeffer bestreuen, hilft bei jeder Krankheit. Ich versuchte es den Zwillingen einzuflößen, aber sie wollten nicht so richtig. Wir spielten gern mit ihnen, sie bewegten sich, gaben Laute von sich. Aber Mami ging immer gleich dazwischen, wir sollen nicht an ihnen rumfummeln, ist doch kein Spielzeug. Dabei haben wir genau gesehen, daß Papi und sie ständig mit ihnen spielten.

Aber jetzt spielten die Erwachsenen miteinander, hörten einander zu, lauschten dem Plätschern des Bachs, sie waren in ihrer Freundschaft versunken. (Ein-, zweimal erschien auch Roberto, aber er kam mit den Jägersanyis nicht klar. Was vor allem Mami leid tat.) Ich merkte, daß der eine Zwilling sich anders verhielt als der andere, der eine verhielt sich nämlich gar nicht.

»Hat sie noch Fieber?« fragte Mami lachend, als ob ich gar nicht ich wäre, sondern der Arzt.

»Na ja, sie ist sehr still und auch ein bißchen kalt.«

Noch einmal traute ich es mich nicht zu sagen. Ich wurde von einem feierlichen Gefühl erfaßt, es war das erste Mal, daß ich einen Toten aus der Nähe sah. Das Entsetzen in meiner Stimme kam erst Minuten später bei meiner Mutter an. Sie schrie auf, sprang zum Kind, preßte es an sich, küßte es unwillkürlich, küßte es immer wieder und rannte los, hinauf zum Haus.

»Nein! nein! nein!« schrie sie.

Am Haus angekommen blieb sie nicht stehen, sie lief weiter. Wir standen rechts und links neben Papi und hielten, wie wir es gewohnt waren, seine starke, warme Hand. Alle standen versteinert da. Dann stürzten die beiden Freunde los, meiner Mutter hinterher, sprangen auf die BMW wie auf ein Pferd, schwankten über den Gartenweg und verschwanden vor unseren Augen.

»Lilike! Lilike!« riefen sie vom Motorrad aus, aber meine Mutter sah und hörte nichts, sie schrie aus Leibeskräften, preßte den einen Zwilling an sich und lief durchs Dorf. Alle dachten, sie ist verrückt geworden. Der Arzt öffnete zuerst gar nicht die Tür, denn er wiederum dachte, die Revolutionäre würden ihn suchen, da sein Sohn bei der Ávó war, und vergeblich wiederholte er, er sei bei der grünen Ávó, den Grenzhütern, Ávó ist Ávó.

»Der Exitus ist eingetreten«, sagte er mit ungerührter Stimme.

Meine Mutter sprang ihn an, packte ihn am Schlafittchen wie ein Mann und begann ihn zu schütteln und zu würgen.

»Du mieses Ávó-Schwein, du niederträchtiges Miststück, Sie machen sie sofort gesund!«

Die Freunde hielten sie fest, sie hatten, obwohl zu zweit, Mühe, sie zurückzuhalten.

»Halten Sie sie fest«, keuchte der Arzt in Panik und gab ihr eine Beruhigungsspritze.

168

Ich versuchte unseren Vater zu trösten.

»Dann hat jetzt nur noch der eine Zwilling Mittelohr*schmalz*-entzündung.«

»Du!« fuhr unser Vater auf, aber dann schlug er doch nicht zu. Er sah mich angeekelt an. In dieser großen Not verwirrten sich unsere Gefühle.

»Ohr*schmerz*«, assistierte mein Bruder, den alle liebten, weil er so schön war.

In der Nacht wurden wir vom Schluchzen unseres Vaters geweckt. Er saß vor dem leeren Kinderbettchen auf dem Boden, halb auf dem Bett liegend, als würde er es mit seinem Körper bedecken, unter sich begraben, und er wurde von Weinen geschüttelt. Er hatte die Brille abgesetzt, sein Gesicht war fremd und leer und matschig von den Tränen, als wäre schmutziger Schnee darauf geschmolzen. Er schluchzte, hickste (wie wenn er trank). Er wehklagte, küßte den Holzrahmen ab, *jajjajjaj*, er preßte seine Stirn ans Gitter, seine Hand oben hing ohnmächtig herunter wie ein gebrochener Flügel. Die Gitterstäbe hinterließen Spuren auf seiner Stirn.

»Mein teures Kleines, mein kleines Juwel, meine süße Kleine.« Es war eine Qual zuzuhören.

Unsere Mutter lag stumm auf ihrem Bett. Auch das zu hören war eine Qual.

Mein Bruder und ich schliefen sonst Kopf bei Fuß im weißen Eisenbett, diesmal lagen wir nebeneinander. Er streichelte mich.

»Siehst du«, zeigte er auf unseren Vater, »wie sehr er uns liebt… Wenn wir sterben, wird er auch so schön weinen.«

Wir schliefen in der Umarmung ein.

»Sie ist sehr still und ein bißchen kalt«, murmelte ich im Halbschlaf.

In der Familie wurde nie wieder vom anderen Zwilling gesprochen, von den Zwillingen, weder direkt noch indirekt, nie.

169

Weißer Sarg; während Mami und Papi auf dem Begräbnis waren, paßte Tante Irmi auf uns auf. Die noch schöner als Bogyica war, was wir uns gar nicht vorstellen konnten. Sie war in Graz geboren und sprach mit einem leichten deutschen Akzent. Auch sie hatte man ausgesiedelt, da ihr zweiter Mann, der Onkel Józsi Prónay, mit dem Prónay von jenem gewissen Kommando verwandt war, das 1920 das Land abgegrast und die Kommunisten gehängt hatte oder die, denen man nachsagte, daß sie Kommunisten sind, oder von denen angenommen wurde, daß sie Kommunisten sind oder es ihnen nachgesagt werden könnte.

Und ihr erster Mann war kein Geringerer als Außenminister István Csáky. Auch uns erzählte sie die Tragödie mehrmals, unter der Bedingung, daß wir schweigen wie ein Grab.

»Still, meine Söhnchen, wie die Totengräber, *›also wie gesagt‹*.« Sie legte einen Finger an ihre Lippen, Lippen, die sie (schon damals!) mit braunem Lippenstift färbte.

Als sie nach Unterzeichnung des Jugoslawienabkommens gemeinsam aus Berchtesgaden, von Hitler, wiederkamen, wurde im

Salonwagen von Kellnern mit weißen Handschuhen Fisch serviert. Aber Irmilein mochte keinen Fisch. Das hatte sie gerettet.

»Als Ministergattin konnte ich mir schon erlauben, wählerisch zu sein«, sagte sie uns als Ermahnung und Erklärung. Uns war auf der Stelle klar, daß wir als Ministergattin enden wollten.

Mit Papi unterhielt sie sich immer auf deutsch. Sie weinte, wenn sie von ihrem ersten Mann sprach, sie lächelte unter Tränen und sprach ziemlich viel von ihm. Onkel Józsi saß jedesmal nach vorne gebeugt da und spitzte die Ohren, als würde er alles zum ersten Mal hören; er war gespannt, vielleicht kommt ja der unglückliche Csáky doch einmal davon. Aber er kam nicht davon. Denn einer der Kellner war ein Mann der Gestapo und hatte zermahlenes Glas ins Aspik (sprich: Áchspieck) gemischt. Man hatte diese komplizierte Weise der Beseitigung gewählt, weil dadurch Nierenbluten verursacht wird, und den Grund dafür kann man so nicht nachweisen, so daß der arme Csáky zwei Wochen später »eines natürlichen Todes« im Spital starb. (Hitler mochte diese Verbrüderung mit Jugoslawien ganz und gar nicht ...) Wir schwiegen wie ein Grab (Totengräber).

Ihr Kaffee war ebenfalls berühmt wie der von der Bogyica. Wir gingen zum Kaffeetrinken zu ihnen auf den Berg hinauf. Große Zeremonie, als wäre Zauberei im Gange. Ich trank als voll(milch)berechtigter Teilnehmer Milchkaffee, und zwar dank der frisch gemolkenen, lauwarmen, manchmal sahnefeinen Milch, die man von der Tante Mariska gebracht hatte.

Aber auch die Erwachsenen tranken eine Melange. Eine Mischung aus mittelstarkem, aber sehr schmackhaftem Bohnenkaffee, der in zwei ineinandergefügten Kolben aufgekocht wurde, sowie Zichorie (rote Tüte) und Frank-Kaffee. (Eine kleine, in gelbes Papier gewickelte Stange? Die sich aus gepreßten Pastillen zusammensetzte? Im Mahlgut blitzte hier und dort gelb der Haferbruch auf. Oder umgekehrt? Waren diese Pastillen die Zichorie?)

Unter dem unteren, runden Kolben brannte eine Spiritusflamme. Hier war das Wasser. Wenn es aufgekocht war, stieg es hoch in den oberen, kelchförmigen Kolben, der sich mit einem Rohr in den anderen einfügte, und durchdrang den aufs Filterblatt gestreuten gemahlenen Röstkaffee – Mahlen, Röstung: zu Hause: Onkel Józsi –, dann wurde die Flamme weggenommen und die abkühlende Flüssigkeit lief, diesmal schwarzbraun, wieder zurück. Dies wurde noch zweimal wiederholt. Das Glasrohr hatte am Fuß eine Korkumfassung, die als Pfropfen in der Öffnung des unteren Kolbens steckte. Der obere, kelchförmige Kolben war offen.

Als das Werk fertig war, seufzte Irmike wie folgt:

»In meinem Leben sind die Minuten des Kaffeetrinkens die ruhigen Minuten.«

Und Onkel Józsi sagte wie eine Verszeile hinterher:

»Minuten der Entspannung und der Kontemplation.«

Worauf Irmike sich die Hand vor den Mund schlug.

»Jesusmaria! Da will doch nicht etwa einer die Wahrheit sagen? *›Gehört sich nicht!‹*«

Zu Hause äfften meine Eltern sie lachend nach.

»Die-hi Minu-huten der Ko-hon-t-hemplation!« Und Papi sagte, sich selbst karikierend:

»Der Kaffa, allerdings, der ist erstklassig! Grand cru!«

Einmal explodierte die Teufelsmaschine. Ein Riesenknall, nichts Schlimmes, es war bloß alles voller braun-schwarzer Spritzer. Die Erwachsenen kicherten, keiner traute es sich auszusprechen, daß es wie Scheiße aussah. Wie Scheiße im Ventilator. Also sprachen auch wir es nicht aus. Als Onkel Józsi irgendwann in den Sechzigern starb, wanderte Tante Irmi aus, sie kam in ein Altersheim in Graz. Sie ließ Unmengen altdeutscher Bücher bei uns zurück, mit Csáky Ex libris.

»›Gehört sich nicht!‹« klingt es in meinem Ohr.

170

Das Dorf reagierte langsamer, träger auf die Revolution, die Rache aber bekam es hinterher genauso ab, als hätte es mit wehenden, in der Mitte durchlöcherten Fahnen trunken gefeiert, worauf es beklommen gewartet hatte. Obwohl es sein kann, daß mehr passiert war, nur wir haben es nicht gemerkt. Im Lebenslauf meines Vaters, datiert vom 9. Februar 1959, steht folgendes: »Bezüglich meines Verhaltens während der Konterrevolution wurde ich durch die Behörden wiederholt verhört, es wurde nichts Beanstandungswürdiges festgestellt.«

Nichts Beanstandungswürdiges festgestellt. Wiederholt. Arschlöcher.

Sie verließen die Wohnung nicht, meine Mutter heulte, wußte plötzlich nicht einmal mehr, wo sie war, mein Vater hing am Radio. Die Jägersanyi platzten herein, trösteten unaufmerksam meine Mutter und agitierten aufgeregt meinen Vater, er solle kommen, gehen, teilnehmen an der Gestaltung des Schicksals des Landes, welches Schicksal sich gerade jetzt entscheide.

Mein Vater hatte die Antwort offensichtlich schon parat, nein, im Gegenteil, er müsse daran überhaupt nicht teilnehmen, er dürfe es gar nicht, es sei nicht so, daß er nicht vollkommen einverstanden wäre, das zu sagen wäre nicht genug, nein, das sei auch seine Revolution, das Wunderbare, eine Weltsensation daran sei aber gerade, daß ausgerechnet jene rebellierten, in deren Namen der ganze Horror der letzten Jahre verübt wurde, das Volk, und obwohl er zum jetzigen Zeitpunkt ebenfalls zum Volk geworden sei, wenn man ihn auch nicht gefragt habe, ob er wolle oder nicht, auch in diesem Moment sei er das Volk, er sei ab jetzt für immer das Volk, ein Sohn des Volkes, wenn man so wolle (Großpapa zum Beispiel wurde nie ein Sohn des Volkes, er hätte es, selbst wenn er gewollt hätte, nicht sein können, aber er wollte ja gar nicht), wenn er diesem Umstand aber Geltung verschaffen und an der Revolution des Volkes teilnehmen würde, würde er sofort wieder zu einem Grafen werden, zu einem Aristokraten, zur verkrachten Herrscherklasse und würde einen Schatten über die große Sache werfen, auch Mindszenty täte besser daran, nichts weiter zu tun als für die Revolution zu beten, er täte besser daran, sich am Himmel droben zu orientieren.

Die Sanyionkels hörten sich – ungeduldig – die Analyse zu Ende an, umarmten männlich meinen Vater und meine Mutter, und rasten auf der BMW davon. Wo sie wohl gelandet sind?

Im übrigen stand auch vor unserem Haus schon der emblematische Rotkreuzlaster. Mein Vater blickte nicht einmal hoch, als er den Fahrer wieder wegschickte. Erst danach sagte er die Worte, die wir später bei Fußballspielen nach dem einen oder anderen schlechten Paß so oft von der Tribüne haben gellen gehört: Wem? Wohin? Wozu? Mit einer kleinen Änderung sagte er an jenem gleichgültigen Novembermorgen dasselbe, nur diesmal leise:

»Wofür. Wohin. Wozu.«

171

Das eine oder andere war wohl auch im Dorf passiert, in der Schule zumindest änderte sich von einem Tag auf den anderen das Benotungssystem, drehte sich um, die Eins wurde zur besten Note, das heißt zur Fünf, so wie es vor dem Krieg war. Die Lehrerin schrieb es an die Tafel: 1 sehr gut, 2 gut, 3 mittelmäßig (das Mittelmäßige hatte sich also nicht geändert! Das Mittelmäßige ist immer gleich, mittelmäßig nämlich), 4 genügend, 5 ungenügend.

Vergebens, eine ungenügende 5!, darüber konnten wir doch nur lachen. Wir lachten auch über mich, ha, ha, ein Fünferschüler!, und sie zeigten mit Fingern auf mich, dabei war ich da schon seit zwei Minuten ein Einserschüler, sie hätten bloß zur Tafel schauen müssen, und sie schauten auch hin, aber sie nahmen es nicht zur Kenntnis, und sie hatten recht, man kann Wörter nicht so Knall auf Fall austauschen. Man muß sich an sie gewöhnen.

Ich war wirklich ein fürchterlich guter Schüler, ich lernte einfach alles, ich dachte, dafür sei die Schule da, ich lernte sogar schon in der Grundschule, was wirklich nicht üblich ist, selbst meine Geschwister verachteten mich dafür, sie werteten es gewissermaßen als ein Zeichen meiner Dummheit, dabei ist höchstens meine Schwester klüger, gewitzter als ich, mit null Lernen war sie Klassenbeste, wozu ich wahrscheinlich nicht fähig gewesen wäre, vermutlich, da ich mich nicht getraut habe, es auszuprobieren, mir kam es gar nicht in den Sinn, die Hausaufgaben etwa nicht anständig zu erledigen.

Als Folge dieser Leidenschaften und Naivitäten bekam ich oft Fünfen, so auch unmittelbar nach dem 23. Oktober, einen fünfer Fünfer, aber als aus den Fünfern Einser wurden, wurden der Einfachheit halber auch diese Fünfer gestrichen, man schrieb sie nicht zu Einsern um, so gingen diese verloren.

Am 4. November, an einem Sonntag, versuchte ich dem mit Hilfe der Tante Klotild den ganzen Nachmittag Abhilfe zu schaffen. Tante Klotild und ihr Mann hatten uns die Wohnung vermietet; was den Onkel Varga anbelangt, blieb mir ein Satz erhalten: Er war Chef der Nagelschmiede, aber was das bedeutet, weiß ich nicht mehr. Tante Klotild war im selben Jahr geboren wie die Mami, trotzdem galt sie als alte Frau, ihr fehlten die Zähne, die Dritten waren ihr peinlich, sie lispelte und traute sich kaum, den Mund aufzumachen. Ich wandte mich an sie, weil man zu Mami jetzt nicht gehen konnte, sie schwieg seit Tagen, stellte uns wortlos das Essen hin und legte sich angezogen ins Bett. Man konnte sie nicht trösten, wir trauten uns auch gar nicht. Papi setzte sich manchmal zu ihr, aber auch er sagte nichts.

Für drei Fünfer bekam man einen großen Fünfer, einen Pappendeckel-Fünfer, ein Stück Pappe, auf das die Frau Lehrerin mit purpurfarbener Zaubertinte eine Fünf gemalt hatte. Und ich hatte beschlossen, die Ordnung der Welt dadurch wiederherstellen zu müssen, daß man bzw. wir als Ausgleich für die flötengegangenen Fünfer einen Pappendeckel-Einser bastelte, bastelten, bzw. basteln ließ. Tante Klotild sagte ich, ich hätte meinen verloren. Sie braute eine schöne Purpurfarbe zusammen. Am Schluß streichelte sie mir über den Kopf und sagte mit sanfter Stimme den Titel einer Móra-Erzählung:

»Pétör, der Lügner.«

Am nächsten Tag nahm ich das Werk, in Kenntnis der historischen Fakten könnte man sagen, nicht *a tempo,* zur Schule mit. Zum Glück kam der purpurne Fünfer-Einser nie dort an, bis er angekommen wäre, wäre er schon längst ein Einser-Einser gewesen, wenn auch immer noch purpur.

172

Früh am Morgen wurden wir durch ein irres Gepolter aus dem Schlaf gerissen.

Im Winter stand Papi um sechs auf, heizte die beiden Eisenöfen (Koks und Eierbrikett), wir sahen ihn im Halbschlaf, wie er ohne Mantel, mit hochgestelltem Kragen, als hätten wir luftigen Frühling, eine schwere Pelzmütze auf dem Kopf und eine pulsierend glimmende Zigarette im Mund, durch das Zimmer huschte. (Auch wir hatten Pelzmützen, die meines Bruders war braun, weich, flauschig, er mochte sie, in meine konnte man nicht so hineinfassen, und ich trug sie auch nicht gerne, mir juckte der Kopf davon.)

»Schlaft, Schweinebacken«, murrte er in unsere Richtung, wenn er einen Muckser hörte.

Er bereitete es nie vor, legte den Zunder nie am Abend vorher zurecht, er spaltete ihn am Morgen. Eine große Kunst. Er hielt die Axt mit einer Hand am Ende und schnippelte damit los, wie mit einem Taschenmesser. Als würde man mit einem groben, kalkverklebten Pinsel an ein Aquarell gehen. Nach einigen Spalten konnte das Holzscheit nicht mehr von alleine stehen, da balanciert es unser geschicktes, kluges Papilein mit der Axt aus, läßt es, hopp, los, und schlägt in diesem Augenblick an Ewigkeit aus dem Handgelenk zu, mit einem winzigen Schwung, bestimmt. Noch später, wenn es nicht einmal mehr einen Augenblick Ewigkeit gibt, hält entweder der Zeigefinger der linken Hand das Holz, man muß aus noch kleinerer Entfernung zuschlagen, oder die Linke faßt das Holz von unten, der Schlag ist freier, man muß bloß aufpassen, daß die Axt nicht zu weit läuft.

Mami steht um halb sieben auf (im Sommer um sechs) und wir um sieben, ins Fertige, ins Warme, zum Frühstück. Wenn ich einmal Vater bin, werde ich auch Zunder spalten, wenn alle noch schlafen, das ganze Haus schlummert, ich werde die Wärme machen, sie werden's gar nicht wissen, auf einmal wird die Wärme einfach da sein. (Wenige Jahre später kam der vorgefertigte Tüker-Anzünder heraus, dann bekam das Haus eine Gasheizung. Am Morgen *ist* es warm.)

Als würde man mit einer Axt gegen die Tür schlagen.

»Aufmachen! Aufmachen!«

Als wollten riesige, böse Engel Tüker-Anzünder aus uns machen. Papi tappt im Schlafanzug hinaus, sein Haar starrt in tausend Richtungen, es ist immer so am Morgen, aber wir sehen ihn normalerweise nur sonntags so, heute ist Montag (›*ein Struwwelpeter*‹, sagten wir später, na, na, sagte er ein wenig später als später), es steht an beiden Seiten hoch wie Flügel, hinten dann das echte Durcheinander, ein Heuhaufen, kissenzerzaust, und vorne, das ist das Unglaublichste, hängt es ihm in die Stirn, als hätte er es nach vorne gekämmt, eine Idiotenfrisur oder die eines römischen Kaisers. Er merkt, daß wir ihm zuschauen, er bleibt stehen.

»Aufmachen, oder wir treten die Tür ein!«

»Habt keine Angst, Schweinebacken!«

»Wir haben keine Angst, Papa!« rufen wir im Chor, weil wir plötzlich nur noch ihn sehen, diesen ulkigen, lächerlichen, schläfrigen römischen Kaiser im rutschenden Pyjama, nur ihn, nichts anderes, warum sollten wir da vor irgend etwas Angst haben. Wir starren ihn kämpferisch an, aufmunternd, wenn wir keine Angst haben, muß er auch keine haben! Und da, inmitten des immer bedrohlicher werdenden Lärms, tritt er an uns heran (es gibt keinen anderen Menschen auf der Welt, Mami miteinbezogen, der das gewagt und gekonnt hätte, der dafür noch Zeit gefunden hätte, jeder halbwegs normale Mensch wäre zur Tür gestürzt), berührt uns, mich an der Wange, meinen Bruder am Haar, und lacht dann, für uns unerwartet, kurz auf.

»Ihr habt also gar keine Angst?! Na, das ist wohl ein bißchen übertrieben!«

Die Soldaten strömen herein wie im Film. Sie haben sicherlich gelernt, wie man gefährliche gegnerische Kinder- und Schlafzimmer einnehmen muß, flink, geübt springen sie hin und her, drücken sich an die Wand, geben den Vorstürmenden Deckung. Das macht große Wirkung auf mich und meinen Bruder, wir sehen diesem Getrabe offenen Mundes zu, und als sie mit ihrer Kiste fertig sind, allem Anschein nach ohne Blut und Opfer unsere Wohnung eingenommen und, innerhalb von Sekunden!, den Gegner überwältigt haben, fangen wir zu applaudieren an, unsere Mutter tritt sofort zu uns, ihren Kittel fröstelnd zusammengezogen, als hätte sie sich selbst am Schlafittchen gepackt, und gibt uns einen Klaps auf den Kopf.

»Still, du!«

Papi steht neben der Tür, so haben wir sein Gesicht noch nie gesehen, blaß, erschöpft, die Züge sind von ihm abgefallen, als wäre er gar nicht da, als hätte er sein Gesicht nur gemietet. Sein königliches Gesicht, damals, in der Horter Nacht, in der Laube, das mußte so gewesen sein, aber dieses ist noch dunkler, schattiger. Aber wie er auf den Sturm folgend den Kopf durch die Tür steckt, hinauslinst, das ist fast schon wieder heiter, oder wenn doch erschrocken, dann ist es der Schrecken aus einem Lustspiel.

Nach den Soldaten kommt, ein Nachzügler, zu spät gekommen, ungeschickter Zivilist, ein blonder junger Mann mit Brille herein, er sieht aus wie ein Lehrer, nur netter, sanfter. Immer noch ist es ein Lustspiel, er klopft meinem Vater, der sich immer noch hinausbeugt, um Ausschau zu halten, auf die Schulter.

»Das Haus ist umstellt«, sagt er erklärend, als hätte es Papi gerade überprüfen oder die Möglichkeit einer Flucht sondieren wollen. Unser Vater richtet sich auf.

»Sehr richtig.« Er nickt. »Nur weiter so.« Er sagt das oft, es muß die Pointe von irgendeinem Witz sein.

»Mattilein, paß bloß auf dich auf«, flüstert Mami, aber nur wir hören es, Papi nicht, wir allein hören diese Liebeserklärung (und niemals, weder vorher noch nachher hörten wir je eine Liebeserklärung von einem der beiden).

Der junge Mann schaut unseren Vater befremdet, dann mitleidig an, er sagt es leise, nicht offiziell:

»Keine Angst, Sie brauchen keine Angst zu haben, die russischen Genossen durchsuchen alle Häuser. Sie suchen nach Konterrevolutionären im Dorf.«

»Sehr richtig«, nickt mein Vater wieder.

»Schto? Schto?« horcht der eine Russe auf, er ist der Chef, sie sind zwar alle gleich und alle gleich jung, aber das sieht man ihm an. Bis jetzt haben wir ausschließlich ihre Uniformen und ihre Waffen bemerkt, ihre Gesichter nicht. Jetzt seufzt mein Bruder fassungslos:

»Mami, das sind ja Chinesen.«

»Schto? Schto?« wendet sich der Chef an uns.

Meine Mutter schüttelt den Kopf, sie schüttelt ihn sehr, sie wird gar nicht mehr aufhören können, nichts, nichts, es ist nichts, keiner hat was gesagt, keiner denkt was, wir sind gar nicht hier, nirgends sind wir, machen Sie nur ruhig Ihre Arbeit, schalten und walten Sie, schauen Sie sich um, wir machen solange die Augen zu.

Man läßt uns aus dem Bett steigen, wir stehen neben Mutter und Vater wie in der Sportriege. Mein Bruder hat keine Angst, aber ich sage ihm trotzdem, er solle keine Angst haben, es ist nicht üblich, in Zimmern Hinrichtungen abzuhalten.

»Schto? Schto?«

Soviel verstehe ich schon und ich antworte auch, ich sage, ich habe meinem Bruder gesagt, denn das hier ist mein kleiner Bruder, er solle keine Angst haben, denn so was wie Zimmerhinrichtungen gibt es nicht, und ich schaue den mit der Brille an, damit er übersetzt, und er übersetzt es tatsächlich unversehens. Der Chef fängt zu lachen an, und dann sagt er etwas, diesmal ohne Lachen.

»Gibt es versteckte Waffen im Haus?« übersetzt mein Übersetzer.

»Nein«, sagt mein Vater sofort.

»Ja«, sagt mein Bruder sofort.

Das muß irgendwie gar nicht übersetzt werden, alle verstehen es, die Soldaten richten ohne Kommando ihre Waffen auf uns. Sollte ich möglicherweise falsch informiert sein, und es gibt doch Zimmerhinrichtungen? Sollte es möglich sein, daß ein Hinrichtungskommando überall aufgestellt werden kann? Die Chinesen fürchten sich offensichtlich vor meinem Bruder. Jetzt fürchtet sich nur noch unser Vater nicht, er ist wütend, die Wangenknochen sind in Bewegung.

»Idji sjuda«, sagt der Kommandant ernst.

Auf »idji sjuda« zuckt Mami zusammen und umarmt uns sofort. Jetzt haben wir zu dritt Angst.

»Sie brauchen keine Angst zu haben, gnädige Frau, es ist nur eine Routineuntersuchung, alles in Ordnung«, sagt der Dolmetscher. Er lügt. Und er hat auch Angst. Das ist nett von ihm.

»Idji sjuda«, wiederholt der Chinese.

»Nein! Er geht nirgendwohin«, kreischt meine Mutter los, genau in mein Ohr hinein. Sie umarmt uns krampfhaft.

»Nehmen Sie wenigstens die Waffen runter«, wirft Papi leise ein. Davon werden alle nervös. Auch uns sagt er immer, wir dürfen, wenn es gar nicht anders geht, mit Waffen spielen, aber wir sollen sie nicht gegeneinander richten.

»Man zielt mit einem Gewehr nicht auf einen anderen Menschen.« Das hörte sich irgendwie immer wie eine Anstandsregel an. Abends putzt man sich die Zähne, tagsüber richtet man das Gewehr nicht gegen seine Mitmenschen.

»Und wenn die Berber und/oder die Botokuden das Vaterland überfallen?« setzte unsere Schwester unserem Vater die Frage an die Brust.

»Das ist was anderes«, antwortete er unwillig.

Mein Bruder liebt es, sich zu produzieren, er entschlüpft der heldenhaften Umarmung unserer Mutter und geht los zum kleinen Schrank, unsere Schwester, die ewige Rebellin, fängt aus voller Kehle zu brüllen an, der Kommandant winkt, ein Chinese folgt, merkwürdig, auf Zehenspitzen, meinem tapsenden Bruder, der vor dem Schrank stehenbleibt.

»Hier ist sie.«

»Wer ist da?« fragt der Brillenträger nervös.

»Kusch!« donnert plötzlich der Chinese, soviel kann er schon ungarisch. Mein Bruder dreht sich um, jetzt hat der Ärmste auch schon Angst, ich sehe es an seinen Augen, dann bückt er sich schnell, der Soldat bewegt sich mit ihm, und holt *meine* Schnippgummipistole hervor. Meine, der Mistkerl. In dem Moment bekommt er vom Soldaten eine Ohrfeige, weniger als eine Ohrfeige, einen Wink nur, einen Wisch. Worauf er aber vom Chef sehr streng zurechtgewiesen wird. Er brüllt ihn an. Der Dolmetscher atmet auf, wendet sich fast fröhlich unserem Vater zu.

»Die sowjetischen Genossen haben große Achtung vor Kindern.«

»Sehr richtig«, nickt mein Vater. Und ich sehe mit Genugtuung, daß er, was meinen Bruder anbelangt, seine eigene kleine Meinung hat.

»Schto? Schto?«

»Djeti!, djeti!«

»Da, da.«

Die Russen ziehen durch das ganze Haus und den Garten (später durch das ganze Land). Ein einziger Chinese bleibt in der Küche zurück aus Gründen der Sicherheit. Unsere Mutter füttert uns, unser Vater ißt nicht, er hält den gepunkteten Teebecher in der Faust, steht an der Wand. Die Wangenknochen. Er steht da wie ein Hortkind. Mami bietet dem Soldaten vom Butterbrot an.

»Wulewu ein bißchen Chleb?«

Freundliche Geste, breiige, bittere Stimme. Unser Vater dreht sich um, als hätte ihn etwas gebissen.

»Sie geben ihm was zu essen? Dem geben Sie was zu essen?«

Der Chinese versteht es. Die sprechen immer besser ungarisch.

»Er hat Hunger«, sagt unsere Mutter immer noch mit dieser fahlen, verzweifelten Stimme.

In diesem Moment ist draußen eine Maschinenpistolensalve zu hören. Der hungrige Chinese richtet sofort die Waffe auf uns, während er fassungslos das Brot in der Hand meiner Mutter anstarrt, und bedeutet uns mit der Waffe, uns wieder vor die Betten zu stellen. (Kein Chinese, ein Asiate, verbesserte uns unsere Mutter, aber wir haben im Atlas nachgeschaut, und China ist Asien. Unsere Mutter mußte das kopfschüttelnd wohl oder übel gelten lassen. Unsere Schwester hat natürlich gemäkelt, von wegen China ist Asien, aber Asien ist nicht China. Blödsinn. Gar kein Blödsinn, jeder Chinese ist ein Asiate, aber nicht jeder Asiate ist ein Chinese. Das verstanden wir nicht. Na, alle, die jetzt im Zimmer sind, sind Menschen, aber nicht alle Menschen sind im Zimmer, zum Beispiel die Tante Klotild, die ist nämlich oben im ersten Stock, versteht ihr das etwa auch nicht? Doch, logen wir.)

Wir stehen vor den Betten.

Ich halte meinen Bruder bei der Hand und lege für mich das Gelübde ab, daß ich ihm das nie vergessen werde, diese warme, kleine, gepolsterte Hand, die er mir gereicht hat, damit ich sie halten kann. Der Dolmetscher kommt keuchend angerannt, sagt dem Soldaten irgendwas, der fängt zu johlen an, eigentlich ist er ein netter Junge, und dann erklärt er uns, es sei nichts, man habe bloß aus Versehen die Ziege erschossen.

»Sehr richtig, nur weiter so«, nickt mein Vater.

Ich fühle, wie die Hand meines Bruder aus der meinen rutscht.

»Den Géza?«

Seine vorwurfsvolle Stimme gickst weg. Mein Vater nickt mit Genugtuung, meine Mutter streichelt meinem Bruder den Kopf, er hat einen gut streichelbaren, großen, runden Kopf, aber er reißt sich los, geht mit gesenktem Kopf, wie der Géza manchmal, auf den Brillenträger los und rennt ihn um. Der Soldat rührt sich nicht, schaut zu, johlt.

Papi hatte schon seit einigen Tagen nicht mehr gearbeitet, er fuhr mit dem Fahrrad nach Pomáz hinüber und anschließend unverrichteter Dinge zurück (»Graf, die Proletarierdiktatur hat jetzt Pause«), aber ich durfte in die Schule. Ich ging. Am Gartentor halten mich Soldaten auf. Ungarn. Ich soll meine Tasche zeigen. Ich zeige sie, ich bemühe mich, nicht frech zu sein, hier fängt man sich schnell mal aus Versehen eine Ohrfeige. Oder wie der arme und äußerst stinkende Géza eine Salve. Dennoch präsentiere ich mit einem Anflug von Überheblichkeit meine Bücher und Hefte.

»Was ist das?« fragt der Soldat, der sogar noch größer ist als Papi, was so nicht üblich ist, und nimmt, wie ein Zöllner, mißtrauisch meinen Pappendeckel-Einser in die Hand, meinen purpurnen Fünfer-Einser, die Klotild-Variante. Ich laufe rot an, als stünde alles auf diesem Stück Hartpapier geschrieben. Der Soldat blickt mich mißtrauisch an, ich fange sofort zu erklären an, daß das eine Fünf sei, eine große Fünf, weil drei kleine Fünfer geben einen großen Fünfer, und da ich drei kleine Fünfer …

»Nu mal langsam, Kleiner. Immer mit der Ruhe. Ich tu deinem Fünfer nichts. Ich hab auch so 'n Bengel wie dich. Schau ma'.« Und er hebt den Pappendeckel hoch, lächelt wie ein Magier, will an mir wiedergutmachen, was er bei seinem blöden Bengel falsch gemacht hat, und tatsächlich, ich solle mir doch nur ansehen, das ist nicht im mindesten eine Fünf, sondern ein Einser, eine Harke, ein Holz, ein Queue (du weißt schon!), und, ein Soldat könne in gewissen Situationen Dinge tun, die ein Vater nicht tun kann, er würde das jetzt vernichten, das heißt zerreißen, voilà.

»Jaj!« entfährt es mir, mir fällt all die Kleinarbeit ein, derer es für einen Betrug bedarf, Entschlossenheit, Aufmerksamkeit, Erfindungsgeist, das Zusammenspiel, die Farbe, das Herumkurven mit der kleinen Schere … Zu spät.

Der Soldat und Vater hat genug davon, von mir. Aber er läßt mich noch die Schuhe ausziehen, um zu sehen, was ich drin habe. Wir finden nur meine Füße. Er winkt, verschwinde, und flüstert mir dann hinterher:

»Kleines Arschloch.«

Irgendwie macht mir das angst, ich fange zu rennen an, schaue zurück, ob er mich nicht vielleicht einholt, ob sie mich einholen, diese beiden Worte; als würde ich vor einer abgefeuerten Kugel davonrennen. Also entweder träume ich, oder ich werde gleich sterben.

Letzteres traf ein.

173

Mein Vater hat keine Kopfschmerzen, es hat ihm nie etwas weh getan, nicht einmal diese unglaublich dicken, mäandernden Krampfadern an den Beinen, die wir ausschließlich zu festlichen Gelegenheiten anfassen durften. Entweder ließen wir nur so, ohne Sinn und Zweck, unsere Finger an ihnen entlanggleiten, oder wir spielten das Flüsse-Spiel.

»Donau, Theiß, Drau und Rhein, Vater brech sich Hals und Bein!«

»Gebrochenes Bein, gebrochene Vene, gebrochene Donau«, das Familienoberhaupt deutete auf das Problem.

Oder wir spielten Eisenbahn, wo die Krampfader verschwand, das war der Tunnel. Das Bein unseres Vaters war ein Multifunktionsvaterbein.

Die Neigung zu Kopfschmerzen habe ich von meiner Mutter geerbt; meine sind insofern besser als ihre, als sie nie länger als einen Tag dauern, durch Schlaf von alleine weggehen und ich fast nie mit Kopfschmerzen erwache. Bei ihr zogen sie sich manchmal eine Woche lang hin, trotzdem erlaubte sie es sich nur höchst selten, sich hinzulegen; sie lag hinter vorgezogenen Vorhängen, sie vertrug kein Licht (das stellte sich erst allmählich heraus, da wir eine ganze Weile ohnehin in Wohnungen wohnten, in die kein Sonnenlicht fiel), sie schlief nicht, sie konnte nicht schlafen, die Schmerzen schmerzten zu sehr, aber wir ließen sie auch nicht, wie geht dies, wie geht das, wohin hiermit, was damit; schließlich, wie üblich, blieb sie auch dort im Dunkeln diejenige, die das Haus verwaltete.

Und schlimmer sind meine Kopfschmerzen, weil sie, wie ich bereits erwähnte, bei mir mit Erbrechen einhergehen, und egal wo, egal wann das zum Vorschein kam, gab es immer jemanden, Mami, Bogyica, Irmike, egal wen, der wichtigtuerisch bemerkte: Migräne. Man konnte förmlich die Anerkennung heraushören, so jung, fast ein Kind noch, und schon Migräne. (*»›So jung und schon ein Zichy.‹«*)

An diesem Tag wurde in der Schule verkündet, wir würden zur alten Ordnung zurückkehren, eine Eins sei wieder eine Fünf, eine Zwei eine Vier, eine Drei eine Drei …

»Die bleibt also?«

Die Frau Lehrerin fuhr mit aschfahlem Gesicht fort, eine Vier eine Zwei, eine Fünf eine Eins.

»Das schreibe ich jetzt nicht mehr auf«, sagte Mária Katona, Grundschullehrerin.

Schließlich mußten wir nur soviel verstehen, daß die Eins eine Eins ist, die Zwei eine Zwei und so weiter. Wir dachten, das verstünde sich von selbst.

174

Wenn mir der Kopf weh tat, sputete ich mich nach Hause, ich erbrach mich lieber daheim. Irgendwie war es mir bis dahin auch immer gelungen, rechtzeitig nach Hause zu kommen, es nach Hause zu bringen. Diesmal nicht.

Es läutet zu Mittag, auf dem Hauptplatz viel Volk. Männer. Ich stehe hinter breiten, schwarzen Rücken, quasi in der letzten Reihe, als hätte ich nur Karten dafür bekommen. Ich sehe gar nicht, was auf der Bühne vor sich geht. Ungewohnte, schwere

Stille: als würde niemand Luft holen. Sie schauen sich an, was auf der Bühne geschieht, sie klatschen nicht, sie pfeifen nicht. Sie sind auch nicht aufgeregt, sie stehen nur. Ich versuche, mich zwischen die Mäntel zu zwängen, geht nicht. Daß Schwarz nicht gleich Schwarz ist, weiß ich seit damals. Manchmal ist es ganz dunkelblau.

»Geh weg, Kleiner, geh nach Hause.«

Zu spät, ich käme mit dem Erbrechen nicht mehr bis nach Hause, ich taumle auf den kleinen Hof der Post, lehne mich an die Wand, ich sehe die Salpeterflecken ganz nah, ein irrsinniges Kotzen überkommt mich, nichts bleibt in mir, ich kotze mich selber aus, mein Speichel läuft, ich muß sogar meinen Hintern zusammenkneifen, auch da will was kommen, überallher, durch die Nase auch irgendwie, an der Nasenspitze schlottert ein Stück Karotte.

Es stinkt, ich stinke.

Als ich wieder zum Platz zurückkomme, löst sich die Ansammlung gerade auf. Sie wird aufgelöst.

»Auseinander, Leute!«

Was ich sehe, was ich da in der Mitte sehe, kann ich unmöglich glauben. Seitdem weiß ich nicht nur, was Schwarz ist, seitdem weiß ich auch, was es heißt zu versteinern. Als hätte mich der Blick meines Großvaters getroffen, sehe ich versteinert zu, wie man meinen Vater vom Boden zusammenkratzt, ihn hochzerrt und in einen Polizeiwagen stößt und ihm, als wäre der ebenfalls inhaftiert, seinen Mantel hinterherwirft. Der Polizeiwagen dreht eine Runde, macht einen Bogen in meine Richtung, ich habe Angst, in der Mitte hebt ein Polizist eine Brille von der Erde auf, ich sehe es genau, der Polizist winkt, das Auto bleibt stehen, hier, unmittelbar vor mir, drin sitzt mein Papa hinter der Scheibe, starrt starr nach vorne, sein Gesicht ist wie Sonntag morgens, wenn wir spielen, brillenlos, nackt, ein wenig fremd, ein bißchen jünger, ich stehe da, habe große Angst, ich wage nicht, mich zu rühren, Papilein, verzeih, ich kann dich jetzt nicht retten, aber ich verspreche, ich werde dich dann immer retten, ich befreie dich von überall, in meinen leichten Mokassins schleiche ich mich ein, hinter den Fahrer, schneide ihm tonlos die Kehle durch, seinen Gefährten erledige ich mit einem Schlag, entschuldigen Sie die Verspätung, mein Herr, ich wurde ein wenig aufgehalten, sage ich zu dir, du nickst, setzt deine Brille auf, danke, mein lieber Sohn, das war saubere Arbeit, und wir schwingen uns auf die bereitstehenden Pferde und verschwinden in die Wälder des erhabenen Nagy-Kevély. Trockne deine schlüpfrige Hand mit der Mähne deines Pferdes, mein Sohn.

Das Fenster wird heruntergekurbelt, der Polizist schmeißt die Brille hinein, man lacht, das Auto braust mit Karacho los Richtung Pomázer Zubringer.

175

Den ganzen Nachmittag über war ich das *Liebkind.* Seid lieb zueinander, ermahnten uns die Eltern ständig, seid gute Geschwister, wohin soll es sonst mit der Welt kommen! So waren wir ihnen zuliebe manchmal Liebkinder, wir teilten es ein, wer wann an der Reihe war, gerissen haben wir uns nicht gerade darum, ein stressiger Job, erfordert eine Menge Aufmerksamkeit und Feingefühl, stinklangweilig ist er außerdem und führt ganz offensichtlich zu nichts, abgesehen von der Verbesserung der Weltlage, da kostet einen die Suppe mehr als das Fleisch. Wir konnten uns überhaupt nicht vorstellen, warum sie das so sehr forcierten und warum sie sich dann so freuten, einander zuzwinkerten, strahlten – Brrrr!

Sie wollten nicht nur ein bißchen Ruhe für sich abzwacken. (Sie hätten wissen müssen, daß das bei so vielen Kindern rein *prinzipiell* unmöglich ist.) Wenn sie Ruhe, konkret Stille wollten, ließen sie uns *stumme Löwen* spielen. Wir durchschauten ihre niedrigen Machenschaften, aber wir spielten es gerne, denn es ist ein gutes Spiel. Wir konnten unheilvoll, bedrohlich, ja unbändig auf allen vieren als Löwen durch die gesamte Wohnung kriechen, aber stumm, ohne einen Muckser, da uns der Schöpfer, so die clevere Annahme, die Fähigkeit des Lautgebens vorenthalten hat. Wir hätten gerne gewußt, ob es tatsächlich stumme Löwen gab, oder ob wir die einzigen waren.

»Aber klar«, murmelte unser Vater schnell, aber wir sahen ihm an, daß er nicht wußte, wovon er da redete.

»Denn wenn es so was in Wirklichkeit nicht gibt, in der Natur, dann gibt es uns auch nicht, dann, lieber Herr Vater, gibt es dieses Spiel nicht! Ein Mensch kann nicht die Frucht seiner eigenen Phantasie sein!« funkelte unsere Schwester Papi kämpferisch an, der den Disput mal wieder mit jenem allwissenden Lächeln abschloß, das grundlegend soviel bedeuten sollte, daß wir alsbald, in Kürze, aus unserem eigenen Brunnenkopf eine Antwort darauf schöpfen müssen (diesen Brunnenkopf liebten wir sehr, Mann, hast du 'n riesen Brunnenkopf! etc.), kann sein, daß es stimmt, was wir sagen, kann sein, daß es nicht stimmt, vielleicht sogar beides oder keins davon, vielleicht ein drittes.

Wir mochten dieses Lächeln und auch wieder nicht. Wir mochten es nicht, weil wir Antworten wollten. Auf einfache Fragen einfache Antworten, wer ein guter Mensch ist und wer ein schlechter, wann und wo man richtig, aber jetzt mal wirklich richtig mit dem lieben Gott sprechen könnte, es war also nicht viel, was wir wollten, nur eben Eindeutigkeit und nicht dieses Herumgeschleiche um den heißen Brei. Und wir liebten es, weil wir ungewohntes Interesse, Aufmerksamkeit und Erregung bei unserem Erzeuger sahen, als wäre er derjenige gewesen, der etwas von uns wissen wollte; der Ärmste.

Manchmal gab es Vergünstigungen, den zehnprozentigen Stummen – der Stumme von Portici! verkündete unsere Mutter automatisch, was keiner verstand –, was den Einsatz leisen Knurrens gestattete. Was das Knurren anbelangt, stellte unser Vater jeden in den Schatten, er ließ die blanke Drohung tief aus dem Rachen heraufgurgeln, herauswogen, so gedämpft, piano, daß es sogar als Fünfprozentiger durchgegangen wäre und so schaudererregend, daß wir sofort zu Mami hinüberrannten.

Die schlimmstenfalls Vater leidenschaftslos zurief, er möge die Kinder nicht so erschrecken. Im günstigeren Fall ließ sie aber ihre Vorderbeine schwer auf unsere Köpfe niedersausen, fuhr ihre mörderischen roten Krallen aus – da staunte erst die Natur –, stieß uns kalt von sich, schnarzte, ihre Nüstern erbebten, die Oberlippen zogen sich hoch, und das furchterregende Gebiß der Löwin blitzte uns an, daß uns fast das Herz stehenblieb.

Wie liebten wir es, uns so zu fürchten!

»Papi, Papilein, Hilfe! Löwiger Leo in der Küche!« Und wir rannten wieder zurück, Schutz suchend, umarmten sein Bein wie einen Baumstamm, hinter dem man sich verstecken konnte. Ach wo! Das ist kein Baum, sondern der majestätische und hungrige Lauf des Löwenkönigs! Flucht zurück in die Küche.

»*Jajjaj*, liebes Mamilein etc.!«

Und man konnte nie wissen – und eins war besser als das andere –, ob wir jetzt fast schon hoffnungslos zwischen zwei Feuer geraten waren, oder ob unsere Mutter sich jetzt herumdrehte – auch sie stand viel mit dem Gesicht zum Herd, wie die Rozi Tant' – und uns holdselig, wie jemand, der eine glückliche Mutter spielt, theatralisch beruhigt, Oh, meine Kinder, beruhigt euch, hier kann es doch keinen Löwen geben, ihr wißt doch sehr gut, daß er in Afrika beheimatet ist, und als sie uns dann umarmt, fängt sie doch wieder finster zu knurren an, wir wollen fliehen, aber sie läßt uns nicht, sie hält uns fest und ist sofort wieder voller

Huld und sagt, wobei sie unser Gesicht fixiert wie sonst nur der Vater:

»Na, was ist, Krabben?! Komplizierte Welt, was?«

176

Unser Vater spielte selten, man konnte ihn selten in spielerische Situationen bringen. Was wir in Ordnung fanden; um so größer war die Freude, wenn es uns mal gelang, ihn zu etwas zu bringen. Und wenn es nur soviel war, daß er uns hochwarf und wieder auffing. Auch als »große Lackl« baten wir ihn manchmal noch darum. Und dann die *Mistikes Papa*-Nummer! (Wer wohl dieser Mistike gewesen sein mag? Mistake? Unwahrscheinlich.) Sie ging folgendermaßen: Wir stellten uns auf ein Möbelstück, sogar Tische waren erlaubt! (wenn auch nicht gleich mit Schuhen), verbeugten uns Richtung Publikum, es ist nicht die Quantität, die zählt, und gaben dann dem *›Untermann‹* einen Wink, der das Ereignis auch offiziell moderierte.

»Und jetzt, meine Damen und Herren«, er räusperte sich ein wenig, damit für alle, Quantität unwichtig, die Tragweite und das Wagnis des Augenblicks klar wurden, »Mistikes Papa!« Und auf »Papa« sprangen wir hinauf in die Lüfte, wo uns dann unser Vater, der *›Untermann‹*, herunterfischte. Mami mochte dieses Spiel nicht.

Das nächtliche Löwenspiel mochten auch wir nicht. Wenn Papi mitten in der Nacht beschwipst heimkam, wünschte er ab und an, jeweils abhängig vom Grad der Beschwipstheit, zu spielen. Da interessierte ihn nichts, er polterte uns aus dem Schlaf.

»Hunde! Heuschrecken! Auf! Auf! Das Vaterland ruft!«

Alles Flehen war umsonst, er blieb unbeugsam. Weinen machte die Sache nur noch schlimmer. In so einer Situation empfahl es sich, nichts, aber auch gar nichts zu tun, ausschließlich das, was er wollte. Dabei fängt es gar nicht schlecht an – außer daß wir schläfrig sind –, wie er so von einem Bett zum nächsten hüpft, hic sunt leones, und schnüffelt, faucht, spielt, das ist schön, weil schön lustig, und es wäre ganz und gar schön, wenn wir keine Angst hätten, aber wir haben Angst, obwohl er jetzt endlich mit uns spielt.

»Einen harten Forint bar auf die Kralle für jedermann, der schwört, daß er sein Leben gibt für unser armes Vaterland!« Das nimmt er dann sofort wieder zurück. »Nein! Schwaches Geschlecht! Kein Geld, nicht einen rostigen Fillér! Einzig auf Befehl der getreuen Herzens!«

Da mußte man schon in Habacht stehen. Schlimmerenfalls in der Mitte des Zimmers, wenn wir mehr Glück hatten, im Bett, mein Bruder konnte auch im Stehen schlafen, diente seinem Vaterland noch im Schlaf. Wegen der weichen Matratze im Bett ging es allerdings nicht ohne Schwanken ab.

»Ein echter Ungar wankt während des Eids nicht!«

Einmal fragte ich ihn, was das ist, ein Echterungar. Ich ging vom Wanken aus, und da ich wegen der Matratze und mein Vater wegen des Alhokols wankte, konnte ich gedanklich so nicht sehr weit kommen. Mein Vater sah mich an wie einen Mörder. Er machte einen bedrohlichen Schritt auf mich zu.

»Nein, Papi, bitte nicht!«

Das war ein Fehler, er kam nur noch näher. Ich schloß die Augen.

»Lieber Gott, heile meinen Papi!« sagte ich zu mir. »Und das verschissene Vaterland auch!« Und laut rief ich: »Ein echter Ungar wankt während des Eids nicht!«

Man kann auch mit geschlossenen Augen weinen. Ich hörte, daß er innehielt. Als hätte ich einen Zauberspruch gesagt.

»Das ist es, mein Junge. Also, schwöre! Ich wußte gar nicht, daß ich so stramme Jungs habe, mein lieber Petár, hast anfangs gar nicht danach ausgesehen.«

Das haßte ich, dieses Petár, er sagte es nur, wenn er betrunken war, später konnte ich genau sagen, was er getrunken hatte, was er für einen Petár, bis zum Petár trinken mußte. Nachdem wir den Treueeid auf das Vaterland geschworen hatten, sangen wir die Nationalhymne oder (je nachdem, was getrunken worden war) den Rákóczi-Marsch. (Bei Fußballspielen habe ich nach der Hymne und dem obligatorischen »Ungarn! Ungarn!« lange Zeit rituell und sehr für mich selbst gemurmelt: Ein echter Ungar wankt während des Eids nicht!) Unser Vater begleitete den Rákóczi-Marsch mit der Imitation eines ganzen Orchesters, das gefiel uns sogar noch mehr als Putakäss, putakäss, besonders die Stelle, wo es hieß: Doch wenn der Schlachtensturm erbrauset, führ sein Volk er ins Gefecht!

Hier angelangt waren wir, mein Bruder und ich, endlich vom patriotischen Eifer erfaßt, im Gegensatz zu unserem Vater, der nun vom patriotischen Gram niedergestreckt wurde.

»Führ sein Volk er ins Gefecht!« wimmerte er unendlich betrübt. Er vergaß uns auf einen Schlag, mir warf er noch im Weggehen hin: »Petár, mein Lieber, paß bloß auf, daß man dich nicht zu Hause verhaftet!« Damit setzte er sich an den Tisch und begann leise und ergriffen irische patriotische Lieder zu singen, die er von Großvater gelernt hatte, der sie während seines Studiums in Oxford aufgegabelt hat; damals galt das dort als witzig, frech und revolutionär.

Entweder sang er Roddy McCorley (id est Rodimäckorli) oder Kevin Barry (Käwinbärri). Das war am lautesten.

Ein Bursche nur von achtzehn Sommern –
Es zu bestreiten wär nicht klug:
Als er in den Tod marschierte
Daß er den Kopf erhoben trug.

Es klopft. Onkel Varga steht in der Tür.

»Um Gottes willen, Herr Doktor, es ist um drei in der Früh. Sie wecken mit diesem Gejaul noch das ganze Haus auf.«

»Aber Dani, mein Freund, die Kinder lernen doch grade, wie man fürs Vaterland sterben muß.«

»Das können sie ja wohl auch tagsüber. Man kann auch tagsüber fürs Vaterland sterben.«

»Aber das ist sehr dringend, mein teurer Dani, sehr dringend. Die Zeit drängt.« Und er umarmt sich selbst mit gekreuzten Armen, drückt sich, hält sich fest. Erschreckend.

»Das sehe ich ein, Herr Doktor, trotzdem, es sind doch nur Kinder. Babys. Gehen Sie, legen Sie sich hin, wie's sich für einen anständigen Menschen gehört.«

»Ich soll mich hinlegen?!« Unser Vater schnieft, wir stehen in Habacht da, bereit, tausend Tode fürs Vaterland zu sterben, jetzt müßte man nur noch den Onkel Varga irgendwie hinausschubsen, damit er uns nicht in diesem Zustand sieht, damit er uns tags darauf nicht mit seinem Mitleid kommen kann, und die Tante Klotild uns nicht streichelt und dabei leidende Fratzen zieht. Sie gibt uns sogar Pralinés aus ihrem geheimen Schokoladenvorrat.

»Meine armen Kleinen.« Da sieh an, ein Praliné! Wenn man auch ohne Papis nächtliche Horrorszenen an Pralinés kommen könnte, wenn man das irgendwie lösen könnte, das wäre eine schöne Welt.

»Was habe ich denn im Bett verloren, lieber Dani? Dort sehe ich doch nur Tag und Nacht das Gesicht meiner süßen kleinen Tochter, ihre schwarzen Locken, ihre wunderschönen blauen Augen. Mein Gott, mein Gott, Dani, mein Freund, was soll aus mir nur werden? Meinst du, sie ist vor Hunger gestorben?«

»Unmöglich. Lilike hat sie doch gestillt, und wer von einer Mutter gestillt wird, hat keinen Hunger. Gott hat's genommen. Er hat Seine Gründe.«

»Noch ein Lied, Bruder, bevor ich mich schlafen lege.«

»Gute Nacht, Herr Doktor.«

»Hunde, Heuschrecken! Vorwärts, Christen! Ein Lied!«

Wir stimmten ein.

Jangrodi mäckorli gostudai
Andöbritsch ettum tudai

»Dann seid ihr also bereit, fürs ungarische Vaterland zu sterben, oder was?«

»Jawohl, Papi, wir sind bereit.« Weinerlich verkrümmte Münder, wir sterben zwar gerne fürs Vaterland, aber es sind dann doch wir, die sterben. Vater aber ist wieder fröhlich.

»Okeydokey. Und wir alle treffen eure kleine Schwester im Himmel, oder nicht?«

»Nein. Ja. *Jaj.* Wir treffen sie.«

Mein Bruder lehnt sich ans Tischbein und schläft im Stehen. Mein Vater hebt ihn hoch, stolpert mit ihm durchs Zimmer – ganz schön wackelig: wie's scheint, wankt ein echter Ungar nur während des Eids nicht – und legt ihn neben Mami ins Bett. Auch ich krieche dazu, Papi fällt angezogen neben mich. Ich hoffe, er legt einen Arm um mich, denn manchmal legt er einen Arm um mich, aber statt dessen summt er weiter das Rodimäckorli und spricht mit unserer kleinen Schwester, dem anderen Zwilling, den es nicht mehr gibt.

»Oh, mein süßer, kleiner, lockiger, blauäugiger Schatz du, in Samt und Seide werde ich dich kleiden, mit Purpur werde ich dich bedecken, und dann gehen wir zusammen ins Savoy.«

Er verstummt, aber er schläft nicht, ich höre es, daß er nicht schläft. Erst gegen Morgen schlafe ich ein.

177

Am schlimmsten ist es, wenn sich unsere Mutter einmischt.

»Lassen Sie wenigstens diese unschuldigen kleinen Kinder in Ruhe!«

Sie sitzt am Küchentisch und zittert, ihr klammes Haar fällt nach vorne, das Gesicht naß.

»Gehen Sie endlich ins Bett und schämen Sie sich! Was machen Sie diese Unschuldigen zu Narren!?« Ausschließlich in solchen Fällen sind wir unschuldig, sonst nie. Sie kommt zu uns, bittet uns, wieder ins Bett zu gehen.

Wir rühren uns nicht, wir wissen alles, das heißt, nicht alles, deswegen haben wir Angst, wir wissen gar nichts, ein klein wenig rühren wir uns doch, die Mutter soll nicht glauben, wir sind auf Vaters Seite. Nachts stehen wir auf niemandes Seite, einerseits, weil wir sie kaum wiedererkennen (als würden sie Rollen spielen, und zwar gut), andererseits würde es uns übel ergehen, der jeweils andere übt schwere Rache, unser Vater sofort, unberechenbar, blutig, unsere Mutter zahlt uns den Verrat am nächsten Tag heim, ausgeklügelter, eins schlimmer als das andere und auch das andere ist schlimmer.

Dieser Kampf hat uns sowieso gespalten. Der eine schlug sich hierhin, der andere dorthin, unsere Schwester zu Vater, mein Bruder zu Mutter, das war keine strenge Wahl, kein Burgwall, kein Einstehen für, eher ein Herumstehen bei, aber jeder hatte so seinen Favoriten. Ich schlug mich mal hier-, mal dorthin. Eine Liebe ist mit der anderen nicht vergleichbar. Und meine Lage wird auch dann nicht eindeutiger, wenn ich versuche, schlau zu sein und mich von der anderen Seite anzunähern, indem ich nicht danach frage, wen ich mehr liebe, sondern wer mir mehr fehlt.

Jeder fehlt mir.

»Parade, halt!« befiehlt unser Vater. »Ich will, daß sie hier stehen. Ich will, daß sie sich vorbereiten auf den Tag, an dem ganz Ungarn befreit wird. Reden Sie mir da nicht dazwischen, gehen Sie nur schlafen, Sie Heilige, Sie! Diese Kinder tragen die Flamme weiter! Oder etwa nicht?« Ab und an verpassen wir unser Stichwort. »Oder etwa nicht?«

»Ja. Nein. Wir tragen sie.«

»Geht ins Bett, euer Vater ist verrückt geworden!«

Wir rühren uns nicht, nur eben soviel, als würden wir uns rühren wollen. Papi zieht sich an.

»Wage es nicht, aus dem Haus zu gehen!« Unsere Mutter springt auf. »Wage es nicht, an mir vorbeizugehen, oder es wird ein trauriger Tag für dich!«

»Armer, trauriger Tag«, grinst Papi und wickelt sich den Schal um den Hals. Er blickt uns an, sein Gesicht umwölkt sich. »Und armes Vaterland.«

Dabei stehen wir relativ stillgestanden da, wanken kaum.

178

»Singen Sie. Singen Sie. Singen Sie!!!«

»Nein.«

»Singen Sie, oder es wird ein trauriger Tag für Sie.«

»Lassen Sie das, Mattilein …«

»Nenn' mich nicht Mattilein, verdammte Mistfotzenscheiße …«

»Jesusmaria.«

»Gehen Sie mir weg mit dem Jesusmaria und heulen Sie nicht. Singen Sie. Hören Sie?! Ich sag's nicht noch einmal. Nicht weinen. Ich helfe Ihnen. 's ist nicht weit von hier nach Lehrte. Wiederholen Sie. Hübsch wiederholen, 's ist nicht weit von hier nach Lehrte … sag's, verdammte Scheiße, oder ich …

»'s ist nicht weit von hier nach Lehrte.«

»Hervorragend, Engelchen.«

»Nennen Sie mich nicht Engelchen!«

»Warum soll ich Sie denn nicht Engelchen nennen, Engelchen?«

»Sagen Sie's ... zu Ihren Nutten.«

»In Ordnung. Engelchen. Weiter im Text!«

»Kann ich nicht.«

»Ach was, aber freilich. Sie können's sehr gut, Sie Heilige von einer Frau.«

»Bitte, Mattilein, ich bitte Sie, lassen wir das.«

»Da schlagn's die Fotze mit der Gerte!«

»Nein.«

»Da schlagn's die Fotze mit der Gerte!«

»Ekelhaft!«

»Du!«

»Da schlagn's die ... Fotze mit der Gerte!«

»Großartig, Engelchen. Und jetzt fein die beiden Zeilen zusammen!«

»'s ist nicht weit von hier nach Lehrte, da schlagn's die ... Fotze ...«

»Fotze! Sagen Sie's ordentlich. Anständig!«

»Fotze.«

»Das soll eine Fotze sein?! Das ist keine Fotze, das ist Scheiße! Fotze!«

»Fotze.«

»Verfickte Scheiße, das ist keine Fotze, das ist Gewinsel ist das ... Aber Ihnen kann man was erzählen ... Für Sie ist das ekelhaft ... Na dann eben das andere, 's ist nicht weit von hier nach Peine.«

»Ich kann nicht mehr!«

»Aber freilich kannst du, verfickt noch mal, sing, oder ich

mach dich alle, zusammen mit deinen verdammten Bankerts, sing, Frau, sing, solang's dir noch gut geht.«

»'s ist nicht weit von hier nach Peine, da hängt die Fotze an der Leine.«

»Na, wer sagt's denn, das haben Sie schön gesungen. Man muß nur wollen. Noch einmal, zwo, drei.«

»'s ist nicht weit von hier nach Peine, da hängt die Fotze an der Leine.«

»Wunderbar. Teuerste, das wird immer besser. Sie werden von Mal zu Mal phantastischer … Weinen Sie nicht … Es ist alles in Butter … Singen Sie es schön leise hier in mein Ohr. Oder meinen Hals … S'ist nicht weit, ist doch egal, ist es nicht egal?, Lehrte, Peine …«

Im Lehrerseminar war eines ihrer Fächer Singen, Mami konnte schön singen, mit Gefühl.

179

Das Liebkind war ein viel raffinierteres Konzept, als wir zunächst dachten. Liebkind zu sein hieß nämlich nicht nur, oder nicht in erster Linie, brav und human, bescheiden, gütig und zurückhaltend plus ein bißchen salbungsvoll zu sein, sondern ein Liebkind liebte auch. Ein Liebkind das andere. Was soviel heißt, daß es alleine gar nicht möglich ist, Liebkind zu sein, wir sind also aufeinander angewiesen, wir können es noch so viel einteilen und es dem anderen unterjubeln, es bleibt im Endeffekt an uns hängen, das war ungeheuer hinterlistig ausgeklügelt.

Am 5. November gab ich den ganzen Nachmittag über das Liebkind. Nach dem Kotzen geht das leichter. Und ich hatte auch Angst. (Wie oft ich Angst hatte!) Ich hatte Angst vor dem, was ich gesehen, und vor dem, was ich nicht gesehen hatte. Das Gesehene verbuchte ich als Traum, obwohl ich wußte, daß es kein

Traum war, ich konnte mich genau an das Karottenstückchen erinnern, an die Brille mit den auseinandergespreizten Bügeln, das gefrorene Gesicht meines Vaters, an die Pferde, an Nagy-Kevély, aber da das außer mir keiner wußte, auch Papi nicht (!), tat ich einfach so, als hätte ich das alles nur geträumt.

Und über meinen Traum schwieg ich. Aber auch meine Mutter schien etwas geträumt zu haben, denn sie ging auf und ab, als wäre ich gar nicht da, zündete sich eine Zigarette nach der anderen an. Das Auf und Ab mochten wir nicht, das Rauchen ja. Es hielt sie nicht in der Wohnung, sie ging in den Garten hinaus, und dann auch dort: auf und ab.

Onkel Varga war ein netter Mann, aber er mochte nicht, wenn sich die Tante Klotild (viel) mit Mami unterhielt, nicht, daß man noch Scherereien deswegen hat. Aber er war oft bei den Nagelschmieden, und dann kam Tante Klotild zur Mami herunter, um zu reden und ein bißchen zu helfen. Wir verachteten sie, weil sie keine Zähne hatte. Für uns war sie eine Hexe, die ihre Macht verloren hatte, wir lachten über sie. Ich glaube, sie wußte es. Während wir an meinem revolutionären purpurnen Einser bastelten, sah sie mich öfter mit vorwurfsvollem Schmerz an. Da lachte ich natürlich nicht über sie, weil ich was von ihr wollte. Der Onkel Varga war ihr zweiter Mann, der erste war am Don gestorben.

Sie schloß sich Mama im Garten an, hakte sich bei ihr unter, sie spazierten auf und ab wie zwei Freundinnen.

»Sie dürfen sich nicht aufregen, Lilike. Man darf sich nicht aufregen, warten muß man. Und warten muß man nicht, weil es was hilft, sondern weil man's muß. Wenn einer gegangen ist oder geholt wurde, dann muß man auf ihn warten, entweder kommt er wieder, oder man bringt ihn. Wissen Sie, Lilike, mit dem Schild oder auf ihm, vielleicht die Mutter der Gracchen ... Mit Kraft warten, mit der gleichen Kraft, mit der der, auf den du wartest, verschwunden ist. – Plötzlich duzten sie sich. – Mit Inbrunst,

Leidenschaft, Obacht und unerbittlich warten. Der verschwunden ist, darf schwatzen, du aber warte lakonisch. Jedes Wort, alles Ausgesprochene und Unterlassene heranholen, eins nach dem anderen, vor- und rückwärts lauschen in der Zeit, die Spuren sehen, die ins Dickicht führen, auf die geheimen Zeichen achten, die der andere vielleicht wahrzunehmen versäumt hat, während er durch seines Schicksals Wald ging. Niemals darfst du nachlässig warten, nur so nebenbei, wie einer, der zu einem göttlichen Mahl geladen ist und nur mit der Gabelspitze in den Speisen stochert. Elegant warten, großherzig. Warten wie im Armsünderhaus auf den letzten Augenblick, den dir der Scharfrichter noch zugesteht. Warten auf Leben und Tod, denn das ist das größte, das menschlichste Geschenk. Bedenke Lilike, nur der Mensch vermag zu warten.«

»Und der Hund«, sagte meine Mutter zerstreut.

Denn sie (die Tante Klotild) hatte viel gewartet, sie wußte, was Warten bedeutete. Bei dem Béla hatte sie die Qualen und die schmerzliche Freude des Wartens gelernt. Wer der Béla sei. Tante Klotild wiegte den Kopf, als würde sie sagen, überleg doch mal ein bißchen. Meine Mama schlug sich an die Stirn, Entschuldigung!, jetzt habe sie alles verstanden.

Nichts hatte sie verstanden. Sie wartete auf ihre eigene grausame Art, die wir dann in ihrer ganzen Tiefe, bis ins letzte Glied kennenlernten. (Es gibt das ängstliche und das demütigende Warten. Nach ersterem hat der, der wartet, Angst, Angst um den anderen oder um sich selbst, oder um sich selbst und den anderen oder – seltener – um jemand anderes. Nach letzterem ist der, der wartet, durch sein Warten gedemütigt. Tante Klotild sprach von ersterem, meine Mutter praktizierte letzteres.)

Am späten Nachmittag hatte sie sich beruhigt, strahlte eine Stille aus, als hätte sich auch Mami der Liebkind-Bewegung angeschlossen. Allerdings kann man das Liebkindsein nicht lange aushalten. Wie auch unter Wasser nicht. Mit dem eigenen Liebkindsein käme man gerade noch so zurecht, aber angesichts der humanistischen Anstrengung im gütestrahlenden rotwangigen Gesicht des Gegners – wobei er lediglich mit Bauklötzern spielen sollte – erwacht in einem in so einem Moment der unwillkürliche Drang, im selben Augenblick, wenn der andere den letzten, siegreichen Dreiecksklotz auf die Spitze des Turmes setzt, unbemerkt den untersten Würfel des Turms von der Stelle zu rücken. Der andere kennt diese irdische, sündige Welt und ahnt somit, daß ein unterer Würfel nicht einfach so von seinem Platz krabbelt, es sei denn, er wird gekrabbelt, also fängt er inmitten des irrsinnigen Krachs, von dem unsere Mutter hochfährt, als würde sie geschlagen, noch im Flug einen Würfel auf und lenkt ihn gegen das Schienbein des Krabbelmachers, der daraufhin nach vorne ausschlägt etc.; woraufhin der Turm gleich mehrfach einstürzt und gleichzeitig mit wilder Gewalt zwiefaches Gebrüll und Geheul ertönt, »als würde jemand geschlachtet«.

In solchen Fällen gab es schnell mal eine Ohrfeige – für den einen. Oder den anderen. Konkret aber für meinen Bruder. In fraglichen Situationen war ausnahmslos er es, der die Ohrfeige kassierte, sowohl die rationellen, sachlichen mütterlichen, als auch die seltenen, aber fundamentalen, symbolischen väterlichen. Zum einen war er tatsächlich ein sogenanntes lebhaftes Kind, »ausgelassen«, »ein Schlingel«, zum anderen war ich einen Atemzug länger in der Lage, den Gesichtsausdruck eines Liebkinds zu produzieren.

»Listiger kleiner Biberach«, meine Mutter brachte es auf den Punkt, aber an der Ohrfeigen-Ordnung änderte das nichts.

So gewöhnten wir uns an, auf die ewige persekutorische Wer-war-das-Frage reflexartig den Namen meines Bruders herauszuhauen. Der in solchen Fällen leugnete, dementierte, sich verteidigte, angriff, argumentierte, debattierte, zeitweilig der Wahrheit entsprechend, und dadurch in eine immer schlechtere, kläglichere Lage geriet, was ich mit einem schmerzhaften Lächeln quittierte, was für ein armseliger Mensch, der sich so erniedrigen muß, wie er nach jedem Strohhalm schnappt, der Elende, anstatt daß er erhobenen Hauptes zu seiner wahrhaft abscheulichen Tat stünde. Bemerkenswerterweise war mein Bruder wegen der permanenten Ungerechtigkeit nie beleidigt, er trug sein Schicksal mit einem gewissen Stolz und mit Selbstbewußtsein. Später erledigte er die Erinnerung daran mit einem Schulterzucken. Guter Bruder, liebes Kind.

180

Noch bevor es einem der Liebkinder, diesmal auch unsere Mutter miteingeschlossen, eingefallen wäre, Hand an jenen imaginären, aber immer existierenden Bauklotz zu legen, schneite plötzlich, wie früher, Roberto herein (der dann tatsächlich mit seinen Springerstiefeln mitten hineinplatzte und gegen einen der unteren Würfel trat, alles stürzte stumm ein).

Ich wußte sofort, er brachte Nachrichten von meinem Vater.

Wie üblich, fiel er ohne zu klopfen ins Haus, wie die Obrigkeit, oder als ob er hier zu Hause wäre.

»Jesus, Miklós!« Meine Mutter sprang ihm an den Hals. Er umarmte unsere Mama, hielt sie in den Armen, wiegte sie kurz. Unsere Mutter hatte ihn immer so empfangen, aber sie war nicht immer so verängstigt, und in dem Bild fehlte unser Vater, wie er seinen Freund grinsend ansah und wartete, den Ungeduldigen mimend, bis er endlich mit dem Umarmen an der Reihe war.

Diesmal gab es nur eine Umarmung.

Aber uns begrüßte er gewohnt zeremoniell, die jungen Grafen, die Komteß, der Majoresko, in Ordnung, wie gewohnt. Mein Bruder grinste, ich strahlte, unsere Schwester schwieg.

Als er sich herunterbeugte, um uns zu tätscheln, spürte ich, daß er getrunken hatte. Ich nannte meinen Vater nie betrunken, nicht einmal innerlich, er hatte getrunken, hatte einen Schwips, einen über den Durst getrunken, einen sitzen. So was hatte ich gehört. In was für einem Zustand Sie wieder sind! – auch das. Unsere Mutter schämte sich für die Besäufnisse unseres Vaters. Später änderte sich das, und sie begann, sich selbst zu schämen, noch später schämte sich keiner mehr vor nichts und niemandem, übrig blieb nur noch das Aushalten. Und dann nicht einmal mehr das.

»Wiederholen Sie das!« schallte die Stimme unserer Mutter aus der Küche. Sie spielten immer miteinander, diesmal schien es anders zu sein. Roberto ließ seinen melodiösen Brummbaß hören. »Gehen Sie, sofort!« Meine Mutter keuchte.

»Sie werfen mich hinaus? Sie werfen mich doch nicht etwa hinaus, liebste Lilike?« Er lachte. »Sie wollen mich von hier ausweisen? Sie wollen reinweg eine Persona non grata aus mir machen?!«

»Verschwinden Sie.«

Stille. Wir lauschten. Etwas wie eine Rangelei, dann war's wieder still.

»Sie werden doch wohl nicht übertreiben, gnädige Frau?!«

»Sie drohen mir? Sie wagen es, mir zu drohen?!«

»Aber wo denken Sie denn hin, meine Liebe.«

Roberto knallte die Tür hinter sich zu, wie es manchmal, selten, mein Vater tat.

Mami kam langsam herein, schlurfte gebeugt, als würde sie gleich zusammenbrechen, ihr Gesicht war kaum wiederzuerkennen, sie erblaßte und errötete zugleich. Man konnte ihr nur die Schwäche ansehen, aber als sie sprach, klang ihre Stimme entschlossen, mit der Kraft der Wut. Ihre Augen blitzten, als wären auch wir schuld. (Sie hatte so einen »Ihr Männer«-Blick.)

»Wißt ihr, wer dieses Individuum war?« Wir nickten ernst. »Diesen Menschen kennt ihr ab heute nicht mehr.«

Mein Bruder verstand nicht, wie wir jemanden nicht kennen sollten, den wir doch kennen, wir könnten höchstens jemanden nicht kennen, den wir nicht kennen. Aber uns wurde gar nicht das auferlegt, sondern jemanden ab heute nicht mehr wiederzuerkennen, das heißt, wir sollten so tun, *als ob* wir ihn nicht kannten, obwohl wir ihn kannten. Als ob. Den ganzen Abend lang übten wir das. Einer war Roberto und der andere erkannte ihn nicht. Dann tauschten wir. Während des Übens kamen wir auch dahinter, daß wir den, den wir ab heute nicht mehr kannten, auch hassen mußten, mit dem durfte man kein Wort mehr wechseln.

Aber warum sollten wir Roberto hassen?

Unsere Schwester, der kleine Hosenscheißer, hat gar nichts verstanden, oder aber sofort alles, denn als wir sie gutmütig auch mit ins Üben einbezogen, fing sie jedesmal, wenn sie dran war, diejenige zu sein, die wir nicht erkannten, sofort bitterlich zu flennen an.

Und im hinteren Zimmer die Mami.

Beim Schlafengehen mußten wir für Papi beten.

»Wieso, ist er gestorben?« fragte mein Bruder mutig und rational. Er bekam von unserer Mutter aus der Rückhand eine halb väterliche Ohrfeige verpaßt. Mein Bruder weinte nie, im Gegensatz zu mir, der ich immer sofort das Ausmaß des Schmerzes und der Ungerechtigkeit signalisierte – diesmal fing er zu heulen an. Mami drückte ihn an sich. Sie zog ihn nicht vor (sie zog keinen von uns den anderen vor, vielleicht mich ein bißchen, weil ich ihr erster war); Fremde liebkosten ihn, streichelten ihm über den Lockenkopf und die feine braune Haut: Mein Bruder ist schön, und darüber freuen sich die Menschen. Lange Zeit war ich, nicht sehr, ein wenig neidisch auf ihn.

Als wir mit dem Vaterunser fertig waren, fragte ich, ob wir

denn nicht auch für Roberto beten wollen. Meine Mutter blitzte uns an und ließ uns allein. Wir leierten, sicher ist sicher, auch für Roberto ein Avemaria herunter. Unsere Mutter glaubte wirklich an Gott, sie nahm nur Anstoß daran, daß sie soviel leiden mußte.

»Die Erbsünde, gute Frau, die Erbsünde«, grinsten wir vom Religionsunterricht kommend, »jawohl, Vertreibung aus dem Paradiese und im Schweiße deines Angesichts. Das hätten Sie sich früher überlegen müssen, Mamilein, nun ist's zu spät.«

Meine Mutter sah Roberto nie wieder. Ich schon am nächsten Tag. Möglicherweise wäre es besser gewesen, ihn nicht zu sehen, aber dann hätte ich auch meinen Vater nicht mehr gesehen.

181

Ich hatte keine Angst. Ich dachte, die jetzt fällige Angst – denn fällig schien sie zu sein – habe ich schon abgearbeitet, am Tag zuvor, vor der Post. Als ich durchs Schultor trat, um mich meiner täglichen Gewohnheit gemäß dem Fußballspiel der Drittkläßler anzuschließen (sie ließen mich mitmachen!!!), traten die beiden Polypen, die meinen Vater tags zuvor verschleppt hatten, an mich heran. Es kam mir vor wie in einem Film, das machte mich überheblich, ich hatte das Gefühl, Oberwasser zu haben.

Ich soll mitkommen, beziehungsweise steig ein, Kurzer.

Ich bin kein Kurzer, beziehungsweise ich habe auch einen Namen, und vielleicht sollte man doch nicht hier, vor allen Leuten.

Ich ließ sie stehen und ging auf ihren Wagen zu, einen Pjobeda, der mit laufendem Motor dastand. Die Drittkläßler trauten sich nicht, mir hinterherzurufen, aber ich sah, daß sie mich sahen. Sie schauten, also sahen sie. Die beiden Bullen folgten mir verstört. Sie hatten einen Fehler begangen, ich wußte es, sie hätten mich bestimmt »ohne Aufsehen zu erregen« einsammeln sollen, anderenfalls wären sie sofort zum Direktor gegangen, aber sie hockten hier auf der Lauer, unauffällig, wie wir alle sehen konnten. Entweder, oder.

Ich wußte nicht, ob ich vorne einsteigen sollte oder hinten. Davon bekam ich dann doch etwas Angst.

Ich würde mich gern von meiner Mutter verabschieden.

Darüber lachten sie herzlich.

»Guck ma', der Held der Familie!«

Das Gejohle ließ die Angst wieder weichen, obwohl mich dieses ständige Auf und Ab langsam wirklich anödete. Habe ich nun Angst oder nicht. Ich preßte die Lippen aufeinander, wie ich es bei meinem Vater gesehen hatte.

Ich sang mir nach der Reihe Durchs-Gebirge-durch-die-Steppen, Rodimäckorli, Käwinbärri und sogar Putakäss-Putakäss in der Orchestrierung meines Vaters vor, selbstverständlich als stummer Löwe. Die da vorne ahnten gar nicht, was für ein königliches Wild ihr dreckiges kleines Leben bedrohte. Die Hymne konnte ich nicht singen, da man nicht stehen konnte. Da muß ich mich mit meinem Vater beraten, was denn im Falle so einer Behinderung zu tun sei. Denn unter dem Galgen ist es leicht, da steht man sowieso in Habacht da. Aber was ist, sagen wir mal, in einer Sitzbadewanne, wie schon der Name sagt?

Ich kniete mich auf den Sitz, schaute durch das ovale Rückfenster. Die Felsen des Oszoly sind wie ein Gesicht, ein Kopf, ein Jemand. Er sah mich an. Wenn ich schon kniete, betete ich auch.

»Hinsetzen«, befahl man mir wie einem Hund.

182

Nie zuvor hatte ich mich so gefreut, einen Menschen zu sehen, wie damals Roberto. Wir landeten vor dem Polizeirevier in Szentendre, man sagte, ich solle im Auto warten. Ich sang wieder ein bißchen, schlotterte ein bißchen. Entweder ich singe, oder ich weine; nun, da ich nicht weinen durfte, sang ich um so mehr – ich hatte keine Angst, ich hatte bloß dasselbe Gefühl wie auf dem Hauptplatz von Csobánka, ich war unfähig, mich zu rühren. Ich hatte keine Kopfschmerzen.

»Eure Exzellenz, wenn ich bitten dürfte!« Die Tür neben mir geht auf und Roberto verbeugt sich in dienstbarer Tiefe, ich erkenne seinen nachtschwarzen Schopf, das erste Mal sehe ich, daß er, zwar gerade nur so, aber anfängt, kahl zu werden.

»Lieber Roberto!« Ich vergesse völlig die mütterliche Mahnung und springe ihm an den Hals; später, dachte ich, später kann ich ja noch mal darauf zurückkommen, daß ich ihn nicht kenne, aber bis dahin umarme ich ihn erst einmal, bohre meinen Kopf in seinen Hals, lieber, lieber Roberto.

Er stellt mich früher als ich erwartet hätte wieder hin, laß uns gehen.

»Fliehen?« Ich stampfe ihm hinterher.

»So könnte man's auch sagen.« Er schaut nicht zurück.

»Sollen wir rennen?«

Er bleibt stehen, schaut zurück, nein, rennen sollten wir nicht. Bringt nichts.

»Verstehe«, sage ich prompt, da ich nichts verstehe. Doch! Ich will gar nichts verstehen. Was allerdings was Neues ist. Ich habe meinen Schulranzen im Auto vergessen, Roberto winkt ab, was ich auch so interpretieren könnte, daß ich nie wieder zur Schule gehen muß, aber darüber freue ich mich aus den bereits erwähnten ›*Musterkind*‹-Überlegungen heraus nicht besonders.

Ich kann ihn nicht einholen, Roberto ist mir immer zwei Schritte voraus, wir traben zwischen Häusern, durch enge Gassen, hoch und wieder runter, auf einmal stehen wir an der Donau. Sie ist groß. Wir gehen ganz nah ans Wasser. Wenn wir Pferde wären, könnten wir jetzt prima trinken, denke ich. Die Sonne scheint, ein kalter Wind weht, wir spazieren auf und ab, wie zwei alte Freunde. Erwachsene, auf jeden Fall. Dementsprechend bemühe ich mich, große Schritte zu machen, Schritt zu halten. Ich warte, man will mir etwas sagen. Wir stehen da, mit dem Gesicht zur Donau.

»Weißt du, was Politik ist?«

Das weiß ich, der Iwan und die Kommunisten. Er verzieht den Mund, unklar, ob vor Lächeln oder Verachtung, und wenn es Verachtung ist, wen er verachtet.

Daß das jetzt jedenfalls eine politische Frage sei. Man hat aus Papi eine politische Frage gemacht. Aber das ist jetzt egal, wer was gemacht und nicht gemacht hat, er weiß, mein Vater ist ein vorsichtiger Rebell, Mundverziehen, viel hat er bestimmt nicht gemacht, vermutlich überhaupt nichts, aber das Entscheidende sei jetzt, wer was gemacht haben könnte, das Denkbare, das, was sein könnte, ist jetzt wichtig geworden, das, was sein könnte, ist gefährlich, was ist, ist nicht gefährlich, das Ist ist nie gefährlich, insofern man es theoretisch, in thesi, immer am Kragen packen kann, mit dem Ist hat man die wenigsten Scherereien, man kann ein Jahr bekommen, zwei, hundert, null, die Vorschriften, oder, mit einem altertümlichen Wort gesagt, Gesetze, sagen einem akkurat, was zu tun ist.

Aber das, was sein könnte!

Könnte-sein kann man nicht vor Gericht stellen, es entschlüpft dem Griff der Regeln, Ukas' und Reglementierungen, entflieht, und egal, ob wir vom *Betreffenden* alles wissen, wir wissen *nur* alles von ihm, also nur das, was man wissen kann, sie wissen, mit wem mein Vater geredet, wen er getroffen hat, zu Hause, im Dorf, außerhalb des Dorfs, an seinem Arbeitsplatz, wen er in jenem Lattenverschlag am Wegesrand, in der Hütte, dem Wohnwagen alles empfangen hat, aber lassen wir den Kleinkram, ich muß nicht alles wissen, auch die Welt der Erwachsenen ist nicht ganz so, wie sie aus der Perspektive eines Kindes zu sein scheint, man weiß also nur soviel, alles, aber nun müsse man dem Papi vom Könnte-sein ins Ist hinüberhelfen, und hier liegt der Hund begraben, aus dem Könnte-sein ein Ist zu machen, aber wir wissen, wie störrisch mein Vater ist, er weiß es, ich weiß es auch, ich weiß es nicht, mein Bruder ist oft störrisch und Géza, der Ziegenbock, aber nun ist auch er nicht mehr störrisch, nicht wahr, aber daß ein Erwachsener auch störrisch sein kann?, mein Vater also ist störrisch, was äußerst verständlich ist, schließlich ist er eine souveräne Person, er hält fest, woran er seinem Standpunkt gemäß festhalten muß, und das nehme er ihm, könne er ihm überhaupt nicht übelnehmen, es ginge ohnehin nicht darum, ihn zu beurteilen, sondern darum, ihm zu helfen, und da wäre es lächerlich, ihm das vorzuwerfen, ohne das es jetzt überhaupt nichts zu reden gäbe, denn es bedurfte keiner Hilfe.

Nichtsdestotrotz, ein wenig Unverständnis hege er doch. Denn was in aller Welt wollen die denn schon Großes von meinem so hervorragenden Vater?

»Wer?«

»Unterbrich mich nicht.«

Nichts weiter als eine Unterschrift, eine Geste, ein Zeichen, das Leben ist nicht schwarz oder weiß, mein Vater wird dadurch auch nicht reiner, wenn er das nicht mitmacht, man soll sich nicht unbefleckter zeigen, als man ist, das Leben ist nicht sauber oder schmutzig oder verrottet oder erhebend, es geht einfach weiter, läuft weiter, würde weitergehen und -laufen, man könnte sogar darüber reden, daß mein Vater eine Arbeit bekommt, die seinen Fähigkeiten, die wirklich keiner in Frage stellt, diesen erstklassigen Qualitäten entspricht, das Land brauche keine Märtyrer und zweifach diplomierte Straßenarbeiter, jeder, der leidet, ist gemeingefährlich, man muß keinem was vorenthalten und man muß auch nicht lügen, mit erniedrigten Menschen kann man kein Land aufbauen, man muß unterschreiben und fertig, er habe auch sofort unterzeichnet, daran gibt es nichts zu verheimlichen, es war nur ein unschuldiges Spiel, aber es ist nun einmal passiert, und was passiert ist, ist passiert, vielleicht erinnere ich mich auch noch daran, man erinnert sich, woran man sich erinnern will, an alles, was man nur will!, daß sie damals fürwahr den Todestag Stalins gefeiert haben, er und mein Vater und vielleicht sogar meine Mutter …

»Sie nicht!«

»Schrei nicht herum. Ich rede.«

… sie spielten »Mensch ärgere dich nicht«, was sie angesichts des trauerreichen Tages etwas abwandelten, denn sie ärgerten sich am Ende nicht, sondern lachten, über Stalin, und schlugen ausschließlich die roten Figuren, das heißt, sie haben gewissermaßen eine Verschwörung gegen die roten Figuren, also quasi gegen die Roten ausgesponnen, das war's, das ist alles, was man unterschreiben muß, war es etwa nicht so?, genau so war's!, das ist alles, eine Regung, auf die die so sehr warten, nur so viel, daß er nicht gegen sie ist, er aber sage vergeblich immer wieder, ›*Mensch, ärgere dich nicht*‹, mein Vater weigert sich, nein und nochmals nein.

Wenn nicht, dann eben nicht.

Und wir fangen wieder an, am Ufer auf und ab zu gehen. Ich betrachte von unten verstohlen sein Gesicht, ich sehe keine erwachsene Ungeduld darin, obwohl ich fühle, daß er noch etwas von mir will. Er sieht aus wie mein Bruder, wenn er weinen will. Mein Bruder lacht viel, aber er weint auch, wenn er nur will. Mein Bruder kann eine Menge.

»Aber so ist es nicht!«

»Was?«

»Daß, wenn nicht, dann eben nicht. Wenn es zu einer politischen Frage geworden ist, geht das so nicht mehr. Sie wollen sie … da kennen die nichts …

»Wer?«

»Die Politik ... sie wollen die Unterschrift.« Er fängt zu lachen an, Roberto lacht immer über sich selbst, und diesmal für mich.

»Und was willst du?«

»Deinem Vater helfen.«

»Danke.« Mir fällt das Verbot ein. Aber ich kenne ihn, ich stehe hier und kenne ihn. Diesen Menschen.

»Aber du siehst, ich allein bin zu wenig. Aus irgendeinem Grund vertraut er mir nicht hundertprozentig. Dir vertraut er. Du bist sein Sohn. Blut aus seinem Blute. Der Majoresko.«

Wir stehen am Ufer. Mächtig ist die Donau, sie fließt dahin. Ich schau mir diesen Mann an, als wäre er mein Vater. Ich habe meinem Vater noch nie bei irgend etwas geholfen. Zundermachen käme in Frage, aber das ist wegen der Axt zu gefährlich, außerdem schlafe ich zu der Zeit noch. Als der Bach übertrat und man mit Sandsäcken dem Wasser den Weg versperren mußte, damit es Onkel Vargas Glashaus, »die Arbeit eines ganzen Lebens«, nicht davonspülte, hätte ich auch helfen können, aber sie haben mich davongejagt. Auf dem Melonenfeld waren wir auch nur im Wege. Es ist schwer, einem Vater zu helfen, weil es schwer ist, in seine Nähe zu kommen. Einmal gingen wir zusammen zum Frührorate, in Stiefeln und Fellmützen, im knirschenden Schnee, wie im Märchen. Unser Atem dampfte. Die Schäfer, unterwegs zum Heiland. Und da fegte ein Tannenzweig Papi die Fellmütze vom Kopf. Der Ärmste, wie lächerlich er war, als er nach ihr schnappte, als würde er sich an die Stirn schlagen, weil er etwas vergessen hatte. Jetzt fällt's mir ein, die Fellmütze!, in der Art. Ich hob sie auf, und er bedankte sich. Das ist eine Hilfe. Oder nicht? Mami kann man leicht helfen, es wird sogar leicht zuviel. Die breite Skala des Einkaufs (Fleisch dürfen wir nicht kaufen, das kauft immer sie), Unkrautjäten, Kleinholzsammeln, Sockenwaschen, Abwaschen, Babysitten, Ackerlattich auf dem Galina-Hügel suchen. Die Mamihilfe ist leicht, unvermeidbar, aber es hat überhaupt nichts Interessantes an sich.

»Was muß ich tun?«

»Du mußt unterschreiben.«

»Was muß ich unten schreiben?«

»Was, was ... Deinen Namen aufs Papier.«

»Was für ein Papier?«

Roberto fährt sich ungeduldig durch das Haar, ich fühle, ich stelle die falschen Fragen, irgendwie die überflüssigen oder die anderen. Er wedelt mit den Armen, wie ein Vogel mit den Flügeln. Flieg nicht davon, lieber Roberto. Man müßte etwas über dieses Gesellschaftsspiel sagen, aber nur das, was wirklich passiert ist, im Grunde ist es egal, die Geste ist wichtig, wer ... wer sich am Ende ärgert und wer lacht, und er lacht ein wenig, und ich frage dasselbe, wie Jahre zuvor mein Vater, ob denn das jetzt das Ende sei.

»Nein.« Das Lächeln bleibt in seinem Gesicht haften wie ein Schatten. »Es fängt jetzt an.«

»Soviel? Meinen Namen unten schreiben?«

»Ja.«

»Unten schreiben kann ich. Das ist doch nichts.«

»Ich will dich nicht betrügen.« Ich schaue ihn an, er nach vorn, zum Wasser. »Eine Unterschrift ist nicht nichts, eine Unterschrift ist sogar ziemlich viel. Dein Name wird dastehen. Und es wird ewig dein Name sein. Dein Name. Euer Name. Im Laufe der Jahrhunderte stand dieser Name schon auf vielen Papieren, Gründungsurkunden, Friedensverträgen, Ernennungen, Urteilen, manchmal entschied er über das Schicksal des ganzen Landes ... Eine Unterschrift verjährt nie.«

Ich höre dem stolz zu, besonders, daß sie nicht verjährt, und daß man die da damit beruhigen kann. Wen, da frage ich jetzt nicht mehr nach, die Politik vermutlich, die Kommunisten und den Iwan, aber wer es auch immer sei, wenn man sie beruhigt hat, werden sie meinen Vater in Frieden lassen.

Aber wo er denn jetzt sei.

Es sei egal, wo er sei, er sei dort gut aufgehoben. Das heißt nein, eigentlich eher schlecht.

»Bei der Polizei?«

»Ja.«

Und was habe er, der Roberto, mit der Polizei zu tun?

Er habe nicht mit der Polizei was zu tun, sondern mit uns, mit meinem Vater und mit denen, die ebenfalls Probleme haben, die im selben Boot sitzen.

»Und überall muß ich unten schreiben?«

»Recht so, Exzellenz. Ohne Humor läuft im Schoße der Karpaten überhaupt nichts.«

183

Es ist besser, als Held zu sterben, denn als moralische Leiche weiterzuleben, das ist klar. Zweimalzweiistvier. Aber als Narr zugrunde gehen? Irrtümlich? Aus einem Mißverständnis heraus? Unnötig? Unglücklich ist das Land, das Helden braucht. Und daß wir jetzt versuchen wollen, dieses Unglück zu vermeiden. Er umfaßt meine Schulter, es tut gut. Ich bin aufgeregt.

184

Ich erfuhr erst später, daß man meinen Vater furchtbar zusammengeschlagen hatte, ihn geohrfeigt wie ein Kind, auf ihn eingeprügelt wie auf ein Pferd, in ihrer ersten Wut schlugen sie ihm auf die Nieren, dann systematisch den Körper, und besonders die Fußsohlen.

Wir sind in einer Art Büro oder einem Glaskäfig, eine Wand

aus Glas, jenseits, auf einer Pritsche, liegt ein Mensch. Ich weiß, daß er es ist. Ich schaue ihm von hier aus zu. Als wir hereinkamen, tippte die Sekretärin etwas, sah nicht auf, ich grüßte, Roberto nicht. Das Glas spiegelt, ich sehe sowohl das Draußen, uns, als auch das Drinnen, ihn. Man kann meinen Atem an der Scheibe sehen, so nah stehe ich dran.

»Na los doch!« Roberto grölt mich grob von hinten an. Ich drehe mich um, erkenne ihn kaum wieder. Ich verstehe nicht, was er will. Soll ich durch die Glasscheibe gehen? Die Frau hebt den Blick, ihr Gesicht ist haarig, flaumig, im starken Sonnenschein bedeckt dieser Flaum wie ein feiner, blonder Pelz ihr Gesicht. Sie ist häßlich. Sie deutet mit dem Kopf zur Ecke, dort ist das Türchen. Als müßte ich in einen Tierkäfig. Ich gehe hinein. Die Angst, die ich jetzt empfinde, gilt dem wilden Tier, daß es mich anfallen könnte. Vorsichtig nähere ich mich ihm. Aber wie ab einem gewissen Punkt der Magnet das Eisen an sich reißt, springe auch ich plötzlich an die Pritsche, knie mich neben den Körper. Als würde er schlafen. Daß er gestorben sein könnte, kommt mir gar nicht in den Sinn.

Aber natürlich. Das kam uns immer in den Sinn, wenn wir ihn schlafen sahen, sein Mund halb geöffnet, sein Kinn heruntergeklappt, seine Wangen eingefallen, in leichenhafter Unbewegtheit, immer und immer wieder das Entsetzen selbst. An Sonntagen sahen wir ihn schlafen. (Manchmal, unerwartet, auch am Nachmittag, aber da konnten wir ihn doch nicht sehen, da war es uns verboten, das hintere, das »Erwachsenenzimmer« zu betreten.) Sonntags stand er als letzter auf. Du sollst den Tag des Herrn ehren!, das bedeutete, das haben wir sofort verstanden, daß Papi endlich einmal lange schlafen durfte. Lange, aber nicht sehr lange, denn irgendwann weckten wir ihn. Die größte Gunst war, wenn wir zu ihm ins Bett schlüpfen durften. Das übertraf sogar das Insbettschlüpfen bei Mami, obwohl das auch gut war.

»Papi, Papi, Papilein«, ich versuchte ihn sachte zu wecken, als wäre es Sonntag. Ich traue mich nicht, ihn zu berühren. Er rührt sich nicht. Er hebt nicht einmal den Kopf. Jetzt erst merke ich, daß seine Augen offen sind. Auch sein Blick rührt sich nicht. Seine Lippen sind gesprungen, entlang eines blutigen Spalts aufgeplatzt. »Vater! Kommen Sie bitte zu sich!«

Roberto klopft an, ich solle leiser machen, taktvoller, und ich solle mich beeilen. Ich weiß nicht, was ich machen, was ich sagen soll. Er (mein Vater) weiß sowieso alles. Deswegen ist es, unter anderem, auch so schwer zu beten, er schaut mich an, und er weiß alles. Aber er schaut mich nicht an. Er rührt sich nicht, nichts an ihm rührt sich, Körper, Gesicht, Augen.

»Ich habe das Papier unterschrieben, damit du rauskommst.«

Ich kann nicht weitersprechen, ich schaue mir seinen zusammengekauerten Körper an, seine Hände aneinandergelegt zwischen die beiden Knie geklemmt. Ich streiche ihm über das Gesicht. Er zuckt zusammen, ein Zittern durchfährt ihn, er dreht sich zu mir, aber er schaut mich nicht an, er schaut überall hin, über mich, neben mich, durch mich hindurch, nur mich schaut er nicht an.

Er versucht mit aller Kraft zu spucken.

Er versucht, mich anzuspucken.

Was spuckt er hier herum! Was spucken Sie hier herum! Spucken Sie doch nicht! Spucken ist leicht! Was nicht stimmt, es fällt ihm nicht leicht zu spucken, dieser schwere, blutige Speichel will seinen Mund nicht verlassen, er kriecht sein Kinn hinunter.

Ich wische ihn weg, ich wische ihm den blutigen Speichel aus dem Gesicht. Ich wische ihm die Spucke, die mir gegolten hatte, aus dem Gesicht. Bitte nicht spucken. Sie müssen hier raus, und alleine können Sie es nicht. Roberto hätte helfen können, aber wahrscheinlich kennen Sie ihn auch nicht mehr, so wie die Mami.

Ist in Ordnung. Aber ich bin hier, mich müssen Sie doch kennen, ich bin Ihr Sohn.

Von diesem Gedanken, ich bin Ihr Sohn, werde ich ganz rot, ich werde rot vor Haß. Um dann gleich wieder zu erschrecken. Mach dir nichts draus, Papilein, es war nicht schwer, hab' keine Angst, jetzt haben wir es hinter uns, die Schweine, es wird alles in Ordnung kommen, auch wenn diese Mistkerle gedacht haben, sie könnten uns besiegen, sie dachten, man kann dich brechen, erpressen, diese Schweinehunde dachten, es gehört ihnen alles, sogar du gehörst ihnen! Die kommen doch überhaupt nicht an dich heran, Vater!

Er versucht zu spucken, ich warte, ich wische.

Ich verstand nicht, warum er nicht sofort mitkommen durfte. Er mußte der Form halber noch einen Tag bleiben. Roberto brachte mich mit einem Polizeiwagen bis zum Zufahrtsweg nach Csobánka.

»Von hier aus kannst du zu Fuß gehen. Und deiner Mutter solltest du vielleicht nicht alles erzählen. Aber wie du meinst.«

185

Als er mich anspucken wollte (er ekelte sich vor seiner eigenen Spucke!), sagte er ein seltsames, seltenes Wort: Kackmus. Ein nie gesehenes, nie gehörtes Wort. Kackmus, ich sei ein Kackmus.

»Und ab jetzt bleibst du's für immer.«

186

»Wo warst du?«

»In der Schule.«

Ich bekam eine Ohrfeige, das gibt's gar nicht. Sämtliche Ohrfeigen, die sich meine Mutter nicht getraut hatte auszuteilen, waren in dieser enthalten, und in allem, was dann noch hinterherkam; sie drosch weiter auf mich ein, erst mit der bloßen Hand, mit der Faust, dann mit dem Besenstiel, ich wehrte mich nicht besonders, ich schützte nur meinen Kopf. Ich weinte nicht, ich sagte nichts, ich flehte nicht. Sie brüllte entsetzliche Worte, als wäre sie gar nicht sie selbst, eine unbekannte Kreatur tobte sich an mir aus, schlug auf mich ein, solange sie nur konnte. Sie war stark, in diesem Moment war sie vielleicht am stärksten in ihrem Leben. Von da an wurde sie immer nur schwächer.

Auch ich keuchte, auch ich war müde geworden. Die Schläge schmerzten, ich war solche Prügel nicht gewohnt, so konnte ich mich nicht einmal darüber freuen, daß mich diese Schläge heimlich mit meinem Vater verbanden. Als ich mich ins Bett legte, waren meine Glieder von einer angenehm bleiernen Schwere, als hätte ich den ganzen Tag gespielt. Oder meinem Vater geholfen. Mein Bruder und meine Schwester setzten sich an mein Bett und streichelten mich. Das Einschlafen fiel mir leicht.

187

Am Morgen, beim Aufwachen, packte mich die Angst an der Gurgel. Das war was anderes, als was ich bis dahin kannte. Es war gar nicht so sehr die Gurgel, eher der Magen, die Lunge, das Herz. Als würde irgend etwas an meinem Innersten drehen, zerren, schütteln, während ich keuchend immer weniger Luft bekam, wurde ich vom durchscheinenden, kristallklaren Entsetzen der Schuld überflutet. Ein dunkles, umgekehrtes Frohlocken. Ich hatte nicht vor jemandem oder etwas Angst, sondern vor allem.

Was mir bis dahin noch nie passiert war: Ich haßte mich, und ich hatte Angst vor dem lieben Gott.

Bis dahin kamen wir so gut miteinander aus. Bis dahin wußte ich, daß der liebe Gott in meinem Kampf mit dem lieben Gott auf meiner Seite stand. Nun hatte ich die Befürchtung, er könnte mich fragen, was hast du getan, und auch, daß er mich gar nichts fragen könnte. Keiner etwas fragen. Auf einmal hatte ich vor allem Angst, denn dieses Alles kam mir furchterregend vor, Gott ist furchterregend, was will er von mir?, und vielleicht noch furchterregender ist der Nicht-Gott, will denn keiner was? Kann man denn nirgends Einspruch einlegen?

Ich blieb mit Gott allein, ob es ihn nun gibt oder nicht. Deus semper maior, sagte ich mir immer wieder. Bis dahin betrieben wir mehr oder weniger einen leichten, gemütlichen Handel-und-Wandel miteinander, so nach dem Motto, wie du mir, so ich dir. Ich dachte, wenn ich brav bin, das heißt, der Mami helfe (jäten etc.), meine Geschwister nicht oder nur in begründeten Fällen verhaue und brav meinen Meßdienst mache, habe ich ihn in der Hand. Ich dachte, *das wäre so.* Daß er nach meiner Pfeife tanzt, weil ich meine Pfeife so blase, wie er es vorschreibt.

Ich fing zu beten an, heimlich, damit's keiner sieht. Aber es guckte auch keiner. Keiner, keiner ist da. Ich bitte dich – ich schließe meine Augen fest, ich presse meine Lider aufeinander, meine Lippen, mein Gesicht, meinen ganzen Körper –, ich bitte dich, Herr, erbarme dich meiner.

Erbarme dich, das war es, wurde mir klar, hierhin haben mich dieses Gefühl der Schuldigkeit, das mir durch alle Glieder ging, dieser dumpfe, dem Schmerz nahestehende Schrecken und diese Fassungslosigkeit geführt, daß ich nicht bitten mußte, nicht schnorren und nach der für das Schnorren günstigsten Position suchen wie bisher, sondern unter Aufgabe aller Bedenken: flehen. Ich flehe dich an, nimm keine Rache an mir und stell mich nicht auf die Probe, experimentiere nicht mit mir, was denn aus mir wird in der Not, wie ich die Schläge ertrage. Ich verspreche, alles zu tun, um dich zu verstehen.

Und schon wieder versuche ich zu feilschen.

Zittern, Brechreiz und Hitze kommen in Wellen über mich, ich laufe rot an. Ich habe es erkannt, unerwartet und auf erschütternde Weise, daß mir keiner helfen wird, ausschließlich der liebe Gott, weder Vater noch Mutter, weder Roberto noch meine Geschwister, nur Er. Und ich dachte bislang, ich helfe ihm, indem ich in die Kirche gehe. Und wenn er mir nicht hilft, muß ich in diesem dunklen Brechreiz weiterexistieren. Aber wie kann ich ihm vertrauen, wenn er nicht so ist, wie ich ihn mir vorgestellt habe? Aber das ist nun einmal die Situation, ich muß ihm vertrauen, sonst ist Leben nicht möglich. Man kann nicht in Angst leben. Aber vertraue ich ihm denn, weil ich ihm vertraue, oder weil mir nichts anderes übrigbleibt und weil alles andere schlechter wäre? (Das war meine große Gotteserfahrung am 5. November 1956.)

Da beschloß ich, jeden Morgen mit diesem Satz aufzuwachen, Herr, erbarme dich meiner! Jeden Morgen werden das meine ersten Worte sein. Meinen ersten Gedanken, Herr, schick ich zu dir, erbarme dich meiner. Daran hielt ich mich ziemlich lange, aber dann hat man Ende November die Sportstunde auf vor acht vorverlegt, und dann lautete der erste Satz des Tages, wo, verflixt, sind meine Turnschuhe.

Wo sind meine Turnschuhe, erbarme dich meiner.

188

Anfangs kehrte ich jeden Tag vor Schulbeginn in die Kirche ein und sagte dort kniend meine Sätze auf.

»Irgendwas nicht in Ordnung?« fragte der Pfarrer, den auch meine Eltern gut kannten, nach einigen Tagen. Er hieß Pater Zsigmond, aber alle nannten ihn nur Zsigibigi. Selbst meine Mutter, obwohl sie immer rot ob dieser Frivolität wurde.

»Ich bete nur«, sagte ich, und auch ich wurde rot dabei.

Er sah mich freundlich an, nickte.

»Die Sünde schafft den Herrn«, sagte er und streichelte mir über den Kopf.

189

Es war dieselbe Bewegung, mit der mein Vater mir über den Kopf strich, als er am dritten Tag nach Hause kam, im karierten Hemd und mit zerbrochener Brille, mit seltsamen Veränderungen in seinem Gesicht, auf seiner herrlichen Stirn.

Ich traute mich nicht, ihn anzusehen, dann sah ich ihn an, ich sah ihm in die Augen. Ein Double meines Vaters, dachte ich, denn dank Onkel Pattyi wußten wir, was ein Double ist.

»Runtergefallen«, antwortete Vater auf die freundliche Nachfrage meines Bruders, »runtergefallen«, sagte er und nahm die Brille ab, sah sie sich an, drehte, wendete sie. Drei parallele Furchen durchzogen quer seine erschöpften Züge. Sei mir nicht böse, lieber Vater.

NEUNTES KAPITEL

190

Ich beendete die erste Klasse noch in Csobánka, wohnte bei Tante Irmi, trank Kaffee und blätterte in Büchern mit altdeutscher Schrift, dann schafften wir es irgendwie wieder nach Budapest zurück, und ich hatte endlich mein eigenes Zimmer. Welches im familiären Wortgebrauch die Gaskammer genannt wurde; aus irgendeinem Grund war die Gasuhr dort angebracht, und angeblich gibt es keine Gasuhr ohne Filtration, also schwebte stets ein leichter Mandelgeruch durch diesen als Zimmer kaum zu bezeichnenden Restraum. Der aber nicht etwa eine ferne Höhle war, eher ein Flur, durch den man ins Badezimmer gelangen konnte, mit einem Wort, er vereinte sämtliche Nachteile der verlassenen und der angesagten Plätze.

Auf der Seite des Erwachsenenzimmers lehnte sich ein weißverfugter, mit Ziegelsteinen ummauerter Kamin (außer Betrieb) an die Wand meines Zimmers. Über meinem Bett war der mit einem Gitter abgedeckte Schacht angebracht, oder eher nur ein Loch, aus dem wohl einst Wärme bzw. Hitze herausströmte. Jetzt schien es eher umgekehrt dafür zu sorgen, daß wegen des Gases gelüftet wurde.

Der Eisendeckel mit Rautenmuster erinnerte an das Gitter eines Beichtstuhls. Ich beichtete und nahm die Beichte ab.

Nachts konnte man vieles herüberhören. Halbwegs.

Die reinste Penelope, unsere Mutter wartete ihr ganzes Leben lang, sie wartete auf unseren Vater. Wir schlossen uns dem notgedrungen an, Warten als Mißtrauen, Hysterie, Krampf, Beleidigtsein, Haß, Bangen, das zu Haß, Angst, die zu Bangen wurde. Unsere Mutter war voller Argwohn, und der Argwohn fraß sie auf. Wir ließen sie mit dem Warten allein und legten uns schlafen, weil wir in der Entwicklung waren, und Kinder in der Entwicklung brauchen viel Schlaf.

Nachts aus dem Schlaf auffahren: mußten wir nicht. Oder kaum. Diese Geräusche, das Flüstern, das durch das Eisengitter drang, plötzliche, spitze Stimmfetzen, unenträtselbare Worte, selten Weinen, vom spektakulären mütterlichen Schluchzen bis hin zum Greinen und dem trockenen, tonlosen Männerweinen, Türenschlagen und das Getöse abbröckelnden Putzes – diese Geräusche können eine Weile als Teil des Traums durchgehen, man hat sich eben verhört, armes Kind kocht mit Wasser, belügt sich, wo es eben kann.

191

Eines Nachts aber drangen Laute in meinen Beichtstuhl, so was hätte man sich nicht einmal erträumen können; das Ganze war so unwirklich, daß man es als wirklich annehmen mußte.

Mein Vater bekam Besuch vom Kaiser.

Ein (ein Stück) Habsburger stand spätnachts bei uns auf der Matte, unter dem Decknamen Müller.

»Müller«, lächelte der Sohn des letzten ungarischen Königs (also nix da mit Kaiser).

»Majestät«, hörte ich die Stimme meines Vaters.

Schwer zu sagen, was der Königssohn wollte. Er besuchte sein ihm ergebenes Land. Die ihm ergebene Familie. Seinen ergebenen Untertan (in der Annahme, der Sohn eines treuen Mannes sei ebenfalls treu). Er orientierte sich. Wie das so üblich ist, zuerst orientiert man sich. Verkleidete Prinzen haben bei uns eine schöne Tradition; was davon damals, dort, in jener verkrampften, kühlen Nacht (jenen Jahren) übrigblieb, konnte man, nachdem die hohen Herrschaften gegangen waren, vom Gesicht meines Vaters ablesen.

Ein Gefolge war auch dabei, in hirschhornbeknöpften, graugrünen Anzügen, mit starken, zumindest für unsere (osteuropäischen) Nasen starken Parfums. Auch das Grundair der Gaskammer veränderte sich, der königliche Duft sickerte herein. Diese gleichförmigen Männer flüsterten die ganze Zeit, ein lautes Flüstern, und kontrollierten pausenlos: die Rollos, ob auch jedes ordentlich heruntergelassen war, sie zogen sogar die Vorhänge vor, liefen hin und her, linsten, zupften, ordneten mit breiten, wichtigtuerischen Gesten wie die Geheimpolizisten in den Stummfilmen; sie bewegten sich, schnüffelten durch die Wohnung, als wäre es ihre eigene, oder als ob sie von sehr hoher Stelle Befehl zu alldem bekommen hätten.

Auch meine Mutter flüsterte (nur mein Vater und der Königssohn sprachen mit normaler Stimme) und verfiel vor allem in hektische Geschäftigkeit, setzte Kaffee auf, flitzte durch mich hindurch ins Bad, um ein frisches Handtuch aufzuhängen und frischen Lippenstift anzulegen. (Mein Vater meinte später, sie wäre etwas zu übereifrig gewesen, sie hätte sich ruhig ein bißchen mehr auf die Kossuthschen, republikanischen Traditionen des ungarischen Mitteladels besinnen können.) Und plötzlich war es nicht sie, sondern unser Vater, dem wir einfielen, und der den Fremden ab und an ein Wort zuwarf, sie mögen leiser sein, wir schlafen, er paßte auf uns auf (wir wachten auch nicht auf: Mein Vater paßt auf wie kein anderer!). Unser Vater war nicht unhöflich, er schien eher reserviert zu sein, nachdenklich, er testete in einer vergessenen Rolle seine Kräfte aus.

Nachdem sie alleine geblieben waren, das Ganze war in einer halben Stunde gelaufen, mein Vater hatte die Habsburgs hinausbegleitet, kicherte meine Mutter laut los wie ein Backfisch:

»Was war denn das?«

»*›Nicht der Rede wert‹*«, sagte mein Vater und streckte sich schläfrig, er steckte immer noch in der anderen Sprache.

192

»Servus, Matti, mein Alter«, Juszuf Tóth freute sich. Er war Parkettschleifer-Unternehmer, erlaubter Feind (allmählich konnte sich das System selbst so etwas erlauben), ein Privater, Unternehmer aus dem Privatsektor, Linksverteidiger in der ehemaligen Dorffußballmannschaft; er duzte meinen Vater betont und stolz, dieses Privileg hatte er vor mehr als zwanzig Jahren erworben, als erster in seiner Familie, obwohl sie seit vielen hundert Jahren im selben Dorf gelebt hatten (sie und wir).

»Wie geht's dir, altes Haus?«

Mein Vater antwortete ehrlich. Woraufhin ihm Juszuf auf den Rücken klopfte, das hätte er sich früher denn doch nicht getraut, als hätten sie zusammen Schweine gehütet (im übrigen hatten sie tatsächlich zusammen Schweine gehütet, infolge der strengen Erziehungsprinzipien der Großmama mußten die Grafenkinder auch da durch; »es gibt Leute, die hüten Schweine, es gibt welche, die halten sich Schweine, und es gibt welche, die sind Schweine«), und bot seine Hilfe an. Es war nicht der Bauer, der da aus ihm sprach, obwohl es durchaus einen kleinen greifvogelförmigen Schatten gab, der über ihrer Beziehung lag, von wegen, das würde ihm noch einmal nützen, wenn die rechte Ordnung der Welt wiederhergestellt ist (auch er wußte wie jeder andere, daß hier nichts mehr wiederhergestellt würde, hier wird nichts mehr fortgesetzt, es muß immer wieder alles von vorne begonnen werden), und er half auch nicht aus irgendeinem geheimnisvollen Mut heraus, nicht aus unerwartetem Wagemut, als würde er, der Juszuf Tóth, Privatunternehmer und altgedienter Linksverteidiger, auf das Jetzt, auf diesen ganzen Tinnef pfeifen, denn er konnte auf das Jetzt nicht pfeifen, das ist nicht möglich, wenn es nichts anderes als dieses Jetzt gibt; woher sollte man da wohin, worauf pfeifen.

Tőth war eher ein Kleinbürger als alles andere, dieser spezielle ungarische Schmant, ungarischer Bruch (»die Politik schob die Leute hin und her, solange, bis das zwölfteilige Kaffeeservice zerbrochen war«), mit der Einstellung meines Vaters nahm er ein gewisses Risiko auf sich, nicht viel, aber immerhin, allerdings, als Gegenleistung quasi, würde er ihm weniger Lohn zahlen als einem »normalen Malocher«, so gesehen sind Grafen rentabler.

»Schlag ein, mein Freund«, und mein Vater schlug ein.

Worin genau er da einschlug, wußte er nicht ganz, aber er hatte keine Wahl. Der Parkettlegerhilfsarbeiter steht um halb fünf in der Früh auf, schleppt die Schleifmaschine wie einen Buckel, bereitet das Terrain vor. Anfangs sind kleine Ungeschicklichkeiten erlaubt, und mein Vater nutzte diese Möglichkeit auch ungehemmt, ließ die Bürste abbrennen, brach die Querleisten regelmäßig entzwei und trat mehr als einmal in die Lackbüchse. Als er aber auch noch die vorweg aufgeschichtete Parkettpyramide umriß und sie, lediglich ihre Form, nicht aber ihre Ordnung kennend, völlig durcheinander wiederaufbaute, zusammenpackte, riß bei seinem Freund Juszuf der Geduldsfaden, das hier sei kein Wohltätigkeitsverein, sondern Maloche.

Mein Vater sah seinen Wohltäter mit stummer Traurigkeit an.

Der betroffen war von diesem ohnmächtigen Herumstehen. Er wußte nicht, daß es so schlimm stand. Und da er vom Typ her ein guter Mensch war (ein guter und untersetzter Typ), was so viel hieß, daß er, wenn es nicht sein mußte, das Böse in sich nicht aktivierte, sprach er beruhigend auf meinen Vater ein, das würde schon *gahn.* Er beruhigte sich selbst; diese schamlose, nackte Intimität, die sich aus der ausgelieferten Lage meines Vaters ergab, traf ihn unerwartet, unvorbereitet. Das war nicht üblich.

Mein Vater arbeitete sich langsam ins Parkettlegen ein. Später, als die Zeit des Plastiks gekommen war und Juszuf sich darauf einstellte, ins Plastikspritzgießen. Zu jener Zeit fing er allerdings auch schon mit den Übersetzungen an, zuerst nur aus dem Deutschen, später auch aus dem Englischen und Französischen, und dann ins Deutsche, ins Englische, ins Französische, und dann kreuz und quer, hin und zurück, anfangs als Neger, ohne Namensnennung – sein Arbeitsbuch indessen hatte er bei dem parkett-und-plastikverlegenden Linksverteidiger, war somit in Sicherheit und konnte arbeiten. Ein Kumpel, so ist ein guter Kumpel.

193

Das Leben meines Vaters kam in geordnetere Bahnen. In geordnetere, aber nicht in geordnete, nicht in Ordnung, wodurch sich gerade dieser Unterschied als Frage aufdrängte, was denn jetzt mit diesen Bahnen sei. Vielleicht ist es doch schwerer, das auszuhalten, was auszuhalten ist, als das, was nicht auszuhalten ist, weil man sich bei ersterem die Frage stellen muß, was es ist, was man da aushält, hingegen wenn man etwas aushält, was man nicht aushalten kann, dann gibt es diese Frage überhaupt nicht, das wäre schon Luxus, dann gibt es nur noch das Aushalten.

Jetzt wurde mein Vater wirklich einsam. Ab jetzt werde ich ihn für immer so sehen, an seinem Schreibtisch sitzend und tippend. Das Rattern der Schreibmaschine rauscht durch das Universum, füllt den letzten Winkel aus, erreicht alle fernen Buchten, versteckte Krümmungen, dieses schnöde, erbarmungslose Knattern, das eher ein Keuchen und Röcheln ist als das sachliche Geräusch einer Maschine, Eingeständnis des Fiaskos, glucksendes Weinen und Flehen, und die ganze erschaffene Welt füllt sich damit, das sind die letzten, klingenden Worte aus dem Leben meines Vaters, dieser gräßliche, gräßlich verkorkste, erschreckende, schiefe, versöhnliche Ton, diese Ohnmacht, Einmaligkeit und Ganzheit.

Der wahre Moment der Einsamkeit war nicht, als er auf dem Melonenfeld stand, ein Bauer unter Bauern, erschrockenen Blicks in die Kamera schauend, sondern dieser jetzige. Wie dem Land, so blieb auch ihm nichts anderes mehr als das Jetzt, und an diese Einsamkeit war er in keiner Weise gewöhnt, an diese historische Einsamkeit, die sich aber listigerweise auf seine Person bezog, der Herrgott hatte sie ihm auf den Leib geschneidert, und wenn er in diese Einsamkeit hineinblickte, in den Spiegel des alles aufzehrenden Jetzt, zeigte dieser Spiegel lediglich einen Mann um die Vierzig, einen geborenen Jemand, der nirgends war, nirgends angekommen war, den es gar nicht gibt, oder doch, aber wozu.

Wir konnten an dieser Einsamkeit nichts ändern. Niemand von uns. Nicht einen Deut. (Wie sehr ich ihn zum Beispiel langweilte ...!) Und es tat ihm nicht gut, in diesen Spiegel zu schauen, es war besser, in zwielichtigen Weinausschänken herumzustehen, das tat ihm besser.

Ein Schreibtisch, das pausenlose Knattern der Schreibmaschine und dieses saure Zwielicht: Das war alles.

194

Nachdem Mária Polixéna Elisabeth Romána, allgemein bekannt als die Mia Tant', einen Ausreiseantrag gestellt und bewilligt bekommen hatte, fiel sie von Wien aus von Zeit zu Zeit in Form von Verwandtenbesuchen über uns her. Ein Gast macht einem zweimal Freude: wenn er kommt und wenn er geht. Wir freuten uns also, als sie kam, obwohl das einen ziemlichen Aufwand für uns bedeutete, es mußte eine spezielle Variante des Liebkinds gegeben werden, unter Betonung der Wohlerzogenheit, der Frömmigkeit und der schulischen Leistungen. Wir handelten eher aus der Routine heraus denn mit Hingabe, aber wir schnitten nicht allzu viele Grimassen, wofür unsere Mutter unerwartet recht dankbar zu sein schien. Dieser Besuch war nämlich auf eine Art auch eine Kontrolle für sie, ob sie sich denn auch gut *hielten* auf diesem feindlichen Terrain, ob die Burg noch stand. Was deswegen für Spannungen sorgte, weil es meine Eltern an etwas erinnerte, woran sie sich nicht wirklich erinnern wollten. Das heißt, mein Vater, der direkt betroffen war, schlug sich sofort auf unsere Seite, »setzte sich ad obligo«, nach ihm die Sintflut. Für die *Wahrung* der Form erwies sich meine Familie väterlicherseits, da selbst die Form, sowieso als ungeeignet, da sie das Problem nicht von *außen* betrachten konnte. Das Bewahren als Aufgabe blieb meiner Mutter überlassen, und sie erfüllte sie auch ordentlich, anständig, erschrocken, ausdauernd, mutig. Was alle ohne mit der Wimper zu zucken zur Kenntnis nahmen.

Mit Tante Mias Blindheit konnte man nicht so gut spielen wie mit der Verkalkung der Großmutter. Daran hatten wir uns lange ergötzt, und unsere Mutter bot dem niemals Einhalt, was wir, fälschlicherweise, als ein Zeichen ihres Einverständnisses interpretierten.

»Schämt euch!« sagte sie dann mit vor Tränen glitzernden Augen, aber wir schämten uns nicht.

»Soll sich der Herrgott schämen«, flüsterte uns unsere Schwester zu, aber das war uns dann doch zu stark, wir fuhren ihr erschrocken über den Mund.

Wir glaubten überhaupt nicht, daß die Tante Mia blind war. Wir trauten uns ihr nicht einmal hinter ihrem Rücken eine lange Nase zu zeigen, geschweige denn von Angesicht zu Angesicht. Überhaupt verbesserte ihre Anwesenheit so ziemlich unsere Manieren. Als sie nach Wien zurückfuhr, das damals so fern war wie, sagen wir, der Mond, blieb soviel zurück: unsere verbesserten Manieren und die Freude, die dem Gast nachweht.

195

Und die Coupons, die es für die Ausländer gab. Kapitalistische Verwandtenbesucher mußten Restaurantcoupons erwerben, die man in einigen bestimmten vornehmen und meist Budapester Restaurants einlösen konnte. Das mußte man selbst dann tun, wenn man, wie Mária Polixéna Undsoweiter, bei der Familie mit Kost und Logis untergebracht war.

»Macht den Kotau und plündert aus«, sinnierte mein Vater und zählte grinsend die Coupons nach, als wären's schwere Millionen. »Das ist eine abstoßende Tradition in diesem Land, man macht vor dem Ausländer den Kotau und nimmt ihn dann aus.« Er sagte es so, als wäre er derjenige, der jemanden ausnahm.

Das Ausnehmen hatten wir schon hinter uns, nun war das Katzbuckeln dran, und uns oblag es, es einzufahren. Sabiratj uroschaj, wie wir das in der Schule gelernt hatten. Wir aßen die Coupons ab. So zauberhaft, stark und fröhlich wie bei diesen illegalen familiären Sonntagsmittagessen, oder, wie er sie nannte, Schontagsmittagessen, hatte ich meinen Vater sonst nie erlebt. Wir sahen ihn an und wußten: Das Leben, das uns bevorstand, war wie er: zauberhaft, kraftvoll, fröhlich und froh.

»›*Also!*‹« gab Vater schon frühmorgens das Motto aus. »›*Auf, auf zum fröhlichen Jagen, kleine*‹ Halunken, vorwärts, meine lieben Kinder!«

Bei der fröhlichen Jagd durfte ausschließlich deutsch gesprochen, nein, parliert werden, das war der große und einfache Geistesfunke bei der Fütterung: Wir gaben uns als Ausländer aus. Wir taten uns dicke als an Coupons reiche Provinz. Ich weiß nicht, wie gefährlich das war; nicht sehr. Im Prinzip war es das, allerdings existierten keine Prinzipien, was wiederum hieß, daß – prinzipiell – alles alles nach sich ziehen konnte, andererseits fing diese Welt gerade an, sehr praktisch zu denken, wobei diese Praxis von den Prinzipien, wenn auch nicht angefochten, so doch – praktisch – bedroht wurde. Wir hauten den Staat übers Ohr, was im Sozialismus als Todsünde gilt, dieser hier zeigte sich aber gerade als ein Sozialismus, in dem es – praktisch – keine Todsünden gab. Mit ein paar Vaterunser konnte man das alles wieder hinbiegen. (Während das tierische Toben der Inquisition noch in den Knochen steckte…)

Im übrigen hatte sich auch die Kirche dieser Gingegängelei angepaßt. Herr Pfarrer freute sich überhaupt nicht, daß uns meine Mutter, als einzige, zum schulischen Religionsunterricht anmeldete.

»Gnädige Frau…«

»Nennen Sie mich nicht gnädige Frau!«

»… gnädige Frau, man muß nicht gleich mit dem Kopf durch die Wand, wenn Sie mich verstehen.«

Mami verstand es nicht wirklich.

»Recht hat er, der Pfarrer«, sagte mein Vater. »Einem Haufen Scheiße kann man keine Ohrfeige verpassen.«

An den Couponsonntagen waren wir die Verkörperung der Freiheit. Der geheime Kreis der Freiheit. Obwohl, dazu bedurfte es ausgerechnet, daß wir uns aufgaben, daß wir nicht wir waren. Egal, wer wird denn so pingelig sein, stolzen Hauptes zogen wir – sagen wir – in die Kárpátia ein.

Und schon näherte sich uns … tja, ein mürrischer, häßlicher, unglücklicher Jemand, kein Kellner, sondern ein Gastronomiearbeiter, ein Paria, eine Schande seiner Zunft. Mürrisch und nach Rache dürstend – in diesem Moment ist der Durst das einzige, was ihn mit der Gastronomie verbindet –, aber noch bevor er für all seine müden Schlappen Vergeltung an uns hätte üben können, nahm unser Vater die Dinge in die Hand und flog praktisch in die Arena, der Frühlingswind lüpfte seinen Mantel, sein königlicher Umhang flatterte ihm hinterher.

»›Grüß Gott!‹« gellte er, und wir echoten übermütig: *»›Grüssigott, grüssigott!‹«*

Schon alleine dieses *›Gott‹*! Auch unsere Mutter wiederholte es schmunzelnd wie das Echo von Tihany, *›ogottogotto‹*. Gottes Name erklang diesmal nicht flüsternd, quasi zufällig, wie etwas, das uns nur so herausgerutscht ist, ohweia, hoffentlich hört es keiner!, außer dem lieben Gott natürlich, der soll es hören, sondern laut, öffentlich, normal. Es war noch kein einziger Bissen durch unsere Kehlen gewandert, aber unser Vater hatte den lieben Gott bereits für offiziell und natürlich erklärt. Und das ungezwungen, nebenbei, nicht mit dem verkrampften Mut des nichtexistenten katholischen Widerstands, weder mutig noch feige, sondern mit der Fröhlichkeit des Glaubens, unausweichlich.

Budapest hörte gerade zu existieren auf, die Stadt hörte auf, sich an sich selbst zu erinnern, es war plötzlich nicht mehr zu sehen, wo sie war, woher sie kam, wohin sie ging. Einige Restaurants aber folgten der Stadt und den Menschen etwas langsamer; auch die Kárpátia erinnerte noch an eine verschwundene Welt und war zugleich ihre eigene flache Parodie, die nichts mehr heraufbeschwor, die ausschließlich dazu gut war, einen selbst, oder den Vater von einem selbst, mit der Nase auf das Jetzt zu stoßen.

Freiheit gebiert Freiheit. In der herannahenden Kreatur erwachten alte und neue Reflexe. Teilweise die eines Kellners, der, wenn auch nicht wahllos alle, doch die bedeutenderen, essentiellen Gäste sofort wahrnimmt, Glocken fangen in ihm zu läuten an, die silbernen Glöckchen von Snobismus und Dienerei, vergessene, in sich verknüllte Klänge würdevollen Dienens und teilweise die Reflexe von Ausgeburten dieser neuen Zeit, der Räuber erwachte in ihm, der Halunke, der fiese kleine Betrüger, der gerade seine Opfer ins Augen gefaßt hatte.

Das deutsche Wort allein ließ ihn noch nicht springen, das könnte ja noch leicht ein Germane zweiter Klasse sein, popliger Dedeerler, dann doch lieber ein Tscheche, ein falber Herr aus Prag! Gurkentag, Auffliederstehn, ab mit euch in die Selbstverdienung! Hoho, mein lieber Scholli, was hier ankam, war aber kein Gurkentag, sondern ein uriges Grüßgott-wenn-du-ihn-siehst, ein ächta Ästerreicha, ein Schwager, kamon ävribadi, obwohl der Mantel, der könnte einen täuschen, auf den ersten Blick sieht er aus wie Kleiderfabrik Roter Oktober, da siehst du's, das ist der Westen, diese raffinierte Schlichtheit, dieses »Als ob«, vom Manteau her könnte der Typ fast ein Ungar sein, ein heutiger Ungar, aber allein schon, wie er hereingekommen ist, dieser Schwung, das frühlingshafte Flattern des Mantels, so kann nur ein Ausländer ankommen, der Ungar von heute ist entweder verzagt, der Mantel hängt um ihn herum, ein welkes, herbstliches Blatt, oder diese großkopferten neuen Nullen, keinen Mantel an, nur den Hochmut, der Chauffeur bringt sie bis an die Drehtür, aber dann diese Stirn, so eine Stirn gibt's nur jenseits der Leitha – und er buckelte vor uns herum, flötete, fuchtelte, Jawoll, Bittäschön, kommt nur *libuskáim*, kommt meine Gänslein, gutä Plahtz, kommän Sie hurtig, *Ferikém, bazmeg*, du Arschkrampe, her mit der Speisekarte, ein bißchen plötzlich!

»›*Vati! Vati! Was bedeutet*‹ färikäm-basmek-duarschkrampe?«

»Zuviel«, zischelte unser Vater »unterm Tisch« zurück.

196

Mein Bruder ist der geborene Gastronom vor dem Herrn. Er liebt die Menschen, wenn auch nicht ganz ohne Eigennutz, er liebt es leidenschaftlich zu schwatzen, zu palavern – schon als Kind zog er über die Straße und unterhielt sich, wie ein Erwachsener, freundlich mit den Nachbarn –, er spricht Fremdsprachen, immer will er etwas, hat sogenannte Vorstellungen. So kam er also in ein Hotel. Er diente sich, wie es sich gehört, die Eselsleiter hoch, vom Liftboy zum Lohndiener, dann zum Rezeptionisten. Kein Chef-, aber immerhin. Das ist schon was. Ein Vertrauensposten nämlich. Im Büro des Direktors erschienen prompt zwei Herren, ließen ihn rufen, der stellvertretende Direktor trat nervös von einem Bein aufs andere.

»Tja, Genosse, Glückwunsch, nur weiter so, mein Freund, die Genossen wollen noch ein paar Takte mit dir reden.«

Mein Bruder hörte den Worten der Genossen zu, die auf ihre Weise korrekt waren, sie raspelten kaum Süßholz, waren also kaum bedrohlich, eher ruhig, was sein muß, muß eben sein, auch nicht verschwörerisch, obwohl sie auch nicht geradeaus sprachen, sie nahmen zu Recht an, daß mein Bruder zum Beispiel vom »Zimmer mit Dusche« wußte, in dem man die westdeutschen Jäger unterzubringen hatte, und das seinen Namen von den Abhörwanzen in Duschkopfform bekam, mein Bruder hörte dieser von sich selbst gelangweilten Litanei über die neuen Verantwortlichkeiten des neuen Postens zu (»auch über dich haben die Hornochsen irgendeine scheele Bemerkung gemacht, sie dachten, ich springe drauf an«), und obwohl er ziemlich praktisch eingestellt ist, fiel bei ihm der Groschen nur langsam, und er verstand auch sofort, daß diese hier, auch wenn es nicht danach aussah, alles von ihm wollten, sie wollten sein ganzes Leben, und er begann langsam seinen großen, buschigen Kopf zu schütteln, er hätte ihnen sein ganzes Leben ungern gegeben, er hatte damals noch so viele Pläne damit, andererseits liebte er es sehr, dort zu arbeiten, er fühlte sich anerkannt, er fühlte seine wachsende Macht, die er gerne ausübte, er empfand sich als einen Menschen, der für die Macht geschaffen war, als einen, der nicht von der Macht trunken werden, sondern sie klug einsetzen würde.

Und dann fing er zu lächeln an.

Der stellvertretende Direktor lächelte ebenfalls, und auch die Gesichter der beiden Genossen rümpften sich zu ähnlichen Grimassen. Man schwieg. Vier lächelnde Männer. Und in diese Stille hinein sagte der Jüngste, mehr ein Jüngling noch denn ein Mann, leise, freundlich.

»Oh, meine teuren Herren Kavaliere, schieben Sie sich Ihre Sporen doch in den Arsch!« Und nicht als der Graf, sondern als der makellose Lohndiener, der er war, verbeugte er sich elegant und entfernte sich.

»Mein lieber Mann«, murmelte der stellvertretende Direktor verblüfft.

Aber man hakte nicht nach; man ließ ihn ziehen. (Das Hotel mußte er verlassen. Es tat ihm leid drum, er hatte sich dort wohlgefühlt.)

197

Unsere Eltern sahen durch den Couponfeldzug bewiesen, wie nützlich es ist, Sprachen zu lernen. Voilà, der handgreifliche Beweis. Wir sträubten uns auch nicht, sondern legten los. Besonders, da unserem Herrn Vater nicht die Gelegenheit gegeben war, uns zu korrigieren. Ansonsten jeden, immer: höflich, permanent, gnadenlos. Sein Organismus ertrug keine falsche Konjugation. Er bekam Gelbsucht davon oder was. (Oder kam das vom Alk? Kleiner Scherz.) Auch unsere Mutter verschonte er nicht, da es nicht um unsere Mutter ging, sondern um die Konjugation. Diesmal grassierte auch sie ohne jedes Nachspiel mit verschmitzter Süffisanz durch den dunklen Wald von Der-die-das.

Im Foppen waren wir Kinder eine sichere Trumpfkarte. Die Wahrheit ist allerdings, daß das eher den Lederhosen als den Sprachkenntnissen zu verdanken war. Unsere Eltern gingen auf

Nummer Sicher, als sie uns trotz des kühlen, unangenehm windigen Endmärzwetters die ›*Lederhose*‹ anzogen.

So eine Lederhose ist ein ganz eigenes Gebilde, der gesunden ungarischen Volksseele, so auch unserer, von Grund auf fremd, also standen wir ihr mißtrauisch gegenüber. Andererseits kam sie aus dem Westen, wie die Windjacke und die Jeans. Und ein Gentleman wundert sich sowieso über nichts. Aber bin ich etwa ein nach Kuh riechender bayerischer Bauernjunge?

Aber wir trugen sie. Und die Lederhose zeigt erst im Tragen ihr wahres Ich, ihre wahren Qualitäten. Zwei Hauptarten sind bei uns heimisch, die glatt- und die rauhlederne, mein Bruder verfügte über eine glatte, ich über eine rauhe, an die meiner Schwester erinnere ich mich nicht, nur an ihre dünnen, spillerigen Beinchen, wie sie, Spinnenbeinen gleich, unten herausbaumelten. Die Lederhose hat die wundervolle Eigenschaft, nicht zu verschmutzen. Sie kann nicht, vermag nicht, philosophisch undenkbar; was bei einer Stoffhose bereits ein Skandal ist, bei der Jeans nach einer Weile Selbstbetrug, gilt hier als: Patina. Was für eine süße Wonne, die schmutzigen, vielleicht sogar fettigen Hände unmittelbar und öffentlich an der Hose abwischen zu dürfen!

»Gehört sich so!« schnitten wir unserer skeptischen Mutter das Wort ab und beriefen uns (genealogisch ungenau!) auf den österreichischen Familienzweig. Und so reifte die Lederhose langsam heran. Zeit, die zur Schönheit wird: Das ist die Lederhose.

Die Coupons abzuessen galt als moralische Verpflichtung (»wir werden's denen doch nicht übriglassen!«), deswegen war man verpflichtet, ausgesprochen teure Gerichte zu bestellen. Anfangs schämten wir uns dafür, ein Gentleman schaut nicht auf die rechte Seite der Speisekarte …

»Außer«, ermahnte uns Vater, »er hat Liquiditätsprobleme. Welche vorübergehend sind!«

... aber dann erfaßte uns ein neues, unbekanntes, süßes Gefühl: der Rausch des Reichtums. Davon ahnten wir bis dahin nichts, aber wir fuchsten uns schnell hinein. Wir lernten, daß reich sein, ebenso wie arm sein, Grenzen bedeutete, die Tatsache, daß wir kein grünes Bohnengemüse ohne Auflage essen durften, sondern nur Hirschkeule auf Jägerart, beeinträchtigte unsere Selbständigkeit – aber soll sie doch! Wir gaben unseren Eltern, für den Fall, daß sie vielleicht aus prinzipiellen Überlegungen zögerten, zu verstehen, daß wir die Lösung bereits kannten: Reich sein ist besser als arm sein.

Wir aßen sogar Froschschenkel!

Ich aufgeregt ja, mein Bruder entschlossen nicht, unsere Schwester bemerkte sie gar nicht. Wir summten vor uns hin, aber wegen der falsch gewählten Sprache wurden wir sofort zensiert.

»Virágéknál ég a világ, sütik már a rántott békát, zimmezumm, zimmezumm ...« Und so weiter. Ungarisches Volkslied. Gewisse Familie Virág beim Fröschebraten. Und wir dachten immer, diese Virágs wären arm! Ist schließlich ein Volkslied!

»Stinkt. Das stinkt«, bemerkte unsere Schwester verschämt, wie jemand, der sich das erste Mal seit fünf Jahren zu Wort meldet. Wir beugten uns über die Kadaver, tatsächlich. Das mußte sogar unser Vater einsehen, dabei fand er sonst nie etwas verdorben, fröhlich spachtelte er die abgestandenen Reste ein, das angegangene Gemüse, die entrückte Milch, die in Verdacht geratenen Eier. Mit den Eiern hielt es meine Mutter so, daß die gar nicht zu stinken brauchen, es reicht schon der Verdacht, daß sie's vielleicht könnten, schon sind sie ungenießbar.

»Ganz wie die Erzbischöfe, nicht nur sie selbst müssen untadelig sein, auch ihr Ruf«, grinste Papi und verschlang das ins Gerede gekommene Gackei. Er aß jeden Morgen Eier, das ging, damals gab es noch kein Cholesterin.

Die armen Froschschenkel stanken. Vielleicht war der Kühlschrank kaputtgegangen, jener berühmte der Marke Saratow. Auch wir waren im Besitz eines solchen, er ratterte wie ein Traktor. Das Rattern ist nebensächlich, Hauptsache ist die Kälte, und was die Kälte angeht, sind die Russen erste Klasse, so die Meinung unseres Vaters, unsere Mutter zuckte mit den Achseln, sie war seelisch beim Bosch stehengeblieben. Es konnte sogar sein, daß die Frösche aus revolutionären beziehungsweise konterrevolutionären Überlegungen mit voller Absicht schlecht geworden sind, um so dem guten Ruf des Sozialismus zu schaden.

Welches Ziel sie hiermit erreicht hätten.

Unsere Mutter hätte, wie alles, auch die Frösche gerne ohne Skandal überstanden, aber unser Vater nicht. Zu Hause übten dann mein Bruder und ich hoffnungslos jene zugleich leichte und schwere, bedrohliche und elegante, nebensächlich erscheinende und zugleich vernichtende Handbewegung, mit der Papi den Kellner heranwinkte und ihm irgendwelche Worte zuwarf, der Kellner trabte mit einer verärgerten und erschrockenen Grimasse davon und kehrte sofort mit einem großen, dicken Mann zurück.

Unser Herr Vater thronte regungslos, wartete, wir spürten, jetzt durften wir nichts sagen, nicht daß er aus der Rolle fällt. Einmal zwinkerte er uns aber zu. Mami machte sich Sorgen, das griff auch auf uns über, abgesehen von unserer Schwester, deren Neugier alles andere beiseite fegte.

»Ausgeschlossen, *›mein Herr‹*«, der Dicke schüttelte den Kopf schon von weitem. Er sah nach jemandem aus, der das Befehlen gewohnt war, mit dem schien nicht gut Kirschen essen. Daß vielleicht auch mit unserem Vater nicht gut Kirschen (respektive: Frösche) essen war, sahen wir jetzt das erste Mal. »Ausgeschlossen, *›mein Herr!‹*« Sein Deutsch war nicht schlecht, er wartete auf eine Antwort meines Vaters. Als hätten wir einen Western gesehen. Unser Held trifft auf einen würdigen Feind, auf einen wahrhaft großen, gemeinen Schurken, sie schauen sich in die Augen, der Atem stockt.

Unser Vater zeigte grazil auf das Aas. Der Gegner beglupschte die Frösche – mein blöder Bruder hatte gerade angefangen, die Panade abzukratzen, meine Mutter schlug ihm auf die Finger –, und hob dann fragend den Blick.

»*›Nun ja?!‹*«

»*›Nun?! Ja?!‹* Sie sagen: nun ja?!« fuhr unser Herr Vater hoch und schlitterte mit seinem Stuhl quietschend nach hinten, von sämtlichen Tischen starrte man zu uns herüber. »Das ist alles, was Sie dazu zu sagen haben, *›nun ja‹*, das ist alles, was Sie, der Leiter, denn das sind Sie ja wohl?, der Leiter eines vornehmen, denn das ist es ja wohl?, vornehm, Leiter eines vornehmen Budapester, denn das ist hier ja wohl Budapest?, Etablissements mit Verantwortung, Sachverstand, gastronomischer Leidenschaft, nicht wahr, sapperlot, wie war noch mal der Anfang des Satzes?!«

Unser Vater lärmte im allergewöhnlichsten Wiener Dialekt, mit einem Wort, von seiner Arie war kein Wort zu verstehen. In der entstandenen Stille wiederholte unser Vater seine luftige Bewegung:

»*›Voala, der Gstank!‹*«

Der Schurke hob zaghaft, als wäre es eine entsicherte Bombe, das Tellerchen zu sich hoch.

»*›Nun ja?‹*« Mein Vater lächelte.

»Zuviel«, seufzte der Sohn meines Vaters (mütterlicher Seitenhieb).

Mein Vater verstellte dem Saalchef nicht die Wege für den Rückzug, der nickte zufrieden, von wegen, er könne keine Unregelmäßigkeit feststellen, aber natürlich bitte er den Gast um Entschuldigung, mein Vater nickte noch zufriedener.

»Ein Geschenk des Hauses«, knirschte der Chef und ließ Krebsragout mit Dill nach Zala-Art auftragen, wodurch er das

Duell fast doch noch gewonnen hätte, wir wären auf den Bons sitzengeblieben, aber unser Vater bestellte unverzüglich Sekt.

»Den Russischen, mein Junge, der ist der beste, nicht wahr!?« Er zwinkerte dem Kellner zu, der so regungslos zurückstarrte, wie es ihm nur möglich war.

Das Gefühl des Sieges griff auf die ganze Familie über.

»Sei bloß vorsichtig, Mattilein«, flüsterte ab und an meine Mutter pflichtgemäß.

Am Ende des Mittagessens, nach dem Kaffee, winkte Vater unseren Kellner zu sich, der mit leisem Haß katzbuckelte, zu Recht, die verdorbenen Kröten kriegen sie aufs Brot geschmiert, Abreibung ja, Disziplinarverfahren nein.

»›*Jawohl, Herr Doktor!*‹« Das mag aus Wien »herübergerutscht« sein, dort ist ein jeder Herr Doktor, aber die mit Brille ganz bestimmt.

»Schaun S', mein Junge, jetzt, an diesem Punkt, müßte man was trinken ...«

»*Jajj*!« (Mami.)

»Nix jajj«, und er nickte meiner Mama so charmant zu, daß diese alles vergaß, das heißt, es fiel ihr alles ein, dieser schlanke Junge von damals, von dem sie zittrige Knie bekam. »Also, mein Junge, einen kongenialen Cognac, aber schnell.« Und er tätschelte den Kellner am Hinterteil wie ein Pferd, hüa, vorwärts! »Hals über Cognac«, seufzte er noch meiner Mama zu. Die all ihre Strenge verloren hatte, selbst die sprachliche, sie wollte sich sogar dem Cognac anschließen, wenigstens die Zunge ein wenig hineinstecken.

»Stecken Sie nur, meine Teure.«

»Wir auch, wir auch!« schrien wir durcheinander, auch wir wollten stecken oder stecken lassen.

Auf den kongenialen Cognac mußte eine kongeniale Zigarre folgen.

»Auch hier, mein Junge, kommt nur die Hochburg der internationalen Arbeiterbewegung, Kuba, in Frage!« Er schloß die Augen. »Diese scheuen, fettigen, riesigen Schenkel! Über die diese wuchtigen, süßen kubanischen Frauen die Tabakblätter rollen! Denn, mein Junge, da besteht kein Zweifel, das Aroma, jenes unverkennbare, kommt daher, von diesem grandiosen Schenkelrollen!« Die Auswahl war unerwartet groß, nach langer Alfanzerei entschied er sich schließlich für eine Inter Muros Grandioso, Fidel Castros Lieblingszigarre. »Dieser Fidel ist im übrigen ein ambitionierter junger Mann. *›Ein Mörder‹*. Inter Mörder Grandioso ...«

»Was soll diese verfickte Scheiße, Mann? Was denkst du, daß du bist? Denkst du, du bist hier der Obermacker? Denkst wohl, du hast die Pyramiden spitz gelutscht? Kannst *mich* mal an der Kuppe lutschen, Alter ... Denkst, ich versteh nicht, was du da laberst, spielst dich auf, provozierst mich hier schon das ganze Essen über, und warum, du Arsch?, nur weil du Geld hast? Und ich hab kein Geld, na und? Gehst mir auf den Sack hier. Laberst mich an, die Russen und Moskau hier, die Arbeiterbewegung da, denkst du, ich bin bescheuert, oder was?, ich scheiß doch auf die Russen und ihr Scheißmoskau, nur die scheißen nicht auf uns, und im übrigen scheiß ich gar nicht auf sie, weil die sind es, die das Geld hier reinpumpen, können gar nicht anders, ist immer noch billiger als schießen, die sind's, die uns schmieren werden, du kleines Arschloch, nicht ihr, verfickt noch eins. Wo wart ihr denn '56?, am Arsch der Welt vielleicht, aber nicht hier. Österreicher?, was für Österreicher? Es gibt überhaupt keine Österreicher, noch nicht mal so wie Ungarn. Was ist das, Österreich?, der Rapid und die Austria Wien! Es gab euch mal, hab gelernt von, 150 Jahre türkische Herrschaft, 400 Jahre Habsburger-Unterdrückung, das ist alles, verdammtnochmal, aber ich bin dir nicht sauer deswegen, du Arschgeige, du wirst schon noch blechen am

Ende, willst ja unbedingt den Herren markieren, das kostet eben, und wenn es uns gelungen wäre, die vergessenen Frösche vom Józsi in euch hineinzupassieren, wärst du der Ehrengast gewesen!, der Krebs war auch nicht viel frischer, wir haben bloß das bißchen Dillsoße drübergeschickt, ist aber auch so in Ordnung, mein kleiner Sonntagslabantze, hutzeliger Piefke du!«, dachte der Kellner und verbeugte sich aufs herzlichste.

Wir gingen unter vollständiger Assistenz ab, beide Seiten gaben ihrer vollsten Zufriedenheit Ausdruck, als mein Bruder über eine dicke Wulst im prachtvollen Teppich stolperte, auf die Knie fiel und zu schreien anfing – auf ungarisch. Aber da spielte nichts mehr eine Rolle.

»Ach, wie Knall auf Fall doch ihre schöne, seltsame Sprache an so einem Hosenmatz *kleben* bleibt, aber was soll's, wir werden schon noch unsre Froschschenkel kriegen, nespa, ohne Simmesumm.« Und damit trieb uns unser Vater schnell hinaus, der gute Hirte, raus, raus, raus hier, wo wir dann, Hand in Hand, alle fünf in einer Kette zu rennen anfingen, wir flogen auf die Straße mit dem Namen Lajos Kossuths zu, als würden wir »Ein Kaiser braucht Soldaten« spielen.

Wir flatterten unserem Vater hinterher wie ein Mantelsaum.

198

Auf der Kossuth-Straße angekommen hielt mein Vater plötzlich inne.

»Ihr süßen Engelchen«, flötete er so charmant, daß uns sofort das Herz stehenblieb, »ihr geht jetzt hübsch nach Hause, da habt ihr den hochqualitativen 6er Bus, ich hab' noch eine Kleinigkeit zu erledigen.«

Unsere Mutter warf ihm einen Blick zu wie einem Mörder, einem Einbrecher, einem letzten Stück Dreck. Wir machten instinktiv einen Schritt rückwärts. Unser Vater wünschte den Blick nicht zu dechiffrieren, er verstrickte sich in glühende und verworrene Ausführungen, warum er sofort beim Juszuf Tóth vorbeischauen müsse, und, da fällt ihm ein, wir könnten auch mitkommen, warum auch nicht.

»Schweinebacken, wollt ihr mit?«

»Ja, ja«, zwitschern wir, kleine Idioten. Mami steht nur da. Es ist nicht gut, sie so zu sehen.

»Aber, aber, mein süßer Hase, schau mich doch nicht so an, du hast ja absolut Recht, warum sollten sie auch mitkommen, langweilige Geldsachen, weniger noch als das, man muß irgendein Papier beim Kleinamt einreichen, dem Kleingewerbeamt, das Kleinamt ist ein hoher Herr, ihr wißt ja nicht mal, was das ist, Kleinamt, Großamt, Hochamt, allesamt, verdammt, pedant, sekkant, redundant, penetrant.«

»Elefant«, kräht unsere Schwester.

»Tatsächlich«, nickt Papi plötzlich resigniert.

Das ist der Moment, in dem unsere Mutter ihn mit aller Kraft anfleht, er soll das nicht machen, diesen schönen Sonntag und so weiter, aber sie beißt sich auf die Zunge, zerbeißt das Wort, sie schwankt zwischen Ehrlichkeit, Drohung und Kleinbeigeben, weiß und spürt nicht, welches am zweckdienlichsten wäre. Nichts davon. Und es gibt auch kein Verhältnis, in dem es das wäre. Aber noch so viel Erfahrung, noch so viele Niederlagen können uns das nicht lehren, immer wird diese grausame Hoffnung bleiben, daß es vielleicht doch irgendeine Weisheit, eine List gäbe, mit der die *betrunkene Vernunft* zu überlisten wäre. Aber das ist nicht möglich. Es ist ein Charakteristikum der (schweren) Trunkenheit, diese Unbestimmtheit, diese Ungreifbarkeit, Schatten und Lichtergebilde, Alb, Gaukelbild und Blendung.

Der Vater als Blendung.

Diese Blendung (Fiktion und Hypothese) dreht sich auf einmal auf dem Absatz um und tritt hinaus aus dem Jetzt, sie bittet nicht, gibt keine Gründe an, erklärt nicht, sie schwebt davon. Unsere Mutter rennt Vater hinterher, mein Bruder will ihr folgen, ich packe ihn am Nacken, du bleibst hier, sage ich, und ich sage es so, daß er tatsächlich bleibt. Wir schauen den beiden Erwachsenen zu, wie sie herumfuchteln, ohne Ton, ein Schattenspiel, ein unnötiger Umweg, unsere Mutter kehrt lächelnd zurück.

»Euer Vater hat was zu tun, und wir gehen jetzt nach Hause, allez, allez…«

Ehrlichkeit hat auch später nie was gebracht.

199

Gift kann man auch auf das Innehalten nicht nehmen. Unsere Mutter natürlich tut es, deswegen hält sie permanent inne, deswegen läuft unser Vater gute anderthalb Meter vor uns. Ab und an blickt er, wie ein kluges Pferd, heiter zurück.

Er zieht den Wagen, er zieht alles, alles und jeden. Er weicht nicht, er wird nicht langsamer; er bleibt stehen. Akkurat schlüpft er aus dem Geschirr, schlägt nicht aus, sein Bein gerät nicht außerhalb des Strangs, er nimmt die Kandare ab – unsere Mutter übt sich in einer mißtrauischen Variante des Wartens, ihr Rücken gekrümmt wie bei einer Katze, sie ist häßlich geworden vor Unsicherheit –, er nimmt das Mundstück aus dem Mund, schaumig glänzt es in der Märzsonne, hebt mit einer Bewegung den Stirnriemen über den Kopf, die Scheuklappen, den Kinnreif, und verwuschelt sein Haar, von Einstein gibt es solche Photos, chaotische Haarpracht kontra Gehirnordnung, wir lachen über dieses clowneske Durcheinander, schließlich streift er auch das Brustblatt ab, dreht sich um; die Zigarre im Mund.

Die Sonne scheint, die Innenstadt schwirrt, verweile doch, Augenblick.

»Schweinebacken!« Mein Vater pafft vornehm vor sich hin. »Ausnahmsweise fahren wir mit einem Taxi-Kraftfahrzeug nach Hause. Ich bin müde.«

»Táxi!« ruft meine Mutter sofort mit ihrem charakteristischen Á, denn sie erkennt, daß auf diese Weise nichts passieren wird, denn gut ist, wenn nichts passiert. (Dies war ihre große Niederlage, dieses »denn«, dieses »gut«.)

»Ich bin müde, bist du doch auch, oder nicht?« fragt mein schelmischer Vater. Mami senkt schamhaft den Kopf. Unsere Eltern sind schamhaft, es kam selten vor, daß sie aufflogen (im Laufe der Zeit), höchstens für einen Kuß. Dieses Geschäker hörten wir nicht gerne, wir empfanden es eher als unangenehm denn als rührend, dabei ist es rührend. Wir fingen, unsere Mutter nachäffend, zu brüllen an.

»Táxi!, táxi!«

200

Er lehnt sich gegen die Kirchenwand, Franziskaner, und fängt schon an, wie ein Zollstock zusammenzusinken, unsere Mutter springt hin, setzt ihn vorsichtig auf die Steinbrüstung, sein Kopf knickt immer wieder nach vorne, als hätte er keine Kraft mehr im Hals – Nickmuskel? –, meine Mutter hebt ihn immer und immer wieder hoch, schließlich gelingt es ihr, ihn an die Wand zu lehnen. Hält der Kopf die Kirche oder die Kirche den Kopf?

Auf der Stirn glänzt öliger Schweiß, das Haar verfilzt wie Spatzengefieder, unsere Mutter fischt aus den Untiefen ihrer Handtasche ein Taschentuch heraus, breitet es meinem Vater über das Gesicht. Wir schauen zu, es ödet uns an.

Das Thema liegt auf der Straße.

Von einem Augenblick zum nächsten fängt er plötzlich an, einen starken, säuerlichen Geruch zu verströmen, er erinnert an

Salmiak, wir treten näher heran, dann weiter weg, es gibt immer nur den Geruch.

Unser Vater, dieses farblose, geruchlose, streng riechende Gas.

Er kommt zu sich, von uns sieht er nichts, er erhebt sich, fegt uns von sich; im Aufstehen schlüpft er aus dem Mantel, sein Hemd hängt aus der Hose, wippt.

Plötzlich fängt er zu tanzen an.

Er streckt sich stolz, einen Arm hebt er angewinkelt in die Höhe, den anderen klemmt er sich hinter den Rücken, trotzig hebt er, ein echter Ungar, den Kopf, in seinem Blute lodern uralte Hirtenfeuer, und er beginnt sich zu drehen, immer schneller, die Taille stemmt er nach hinten, das Haar weht, er stampft auf, unsere Mutter wird eins mit der Kirchenmauer.

Unser Vater erweckt kein großes Aufsehen, flüchtige Blicke streifen ihn, ein besoffener, heruntergekommener Typ, der taumelt.

»Kommt!« Unsere Mutter löst sich von der Kirchenwand, stößt den Mantel unseres Vaters etwas zur Seite. »Hier haben wir nichts verloren!« Sie klemmt uns förmlich unter die Arme und geht los Richtung Hotel Astoria.

Nicht ich, ich kusche und ducke mich, es ist mein Bruder, der sich der Umarmung entzieht, er, das eingefleischte Muttersöhnchen, und losgeht zum Vater. Der sich trunken dreht, mit den Füßen auftrumpft und klatscht, er tanzt Csárdás mit einem Geist. Mein Bruder schaut ihm zu, beobachtet ihn, macht manchmal eine Bewegung, bewegt sich mit meinem Vater, immer mehr im Takt mit ihm, er nimmt den Rhythmus an, die Bewegung, den Tanz. Sie toben gemeinsam, mein armer Bruder hält es kaum durch, aber dann übernimmt er immer mehr die Führung, bremst ihn, als müßte er ein scheuendes Pferd zügeln, ho, ho, langsam, brav, goldener Grünspan, ruhig nur, mein Schatz, gutes Pferdchen, ganz ruhig, gutes Pferd.

Sie bleiben stehen; keuchen, schwitzen. Wie weiter? Mein

Vater schwankt, mein Bruder stellt sich unter ihn, schiebt und schleppt ihn wie einen Sack wieder zurück an die Kirchenmauer. Er sitzt. Langsam kommt er zu sich. Müde, dankbar schaut er seinen Sohn an, meinen Bruder.

»Kommen Sie, Vater.«

Nein, nein, er soll lieber näher herankommen. Mein Bruder macht ängstlich einen schlurfenden Schritt, mein Vater schließt die Augen, als würde er sich sonnen, zeigt ihm, komm näher, noch näher. Mein Bruder bereut das Ganze schon, er ist wieder auf der Seite meiner Mutter, blinzelt über die Schulter, würde gern zu uns zurückkommen. Mein Vater hebt die Lider, linst hervor, sieht den Fleck, der mein Bruder ist (mehr als das pflegte er von uns nicht wahrzunehmen), und schlägt mit einer plötzlichen, blitzschnellen Bewegung wie eine Klapperschlange zu, packt meinen Bruder, der vor Schreck nicht einmal zu weinen oder zu schreien vermag, dabei würde er das gerne, schreien und weinen, er zerrt ihn zu sich, an seine Brust, drückt, umarmt ihn. Mein Bruder keucht vor Angst und Wut, er hängt am Hals meines Vaters, starrt ganz nah auf die gelb vernarbte Kirchenmauer. Mein Vater streichelt ihm übers Haar.

»Mein Kleiner.«

»Streicheln Sie mich nicht! Streicheln Sie Ihre …« Diesen Satz traut sich nie einer zu vollenden.

»Fragst du, was los ist, Alter?«

»Nein! Nein!«

Nun ist es mein Vater, der meinen Bruder beruhigt, herzt. Ob er denn diese Tafel hier über ihnen sehe. Sie zeigt an, wie hoch 1838 das Wasser stand. Das Eis hatte sich bei der Csepel-Insel aufgetürmt und das Wasser zurück in die Stadt gedrückt. Das heißt, sie wären jetzt praktisch unter Wasser, es wäre also am klügsten, sofort anzufangen den Mund zu bewegen, als hätte man Kiemen, die kleinen Fischlein würden einem hier neben den Ohren vorbeischwimmen, fette Karpfen, flinker Weißfisch, oder nur ein bißchen was vom eisigen Gebröckel, sie würden die Barkassen von unten sehen, vielleicht sogar den Himmel, ein trübes Blau würde durchscheinen, sie würden den heldenhaften Mika Wesselényi sehen, natürlich auch ihn von unten!

»Japse, mein Sohn, japse, die Luft ist dein Lebenselement … Ich zerreiße dich wie einen Fisch … Die Sache ist so, mein Alter, daß wir dastehen, angepißt, es gibt nichts, ich bin nicht, und du bist auch nicht, von deiner Mutter ganz zu schweigen, diese Kirche ist nicht, und der Platz der Befreiung, den gibt es schon gar nicht, am ehesten gibt es noch unsere Kiemen … nein … am allerehesten gibt es diese fauligen Froschschenkel, ich hab einmal mit deinem Großvater zusammen Frösche gegessen, im Fiorello in Florenz. Fischers Fritze fischt … Dein Großvater liebte es, fein zu speisen, ich bin meist nur hungrig. Entweder, oder.«

Er keucht. Das kleine Kind dreht erschrocken den Kopf.

»Die Kirmes von Szentkút!« ruft mein Vater jetzt. »Schau dich doch nur um! Das ist doch die Kirmes von Szentkút! Ich sing's dir gleich vor.«

Bevor mein Bruder einen Mucks sagen kann, hält er ihm mit seiner riesigen, prachtvollen väterlichen Hand einfach den Mund zu.

»Zur Kirmes in Szentkút heut' nacht, da haben wir den Arm gemacht …« Das A vibriert lange, knarrt. »Den Arm. Verstehst du das? Verstehst du, anstatt was ich das sage? Den Esel ham sie uns geklaut, Zeug und Wagen mit versaut … Geklaut … das ist es, was ich sage … es ist nichts da … noch nicht einmal die Erinnerung … Esel, Zeug, Wagen … Erben wär gut, was?! Wir haben angefangen zu erben, erbten und erbten und erbten … und der Kleine hier hat alles aufgegessen.« Er hebt meinen Bruder hoch. Mustert ihn kalt. »Wie alt bist du gleich? Egal. Du wärst gerne ein Graf, das seh ich dir an. Du liebst es, zu befehlen … du wirst immer befehlen ... oder du wirst's wollen ... Wie ich das hasse! Mein Vater konnte befehlen. Ohne Worte, mit einem Blick. Wie er sich hinstellte. Nicht mal hin, er stand nur. Er war. Es war, was war ... Bagatellposten ... Das ist etwas, was ihr nie verstehen werdet ... Was nicht heißt, daß es gut war, daß man alles konfisziert hat. Wozu soll das gut sein, wenn aus dem Salon ein Stall wird? Das ist weder für mich gut noch für die Kühe ... Die haben alles konfisziert bis zum letzten Nagel, alles, das Land ... und wie raffiniert! Als hätte das Land sich selbst beraubt ... Also lehnt es sich nicht auf, sondern versucht es immer und immer wieder neu.«

Er senkt meinen Bruder wieder an seine Brust.

»Konfisziert, konfisziert ... Wer? Hier ist doch keiner, nur wir, wir sind alles. Geblieben von dem Firlefanz ist nichts als unsres Vaters Schwa ...«, er hält inne, »das sprech ich jetzt nicht aus, grins nicht, grinsen, das kannst du, du grinst am schönsten von all meinen Kindern ... du weißt schon, was ich meine ... es reimt sich auf Firlefanz ... Erbe ... Ist nichts als unsres Tamm-tatamm. Den satteln wir mit flinker Hand und reiten für das Vaterland. Tamm-tatamm.«

201

Bei »Vaterland« springt er auf, als wäre damit eine Lösung gefunden. Als würden wir damit bis nach Hause kommen. Er kommt mit, still und artig, vorneweg unsere Mutter, ganz die strenge, mißgelaunte Lehrerin. Dennoch, als wir die Wohnung betreten, sitzt mein Vater schon an der Hermes Baby, die ununterbrochen rattert, wie eine Maschinenpistole, er schlägt, er drischt auf sie ein, und die Wörter fließen, fließen nur so aus ihr heraus, fallen aufs weiße Papier, Wörter, mit denen er nichts, aber auch gar nichts zu schaffen hat, niemals hatte und auch niemals haben wird.

Péter Esterházy

Eine Frau

Aus dem Ungarischen von Zsuzsanna Gahse

Nach dem großen Erfolg von *Harmonia Cælestis*, dem »Festtag für die europäische Literatur« (Süddeutsche Zeitung), nun eine Liebeserklärung an die Frauen in 97 Kapiteln. Weil aber das Buch *Eine Frau* heißt, handelt es sich hier um 97 Facetten, Perspektiven, Blicke auf *eine* Frau, wodurch das Ganze eine einzige große Liebeserklärung wird.

»Ein essayistisch-erotisch-textliches Experiment … mit erstklassigen Sex-Szenen.« Lawrence Norfolk

»Esterházys Humor schwärzt zärtlich ein, sticht unerbittlich augenzwinkernd, aber tödlich zu, erotisiert auch noch das tristeste Grau.«
Harald Eggebrecht, Süddeutsche Zeitung

Berliner Taschenbuch Verlag

Imre Kertész · Péter Esterházy

Eine Geschichte

Zwei Geschichten · Aus dem Ungarischen von Kristin Schwamm und Hans Skirecki

Eine harmlose Reise, nur von Budapest nach Wien. Und mit einem Mal, ehe man sich versieht, ist alles, was endlich anders sein sollte, so wie früher, wie immer.

Mit einem Mal sieht sich der Erzähler von Imre Kertész' Geschichte (der natürlich niemand anderes ist als Imre Kertész) wieder jenem verwalteten Terror ausgesetzt, der ihn schon sein Leben lang tyrannisiert hat und von dem er – wir sind im Jahr 1991 – sträflicherweise geglaubt hat, seine Zeit sei vorbei.

Scheinbar heiter sind die Erfahrungen, die der Erzähler von Péter Esterházys Geschichte (der natürlich niemand anderes ist als Péter Esterházy) auf seiner Reise von Budapest nach Österreich macht. Aber – ist Verzweiflung meßbar?

Berliner Taschenbuch Verlag

Yasmina Reza

Eine Verzweiflung

Roman · Aus dem Französischen von Eugen Helmlé

Der erste Roman von Yasmina Reza. Der atemlose Monolog eines alten Mannes über das Leben und die Spaßgesellschaft. Ein Meisterwerk vom Niveau eines Thomas Bernhard.

»Yasmina Rezas Greisenrede gewinnt lustvolle Dramatik und Glanz, wenn sie unselige Zufälle des Alltags als Schicksalsanekdoten serviert.«
Der Spiegel

»Schon nach wenigen Seiten muss man sich eingestehen, dass Eine Verzweiflung *ein großartiges Buch ist. Unweigerlich gerät man in den Sog dieser meisterhaft erzählten Schmährede.«*
Neue Zürcher Zeitung

»Hier erreicht der Text jenes sublime Äquilibrium zwischen keckem, schwanzwedelndem Boulevardton und innigem Spätzeitmelodram, jene schwebende, der Schwermut abgehandelte Leichtigkeit, die wir in Rezas Komödien schon bewundert haben.«
Die Zeit

Berliner Taschenbuch Verlag